독일인의 전쟁
1939-1945

THE GERMAN WAR

A Nation Under Arms, 1939–1945
; Citizens and Soldiers

독일인의 전쟁
1939-1945

편지와 일기에 담긴 2차대전,
전쟁범죄와 폭격, 그리고 내면

니콜라스 스타가르트
김학이 옮김

교유서가

under British occupation from April 1940

to Iceland

Faroe Islands

Atlantic Ocean

NORWAY
June 1940

Oslo

Stavanger

Skagerrak

SWEDEN

North Sea

Kattegat

DENMARK
April 1940

Copenhagen

Malmö

Kiel

Belfast

Wilhelmshaven

Hamburg

Dublin

Bremen

IRELAND

Hanover

Berlin

GREAT BRITAIN

NETHERLANDS

Leipzig

Amsterdam

GERMANY

London

Rotterdam

Cologne

Prague

May 1940

Calais

Brussels

Frankfurt

BELGIUM

Le Havre

Nuremberg

Brest

Paris

Stuttgart

June 1940

Munich

Atlantic Ocean

Austria

Berne

FRANCE

SWITZERLAND

Vichy

Milan

Trieste

Lyon

Turin

Venice

Vichy-France
(June 1940)

Genoa

Toulouse

San Marino

SPAIN

ITALY

Marseilles

0   100   200   300 km

Mediterranean Sea

Corsica

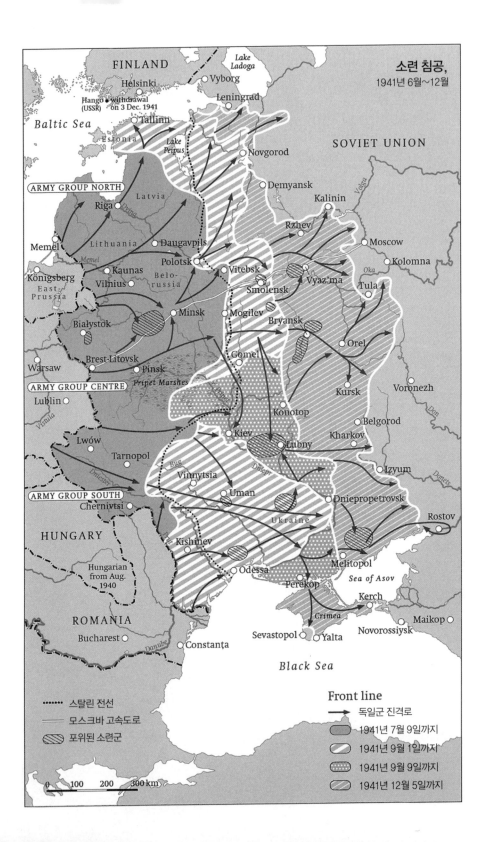

소련 침공,
1941년 6월~12월

FINLAND · Lake Ladoga · Vyborg

Helsinki · Leningrad

Hangö · withdrawal (USSR) on 3 Dec. 1941

Baltic Sea · Tallinn · Estonia · Lake Peipus · Novgorod · SOVIET UNION

Demyansk

ARMY GROUP NORTH · Latvia · Kalinin · Volga

Riga · Rzhev · Moscow

Dvina · Kolomna

Memel · Lithuania · Daugavpils · Polotsk · Vitebsk · Vyaz'ma · Oka · Tula

Königsberg · Kaunas · Belo-russia · Smolensk

East Prussia · Vilnius · Minsk · Mogilev · Bryansk · Orel

Białystok · Gomel · Kursk · Voronezh

Brest-Litovsk

Warsaw · Pinsk · Pripet Marshes · Konotop · Belgorod · Don

ARMY GROUP CENTRE · Kiev · Lubny · Kharkov

Lublin · Vistula

Lwów · Izyum · Donets

Tarnopol · Bug · Vinnytsia · Dnepr

ARMY GROUP SOUTH · Uman · Dniepropetrovsk · Rostov

Chernivtsi · Ukraine

HUNGARY · Kishinev · Melitopol

Hungarian from Aug. 1940 · Odessa · Sea of Asov

Perekop · Kerch

ROMANIA · Crimea · Novorossiysk · Maikop

Bucharest · Constanța · Sevastopol · Yalta

Black Sea

0 100 200 300 km

••••••• 스탈린 전선

—— 모스크바 고속도로

⬚ 포위된 소련군

Front line

→ 독일군 진격로

1941년 7월 9일까지

1941년 9월 1일까지

1941년 9월 9일까지

1941년 12월 5일까지

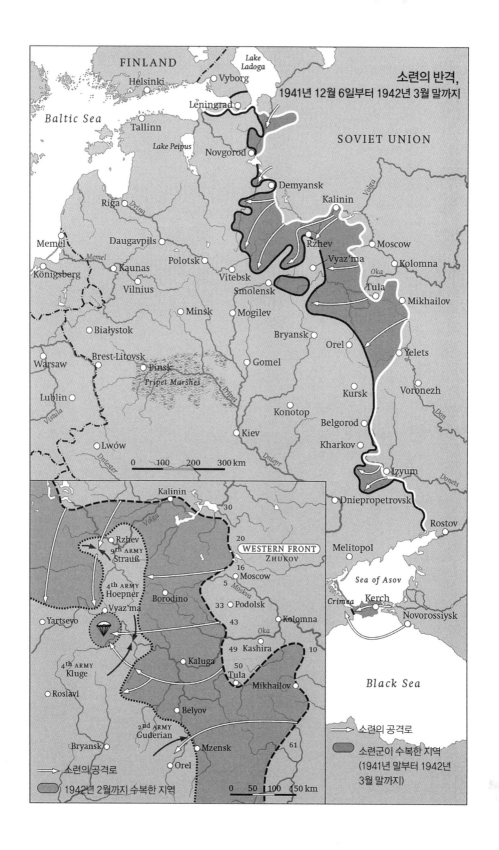

소련의 반격,
1941년 12월 6일부터 1942년 3월 말까지

FINLAND

Lake Ladoga

Helsinki

Vyborg

Baltic Sea

Leningrad

SOVIET UNION

Tallinn

Lake Peipus

Novgorod

Volga

Riga

Drina

Demyansk

Kalinin

Memel

Daugavpils

Polotsk

Rzhev

Moscow

Memel

Vyaz'ma

Kolomna

Königsberg

Kaunas

Vitebsk

Smolensk

Oka

Tula

Vilnius

Mogilev

Mikhailov

Minsk

Białystok

Bryansk

Orel

Yelets

Warsaw

Brest-Litovsk

Pinsk

Gomel

Kursk

Voronezh

Pripet Marshes

Pripet

Konotop

Don

Lublin

Vistula

Kiev

Belgorod

0 100 200 300 km

Dniester

Lwów

Kharkov

Dniepr

Izyum

Donets

Dniepropetrovsk

Kalinin

Volga

30

20

WESTERN FRONT
ZHUKOV

Rostov

Rzhev
9ᵗʰ ARMY
Strauß

16

Moscow

Melitopol

Sea of Asov

Moskva

5

4ᵗʰ ARMY
Hoepner

Borodino

33 Podolsk

Crimea

Kerch

Vyaz'ma

43

Kolomna

Novorossiysk

Yartsevo

Oka

49 Kashira

10

4ᵗʰ ARMY
Kluge

Kaluga

50
Tula

Roslavl

Mikhailov

Black Sea

Belyov

2ⁿᵈ ARMY
Guderian

Mzensk

61

Bryansk

Orel

소련의 공격로

소련군이 수복한 지역
(1941년 말부터 1942년
3월 말까지)

소련의 공격로

1942년 2월까지 수복한 지역

0 50 100 150 km

유럽의 나치 강제수용소들(1937년~1943년)

■ 본부 수용소(건설된 해)

◆ 학살수용소(1941~1942년에 건설)

● 안락사 센터

● 학살 장소

▲ 주요 게토

○ 도시들

━·━·━ 국제적으로 인정된 국경선

·········· 변경된 국경선 1939~1941년

SWEDEN

DENMARK

○ Copenhagen

North
Sea

Neuengamme   ○ Rostock

○ Hamburg

Westerbork   ■ Esterwegen   Ravensbrück ○ Stettin
                                                   ■ 1936
NETHERLANDS   ○ Bremen   ■ Bergen-Belsen
Amsterdam ○   1936 ■ Sachsenhausen
                        ○ Hanover   ○ Berlin
          Mittelbau-Dora ■   1939 ○   ○ Posen
's-Hertogenbosch ■ 1943   1943 Magde-   ○ Brandenburg
                                burg   Groß-
Calais ○   Malines ▲   ■ Sachsenburg Rosen
        Brussels   1937 ■ 1939 ○ Bernburg   ■ 1941
BELGIUM ○   ○ Cologne   Buchenwald ○ Leipzig Sonnen-
                1941 ○ Hadamar Weimar   Dresden ○ stein   Bresla
Compiègne   GERMANY   ○ 1939
   ▲   Eichberg ○ ○ Frankfurt   Theresienstadt ○ ▲
                  ○ Luxembourg   1939/41·
 ▲ Drancy   Prague
○   Flossenbürg ■
Paris   Metz ○   1938
                                   ○ Nuremberg   CZECHO-
              Stuttgart ○ Grafeneck
        Strasbourg ○   1939 ○   1941
                              Dachau   ○ Linz ■ Mauthausen
   Natzweiler ■   ■ 1933   ○ Vienna
                           Munich ○   1939 ○ Schloß Hartheim
              Basle ○   Eglfing-Haar ○   Salzburg
            ○ Berne   ○ Innsbruck   AUSTRIA
FRANCE   SWITZERLAND
○ Lyon   ▲   Drau
                          Bolzano
                                        Loborgrad Dani
                                        Laibach ○ 1941 ■ ▲ 1941
            ○ Turin   ▲ ○ Milan   Zagreb ○
                                  Trieste ○ Jasenovac ■
                       ▲ Fossoli Venice ○ Fiume ○ 1941 Stara
        Genoa ○   Gradiška
                          ○ Bologna Jadovno ■
  ○ Marseilles ○ Nice   ITALY   1941 Kauscica
                    ○ Florence   Adriatic
                                 Sea

0   50 100 150 km

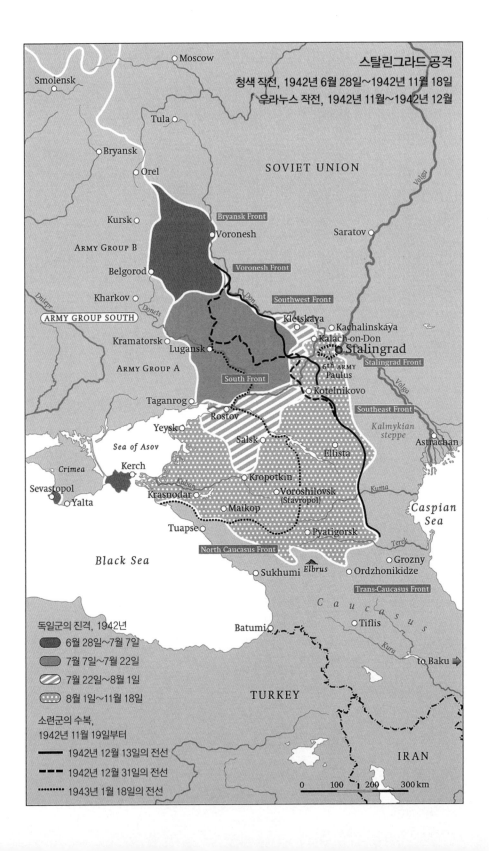

스탈린그라드 공격

청색 작전, 1942년 6월 28일~1942년 11월 18일
우라누스 작전, 1942년 11월~1942년 12월

Moscow
Smolensk
Tula
Bryansk
Orel
SOVIET UNION
Kursk
Bryansk Front
Voronesh
Saratov
ARMY GROUP B
Voronesh Front
Belgorod
Southwest Front
Kharkov
Donets
Kletskaya
Kachalinskaya
Kramatorsk
Lugansk
Kalach-on-Don
Stalingrad
ARMY GROUP SOUTH
Don
Stalingrad Front
ARMY GROUP A
6th ARMY
Paulus
South Front
Volga
Taganrog
Kotelnikovo
Rostov
Southeast Front
Yeysk
Salsk
Kalmykian
steppe
Astrachan
Sea of Asov
Ellista
Crimea
Kerch
Kuban
Sevastopol
Kropotkin
Voroshilovsk
(Stavropol)
Yalta
Krasnodar
Kuma
Maikop
Caspian
Sea
Tuapse
Pyatigorsk
North Caucasus Front
Terek
Black Sea
Sukhumi
Elbrus
Ordzhonikidze
Grozny
Trans-Caucasus Front
Caucasus
Batumi
Tiflis
to Baku
Kura
TURKEY
IRAN

독일군의 진격, 1942년
6월 28일~7월 7일
7월 7일~7월 22일
7월 22일~8월 1일
8월 1일~11월 18일

소련군의 수복,
1942년 11월 19일부터
1942년 12월 13일의 전선
1942년 12월 31일의 전선
1943년 1월 18일의 전선

0   100   200   300 km

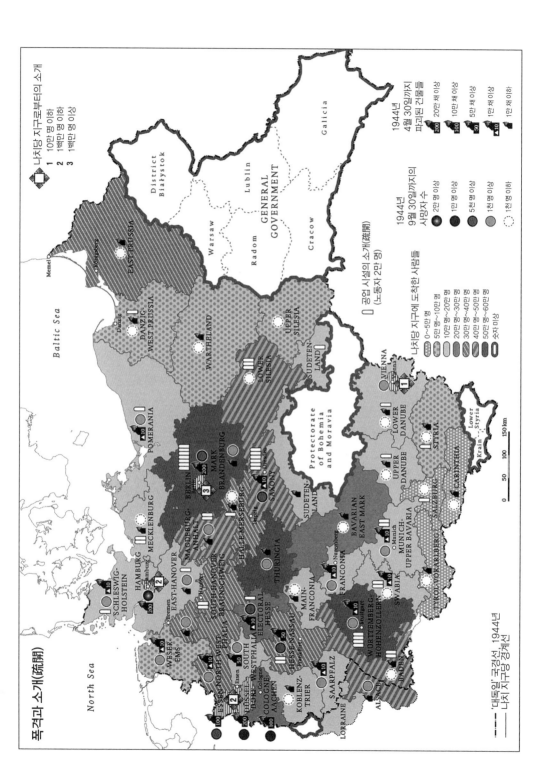

폭격과 소개(疏開)

나치당 지구로부터의 소개

1. 10만 명 이하
2. 1백만 명 이하
3. 1백만 명 이상

1944년 4월 30일까지 파괴된 건물들

- 200 20만 채 이상
- 100 10만 채 이상
- 50 5만 채 이상
- 10 1만 채 이상
- 1만 채 이하

1944년 9월 30일까지의 사망자 수

- 2만 명 이상
- 1만 명 이상
- 5천 명 이상
- 1천 명 이상
- 1천 명 이하

공업 시설의 소개(疏開)
(노동자 2만 명)

나치당 지구에 도착한 사람들

- 0~5만 명
- 5만 명~10만 명
- 10만 명~20만 명
- 20만 명~30만 명
- 30만 명~40만 명
- 40만 명~50만 명
- 50만 명~60만 명
- 숫자 미상

━ ━ ━ '대독일' 국경선, 1944년
━━━ 나치 지구당 경계선

0 50 100 150 km

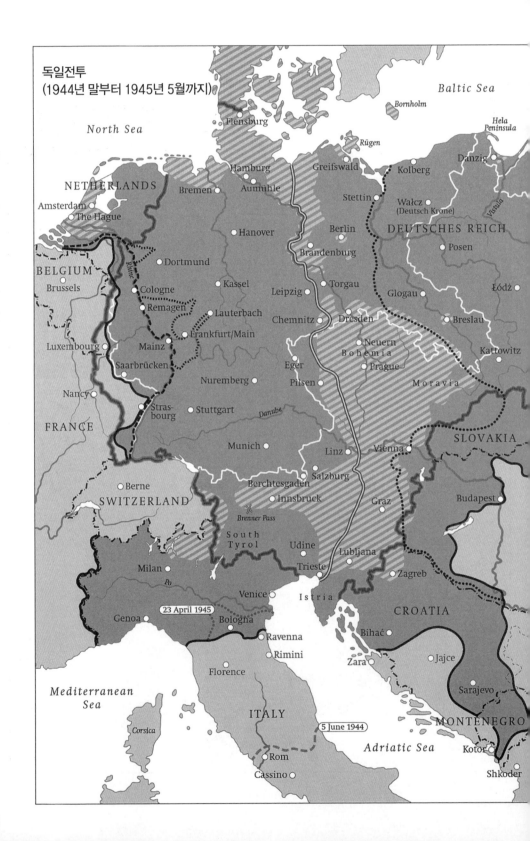

독일전투
(1944년 말부터 1945년 5월까지)

Baltic Sea

Bornholm

North Sea

Flensburg

Rügen

Hela
Peninsula

Danzig

Hamburg

Greifswald

Kolberg

NETHERLANDS

Bremen

Aumühle

Stettin

Wałcz
(Deutsch Krone)

Amsterdam

The Hague

Hanover

Berlin

DEUTSCHES REICH

Posen

BELGIUM

Dortmund

Brandenburg

Brussels

Cologne

Kassel

Leipzig

Torgau

Glogau

Łódź

Remagen

Lauterbach

Chemnitz

Dresden

Breslau

Luxembourg

Mainz

Frankfurt/Main

Neuern

Bohemia

Kattowitz

Saarbrücken

Eger

Prague

Moravia

Nancy

Nuremberg

Pilsen

Strasbourg

Stuttgart

Danube

FRANCE

Munich

Linz

Vienna

SLOVAKIA

Berne

Salzburg

SWITZERLAND

Berchtesgaden

Innsbruck

Graz

Budapest

Brenner Pass

South
Tyrol

Udine

Ljubljana

Milan

Trieste

Zagreb

Po

Venice

Istria

CROATIA

23 April 1945

Bologna

Genoa

Ravenna

Bihać

Rimini

Jajce

Zara

Florence

Mediterranean
Sea

Sarajevo

Corsica

ITALY

5 June 1944

MONTENEGRO

Adriatic Sea

Kotor

Rom

Cassino

Shkoder

이 책은 내가 지난 20년 넘게 2차대전 동안 독일에 살았거나 독일 점령하에 살았던 사람들의 경험을 이해하려고 노력한 결과물이다. 원래 나는 이 책을 쓰려고 하지 않았다. 나는 2005년에 『전쟁의 증인들: 나치 치하 어린이들의 삶』을 발간한 뒤, 나 자신과 그리고 내 이야기를 들으려 하던 다른 이들에게 이제 더는 어린이, 홀로코스트 혹은 나치 독일에 대하여 쓰지 않겠다고 약속했었다. 이 책은 2차대전에서 독일인들이 무엇을 위해 싸웠는가에 대한 짧막한 논문으로 시작되었다. 나는 그 문제에 대해 뭔가 말해야 앞으로 나아갈 수 있다고 느꼈다. 그 작업이 내가 2006~2007년에 베를린 자유대학교에서 안식년을 보내는 동안 커지기 시작했다.

2005년의 책과 이 책 사이에는 뚜렷한 연속성이 있다. 두 책 모두에서 나는 사회사의 주관적 차원에 관심을 가졌다. 다시 말해서 나는 당대인의 기록을 이용하여 당시 사람들이 그들 한가운데서 벌어지고 있는 사건들을 그 결말을 알기 전에 어떻게 판단하고 이해했는가를 규명하고자 했다.

두 책 사이의 차이점도 명백하다. 『전쟁의 증인들』에서 나는 무엇보다도 어린이들을 고유한 사회적 행위자로 다루었다. 그때 나는 2차대전중에 독일에 살고 있던 어린이들이 전쟁과 인종주의 박해로 인해 승자와 패자로 나뉘었으며, 두 어린이 집단의 관점은 합치되기 힘들었다는 점을 부각시켰다. 이번 책 『독일인의 전쟁 1939-1945』에서 나는 다른 문제를 제기했다. 나는 승자와 가해자를 출현시킨 사회의 공포와 희망을 드러냄으로써 독일인들이 그 전쟁을 스스로에게 어떻게 정당화했는지 질문했다. 이때 나는 넓이와 깊이 모두를 담보하고자 했다. 그 넓이를 나는 당시 사람들의 의견에 대한 매크로한 순간포착 사진들에서 확보했다. 나는 길거리에서 이루어진 대화를 채록하여 정권에게 보낸 정보원들의 보고서나 독일군 우편행낭에서 랜덤하게 편지를 검사한 검열관들의 보고서를 들여다보았다. 깊이를 확보하기 위하여 나는 사회적 출신이 각양각색인 사람들 중에서 특정 개인들을 선택하여, 상당히 오랜 기간에 걸쳐서 그들의 사적인 희망과 계획이 전쟁 경험의 변화와 어떻게 얽히는지 추적했다. 그렇게 작업하다보니 희생자들의 목소리가 『전쟁의 증인들』보다 두드러지지 않았다. 그러나 이 책에도 희생자들은 엄존한다. 그들과 대비시키지 않으면, 우리는 독일인들이 그들과 얼마나 다르게―종종 유아론적으로―전쟁을 이해했는지 알지 못한다.

이 책의 주요 자료는 연인, 친구, 부모 자식, 부부 사이의 편지들이다. 그동안 많은 역사가들이 이런 종류의 사료를 이용하여 상당한 성과를 거두었다. 예컨대 슈투트가르트의 현대사도서관에는 라인홀트 스테르츠가 수집한 편지 약 2만 5천 통이 보관되어 있다. 안타깝게도 그곳의 편지는 저자별이 아니라 시간별로 분류되어 있고, 그래서 전쟁의 특정 시점에 발화된 주체적 의견들에 대한 순간포착 사진은 제공하지만, 편지 작성자들이 그 견해를 얼마나 오래 그리고 견고하게 유지했는지는 말해주지 않는다. 나는 그 도서관과 반대 방향에서 편지를 선택했다. 나는 통신자 양측이 모두 보존되어 있고 또 편지 교환이 최소 몇 년은 지속되어서 편지의 송신자와 수신자의 개인적인 관계가─편지를 쓰는 그들의 원칙적인 목표 역시─전쟁 기간 동안 어떻게 발전하고 변했는지 알 수 있는 편지를 선택했다. 그렇게 함으로써 나는 주요 사건들을 관찰한 각 개인의 사적인 프리즘을 좀더 세심하게 재구성할 수 있었다. 이는 1차대전을 연구하는 역사가들이 1990년대부터 발전시켜온 방법이고, 나는 크리스타 해메를레로부터 그 방법에 대하여 아주 많이 배웠다.

　나는 발터 켐포프스키가 수집해놓은 개인 아카이브를 그가 아직 살아 있을 때 읽을 수 있는 행운을 누렸다. 나는 발터와 힐데가르트 켐포프스키가 그들의 대안 산부인과 의료공동체에서 내게 보여준 환대를 잊지 못한다. 지금 그 소장품들은 베를린 예술아카데미에 보관되어 있다. 엠멘딩겐의 독일 일기아카이브의 게르하르트 자이츠와 슈투트가르트 현대사도서관의 이리나 렌츠도 내게 큰 도움을 주었다. 베를린의 독일 역사박물관의 안드레아스 미하엘리스, 커뮤니케이션 박물관 전선병사 아카이브의 바이트 디트슈나이트와 독일 연방문서보관소의 토마스 얀더, 프라이부르크 독일 연방문서보관소─군사아카이브의 크리스티아네 보체츠도 소중한 사료를 제공해주었다. 젤터스─타우누스에 있는 독일 여호와의 증인 아카이브의 클라우스 바움과 콘라트 슐츠는 여호와의 증인 신도들이 군복무를 거부하다 처형되기 직전에 쓴 마지막 편지들의 사본을 제공해주었고, 뤼덴샤이트 역사자서전 연구소의 알렉산더 폰 플라토는 빌헬름 뢰슬러 아카이브에 소장되어 있는 1950년대 초 어린이들의 방대한 전쟁 회고 컬렉션으로 안내해주었다. 나는 리 게르할터와 귄터 뮐러가 오스트리아 빈대학교에 보관되어 있는 생애사 수집 자료와 여성 유고집 자료를 제공해준 것에 감사한다. 나는 자크 슈마허가 이 연구의 여러 단계에서 지치지 않는 의지로 그가 할 수 있는 모든 방법으로 나를 도와준 것에서 특히 많은 빚을 졌다. 이 저술은 알렉산더 폰 훔볼트 재단과 레버흄메 트러스트의 재정 지원을 받았다. 두 재단에게 사의를 표한다.

내가 오랜 기간 축적한 지적인 빚은 다 감사를 표할 수 없을 정도로 크고 많다. 베를린에 있던 2006~2007년에 위르겐 코카는 나를 놀랍도록 환대해주었고, 그곳의 많은 사람이 나의 독일 체류를 풍성하고 복되게 해주었다. 많은 친구들과 동료들이 작업 내내 나를 격려했고, 그들의 생각과 발견을 나와 공유했으며, 내가 집단적 노력으로서의 역사학에 대한 감각을 경험하게 해주었다. 옥스퍼드대학교 역사학부와 모들린 콜리지의 훌륭한 동료들 중에서 나는 특히 폴 베츠, 로렌스 브로클리스, 제인 캐플란, 마틴 콘웨이, 로버트 길데어, 루스 해리스, 매트 홀부룩, 데인 험프리스, 존 나이팅게일, 시언 플리, 크리스 위컴에게 감사한다.

보들리 히드에서 나는 외르크 헨스겐, 윌 설킨, 윌의 후임자인 스튜어트 윌리엄스와 일할 수 있는 특권을 누렸다. 라라 헤이머트는 이례적인 열정과 예리함으로 나를 베이직북스의 세계로 이끌어주었다. 그들이 믿는 책의 출간에 대한 헌신은 믿을 수 없을 정도로 긍정적이었고, 내가 필요로 하던 확신을 거듭해서 제때 불어넣어주었다. 라라와 외르크는 이 책의 이중 에디터로 일하면서, 서로에게도 내게도 침범하지 않았다. 외르크는 모든 페이지 하나하나를 편집하는 고통스러운 작업을 떠맡았다. 그들은 함께 일하기에 너무나 훌륭한 동료들이었다. 그 네 사람에게 깊이 감사한다. 에이트킨-알렉산더의 클래어 알렉산더와 샐리 릴리는 동화 같은 한 쌍의 대모들로서, 내내 지혜를 나누어주고 격려해주었다. 나는 이토록 운이 좋았다.

내 친구들의 크나큰 지적인 관대함과 지지가 없었다면 아마 이 책은 없었을 것이다. 폴 베츠, 톰 브로디, 슈테판 루드비히 호프만, 이언 커쇼, 마크 로즈먼, 자크 슈마허, 존 워털루, 베른트 바이스브로트는 모두 자신의 작업을 잠시 중단하면서까지 나의 원고를 읽어주었다. 나는 내게 귀중한 제안을 해주고, 자신의 연구를 공유해주고, 내가 적어도 몇 곳에서 저지른 역사적으로 어이없는 실수로부터 나를 구해준 것에 그들 한 사람 한 사람에게 감사한다. 루스 해리스와 린달 로퍼는 원고 전체를 두 번이나 읽었고, 이 책에 지울 수 없는 각인을 남겼다. 린달은 이 프로젝트의 매 단계에서 내가 정식화하려는 핵심적인 발상을 토론해주었다. 그녀에게 충분히 감사하는 것은 불가능하다.

2015년 3월 옥스퍼드에서

니콜라스 스타가르트

에른스트 귀킹 헤센의 농민 출신, 직업 군인, 보병, 아내 이레네 라이츠는
　　헤센 라우테르바흐의 플로리스트, 전쟁중에 결혼.

빌름 호젠펠트 가톨릭, 1차대전 참전, 헤센 탈라우 시골 학교 교사, 바르샤
　　바 독일군 주둔군, 아내 안네미에는 성악 교육을 받은 가수, 가톨릭으
　　로 개종한 개신교도, 슬하에 자식 다섯 명.

요헨 클레퍼 베를린 니콜라스제의 작가, 개신교로 개종한 유대인 요한나와
　　결혼, 의붓딸 두 명.

리젤로테 푸르퍼 베를린의 사진 저널리스트, 쿠르트 오르겔은 함부르크의
　　법률가, 포병 장교, 전쟁 동안 결혼.

빅토르 클렘퍼러 개신교로 개종한 유대인, 1차대전 참전, 교수, 아내 에파,
　　전직 피아니스트.

아우구스트 퇴퍼빈 1차대전 참전, 졸링겐 김나지움 교사, 전쟁포로 담당 장
　　교, 아내 마르가레테.

프리츠 프로프스트 튀링겐의 목수, 공병대, 아내 힐데가르트, 자녀 세 명.

헬무트 파울루스 포르츠하임 의사 아들이자 2남 2녀의 장남, 보병.

한스 알브링과 오이겐 알트로게 뮌스터 인근의 겔젠키르헨—부어 가톨릭 청
 년 운동 소속, 무전병, 보병.

빌헬름 몰덴하우어 하노버 인근 노르트스테멘의 소상인, 무전병.

마리안네 스트라우스 에센의 유대인 유치원 교사.

우르줄라 폰 카르도르프 베를린 저널리스트.

페터 스퇼텐 베를린 첼렌도르프, 탱크 부대 중대장.

리자 드 보어 마르부르크 저널리스트, 볼프와 결혼, 성장한 세 자녀인 모니
 카, 안톤, 한스의 어머니.

빌리 레제 두이스부르크은행 사무원, 보병.

마리아 쿤데라 빈 미헬보이렌의 철도역 매표원, 한스 H는 그 철도역 역장의
 아들, 공수부대 사병.

2차대전은 그 어느 전쟁보다도 독일인들의 전쟁이었다. 나치 정권은 그들이 시작한 전쟁을 유럽 역사상 가장 끔찍한 전쟁으로 전환시켰다. 폴란드에 최초의 가스학살실을 짓기 전에 이미 그러했다. 나치 제3제국의 유니크한 점 한 가지는 그 정권이 독일 사회의 모든 도덕적·물리적 힘을 소비하고 소진한 끝에 1945년에 자기 자신의 '총체적인 패배'에 스스로 마침표를 찍었다는 사실이다. 일본인들조차 도쿄 왕궁의 문 앞에 이를 때까지 적과 싸우지는 않았다. 그와 달리 독일인들은 베를린 제국총리청 코앞에서까지 싸웠다. 나치가 그런 수준의 전쟁을 치르기 위해 부과한 사회적 동원과 개인적 헌신의 깊이는 그들이 전쟁 이전에 성취하고자 했던 모든 것을 훨씬 넘어서는 수준이었다. 그러나 전쟁이 끝나고 70년이 지난 오늘, 전쟁의 기원과 과정과 폭력에 대한 도서관들을 채우고도 남는 그 많은 연구에도 불구하고, 우리는 독일인들이 그 전쟁에서 무슨 생각을 했고, 그들이 어떻게 그렇게 쓰라린 패배의 그날까지 전쟁을 할 수 있었는지 잘 모

른다. 이 책은 독일인들이 전쟁을 어떻게 경험했고 견지했는가에 관한 책이다.[1]

2차대전은 묘하게도 그 전쟁을 겪었던 세대들이 세상을 떠나면서 그 중요성이 줄어들기는커녕 공적公的인 이미지 속에서는 오히려 더 커졌다. 지난 15년 동안 2차대전에 대한 영화, 다큐멘터리, 전시회, 책이 가장 많이 범람한 나라는 독일이다. 그러나 학문적 연구와 대중적 의식 모두에서 전쟁에 대한 해석은 두 가지로 근본적으로 갈라져 있다. 하나는 독일인들을 희생자로 간주하고, 다른 하나는 독일인들을 가해자로 간주한다. 지난 10년간 유력하게 제시된 해석은 독일인들을 희생자로 내세우는 내러티브다. 구술 기록자들은 영국 공군과 미국 공군의 폭격을 겪은 민간인들의 기억을 발굴하거나, 다가오는 소련군으로부터 도망친 개인사와 소련군에게 당한 살인과 강간에 집중한다. 지난 10년 동안 늙어가는 많은 독일인이 자신의 뼈아팠던 고난의 기억이 들려지고 기록으로 남겨지기를 원했고, 미디어는 독일인들이 현재 겪고 있는 불면증과 신경증과 악몽에 초점을 맞춤으로써 전쟁의 고통을 현재의 심리 문제로 전환시켰다. 자칭 '전쟁의 아이들'이 고안되었고 이런저런 평론가들이 전쟁 경험을 '트라우마' '집단 트라우마' 같은 공식 속에 통합시켰다. 문제는 트라우마를 말하는 것은 희생자의 수동성과 죄 없음을 강조하는 것만으로 그치지 않는다는 사실이다. 그 용어에는 강한 도덕적 울림이 포함되어 있다. 원래 '집단 트라우마' 개념은 1980년대와 1990년대에 홀로코스트 생존자들의 기억을 포착하되 그 희생자들을 정치적으로 승인함으로써 그들에게 힘을 주는 약속으로 사용되었었다. 그것이 독일인의 전쟁 경험을 기술하는 데 사용되었던 것이다.[2]

독일의 극우 집단은 매해 2월에 1945년 드레스덴 폭격을 기념한다. 그때 그들은 '폭격-홀로코스트' 깃발을 들고 행진함으로써 독일 민간인들의 고통을 나치 절멸 정책의 희생자들의 고통과 등치시킨다. 현재 독일의 극우는 독일 정치의 주변에 자리잡고 있고, 그 도발 행위조차 1950년대 서독에서 부각되었던 편협한 민족주의와도 거리가 멀다. 1950년대의 서독은 전쟁중에 저지른 '가혹 행위들'을 한 줌밖에 되지 않는 비타협적인 나치, 특히 친위대 탓으로 돌리는 동시에 일반 병사들의 '희생'을 영웅주의로 찬미했다. 그러나 냉전 속에 정립된 '선한' 독일군과 '악한' 친위대라는 그 편리한 구분법―그 구분이 1950년대 중반에 나토의 일원으로서 서독을 재무장하도록 뒷받침해주었다―은 1990년대 중반 이후 더이상 통하지 않는다. 이는 1990년대 중반의 '독일군 범죄' 순회 전시회가 평범한 병사들이 민간인을 공공연하게 목매달아 죽이고 총으로 쏴 죽이는 사진들을 보여준 덕분이다. 전선 병사들의 개인 호주머니 속 사진에서 병사들의 아내와 자식 사진만이 아닌, 살인의 사진들이 발견되었던 것이다. 독일 공중은 격렬하게 반응했다. 특히 1990년대까지 독일의 전쟁범죄들에 대한 논의를 기피하던 오스트리아와 구舊동독 지역에서 그러했다. 그러나 역반응도 촉발되었다. 새로 등장한 내러티브가 영국 공군과 미국 공군 폭격에 희생되었고 또 소련군이 자행한 강간에 희생된 여성과 아이들에게 초점을 맞추었던 것이다. 그 경향이 얼마나 놀라웠던지, 누가 더 큰 희생자였느냐를 놓고 벌어진 1950년대의 민족적 고통 경쟁이 1990년대에 재현되는 것이 아니냐는 우려마저 나왔다.[3]

독일에는 두 가지 전쟁 내러티브가 있다. 그 두 가지 모두 감정이 부하되어 있고 또 서로 마주보는 듯 닮았다. 홀로코스트 기념관을 베를린 중심부에 설치한 데서 나타나듯, 그 내러티브들 모두 도덕적 각성을 내세우는 것은 분명하다. 그러나 그 두 가지 내러티브는 전쟁 시기의 독일인들에 대한 설명에서 크게 갈라진다. 한쪽에서는 모든 독일인을 희생자로 간주하고, 반대편에서는 독일인들을 모두 가해자로 분류한다. 나는 2005년의 종전 50주년 기념 행위들을 보면서, 독일인들이 어떻게 자아를 탐색하는지 쫓았다. 나는 역사가들이 전쟁의 과거에서 올바른 교육적 교훈을 이끌어내려다가 역사 연구의 본질적 과제의 하나, 즉 무엇보다도 우선 과거를 이해해야 한다는 것을 외면하는 것을 보았다. 그 역사가들은 2차대전중에 독일인들이 제노사이드에서 자신이 행한 역할에 대하여 어떻게 말하고 생각했는지 묻지 않았다. 독일인들은 자신이 방어하는 정권이 제노사이드를 자행하고 있다는 사실을 어떤 정도로 논의하고 있었을까? 그 논의는 전쟁 전체에 대한 그들의 견해를 어떻게 변경시켰을까?

혹자는 전쟁중의 경찰국가에서는 그런 대화가 불가능했으리라고 지레짐작할 것이다. 그러나 기록된 역사적 사실은 달랐다. 독일인들은 1943년 여름과 가을에 유대인 학살에 대하여 공적으로 공공연하게 말하기 시작했다. 심지어 그들은 그때 독일 민간인에 대한 연합군의 폭격을 독일이 자행한 유대인 학살과 등치시켰다. 함부르크에서는 '보통 사람들, 중간계급, 그리고 나머지 사람들은 사적인 대화는 물론 대규모 집회에서도 연합군의 폭격이 우리가 유대인에게 가한 공격에 대한 보복이라는 발언을 반복했다' 라는 점이 인지되고 있었다. 바이에른의 슈바인푸르트 시민들도 똑같이 말했다. '폭격 테러는 유대인에게 가했던 조치의 결과물이다.' 1943년 10월 미국이 두번째 폭격을 가하자 슈바인푸르트 주민들이 공개적으로 불평했다. '만일 우리가 유대인을 그처럼 가혹하게 대하지 않았더라면 우리가 테러 공격으로 고통받는 일은 없었을 것이다.' 그 시점에 독일의 모든 주요 도시는 물론 폭격과 거의 무관하거나 직접 폭격당한 일이 없는 궁벽한 시골조차 그런 말들을 한다는 정보가 베를린 당국에 보고되었다.[4]

내가 그런 사실을 처음 알게 되었을 때 나는 놀랐다. 물론 그때도 나는 전쟁이 끝난 뒤에 독일인들이 자신은 학살에 대하여 아무것도 몰랐다고 말하는 것이 편리한 거짓말이라는 점은 알고 있었다. 기존의 연구들은 전시 독일에서 제노사이드에 대한 많은 정보가 흘러 다녔다는 사실을 드러냈다. 그러나 나는 다른 역사가들과 마찬가지로, 그 정보의 대부분이 가까운 친척과 가족들 사이에서만 비밀스럽게 공유되었을 뿐, 친밀한 폐쇄적인 집단 너머에서는 익명의 소문으로서만 존재했다고 가정했다. 홀로코스트가 공적인 대화의 주제가 될 수 없었다고 생각했던 것이다. 더욱이 그러한 발언들을 추적하고 분석한 기관은 다름 아니라, 그때까지 2년 동안 유대인을 강제이송하고 학살한 비밀경찰이었다. 더욱 기괴하게도 그런 정보가 입수된 후에도 몇 달 동안, 독일 경찰과 친위대의 수장 하인리히 힘러가 나치 제3제국 지도자들에게 유럽 유대인의 절멸은 오직 그들끼리만 비밀리에 공유해야 하는 과업이며, '우리는 그 비밀을 무덤까지 가져가야 한다'고 강조했다. 그렇다면 그 '비밀'에 대하여 일반인들이 도대체 어떻게 말하게 되었을까? 홀로코스트는 지난 25년간 나치 독일과 2차대전을 바라보는 우리의 시각을 결정했다. 그 시각이 정립된 것이 비교적 최근의 일이다. 그러나 그 시각 자체는 독일인들이 2차대전 당시 학살에서 자신의 역할에 대하여 어떻게 생각했는지 말해주지 않는다.[5]

　　1943년 11월 18일 독일군 대위 아우구스트 퇴버빈 박사는 일기에, '우리가 리투아니아 유대인들을 (유아부터 노인에 이르기까지) 어떻게 절멸하고 있는지에 대해 정확한 것이 틀림없는 끔찍한 세부 사항들을 들었다!'라고 적었다. 그는 이미 1939년과 1940년에 학살에 대한 소문을 기록해놓았다. 그러나 정도가 달랐다. 이 시기에 퇴퍼빈은 그 끔찍한 사실들을 일종의 도덕적 질서 속에 놓으려고 시도했다. 그는 전쟁에서 정당하게 살해되어도 되는 사람이 누구인지 스스로 질문했다. 그 목록에는 적군 병사, 독일군 후방에서 암약하는 빨치산 외에 그 작전을 지원한 민간인들에 대한 제한적인 집단적 복수까지 포함되었다. 그러나 동시에 그는 유대인에 대한 학살은 그런 학살들과 전적으로 다른 차원이라는 점을 인정할 수밖에 없다고 느꼈다. '우리는 우리에게 대항하는 유대인들만을 파괴하고 있는 것이 아니다. 우리는 그 민족 자체를 글자 그대로 절멸하려고 한다!'[6]

경건한 개신교도이자 보수적인 교사였던 아우구스트 퇴퍼빈은 애초부터 히틀러가 수행하던 전쟁의 끔찍한 폭력성을 우려했다. 그는 나치즘에 거리를 두는 도덕적·정치적 태도를 개인적으로 구현했던 것으로 보인다. 그는 저항의 그 어떤 외적 표시도 보여주지 않았지만, 정권의 권고와 요구에 순응하지 않고 '내적으로' 물러나 그 요구로부터 거리를 두었다. 그런데 도대체 그러한 정신적 도피처가 나치 독일에 존재했을까? 가족 간 편지와 일기 속에 표현된 체제에 대한 의심이 과연 내적인 저항의 신호였을까? 아니면 그저 기록자 자신의 불확실성과 딜레마의 표현에 불과한 것이었을까? 사실 아우구스트 퇴퍼빈은 전쟁의 마지막날까지 나치 독일에 대한 충성심을 지켰다. 그는 한순간 '우리는 그 민족 자체를 글자 그대로 절멸하려고 한다'라고 범죄를 인정했지만, 그후 그는 침묵을 지켰다. 독일의 범죄를 인정했음에도 불구하고 그는 독일이 동유럽에서 문명화의 사명을 수행하고 있으며 유럽을 볼셰비즘으로부터 지키고 있다고 믿었다.

퇴퍼빈은 1945년 3월에 가서야 유대인 학살을 다시 거론한다. 그때에야 마침내 처음으로 독일이 완벽한 패배를 피할 수 없다는 것을 인지한다. '이번과 같은 전쟁을 수행하는 인간은 신을 모르는 자들이다. 동부 독일에서 벌어진 러시아의 야만 행위들—그리고 영국인들과 미국인들의 테러 폭격—, 유대인들에 대한 우리의 공격(건강한 여성들의 불임수술, 아기에서 나이든 여자에 이르기까지 모두를 사살하는 것, 유대인 수송 열차의 가스 학살)!' 퇴퍼빈은 임박한 독일의 패배가 독일이 유대인에게 저지른 행위에 대한 신의 처벌이라고 할지라도, 그것이 독일 민간인들에 대한 연합군의 가해 행위보다 더 나쁜 것도 아니라고 생각한 것이다.[7]

1943년 여름과 가을로 돌아오자. 그때 함부르크에서 슈바인푸르트에 이르기까지 독일인들이 유대인 학살에 대한 독일의 책임을 공공연하게 말한 것은 임박한 패전 때문이었다. 1943년 7월 25일과 8월 2일 사이, 함부르크에 가해진 폭격은 끔찍했다. 도시 전체가 글자 그대로 반파되었고, 3만 4천 명이 죽었다. 많은 독일인들에게 그것은 묵시록적 종말 상황이었다. 친위대 정보국의 보고에 따르면, 주요 도시들에 파국의 위협이 다가옴에 따라 독일 전체에서 '안전감'이 '일시에' 붕괴하고 '맹목의 격분'으로 바뀌었다. 함부르크 대폭격의 첫날이었던 1943년 7월 25일, 그로부터 멀리 떨어진 장소에서 사건 하나가 발생했다. 이탈리아의 독재자 베니토 무솔리니가 권좌에 있은 지 21년 만에 무혈 쿠데타로 실각한 것이다. 그러자 독일인들은 함부르크 폭격과 무솔리니 실각을 하나로 묶었다. 내부 보고에 따르면, 그후 5주일 동안 독일인들은 독일이 이탈리아의 예를 따르는 것, 즉 나치 정권을 군부독재로 교체하는 것이 서구 동맹국과 '별도의 휴전'을 성사시킬 수 있는 '최선의' 아마도 '마지막' 방법이 아닐까 공공연하게 발언했다. 나치 지도부는 그때, 심지어 1차대전 끝인 1918년에 민간인들의 사기가 붕괴하고 11월에 결국 혁명이 발생했으며 적에게 항복한 일을 떠올렸다. 그러나 위기는 일시적이었다. 1943년 9월 초면 위기가 지나간다. 나치 정권은 방공망 구축에 자원을 쏟아붓는 한편 도시로부터 농촌으로 대규모 피란을 조직했다. 독일군이 이탈리아 대부분을 점령함에 따라 전장 역시 안정을 되찾았다. 게슈타포는 '패배주의적' 발언을 단속했다. 사람들이 퇴퍼빈처럼 유대인 학살에 대한 독일의 책임을 공공연하게 발화한 것은, 영국 공군의 가혹한 폭격이 위기의식을 해당 도시를 넘어 독일 전체에 확산시키고, 그에 따라 심각한 도덕적·물리적 불안감이 촉발되었기 때문이었다. 함부르크 폭격이 일시적으로 정치적 위기를 유발했던 것은, 폭격이 그런 불안감들을 표면으로 끌어올렸기 때문이었다. 추후에도 위기 때마다 유대인에게 가한 범죄에 대한 가해자로서의 공포감과 연합군의 공격이 독

일의 민간인들을 희생시키고 있다는 피해자로서의 감정 두 가지가 동시에 공적인 논의에 나타났다.[8]

독일에서 살던 유대인들에게 전쟁은 물론 홀로코스트로 경험되었다. 그러나 독일인들은 사태를 정반대 방향에서 바라보았다. 그들에게 문제는 전쟁이었다. 그들은 따라서 제노사이드를 전쟁이 배경이 되어 벌어진 사건으로 이해했다. 똑같은 사건을 완전히 다르게 바라본 것이다. 그 두 가지 시각은 물론 유대인들과 독일인들 사이에 엄존하는 권력과 선택의 불평등이 투영되어 나타난 것이다. 그 때문에 유대인과 독일인은 전혀 다른 기대와 공포를 느끼고 있었다. 이 문제성이야말로 내가 이 책에서 2차대전 독일사를 서술하면서 채택한 접근 방법이다. 역사가들은 흔히 대량 학살의 작동에 초점을 맞추면서, 홀로코스트가 왜 그리고 어떻게 발생했는지 논의했다. 그와 달리 나는 독일인들이 학살에 대한 지식을 어떻게 받아들이고, 그 지식을 어떻게 자아에 통합했는지 논의하고자 한다. 독일인들은 자신들이 제노사이드 전쟁을 수행하고 있다는 사실을 점차 깨닫게 되면서 그로부터 어떻게 영향받았는가? 달리 표현하자면, 전쟁은 제노사이드에 대한 그들의 지각을 어떻게 형성했는가?

1943년 7월과 8월은 심각한 위기의 순간이었다. 독일인들은 함부르크에서 바이에른에 이르기까지 연합군의 무제한적 민간인 공격을 '우리가 유대인들에게 행한 것'에 대한 보복으로 설명했다. 그러나 연합군의 처벌 혹은 '유대인의 보복'에 대한 그 말들은, 나치가 1943년 첫 6개월 동안 지치지 않고 연합군의 폭격이 '유대인의 테러 폭격'이라고 외친 선동이 독일인들에게 수용되었다는 것을 확인해준다. 그러나 독일인들이 나치 당국이 공급한 그 연관 관계를 생각해보자 의미가 묘하게 뒤틀렸다. 독일인들에게 자아비판적인 태도가 나타난 것이다. 그 현상은 괴벨스를 비롯한 나치

지도부를 경악시켰다. 폭격으로 인하여 독일의 도시들이 지상에서 삭제되고 있던 그때, 독일인들은 그 파괴의 악순환을 끊어내고 싶어하는 듯이 보였던 것이다. 그러나 친위대 정보국이 '유대인에 대한 조치'라고 우회적으로 칭한 홀로코스트는 사실상 끝난 일이었고 그래서 되돌릴 수 없는 사건이었다. 유럽 전역의 유대인 강제이송은 그 전년도에 이미 이루어졌다. 그런 상황에서 함부르크 폭격은 독일인들을 한계를 모르는 폭격이라는 새로운 종류의 절대적인 전쟁에 직면시켰다.

'이것이냐 저것이냐', '사느냐 죽느냐', '모든 것을 얻거나 잃거나', '승리 아니면 파멸'이란 마니교적 이분법의 은유는 독일인들의 수사학에서 역사적으로 오래된 것이다. 그것은 1차대전 패배 이후 히틀러의 핵심 이념을 구성한 은유였고, 빌헬름 2세가 1914년 8월 6일에 '독일 인민에게 전하는 선언'을 발표한 이래 1차대전 선전의 관용어였다. 그러나 1930년대 히틀러 국가가 인기를 누린 것은 그 종말론적 관점 때문이 아니었다. 전쟁의 초반에도 마찬가지였다. 독일 사회가 종말론적 사고방식을 수용한 것이야말로 2차대전 후반기에 독일인들에게 발생한 결정적 변화였다! 독일의 운명이 패배 쪽으로 기울자, 극단적인 이분법이 평범한 상식으로 변했다. 연합군의 '테러 공격'은 사느냐 죽느냐의 위기의식을 낳았다. 진정 글자 그대로 '사느냐 죽느냐'라는 문제로 보였다. 1943년 여름 독일인들의 위기의식에 기름을 부은 것은, 그들이 가혹하게 실천한 인종주의 전쟁의 후폭풍을 피할 수 없게 되었다는 공포였다. 독일인들은 그 위기의 순간을 극복하면서 전쟁에 대한 과거의 기대와 예측을 버려야 했다. 이때 그들은 전통적인 도덕적 금지를 외면했고 품위와 수치에 대한 기존의 관점을 포기했다. 독일인들이 히틀러를 위해 싸웠던 것은 그들 모두가 나치이기 때문이 아니었다. 독일인들이 끝까지 싸운 것은, 그들이 전쟁의 가혹함을 정면으로 겪었기에 그리고 전쟁이 생산해낸 종말론에 빠져들었기 때문이었다.[9]

전쟁의 위기가 사회적 가치를 변화시키거나 과격화시킬 수 있다는 사실은 우리에게 나치 정권과 독일 사회의 관계를 생각하는 방식을 깊이 재고하게 한다. 지난 30년 동안 역사가들 대부분은 함부르크 폭격에 뒤따른 위기 혹은 그 몇 달 전 독일 제6군의 스탈린그라드 패배 이후 발생한 위기들이 독일인들을 회복 불가능한 패배주의로 몰아넣었다고 가정했다. 독일인 대부분이 나치 정권이 표방하는 모든 것들로부터 갈수록 이탈함에 따라, 그들이 나치의 테러에 의해서만 단속될 수 있었다고 가정한 것이다. 그러나 전쟁 동안 나치에 대한 동의의 감소와 나치가 가한 억압의 증가가 서로 인과관계에 있다고 보여주는 지표는 없다. 나치 법원의 사형 선고는 1941년의 1,292건에서 1942년의 4,457건으로 폭증한다. 그러나 그것은 스탈린그라드 패배 이전이었다. 판사들은 아래로부터의 저항과 불만의 증가에 반응했던 것이 아니라 위로부터의 압력, 특히 습관적 범죄자들을 가혹하게 처벌하라는 히틀러의 압력에 반응했다. 전과자들은 사실 대부분 사소한 범죄자들이었다. 그리고 그때 사형당한 사람들 다수가 독일에서 강제 노동을 하던 폴란드인과 체코인들이었다. 따라서 사형 건수의 증가 역시 인종주의 재판 시스템의 한 양상이었다. '평범한 독일인들'이 갈수록 거세지는 억압에 직면한 때는 연합군이 독일 국경까지 진격한 1944년 가을이었다. 나치가 벌인 최악의 과잉 테러는 1945년 3월, 4월, 그리고 5월의 첫 주일로 국한된다. 그리고 대량 폭력이 마지막으로 발작하는 그때조차 테러는 독일 사회를 원자화하거나 침묵시키지 못했다. 정반대로 많은 독일 시민이 자신은 여전히 충성스러운 애국자로서 나치의 실패를 공적으로 비판할 권리가 있다고 생각했다. 그들은 전쟁 최후의 국면에서도 나라에 대한 자신의 헌신이 매우 중요하다고 생각했던 것이다.[10]

독일인들이 패배주의에 사로잡혔다는 역사가들의 합의는 일종의 상식에 근거한다. 그것은 체제의 성공과 실패를 체제에 대한 동의 및 반대와 동일시하는 상식이다. 그 상식은 평화 시기에는 적용된다. 그러나 2차대전의 조건에서는 그렇지 않았다. 그 상식은 독일인들에게 실제로 일어난 것을 설명해줄 수 없다. 독일인들은 어떻게 하여 1943년부터 1945년까지 계속 싸울 수 있었는가? 그 싸움에서 독일인들은 자신들에게 발생한 격심한 파괴와 죽음들을 극복해야 했다. 이 책『독일인의 전쟁 1939-1945』은 전시의 패배와 위기들이 독일 사회에 미친 영향을 앞서의 상식과 전혀 다르게 이해한다. 물론 나치 테러가 독일인들로 하여금 끝까지 싸우도록 몰고 간 국면도 있었다. 그러나 나치의 테러는 독일인들이 계속해서 싸운 유일한 ─혹은 가장 중요한─이유가 결코 아니었다. 독일인들이 나치즘과 전쟁 자체를 거부할 수 없었던 것은, 그들이 패전을 '죽느냐 사느냐'의 관점에서 바라보았기 때문이었다. 그들은 전황이 악화될수록 더욱 단호하게 '방어' 하려 했다. 연속되는 위기가 체제의 붕괴는커녕 급진적인 태도 변화의 촉매가 되었던 것이다. 독일인들은 위기를 극복하고자 했고, 전쟁에 걸었던 기대를 재고했다. 스탈린그라드와 함부르크와 같은 재난들은 나치 체제에 대한 인기를 파탄내지 않았다. 독일인들은 애국적 헌신을 고수했다. 전쟁이 몰고 온 고난은 독일 사회 내부에 갖가지 원한과 갈등을 일으켰지만, 사람들은 나치 체제를 무너뜨리려 한 것이 아니라 갈등을 중재하고 고통을 완화시키라고 요구했다. 전쟁에 대한 인기가 아무리 떨어져도 전쟁은 여전히 정당했다. 전쟁은 나치즘보다도 더 정당했다. 전쟁중의 위기들은 패배주의를 낳은 게 아니라 독일인들의 사회적 태도를 경색시켰다. 내가 이 책에 담으려는 것은 독일인들의 반응 속에 나타난 그 복잡하고 역동적이고 혼란스러운 요소들이다.

1939년 8월 26일 동원령이 공포되었을 때 독일인들은 미래를 몰랐다. 그렇게 몰랐음에도 불구하고 독일인들 대부분은 전쟁을 '암울함'으로 받아들였다. 그들은 과거를 알고 있었다. 그 과거란 1차대전의 전사자 180만 명, 무만 먹고 버틴 1917년 '순무의 겨울', 1918년의 스페인 독감, 영국이 새로운 독일 정부에 굴욕적인 평화조약을 '받아적도록' 만들기 위해 1919년에 들어서도 대륙 해상봉쇄를 풀지 않았기에 기아에 찌들었던 독일 어린이들의 얼굴이었다. 1920년대와 1930년대의 독일 정치는 베르사유조약이 가한 제약을 피하려는 시도들로 얼룩졌다. 히틀러가 거둔 최고의 외교적 승리인 1938년의 뮌헨협정조차 독일인들의 전쟁 공포를 극복하지 못했다. 1차대전이 준 첫번째 교훈은 그런 일이 되풀이되지 말아야 한다는 것이었다. 새로운 전쟁이 닥치고 배급이 또다시 실시되자, 독일인들의 걱정은 깊어졌다. 전쟁이 발발한 1939년 겨울에 도시민들은 새롭게 나타난 음식, 옷가지, 특히 난방용 석탄 부족을 1916년과 1917년 겨울 상황과 비교했다. 사람들은 만성적인 결핍에 대하여 불평했다. '여론'에 대한 친위대 정보국의 주간 보고서는 반복해서 경고했다. 독일인들이 과연 새로운 전쟁의 새로운 결핍을 '버텨낼 수 있을지' 의심스러웠던 것이다.

개전 직후 몇 달 동안 나치가 1933년 집권 이후 수립해놓은 지배 체제의 안정성에 대하여 결정적인 의문이 제기되었다. 표면적으로만 보면 나치는 집권 이후 일방적인 성공만을 기록했다. 나치당 당원 수는 1932년 말의 85만 명에서 개전 직전의 550만 명까지 증가했다. 입당 동기야 기회주의부터 순응과 신념 등 여러 가지였지만, 어쨌거나 증가했다. 1939년 가을 민족사회주의 부녀회 회원 수는 230만 명이었다. 히틀러청소년단과 독일소녀연맹 단원은 870만 명이었다. 청소년 남녀는 주간 저녁 모임과 여름캠프 1주일 동안 이념 교육을 받았다. 노동계급 복지 기구의 후신인 민족사회주의 인민복지회와 노동조합의 후신인 독일 노동전선은 회원 수가 각각 1,400만 명과 2,200만 명이었다. 더욱 인상적인 것은, 그 조직들의 직책 다수가 자발적이었다는 사실이다. 1939년이면 인구의 2/3가 나치당 대중 기구 한 가지에는 소속되어 있었다.[11]

그 성공들은 나치의 강제와 나치에 대한 동의가 결합하여 기존 사회성을 처절하게 파괴한 끝에 얻은 성과였다. 나치는 1933년에 그때까지 벌여온 길거리 투쟁을 완수하여 좌익 정치를 말살하는 작업에 착수했다. 친위대원과 돌격대원들은 경찰, 군대, 심지어 소방대의 적극적인 지원을 받아 적의 자택들 하나하나를 수색하면서 입주민들을 겁박하고 구타했고, 지역의 활동가들과 조직원들을 체포했다. 좌파 정당들은 일제단속의 반복 끝에 활동이 금지되었다. 독일 공산당은 1933년 3월에, 노동조합은 그해 5월에, 사민당은 같은 해 6월에 금지되었다. 강제수용소 재소자는 1933년 5월에 이미 5만 명에 달했다. 대부분 공산당원과 사민당원이었다. 좌익에 대한 테러는 1934년 여름에 완료되었다. 그동안 약 20만 명의 남녀가 나치 테러 기구에 의해 물리적으로 파괴되었다. 수용소 수감, 그에 수반된 모욕과 이유 없는 육체 훈련은 재소자들의 의지를 절단내고 순응을 강요하기 위해서였다. 1935년에 나치는 겁에 질리고 유순해진 재소자들 대부분을 집과 공동체로 돌려보냈다. '재교육'의 성공을 보란듯 과시한 것이다. 수용소에 단 4천 명만 남아 있던 그 시점에, 좌파가 과거에 구현했던 '또다른 독일'이 정치적 말살을 당한 것이다.[12]

독일에 동원령이 하달된 1939년, 게슈타포는 구舊 사민당 정치가들을 선제적으로 다시 체포했다. 그때 1860년대 이래 독일 좌익 정치를 견지해왔던 노동계급 하위문화를 과연 뿌리 뽑는 데 성공했는지 가늠하기는 무척 어려웠다. 노동자들 일부는 분명 새로운 나치 조직 안으로 숨어들어가서 버티고 있었다. 1933년 이전에 축구는 노동자 클럽의 스포츠였다. 그때 노동자 스포츠클럽 회원 수가 70만 명이었고, 가톨릭 스포츠클럽도 24만 명이나 되었다. 독일노동전선이 그 조직들을 흡수하고 나치 정부 역시 축구 경기 리그를 종전보다 훨씬 경쟁적이고 흥미롭게 재조직했지만, 나치는 현실에서 축구팬들을 통제할 수 없었다. 1940년 11월 빈에서 벌어진 친선 경기는 완전한 난동으로 끝났다. 빈의 축구팬들이 경기 종료 휘슬과 함께 경기장에 난입하여 원정팀 선수들이 빠져나가기 전까지 돌을 우박처럼 던져댔다. 축구단 버스 창문이 날아갔고, 심지어 나치당 빈 지구당 위원장의 승용차가 파손되었다. 게슈타포는 그 사태를 정치적 시위로 간주했지만, 그것은 초점이 어긋난 판단이었다. 사실은 두 축구 클럽 모두 전통적인 팬들, 즉 열렬하고 충성스러운 과거의 '빨갱이' 노동계급에 기반을 두고 있었고, 비록 '친선'이라고는 했어도 그 경기는 아드미라 빈이 1939년 독일컵 결승전에서 샬케04에게 9:0의 굴욕적인 패배를 당한 것에 대한 복수였다. 빈의 팬들은 클럽의 그 패배가 루르 팀의 믿을 수 없는 능력이 아니라 베를린 심판의 편파 판정 때문이라고 여기고 있었다. 그리하여 팬들의 난동은 자기 동네와 도시에 대한 남성적인 충성심의 문제였던 동시에, 1938년 3월의 오스트리아 병합 이후 오만한 '프로이센 것들'이 빈에 밀고 들어온 것에 대한 오스트리아인들의 항의였다.[13]

그러나 노동계급 정체성의 유산이 발휘하는 힘은 크지 않았다. 사민당이 각고의 노력 끝에 상호부조 기구, 노래회, 체조클럽, 상조협회, 유치원, 자전거 클럽 등으로 건설했던 그 세계는 나치 기구에 편입되거나 억압받았다. 1936년 7월 망명 사민당은 그 클럽들이 만들어내던 집단 정체성의 전통이 붕괴된 것을 한탄하면서, '(노동자들의) 계급으로서의 운명에 대한 관심이 대부분 완전히 사라졌다. 관심은 이제 가장 소시민적인 개인과 가족 이기주의로 옮아갔다'라고 인정했다. 2차대전 종전 직후 좌파 정치가 재구성되었을 때, 유권자들의 표는 다시 좌익 정당으로 향했지만, 그 정당들은 1933년 이전의 촘촘했던 하위문화와 정체성을 재건할 수 없었다. 2차대전이 발발했을 때 친위대 정보국과 게슈타포는 강제와 포섭을 결합한 그들의 전략이 노동계급을 통합하는 데에 얼마나 성공했는지 알 수 없었다. 그래서 나치는 그후에도 노동자들의 계급적 행동 가능성을 면밀하게 추적했다.[14]

나치는 중간계급들—농민, 자영업자, 숙련 수공업자, 교육받은 전문직, 매니저—의 지지는 확실하게 확보했다. 개신교도들은 나치 '민족혁명'을 열렬히 환영했다. 그들은 자신들이 1914년 1차대전 발발 때 국가에 보냈던 찬사 및 열정에 비견될 수 있는 영적인 재탄생을 기대했다. 그들은 바이마르공화국의 '신을 모르는' 모더니즘을 하나같이 거부했다. 그들은 바이마르 모더니즘을 '1789년 프랑스혁명의 이념', 평화주의, 민주주의, 유대인, 1차대전 패전을 받아들인 자들과 동일시했다. 그 광범위한 동맹은 개신교 목사들과 신학자들이 이미 1920년대에 구축한 동맹이었다. 목사들과 신학자들이 주장하던 '새로운 민족공동체'의 기대는 정치적 스펙트럼을 가로질러 강력한 호소력을 발휘했다. 과거의 자유주의자, 보수주의자, 가톨릭 중앙당 당원, 심지어 과거 사민당에 투표했던 사람들마저 1차대전과 그 뒤를 이은 바이마르공화국 시기에 그 우익의 '민족공동체' 이념을 수용했다. 이는 나치가 민족공동체를 핵심 이념으로 삼기 전에 진행되었던 일이다. 역사학자 한스 로트펠스와 에른스트 칸토르비츠 같은 '유대인' 독일 민족주의자들도 '민족혁명'을 받아들이고자 했고, 두 사람은 자신의 '비非아리아인' 혈통으로 인하여 망명으로 내몰렸을 때조차 그 이념을 애써 보존했다.[15]

개신교 목사들이 곧 나치였던 것은 결코 아니다. 그러나 그들은 1918년의 패배에 대한 민족의 회개가 선행되어야만 '민족의 구원'이 가능하다고 주장했다. 사실 추후 나치에게 이용되는 수많은 주장을 제기한 사람들은 비非나치 인사들이었다. 1차대전에 군목軍牧으로 종군했던 젊은 신학자 파울 알트하우스는 이미 1919년에 평화주의를 비난하면서, 독일인들이 신의 신뢰를 다시 얻을 만한 가치가 있다는 것을 입증하려면 베르사유에 맞서 싸워야 한다고 주장했다. 알트하우스는 신학적 주장과 전투적 민족주의를 교묘하게 혼합한 덕분에 보수적인 루터파 교회에서 막강하고 중심적인 선전가로 올라섰다. 그는 독일인들이야말로 선민이라고, 그러나 독일인들이 신의 신뢰를 다시 얻을 만한 가치가 있다는 것을 입증하려면 우선 자기 잘못부터 회개해야 한다고 주장했다. 추후 과격한 나치는 독일인들로부터 종교를 제거하려고 시도한다. 그 시도는 실패했지만, 독일 민족의 영적인 부활을 열정적으로 요구하기는 그들도 마찬가지였다. 알트하우스류의 신학자들은 파울 틸리히가 주창한 것과 같은, 보다 보편주의적이고 평화주의적인 관점들의 정당성을 폄하하고 약화시켰다.[16]

나치는 집권 직후에는 본격적인 사회공학 조치들의 실행을 삼갔다. 그 대신 그들은 일종의 감정 혁명을 지향했다. 준군사적인 대열, 깃발, 군화, 제복, 횃불행진 등을 연출한 것이다. 나치의 의지는 부르주아 문화의 내적인 성소聖所인 시립극장까지 파고들었다. 나치는 19세기 고전극에 맞서 시립극장 무대에서 과거 자유군단 민병대가 1920년대 전반기에 프랑스의 루르 점령에 맞서던 장면을 극화했다. 1933~1934년에 그들은 야외 팅공연Thingspiel을 조직하여 실내 극장의 물리적 한계를 넘어섰다. 팅공연은 거대한 실물 조형물들을 세우고 6만 명에 달하는 관객들이 바라보는 가운데 1만 7천 명에 이르는 참가자들이 그 사이에서 펼치던 연극이다. 나치는 그런 스펙터클을 통하여 독일인들이 1차대전의 패배를 추체험하고 쫓아버리도록 이끌고자 했다. 리하르트 오이링거의 작품 『독일의 수난』은 1차대전의 전몰 병사들이 글자 그대로 다시 살아나 대대 병력을 이루어

무대 위를 행진하는 모습을 보여주었다. 극에서 철모 아래로 희뿌연 유령의 얼굴이 어슴푸레 빛나는 가운데 병사들은 민족의 통합과 재탄생을 열정적으로 고백한다.[17]

팅공연의 유행은 1935년이면 벌써 끝난다. 시립극장에서 공연되던 선동극들도 시들해진다. 관객들이 시즌 티켓을 환불받기 시작했다. 관객들이 나치 연극에 대하여 봉기를 일으켰던 것이다. 그러자 괴벨스는 판을 갈아버렸다. 그는 나치 극장 감독들을 내쫓고 유능한 전통주의자들을 영입했다. 중간계급이 압도적이었던 관객들이 괴벨스에게 요구하고 또 괴벨스로부터 얻은 것은 고전극이었다. 1933년 11월, 히틀러의 맥주홀 쿠데타 10주년 기념식은 나치 연극으로 치러졌다. 그러나 10년 뒤 그 기념식에서 모차르트 오페라가 공연되었다. 그처럼 공연 내용이 변질되었지만, 괴벨스는 연극에 막대한 자원을 계속 쏟아부었다. 그 액수가 정치 선전에 들인 돈보다 컸다.[18]

나치는 대공황의 쓰라린 가난과 불확실성을 극복했다. 경제위기의 극복은 독일인들이 제3제국을 지지한 강력한 이유였다. 그러나 성공은 그 자체로 리스크를 포함했다. 나치당과 정부의 핵심 인사들은 경제적 성공이 일시적이지나 않을까 우려했고, 나치의 가치와 믿음이 성공적으로 주입되었다고 확신하지 못했다. 그들은 '민족공동체'라는 총괄적 모토 아래 경제적 재분배와 사회정책, '생개혁'과 교육정책, 심지어 독일 여성이 치마가 아니라 바지를 입어도 되는지 열띠게 토론했다. 히틀러는 너무도 조심스러워서 결코 '교황과 같은' 답을 공적으로 선언하지 않으려 했고, 나치 교리의 담당자 알프레드 로젠베르크는 반기독교적 발언을 생경하게 되풀이하다가 불신의 대상으로 전락했다. 그는 나치 체제 내부에서 권력 기반을 상실했다.[19]

개전 직전 독일인 대부분은 기독교 교파와 나치당 조직 두 가지 모두에 속했다. 독일인의 2/3가 나치 조직에 속했지만, 94%는 가톨릭이나 개신교 신자였다. 교회는 독일에서 가장 중요한 시민사회 제도였다. 나치는 강단에서 나치를 비판한 완고한 신부와 목사들을 수용소에 수감했다. 베를린의 가장 비판적인 목사 마르틴 니묄러는 1937년 7월에 게슈타포에게 체포되었다. 그는 나머지 세월을 그곳에서 보내게 된다. 1945년 4월에는 젊은 개신교 목사 디트리히 본회퍼가 플로센부르크 수용소의 교수대에서 처형되었다. 그 두 사람은 나치의 억압에 직면하여 시민의 용기를 보여준 강력한 상징이 되지만, 그것은 한참 뒤의 일이다. 본회퍼는 파울 틸리히와 함께 망명을 떠난 자유주의적이고 인도주의적인 신학을 독일에서 대변했다. 그러나 본회퍼의 이념과 상징으로서의 그의 면모는 1950년대 말과 1960년대 초에야 서독에서 인정받았다. 니묄러는 전혀 다른 사람이었다. 그는 자유 민주주의자가 아니었다. 그는 반유대주의자였고, 보수적인 민족주의자였다. 1차대전에서는 잠수함 함장으로 복무했고, 1919~1920년에는 자유군단 민병대에서 활동했으며, 그후 성직자 교육을 이수했다. 더욱이 그는 1924~1933년에 선거 때마다 히틀러에게 투표했다. 작센하우젠 수용소에 수감되었던 그는 1939년에 전쟁이 발발하자 해군 총사령관 레더 제독에게 조국을 위해 다시 봉사하고 싶다는 편지를 보냈다. 1930년대 니묄러의 반체제적 입장은 정치적이기보다 종교적이었고, 그가 대표하던 유형의 기독교는 독일 개신교에서 한자리를 차지하고자 싸우고 있었다.[20]

　　1933년에 나치 '민족혁명'을 열광적으로 지지했던 개신교는 그후 세 방향으로 갈라졌다. 많은 목사들이 '게르만기독교'에 가담했다. 그 운동은 의례와 신학으로 민족 영혼을 부활시킨다면서, 성경에서 유대인의 구약을 없애고, 신약에서도 유대적 요소를 제거하며, 신도회에서 개종 유대인을 배제하고자 했다. 그 방향에 저항하여 전통적인 성경과 의례를 수호하고 교회에 대한 국가의 영향력을 차단하고자 고심하던 개신교 목사들은 '목사 긴급동맹'으로, 1934년 5월에는 '고백교회'로 결집했다. 게르만기독교와 고백교회의 대립은 흔히 교회의 영혼을 둘러싸고 벌어진 자유주의 기독교와 나치의 갈등으로 이해된다. 그러나 오해다. 그렇지 않았다. 「바르멘 신학고백」의 저자 카를 바르트는 독재에 비판적이었고 또 스위스로 돌아가 버리지만, 그의 글은 고백교회 목사들 사이에서 별로 읽히지 않았다. 그리고 바르트는 독일 개신교도들 대부분과 달리 루터파가 아니라 칼뱅파였다. 그리고 게르만기독교와 고백교회 목사들 다수는—니묄러를 포함하여—똑같이 민족주의적이고 위계적이고 사회통합적인 정치적 가치를 신봉했다. 그러나 그들의 분열 덕분에 파울 알트하우스 주변의 루터파 신학자들이 제3세력이 되어 높은 영향력을 행사할 수 있었다. 알트하우스는 나치당에 입당하지는 않았지만, 히틀러의 총리 임명을 '신이 주신 기적이요 선물'이라고 환영한 인물이다. 그리고 알트하우스는 나치의 서적 분서焚書에는 참여하지 않았지만 그 행사를 정당화했다. 독일 유대인에게 자행된 1938년 11월의 포그롬 직후에도 알트하우스는 역사를 이끄는 이는 신이시니 유대인의 고통은 유대인이 지은 죄의 증거라고 강조했다.[21]

독일 가톨릭교회도 분열되었다. 다만 세대별로 분열되었다. 가톨릭 주교들은 60세에서 80세 사이였다. 그들은 주요 개신교 신학자들이나 나치 지도자들보다 한 세대 위였다. 그들은 대부분 1차대전 이전에 성직 서품을 받았고, 열렬한 신아리스토텔레스주의 신학으로 훈련받은 신학자들이었다. 그들은 수미일관한 논리를 갖추었고 추상적인 언어를 구사했다. 그들은 자유주의, 사회주의, 공산주의, 무신론이라는 질병의 책임을 '근대성'에 두었다. 늙은 주교와 젊은 성직자 및 평신도 사이의 간극은 가톨릭교회의 소통 형태와 정책 내용에 긴장을 조장했다. 주교들이 사회개혁에 대하여 매우 협소하고 보수적인 견해를 견지한 반면, 젊은 가톨릭교도들은 1933년의 '민족혁명'을 새로운 독일 사회의 구축에 힘을 보탤 자신들의 기회로 간주

했다. 2차대전은 보수파와 개혁파 간의 그 세대 갈등을 심화시킨다.[22]

나치도 가톨릭교회에 압력을 가했다. 그들은 가톨릭 청소년운동을 금지했고, 가톨릭 학교 교육의 세속화를 강화하려 했으며, 가톨릭 정신요양원 네트워크를 강제불임법에 복속시키고자 했다. 급기야 1938년 여름방학때 바이에른 나치 행동가들이 바이에른 가톨릭 학교에서 십자가를 제거했다. 분노한 농촌과 소도시의 바이에른 사람들이 친위대, 지구당 위원장, 나치당 이데올로기의 우두머리 알프레드 로젠베르크와 같은 과격파를 격렬하게 비난했다. 그러나 가톨릭교회가 나치 운동 전체를 하나같이 그릇된 것으로 여겼던 것은 결코 아니다. 많은 가톨릭 신자들은 나치 기구의 회원으로 머물면서 헤르만 괴링과 같은 보다 우호적인 나치들로부터 지원받으려 했다. 히틀러 스스로가 종교에 대한 입장을 너무나 철저히 관리한 나머지, 뮌헨의 대주교 파울하버 추기경과 독일 가톨릭교회의 우두머리인 브레슬라우의 베르트람 추기경은 히틀러를 지극히 종교적인 인물로 여겼다. 그리고 그들 모두가 민족에 대한 헌신을 공유했다. 그리하여 가톨릭교회와 나치 체제는 전쟁 동안 최근의 역사가들이 '적대적 협력관계'라고 부르는 관계를 구축했던 것이다.[23]

그처럼 개신교든 가톨릭이든 명확한 정신적 리더십이 부재했다. 따라서 신도들은 양심의 문제를 각자 알아서 해결해야 했다. 그들은 그 내면의 과정을 사적인 일기와 편지에 남겼고, 그런 기록은 역사가들이 독일 '민족공동체'의 보다 자유주의적이고 인간적인 구성원들의 도덕을 독해하는 소중한 자료다.[24]

**

1939년 9월, 2차대전이 발발했을 때 전쟁은 너무나 인기가 없었다. 그러나 전쟁의 발발 원인에 대한 깊은 내면의 성찰도 없었다. 히틀러의 폴란드 무단 공격으로부터 정복 전쟁이 발발했다는 것이 영국과 프랑스에서는 자명한 사실이었던 반면에, 대부분의 독일인들에게 똑같이 자명했던 것은 그 전쟁이 연합군의 음모와 폴란드의 공격에 의해 강요된 민족 방어 전쟁이라는 것이었다. 그러한 면모는 진지한 역사 연구에서는 오랫동안 외면되어왔다. 그런 입장은 네오나치에게 영합하려는 웹사이트에서 근근이 존재해왔을 뿐이다. 골수까지 나치가 아니었던 많은 독일인들이 전쟁이 자신들에게 강요되었다는 관점을 진지하게 진심으로 견지했다는 사실은 현대의 독자들에게 이상해 보일 것이다. 독일인들은 도대체 어떻게 해서 의도적이고 폭력적인 그 정복 전쟁을 민족 방어 전쟁으로 여기게 되었던 것일까? 어떻게 해서 그들은 자신을 히틀러의 주인 인종을 위한 병사가 아니라 포위된 애국자로 간주하게 되었던 것일까?

1차대전은 2차대전 동안 독일인들이 겪던 국내 전선의 결핍과 고통을 측정하는 기준이기만 했던 것이 아니다. 1차대전은 사람이 한 세대 동안 두번째로 겪게 된 세계대전의 원인을 이해하는 조건이었다. 독일인들에게 1939년 9월 3일에 전쟁을 선포한 나라는 영국과 프랑스였다. 1914년에 러시아가 먼저 총동원령을 내리고 이어서 동프로이센을 침공했던 것과 똑같은 것이었다. 1914년 8월의 전쟁은 적대적인 강대국들이 독일을 '포위'한 장기적인 과정 끝에 발발했었다. 그들에게 그 전쟁은 영국이 세계제국을 방어하고 독일의 지위를 깎아내리기 위해 의도적으로 조정해낸 작업의 결과물이었다. 독일인들이 일기에 1939년의 폴란드 위기를 기록한 것을 보면, 1914년과 똑같은 논리가 똑같은 언어로 다시 나타나는 것을 볼 수 있다. 영국의 제국주의가 다시 한번 모든 것의 원인이었다. 영국의 호전성은 독일군이 1939년에 폴란드를 점령했을 때, 그리고 1940년에 프랑스에 승리했을 때 히틀러가 반복적으로 제시한 평화 제안을 거칠게 거부해버린 것에서 입증되지 않는가. 2차대전이 방어전쟁이라는 그 관점은, 단순히 독일인들이 나치가 유포한 선전에 세뇌되었기 때문에 나타난 것이 아니다. 나치에 비판적이던 사람들 역시 전쟁을 그런 식으로 바라보았다. 독일의 모든 사람이 2차대전을 1차대전의 렌즈로 바라보았던 것이다. 1차대전을 겪지 않은 젊은 세대도 똑같았다. 적어도 독일인들은 개전 직전 마지막 순간에 소련과 불가침조약을 체결함으로써 1차대전과 달리 양면전의 악몽에서는 벗어날 수 있었다. 그러나 1941년 성탄절에 독일은 다시 한번 영국, 러시아, 미국과 싸우고 있었다. 1917년과 똑같다. 그렇지 아니한가?

1차대전에 참전했던 '전선 세대'에 대한 숭배와 1차대전 문학—에리히 마리아 레마르크의 『서부전선 이상 없다』와 같이 전쟁에 비판적이든, 에른스트 윙거의 『강철폭풍』처럼 전쟁을 찬양했든—은 1914~1918년의 세대를 각인시켰다. 그들은 평화만을 알고 성장했던 아버지 세대와 전혀 다른 사람들이었다. 그것이 진정 부자간의 갈등이었건 아니건, 1차대전은 그렇게 인지되었다. 2차대전은 달랐다. 똑같은 문제 때문에 또 한번 전쟁이 발발했고 그래서 악순환에 빠지고 말았다는 느낌이 세대를 넘어서 형제적인 '동료애'를 만들어냈다. 헬무트 파울루스가 1941년에 동부전선에 배치되었을 때, 1차대전에 참전한 뒤 예비군 장교로 귀가한 일반의醫인 그 아버지는 2차대전 동부전선에 보낸 편지에서 아들을 '동료'로 칭했다. 헬무트 부대가 루마니아를 거쳐 남부 우크라이나로 진격했을 때, 그곳은 독일군이 1차대전 때 점령했던 장소였다. 헬무트의 부모는 그들이 거주하는 포르츠하임의 이웃과 친지들 중에서 우크라이나 지형을 묘사할 수 있거나 오래된 전쟁 지도를 갖고 있는 사람들을 불러 모았다. 아들이 싸우고 있는 장소를 어림하기 위해서였다. 그 남자들은 1차대전의 참호에서 '불의 세례'를 견뎌낸 것에 자부심을 느끼던 사람들이었다. 그들은 2차대전의 전투를 1916년에 10개월 동안 지속된 베르됭 전투와 비교하면서, 포격의 전설적인 파괴력이야말로 인생의 궁극적인 시험대라고 말했다. 독일군 사령관들 역시 2차대전의 전황을 1차대전의 견지에서 해석했다. 독일군이 1941년 11월, 모스크바에 다가갔을 때 사령관들은 27년 전 파리가 손에 닿을 듯했던 마른느 전투에서 불현듯 나타났던 예기치 않은 변화가 반복될지 모른다는 공포에 쫓겼다.

아버지들과 아들들을 묶어주던 것은 전투 경험의 공유 그 이상이었다. 그것은 세대를 잇는 책임의 감각이었다. 아들들은 아버지들이 실패한 것을 성공시켜야 했다. 아들들이 두 세대를 러시아에서 싸우도록 한 그 반복의 순환을 끊어야 했다. 좌파와 자유주의 사상가들이 역사를 직선적이고 진보적인 견지에서 바라보았던 반면에, 보수주의자들은 역사가 삶과 마찬가지로 순환적이고 반복적이라고 믿었다. 오스발트 슈펭글러의 『서구의 몰락』이 정식화했던 서구 문화의 몰락에 대한 쓰라린 예측들이 1933년의 '민족의 재탄생'에 의해 뒤집히기는 했다. 그러나 순환적인 자연 은유의 힘은 여전했다. 소련에서 벌어진 독일인들의 전쟁은 은유를 현실로 만들었다. 파괴적 반복이라는 추상적 위협이 직접적이고 실존적인 투쟁으로 현실화된 것이다. 독일인들의 전쟁이 동부전선에서 일으킨 그 막대한 폭력은 독일이 마침내 그 악순환을 끊어야 한다는, 그렇지 않으면 다음 세대도 살육을 반복할 운명일 뿐이라는 감각의 날을 더욱 날카롭게 했다.

애초부터 명확했다. 1939년 가을 서부에서 전투의 개시를 기다리고 있던 병사들 일부는 생각했다. '지금 판을 정리하는 게 낫다. 그러면 또다시 전쟁을 경험하지 않아도 될 것이라고 희망할 수 있다.' 독일의 학동들은 몇 세대 동안 프랑스가 '세습적인 적'이지만 본능적이고 감정적으로 진짜 문제는 러시아라고 배웠다. 1890년부터 심지어 야당 사민당조차 독일이 러시아 차르 전제정의 공격을 받는다면 동방의 그 야만으로부터 나라를 방어할 것이라고 맹세했었다. 1914년 8월 러시아가 동프로이센을 침공하자,

극적으로 과장된 호러 스토리의 물결이 독일 언론에 범람했다. 그곳에서 러시아 군대를 패퇴시켰던, 그때까지 잘 알려지지 않았던 프로이센 장군 파울 폰 힌덴부르크는 그후 오랫동안 민족의 영웅으로 남았다. 러시아 전쟁은 끝까지 싸워서 다음 세대가 또다시 겪지 않아도 되도록 해야 한다고, 1941년에 독일인들을 설득하는 것은 어렵지 않았다. 1914~1917년에 동부전선에서 싸웠던 퇴역군인들로부터 막 학교를 졸업한 젊은 병사를 거쳐 아직 집에 있는 십대 청소년들에 이르기까지, 독일인들은 2차대전을 나치 체제와 동일시했던 것이 아니라 세대를 가로지르는 가족적 책임으로 간주했다. 그것이 그들의 애국주의의 가장 강력한 토대였다.[25]

전쟁에 대한 그처럼 명확하고 완벽한 헌신은 전쟁이 무기한이거나 통제 불능이 아니라고 믿었기 때문에 가능했다. 그들의 전쟁에는 시한이 있었다. 한 병사는 1940년 2월 아내에게 보낸 편지에 썼다. '그 모든 것을 내년에는 할 수 있을 거야. 알았지?' 그로부터 2년 뒤 또다른 병사가 맹세했다. '우리가 지금 하지 못하는 모든 것을 다음에는 따라잡을 수 있을 거야'. 그들이 품은 희망의 초점은 전쟁 이후의 삶에 대한 꿈이었다. 종전 이후의 삶이야말로 사람들이 승전—갈수록 패전을 피하는 것—에 사적으로 부여한 의미였다. 전쟁은 필연적인 것이라고 아무리 정당화해도, 전쟁이 잃어버린 시간이라는 사실은 변치 않았다. 전쟁이 끝나면 그때 비로소 진정한 시간이 시작될 것이었다. 한 남자가 아내에게 한 약속은 많은 사람의 심정을 대변했다. '그때 비로소 우리의 진정한 삶이 시작될 거야'. 1944년 성탄절을 코앞에 둔 시점, 동부전선의 한 젊은 탱크 부대 장교는 베를린의 약혼녀에게 두려움을 표현했다. 예술가가 되려는 꿈이 좌절될 뿐만 아니라 무한 반복되는 전쟁의 악순환을 끊지 못하면 어쩔 것인가. '이 전쟁이 끝나면 곧 아마도 20년 내에 또다른 전쟁이 우리에게 닥쳐오겠지. 지금 벌써 희미하게 그 조짐이 보여'. 그는 덧붙였다. '우리 세대의 전쟁

은 재앙에만 비견할 수 있을 것 같아'.26

그 가족들과 개인들에게 전쟁은 너무나 길었다. 그 긴 시간 동안 그들은 대형 사건들로부터 영향을 받았다. 그러나 전선 우체국이 매일같이 실어나르던 수백만 통의 가족 편지에는 개별 가족들이 전쟁이 부과하는 과다한 요구에 대응하던 요령들과 병사와 집에 남은 식구들이 무의식적으로 전쟁에 적응해가는 양상들이 기록되어 있다. 많은 커플들은 상대방을 안심시키느라 그들의 관계가 얼마나 어려워졌는지, 그들이 얼마나 바뀌었는지 숨겼다. 변화는 종전 뒤 재회했을 때 비로소 드러났다. 그러자 이혼율이 급증했다.

이 책은 그 길었던 전쟁에 관한 이야기이다. 이 책은 그 전쟁에서 발생한 독일 사회의 변화를 목록화하고 갈수록 통제할 수 없다고 느끼게 된 전쟁에 각 개인이 적응해간 미묘한 방식들, 종종 되돌릴 수 없던 그 방식들을 기록한다. 또한, 이 책은 사람들이 자신을 형성해간 사건들을 통과하면서 겪은 변화하는 기대와 파동하는 희망과 두려움을 기록한다. 그들의 구체적인 삶은 경험을 재는 감정적인 잣대인 동시에 자기 파괴의 길을 가던 한 사회를 나타내는 도덕적 기압계였다.

제1부

방어전
: 1939년 9월~1940년 봄

제1장

/

독일인들에게 환영받지 못한 전쟁

'나를 기다리지 마. 휴가는 더이상 없을 거야.' 젊은 병사가 여자친구에게 급히 편지를 남겼다. '지금 나는 곧장 부대로 가서 짐을 싸야 해. 동원령이 발동되었어.' 병사는 급히 리비히스트라쎄에 있는 이레네의 이모 집으로 달려가서 물건을 맡겼다. 그날이 주말이어서 여자친구인 젊은 플로리스트 이레네는 부모 집으로 출발한 뒤였다. 작별 인사를 할 수 없게 된 병사는 편지 봉투에 주소를 적었다. '이레네 라이츠, 라우테르바흐, 반호프스트라쎄 105번지.' 2년 전에 상병으로 진급한 직업군인 에른스트 귀킹은 전쟁에 동원된 최초의 병사 중 한 명이었다. 그는 에슈베게에 자리잡은 제163보병연대 소속이었다.[1]

다음날인 1939년 8월 26일 독일 정부가 공식적으로 동원령을 발동했다. 헤센주 탈라우의 시골 학교 교사 빌름 호젠펠트는 풀다 계곡 맞은편에 있는 여자 고등학교로 달려갔다. 그날 많은 학교가 군부대 집합 장소였다. 호젠펠트는 1차대전 때의 선임하사 계급장을 다시 달았다. 그의 예비군 보병중대 병사들 다수는 1차대전 퇴역 군인이었다. 호젠펠트는 무기와 장비를 나눠주면서 병사들이 '진지하고 결의에 차 있다'고 생각했다. 그리고 그는 병사들 모두가 '앞으로 전쟁이 또 있으면 안 된다'라고 믿는다고 생각했다.[2]

슐레스비히-홀스타인주 플렌스부르크의 젊은 소방대원 게르하르트 M은 전차로 융커홀베크 막사로 향했다. 그곳에서 그는 '장비 담당 하사'에 임명되고 자전거를 할당받았다. 그가 속한 제27보병연대는 그날 밤 11시에 기차역으로 출발했다. 늦은 밤 시각이었지만 플렌스부르크의 거리들은 환송객들로 가득했다. 제12중대에 배속된 게르하르트는 부대가 어디로 가는지 몰랐다. 그는 가축 수송용 트럭의 의자 아래 자리를 잡고, 기차가 마침내 출발하자 '정의로운 자의 잠'에 빠져들었다.[3]

녹음이 우거진 베를린 니콜라스 호수의 요헨 클레퍼는 신경이 소진된 느낌이었다. 전쟁을 피할 수 있을지 모른다는 희망이 깨진 터였다. 그는 사태를 암울하게 보았고, 그래서 나치당 블록장에서 신문 편집장에 이르기까지 나치가 쏟아내는 낙관적인 루머에 속아 넘어가지 않았다. 그의 전쟁 공포는 유대인 아내 요한나와 열여덟 살의 의붓딸 레나테의 미래에 집중되어 있었다. 그해 초 영국으로 망명한 요한나의 큰딸 브리기테가 런던의 크로이돈에서 편지를 보냈다. 런던에서는 이미 공습에 대비한 피란 조치가 진행되고 있다는 내용이었다. 지난 몇 달 동안 클레퍼는 요한나와 레나테가 브리기테와 함께 떠나지 않도록 자신이 설득했던 것을 괴로워하고 있었다. 그는 독일 언론과 라디오의 어조가 1938년 체코슬로바키아 위기 때보다 덜 날카로운 것을 위안으로 삼았다. 독일이 1939년 8월 23일에 소련과 불가침조약을 체결한 이후 나치 언론은 늘 하던 '전쟁광 유대인'이라는 말을 삼가고 있었다.[4]

＊＊

1939년 봄과 여름 내내 독일 정부는 폴란드의 독일인 소수민족이 겪어야 하는 폭력을 성토했다. 위기의 중심에는 중립 '자유도시' 단치히가 있었다. 주민 대부분이 독일인이었던 그 도시는 소위 '폴란드회랑'에 둘러싸여 독일과 분리되어 있었다. 사실 단치히는 1차대전 조정 작업을 관통하던 비정상들과 원한들이 하나로 모인 도시였다. 단치히 나치 지구당위원장 알베르트 포르스터는 독일 본국으로부터 1939년 여름 내내 긴장을 고조시키면서도 전쟁으로 폭발하지는 않도록 하라는 신중한 지시를 받았다. 실제로 포르스터는 폴란드 정부가 세관을 통하여 단치히의 식량 공급을 단절시킬 수 있다는 내용의 머리기사가 언론에 계속 실리도록 공작했다. 1939년 8월 30일 긴장이 극적으로 고조되었다. 독일 외무장관 요아힘 폰 리벤트로프가 한밤중에 갑자기 영국 대사를 초치하여 단치히 위기에 대한 독일 정부의 '최종 제안'을 전달했다. 영국 대사 네빌 헨더슨 경은 독일의 요구 사항을 서면으로 받지도 못한 채 런던으로 출발했다. 폴란드 정부와 대사관은 독일의 제안을 아예 듣지도 못했다. 히틀러는 폴란드회랑과 서부 폴란드의 구舊 독일 영토의 미래를 주민투표를 통하여 결정짓자고 요구했다. 그러나 그런 조치는 1차대전 직후에 그곳에서 발발했던 민족주의 내전을 재발시킬 것이 뻔했다. 히틀러의 제안은 실상 폴란드를 분할하고 또 방어 불가능하게 만들자는 것이었다.[5]

단치히는 지난 1년간 벌어진 두번째 국제적인 위기였다. 1938년 여름은 히틀러가 체코슬로바키아 인구의 1/3을 차지하던 주데텐 독일인들의 챔피언 노릇을 하는 것으로 지배되는 분위기였다. 그때 전쟁은 1939년 9월에 뮌헨에서 체코슬로바키아와 소련을 배제한 채 이루어진 브로커 짓으로 겨우 막을 수 있었다. 그 직후부터 영국과 프랑스는 재무장에 박차를 가했다. 그리고 그로부터 6개월이 채 지나기도 전에 히틀러는 주데텐란트가 '영토와 관련된 마지막 요구'라는 그의 엄숙한 약속을 깨버렸다. 새로운 체코 국경 너머로 독일군을 진군시켜 체코를 '제국보호령'으로 삼은 것이다. 비록 영란은행이 런던에 예치된 체코의 금을 되돌려주는 마지막 서비스를 해주었지만, 이제는 영국의 비둘기파 보수당원들조차 히틀러의 약속 위반을 눈감아줄 수 없게 되었다. 1939년 3월 15일 독일군의 프라하 점령은 뮌헨협정이 헛일이었음을 영국과 프랑스에 똑똑히 보여주었다.[6]

사태 전개에 대한 독일 내부의 반응은 엇갈렸다. 오스트리아인들은 새로운 '제국보호령 보헤미아 모라비아'를 호의적으로 받아들였다. 과거 합스부르크 제국의 영토를 독일 안으로 되돌려놓았다는 느낌이 들었던 것이다. 그러나 나머지 지역에서 그 유산은 별로 중요치 않았다. 서로 다른 의견들이 나타났다. 꽤 많은 폴란드인과 체코 이주민들이 거주하고 있던 루르 탄전지대의 주민들 일부는 체코에 동정심을 보였다. 1938년의 위기 동안 정치와 군부 엘리트를 포함하여 사실상 나라 전체가 독일이 전쟁에서 이길 수 없다고 확신하고 있었다. '전쟁 노이로제'가 너무나 막대했던 나머지, 뮌헨에서 협상이 타결되었을 때 승리를 축하하는 나치 선전이 대중의 안도감에 압도될 지경이었다. 그래서 괴벨스가 언론에 독일의 성공을 축하해야 한다고 지시해야 했다. 히틀러는 "자신의 전쟁 기회를 사기당했다"라고 격분하여 날뛰었지만, 그 의견에서 그는 나치 엘리트 중에서조차 혼자였다.[7]

1939년 9월 대중의 분위기는 바뀌어 있었다. 1938년 뮌헨에서는 군중이 체임벌린에게 환호했다. 그는 평화를 가져다준 사람이었다. 그러나 1년 뒤 영국 총리는 서구 민주주의의 퇴락과 무능력을 체현하는 웃음거리였다. 70세의 체임벌린은 지도자 히틀러보다 스무 살 위였다. 독일 어린아이들이 체임벌린의 걸음걸이를 흉내냈고 특히 그의 신사 우산을 조롱했다.

에른스트 귀킹의 여자친구 이레네 라이츠도 유행을 따라 체임벌린 정부를 '우산 정부'로 칭했다. 1939년 3월의 프라하 점령은 1년 전에 히틀러가 오스트리아 빈을 접수할 때와 마찬가지로 무혈의 승리로 보였다. 그것은 프랑스인들과 영국인들의 무기력을 확인해주는 듯했다.[8]

그동안 히틀러는 상처입고 포위당한 독일인 소수민족의 챔피언인 양 행동했다. 그는 1918년 직후의 영토 상실에 따른 누적된 원한을 동원했다. 전후의 폴란드 국가는 구舊 사민당원으로부터 가톨릭중앙당 지지자에 이르기까지의 많은 독일인들에게 1차대전 종전에서 독일 대표단이 일말의 협상 가능성도 없이 서명을 강요받았던 베르사유 강제 평화조약의 혹이었을 뿐이다. 망명 사민당의 국내 비밀요원들이 보기에 히틀러는 폴란드에 관한 한 잠기지 않은 문을 밀고 들어가고 있었을 뿐이다. '폴란드에 대한 군사작전은 독일인들의 압도적인 다수로부터 환영을 받을 것이다. 폴란드는 (1차대전) 종전 때의 행동으로 인하여 대중적인 증오의 대상이 되었다.' 사민당 정보원들의 결론은, 과거의 사민당 노동계급 지지자의 많은 사람이 '만일 히틀러가 폴란드를 타격한다면 인민 다수의 지지를 받을 것'이라고 믿는다는 것이었다.

나치의 선전은 특히 폴란드의 비타협적 태도의 배후에 영국이 있다고, 영국은 독일을 '포위'함으로써 정책적으로 독일의 재기를 막고 있다고 성토했다. 이미 1939년 초여름에 한 사민당 요원이 강조했다. '요즘 영국에 대한 선동이 너무나 강한 나머지 만일 "하일 히틀러"라는 공식 인사법이 없다면 사람들은 1차대전의 인사법이었던 "신이시여 영국을 벌하소서"라는 말로 서로 안부를 물을 것이다.' 히틀러는 1914년의 독일 사회를 관통했던, 온건한 사민당으로부터 보수적인 민족주의 우파까지 아우르는 광범한 애국주의 연대를 서서히 재창출하고 있었다. 나치가 정당들은 억눌렀는지 모르지만, 나치 당국자들은 정당들의 정치적 하위문화들은 여전히 남아

있고 사람들이 그 문화에 신속히 접속할 수 있다는 것을 알고 있었다.[9]

1939년 8월 독일 정부는 빠르게 전개될 제한적인 정복 전쟁에 시동을 걸었다. 8월 15일 독일군 사령관들이 폴란드 침공을 준비하라는 명령을 받았다. 8월 22일 리벤트로프가 스탈린 및 몰로토프와 협상하기 위하여 모스크바로 날아간 그날, 히틀러는 알프스 산장에서 나치 국가 지도부에게 사태를 설명했다. 영국과 프랑스는 전쟁으로 가지 않을 것이다. 장군들은 반공주의에 깊이 물들어 있었음에도 불구하고 독소 불가침조약에 안도했다. 양면전을 피할 수 있게 되었기 때문이다. 불가침조약에는 폴란드를 양분한다는 비밀 조항이 포함되어 있었고, 이제 폴란드로 한정된 승리의 전격전이 가능해 보였다. 그 전쟁은 독일의 군사적 지위를 공고히 하게 될 것이었다. 하지만, 독일 정부의 내부 평가에 따르면 독일이 영국 및 프랑스와의 '불가피한' 대결을 수행하기 위해서는 군수물자를 몇 년 더 증강해야 했다.[10]

8월 31일 오전 9시. 독일 라디오가 히틀러가 폴란드 위기의 해결 조건이라며 제시했던 16개 항을 발표했다. 히틀러는 후일 통역사 파울 슈미트에게 그 방송은 '특히 독일 인민에게 내가 평화를 보존하기 위하여 할 수 있는 모든 것을 다했다는 것을 보여주기 위해서였다'라고 고백한다. 세계는 영국 대사 헨더슨이 미친듯이 런던과 베를린을 왕복하는 것을 지켜보고 있었다. 히틀러는 무대 뒤에서 주데텐 위기 때 영국 및 프랑스와 다리를 놓았던 괴링과 무솔리니를 관리하고 있었다. '마지막 순간에 어느 돼지가 내게 불쑥 중재안을 내놓지 않도록' 하기 위해서였다.[11]

9월 1일 금요일 오전 10시. 요헨 클레퍼와 요한나 클레퍼 부부는 라디오로 히틀러 연설을 들었다. '어젯밤 폴란드 정규군이 최초로 우리 영토에 총격을 가했습니다.' 히틀러는 급하게 소집된 제국의회에서 행한 그 연설에서 독일군이 '오전 5시 45분에' — 실제로는 4시 45분 — '응사했습니다'라고 발표했다. 그는 덧붙였다. 나는 '잿빛 야전복을 입고 전쟁이 끝날 때까지 벗지 않을 것입니다'. 그것은 선전포고가 아니었다. 폴란드는 선전포고를 할 만큼 명예로운 나라가 절대 아니기 때문이었다. 그것은 오히려 자국민에게 자기방어적 행동을 정당화하는 것이었다. 그로써 '응사하다'라는 용어가 공공 사전에 등록되었다.[12]

나치 친위대와 경찰은 라인하르트 하이드리히의 지휘하에 '폴란드의 도발'을 입증하기 위하여 폴란드 지역의 독일 혈통들에게 시한폭탄을 들려주어 그 지역의 독일어 신문, 학교, 극장, 기념비, 개신교회 등 223개 지점을 공격하도록 했다. 불행하게도 폴란드 경찰이 잘 대응하였기에 목표물 중에서 23개만이 파괴되었다. 하이드리히에게 주어진 또하나의 과제는 '국경 충돌'을 연출함으로써 영국의 군사적 지원을 차단하는 것이었다. 하이드리히는 폴란드 부대가 독일 국경 안 호엔린덴으로 진입하도록 유도하려 했다. 그러나 독일군이 국경 초소를 파괴하는 바람에 그 작전은 불발했다. 그러자 하이드리히는 친위대 경찰대에게 폴란드 군복을 입혀서 글라이비츠의 라디오 방송 기지를 공격하도록 했다. 그리고 작전에 참여한 폴란드인 친위대원이 폴란드어와 독일어로 성명서를 낭독하도록 했다. 성명서는 '폴란드 만세!'로 끝났다. 그 직후 그 폴란드인은 다른 부대원들에게 사살되었고, 시체는 폴란드군이 공격했다는 증거로 방송국에 남겼다. 그러나 폴란드 부대가 국경에서 5킬로미터 떨어진 글라이비츠 방송 기지국까지 어떻게 무사히 진입할 수 있었는지 설명이 궁색했다. 엎친 데 덮친 격으로, 그곳 송신기가 너무 약해서 베를린의 하이드리히가 방송을 수신할 수도 없었다. 그 작전은 전쟁의 명분이 되기에는 너무나 조잡했다. 국제 여론은 물론 그곳에 출동한 독일군 헌병 수사관들조차 설득될 수 없었다. 그저 사전에 이미 생각의 방향이 잡혀 있던 독일의 청취자들만이 독일을 피해자로 간주했다.[13]

**

시골학교 교사 빌름 호젠펠트는 9월 1일에도 부대 집결지인 풀다의 여자 고등학교에 있었다. 그는 막간을 이용하여 장남에게 편지를 썼다. 아들은 한 농장에서 6개월간의 제국노동봉사단 복무를 막 시작한 참이었다. '이제 주사위는 던져진 거야. 끔찍했던 불확실성은 지나갔어. 우리가 직면한 것이 무엇인지 우리는 알아. 동쪽에서 폭풍이 일어나고 있어.' 호젠펠트는 전쟁을 피할 수 있다고 믿었었다. '지도자의 제안은 약소해서 받아들일 만했어. 평화를 보존하는 데 기여할 수 있었을 거야.'14

호젠펠트는 독실한 가톨릭 신자이자 농촌 수공업 가문 출신으로, 1914년에 열아홉의 나이로 1차대전에 징집되어 1917년에 중상을 입을 때까지 전선에서 복무했다. 1920년대에 그는 반더포겔 청년운동에 가입하여 동지애 속에서 세계를 향하여 궐기했다. 그는 반더포겔 활동과 조직화된 스포츠에 대한 사랑에서 나치 돌격대에 입단했고 전통적인 시골 마을인 탈라우에서 나름 '근대적' 가치를 표방했다. 1936년과 1938년의 뉘른베르크 나치당 전당대회에 참석했을 때 호젠펠트는 민족 속으로의 강렬하고 신비스러운 통일의 느낌에 전율했다. 호젠펠트는 교육받은 진보주의자로 자임했다. 그는 회초리로 암기식 교육을 강요하던 전통적인 가톨릭 교육을 비판했다. 동시에 그는 깊은 종교적 인물이었다. 나치 급진파가 교회를 공격했던 1938년에 그는 충격을 받았다. 빌름 호젠펠트는 서로 모순되는 깊은 헌신들을 보유한 인물이었다.

운명의 9월 1일. 호젠펠트가 아들에게 편지를 쓰자니 마치 1914년 여름이 다시 온 것 같았다. 그때나 지금이나 전쟁은 일방적으로 독일에 부과된 것이었고, 전쟁의 진정한 원인은 영국의 독일 '포위'였다. 호젠펠트는 독일 정부가 어떤 정부이든 '영(국)과 싸우게 되어 있다'고 확신했다. '오늘 우리를 다시 지배하는 것은 운명이야.' '지도자들은 초월적인 힘의 캐릭터들일 뿐, 그들은 그 힘이 요구하는 것을 행할 수밖에 없는 거야. 국내의 모든 이데올로기적, 정치적 차이는 물러나야 하고, 모두가 독일인이어야 해. 오직 인민만을 바라봐야 해'. 25년 전 황제 빌헬름 2세가 '짐은 정당을 모릅니다. 오직 독일인만을 알 뿐입니다'라고 했던 말이 호젠펠트의 편지에서 메아리치고 있었다.[15]

유대인 아내를 둔 요헨 클레퍼도 크게 다르지 않았다. 호젠펠트가 나치요 가톨릭이요 헤센 사람이었던 것처럼, 클레퍼는 반反나치요 경건한 개신교도요 프로이센 사람이었다. 그러나 호젠펠트와 달리 클레퍼는 새로운 전쟁에서 좋은 것을 전혀 기대하지 않았다. 그는 일기에 적었다. '전쟁의 원인이 된, 폴란드의 독일인 혈통이 겪었던 그 모든 고통이 …… 독일의 유대인들에게 똑같이 가해질 것이다.' 그에게는 10개월 전인 1938년 11월에 독일 유대인들에게 가해진 포그롬이 쓰라리게 생생했다. 유대인 아내와 의붓딸이 걱정이었다. 포그롬 한 달 뒤에 요헨은 아내에게 개신교 세례를 받도록 했고, 교회에서 그들은 혼인에 대한 뒤늦은 축성도 받았다. 그녀를 보호하기 위해서였다. 그는 마리엔도르프에 최근에 새로 건립된 마르틴 루터 기념교회를 선택했다. 강단 벽면에 루터와 힌덴부르크와 히틀러의 초상과 흉상이 새겨진 교회였다. 신도석 앞에는 나치와 기독교 모티프를 형상화한 테라코타 조상 800개가 설치되어 있고 히틀러청소년단원한 명과 돌격대원 한 명의 양각이 강단을 받치고 있는 교회였다. 클레퍼는 1937년에 프리드리히 빌헬름 1세를 찬양하는 소설을 발표하여 명성을 얻은 작가였다. 그 군주가 프로이센 왕조의 칼뱅주의적 올곧음을 모델화했다고 찬양한 그 소설은 독일군 장교들의 필독서가 되었고, 그래서 많은 나치가 짜증스러워한 소설이었다. 그러나 그 소설은 클레퍼를 보수주의자들의 관계망 속에 입장시켰다. 보수주의자들은 유대인 여성과의 '불행한' 혼인을 눈감아 주었다. 그래서 그들은 부부의 보호막이었다. 클레퍼는 앞날에 대한 불길함을 떨칠 수 없었지만, 단치히에 대한 독일의 주장이 정당하고, 폴란드회랑을 가로질러 단치히와 독일을 연결해야 한다는 주장도 정당하다고 믿어 의심치 않았다. 그는 일기에 썼다. '독일의 동부는 우리에게 너무도 중요하기에 현재 그곳에서 벌어지고 있는 일을 이해할 필요조차 없다.' 초조하게 앞날을 가늠해보던 클레퍼 부부는 그들이 자신들이 쳐놓은 충성의 덫에 걸려든 느낌이었다. '다른 많은 사람들과 달리 우리는 제3제국의 몰락을 기원할 수 없다. 그것은 불가능하다. 대외의 위협에 직면한 지금 우리가 봉기와 쿠데타를 희망해서는 안 된다.'[16]

1914년 8월과 달리 1939년 9월 1일에는 애국 행진이나 대중 집회 같은 것이 없었다. 길거리는 무섭도록 조용했다. 예비군들은 집합 장소에 가서 신고를 했고 민간인들은 건조하게 가라앉아 있었다. 〈도이체 알게마이네 차이퉁〉은 모든 사람이 '다가오는 미래에 무슨 일이 벌어질지?', 그 생각만 하고 있다고 보도했다. 니콜라스 호수의 교외에 사는 요헨 클레퍼는 그 기사를 읽고 기이하다고 여겼다. '사람들이 어떻게 아무런 열광도 없이 착 가라앉은 채 전쟁을 바라볼 수 있는 걸까?!' 독일인들은 집단적으로 숨을 죽이고 폴란드에 대한 독일의 '역공'에 영국과 프랑스가 어떻게 반응할지 기다리던 것으로 보였다. 많은 사람이—히틀러 자신이 그랬던 것과 똑같이—주데텐 지방을 양보한 서구 열강이 단치히 때문에 전쟁으로 갈 것 같지는 않다고 계산했다. 그러나 1차대전의 재앙이 반복될지 모른다는 공포는 역력했다.[17]

그날 해질 무렵에 베를린에 공습경보 사이렌이 울렸다. 젊은 여성 사진작가 리젤로테 푸르퍼는 창문에 등화관제용 밴드를 붙였다. 그녀는 방문과 창문에 못질을 한 뒤 이웃들과 함께 공동주택 지하실로 내려갔다.

동굴 같은 곳에서 감자 냄새가 나는 가운데 그들은 함께 기다렸다. 얼굴에 눈물자국이 있는 사람도 여럿 있었고 한 젊은 엄마는 3주일 된 아기를 안고 있었다. 리젤로테는 사이렌 소리에 놀란 직후 급히 남자친구 쿠르트에게 편지를 썼다. 공습경보의 울부짖음이 '깊이 잠겨 있던 어릴 때의 공포를 일으켰어'. 지하실에서 우아한 코트를 입고 모자를 쓴 흠결 없는 차림의 스페인 남자가 설핏 비틀거렸다. 그는 가스 공격에 대비하려는 듯 젖은 수건으로 입과 코를 막고 있었다. 잠시 후 해제 사이렌이 울렸다. 리젤로테는 뒤에 폴란드 전투기가 독일 상공을 15킬로미터나 뚫고 들어왔었다는 소식을 들었다. 공동주택 단지 전체가 본격적으로 공습 대비책을 마련하고 있을 때, 그녀는 자신의 삶이 며칠 새 얼마나 바뀌었는지 생각했다. 자기가 아는 남자들 모두가 전선 복무를 명령받았다. 27세의 그녀는 적십자에 자원하기로 마음먹었다.[18]

베를린 교외의 요헨 클레퍼도 공습경보를 들었다. 그는 폭격기가 밤을 뚫고 날아오리라고 예상하면서 침대에 누웠다. 그러고는 잠을 잘 잤다. 그는 아내 요한나와 의붓딸 레나테에 대한 걱정으로 지친 터였다. 아내의 '얼굴은 11월 포그롬 때만큼이나 안 좋아 보였다'. 부부가 서로를 격려하면서 끌어안고 떨어지지 않으려 한 반면에 의붓딸 레나테는 '특별히 차분했다'. 18세기 프랑스 문학을 전공하는 학자인 드레스덴의 빅토르 클렘퍼러는 자기가 소집되지 않으리라는 것을 알고 있었다. 벌써 58세였고, 1935년의 나치 인종법은 1차대전 퇴역 군인이더라도 유대인은 시민의 의무에서 배제시켰다. 클렘퍼러는 전쟁이 발발한 첫번째 주에 사살되거나 수용소로 보내질 것이라고 예상했다. 그러나 정반대로 나치 언론의 '유대인 공격'이 빠르게 감소하자 그는 놀랐다. 그의 집을 수색하러 온 경찰관 두 명도 위로하듯이 물었다. '그런데 왜 아직 해외로 나가지 않았어요?'[19]

플렌스부르크를 떠난 지 1주일 후 제26보병연대가 1939년 9월 3일 오전 5시에 마침내 폴란드 국경을 넘었다. 이른 오후에 부대는 처음으로 마을들을 통과했다. 마을들은 피란으로 버려져 있었다. 교량들이 파괴되었기에 부대는 말라버린 노란빛 모래밭을 힘들게 걸어야 했다. 트럭은 제자리에서 헛바퀴를 돌았고, 마차를 끄는 말들은 지쳤다. 게르하르트 M은 먼 거리를 자전거를 끌면서 가야 했다. 자전거 연락병 업무는 25세의 그 소방대원에게 우연찮게도 맞춤 보직이었다. 그의 부모가 플렌스부르크에서 자전거 점포를 하고 있었다. 그날은 전쟁의 첫번째 일요일이었다.[20]

9월 5일 게르하르트와 플렌스부르크 출신 병사들은 1914년 이전 구舊독소국경이었던 폴란드 땅으로 들어갔다. 게르하르트는 아주 낯선 비非 독일적 세계에 진입했다는 느낌을 강하게 받았다. 독일군 병사들 쪽으로 피란 오는 폴란드 주민들의 너저분한 행색은 가히 충격적이었다. 침구와 자전거와 아이들이 말 한 마리가 끄는 작은 달구지 위에 포개져 있었다. 사방천지가 달구지였다. 부대는 칼리슈Kalisz 교외에서 처음으로 적군의 공격을 받았다. 부대원들은 엄폐한 뒤 소총과 기관총으로 대응사격을 했다. 오래된 공장에서 부대는 야포로 폴란드군의 기관총을 포격했다. 건물 전체가 화염에 싸였다. 게르하르트는 독일군 병사들이 한 집에서 폴란드 민간인 십여 명을 끌어내는 것을 보았다. 그는 일기에 적었다. '나쁜 (폴란드) 저격수놈들'. 게르하르트는 그 사람들에게 무슨 일이 벌어졌는지 보지 못했다. 그는 버려진 초콜릿 가게의 못질된 문을 떼어내는 데 정신이 팔려 있었다. 그는 '어떻게 가게에 빚을 졌는지' 일기에 즐겁게 적은 뒤 야간 행군에 나섰다.[21]

졸링겐의 아우구스트 퇴퍼빈 박사는 9월 3일 오후에 뒷마당에서 졸고 있었다. 아내와 이웃의 가라앉은 목소리들이 그를 깨웠다. 영국 정부가 선전포고를 했다는 것이다. 오후 5시 프랑스 정부가 뒤따랐다. 은퇴 후에는 공무원 연금을 받도록 되어 있는 고등학교 고등교사 퇴퍼빈은 시민으로서의 책무를 의식했다. 그는 도시 군사령부로 달려가 군 복무에 자원했다. 그러나 나이 탓에 거부되었다. 퇴퍼빈 같은 독일 개신교도들에게 새로운 전쟁은 그 즉시 1918년에 벌어진 민족 파탄을 기억나게 했다. 전쟁에는 전쟁 이상의 문제가 걸려 있었다. 개신교도들은 독일인들이 1918년 11월혁명의 죄, 그리고 독일인 자신에게서 비롯된 재앙인 패전을 속죄해야 한다고 믿었다. 퇴퍼빈은 뭔가 할말을 찾아서, 전쟁과 관련하여 실시했던 첫번째 종교 수업 자료를 살펴보았다. 신학자 에마누엘 히르쉬의 저술이 눈에 띄었다. 퇴퍼빈은 이어서 독일군 병사들 군복 혁대의 청동 버클에 양각된 구호를 주제로 택했다. '신께서 우리와', '신은 우리 편'.[22]

독일 개신교의 관보들이 전쟁 발발에 즉각 반응했다. '우리는 지금 이 시간 우리 인민과 하나가 되어 지도자, 제국, 독일군 전체, 그리고 국내에서 조국을 위한 의무를 수행하고 있는 모든 사람을 위해 신께 간구합니다.' 하노버 주교는 기도문을 작성했다. '신이시여, 지도자를 축복하소서. 인민을 위해 봉사하는 모든 사람, 땅과 바다와 하늘에서 싸우는 모든 장병, 조국이 부여한 의무를 이행하는 모든 사람에게 힘을 주소서.' 나치가 1934년에 바이에른의 개신교도들을 중앙의 단일한 제국교회에 통합하려 했을 때 이를 거부하다가 가택연금을 당했던 주교 마이저는 바이에른 목사들에게 강조했다. 전쟁은 우리가 독일 민족의 영적인 재탄생을 위해서 일할 수 있는 기회, '인민과 하나님의 새로운 만남이 이루어져 우리 인민을 위한 숨은 축복이 없어지지 않도록 일할' 기회를 주었다.[23]

가톨릭 주교들의 반응은 1914년과 달랐다. 당시 쾰른 대주교는 '독일 군대를 축복하소서. 우리를 승리로 이끄소서'라고 기도했고, 개신교 동료들과 마찬가지로 민족의 영적인 부활을 외쳤었다. 그러나 1939년 그 쾰른 대주교는 교구교회들에게 행정 지침과 일련의 전시용 기도문을 발송하는 데 그쳤다. 한 걸음 더 나아간 주교가 몇 명 있기는 했다. 프라이부르크의

'갈색' 나치 주교 콘라트 그뢰버도 그랬지만, 뮌스터의 보수적인 귀족 추기경 클레멘스 아우구스트 폰 갈렌은 하급 성직자들에게 성직자로서만이 아니라 '독일 남자로서' 전쟁에 봉사하라고 촉구했다. 그러나 그런 목소리는 드물었다. 일반적으로 가톨릭 고위 성직자들은 1차대전과 달리 전쟁에 영적인 재탄생의 희망을 부여하기를 꺼렸다. 그 대신 그들은 전쟁을 근대 사회의 세속적 물질주의에 대한 처벌로 해석했다. 가톨릭교회는 또한 교회가 신을 모르는 볼셰비즘의 화해할 수 없는 적이기에 스탈린과 맺은 불가침조약에 크게 실망했다. 그들은 국가와 교회의 갈등이 새로 촉발되지 않을까 우려했다.[24]

독일군 대부분이 폴란드에서 싸우고 있을 때 상병 에른스트 귀킹은 프랑스의 공격을 막도록 서부에 배치된 한 줌밖에 안 되는 부대에 속했다. 1939년 9월 5일 그는 소집된 뒤 처음으로 이레네에게 편지를 썼다. 부산스러운 며칠이 지난 뒤에야 그는 포도밭의 포도가 익었다는 사실을 알아보았다. '그 외에는 전할 것이 별로 없어.' 이레네가 쓴 첫 편지는 이미 오고 있었다. 그녀는 부대가 전선으로 이동하는 동안 내려진 우편물 수송 금지가 해제되자마자 그에게 편지를 썼다. '그대들 모두 승리한 군인으로 건강하고 행복하게 귀가하길 바라'. 젊은 플로리스트는 덧붙였다. '나는 전쟁의 호러를 자주 생각해.…… 불행을 떠올리지 말자. …… 머리가 터질 것 같으면 행복한 시간을 생각하자. 자기가 나와 영원히 함께하게 될 때가 되면 삶이 훨씬 더 사랑스러울 거야.' 젊은 연인은 두 사람의 가족, 온실 작업, 귀킹의 군대 생활에 집중했다. 물론 그런다고 불길한 예감이 누그러지지는 않았다. 어쨌든 전쟁은 현실로 왔다. 이레네는 다른 많은 독일인들과 똑같은 결론에 도달했다. '영국인들이 그러려고 했다'. 추후 6년 동안 독일의 모든 달력과 일기장에 전쟁 개시일로 인쇄된 날짜는 영국과 프랑스가 선전포고를 한 1939년 9월 3일이었다. 9월 1일은 폴란드에 '역공'한 날

짜였다.[25]

이레네 라이츠와 에른스트 귀킹, 아우구스트 퇴퍼빈과 요헨 클레퍼, 리젤로테 푸르퍼와 빌름 호젠펠트는 대부분의 독일인과 마찬가지로 전쟁을 피할 수 있기를 바랐다. 이레네와 에른스트는 특별한 정치적 의견을 나타내지 않았다. 클레퍼와 호젠펠트와 퇴퍼빈은 나치운동의 일부, 특히 반종교적인 부류를 역겨워했다. 그들은 모두 독일의 폴란드 침공이 정당하다고 믿었다. 다른 독일인들도 그랬을 것이다. 그러나 굳이 영국과 프랑스와 전쟁을 해야 하는가? 그럴 가치가 있다고 느끼던 독일인은 소수였다. 고지 프랑켄 지방의 한 보고서가 그해 여름의 여론을 간결하게 요약했다. "'단치히와 회랑' 문제를 해결할 방법에 대한 여론의 답은 여전히 똑같다. 독일에 편입? 예스. 전쟁을 통하여? 노.'[26]

히틀러는 그런 여론에 놀라지 않았다. 그는 자신의 호전적 본능이 그가 통치하는 나라의 호전성을 훨씬 뛰어넘는다는 것을 알고 있었다. 그는 희열로 솔직해진 순간 불현듯 저널리스트들에게 고백했다. 주데텐 위기의 5개월이 이 '닭가슴 민족'을 얼마나 공포스럽게 했는지 나는 안다. 히틀러는 심지어 '상황 때문에 20년 동안 평화만을 말할 수밖에 없었다'라고 털어놓았다. 그는 덧붙였다. '나는 평화에 대한 독일의 열망과 의지를 지속적으로 강조함으로써만 …… 다음 단계로 나아가기 위한 선행 작업으로서 필수적인 군수물자를 독일 인민에게 제공할 수 있었지요.' 이것은 히틀러가 1938년 11월의 기자회견에서 했던 말이다. 나치당은 1939년 7월에 연례 뉘른베르크 전당대회가 1939년 9월 2일부터 11일까지 개최될 것이며 그 대회는 '평화의 전당대회'로 치러진다고 발표했다. 대회의 명명자가 히틀러였다. 그러나 그 전당대회는 1939년 8월 말에 동원령이 발동되자마자 취소되었다. 히틀러가 가면의 셔틀 외교 마지막 순간에 헨더슨 대사를 런던으로 보낸 것은 절망한 평화주의자 연기의 마지막 작품이었다. 그 연극은 외국인들을 더이상 설득하지 못했다. 그러나 국내 여론은 움직였다. 1939년 9월 초 빌름 호젠펠트, 아우구스트 퇴퍼빈, 이레네 라이츠, 요헨 클레퍼가 내린 결론은 '영국인들이 그러려고 했다'는 것이었다. 영국인들은 폴란드가 독일의 '합리적인' 조건을 받아들이지 않도록 했고 독일을 계속 '포위'하여 1918년 이후의 노예 상태에 묶어두려 했다는 것이었다. 독일인들의 내적인 대열의 간격이 좁혀졌고, 그들은 전쟁이 자신들에게 부과되었다고 확신했다.[27]

**

플렌스부르크 출신의 제26보병연대가 포함된 제30보병사단은 1939년 9월 7일에 바르타강에 도착했다. 부대는 독일 공병대가 축조한 임시 교량을 건넜고 버려진 폴란드 초소들을 통과했다. 부대를 최초로 공격한 것은 마을을 지키려던 폴란드 촌민들이었다. 게르하르트 M은 동료 병사들이 마을 청년 스무 명을 끌고 가는 것을 보았다. 게르하르트는 일기에 그 폴란드 청년들을 '비겁한 저격수들'로 규정했다. '불타는 집들, 눈물을 흘리는 여자들, 울부짖는 아이들. 절망의 광경. 그러나'. 게르하르트는 스스로를 단속했다. '폴란드 인민은 더 나은 것(평화)을 원하지 않았다.' 한 원시적인 토막집에서 한 여자가 부대에 기관총을 쏘았다. 부대가 집을 포위하고 불을 질렀다. 여자가 빠져나오려 했다. '가혹했지만 우리는 그녀를 막았다 …… 그녀의 울부짖음이 오랫동안 내 귀에 울렸다.' 길 양편의 불타는 집들의 열기가 얼마나 뜨거웠는지 부대는 길의 한가운데로 걸어갔다. 밤이 오자 또다른 마을들의 화염으로 인하여 동쪽 지평선이 붉게 물들었다. 게르하르트의 관심은 온통 자전거에 쏠려 있었다. 한밤중에 자전거 바퀴가 모래투성이 길에 자꾸 빠져서 자전거가 얼굴 쪽으로 기울었다. 그러나 그

젊은 소총수는 자신이 어느덧 방화범이 되었다는 것을 의식했다.[28]

　9월 9일 밤 제30보병연대가 폴란드 기병대에게 공격을 받았다. 독일군이 패닉에 빠졌을 때 게르하르트 중대는 후미에 있었다. 지난 이틀 동안 요한네스 블라코비츠 장군 휘하의 제8군은 바르샤바로 직행하다가 남쪽으로 20킬로미터 밀려났다. 게르하르트가 속한 부대는 후퇴하면서 총탄이 발사되고 있다고 믿는 집들에 불을 질렀다. '불타는 집들이 열 지어 있었다. 그 안에 숨어 있다가 빠져나오지 못한 사람들의 비명이 불길을 뚫고 들려왔다.' 게르하르트는 일기에 적었다. '소들이 공포 속에서 비명을 질렀다. 개들이 타죽으면서 울부짖었다. 그러나 최악은 사람들의 비명소리였다. 잔인했다. 그러나 먼저 쏜 것은 그들이니 죽어도 그들 탓이다.' 그는 장교들과 사병들 모두 신경이 극도로 '불안정하다'고 인정했다.[29]

　다음날 게르하르트는 처음으로 본격적인 전투를 벌였다. 그는 급히 땅바닥에 얕은 구덩이를 파고 들어가 엎드렸다. 병사들이 얇은 사선射線을 형성했다. 병사들은 후위의 포병대를 보호하는 한편 폴란드군의 갈색 점들이 가까이 다가올 때까지 기다렸다. 갈수록 초조해졌지만, 적병이 300미터 전방에 도착할 때까지 기다리라는 명령을 받았다. 발사 명령이 떨어졌다. 게르하르트는 조준하고 발사하고 탄환을 재장전하면서 자기 움직임이 '부대 앞 연병장에서처럼 기계적'이라고 썼다. 그러나 부대는 후퇴해야 했다. 사상자가 엄청났다. 중대원 140명 중에서 게르하르트를 포함하여 7명만이 무사했다. 그들은 대대의 나머지 병력과 합류하여 숲속으로 들어갔다. 다음날 한숨을 돌렸다. 다른 사단 두 개와 느리게 움직이는 탱크 부대가 너덜너덜해진 제30보병사단에 더해진 것이다.[30]

　사실 게르하르트는 폴란드 침공의 중심에 위치했다. 독일군이 9월 1일에 침공을 개시했을 때 폴란드군은 동원을 완료하지 못한 상태였다. 그래서 폴란드군은 국경을 방어하는 데만 집중했다. 그러나 불가능했다. 독일군은 북쪽의 동프로이센, 남쪽의 슬로바키아 국경, 슐레지엔에서 포메라니아까지 뻗은 서쪽의 세 방향에서 폴란드를 공격했다. 폴란드는 히틀러의 요구를 액면 그대로 받아들여서, 독일군이 동프로이센과 서프로이센 사이의 구 프로이센 폴란드 국경지대를 병합하려 한다고 믿었다. 그러나 독일군은 그 지역을 우회하여 북쪽과 남쪽 두 방향에서 정면으로 바르샤바를 향했다. 제8군은 브레슬라우에서 출발하여 9월 7일에 중요한 직물도시 우치Łódź를 점령했다. 그다음날 제4탱크사단이 바르샤바 외곽에 도착했다.[31]

그동안 폴란드회랑에 갇혀 있던 폴란드 부대가 국경지대로부터 후퇴했고, 타데우시 쿠트셰바Tadeusz Kutrzeba 장군 휘하에서 강력한 병력으로 재편성되었다. 그 군대는 비스툴라강 북안北岸과 비르주라강 남안을 장악한 독일군 부대 사이에 갇혔지만, 쿠트셰바에게는 유리한 점이 있었다. 독일군이 폴란드군의 움직임을 놓쳐버리는 바람에, 30킬로미터에 걸쳐 얇은 방어선을 구축한 독일군 제30보병사단의 돌출된 지점을 폴란드군이 타격할 수 있게 되었던 것이다. 독일군이 그 상황을 눈치채지 못한 동안 블라코비츠 장군 휘하 제8군의 나머지 부대들은 바르샤바로 진격하고 있었다. 게르하르트 M과 동료 병사들이 9월 10일에 있었던 곳이 독일군의 노출된 그 지점이었다. 할 수 없이 독일군 사령부는 진행중이던 제4탱크사단의 바르샤바 진격을 되돌리고 제10군 주력 부대와 집단군 남부의 후비군으로 하여금 독일군 방어선을 보충하도록 했다. 9월 12일 폴란드군의 공격이 무뎌졌다. 쿠트셰바는 포즈나뉴Poznań군을 후퇴시켜 바르샤바를 방어하도록 했다. 그러나 포모르제Pomorze군은 포위되었고 하인켈111 폭격기가 폴란드 부대를 숨겨주던 숲을 불태우는 동안 독일 포병대의 공격을 받았다.

비르주라 전투가 여전히 치열하던 시점에 폴란드 정부와 군사령부는 루마니아 국경 쪽으로 이동했다. 내륙 깊숙이 후퇴하려던 그들의 계획은 그러나 소련군이 독일과의 밀약에 따라 9월 17일에 동쪽으로부터 공격을 해왔기에 무망한 것이 되고 말았다. 물러날 곳이 없게 된 모시츠키Mościcki 폴란드 대통령은 파리에 망명정부를 세우기로 결정하고 중립국 루마니아로 떠났다. 비르주라 전투의 병사들은 이틀 뒤에 항복하지만 그들의 전투는 바르샤바 방어선을 보다 견고히 할 시간을 벌어주었다. 정부에 의해 버려진 바르샤바는 독일군의 막강한 공습에도 불구하고 9월 28일까지 버텼다.

그보다 서쪽에서는 독일군의 진격 속도가 너무나 빨라서 일상이 전혀 변하지 않은 듯이 보였다. 호젠펠트는 하사관 하나와 사병 여섯과 함께 우치 남서쪽 10킬로미터 지점의 파비아니체에 입성했다. 그들은 중대가 머물 숙소부터 물색했다. 비포장도로의 먼지를 뒤집어쓴 병사들은 차에서 뛰어 내리자마자 건물 마당에서 펌프로 물을 길어 뒤집어썼다. 그 모습을 지켜보던 아이들의 눈길을 끈 사람은 칫솔을 꺼내던 호젠펠트였다. 그는 한 아이에게 10페니히를 주고 물을 푸게 한 뒤에 시내를 걷다가 공원에서 초콜릿 아이스크림을 샀다. 다음날에는 쇼핑을 하러 나갔다. 전쟁의 상처는 보이지 않았다. 다만 국경에서 몰려온 피란민들이 우글거렸다. 피란민들은 야윈 말에 매단 과적 마차에서 짐을 내리고 있었다. 먼지투성이의 길에서 무거운 짐을 지고, 손수레를 끌고, 유모차를 밀고 온 여자들과 아이들은 맨발이었다.[32]

호젠펠트 중대는 파비아니체 시내의 한 직물공장에 세워진 대형 전쟁 포로 수용소의 경비를 맡았다. 매일같이 포로 수천 명이 도착했다. 폴란드군에 징집되었던 독일인 혈통들은 즉시 집으로 돌려보냈다. 유대인 병사들은 따로 선별되었다. 호젠펠트는 적었다. 그 유대인들을 '거칠게 다루는 것이 나를 격분시켰다.' 그리고 덧붙였다. 폴란드 포로들은 그 모습을 '즐겁게' 지켜보면서 자기 말을 들어주는 모든 사람에게 유대인들이 자신들을 어떻게 착취했는지 떠벌렸다. 호젠펠트는 시내를 거닐면서 도시에 부유한 유대인이 남아 있지 않다는 것을 확인하고 일기에 적었다. '부유한 자들은 어떻게든 떠났으니 이제 가난한 유대인들이 그 대가를 치러야 하는구나'. 파비아니체 유대인들은 참호를 다시 흙으로 메우는 작업에 동원되었다. 포로수용소로 돌아온 호젠펠트는 폴란드 장교들이 즉흥적으로 조직한 저녁예배와 찬송을 보며 감탄했다. 가톨릭 신자였던 그는 자동적으로 군모를 벗고 예의를 표했다. 포로가 1만 명까지 치솟자 식량이 절망적으로 부족해졌다. 허기와 과밀로 인하여 포로들이 소란스러워졌다. 호젠펠트는 수용소 담에 가시철망을 두르고 감시탑과 기관총을 설치하여 수용소의 안전을 확보하라는 명령을 받았다.[33]

독일은 폴란드 전쟁에서 신속하고 결정적인 승리를 거두었다. 1939년 9월 독일 군부는 새로운 종류의 '총력전' 방법을 개발했다. 피란 행렬에 폭격을 가하고, 저공 사격을 하며, 도시를 무제한 폭격하고, 전쟁포로와 민간인에게 무제한적이거나 무제약적인 대량 보복을 가하는 것이 그 전술이었다. 그 이전 시점인 1939년 8월 22일에 히틀러는 독일군 수뇌들을 모아 놓고 강조했었다. '내가 여러분들에게 인종 전쟁을 감행하라고 충고하지만, 나는 이 점에서 아무런 양심의 가책을 느끼지 않는다.' 그때 그가 적시한 항목들이 공문서에 생생하게 남아 있다. '중요한 것은 폴란드의 파괴. 목표는 특정한 전선에 도착하는 것이 아니라 폴란드의 생존 잠재력까지 제거하는 것. …… 동정심을 가슴에서 지울 것. 가차없이 처리할 것. 8천만 인민(독일인)의 생존권이 달린 문제. 인민의 생존이 확보되어야 함. 권리는 강자가 갖는 것. 최고로 가혹할 것.'[34]

물론 게르하르트 M과 같은 평범한 병사들은 히틀러의 베르히테스가덴 산장에서 무슨 말이 오갔는지 몰랐다. 그러나 그들에게도 분명했던 것은 적군을 신속하고 완벽하게 파괴하기 위해서는 그 어떤 수단도 정당하다는 것이었다. 그리고 개전 시점부터 '저격수들' '게릴라들' '빨치산들', 독일군 후방에서 암약하는 민간인 '비정규 전투원들'에 대한 보고들이 그야말로 범람했다. 그러나 불길하게도 구체성이 결여된 보고들이었다. 독일군 헌병대는 폴란드인들을 수사하면서 그러한 비난에 근거가 없다는 것을 알게 되었다. 독일군의 한 집단군은 독일군 병사들이 적군과 처음 대면하면 '귀신을 본 듯 얼이 나간다'라고 인정했다. '공습, 적대적인 주민, 비정규 전투원의 존재, 그 모든 것이 경험 없는 병사들의 정신을 혼란스럽게 한다.'[35]

폴란드 침공이 개시되고 1주일 뒤 베를린의 유력 일간지 〈도이체 알게마이네 차이퉁〉이 장문의 사설에서 국제법 문제를 논했다. '독일에게는 강력하고 효과적인 조치를 취할 법적 권리가 있다. 그런 행동은 국제법 테두리 안에 속한다.' 폴란드 병사가 초막 한 채를 보호하기 위하여 총알 몇 발을 발사할 경우 독일군 부대는 민간인들에게 가혹한 보복을 해도 된다는 뜻이었다. 그러한 보복 작전은 게르하르트 M이 일기에 솔직하게 묘사한 것이기도 했다. 병사들의 즉흥적인 대응은 상부의 승인을 받았다. 1939년 9월 10일 페도르 폰 보크 장군이 집단군북부에게 명령서를 하달했다. '전선 배후의 촌락에서 총이 발사되면 발사된 집을 확인하는 것이 불가능한 경우 마을 전체를 완전히 파괴해도 된다.' 다른 사령관들도 비슷한 명령을 하달했다. 게르하르트 M의 부대는 그 이전에 이미 그렇게 행동하고 있었다. 폴란드 전쟁이 벌어진 4주일, 그리고 독일군 군정이 폴란드를 통치한 그후의 4주일, 모두 합해 8주일 동안 1만 6천 명에서 2만 7천 명이 처형되었고 마을과 도시 531개가 불탔다. 1939년 10월 26일 군정이 민정으로 넘어갈 무렵에는 독일군 장군들이 그동안 막무가내가 되어버린 병사들을 어떻게 규율화할지 우려할 정도였다. 장군들은 병사들이 폭력 난동의 '정신병'을 앓고 있다고 생각했다. 유의할 것은 그런 상황이 진공 상태에서 출현한 것은 아니었다는 점이다. 그것은 독일군 병사들이 폴란드인들을 문화적으로 열등하고 비겁한 적으로 간주하는 이데올로기적 프레임에 씌어 있었기 때문에 나타났다. 이는 독일군 병사들이 폴란드인들을 '폴라크'라는 멸칭으로 부르는 것에서부터 폴란드인들이 뒤에서 총을 쏘지 않을까 불안에 사로잡힌 것에 이르기까지 다양한 형태로 표출되었다.[36]

호젠펠트가 보기에는 파비아니체의 독일인 혈통들이 폴란드인들에 대하여 가공할 만한 적개심을 갖고 있었다'. 1939년 9월 하반기에 그는 독일인 혈통들의 행각에 대하여 보고 들은 것에 큰 충격을 받았다. 호젠펠트가 들은 바로는 폴란드의 독일인 혈통들의 행동이 그해 초까지만 해도 괜찮았다. 그러다가 독일에 대한 적대적인 선동 때문에 갑자기 상황이 바뀌었다는 것이다. '나는 아주 많은 사람과 이야기를 나누었는데, 그때마다 똑같은 말을 들었다.' 그는 장남 헬무트에게 보낸 9월 30일 편지에서 인간의 본질을 논하면서 썼다. '우리 병사들의 거친 행동을 내 눈으로 보면서 나는 폴란드인들이 무책임한 선동을 받고 짐승같이 되어버렸다고 확신하게 되었다.' 독일인들이 무슨 짓을 저지르든 책임은 과격한 폴란드인들에게 있다는 것이었다.[37]

과거 프로이센 포젠주처럼 폴란드 서부 국경의 분쟁 지역에서는 상황이 더욱 나빴다. 케프노의 한 독일 호텔에서 콘라트 야라우쉬는 식사중에 독일인 혈통의 피란민들이 해주는 이야기를 들었다. 폴란드 당국에 의해 손목과 손목이 한 줄에 묶여서 토룬Toruń에서 우오비치Łowicz까지 걸어갔다. 낙오자는 사살되었다. 그들은 독일인 혈통 5천 명을 우오비치의 한 교회 광장으로 몰아세웠다. 한쪽 편에 처형용 기관총이 보였다. 그 찰나 독일군이 그들을 해방했다. 그들은 행색은 남루했지만 야라우쉬에게 깊은 인상을 남겼다. 막데부르크 김나지움의 고등학교 교사였던 야라우쉬는 '그처럼 반짝이는 눈으로 하일 히틀러 인사로 환영받은 적이 없었다'고 썼다. 나치가 아니라 보수적인 개신교도 민족주의자였던 사려 깊은 야라우쉬는 그것을 '독일적인 것과 연결된 것이라면 무엇이든' 환영하는 몸짓으로 해석했다. 불길하게도 독일인 혈통의 피란민들 모두 가혹 행위의 책임을 '교황주의 신자와 유대인들'에게 돌리고 있었다.[38]

1939년 여름 동안 히틀러에 직속된 독일군 총사령부는 폴란드를 침공하는 다섯 개 군軍, army에 친위대 정보국 산하의 특공대를 하나씩 배치하도록 했다. 독일군 배후의 '모든 적대적인 부류들을 제압하기 위해서'였다. 곧 특공대 두 개가 추가되지만 특공대 부대원은 모두 합해서 2,700명에 불과했다. 그 부대들이 맡은 과제에 비해 너무 적은 숫자였다. 더욱이 그들은 현지에 대하여 아는 것도 없었다. 사실은 그 지역의 독일인 혈통들로 구성된 민병대 10만 명이 그들을 지원했다. 그 민병대들은 비르주라 전투 이전에 이미 폴란드회랑 지대의 비드고슈치Bydgoszcz와 그 주변을 쓸고 다녔다.[39]

현지 독일인 혈통 민병대의 복수는 그전 몇 주일 몇 달 동안에 벌어진 사건들에 대한 것만이 아니었다. 그들은 1차대전 직후에 벌어졌던 문제들을 원천적으로 청산하려 했다. 1919~1921년에 독일인 민병대와 폴란드인 민병대는 전투를 벌였다. 다민족으로 구성되었던 독일제국의 '후속 국가들'을 결정하는 주민투표 때문이었다. 미국 대통령 우드로 윌슨의 '민족자결주의'가 테러와 내전의 드넓은 여지를 제공했던 것이다. 예컨대 코니치Konitz는 1차대전 직후에 폴란드에 귀속된 도시였는데 도시민은 압도적으로 독일인 혈통이었다. 1차대전 직후 코니치의 종교 기관들과 민간단체들이 모조리 민족 구분선에 따라 독일인 기관과 폴란드인 기관으로 나뉘었다. 그곳에서는 종교가 그 자체로 민족이었다. 개신교도는 독일인이었고, 가톨릭 신자는 폴란드인이었다. 1919년에 유대인 커뮤니티는 독일인들 편에 섰다. 그 유대인들은 진정한 위협은 '폴란드인들의 자의성과 불관용'이라고 선언했다. 그 충성심은 그러나 20년 뒤에 그들을 구해주지 못했다. 1939년 독일인 혈통의 민병대는 코니치에 입성하자마자 폴란드 가톨릭은 물론 유대인 이웃까지 공격하기 시작했다. 9월 26일에 40명을 쏴 죽이더니 그다음날 폴란드인 성직자 한 명을 살해했다. 그다음날의 학살은 코니치병원 정신병 환자 208명으로 확대되었다. 민병대는 1940년 1월까지 독일군과 게슈타포의 지원 속에서 코니치와 인근 촌락의 폴란드인과 유대인 900명을 학살했다.[40]

폴란드인 남자를 더이상 찾아낼 수 없자 민병대 일부가 그 대신 여자들과 아이들을 학살했다. 사적인 원한을 푸는 경우도 많았다. 민병대원들 일부는 독일군의 '평정 방법'을 모방하여 폴란드군의 잔심부름을 했던 브롬베르크의 보이스카웃 소년들을 벽에 세워놓고 사살해버렸다. 그때 소년들에게 종부성사를 베풀어주기 위해 달려온 성직자도 함께 죽였다. 또한 민병대 장교들은 지하실이나 임시 감옥 뒷마당을 고문실로 만들어서 재소자들을 매질하고 그들의 허리에 못을 박고 총검으로 눈알을 파냈다.[41]

그것은 말하자면 1933년에 나치와 돌격대와 친위대가 독일 안에 세웠던 '야생' 수용소와 비슷했다. 다만 차이점이 하나 있었다. 1933년의 독일에는 폭력에 한계가 있었고, 재소자들 대부분이 1934년 여름까지 석방되었다. 그와 달리 점령 폴란드에서는 '독일적 질서'가 수립되자 테러가 악화되었다. 히틀러는 폴란드 지배계급이 추후 독립적인 민족국가를 재건하려 할 수도 있는 싹을 잘라버리고자 했다. 친위대 대장 힘러와 부대장 라인하르트 하이드리히는 '인텔리겐차 작전'—폴란드 엘리트의 말살—을 조직할 기회를 잡았다고 생각했다. 대상은 교사, 성직자, 대학교수, 장교, 공무원, 지주, 정치가, 저널리스트였다. 그들은 체포, 약식 처형, 강제수용소의 대상이었다. 수용소에서는 대량 학살이 자행되었다. 민병대와 친위 특공대는 그들 자신의 이데올로기적인 상식에 따라 그들 '작전'에 관례적으로 유대인과 정신병자들을 포함시켰다. 왜 그래야 하는지 새삼 설명이 불필

요했다.[42]

　구舊 서프로이센 지역에서 벌어진 최악의 학살도 현지의 독일인 혈통 민병대들이 자행했다. 그들이 친위대 정보국과 게슈타포의 명령에 따르는 경우도 많았다. 민병대는 피아슈니차Piaśnica(노이슈타트) 인근의 숲에서 6천 명, 스페다우스크Szpedawsk(프로이센 명칭으로는 스타가르트)에서 7천 명, 코츠보로보Kocborowo의 요양원 환자 1,692명, 그루지온츠Graudenz 연병장에서 폴란드인과 유대인 6,500명, 르슈쿠보코Lszkówko에서 3천 명, 그리고 스비에치Świecie에서 끌고 온 폴란드인과 유대인 1만 명에서 1만 2천 명을 므니슈크Mniszek 자갈 채취장에서 학살했다. 포르단Fordan 활주로와 미에진Miedzyn 모래 언덕에서는 게슈타포, 친위대, 민병대가 함께 폴란드인과 유대인 약 3천 명을 살해했고, 리핀Rypin의 루시노보Rusinowo 숲에서는 민병대가 4,200명을, 칼스호프 인근 숲에서는 민병대와 독일군이 1939년 11월 15일까지 8천 명을 학살했다. 폴란드에서 벌어진 학살의 정확한 숫자는 모른다. 그러나 1천 명 이상을 살해한 주요 '작전'만으로 6만 5천 명이 학살되었다. 그중에서 2만 명에서 3만 명은 민병대가 학살했다. 실제로 학살된 인명은 6만 5천 명을 훨씬 넘었을 것이다. 그런 집단 학살은 히틀러 체제의 피로 얼룩진 연대기에서도 새로운 것이었다. 그것은 그후 동유럽에서 벌어진 학살의 전례이자 출발점이 된다.[43]

　학살 작전은 대부분 사람들 눈을 벗어난 숲이나 연병장에서 자행되었지만, 일부는 구경꾼들 앞에서 벌어졌다. 1939년 10월 7일 토요일 저녁 스비에치에 주둔중이던 병사들이 그날 낮시간에 벌어진 학살 작전에 대하여 이야기를 나누었다. 작전은 다음날 일찍 재개될 예정이었다. 그날 아침 이른 시각 파울 클루게 상병이 학살 구덩이 가까이로 갔다. 학살 기록을 남긴 병사들은 흔히 자신이 목격한 첫 장면을 기록한다. 그때 받은 인상이 가장 강렬하기 때문이다. 클루게는 기록했다. 버스가 유대인 묘지에 도착하고 한 여성이 아이 셋과 함께 내렸다. 가족은 30미터를 걸어 구덩이까지 갔다. 여자는 막내를 품에 안은 채 구덩이 안으로 기어내려갔고, 이어서 위에 서 있던 다른 한 아이를 안아서 구덩이 바닥에 내려놓았다. 마지막 아이는 친위대원이 들어서 아래로 건네주었다. 여자가 아이들과 함께 구덩이 안에 엎드렸다. 클루게는 구덩이 안을 들여다볼 수 있는 곳까지 갔다. 친위대원 네 명이 20센티미터 떨어진 지점에서 엎드린 네 사람의 목에 총을 겨누었다. 일을 끝낸 그들이 구경하던 클루게에게 시체를 흙으로 덮으라고 요구했다. 클루게는 주저하지 않고 복종했다.[44]

그 학살 작전에서 병사들 일부는 학살 장소를 피했다. 아이들을 죽이는 광경을 차마 볼 수 없다고 생각했기 때문이었다. 그러나 그들도 곧 되돌아와서 두번째 버스에서 내린 폴란드 남자들의 학살을 지켜보았다. 파울 로신스키 하사가 남긴 기록에 따르면, 그날 일부 병사는 학살 구덩이에 밀착해 있다가 구덩이에서 튀어오른 '살과 뇌수와 모래'가 군복에 묻었다. 비슷한 작전이 폴란드 곳곳에서 벌어졌고, 독일군 병사들은 왕왕 학살 장면을 사진으로 찍어서 집으로 보냈다. 사진은 독일에서 현상되고 인화되었다. 학살 사진들은 그렇게 부모와 아내와 사진관으로 전달되었다. 사진을 본 사람들 일부는 폴란드로 '처형 여행'까지 갔다. 그런 작전에서 독일군은 흔히 경찰과 친위대에게 협력했다. 때로는 병사들을 작전에 파견하기도 했다.[45]

병사들 일부에게는 학살이 도덕적 경계선을 위반하는 짓이었다. 독일군 제4군의 수석 군의관은 학살에 격노하여 증언 목록을 만들어 육군 총사령부와 히틀러에게 보냈다. 그러나 그 항의 문건은 문서보관소에 처박혔다. 폴란드 군정청 사령관 요한네스 블라스코비츠 역시 가만히 있지 않았다. 경건한 루터파 신자였던 그는 학살에 경악하여 육군 총사령관 발터 폰 브라우히치에게 몇 번이나 항의했다. 그는 학살 행위가 군대의 사기에 악영향을 미친다는 내용의 항의서한을 히틀러에게도 보냈다. 히틀러는 '전쟁은 구세군의 방법으로 할 수 있는 것이 아니'라며 외면했다. 1940년 2월에도 블라스코비츠는 점령 통치가 잔혹할수록 주둔해야 하는 부대가 많을 수밖에 없다고 경고했다. 실제로 폴란드에 주둔한 독일군 병력은 50만 명 이하로 내려가지 않는다. 블라스코비츠가 무려 다섯 달 동안 항의를 지속하자 히틀러는 군정청 사령관을 교체해버렸다. 다만 블라스코비츠를 퇴직시키지는 않았다.[46]

폴란드 성직자들도 약 1천 명이나 희생되었다. 그러자 런던으로 망명한 폴란드 추기경 아우구스트 론드가 독일 점령군을 격렬히 비판하는 보고서를 교황청에 보냈다. 교황청이 외교 채널을 통하여 개입하려 하자 독일 정부는 교황청과 맺은 정교협약은 점령지역에 적용되지 않는다며 거부했다. 외무차관 에른스트 폰 바이체커는 독일군이 폴란드 성직자들을 학살했다는 사실 자체를 인정하지 않았다. 독일 가톨릭교회는 폴란드 포로들에게 성사를 베풀어주었지만, 론드 추기경의 비판에 가세한 주교는 없었다.[47]

가톨릭 신자였던 빌름 호젠펠트는 교회의 그런 태도 때문에 더욱더 자기만의 도덕 기준에 따라야 했다. 그는 1938년 11월의 유대인 포그롬에 경악하기도 했었다. 호젠펠트는 폴란드인들에 대한 폭력이 현지의 독일인 혈통들이 당했다고 말하던 폭력과는 차원이 다르다는 점을 곧바로 인식했다. 1939년 11월 1일 그는 아내에게 보낸 편지에 '이런 일들은 보복이 아니'라고 썼다. '그것은 러시아인들과 닮았어요. 인텔리겐차를 몰살시키겠다는 거잖아요.' 사실 그조차 자신의 추측이 얼마나 정확한 것이었는지 몰랐을 것이다. '볼셰비즘을 죽기보다 싫어한다는 정권이 그런 일을 벌일 것이라고 누가 생각했겠습니까.' '나는 병사가 된 것이 얼마나 기뻤는지 몰라요. 그러나 오늘 나는 나의 회색 야전복을 갈기갈기 찢어버리고 싶습니다.'

그는 자신이 '인류에 대한 범죄 행위를 방어하는 방패가 된 것'이 고통스러웠다. 그리고 폴란드에서 주둔하던 몇 달 동안 호젠펠트는 몇 번이나 개인적으로 개입하여 수감된 폴란드인들을 풀어주었다. 그리고 그 덕분에 그는 그 가족들과 친구가 되었다. 호젠펠트는 그뒤에도 몇 년 동안이나 그들과 접촉을 유지했고, 탈라우에 있던 아내를 그곳으로 오게 하여 그 폴란드 친구들 집에 머물도록 했다. 그는 그렇게 독일 통치에 전형적이던 집단적인 인종분리의 모든 규범을 무시해버렸다.[48]

호젠펠트는 나치 돌격대원이자 나치당 당원이었다. 그런 그에게 가톨릭 신앙은 점령군에 속하는 그와 피점령민인 폴란드인 사이의 가교 역할을 했다. 그러나 물론 호젠펠트는 사태의 전개를 바꿀 수 없었음은 물론 그가 받은 충격과 역겨움조차 공개적으로 표출할 수 없었다. 그는 감정을 내면에 쌓아놓는 수밖에 없었고, 그로부터 깊은 수치심이 자라나 그를 괴롭혔다. 아내에게 쓰는 편지는 그에 대한 고백록이었다. 호젠펠트는 가장 불행했던 편지를 맺으면서 아내 안네미에게 썼다. '이제 잠자러 갈 거예요. 내가 통곡할 수 있다면, 당신 품에 안겨서 통곡할 수 있다면, 그게 가장 달콤한 위안일 텐데.' 전쟁이 지속되면 지속될수록 그는 고립되었다. 호젠펠트는 여전히 독일은 폴란드를 점령할 권리가 있다고, '보다 높은 문화는 권리'를 갖는다고 믿었다. 그러나 그가 보여준 도덕적 절제와 인도주의 신념은 독일인들 사이에서 갈수록 적어졌다.[49]

또다른 가톨릭 병사에게는 사태가 전혀 달랐다. 하인리히 뵐은 폴란드인들이 전쟁에서 지고 점령군에게 위협적인 통치를 받으면서도 폴란드인들의 '멜랑콜리한 눈 속에 증오심과 진정한 광신이 도사리고 있다'라고 썼다. 뵐은 쾰른 목수의 여덟째 자식으로 태어나 대학에서 문학을 공부하기 시작했고, 습작을 개시했을 무렵 전쟁이 발발했다. 호젠펠트보다 한 세대 어렸던 뵐은 그해 여름에 난생처음 징집되었다. 스물한 살의 뵐은 브룸베르크에서 집으로 보낸 편지에 썼다. '독일군이 이곳을 떠나면 3주일 만에 이곳의 독일인 혈통이 단 한 명도 살아남지 못할 겁니다. 폴란드인들의 눈은 그들이 혁명에 예정된 사람들이라는 것을 똑똑히 보여줍니다'. 뷜은 폴란드인들에게 독일의 강력한 지배가 필요하다고 믿었다. 그는 보초 설 때 깨어 있을 수 있도록 만병통치약 페르비틴을 보내달라고 어머니에게 부탁했다. 그것은 독일의 나치 제국보건지도자가 사용을 제한하려고 했지만 성공하지 못했던 메타암페타민 각성제였다.[50]

독일군 병사들에게 전형적이던 것은 호젠펠트의 관점보다는 뷜의 관점이었다. 독일 언론은 독일인들이 폴란드인들에게 편견을 갖도록 최선을 다했다. 독일 언론은 1939년 8월 중순에 국경지대의 독일인 혈통들이 폴란드 내륙의 '강제수용소'로 대규모로 이송되었다고 보도했고, 개전 직후에는 전쟁이 독일인 혈통들에 대한 일련의 대량 학살을 촉발시켰으며, 희생자 대부분이 여자와 아이들이라고 보도했다. 독일 영화관의 〈주간뉴스〉는 독일인 혈통들이 학살당하는 시각 자료를 보여주었고, 체포된 폴란드 병사들과 '비정규 전투원들'은 독일인 혈통들을 절멸시키라는 명령을 받은 범죄적으로 타락한 '하등인간'이라고 강조했다. 독일군 전쟁범죄 수사국은 수사관들을 파견하여 폴란드인들이 벌인 제노사이드의 증거를 찾도록 했다.[51]

독일 외무부는 폴란드 침공에 앞선 몇 달 동안 침공을 정당화할 증거를 수집하느라 분주했다. 그들은 전쟁 첫 주일 동안 국경지대에서 즉흥적으로 발생한 인종 폭력들을 증거로 제시했다. 물론 독일의 필요성에 맞도록 과장되고 조작된 증거들이었다. 1939년 11월 독일 외무부는 수백 페이지에 달하는 증언과 100장이 넘는 사진이 담긴 책을 서둘러 출간했다. 강한 감정을 일으키도록 조심스럽게 편집된 책이었다. 시체가 실린 마차 옆에서 혹은 집안에서 흐느끼는 아내들과 어머니들, 사지가 절단되었거나 혹은 강간당한 듯한 자세로 살해된 여자들, 두개골이 날아간 아이들, 1차 대전 퇴역군인인 양 의족을 달고 얼굴은 알아볼 수 없을 정도로 뭉개진 채 시체안치소 탁자 위에 눕혀진 벌거벗은 시체들. 출산 순간에 살해되어 모체와 신생아의 두 몸에 아직 탯줄이 달려 있는 소름 끼치는 사진 한 장. 독일 외무부의 의도는 독일의 폴란드 점령을 정당화하고 중립국, 특히 미국의 여론을 조작하는 데 있었다. 1940년 2월에 제2판이 출간되었고 5월에는 영어판이 뒤를 이었다.[52]

폴란드군의 폭력은 부분적으로 사실이었다. 브롬베르크/비드고슈치Bydgoszcz의 독일인들이 퇴각하는 폴란드 병사들에게 살해되었다. 폴란드 병사들은 자신들에게 총을 발사한 독일인 집의 거주민이나 집에 나치 깃발과 상징을 보관하고 있던 독일인 혈통들을 살해했다. 폭력의 그 역동성은 독일군이 초기에 폴란드 촌락들에게 가했던 폭력의 반복이기도 했다. 다만 폴란드군의 학살은 정도가 훨씬 약했다. 독일은 폴란드 국가가 중앙에서 계획하고 실시했던 독일인 혈통들의 강제 이송과 제노사이드를 독일군이 되갚아주었을 뿐이라고 주장했지만, 독일군 전쟁범죄 수사국 요원들조차 폴란드군의 폭력이 즉흥적이고 조율되지 않게 나타났다는 증거만을 발견했다. 일부 폴란드 부대는 심지어 독일인 혈통들에게 뒤따라오는 폴란드 부대의 분위기를 알려주기도 했다.

독일 외무부가 발간한 『잔혹한 폴란드의 증거들』 두 개의 판본에도 중대한 차이가 있었다. 1939년 11월 판은 독일인 희생자의 수를 5,800명으로 제시했다. 이는 역사가들 대부분이 받아들이는 수치다. 1940년 2월의 판은 숫자를 10배로 늘렸다. 아마 히틀러가 사주했을 것이다. 괴벨스는 독일 언론에 새로 발견한 증거들을 부각하라고 지시했다. 그러자 모든 신문이 '폴란드 테러의 희생자 5만 8천 명', '폴란드 살인 지배 20년'이라는 머리기사로 도배되었다. 독일의 독자들이 국내 언론을 비판하는 경우 그 내용은, 폴란드인들에 대한 독일의 '정당한' 보복을 강조하지 않았다는 것이었다. 국내의 독일인들이 폴란드 국가가 실제로 독일인 혈통들을 의도적으로 살해하라는 지시를 내렸다고 전적으로 믿었든 믿지 않았든, 그들은 폴란드의 폭력을 잊지 않았다. 그리하여 1943년 봄에 괴벨스가―그때 딱 한 번―소련의 더 큰 테러를 부각하기 위하여 독일 여론을 폴란드인들에 대한 동정심으로 몰고 가려 했을 때, 그는 1939년의 기억과 충돌하게 된다. 독일인 독자들은 폴란드인들에 의해 독일인 6만 명이 살해되었다는 '사실'을 적시하면서, 설혹 소련 비밀경찰NKVD이 살인자들이라고 해도 왜 우리가 폴란드인들을 동정해야 하느냐고 물었다. 선전부는 여론의 동정심까지 조작할 수는 없었던 것이다.[53]

그러한 주장은 독일인들을 희생자로 만듦으로써 독일인들이 저지르는 폭력을 정당화했다. 그런 주장은 독일인들의 폭력을 부인한 것이 아니라 그들의 폭력을 상대화하고 사소하게 만들었다. 독일인의 죽음만이 중요했다. 중요한 것은 오직 독일인의 권리였기 때문이었다. 그들은 독일인 희생자를 열 배나 부풀림으로써 독일인의 권리에 도덕성을 부여했다. 독일이 개전 이후 처음으로 제작한 다큐멘터리 영화 〈폴란드 전쟁〉과 〈불세례〉도 독일인 혈통들이 직면한 피살 위협으로 시작된다. 정부가 후원한 다른 영화들의 주제도 독일인들이 직면한 생존의 위협과 구원이었다. 1940년에 제작된 그 첫번째 영화의 제목은 다름 아닌 〈적들〉이었다. 1939년 여름, 한 목공소의 폴란드 노동자들이 독일인 사장을 살해하자, 영화의 주인공을 맡은 브리기테 호르나이와 빌리 비르겔이 사장의 자식들을 구해낸다. 이어서 그들은 피란길에 오른 독일인 혈통 난민들과 합류하여 독일 국경을 넘는다. 영화는 저명한 러시아 망명 감독 빅토르 투르얀스키가 감독했고, 독일인들을 살인자들로부터 구출해내는 여주인공을 연기한 호르나이는 스타 배우였다.

1941년에 제작된 블록버스터 영화 〈귀향〉은 그와 다른 플롯으로 진행된다. 영화 초입에 독일인 혈통들이 헛간에 몰래 숨어서 히틀러의 1939년 9월 1일 연설을 듣는다. 그러나 그들은 폴란드인들에게 발각되고 반쯤 물에 잠긴 지하실에 감금된다. 언제라도 살해될 수 있던 그들을 구한 사람은 젊은 나치 여교사 파울라 베젤리였다. 그 여자 나치는 독일인들을 이끌고 국경─이번에는 소련 점령지역 폴란드와 독일 점령지역 폴란드 사이의 국경─을 넘는다. 영화의 마지막 장면에서 그 독일인 혈통들은 베젤리의 감정적인 독백 속에서 피란민 행렬에 섞이는데, 그들을 국경에서 맞아주는 것이 초소의 거대한 히틀러 초상이다. 영화는 나치 미학에 상응하게 독일인 혈통들의 피살 위험을 준종교적 경험으로 고양시켰다. 그리고 '순교'가 임박했다는 것을 인지했을 때 그들의 희생 의지가 그들을 변화시킨다. 영화는 그 영화를 보는 독일인 관람객들도 변화시키고자 했다. 실제로 영화가 처음 개봉되었을 때 국내 관객들은 기립박수로 답했다. 외무부가 제작한 다큐멘터리 영화가 수동적인 희생자 여성과 아이들을 보여주었던 것과 대조적으로, 극영화 속의 독일인 여주인공들은 도덕적 리더십을 과시한다. 그러나 그들은 게르하르트 M과 동료들이 산 채로 불태워 죽인 타락한 폴란드 여성 비정규 전투원들과 다르다. 영화 속의 독일인 여성들은 물리적 군인이 아니라 정신적인 군인이다.[54]

루터파 교회는 압도적으로 프로이센─독일 민족주의에 입각하여 사태를 바라보았다. 프로이센 개신교연합회는 폴란드 지역 개신교 회의와의 공식 만남에서 가톨릭 폴란드의 개신교 신자들이 민족의 품으로 귀환했다고 환영했다. '지난 몇 주일 동안의 사건은 해방된 폴란드와 서프로이센 교구들이 지난 20년간 벌였던 투쟁이 옳았다는 것을 말해줍니다.' 폴란드 전쟁의 와중과 그후에 독일이 폴란드에서 무슨 일을 자행했든, 그 모두가 그들에게는 정당화되고도 남는 일이었다. 개신교 〈관보〉가 그해 추수감사절에 발송한 텍스트는 다음과 같았다.

'우리는 주님께서 독일의 고토가 조국으로 돌아오도록 허락하시고, 우리의 독일인 형제들이 다시 한번 자유를 누리게 해주신 것에 감사드립니다. …… 우리는 주님께서 은총의 선물로 지난 수십 년 동안 자행된 불의를 깨트리고 민족들의 신질서에 길을 열어주신 것에 대하여, 명예와 정의의 평화에 길을 열어주신 것에 대하여 감사드립니다.'[55]

그러나 얼마 지나지 않아서 폴란드는 독일인들에게 더이상 주제가 되지 못했다. 히틀러가 바르샤바에서 승리한 독일 군대를 치하하고 2주일이 지난 시점, 교회가 축하의 종을 울리고 1주일이 지난 1939년 10월 중순에 망명 사민당의 한 지하 요원은 '폴란드 전쟁에서의 "승리"에 대하여 이야기하는 사람이 단 한 사람도 없다'라고 보고했다. 독일인들에게 문제는 이제 평화였다. 폴란드를 둘러싼 갈등이 폴란드 해체로 해결된 만큼, 서구 열강과의 평화가 회복될 수 있으리라는 희망이 다시 솟았던 것이다.[56]

10월 6일 히틀러가 제국의회에서 연설했다. 미국 CBS 방송의 베를린 특파원 윌리엄 샤이러는 '아름다운 가을날, 쌀쌀하지만 해가 빛나는 그날은 만인의 행복에 기여하는 듯이 보였다'고 일기에 적었다. 히틀러는 자신의 평화 의지를 강조하면서, 영국과 프랑스에 그 어떤 영토상의 주장을 하지 않는다며 다시 한번 평화를 제안했다. 그는 심지어 폴란드 국가를 재건하자는 제안까지 했다. 그는 여느 때처럼 '일부 국제 유대 자본주의와 저널리즘'이 호전성을 부추긴다고 비난했지만, 평화냐 전쟁이냐를 선택하는 것은 영국인들의 선한 판단에 달렸다고 선언했다. 그는 전쟁은 죽음과 파괴를 낳을 것이며, 영국이 어떤 길을 선택하든 독일은 굴복하지 않을 것이라고 덧붙였다. '1918년 11월은 독일사에서 절대 반복되지 않을 것입니다.'[57]

구 오페라하우스의 기자석에 앉아 있던 샤이러는 데자뷰를 보는 것 같았다.

그가 1936년 라인란트 진군 이후 정복 때마다 제국의회 연단에서 했던 말과 똑같았다. 이번이 최소 다섯번째다. 그는 언제나처럼 똑같이 진지하게 말했지만, 만일 당신이 어느 독일인에게 바깥 세계는 이미 쓰라린 경험을 한 탓에 과거에 주었던 신뢰를 더이상 주지 않을 것이라고 말한다면 모든 독일인이 경악할 것이다.

독일 언론은 히틀러의 연설을 최대한 선전했다. 나치당 일간지 〈민족의 파수꾼〉의 머리기사는 부르짖었다. '독일은 평화를 원한다', '프랑스와 영국에 대한 전쟁은 없다', '식민지를 제외하고 영토 변경은 없다', '군비축소', '모든 유럽 국가들과의 협력', '회담을 제안하다'. 그런 말들에 지친 샤이러가 다음과 같이 적었다. '나치가 진지하다면 그 달콤한 말들을 소위 '반격' 이전에 했어야 했다.'58

1939년 10월 9일 월요일 폴란드에서 빈으로 돌아온 독일군 부대를 맞이한 것은 영국 정부가 사퇴했고 그래서 전쟁은 끝났다는 뉴스였다. 그다음날 군용 열차가 베를린 교외를 통과할 때 흥분한 민간인들이 부대원들에게 외쳤다. '장병 여러분! 이제 집으로 갈 수 있어요. 전쟁이 끝났어요!' 그 소식이 독일의 수도 베를린에 퍼지자 사람들이 축하하기 위해 길거리와 광장으로 쏟아져 나왔다. 학생들은 강의실에서 뛰쳐나와 즉흥적인 집회를 가졌다. 베를린 프렌츠라우어 베르크의 주간 농산물 야외시장에서 사람들은 배급 물건 구입자 목록에 자기 이름을 적지 않겠다고 우겼다. 전쟁이 끝나기에 배급제도 곧 멈출 것이라고 믿었던 것이다. 뉴스는 주식시장의 정부 채권 가격도 상승시켰다. 전쟁이 끝났다는 루머가 전국으로 번지자 전화전신국 교환소 안내원들에게 똑같은 문의가 쏟아졌다. 브라티슬라바(프레스부르크), 라이헨베르크, 룸부르크, 이다르-오버슈타인, 바덴

바덴, 그라츠에 이르기까지 10월 10일 오전 10시 30분까지 전화와 전신선에 불이 났다. 평화에 대한 독일인들의 열망이 얼마나 컸던지 라디오 방송이 청취자들에게 추측을 자제하라고 부탁했다.[59]

물론 영국과 프랑스는 히틀러의 '평화 제안'을 즉시 거부했다. 그러자 독일 아이들이 길거리에서 성탄절 캐럴 〈오 크리스마스트리, 오 크리스마스트리〉에 맞춰 노래 불렀다. '오 체임벌린, 오 체임벌린, 너 어떻게 된 거니?' 국민들의 좌절과 불만에 목소리를 실어준 주기도문 패러디도 전국에 퍼졌다. '런던에 계신 아버지 체임벌린, 그 이름을 저주하옵시며, 당신의 나라가 소멸되기를 기원하나이다.' 히틀러 연설이 거둔 성과는, 계속해서 평화를 말함으로써 역설적으로 독일인들을 전쟁에 붙잡아놓도록 한 데 있었다. 그러나 친위대 정보국은 휴전 루머가 '평화에 대한 국민적 소망이 얼마나 큰지' 드러냈다고 보고했다. 저잣거리에서 예언자들과 점쟁이들이 호황을 누렸다. 바이에른에서는 코너스로이츠 출신으로 몸에 성흔聖痕을 지닌 것으로 유명했던 바이에른 농촌 아주머니 테레제 노이만이 전쟁이 곧 끝난다고 예언했다는 소문이 퍼졌다.[60]

폴란드에게 승리했지만 진짜 전쟁은 아직 시작도 안 된 상황이었다. 나치 정부는 모든 책임을 영국에게 지우면서 국민들에게 영국이 강인한 적이라는 점을 상기시켰다. 프랑스군 역시 독일군보다 규모와 장비가 우월했다. 더욱이 남부 프랑스의 성채들이 강력한 마지노선을 구축하고 있지 않은가. 어떻게 독일이 프랑스와 영국을 이길 수 있다는 말인가. 1939년 8월 말과 10월 초 독일의 외교적 평화공세의 실패는 나라가 망할 것이라는 불안감을 심화시켰다. 1939년 9월 중순 독일군 총사령부는 독일군이 향후 2년 내로 서부전선에서 공세를 취할 수 없다고 확신했다. 총사령부는 그래서 1939년 9월 17일에 독일군에게 정적이고 방어적인 전쟁을 준비하라고 지시했다. 그러나 열흘 뒤에 히틀러가 그 명령을 뒤집고 장군들 면전에서 그해 가을에 당장 공격을 개시해야 한다고 열을 올렸다. 그러나 극단적으로 충성스러운 나치 장군 발터 폰 라이헤나우조차 히틀러의 계획이 '범죄와 다름없다'라고 생각했다. 사실상의 2인자 헤르만 괴링은 그때 공군에게 폴란드 도시들을 폭격하라고 지시하는 동시에 외교적 해법을 찾기 위한 노력을 배가했다. 그러나 히틀러는 1939년 10월 10일 벨기에를 통하여 프랑스를 공격하면 된다고 장군들을 압박했다. 히틀러가 그렇게 구체적인 작전을 적시하였기에 다른 도리가 없었다. 육군참모총장 프란츠 할더는 그가 추후 '상상력이 부족한 (1914년) 슐리펜 계획의 재탕'이라고 부르게 되는 그 작전을 다듬어야 했다.[61]

절망의 분위기가 지배적인 가운데 독일군 보안사령관 카나리스 제독과 부관 한스 오스터가 히틀러를 제거할 계획을 두번째로 수립했다. 그들은 히틀러 제거 작전의 군사적 수장을 물색하면서 육군참모총장 할더, 서부전선에 주둔하고 있던 세 개의 군집단 사령관인 게르트 폰 룬트슈테트, 페도르 폰 보크, 리터 폰 레브에게 의견을 타진했다. 벨기에로 우회하는 작전이 성공하리라고는 아무도 믿지 않았다. 그러나 자기 자리를 지키면서 의무를 다하는 것 외에 아무도 다른 대안을 생각하지 않았다. 카나리스와 오스터가 정치적 게임을 벌이고 있는 동안, 히틀러는 자신에게 직속된 독일군 총사령부 사령관 빌헬름 카이텔, 작전사령부 사령관 알프레드 요들, 그의 부관 발터 바를리몬트 장군, 육군 총사령관 브라우히치를 통하여 군대를 관리하고 있었다. 장군들이 달가워하지 않던 공격은 1939년 11월 7일의 나쁜 날씨 때문에 연기되었다. 사령관들이 안도했다. 그해 겨울에만 공격이 29차례 연기되었다.

**

    성탄절 준비 기간은 연극 시즌의 절정이기도 했다. 1939년 12월 9일 구스타프 그륀트겐스가 베를린 젠다르멘마르크트에 위치한 베를린 국립 극장에서 새로운 작품을 선보였다. 배우이자 연출가이자 그곳 극장장이었던 그가 전쟁이 발발하고 두 달이 지난 그 시점에 선보인 작품은 〈당통의 죽음〉이었다. 공연은 프랑스혁명기 파리의 그림과 판화들로 장식된 아름다운 밤무대에서 펼쳐졌다. 무대는 호화로웠다. 회전 무대를 설치하여 무대를 스물다섯 번이나 바꾸었다. 그륀트겐스는 나치 이전 시기 바이마르 연극의 전통에 따라 배우와 조명과 세트와 음향을 단일한 앙상블로 결합했다. 프랑스혁명의 테러를 다룬 게오르크 뷔흐너의 〈당통의 죽음〉은 그 주제가 너무나 전복적이어서 독일에서는 작품이 발표되고 무려 25년이 지난 1902년에 처음으로 공연되었었다. 그리고 1916년에 막스 라인하르트의 연출로 마지막으로 공연되었다. 그륀트겐스는 괴벨스와 괴링이 베를린 국립극장을 맡긴 뛰어난 배우이자 극장장이었다. 괴벨스는 그륀트겐스 외에도 쉴러 극장의 하인리히 게오르게와 베를린 도이체스테아터의 하인츠 힐페르트도 후원했다. 괴벨스와 괴링은 연극에서 제국의 수도 베를린이 오스트리아 빈을 능가해야 한다고 믿었다. 그러나 그 극장장들은 작품의 선택과 제작에서 독립성을 강하게 주장했다. 괴벨스는 그들을 비난하고 괴롭히고 회유하고 애원했지만 그들 뜻에 따랐다. 괴벨스는 1933년의 나치 집권으로 인하여 프랑스혁명의 '1789년은 역사의 기록에서 삭제되었다'고 허풍을 쳐왔다. 따라서 그륀트겐스가 프랑스혁명을 연극 무대에 올린 것은 괴벨스의 허풍을 찌르는 행동이기도 했다. 괴벨스가 위원장을 겸직하고 있던 나치당 베를린 지구당의 기관지 〈공격〉은 뷔흐너의 작품을 무대에 올리는 것에 경악하여, 문제가 많은 그 연극이 '그 많은 노력을 들일 가

치'가 있느냐고 비판했다.[62]

그륀트겐스는 연극으로 나치즘을 선전할 생각이 없었다. 그는 당통과 로베스피에르를 비극적인 인물로 해석했다. 당통은 우울한 수동성으로부터 스스로를 격발시켜서 적들과의 대결로 나아간 인물로, 로베스피에르는 내부의 타오르는 진실한 신념의 불꽃에 의해 조용히 연소된 인물로 표현했다. 구스타프 크누트가 연기한 당통은 관객을 혁명재판소로 데려간다. 당통은 반혁명 피고인의 위치에서 혁명을 고발하는 원고로 전환하면서 예언한다. '독재와 테러와 전쟁이 닥치리라.' '여러분은 빵을 원하지만 그들은 여러분의 머리를 자를 겁니다.' 작품은 〈도이체 알게마이네 차이퉁〉의 평론가 브루노 베르너를 감동시켰다. 무엇보다도 서정적인 절제의 미학과 여성 캐릭터들에게 부여된 조용한 공간이 인상적이었다. 연극 마지막 장에서 마리 안네 호페가 기요틴이 서 있는 처형대 위를 왕복하면서 처형된 남편 카미유 데물랭을 위하여 오필리아의 목소리로 호곡한다. 그리고 노래한다.

사랑하는 요람아, 나의 카미유가 잠들도록 달래준 요람아, 네가 그의 숨
을 막다니
너의 장미들로 눌러서
사랑하는 죽음의 종소리야, 너는 달콤한 목소리로 그를 무덤까지 노래
했지
수만 명이 모두 그렇게
칼날 아래 쓰러질 셀 수 없는 사람들[63]

연극은 관객들이 한 세대 전체가 테러와 혁명전쟁으로 살해될 찰나와 거대 기요틴을 대면하면서 끝난다. 충격의 침묵이 오래 지속된 끝에 관객들이 기립박수를 보냈다.[64]

제2장

/

대오의 균열을 막아라

　1939년 9월 아우구스트 퇴퍼빈은 전시체제로 이행한 독일의 '기계 같
은 정확성'에 깊은 인상을 받았다. 그러나 그를 놀라게 한 조치들 대부분
은 즉흥적인 것들이었다. 이는 일반민들의 협조에서도 두드러졌다. 퇴퍼빈
의 아내 그레테만 하더라도, 자르란트 피란민들을 돕기 위해 시장에서 여
분의 접시와 스푼을 구입했다. 개전 직후 나치 정부는 프랑스 접경 지역의
주민들을 소개疏開하는 작업에 착수했다. 정부는 달리 교통수단이 없는
사람들에게 특별 열차를 제공했고, 자르란트 피란민들 일부가 그 열차를
타고 퇴퍼빈이 사는 졸링겐에 도착했다. 기차역에서 독일소녀연맹과 히틀
러청소년단이 피란민들을 맞았다. 소년 소녀들은 나치 인민복지회가 역에
설치한 간이식당에서 피란민들에게 수프를 제공했다. 피란민들은 개전일
에 병사들이 집합했던 그 학교에 잠정적으로 수용되었다. 전쟁은 일반인
들의 선의에 의존했다.[1]

　자르란트 농민들은 스스로도 피란길에 나섰다. 마차에 가재도구들을

한가득 싣고 가축들도 데리고 갔다. 피란민들은 도로를 엉망으로 만들기도 했지만 지역민들의 자발적인 연대 행동도 이끌어냈다. 헤센의 알텐부르슐라 마을에 사는 에른스트 귀킹의 아버지도 피란민 여성과 그 자식들 넷을 자기 농가에 수용했다. 귀킹 가족은 그것을 아들이 주둔하고 있던 자르란트 전선과의 직접적인 교환 활동으로 간주했다. '우리는 우리가 할 수 있는 모든 것이 행복하단다. 그저 네가 곧 돌아오기만을 바랄 뿐이야. 주님께서 그것을 허락하시기를.' 그의 애국심은 그렇지 않았겠지만, 피란민들에 대한 그의 관용에는 뚜렷한 한계가 있었다. 피란민들은 두 달 동안 머물다 돌아갔는데, 그 시점이 바로 그 한계점이었다. '우리가 장기적으로는 그들을 돌볼 수는 없었을 거다. 침대가 얼마나 더러워졌는지 생각해봐. 너무 더러워서 어찌해볼 수가 없었어.' 주민들은 피란민이 이를 옮긴다고 비난했고, 가톨릭교회는 개신교 지역인 튀링겐에 자르란트의 독실한 가톨릭 신자들이 예배드릴 장소가 없다고 불평했다. 1939년 11월 초 보안경찰은 피란민의 80%가 현지인의 대접에 만족하지 않으며, 그들은 생계를 스스로 꾸리거나 다른 곳을 알아보거나 고향으로 돌아갈 방법을 찾고 있다고 보고했다.[2]

사실 추후 닥치게 될 혼란에 비하면 자르란트 소개 작전은 사소한 수준이었다. 그리고 또, 그 일이 잊히지 않은 경우에도 곧 다른 전쟁 경험들이 쌓이게 될 터였다. 그러나 1939년 9월에 작동한 주민들의 자발성은 추후 더 힘든 사태에 직면해서도 발휘되어야 할 행동 규범의 예시였다. 1939년 9월에 분출된 것은 진정성 있는 애국주의적 선의였다. 독일소녀연맹과 같은 십대 자원봉사자들은 자발적으로 기차역에서 밤시간까지 따뜻한 음료를 제공했고, 주민들은 지치고 후줄근한 차림의 낯선 이방인들에게 문을 열어주었다. 그것이야말로 나치가 전쟁 이전에 오랫동안 만들어내고자 다방면으로 노력하던 애국심이었다. 그동안 나치는 일요일 공동식사

자리를 만들어서 중간계급 전문직과 경영자들이 노동자들과 똑같은 자리에서 똑같은 수프를 함께 먹도록 했고, 청소년들을 전국 곳곳으로 보내서 지역적 적대감과 선입견을 불식시키도록 했다. 나치는 1차대전의 시련 속에 구축되었던 '민족공동체'에 준거하여, 그런 자발적인 민족적 연대가 합목적적이고 통합적인 행동에 의해 새로운 도전에 대응할 수 있다고 생각했다. 전쟁은 그 시험대였다.[3]

그러나 독일 사회는 그 시험을 통과하지 못했다. 독일인들에게 애국주의적 헌신이나 정의로운 민족적 대의에 대한 이해가 부족했던 것은 아니다. 결정적인 오류는 고도로 분화되고 종종 내적으로 모순되는 근대 사회를 의례적인 제스처를 통하여 산업화 이전의 정겨운 전근대 '황금시대'라는 낭만적 상상물로 전환할 수 있다고 믿던 관점 자체였다. 따라서 전쟁이 지속될수록 중앙집권적인 국가, 나치당, 나치당 산하의 대중조직, 지역 정부, 교회는 민족적 연대의 결핍분을 상쇄하기 위하여 더욱 노력해야 했다.

**

나치 정부는 승전과 정치적 생존이 인민을 성공적이고 공정하게 먹이는 데 달려 있다는 것을 알고 있었다. 1차대전에서 식량 배분은 재앙에 가까웠다. 인플레이션이 날뛰었고, 상궤를 벗어난 암시장이 도시 노동계급을 기아선상으로 몰고 갔다. 영국 해군의 해상봉쇄, 보급 위기, 1916~1917년의 '순무의 겨울'이 1918년 11월 혁명의 길을 열었다. 1916년 루르 탄전 지대 어린이들의 신장이 제대로 자라지 못했다. 1917년과 1918년에 베를린의 민간인 사망률이 도시에서 징집된 병사들의 사망률을 추월했다. 도시 노동계급이 거주하던 난방이 되지 않은 공동주택 단지에 결핵이 닥쳤을 때, 최대 희생 집단은 십대 소녀들과 젊은 여성들이었다. 나치 당국은 그런 일이 다시는 일어나지 말아야 한다고 결심했다. 특히 히틀러는 독일 인민이 견뎌낼 수 있는 고통의 수준에 회의적이었다. 친위대 정보국 역시 '인민의 분위기'가 그 무엇보다도 식량 공급에 좌우된다고 강조했다.[4]

식량 배급제는 1939년 8월 27일, 즉 독일이 동원령을 발동하기 하루 전에 도입되었다. 플로리스트 이레네 라이츠는 남자친구 에른스트 귀킹에게 썼다. '내 위장이 이틀 동안 나를 괴롭히고 있어. 이제는 특히 먹을 것을 절약해야 해.' 그녀는 병사들에게 걱정거리를 말하면 안 된다는 것을 의식하면서도 그 편지를 썼다. 그녀는 개전 직후 몇 주일 동안 사람들이 너도나도 밀가루와 설탕과 지방을 찾아 몰려다니는 것을 보았다. 그러나 그녀에게는 별다른 생각이 없었다. 문방구에서 '온갖 색깔의 비단 종이'를 구입한 것이 그녀가 취한 행동의 전부였다. '앞으로 선물을 예쁘게 포장하기 위해서였어. 좋은 생각 아냐?' 그러나 9월 말에 모든 것이 바뀌었다. 기센의 화훼 농원에서 동료 노동자 한 명이 징집되었다. 그는 그녀에게 매일같이 자기 마을에서 빵과 소시지를 가져다주던 사람이었다. 이레네는 편지에 썼다. '지금 그 사람이 있다면 얼마나 좋을까. 특히 샌드위치.'[5]

나치 당국은 사람들이 가게에 쇄도하는 것을 막기 위하여 마직, 신발, 옷을 전표 보유자에게만 판매하도록 했다. 그러나 가뜩이나 인력이 부족한 전표 발급소에 너무 많은 사람이 몰려들자, 공무원들은 특정 상품이 원매자에게 반드시 필요한 물건인지 점검할 수 없었다. 사람들은 자기 집을 감찰해도 좋다는 동의서에 서명해야 했지만, 그것이 물건 부족 공포에 사로잡힌 그들을 단념케 할 수는 없었다. '구두 두 켤레를 가진 사람은 한 켤레를 더 살 수 있는 새 전표를 받지 못하도록 되어 있어.' 이레네는 에른스트에게 썼다. '물론 사람들은 모두 한 켤레밖에 없다고 쓰지. 하나님께 감사하게도, 나는 아직 그곳에 갈 필요가 없어. 거기 가면 짧아도 두 시간은 줄을 서서 기다려야 해.' 친위대 정보국은 또한 가게 주인들이 장갑에도 전표를 요구해야 하는지, 전표가 가죽장갑에만 필요한지 아니면 천 장갑에도 필요한지 알지 못한다고 보고했다. 나치 당국이 배급제도를 점검하여 새로운 카드 제도를 도입하는 데만 두 달이 걸렸다. 당국은 9월 1일부터 1년 동안 사용하도록 100점이 적힌 배급카드를 발급했다. 그리고 그 점수에서 예컨대 양말과 스타킹―1년 동안 다섯 켤레 이상을 구입할 수 없었다―구입에 5점, 파자마 구입에 30점, 코트나 슈트 구입에 60점을 차감했다.[6]

구두 생산에 필요한 가죽의 절반은 외국으로부터의 수입에 의존했다. 따라서 얼마 지나지 않아 구두 생산에 문제가 나타났다. 구두창을 가는 데 사용할 가죽조차 없었다. 인조 밑창으로 대신하려 해도 6주일 내지 8주일을 기다려야 했다. 독일 모든 지역에서 그랬다. 다른 한편으로 전쟁 발발 이전 6년 동안의 독일은 사실상 전시경제 체제였다. 고용은 완전고용에 도달했지만, 실질임금은 1929년 대공황 이전 수준을 회복하지 못했다. 한 가족의 총수입은 가족 구성원 중에서 취업자가 늘어난 만큼만 늘어났다. 전쟁 이전의 평화 시기에서조차 국내총생산의 무려 20%가 군비에 투입되었다. 의당 의복, 가구, 자동차, 가재도구 생산이 제약받았다. 정부는 자급자족 정책을 원칙으로 삼았고, 외환보유고를 관리하기 위하여 예컨대 원두커피의 수입을 1939년 이전에 이미 제한했다. 원두커피를 사치품에 포함한 것이다. 옷에는 레이용 인조섬유가 사용되었다. 양모를 보존하는 동시에 면직물 수입을 줄이기 위해서였다. 그러나 레이용은 젖으면 늘어나고 방한 효과가 약한 것 등 심각한 단점이 한두 가지가 아니었다. 심지어 겨울 코트에도 레이용이 사용되었다.[7]

전쟁은 생활 수준을 더욱 악화시켰다. 전쟁 첫해에 민간소비가 11% 감소했다. 식단도 단조로워졌다. 사람들은 빵, 감자, 절임을 돌아가며 먹었다. 맥주병이 얇아졌고, 소시지에 군더더기가 섞였다. 프랑스군이 개전 초에 잠시 점령했던 남서부 독일 라인강 인근의 켈에서 철수하자, 에른스트 귀킹은 프랑스 병사들이 남기고 간 물건들을 손에 넣었다. 그는 그때 얻은 원두커피 한 상자를 기센의 이레네와 그녀의 이모에게 보냈다. 그들은 당시 '호르스트 베셀 커피'라고 불리던 인공커피를 마시지 않아도 되는 것이 기뻤다. 나치 당가에 나오는 나치 순교자 호르스트 베셀이 독일인들의 정신 속에서 함께 행진한 것처럼, '원두커피는 정신 속에서만 함께 행진했다.'[8]

육류 부족은 더욱 심각했다. 독일은 동물성 지방을 북미대륙에서의 수입에 의존했는데, 영국의 해상봉쇄가 이를 막았다. 더욱이 사료 부족으로 인하여 1939년 가을부터 이미 돼지 사육 두수가 감소했다. 영국과 달리 독일의 많은 공업 노동자, 특히 광부들은 전통적으로 텃밭에서 채소를 키우고 토끼와 심지어 돼지를 쳐서 임금 소득을 보충해왔다. 이제는 도시민들이 계급을 불문하고 텃밭에서 채소를 기르고 암탉이나 토끼를 키웠다. 돼지는 인기가 없었다. 사룻값이 비쌌기 때문만이 아니라 '자가 공급자'는 육류 배급에서 제외되기 때문이었다. 또한 냉장 장비가 부족해서 우유, 달걀, 고기를 전국으로 수송하여 조율하는 작업에서 문제가 빈발했다. 베를린조차 우유가 부족했다. 서부 독일에서는 사료 부족으로 목축이 파탄에 빠졌다. 그래서 고기 배급량의 35~40%만을 공급할 수 있었다. 반면에 남부 독일에서는 일시적으로 고기가 넘쳐났다. 그곳의 한 나이든 사민당원은 정육업자가 '배급 카드가 없는데도 베이컨 조각들'을 주는 것에 깜짝 놀랐다.[9]

농업식품부는 식량 배급 카드제를 월별로 시행하면서 가급적 유연하게 움직였다. 공급이 모자라면 감자를 빵이나, 인기가 덜하기는 했지만 쌀로 교체했다. 식량 카드는 다음달로 이월될 수 없도록 했고, 그래서 사람들은 구매권을 쌓아둘 수 없었다. 공급량이 오르내리는 가운데 그렇듯 기간제가 작동하자, 상상 속의 생필품 부족이 현실을 훨씬 능가했다. 따라서 생필품 구입에의 강박이 나타났다. 한 사민당원이 비꼬았듯이, 사람들은 계층을 불문하고 '정치보다 공급에 대하여 훨씬 더 많이 이야기한다. 모든 사람이 배급에 씌어 있다. 어떻게 해야 추가적으로 얻을 수 있지?' 일요일마다 식량을 구하러 농촌으로 가는 사람들이—히틀러청소년 단복을 입은 십대 소년 소녀를 포함하여—도시에서 출발하는 열차를 가득 메웠다. 1차대전 때와 마찬가지였다. 여기에 전시 인플레이션 공포까지 겹치자 사람들은 현금을 그 무엇이든 추후 교환할 수 있는 물건으로 바꾸고자 했다. 그리하여 모피, 자기, 가구와 같은 사치품은 배급 대상이 아니었음에도 불구하고 전량이 즉시 판매되었다.[10]

1939년 10월에 이미 독일이 1차대전 때만큼 오래 버틸 수 없다고 믿는 사람이 많았다. '벌써 먹을 것이 없기 때문이다'. 다만 병사들만은 충분히 먹어야 한다는 데는 모두가 동의했다. 나치 고관들의 특권적 라이프스타일에 대한 분노도 막대했다. 쓰디쓴 패러디가 유포되었다. 예컨대 쾰른에서는 나치 지구당위원장 요제프 그로에가 조롱의 대상이 되었다. 1939년 10월 초에 누군가가 지역 신문에서 턱 아래 살이 푸짐한 그로에의 사진을 오려서 공장 게시판에 붙인 뒤, 그 아래 다음과 같이 휘갈겨놓았다.

하나의 인민, 하나의 지도자, 하나의 민족
법 앞에서 만인이 평등하거늘
그로에는 아낌없이 굵지
민족동지의 모델

그 사건을 수사하기 위하여 공장에 게슈타포 경찰관 네 명이 나타났다. 그러나 범인을 찾을 수 없었다. 1939년 11월 초에 지역 나치당 당직자들 몇이 전선 복무를 자원하고 나섰다. 사람들이 자신을 겁쟁이요 징집 회피자로 조롱할까 두려웠기 때문이었다.[11]

나치의 약속과 현실의 불일치로 인하여 사회적 불만이 커갔다. 배급 당국은 식량 배분에서—노동으로 측정된—공로와 사회적 필요에 균형을 맞추고자 했다. 그래서 그들은 세분화된 배급권 체제를 만들어냈다. 가장 중요한 구분선은 인종이었다. 개전 무렵 독일에 머물던 유대인 수는 1933년의 40% 정도인 18만 5천 명이었다. 1938년 11월의 포그롬으로 인하여 젊은 유대인들이 대거 독일을 떠났기에, 전쟁 초기의 유대인 커뮤니티는 늙고 가난했으며 주로 도시, 특히 베를린과 프랑크푸르트에 모여 살고 있었다. 십대 청소년을 포함하여 유대인들은 속옷, 구두, 의복의 구입을 금지당했다. 배급제 초기에 식품 할당량은 유대인과 독일인이 같았다. 이는 클렘퍼러가 아주 안도한 점이었다. 다만 유대인 배급 카드에 'J' 혹은 '유대인'이라는 붉은 글씨를 찍어서 유대인과 독일인을 구분했다. 그로써 나치는 유대인의 이웃과 구매자와 판매자에게 혹시 유대인 출입이 금지된 가게에 유대인이 출입하는지, 유대인에게 구입이 금지된 물건을 유대인이 구입하는지 감시하도록 했다. 유대인의 가게 출입 시간이 따로 정해진 지역도 적지 않았다. 명분은 독일인의 쇼핑이 유대인으로 인하여 방해받으면 안 된다는 것이었다. 폴란드 전쟁포로와 민간인 노동자들이 독일에 들어왔을 때도 그들에게 발급한 구입권 액수는 독일인 동료 노동자들보다 적었다.[12]

심지어 '아리아인 민족동지들'에게도 영국과 달리 누구에게나 적용되는 단순 규정이 없었다. 영국은 1차대전의 불공정하고 무능했던 배급제에 대한 기억에 쫓기는 나라였다. 독일의 배급제는 '일반 소비자' '중노동자' '최고 중노동자'의 세 개의 범주로 시작되어, 교대근무와 야간노동에 추가 배급이 주어졌다. 추가 배급은 유아, 6세에서 18세까지의 청소년, 임신부, 산모, 환자에게도 주어졌다. 1945년 4월까지 범주는 16개로 늘어난다. 인구 1만 명 이상의 도시에서는 심지어 개에게 주는 찌꺼기먹이까지도 개의 유용성의 정도에 배급량이 달랐다.

그 체계는 영양학적 조사에 입각했다. 350개 노동자 가구를 대상으로 한 1937년의 한 조사는 일인당 하루 평균 필요량을 2,750칼로리로 설정했다. 그후 또다른 연구들과 로비가 추가적인 고려사항들을 만들어냈다. 베를린에서는 단백질과 지방 부족이 자라나는 소녀들에게 불임을 유발하여 나치의 인구정책을 무위로 돌릴 수 있다는 경고가 나왔다. 성인 여성들은 자식들을 먹이는 데서 겪는 어려움 때문에 더이상 아이를 갖고 싶지 않다고 외쳤다. 나치 인구정책을 이용하여 정부를 압박한 것이다. 나치 인민복지회의 수장 에리히 힐겐펠트는 '가족지원' 제도를 도입하여 가난한 가족의 식량 구입권을 확충하라고 압력을 가했다. 그의 이니셔티브는 성공적이었다. 그러나 지원액이 너무 적어서 그것만으로는 가난한 독일인들이 능력주의적인 사회적 선택의 '자연 질서'를 교란하지 않고도 생존할 수 있도록 만들 수 없었다. 그 체제는 사실 너무 사회주의적이거나 평등주의적으로 보이지 않으면서도 사회적 필요를 충족시키도록 고안된 국가 규제였다.[13]

사람들은 곧 배급체제의 불공정성을 알아보았다. '최고 중노동'을 하는 공업 노동자는 가장 많은 배급량인 하루 4,200칼로리를 받았다. 그들은 숙련성이 '대체 불가능'으로 분류되었기에 징집에서도 면제되었다. 그 노동자들은 탄광산업이나 군수산업이 유지하고자 하던 노동력이었다. 다른 한편 기업들은 노동자의 등급 판정에서 노동전선과 나치 지구당위원장의 지원을 받을 수 있었기에 큰 어려움 없이 자기 회사 노동자들이 최상급 노동자로 분류되도록 공작할 수 있었다. 군산복합체 기업들의 그러한 지렛대가 사무실이나 소매업 혹은 상업 부문에 종사하는 화이트컬러 노동자들에게는 없었다. 그래서 그들은 '일반 소비자'와 똑같이 표준적인 일일 배급량인 2,400칼로리를 받았다. 중간계급 전문직도 마찬가지였다. 독일 노동전선은 1939년 9월에 이미 배급제도가 독일 인구 절반의 소비는 증가시키겠지만 나머지 절반의 소비는 감소시킬 것이라고 경고했다. 한 조사에 따르면, 배급제는 경제적 자원을 늙은 성인들로부터 젊은 성인들로 이동시키고 있었다. 1937년 12월과 1942년 2월의 데이터는 노동자 1,774명 중에서 55~60세 남성 노동자들과 60~65세 여성 노동자들의 체중은 감소한 반면, 20~30세 남성들과 20~35세 여성들의 체중은 불어났다는 사실을 보여주었다. 청년층의 물질적 혜택은 그들에 대한 사회적·가족적 통제가 이완된 것에 상응하는 현상이기도 했다.[14]

또다른 조사 또한 놀라운 결과를 보여주었다. 남성 공업 노동자 6,500명 중에서 체중이 가장 많이 감소한 집단은 중노동 혹은 최고 중노동을 하는 노동자들, 즉 가장 많은 배급을 받는 사람들이었다. 그들이 자기가 받은 추가 배급을 가족에게 주었기 때문인 듯했다. 나치 당국은 이를 시정하기 위하여 기업들에게 구내식당을 설치하여 노동자들이 점심으로 도시락 빵이 아니라 따스한 음식을 먹도록 하라고 요구했다. 그러나 기업의 구내식당도 배급 전표를 요구한 반면 노동자들은 전표를 가족에게 주려 했기 때문에, 구내식당의 이용률이 낮았다. 인기 있던 유일한 식권은 예외적으로 근무시간이 긴 교대근무 노동자에게 나누어준 '헤르만−괴링 샌드위치'였다. 그 식권은 배급에서 제외되었기 때문이었다. 1941년 말 농업식품부는 탄광회사들이 광부들에게 보다 많은 배급이 돌아가도록 노동시간 일지를 조작하는 것은 아닌지 의심하기까지 했다.[15]

1939년 9월 4일 가혹한 전시경제 명령이 발동되었다. 명령은 일요노동을 의무화했고, 임금을 동결시켰으며, 초과노동수당을 낮추고, 세금을 인상했다. 공장에 상근하는 경찰관 수도 늘렸다. 그러나 전쟁이 시작되기 전에 이미 나치는 노동계급에게서 노동시간의 증가에 따른 불만이 솟구치는 양상에 직면했었다. 군수 붐은 노동력 부족을 초래하는 한편 과로하면서도 쉬지 못한 노동자를 낳았다. 그리하여 채탄량이 감소했다. 그러자 1939년 1월에 제국철도와 주택 난방용 석탄 공급마저 감소했다. 노동자들에 대한 나치의 감시가 노동자들의 집단행동은 억제했지만, 1939년 여름 루르 지방 중공업 핵심 지역의 노동규율은 '재앙'에 가까웠다. 노동자들이 전시경제의 명령에 낮은 수준의 저항으로 답했던 것이다. 개전 이전에 그 행동이 효과를 입증했다. 결근―특히 월요일 결근―과 병가病暇가 증가하고 초과노동을 거부하는 노동자가 늘어났다. 친위대 정보국마저 노동자들에게 양보해야 한다고 주장했다. 나치는 실제로 양보를 했다. 임금 삭감을 취소하고 초과노동 수당과 일요노동 수당을 원상복구시킨 것이다.[16]

1939년은 겨울이 빨리 왔다. 11월에 이미 무척 추웠다. 그런 상황에서 철도 수송 체계가 붕괴했다. 폴란드 전쟁, 자르란트 주민 소개, 전시경제 모두를 떠받치느라 과부하된 독일 국철에게 루르의 석탄을 운송할 철도 차량이 없었던 것이다. 그래서 1939년 11월 라인 베스트팔렌 석탄신디케이트는 석탄 120만 톤을 그냥 쌓아둘 수밖에 없었다. 루르 인근 도시의 기업들조차 석탄 부족 때문에 작업 시간을 줄이거나 성탄절 휴가일을 앞당겼다. 주민들은 집안에서 외출복을 입고 지냈다. 군대 동원의 집결지 역할을 했고 또 자르 피란민을 수용하는 동시에 가을 추수 곡식을 저장했던 학교가 다시 문을 열고 학생들을 맞이했지만, 난방용 석탄이 공급되지 않아 다시 닫아야 했다. 일부 도시에서는 저탄장에 군중이 모여들자 경찰이 출동하여 군중이 수송 트럭에 달려드는 것을 막았다. 1940년 1월 초에는 강물이 얼어서 바지선이 베를린에 석탄을 수송할 수 없었다. 영하 15도의 추위였다. 미국인 저널리스트 윌리엄 샤이러가 독일인들을 동정했다. '사람들이 석탄 꾸러미를 어깨에 짊어지거나 유모차에 담아서 집으로 나르고 있다. …… 모두가 불평하고 있다. 지속되는 추위만큼 당신의 사기를 떨어뜨리는 것은 없다.'[17]

위기가 심각해지자 심지어 공무원들이 자기 지역을 통과하는 석탄 열차를 약탈해서 주민들에게 나눠주기 시작했다. 예컨대 저지슐레지엔 글로가우의 시장은 공무원들에게 '차축이 과열된' 차량에서는 석탄을 하역해도 좋다고 말했다. 그러자 히틀러의 비서이자 나치 중앙당의 지도자대리 루돌프 헤스가 지역의 나치 당직자들에게 분노를 터뜨리면서, 배급제의 성패는 나라의 모든 지역이 동일한 부담을 감당하는 것에 달려 있다고 역설했다. 실제로 부담은 대체로 고르게 돌아갔다. 부분적으로 그것은 물건의 가격과 배분에 대한 국가의 통제력이 1차대전보다 훨씬 강했기 때문이었다. 그리고 통제력 강화는 개전 이전에 재무장을 위해 취한 조치들 덕분이었다. 그러나 배급제에 대한 비판은 줄어들지 않았다. 무엇보다도 식량 배분 체제에서 중앙의 통제가 너무 심했고 또 경직되어 있었다. 각 지역의 고유한 환경에—지역별 음식 전통은 말할 나위도 없고—둔감할 수밖에 없었기 때문이다. 그러나 그러한 비판의 내용 자체가 배급제가 변변치는 않지만 어쨌거나 성공적이었다는 것을 말해준다. 여러 위기에도 불구하고 지역 특수주의는 1945년 초까지 배급제를 파탄으로 몰고 가지 않는다.[18]

해가 가면서 겨울이 올 때마다 석탄 부족은 그전 해 겨울보다 나빴다. 학교에 '석탄 공휴일'이 도입될 지경이었다. 그러나 사람들이 그에 맞춰서 기대를 적응시킴에 따라 위기의 의미가 변해갔다. 1939년 겨울에 닥친 첫 번째 석탄 위기는 1차대전에 대한 사회적 기억과 분노를 유발했고, 그것은 1차대전의 역사가 반복되지 않을까 하는 공포를 나치 당국과 사회 전반에 확산시켰다. 도르트문트, 뒤셀도르프, 드레스덴, 빌레펠트, 플라우엔 같은 과거 노동운동의 심장부에서는 '붉은 대오' '히틀러를 타도하자' 같은 공산주의자들의 슬로건이 다시 나타나기 시작했다. 마르크스주의 전단들—그들 일부는 히틀러와 스탈린의 불가침조약 때문에 트로츠주의적이었다—이 작업장에서 발견되거나 우편함에 쑤셔 넣어졌다. 빈과 린츠에서는 오스트리아의 독립과 합스부르크 왕조의 복고를 주장하기도 했다. 그러나 정치적 불만이 길거리 위로 흘러넘친 곳은 독일과 오스트리아가 아니었다. 프라하였다. 1939년 10월 28일에 프라하의 게슈타포 본부 바깥에서 시위가 발생했다. '제국보호령' 보헤미아 모라비아의 다른 지역에서도 학생들과 지식인들이 침묵의 항의 집회를 열었다. 그러나 그것들은 비독일인 신민들에게 질서를 강요하기로 결심한 체제에 의해 진압되었다. 독일과 오스트리아에서는 '민족동지들'의 냉소적인 유머와 낙서가 정치 행동으로까지 번지지 않았다. 1939년 10월 말, 지난 6년간의 나치 독재에서 혁명이 발발하기를 희망했던 사회주의 망명자들조차 봉기가 불가능해 보인다고 판단했다. '오직 기근이 닥치고 그것이 사람들의 신경을 찢어놓을 때만, 그리고 무엇보다도 서구 열강이 서부에서 성공하여 독일 영토의 대부분을 점령할 때만 혁명의 시간이 무르익기 시작할 것이다.'[19]

**

1차대전의 전례를 아는 경찰과 복지기관들은 청소년 범죄가 증가할 가능성도 우려했다. 1939년 12월 초 친위대 정보국은 독일의 법과 질서에 '가장 어려운 문제는 명백히' '삐딱한 청소년들'의 등장이라고 보고했다. 청소년 남녀들이 개전 직후 닫았다가 다시 열린 댄스홀로 몰려들고 있었다. 소도시건 시골이건 청소년들은 그때가 평화 시기라도 되는 양 술집에서 술을 마시고 담배를 피우고 카드를 쳤다. 쾰른의 '갈수록 많은 소녀들'이 병사들을 만나려고 중앙역 홀과 역전 광장에 모여들었다. '그 목적에 의심의 여지가 없는 방식으로 …… 남자들과 함께 있던 소녀 10명 중 한 명도 풍기단속반의 매춘 목록에 등록되어 있지 않았으나, 그중 다섯은 성병에 걸려 있었다.'[20]

경찰과 지역의 청소년위원회와 복지기관들이 '삐딱한 청소년'으로 주목한 첫번째 집단은 결석하거나 결근하고 골목에서 빈둥거리는 청소년들이었다. 소녀들은 자동으로 혼숙, 매춘, 성병과 동일시되었고, 소년들은 절도와 '습관적' 범죄로 직행한다고 여겨졌다. 성적으로 '조숙한' 소녀와 훔친 자전거를 타고 달리는 도둑 소년이라는 매우 넓은—그리고 젠더화된—모티프는 나치만의 것이 아니다. '삐딱한'이라는 딱지는 19세기 말부터 1950년대에 이르기까지 북아메리카, 서유럽, 호주 모두에서 통용되었다. 그 모든 곳에서 '다루기 힘든' 청소년들을 수감하여 그들과 또 사회 전체를 도덕적 타락의 악순환에서 구해야 한다는 광범한 합의가 구축되어 있었다.[21]

전쟁으로 인하여 사회복지비 지출의 여지가 협소해졌음에도 불구하고, 소년원에 수감된 청소년의 수가 지속적으로 증가했다. 그 수는 1941년에 10만 명에 달했다. 그러나 수용시설이 포화상태에 이르렀고, 그래서 '교정' 시설에 보낼 청소년의 수에 한계가 있었다. 따라서 누구는 수용하고 누구는 놔둘지 정하는 것은 로또와도 같았다. 다만 그 로또는 복지기관의 전통적인 고객들에게 불리했다. 도시의 가난한 집 청소년들이 당첨될 확률이 높았던 것이다. 그 청소년들은 범죄를 '예방'한다는 명목으로 혹은 공동체에 위험해 보인다는 이유로 소년원에 보내졌다.[22]

헤센주 브라이테나우에 위치한 구舊 베네딕트 수도원은 가혹한 소년원의 하나였다. 풀다강이 굽어지는 북부 헤센의 구릉진 시골에 자리한 소년원은 높은 바로크 건물들, 날카롭게 경사진 지붕들, 건물들로 에워싸인 폐쇄적인 안쪽 공간 때문에 그 자체만으로도 위압적이고 으스스했다. 그곳에 좀더 개방적인 소년원에서 도망친 어린이들과 청소년들이 수감되었다. 그러나 그곳은 청소년들 외에 거지, 부랑자, 범죄자들이 수형 기간의 마지막 국면에 송치되어 도덕, 규율, 노역의 삶을 '교육'받는 곳이기도 했다. 그들은 그후에야 '민족공동체'에 편입될 예정이었다. 입소한 청소년들은 성인 교도소 재소자들 및 노역소 재소자들과 비슷한 절차를 거쳤고, 그들과 같은 건물에 수용되었다. 그곳의 어린이들과 청소년들은 입소할 때 옷과 소지품을 압수당한 뒤, 아마포 부대로 만든 회갈색 죄수복을 입고 하루에 최소 11시간에서 12시간 동안 일했다. 지각과 도주와 기타 위반 행위는 비공식적인 구타 혹은 더욱 악독하게도 공식적으로 규정된 독방 수감이나 수형 기간 연장으로 처벌되었다.[23]

그들 중에는 강간당한 소녀들도 있었다. 14세의 로날드와 한 살 아래 여동생 잉게보르크도 수감되었다. 잉게보르크는 오빠인 로날드와 그의 친구들에게 18개월 동안 강간당한 사실이 밝혀진 뒤에 수감되었다. 판사는 남매에게 '교정 교육'을 선고하면서 판결했다. '로날드와 잉게보르크는 …… 지나치게 뻐딱하다. 아버지는 군대에 복무중이고 어머니는 노동을 해야 하는 형편이다. 따라서 가정에서 그들의 타락을 교정하는 것은 불가능하다. 교정 교육이 실시되어야 한다.'[24]

15세의 안니 N은 1940년 7월에 사생아를 출산한 뒤 브라이테나우에 송치되었다. 그녀는 지역의 사회복지사에게 의붓아버지가 한밤중에 어머니가 함께 자고 있는 방에 들어와서 자신을 강간했다고 고백했다. 그러나 그 사건을 담당한 남성 경찰관은 그녀의 말을 믿지 않았다. 청소년복지위원회 역시 '그녀에게 일자리가 없고, 그러므로 그녀는 거짓을 말하고 나쁜 행실을 일삼는다'고 판단했다.[25]

안니는 아주 전형적인 경우였다. 그녀는 나치 독일의 학교와 길거리에서 없어져야 하는 인간이었다. 나치에게 중요했던 것은 성폭행 피해자를 돕는 것이 아니라, 그들의 동년배들이 '타락의' 나선형에 빠지지 않도록 보호하는 데 있었다. 그러나 나치의 그 정책은 나치를 넘어서 작동하던 기존의 이념적 틀 안에 있었다. 종교적 보수주의자들, 자유주의적 개혁가들, 법률가들, 심리학자들 모두 성폭력 사건에서 어린이들의 증언을 받아들이지 않으려 했고 그렇게 '거짓말하는' 어린이를 문제인간으로 전환시켰다.

1942년 2월 브라이테나우의 소장은 아폴다의 청소년위원회에게 안니 N에게 너무 이른 시기에 일자리를 주선해주지 말라고 강조했다. '그런 소녀들은 보통 최소 1년 동안의 감시가 필요합니다. 이곳에 또다시 보내질지 모른다는 공포가 그녀를 민족공동체의 유용한 구성원으로 만들 것입니다.' 1942년 6월 1일 안니는 결핵으로 죽었다. 그녀만이 아니었다. 발트라우드 파일 역시 브라이테나우에 송치된 뒤 한 달 만에 사망했다. 그 소년은 1942년 여름에 브라이트나우에서 카셀로 도망치다 붙잡혀서 재수감되었었다. 그로부터 몇 달 뒤에 루트 헬스만이라는 소녀가 브라이테나우 독방에 2주일 동안 수감된 뒤 사망했다. 1944년 8월 멜중겐의 한 병원은 리젤로테 슈미츠의 체중이 62킬로그램에서 38킬로그램로 감소한 것을 확인했다. 슈미츠는 안니와 마찬가지로 브라이테나우에서 결핵으로 사망한 소녀였다. 십대 소녀들이 기관에 수감된 뒤 죽어간 것은, 나치 국가의 전형적 처벌에 대한 제도적 견제 장치가 소멸되었다는 것을 말해준다. 식량 부족이 독일인들의 사기에 끼칠 악영향을 독일 정부가 얼마나 우려했든 상관없이, 폐쇄적인 청소년 수감 시설에 대한 견제 장치가 전쟁중에 모조리 사라졌고, 그래서 '민족공동체'로부터 배제된 청소년들이 죽어갔던 것이다.[26]

교정 기관으로부터 석방되는 길은 멀었다. 나치 정부의 보호관찰 제도는 석방 대상자들을 석방 이전에 외진 농원에서 일하도록 강제했다. 그들에게 농업 노동은 근면성, 일관성, 복종심을 흡착시키는 교육 장치였다.

농원에서 갈등이 벌어지면 농부와 아내는 어린이와 십대 청소년들을 재수 감으로 위협했다. 농장에 있는 동안 군인들과 사귄 소녀들은 성병 검사를 받아야 했고, 일요일 오후에 소에게 꼴을 주지 않은 소년은 당국으로부터 전시경제를 사보타주하지 말라는 경고를 받았다. 소년원 출신이라는 오명은 그들에게 낙인처럼 붙어서 떨어져나가지 않았다. 12세에 수감된 리젤로테 S는 6년이 지난 뒤 기억이 가물가물한 엄마에게 다음과 같이 썼다.

> 엄마를 떠났을 때 나는 어렸어요. 지금 나는 컸지만 엄마는 내가 어떤 아이인지 모르실 거예요. …… 내가 엄마에게 했던 모든 것을 잊어줘요. 모든 것을 보상할게요. 엄마에 대한 사랑의 마음으로 생활 태도를 모두 바꾸겠다고 약속할게요.[27]

리젤로테는 고립되어 있었고, 또한—정확하게도—그녀는 사회가 전문가와 공무원 편이라는 것을 알고 있었다. 리젤로테는 사회적인 경멸이 집안까지 들어오지는 않을 것이라고 확신하지 못했던 것이다. 리젤로테 같은 소녀들에게 '민족공동체'로의 복귀는 근면, 인내, 모범 생활에서 긍정적인 판정을 받느냐에 달려 있었다. 그것은 또한 다른 사람들에게도 민족공동체 소속은 얻어져야 하는 것이라는 점을 상기시키는 효과도 발휘했다.

**

독일의 어린이들과 청소년들은 그들의 자유가 갑자기 커졌다는 사실을 발견했다. 그러나 그들에게는 동생들을 돌볼 책임이 주어졌다. 남편이 징집되자 아내는 한부모가 되었다. 그녀는 자식의 들쭉날쭉한 등교 시간과 싸우고, 부족한 생필품을 얻기 위해 줄을 서고, 구청에서 기다려야 했다.

그리고 여성들 대부분이 경제 활동의 압력에 직면했다. 여성들은 징집된 남편으로부터 가업을 넘겨받았고 징집된 남성 교사들이 비워놓은 자리를 채워야 했다. 노동계급 여성들은 보통 군수공장에서 일자리를 얻었다. 그러자 농업과 가사와 같이 전통적이고—급여가 나쁜—여성 일자리에서는 갑자기 노동력이 부족해졌다.[28]

아버지의 부재는 막강한 가장으로서의 그들의 역할이 집으로부터 멀어진 거리만큼이나 소멸된 느낌을 주었다. 튀링겐주의 가구 수공업자 프리츠 프로프스트는 폴란드 침공 2주일 만에 십대 아들 카를-하인츠에게 당부했다.

> 독일 소년으로서 네가 해야 할 의무를 다하거라. 네가 있는 곳에서 노동하고 도울 것이며, 이제는 노는 것은 생각지 말거라. 전선에서 병사들이 적과 대면하고 있다는 사실을 명심해라. …… 그래야 나중에 너도 '나는 오늘의 우리 독일을 파괴로부터 보호하는 데 기여했다'라고 말할 수 있단다.[29]

다른 아버지들과 마찬가지로 프로프스트도 아들에 대한 직접적 통제력이 사라졌다는 것을 의식했다. 그러나 카를-하인츠와의 잠재적 갈등이 공공연한 충돌로 폭발하고 말았다. 개전한 지 3개월 후 프로프스트는 아들을 꾸짖었다.

> 카를-하인츠! 이 같은 시국에 네가 엄마에게 그렇게 버릇없이 굴었다는 것을 부끄러워해야 한다. 내가 한번 말하지 않았니? 1년 전 성탄절 직전에 엄마가 가게에 있을 때 네가 엄마에게 어떻게 대해야 하는지 내가 설명했잖아. 그때 너는 언제나 올바로 처신하겠다고 명예의 약속을 했어.

그 약속을 깨트린 거냐 응? 이 편지에 즉시 답장해라.[30]

프로프스트는 아내에게도 '엄한 교육이 성격 형성에 좋다'고 썼다.[31] 가구 수공업 자영업자인 그는 서부전선 후미에서 교량을 건설하는 엔지니어 부대에 배속되었다. 1939년 9월 19일에 그는 자부심을 뽐내면서 편지에 썼다. 부대가 건설한 첫번째 다리가 폭 10미터, 길이 415미터! 다만 그는 그 다리가 언제 어떻게 이용되는지는 알지 못했다.

국내의 독일인들에게 전쟁은 멀었다. 폴란드 전쟁 이후 서부전선은 몇 달 동안 교착상태였다. 보도할 것이라고는 영국군의 해상봉쇄에 대한 독일의 잠수함 공격밖에 없었다. 1914년에는 뉴스에 굶주린 사람들이 신문 가판대로 몰려가서 특별호를 구입했었다. 1939년 9월에는 라디오 수요가 급증했다. 라디오 판매량이 전년도보다 75% 폭증했고, 라디오 소유자가 1,343만 5,301명이나 되었다. 뉴스를 듣는 것이 어느 때보다 중요했다. 사람들은 뉴스가 부족하게 되자 정부가 불리한 뉴스, 특히 공군과 해군의 손실에 대한 뉴스를 막고 있는 것은 아닌지 의심했다. 친위대 정보국은 정보 부족으로 인한 불평이 시작되었다고 보고했다. 사람들이 우리는 '부정적인 사건과 사태를 소화할 만큼 정치적으로 충분히 성숙한' 사람들이니 정보를 숨기지 말라고 한다는 것이었다.[32]

일요일 라디오 방송 프로그램인 〈전선의 목소리〉는 민간인도 스스로를 방어하는 남자다운 가치를 지녀야 한다고 강조했다. '민족은 투쟁 속에서 단결하여 살아도 함께 살고 죽어도 함께 죽는 운명공동체가 되어야 합니다. …… 병사들을 보십시오. 총을 얼마나 단단히 움켜잡고 있는지, 얼마나 엄중하게 참호 너머를 응시하고 있는지 …… 국내의 남자와 여자 하나하나가 모두 그들과 같아야 합니다.' 전쟁중의 독일인에 대한 그 이상화된 이미지의 대척점은 적들의 모습이었다. 그들은 거짓, 부도덕, 부정의,

잔인성의 민족이고, 그들의 리더가 유대인 전쟁광들이다. 영국 전쟁부 차관 레슬리 호어-벨리샤, 프랑스 총리 레옹 블룸과 식민부장관 조르주 망델은 유대인으로서, 그들의 유대적인 호전성이 두 나라가 평화에서 얻을 이득을 압도했다. 독일에서 영국으로 망명하여 BBC에서 독일 방송을 모니터하던 사람들이 예리하게 평가했다. 지금의 '총력전은 총체적인 도덕과 총체적인 부도덕 간의 투쟁이 되고 있다. 현재 독일 라디오는 세계에서 가장 도덕적인 체계의 하나다.' 독일 라디오는 개전 직후 몇 달 동안 전쟁중에 반복되는 핵심어들을 정제해냈다. 다름 아니라 국내 전선의 희생과 유대인 및 적에 대한 증오심이 그것으로, 그 두 가지는 추후 전쟁이 지겨워지는 국면에서도 나치의 선전을 관통한다.[33]

독일 라디오는 그 도덕적 요구를 그와 감정적으로 반대되는 것으로 보상해주었다. 가벼운 오락이 그것이었다. 괴벨스가 1933년 집권 직후 방송국에 하달한 첫번째 계고는 다음과 같았다. '방송의 최고 규칙은 지루하게 하지 말라는 것입니다. 나는 이것을 모든 것 위에 놓습니다. 여러분이 무엇을 하든 지루함을 방송하지 마십시오. 매일 저녁 요란한 행진곡을 방송하는 것이 민족 정부에게 봉사하는 최선의 방법이라고 생각하지 마십시오.' 나치 제국방송지도자 오이겐 하다모프스키는 바이마르 방송의 문화적 엘리트주의와 결별하고 가벼운 대중적 메뉴로 선회했다. 그들은 근대독재가 직면하는 진정한 위험은 '현대적인 감수성'을 놓치는 것이라는 것을 알았다.

1936년 3월 하다모프스키는 저녁 8시부터 10시까지의 프라임타임에 그동안 선호되던 '대작' 대신 만인을 겨냥한 가벼운 음악회, 버라이어티쇼, 댄스음악을 방송하도록 했다. 1939년의 청취자 선호도 조사는 새로운 버라이어티 포맷이 모든 계층에게 환영받았다는 것을 보여주었다. 전문직과 지식인들조차 고전음악보다 대중음악을 선호했다.[34]

1939년 10월 1일 방송국이 새로운 프라임타임 쇼 〈독일군을 위한 리퀘스트 콘서트〉를 선보였다. 쇼는 곧 정규 프로그램이 되었다. 첫 회에서 앞서 언급한 극장장이자 배우인 구스타프 그륀트겐스가 병사들에게 약속했다. '여러분은 이 방송으로 시간과 공간을 뛰어넘는 "고향의 충성"을 느끼게 될 겁니다.' 방송은 고향에서도 위력을 발휘했다. 플로리스트 이레네 라이츠는 에른스트 귀킹에게 간절히 썼다. '리퀘스트 콘서트 방송이 시작될 때마다 나는 당연히 그곳에 있어. …… 방송을 한 번도 놓치지 않았을 거야. 나는 라디오 안으로 들어가기라도 할 듯이 라디오 스피커에 바짝 붙어서 들어. …… 나는 우리의 리퀘스트가 방송되기를 열망하고 있어. 시간이 좀더 걸리겠지. 사랑스러운 방송국에 신청 엽서가 산더미처럼 쌓이고 있거든.'[35]

사실이었다. 두번째 방송에 답지한 리퀘스트가 2만 3,117개였다. 우편량이 너무 많아서 방송국은 리퀘스트의 수를 세는 것을 포기했다. 하인츠 괴데케―그 역시 다른 유명 방송인들처럼 스포츠 해설가로 명성을 얻은 인물이었다―가 진행한 그 프로그램은 신청 음악과 신청 사연을 함께 방송했다. 행진곡, 히트곡, 연가, 고전음악 서곡, 오페라 아리아, 자장가, 짧은 이야기, 서정시가 섞였다. 그 모두를 스튜디오 객석 앞에서 라이브로 연주하고 낭독했다. 방송은 언제나 나팔 행진곡과 히틀러가 좋아하는 바덴바일러 행진곡으로 시작되어 연주자들에 대한 소개로 끝났다. 모두 무료 봉사였다. 괴벨스는 연극과 영화계 스타들을 들볶아서 출연시켰다. 한스 알버스, 빌리 비르겔, 차라 레안더, 구스타프 그륀트겐스, 베르너 크라우스, 카타리나 죄더바움, 제니 유고, 한스 죈케, 그레테 바이저, 파울 회르비거, 빌리 프리치, 하인츠 뤼만, 마리카 뢰크가 출연했다. 프로그램은 수요일과 일요일 저녁 시간에 세 시간씩 방송되었다.[36] 신청 사연은 전쟁으로 떨어져야 했던 커플에게 공적인 친밀성의 순간을 공유하도록 해주었다. 이레네 라이츠는 남자친구에게 방송에서 신청 사연을 들을 때 그녀를 관통한 감정을 다음과 같이 묘사했다.

> 내 눈에 눈물이 가득했어. 리퀘스트 방송이 시작되고, 특히 (낭독되는 사연에서) 아빠는 돌아와야 해, 빨리 돌아와야 해, 아주 빨리라는 말을 들을 때 …… 사연을 보낼 때마다 겨울구호기금에 2마르크를 기부해야 하는데, 누가 기꺼이 내지 않겠어. 나는 요즘처럼 많이 기부한 적이 없어. 무엇을 위해 기부하는지 나는 알거든.[37]

1939년 10월 29일 이레네 라이츠는 방송을 듣다가 순간 에른스트에게 편지를 썼고, 편지에서 방송을 듣고 있는 지금 에른스트의 사연이 방송되기를 기다리고 있다고 썼다. 그녀가 에른스트를 그토록 가깝게 느끼게 된 개인적인 이유가 있었다. 그녀는 그날 일요일 낮에 마침내 부모에게 에른스트와 약혼하기를 원한다고 알렸다. 그후 혼사는 예상보다 훨씬 매끄럽게 흘러갔다. '부모님은 우리보다 훨씬 이른 시기를 생각하고 있었더라고. 나는 내 뺨을 때리고 싶은 심정이야.' 그녀는 지난 몇 주일 동안의 복통, 부모에게 통보할 날짜의 연기, 행동을 촉구하는 에른스트 귀킹의 강렬한 편지들을 생각하고 있었다. '왜 더 일찍 말하지 않았을까? 왜 그렇게 끔찍하게 소심했을까? 아주 쉬운 일이었는데.' 이레네와 에른스트는 성탄절 휴가 동안 약혼하기로 했다. 전쟁은 끝나지 않았지만 에른스트가 휴가를 받을 가능성은 높았다. 에른스트는 더욱 밀어붙였다. 그래서 약혼식이 결혼식이 되었다. 이레네의 어머니는 두 사람에게 자기도 아버지와 1차대전중에 결혼했다고 말하면서, 아이는 기다렸다가 전쟁의 고난이 끝난 뒤에 가지라고 충고했다. 어머니는 자신이 무엇을 말하고 있는지 알고 있었다. 에른스트와 이레네 모두 전쟁중에 출생했던 것이다.[38]

현대식으로 구청에서 세속 결혼식을 올리려던 커플의 계획에 유일하게 반대한 사람은 에른스트의 누나 안나였다. 그녀는 이레네에게 교회 결혼식이 '우리 마을의 규범'이라고 부드럽게 썼다. 그러나 절반은 목재로 지어지고 흑백으로 도색된 단단한 집들이 옹기종기 모여 있는 개신교 마을 알텐부르슐라의 농가에서조차 안나는 '각자는 자신의 자유로운 의지를 따르는 것'이 옳다고 말했다. 에른스트는 이레네를 위하여 전쟁중에 흔히 통용되던 스테인리스 쇠반지가 아니라 금반지를 마련했다. 주둔지인 자르란트의 한 보석상이 금반지를 공급해주었던 것이다. 두 사람은 성탄절로 만사가 정지되기 직전인 1939년 12월 23일에 결혼했다. 2주일 뒤에 에른스트는 부대로 복귀했다.[39]

흥분의 날들이 지나가자 신혼부부는 서로에게 편지를 쓰고 부모의 걱정을 공유하는 일상으로 돌아갔다. 부모는 혼인증명서가 도착하는 데 시간이 걸리자 초조해했다. 증명서가 없으면 신혼집을 꾸릴 수가 없었다. 그 증명서가 있어야 배급 당국이 가정용 마직 전표를 발급해주기 때문이었다. 두 사람은 전쟁이 빨리 끝나기를 소원했고, 에른스트의 다음 휴가를 고대했으며, 리퀘스트 애청자로 돌아갔다.

그해 말 예술이 예술을 모방했다. 최초의 블록버스터 전쟁영화 〈리퀘스트 콘서트〉가 제작된 것이다. 방송 진행자 하인츠 괴데케는 영화에서 자기 자신을 연기했다. 영화에서 그는 1936년 베를린올림픽에서 만났다가 헤어진 연인이 재회하도록 도와주는 진행자 역할을 맡았다. 연인은 남자 주인공의 전선 복무로 인하여 헤어진 것이었는데, 공군 조종사인 남자 주인공은 올림픽이 끝난 직후 작별의 말 한마디도 없이 스페인으로 떠난다. 콘도르 전투비행단과 함께 비밀 임무를 수행하기 위해서였다. 남자가 귀국해보니 잉게는 떠나가고 없었다. 수소문을 해보았으나 소용없었다. 2차대전이 발발하자 주인공 병사가 〈리퀘스트 콘서트〉에 사연을 보낸다. 그녀를 위해 베를린올림픽 노래를 연주해주십시오. 잉게가 방송을 듣고 답장을 보낸다. '기나긴 침묵과 이별, 심지어 또다른 남자의 구애에도 불구하고 내 사랑은 변치 않았어요.'[40]

2천만 혹은 2,500만 명이 그 영화를 보았다. 그때까지 독일 영화 최대의 관람객이었다. 라디오 쇼는 그보다도 성공적이었다. 나라의 거의 절반이 방송을 들었다. 1941년 5월의 종방까지 75회의 방송에서 5만 2,797명의 병사 이름이 방송되었고, 9,297명의 아버지가 자식의 출산 소식을 들었으며, 1,547만 7,342마르크 62페니히가 겨울구호기금에 기부되었다. 차분한 친위대 정보국조차 흥분을 감추지 못했다. 정보국은 방송이 '민족공동체를 수천 번이나 경험하도록 했다'며 열광했다.[41]

그런 것이야말로 나치가 찾던 자석이었다. 모든 개인적 이기심이 강렬한 민족 감정 속에 녹아 없어지는 감정적 통일의 순간. 그러나 역설적으로 방송이든 영화든, 〈리퀘스트 콘서트〉는 친밀한 관계의 사적인 끈에 초점을 맞춤으로써 사랑과 가족이라는 사적인 관계가 애국심의 중핵이라는 점을 보여주었다. 나치는 인간의 감정 중에서 가장 강력하지만 가장 예측하기 힘든 감정인 사랑을 동원했던 것이다.[42]

1939년 10월 초 프리츠 프로프스트는 벌써 체념했다. 그는 전쟁이 오래갈 것으로 판단했다. 튀링겐의 그 가구 수공업자는 신념에 찬 나치였지만 군국주의자는 아니었다. 그는 전쟁이 서구 열강의 음모에 의하여 독일에 강요되었다는 일반적인 의견을 공유하고 있었다. 그는 아내 힐가르트에게 썼다. '지금 판을 정리하는 게 나아. …… 그러면 또다시 전쟁에 휘말리는 일이 없을 거야.'[43]

1914년에 독일인들은 전쟁이 긍정적인 미덕을 지녔다고, 남성적인 성격을 형성해준다고 믿었다. 1939년에 그 전통은 더이상 없었다. 히틀러는 여전히 사적인 자리에서 그 전쟁관을 피력했지만, 공적으로는 그렇게 말하지 않았다. 중년의 가정적인 남자들 편지에도 그 관점은 거의 표현되지 않았다. 그들이 전쟁의 필연성을 아무리 굳게 믿었다고 하더라도 전쟁은 기본적으로 잃어버리는 시간이었다. '늦든 빠르든 내가 당신과 함께하는 날들이 다가오기를 바래.' 프로프스트는 아내에게 썼다. '그때가 오면 당신이 지금 걸머져야 하는 모든 것을 보상해줄게. 그때는 우리의 행복한 결혼생활에서 또 한번의 봄날일 거야.' 1939년 프로프스트는 다른 사람들과 마찬가지로 이전 세대의 실패가 자기 세대를 전쟁으로 내몰았다고 진지하게 믿었다. 그가 그로부터 도출해낸 관점은, 만일 자신들이 이전 세대와 마찬가지로 실패하고 그래서 전쟁의 악순환이 다음 세대로 넘어가면 어떤 일이 벌어질 것인가 하는 것이었다. 그가 집에 보내는 편지에 썼듯이, '아이들이 성장했을 때 그애들은 지금 우리의 희생을 반복하지 말아야 해'. 그것을 해내야 한다는 가장들의 조용한 결의는 손에 만져질 듯 확실했다. 자를란트의 차가운 막사에서 아내에게 '내가 따뜻한 침대의 당신 곁으로 갈 수 있다면 얼마나 좋을까'라고 쓴 그 소심한 남자는 동시에 썼다. '나는 아돌프 히틀러와 독일 민족의 승리를 믿어.'[44]

제3장

/

극단의 조치들

1939년 10월 24일 아침 6시 10분 카를 퀴넬이 베를린−플뢰첸제 교도소의 감방으로부터 넓고 밝은 방으로 옮겨진 뒤 교수되었다. 전날 그는 아내 로제에게 썼다. '이 편지가 당신에게 도착했을 때 …… 나는 더이상 재소자가 아닐 거요. 이미 한 번 당신에게 작별을 고했었지요. …… 낙담하지 마시고, 그 누구에게도 원한을 품지 마세요. 소용없어요. 이제 당신 자신의 행복을 일구세요.' 독일 중부 에르츠게비르게의 42세 목수 퀴넬은 1차대전에도 복무했다. 그때 그는 자신의 기관총이 '나에게 아무런 해도 끼치지 않은 어린아이들로부터 아버지를 떼어놓을지 모른다'라는 강박을 앓았었다. 1937년 1월 1일 그는 징집사무소에 자발적으로 편지를 보내어 자신을 설명했다. 1차대전에서 '저는 반대 논거들을 동원하여 제 양심을 반죽이려고 시도했었습니다. 약간 성공하기는 했습니다.' 그러나 이제 '내 양심과 반대로 행동하는 것은 불가능합니다. 무기를 들어 사람에게 해를 끼치는 것은 가능하지 않습니다.' 그후 퀴넬은 한 걸음도 물러서지 않았다.[1]

1939년 12월 14일 요제프 림플도 처형 전날 밤에 아내와 자식들에게 썼다. '잘못이 없는 사람은 없어요. 그러나 나는 선한 양심을 걸고 내가 범죄자가 아니라고 살인자가 아니라고 주장할 수 있어요. 악보다 선을 위하여 고통을 겪는 것이 주님의 뜻이라면 이것도 괜찮아요.' 아이제나흐의 노동자 루퍼트 자우쳉도 그의 아내가 '유일하게 위로와 힘과 자비를 주실 수 있는 주님을 신뢰하기를, 당신과 (우리) 아이가 주님의 힘에 의지하여 가장 어려운 시험을 견딜 수 있기를' 기도했다. 카를 엔트스트라써는 그라츠의 아내에게 자신의 작업 도구를 팔아버리라면서 고린도전서를 인용했다. '우리는 세계, 곧 천사와 사람들에게 구경거리가 되었노라.' 그 세 사람은 퀴넬과 마찬가지로 다음날 오전 6시 직후에 처형되었다. 그들 모두 여호와의 증인이었고, 히틀러에게 선서하기를 거부했으며, 군복무를 거부했다.[2]

1935년에 독일에 일반징집제가 재도입되자마자 여호와의 증인에 대한 억압이 체계적이고 엄격하게 가해졌다. 일부 신도들은 우편함에 반나치 유인물을 넣었다는 혐의로 수사를 받았다. 친위대 정보국은 정보국 안에 여호와의 증인을 담당하는 전담 부서를 두었다. 여호와의 증인은 수용소에서도 종교적인 이유로 수감된 여타의 사람들과는 다른 대우를 받았다. 그들은 '정치범들'로부터 분리되었고, 고유의 표식으로 자주색 삼각형을 부착해야 했다. 사실 그들은 수용소에 수감된 여타의 모든 사람들과 독특하게 달랐다. 그들은 자신의 운명을 역전시킬 수 있었다. 그저 징집영장을 받아들이고 군대에 가기만 하면 되었다.

아우구스트 디크만은 작센하우젠 수용소에서 징집영장을 받은—아내가 보내주었다—최초의 여호와의 증인이었다. 그는 수용소 정치부에 불려가 징집영장에 서명하라는 압력을 받았다. 그는 거부했고, 구타당했고, 독방에 수감되었다. 수용소 소장이 친위대장 힘러에게 그를 본보기로 처벌하게 해달라고 요청했다. 1939년 9월 15일 저녁 점호 직후에 재소자

전원이 소집되었다. 8,500명이 처형 작업을 지켜보았다. 최후의 총알은 미래의 아우슈비츠 수용소장 루돌프 회슈가 발사했다. 그뒤 여호와의 증인 네 명이 끌려나와 디크만의 시체를 관에 넣었다. 아우구스트의 동생 하인리히는 관에 못을 박아야 했다. 그렇게 재소자들 모두가 자신이 어떻게 처리될 수 있는지 직접 보아야 했다. 다음날 독일 신문의 한 작은 기사는 디크만이 '병사로서의 의무를 거부하다가 처형되었다'라고 보도했다. 디크만은 '"여호와의 증인"이었다. 그는 열성성경학생이라는 국제 교파의 광신적인 신도였다.' 디크만은 양심적인 병역거부로 처형된 최초의 인물이다. 나치 독일에서 흔히 그랬듯, 법원 판결문이 공개되었다. 본보기 교재였던 셈이다.[3]

양심적 병역거부는 군법재판소 관할이었다. 군복무가 개시되는 시점이 징집영장이 수령되는 시점이 아니라 발급되는 시점이라는 이유에서였다. 병역거부는 중범죄로 간주되었다. 병역거부는 또한 무척 드물었다. 그래서 병역거부에 대한 심리는 최고위 군법재판소인 베를린-샤를로텐부르크의 제국군법재판소에서 열렸다. 법원장은 바스티안 제독이었다. 1918년 11월 병사들의 봉기가 킬 해군기지에서 시작되었기에, 해군은 그동안 반혁명의 보루로 다시 인증받기 위하여 전력을 기울여온 처지였다. 한 해군 판사는 자랑했다. '처벌을 결정할 때 나는 피고가 혁명가로 간주될 수 있는지 고려한다. 1918년이 되풀이되지 않도록 확실히 하기 위해서다. 나는 혁명가 유형은 모조리 근절하고 있다.' 군법 재판관들은 탈영의 증가, 평화주의, 신경증을 패배의 징후로 간주했다. 군법재판소의 한 판결문은 다음과 같았다. '잘 알려져 있다시피 1918년에 탈영이 증가한 것은 법원이 심약한 병사들과 무능해진 병사들을 잘못된 방식으로, 즉 너무 관대하게 대우했기 때문이다.'[4]

군법 재판관들은 1939년 8월 16일 동원령과 함께 효력이 발생한 '전시 특별형법'을 적용했다. 나치 집권 초기에 법률가들이 입안한 그 법은 '군대 사기 저해 행위'의 표준 형량을 사형으로 정했다. 핵심 조항은 전쟁 이전 군대형법 제48조였다. 법 해석자들은 특히 '종파 집단과 평화주의자들'을 겨냥했다. 그 법에는 복종의 의무가 '양심에 따를 의무'에 선행한다는 점이 적시되어 있었다. 또한 법에는 모든 신병에게 요구된 지도자 히틀러에 대한 개인적인 충성 맹세를 거부한 병사들에 대한 처벌이 포함되어 있었고, 군인으로서 의무 불이행이 '탈영'으로 분류되어 있었다. 판사들 일부는 여호와의 증인들에게 비전투 병과에서 군복무를 이행할 기회를 주기도 했다. 그러나 여호와의 증인들 대부분은 거부했다. 또한 중간에라도 신앙을 포기하면 감옥형을 유예받을 수 있었다. 그런 경우에도 시민권 박탈은 취소되지 않아서, 병사들은 지뢰를 제거하는 등의 위험한 작업을 담당하는 처벌 부대에 배치되었다. 군복무 거부자의 자식은 탁아 기관에 넘겨졌고, 가족의 업체와 주택은 강매되었다. 나치는 가끔 여호와의 증인에 속하지 않는 친인척들을 사주하여 베를린-플뢰첸제 형무소를 방문하여 재소자들을 설득하도록 했다. 때로는 사형 집행을 연기하고 당사자를 처형장 옆방에 수감하는 방식으로 압력을 가하기도 했다.[5]

베른하르트 그림은 브란덴부르크-괴르덴 형무소에서 사형당하기 전날 밤에 형무소 성직자 베르너 옌취 박사의 방문을 받았다. 그 직후에 열아홉 살의 그 소년이 밤의 적막 속에서 엄마와 형제에게 편지를 썼다. '나를 방문한 개신교 목사가 구약을 유대인의 역사책으로 폄하하고 요한계시록을 매우 위험한 책으로 단정하면서, 최후의 심판은 알 수 없는 미래에 일어난다고 설명했어요.' 사실 베른하르트는 법원에게 의무대 잡역병이나 여타의 비전투 병과에서 복무하겠다고 밝혔다. 그러나 그 제안은 거부되었다. 베른하르트는 신앙을 철회하라는 목사의 신학적 권유를 거부한 뒤 가족에게 썼다. '나의 사랑하는 가족들, 우리는 이 모든 것에 감사할 수만 있을 따름이에요. …… 처음에 예측대로 작은 공포가 닥쳤지만, 하나님 아버지에게 기도하고 맡겼더니 하나님께서 내 손을 강하게 잡아주셨어요.' 옌취 목사는 아침에 다시 와서 베른하르트 그림과 처형장까지 동행했다. 그는 소년의 결의에서 깊은 인상을 받았다.[6]

전쟁 첫 1년 동안 독일군 병사 112명이 처형되었다. 거의 모두가 양심적 병역 거부자였고, 그중 압도적인 다수가 여호와의 증인이었다. 여호와의 증인은 시기적으로 그들을 선행했던 여타의 종말론적 교파들과 마찬가지로, 지금 자신들은 세상의 '마지막날'에 살고 있다고, 최후심판이 가까웠다고 믿었다. 개혁안식일교파와 그리스도형제파 신자 몇 명도 여호와의 증인과 마찬가지로 병역을 거부했다. 그리스도형제파에 속하던 알베르트 메르츠도 처형되었다. 퀘이커 교도들이나 제7일안식일교회와 같은 '평화교파'들은 군복무 압력이 너무나 막대해지자 군대와 협상을 벌였다. 그 덕분에 신자들이 비전투병과에 복무할 수 있었다. 메노니파 교도들은 원래의 재세례파 전통으로부터 노선을 바꿨다. 메노니파는 1936년에 자기 교파의 청년들이 군대 복무에 대하여 '열광적인 자세'를 갖추고 있다고 선언했다. 종교적 민족주의와 반유대주의를 수용했던 제7일안식일교회도 그들에게 합류했다. 평화주의적인 신앙을 지키기 위하여 기꺼이 처형을 선택한 소수의 사람들 중에 오스트리아의 성직자 프란츠 라이니쉬도 포함되어 있었다. 유일한 가톨릭 성직자이기도 했던 그는 농민인 프란츠 예거슈테터에 영감을 주었고, 그 역시 군복무를 거부했다. 독일제국 전체에서 개신교 병역거부자도 딱 한 명 있었다. 그 사람, 헤르만 슈퇴르는 그 때문에 자기 교회에서 불가촉천민이 되었다. 그런 사람들 중에서 주교의 지지를 얻은 사람은 한 명도 없었다. 베른하르트 그림을 교수대까지 동행했던 형무소 목사 베르너 옌취는 청년들의 마음을 바꾸기 위하여 자기가 설파했던 주장들을 짧은 신학 논문으로 정리했다. 군법재판소는 똑같은 사건을

담당하는 다른 성직자들이 이용하도록 그 논문을 배포하는 데 동의했다.[7]

군법 재판관들은 병역거부자들의 흔들리지 않는 신앙에 직면하여 그 것이 실은 광기가 아닐까 의심했다. 이론적으로 광기는 책임 부과를 어렵게 만든다. 관계 당국들은 '종교적인 이유에서 군복무를 거부하는 사람'을 '평화꾼 및 자유에 미친 열광꾼'과 동일시하는 동시에, 그들을 '비현실적인 특수 정신이상자'로 분류하기도 했다. 사실 1935년에 일반징집제가 재도입된 직후 브레슬라우대학의 정신의학과 교수 요한네스 랑게의 연구팀이 여호와의 증인 11명의 정신심리를 분석했다. 연구팀은 그들이 정신이상자가 아니라 단순한 겁쟁이 혹은 관심 병자들이고, 따라서 그들을 병역을 거부하는 다른 사람들과 똑같은 방식으로 처리해야 한다고 판정했다. 다른 한편으로 1936년의 한 학술회의에 참여한 의사들 중에 여호와의 증인 일부는 '진지한 신앙'에 이끌리고 있으며 그들은 신앙을 위해 기꺼이 순교하고자 한다고 인정하는 의사들도 있었다.[8]

1939년 11월 말 독일군 총사령부 사령관 빌헬름 카이텔이 히틀러와 그 문제를 개인적으로 의논했다. 히틀러는 '병역거부자의 의지를 파괴하는 것이 불가능하다면 판결을 집행해야 한다'고 확인했다. 설령 판결문을 공개하는 것이 본보기 효과를 발휘하지 못한다고 하더라도 개인의 신앙이 민족공동체의 더 큰 공동선을 짓밟도록 허용해서는 안 된다는 것이었다. 그러나 후비군 사령관 프리드리히 프롬이 경고했듯이, 병역거부자 처벌은 1939년 말에 이미 역효과를 발휘하기 시작했다. '적에게 유리한 선전' 도구가 되고 말았던 것이다. 1940년 초 여호와의 증인 역시 병역거부로 사형당한 신자들의 작별 편지를 인쇄하여 비밀리에 유통했다. 그렇게 그들은 신자들의 저항을 고무했다. 그러자 카이텔이 판결문 공개를 금지했다. 그후 5년간 양심적 병역거부로 처형된 사람은 모두 118명이다.[9]

전문직 의사들 역시 겁쟁이들과 신경증자들의 '승리'와 '신경의 약화'를 막아내고 국내전선에서 히스테리 여자들을 격퇴하겠다는 단호한 의지를 천명했다. 그들은 그런 현상들이 1918년의 패배에 책임이 있다고 믿었다. 1936년에 독일군 의과대학에 '군대 정신의학 및 심리학' 분과가 추가되었고, 오토 부트가 독일군 의무대 정신의학 부장에 임명되었다. 군대 정신의학은 '전쟁신경증'이 1차대전 때같이 전염병처럼 번지는 사태를 방지하고자 했다. 그들은 1926년 독일 법원의 결정, 즉 정신신경 문제로 의병 제대한 군인들에게 연금을 지급하지 않도록 한 판결이 유익한 효과를 거뒀다고 판단했다. 그 덕분에 '몸을 떨고, 신체가 마비되고, 실어증에 걸리고, 환각을 일으키는 등의 전쟁신경증'이 '거의 완전히' 사라졌다는 것이다. 그들은 일시적인 전투 쇼크를 전쟁신경증에서 배제했다.[10]

독일군 정신의학부는 라인강 동안東岸의 엔젠에 위치했다. 그 부대에 배속된 의사들 중에는 1939년 9월에 소집된 정신의학자 프리드리히 판제가 포함되어 있었다. 판제는 1차대전 마지막 해에 독일군에 복무했던 인물로서 1차대전 후에 의과대학에 진학하여 베를린 샤리테 대학병원의 정신의학과장 카를 본회퍼에게 수학했다. 판제는 의학박사 학위를 취득했으나, 그의 학문적 야심은 그것으로 그치지 않았다. 교수자격 논문을 아직 쓰지 않았던 그의 경력은 나치 독일에서 펼쳐졌다. 그는 친위대와 나치당에 가담했고 여러 나치 단체에서 활동했다. 판제와 그의 후견인 역할을 하던 본대학교의 쿠르트 폴리쉬는 나치 유전병 법원에서 열성적으로 일했고, 그때 '유전병환자' 가족들에 대한 데이터뱅크를 선구적으로 구축했다. 그들은 전문가 소견서를 쓰고, 강제불임 대상자를 골라냈으며, 동료들에게 강연했다. 카를 본회퍼 같은 권위자들도 참여했다. 그들은 최소한 제자 세대의 열정적인 노력을 인정해주는 역할은 했다. 그러한 인정을 갈구하던 판제가 정교수 임명을 기다리던 와중에 2차대전이 발발했다.[11]

개전 첫 달에 부트와 판제와 동료들은 군복무를 '할 수 없는 자'와 '원치 않는 자'를 구분했다. 그들은 폴란드 전쟁에서 1차대전과 마찬가지로 '고전적인 전쟁신경증'이 빈발할 것으로 예상했다. 그러나 그들은 신경증 보다 위장장애가 흔하다고 보고했다. 독일군 장교들 사이에는 사병들의 '신경 문제'가 폴란드 민간인에 대한 막대한 보복으로 이어졌다는 의견이 광범했지만, 그 의사들은 그 견해를 거부했다. 1940년 1월과 2월에 개최 된 두 번의 정신신경의학 학술대회는 진짜 '정신신체 장애'와 꾀병 '정신병 자'를 날카롭게 구분하고, 후자를 수용소에 수감해야 한다고 결의했다. 그에 따라 독일군은 꾀병 정신병자들로 구성되는 부대 세 개를 편성했다. 오토 부트의 설명에 따르면, 중요한 것은 '그들을 남자로 교육시키는 것'이었다. '부적응자들'에게 공감한 것은 의사들보다 오히려 군대였다. 의미심장하게도, 1차대전 때처럼 병사의 동의 없이 전기쇼크 치료와 같은 극단적 조치를 취하지 않도록 신경의학자들을 자제시킨 것은 독일군 총사령부였다.[12]

**

만일 당시 어떤 '정신병'이 독일을 휩쓸고 있었다고 한다면, 그것은 군대 엘리트와 민간인 엘리트들의 병이었을 것이다. 독일 엘리트들은 평화주의자들과 '전쟁신경증자들'을, 숫자도 얼마 되지 않고 힘도 없던 그들을 전쟁이 발발하자마자 흉포하게 공격했다. 그것은 1차대전의 실수를 반복하지 않겠다는 필사의 의지만이 아니라 그 실패를 어떻게든 만회하겠다는 의지를 반영하는 것이었다. 그리고 독일인 약자들에 대한 그들의 공격은 그후 벌어진 과잉 폭력의 예고편이었다. 과잉 폭력에의 의지는 나치당원이든 당원이 아니든 마찬가지였다. 1차대전에서 군목軍牧으로 복무했던 젊은 신학자 파울 알트하우스는 1919년에 평화주의를 비난하면서, 독일이 신의 은총을 받을 자격을 얻으려면 패전을 극복해야 한다고 주장했다. '위대한 민족이 그들의 역사적 권리에 결부되어 있는 모든 힘과 단호한 의지를 동원하여 버텨내지 못하면 …… 그 민족은 그 역사적 권리를 양도하게 된다. 그런 민족은 폭력적인 평화를 강요받아 마땅한 민족이고 사슬에 묶여야 한다. 그것이 역사의 정의이다. 가혹하지만 건강하고 남성적인 정의다.' 독일 민족이 신에게 버림받을 수도 있다는 공포를 선전함으로써 사실 알트하우스는 1차대전에 대한 보수주의자들과 민족주의자들의 해석에 종교적인 힘을 부여하고 있었다. 그들은 1918년 11월의 혁명을 '등에 칼을 맞은 것'으로 간주하고 있었다.

루터파 신학자들 중에는 신의 '선민'이 유대인으로부터 독일인으로 교체되었다고 주장하는 사람들이 있었는데 이런 사람들은 알트하우스 이전에도 있었다. 알트하우스가 그들과 달랐던 것은, 그가 그러한 주장에 1차대전 이후의 시간성을 부여했다는 점이다. 그가 주창한 '창조 신학'에 따르면, 기독교 보편주의는 개별적인 민족들을 통해서만 실현될 수 있으며, 각 민족에게는 고유한 성격과 정체성이 부여되어 있고, 그 민족들은 역사적 투쟁을 통해서 민족에게 부여된 신의 뜻을 인식할 수 있다. 알트하우스는 민족주의가 자연적인 것일 뿐만 아니라 신성한 의무라고 주장한 것이다. 그리고 칼뱅주의의 예정설과 달리 독일 루터파 판본의 예정설은 실패의 도덕적 위험성을 반복해서 강조했다. 알트하우스는 그 섬세한 신학적 주장과 급진 민족주의적 군사 언어를 혼합하고 이를 1차대전의 야전 설교에서 갈고닦았다. 그 덕분에 그는 1920년대 '루터 르네상스'의 강력하고 중심적인 인물로 부상했다. 1925년에 그는 명성 높은 에를랑겐대학 신학부의 정교수로 임용되어 베르너 엘레르트 및 에마누엘 히르쉬와 동렬에 섰다. 그리고 1년 뒤에는 루터협회 의장으로 선출되어 그 명예로운 자리를 40년간 누린다. 알트하우스 판본의 예정론에 따르면, 독일인들은 신의 선민이

되었으나 실패를 만회해야만 신의 신뢰를 얻을 자격을 증명할 수 있었다.[13]

　알트하우스와 비슷한 생각은 독일 식자층에 널리 유통되었다. 아우구스트 퇴퍼빈은 이미 1939년 9월 5일의 일기에 썼다. '아돌프 히틀러와 폴란드 및 영국의 투쟁은 가혹하고 전면적일 것이다. 수중의 모든 수단을 전면적으로 투입하고 적을 전면적으로 괴멸시키는 투쟁일 것이다.' 졸링겐의 그 교사는 루터를 소환하여 마음을 다잡았다. '이중왕국에 대한 루터의 가르침은 얼마나 용감하고 또 얼마나 심원한가.' 그 경건한 개신교도는 지상의 계율과 하늘의 계율을 구분함으로써 죄를 짓지 않고 세상에서 사는 것이 불가능함을 받아들였다. 그러나 동시에 그는 전쟁의 도덕적 방향성을 찾기 위해서 노력했다. 그는 주로 알트하우스와 히르쉬의 신학에 준거했다. 퇴퍼빈은 고백교회와 가깝고 나치 게르만기독교에 매우 비판적이던 저널 〈에카르트〉의 고정 독자였다. 그 저널은 한스 카로사와 에차르드 샤퍼와 같이 나치에 반대하는 반체제 신학자들로부터 파울 에른스트와 같이 보수적인 인사와 하인리히 칠리히 같은 인종주의자에 이르는 혼성적 필자층을 보유했다. 퇴퍼빈은 처음부터 히틀러의 행동을 의심했다. 그는 히틀러가 신이 보낸 인물인지 아니면 신을 시험하는 인물인지 자문했다. 그러나 그는 독일인들을 이끌 히틀러의 권리, 혹은 독일인들이 지도자를 확고히 지지해야 할 필요성을 의심하지 않았다. 그에게는 '1918년 11월의 정신'에 대항하는 것이 독일인들이 자신의 구원을 얻느냐 아니냐의 척도였다. 또다시 실패하는 것은 독일인이 선민이 아니라는 증거일 것이었다.[14]

　민족적 개신교의 독일 구원론은 1918년의 '그the' 재앙을 극복하려던 반자유주의적이고 반민주주의적인 문화의 한 판본이었다. 보수주의자들은 역사의 순환성에 입각하면서도, 실패의 반복을 피하기 위해서는 그 순환의 경로에 강력하게 개입해야 한다고 믿었다. 1920년대 초의 독일문화는 1차대전 이후의 파멸과 쇠락과 타락에 대한 예언으로 젖어 있었다. 오스발트 슈펭글러의 『서구의 몰락』이 그 전형이었다. 그 흉흉한 예언들은 1933년의 나치 집권이 '민족의 부활'로 의미화되면서 뒤집혔다. 가톨릭과 개신교의 지식인들은 이제 나치 '민족혁명'이 영적인 부활로 이어져야 한다고 주장했다. 그 기대는 나치 집권에 대한 초기 열광의 물결이 나치당에 대한 실망으로 뒤바뀐 뒤에도 꺾이지 않았다. 가톨릭과 개신교의 핵심적인 정치적 이념—바이마르 민주주의, 자유주의, 평화주의, 사회주의, 유대인, 패전을 받아들인 모든 사람에 대한 거부—은 변치 않았다. 1939년의 새로운 전쟁은 그들이 1918년에 대하여 생각했던 모든 것을 소환했다. 핵심은 독일의 구원에 대한 그들의 믿음이 시험대에 올랐다는 것이었다. 바로 그것, 즉 지난 전쟁에서 범했던 오류를 이번 전쟁에서는 피해야 한다는 일반화된 신념이 전쟁 초부터 독일 엘리트들이 치명적인 폭력을 가할 자세를 갖추었던 것을 설명해준다. 그것은 전쟁에서 가해진 가장 극단적인 폭력이 언제나 가장 과격한 기관 혹은 가장 나치다운 기관의 행동이 아니었다는 사실도 설명해준다.[15]

나치 경찰국가가 독재를 유지할 권력 수단은 차고도 넘쳤다. 동원령을 발동하자마자, 금지된 행동 목록이 길어졌다. 그것은 군대의 사기를 떨어뜨릴 농담부터 일요 노동의 결근에 이르기까지 다양했고, 사형 범죄만 해도 마흔 개가 넘었다. 독일 사회는 그러한 나치 규율을 사소하게 위반하는 사람들로 가득차게 되지만, 주요 규정은 준수되었고, 이는 폭력과 능력과 배제에 입각한 '민족공동체'를 도왔다. 나치가 배급제의 불평등을 비판하는 목소리를 잠재울 수는 없었지만, 공산주의자나 유대인 등 억압의 주요 대상에 대해서 사람들은 일반적으로 침묵했다. 당시의 독일 사회가 복합적이고 갈등적인 사회였던 것은 틀림없지만, 그 독일 사회는 동시에 민족주의가 전前 정치적인 일상까지 침투함으로써 준수해야 할 것과 유의해야 할 것이 이미 구축되어 있는 사회였다.

나치에게 문제는 강제 수단의 구축이 아니었다. 그 수단의 선택적 사용이 문제였을 뿐이다. 나치 지배의 막대한 강제력은 1933년에 노동운동을 파괴하는 데 투입되었고, 1934년 6월에는 돌격대 지도부를 숙청하는 데 사용되었다. 그후 나치 체제는 신중하게 수용소 규모를 줄여갔다. 수용소가 다시 증가하기 시작한 1938년에 그곳에는 유대인들이 수용되었고, 그후에는 체코인들과 폴란드인들이 수용되었다. 대부분의 독일인에게 테러는 타자, 즉 외국인과 공산주의자와 남성 동성애자 부류의 '반사회적 아웃사이더'에게 가해지는 어떤 것이었다.[16]

1940년 1월 말 법무부 장관 프란츠 귀르트너는 개전 이후 게슈타포가 법외적으로 처형한 경우가 18번이라면서, 게슈타포가 법원을 우회하고 있다고 비판했다. 귀르트너가 비판한 그런 일들은 사실 얼마 되지 않았고, 또한 종종 〈민족의 파수꾼〉의 선정적인 보도에 히틀러가 반응을 보인 데서 비롯된 사건들이었다. 1939년 10월 등화관제 시간 동안 한 절도범이 뮌헨에서 여자 지갑 하나를 도둑질했는데, 그는 10년형을 선고받았다. 히틀러가 형량이 사소하다면서 분노를 터뜨렸다. 지갑에 몇 푼밖에 들어 있지 않았고 범인이 폭력을 가하지 않았음에도 불구하고, 히틀러는 그를 처형하여 본보기를 보이라고 요구했다. 이는 판사들에게 분명한 시그널이 되었다. 몇 주일 뒤 베를린 '특별법원'은 등화관제 시간에 여성의 지갑을 훔친 또다른 절도범에게 사형을 선고했다. 근거는 '국내전선의 튼튼한 벽이 하등인간의 존재에 의해 붕괴하면 안 된다'라는 것이었다. 그러나 사소한 범죄를 끔찍한 범죄로 만든 것은 그런 범죄의 근절 불가능성이었다. 전과자들은 마우트하우젠 같은 강제수용소로 보내졌다. 그리고 그곳에서 그들은 중범죄자나 폭력범보다도 가혹한 처벌을 받았다. 수용소를 관리하는 친위대가 여호와의 증인 아우구스트 디크만을 처형한 것은 실상 군법재판소의 관할권을 잠재적으로 위협하는 행동이었다. 법무장관의 불평에서 나타나듯이, 판사들은 경찰의 자의적 행동에 의해 그들의 관할권이 잠식되는 것을 막으려 했다. 그러나 그러한 영역 싸움은 여러 종류의 법원들이 경쟁적으로 가혹한 선고를 내리도록 몰고 갔다.[17]

개전 직전 게슈타포는 구舊 사민당 의원들과 여타의 정치적 위험인물들을 재수감했다. 그처럼 1939년 가을부터 게슈타포가 폭력을 서서히 증가시켰지만, 그들은 기본적으로 이단 변속 기아를 장착한 나치 경찰국가를 신중하게 투입했다. 만일 공산주의자, 프리메이슨, 유대인, 여호와의 증인 같은 '적들'이 '패배주의적인' 농담을 했다거나 암시장에서 물건을 거래했다는 비난을 받으면, 그들은 특별법원에서 재판을 받거나 수용소로 직행할 것을 예상했다. 그러나 그들을 타격하는 것과 일반인들을 공격하는 것은 전혀 다른 문제였다. 나치 지도자들에 대하여 정치적인 농담을 했다는 이유로 처벌받은 일반인은 비교적 소수였다. 그런 '민족동지'에 대한 일반적인 처벌은 단순경고였다. 스탈린 체제가 사회혁명을 밀어붙이기 위하여 대중 다수에게 전쟁을 벌였던 것과 달리, 히틀러 독재는 독일인 다수가 폭력을 느끼지 못하도록 폭력의 눈금을 지속적으로 조정했다. 나치 실용주의와 이데올로기 모두가 그 방향으로 작동했다. 게슈타포의 인력은 많지 않았다. 게슈타포는 상당한 정도로 일반인의 밀고와 공적인 순응에 의존했다. 전쟁은 게슈타포의 인력을 더욱 감소시켰다. 쾰른의 게슈타포 경찰관은 1939년의 99명에서 1942년까지 69명으로 감소했다. 어디서나 비슷했다.[18]

새로운 금지 규정에서 가장 논란이 심했던 문제는 적국 라디오 청취였다. 새로 구입하는 라디오에는 외국 라디오 청취가 '국가 안보에 대한 범죄'라는 경고문이 부착되어 있었다. 그러나 그것은 집행 불가능했다. 나치 독재는 선전과 이미지에 대한 강박에도 불구하고 1차대전 이전의 독일제국보다 정보에 대한 통제력이 약했다. 1차대전에서는 정부가 신문을 검열하고 국경을 통제한 결과, 1918년 여름까지도 국내의 독일인들이 군사적 재앙이 서부전선을 휩쓸었다는 사실을 몰랐다. 그와 달리 2차대전 동안 나치 정부는 사람들이 라디오 주파수를 바꾸는 것을 막을 방법이 없었다. 적절히 조심하기만 하면, 사적으로 어떤 방송을 선택하느냐는—실제로 —청취자 자신의 사적인 문제였다. 독일인들은 대부분 평상시 모습으로 가장하고 음량을 낮추어 외국 방송을 들었고, 불길한 예감이 들면 다이얼을 독일 방송으로 돌렸다. 사람들은 적국 방송보다는 중립국 방송—BBC 보다는 스위스나 스웨덴 라디오—을 들었던 것 같고, 심지어 아이들을 집 밖에 보초로 세워놓고 혹시 이웃이 대문 밖 층계에서 서성거리는지 망을 보도록 했다. 친위대 정보국이 입수한 정보에 따르면, 프라하의 체코인들은 이웃이 자신의 라디오 소리를 듣고 밀고할 수 없도록 헤드폰을 이용했다. 독일에서도 외국 라디오 청취 금지는 인기가 없었다. '아이 취급을 한다', '모독이고 굴욕이다'라는 비판이 들끓었다. 친위대 정보국은 일반인들이 말하는 '충성의 비판'을 전달하기도 했다. '좋은 민족사회주의자는 그런 (외국) 방송을 평안하게 들을 수 있다. 방송이 그런 사람에게는 아무런 영향도 주지 못하기 때문이다. 정반대로 그런 방송은 오직 적대감과 적과 싸우려는 의지를 강화시킨다'라는 비판이었다. 사람들은 방송 금지의 세부 사항에서 혼란을 느끼기도 했다. 금지 조치가 모든 외국 라디오에 해당되는 것인지, 청소년들에게 인기가 높던 라디오 룩셈부르크의 재즈 프로그램과 같은 중립국 방송은 들어도 되는지 모호했다. 그리고 사람들은 흔히 지도자 히틀러가 그런 금지 조치를 허용했을 리는 없다고 말했다. 그러면서 천연덕스럽게 위반했다.[19]

나치는 사태의 불가피성을 조용히 인정했다. 독일 라디오는 논평자들을 내세워서 영국과 프랑스 방송의 주장을 정기적으로 조롱하고 반박하는 것으로 그쳤다. 정보의 갈증을 느끼던 독일인들은 1939년 겨울에 영국 공군이 살포한 수백만 장의 전단을 읽었다. 물론 그들이 읽는 모든 것을 믿었던 것은 아니다. 예컨대 에센의 카롤라 라이스너는 친지에게 영국의 전단에 대해 분노했다. '그들이 우리를 자극하려는 수작인데 …… 틀림없이 유대인의 음모일 거야.' 그녀가 유대인을 언급한 것은 자연스럽기도 했다. 지난 수년 동안 유대인들이 어떻게 권력과 영향력을 조작하고 또 성공했는지 들어오지 않았던가. 독일 라디오는 윈스턴 처칠에게 그의 머리글자를 이용하여 'W. C.' 혹은 '거짓말 대왕'이라는 별명을 붙여주었다. 그리고 뉴스 시간 말미에 1차대전 히트곡인 〈우리는 좁은 나라(Eng-e-land)를 향하여 전진한다〉를 방송했다. 얼마나 성공적이었던지, 그 노래가 독일 방송의 시그널 중 하나가 되었다.[20]

외국 방송 청취에 대한 처벌은 선택적으로 이루어졌다. 1939년 11월 8일 코블렌츠 게슈타포의 젊은 경찰관이 라인강 서안西岸의 한 마을로 출동했다. 마을 주민 아르눌프 V가 밤마다 라디오 룩셈부르크의 독일어 방송을 듣는다는 밀고가 접수되었던 것이다. 불행하게도 아르눌프는 바이마르 시절 그 지역의 지도적인 사민당 당원이었었다. 게다가 밀고에 따르면, 그는 외국 방송을 불법적으로 청취하는 것으로 그치지 않았다. 더불어 그는 독일 방송의 부정확성을 비판하고 히틀러를 비방했다. 아르눌프는 체포되어 코블렌츠로 압송되었다. 그는 프랑스 방송을 몇 차례 들었다고 자백했다. 게슈타포는 3주일 동안 그를 감금한 채 수사했고, 그의 자택도 수색했다. 집에서 라디오 외에도 과거 사민당 자료가 발견되었다. 지역 나치당은 아르눌프가 나치당 행사에 거의 참여하지 않았고, 복지기관에 대한 기부도 별로 하지 않았으며, 아내와도 자주 싸운다고 확인해주었다. 다른 한편으로 아르눌프가 근무하던 업체의 사장은 그에게 좋은 평가를 해주었다. 사실 아르눌프는 1차대전에서 네 번이나 부상을 당했고, 훈장도 받았다. 그 두 가지가 10달 뒤 1940년 9월에 열린 재판에서 그를 구했다.

판사들은 모든 혐의에 대하여 무죄를 선고했다. 그에 더하여, 그를 밀고한 사람이 다름 아닌 그의 처남이었고, 가족 내에서 갈등을 벌이다가 처남이 매부에게 개인적으로 복수를 하고자 해서 밀고했다는 사실도 그를 도왔다. 코플렌츠 게슈타포는 경찰이 그런 식으로 이용당하는 것을 싫어했다. 그 지역에서 벌어진 또다른 사건, 사업파트너가 구 공산당 당원을 밀고한 사건에서도 게슈타포는 특별법원에서 무죄 판결을 요청했다. 1943년까지 외국 라디오 불법 시청으로 처벌받은 사람은 3,450명이었다.[21]

게슈타포는 구 공산당 당원이나 사민당 당원조차도 '민족의 신체'로부터 외과적으로 제거해야 할 '적'과 1920년대에 길을 잘못 든 '민족동지'를 구분했다. 그 구분 작업에서 게슈타포는 수렁에 빠졌다. 해당자의 이웃, 친인척, 회사 사장을 일일이 조사해야 하기 때문이었다. 게슈타포가 적에게 투입한 강제력도 자의적인 동시에 기이한 방식으로 일관되어 있었다. 게슈타포는 똑같은 위반 사항에 대하여 사람별로 상이한 처벌을 '자의적'으로 부과했다. 그러나 동시에 게슈타포와 군대와 법원 판사들은 판단의 근거를 '일관되게' 위법 사항 그 자체가 아니라 해당 인물의 '성격'에서 찾았다. 1939년 12월과 1941년 2월에 이루어진 형법 개정은 형법의 적용 대상을 범죄로부터 범죄자로 이동시켰다. 형법이 살인, 성범죄, 재범이 아니라 '살인자', '성범죄자', '습관적 범죄자'를 언급한 것이다.[22]

게슈타포는 범죄에 강력하게 대응했다. 독일이 전쟁을 개시했을 때 형무소에는 10만 8천 명이, 수용소에 2만 1천 명이 수감되어 있었다. 전쟁이 끝났을 때 형무소 재소자는 두 배 증가한 상태였고, 수용소 재소자는 71만 4,211명이었다. 그 통계가 엄청나 보일지라도, 개전 무렵에 인구 비례 재소자 수를 국제적으로 비교해보면, 독일은 영국, 프랑스, 벨기에, 네덜란드보다는 훨씬 높았지만, 스위스, 핀란드, 미국과는 엇비슷했다. 나치가 폴란드에서 벌인 대량 처형, 집단 보복, 일괄적인 추방 등과 비교하면, 나치의 국내 정책은 선별적이었고, 또 구체적인 사건에 따라 다르게 작동했다. 최소한 1943년까지는 친위대 수용소처럼 특수하게 나치적인 기관들보다 '정상적인' 수감 시설인 형무소와 요양원에 훨씬 더 많은 사람이 수감되었다. 수용소의 경우에도 재소자의 압도적인 다수는 인종적인 적들, 특히 폴란드인들 그리고 그후에는 소련인들이었다.[23]

전쟁이 독일 국내에서 촉발한 가장 과격하고 폭력적인 테러는 가장 외진 곳에서 비밀리에 발생했다. 요양원의 정신병 환자들이 전쟁 동안 학살된 것이다. 작전은 양심적 병역 거부자와 마찬가지로 개전 즉시 시작되었다. 학살은 1945년 5월 전쟁의 끝날까지 이어져서, 총 21만 6,400명이 살해되었다. 이는 나치가 살해한 '독일' 유대인보다도 많은 숫자다. 살인 행위의 주체는 폴란드에서 인종 정책을 주도한 힘러의 제국보안청과 같이 특수하게 나치적인 기관이 아니었다. 작전의 주체는 보건행정과 지방행정에 근무하는 평범한 의사들과 공무원들이었다.[24]

정신병 환자 '안락사 작전'은 요양원에 수감되어 있던 어린이들의 학살로 시작되었다. 1939년 8월 18일 '유전병 및 선천성 질병 등록 제국위원회'가 의사들에게 백치, 다운증후군, 소두증, 뇌수종, 경련성 마비, 사지결손으로 태어난 신생아들에 대한 보고를 의무화했다. 제국위원회는 예행 작전으로 전문의 세 명에게 보고 양식을 보냈다. 그리고 그들의 보고에 입각하여 어린이 5천 명이 피살되었다. 곧 30개의 요양원에 '어린이 담당과'가 설치되었다. 요양원은 약을 먹이거나 음식을 주지 않는 식으로 요양원 어린이들을 살해했다.[25]

본격적인 작전은 히틀러의 총통비서실장 필립 불러와 히틀러의 주치의 카를 브란트가 지휘했다. 요양원 성인 환자들을 샅샅이 훑는 비밀 작전이었다. 그 작전은 지휘 본부의 주소지였던 베를린 티어가르텐스트라쎄 4번지에서 이름을 따서 'T-4' 작전으로 명명되었다. T-4 본부는 독일 전역의 요양원에 지시하여 '생존할 가치가 없는' 환자 7만 명을 선별했다. 선별 기준은 해당 환자가 노동을 통하여 사회에 기여할 능력이 있느냐의 여부였다. 의사가 양식에 '플러스' 표시를 하면 죽음을 의미했고, '마이너스' 표시를 하면 생존을 뜻했다. 작전이 본격화되고 규모가 커지자 환자들을 개별적으로 판정할 의료진을 늘려야 했다. 당시 군대에서 '전쟁신경증'을 담당하고 있던 프리드리히 판제와 폴리쉬도 1940년 초 베를린에 열린 비밀회의에 초대받았다. 그들은 그곳에서 비밀 프로그램에 대한 설명을 들었고 전문가 대열에 합류해달라는 요청을 받았다. 그들은 순응했다.[26]

의사들 중에는 살인 판정 작업을 힘들어하는 사람들도 있었다. 판제와 폴리쉬는 1941년 1월 말에 T-4 전문의 팀에서 탈락했다. '플러스' 판정이 너무 적었던 것 같다. 그들과 달리 많은 의사가 문제없이 군대 정신의학자로 활동하면서 의료학살의 전문 판정인 역할도 병행했다. 그들 중에는 학문과 의료 경력의 정점에 서 있던 저명한 인물들도 포함되어 있었다. 하이델베르크대학 신경과 과장 카를 슈나이더, 쾨닉스베르크대학 신경의학자 프리드리히 마우츠, 걸출한 유아정신의학자 베르너 빌링거가 그러했다. 빌링거는 1920년대에 함부르크에서 청소년복지에 정신심리치료를 도입한 인물이다. 그후 그는 진성 나치가 되어 청소년 범죄자에게 강제 불임 처치를 실시하자고 강력하게 주장했다.[27]

1940년 1월 T-4 작전 의사들과 공무원들이 브란덴부르크의 구 노역소에서 가스 학살을 참관했다. 그때 그들은 한 번에 최소 20명을 죽일 방법이 개발되었다는 사실을 알게 되었다. 그달 말이 끝나기 전에 전국의 요양원 환자들이 지역의 집결수용소들로 옮겨진 뒤 다시 브란덴부르크, 슈바벤 알프스의 그라페네크, 린츠 인근의 하르트하임으로 이송되어 학살되었다. 1940년 9월 브란덴부르크의 학살 작업이 지체되자 베른부르크 요양원에 새로운 학살 센터가 설치되었다. 파울 니체 교수가 이끌던 드레스덴 인근의 피르나 존넨슈타인 요양원은 1939년 초에 이미 비용 절감을 위해 환자들에게 '절식'을 강요했다. 작센의 다른 요양원들도 그것을 모방했다. 니체는 1940년 5월에 중앙의 T-4 작전의 전담 의사로 합류했다.

양심적 병역거부자들에 대한 처형은 언론에 공개되었고 또 법에 의해 뒷받침되었다. 그와 달리 장애인 학살은 공개되지 않았다. 작전에 참여한 핵심 인물들이 법적 뒷받침을 요구했지만 처음에는 수용되지 않았다. 그러다가 결국 불러와 브란트가 히틀러로부터 '은혜로운 죽음Gnadentod'을 허용한다는 문장 한 개를 얻어내는 데 성공했다. 그 비밀문서의 자구는 모호했다. 히틀러는 그후 비밀 살인을 허용하는 문서에 다시는 자기 이름을 올리지 않는다. 의사들의 역할은 종종 죽일 대상의 선별로만 끝나지 않았다. 예컨대 프리드리히 메네케는 헤센–나사우 부지사 프리츠 베르노타르트의 독촉으로 살인까지 지휘했다. 그 의사들 중에서 많은 사람이 나치당 당원이었다. 그러나 나치가 아닌 의사도 개인적인 신념에 의거하여 학살 작전에 참여했다. 그리고 독특하게도 그 신념은 나치적이지 않았다. 오히려 그들은 1920년에 카를 빈딩과 알프레드 호헤가 출간한 『살 가치가 없는 삶의 파괴의 허용』에서 영감을 얻었다. 그 책은 '은혜로운 죽음'을 과격하게 재정의하여, 고통스러운 말기 질병을 피하기 위한 개인의 선택이었던 안락사를 사회가 '무가치한 짐짝'을 처리하는 정당한 방법으로 탈바꿈시켰다.

중앙과 지방 정부들이 1920년대에 반복해서 부딪쳤던 재정위기—특히 1929년 월스트리트 증권 폭락 이후의 위기—는 독일 관리들을 비용 절감과 자원 배분의 취사선택에 집중하도록 했다. 그러자 사소한 범죄자가 '사이코패스'로 둔갑했고, 떠돌이와 장기 실직자가 '반사회분자'로 분류되었으며, 대부분이 구제불능의 '공동체의 이방인'으로 평가되었다. 나치 정권은 그 경향을 더욱 강화했고, 그렇게 독특한 행정 문화를 구축했다. 경찰, 법원, 청소년복지기관, 사회복지기관, 친위대, 형무소장, 소년원장이 공통의 민족적 규율 프로젝트를 가동하는 문화였다. 그것은 어렵지 않았다. 중간계급에 속하면서 정치적으로 보수적인 많은 사람들이 1차대전 막바지의 '붕괴'에서 동일한 교훈을 도출했기 때문이었다. 아주 단순하게, 그들은 나라가 충분히, 가혹하게 투쟁하지 않았다고 판단했다.[28]

안락사 작전에서 나치 정부가 한 일은, 주류 여론은 물론 의료계와 복지기관 로비에서 결코 다수를 차지한 적이 없는 그 발상이 현실에서 실천될 수 있도록 추동력과 제도적 틀과 비밀을 공급한 것이었다. 애초부터 의학적 학살 작전은 독일 공중이 학살을 승인하지 않을 것이라는 전제, 그리고 적어도 종교계의 여러 여론은 반대하리라는 전제에서 출발했다. 그 때문에 나치는 희생자 가족에게 살인을 숨기기 위하여 상당한 노력을 기울였다. 행정 절차의 조작도 그중 하나였다. 나치는 환자를 집결요양원으로 보내고 그곳에서 다시 하르트하임이나 그라파네크의 학살 센터로 보내는 단계마다 가족에게 환자의 이송 소식을 고의적으로 늦게 전달했다. 가족이 뭔가를 알았을 때는 이미 늦어버리도록 했던 것이다. 헤센주 이드슈타인 마을의 칼멘호프 같은 일부 요양원은 가족의 방문을 막기 위하여 가족에게 기차를 이용할 수 없다고 통고했다. 그들은 군사 부문의 우선성을 핑계로 댔다.[29]

선별 대상자의 수가 엄청났기 때문에 의사들은 죽음의 원인을 치밀하게 기록할 수 없었다. 의사들이 부주의했던 것은 비밀의 의무 때문이기도 했다. 그래서 어떤 가족은 맹장수술을 받아서 맹장이 없는 자식이 맹장염으로 죽었다는 통보를 받았다. 가족들에게 전달된 유골함에도 함정이 있었다. 아들 유골함에 여자 머리핀이 들어 있는 경우도 있었고, 2주일 전에 자식을 요양원에서 집으로 데려왔는데 그 자식이 죽었다면서 유골함이 배달된 경우도 있었다. 따라서 사람들이 요양원에서 벌어지고 있는 일에 대하여 의문을 표하기 시작했다. 슈바벤 알프스의 그라페네크 요양원의 주변 지역에서는 가스 학살이 비밀도 아니었다. 고백교회가 강세를 떨치던 슈바벤 지역에서는 그곳 개신교 노회老會와 내방선교회가 지역민들의 항의에 가담하고 또 그 항의를 나치 정권에게 전달했다. 내방선교회는 요양원도 운영하고 있었다. 1940년 7월 초 슈바벤 노회의 라인홀트 자우터 목사가 그 지역 나치 지구당위원장 빌헬름 무르에게 항의 편지를 보냈고, 주교 테오필 부름은 교회부장관 한스 케를과 내무장관 빌헬름 프리크, 그리고 마침내 1940년 7월 25일에는 제국총리실장 한스 라머스에게 항의했다. 그들의 항의는 충성스러운 비판의 형식을 취했다. 안락사 조치가 '민족공동체'의 이상에 대한 인민의 신뢰를 허물고 있고 모든 독일인에게 관심을 쏟는 '긍정적인 기독교'를 지지하겠다는 나치당의 맹세를 믿지 못하게 한다는 것이었다. 진정서 사본들이 이미 사적인 영역에서 유통되고 있었지만, 성직자들은 그 항의를 비밀스러운 채널을 통하여 전달했다. 정부와의 공공연한 대립을 의도적으로 피했던 것이다. 나치 지구당위원장 무르 역시 진정서가 쌓이자 작전에 대한 유보적 입장을 베를린에 전달했다.[30]

1940년 9월 슈테텐 요양원의 원장인 목사 루드비히 슐라이흐는 또다시 요양원 환자 150명이 이송된다는 통보를 받았다. 그는 괴벨스, 무르, 법무부장관 프란츠 귀르트너, 라머스에게 서면으로 요양원 환자 처리 프로그램의 윤리성과 합법성에 의문을 표했다. 내무장관 프리크가 그저 협조하라고 퉁명스럽게 답하자, 슐라이흐는 이례적으로 움직였다. 환자 가족 및 친인척들에게 너무 늦기 전에 요양원에서 사랑하는 사람을 구해가라고 알린 것이다. 많은 가족이 요양원에 가서는 가슴이 미어지는 이별을 고해서 환자들을 흥분시켜놓고는 돌아가버렸다. 이송 예정이던 슈테텐 요양원 환자 441명 중에서 집으로 데려간 환자는 겨우 16명이었다. 슐라이흐는 장애인을 돌볼 수단이 충분한 사람들조차 그 기회를 거의 이용하지 않았다고 아프게 기록했다. 뷔르템베르크의 개신교 요양원 원장 일부는 슐라이흐의 예를 따라서 가족들에게 요양원이 환자의 안전을 더이상 보장하지 못한다고 알렸다.

슐라이흐가 보여준 시민적 용기는 극히 이례적인 경우였다. 뷔르템베르크를 제외하면 내방선교회 요양원 중에서 가족에게 환자의 죽음을 경고하는 경우는 없었다. 그들은 크든 작든 선교회 중앙위원회 의장 목사 콘스탄틴 프리크의 노선을 열성적으로 따랐다. 프리크는 '안락사'의 열광적 옹호자였고, 일부 저항적인 개신교 요양원장들을 복종시킬 최적의 수단을 보유하고 있었다. 국가가 지원금을 제공하는 환자들을 해당 요양원에는 보내지 않겠다는 협박만으로 충분했다. 그것이 통하지 않으면 원장을 교체해버렸다. 가톨릭교회가 피임과 안락사를 공식적으로 금지했음에도 불구하고 가톨릭 카리타스 복지회가 운영하는 요양원들 일부도 정부 정책에 순응했다.[31]

신학자는 설득하기보다 침묵시키기가 더 용이했다. 파울 알트하우스는 1933년 7월에 과격한 '인종 위생'에 반대 의견을 밝힌 적이 있다. 그는 다른 모든 문제에서는 '민족공동체'의 요구에 따라야 한다고 생각했지만, 생과 사라는 문제에서만큼은 오직 '신이 삶의 창조주이고 주인'이라는 명제를 고수했다. 그 7월에 바로 바이에른 내무장관이 그에게 '인종 위생'과 관련된 문제를 더이상 논하지 말라고 명령했다. 알트하우스는 그 문제에 대하여 우려할 개인적인 이유가 있었음에도 불구하고 침묵을 지켰다. 그의 딸이 장애인이었고, 베텔 요양원에 수용되어 있었다. 그 요양원은 1939년~1940년의 '안락사' 프로그램에 적극적으로 참여한다.[32]

학살 작전이 본격화되자, 소문이 퍼지고 요양원 인근 지역에서 반대 목소리가 터져나왔다. 앞서 언급한 대로, 슈바벤 지역의 개신교가 항의하자 정부는 1941년 1월에서 3월 사이에 학살 장소를 그라페네크로부터 림부르크 인근의 하다마르로 옮겼다. 그러나 그라페네크 요양원이 독가스로 살해한 환자는 이미 9,839명이었다. 그리고 하다마르 요양원의 소각장 굴뚝 역시 짙은 연기 기둥을 내뿜기는 마찬가지였다. 그곳의 학살도 주변에 알려졌다. 이번에 그 사실을 말한 사람들은 시체처리 노동자들이었다. 심지어 그 지역 어린이들이 요양원 환자를 실은 회색 버스를 보면, '와 살인 박스다!'라고 외쳤다. 다른 곳에서는 소문이 느리게 퍼졌다. 정보의 출처는 보건행정 안의 사적인 채널이었고, 전파의 매개는 교회였다. 물론 까맣게 모르던 가족들도 있었다. 요양원에서 멀리 떨어져 사는 가족, 의료 및 사회복지 기관과 끈이 없는 가족, 전쟁중의 잦은 여행제한으로 인하여 요양원 방문이 불가능한 가족이 그러했다. 뉴스는 불균등하게 퍼졌고, 의료 학살 첫 18개월 동안 그 소식은 공적 논의라는 산소를 공급받지 못했다.[33]

**

독일인들의 전쟁은 무서운 폭력으로 시작되었다. 점령 폴란드에서 그 폭력은 폴란드 민족의 영원한 파괴를 겨냥했다. 독일인들은 '민족적 리더십'을 발휘할 수 있는 폴란드인들을 제거했고 폴란드 땅 일부를 독일인이 식민 지배할 지역으로 만들고자 했다. 전쟁 이전의 독일 내부에서 폭력은 전쟁 노력을 흐트러뜨릴 수 있는 주변인 집단—프리메이슨, 공산주의자, 여호와의 증인—에 가해졌고, 자원을 갉아먹는 '백치'들을 쓸어버렸다. 그 모두는 사전에 판을 정리하는 예방 작전이었다. 그것은 눈앞에 나타난 심각한 도전에 대한 대응이기보다는 예상되는 위협과 난관을 미리 처리하는 작업이었다. 그 일을 나치가 새로 설립한 기관들만이 담당했던 것이 아니다. 정반대로 그 과업 대부분은 기존의 전문직 엘리트들, 즉 자기 업무의 일반 원칙을 정식화한 그들이 실행했다. 그 사람들은 1918년 11월의 불명예, 즉 공산주의자와 여자와 유대인이 독일군을 배신함에 따라 독일에 부과되었다고 믿던 그 불명예를 씻어버리고자 했다. 다만 전쟁 전에 이미 고착되어 있던 그 사고방식을 보면, 1939년에 제거할 대상으로 적시된 '내부의 적' 목록에 한 집단이 빠져 있다는 것을 알 수 있다. 놀랍게도 독일에 남아 있는 유대인 커뮤니티가 그 목록에 없었던 것이다.

전쟁은 즉시 유대인들에게 포그롬의 공포를 낳았다. 그러나 요헨 클레퍼와 빅트로 클렘퍼러가 놀라워했듯이 나치 언론은 반유대주의 레토릭을 오히려 완화했다. 그것은 어쩌면 새로운 동맹국 소련을 향한 제스처였을 수도 있다. 그러던 1939년 11월 8일 저녁 9시 20분 뮌헨의 맥주홀에 폭탄이 터졌다. 1923년의 나치 쿠데타 시도를 기념하는 연례 축하모임이었고 나치의 오랜 투사들이 모인 자리였다. 히틀러는 그가 서 있던 연단의 기둥에서 폭탄이 터지기 단 10분 전에 베를린행 기차를 타기 위해 홀을 나섰다. 폭발로 8명이 죽었고 64명이 부상당했다. 다음날 그 소식이 알려지자, 회사 사장들은 공장에서 특별 회의를 소집했고 학교에서는 특별 집회가 열렸다. 학생들은 루터파 찬송가 〈우리 모두 하나님께 감사드리네〉를 부르면서 지도자가 하나님의 섭리에 의해 피살을 모면한 것에 감사했다. 사람들은 암살 시도에 책임이 있다고 믿어지는 대상들—영국인 그리고 유대인—을 혹독하게 비난했고 그 두 집단에 대한 보복을 기대했다.[34]

히틀러의 목숨을 노린 암살 기도에 대한 공식적인 반응은 1938년 11월의 같은 날에 벌어진 포그롬과 비교하면 없는 것이나 마찬가지였다. 1년 전 그때 괴벨스는 폴란드 유대인 한 명이 파리의 독일 대사관에서 하급 외교관을 죽인 것을 이용하여 나라 전체에 포그롬을 일으켰다. 돌격대와 친위대, 그리고 몇몇 지역에서는 심지어 소년과 소녀들이 유대인들을 집에서 끌어내어 주먹으로 때리고, 곤봉으로 구타하고, 가게를 약탈하고, 유대교 회당에 불을 질렀다. 불이 이웃 건물로 번지지 않도록 소방대가 대기하고 있었다. 공식 발표로만 유대인 91명이 살해당했고, 2만 5천 명이

수용소로 이송되어 수백 명이 죽었다.[35]

1939년 11월은 달랐다. 영국 스파이 두 명이 네덜란드 국경에서 체포되었고 미디어는 비난의 화살을—그것은 오류로 밝혀졌다—영국인과 유대인 전쟁광들에게 돌렸다. 그러나 포그롬은 없었다. 빅토르 클렘퍼러와 요헨 클레퍼가 두려움에 떨며 예상했던 격렬한 공격은 나타나지 않았다. 이민을 갈 수도 없고 가고 싶어하지도 않던 노인들이 대부분이던 유대인 커뮤니티에는 폭력이 아니라 사소한 규정들이 홍수처럼 쏟아졌다. 1938년 11월 9일의 포그롬과 1939년 9월의 개전 사이에 유대인을 겨냥하여 공포된 규정은 229개였다. 1939년 9월부터 1941년 가을까지 유대인의 일상을 규제하는 명령은 무려 525개였다. 그 외에도 나치 당국은 독일의 국내전선과 관련된 모든 규정에 유대인 특별 규정을 덧붙였다. 유대인들은 속옷, 구두, 옷의 구입을 금지당했고, 이는 자라나는 십대에게도 적용되었다. 또한 유대인들은 라디오와 녹음기를 당국에 위탁해야 했다. 나치가 세상을 바라보는 척도로 판단하자면 그런 조치들은 두 번의 전쟁에 원칙적으로 죄가 있다는 집단에게 가한 것치고는 무척 절제된 행동이었다. 히틀러가 언제나 반유대적인 정책을 국제 관계와 연결시켰다는 사실을 생각해보면, 그것은 그가 여전히 영국 및 프랑스와의 협상을 기대하고 있었다는 것을 의미한다.[36]

제2부

유럽의 주인
: 1940년 5월~1941년 여름

제4장

/

진격

1940년 5월 10일 첫번째 여명이 비친 시각부터 파울하인츠 반첸은 잠 잘 수 없었다. 베개만으로는 끊이지 않는 비행기 엔진 소리를 막을 수 없었다. 신문기자인 그가 침대에서 일어나 밖을 보니, 폭격기들과 전투기들이 뮌스터의 비행장 두 곳에서 나선형을 지어 건물들 지붕 위로 솟아오르고 있었다. 신문사에 도착한 그는 라디오 뉴스부터 들었다. 라디오를 틀자마자 전화벨이 울렸다. 특별호를 발행하라는 선전부의 지시였다. 반첸은 사설 쓰기가 너무나 어려웠다. 전화벨이 계속 울려댔기 때문이었다. 뮌스터의 모든 공공기관이 무슨 일이 벌어지고 있는지 그에게 전화를 해댔던 것이다. 독일군은 어디까지 진격했는가? 저항에 직면했는가? 이탈리아가 참전했다는 것이 사실인가? 친위대 정보국이 반첸에게 전화를 걸어서, 군대의 공격 명령이 어제 밤늦게 발동되었고 그래서 그 시각에 경찰이 병사들을 찾아 영화관과 극장과 술집을 뒤졌다고 설명했다. 그 직후 공군의 첫 수송기가 네덜란드 로테르담 인근의 이펜부르크 비행장으로부터 귀환했다. 수송기는 그곳으로 출격했던 공군 병사들 중에서 사망자 셋과 부상자 여덟을 실어날랐다. 오전 11시 선전부의 보도지침이 도착했다. '홀란드와 벨기에가 서유럽 강대국들의 새로운 목표다. 영국과 프랑스 부대가 홀란드와 벨기에로 진입했다. 우리는 반격중이다.' 연합군의 목적은 독일의 '루르 지방으로 진격하는 것'이다. 오후에 친위대 정보국이 전화로 반첸에게 '주민들의 분위기에 대해' 물어왔다. 그들은 저널리스트들이 민심에 귀기울이기를 바라고 있었다.[1]

그날 저녁 독일 라디오가 독일군이 서부에서 총공세를 시작했다는 첫 번째 독일군 발표를 방송했고, 히틀러가 전선으로 출발했다는 뉴스를 전했다. 반첸이 정신없던 신문사 밖으로 나오니 딴 세상이었다. '뮌스터의 길거리 풍경 …… 변한 것이 없었다. 모든 것이 조용했고 평화로웠다.' 딱 하나 신문 가판대만이 부산스러웠다. 그는 그날 밤 뮌스터에 적군 비행기의 폭탄이 투하될 것이라고 확신했다. '만일 영국이 그것을 해내지 못한다면 …… 그들은 이미 패배한 것이다.'[2]

영국군 폭격기는 뮌스터에 오지 않았다. 다만 바덴의 작은 도시 프라이부르크에 상공에서 폭탄 60여 발이 떨어졌다. 대부분 기차역 인근에 투하되었다. 독일 민간인들이 처음으로 폭격을 당한 것이다. 독일 정부는 '세 대의 연합군 비행기가 프라이부르크 도심에 폭탄을 떨어트렸고, 그 때문에 민간인 24명이 사망했다'라고 발표했다. 그리고 '이 순간부터 적이 독일 민간인을 폭격하면 그 다섯 배의 독일 비행기가 영국과 프랑스의 도시들을 폭격할 것'이라고 위협했다. 다음날 사망자의 13명이 어린이이며, 그들은 도심의 놀이터에서 놀다가 폭탄을 맞았다는 발표가 이어졌다. 사망자 수는 57명으로 늘어났다. 언론은 프라이부르크 폭격에 대한 보도를 멈추지 않았다. 언론이 폭격 비행기가 프랑스 국적이었다고 발표했을 때, 친위대 보안국이 인민의 반응을 수집했다. '사람들은 누구나 분노한다. ……

최종적으로는 프랑스에 대한 증오감들'. 5월 10일의 사건은 끝도 없이 '프라이부르크 어린이 살인'을 주제로 보도되었다. 사실 그 비행기들은 빡빡한 구름 때문에 길을 잃은 독일군 폭격기였다. 그들은 프라이부르크를 디종으로 착각하고 폭탄을 투하했던 것이다. 추후 독일 언론은 오보를 인정한다. 다만 독일군 폭격기가 아니라 영국군 비행기였다고 수정한다. 영국이 어린이들에 대한 전쟁을 시작했다고 뒤집어씌운 것이다.[3]

서부전선에서 본격적인 전쟁이 발발했다는 소식이 들렸을 때, 의사 아들인 헬무트 파울루스는 연병장에서 총검술 훈련을 하고 있었다. 동료들 중에는 라인란트 바덴 출신이 많았고, 프라이부르크에 가족이 있는 병사들도 있었다. 그들은 깊은 충격을 받았다. 차분하고 낙관적인 성격의 한 병사마저 '어찌할지 모르겠다면서 훈련중에 갑자기 울음을 터뜨렸다.' 파울루스는 집에 보내는 편지에 썼다. 교관이 병사들에게 마음을 가다듬을 시간을 주기 위하여 그날 훈련을 중단했다. 그것은 파울루스 개인에게 다행스럽기도 했다. 그날 훈련에서 한 병사의 총검이 헬무트 군복의 가죽 띠를 뚫고 목을 스친 뒤 철모 바로 아래서 멈추었다. 헬무트는 폭격 덕분에 쉴 수 있게 되었다. 병사들이 가족에 대하여 최악으로 상상한 것은, 그들이 가스 마스크를 썼을 때의 폐쇄공포증 같은 것을 가족들이 매일 겪는 일이었다. 헬무트는 영국군이 가스탄을 투하했다고 믿었다. 그만이 아니었다. 독가스 공포는 공중전과 관련하여 독일에 가장 널리 퍼져 있던 공포의 하나였다. 포르츠하임에 사는 헬무트의 부모는 빈 여행 계획을 취소하고 지하실 창문에 방공 밴드를 붙였다. 그들은 '무덤 같은 날들이 지나가고 나서야' 지하실 창을 다시 열었다.[4]

물론 사람들의 공포는 전선에 꽂혀 있었다. '오랫동안 두려워하던 일이 터지고 말았어요. 서부에서 전투가 시작되었어요.' 교사 출신의 육군 선임하사 빌름 호젠펠트는 폴란드의 베그로브Węgrow에서 집으로 보낸 편지에 썼다. 그날 그는 새벽 4시에 잠에서 깼다. 살아 있는 것에 대해 감사하는 마음뿐이었다. 그날 늦게 그는 새로 부임한 대위와 함께 말을 달려서 유대인 구역을 둘러보았다. 그곳에 갈 때마다 누더기옷을 입은 아이들에게 버릇처럼 사탕을 던져주곤 하던 그였다. 독일인들이 폴란드에서 가하던 폭력과 무관한 그였지만, 그도 전쟁에 몰입해갔다. 아내 안네미에에게 그는 썼다. '이제는 생사를 다투는 전쟁이에요. …… 머리가 서부에서 벌어지는 일에서 벗어나지를 못해요. 악몽처럼 내 영혼을 내리누릅니다.'[5]

친위대 정보국은 독일군의 갑작스러운 홀란드와 벨기에 침략에 대하여 독일 인민이 어떻게 반응하는지, 전국에서 올라온 보고서들을 서둘러 취합했다. 그리고 인정했다. 전반적인 분위기가 빠르게 '깊은 심각함으로' 바뀌었다. '결단의 시간이 왔다'는 지도자의 선언이 '국민들로 하여금 서부에서 시작된 전투가 극한의 희생을 요구하리라는 것을 깨닫도록 했다. 깊은 심각함과 전장의 가족들에 대한 염려가 어머니와 아내들에게 뚜렷하다. 그러나 국민들의 기본적인 태도는 굳고 신실하다.' 정보국의 지역 보고서들은 사람들이 '이 중대한 조치와 그것이 요구하는 희생의 필연성을 내적으로 확신하고 있다'라고 확인했다.[6]

독일군은 1940년 5월 10일로 넘어가는 한밤중에 룩셈부르크에 침투했고, 일출 직전에 벨기에와 네덜란드에 대한 전면적인 공격을 개시했다. 네덜란드는 1차대전에서 중립을 지켰지만 독일군은 침공했다. 그것만 보더라도, 그때의 독일군 전략이 1914년의 슐리펜 계획의 한 판본이었다는 점이 드러난다. 독일군이 저지대 국가들 세 곳을 통하여 프랑스를 공격했기 때문이다. 1914년 8월과 9월과 같은 신속한 진격이 이번에도 성공하리라는 보장이 없다는 것은 모든 이에게 분명했다. 벨기에는 전간기에 심혈을 기울여서 동부 국경을 요새화했다. 두텁게 보강된 콘크리트 요새들이 알베르 운하와 에벤 에말 요새를 중심으로 위치한 세 줄기의 운하와 강들의 방어선을 보호하고 있었다. 독일군의 침공은 바로 그 지점에서 시작되었다. 동이 틀 무렵 글라이더 경비행기 10대가 요새 단지의 지붕에 조용히 내려앉았다. 작전을 지휘하는 젊은 중위를 태운 열번째 비행기는 경로를 이탈했으나, 훈련이 잘되어 있던 80명의 공수대원들은 그가 도착할 때까지 잘 버텼다. 그후 독일군 병사들은 신무기인 성형탄화기로 벨기에 요새의 유압식 포대를 장악했다. 포대의 문 안으로 화염방사기를 발사함으로써 방어하는 병사들을 제압한 것이다. 날이 저물 무렵 요새와 그 요새가 통제하는 벨드베첼트Veldwezelt와 브로엔호벤Vroenhoven의 중요한 교량 두 개가 독일군 손에 넘어갔다. 그로써 독일 제6군 탱크사단이 중앙 벨기에로 진격할 길이 열렸다. 1940년 5월 11일에 그 소식이 방송되자 국내의 독일인들 사기가 높이 치솟았다.[7]

그날 저녁 벨기에 군사령부는 군대를 딜Dyle강 너머의 방어선으로 후퇴시켰다. 안트베르펜에서 나무르Namur까지 뻗어 있던 세번째이자 마지막 방어선이었다. 그곳의 약점은 와브르와 나무르 사이 장블루Gembloux의 넓은 들판이었다. 참호와 방벽이 없기에 탱크가 공격하기 최적의 공간이었다. 프랑스군이 그 공간에 최강 제1군의 기계화 사단들을 투입했다. 1940년 5월 12일 독일군 에리히 회프너 장군의 탱크 군단이 아뉘Hannut에서 프랑스 르네 프리우 장군의 기갑군단을 타격했다. 그러자 프랑스군의 소뮤아 탱크 176대와 호치키스 탱크 239대가 독일군 탱크 부대에 포탄 세례를 퍼부었다. 독일군 탱크는 대부분 방탄도 얇고 화력도 약한 Mk I과 Mk II였다. 폴란드에서 이미 실패한 탱크들이었다. 프랑스의 중급 야전 탱크에 타격을 가할 능력이 없는 탱크들이었다. 회프너에게는 화력이 충분한 중급 탱크가 몇 대밖에 없었다. 그럼에도 불구하고 그는 다음날 또다시 공격했다. 그는 프랑스군의 길고 얇은 방어선에 구멍을 내는 데 집중했다. 결정적으로, 프랑스 탱크에는 무전기가 장착되어 있지 않았다. 따라서 탱크들이 신속하게 전개할 수 없었고, 그래서 독일군이 방어선을 돌파하자 후퇴하는 수밖에 없었다. 프랑스군은 그렇게 기술적으로 열등한 독일 군단에 들판을 내주었고, 이는 독일군에게 파괴된 탱크 100대를 수습하여 수리할 여유를 주었다. 그 전투는 최초의 대규모 탱크전이었다.[8]

연합군의 시각에서 보면 아뉘 전투는 본래의 목표를 달성했다. 아뉘 전투 덕분에 독일군의 진격을 늦추었고, 그 시각에 프랑스 제1군의 엄청난 보병 사단들을 딜강 방어선에 배치할 수 있었기 때문이다. 그리하여 서부 전선의 초기 전투는 1914년의 독일군 침공이 재현되는 듯이 보였다. 그것은 프랑스 총사령관 모리스 가믈랭이 예상했던 것이기도 했다. 가믈랭은 언제든 독일군을 그곳에서 저지하려고 의도하고 있었다. 그러나 벨기에군이 에벤 에마엘 요새를 잃고 네덜란드군이 북쪽 '홀란드 요새'로 철수했기에 독일군은 예상보다 훨씬 빨리 진격할 수 있었다. 그 때문에 연합군이 병력을 벨기에 전선에 재배치할 시간이 원래 계획의 3주일보다 훨씬 적은 5일로 줄어들었다. 그러나 가믈랭이 최신의 기계화 부대를 포함하여 프랑스 육군 최강 전력을 딜강을 따라 배치하였으니 첫번째 목적은 달성하였던 것이다. 그러나 동시에 그곳은 독일군이 프랑스 부대가 있기를 바라던 바로 그 장소이기도 했다.[9]

독일군 29개 사단이 남부 네덜란드와 중부 벨기에를 통해서 딜강에 도착했다. 그 시각 독일군 사단 45개는 룩셈부르크 언덕과 남부 벨기에를 통하여 프랑스 국경과 뫼즈강으로 향하고 있었다. 그것은 놀랍지만 위험천만한 전술이었다. 독일군 전투 차량 4만 1천 대가 좁고 바람이 거센 네 개의 도로를 따라 나무가 빽빽한 아르덴숲 언덕으로 올라가야 했기 때문이다. 독일군 전투 차량 행렬은 뒤로는 저멀리 라인강까지 거의 정지한 채 늘어서 있었다. 프랑스와 영국 공군의 최적의 공격 목표가 될 수 있었다. 독일군 부대는 제대로 출발하기도 전에 파괴될 수도 있었다. 바로 그 때문에 육군참모총장 프란츠 할더와 다른 장군들은 그 계획에 반대했었다. 무모해 보였기 때문이었다. 더욱이 프랑스 공군은 스위스로부터 독일군 부대의 움직임에 대한 비밀 정보를 입수한 상태였다. 그럼에도 불구하고 프랑스군은 전투기를 보낼 수 없었다. 연합군 전투 비행대가 북부에서 벌어진 공중전에서 심각한 손실을 입고 있었기 때문이었다. 교통 체증에 걸려 느리게 움직이는 독일군 선두에 탱크사단 7개가 위치했다. 하인츠 구데리안, 게오르크-한스 라인하르트, 헤르만 호트 장군의 지휘하에 탱크 1,222대와 378대의 보충 차량으로 구성된 기계화 부대가 기계화 보병, 대전차 포병대, 지대공 포병대를 이끌고 있었다.[10]

1940년 5월 10일과 11일 아르덴에서 독일군을 맞이한 취약한 프랑스군이 뫼즈강의 먼 곳으로 후퇴했다. 프랑스 제2군이 지키고 있는 곳이었다. 가믈랭의 부관 조르주 장군은 5월 11일에 그곳으로 프랑스 후비 사단을 보냈다. 첫번째 독일군 부대가 강에 도착하기 하루 전날이었다. 프랑스 장군들은 프랑스 보병과 탱크를 집결시킬 시간이 충분하다고 생각했다. 독일군이 강을 건너기에 충분한 포병과 보병을 집결시키려면 5월 20일은 되어야 한다고 예상했던 것이다. 그것은 사실 할더의 스케줄과 정확히 일치했다.

1940년 5월 13일 독일군 폭격기가 3,940회 출격하면서 뫼즈강의 프랑스 부대에 융단 폭격을 퍼붓고, 급강하 폭격기 편대 2기가 300번 공격했다. 독일 공군기들은 폴란드 전쟁에서 '하늘을 나는 포병'이란 별명을 얻었다. 폴란드 전쟁에서 독일군은 스페인 내전에서 시험했던 공군기에 의한 육상 공격을 완성했다. 공군 원수이기도 했던 괴링은 뫼즈를 8시간 동안 폭격하도록 했다. 전례 없는 강도였고, 그후에도 되풀이되지 않을 공격 세례였다. 그럼에도 불구하고 독일 폭격기들은 프랑스 포좌와 벙커들을 파괴할 수 없었다. 다만 프랑스군의 사기만은 깨뜨릴 수 있었다.[11] 그날 오후 구데리안 장군의 제19탱크군단에 부속된 기계화 보병과 '대독일' 엘리트 보병연대가 도강을 시도했다. 토치카만 103개에 달했던 프랑스군은 버티면서 독일군을 붙잡아두었다. 늦은 오후 '대독일' 연대의 엔지니어 부대가 강둑 한 지점에 침투했다. 강이 굽어져서 토치카가 포격을 가할 수 없는 지점이었다. 밤 12시경 독일군이 세 개의 지점에서 뫼즈강을 건넜다. 그러나 몽테르메 한 곳에서만 겨우 1.5킬로미터를 확보했을 뿐이었다. 스당과 디낭의 독일군 교두보들도 위험에 노출되어 있었다.

독일군이 황막하게 공격하고 무리하게 도강을 시도하면서 심각한 인명 손실을 당하는 동안, 프랑스군은 '방법적 전투' 수칙을 고수했다. 그들은 더 많은 기갑부대와 포병을 확보할 때까지 기다렸다. 드디어 5월 14일 새벽 프랑스군이 구데리안의 스당 교두보에 반격을 가했다. 그러나 구데리안 부대는 전날의 취약성을 보강하여 한밤중에 충분한 탱크를 확보한 터였고, 그래서 탱크 공격을 막아내고 파괴할 수 있었다. 그러자 프랑스 보병들이 상부의 명령을 어기고 후퇴하기 시작했다. 패닉이 이웃한 제71보병사단으로 번져서, 프랑스군 병사들이 독일군이 접근하기도 전에 도망치기 시작했다. 그날 내내 프랑스와 영국 폭격기들은 독일군의 부교 다리를 공격했다. 그러나 10대 내지 12대의 소규모 편대를 이루어 공격하던 그들은 목표물을 타격하지도 못하고 독일군의 방공포로 인해 파괴되어갔다. 프랑스와 영국의 공군에는 독일군 강하 폭격기의 정밀성도 없었고 독일군 중형 폭격기들의 융단 폭격 전술도 없었다. 할더의 생각은 교두보를 확보한 뒤 그것을 탱크 군단으로 보호하는 동시에 보병 사단들이 뫼즈강을 건너는 것이었다. 그렇게 되면 독일군이 고전적인 포위 전술을 전개할 수 있는 공간을 얻게 된다. 연합군이 벨기에 전선에서 방향을 돌려 뫼즈강으로 오더라도 그 부대들을 양편에서 압박할 수 있기 때문이었다. 구데리안이 참모부에게 교두보를 20킬로미터까지 확대하겠다고 요청했지만, 상관인 클

라이스트 장군과 서부전선 총사령관 룬트슈테트는 8킬로미터 내에 머물라고 지시했다.[12]

그날 독일에는 인민의 집단적 공포 분위기를 누그러뜨리기 위하여 네 번의 특별 공고가 발표되었다. 친위대 정보국은 보고했다. '현재 인민 대다수는 서부에서 "가벼운 전투"가 벌어지고 있다고 생각하고 있다.' 사람들은 '공군이 처음부터 공중에서 압도적인 우위를 확보하는 데 성공했다'고 확신하고 있다. 독일인들은 1914~1918년의 진지전이 반복되는 것을 두려워하고 있다가, 공수부대가 유럽에서 '가장 강한 요새'라던 에벤 에마엘 요새를 장악한 것에 매료되었다.[13]

다음날인 5월 15일 구데리안과 제7탱크사단 사단장 에르빈 롬멜이 상부의 명령을 어기고 스당과 디낭 교두보를 출발했다. 프랑스군은 그들이 남하하여 마지노선을 뒤에서 공격하리라고 예상했지만, 두 장군은 서쪽과 북서쪽으로 향했다. 부대는 프랑스군의 후비 탱크사단과 조우했다. 무서운 샤르 B 대형 탱크를 보유한 부대였다. 때마침 프랑스 부대는 연료를 주입하고 있었고, 그 덕에 독일군이 탱크 100대를 파괴할 수 있었다. 자기 부대 탱크보다 훨씬 우월한 군대를 파괴한 것이다. 구데리안과 롬멜은 계속 밀고 올라갔다. 구데리안은 마를Marle까지 80킬로미터를 진격했고, 롬멜은 무려 100킬로미터를 달려 르 카토Le Cateau에서 상브르Sambre강을 건넜다. 그들이 5월 17일과 18일 이틀 동안 먹고 자고 주유하고 고장난 탱크를 수리하는 동안, 기계화 보병이 뒤따라와서 고립되어 있던 탱크사단에 합류했다.[14]

그들의 부대는 독일 공군 제8비행단의 근접 지원을 받았는데, 그때 그들은 항공기의 지원을 받기만 하면 탱크사단이 독립적인 타격 부대로 작전을 펼칠 수 있다는 것을 보여주었다. 1차대전에서 병참과 통신을 담당했던 구데리안은 무전망이 탱크사단에 얼마나 중요한지 인식했다. 그리하여 자신의 탱크사단에 탁월한 지상-공중 연락망을 구축했다. 선두의 연락장교가 무전으로 공중 지원을 요청하면, 급강하 폭격기가 신속하게 응답하여 불과 10분 내에 요새화된 진지를 파괴하고, 적의 후미를 교란시키고, 탱크 부대의 측면을 보호했다. 구데리안과 롬멜은 북서로 올라가면서 연합군 주력 부대의 서쪽에 가까이 갔지만 정면으로 마주치지 않도록 신중을 기했다. 그들의 속도는 프랑스 참모부는 물론 독일군 참모부까지 경악시켰다. 그 무서운 속도는 연합군의 공동 작전을 허용하지 않는 동시에 후미의 보병들에게 무한한 가속의 희열을 안겨주었다. 병사들은 잠을 빼앗겼으나 3,500만 정의 페르비틴과 이소판 각성제로 버텼다. 각성제 보급이 줄어들자, 병사들은 집에 편지를 써서 불법적으로라도 각성제를 구입해달라고 요청했다. 1940년 5월 20일 제2탱크사단의 척후병들이 노엘-쉬르-메르Noyelles-sur-Mer에 도착했다. 그들은 환호 속에서 도버해협의 솜강 어귀를 바라보았다.[15]

열흘 전 서부전선 전투가 시작된 이래 국내의 독일인들은 라디오를 끄지 않았다. 친위대 정보국은 교대근무를 일찍 마친 사람들도 밤 12시의 독일군 발표를 듣기 위해 기다린다고 보고했다. 독일군이 '도버해협까지 진격해서 적의 대군을 포위했다는 소식이 사람들의 긴장을 최고도로 끌어올렸고, 사람들은 그 흥분을 모든 곳에 전했다.' 프랑스가 곧 무너지고 영국 침공이 뒤따를 것이라는 추측이 만발했다. '이번에는 영국도 자기 땅에서 전쟁을 경험해야 한다'는 소망이 자주 표출되었다. 독일인들이 선전부 관리 한스 프리체가 내보내던 독일군 발표를 너무나 좋아한 나머지, 친위대 정보국이 전황 발표를 외국 라디오 청취에 대한 완벽한 해독제로 간주할 정도였다. 괴링은 그 순간을 놓치지 않았다. 그는 언론에 히틀러가 전체 작전을 개별적인 세부 행동까지 계획했다고 밝혔다. 문제는 딱 하나뿐이었다. 서부 독일의 여러 도시에 적군 공군기들의 폭격 경보가 계속 울렸

고, 그것은 적에게 보복하라는 요구를 자극했다.[16]

　서부 전쟁이 시작되었을 때 에른스트 귀킹은 휴가중이었다. 그는 12일 뒤에 룩셈부르크로 연대에 복귀했다. 1940년 5월 28일 그는 이레네에게 썼다. '어제는 마지노선과 룩셈부르크 늪구덩이 속의 대포들이 조용했어. 오늘 아침 우리는 프랑스군을 측면에서 공격해.' 전쟁의 시작을 함께하지 못했던 그는 드디어 전쟁의 일부가 된 것에서 희열을 느꼈다. '이레네, 전투가 우리를 특별한 자부심으로 채워줘.' 그는 편지에 적의 박격포를 묘사하면서 인기 높던 수병의 노래를 개사해서 적었다. '그것은 신병조차 놀라게 하지 못하네.' 그와 동료 병사들은 아침과 저녁에 수영을 했고, 또 우물에 독을 탔을까 염려하여 프랑스 여자들에게 먼저 우물물을 마시도록 했다. 가장 큰 즐거움은 와인 갈증을 채우는 일이었다. 6월 2일 일요일, 그들은 35킬로미터를 행군한 끝에 막사를 설치하고 200리터짜리 와인 통을 들여놓았다. 그리고 소를 잡아서 나무에 걸어놓고 고기를 잘라냈다. 술집에 가면 프랑스인들이

　'안녕 독일 사람'이라고 불러. 다른 말은 안 해. 다른 말을 할 수도 없어. 그들이 '어디로?'라고 물으면, '파리로', '달라디에 씨에게'라고 답해. 그러면 그들은 달아나면서 '오 프랑스, 재앙, 재앙'이라고 외치면서 울어. 웃다 죽을 지경이야. 이레네, 전쟁이 이보다 끝내줄 수는 없을 거야.

　'이곳만큼 꿈이 실현되는 나라는 없어.' 에른스트는 자신이 전투라는 '불세례를 거뜬히 통과했다'라며 기뻐했다. 낮게 나는 독일군 전투기 1,500기에서 들리는 소음이 두통을 일으켰지만, 전투의 대부분은 스포츠 관람이나 진배없었다. '우리는 돼지 꼴이야. 그러나 신께서 이보다 나은 전쟁을 주실 수는 없을 거야. 수천 명을 포로로 잡았어.'[17]

서부 전투가 시작되었을 때 젊은 김나지움 고등학교 졸업생 한스 알브링은 위대한 프랑스 성당들이 보고 싶었다. 그것은 갈망이었다. 그는 '끔찍한 수난' 앞에 선 그리스도처럼 자신을 도덕적으로 채근했다. 전쟁은 '우리 병사들과 특히 프랑스인들이 고통을 겪는' 수난이었다. 그는 참호 속에 있을 때면 불어 사전을 찾아가며 라신과 폴 클로델을 읽었다. 뮌스터란트 출신의 열성적인 가톨릭인 한스는 절친한 친구 오이겐 알트로게에게 편지를 썼다. 부대에 성직자가 너무 적어서 '고해 성사와 성체 성사가 없지는 않을까' 두렵다고 털어놓았다. 그는 프랑스인들이 왜 그렇게 독일인들을 증오하는지 이해할 수 없었다. '특히 흑인들이 끔찍해. …… 그들을 나무에 걸어놓고 쏴버린다면.' 매일매일 서로 양립할 수 없는 장면들이 밀물처럼 밀려왔다. 병사들이 한 순간은 감자 케이크를 굽고 오래된 보르도 포도주를 마시고 진짜 커피를 양껏 마셨는데, 다음날에는 '흔들목마처럼 발을 공중에 뻗고 쓰러져' 부패되어가는 동물들이 들판에 가득차 있었고, 그다음에는 '사지가 소름 끼치게 훼손된 흑인들 시체 무더기'—거의 틀림없이 세네갈 식민지 병사들이었을 것이다—와 부딪쳤다. 어느 곳에나 '십자가에 철모를 걸어놓은 새로 만든 무덤들'이 있었다. 그는 친구에게 자기가 쓴 편지의 한마디도 가족에게 알리지 말라고 당부했다. 한스의 가족은 그가 군대의 후미에서 안전하다고 믿고 있었다. 200미터 밖에서 포탄이 터지자, 한스는 오이겐에게 개인적인 부탁을 했다. '만약에 내가 …… 네가 아니라 내가 만일 그렇게 된다면 내 책과 사진들을 챙겨줘. 편지들은 태우고.'[18]

오이겐이 한스에게 답장했다. '나는 선한 별이 너를 지켜준다고 믿어. 네게는 아무 일도 없을 거야. …… 우리는 미래에도 서로에게 귀중한 존재야. …… Pax Domini sit semper tecum(주의 평화가 항상 너와 함께하길).' 오이겐은 오스트리아 빈에 파견되어 있었다. 그는 전장으로부터 너무 멀리 떨어져 있었고, 그래서 밤마다 오페라나 보러 다니는 것이 짜증스러울 지경이었다. 그러나 그는 곧 전쟁의 다른 얼굴을 경험했다. 푸치니와 프란츠 레하르의 오페라를 신과 가까운 높은 좌석에서 단돈 75페니히를 내고 ('그렇게 쉽게') 볼 수 있다니. 오이겐은 당시의 독일인들 대부분이 그랬듯이 바그너보다 베르디를 좋아했다. 베르디의 '위대한 감정들 그리고 웅장하게 울리는 멜로디들, 힘과 섬세함을 동시에 발산하는 그것들이 나는 좋아.' 그러나 그를 황홀하게 사로잡은 것은 모차르트의 〈돈 조반니〉였다. 특히 지옥으로 하강하는 부분이 전율을 일으켰다. 화가 지망생이었던 오이겐은 너무도 감동한 나머지 자기가 그림으로 '죽음과 악령들 사이에서 추는 춤'을 어떻게 표현할 수 있을지 곰곰 생각해보기도 했다. 한스가 전장에 있는 시간이 오이겐에게는 평화 그 이상이었다.[19]

가구 수공업자이자 나치당 당원이었던 프리츠 프로프스트는 밴을 타고 벨기에를 지나면서 후퇴하는 벨기에군과 프랑스군이 파괴하고 떠난 교량들을 재건했다. 한스 알브링이 그가 겪던 위험을 가족에게 숨기느라 애쓰던 것과 달리, 서른세 살의 프리츠는 아내 힐가르트에게 '나는 전선 가까이 있고 전투 부대의 일부'라고 자랑해 마지않았다. 군대의 후미에 안전하게 있었다는 오명을 뒤집어쓰면 안 된다는 걱정이 자신의 안전을 아내에게 확신시켜야 한다는 생각을 압도한 것이다. 부대는 가끔 생채기 하나 없이 점령군만 바뀐 촌락을 만나기도 했지만, 독일군의 급강하 폭격기는 프랑스군과 교전하는 곳은 어디든 온전하게 놔두지 않았다.[20]

벨기에와 프랑스에서의 전투 장면들과 굉음은 독일 방송기자와 카메라맨들에 의하여 국내 관객들에게 전달되고 있었다. 그들은 프랑스 전쟁 뉴스영화를 세 번 연속 제작했다. 본영화 직전에 영화관에서 상영되던 그 영화는 상영시간도 40분으로 늘어났다. 독일 카메라맨들은 전투 부대 안에 자리잡았고, 따라서 전선에서 벌어지던 전투에 가장 가깝게 위치했고, 그래서 전투의 가장 중요한 장면들을 실사로 촬영할 수 있었다. 독일 관객들은 기자가 전투 이미지를 전달하기 위해 위험을 무릅쓴 것에 놀라는 한편 파괴 영상을 보면서 숨을 멈추고 또 소리질렀다. 카메라는 종종 독일군 병사들의 얼굴을 바로 밑에서 촬영하여 그들의 각지고 전투로 단련된 특징들을 잡아냈다. 관객에게 전투의 증인이 된 듯한 느낌을 주기 위해서였다. 여기에 음향 효과가 더해지고 음악—종종 뉴스영화에서 일하던 작곡가 프란츠 프리델의 작품을 편곡한 음악—이 깔리자 관객들이 흡입되고 압도되었다. 그것은 평범한 뉴스영화가 아니었다. 관객들에게 그것은 시각, 청각, 감정의 총체적 경험이었다. 그리고 영상에 입혀진 해설이 관객들의 고조된 긴장을 특정한 방향으로 이끌었다. '새로운 독일 탱크가 공격 준비를 완료했습니다. 강력한 진격 준비를 완료했습니다. 탱크들이 새로운 결투 로맨스를 이끕니다. 탱크는 중세의 기사입니다. 과거 전쟁의 기마부대가 지금은 탱크입니다.' 저널 〈영화소식〉은 많은 영화관이 '고객들의 홍수에 채 대응하지 못한다'라고 보도했다. 일부 영화관은 뉴스영화의 상연 횟수를 하루 10회로 늘렸다. 뉴스영화가 끝나고 불이 다시 들어오면 본영화가 상영될 때까지 휴식 시간이 찾아왔다. 관객들은 그제야 마음을 가라앉히고 서로 대화를 나누었다. 그러나 많은 사람은 본영화가 시작되기도 전에 영화관을 떠났다. '얄팍한 극영화'를 보느라 방금 본 뉴스영화의 흥분을 망치지 않기 위해서였다.[21]

1940년 5월 24일 독일군이 이미 칼레를 포위한 상태에서 히틀러와 룬트슈테트가 탱크의 진격을 멈추는 데 동의했다. 긴급히 수리해야 할 탱크를 수리하고, 기수를 남쪽으로 돌려 프랑스군을 상대하기 위해서였다. 도버해협 지대의 됭케르크를 향하여 터벅터벅 걷고 있던 연합군은 독일 공군이 맡았다. 지난 열흘 동안 공중을 지배했던 독일 공군이 이 지점에서 예기치 않게 실패했다. 공군은 해변을 폭격하고, 구축함 아홉 척을 포함하여 전함들을 침몰시키고, 연합군의 움직임을 악몽으로 만들었다. 그러나 독일 공군은 총 33만 8천 명의 영국군과 프랑스군의 철수를 막지 못했다. 영국 남부에서 출격한 영국 공군이 독일 공군에게 도전했기 때문이었다. 5월 26일과 6월 4일 사이 영국 전투기의 출격 횟수가 4,882회였다. 독일 공군의 피해가 처음으로 연합군의 피해보다 컸다.[22]

통신 트럭을 타고 이동하던 한스 알브링은 보병인 에른스트 귀킹보다 뭔가를 쓸 시간이 많았다. 화가를 꿈꾸던 그는 빠르게 지나가는 장면들을, 말하자면 그림 단어로 포착하고자 애썼다. 그의 스케치 속에서 농가의 프랑스 노인은 쓰라린 침묵 속에서 눈꺼풀을 일그러뜨리고 응시하고 있고, 포로로 잡힌 도로변의 프랑스 장교는 '믿음을 잃지 않고 차갑게, 끔찍한 극단의 차분함 속에서' 승리한 독일군을 바라보고 있다. 푸아티에에서 알브링을 압도한 것은 오래된 교회 세례당에서 목격한 프레스코화의 아름다움이었다. 산산조각난 스테인드글라스 창들은 비참했다. 그러나 잘 먹어 퉁퉁한 여인네들은 판 에이크의 캔버스에서 방금 걸어나온 듯했다. 알브링은 또한 숙영한 집 돼지우리의 그렁거리는 돼지, 엄청난 양의 버터, 치즈, 고기, 집에서 만든 절임, 눈처럼 흰 빵, 기름처럼 무거운 진홍색 와인 등 프랑스의 음식 유토피아에 감동했다. 또한 그는 우연찮게 횔덜린의 「전투 직전의 노래」 사본을 발견하고는 그 낭만주의 시인의 시구에 젖어들었다. 전투에 대해서 알브링이 편지에 적은 것은 전투가 끝난 뒤의 동료들 얼굴밖에 없었다. '기쁨이 그들을 떠났어. 아무도, 한마디도 하지 않아. 웃는 사람이 없어.' 병사들은 칙칙하고 '멍해'. 다른 많은 병사들과 마찬가지로 알브링은 모든 것을 묘사하면서도 전투에 관해서는 사용할 단어가 없었다.[23]

프랑스군 사단 65개가 솜강과 엔강 뒤의 새로운 전선에 자리잡았다. 마지노선을 대서양 해안과 연결시킨 지역이었다. 1940년 6월 5일 독일군이 공격에 나섰다. 그들은 솜강을 따라 펼쳐져 있는 전선의 많은 지점을 빠르게 돌파함으로써 전선 전체를 센강 쪽으로 돌려놓았다. 6월 10일 프랑스 정부가 파리를 비무장 도시로 선언하고 수도를 떠났다. 나흘 뒤에 독일군이 파리에 입성했다. 그리고 독일군 제7군 보병사단들이 6월 15일에 라인강을 건너 콜마르와 스트라스부르를 장악했다. 독일의 세번째 뉴스영화는 독일군 각 병과에게 고른 관심을 주기 위하여 보병과 포병을 담았다. 관객들은 평범한 병사들의 일상에 뜨거운 관심을 보였다. 이레네 귀킹은 에른스트를 뉴스영화에서 보고 싶었다. 나는 '카메라를 향해 웃고 있는' 그 많은 얼굴 '하나하나에서 자기를 봐. 그래서 만족해.' 지도자(히틀러)가 여군 연대를 만들겠다면 곧바로 지원할 것이라고 그녀는 덧붙였다.[24]

1940년 6월 18일 프랑스 육군이 루아르강의 교량들을 폭파하기 시작했고, 페탱 원수가 이끄는 신정부가 휴전을 요청했다. 협상이 시작되었지만 독일군은 진격을 멈추지 않았다. 에른스트 귀킹과 프리츠 프로프스트의 부대는 남쪽 디종으로 가고 있었다. 프로프스트는 자신과 동료 병사들이 프랑스군이 파괴한 다리를 재건하고 있는 동안 프랑스 포로들은 수용소에서 빈둥거린다며 불평했다. 그는 아내 힐데가르트에게 보낸 편지에 썼다. '그게 옳은 걸까?' 그의 부대가 전쟁에 아무런 생채기도 입지 않은 지역에 도착했다. 초콜릿 공장에 묵게 된 병사들에게 절대로 사탕을 독일 집에 보내지 말라는 약탈 금지 명령이 하달되었다. 그러나 마음껏 먹지 말라는 명령은 없었다.[25]

빌름 호젠펠트는 폴란드에 있느라 전쟁을 놓쳐버렸다고 느꼈다. 그는 부대의 신임 장교들보다 한 세대 위였다. 1차대전의 베테랑이었고 다섯 아이의 아버지였다. 장남 헬무트는 그때 막 신체검사 통지를 받았다. 부모는 걱정했다. 빌름은 헬무트가 징집되기 전에 전쟁이 끝날 것이라고 아내를 안심시켰다. 그는 아들에게 썼다. '네가 지금 있는 곳에 계속 있으면 더 좋을 텐데. 내가 너 대신 복무한다면 더 나을 텐데. 어쨌거나 엄마는 우리 모두를 위해 충분히 희생하고 있는 거란다.' 그러나 그 말들은 헬무트의 열렬한 이상주의를 가라앉힐 수 없었다. 빌름은 아들에게 경고했다. 전쟁은 자연재해와 다름은 물론 '일부 다른 재앙들'과도 다르다. 신이 세계에 전쟁을 보낸 것은 '인간들 대부분이 악마에 속하기 때문이야'. 그는 가톨릭 교리에 기대어 결론을 내렸다. '수난의 비밀은 죄 없는 자가 타인을 대신하여 수난을 겪는다는 것에 있어. 그것이 바로 예수가 떠맡았던 것이야.' 빌름은 아내에게 자신이 서부전선에 배치되기를 선호했다고 인정하면서도 안네미에를 안심시켰다. '내 삶은 나와 나의 호승심에 속하지 않아요. 당신과 아이들을 생각하면 나는 차분해져요.' 그렇듯 가장의 의무가 전투의 영광을 이겼지만, 그는 1918년에 자기 세대를 외면했던 영웅적 승리에 대한 갈망을 느끼고 있었다.[26]

　젊은 세대의 실망은 더욱 컸다. 의사 아들 헬무트 파울루스는 체코의 브륀에서 군사훈련을 받던 3개월 동안 '너무 늦게' 태어난 것이 문제라고 생각했다. 그는 이미 1939년 8월에 자원입대를 신청했건만 전쟁을 놓쳐버렸다. 그는 영국이 포기할 것이라고 확신했기에 훈련이 시간 낭비로 보였다. 독일의 십대 소년들은 무엇이든 전쟁과 관련된 일을 맡기 위해 제국노동봉사단 사무실로 몰려가서 노동봉사단에 소집될 시기를 알려달라고 요청했다. 군수감찰관들은 징집에서 면제된 군수 노동자들조차 입대하지 못해 안달이라고 보고했다.[27]

　파리 점령 직후, 뉴스영화 한 편이 더 제작되었다. 급강하 폭격기에서 촬영한 됭케르크 전투 영상은 관객들을 한번 더 놀라게 했다. 영상을 보는 관객들은 자신이 폭격기와 함께 바다 위의 수송선으로 돌격하는 듯한 느낌을 받았다. 그 기술은 폴란드 전투에서 이미 사용했던 것이었지만, 급강하 폭격기의 현기증 나는 속도가 엔진 사운드트랙과 결합되고 여기에 배경 음악까지 고조되자 관객들은 내장이 뒤집히는 듯했다. 낮에 폭격을 맞은 뒤 한밤중까지 불타고 있는 주유 탱크와 철도역 장면은 정밀타격이 어떤 것인지에 대한 이미지를 공급했다. 개전 이래 괴벨스는 독일인들에게 영국인은 겁이 많고 배신적인 민족이라는 이미지를 주입하기 위해 노력했다. 됭케르크는 그 비난을 돌처럼 고정시킬 좋은 기회였다. 영국군 '토미들'(영국군 비행사들)은 프랑스와 네덜란드와 벨기에 전선의 후방 나이트클럽에서 춤만 추다가 공격 신호가 나타나자 동맹을 버렸다. 얼이 빠진 듯한 프랑스 포로들의 모습은 독일군 병사들의 진정한 차분함을 증언하는 것이었고, 영국군 포로의 자족한 표정은 그들이 만사를 쉽게 포기하는 사람이라는 것을 보여주는 것이었다.[28]

독일 관객들은 영상에서 본 프랑스군의 서아프리카 병사들에게서 호러와 역겨움을 느꼈다. '프랑스인들과 영국인들이 저런 짐승들을 우리에게 풀어놓다니 악마가 그들을 데려가리!' '저들은 문명화된 민족의 수치다. 영국과 프랑스를 영원히 타락시킨 것이 바로 저것이다!' 전형적인 외침들이었다. 뷔르츠부르크 인근 라이헨베르크의 여자들은 '유색' 얼굴을 보고 무서움에 마비되는 듯했다고, 스크린에 독일군 병사들이 다시 나타났을 때야 비로소 숨을 쉴 수 있었다고 말했다. 친위대 정보국에 따르면, 영화관의 독일 관객들이 "저 흑인 짐승들을 포로로 잡으면 바로 쏴버려"라고 외쳤다. 프리츠 프로프스트 역시 '저 무리가 독일에 도착하면 아무도 살아남지 못할 것'이라고 아내에게 썼다.

공적으로 알려지지 않았으나 한스 알브링의 편지 같은 사적인 기록에서 드러난 사실은, 세네갈 병사 수천 명이 항복하려다가 혹은 이미 포로로 잡힌 상태에서 도살당했다는 것이다. 폴란드의 독일 당국은 사지를 절단하는 행동이나 나무에 숨어 있다가 저격하는 행동이 폴란드 병사들과 민간인들의 짓이라고 선전했다. 그러나 프랑스의 독일군은 흑인 병사들만 골라내서 학대하고 고문하고 죽였다. 독일군은 흑인 병사들에 대한 보복 작전과 병행해서 프랑스군이 1923년에 독일 라인란트를 점령했을 때 식민지 흑인 부대가 독일 여성들을 얼마나 성적으로 착취했는지 끊임없이 상기시켰고, 독일군의 폭력을 그 기억에 대한 보상인 듯이 선전했다. 독일군이 2차대전에서 비교적 '깨끗하게' 행동했던 서부전선에서도 그들의 인종주의적 폭력만은 멈추지 않던 것이다.[29]

1940년 6월 22일 프랑스가 항복했다. 히틀러는 1918년 11월의 휴전 순간이 정확히 반복되기를 원했다. 프랑스의 항복 장면을 기록한 뉴스영화는 프랑스가 1918년 11월과 똑같이 콩피에뉴숲의 열차 칸에서 독일이 내세운 항복 조건을 받아들이는 장면에서 절정에 달했다. 그리고 그 열차 칸은 고전적인 제스처에 따라 베를린 고대사 박물관 계단 아래 전시되었다. 그로써 1차대전이 마침내 역전되었다는 것이 더할 수 없이 분명하게 상징적으로 과시되었다. 방송은 전쟁이 아직 끝난 것은 아니니 집에 머물라고 경고했고 그래서 많은 독일인들이 지하실에서 라디오 발표를 들었지만, 많은 사람들이 도로와 광장에 쏟아져나와 즉흥적인 축제를 벌였다. 히틀러는 일주일간 타종하고 열흘 동안 깃발을 게양하라고 지시했다. 친위대 정보국은 '지난 몇 주일 동안의 폭풍 같은 흥분' 이후 민족의 분위기가 '차분하고 자부심 넘치는 기쁨과 지도자와 독일군에 대한 감사의 분위기로 바뀌었다'라고 보고했다.[30]

독일 학교에서 학생들은 1920년대 내내 프랑스를 '세습적인 적'으로 간주하라고 배웠다. 그런데 이제 독일이 그 적을 신화 속의 괴물처럼 제압한 것이다. 독일군의 승리가 실제로는 수많은 행운과 즉흥성 덕분이었지만, 그 현실은 무적의 속도전으로 인하여 사라져버렸다. 독일군 총사령부 사령관 빌헬름 카이텔은 히틀러를 '모든 시대를 통틀어 가장 위대한 군신'으로 찬양하는 대열의 선두에 섰다. 모든 영화관에서 〈주간뉴스〉는 군복을 완벽하게 차려입은 독일군 병사들이 파리 개선문의 그림자 안으로부터 밝은 햇빛으로 걸어나오는 이미지를 보여주었다. 그러나 쇼를 훔친 사람은 히틀러였다. 관객들은 뉴스 영상 속에서 히틀러가 나라 전체의 우레 같은 박수와 '하일 히틀러' 인사로 환영받는 것을 보았다. 그들은 히틀러가 장군들과 앉아 있는 모습을 보면서 경외의 침묵 속에 마음을 가라앉혔고, 히틀러가 전선 근처에서 차를 타고 포로들 무리를 지나가는 장면에서는 그의 안전을 걱정했으며, 히틀러가 차 안으로 들어가 미소를 짓는 모습을 보고 나서야 안도의 한숨을 내쉬었다. 독일인들은 영국이 아직 패하지 않았다는 사실을 잊었고 또 물자 부족과 '거물들'의 착복을 — 잠깐 — 잊었다. 그들의 희열은 '그the 지도자'에게 꽂혔다. 심지어 무뚝뚝하기로 유명한 슈바벤 사람들조차 '지도자와 그 성취의 초인적 위대성을 완전히 기쁘고 감사히' 인정했다. 사실 폴란드 점령 이후 독일인들에게는 축하할 일이 거의 없었다. 이제 그들은 새로 찍은 히틀러의 사진을 얻으려고 백방으로 뛰어다녔고 그의 어록 속의 말에 대하여 애지중지 토론했다. 1930년대 초 나치 돌격대와 공산주의자들 간의 가투가 그렇게나 자주 벌어지던 터프한 노동계급 구역들도 마침내 항복했다.[31]

　고등학교 교사 아우구스트 퇴퍼빈은 졸링겐에서 아직도 소집 명령을 기다리고 있었다. 그는 서부 공세를 환영했다. '우리는 진정한 역사적 결정이 그곳에서 내려지고 있다는 것을 인정해야 한다. 아돌프 히틀러에 의해서! 그곳에 "선"과 "악"은 없다. 있는 것은 "역사적으로 강한 것"과 "역사적으로 약한 것"이다'. 퇴퍼빈은 니체를 권력의 철학자로 읽는 유행을 따르면서 전쟁을 '선악의 피안'에 놓았고, 그렇게 하여 프랑스 민간인에게 가해진 끔찍한 공습에 대한 양심의 고통을 외면할 수 있었다. 그는 스스로에게 말했다. '니체(퇴퍼빈의 강조) 같은 사람을 낳은 민족은 우리의 파괴적인 공중 공격에 동의할 수 있을 뿐이다.' 바이에른 개신교 목사회의에서 마이저 주교는 선언했다.

역사의 뜨거운 숨결이 우리 얼굴 정면으로 불어오고 있습니다. 우리는 오늘 벌어진 세계사적 사건의 위대성을 가늠할 수조차 없습니다. …… 존재의 심연으로부터 새로운 세계가 대두하고 있습니다. 우리 독일 인민은 그 사건의 중심에 있습니다. 새로운 변혁의 의지가 그 중핵으로부터 지상 전체로 퍼지고 있습니다.[32]

승리는 달콤했다. 놀랍게도 전쟁이 쉬워 보였다. 루아르강에 도착한 슈바벤 출신의 한 병사는 휘둥그레졌다. '적은 어디 있는 거야?' '오른쪽에서 남자 두 사람이 숲속으로 사라졌어. 그러나 적의 꼬리도 보이지 않아. 도대체 프랑스 병사들은 어디 있는 거야?' 독일군 당국은 이 편지를 프랑스 전쟁 기념 서적에 수록했다. 군 당국은 전쟁 경험을 인민의 기억 속에 박제하려 했다. 히틀러가 거의 200만 명의 병사가 죽어갔던 세계대전으로부터 독일 인민을 구했다는 기억을 박제하고자 했다. 1917년 베를린에서 기아와 추위와 질병으로 죽은 민간인의 수는 전투에서 사망한 베를린 출신 병사의 수를 추월했었다. 그러나 2차대전은 그 시점까지 영국인들에게는 '무늬만 전쟁'이었고 프랑스인들에게는 '가짜 전쟁'이었지만, 독일인들은 1939년 9월부터 1940년 5월 중순까지의 일곱 달을 '앉아 싸운 전쟁'이 아닌, 친위대 정보국의 표현으로는 '신경을 갉아먹은 전쟁'으로 경험했다. 그 두렵던 서부 전투가 개시되었을 때, 전쟁 뉴스는 1차대전의 플랑드르 전투가 재연되고 대학살이 임박한 느낌이 광범하게 퍼져 있는 것을 확인했다. 그러나 이제는 완전히 달라진 것이다. 1940년 6월 말 에른스트 귀킹은 툴롱에서 먹었다.

먼저 돼지 다리, 그다음에 구운 송아지, 채소를 곁들인 소시지, 그러고는 맛있는 디저트. 살구와 체리. 적포도주 두 병까지. 식삿값이 다 합해서 9프랑밖에 안 되는 불가능한 가격. 독일 돈으로 75페니히. 그래 그래 자기 말이 맞아. 우리는 '프랑스에서 신'처럼 살고 있어.[33]

1940년 여름 독일군 당국은 프랑스 전선에서 독일군 병사 2만 6,500명이 사망했다고 발표했다. 그 통계는 실제보다 적었고 추후 상향 조정된다. 그러나 205만 5천 명이 사망한 1차대전과는 비교조차 할 수 없었다. 이번에는 폴란드, 덴마크, 노르웨이, 네덜란드, 벨기에, 룩셈부르크, 프랑스를 정복하는 데 6만 1,500명이 사망했다. 서부 전투를 담은 마지막 뉴스영화는 히틀러가 콩피에뉴에서 프랑스의 항복을 받아들이기 직전에 독일군 병사들 묘지 앞에서 침묵의 경의를 표하는 장면을 보여주었다. 이제는 영국과의 전쟁도 끝내고 국민 모두가 염원하던 평화를 회복할 시간이었다.[34]

1940년 7월 18일 제218보병사단이 베를린으로 귀환했다. 베를린의 동과 서를 잇는 축에 시민들이 구름처럼 모여들었다. 연도에 사람들의 줄이 스무 개나 되었고, 귀환병들을 보다 잘 보기 위하여 나무와 가로등과 동상에 올라가는 사람들도 있었다. 시민들이 사탕과 꽃을 던지고 군악대는 행진곡을 연주했다. 브란덴부르크문을 지나 파리광장까지 행군한 부대를 베를린 나치 지구당 위원장 괴벨스가 맞이했다. 괴벨스는 군중들에게 군부대가 브란덴부르크문을 마지막으로 통과한 날이 '갱스터들과 파업 노동자들'이 프로이센 근위연대를 맞이했던 1918년 12월 16일이었다면서 외쳤다. '이번에는 다릅니다!'[35]

그다음날 히틀러가 크롤 오페라하우스에 소집된 제국의회에서 연설했다. 여섯 개 좌석에 화환이 놓였다. 전쟁에서 사망한 의원들을 기리기 위해서였다. 미국의 저널리스트 윌리엄 샤이러는 그때도 관람석에서 지켜보았다. 그렇게 많은 금몰과 군복을 보기는 처음이었다. 언론은 히틀러가

'새로운 전격전—이번에는 영국을 상대로 하는—을 선언할지 아니면 평화를 제안할지' 주의를 집중했다. 헤르만 괴링이 의장석에 앉고 청중이 입을 다물자, 히틀러가 두 시간 넘게 연설했다. 그는 팔을 앞으로 쭉 뻗는 인사로 장군 두 명에게 원수 직을 수여했다. 두 사람이 벌떡 일어나서 팔을 뻗어 답례했다. 괴링은 이미 원수 직을 갖고 있었기에 히틀러는 그를 위해 '제국원수'라는 새로운 직위를 만들었다. 샤이러는 그 연설을 히틀러가 보여준 최고의 퍼포먼스 중 하나로 꼽았다. 히틀러에게 히스테리의 분위기는 없었다. 지도자의 목소리는 오히려 평소보다 약간 깊었다. 양손과 몸의 움직임, 그리고 그의 말 모두 그를 드러내고 있었다. 몇 시간 뒤에 샤이러는 적었다. '오늘밤 우리가 제국의회에서 본 히틀러는 …… 정복자였고, 또 그것을 의식하고 있었다. 그러나 동시에 그는 놀라운 배우였다. 그는 정복자로서의 충만한 자신감을 위계의 꼭대기에 있지만 언제나 아래의 대중에게 가까이 다가가는 사람의 겸손함과 섞음으로써 독일인들의 마음을 웅장하게 조율했다.'

히틀러가 연설 말미에 '손을 쭉 뻗으면서' 평화를 제안했다. '지금 이 순간 나는 나의 양심 앞에서 다시 한번 이성과 양심에 호소하는 것을 나의 의무로 느낍니다. 나는 이 전쟁이 지속되어야 하는 이유를 알지 못합니다.' 히틀러의 톤이 분노가 아니라 비탄이었기에 객석은 팽팽한 긴장 속에서도 기대감에 젖었다. '나는 전쟁이 몰고 올 희생을 생각하면 슬픕니다. 나는 그 희생을 막고 싶습니다. 우리 인민을 위해서도 그렇습니다.' 히틀러는 자신이 지난 10월에 했던 평화 제의를 상기시키면서 '나의 모든 노력에도 불구하고 영국과 친구가 되지 못한 것'이 유감스럽다고 말했다. 사흘 뒤 BBC는 영국의 외무장관 핼리팩스가 히틀러의 새로운 평화 제의를 거부했다고 보도했다.[36]

그 독일 지도자가 영국 정부를 오해했을 수는 있다. 그러나 그는 독일

내의 분위기만은 오해하지 않았다. 독일인들은 생각했다. 히틀러는 정복자의 관대함으로 영국에게 전쟁을 끝낼 기회를 주었다. 그러하기에 전쟁의 지속에 대한 모든 책임은 영국에게 있다. 독일인들 일부는 영국 정부가 히틀러의 제안을 공식적으로 거부하기도 전에 '진정한 전쟁광이자 전쟁에 책임이 있는 쪽'에게 건넨 독일 정부의 제안이 너무 관대한 것은 아닐까 생각했다. 비정치적인 이레네와 에른스트 귀킹 부부만이 히틀러가 '자비로울 필요가 없다'고 생각했던 것이 아니다. 빌름 호젠펠트 역시 종교적 동정심을 가슴에서 밀어내면서 아내에게 썼다. '전쟁은 이제 난폭한 힘으로만 끝낼 수 있게 되었어요. 그것을 원한 것은 영국인들입니다.' 폴란드에서 목격한 폭력에 그처럼 수치스러워했던 그 남자는 이제 확신했다. '아니, 이제 그 사람들에 대하여 유감을 느낄 필요가 없어요. 히틀러는 평화의 손을 충분히, 자주 내밀었어요.'[37]

**

히틀러의 제국의회 연설 닷새 전인 1940년 7월 14일 처칠이 영국은 혼자서라도 계속 싸울 것이라고 세계를 향해 맹세했다. 7월 3일 영국 해군이 튀니지 해안에 정박중이던 프랑스 함대를 침몰시켰다. 프랑스 함대가 독일 수중에 떨어지는 것을 막기 위해서였다. 처칠은 그 조치를 '슬픈 의무'로 표현했다. 독일과의 휴전조약에서 해군에 대한 통제권을 유지하게 된 비시 정부에게 영국 해군의 갑작스러운 공격은 동맹국의 배신이었다. 그것은 독일이 여름 내내 영국에 대하여 선전했던 바로 그 이미지였다. 7월 4일 독일 통신국이 독일이 압수한 문서의 일부를 발췌해서 공개했다. 문서에는 연합군이 중동에서 출격하여 소련 유전 지대를 폭격함으로써 독일로의 석유 공급을 파괴하려는 계획이 상세히 담겨 있었다. 독일 통신국은 그

것이 전쟁을 확대하려는 연합군의 부정직한 시도라고 주장했다.[38]

1939년 9월 1일 미국 대통령 루스벨트는 유럽의 모든 열강에 민간인과 '비무장' 도시를 폭격하지 말라고 호소했었다. 히틀러와 체임벌린은 그날 즉시 동의했고, 영국 정부와 프랑스 정부는 자국은 그런 조치를 취하는 첫번째 국가가 되는 일이 없을 것이라는 공동선언문을 발표했다. 영국이 독일 공군의 바르샤바와 로테르담 폭격을 약속 위반으로 적시하자, 독일 당국은 그 도시들이 군사적으로 방어되고 있었다고 주장했다. 파리처럼 '무방비'로 항복하지 않는 한 정당한 군사적 공격 목표라는 것이었다. 독일 여론이 보기에는 1940년 5월 10일의 '프라이부르크 어린이 학살'이야말로 영국이 민간인 지역을 온존시킨다는 약속을 일방적으로 깨트린 지점이었다. 2년 뒤에 히틀러는 식사 자리에서 말했다. '폭격을 개시한 것은 영국이었어요. …… 독일은 언제나 도덕적 양심에 따라 스스로 절제하는 나라입니다. 반면에 영국인들에게는 양심이 아무런 의미가 없어요. 그들에게 그런 태도는 취약성과 우둔함의 신호일 뿐입니다.' 국제 여론이라는 법정에서 독일은 그 '사실'을 생생하게 보여주고자 했다. 독일 외무부가 중립국들을 상대로 하여 1943년에 발간한 책의 제목이 『여덟번째 백서: 민간인 폭격에 대한 책임은 오직 영국이 져야 한다는 것을 입증해주는 문서들』이었다.[39]

물론 프라이부르크 이야기는 편리하게 조작된 허구였다. 그러나 영국 공군은 1940년 5월 11일 밤 루르의 뮌헨글라드바흐 폭격과 함께 독일 공습을 시작했다. 영국 공군은 프랑스가 항복한 뒤 몇 주일 동안 야간 공습을 강화했다. 한 번에 수백 대의 폭격기가 독일로 날아왔다. 1940년 6월 23~24일 밤의 도르트문트 폭격은 사망자 1명과 부상자 6명을 낳았고, 그날 밤 뒤셀도르프 폭격에서 7명이 죽고 7명이 부상당했다. 그러나 영국 폭격기의 정확성이 너무 낮아서, 7월까지도 엉뚱하게 농가와 촌락에 폭탄이 떨어졌다. 독일의 방공망 자원봉사자들이 북서부 도시의 방공망을 더욱 촘촘하게 조직한 것은 바로 영국 공군 폭격의 빈도와 부정확성 때문이었다. 샤이러가 관찰하기로는, 함부르크 주민들의 '주된 불만'은 폭격으로 인하여 발생하는 '손실이 아니라 잠을 빼앗긴다는 데 있었다'. 잘못된 공습 경보가 울릴 때마다 주민들은 침실에서 나와야 했던 것이다. 그러자 복수하라는 주민들의 아우성이 커져갔다.[40]

나치 선전꾼들은 집회에서 가끔씩 강력한 신무기의 존재를 암시했다. 그러자 독일이 영국을 직접 공격한다는 루머의 물결이 일었다. 노르웨이와 벨기에에서 엄청난 효과를 발휘했던 글라이더 경비행기들로 공수부대를 상륙시킨다더라. 수많은 신형 탱크들과 전투선들이 준비되어 있다더라. 급강하 폭격기 2천 기, 거대한 신형 폭탄, 1시간에 1천 킬로미터를 비행할 수 있는 제트 전투기, 죽음의 광선, 그리고 또 친위대 정보국조차 이해하지 못하는, '듣도 보도 못한 폭발력과 열팽창을 일으키는 "전자 안개를 담은 액체 공기"와 같은 어떤 것'이라고 인용만 해놓은 것이 인구에 회자되었다. 프랑스의 항복 이후 전투뉴스 없이 몇 주일이 흘러가자 점성술가들이 다시 호황을 맞았다. 정치 루머도 날뛰었다. 로이드 조지와 윈저 공작(퇴임한 에드워드 8세)이 베를린에 왔다더라. 조지 6세가 퇴위하고 처칠이 도망쳤다더라. 지정학적 소양을 갖춘 시민들은 대영제국의 보존이 경제적으로 독일에 불리한 것은 아닌지 왁자지껄 토론했다. 바로 그 질문을 던진 사람은 다름 아닌 히틀러 자신이었다. 그는 대영제국의 해체가 독일이 아니라 다른 '강대국들'만 이롭게 하는 것은 아닐지 우려했다.[41]

히틀러는 영국이 자신의 '평화 제안'을 거부한 뒤에도 최종 결정을 주저했다. 그는 장군들에게 1940년 7월 초에 개시할 것이니 '영국 전쟁'을 위한 작전을 준비하라고 지시했다. 그러나 그가 공군에게 최종적으로 '영국 공격'을 명령한 날은 1940년 8월 1일이었다. 바로 그 전날 히틀러는 참모부에게 소련 공격을 위한 준비 작업을 시작하라고 지시했다. 그때 그는 유럽 대륙에서 영국의 잠재적인 마지막 동맹국은 소련이라고 말했다. 히틀러가 영국 침공보다 소련 정복을 선호했다는 사실은, 그가 공군력으로 영국의 해군력에 도전하는 것이 과연 성공할 수 있을지 아직 계산하고 있었다는 것, 그리고 영국을 어떻게든 독일 동맹국으로 만들려 했다는 점을 말해준다. 1940년 7월과 8월 초 독일은 노르웨이부터 서부 프랑스에 이르기까지 북해와 도버해협에 공군기지들을 촘촘히 건설했다. 독일 공군이 영국 수송선단을 성공적으로 공격하여 도버해협을 일시적으로 장악하자, 영국 해군성이 수송선단의 항해를 중단시켰다. 그러자 베를린 건설사들이 또 한 번의 승리의 퍼레이드를 위한 사열대를 파리광장에 건축하기 시작했다. 이번 사열대는 금박을 칠한 거대한 목조 독수리들로 장식되었다. 그해 여름의 영국 날씨가 끔찍했기에 영국을 공습하는 '독수리의 날' 작전은 1940년 8월 13일에야 시작되었다.[42]

독일 공군은 처음 3주일 동안 영국의 공군 비행장들을 공격했다. 1940년 8월 18일의 공습 목표는 켄트의 비긴 힐이었다. 공습에서 귀환한 조종사들은 비행장이 화염의 바다에 잠기는 것을 보았다고 보고했다. 활주로들이 파괴되고, 건물들이 쓰러져 내렸으며, 적의 비행기와 방공포는 보이지도 않았다. '완전히 파괴되었다. …… 삭제되었다'. 그리고 그들은 그처럼 쉽게 승리한 것에 놀랐다. 귀환한 조종사가 지상의 동료들에게 흥분해서 설명했다. '어이 젊은 친구들, 아무것도 아니야. 방공망이 그러리라고는 상상도 못했어.' 독일 공군은 1940년 8월 19일까지 독일이 영국 비행기 624대를 격추한 반면, 독일군 비행기의 피해는 174대에 그쳤다고 보고했다. 그날 밤 독일 공군이 목표를 항공산업 공장들로 변경하자, 런던 외곽의 윔블던과 크로이던이 목표가 되었다. 8월 24~25일에는 해로, 하예스, 우드브리지, 루이섬, 크로이던이, 8월 28~29일에는 헨던, 사우스게이트, 웸블리, 밀 힐, 그리고 런던 안 버로우들인 올드 켄트, 세인트 판크라스, 피흘리, 올드 켄트 로드가 폭격 목표가 되었다. 히틀러는 런던 폭격을 금지했었다. 그러나 폭격 목표가 산업지역으로 바뀌자, 군사 기지와 공장들로 둘러싸인 런던이 폭격에서 면제될 수 없었다.[43]

사실 독일 공군이 대륙의 신축 공군기지에서 출발하여 영국에 도달하는 것이 영국 공군이 독일을 타격하는 것보다 훨씬 용이했다. 독일 공군의 런던 공습이 피해를 유발하자 처칠이 그 즉시 반격을 지시했다. 8월 25~26일 밤에 22기의 햄튼 폭격기와 웰링턴 폭격기가 베를린을 타격했다. 가벼운 손상만 입힌 사소한 공습이었지만, 그것은 헤르만 괴링이 과거 국내전선에게 했던 약속을 뒤집는 것이었다. 괴링은 개전 직후에 라디오 방송에 출연하여 만일 적기가 단 한 대라도 루르에 도착한다면 자기 이름이 '괴링이 아니라 마이어'라고 말했었다. 그러나 이제는 적기가 제국의 수도까지 날아오지 않았는가. 독일인들은 제국원수 헤르만 괴링의 유명한 사냥 취미에 빗대어 베를린과 루르의 공습경보를 '마이어의 사냥 나팔'이라고 부르거나, 아니면 그냥 간단하게 괴링을 '헤르만 마이어'라고 칭했다. 8월 29~30일 밤 영국 공군이 베를린을 두번째로 공습했다. 10명이 죽고 21명이 다쳤다. 심리적 타격과 전략적 고민이 막대했다. 베를린 주민들은 영국 비행기가 독일 영공을 그처럼 깊숙이 뚫고 들어올 수 있다는 사실에 놀랐다. 히틀러도 마찬가지였다.[44]

히틀러는 인민에게 확신을 주고 싶었다. 1940년 9월 4일 히틀러는 베를린 스포츠궁전에서 열린 나치당 겨울구호기금 연례 출정식에서 젊은 간호사들과 사회복지사들에게 연설했다. '나는 영국의 야간 공습에 답을 하지 않고 그들이 그 악행을 멈추기를 희망하면서 3개월을 기다렸습니다.' 그가 말을 이었다. '그러나 윈스턴 처칠 씨는 그것을 우리의 취약성으로 간주했습니다. 여러분은 이제 우리가 응답하는 것을 보게 될 것입니다. 밤이면 밤마다 응답할 것이고, 그 강도가 갈수록 강해질 것입니다. 영국 공군이 2천, 3천, 4천 킬로그램의 폭탄을 투하하면, 우리는 하룻밤에 15만, 18만, 23만, 40만, 1백만 킬로그램의 폭탄을 떨어뜨릴 것입니다.' 열화 같은 박수가 터졌다. 박수가 가라앉기를 기다린 그가 소리쳤다. '그들이 우리 도시에 대한 공격을 배가하면 우리는 그들의 도시들을 지상에서 아예 삭제할 것입니다.' 윌리엄 샤이러는 이번에도 현장에 있었다. 그는 '젊은 간호사들과 사회복지사들이 거의 넋을 잃고 광적인 박수를 쳤다'라고 기록했다. 감기를 호되게 앓고 있던 그 미국인은 괴성을 지르는 참석자들을 견디기 힘들었다. 그러나 히틀러가 '그의 목소리에서 마지막 남은 유머와 냉소를 짜내는' 장면은 여전히 인상적이었다. '신이시여, 저희가 밤의 해적들의 그 만행을 끝장내려 하오니 도와주소서. 여러분, 두 나라 중 한 나라가 무너지는 날이 올 것입니다. 그러나 무너진 그 나라는 민족사회주의 독일이 아닐 것입니다.' 두 시간 뒤에 연설이 라디오로 방송되었다. 영국 도시들을 '삭제한다'는 맹세는 그후 오랫동안 기억된다.[45]

히틀러는 그 공공연한 위협조차 방어적인 보복의 언어로 포장했다. 그것은 그때까지 그가 전쟁의 모든 단계를 정당화하던 익숙한 방식이었다. 샤이러는 그 며칠 전에 자기 집 가정부와 대화를 나누었다. 그녀는 노동계급 출신의 기혼 여성이었고, 과거 사민당이나 공산당 당원이었을 것이라고 샤이러는 추측했다. 그녀가 물었다. '저들이 왜 저러는 거죠?' 그가 답했다. '런던을 폭격했으니까요.' 그녀가 대꾸했다. '그렇지요. 그러나 우리는 군사 시설을 공격하는데 영국인들은 우리의 집들을 폭격해요.' 샤이러가 끼어들었다. '그럴지도 모르지만 독일도 그 사람들 집을 폭격하고 있어요.' 그녀가 설명했다. '우리 신문들은 그 말을 안 해줘요.' 동시에 비난했다. '영국인들은 왜 우리 지도자의 제안을 받아들이지 않은 거죠?'[46]

1940년 9월 7일 밤 팡파르와 함께 독일군의 특별 발표가 방송되었다.

영국의 공습에 대한 '보복'으로 우리가 '처음으로 런던 시티와 항구'를 공격했다. 3천 대의 공군기가 지도자의 약속을 지키기 위하여 '런던으로 향했다.' 공군기들은 '혜성처럼 밤하늘을 뚫고 공격'했고, '거대한 연기구름이 런던 중심부에서 템스강 입구까지 뻗었다.' 독일군 발표는 독일 공군이 '군사 목표물'에 한정된, '공정하고 기사다운 전투'를 전개했다는 설명을 잊지 않았다. 다음날 모든 신문에 똑같은 머리기사가 실렸다. '런던에 대한 거대한 보복 공격.' 비록 발표와 달리 348기의 폭격기가 전투기 617기의 보호를 받으면서 영국의 수도를 공격했지만, 귀환한 조종사들은 '검고 두터운 연기구름이 거대한 버섯처럼 솟아올라서' 50~60킬로미터 밖까지 퍼졌다고 확인해주었다. 독일의 폭격기들은 실제로 이스트엔드부두에 대형 유지소이탄과 고성능 폭탄을 투하하여 불태웠다. 영국 공군기와는 거의 마주치지 않았다.[47]

1940년 9월 10일 밤 영국 공군기들이 베를린 중심부를 또다시 타격했다. 미국 대사관, 그리고 그 인근에 위치한 괴벨스의 집 뜰에도 폭탄이 떨어졌다. 샤이러는 그때까지의 '가장 강력한 폭격이었다'라고 기록했다. 그러나 그조차 독일 공군의 영국 폭격과 비교하면 약한 편이었다. BBC는 영국 공군기들이 베를린의 포츠담 기차역을 폭격했다고 보도했지만 오보였다. 샤이러는 '최소 세 명의 독일인'이 자신에게 '영국 라디오의 진실성 부족을 알게 되었다'라고 말하는 것을 듣고 놀라지 않았다. 심지어 존중받던 신문 〈뵈르젠 차이퉁〉조차 '독일 공군의 공습은 순수하게 군사적인 목표물을 공격하는 반면—이 사실은 영국의 신문과 라디오에 의해 인정되고 있다—영국 공군은 독일의 비군사적 목표물을 공격하는 것 외에는 할 줄 아는 게 없다'고 논평했다.[48]

독일 당국은 1940년 9월부터 막대한 자원을 방공망 구축에 배분했다. 특히 북부와 북서부 독일 도시에 거대한 철근 콘크리트 벙커가 건설되었다. 벙커들이 완공되자, 창이 없는 거대한 사각형 성채들이 지상에 몸을 드러냈다. 베를린에는 공원 세 곳에 거대한 방공 타워가 건설되었다. 티어가르텐공원의 타워는 1941년 4월에 개장되었다. 4미터 두께의 벽들로 둘러싸인 타워의 사각 끝에 레이더와 서치라이트를 갖춘 대공포대 타워 네 문이 설치되었다. 옥상은 평면이었다. 베를린 프리드릭스하인에 위치한 두 번째 타워는 1941년 10월에 설치를 마쳤고, 훔볼트하인의 세번째 타워는 1942년 4월에 완공되었다. 각각 1만 명이 들어갈 수 있는 타워였다. 타워는 폭격을 대비하기 위한 것만이 아니었다. 그것은 '버티겠다는 의지'의 상징이기도 했다. 함부르크의 상파울리와 빌헬름스부르크에도 비슷한 성채들이 건설되었다. 루르의 함에도 도시를 둘러싸고 있는 시벽에 방공 타워 6개를 삽입했고, 그것은 마치 중세의 성채를 보는 듯했다. 도르트문트는 1937년에 지하 15미터에 지하철 공사를 했는데, 그 지하철 갱이 2만 명을 수용하는 벙커로 변신했다. 하노버도 지하 터널을 선택했다. 크루프 군수 공장의 중심지인 에센시에는 견고한 대공포대가 설치되었다. 그때 건설하기 시작한 벙커는 에센을 독일 최고의 방공 도시로 만들었다. 방공 벙커들은 실상 도시민의 일부—베를린의 경우 인구의 10%—만을 수용할 수 있었으나, 그 심리적인 중요성과 효용은 아무리 높게 평가해도 부족하지 않다. 그러나 도시민 대부분은 공공 벙커가 아니라 공동주택의 지하실에 의존했다. 그들은 지하실의 문과 창문을 방화 철제로 교체했다. 돈과 공간과 인맥이 있는 사람들은 자기 집 안뜰에 가족용 방공호를 지었다.[49]

**

나치는 독일 공군의 방공 능력을 확신한 나머지 어린이 피란 계획을 세워놓지 않았다. 런던의 어린이들이 1939년 9월에 이미 리버풀스트리트에서 기차를 타고 피란을 떠난 반면에 독일 어린이들 대부분은 집에 머물렀다. 소개 작전이 시작되었을 때도 어린이의 참여 여부를 가족의 선택에 맡겼다. 가족들은 보통 자식들을 떠나보내려 하지 않았다. 1940년 7월 10일 어린이를 피란시키는 첫번째 특별열차가 뮌스터를 떠났을 때도 나치 여성회 소속의 자원봉사자들이 가가호호 방문하면서 인상 쓰는 부모들을 설득해야 했다. 그들은 피란 가정 200개라는 목표를 겨우 채웠다.[50]

1940년 9월 27일 히틀러의 나치당 총재실 실장 마르틴 보어만이 당과 정부 고위직들에게 도시 '어린이들을 농촌으로 보내는' 새로이 '확장된' 프로그램을 공지했다. 당시 일반적으로 KLV(도시 어린이 농촌 보내기 사업)로 불리던 프로그램이었다. KLV라는 명칭은 사업이 대도시 노동계급 자녀들을 위한 여름캠프인 듯한 안돈된 느낌을 주었다. 원래 도시 어린이의 농촌 체험은 1차대전 이전과 이후에 교회와 사민당 복지기관들이 시행하던 사업이었다. 나치 집권 이후 그 사업이 나치당에 의해 지속되었다. 보어만은 1940년 9월의 공문을 보내면서 '피란'이라는 무서운 용어의 사용을 금지했다. 그는 KLV 사업이 기존의 어린이 건강 캠프의 '확대' 프로그램으로서, 어린이들을 '공습 위험이 있는 지역'으로부터 농촌으로 보내어 한정된 시간 머물게 하는 사업이라는 허구를 확산시키기 위해 전력을 다했다.[51]

히틀러는 발드르 폰 쉬라흐에게 KLV의 가이드라인을 수립하고 시행하는 과제를 맡겼다. 쉬라흐는 오스트리아 빈의 지구당위원장에 임명되기 전에 히틀러청소년 단장을 역임했던 인물로서, 이를 계기로 하여 그는 기존의 학교와 교육부를 제치고 히틀러청소년단이 청소년 교육 프로그램을 주도하도록 만들려 했다. 그리하여 쉬리흐는 그 사업이 10세~14세의 모든 청소년들을 교육하는 성별화된 '캠프'의 쇼케이스가 되기를 원했다. 참모들은 빠르게 유스호스텔을 재배치하고 호텔, 수도원, 수녀원, 고아원을 징발로써, 어린이 20만 내지 26만 명을 수용할 수 있는 건물 3,855개를 긁어모았다. 나치 인민복지회는 특별열차를 조직하고 어린이 보건비용을 지급했으며, 심지어 아이들 옷의 세탁을 담당할 가구까지 물색했다. 사실 히틀러청소년단은 부모와 교사들의 힘으로부터 완전히 독립한 적이 한 번도 없었다. 부모와 학교로부터 완전히 독립할 가능성은 이번에도 적었다. 그러나 쉬라흐는 KLV를 항구적인 청소년 교육으로 기획했다. 그는 전쟁 이후에도 그 사업을 지속하여 히틀러청소년단이 청소년 교육의 중심이 되도록 할 작정이었다. 그러나 라인란트의 가톨릭 지역 성직자들은 바로 그 점을 우려했고, 그래서 어린이가 부모와 분리되는 것에 대하여 낮은 수준의—그리고 별반 성공적이지 않은—저항을 전개했다.[52]

지역 나치들은 실망했다. 부모의 동의가 필수 항목으로 삽입되었기 때문이었다. 히틀러는 이를 통하여 나치당 안의 반反성직자 그룹을 옥죄는 동시에 당직자들이 대중의 지지를 향하여 노력하도록 만들려 했다. 아이러니하게도 국민들을 안심시키려던 사업의 성공이 자식의 안전에 대한 부모의 공포에 의존하게 되었다. 전국적인 사업이 개시된 첫 두 달 동안 베를린과 함부르크 어린이 18만 9,543명이 소개되었다. 그러자 베를린이 파괴되었다는 루머가 드레스덴에 나돌았다. 소개 작업이 북서부 독일의 위험한 도시들로 확대되고 부모들이 직접적인 피폭의 위험으로부터 자식을 구하기 위해 절망적으로 노력함에 따라, 소개된 어린이 수가 1941년 2월 20일까지 32만 명, 3월 말까지 41만 3천 명, 6월 말까지 61만 9천 명으로 증가했다.[53]

사업의 현실은 처음부터 중구난방이었고, 열화와 같은 임기응변이 발휘되어야 했다. 숙소에 침상을 만드는 동안 아이들은 밀짚 더미에서 잠을 자야 했다. 슐레지엔으로 소개된 소녀 아넬리제 A는 1941년 1월 28일에 부모에게 여분의 시트를 보내달라고 요청했다. 그녀가 도착한 수녀원에서 수녀들이 자신을 돌보아주기로 했는데, 수녀들은 이제 겨우 침대를 마련하고 있었다. 그러나 이틀 뒤에 아넬리제는 집에 보낸 편지에서 스키로 등교하고 있으며, 잘 적응하고 있고, 가장 친한 친구 두 명과 기숙사 방을 사용하고 있다고 썼다. 10세의 기젤라 헨은 1940년 9월에 쾰른을 떠나 동프로이센의 한 농가로 갔다. 그때까지 집을 떠난 적이 없던 기젤라였다. 그녀는 빨리 적응했던 것 같다. 이듬해 4월에 작센의 한 농가에서 6개월 동안 머물게 되었을 때 그녀는 오리에게 먹이를 주고 봄 곡식 추수를 도와주리라는 기대를 받았다. 기젤라의 엄마는 작센 농민의 아내와 연락을 주고받는 사이가 되었다. 세번째 KLV 숙소는 기젤라의 학교가 연결해주었다. 사업은 성공했다.[54]

사업에는 나치 기관이 여럿 참여했다. 어린이들의 배치를 조직한 기관은 나치 인민복지회였다. 그곳에 소속된 사회복지사들은 집을 떠나고 싶어하지 않는 아이들을 설득하는 역할도 맡았다. 히틀러청소년단은 토론, 함께 노래 부르기, 팀 스포츠, 기행과 같은 단체 활동을 조직했다. 그렇게 조성한 집단적 소속감은 부모에 대한 어린이들의 그리움과 고립감을 덜어주었을 것이다. 그러나 사업은 계급, 지역, 문화 간의 기존의 갈등을 악화시키기도 했다. 루르의 소년들은 '동쪽의 쓰레기 문화'를 비웃었고, 포메라니아와 동프로이센의 촌락은 그들을 결코 환영하지 않았다. 공업도시에서 온 아이들은 농촌에서 눈에 띄기 마련이었고, 그래서 거의 자동적으로 도둑질을 하고 기물을 마구잡이로 파손한다는 비난을 불러왔다.[55]

동프로이센 '융커'의 광활한 들판의 고립된 세계보다 어린이들에게 훨씬 인기 있던 곳은 남부 독일과 체코였다. 어린이 소개 사업은 그 지역에서 1939년 이래 침체됐던 여행 인프라를 자극하는 역할도 했다. 남서부 독립 농가의 쾌적한 분위기에서도 첫 만남은 삐걱거렸다. 1941년 2월 루르의 소년들이 메게스하임에 도착했을 때, 그들은 마을 학교 앞에서 열을 짓고 농민 아내들의 검사와 선택을 받아야 했다. 마지막으로 선택된 10살짜리 루돌프 렌츠는 그것을 '노예시장'에 비유했다. 도시 아이들은 물론 약해 보였다. 추후 루돌프는 농민들이 튼튼하고 건강한 아이들이 온다는 약속을 받았었다는 사실을 알게 된다. 농민들은 농업 노동자의 부족을 아이들로 메울 수 있게 된다고 기대했던 것이다. 루돌프는 무척 세속적인 세계에서 개신교도로 성장했고, 그래서 슈바벤 농촌의 가톨릭 문화를 난생처음 경험했다. 한낮 기도와 저녁 기도를 위한 교회 종소리가 울리면 그의 양어머니는 무릎을 꿇었다. 루돌프는 10살에 불과했지만 쉽게 적응했다. 그는 심지어 추수를 돕는 데서 즐거움을 느꼈다. 어찌나 적응을 잘했는지, 여름이 가고 집에 돌아왔을 때 부모들은 그의 슈바벤 사투리를 알아듣지 못했다.[56]

1941년 4월 17일 또하나의 특별열차가 에센을 출발했다. 십대 소녀들을 모라비아의 크렘지어로 보내는 열차였다. 크렘지어역에 독일소녀연맹과 히틀러청소년단 단원들이 환영하러 마중나왔다. 소녀들은 수녀원으로 옮겨졌다. 수녀원은 어린이 숙소로 새로 징발되었으나, 수녀들 일부는 남아서 어린이들을 돌보았다. 수녀원은 곧 쉬라흐와 그의 참모들이 처음부터 지향했던 기관으로 변신했다. 어린 소녀들이 스스로 잠자리를 만들고, 사물함과 방을 정리하고, 깃발이 게양될 때면 정확한 차림으로 정시에 조회에 참여하는 규칙을 익혔다. 말하자면 체벌 없는 기숙사였다. '청소년은 청소년이 이끈다'는 모토에 충실하게 질서 유지는 독일소녀연맹 지도자가 맡았고, 처벌은 동료애를 육성하기 위해 단체로 부과되었다. 처벌의 내용은 우편물 수령을 3일 동안 금지한다거나, 최악의 경우에는 절대적인 침묵 속에서 8킬로미터를 행군하는 것이었다. 나이가 위이기는 했지만 자신도 소녀였던 그 독일소녀연맹 지도자는 소녀들이 놀려도 받아주었고, 소녀들의 생일마다 그녀의 라디오를 빌려서 춤추는 것도 허용했다.[57]

에센 출신으로 나이든 축에 속하던 15세의 일제 포페는 '선전을 위한 행진'이 그녀의 힘을 강화시키는 것을 경험했다. 그녀는 압도적으로 체코적인 가톨릭 마을에 독일적인 세속 문화를 각인시키는 데 자기도 일정한 역할을 하고자 했다. 그래서 소녀들은 부활절 직전 일요일인 종려주일에 행진을 조직하여 교회의 행렬을 깨뜨리려 했고, 6월 29일 베드로축일에는 군악대 뒤를 따라 행진도 하고 체육대회까지 개최했다. 그녀는 그것을 본 '체코인들이 분노로 어쩔 줄 몰랐다'라며 흥겨워했다. 소녀들은 자기들끼리 있으면서 노출이 있는 체육복과 수영복 차림으로 일광욕을 했고, 프랑스 공원에서는 체육을 했다. 인근 부대의 병사들이 환호성을 질렀다. 그런 하루가 끝나는 어느 날 포페는 자신이 병사들의 사진에 찍힌 숫자를 세었다. 40번이었다. 그때의 영화관 데이트가 얼마나 순수했건, 그녀는 에센을 떠날 때보다 훨씬 성장했다고 느꼈다.[58]

**

런던은 1940년 9월 7일에 처음으로 독일군의 공습을 경험했다. 공습은 이어졌다. 9월 9일, 11일, 14일에는 낮에 폭격을 당했고, 그뒤 57일 동안 하루도 빼놓지 않고 매일 밤 폭격을 당했다. 독일 라디오의 총책임자 오이겐 하다모프스키는 최초의 야간 폭격기 한 대에 동승하여 청취자들에게 자신의 직접 체험을 설명했다.

우리 아래로 화염에 싸인 영국의 메트로폴리스, 금권정치가들과 노예소유자들의 중심, 세계의 적 넘버 원의 수도가 보였습니다. 우리는 파괴의 불길을 보았습니다. 연기구름과 불기둥들이 흡사 거대한 용암 같았습니다. …… 런던은 화염에 싸여 있습니다. …… 듣도 보도 못한 끔찍한 장면들이 저 아래, 우리 군의 폭격기 아래에 펼쳐지고 있을 겁니다. ……

우리 비행기 근처에 방공 포탄들이 폭발합니다. 갑자기 서치라이트가 우리 주변을 비춥니다. 어이쿠! 그 빛이 우리를 잡아냈습니다. 눈이 먼 듯, 볼 수가 없습니다. 조종사가 불쑥 조종하니, 비행기가 아래를 향해, 심연을 향해 내려갑니다. 살았습니다. 조종사가 어두운 곳을 다시 찾았습니다. ……[59]

독일군은 런던과 여타의 '비군사' 시설에 대한 공습을 언제나 영국 공군의 '야간 해적질'에 대한 보복으로 제시했다. 뉴스는 종종 독일의 교회, 포도밭, 학교에 대한 영국 공군의 폭격을 보도한 뒤에야 독일 공군의 폭격 소식을 전했다. 독일 라디오는 매일 '최악의' 공격, '최장의' 경보, '최대의' 폭격, '역사상 최대의 공격'을 방송했다. 독일 라디오에서 가장 많이 사용된 단어는 '갈수록 증가하는'이었다. '영국 상공의 전쟁은 하루하루 시시각각 증가합니다. 그것은 울부짖는 크레센도 같습니다.'[60]

독일인들은 공습 전쟁이 적의 영토를 정복하는 것과는 다른 종류의 전쟁이라는 것을 인식했다. 〈민족의 파수꾼〉 같은 전국지 신문들은 지도를 곁들여가며 전날 밤의 목표물들을 보여주었고, 좀더 자세한 정보에 대한 수요를 충족시키기 위하여 가끔은 피폭된 공항의 항공사진들을 실었다. 지방 신문들이 전국지만큼 정보에 대한 갈증을 해소시켜줄 수 없자 독자들은 갈수록 전국지를 찾았다. 뉴스방송은 도버에서 해협을 가로지르는 장거리 포격, 영국 해안선 위를 날아가는 항공 편대들, 급강하 폭격기와 중급 폭격기의 움직임 등의 이미지를 전달했다. 그런 필름이 없으면 방송은 40분을 서커스, 경마, 축구, 그리고 물론 지도자 화면으로 때웠다.[61]

상대방에 대한 파괴로 일관되었던 이 공중 전쟁에서 양측은 숫자로 살았다. 독일 공군은 1939년 7월부터 9월까지 영국기 3,198기를 격추했다고 주장했고, 영국 공군은 독일기 2,698기를 파괴했다고 주장했다. 영국과 독일의 성명서는 물론 서로의 숫자를 부인했다. 1940년 8월 15일 독일 라디오는 독일이 제공하는 뉴스가 '지금까지 한 번도 실망시키지 않았고 그때문에 최근에 발생한 공중전에 대한 독일의 보도를 전 세계가 믿고 있다'고 주장했다. 그러나 1940년 8월 말에 이미 공중전 사상자 통계를 개인적으로 기록해오던 사람들은 공습으로 입은 독일의 피해가 프랑스 전쟁에서 입은 피해를 추월했다는 사실을 깨달았다. 그때까지만 해도 견딜 만했다. 그러나 1940년 9월 중순부터 의심이 들기 시작했다. 특히 사람들은 라디오 대담에 출연한 공군 장군 에리히 쿠바데의 차분한 발언이 독일 공군 보도의 낙관과 뚜렷이 대비되었을 때 충격을 받았다. 친위대 정보국은 사람들이 쿠바데가 제시한 숫자와 자기 개인의 통계가 어긋나는 것을 발견했다고 보고했다. '쿠바데가 전쟁 초 영국이 보유한 공군기라고 밝힌 숫자가 맞는다면, 그리고 그동안 독일이 격추했다고 밝힌 숫자도 맞는다면, 지금 영국에는 단 한 대의 공군기도 남아 있지 않아야 한다. 아니면 영국 항공산업이 이례적인 생산 실적을 발휘하고 있어야 한다.' 사람들은 당황했다. 더욱이 쿠바데는 영국군의 스피트파이어 공군기의 성능을 칭찬했다. 독일 언론은 그동안 그 비행기가 메서슈미트 109의 상대가 되지 않는다고 보도해오지 않았던가.[62]

그러나 의심의 여지가 없는 사실은 제시되지 않았다. 그러자 루머가 난무했다. 프랑스와 일본이 영국에게 선전포고한다더라. 이탈리아의 공군기 편대들이 베를린에 도착했다더라. 그렇다면 그동안 그렇게 고대했던 영국 침공이 임박한 것이 아니냐. 루머 속에서 독일인들은 폭격 목격자들의 증언은 믿었지만 국내 언론의 보도는 갈수록 의심했다. 그들은 영국기가 의도적으로 병원과 학교를 폭격한 것인지 아니면 군사적 목표를 겨냥했다가 오폭한 것인지 질문했다. 영국이 과연 진심으로 베를린의 미국 대사관을 폭격하려고 했을까? 독일인들은 결국 날이 갈수록 외국 방송을 찾았

다. 어떤 사람은 농담했다. '그들은 거짓말을 해. 우리도 거짓말을 해.'[63]

공중전은 독일의 선전을 시험대에 올려놓았다. 괴벨스 스스로도 1차 대전에서 영국 선전의 우월성이 독일이 '등에 칼을 맞은 것'에 상당히 공헌했다고 믿었다. 1920년대와 1930년대의 독일에서 영국사랑은 광범했다. 영국에 대한 호감이 강화된 데는 여러 요인이 있었지만, 나치 자신도 한 요인이었다. 나치는 이제 그 인상을 불식시켜야 했다. 그래서 영화, 책, 신문기사, 라디오 특집이 광범하게 동원되었다. 영국 계급사회가 폭풍 같은 비판을 받았고, 영국이 아프리카 보어인과 아일랜드인과 영국 노동계급에게 가한 악행이 성토되었다. 1940년 2월부터 대학생 자원봉사자 6천 명이 도서관을 샅샅이 훑어서 영국의 실업, 건강보험, 노동계급 슬럼가, 학동들의 영양부족에 대한 데이터를 수집했다. 선전부를 돕기 위해서였다. BBC가 인도 방송에 조지 오웰을 섭외하자, 선전부는 즉각 영국 노동계급의 가난을 가차없이 고발했던 오웰의 글을 내보냈다. 나치는 『저주받은 섬』같이 차 탁자를 장식하는 호화장정의 책도 발간했다. 그 책 속에는 이스트엔드와 재로우의 가난한 부랑자들 사진이 영국 경마장과 경정장 사진과 병렬되었다. 메시지는 분명했다. 독일은 지금 과거 바이마르 독일을 부패시키는 동시에 자국의 사회적 진보를 질식시켜온 영국의 금권정치와 싸우고 있다. 자유주의 영국의 '공허한' 자유 공식들과 달리 독일은 만인에게 최대의 자유를 보장한 나라다. 결핍으로부터의 자유를 보장한 나라다. 독일은 대공황의 빈곤과 기아를 극복했고, 실업 문제를 해결했으며, 자유시장 자본주의를 철폐했다. 영국은 시티의 유대인 장사꾼들이 똬리를 틀고 있는 타락한 귀족적 계급 체계로부터 해방되어야 한다. 런던 웨스트엔드의 '금권정치 구역들'을 폭격하라는 요구가 쏟아지고 있다. 독일은 북해 저편의 '피의 형제들'이 가난과 기아와 불의와 외부 인종의 지배로부터 해방되도록 도와야 한다.[64]

그처럼 영국의 비타협성과 영국의 '비겁한' '테러적인' 전쟁 방식에 분노
했지만 독일인들의 영국사랑은 여전히 열렬했다. 나치는 런던에 유대인 '금
권정치'가 작동하고 있다는 발상에 힘입어 영국 정부와 싸우는 것과 영국
인민을 증오하는 것을 날카롭게 구분했다. 뮌스터의 신문기자 파울하인츠
반첸은 '우리의 정책 목표는 영국 인민과 정부를 분리시키는 데 있다'고 썼
다. 영국을 사랑하면서도 두려워하는 바로 그 태도가, 영국인들의 '성격'과
여타의 성취들에 대한 존경심을 허물지 않으면서도 이미 믿고 있던 영국
의 부정적인 측면들을 공격할 수 있게 해주었다. 대학생 조사원들은 토머
스 칼라일, 존 러스킨, 올더스 헉슬리, H. G. 웰스부터 조지 오웰 그리고
무엇보다도 조지 버나드 쇼에 이르기까지 '영국을 비판한 영국 저자들'의
인용문들을 수집했다. 나치는 심지어 조너선 스위프트의 『겸손한 제안』을
재출간했다. 영국 지배계급이 아일랜드 기근을 얼마나 외면했던가. 물론
영국 국내의 부정의와 영국 식민지배의 부정의에 대한 영국인들 자신의
비판도 동원했다. 그들은 조지 버나드 쇼가 『운명의 사람』 서언에 쓴 아이
러니한 위트를 가져다가 제국의 '부담'을 떠안은 영국적 이타심의 본질을
폭로했다. 괴벨스의 선전꾼들은 영국인들의 자아비판에 의거하여 일정한
객관성과 드높은 도덕적 태도를 자임하는 동시에, 독일인들이 영국 문화
를 계속해서 존경하고 흡수할 수 있게 한 것이다.

　1940년 베를린의 한 방공포대 요원들은 시간을 둘로 나누어 근무중에
는 영국 폭격기를 감시하고 퇴근 후에는 셰익스피어의 〈한여름 밤의 꿈〉
을 공연했다. 1930년대 동안 셰익스피어의 작품은 영국보다 독일에서 더
자주 공연되었다. 히틀러는 '영국보다 셰익스피어를 잘못 공연하는 나라는
없다'고 말한 적도 있지만, 그는 개인적으로 직접 개입하여 개전 이후에도
적국의 그 작가가 금지되지 않도록 했다. 베를린 도이체스테아터의 극장장
하인츠 힐페르트는 한 시즌에 버나드 쇼의 작품 세 개와 셰익스피어의 작

품 세 개를 공연하는 것으로 독일군의 영국 공습에 반응했다.[65]

세계제국 영국은 나치가 독일을 그렇게 되도록 만들기 원하는 나라였다. '인류'를 방어하고 있다는 영국의 주장을 '위선'과 '거짓'으로 역공하는 작업은 나치의 기이한 반제국주의를 낳았다. 그리고 이때 정의로운 분노 감정이 동원되었다. 영화 〈옴 크뤼거〉보다 이를 더 잘 보여주는 것은 없다. 그 장대한 서사 영화는 보어전쟁을 아프리카인의 시각에서 이야기한다. 영화는 독일이 런던을 비롯한 영국 항구들을 여전히 공습하던 1941년 4월에 개봉되어 최고의 박스오피스를 기록한 영화 중 하나가 되었다. 영화는 보어전쟁 당시 트란스발공화국 대통령 파울 크뤼거의 회고로 진행된다. 그리고 세실 로즈가 남아프리카에서 얼마나 가차없이 황금과 이윤을 추구했는지 묘사한다. 영화는 보어인 여자들과 어린이들을 수용했던 강제수용소에서 절정에 달한다. 쫓기던 한 남자가 수용소 가시철망 너머의 아내와 대화하자, 난폭한 수용소장─윈스턴 처칠과 똑 닮은 소장─이 그 남자를 체포하여 수용소의 모든 여자들과 아이들 앞에서 목매달아 죽인다. 여자들과 아이들의 아우성이 높아지자 소장은 군부대를 동원하여 발포한다. 그것은 나치 독일이 보여준 유일한 수용소 학살 장면이었다. 영화가 의도했던 대로 관객들은 보어인 희생자들에게 공감했다. 마지막 장면에서 관객들은 침묵 속에서 크뤼거의 애소를 듣는다. '그러나 보복의 날이 올 겁니다. 언제인지는 모릅니다. …… 우리는 작고 약한 나라입니다. 더 크고 더 강한 나라들이 …… 영국 땅을 부술 겁니다. 신께서 그와 함께하실 겁니다. 그러면 더 나은 삶으로 가는 길이 열릴 겁니다.'[66]

1940년 9월 14일 히틀러가 혼잣말을 했다. 독일 공군의 폭격으로 인하여 런던인 '8백만 명이 미쳐가고 있다.' 그 때문에 영국은 전쟁을 포기할 것이고, 따라서 영국 침공은 불필요할 것이다. 이틀 뒤 괴링이 독일 공군에게 야간 폭격에 집중하라고 지시했다. 그다음날인 9월 17일 히틀러가 영국 침공 계획을 무기한 연기했다. 국민들에게는 알리지 않았다. 그 대신 9월 18일에 방송인 한스 프리체가 자신의 프로그램 〈전선 소식〉에서 런던은 '바르샤바의 운명과 파리의 운명 중에서', 즉 하늘로부터 파괴되느냐 아니면 '비무장' 도시로 선언하고 항복하느냐 중에서 선택해야 할 것이라고 경고했다. 때마침 중립국 스위스와 미국이 펴낸 런던대공습의 증언들이 독일 공군 병사들과 국민의 사기를 북돋웠다. 증언록을 읽은 괴벨스는 '진정 종말론적인' 진술들에 한껏 고무되었다. 다른 사람들도 그 책들이 폭격의 효과를 입증해주는 것이기를 기대했다. 다른 한편 친위대 정보국의 보고에 따르면, 독일인들은 한 달간의 폭격 이후의 '영국인들, 특히 런던 시민들의 터프함'을 투덜대면서도 존중하게 되었고, 영국인들을 제외하고 독일 공군을 그처럼 오래 버틴 국민은 없었다는 사실을 새삼 확인했다.[67]

1940년 10월과 11월에 공습의 규모가 더 커졌다. 11월 말 괴벨스는 일기에서 '처칠이 언제 항복할까?' 헤아렸다. 그로부터 2주일 뒤 친위대 정보국은 영국이 혁명 직전에 있다는 루머가 널리 퍼졌다고 보고했다. 그러나 영국인들이 버티면 버틸수록 독일인들은 영국인들로부터 더 큰 인상을 받았다. 그리고 1941년 1월 중순쯤이면 영국의 암울한 사회적 상황을 대하는 독일의 선전에 대해 '비판적 반응'이 나타났다. 친위대 정보국은 독일인들이 나치의 선전에서 점차 깨어나고 있다고 보고했다. 독일인들은 '영국인들은 자기들이 금권정치 아래서 말라죽고 있다는 것을 느끼지 못하는 게 틀림없다'는 식의 전형적인 평가를 하면서도, '뭐 이곳도 다르지 않다'면서 영국의 불평등 문제를 점차 대수롭게 생각하지 않게 되었다는 것이다. 북해 건너편 그 나라는 항복도 혁명도 가능해 보이지 않았다.[68]

1941년 5월 초 괴링은 독일 공군의 폭격기들이 영국의 군수생산에 '완전한 파괴의 지점에 이르는 파국적 손실을 입혔다'고 확신시키려 했다. 영국의 조사는 거꾸로 자국의 군수생산을 낮게 평가하는 오류를 범했다. 군수생산이 5% 감소했다는 것인데, 그 숫자는 영국 정부가 자원을 민방공 부문으로 대폭 이동시킨 것을 고려하지 않은 통계였다. 독일의 공습이 끝나는 1941년 6월경 영국 남녀 70만 명은 방공과 민방공에 전일제로 고용되어 있었다. 파트타임으로 고용된 인원도 150만 명이나 되었다. 그때까지 공습으로 사망한 영국인은 4만 3,384명이었다. 독일 공군은 지속적으로 출격했고 그 값은 조종사들이 치렀다. 1940년 11월 독일의 신경과의사들은 개전 초부터 유의해온 '전쟁신경증' 증상들이 조종사들에게 나타나는 것을 보았다. 의사들은 조종사들에게 휴가를 주어 파리와 브뤼셀의 동계 스포츠 휴양시설에서 스트레스를 해소하도록 해야 한다고 권고했다. 정신병 증상을 보인 병사들은 브르타뉴 해안의 한 호텔에서 치료받았다.

1941년 5월 10일, 서부 공격이 개시되고 정확히 1년이 된 그날 독일 공군기 505기가 런던을 폭격했다. 고성능 폭탄 718톤을 투하했고 국회의사당 일부를 손상시켰다. 마지막 대규모 야간 폭격이었다. 그 시점에 독일 공군의 작전 능력은 1940년의 70%로 감소한 상태였다. 영국에 대한 폭격이 미미한 수준으로 감소하자 독일 언론이 주의를 대서양 수송선단에 대한 잠수함 공격으로 돌렸다. '겁쟁이 영국인', 거짓말, '유대인'의 영향력, '금권정치'라는 허풍의 톤이 낮아졌다. 언론이 독일인들에게 지난가을의 확신에 찬 기대를 떠올리게 해본들 아무 의미가 없었다.[69]

1940년 9월 27일 파울하인츠 반첸은 뮌스터에 울린 1백번째 공습경보를 들었다. 공습의 주된 효과는 누적적 피로였다. 1940년 한 해 동안 뮌스터의 피폭 사망자는 8명이었다. 함부르크는 19명, 빌헬름스하펜은 4명이었다. 1940년 11월 카롤라 라이스너는 폭격이 에센의 공장 건물 하나를 정지시킬 정도의 손상도 입히지 못했다고 평가했다. 1940년 독일 전체의 사망자는 975명이었다. 영국과 마찬가지로 독일도 사망자 통계를 공표하지 않았다.[70]

독일인들은 폭격에 조용히 적응해갔다. 1940년 말이 되면 베를린의 피폭 장소는 관광명소가 되었다. 사람들은 그 흔적이 사라지기 전에 사진을 찍으려 했다. 사진작가 리젤로테 푸르퍼가 네덜란드행 야간열차에 앉아서 학교로 돌아가는 꿈을 꾸고 있을 때 공습경보가 울렸다. 그녀는 해제경보가 울릴 때까지 잠에서 깨지도 않았다. 에센의 카롤라 라이스너 역시 공습경보를 듣고 침대에서 나오다가 멈추었다. 성탄절 휴가가 별다른 사건 하나 없이 지나가자 파울하인츠 반첸은 적었다. '사람들은 대부분 특별히 걱정하지도 성가셔하지도 않으면서 어느덧 장기전을 생각하고 있다. 현 국면에서 전쟁은 거의 눈에 띄지 않는다.'[71]

제5장

승자와 패자

1940년 여름 독일 전체가 독일군의 승리를 기뻐하고 있을 때, 독일군 병사 로베르트 슈물은 동프로이센에서 슬퍼하고 있었다. 독일의 끝에 배치된 그는 그의 함부르크 빵집을 오고 가는 버스를 그리워했고 군사훈련 동안 누렸던 전우애를 그리워했다. 그가 숙영하던 농가의 농민은 불친절했다. 농민은 자기 농장에서 일하게 된 프랑스군 포로 25명을 관리하는 데 로베르트가 불필요하다고 말하기까지 했다. 로베르트는 전쟁의 위험을 몰랐다. 그러나 농원에서의 날들이 자신의 전쟁이 가져다준 모든 것이라면 슬픈 일이었다. 전쟁의 모든 것이 지나가면 다른 사람에게 해줄 전투 이야기가 없지 않은가. 그러나 그는 최소한 아내에게만은 편지를 쓸 수 있었다. 다만 곤혹스럽게도 아내는 그의 편지에서 철자와 문법을 교정해서 돌려보내주었다. 어쩌면 정규교육이 그렇게 모자랐기에, 그는 편지를 통하여 아내와 친밀성을 주고받게 되었을 것이다. '사랑하는 나의 생쥐,' 몇 주일 전의 편지에 그는 썼다.

자기에게 제안할 게 있어. 이제부터 서로에게 보내는 편지에 우리가 공유했던 멋졌던 사랑 경험을 쓰기로 하자. 좋잖아, 그렇지 않아? 어떻게 생각해? 당신부터 사랑 이야기를 해봐. 그럼 내가 많은 사랑 경험 중 하나를 바로 말해줄게. 사랑하는 나의 생쥐, 자기가 먼저 시작해서 나를 행복하게 해줘.[1]

아내가 먼저 시작하기 싫어할 것이라는 생각이 든 로베르트는 자기가 먼저 시범을 보이기로 했다. 그는 7년 전 북해 해안가로 여행 갔던 일을 떠올렸다. 그때 그들은 작은 호텔에 머물렀었다. '뜨거운 사랑으로 가득해서 서로 찰싹 붙어 있었지.' 그는 이어갔다.

곧 내 사타구니의 기쁨을 주는 그 녀석이 지가 좋아하는 문 앞에 서 있었지만, 우리는 조심해야 했어. 복도의 발걸음소리 때문이었지. 그러나 우리는 신경쓰고 싶지 않았어. 내가 나의 기쁨 녀석으로 자기의 버들개지 위 돌기를 몇 번 문질렀을 때 또 누군가 복도를 지나갔지. 그러나 우리의 흥분은 최고점에 도달했고, 나는 조심스럽게 내 작은 녀석을 버들개지 안에 넣었어. 우리가 아주 조심스럽게 앞뒤로 몇 번 움직이자 침대에서 삐걱거리는 소리가 났고, 나는 또다시 복도의 발걸음소리를 들었어. 그러나 나는 내 작은 녀석을 버들개지에서 빼지 않았고, 그때 나의 작은 생쥐가 기쁨에 겨워 몸을 떠는 것을 보았어. 동시에 작은 버들개지는 나를 끌어안았어. 놀라운 떨리는 기쁨이 나를 흥분의 꼭대기로 보냈고, 우리는 함께 도착했어. 우리는 놀라운 기쁨의 행복으로 가득차서 서로의 반짝이는 눈을 들여다보고 또 몸을 밀착했어.[2]

로베르트의 편지는 성공했다. 아내 미아는 남편이 준 '너무나 많은 행복'에 보답했다. 그녀는 '우리가 사랑의 행복을 즐기고 또 즐겼던' 바닷가 여행에 대하여 써 보냈다. 비록 그녀는 여전히 세부적인 묘사로 남편을 한껏 기쁘게 해주기에는 너무 수줍어했지만, 그들은 강요된 이별의 날들 동안 일주일에 두세 번씩 서로에게 편지를 썼다. 미아의 신뢰가 커갔다. 그녀는 성교에 대한 로베르트의 사적인 언어를 채택하기 시작했고 성교에 대하여 쓰는 것에 관한 금지를 극복했다. 1940년 10월 1일 그녀는 두 사람이 점심식사 후 침대로 갔던 조용한 일요일 오후를 떠올렸다. '그리고 자기가 아주 조심스럽게 내 팬티를 내리고 우선은 자기 손가락으로 그다음에는 기(쁨을 주는 녀)석으로 그 작은 것을 미친듯이 문질렀어.' 신뢰와 상실감 모두가 커가자 로베르트가 또하나의 터부를 깨뜨렸다. '사랑하는 나의 생쥐, 때로 나는 더이상 버티지 못해. 자기가 너무 그리워. 그러면 나는 우리의 가장 아름다운 사랑의 순간들을 떠올려. 그리고 나를 내보내는 데 성공해.' 미아가 그 터부를 깨뜨리는 데는 시간이 걸렸다. 로베르트는 몇 주일 뒤에 보낸 편지에서 아내를 여성 자위의 기술로 부드럽게 이끌었다. '차이가 별로 없어.' '내가 했던 것처럼 자기 손가락으로 자기 버들개지 위의 돌기를 쓰다듬으면 자기도 도착할 거야. 차이가 크다고 할 수 있을까?'[3]

로베르트와 미아는 자신의 감정과 욕망을 표현하는 방법을 발견하도록 서로를 격려하고 성애의 기억과 은밀한 명칭들을 꺼내 편지지에 옮겼다. 그렇게 부부는 전시 독일에서 아주 희귀했던 직접성과 솔직함을 얻었다. 물론 독일에도 포르노그래피의 전통과 그에 반대하는 캠페인의 전통은 공존했다. 그러나 두 사람의 편지는 각 커플이 그들만의 고유한 사적인 언어를 찾아가야 했다는 것을 보여준다. 성애의 소통은 미아가 로베르트가 사용한 언어를 이어받음으로써 성립했다. 사실 전쟁 동안 모든 커플이 똑같은 문제에 직면했다. 그들은 성교의 부재가 관계를 결코 훼손하지 않았다는 것을 서로에게 확신시켜야 했다. 대부분의 사람들은 성적 욕망을 전통적인 방식으로 전달했다. 포옹과 키스를 보내고 손을 맞잡는 상상으로 만족했다.[4]

'집'과 '전선'을 오가던 편지는 진통제였다. 남편과 아내는 자신이 실제로 어떤 삶을 살고 있는지 쓰지 않았다. 바로 그것이 핵심이었다. 편지의 역할은 모든 것이 온전하다는 것, 아무것도 변치 않았다는 것을 보여주는 데 있었다. 성교는 포르노 음화와 비슷하게 생생하게 그려졌다. 따라서 공간적 분리는 불안과 질투를 일으켰다. 남자든 여자든 대부분의 독일인들은 성적 억제의 문화에 젖어서 성교에 관하여 쓰지 않았지만, 상대방의 성적 부정不貞에 대한 공포만큼은 적나라하게 표출했다. 디터 D가 전형적이었다. 그는 아내의 편지가 드물어지면 곧장 불륜을 의심했다. '헤르타, 당신 내게 심술부리는 거야? 아니면 내가 싫은 거야? 그것도 아니면 내게 쓰지 못할 만큼 힘든 거야? 당신 나를 잊지 않았지? 혹시 애인이 생긴 거야? …… 당신이 밤에 다른 남자들과 나돈다는 말을 내가 여기서 들어야겠어?' 편지의 감소가 독일군의 우편 체계 탓이 아니라 부정 탓으로 돌려졌던 것이다.[5]

1941년 3월 로베르트는 다행스럽게도 동프로이센으로부터 북부 프랑스로 이동 배치되었다. 몇 달간 혼자 지내던 그가 드디어 동료들과 함께하게 되었다. 프랑스에서 로베르트는 하릴없는 보초 근무를 서기보다는 부대원들을 위해 빵을 구웠다. 기쁨이 넘쳤다. 로베르트는 아내 미아에게 '동료와 함께하는 삶'에 대해서도 썼다. 모두 함께 바에 갔어. 그는 미아의 의심어린 질문에 내몰린 끝에 그만 릴의 창녀촌에도 갔다고 고백하고 말았다. 다만 그곳에서 벌어지는 일을 보기만 했다고 우겼다. 그가 '성교는 없었다'고 항의했지만, 미아는 실제 무슨 일이 벌어졌는지 불안했다. 로베르트가 편지에 썼었기 때문이었다. 프랑스 여자친구가 없는 남자는 '스스로 해결해. 당신은 어제 파리로 떠난 병사들의 대화를 들었어야 해. 모두가 그 특별한 한 가지에 대해서만 얘기했어.'[6]

로베르트와 미아는 병사들이 어디서나 창녀촌을 드나들던 것에 대하여 말을 주고받았다는 점에서도 예외였다. 사실 매춘은 정복자 독일 병사가 유럽을 가로지른 모든 곳에 함께 있었다. 1940년에 낭트에 도착했을 때 독일군 병사들은 우선 루아얄광장에서 어린이들에게 손을 흔들며 사진을 찍었고, 그다음에 곧장 창녀촌으로 달려가서 총으로 문을 열었다. 독일군 당국은 부대와 장교들을 위한 별도의 창녀촌을 만들었다. 매춘은 독일과 프랑스 당국이 합의한 영역의 하나였다. 그들은 '폐쇄된 건물'과 강제적인 검진을 갖춘, 19세기식의 허가받고 통제되는 매춘 체계를 마련함으로써 성병의 빈도와 전염을 낮추고자 했다. 보수적인 비시 정부 역시 규제되지 않은 매춘을 대단히 우려했고, 그래서 프랑스 경찰이 정기적으로 매춘을 단속했다. 허락받지 않은 매춘에 대한 프랑스 정부의 처벌은 강력했다. 1941년 가을부터는 매춘 여성이 랑드Lande와 쟈흐고Jargeau의 강제수용소에 수감될 수도 있었다. 그러나 바에서 술을 마시고 희롱을 하고 선물을 받는 여성과 매춘 여성을 구분하는 것은 어려웠다. 독일군 병사들이 개인 집에서 숙영하는 도시와 독일군 기지가 자리한 도시에 복잡하고 일상적인 성교 문화가 나타났다. 프랑스 당국은 독일군 병사를 체포할 권한을 보유했음에도 불구하고 그 문화를 별반 억제할 수 없었다. 독일 야전사령부 역시 병사들이 '타락한' 프랑스 여성으로부터 성병이 감염되는 것을 막고자 했다. 그러나 독일군 병사들이 하녀, 청소부, 세탁부, 웨이트리스, 바 여종업원, 미용사, 집 여주인, 목욕탕 여종업원, 속기사, 점원, 여타의 아는 여성들과 성적 모험을 벌이고 그래서 프랑스 당국이 이를 억제하려 하면, 독일군 당국은 불쾌하게 반응했다.[7]

무척 보수적인 르와르 지역에서는 낭트와 생나제르항구가 술과 파티의 메카였다. 음악이 연주되는 케 드 라 포스Quai de la Fosse의 작은 카페에 낭트의 모든 계급의 젊은이들이 모여들었다. 토요일과 일요일 저녁마다 술이 넘쳤고 남성들이 여성들을 둘러쌌다. 분방한 분위기는 어느새 싸움으로 이어졌다. 1941년 9월의 어느 운수 사나운 날 독일군 병사 두 명이 부상을 입었다. 독일 경찰과 프랑스 경찰이 수사에 나섰다. 그 사건은 보다 심각한 결과를 빚을 수도 있었다. 그러나 프랑스 경찰청장이 철학적으로 판단했다. '그런 곳에서 남녀가 섞이고 술까지 마시면 사고가 나기 마련이다.' 정복자와 피정복민의 '동거'는 전체적으로 평화로웠다.[8]

정복자 독일군은 젊었고, 관대했고, 또 새삼 돈이 생긴 사람들이었다. 투렌 출신의 한 여성은 단언했다. '그들은 내가 본 가장 잘생긴 남자들이었어요.' 독일군 병사들이 주둔한 곳은 그 직전에 프랑스 남자 150만 명이 전쟁포로로 잡혀서 없어진 나라였다. 1940년 8월 브르타뉴 피니스테르 해안 모흘레에 자리한 뱅호텔의 한 웨이트리스가 손님들을 맞이했다. 그중에 발터가 있었다. 그는 그 식당에 식사하러 오던 다른 독일인들과 마찬가지로 그 호텔에 숙영중인 병사였다. 발터가 프랑스어 사전을 찾아가면서 웨이트리스와 대화를 나누는 기회가 잦아진 끝에 두 사람이 사랑에 빠졌다. 발터는 웨이트리스 알린의 첫사랑이었다. 그로부터 60년 뒤에 그녀는 한 프랑스 역사가에게 자신은 그 시절을 기억하지 않은 채 그 호텔이 있던 건물을 지나칠 수 없었다고 고백했다. '뱅호텔은 내가 처녀성을 잃은 곳이에요.' 관계는 지속되었다. 1942년 1월 스물세번째 생일에 그녀는 플로리스트로부터 발터가 보낸 장미 스물세 송이를 배달받았다. 알린은 믿을 수 없을 정도였다. 그녀는 당시 부모와 함께 살고 있었기에 꽃다발은 자신의 의도가 순수한 것임을 알리는 발터의 방식이었다. 그들이 공적인 장소에서 데이트를 할 때면 발터는 조심했다. 그때 그는 군복보다는 사복을 입었다. 그들은 실제 나이보다 위로 보이는 단단하고 품위 있는 커플이었다.

84세에 인터뷰를 하면서 그녀는 말했다. '나는 그가 독일인이어서 그것을 한 게 아니었어요. 그를 사랑했기 때문에 했어요. 마침표. 사랑에는 국경이 없답니다.'[9]

그러나 낙인은 남았다. '수평적 협력'의 죄를 범한 여성들은 추후 프랑스 해방전쟁 동안 각 지역에서 벌어진 폭력의 주요 타깃 중 하나가 되었다. 알린처럼 독일군 병사와 장기적인 관계를 맺고 공적인 장소가 아니라 사적인 집에서 독일인과 만난 여성들은 도덕적 수치의 죄를 뒤집어썼다. 그 죄는 남자들, 특히 사회적으로나 정치적으로 영향력이 있는 남자들은 비켜간 죄였다. 여성의 몸은 일차적으로 민족에게 속하고 그다음에 각자에게 속한다는 신념은 유럽 어느 곳에서나 레지스탕스 남자들이 공유하던 애국주의의 핵심이었다. 그 신념은 독일군을 받아들인 보수적인 엘리트들도 공유하던 것이었고, 독일 국내에서 문제가 되었을 때 독일 당국도 공유하던 신념이었다. 전쟁이 끝난 뒤 이웃에게 조롱받고 비난받던 여성들은 침묵과 고립을 선택한다. 알린이 그토록 오랫동안 검열되던 사랑을 고백한 것은 신뢰와 용기의 행동이었다.[10]

덴마크에서도 독일군 병사들의 존재감은 뚜렷했다. 전쟁에서 패한 프랑스와 달리 덴마크 점령은 그 나라의 중립성을 보호한다는 명분 아래 진행되었고, 그래서 청년들이 전쟁포로로 수감되지 않았다. 그럼에도 불구하고 덴마크 서해 항구 에스비에르의 어부들은 인구 3만 2천 명의 도시에 합류한 3천 명 내지 4천 명의 독일군 병사들과 그곳 여자들을 놓고 기울어진 운동장에서 경쟁해야 했다. 1940년 8월 초 그 도시 경찰서장은 덴마크 청년들이 '덴마크 여성들과 독일 남자들이 친목질을 하는 것과 그 친목질의 방식'에 대해 분노한다고 경고했다. 덴마크 청년들과 달리 독일군 병사들에게는 자유시간이 많았다. 군사훈련을 제외하면 점령군 생활은 게으른 나날이었다. 데이트, 우정, 취미 등, 그들이 민간인 시절 하지 못했던 활동들이 풍성했다. 종전 직후 인터뷰를 한 덴마크 처녀들은 독일군 병사들을 선호한 가장 중요한 이유로 그들의 훨씬 더 낫고 점잖은 매너를 꼽았다. 일부 여성은 독일군 병사들이 더 나은 연인이었다고 주장했다. 한 여성은 독일군 병사들의 '여성의 영혼에 대한 배려' 때문이었다고 말했다. 독일군 사령관들은 덴마크를 점령의 모범으로 만들려고 했고, 그래서 단호히 부대를 통제했다. 그들은 길거리에서 여자에게 말을 거는 것을 금지하는 등의 엄격한 가이드라인을 수립했고 강간을 엄하게 처벌했다.[11]

독일 청소년복지 관리들이 그러했듯, 덴마크인들도 젊은 여성들의 점증하는 성적 자유에 대한 분노를 그들이 통제할 권리를 가진 집단, 즉 십대 소녀들에게 쏟았다. 그들과 경찰은 성병의 전염과 도덕적 타락과 매춘을 막는다는 명분 아래 공원, 방공호, 독일군 기지 근처의 소녀들을 집중적으로 단속했다. 1940년 8월 열네 살의 소녀가 자기를 신문하는 경찰에게 항의했다. 그녀와 친구들이 독일군 병사들과 데이트를 했지만 그것은 '데이트가 소녀라면 누구나 하는 것이어서 한 것이고, 소녀들은 그것이 재미있다고 생각해요. 그런데 왜 안 된다는 것이죠?'라고. 소녀들이 독일군 병사들에게 카페와 바와 레스토랑에 초대받으면 동년배 집단이 질투했다. 소녀들은 학교에서 실제 혹은 상상의 사냥에 대해 자랑했다. 열세 살의 어느 소녀는 방에 잡혀 독일군 병사들에게 아이스크림을 얻어먹은 이야기로 친구들을 재미있게 해주었다.[12]

서유럽의 독일군 점령자들이 어느 나라에서도 병사들의 성적 관계를 단호히 억제하려 하지 않은 것—노르웨이에서는 인종적 근거에서 적극적으로 고무되었다—과 달리, 폴란드 점령은 폴란드인들과의 접촉 금지로 시작되었다. 그 조치는 유대인과의 모든 관계를 금지했던 1935년의 뉘른베르크 인종법을 모델로 했다. 그러나 특히 점령 초기 몇 달 동안 독일군 병사들은 금지를 무시하고 폴란드 여성을 동반하고 '독일인 전용'이라는 경고문이 부착된 바와 식당 문을 밀고 들어갔다. 그들은 공지문이 원칙적으로 폴란드 남성에게만 해당되는 것이라고 해석해버렸다. 비록 1940년에 일부 지역에서 금지가 좀더 엄격히 시행되기도 했지만, 독일에 병합된 폴란드 지역에 주둔한 독일군 병사 40만 명과 총독령 폴란드에 주둔한 병사 59만 명의 그 많은 데이트를 막을 도리는 없었다. 슐레지엔과 포젠처럼 과거 오스트리아나 프로이센이 지배했던 민족 혼합 지역에서는 많은 폴란드인들이 독일어를 사용했고, 또 새로운 민족 목록에 독일인 혈통으로 등록 신청을 했다. 독일인 병사와 용이하게 결혼하기 위해서였다.

더욱이 새로운 법령의 집행을 맡은 사람들—6만 명의 독일 경찰과 친위대원—은 체신 관리 및 철도 공무원과 마찬가지로 그곳에 가장 오래 머문 사람들이었고, 그래서 아예 그곳에 뿌리를 내리는 경향이 있었다. 독일인 당국과 폴란드 레지스탕스가 제각각 친밀하고 항구적인 관계에 도덕적인 수치의 죄를 부착했음에도 불구하고, 상당수의 게슈타포 및 친위대 장교들은 숙소에서 폴란드 여성과 드러내놓고 동거했다. 친위대 정보국 루블린 분소에 근무하던 알루이스 피쇼터는 비서 중의 한 명인 우술라 B와 사랑에 빠졌다. 그는 친위대장 힘러와 장기간 협상을 벌인 끝에 결혼 허가를 얻어냈고, 그들이 낳은 아이를 적자로 등록했다. 자코파네의 게슈타포 분소장 프란츠 마이발트가 1944년 2월에 폴란드 레지스탕스에게 피살되었을 때 그의 폴란드인 연인 마리아 T가 무덤에서 공공연하게 오열했다.[13]

**

신혼의 귀킹 부부를 전시 배급제도의 제약으로부터 구원해준 것은 풍요로운 프랑스였다. 1940년 8월 초 에른스트는 이레네를 위해 빨간색과 푸른색 비단을 구입했다. 그는 슈트로 만들 옷감도 샀고 니트 조끼와 바지도 구입했다. 4미터짜리 프랑스 군복용 갈색 직물은 염색해서 오버코트로 만들기 위해 샀다. 에른스트는 독일로 휴가를 떠나는 동료 병사에게 그 큰 짐을 이레네에게 배달해달라고 부탁했다. 이레네에게 브래지어, 블라우스, 팬티의 사이즈를 물었을 때도 그는 물건을 배달해줄 동료를 물색했다. 에른스트는 더 많은 물건을 구입하기 위해 이레네에게 송금을 요구하기도 했다. 이레네는 에른스트의 배려와 물건 모두에 감사했지만, 실용적인 그녀는 에른스트에게 받은 비단을 모직과 바꿨다.[14]

프랑스 물건을 구입하고 독일로 보내는 것은 평범한 보병에게는 수고스러운 일이었다. 그와 달리 운전병은 막대한 양의 소포를 보낼 수 있었다. 곳곳의 독일군 기지에 들러서 군사우편 속에 소포를 슬쩍 끼워넣으면 되기 때문이었다. 네덜란드 방공포대의 병사들은 값진 필립스 라디오를 부대에 배속된 자동차로 실어날랐다. 독일군 병참사령부나 파리의 군정청 참모부와 인맥이 있는 병사들은 심지어 페르시아산 카펫과 고품질 도자기도 보낼 수 있었다. 프라하 독일 극장의 한 젊은 배우는 동료 한 명이 딜러로 나섰다면서 독일 가족에게 이웃들로부터 가구와 앤티크를 주문받으라고 닦달했다. 독일과 보호령 보헤미아 모라비아 사이의 관세가 1940년 10월 1일 자로 폐지된 것도 그 부산한 교통망에게 도움을 주었다. 한 목격자에 따르면, 독일군 장교들의 짐은 체코산의 '상상할 수 없는 양의 모피, 시계, 약품, 구두 등으로 여기저기가 불룩했다.'[15]

1940년 가을의 규정에 따라 에른스트 귀킹은 한 달에 최대 50마르크까지 집으로부터 송금을 받을 수 있었다. 성탄절에 그 한도가 200마르크까지 올라갔다. 에른스트는 또 한번 한바탕 쇼핑에 나섰다. 이번에는 확대가족 전체를 위해 물건을 구입했다. 에른스트는 이레네에게 더 자주 송금하라고 요구했다. 농가에는 현찰이 부족했지만, 그는 돈을 쓸어 담아서라도 성탄절에 승리의 귀환을 할 작정이었다. 에른스트는 또한 이레네에게 신혼집 가구를 주도적으로 마련하라고 재촉했다. 부부의 침대에 특별히 주의하라고 강조하면서 그는 귀국하면 자기는 가장 편한 그곳에서 대부분의 시간을 보낼 것이라고 지분거렸다. 이레네는 모던한 디자인에 끌렸지만, 에른스트는 장인 장모에게 1천 마르크를 빌려서라도 오직 최고만을 주문하라고 고집했다. 독일에서 가구와 가사 도구를 구입하려면 여전히 줄을 서고 대기해야 했기에 그들의 욕망 충족은 연기되어야 했다. 독일인들은 유럽대륙의 평화를 즐기고 싶어했을지 모르지만 독일 경제는 여전히 전시경제였다.[16]

에른스트 귀킹의 헤픈 소비는 구매 욕망을 억제해야 했던 시간에 대한 자연스러운 반응이기도 했다. 나치 독일은 소비재가 현저히 부족했다. 국내총생산의 20%가 군수에 할당되었고, 그 비율은 곧 1/3로 증가했다. 국내 수요의 억제는 높은 저축률로 이어졌고, 국민들의 예금은 정부의 규제적 관리에 의하여 조용히 전쟁 준비로 돌려졌다. 나치 정부는 그 덕분에 1차대전의 특징이었던, 국민들에게 전쟁채권의 구입을 호소하는 일을 피할 수 있었다.[17]

독일 소비자 입장에서 1940년은 마법처럼 노다지를 줍던 해였다. 독일의 마르크화가 독일군이 점령한 모든 나라에서 고의로 절상되었다. 자연스럽게 독일군 병사들에게 물건값이 내려갔다. 그래서 독일 가족이 국내에서 살 수 없던 물건들을 주둔지에서 마음껏 구입할 수 있게 되었다. 병사들은 실제로 소비재를 싹쓸이하기 시작했다. 점령 이전부터 물건이 쌓여 있던 네덜란드 항구에서도 마찬가지였다. 그곳의 독일군 병사들은 집에서 한 달에 1천 마르크를 송금받을 수 있었다. 재무부 관리들은 벨기에에 주둔한 독일군 병사들에게 점령 첫해에만 총 3,400만 마르크가 송금되었다고 계산했다. 1940년 10월 헤르만 괴링이 독일군 병사, 그리하여 독일 소비자들의 영웅이 되었다. 그가 '모피, 보석, 카펫, 비단, 사치품' 구입에 대한 제한 조치를 해제한 것이다. 독일에서 점령지역으로 보내는 소포는 엄격히 통제되었지만, 괴링은 승리한 점령군 부대의 병사들은 해당 지역의 민간인들과 똑같은 기회를 가져야 한다고 선언했다. 그는 무게 1킬로그램까지의 소포는 무제한으로 군사우편을 통하여 독일로 보낼 수 있도록 하라고 지시했다. 그로부터 1년 동안 프랑스에서 독일로 발송된 소포가 다섯 배 증가했다. 한 달에 310만 꾸러미에 달했다. 괴링은 또한 병사들이 직접 휴대해서 가져갈 수 있는 짐은 무엇이든 통관 검사를 받지 않도록 했다. 그러자 캐리어에 너무 큰 짐을 올려놓아서 상관에게 인사를 할 수 없을 정도가 되는 것은 금지해야 하는 것인지를 놓고 긴 논의가 이어졌다. 그러나 어떤 제약을 가하든 병사들이 그냥 무시해버렸다. 파리 동부역에는 짊어진 짐이 너무 커서 비틀거리는 독일군 병사떼가 역의 중앙 홀을 채웠다. 모두 독일 집으로 향하는 병사들이었다.[18]

현찰 외에 가장 흔히 유통되던 유가증권은 '제국신용전표'였다. 그것은 사적인 사용이 불법이었음에도 불구하고 너무나 많은 양의 전표가 유통되었다. 하인리히 뵐 같은 젊은 병사들조차 가족들로부터 별 어려움 없이 신용전표를 받았다. 세관 공무원들의 보고서들은 당시 커튼 뒤에서 얼마나 많고 큰 거래가 이루어졌는지 보여준다. 철도우편국 직원들이 뉘른베르크에서 열차의 우편 칸을 비워서 메츠로 보내면, 메츠에서 그 칸이 제국신용전표 수만 마르크와 함께 프랑스 동료들에게 넘겨진다. 열차가 파리를 거쳐서 뉘른베르크로 돌아오면, '커피, 차. 코코아, 초콜릿, 브랜디, 샴페인, 와인, 증류주, 옷, 스타킹과 같은 희귀한 물건들'이 가득했다. 뉘른베르크의 철도우편국 직원들은 그 물건 대부분을 우편 노동자들에게 되팔았다. 그렇게 작은 암시장 체인이 만들어졌다.[19]

커피는 특별하게 선호되던 기호품이었다. 1930년대 독일에서 커피 원두의 수입과 판매는 엄격히 제한되었다. 부족한 외환보유고를 보호하기 위해서였다. 그리고 대용 커피는 독일 소비자들에게서 별로 환영받지 못했다. 하인리히 뵐 역시 로테르담에 도착했을 때 맨 먼저 구입한 것이 독일군의 부두 폭격에서 살아남은 커피 0.5파운드였다. 뵐은 집에 보낸 편지에서 1940년 내내 정기적으로 출전한 '커피 사냥'에 대하여 썼다. 간간이 '버터 여행'도 끼어 있었다. 그해 9월 그 젊은 병사가 가게에 들러보니 물건이 동나 있었다. 독일군 병사들이 모조리 사들였기 때문이었는데, 병사들이 정상적으로 지불은 했지만 뵐은 '시체의 가죽까지 벗겨간' 느낌이 들었다. 독일에서 네덜란드로 파견된 독일 은행판무관은 병사들이 그처럼 물건을 모조리 빨아들이면 인플레이션이 올 수밖에 없고, 그러면 '환율에 정치적으로 부정적인 결과'가 생길 것이라고 경고하기도 했다.[20]

**

1920년대와 1930년대에 성장한 세대의 독일인들은 프랑스를 경멸하되 프랑스 문화는 존경하도록 배웠다. 독일인들은 전격전의 승리 덕분에 프랑스의 군사적 덕성에 대한 공포는 씻어냈다. 그러나 프랑스 문화에 대한 호기심과 존경심은 여전했다. 예술가를 꿈꾸던 가톨릭 한스 알브링은 푸아티에서 주둔할 때 자유시간에는 사복 차림으로 그곳 교회들을 찾아다녔다. 그를 가장 매혹시킨 교회 건물은 13세기에 건축된 상라드공드성당이었다. 죽음에서 부활하는 나자로와 사자 굴에 들어간 다니엘의 붉고 검은 프레스코화가 그려진 성당이었다. 알브링은 한여름의 더위 속에서 부대와 도시 사이의 계단 218개를 오르내리는 가운데 발이 부르텄지만 그곳의 세례당도 반복해서 찾아갔다. 프랑스 전체에서 가장 오래된 세례당으로 알려진 건축물이었다. 그는 친구 오이겐 알트로게에게 교회와 세례당 엽서를 보내서 친구가 보지 못한 것을 느끼게 해주고자 했다. 그는 심지어 사진사에게 돈을 주어서 마상의 콘스탄티누스황제 프레스코화를 찍은 뒤 그것을 패널로 만들었다. 그와 동료들은 상피에르대성당의 장엄미사에도 참석했다. 알브링은 그때 환희의 성가에 감동했다. 성가대의 3단 고음이 거대한 성당 건물 꼭대기에 부딪혀 전체에 울려퍼질 때 한스는 자신이 은총의 빛 속으로 들어올려지는 성스러운 느낌을 받았다. 동시에 그는 성가대와 회중이 그와 동료들에게 보내는 죽음 같은 시선을 느꼈다. 그는 교구민들의 증오에 쫓기는 것 같았다.[21]

알브링이 푸아티에 다음으로 배치된 곳은 루앙이었다. 그곳에서 알브링은 하사로 진급했다. 인상된 봉급으로 그는 귀중한 목판화가 들어 있는 희귀본 몇 권을 구입했다. 한스는 서점과 고서점을 샅샅이 뒤지다가 한 서점 주인과 몇 시간 동안 행복한 대화를 나누기도 했다. 서점 주인은 한스를 '매우 섬세하고 절제된 사람'이라고 평했다. 한스는 서점 주인이 '말하는 모든 것에 근거가 분명하고 심원하며, 그것이 그의 모든 감각에 새겨져 있는 인물'이라고 평했다. 마침내 젊은 독일군 병사는 질문을 던지고 말았다. '프랑스인들은 독일인들을 증오하지요?' '아니요.' 서점 주인이 답했다. '설혹 그렇다 해도, 그건 말하자면 아이들이 성질부리는 것 같은 거예요.' 이어서 알브링이 말했다. '루앙의 파괴된 건물들이 "복수의 열망"을 자극하지는 않나요?' '아니요. 프랑스인들이 바라는 것은 자기 일을 하도록 그냥 놔두는 거예요. 그들의 헌법과 정부를 놔두는 거죠.' 그것이 한스가 파고들 수 있는 한계였다. 대화는 다시 안전한 주제인, 오래된 이탈리아 거장들과 근대의 프랑스 거장들에 대한 한스의 열정으로 돌아갔다. 훨씬 전에 한스는 700점이 넘는 복제화와 판화—17세기 초의 책 한 권에서 건진—를 휴가 가는 동료 편에 독일 겔젠키르헨의 집으로 보냈다. 그는 그중 일부를 되팔아서 비용의 일부를 환수하고 그 돈으로 또다른 그림을 구입할 작정이었다.[22]

고등학교를 막 졸업한 소년의 초超미학주의로 충만한 한스 알브링과 오이겐 알트로게에게 전쟁은 일종의 문화 순례였다. 오이겐은 오스트리아 건축의 로마네스크 양식과 고딕 양식의 상호작용에 열광했다. 하나는 견고하고 곧으며, 다른 하나는 인간의 '파우스트적인' 노력을 쉼없이 표현하고 있다. 한스는 동의했지만, 사실 그에게는 푸아티에와 루앙의 로마네스크 성당의 외관이 그리 인상적이지 않았다. 오직 샤르트르대성당만이 드높은 첨탑에 대한 그의 열정을 만족시켜주었다. 그가 탄 군용 트럭이 한밤중에 샤르트르 도심을 통과할 때 그는 너무나 흥분한 나머지 배낭을 뒤져서 성당 복제화를 찾으려 했다. 실제 성당과 비교하기 위해서였다. 달빛 속의 두 첨탑은 '훨씬 날렵하고 훨씬 높아' 보였다. 사실 한스의 눈은 특수하게 독일적인 눈이었다. 그것은 쾰른과 스트라스부르의 고딕 말기의 첨탑들에 익숙해진 눈이고, 그래서 루앙과 푸아티에의 더 오래된 로마네스크 탑들이 땅딸막하게 보였던 것이다. 한스의 눈은 젊은 괴테가 스트라스부르성당의 서쪽 외관을 처음 보고 완전히 압도되어 그것을 '독일 건축의 정점'으로 꼽았던, 하늘을 향해 뻗은 수직성을 알아볼 수 있었다.[23]

사진 저널리스트 리젤로테 푸르퍼는 괴테와 마찬가지로, 비스듬한 저녁빛이 스트라스부르대성당의 서쪽 끝을 비출 때가 가장 아름답다고 생각했다. 그녀는 여행 일기에 적었다. 광장을 담처럼 둘러싼 건물들이 '천천히 그림자 속으로 기울 때', 그 모든 고딕의 아치들과 탑들과 조각들이 드러난다. 그녀가 1940년 9월에 스트라스부르를 방문한 데는 특별한 이유가 있었다. 1차대전이 끝난 1919년, 알자스가 프랑스로 반환되었을 때 그녀는 일곱 살이 채 되지 않았다. 그때 부모가 다른 '제국 독일인들'과 함께 그 도시에서 추방되었었다. 1940년 9월은 그후 그녀의 첫 방문이었다. 부모가 준 낡은 지도를 들고 바람 부는 길들을 걸으면서 그녀는 밝게 칠한 덧문이 달린 목재주택들에게서 '매우 특별한 마법적 힘'을 느꼈다. 운하 위다리를 건너서 일강 왼쪽 둑을 따라 플라타너스나무와 밤나무 아래를 걸을 때, 그녀는 마침내 집으로 돌아온 느낌을 받았다. 1940년의 승리로 스트라스부르, 콜마르, 여타의 알자스 마을들이 다시 제국으로 돌아왔고, 바덴과 하나의 합동 지구를 구성했다. 그동안 독일 문화에 대한 그 지역의 공헌과 그 지역 특유의 민속을 보여주는 특별 전시회도 열렸다. 나치 당국은 알자스인들이 새로운 애국적 의무를 받아들이기를 주저할 때마다 수많은 교육 행사를 열어서 진정한 민족 정체성을 일깨워주려 했다. 그동안 그 지역 유대인들은 일괄 추방되었다.[24]

리젤로테가 그다음 머문 곳은 독일에 병합된 과거 폴란드 비엘룬의 바르텔란트호텔이었다. 그녀는 1940년 10월 초에 새로이 '회복된' 그곳의 식민화 작업을 촬영하기 위해 그곳에 갔다. 그곳의 식민화 작업은 알자스의 독일화보다 어려운 과제였다. 리젤로테는 그 도시에 유대인이 굉장히 많다는 것을 한눈에 알아보았다. 그녀는 그 유대인들을 '교통 장애'로 간주했다. 그들이 포장도로가 아니라 흙길에서 강제노동을 한다는 이유 때문이었다. 1940년 10월 말 그곳 유대인들에게 정복을 입은 독일인 앞에서는 모자를 벗어 경의를 표하라는 명령이 내려졌다. 일부 관리들은 말 채찍과 개 채찍을 들고 산책을 하면서 유대인들이 그 명령을 실천하는지 확인했다. 1939년 12월 친위대 식민청은 바르텔란트 서부―과거 프로이센 땅―를 유대인이 없는 땅으로 만들기 위한 추방 작업을 개시했다. 그 작업은 그러나 겨울철 석탄 부족 때문에 중단되었다. 그리하여 바르텔란트 동부에서 가장 중요한 도시인 우치의 유대인들은 추방되는 대신 임시 게토에 갇혔다. '대독일' 안에 설치된 최초의 게토였다.[25]

리젤로테 푸르퍼는 리츠만슈타트―1915년에 그곳을 점령했던 독일군 장군의 이름에서 딴 도시 명칭―로 촬영 여행을 가서 그곳 게토의 유대인들을 촬영했다. 개인 수집용이었다. 게토는 인기 있는 촬영지였다. 또다른 여성 사진 저널리스트 에리카 슈마흐텐베르거가 이미 〈뮌헨 화보저널〉에 '독일의 여섯번째 대도시'의 사진들을 게재했고, 히틀러의 개인 사진사 중 하나였던 후고 예거 역시 폴란드로 달려가서 쿠트노 게토의 유대인들을 컬러 슬라이드로 촬영했다. 예거는 허름한 초막에 사는 유대인들의 '민속지적' 사진과 아름다운 젊은 여성 유대인들의 전신상을 섞었다. 그러나 1940년 10월 리젤로테 푸르퍼의 바르텔란트 출장은 그들과 목적이 달랐다.[26]

바르텔란트는 식민 사업, 즉 '재-게르만화'의 모델 지역이었다. 그뒤 시기까지 합하여 모두 61만 9천 명의 폴란드인이 한스 프랑크가 지배하는 '총독령 폴란드'로 '재이주'되었다. 독일인들이 이주해오도록 공간을 비워놓기 위해서였다. 그 폴란드인들 중에서 약 43만 5천 명이 바르텔란트 출신이었다. 바르텔란트의 신임 지구당위원장 아르투어 그라이저는 힘러의 인종 재배치 구상에 열렬히 공감하던 인물이었다. 추방민들은 1939~1940년 겨울에 음식과 물과 옷가지를 제대로 준비하지도 못한 상태에서 강제로 기차에 실렸다. 그중 많은 사람이 유대인이었다. 그래서 루블린의 고위친위 경찰지도자였던 오딜로 글로보스니크는 1940년 2월에 이송을 의도적으로 늦추어 유대인들이 '굶어죽도록 허용되어야 한다'고 제안했다. 크라쿠프, 데비차, 산도미에시 역에서 열차 문을 열자 모든 화물칸의 어린이들과 어머니들이 동사해 있었다.[27]

리젤로테 푸르퍼의 과제는 재식민 사업의 또다른 얼굴인 독일인들의 이주를 사진으로 기록하고 축하하는 일이었다. 1939년 10월에 독일이 소련과 폴란드의 최종 분할선에 합의했을 때, 양국의 합의 사항 속에는 독일인 혈통들을 질서 있게 이주시킨다는 항목이 포함되어 있었다. 바르텔란트에 도착한 독일인 혈통들의 일부는 동부 폴란드의 볼히니아에서 왔다. 그들 중 다수는 심지어 독일어조차 할 줄 몰랐다. 발트해 지역에서도 6만 명이 왔다. 발트해 독일인들이 새 땅으로 이주하면 700년을 거슬러올라가는 자랑스러운 독립적 삶의 역사를 끝내는 것이었는데, 그들은 소련의 진주가 임박하자 독일 정부의 표현으로 '고향인 제국'으로 돌아가는 데 동의했다. 리젤로테는 발트해 지역 출신의 독일인 혈통들이 불평이 너무 많고 충분히 고마워할 줄 모른다고 생각했다. 그녀는 볼히니아와 갈리치아의 폴란드-우크라이나 국경지대에서 온 소박한 농민들에게서는 좋은 인상을 받았다. '우리가 찾아갔을 때 모든 얼굴에서 행복이 빛났다.' 그들은 몇 달 동안 임시 수용소에서 집과 농장과 농기구들이 준비될 때까지 기다려야 했지만 그녀를 보고는 진정 고마워했다. 그들이 원한 것은 그저 땅을 일구는 것, 그래서 '독일 인민에게 빵을 주는 것' 하나뿐이라고 푸르퍼는 생각했다.[28]

1940년 11월 리젤로테는 루마니아에 거주하던 독일인 혈통들이 베사라비아, 부코비나, 도브루자로부터 바르텔란트로 이주하는 것을 촬영했다. 그리고 친위대 식민청 관리들과 합류하여 흑해 콘스탄티아 항구 근처의 독일인 혈통 촌락을 방문했다. 그녀는 회반죽을 칠한 작은 초막을 찾아가서 짐을 싸는 농민들이 무엇을 기대하는지 이야기를 나누었다. 그녀는 그 농민들과 함께 도나우 증기선을 타고 루마니아 철문鐵門강의 협곡과 폭포들을 통과했으나 그들과 가까워지지 않았다. 그녀의 일기에 두드러지는 것은 '아직 소독도 하지 않은' 독일인 혈통 이주민들로부터 이가 옮지는 않을까 하는 걱정이었다. 그녀는 위생에 강박적으로 집착했다. 심지어 화물선에서 잡은 이의 수를 채점카드에 기록했다. 10분에 20마리였다. 그런 어려움 때문에 그녀가 목적지에 도착했을 때 마치 전장에서 돌아온 '빛나는 승장'의 느낌이 들었다. 그녀의 일기장과 그녀가 찍은 사진 모두에서 독일인 이주민들은 '구' 제국 독일인들이 베푼 자선의 수동적인 수령인으로 나타난다.

벨그라드에서는 리젤로테의 절친한 친구 마르고트 모니어가 합류했다. 리젤로테가 일기에서 언제나 처녀 때 이름의 줄임형 '하다'로 부른 마르고트는 여행을 만끽했다. 그녀는 리젤로테의 촬영 작업에서 조수 역할을 톡톡히 했는데, 사실 하다는 나치 여성회 사진 분과 과장이었다. 그리고 그녀는 독일 라디오 방송 책임자 오이겐 하다모프스키의 여동생으로 나치 여성회에서는 리젤로테의 후견인 역할을 했다. 두 젊은 여성은 즐기는 방법을 아는 사람들이었다. 예컨대 두 사람은 부다페스트로 쇼핑 여행을 다녀오기도 했다. 더욱이 벨그라드의 친위대 식민청 책임자가 리젤로테의 오랜 집안 친구였다. 그는 리젤로테를 벨그라드의 밤 생활로 안내했다. 우아하고 위트 넘치는 두 젊은 여성은 남자들을 구슬려서 이용해먹는 재주가 탁월했다. 그렇게 그들은 루마니아 관리의 검문을 통과했고, 쇼핑한 물건을 독일 역무원의 도움을 받아가며 독일로 가져갔다. 두 사람은 또한 기사답기는 하지만 무딘 친위대 장교들을 동반하고 부다페스트성으로 야간 소풍을 가기도 했다. 두 여성은 증기선에서 오스트리아 대위와 장교들의 에스코트를 받았고, 이어서 빈으로 가는 열차에 올랐다. 빈에 도착하자 리젤로테와 하다는 기념으로 '마지막 벼룩'을 익사시켰다.[29]

바르텔란트에서 스물여덟 살의 리젤로테에게 깊은 인상을 준 사람들은 제국노동봉사단 의무의 일환으로 이주민들을 돕기 위해서 독일에서 온 소녀들과 여대생 자원봉사자들이었다. 소녀들은 폴란드인 농장에서 폴란드인들을 어렵게 끌어내고 짐을 싸도록 하는 일도 도왔다. 노동봉사대 소속의 열여덟 살 소녀들은 빈번히 친위대 남성들 옆에 그들과 동수同數로 배치되어 이주 작전에 투입되었다. 일부는 기차역에서 독일인 이주민을 환영했고, 다른 일부는 친위대원들이 폴란드인들을 끌어내는 것을 보조했으며, 폴란드 여성들을 감시하여 그들이 새로 들어올 독일인들을 위하여 자기 집을 말끔하게 청소하고 떠나게 했다. 한 여대생 자원봉사자는 자신의 활동을 집에 전하면서 친위대가 폴란드 촌민들을 헛간에 몰아넣은 작전에 대하여 다음과 같이 썼다.

저 짐승들에 대한 동정심요?—아뇨. 나는 저런 사람들이 존재한다는 것에 소름이 돋아요. 그들 존재 자체가 우리에게 무한히 낯설어요. 도저히 납득할 수가 없어서, 그들에게 닿는 것조차 불가능해요. 내 생애 처음으로 그들이 죽든 살든 무관심해요.[30]

폴란드인이 재산권을 보존할 수 있는 유일한 방법은 정복 지역에 구축되던 새로운 '민족 리스트'에 '독일인'으로 분류되는 것 하나뿐이었다. 독일인으로 등록되는 것은 자동적으로 더 나은 배급, 더 나은 교육 기회, 더 나은 고용 전망을 의미했다. 정복 지역 나치 책임자들은 독자적인 방식으로 '재—독일화' 프로그램을 실시했다. 인종 심사를 친위대에 맡긴 그라이저의 가혹한 방식이 모든 지역에서 시행되었던 것은 아니다. 핵심 공업지대인 고지 슐레지엔은 숙련노동이 결정적으로 중요한 지역이었다. 그래서 사실상 거의 모든 주민이 독일인으로 분류되었다. 동포머른도 비슷했다. 단치히—서프로이센은 1939년에 독일인 혈통 민병대가 폴란드인들에게 최악의 폭력을 자행했던 곳이었다. 그곳 주민들도 대부분 독일인 혹은 '독일 민족공동체의 완전한 구성원이 되는 데 필요한 특질을' 보유한 사람으로 분류되었다. 독일인으로 분류되느냐 아니냐는 그들의 노동 능력에 달려 있었다. 그리고 알자스에서처럼 남자들에 대한 새로운 리트머스 시험지는 군입대였다.[31]

그 두 가지 범주에 속하지 못한 폴란드인들에게는 복종 명령이 대거 발령되었다. 지구와 지구, 독일에 병합된 지역과 총독령 폴란드의 구분이 적용되지 않았다. 폴란드 학교는 애국주의 과목으로 간주되던 모든 교과,

즉 체육, 지리, 역사, 민족 문학을 가르칠 수 없었다. 바르텔란트에서는 폴란드어 교육도 금지되었다. 더욱이 독일어 수업을 하더라도 '폴란드인이 독일인인 척하는 것을 막기 위하여' 정확한 독일어 문법을 가르치지 않았다. 그동안 폴란드인 교사와 성직자들 대부분이 이미 처형되거나 추방되었기에, 수업은 대형 교실에서 하루에 두 시간만 진행되었다. 그 수업 시간에 독일 농부의 아내와 독일군 하사들이 폴란드 어린이들에게 '청결과 질서, 독일인에 대한 공손한 행동과 복종'을 가르쳤다.[32]

수많은 폴란드인이 강제로 총독령 폴란드—히틀러가 '자연적인 보호구역'이라고 칭했던 지역—로 '재이주'되는 동안, 그보다 많은 수의 폴란드인들이 독일로 보내졌다. 1939년에는 전쟁포로 30만 명이 독일로 이송되어 농촌에서 추수 일을 했다. 그때만 해도 독일로 가려는 폴란드 민간인들이 부족하지 않았다. 그들은 그곳에 더 나은 고용 기회가 있다고 믿었다. 1940년 5월 말 독일 내 외국인 노동자가 85만 명이었다. 그중 2/3가 농촌에 고용되었는데, 폴란드 계절노동자들이 독일 농촌으로 오는 것은 전통이었다. 민족적—그리고 인종적—순수성을 고집하던 나치 정권은 폴란드인들이 독일 도시에 살고 일하는 것을 달가워하지 않았다. 당시 군수산업의 노동력 부족 사태의 추이는 절망적이었다. 그 공장들이 프랑스전쟁 이후 군복무에서 벗어난 독일인 숙련 노동자들에게 의존하여 겨우 작동하고 있었음에도 불구하고 폴란드 노동자들의 존재를 싫어했던 것이다.[33]

나치는 '국내전선' 전체를 여성적인 가정의 영역으로 간주했다. 이제 위협적인 외국인 노동자들이 그 속으로 침투하고 있었다. 젠더화되고 성애화된 나치의 관점은 남성의 영역과 여성의 영역을 분리한 19세기 이상에 근거했다. 노동과 정치와 공적인 삶은 남성의 영역이었고, 여성은 가족과 가정에 집중해야 했다. 공적 영역과 사적 영역이 19세기 전반기의 비더마

이어적인 목가에 따라 조직되었던 것이다. 그러나 1차대전 때 독일 여성들은 군수공장에서 육체노동을 하고, 엔지니어 작업을 넘겨받고, 전차를 운전하고, 적십자 간호사로 일했다. 따라서 젠더화된 공사 구분은 그때 이미 붕괴되었다. 나치는 가부장적인 이상을 고수했다. 그러나 여성들이 공적 영역으로 진출하는 패턴은 2차대전에서 더욱 두드러졌다. 대학의 여학생 수가 그때처럼 높았던 적이 없었고, 그 이전 어느 때보다 많은 여성이 전문직으로 진출했다. 나치는 남녀 분리의 관점을 포기하는 대신 그것을 재정의했다. 여성에게 할당된 '전통적인 영역'인 가정을 국내전선 전체로 확대한 것이다. 그에 따르면 사회적인 협회 활동이나 노동은 남성에게 할당된 '집 바깥' 활동에 포함되지 않았다. 공적 활동은 이제 조국의 국경을 방어하는 활동을 가리켰다. 여성의 영역이 극적으로 확대되어 과거 여성들이 배제되었던 거의 모든 사회적·경제적 활동을 포함하게 된 것은, 여성이 참여하지 않는 영역이 하나 따로 존재했기 때문이었다. 바로 군대였다. 그러나 여성들은 개전 이전에 이미 경찰로 진입했고, 전쟁에 돌입해서는 여성 40만 명이 적십자 간호사로 동원되었다. 여성들은 군대에서 전화와 체신 작업을 맡았다. 그들은 기센에서 두 달 내지 석 달간 교육을 받은 뒤에 투입되었다.[34]

그러나 나치 독일에서 '총을 든 여성'은 여전히 터부였다. 총을 든 여성에 대한 부정적 이미지는 독일군 병사들이 폴란드 여군에게 극단적인 폭력을 가하도록 한 것이기도 했다. 남성의 명예는 전적으로 군복무, 전우애, 차분한 전투 감정과 결합되어 있었다. 그리하여 '전쟁신경증자와 겁쟁이와 탈영병은 명예로운 남자가 아니기만 했던 것이 아니라 진정한 남자가 못 되었다. 의당 여성의 명예는 여전히 순결과 성적인 덕성의 견지에서 평가되었다. 독일 법무부가 1943년에 새삼 발령한 가이드라인도 기존의 공리를 반복했다. '전쟁포로와 성관계를 맺은 독일 여성은 전선을 배신한 것이고, 민족의 명예를 손상한 것이며, 독일 여성의 국제적인 명성을 해친 것이다.' 그렇듯 개별적인 남성과 여성의 몸이 독일 인민의 명예를 체현하는 것으로 간주되었다.[35]

나치당은 민족 명예의 수호자를 자임했다. 나치당 인종정책국 국장은 1940년 8월에 다음과 같이 주장했다.

> 인종정책이 의심의 여지 없이 요구하는 것은, 외국인 노동자의 집중이 독일인의 혈통에 가하는 감염과 오염의 특별한 위험성에 대항하여 가능한 모든 수단을 동원하여 싸워야 한다는 것이다. …… 그 외부인들은 최근까지만 해도 우리의 맹렬한 적이었고, 내적으로는 오늘날도 여전히 그러하다. 그들이 우리 인민의 생명적인 본질을 침해하고, 독일인 피를 가진 여성을 수태시키고, 우리 청소년들을 타락시키는 것을 가만히 지켜보아서는 안 되고, 또 그럴 수도 없다.

게슈타포와 친위대는 전선으로 떠난 남편과 아버지와 형과 약혼자를 대신하겠다고 자임했다. 외국인 노동자들이 밀어닥치자 게슈타포는 포괄적인 '접촉 금지' 명령을 내리고, '사적이고 친밀한—우호적인 관계', '폴란드인들에 대한 우호적이고 사교적인 태도', 자기 몸을 '폴란드인에게 주는 행위' 등 특별 범죄들을 수사했다. 경찰관들은 '미끄러지는 경사면'이 '타락한' 태도로 이어진다는 고정 관념을 갖고 있었다. 학교에 무단으로 결석하고 노는 것이 청소년을 도둑질과 사소한 범죄로 유도하고 소녀들을 난교로 이끄는 것처럼, 폴란드인과의 모든 사회적 접촉은 결국 성교에 도착하고 마는 것이었다. 그러한 비관적 관점에 입각했기에 독일 경찰은 사소한 위반에도 단호히 개입하여 더 큰 무질서를 막아야 한다고 믿었다.[36]

게슈타포는 1940년 6월부터 '금지된 접촉'을 행한 폴란드 남자들을 공개적으로 교수하기 시작했다. 1940년 7월 초 헬름슈테트 인근의 잉겔레벤에서 독일 여성과 성교를 했다는 이유로 군 형무소에 수감되어 있던 폴란드 전쟁포로 한 명이 게슈타포로 넘겨졌다. 그는 '다른 사람들에 대한 경고의 의미로 가로수 나뭇가지에 매달아 교수당했다.' 1940년 7월 26일 스타니스라우 스밀이라는 폴란드 남성이 친위대 제국보안청의 명령으로 교수되었다. 파더보른의 게슈타포 지청이 심리적인 이유를 들어서 반대했음에도 불구하고 친위대 베를린 본부의 제국보안청은 공개 처형을 고수했다. 스밀은 길거리에서 유부녀에게 접근하여 이상한 소리를 내고 페니스를 보여주었었다. 8월 24일 게슈타포는 고타 형무소에서 17세의 폴란드 노동자 한 명을 끌어내어 도로변에서 교수했다. 그 역시 독일인 창녀와 성교했다는 이유로 기소된 인물이었다. 폴란드인 50명이 그 장면을 지켜보아야 했고, 독일인 군중도 운집했다. 그의 시체는 24시간 동안 전시용으로 매달려 있었다.[37]

공개적이고 치욕적인 형태의 사형은 일반인에 대한 경고였다. 비록 나치 국가가 원칙적으로는 심부름꾼, 짐꾼, 학동들에게까지 침투했지만, 그 국가는 인력이 부족하였기에 '금지된 관계'의 위험성을 과시하는 것 이상의 일을 할 수가 없었다. 게슈타포는 모든 곳에 있고, 모든 것을 알고, 모든 것을 할 수 있다는 명성을 얻었지만, 그들의 전체주의적인 열정은 인력 부족으로 인하여 한계에 부딪혔다. 게슈타포의 인력난은 전쟁 동안 더욱 악화되었다. 전쟁 이전에 게슈타포가 유대인 남성과 '아리안' 여성의 접촉을 통제했을 때와 마찬가지로 '민족공동체'의 규범 위반자들에 대한 처벌은 남들의 생활을 꼬치꼬치 알고 싶어하던 이웃들의 밀고에 의존했다. 그러나 게슈타포가 가혹한 처벌로 본보기를 보이려 했다는 사실 자체가 나치 정치경찰이 나치의 인종 규범을 보편적으로 강요하기에는 너무 약했다는 것을 인정하는 것이기도 했다. 전쟁 전체 기간 동안 게슈타포가 '금지된 관계'로 생산한 파일은 뒤셀도르프에서 165개, 팔츠에서 150개, 저지프랑켄에서 146개에 불과했다.[38]

공개 처형이라는 새로운 의례에는 포퓰리즘적인 측면도 있었다. 이미 1940년 3월에 에나 고등법원은 통탄했다. 사람들이 '금지된 관계'를 맺었다고 비난받는 여성을 기소 이전에 삭발시키고 범죄 행위를 알리는 플래카드를 들려서 마을을 일주하게 하는 일이 아예 규범이 되었다고 비판한 것이다. 1940년 11월 15일 아이제나흐에서는 당국이 독일 여성과 폴란드 남성을 연단 위의 기둥에 서로 등이 닿도록 묶어놓자, 사람들이 광장으로 몰려들었다. 여성의 삭발한 머리 위의 기둥에 '나는 폴란드인과 했습니다'라고 적힌 플래카드가, 남자의 머리 위 기둥에는 '나는 인종 훼손범입니다'라고 적힌 플래카드가 걸려 있었다. 엄마들은 아이들을 맨 앞줄에 세우거나 번쩍 들어올려서 그 모습을 보게 해주었다.[39]

사람들은 남자를 처형하는 장면을 해당 여성이 보도록 하라고 요구하기도 했고, 그녀도 똑같이 처벌하라고 요구하기도 했다. 때로는 독일 여성을 '유혹자'로 간주하기도 했고, 때로는 당사자가 제일 잘 알 것이라고 말하기도 했다. 레겐스부르크의 한 사건이 보여주듯이 '주민 다수는 독일인 여자에게 더 큰 책임이 있다고 생각했다'. 폴란드 남자야 '단지 성적 욕망을 만족시키려 한 것이지만, 그보다 더 많은 것을 기대할 수 있는 독일 여자는 민족의 명예를 손상시킨 것이다'. 그녀가 '우월한 문화'를 대표하기에 더 큰 책임이 있다는 것이었다. 나치 당국은 '명예' '인종' '문화'와 같은 개념들을 동원하면서 남편의 권리를 으뜸 패로 내밀었고, 지역 신문들은 해당 시민의 성생활을 자세하게 묘사했다. 기혼 여성의 경우에는—보통 군복무중인—남편에게 아내를 포기할 것인지 물었다. 그가 동의하면 여성은 보다 가벼운 처벌을 받거나 심지어 석방되었다.[40]

공공연한 형틀과 교수대를 다시 도입하는 것은 의당 문제를 일으켰다.

스트라스부르의 시민들은 교수대가 소녀 훈련장에 너무 가까이 설치되었다고 불평했고, 리히텐펠스 지구에서는 교수대가 '아름다운' 언덕을 망쳐놓았다는 비판이 나왔다. 나치는 분명 근대 초의 스펙터클한 처벌 방식을 재도입함으로써 공동체를 동원하려 한 것이었지만, 문화적 전통은 손상되었고 사회의 반응에는 찬성과 반대가 섞여 있었다.[41]

공개처형은 튀링겐에서 가장 성공적이었다. 친위대 정보국조차 주민들의 열광에 당황했다. 힐트부르크하우젠에서 폴란드인 스무 명을 집단으로 교수시킬 때 800명 내지 1천 명이 몰려들었다. 경찰이 참석하지 못하도록 막은 여자들과 아이들 600~700명을 포함하지 않은 숫자였다. 그러나 튀링겐은 이른 시기에 나치에 대한 지지로 돌아선 지역이었고, 개신교 목사들이 게르만교회를 적극적으로 받아들인 곳이었다. 그곳에는 상이한 관점에서 사태를 바라보도록 자극할 기관이 없었다.[42]

다른 곳, 특히 가톨릭 지역에서는 그렇게 직선적으로 진행되지 않았다. 새로운 속죄양을 만들려던 그 작업은 그 지역에서 사회적 통합을 창출하기는커녕 저항을 자극했다. 여성들이 성적인 이중 잣대를 비판했다. 1941년 초 밤베르크 길거리에서 프랑스 애인을 받아들였다는 이유로 한 여성을 수치 행진으로 끌고 갔다. 그러자 그것을 지켜보던 사람들이 '감히 물었다.' 프랑스에 있는 동안 프랑스 여성과 관계를 맺은 독일 남성에게도 똑같은 처벌이 가해질 것인가?' 친위대 정보국의 보고에 따르면, 군중 속의 여성들 대부분, 심지어 나치당원조차 비판에 동조했다. 누군가 외쳤다. '이제 필요한 것은 고문실이다. 그러면 우리는 완전히 중세로 돌아갈 것이다.' 그러자 군중 속에서 일부 남성들이 반발했다. '행진만 시킬 것이 아니라 "매질"도 해라.'[43]

새로운 의례에 대한 인도주의적 혐오감이 가톨릭 지역에서 표출된 이유의 하나는, 그들이 폴란드인과 프랑스인을 똑같은 가톨릭 신도로 간주하기 때문이었다. 뒤셀도르프 인근 켐펜의 게슈타포는 폴란드인을 교수하는 것에 극히 적대적인 반응의 원인을 교회의 영향력과 그러한 형태의 공개처형에 대한 교회의 반대에서 찾았다. 라인란트와 루르 지방은 산업혁명 이래 많은 폴란드 이주민을 받아들였던 곳이다. 그 지역 슈바인푸르트 게슈타포는 두 명의 폴란드인을 강제수용소로 보내기로 결정했다. 그중한 명은 15세의 독일인 소녀를 임신시킨 남자였다. 게슈타포는 '가톨릭 주민들에게서 나타날' '거대한 소동'을 피하려 한다고 강제수용소로 보내는 이유를 밝혔다. 1941년 10월 히틀러는 공개처형 자체는 놔두었지만 수치의례와 처벌만큼은 금지했다. 같은 시기에 히틀러는 전혀 다른 종류의 인도주의적인 항의에 직면하고 있었다. 독일의 가톨릭 주교들이 주도하는 항의였다.[44]

**

1941년 3월 9일 베를린의 가톨릭 주교 콘라트 폰 프라이징이 성헤드비히성당에서 열린 교황 피우스 2세의 대관 축하 미사에서 회중에게 말했다. 교황은 '그 어떤 경제적이거나 우생학적인 이유에서든 환자나 기형아를 죽이는 것에는 그 어떤 정당화도 변명도 있을 수 없다는 교회의 교리를 재확인하셨습니다.' 그것은 나치의 은밀한 '안락사' 프로그램에 대한 최초의 공개적 비판이었다. 개신교와 가톨릭 주교들 모두 안락사 작전을 이미 알고 있었다. 교회가 운영하는 요양원의 원장들이 그 프로그램의 최전선에 있었기 때문이었다. 그들 중 일부는 열정적으로 지지했고 일부는 극히 비판적이었다. 풀다에서 열린 가톨릭 주교회의는 그때까지 1년 반 동안 베르트람 추기경의 지도에 따라 정부에게 루머가 사실인지 묻는 온건하게 작성된 개인적인 편지를 보냈었다. 그러나 1941년 여름에 가톨릭교회는 합법적인 진정서로부터 과격한 공적인 반대로 전환했다. 1941년 8월 3일 뮌스터의 클레멘스 아우구스트 폰 갈렌 주교가 람베르트 교회에서 설교를 통해 안락사를 공개적으로 비판했다. 프라이징은 약자의 살인에 대한 교회의 반대를 추상적이고 일반적인 용어로 재확인했지만 갈렌은 열정적인 공격에 나섰다.

> 기독교 신자 여러분! …… 지난 몇 달 동안 우리는 오랫동안 정신병을 앓고 있고 또 치료 불가능해 보이는 환자들이 베를린의 명령에 의하여 정신요양원으로부터 강제로 이송되고 있다는 보고를 듣고 있습니다. 그런 뒤 얼마 지나지 않아서 가족들에게 시신이 화장되었다, 재를 보내줄 수 있다는 통고가 전달됩니다. 정신병 환자들의 그 많은 예기치 않은 죽음이 자연적으로 발생한 것이 아니라 의도적으로 유발되었다는 의심, 그리고 그 일이 민족과 국가에 더이상 가치가 없는 소위 '무가치한 생명'은 파괴할 수 있다는, 다시 말해 죄 없는 사람을 죽일 수 있다는 교리에 의거한 것이라는, 사실에 가까운 의심이 일반화되고 있습니다.

갈렌은 강단에서 뮌스터 인근의 마리엔탈요양원 환자가 최초로 이송된 것에 대하여 상세히 설명했고, 또한 자신이 그 지방 경찰청장에게 보낸 편지, 즉 의도적인 살인에 대하여 경고하는 동시에 형법 139조에 따라 '생명에 대한 범죄를 행하려는 의도'에 대하여 당국에게 고발해야 하는 자신의 시민으로서의 의무를 언급한 편지를 낭독했다. 갈렌은 이어서 핵심적인 윤리적 문제를 언급했다. '만일 "비생산적인" 인간을 죽일 수 있다는 원칙을 수립하고 적용한다면', 늙고 약하고 몸이 성치 않은 퇴역군인들에게 무슨 일이 일어날 수 있을 것인가. 갈렌의 설교는 상당한 파문을 일으켰다. 설교는 뮌스터란트의 교구 교회들에서 낭독되었고 쾰른 성직자들 사

이에서도 널리 유통되었다.[45]

의료 살인에 대한 루머의 출처는 다름 아닌 지역의 보건행정이었다. 보건 공무원들은 국가가 책임지고 있는 환자에 대한 의료비의 지불을 허가하는 권리를 갖고 있었고, 그래서 돈이 학살 센터로 흘러들어가는 것을 알 수 있었다. 공무원들은 서로에게 학살 정보를 얻고 유통했다. 그 정보는 상세하기도 하고 파편적이기도 했다. 갈렌은 사적으로 유통되던 그 정보를 교회의 독립성을 이용하여 공론화하기로 결정했던 것이다. 갈렌의 설교는 공개적인 도전장이었다. 설교가 선동적인 직접성을 보유했기 때문이었다.[46]

교회부장관 한스 케를, 나치당 총재실장 마르틴 보어만, 뮌스터 지구당 위원장 알프레드 마이어는 갈렌을 처벌해야 한다고 반사적으로 반응했다. 그들은 갈렌을 재판하여 시범적으로 국가전복 음모죄로 처형할 것인지, 아니면 조용히 체포하여 수용소에 보낼 것인지, 그것도 아니라면 단순히 설교 금지 조치를 내려야 할 것인지 고민했다. 뮌스터란트의 지역 나치당 활동가들과 당직자들은 분노했다. 그들은 갈렌을 영국 간첩으로 비난했다. 괴벨스와 히틀러 역시 갈렌의 공적인 공격에 격노했다. 그러나 한때 가톨릭 신자였던 그들은 성급한 처벌이 일으킬 위험성을 잘 알고 있었다. 괴벨스는 '만일 주교에게 어떤 조치라도 내려지면 …… 우리는 뮌스터 주민들은 물론 베스트팔렌 전체를 전쟁 동안 포기해야 할 것'이라고 말했다. 히틀러 역시 사적인 자리에서는 승전 이후 갈렌의 머리를 취하겠다고 맹세했지만, 그냥 가만 놔두는 것이 가장 현명하다는 데 동의했다.[47]

가톨릭 주교들은 1941년 늦여름과 가을 동안 압력을 점증시켰다. 림부르크의 주교 안토니우스 힐프리히는 불과 8킬로미터 떨어진 하다마르의 성직자로부터 정확한 정보를 들었고, 8월 말에는 쾰른 대주교 및 파더보른 주교와 함께 내무부장관, 법무부장관, 교회부장관에게 집단으로 진정서를 보냈다. '우리는 그것(의료 살인)에 대하여 공적인 입장을 취하는 것을 우리의 의무로 간주합니다. 그것은 가톨릭 신자들의 교육과 계몽을 위한 것이며, 그래야만 우리 신자들이 도덕의 진정한 기초에 대하여 혼란을 겪지 않을 것입니다.' 3일 뒤 트리에르의 주교 보르네바써가 갈렌의 예를 좇아서 자신의 대성당에서 환자 살인에 반대하는 설교를 했다. 그는 2주일 뒤인 1941년 9월 14일에 그 문제를 또다시 언급했다. 살인죄를 정의한 형법 211조가 아직 유효한가? 갈렌 자신도 올덴부르크 성직자들에게 보낸 편지에서 자신의 설교를 낭독하라고 부추겼다. 그리고 1941년 10월과 11월에 영국 공군기들이 그 설교의 발췌문이 담긴 전단을 투하했다. 마인츠의 주교 알베르트 슈토르는 10월 말의 그리스도 왕 축일에 대성당을 빼곡하게 채운 신도들에게 설교했고, 프라이징은 위령의 날에 베를린 헤드비히대성당에서 문제를 다시 꺼냈다. 프라이징 주교는 대예산 영화 〈나는 고발한다〉를 조악한 선동물로 비판함으로써 그해 여름의 박스오피스 히트작을 정신병 환자들의 살인과 직결시켰다.[48]

볼프강 리베나이너가 감독한 영화 〈나는 고발한다〉는 다발성 신체 경화증으로 고통 속에 서서히 죽어가는 여성의 자살을 돕는 내용이다. 영화는 관객들을 그녀를 치료할 최선의 방법을 모색하는 의사의 시점과 그녀의 존엄사를 돕기로 한 그의 결정을 판결하는 배심원의 시점에 차례로 위치시켰다. 괴벨스는 의료 살인에 대한 그 조야한 선전 영화의 초안들을 일일이 검토하고 거부한 뒤, 실제로 채택된 '은근한 설득' 판본을 선택했다. 괴벨스의 선택은 그가 독일인들이 '안락사' 작전에 대한 진실을 듣기에 충분히 '둔감하다'고 생각하지 않았다는 것을 보여준다. 그가 보기에는 독일인들이 우선 의료 살인에 부드럽게 익숙해져야 했다. 안락사 작전에 투입된 전문직 엘리트들은 극단적인 공리주의를 생명권에도 적용하고 있을 뿐이라고 생각했다.

그동안 노동의 의지는 '반사회적인 인간', '삐딱한' 십대 청소년, '노동 기피자', 그리고 복지기관과 경찰이 유의하는 여타의 부류를 판정하는 핵심 기준이었다. 그러나 정신적·신체적인 장애에 부과된 낙인이 얼마나 강력했든, 독일 사회는 아직 일할 수 없는 사람에게 일하려 하지 않는 사람과 똑같은 처벌을 부과하려 하지 않았다. 게으른 사람과 장애가 있는 사람 사이에는 하늘과 땅만큼이나 큰 차이가 있었다. 갈렌이 제시한 가장 강력한 예는 중상을 입은 퇴역군인을 죽일 것이냐는 것이었다. 1941년 8월 11일에 아펜휠젠 교회에서 갈렌의 설교가 낭독되었을 때, 회중 속의 여성들이 소리 내어 통곡했다. 그들은 전선에 가 있는 아들들이 이제 '안락사' 당할 위험에 처했다고 믿었다.[49]

〈나는 고발한다〉는 갈렌의 충격적인 설교 직전에 출시되어 전국적인 히트를 기록했다. 1945년 1월까지 총 1,500만 3천 명이 그 영화를 관람했다. 그러나 관객들 모두가 환자의 선택 딜레마를 둘러싼 내밀한 드라마와 독일 요양원 병실에서 실제로 진행되고 있던 일괄적인 살인을 연결했던 것은 아니다. 사람들이 그 두 가지를 연결한 지역, 특히 뮌스터란트와 파사우에서 그 영화는 실패했다. 그 영화가 다른 지역에서는 매우 성공적이었다는 사실은 그러나, 당시 독일의 관심이 의료 살인에 초점을 맞추고 있지 않았다는 점을 보여준다. 지식과 항의가 균질적으로 확산되어 있지 않았던 것이다.[50]

친위대 정보국은 일부 지역, 특히 슈바벤 지방에서 공중보건에 대한 인민의 신뢰가 심각하게 추락했다고 보고했다. '많은 민족동지들이 엑스레이 검사를 거부하고 있다. 그들은 뮌스터와 트리에르 주교의 공포를 조장하는 설교에 따라 자신이 "비생산적"으로 분류되지 않을까 두려워한다.' 개신교도들 사이에서도 상당한 불안이 발생했고, 고백교회 성직자들 일부는 갈렌의 설교에 대하여 존경심을 표했다. 뷔르템베르크의 루터파 주교 테오필 부름은 1940년 7월에 교회부 목사들, 내무부, 제국총리실장 라머스에게 개인적인 항의 서한을 보냈다. 개신교는 그러나 공적으로는 반대 의견을 표하지 않았다. 가톨릭과 개신교 요양원 원장들이 서로에게 'T-4' 위원회가 곧 그쪽 요양원을 찾아올 것이라고 연락을 해준 한두 건을 제외하고는, 두 경쟁 교파는 협력하지 않았다.[51]

1941년 8월 히틀러가 요양원 환자들의 T-4 살인을 중단시켰다. 그러나 학살이 국가의 비밀이었기에 히틀러의 명령은 공개될 수 없었고, 그래서 교회의 항의는 계속되었다. 가톨릭 주교들이 압력을 견지한 데는 그들만의 이유도 있었다. 1941년 여름에 그들의 관심은 교회의 건물과 토지를 방어하는 데 있었다. 알자스와 로렌이 폴란드 서부 지역에 이어 제국에 병합되자, 정부는 가톨릭교회와 맺었던 1933년의 정교협약을 새로운 영토에 적용하지 않기로 결정했다. 그러자 게슈타포와 나치당 거물들이 전리품에 달려들었다. 1940년과 1941년에 300개가 넘는 수도원과 여타의 교회 건물과 토지들이 그들에게 약탈당했다. 그리고 그 실천이 '구 제국'으로 번지기 시작했다. 그러자 지역의 교회들이 강력하게 항의했다. 뷔르템베르크에서는 운터마흐탈 수도원과 켈렌리드 수도원 및 그 땅들이 수용되었다. 바이에른에서는 7개의 수도원이 폐쇄되었다. 그러자 농민들이 쇠스랑을 들고 뮌스터슈바르차흐의 베네딕트 수도원을 방어했다. 그 수도원 교회가 완공된 직후였다. 그런 직접 행동은 예외였다. 그리고 갈렌이 안락사를 비판하는 설교를 행한 시점은 교회 약탈 작업이 자신의 교구에 도착한 때였다. 그 지역 뤼딩하우젠의 수녀원이 국립 기숙학교로 바뀌었고, 수녀원 수녀 10명이 요리사, 청소부, 세탁부로 남도록 강요받았으며, 나머지 수녀들은 쫓겨났다. 뮌스터의 예수회 역시 교구를 옮기도록 강요받았고, 뮌스터 시 내의 수도원 재산이 1941년 7월에 수용되었다.[52]

갈렌이 의료 살인에 대하여 항의한 1941년 8월 3일의 위대한 설교는 나치의 과격한 정책에 대하여 그가 가한 세번째 공격이었다. 1941년 7월 13일과 7월 20일의 첫번째와 두번째 공격은 수도원을 세속 권력의 약탈로부터 방어하기 위한 것이었다. 그때 나치는 법의 통치에 따른다는 핑계조차 대지 않았다. 갈렌은 자기 교구 수도원에 소속된 세속 형제들 161명이 '야전에서 독일군 병사로 복무하고 있으며 일부는 최전선에 있다'는 사실을 언급하면서, 나치가 그 병사들의 '고향을 그들로부터 빼앗고 있다고, 그들의 집이기도 한 수도원이 그 어떤 정당화도 없이 가차없이 파괴되고 있다'라고 비난했다. 그때 주교들은 교회에 대한 나치의 공격을 독일 요양원에서 죄 없는 환자들이 살해되는 것과 연결했다.[53]

1941년 여름 교회와 나치당 갈등이 바이에른에서 한계를 벗어났다. 그것은 거의 전적으로 뮌헨과 고지 바이에른의 나치 지구당위원장이자 바이에른 교육부장관이던 아돌프 바그너 때문이었다. 그가 교회의 땅과 건물을 수용하자 신성한 땅과 전래의 질서에 대한 강렬한 지역감정이 자극받았다. 그럼에도 불구하고 바그너는 교회 부동산에 이어서 가톨릭 저널, 유치원, 특히 교육기관들을 세속화하려 했다. 여름방학 동안 지역 학교에서 십자가와 성화를 떼어내라고 명령한 것이다. 사태가 정점으로 치달았다. 바그너 같은 강경파에게는 그때가 교회와 교육과 분리시키는, 미처 달성하지 못한 과제를 완수할 최적의 시점이었다. 히틀러가 나치당에게 전쟁 동안 개신교와 가톨릭교회에 대한 공격을 금지했음에도 불구하고 바그너는 교회의 권력을 분쇄하라는 마르틴 보어만의 1941년 6월의 훈령으로 고무되었다. 정부 기관들과 나치당 평당원들이 그런 조치가 인기가 없다는 경고를 계속 보냈음에도 불구하고, 그해 여름과 가을 초에 고지바이에른의 초등학교 389개에서 십자가가 제거되었다.[54]

저항이 고조되자 바그너는 8월 28일의 명령을 철회했다. 그러나 지방과 지구의 나치당 활동가들은 문제를 위신 혹은 신념의 관점에서 바라보앉고, 그래서 작업을 포기하지 않았다. 결국 소도시와 농촌에서 분노한 군중과 일련의 충돌이 빚어졌다. 고지팔츠의 벨브르크에서는 1941년 9월 21일 주일 미사 직후에 주민들이 시장 사택으로 밀고 들어가서 시장을 집어던져 그가 권총을 꺼내드는 사태가 벌어졌다. 결국 시장의 아내가 학교 열쇠를 내주었고, 사람들이 십자가를 원위치시켰다. 많은 곳에서는 온건한 나치당 당원과 지역 관리들이 신자들의 탄원서에 자신들의 이름도 올리고, 항의 시위에 참여하고, 사건 보고서를 상위 나치 당국에 제출했다. 어머니들이 자식의 등교를 막는 도시와 마을도 많았고, 모금을 하여 십자가를 새로 구입하는 도시와 마을도 많았다. 휴가중인 병사들이 전사한 동료들을 기념하는 미사에 참석한 직후에 학교 교실에 십자가를 다시 거양한 곳도 적지 않았다.[55]

민헨과 프라이징의 추기경 대주교 파울하버에게 바이에른의 십자가 투쟁은 그동안 잃어버린 교회의 입지를 회복할 완벽한 기회였다. 파울하버는 1941년 8월 17일의 목회 서신에서 학교에서 십자가를 제거하는 행동을 전사자 묘지에 십자가를 세우는 행동과 대조했다. 4주일 뒤인 1941년 9월 14일에 수많은 교회에서 거행될 성 십자가 거양 축일 미사에서 그 목회 서신이 낭독될 예정이었다. 위험했다. 바그너는 바이에른 교육부에게 굴복하도록 지시하고 항의에 참여했다가 체포된 성직자 59명을 석방하도록 했다. 히틀러도 개입했다. 그는 그때까지 자신이 가장 신뢰하던 지구당 위원장의 하나였던 바그너에게 그렇게 어리석은 짓을 한번 더 할 경우 다카우 수용소에 집어넣어버리겠다고 경고했다. 그후 몇 달 동안 바그너는 바이에른의 라이벌들에게 정치적 입지를 잃어버린다. 1942년 6월에 그는 심장마비를 겪고 2년 뒤에 사망했다. 그뒤 나치당과 친위대의 과격파들은 다시는 교회와의 공공연한 충돌을 감행하지 못한다.

라인란트와 루르의 가톨릭 신자들의 반응은 엇갈렸다. 갈렌이 그 중대한 안락사 설교를 하기 하루 전날인 1941년 8월 2일 함의 남쪽에 위치한 베를에 전단이 뿌려졌다. 전단은 질문에 답하라고 요구했다. '나치는 왜 독일 안의 볼셰비키들과는 싸우지 않는가? 우리 전선 병사들은 아무것도 모르고 있는가?' 그리고 요구했다. '가톨릭이여 단결하라!' 나치당원의 아내들은 가게나 공방에 갔다가 욕설을 들어야 했다. 많은 사람이 그 일을 전쟁이 끝난 뒤에 당과 교회가 벌일 전면전의 리허설로 간주했다. 1941년 9월 중순 한스 알브링은 동료로부터 트리에르 주교의 설교 사본을 받아 보았다. 알브링은 많은 가톨릭과 마찬가지로 국내 가톨릭에 닥친 위험을 해외의 사탄이 주는 위험과 비교했다. 알브링은 친구 오이겐 알트로게에게 그동안 교회가 침묵을 지켜왔지만 주교들의 외침은 성경 속 '사도들의 편지'와 같은 힘을 발휘했다고 썼다. '내 말을 믿어. 너 또한 그런 일들에 대하여 더이상 침묵할 수 없을 거야. …… 이 야만인들이 파괴하려는 것은 교회만이 아니야. 기독교의 정신과 독일의 역사와 문화 전체야.'⁵⁶

그러나 국내의 가톨릭과 전선의 가톨릭 신도 중에는 주교들에게 반대하는 목소리도 상당히 많았다. 심지어 베스트팔렌 농촌 지구 테켈렌부르크의 경우 게슈타포 정보원들은, 반反교권적인 가톨릭 신자들은 수도승과 수녀들을 '이제는 마침내 노동 과정에 편입시키는 것'이 '무척 옳다'고 생각한다고 보고했다. '오늘날 …… 승리를 위하여 싸우고 일하는 것은 모든 독일인의 의무이다.' 또한 대도시의 좀더 세속적인 여론은 갈렌이 국내전선을 약화시킨다고 비판했다. 다만 그들도 '그 일을 꼭 전쟁중에 해야 하는지' 비판했다. 주교들이 1941년 가을 내내 항의를 지속하고, 특히 영국 공군기들이 독일 전역에 갈렌의 설교문 수천 부를 투하하자 주교들에 대한 비판이 고조되었다. 하다마르에 거주하는 어느 여성은 갈렌의 설교 사본 하나를 소유하고 있다가 체포되어 라벤스브뤼크 수용소에 6개월간 수감되었다. 풀려나서 귀가해보니 그녀의 일자리가 없어졌을 뿐 아니라 사람들이 그녀를 피했다. 가톨릭 병사 중에는 주교들의 '배신' 행위를 또하나의 '등에 칼을 꽂은 일'로 간주하는 병사도 많았다. 어느 병사 세 명은 1941년 9월 1일에 자신들의 교구 성직자에게 보낸 편지에 썼다. '여러분은 그 저주받을 중상모략 작전으로 1918년과 똑같이 국내전선을 뒤흔들고 있습니다'. 한 신실한 가톨릭 나치 병사는 보훔의 한 수도원이 영국인들과 연락하기 위해 무전기를 숨겼다는 루머를 듣고 경악하면서, 그러나 자신은 그것이 가능하다고 생각하지 않는다고 말했다. 실제로 많은 병사들이 전쟁 노력에 전적으로 헌신하지 않는 반동적인 교회 지도부와 관계를 끊겠다고 선언했다.[57]

의료 살인에 대한 1941년 주교들의 항의는 그들이 교회의 핵심적 이해 관계로 간주하는 사항에 대한 정부와의 갈등의 폭을 넓혀주었다. 그들은 1941년 9월과 10월에 바이에른 학교에 십자가를 원상 복귀시켰다. 그러나 히틀러가 더이상 교회 재산을 수용하는 것을 금지했음에도 불구하고 교회는 잃어버린 땅과 수도원 건물을 되찾지 못했다. 정부와 교회 어느 쪽도 승리하지 못했다. 갈등이 최고조에 달했을 때조차 갈렌의 비판은 지역의 나치 지도자와 게슈타포를 향했을 뿐 중앙의 나치 지도부로 확대되지 않았다. 1941년 7월과 8월에 갈렌이 행한 세 번의 비판은 모두 지도자 히틀러를 위한 기도로 끝난다. 결국 주교들은 베르트람 추기경이 제시하고 실천했던 틀, 즉 일정한 한계 내에 머물면서 정교협약의 특정한 위반 사항에 대하여 개인적으로 항의 서한을 보내는 방식으로 되돌아갔다. 갈렌도, 파더보른의 주교 로렌츠 예거도 더이상 의료 살인 문제를 공적인 이슈로 만들지 않았다.[58]

더욱이 1941년 8월 이후에는 'T-4' 작전에서보다 더 많은 정신병 환자들이 살해되었다. 어린이 살인은 아예 멈추지 않았다. 더욱 탈중앙화되어 진행되었을 뿐이다. 성인 살인은 1년간 멈추었다가 재개되었다. 1942년부터 1945년까지 정신질환자 총 8만 7,400명이 살해당했다. 1939년에서 1941년에 살해된 7만 명보다 더 많았던 것이다. 그리고 비슷한 수의 환자들이 살인 센터가 아닌 일반 요양원에서 굶주림으로 사망했다. 그리하여 피살자는 총 21만 6천 명에 달했다. 두번째 국면에서 나치 당국은 살인의 증거를 숨기기 위하여 더 많은 노력을 기울였다. 그러나 가톨릭 요양원에서 근무하는 성직자들이 그 소식을 교회 지도부에게 알렸고, 가톨릭교회는 1942년 11월이면 의료 살인이 재개되었다는 반박의 여지가 없는 증거를 확보했다. 그러나 풀다 주교회의는 문제를 공적으로 제기하지 않고 가톨릭 요양원들에게 작전에 협력하지 말라고 권고하는 선에서 멈추기로 결정했다. 갈렌조차 환자 학살이 재개되었다는 소식을 전달받았지만 공적인 휴전을 깨지 않고 그저 문의 서신을, 그것도 나치당 중앙 지도자가 아니라 지방행정부에 보냈다. 그는 답장을 받지 못했다. 그는 그 문제에 대하여 더이상 왈가왈부하지 않았다.[59]

1942년 8월 하다마르 요양원의 닳고 닳은 행정원장 알폰스 클라인과 점잖은 매너의 66세 의사 아돌프 발만 박사가 새로운 팀을 꾸렸다. 1942년 8월과 1945년 3월 사이에 그곳에 보내진 환자의 90% 이상이 죽었다. 최소 4,400명이었다. 성인 환자가 하다마르에 도착하면 그 즉시 노동능력이 있는 환자와 노동능력이 없는 환자로 나뉘었다. 노동능력이 없다고 판정된 환자에게는 일주일 동안 식사로 쐐기풀 수프를 단 세 번만 제공했다. 환자들은 굶어죽었다. 클라인과 발만은 매일 아침 만나서 살해할 환자들의 목록을 작성했고, 간호사들은 저녁 시간에 목록에 오른 환자들에게 알약 형태의 트리오날이나 베로날 독약을 먹였다. 환자가 다음날 아침에도 살아 있으면 모르핀 스코폴라민을 주사했다. 그리고 요양원은 시체 화장장 굴뚝에 연기가 자욱이 피어오르는 것을 막기 위하여 시체를 요양원 뒤에 새로 조성한 묘지에 묻었다. 가족이 참석하면 관 앞에서 짧은 미사를 보도록 했고, 가족이 오지 않는 경우에는 나신의 시체를 합동 묘지에 묻었다.

앞서 언급했듯이 '안락사' 작전 초기 국면에서 그 정보의 출처는 의료 인력 및 사회복지 공무원이었다. 의료비가 한 요양원에서 다른 요양원으로 이동함에 따라 그들이 돈의 궤적을 추적하면 환자가 최종적으로 어느 요양원에 도착했는지 알 수 있었다. 1942년부터의 두번째 국면에서는 새로운 정산 사무실이 설치되었다. 돈의 궤적을 감추기 위해서였다. 그처럼 관료 기구에 비밀의 층위가 포개지자 의도치 않게 의료 살인의 목표 하나가 훼손되었다. 살인으로 아낀 의료비가 군비로 들어가지 않고 지방행정 내부에 머문 것이다. 그리하여 환자를 학살한 지역의 지방행정 금고에 돈이 쌓였다. 헤센-나사우는 하다마르 살인으로 축적된 돈 수백만 마르크를 건물 신축, 전쟁 기념비, 나사우 공공도서관, 라인-마인 지방 오케스트라 지원금으로 전용했다.[60]

그러나 그 모든 예방 조치에도 불구하고 살인은 알려졌다. 1942년 10월, 하다마르 학살이 시작되고 두 달이 지난 시점에 라인 지방의 행정 청장이 아돌프 발만에게 왜 그 요양원 환자들은 도착한 직후에 사망하는지 이유를 물었다. 수석 의사는 자세한 사항은 말해주지 않았다. 그러나 전적으로 부인하지도 않았다.

> 생존 투쟁을 벌이고 있는 현 시국에, 병상 하나하나가 우리 인민의 가장 가치 있는 사람들에게 필요한 현상황에서, 의학적인 방법이든 그 외의 어떤 다른 방법이든 인간 공동체에 완전히 불필요한 그 개인들의 목숨을 연장하느라 의료 자원을 사용하는 것은 나의 민족사회주의 관점과 맞지 않습니다.[61]

정신병 요양원에서 살해당한 독일인은 그 어느 독일인 희생자 집단보다 많았다. 희생자들은 독일 사회 안에 친인척이 있는 사람들이었다. 가톨릭교회는 잠깐 동안이나마 민간 기관 중 가장 강력한 권력 기관으로서의 입지를 이용하여 대의를 위하여 투쟁하는 듯이 보였다. 그러한 제도적 힘의 뒷받침을 받지 못하는 가족들이 직면한 장애물은 많았다. 보건행정과 요양원 행정은 환자의 위급 상황을 알리는 전보의 발송을 고의로 지연시키거나 환자의 사망 날짜를 앞당겨 기록하는 등의 문서 술래잡기를 시행했고, 그래서 가족들이 환자가 죽기 전에 요양원을 방문하는 것조차 힘들었다. 그리고 요양원들은 1차 국면에서는 가족에게 환자의 종이 유골함을 보내주었지만 1942년 이후에는 가족들에게—비용을 부담할 능력이 있으면—장의사를 고용하여 시신을 수습하고 사적인 장례를 치르도록 했다. 얼마 지나지 않아서 장의사들은 요양원에서 공급한 관이 조잡하고 불완전하며 시신이 나신의 상태로 넘겨진다고 불평했다. 그러나 교회가 침묵하자 수십만 명의 가족들은 고립되었다. 가족들 일부는 환자가 살해된 곳에서 너무 멀리 떨어진 지역에 살았고, 일부는 실제로 무슨 일이 벌어지는지 정확히 알지 못했다. 많은 가족은 그들의 커뮤니티에서 고립된데다가 가문에 '타락의 질병'이 있다는 낙인에 절망하고 있었다.

환자를 도우려 하던 가족들도 있었다. 그러나 방법이 무척 부적절했고, 그래서 결국은 요양원에 의존했다. 그럴 경우 요양원은 일시적인 쉼터 역할로 그쳤다. 리아는 어머니가 처음으로 집을 떠나 정신병원에 입원했을 때 다섯 살이었다. 어머니 마리아 M은 1925년 이래 '정신분열증' 판정을 받았다. 그녀는 하이델베르크 정신병원과 비슬로흐 요양원에 잠깐씩 입원하고 귀가하기를 반복했다. 리아의 아버지가 1929년에 사망하자 언니 조피가 아홉 살 난 리아와 어머니를 돌보았다. 조피는 비슬로흐 요양원에 의존했고, 어머니는 그곳에 5년간 머물렀다. 다시 귀가하여 한동안 안정된 상태에 있던 어머니가 1941년에 다시 '목소리들'을 듣기 시작했고 불면증에 시달렸다. 어머니와 요양원 의사를 찾은 리아는 어머니의 증상이 만하임의 방공호 건설 작업 때문이라고 설명했다. 리아와 고모는 각각 요양원 원장에게 편지를 썼다. 리아는 어머니를 퇴원시켜 달라고 요청했고, 고모는 올케가 요양원에 머물러야 한다고 주장했다. 1942년 리아는 어머니를 귀가시키는 데 성공했다. 그러나 4주일 뒤에 마리아가 갑자기 폭력적으로 돌변하여 창과 부엌 가구를 부수었고, 딸은 어머니를 다시 요양원에 입원시켰다. 1944년 6월 6일 리아는 하다마르 요양원으로부터 어머니가 그곳으로 이송되었으며 '여행의 어려운 조건 때문에' 어머니 방문은 '특별히 긴급한 경우'로 제한된다는 편지를 받았다. 그로부터 얼마 지나지 않은 1944년 7월 13일 하다마르로부터 어머니가 늑막염에 감염되었다는 전보가 도착했다. 그리고 단 이틀 뒤에 부고가 도착했다. 리아는 1944년 7월 18일에 하다마르로 가서 어머니의 결혼반지, 저축 통장, 옷가지를 가지고 돌아왔다.[62]

그것으로 끝이 아니었다. 한 달 뒤에 리아는 하다마르의 수석 의사 아돌프 발만에게 편지를 보내서 유전병에 대한 조언을 요청했다. 어느덧 결혼하여 아이를 낳은 리아는 어머니의 정신분열증이 아들에게도 유전될지, '그리고 만일 그렇다면 …… 내가 나 자신 그리고 그후에는 내 아들도 불임수술을 받아서 세포 속의 유전 형질을 제거해야 하는지' 물었다. 발만은 시간을 두고 생각한 뒤에 불행한 젊은 엄마에게 답장을 썼다. 그는 남편 가계에 병력이 없고 그녀 자신의 성장기에도 별다른 증상이 나타나지 않았으면 그 병이 다음 세대에 다시 나타나지 않을 것이라고 안심시켰다. 리아가 발만에게 보낸 그 이례적인 편지는 다른 많은 경우에도 나타났던 전형적인 패턴을 보여준다. 병들어 의존적인 가족을 돌보아야 하는 고통 속에서 리아와 고모는 요양원을 신뢰할 만한 안정된 파트너로 간주했다. 두 사람이 마리아를 집에서 돌보는 문제를 놓고 갈등을 빚었을 때 요양원은 심지어 로비의 대상이었다. 그들은 하다마르에서 벌어지고 있는 것에 대하여 저항은커녕 의심할 위치에도 있지 못했다. 이웃의 동정심에도 언제나 낙인이 포함되었기에 그들의 비극은 사적인 비극이었고, 비탄과 수치의 원인이었다.[63]

결혼식 전야: 이레네 라이츠와 에른스트 귀킹.

아버지와 아들: 아우구스트 퇴퍼빈과 카를-크리스토
프 퇴퍼빈.

아버지와 아들: 빌름 호젠펠트와 헬무트 호젠펠트.

폴란드인의 경험: 10세의 카치미에라 미카가 바르샤바에서 감자를 캐다가 독일군 공군기에 의해 사망한 언니를 발견한 장면.

독일인의 경험: 하인켈 He 111 P 폭격기 조종석에서 바라본 장면.

프리다 림플과 요제프 림플의 결혼사진. 남편은 1939년에 양심적 병역 거부로 처형됨.

프랑스 주둔 중에 에른스트 귀킹이 나치 저널인 〈제국〉을 읽고 있다.

상: 1939년 베를린의 방공 연습.

하: 롤라이플렉스 사진기를 걸고 있는 리 젤로테 푸르퍼.

상: 우치 게토의 한 구역에서 다른 구역으로 넘어가는 유대인들.

하: '본국 귀환': 도나우 증기선에 오르고 있는 루마니아의 혈통 독일인들.

크라쿠프의 카페.

파리의 카페.

프랑스 브레스트에서 독
일군 병사들이 창녀촌으
로 개조된 유대교 회당에
들어가고 있다.

독일 국내의 인종 분리
정책: 1940년 11월
15일 독일인 여성과 그녀
의 폴란드인 애인이 아이
제나흐의 광장 말뚝에 묶
여 있다.

프리츠 프로프스트(오른쪽 끝)의 1939년 성탄절.

쿠르트 오르겔(오른쪽에서 두번째)의 1945년 1월.

제3부

1812년의 그림자

: 1941년 여름~1942년 3월

제6장

독일의 십자군 전쟁

1941년 6월 22일 밤 작은 숲의 참호에 웅크리고 있던 병사들이 한번 더 장비를 점검했다. 공병대는 도하용 공격용 보트에 계속 펌프질했다. 소련과 루마니아 국경을 가르는 푸르트강은 폭은 상당히 넓지만 유속은 느린, 저지 몰도바 지대의 도나우강 지류이다. 의사 아들 헬무트 파울루스는 제305보병연대의 첫번째 보트의 하나에 올랐다. 연대장이 수신호를 보냈을 때 헬무트는 로마 검투사들과 그들의 인사법을 떠올렸다. '곧 죽을 자들이 황제께 인사드립니다.' 아비규환이 벌어졌다. 긴장한 하사가 반자동 소총을 보트의 옆면을 향해 발사했고, 또다른 보트의 병사들은 패닉에 빠져 허둥댔고 그 바람에 배가 뒤집혔다. 기관포와 탄약통이 강바닥에 가라앉았다. 병사들은 가슴 높이의 강물을 헤치고 다른 보트에 올라야 했다. 그들의 왼편에서 기관총이 발사되었다. 한 발도 맞지 않았다. 다른 부대들은 강 상류 반대편 강둑의 베사라비아 마을 스쿨레니에서 러시아인들을 공격하고 있었다.[1]

소련군 부대들이 후퇴하고 독일군 부대들이 전진함에 따라, 헬무트의 보병 중대는 언덕 꼭대기에 참호를 팠다. 여명 무렵부터 소련기가 독일군 교두보를 타격하기 위해 서너 시간씩 폭격을 가했다. 헬무트는 이틀 뒤에도 여전히 그곳에 있었다. 그는 대전차 참호 속에 웅크린 채 러시아 기계 사단을 기다리고 있었다. 반격하기 위해서였다. 헬무트는 일기에 적었다. '형언할 수 없는 감정이다.' 1940년 기본 군사훈련을 받던 시절 그는 프랑스를 정복한 독일군 병사들을 질투했었다. 이제는 자신이 '불세례'를 받을 차례였다. 그는 전율했다. 그의 중대에는 1차대전에 참전했던 중대장을 제외하고는 전쟁을 체험한 병사가 없었다. 그들은 7월 1일까지 교두보를 고수하면서 소련군의 반격을 견뎌냈다. 그들은 1차 집단으로 작전하도록 훈련받았고, 무엇보다도 서로에게 의존했다. 9일이 지난 뒤 제198보병사단이 마침내 진격을 개시했다. 헬무트의 중대는 핀두리를 공격하는 부대의 선두에 섰다. 병사 37명이 전사했다.[2]

헬무트는 제11군에 속했다. 그들은 루마니아 부대와 함께 소련을 침공한 350만 독일군의 최남단 날개를 형성했다. 게르트 폰 루덴슈테트 휘하 군집단남부의 목표는 소련의 곡창지대 우크라이나를 정복하는 것이었다. 히틀러는 소련의 유전을 탐냈다. 독일군이 코카서스 유전지대에 도달하려면 우크라이나의 흑해 연안을 통과해야 했다. 군집단북부는 레닌그라드로, 군집단중부는 모스크바로 향했다. 히틀러가 첫번째 소련 공격 명령을 내린 때는 그로부터 거의 11개월 전인 1940년 7월 31일, 즉 그가 영국 폭격을 지시한 바로 그날이었다. 히틀러에게 영국과 소련은 서로 결합된 공격 목표였다. '영국 공격'이 실패로 돌아가자 그는 영국을 봉쇄하고 영국의 동맹국인 소련을 제거하는 것이 영국을 협상 테이블로 불러내는 또다른 수단이라고 믿었다. 다른 한편 독일 독재자의 전략적 선택은 '유대 볼셰비즘'을 파괴하고 동유럽에 '생활공간' 식민지를 확보한다는 독일의 오랜 열망을 실현하는 것이었고, 그것은 히틀러가 『나의 투쟁』에서 선언한 목표이기도 했다.

영국 전선과 소련 전선을 연결하는 중요한 고리가 하나 더 있었다. 독일 공군이 1941년 6월까지 영국을 폭격하였기에 독일군은 동부에 병력을 배치하는 움직임을 은폐할 수 있었다. 소련 주재 영국 대사 이반 마이스키와 스탈린 두 사람 모두 속았다. 독일인 대부분도 속았다. 헬무트 파울루스 역시 도강을 훈련으로 착각했다. 1941년 6월 22일 일요일 소련 침공이 시작된 직후 날이 밝자 히틀러가 독일군에 하달한 선언문이 낭독되었다. 6월 22일 아침 5시 30분 괴벨스가 히틀러가 전날 불러준 비슷한 선언문을 라디오에서 낭독했다. 선언은 절제되어 있었다. '중대한 우려들에 짓눌려 몇 달 동안 침묵을 강요당하던 끝에 마침내 솔직하게 말할 수 있는 시간이 왔습니다.' 히틀러는 영국이 독일을 포위하기 위해 시도했던 역사를 늘어놓기 전에 소련이 최근에 영국에게 제공한 지원부터 언급했다. 그리고 그는 스탈린과의 동맹이 독일을 양면전으로 몰아넣으려는 영국의 시도를 분쇄하기 위해 어쩔 수 없이 택해야 했던 방편이었다고 인정했다. 자신은 소련이 핀란드, 유고슬라비아, 그리고 최근에는 루마니아를 침공하려는 그 모든 신호에도 불구하고 인내했다. 그러나 행동을 더이상 미룰 수는 없었다.

현재 러시아군 약 160개 사단이 독일 국경에 있습니다. 그리고 지난 몇 주일 동안 지속적으로 국경을 침범했습니다. …… 러시아 공군기 조종사들은 국경을 넘어 비행하는 것에 쾌감을 느끼면서 자기들이 이미 그 지역의 주인이 되었다고 생각합니다. 6월 17~18일 밤에 러시아 초병들이 또다시 독일 국경을 넘었고, 긴 총격전 끝에 격퇴할 수 있었습니다. 이제 어쩔 수 없이 유대-볼셰비키-앵글-색슨 전쟁광들과 모스크바 볼셰비키 센터의 유대인 권력자들의 음모에 맞서 행동해야 하는 시간입니다. …… 이 전선(북극의 핀란드로부터 흑해에 이르는)의 목표는 더이상 개별 국가의 방어에 있지 않습니다. 목표는 유럽의 안전이고 만인의 구원입니다. 나는 오늘 독일제국과 우리 인민의 운명과 미래를 다시 한번 우리 병사들에게 맡기기로 결정했습니다. 나의 주 하나님, 이 투쟁에서 우리를 도우소서![3]

그날 드레스덴 도심의 한 카페에서 한 여성이 유대인 클렘퍼러와 그의 아내에게 신문 특집판을 건네주었다. '우리의 지도자! 그는 인민을 보호하기 위하여 홀로 모든 적을 파괴했다!' 부부는 지역의 민심을 어림잡고자 했다. 1차대전에서 러시아군에게 포로로 잡혔었던 웨이터는 확신에 차 있었다. '전쟁은 바로 끝날 겁니다.' 커플 한 쌍과 출장중인 술에 취한 상인 한 명이 가세했다. 상인이 나치를 욕하는 농담을 하는 바람에 클렘퍼러는 깜짝 놀랐다. 그러나 그날 밤 일기에 클렘퍼러는 슬퍼하며 적었다. '모두 흥분해 있고, 승리에 대한 확신으로 가득하다.' 사람들은 쿠키 가게에서 춤을 추고 있었다. 다음날 전직 로망스어 교수 클렘퍼러는 4개월 전에 서재의 창문 한구석에 등화관제 밴드를 붙이지 않았다는 이유로 8일간 유치장에 수감된다.[4]

그날 헬무트 파울루스의 어머니 에르나는 바트 라이엔할의 한 호텔방에서 아래로 내려와 괴벨스의 라디오 연설을 들었다. 그녀는 아들에게 썼다. '머리를 한 대 맞은 기분이었단다. …… 우리는 오랫동안 동부에 군대가 집결된다는 소식을 들었어. 그렇지만 그게 사실이었다니 놀라워. …… 나의 첫번째 생각은 물론 너였지.' 엄마인 그녀는 열광하지 않았다. 그러나 패닉에 사로잡히지도 않았다. 그녀와 헬무트의 여동생 이름가르트는 바이에른 알프스의 밑자락에 위치한 작은 온천 도시에서 휴가의 나머지 나흘을 보냈다. 이름가르트는 자전거를 빌려 타고 인근의 브레히테스가덴으로 가서 보안 철조망 너머로 히틀러의 빌라는 아니더라도 게스트하우스는 볼 수 있었다. 한 달 뒤 헬무트의 아버지는 다른 자식들을 데리고 이탈리아 여행을 떠났다. 그 여행을 위하여 가속은 수년 동안 저축을 한 터였다. 그들이 브레너고개와 베수비오산을 오가는 동안, 헬무트의 어머니는 포르츠하임 집에 남아서 의사 남편의 외과 장비를 수선하는 작업을 감독했다. 그들은 아들의 안전에 대한 불안감에도 불구하고 전쟁을 그들의 여름 계획 안에서 소화하고 있었다.[5]

1941년 6월 23일 월요일 친위대 정보국은 전국 어디서나 독일인들이 소련전에 대하여 보인 첫 반응은 '완전한 경악'이었다고 기록했다. 스탈린과의 전쟁이 바로 그 시점에 발발하리라고 예상한 사람은 없었다. 두 나라 간에 새로운 합의가 이루어졌고, 조만간 스탈린이 베를린을 방문한다는 소문이 무성했다. 그러나 사람들은 새로운 현실에 놀랄 만큼 빠르게 적응했다. 전쟁이 선언된 첫날 오후와 저녁의 많은 보고서들은 '사람들이 정부가 러시아의 '배반 행위'에 대하여 군사력 외에 다른 방법으로는 대응할 수는 없었을 것이라는 믿는다'라고 강조했다. 일부는 장기전의 망령을 떠올리면서 동부에서의 전쟁이 영국에게 시간을 벌어주고 미국의 개입을 불러올 것이라고 예상했다. 특히 여자들은 독일인 병사들의 목숨을 걱정했고, 독일 전쟁포로들이 소련의 '아시아적 방법들'로 고통받을 것을 걱정했다. 그러나 다른 한편 핀란드가 겨울전쟁에서 소련군을 물리쳤다는 사실은 전쟁이 석 달 정도면 승리로 끝나리라는 기대감을 부추겼다. 말을 하면 할수록 독일인들은 '지도자가 러시아와 영국의 진정한 의도를 인식한 것'에 안도했다. 드레스덴의 한 카페에서 클렘퍼러에게 신문을 넘겨준 여성처럼 사람들은 '지도자에 대하여, 그리고 그가 국민들에게 그처럼 오랫동안 침묵을 지켜야 했던 것에 대하여 공감'을 표시했다. 뮌스터의 신문기자 파울하인츠 반첸은 많은 여성들이 울음을 터뜨렸다고 들었다. 패전할까 걱정해서가 아니라, 군사 작전과 그후의 점령이 가족들에게 기나긴 이별을 강요할 것이기 때문이었다. 반첸은 독일이 마침내 진정한 적과 맞붙게 되었다면서, 자신도 참전하고 싶어했다. 그가 가장 두려워한 것은 볼셰비키 괴물이 쓰러져서 엄청난 수의 소련군 포로들이 독일군 수중에 들어오면 독일군의 배급도 삭감되리라는 것이었다.[6]

병사 350만 명의 이동을 완벽히 비밀에 부치는 것은 불가능했다. 군대의 이동 배치는 사람들에게 독일과 소련 두 동맹국 간의 고조되는 긴장과 관련된 추측들을 자극했다. 뮌스터에는 베를린 평화회담, 소련군의 독일 침공, 독일군의 소련 침공, 스탈린의 막대한 양보 등 엇갈리는 루머가 만발했다. 신문기자인 파울하인츠 반첸은 나치 요원들이 동쪽으로 이동 배치되는, 작지만 중요한 흐름을 인지할 위치에 있었다. 가장 뚜렷한 예는, 친위대 정보국 뮌스터 지소장 카를 예거가 특공대 훈련소에 입소하여 반자동소총 훈련을 받고 단치히로 떠난 일이었다. 소련과의 불가침조약은 6월 22일까지 유효했기에, 선전전은 아직 전개되지 않고 있었다. 다만 동부전선에 살포될 전단 3천만 장과 팸플릿 20만 장이 인쇄되어 선전부에 보관되었다. 절대적인 보안을 유지하기 위하여 인쇄공들과 포장공들은 침공이 개시될 때까지 안가에 갇혔다.[7]

나치 당국이 국민들에게 소련 침공을 위한 심리적 준비 작업을 수행하지 않았음에도 불구하고, 히틀러의 '예방전쟁' 발표는 엄청난 반응을 일으켰다.[8] 그가 언급한 국경 침범은 1939년에 폴란드를 상대로 사용했던 핑계의 단순한 다시 듣기일 수도 있었다. 그러나 히틀러의 발표는 독일인들의 심층에 자리잡은 공포와 기억에 호소하는 것이기도 했다. 1914년에 있었던 러시아의 동원령은 심지어 반反군국주의적인 독일사민당조차 전쟁채권에 찬성하고 또 전쟁 동안의 '사회적 평화'를 선언하도록 설득했었다.

1914년 당시 러시아군이 동프로이센을 침공하자 사민당 기관지 〈전진〉을 포함하여 모든 독일 신문이 초토화하고 죽이고 약탈하는 '야만인', 사마리아인을 사살하는 야만인, 의료 시설을 파괴하는 야만인, 여자와 부상당한 사람을 봐주지 않는 야만인에 대한 소름 끼치는 이야기들로 도배되었다. 러시아 제2군이 1914년 8월 29일 탄넨부르크 인근의 전투에서 궤멸하자, 독일군 사령관 파울 폰 힌덴부르크, 나이도 많고 재능도 별로 없던 그가 즉시 그리고 오랫동안 독일인들의 영웅이 되었다. 소련군은 1941년에도 동원 상태에 있었다. 그러나 공격 준비는 하지 않고 있었다. 소련군은 방어 태세를 취하고 전선을 따라 늘어서 있었고, 그래서 독일군의 포위에 손쉽게 걸려들었다. 소련이 독일 침공을 계획한다는 아무런 증거가 없었음에도 불구하고 독일의 국내전선은 소련의 독일 침공을 기꺼이 믿었다.[9]

나치는 '볼셰비즘'에 대한 심층의 공포를 동원함으로써 1914년에 '야만적인 러시아'를 혐오하는 데서 하나가 되었던 것과 똑같은 넓은 공감대를 확보할 수 있었다. 과거의 사민당 투표자로부터 보수적인 민족주의자에 이르기까지 여론의 그 연합 전선은 심원한—그리고 공리적인— 중요성을 가졌다. 1939년에 많은 가톨릭 주교들은 영국과 프랑스에 대한 전쟁에 대하여 삼가는 투의 지지를 보냈었다. 그들은 리벤트로프-몰로토프 조약이 국내에서 반성직주의의 물결을 개시하는 것은 아닐지 우려했었다. 그러나 그런 일은 1941년 여름까지 발생하지 않았다. 국내에서 과격 나치와 갈등을 벌이고 있었음에도 불구하고 주교들은 소련에 대한 공격을 열성적으로 지지했다. 그들은 소련 침공을 '신을 모르는 볼셰비즘'에 대한 '십자군 전쟁'으로 축성했다.

뮌스터의 가톨릭 주교 갈렌에게는 독일 가톨릭이야말로 지도자를 지키는 진정한 애국자였다. 갈렌은 나치의 물질주의가 '승리하는 병사들의 등뒤에서 벌어지고 있다'라고 성토했고, 이는 친위대 정보국의 분노를 자아냈다. 그러나 다른 한편으로 갈렌은 국내의 물질주의와 무신론에 대한 가톨릭의 투쟁이 해외에서는 곧 볼셰비즘에 대한 십자군 전쟁이라고 강조했다. 새로운 전쟁은 '모스크바가 그릇된 볼셰비키 교리를 부과하고 독일과 유럽을 힘으로 지배하는 것'을 막을 것이다. 갈렌과 주교들은 성당에서 신께서 자신의 병사들을 승리로 이끌어달라고 요청하는 기도서를 읽었다. 그해 여름이 끝날 무렵이 되자 나치당과의 갈등도 잦아들었고, 뮌스터 주교는 1941년 9월 4일에 '유대-볼셰비즘'에 대한 전쟁을 지지하는 강력한 목회 서신을 발송했다. 갈렌은 히틀러의 말을 직접적으로 인용하면서 전쟁이 성격상 방어전이며, '수십 년 동안 모스크바의 유대-볼셰비키 지배자들은 독일만이 아니라 유럽 전체를 불태우려 시도해왔다'고 선언했다. 그해 여름 '민족동지들'의 어느 정치 진영도 나치연然하는 어법을 독점하지 못했다. 사람들은 그러나 서로를 의심하면서도 자신이 독일 '민족공동체'의 영혼임을 자임하면서 또다시 협동했다. 반볼셰비즘이 그들 모두를 집어삼켰다.[10]

1941년 6월 28일에 첫번째 전쟁 이미지들이 뉴스영화를 통해 살포되었다. 빠르게 수집되어 촌스럽게 편집된 뉴스영화는 샬케와 라피드 빈의 독일컵 축구 결승전으로 시작하여 몇 개의 사소한 외교 뉴스를 전한 뒤, 북아프리카 영국군 기지를 공격하는 독일군 급강하 폭격기와 대형 야포의 포격 이미지를 보여주었다. 괴벨스가 히틀러의 선언문을 읽는 장면에서 관객들은 죽음 같은 침묵을 지키다가, 괴벨스의 낭독이 끝나고 독일군 병사들이 최전선에 자리잡는 모습이 나타나자 우레와 같은 박수를 보냈다. 관객들이 적의 첫번째 이미지를 기다리는 동안 긴장이 고조되다가 마침내 누더기를 덕지덕지 걸친 전쟁포로 대형이 스크린을 가로지르자 사람들이 소리쳤다. '야만인' '하등인간' '범죄자'. 격분한 여자들은 그들의 남자들이 '저런 "짐승들"과 싸워야 한다'라고 불평했다.[11]

1941년 6월 30일 독일 전쟁범죄 조사관 몇 명이 리비우, 독일인들이 사용하던 과거 합스부르크 지명으로는 렘부르크에서 합류했다. 군법재판 판사 2명과 군의관 1명이 팀을 이루어 비밀헌병처럼 소련 형무소를 순회했다. 그들은 폴란드에 이어서 그곳의 독일군 포로에게 가해진 가혹행위들을 기록하고자 했다. 고유 소관은 아니었지만 그 팀은 소련 비밀경찰이 자국 시민들에게 가한 대량 처형과 고문 증거도 수집했다. 리비우 형무소 마당에 시신 한 구가 엎어져 있었다. 지하의 한 방에는 네 구의 시체가, 또다른 방에는 20구 내지 30구의 시체가 포개져 있었다. 판사 한 명이 기록했다. '소련 비밀경찰 형무소 마당에 시신을 대량으로 묻고 모래로 덮은 구덩이가 세 개 있었고, 건물 안 시신 더미의 한 여성은 유방이 잘려나간 상태였다.' 독일 정부 선전부에서 파견된 사진사 세 명이 소련군 형무소에서 천장에 닿은 시체 더미를 촬영했다. 시체 대부분은 목덜미 총격으로 사망한 모습이었다. 사진사들은 그것을 '유대−볼셰비키 테러'의 표식으로 정리했다. 그들이 리비우 방문 첫날에 발견한 것은 독일인 희생자가 아니라 많은 유대인 시체였다. 사진사들은 그 유대인들이 유대−공산주의 정권의 정치적 적으로서 시오니스트라는 죄목으로 피살되었다고 평했다.[12] 같은 날 리비우에서 한 독일군 병사가 아내에게 편지를 썼다.

이곳에서 우리는 견딜 수 없는 굴레로부터 해방시켜준 군대로 진심어린 환영을 받고 있어요. 나는 비밀경찰 지하실에서 당신에게 묘사할 수도, 묘사하고 싶지도 않은 장면들을 보았어요. 형무소에 3천 명 내지 5천 명이 금수 같은 방식으로 도살되어 있었어요. …… 나는 과거 때때로 볼셰비키 러시아에 대한 서술들 혹은 붉은 스페인에 대한 서술들을 선정성에 원시적으로 호소하는 과장으로 생각했었어요. 이제 나는 더 잘 압니다. …… 그들은 이 유대−아시아 무리를 우리의 오랜 문화의 나라에

풀어놓을 생각이었던 겁니다.[13]

괴벨스는 즉시 저널리스트와 라디오 방송기자 20명을 현장으로 파견했다. 1941년 7월 5일 나치당 기관지 〈민족의 파수꾼〉이 렘부르크를 '유대-볼셰비키' 지배의 표본으로 선언했다. 7월 8일 그 신문은 '독일군 병사들이 모스크바가 핏속에서 질식시키려 한 인권을 되돌려주고 있다'고 선언했다. 이에 뒤질세라 〈도이체 알게마이네 차이퉁〉은 독자들에게 유대인의 의례살인을 상기시켰다. 희생자들이 독일인이 아니었음에도 불구하고, 독일노동전선 수장 로베르트 라이는 신문에 소련 비밀경찰의 잔혹성은 그들이 '독일을 절멸시키려는 것'을 입증한다는 기사를 대문짝만하게 걸어놓았다. 라이는 또한 1939년 1월 30일에 히틀러가 한 경고를 상기시킨 최초의 인물이었다. 히틀러는 그때 새로운 세계대전은 독일인의 파괴가 아니라 유대인의 파괴로 이어질 것이라고 예언한 바 있었다.[14]

독일군 병사들도 리비우의 폭력 현장들을 촬영했다. 그들은 독일군의 진주와 함께 유대인들에게 새로이 닥친 린치 형벌도 촬영했다. 유대인들이 줄을 서서 형무소 문을 통과하면, 지역의 우크라이나 민족주의자들이 유대인들을 집단으로 구타했다. 병사 한 명이 일기에 썼듯이, 그들은 유대인들을 '채찍과 몽둥이와 주먹'으로 구타했다. 소련 전선을 촬영한 두번째 뉴스영화에는 라트비아인들이 리가에서 곤봉으로 유대인을 때려죽이는 장면이 잠깐 동안 나왔다. 친위대 정보국에 따르면 독일 영화관 관객들은 유대인에 대한 그 대중의 복수를 '격려의 환호성'으로 환영했다. 1939년에 독일 미디어가 브롬베르크에서 폴란드인들이 벌인 가혹행위의 증거들을 확보했을 때 폴란드가 독일 국경을 침투했다는 선전이 슬며시 없어졌듯이, 이번에도 소련군 부대가 독일 국경을 넘었다는 히틀러의 얄팍한 주장은 슬그머니 사라지고 그 대신 리비우의 끔찍한 장면들이 나열되었다.[15]

**

1941년 7월 초 한스 알브링은 쌀쌀하고 축축한 오두막에서 이빨을 떨고 있었다. 그는 프랑스 주둔중에 보았던 프랑스 문화재들을 기쁨 속에서 떠올렸다. 알브링은 새로 배치된 곳이 '유럽이 끝나는' 야만의 땅이라고 믿어 의심치 않았다. 그는 파리에 주둔중인 친구 오이겐 알트로게에게 쓴 편지에서 문화화된 '서양'과 그가 차를 타고 지나가면서 보았던 뚫고 들어갈 수 없는 '자연의 세계'를 대조시켰다. '소나무숲이 아득히 멀리까지 뻗어 있고, 오두막 몇 채. 원시.' 그 젊은 가톨릭 병사는 공산당 건물에서 발견한 마르크스주의 팸플릿의 조야함에 치를 떨었고, 가톨릭교회와 정교회 건물들을 파괴한 볼셰비키와 그들의 무신론에 분노했다. 그와 동시에 그는 소련 형무소의 시체 사진들과 시체 썩는 냄새를 기억해냈다. 그는 감자를 깎고 있는 유대인 여자들이 실제로 너무도 원시적이어서 '우스꽝스럽게 과장할 필요조차 없다'고 생각했다.[16]

존경스러운 것들도 많았다. 밝은색 드레스를 입고 흰색 머리 스카프를 두른 농촌 아낙들. 그들은 목조 교회 문 앞에서 그를 환영했고 야생화 꽃다발을 안겨주었다. 알브링은 숨겨져 있다가 세상에 다시 나온 오래된 성화들에 매혹되었고, 하얗게 센 턱수염을 길게 늘어뜨린 성직자들과 정교회 의례의 성가에서 깊은 인상을 받았다. 독일군 병사들이 그들만의 예배를 올릴 때, 농민들이 성화를 들고 모여들어 볼셰비키로부터 해방된 것에 감격해하며 눈물을 흘렸다. 알브링이 친구에게 썼듯이, '24년간 고통의 세월을 보내고 난 지금 이곳 사람들은 모두 단순한 영성체가 러시아인 한 사람 한 사람에게 무엇을 의미하는지 알고 있어.' 그와 대조적으로 '히브리 독일어,' 즉 유대인의 이디시어가 들리는 첫번째 마을들을 통과했을 때 그는 움찔하며 몸을 돌렸다. 알브링은 나치가 '유대 볼셰비즘'의 번식지를 가리키기 위해 고안해낸 용어인 '둥지'라는 표현을 사용했다. 나치가 국내의 가톨릭교회에 대하여 쏟아낸 말들을 얼마나 불신했든 상관없이, 그는 소련에 대한 나치의 관점을 전혀 의심하지 않았다. 뮌스터 주교 갈렌처럼 그는 '유대 볼셰비즘'에 대한 십자군 전쟁에 전적으로 헌신하고 있었다.[17]

그 십자군 전쟁은 알브링의 감수성을 심대하게 변화시켰다. 변화는 그가 1941년 8월 말 독일군 부대가 작은 물레방앗간 근처에서 빨치산들을 처형하는 장면을 목격하면서 시작되었다. 빨치산들은 한 명씩 독일군에게 목덜미 총격을 받고 구덩이에 처박혔다. 그러면 러시아인들이 시체 위에 염화칼슘을 뿌렸고, 이어서 다음 빨치산이 끌려나왔다. 알브링은 총알이 머리 밖으로 뚫고 나오는 것을 볼 수 있을 만큼 가까이 있었다. '그것은 고통스럽지만 정의로운 종말이야.' 그는 오이겐에게 일말의 의심과 함께 자기변명을 늘어놓았다. '네가 그것에 이르기까지의 과정을 안다면 사람에 따라 방법에는 동의하지 않을지라도,' 그는 문명인의 제스처를 취하면서 썼다. '그것은 signa temporis', 즉 '시대의 표식이야.' 그는 1939년에 폴란드에서 벌어지던 유사한 처형을 지켜보던 독일인들과 마찬가지로 처형 장면에 매혹되었다. '모든 것을 알려면 그리고 모든 것을 청산하려면 모든 것을 보아야 해.' 그는 처형의 정당성과 인종 정치를 의심하지 않았다. 그는 처형당하는 사람이 어떤 사람인지 알려고도 하지 않았다. 그를 매혹시킨 것은 다른 것이었다. 그것은 목숨을 끊어놓는다는 것의 신비—그리고 권력—였다. '우리가 고수하는 것은 무엇이고, 찰나의 시간에 목숨이 끊어지고 가버리는 것은 무엇인가?'[18]

군집단중부의 선두에 있던 프리츠 파른바허가 목격한 전쟁은 다른 종류의 전쟁이었다. 1941년 7월 20일 새벽 2시에 경보가 울렸다. 그의 포병대가 선두의 보병들을 위하여 엄폐 포격을 퍼부었다. 날이 밝자 경보가 오보였음이 드러났다. 파른버허는 일기에 적었다. '이런 일이 짜증스러울 수도 있다. …… 그러나 나는 보병들을 이해한다.' 정기적으로 박격포의 '정확한 정밀' 타격을 받다보면 '점점 예민해지기 마련이다.' 제136탱크·포병연대 참모 중위였던 26세의 파른바허는 훈련받은 대로 행동했을 따름이었다. 포병과 보병이 함께 구성한 제4탱크사단은 엘리트 부대로서 그 직전에 벨라루스의 작은 마을 체리코프를 점령했다. 승리의 여름날 해가 떠오르자 그 젊은 피아니스트는 그날이 일요일이라는 사실을 기억해냈다. 그는 시편 36편을 노래했다. '주의 인자하심이 하늘에 있고 주의 진실하심이 공중에 사무쳤나니.'[19]

간헐적인 전투가 재개되었고, 그 와중에 파른바허 포병대와 본부를 연결해주는 통신선이 끊어졌다. 파른바허는 사이드카를 타고 연대 사령부가 위치한 초소로 달려갔다. 그가 호프만 소령에게 보고하는 동안 소련군 탈영병들이 도착했다. 모두가 독일 공군이 살포한, 투항하면 선처해준다는 전단을 가슴에 안고 있었다. 소련군 병사 한 명은 정치위원이었고 다른 한 명은 유대인이었다. 파른바허는 일기에 적었다. '유대인은 사살하기로 결정했다. 사령부의 명령에 따르면 정치위원도 사살해야 한다.'[20] 호프만 소령은 용맹하기로 소문이 난, 가슴에 철십자훈장을 달고 있는 유능한 인물이었다. 그는 다른 정치위원들이 숨어 있는 곳을 알아내기 위해 자수한 소련군 정치위원을 심문했다. 그리고 부하에게 자신의 '유대인 위로기', 즉 룬 문자와 소련의 별들로 장식된 단단한 몽둥이를 가져오게 했다. 그는 도열한 참모들 앞에서 몽둥이에 박혀 있는 붉은 별에 눈을 고정시켰다. 이어서 유대인을 후려치고 그때 튄 피가 붉은 별에 쏟아지는 것을 응시했다. 이어서 그 유대인을 독일군 병사 다섯 명이 묻혀 있는 곳으로 끌고 가서 무덤 하나하나 앞에서 몽둥이로 유대인을 내려쳤고, 종내에는 총살했다. 파른바허에게 그것은 일요일을 끝내는 '가장 불쾌한' 방법이었다.[21]

높은 명성과 훈장을 보유한 상급 장교의 행동에서 파른바허가 느낀 불쾌감은 도덕적이고 종교적인 것이었다. 그러나 그가 그 행동에 절대적으로 반대했던 것은 아니다. 1941년 7월 2일 베레지나강에 부교를 놓은 뒤 파른바허는 연대의 가장 친한 친구와 함께 전투가 교착상태에 빠진 곳을 보러 갔다. 그곳의 하사가 독일군 부상병들이 어떻게 소련군에게 '짐승 같은 방법'으로 도살되었는지 설명했다. 총검으로 찔리고 두개골이 함몰되었다. 파른바허는 일기에 적었다. '그런 곳에서는 그릇된 관용을 베풀어서는 안 된다.' 그러나 파른바허는 그에 대한 보복으로 그의 연대가 '비정규군' 1백 명을 학살했다는 사실을 일기에 기록하지 않았다. 6주일 뒤 파른바허는 한 마을을 악착같이 방어하는 소련군을 만났다. 소련군 병사들은 전투가 끝난 뒤에도 벙커와 참호와 개인호에서 나오려 하지 않았고, 손을 들고 항복한 병사들 일부는 독일군 발밑에 수류탄을 던졌다. 파른바허는 적었다. '신병들이 포로로 잡은 러시아인들을 즉시 사살하는 것도 이해할 수 있는 일이다.' 그후 병사들은 항복하지 않으려는 소련군 병사들을 사살했고 마을 가가호호에 불을 질렀다.[22]

하나하나 그런 종류의 전쟁에 적응해가면서 병사들은 그때 습득한 새로운 규범들을 편지와 일기에 적었다. 독일군 병사의 시신이 훼손되면 적군은 포로로 잡지 않고 모두 죽인다. 저격병에 대해서는 1:100으로 보복한다. 모든 마을에 교수대를 설치한다. 한스 알브링은 1941년 10월 말 친구 오에겐 알트로게에게 그가 본 것을 기술하면서, 예술적, 종교적 준거점을 찾기 위해 가련하게 노력한다.

살아 있다는 것이 신의 선물로 느껴져. 우리가 인간과 목숨을 먹어치우는 이 괴물 러시아에서 생존해낸다면 말로만이 아니라 온존된 사지와 감각들로 신께 감사드릴 거야. 너와 똑같은 군복을 입은 동료 병사가 짐승처럼 도살된 것을 보면 그 모습이 네가 있는 곳의 네 정신지도에 들어와 박혀. 교수된 시체의 뚫어지라 응시하는 얼굴도 박혀. 사살된 시체로 가득찬 구덩이들—고야의 가장 어두운 그림보다 더 어두운 장면들—, 오, 오이겐, 잊으려 해도 잊히지가 않아. 그 구덩이에 가까이 있으면 평온한 감각은 모조리 사라지고…… 처절하게 공격당한 짐승, 무너져버린 비참한 인간이 남아. 여기 우리의 길에는 목숨을 잃었건 아직 살아 있건 그 자화상들이 흩뿌려져 있어. 복음 속에서 길가에 앉아 구세주가 오실 때까지 이런저런 일로 고통스러워하는 사람들과 똑같아. 나는 여기서 벌어지고 있는 것을 표현해주는 시를 아직 발견하지 못했어. 많은 일들이 영원히 말해지지 않고 보존되다가 사람들에게 직접 전해지는 시간이 올 거야.[23]

알브링은 그런 모습에 전혀 준비되어 있지 않았다. 1942년 1월이면 그는 유대인들을 '죽을 운명의 사람들'로 표현한다. 그는 육군 보안사단, 독일 경찰, 친위 특공대와 근거리에 있었기에 진격하는 군집단중부의 후미에서 벌어진 대량 처형을 목격할 기회가 많았다. 그러나 그후 그는 오이겐에게 사건을 단 하나만 언급했다. 1942년 3월 21일 최전선에서 그는 '마구잡이로 무질서하게 시체를 시체 위에 던져버리고는 했는데, 이제는 시체들이 가능한 한 잘 정리되었고, 사살된 유대인 시체 500구 위에 석회를 뿌렸어.' 알브링은 친구가 그 개략적인 언급에 경악할까 우려했는지 급히 덧붙였다. '이 편지에 여기서 발생한 일을 상세히 설명할 수는 없어.' 알브링이 자기검열에 도착할 때까지는 전선 복무 9개월이 필요했던 것이다.[24]

그러나 전형적인 학습 곡선이 있었던 것은 아니다. 군집단남부의 무전병 빌헬름 몰덴하우어 역시 유대인에 대하여 좋게 생각하지 않던 병사였다. 하노버 외곽 마을에서 잡화점을 운영하던 그는 안락한 지방 중간계급의 일원이었다. 그는 1937년에 나치 돌격대에 입단했고, 동부전선 소식을 전해주는 지방 신문을 정기 구독했다. 그의 정치적 입장은 그가 사용한 반유대주의 구호에 잘 나타난다. 헬무트 파울루스처럼 몰덴하우어의 전투 역시 루마니아에서 시작되었다. 그곳에서 그는 콘스탄타항에서 루마니아 유대인들을 배에 실어 추방하는 장면을 만족스럽게 바라보았다. 그는 전 형적이게도, 우크라이나에 진입하면서 목격한 빈곤과 억압을 유대인과 볼셰비키의 지배 탓으로 생각했다. 그는 집으로 보낸 편지에 썼다. 그동안 '여기의 관료들과 유대인들이 한 일은 선전밖에 없어.' 그러나 그의 무전 트럭이 1941년 늦여름과 가을에 유대인이 학살된 곳들을 돌아다니다가 어느 순간 그는 그가 목격한 것을 편지에 쓰기를 멈추었다. 그의 침묵에는 한스 알브링과 달리 개인적인 이유도 있었다. 빌헬름의 모계는 개종한 유대인의 후손이었다. 폴란드와 루마니아에서 그는 '카메라를 피하는' 유대인들을 열성적으로 찍었었다. 그러나 이제 그의 라이카 사진기는 허허벌판 스텝 지대를 가로지르는 여행기가 되었다.[25]

알브링과 몰덴하우어와 달리 독일군에는 '처형 여행자들'이 많았다. 그들은 유대인들과 빨치산들이 공개적으로 교수되는 모습을 찍었다. 예비경찰대 대원 헤르만 기셴은 브레멘에서 가게를 하던 사람이었다. 그는 자신의 경찰 대대가 어려운 과제를 맡았다는 것을 알고 있었다. 그는 그 일이 '폴란드에서와 조금 비슷할 것'이라고 상상했다. 리가에서 그는 영사기를 구입했다. 경찰 대대가 라트비아와 러시아에서 행할 작전을 찍어놓으면 그 필름이 '후에 기록이 되고 우리 아이들에게 매우 흥미로울 것'이라고 기대한 것이다. 1941년 8월 7일 그는 아내 한나에게 그의 경찰대가 벌인 작전에 대하여 썼다. 전날 밤 '유대인 150명이 사살되었어. 남자들, 여자들, 아이들, 모두 제거되었어. 유대인들은 완전히 절멸되고 있어. 사랑하는 H, 제발 그것에 대해 아무 생각도 하지 말아요. 그것은 그냥 그래야 해요.' 그는 재빨리 덧붙였다. '그 일에 대해서 아무 생각도 하지 말아요. 그건 그냥 그래야 해요. R에게 아무 말도 하지 말아요. 다음을 위해 남겨둬요!' 아들에게 '작전'에 대해 말하지 않는 것은 그후에도 되풀이되는 전형적인 후렴구다.[26]

기센의 경찰대가 레닌그라드로 방향을 잡은 군집단북부를 따라갔기에, 기센은 북적대는 라트비아의 도시들을 벗어나 북러시아의 숲 지대로 향했다. '잘 관리된 숲이 아니라 원시적인 숲이야. 잡목과 덤불이 가득한, 무질서하고 돌보지 않은 끔찍한 숲이야.' 그는 공산주의 성향의 함부르크 친척을 기억하면서 썼다. 'Z에게 말해줘. 그가 러시아에 와서 직접 보아야 해. 한 올이라도 영혼에 공산주의를 갖고 있는 사람은 여기 오면 모두 치료될 거야. 완벽하게.' 부대는 러시아 포로 10명을 앞세워서 숲길의 지뢰를 제거하도록 했다. 그러나 중년의 그 예비경찰은 곧 탈진해갔다. 그는 마을에서 빨치산을 찾아내는 것이 더 쉽다고 생각했다. 그러나 그는 곧 그곳에서 빨치산을 잡는 것이 매우 힘들다는 사실을 깨닫게 된다. 빨치산은 정보원을 이용해서만 잡을 수 있었다.

경찰대는 포로들의 입을 열기 위하여 포로를 부대 식당 바로 옆 기둥에 묶어놓고 밤새 음식과 물을 주지 않았다. 독일군 순찰대와의 교전에서 눈에 총을 맞은 소련군 포로 한 명이 끝내 고문에 굴복했다. 그가 경찰 중대를 빨치산이 숨어 있는 마을로 안내했다. 그러나 중대장이 너무나 무능했던 나머지 빨치산을 완전히 포위하지 못했다. 기센은 빨치산 십여 명이 비교적 안전한 숲으로 도망치는 것을 바라만 보았다. 그후 경찰대는 마을에 들어가서 자기들이 정복자가 아니라 해방자로 왔다는 내용의 포스터를 붙여놓았다. '약탈하는 자는 사살한다'는 문구는 마을 사람들에게 안전을 약속하는 듯이 보였다. 한 아낙이 경찰대를 위하여 커다란 솥에 계란을 삶기 시작했고, 다른 사람들은 우유와 절인 오이를 가져왔다. 중대장은 안전을 약속했으면서도 집들을 수색하여 그라모폰—'나는 그것을 오랫동안 찾고 있었다'—과 피륙 한 필을 착복했다. 헤르만 기셴은 그 조잡한 행동이 포스터와 대조되어 경찰에 대한 나쁜 인상을 줄까 걱정했다. 그러나 그는 자신의 임무를 자랑스러워했고, 독일 경찰대가 계속해서 해방자로 환영받으리라고 생각했다. '사람들이 공산주의자들과 유대인들과 정치위원들에게 너무나 약탈당하고 괴롭힘을 당했기 때문에, 그들은 그 불한당들이 제거된 것에 대하여 크게 기뻐하고 진짜 우리를 해방자로 보고 있어.'[27]

기셴이 러시아에 진입한 즉시 '총을 든 여자' 한 명이 경찰대에게 넘겨졌다. '스무 살의 어둡고 으스스한 여자이고, 군복을 입고 롱부츠를 신고 있었어. …… 여자가 그렇다니 끔찍해.' 그는 동료들이 그녀를 쏴죽일 것이라고 생각했다. 이발사였던 한 경찰관은 이미 '살인 전문가'가 되어 있었다. 그들은 그 여자의 사진을 찍었다. 당시 많은 독일인들은 공산주의가 여성의 자연적인 가정성을 왜곡한다고 믿었다. 그래서 소련 여군들은 스텝지역의 잔혹하고 길들지 않은 여성의 표본으로 간주되었다. 독일인들은 동시에 소련 여군에게 매료되었다. 독일의 뉴스영화는 이미 1941년 7월에 러시아 포로들을 보여주면서 땅바닥에 웅크린 소련군 여군을 줌업했다. 덧입힌 해설은 그녀가 바로 '군복을 입은 총 든 볼셰비키 여자'라고 강조했다. 독일 관객들이 영화를 보고 나서 열띠게 토론한 대상은 다른 포로들이 아니었다. 심지어 '아시아적' 특징들이 돋보이는 포로들도 아니었다. 바로 그 여군 병사였다. '그런 유형은 살려두어서는 안 된다'라는 것이 중론이었다.[28]

헤르만 기셴은 잔인한 남자도 아니었고 사디스트도 아니었다. 그는 비위가 약한 사람이었다. 그는 동료들에게 들은 처형의 세부 사항들을 아내에게는 전달했으나, 첫 넉 달 동안은 처형 장면을 떠났다. 자신의 약점을 의식한 그는 아내에게 한 경찰관이 중대 전체 앞에서 민간인 세 명을 처형함으로써 '연발총을 든 영웅'이 되었다고 썼다. 그가 마침내 처형 장면을 직접 보게 되었을 때, 그는 희생자들이 나무처럼 꼿꼿하게 서 있는 것에 충격을 받았다. '매우 빨리 진행되었어. …… 그 쇼를 본 뒤 우리는 아무 일도 없었던 것처럼 작업으로 복귀했어.' 그는 관습적인 정당화를 덧붙였다. '빨치산은 적이고 흉악범들이야. 사라져야 해.' 4주일 뒤에 그는 빨치산 여덟 명이 처형되는 모습을 촬영할 정도로 익숙해져 있었다.[29]

헤르만 기센처럼 집으로 보낸 편지에 유대인 학살에 대하여 쓰면서 나치의 슬로건을 인용하고 또 학살에 동의하는 경우는 독일군 병사들 중에서 소수였다. 병사들의 편지를 분석한 역사가들의 연구를 보면, 병사들의 편지에서 유대인에 대한 언급은 아예 없거나 주변적이다. 다른 사항을 언급하다가 지나가는 듯이 유대인 게토와 강제노동과 약탈을 언급할 뿐이다. 헬무트 파울루스는 집에 보낸 편지에서 그런 사건을 언급조차 하지 않았다. 헬무트가 독일 포르츠하임의 교양 있는 의사 집안에 보낸 편지는 1천 통 넘게 남아 있다. 그 편지에서 유대인에 대한 언급은 단 한 번, 소련으로 진격한 첫번째 주일인 1941년 6월 28일에 연대가 유대인 묘지에 본부를 설치했다는 것 하나뿐이다. 그러나 그후의 편지에서 유대인에 대하여 절대적으로 침묵한 것은 평범하다고 보기에는 너무나 완벽하지 않은가.[30]

그러나 그 침묵이 동유럽에서 벌어지고 있는 학살이 독일에 알려지지 못하도록 하지는 않았다. 침묵은 오히려 남편들이 아내들에게 말할 수 있는 것의 한계를 표시했다. 헤르만 기센처럼 말을 하는 경우에도 아이들에게는 비밀로 하려 했다. 군대의 공식적인 검열은 가족에 대한 병사 자신의 검열과는 다르게 작동했다. 군대의 편지 검열은 비교적 가벼웠다. 검열관들은 사단의 우편물 중에서 편지 샘플을 무작위로 고른 뒤 가끔씩 문장들을 검은색으로 덧칠했다. 다른 한편 검열관들은 매월 작성하는 군대의 사기土氣 보고서에 편지 속의 곤란한 내용들을 포함시켰다. 그러면 사령관들이 그것을 참고하여 전선 편지의 도덕적 가이드라인을 작성하여 병사들에게 제시했다. 그러나 가혹행위에 대한 소식은 휴가중인 병사, 가십, 인화하도록 집에 보낸 사진 필름 등을 통해 국내로 흘러들었다. 병사들과 장교들, 심지어 독일 이곳저곳을 다니는 경찰관들은 기차에서 만난 낯선 사람들에게 학살에 대하여 솔직하게 털어놓고는 했다. 심지어 선전부가 발간한 병사들의 전선편지 서한집에 1941년 여름의 대량 사살이 포함되어 있었다.[31]

전선 병사들이 대량 학살에 적응하는 방식은 다양했다. 학살의 역동성은 개개인의 도덕적·심리적 내면과 작은 부대 내부에서 작동하는 동시에 다양한 층위의 노출, 경험, 관여에 의해 여과되었다. 그 역동성은 심지어 부대별로도 매우 상이하게 작동했다. 특히 최전선과 후미의 차이가 컸다. 프리츠 파른바허가 속했던 최전선 기계화 부대는 정치위원들과 유대인 포로들이 선택적으로 학살되는 모습과 마을에서 솟는 불빛 정도만을 볼 수 있었다. 그리고 그때 학살은 부대가 떠나기 직전에 일부에서 벌어지는 순간적인 사건들이었다. 헬무트 파울루스, 빌헬름 몰덴하우어, 한스 알브링 같은 병사들은 선두 부대를 뒤따르거나 후미에 머물렀기에 더 많은 것을 목격할 수 있었다. 고트하르트 하인리치 장군, 제43군단 사령관인 그 신실한 루터교도는 '유대인 정치위원들'을 처형하라는 상부의 명령을 군대의 후미에서 '예방 테러'를 가함으로써 최전선 부대를 보호하라는 뜻으로 이해했다. 가공할 만한 대량 학살의 광란이 벌어진 곳은 전선의 후미였다.[32]

1941년 6월 27일 아침 제221보안사단이 비알리스토크를 점령했을 때 도로는 사람이 없이 고요했다. 제309경찰대대 경찰관 500명이 잔뜩 술에 취하여 그곳 도로변 창문들을 향하여 총을 무차별적으로 난사했다. 이어서 그들은 유대인 남자 수백 명을 유대교 회당에 몰아넣고 불을 질렀다. 그 불이 도심으로 번졌다. 일부 독일군 장교들은 마구잡이 폭력을 막기 위해 개입하기도 했다. 보안사단장 요한 플룩바일 장군은 경찰대 대대장이 너무 취해서 자신에게 신고조차 할 수 없는 것에 무척 실망했다. 그러나 그는 자신의 입장을 분명하게 드러냈다. 유대인 남자들 한 무리가 그의 발 앞에 엎드려 보호를 요청했다. 그러자 경찰관이 바지 지퍼를 내려서 그들에게 오줌을 갈겼다. 플룩바일은 그냥 가버렸다. 그는 상부에 보낸 보고서에서 유대인 2천 명을 학살한 그 사건을 얼버무렸을 뿐만 아니라 경찰관 일부에게는 훈장을 주었다.[33]

인종 폭력에 성적인 차원이 개재되기도 했다. 1941년 6월 29일 독일군이 라트비아의 수도 리가에 입성했다. 바덴-뷔르템베르크연대의 장교들은 그 즉시 술집 막사를 설치하고 '유대인 처녀 수십 명을 오게 하여 전라로 춤추고 노래하도록 강요했다.' 한 목격자의 진술에 따르면 '운이 나쁜 여성들은 강간당한 뒤, 마당에 버려져 사살되었다.' 서유럽을 점령한 뒤에는 엄격한 통제를 강요받던 병사들이 동유럽에서는 극단적인 성폭력을 마음껏 자행할 수 있었고, 또 자행했던 것이다.[34]

뮌스터의 저널리스트 파울하인츠 반첸의 추측이 옳았다. 친위대 정보국 뮌스터 지소장 카를 예거는 실제로 동유럽으로 파견되었다. 예거는 동프로이센 굼비넨에 도착하여 친위대 특공대 A에 합류했다. 그는 친위대 준장 프란츠 발터 슈탈레커의 명령권에 속했다. 예거는 친위 특공대 다섯 개 중 하나를 맡았다. 그는 군집단북부를 따라 1941년 6월 25일에 리투아니아의 카우나스에 도착했다. 친위대의 자극을 받은 리투아니아 민족주의자들이 유대인 학살을 주도했다. 그들은 과거 소련군의 점령에 대하여 유대인 학살로 보복하고자 했다. 리투아니아인들은 첫날 밤에만 1,500명이 넘는 유대인들을 길거리에서 사살하고 몇 개의 유대인 회당에 불을 질렀다. 포그롬이 진행되는 동안 카우나스 여자들이 아이를 높이 들어올리거나 의자나 상자에 올라갔다. 더 잘 보기 위해서였다. 독일군 병사들은 몰려가서 사진을 찍었다. 1941년 7월 2일 친위대 정보국이 독일군과 리투아니아 민족주의자들로부터 그 지역의 보안 업무를 넘겨받았다. 리투아니아 민족주의자들 일부는 무장 보조경찰대로 편성되었다. 독일군의 빠른 진격 속도 때문에 친위 특공대가 담당해야 하는 공간이 광대해졌고, 그래서 그들은 소그룹으로 나뉘어 다소 독립적으로 학살 작전을 전개했다. 직업이 악기 제작자였던 카를 예거는 그가 행한 의무들을 정확히 기록했다. 그의 작전은 카우나스를 둘러싼 군항軍港 중 한 곳에서 유대인 463명을 처형한 것으로 시작되었다. 7월 말 예거의 목록 '다음 장으로 이월된 합계' 항목에 3,834이라는 숫자가 기록되었다.[35]

1941년 8월 말 친위대장 힘러가 특공대 인력을 늘렸다. 특히 군집단중부의 후미인 벨라루스와 군집단남부의 후미 우크라이나에서 작전하는 부대원의 수를 늘렸다. 그 부대들은 리투아니아보다 훨씬 광대한 공간에서 훨씬 더 많은 유대인을 처리해야 했다. 그들은 슈탈레커의 특공대 A의 방식을 모방했고, 전투 능력이 있는 연령대의 유대인 남자들만이 아니라 유대인 여성들과 아이들도 죽였다. 그러나 얼마 지나지 않아서 유대인의 노동력이 필요하다는 것이 분명해졌다. 카를 예거는 그곳의 독일 민간 행정과 독일군의 강력한 항의에 직면했고, 결국 카우나스, 샤울랴이, 빌뉴스의 유대인 노동자 3만 4,500명과 그 가족들을 살려두도록 강제되었다. 그러자 예거는 유대인들에 대한 강제불임만은 고집했다. 1941년 12월 1일 예거가 특공대 활동에 대한 최종 보고서를 작성했다. 그는 때로는 카우나스에서 160~200킬로미터 떨어진 곳까지 오가야 했다고, 일일 작전의 어려움을 적었다. 그와 경찰대원들은 지역 형무소들을 정리했고, '가벼운 범죄'로 수감되어 있던 재소자들을 석방했으며, 지역의 원한들도 갚아주었다. 일자리를 얻기 위해 공산당 청년연맹에 가입 신청을 했던 십대 소녀들은 풀어주었지만, 공산당 당직자들은 '채찍질을 10번 내지 40번' 가한 뒤 사살했다. 예거는 의기양양하여 자평했다. '오늘 나는 특공분대3이 리투아니아 유대인 문제의 해결이라는 우리의 목표를 달성했다는 것을 확인할 수 있다.' 대원들이 처형한 '유대인들, 유대인 여자들, 유대인 아이들'은 모두 13만 7,346명이었다.[36]

작전은 공간의 광활함에서 비롯된 물류의 어려움 외에 대체로 순조롭게 진행되었다. 특히 독일군 장교들과 친위대 간의 마찰이 폴란드에서보다 적었다. 긴장은 독일군 장교가 개인적으로 개입할 때만 나타났다. 1941년 8월 20일 제29보병사단 병사들이 우크라이나의 빌라체르크바의 한 주택에서 유대인 어린이 80명 내지 90명이 1층 바닥에서 자기가 싼 대변 위에 눕거나 앉아 있는 것을 목격했다. 충격을 받은 병사들이 군목軍牧들에게 도움을 요청했다. 아이들 부모들이 이미 처형되었다는 사실을 알게 된 사단의 참모 장교 헬무트 그로스쿠르트 중령은 군사용 경계선을 설치하여 친위대와 우크라이나 민병대원들이 아이들을 데려가지 못하도록 했다. 그로스쿠르트는 1939~1940년 겨울 독일 육군참모부 본부의 핵심 연락장교의 하나였고, 추후 카나리스 장군과 한스 오스터 대령으로 하여금 육군참모총장 프란츠 할더를 설득하여 히틀러에 대한 쿠데타를 이끌도록 한다. 그로스쿠르트는 군대 엘리트들 중에서 저항 장교를 모집하는 노력의 일부로 친위대가 폴란드에서 자행한 가혹행위들의 증거를 수집했다. 당시 카나리스를 제외하고는 어떤 독일군 고위 장군도 히틀러에게 저항했던 폴란드 전쟁 사령관 요한네스 블라스코비츠의 예를 따르지 않고 있었다.[37]

헬무트 그로스쿠르트는 빌라체르크바 문제를 제6군 총사령관에게 상신했다. 그는 유대인 어린이의 학살에 대한 반대 논지를 상관들이 받아들일 수 있는 용어로 포장했다. 어린이는 부모와 동시에 죽이는 것이 더 인간적인 일이며, 그렇게 하지 못한 경우에는 아이들을 돌보아야 한다. 그러나 제6군 사령부의 폰 라이헤나우 원수가 격분하여 그로스쿠르트의 요청을 묵살해버렸다. 이틀 뒤 친위대와 우크라이나 민병대가 아이들을 사살해버렸다.[38]

1941년 10월 10일 라이헤나우가 제6군의 전 부대원들에게 유대인 절멸에 전적으로 협력하라는 일반명령을 하달했다.

> 볼셰비키 시스템에 대한 군대의 태도와 관련하여 아직도 많은 불확실성이 있다. …… 유대-볼셰비키에 대한 전쟁의 주요 목표는 그들이 보유한 무력의 완전한 파괴와 유럽의 문화 영역에 대한 아시아적 영향력의 근절에 있다. 따라서 부대는 전통적인 순수하게 군사적인 과제를 넘어서는 과제를 떠맡아야 한다. 동유럽에서 군인은 단순히 전쟁 규칙을 따르는 전사가 아니다. 군인은 가차없는 인종 이데올로기의 지원자이고, 독일 민족과 그와 연관된 인종 집단들에게 가해져온 짐승 같은 모든 행위에 대한 복수자이다.
>
> 이런 이유에서 병사들은 유대인 하등인간들에게 필요한 가혹한 속죄의 필요성에 대하여 전적인 이해를 표시해야 한다. 또한 부대는 언제나처럼 유대인들의 사주로 인하여 독일군 후미에서 벌어지는 봉기의 싹을 잘라버려야 한다. …… 오직 이 방식으로만 우리는 독일 인민을 아시아-유대적 위협으로부터 단번에 그리고 영원히 해방시키는 역사적 의무를 완수하게 될 것이다.[39]

라이헤나우는 독일군 장군들 중에서 가장 나치적인 장군의 하나였다. 그는 이미 1932년에 나치당에 입당했다. 독일군 병사가 정당에 가입하는 것이 불법인 시절이었다. 그가 얼마나 히틀러의 사랑을 받으려 했는지, 때로는 직속상관인 게르트 폰 룬트슈테트를 포함하여 보다 전통적인 군 수뇌부를 경악시키기도 했다. 그러나 이번에는 달랐다. 룬트슈테트는 이틀 뒤에 라이헤나우의 명령을 군집단남부 전체에 보냈다. 히틀러는 라이헤나우의 '탁월한' 문장에 크게 기뻐했고 1941년 10월 28일에는 독일군 총사령부로 하여금 모든 육군 지휘관들에게 그와 비슷한 명령을 하달하라고 지시했다. 11월 중순 그 명령이 군집단중부와 집단군남부의 단위 부대에 도착했다.[40]

**

페도르 폰 보크의 군집단중부는 개전 18일 만에 500킬로미터를 진격하여 드비나강과 드네프르강의 사이, 그리고 비테브스크와 오르샤 사이에 도달했다. 전선 바로 뒤에 스몰렌스크가 위치했다. 1941년 7월 10일 보크 장군이 공격을 개시했다. 2개의 탱크 집단이 스몰렌스크 포위 작전을 이끌었다. 소련군 5개 군이 맹렬하게 저항했다. 독일군 탱크가 도시를 둘러싸기 시작하자, 소련군은 후퇴하지 않고 더 많은 병력을 투입하면서 지속적으로 반격을 시도했다. 7월 27일에 독일군이 포위를 완료했으나, 그후에도 전투는 5주일 동안 지속되었다. 결국 소련군 30만 명이 항복했다. 대단히 중요한 승리였다. 소련군은 최소 1,300대의 탱크를 잃은 데 반하여 독일군이 잃은 탱크는 200대가 채 되지 않았다. 그리고 구데리안의 탱크 부대가 데스나강의 옐냐 도하 지점을 장악함에 따라 1941년 7월 말에 모스크바로 직행하는 공격로가 열렸다.[41]

그 승리로 전쟁의 첫번째 국면이 끝났다. 독일군에게는 더이상의 계획이 없었다. 독일의 진격은 나폴레옹보다 2주일 빨랐다. 나폴레옹의 '위대한 군대'는 스몰렌스크를 1812년 8월 18일에 점령했었다. 육군총사령관 발터 폰 브라우히치와 육군참모총장 프란츠 할더부터 보크, 구데리안, 호트와 같은 최전선 사령관들에 이르기까지 독일군 장군들은 나폴레옹의 예를 따라 가능한 한 빨리 모스크바까지 밀고 가려 했다. 그들은 위대한 19세기 전략가 카를 폰 클라우제비츠가 이론화한 나폴레옹 전투의 교훈 속에서 성장한 사람들이었다. 그들은 클라우제비츠의 '결정적 전투' 개념, 즉 적을 집중시켜 괴멸시켜야 한다는 전략을 고수했다. 소련의 수도를 공격하는 것보다 더 결정적인 전투는 없을 것이었다. 그러나 히틀러는 모스크바를 주요 목표로 생각한 적이 한 번도 없었다. 히틀러는 다음 전략을 놓고 할더와 입씨름을 하면서 1주일을 보냈다. 그는 군사적 논리 대신 경제적 논리를 앞세웠다. 히틀러는 기계화 사단들을 남쪽으로 돌려서 우크라이나를 점령하고 싶었다. 우크라이나는 독일의 식량 안보에 결정적인 곡물이 있는 곳이었다. 또한 우크라이나는 코카서스 유전지대로 가는 관문이기도 했다. 석유와 곡물은 독일제국을 자급자족의 강대국으로 전환시켜 줌으로써 독일로 하여금 서유럽 공업들을 다시 팽창시키도록 해줄 것이었고, 영국 그리고 심지어 미국과의 장기적인 소모전도 견뎌내도록 해줄 것이었다.[42]

할더와 보크에게는 실망스럽게도 히틀러는 1941년 8월 18일에 끝내 모스크바가 아니라 우크라이나를 선택했다. 그는 구데리안의 탱크집단을 남쪽으로 돌려놓았다. 추후 할더는 패전을 히틀러의 그 결정 탓으로 돌리게 된다. 그러나 육군참모총장인 그도 한 번의 '결정적' 전투라는 군사적 주문呪文이 과연 소련전 같은 규모의 전쟁에서 승리를 가져올 수 있는 정확한 전략인지 자문한 적이 없었다. 사실 정통에서 벗어나는—그리고 예기치 못한—히틀러의 명령이 독일군의 가장 결정적인 승리 몇 개를 이끌어내기도 했다.[43]

1941년 8월의 날들은 더웠다. 그러나 밤은 벌써 추웠다. 1941년 8월

20일 밤 로베르트 R은 꿈에서 아이히슈태트의 집에서 아내 마리아와 함께 있었다. 꿈에서 경건한 부부는 성당에서 열린 전사자 기념예배에 참석했다. 그가 아내에게 무덤들을 가리켰다. '봐. 저렇게나 많아!' 그가 제단 아래 무릎을 꿇었다. 몇몇이 지나가면서 그에게 험한 말을 했다. 그들과 말다툼을 하다보니 아내인 마리아가 보이지 않았다. 그 대신 성당 안에 우체국이 설치되어 있었고, 사람들이 정신없이 병사들의 편지를 분류하고 있었다. 그가 회중에서 마리아를 찾는 동안 사람들이 그가 이미 전사했다는 소식이 사실인지 물었다. '아니오.' 그가 답했다. '나는 살아 있어요.' 그가 맨 앞좌석에서 무릎을 꿇었다. '그 좌석은 내가 예약한 좌석이었다.' 꿈속에서 그는 '아, 이제는 마리아를 더이상 보지 못하겠구나'라고 생각했다. 바로 그 순간 동료들이 로베르트를 쿡쿡 찔러 깨웠다. 그는 포체프라는 작은 마을을 공격할 준비를 해야 했다. 로베르트는 자기가 죽을 것이라는 예감 속에서 꿈의 원인을 생각하다가, 그날 밤 전선의 앞쪽에 있는 동안 배달된 마리아의 편지를 떠올렸다. 그때는 주위가 너무 어두워서 편지를 읽을 수 없었다. 그래서 그는 아내가 보내준 두 살배기 아들 라이너의 사진을 들여다보다가 잠이 들었다.[44]

　독일군 포병의 포격이 시작되고 포탄 일부가 마을 외곽의 거위떼에 떨어졌을 때, 참호 속의 로베르트는 밝아오는 여명 속에서 마리아의 편지를 읽었다. 하루종일 참호에서 대기하던 그가 마리아에게 답장을 쓰기 시작한 순간 돌격 명령이 떨어졌다. 병사들이 포체프 마을에 접근했을 때는 땅거미가 지기 시작한 시점이었다. 긴장이 높아졌다. '우리가 마을 가장자리에 도착하면 적군의 직접적인 총격이 시작될 것이고, 그것은 끔찍한 결과를 낳을 것이다.' 다행스럽게도 날이 빨리 어두워졌다. 어둠은 병사들이 뛰어든 하수구를 가려주었다. 병사들이 사과를 우적우적 씹으며 나아가서 감자밭에 구덩이를 파고 들어가 엎드렸다. 갑자기 소련군 병사 한 명이

'몸을 숙인 채' 접근해왔다. 로베르트의 동료가 발포했다. 로베르트와 중위는 구덩이 밖으로 뛰어나가 전방의 채마밭을 향하여 달려갔다. 밭에 도달하니 노인 하나가 살려달라고 빌었다. 로베르트가 그를 안심시키려 하자, 노인이 그의 손에 입을 맞추고 그의 발을 껴안았다. 마침내 안정을 찾은 노인이 로베르트를 그의 딸들과 아들들이 숨어 있는 밭 한편의 구덩이로 데려갔다. '그들이 공포와 안도감 속에서 어린애들을 품에 안고 울면서 밖으로 나왔다. 이것은 고통이다.' 로베르트는 일기에 적었다. '나는 그들에게 집에 가도 된다고, 아무도 집에 불을 지르지 않을 것이라고 말했다.' 전투중에 집 몇 채가 불에 타기는 했다. 포격 때문이었을 것이다.

로베르트는 혼자 무기도 없이 포체프 마을 안으로 들어갔다. 불길했고, 적군이 아직도 마을을 지키고 있는지 불확실했다. 마을 사람들이 침구와 여타 살림살이를 길에 내놓고 있었다. 로베르트는 아무도 그들의 집을 불태우지 않을 것이라고 안심시키려 했다. 그들이 달려와 그의 손에 입을 맞추자, 그 감사의 표현이 그를 압도했고 또 그를 부끄럽게 했다. 한 아낙이 그를 자기 집 마당으로 데려갔다. 테이블과 의자들이 놓여 있었다. 로베르트는 식탁에 앉아서 그 가족과 함께 우유와 빵과 돼지비계 라드와 버터를 먹었다. 여자가 감자밭의 병사들에게 음식을 날라주었고, 아이들은 마실 물을 가져다주었다. 전투는 끝나 있었다. 독일군 탱크가 앞으로 나아갔다. 로베르트는 별 아래 누워서 그날의 사건들을 반추했다. 그는 울다가 잠들었다. 다음날 마리아에게 편지를 쓰면서 그는 많은 마을이 포체프보다 운이 나빴다고, 소련군과 독일군의 포탄에 맞아 불탔다고 인정했다. 포체프 마을을 둘러싼 전투는 구데리안의 탱크들이 북으로부터 남으로 향하는 출발점이었고, 로베르트는 선두의 기계화 보병연대의 하나에 속했다.[45]

일주일 뒤 빗속에서 부대의 진격이 하룻밤 동안 멈추었다. 제3중대 병사들은 로베르트의 동료 병사들을 러시아 병사로 오인하여, 그들이 한 집 안에서 이야기하고 웃고 있을 때 집안으로 수류탄을 던져넣었다. 병사 한 명이 즉사했고, 다른 병사는 너무 심한 부상을 입은 나머지 분대장이 총 을 쏴 죽여주었다. 집안의 열 살배기 러시아 소녀는 한쪽 눈을 잃었다. 기 계화 보병연대가 다시 전진하자 트럭의 덜컹거림이 로베르트를 잠들게 했 다. 꿈속에서 또다시 마리아를 보았다. 이번에 그들은 시골길을 걷고 있었 다. 꿈속에서 러시아 공군기들이 날아왔다. 마리아는 그게 무엇인지 몰랐 고, 로베르트는 그녀를 놀라게 하고 싶지 않았다. 그는 군복을 입고 있었 고, 그래서 숲속에 숨었다. 그러나 발각되어 그는 러시아 병사들에게 뒷목 을 잡혔다. '장교들이 나를 심문했고, 다른 곳으로 데려가게 했다. 나는 마 리아에게 작별 인사를 하게 해달라고 요청했고, 허락받았다. 나는 마리아 를 안아서 번쩍 들어올렸고, 두 사람은 쓰라리게 울었다.' 트럭이 멈추었 고, 로베르트는 잠에서 깨어났다. 폭탄 구덩이들과 죽은 말들이 길을 막 고 있었다. 왼편의 관목 지대에서, 파괴된 전투 차량들과 시체들 그리고 그 옆의 여자옷이 보였다. 방수 가방도 있었다. 로베르트는 소지품을 간수 할 용도로 그 가방을 챙겼다. 그리고 꿈에서 그가 표현한 공포들에 대하 여 곰곰이 생각했다.[46]

로베르트는 전쟁을 증오했다. 그는 귀가했을 때 마리아에게 설명해줄 것들을 일기에 조심스럽게 기록했다. 그가 마리아에게 보낸 편지에는 동료 들이 민가에 불을 지른 것과 포로들을 학살한 것이 적혀 있지 않다. 그는 일기에는 그 일들을 적어놓았다. '후에 우리가 다시 함께하게 되었을 때'를 위한 기록이었다. 그러나 전쟁을 혐오하면 할수록 이번에는 정말 끝장을 보아야 한다는 확신이 굳어졌다. 그는 두 살배기 아들이 러시아에서 싸우 는 세번째 세대가 되는 것을 막아야 한다고 생각했다. '아니야. 라이니가 내가 지금 있는 이곳에 와야 하는 그런 일이 다시는 일어나면 안 돼!' 로베르트는 마리아에게 썼다. '안 돼! 안 돼! 차라리 내가 다시 오겠어. 차라리 내가 이 모든 지옥을 다시 겪고 여기서 죽겠어. 그 앙증맞은 녀석, 내가 휴대하고 다니는 사진 속의 그 녀석, 금발 고수머리가 태양빛을 한가득 머금은 아이, 나는 그 아이를 내게 준 당신이 고마워요.' 그는 '온 세상의 모든 사랑을 품고 있는 그들의 초월적인 사랑'이 자신을 보호한다고 마리아를 안심시켰다. 그 끔찍한 전쟁 행위는 로베르트 R과 같은 남자들을 불안케 하는 동시에 전쟁에 대한 헌신을 강화했다. 독일에 다시는 그런 전쟁이 닥치면 안 된다. 이번에 최종적인 승리를 거두어야 한다. 병사들과 가족들은 자신을 나치 정권이 아니라 전쟁과 동일시했다. 세대를 넘어서는 책임과 동일시했다. 그것이 그들이 갖고 있던 애국주의의 가장 강력한 토대였다.[47]

구데리안의 제2탱크집단은 남쪽으로 진격하여 우크라이나로 들어갔다. 만일 독일군이 모스크바로 몰려갔다면, 소련군 남서부 전선의 거대한 서쪽 팽대부가 독일군을 3면에서 잡아챌 수 있는 형국이 되고, 그곳이 독일군 군집단중부의 후미를 공격하는 도약대가 될 위험성이 있었다. 그러나 독일군은 모스크바에 가장 가깝게 진격한 지점에서 남쪽으로 타원형으로 쓸고 내려갔고, 그래서 독일군 탱크들이 소련군 후미를 썰어버릴 수 있는 위치에 자리잡았다. 클라이스트 장군의 제1탱크집단이 남에서 북으로 밀고 올라와서 북에서 내려오던 구데리안의 탱크 부대와 1941년 9월 14일에 로흐비치아에서 조우했다. 그리하여 두 탱크집단이 소련군 남서부 전선 전체를 포위했다. 새벽 4시 30분 집단군남부 소속의 무전병 빌헬름 몰덴하우어가 한순간을 이용하여 아내에게 환호의 편지를 썼다. '또하나의 거대한 성공이야. 납득할 수 있는 이유 때문에 아직 말해질 수 없을 뿐이고.' 그는 업무 규정에 충실하게 그가 어디 있는지 밝히지 않았다. 그는 그러나 자신이 밤낮으로 '우리의 트럭들과 무거운 궤도 차량들이 자갈들을 넘어가느라 우르릉거리는 굉음'을 듣는다고는 썼다. 기분이 매우 좋았던 몰덴하우어는 동료 병사 두 명과 함께 레닌 동상을 찾아 나섰다. 그리고 한 서점에 들어가서는 조롱 투의 혁명 연설을 했다.[48]

사흘 뒤에 부대가 우크라이나 내부로 더 밀고 내려갔을 때, 몰덴하우어는 그때까지 경험한 가장 깨끗한 집에서 환영받았다. 그는 우유, 구운 감자, 양배추, 고기를 그 가족과 함께 먹었다. 오후 8시 근무를 마치고 그 집에 다시 가자, 집주인이 더 많은 우유와 돼지비계 요리로 그를 환영했다. 그는 보답으로 보드카 한 병을 내놓았다. 다음 두 시간 동안 그는 가족들과 큰 식탁 주변에 함께 앉아 있었다. 그가 거실을 둘러보았다. 추후 그가 아내에게 설명하기로는, 식탁 위의 석유램프가 주변을 밝히고 유리 곽에 담긴 금박의 성화들이 흰색 벽을 배경으로 반짝이고 있었다. 몰덴하우어는 그들의 환영이 진심이라고 느꼈다. 9월 17일에 아내 에리카에게 보낸 편지에 그는 썼다. '아마도 공산주의가 독일에 대하여 날 선 적대적인 선전을 했을 것이기 때문에, 그리고 사람들이 소련과 유대인의 통치하에서 무척 고통스러워했기 때문에, 아마도 그 때문에(그럴 거야). 이제 독일군 병사들이 왔고, 주민들은 그 병사들이 친절하고 점잖은 녀석들이라는 것을 믿을 수 있게 된 거지. 그것이 적의 모든 선전을 한 방에 부숴버린 거야.'[49]

소련군 남서부 전선이 포위망을 뚫으려 시도하자 포위망의 동쪽을 막고 있던 독일 기갑사단들이 막대한 압력을 받았다. 1941년 9월 22일 프리츠 파른바허 중위는 제103탱크·포병연대의 선두 관측 참호 안에 있었다. '탱크가 온다'는 고함이 들렸다. 이어서 소련군 중형 탱크가 독일군 수송 트럭을 명중시켰다. 병사들이 구덩이에 뛰어들어 얼굴을 바닥에 처박았다. 그들은 소련군 탱크가 그들을 보지 못하고 지나치길 기원할 뿐이었다. 치명적으로 위험한 상황이 아니었다면, 파른바허는 동료 병사들이 소련군의 무쇠 괴물과 숨바꼭질하는 그 모습에 웃음을 터뜨렸을 것이다. 그러나 그는 소련군 탱크의 회전 속도에 놀랐고, 독일군 대전차포가 소련군 탱크의 기갑에 아무런 손상도 입히지 못하는 것에 경악했다. 갑자기 소련군 탱크 한 대가 파른바허가 엎드려 있는 구덩이로 똑바로 다가왔다. 탱크의 육중한 몸체가 한낮의 빛을 가렸다. 그는 탱크가 구덩이 위로 무사통과하기를 고대했다. 탱크 궤도 하나가 구덩이 속으로 밀고 내려와 그를 으깨버릴 듯했다. 궤도 하나가 2센티미터 차이로 그의 발 위를 통과했고, 궤도의 철제 연결고리가 군복 단을 찢어놓았다. 그 작은 교전만으로도 부대원 89명이 죽거나 다쳤다. 사단은 곡사포 5문, 대전차포 3문, 야포 2문, 중기관총 3대, 수송 트럭 2대, 그리고 탄약 상자들과 여타의 장비들을 잃었다. 파른바허 포병대가 살아남은 것은 전적으로 부적절한 장비를 무전통신을 통한 연합 작전으로 보충할 수 있었던 전술 덕분이었다. 소련군 탱크를 격퇴한 것은 야포와 공군의 연합 작전이었다.[50]

일기를 작성하는 시각에 파른바허는 낭만적인 자신의 전쟁관에 부합하는 전쟁 서사를 작성하기도 했다. 이번에 그는 병사가 죽기 직전에 하는 말을 끌어왔다. '중대장님, 제가 집으로 돌아간 뒤에도, 저는 곧 그렇게 되기를 바라는데요, 제가 계속 군인일 수 있을까요?' 장교가 진지한 표정으로 답한다. '이봐, 당연하지, 자네는 계속 군인일 거야!' 파른바허는 청년의 죽음에 그가 전쟁에서 발견하기를 희망했던 영웅주의와 전우애를 채워넣었고, 그렇게 그는 독일군 병사들이 매달렸던 전선 신화의 모방작 하나를 생산했다.[51]

1941년 9월 18일 독일군이 우크라이나의 키이우를 점령했다. 도시에 진입한 제296보병사단은 가난에 절고 못 먹고 무감동한 주민들과 마주쳤다. 빌헬름 몰덴하우어가 표현하기로, 다리가 끔찍하게 가늘고 '이상한 외모'를 지닌 세 살배기 아이가 침대에 누워 있는 것을 보았을 때, 그는 '소련의 생활 조건에 대한 우리의 선전 포스터들'을 떠올렸다. 9월 20일에 소련군 포로 6천 명이 행렬을 지어 지나가는 것을 바라볼 때는 독일군이 거둔 승리의 의미를 따져보았다. '패배한 자들의 행렬이 끝이 없다. 소련군이 여러 민족 집단들로 뒤죽박죽으로 합해진 부대들임에도 불구하고 그토록 견고하게 방어할 수 있었던 것이 놀랍다. 분명 정치위원들의 채찍 덕분일 것이다.' 우크라이나에서 소련군 병사 66만 명이 항복했다. 그때까지 독일군이 거둔 가장 큰 승리였다. 그러나 모든 병사가 무서운 질문을 똑같이 던지고 있었다. '우리는 여기서 겨울을 나야 하는 걸까?'[52]

1941년 9월 28일 프리츠 포로프스트의 공병대가 키이우에 도착했다. 공병대는 그다음달까지 소련군이 파괴한 드니프로강 위의 거대한 교량을 재건했다. 세 아이의 아버지였던 프로프스트는 30대 초반의 다른 예비군 병사들과 함께 1939년 8월 말에 징집되었다. 현재 그는 이미 2년이나 복무한 상태였다. 1940년과 1941년에 그는 전투를 벌이기보다 전투를 따라다녔고, 가장 최근에 주둔했던 그리스에서는 건포도를 구해서 독일 집으로 보냈다. 소련에서 받은 그의 첫인상은 절망적이었다. 후퇴하는 소련군이 초토화 작전을 전개한 뒤였다. 그는 가족에게 썼다. '끔찍한 파괴 장면들을 많이 봤지만 …… 나는 말할 수 있어. 지도자께서 우리를 이들의 위험으로부터 해방시킨 것에 대하여 감사해야 해.' 며칠 뒤 그가 그 주제를 다시 꺼냈다.

우리가 행하고 있는 것은 희생이야. 그러나 우리는 기쁘게 희생하고 있어. 만일 이 전쟁이 조국에서 벌어졌다면 상황이 더 나빴을 것이기 때문이야. …… 만일 이 짐승들이 독일로 온다면, 그러면 우리에게 훨씬 더 큰 불행일 거야. 우리는 견뎌야 해. 승리의 그날은 아마 우리 생각보다 가까이 있을 거야.

견고한 개신교 지역인 튀링겐 괴르마르 출신의 가구 자영업자요 확신에 찬 나치인 프로프스트의 글과 감정은 인도주의적이고 감성적인 가톨릭 교사 로베르트 R과는 무척 달랐다. 그러나 그 전쟁이 방어전이요 '예방전쟁'이라고 확고히 믿는다는 점에서 두 사람은 같았다. 그리고 그들은 최후의 돌격으로 그 전쟁을 끝내기를 희망했다.[53]

독일군이 키이우에 진입하고 며칠 지나지 않아서 화재가 도시를 덮었다. 퇴각하는 소련군과 비밀경찰이 매설해놓은 지뢰들이 부착된 타이머에 따라 그때 터지기 시작한 것이다. 지뢰는 대폭발을 일으켰고, 그로 인한 화재가 지뢰가 매설된 구역들 전체로 번졌다. 제296보병사단 중위 라이네르트는 볼셰비키 '짐승들'에 격분했다. 그는 평범한 키이우 주민들이 '두 눈에 자기 나라 사람들에 대한 공포로 가득하여' 독일군 병사들에게 보호를 요청하는 모습을 지켜보았다. 라이네르트가 보기에 화재의 책임자는 명확했다. '경찰이 이 하등인간의 짓거리를 사주한 자들을 몰고 온다. 바로 유대인들이다.' 그는 강조했다. '그 역겨운 무리들이 차 옆을 지나간다. 군화로 짓밟기조차 싫은 얼굴들. 지금까지 지하실에 숨어 있다가 일제단속 때문에 비로소 햇빛 아래로 끌려나온 저들. 유대인들.' 라이네르트는 주동자들은 이미 도시를 빠져나갔다고 믿었다. '저들은 명령을 내린 배후 인물들이 아니다. 그들은 제때 사라졌다. 저들은 자발적인 도구들이다. 이 도시의 해충들.' 실상 독일군은 지뢰의 퓨즈에 최장 35일 뒤에 발화되도록 타이머가 부착되어 있다는 사실을 알고 있었다. 그래서 키이우에 진입하기 하루 전에 병사들에게 도시 전체에 부비트랩이 설치되어 있을 것이니 조심하라고 지시했었다. 그러나 동시에 그들은 볼셰비키 독재가 곧 유대인의 지배라고 믿었다. 그래서 경찰이 유대인 남자들을 일괄 검거하는 것에도 항의하지 않았다. 키이우 유대인에 대한 사살은 1941년 9월 27일에 시작

되었다.[54]

그날은 라이네르트 중위가 제296보병사단 병사들 대부분과 함께 이미 도시를 떠난 뒤였다. 그러나 병사들이 소식을 릴레이로 전달하고 있었다. 1941년 9월 28일 병사 한 명이 편지에 썼다. '도시는 8일째 불타고 있어. 모두 유대인 짓이야.' 그 죄 때문에 14세에서 60세 사이의 유대인들이 모두 사살되었고, 현재는 유대인 여자들이 사살되고 있어. (모두 죽이지 않는 한) 끝이 없을 거야.' 키이우의 유대인들은 도시에서 4킬로미터 떨어진 바비 야르 골짜기로 끌려갔다. 그곳에서 친위 특공대4a와 두 개의 경찰대대가 이틀 동안 유대인 3만 3,771명을 학살했다. 바비 야르 학살은 제6군 사령관 발터 폰 라이헤나우의 승인하에 벌어졌고, 단일 사건으로는 동부전선에서 자행된 가장 큰 학살이었다. 제6군 사진사 요한네스 핼레는 친위 특공대 대원들이 골짜기에 버려진 유대인들의 옷가지를 수색하는 장면을 촬영했다. 그는 그 아그파 필름을 아내에게 보냈다.[55]

한 달 뒤 바비 야르 골짜기는 키니우의 비非유대인 주민들에 대한 집단적 보복 학살의 장소가 되었다. 1941년 10월 22일에 1백 명이, 11월 2일에 3백 명이, 11월 29일에 4백 명이 사살되었다. 독일군 병사들에 대한 공격에 보복한 것이 아니었다. 폭발, 시장에서의 화재, 독일군 전화선의 절단 등 '사보타주'에 대한 보복이었다. 우크라이나 엔지니어들과 공장 노동자들은 점령군이 산업생산의 제고와 도시의 운영에 별반 관심을 보이지 않는 것에 놀랐다. 기계들과 부품들을 복구한 사람은 우크라이나인 광부와 철가공 노동자들이었다. 그들은 스스로 이니셔티브를 발휘하여 소련군의 퇴각 파괴 작전을 피해 우물과 연못에 숨겨놓았던 기계들을 재활성화시켰다. 독일군은 니코폴 망간 광산과 같은 극소수의 전략업체들을 제외하고는 공업을 조직하려 하지 않았다.[56]

키이우 점령 열흘 뒤인 1941년 9월 30일 독일군 경제감독청남부가 식량이 우크라이나 수도로 반입되는 것을 금지했다. 전문가들은 키이우의 비축 식량이 바로 그날 고갈될 것으로 계산했다. 개전 이전에 85만 명이었던 키이우의 인구는 소련군의 징집 및 철수 작전과 독일군의 유대인 학살로 이미 절반으로 감소한 상태였다. 우크라이나 경찰과 독일 경찰은 도로와 다리 위에 검문소를 설치하고 차와 마차와 행인을 정지시킨 뒤 식량을 압수했고, 농민들의 도시 출입을 막았다. 키이우 시민들은 빵집 앞에서 줄을 서서 맨 앞까지 도달한 뒤에 수수빵을 받았다. 찰흙 같은 촉감 때문에 일부가 '벽돌'이라고 부르고, 노란 광택 때문에 일부는 '에머리 돌'이라고 부른 그 빵은 딱딱한 알갱이로 쉽게 부스러졌고, 소화도 안 되고, 맛도 떫었다. 반죽에 보리, 밤, 루핀을 섞었기 때문이었다. 게다가 질이 계속 나빠졌다. 1941년 11월 키이우는 대낮에도 죽은 도시였다. 길거리에는 독일인과 경찰관들 몇 명 외에는 사지가 절단되었거나 몸이 부어터진 거지들만 누워 있었다. 어느 우크라이나 교사가 성탄절 다음날 일기에 적었다.

> 독일인들은 성탄절을 축하하고 있다. 그들은 물건을 한아름 품고 만족하여 걸어간다. 그들은 크리스마스트리 전구에 불을 밝혀놓았다. 그러나 우리는 그림자인 듯 오간다. 절대적인 기근이다. 사람들은 음식을 한 컵 사서 수프를 끓이고, 빵 없이 그것만 먹는다. 빵은 일주일에 딱 두 번 200그램만 배급받는다. 그러나 그조차 최상의 시나리오다. 물건을 들고 농촌에 가서 빵으로 바꾸는 사람들도 있고, 굶어서 몸이 부어오른 사람들도 있다. 그들은 죽어가고 있다. 많은 사람이 티푸스에 걸렸다.[57]

독일군의 키이우 봉쇄는 독일 농업식량부 차관 헤르베르트 바케가 소련전의 일부로 1940년 12월에 고안해놓은 '기아 계획'의 일부였다. 바케는 독일군과 국내전선에 식량을 공급하기 위하여 소련 영토를 '숲 지역' 북부와 '농업 지역' 남부, 그리고 도시와 농촌으로 나누었다. 바케는 우크라이나 남부의 비옥한 '흑토'에서 생산된 엄청난 곡물을 독일로 보내기 위하여 우크라이나의 북부와 도시들을 모두 아사시킬 작정이었다. 그 계획은 소련 침공이 시작되기 7주일 전인 1941년 5월 2일에 공식적으로 채택되었다. 계획은 '우리가 필요로 하는 것을 그 나라에서 반출하면 수천만 명이 아사할 것'이라고 가정했다. 우크라이나가 독일 수중에 떨어진 1941년 가을에 나치당 튀링겐 지구당위원장이자 나치 노동력동원 전권위원인 프리츠 자우켈은 관계 당국들로부터 다가오는 겨울에 '최소한 1천만 내지 2천만 명'이 아사할 것이라는 단언을 반복해서 들었다. 바케 자신은 2천만 내지 3천만 명의 '슬라브인들'이 죽을 것이라고 계산했다. '기아 계획'은 바르바로사 소련전의 중심 요소였다.[58]

키이우 봉쇄는 두번째 목적도 달성했다. 그것은 소련의 주요 도시들을 '지표면에서 삭제'하려던 히틀러의 소망이었다. 우크라이나 작전을 개시하면서 히틀러는 독일군에게 '보급이 허락하자마자 소이탄과 포격으로 그 도시를 파괴하라'고, 육군참모총장 할더의 1941년 8월 18일의 간결한 기록으로는 '가루로 만들어버리라'고 지시했다. 다만 독일 공군에게는 소이탄이 부족했다. 히틀러는 1년 뒤 공군 원수 괴링이 그때 또 한번 실패하는 바람에 그럴 기회를 놓쳤다고 회고한다. 그러나 할더는 이미 그 시점에 레닌그라드와 모스크바가 항복하지 않을 것이라고 계산하고 있었다.[59]

러시아 북부에서 독일군의 진격은 심지어 남부에서보다도 빨랐다. 러시아혁명의 요람이요 소련 제2도시인 레닌그라드가 독일군 공격에 전면적으로 노출되었다. 1941년 8월 30일 레닌그라드로 가는 마지막 철로가 므라에서 끊겼다. 9월 8일에는 실리셀부르크가 점령되었다. 네바강의 라도가호 수원지에 건설된 그 도시는 레닌그라드에 통신과 전력을 공급하는 핵심 도시였다. 같은 날 독일 공군이 레닌그라드의 식량 기지들을 가차없이 공습했다. 독일군 총사령부의 식량 자문위원 빌헬름 치겔마이어 교수는 1941년 9월 10일 일기에 적었다. '우리는 항복한 레닌그라드의 미래에 대하여 아무런 부담을 갖지 않을 것이다. 그 도시는 과학적인 방법에 의해 파괴되어야 한다.'

제18군 병참부가 상부에게 레닌그라드가 항복하면 군대의 식량을 그 도시를 먹이는 데 사용해도 되는지 가이드라인을 요청했다. 독일군 병참 사령관 에두아르드 바그너가 단호하게 안 된다고 답했다. '조국에서 출발하는 모든 차량의 식량은 그만큼 조국의 식량을 줄인 것입니다. 우리의 친인척들이 먹고 러시아인들이 굶어죽는 것이 낫습니다.' 바그너는 아내에게 보낸 편지에 썼다. '이제 우리는 페테르부르크 주민들이 스튜나 먹도록 방치하게 될 겁니다. 우리의 보급 예산에 부담만 되는 인구 320만의 도시를 달리 어쩌겠습니까?' 그는 히틀러가 살인을 정당화할 때 애용하던 문장으로 편지를 끝냈다. '여기에 감상의 자리는 없어요.'

괴벨스는 '그 도시의 그 잔인한 운명'이 알려질 때 국제 여론에 사용할 '효과적인 변명'을 준비하고 있었고, 그래서 볼셰비키가 '마지막 한 사람'까지 레닌그라드를 방어하기로 고집하는 것을 기뻐했다. 1941년 9월 중순 독일군 총사령부는 레닌그라드에서 발생한 전염병이 전선의 독일군 병사들에게 옮지 않을까 우려했고, 또 도망치는 '여자들과 아이들을 사살'하는 것이 보병들에게 심리적인 문제를 야기하지 않을까도 우려했다. 군집단북부의 사령관 리터 폰 레브 육군원수는 이를 방지하기 위하여 도시를 탈출한 민간인이 전선 병사들을 당황케 하지 않을 만큼의 거리에 있을 때 사살하라고 지시했다.[60]

1941년 9월 21일부터 1주일 동안 그 결정이 확인되고 반복되었다. 레닌그라드는 '가루로 만들 것이다. 그로 인하여 그 도시가 항복하는 상황이 오더라도 우리는 거부할 것이다. 이 전쟁은 우리가 그 도시 인구의 일부만이라도 생존하도록 하는 것이 전혀 중요하지 않은 전쟁이다.' 친위대 제국보안청은 그 결정에 의거하여 '동유럽 총괄계획'을 작성했다. 그 계획에 따르면 소련의 발트해 연안 지역인 '잉그리아'는 독일인 식민촌과 핀란드인 식민촌이 농업에 종사하는 인구가 희박한 지역이 될 예정이었다. 인구를 320만으로부터 20만으로 감축할 것이었는데, 없어질 인간 집단이 바로 나머지 레닌그라드 주민 300만 명이었다. '기아 계획'의 작성자 헤르베르트 바케와 그의 동료 한스–요아힘 리케는 독일의 전문가들을 시대에 적응시키기 위해 자신들의 의도를 심지어 공표했다.[61]

1941년 9월 말 독일군 당국이 점령한 레닌그라드 지역 주민의 빵 배급을 하루 250그램으로 줄였다. 독일 공군은 도시를 하루에 32회 공습했고 포병은 포탄을 하루에 5천 발 이상 발포했다. 포병들은 자기들이 레닌그라드 주민의 입을 줄여줌으로써 '그 도시를 먹이고 있다'라고 농담까지 했다. 1941년 11월 중순 군집단북부의 전쟁일지는 민간인들이 독일군 진영에 접근하는 것을 독일군 포병대가 성공적으로 막았다고 기록했다. 장군들은 병사들이 '그릇된' 동정심을 갖지 않을까 우려했다. 그리고 그들은 처음으로 제노사이드 전투가 병사들에게 미칠 영향을 질문하기 시작했다. 병사들이 비무장 민간인들을 사살할 능력을 입증하면 그것이 병사들 '내면의 균형 상실'로 이어질 것인가? 부대원들이 '전쟁이 끝난 뒤에도 그런 행위에서 두려움을 갖지 않을 것인가?'[62]

**

우크라이나의 소련군을 완전히 포위하기도 전에 그리고 레닌그라드 봉쇄를 완성하기도 전에 할더, 브라우히치, 히틀러는 관심을 모스크바로 돌렸다. 우크라이나에서 거둔 손쉬운 승리에 스스로 놀랐던 그들은 소련군이 여전히 제대로 된 무력을 보유하고 있다고 상상하지 못했다. 할더와 히틀러 모두 기대감을 부추겼다. 그들은 군집단남부는 겨울이 오기 전에 스탈린그라드와 마이코프 유전지대에 도착할 수 있고, 군집단중부는 공군의 지원과 탱크가 줄어든 상태에서도 모스크바에 도달할 수 있다고 생각했다. 소련의 수도는 레닌그라드처럼 포위되고 외부로부터 차단될 것이었다. 한순간 히틀러는 모스크바를 홍수라는 정화淨化 폭탄으로 간단하게 사라지게 할 수도 있으리라고 상상하기도 했다.[63]

1941년 10월 2일 독일군은 히틀러가 낭독하는 두번째 선언서를 들었다. 히틀러는 모스크바가 전쟁의 최종 목표라고 선포했다. 무전병 빌헬름 몰덴하우어는 전쟁이 겨울까지 지속될지 모른다는 불안감에도 불구하고 볼셰비즘에 대한 결정적 전투를 감행하라는 히틀러의 엄숙한 요구에 소름이 돋았다. 그것은 공적인 동시에 사적이었다. 몰덴하우어는 편지에 아내도 그 라디오 방송을 들었을 것이고, 연설의 '한마디 한마디마다 나와 함께 있었을 것'이라고 썼다. 참모부 중위 프리츠 파른바허와 그의 제4탱크사단은 이미 진격을 시작한 터였다. 병사들은 안개가 얼어 뼛속까지 시린 와중에서도 부대의 이동을 숨기면서 나아갔다. 부대는 그런데도 첫날 무려 130킬로미터를 진격했고, 4일 뒤인 10월 3일 오후, 오룔에 도착했다. 탱크사단이 탁 트인 공간을 가로질러 도시로 향하는 동안 기갑 보병은 소형 트럭을 타고 이동하면서 탱크를 엄폐물로 이용했다. 인근 활주로에서 이륙한 소련 공군기가 나타나면 보병들은 트럭에서 뛰어내려 탱크 뒤에 숨었다. 보병들은 오룔에 도착할 때까지 서른 번 이상 트럭에서 뛰어내려야 했다. 첫번째 탱크가 오룔의 시가지에 진입해보니 아직 전차가 다니고 있었다. 전차 운전사가 독일군 탱크를 소련군 탱크로 오인하여 벨을 울리기도 했다. 탱크가 포탑을 전차 쪽으로 돌리자 사람들이 일제히 도망쳤고, 길거리가 비었다.[64]

스몰렌스크와 우크라이나에서와 마찬가지로 이곳에서도 탱크가 포위 작전을 이끌었다. 오룔에서 출발한 제2탱크집단이 신속히 브랸스크를 포위했다. 서쪽에서는 제3, 제4탱크집단이 뱌지마를 펜치 모양으로 포위했다. 1941년 10월 7일 소련군 서부전선의 남아 있는 탱크 전체가 그 이중 주머니에 갇혔다. 그로써 독일군에게 모스크바로 직행하는 길이 열렸다. 히틀러의 지도자 야전사령부의 요들 장군은 소련전에서 가장 결정적인 승리를 거두었다고 판단했다. 그는 그 전투를 1866년에 프로이센 군대가 오스트리아에 거둔 승리에 비유했다. 이틀 뒤 히틀러의 개인 홍보담당관 오토 디트리히가 특별 기자회견을 열었다. 그는 세계를 향하여 이제 독일군과 모스크바 사이에는 '빈 공간'만이 있을 뿐이라고 선언했다. 괴벨스는 너무 이른 승전가와 디트리히를 통제하지 못한 것에 짜증이 났다. 그러나 그도 언론에 재갈을 물리지는 않았다. 〈민족의 파수꾼〉에 '위대한 순간이 왔다!' '볼셰비키 군대의 종말' 등의 머리기사가 올라왔다. 서점들은 점령 지역에 근무하게 될 공무원들을 위한 러시아어 문법책을 진열했다. 영화관은 곧 제작될 다큐멘터리 〈독일군이 모스크바에 입성하다〉를 광고했다.[65]

그것은 과장이 아니었다. 모스크바를 지키는 소련군이 겨우 9만 명이었지만 소련의 수도로 진격하는 독일군 군집단중부의 병사는 100만이었다. 모스크바로 진격하는 동안 독일군이 거둔 승리는 우크라이나의 경우보다 컸다. 전쟁포로 67만 3천 명과 탱크 1,300대가 독일군 수중에 들어왔다. 5주일간의 진격에서 소련군 병사 144만 7천 명이 항복했다. 육군 참모부와 독일군 총사령부는 그 많은 포로를 어찌할지 생각해본 적이 없었다. 독일의 소련전 기획은 소련군의 신속한 붕괴에 입각했지만, 독일 당국에는 포로 문제에 대한 구상이 아예 없었다. 히틀러는 관심도 없었고 측근들도 마찬가지였다. 독일군에게 포로는 노동력으로서만 의미가 있었는데, 1941년 가을에 노동력은 군대의 우선순위에 없었다. 포로는 각 부대

의 담당 부서와 후비군이 그들이 동원할 수 있는 자원으로 알아서 요령껏 해결해야 할 문제였다.[66]

뱌지마와 브랸스크 전투 직후 독일군 제2군의 제580후비군 사령부는 부식 본부들을 설치한 뒤 포로들을 보냈다. 사령부는 '농민 지도자들과 포로들에게 사용 가능한 모든 트럭과 마차를 주어' 이동하도록 했다. 1941년 10월 초 그 사령부는 제203 임시전쟁포로 수용소, 군대 용어로 '둘락Dulag'을 크리체프로 이동시켰다. 사령부는 그곳의 방앗간과 시멘트 공장을 수용소로 전환하여 포로 1만 명을 수용하려 했다. 그러나 하룻밤 사이에 도착한 포로가 2만 명이나 되었다. 그나마 1만 1천 명은 더 뒤쪽의 후방으로 보냈다. 1941년 10월 19일에 크리체프 포로수용소에 수감된 포로는 3만 명이 넘었다. 포로들은 야외에 방치되었다. 수용소 행정은 이웃한 독일군 부대에서 삽을 빌려다가 포로들에게 던져주어 땅을 파도록 했다. 포로들은 구덩이를 판 뒤 그 위를 나뭇가지와 흙으로 덮었다. 그곳이 그들의 숙소였다. 인근에 철로가 있었고 또 물을 길어올 곳도 있었지만, 포로수용소로의 식량 공급은 군대의 우선순위가 아니었다.

그 수용소의 식당 담당 병사는 선의를 지닌 1차대전 퇴역군인인 콘라트 야라우쉬였다. 그는 최전선에서 복무하기에는 나이가 너무 많아서 그 일에 배치되었다. 독일에 보낸 편지에서 그는 소련군 포로들에게 닥친 재앙을 상세히 묘사했다. 음식은 드럼통으로 요리했고 주방 도구는 적었다. 포로 중에는 군모를 식기로 이용하다가 음식의 절반을 흘려버리는 사람도 많았다. 브랸스크 전투 이후 포로 수가 가장 많았을 때, 야라우쉬는 둘락 203의 보조식당에서 하루에 1만 6천에서 1만 8천 명의 포로들을 먹여야 했다. 부식병 5명과 보초병 8명이 그 모든 일을 감당했다. 야라우쉬는 친구인 베르너 하스에게 설명했다. '식당 내외에 질서를 잡기 위해 …… 구타와 총격이 얼마나 난무했는지 상상할 수 있겠지'. 서쪽의 더 큰 포로수용소로 이동시킨 포로가 신입 포로보다 많아서 포로 수가 6천 명으로 떨어졌을 때 비로소 야라우쉬는 안도했다. 그는 아내에게 썼다. '이제 내가 경찰관 노릇을 하지 않아도 돼요. 곤봉으로 사람을 때려서 쓰러뜨리거나 총을 쏘지 않아도 돼요. 그러나 소름 끼치는 일은 여전히 많아요.' 야라우쉬와 '아직 뭔가 구식의 인간애를 갖고 있던' 또다른 나이든 장교 두 사람은 수용소 감독부의 반대를 무릅쓰고 포로들에게 하루에 두 끼를 먹이는 데 성공했다.[67]

야라우쉬는 포로 중에서 일부를 발탁하여 식당을 함께 관리했다. 그 포로 직원들은 물론 더 많은 음식을 먹을 수 있었고, 야라우쉬는 그들에게 담배도 나누어주었다. 그러자 그들도 그에게 우유와 크림으로 걸쭉해진 수프를 하루에 두 번씩 가져다주었다. 달걀을 네 개나 준 적도 많았다. 그것들이 희귀해진 시기에도 그들은 야라우쉬를 배려했다. 야라우쉬는 '잔인한' 독일군 동료들이 촌락으로 들어가 약탈 작업을 벌이는 것이 오히려 그에게 득이 된다는 것도 의식했다. 다른 한편 그는 아내에게 빨치산의 공격을 받을 위험은 없다고 썼다. '평정되었어요. 친위대가 끔찍하게 모조리 쓸어버리고 있어요.' 마그데부르크의 점잖은 종교 교사이자 반反나치였던 콘라트 야라우쉬는 러시아 병사들에게서 적대감보다는 호기심을 느꼈다. 그는 심지어 러시아어 초급 독본을 공부하기 시작했다. 고등교육을 받은 포로가 그에게 러시아어를 가르쳐주었다.[68]

1941년 11월 초 그 포로수용소에 친위 특공대가 도착했다. 전쟁포로와 민간인 중에서 유대인을 빗질하기 위해서였다. 특공대는 그때 가려낸 유대인들 일부를 시멘트 공장 지하실에서 사살했다. 야라우쉬는 집에 보낸 편지에서 그 일에 대하여 암시만 했다. 그에게 러시아어를 가르쳐주던 포로는 절반의 유대인이었는데, 야라우쉬는 아내 샤를로테에게 보낸 편지에 그 남자에게 어떤 일이 벌어졌는지 쓰지 않았다. 다만 '유대인들이 맨

발로 눈 위를 걷는 것'을 보았다고, '내가 막을 수 없던 힘든 것들이 매우 고통스러운 인상을 주었는데, 그 일에 대해서는 (집에서) 말로 설명하겠다'라고만 썼다. 이틀 뒤 그는 새로운 러시아어 선생으로서 자신과 마찬가지로 학교 교사인 모스크바인에 대해서는 보다 열성적으로 묘사했다. 그가 투르게네프 소설을 큰 소리로 읽어주자 '마치 내가 그 나라의 영혼을 만지는 느낌, 그 영혼이 스스로를 지각하고 아는 방식으로 그 영혼을 만지는 느낌'을 받았다. 한스 알브링처럼 야라우쉬도 러시아의 문화에 감동하는 한편 러시아인들을 '절반쯤 아이'로 대했다. 그는 볼셰비키의 폭정 아래서 그들이 얼마나 끔찍한 고통을 겪었는지 확인하면서, 그들에게 복음을 전달하는 것을 자신의 의무로 여겼다. 그는 루터협회의 동료들에게 설명했다. '(볼셰비키가 걸어놓은) 마법이 풀리면 그리스도에게 그토록 충성스럽게 매달리는 러시아인들이 우리 기독교인들에게 많은 말을 해줄 것이라고 믿고 싶습니다.'[69]

전쟁의 폭력성이 그를 얼마나 고통스럽게 만들었는가와 상관없이 야라우쉬는 독일의 대의를 버리지 않았다. 1941년 11월 14일 그는 샤를로테에게 러시아인들이 죽어나가는 장면에 대하여 썼다. 시멘트 공장 포로 2천명 중에서 하루에 25명씩 죽고 있다. 민간인들, 특히 추위 속에서 입을 것이라고는 셔츠밖에 없는 '유대인들은 …… 그들을 숲으로 데려가서 기술적인 용어로 표현해서, 해치우는 것이 그들에게 정녕 가장 자비로운 일일지도 몰라요.' 그는 아내에게 자기처럼 '러시아인들이 볼셰비즘 치하에서 어떤 고통을 겪었는지 그들로부터 끊임없이 듣지 않으면 현재 진행되고 있는 것들의 전체적인 의미에 대하여 의구심을 품을 수도 있을 것'이라고 고백했다. 그는 현재 벌어지고 있는 일이 '전쟁이라기보다는 살인'일 것이라고 인정하면서도, 자신의 '작은 의무'는 행해야 한다고 썼다.[70]

프리츠 파른바허와 그의 제4탱크사단은 요룔에서 툴라로 향했다. 툴라는 모스크바 남쪽을 방어하는 핵심 도시로서, 독일군이 모스크바를 포위하기 위해서는 반드시 정복해야 했다. 소련군은 1941년 가을의 몇 주일을 이용하여 서쪽에서 모스크바로 가는 직선로를 깊게 성채화했다. 모스크바의 앞부분은 기존의 모자이스크 방어선 너머에 추가로 삼중의 참호망을 구축했고, 벙커와 거점들을 지뢰밭으로 둘러쌌다. 정면 공격은 더이상 가능해 보이지 않았다. 그러나 독일군은 어차피 정면 공격을 감행할 의사가 없었다. 독일군 총사령부는 모스크바를 앞두고도 포위 공격을 계획했다. 군집단중부의 탱크집단들이 북쪽 날개와 남쪽 날개로부터 모스크바를 둘러싸면서 전개하여 모스크바의 동쪽 교차 지점에서 만나서 소련 지도부와 소련군 부대들을 포켓 속에 가둘 생각이었다.

툴라는 모스크바에서 남쪽으로 150킬로미터 떨어져 있는 인구 27만 2천 명의 도시로, 모스크바 갈탄 지대의 중앙에 자리한 오래된 군수산업 중심 도시였다. 독일군이 기차가 교차하는 툴라의 기차역과 공항을 장악하지 못하는 한 구데리안의 탱크들이 동쪽으로 진격하여 모스크바를 포위하기에는 위험이 너무 컸다. 구데리안의 제2탱크집단은 제2탱크군으로 승격되었지만 그 탱크들은 너무 넓은 공간에 길게 뻗어 있었고, 그래서 취약했다. 모스크바를 남쪽으로부터 공격하라는 지시를 받자 구데리안은 전형적인 예술가적인 메모를 장교들에게 보냈다. '툴라? 짧고 강한 전투—긴 여정—금발 아가씨'.[71]

그러나 제2탱크군과 그 일부인 제24탱크군단과 제4탱크사단은 아무런 장애 없이 요룔을 점령했던 때와는 전혀 다른 상황에 놓였다. 프리츠 파른바허는 1941년 10월 6~7일 밤에 첫눈을 보았다. 눈은 비로 바뀌었고, 여름 내내 달궈졌던 비포장도로가 진창으로 변했다. 소련의 저널리스트 바실리 그로스만이 표현했듯이 '줄줄 흐르는 바닥없는 늪, 검은 반죽, 그 안에 수백만의 군화, 바퀴, 궤도들'이 빠져들었다. 군집단중부가 뻗어 있던

500킬로미터 전체를 가로질러서 탱크, 대포, 트럭, 반궤도 차량, 마차가 진창에 잠겼다. 1941년 10월 15일 군집단중부 참모부가 '심리적으로 심각한 순간이 닥쳤다'고 기록했다. 1주일 만에 제6탱크사단의 탱크가 200대에서 작전 가능한 탱크 60대로 감소했다. 제20탱크사단의 탱크도 원래의 283대에서 반쯤 고장난 43대로 감소했다. 제4탱크사단이 보유한 탱크는 겨우 38대였다. 그 탱크마저 작전 가능하게 만드는 데 1주일이 소비되었다. 제4탱크사단 사단장이 진격을 개시하면서 경고했다. '그동안 쉬지 않고 들인 노력과 격렬한 전투가 …… 장교와 사병들에게 아무런 영향을 주지 않을 수 없다.' 만에 하나 공격이 성공을 거둔다고 하더라도 '막대한 피의 손실'이 불가피할 것이다. 독일군의 진격을 방해한 것은 날씨만이 아니었다. 1941년 10월 초부터 독일 공군의 출격이 드물어졌다. 정반대로 소련 공군기들은 제자리걸음을 하던 독일군 목표물들을 효과적으로 타격했다. 그리고 모스크바에 접근하면 할수록 방어막은 견고했다. 1941년 10월 29일 제4탱크사단이 툴라 4킬로미터 지점까지 다가갔지만 또다시 진창에 빠졌다. 다음날 독일군 비밀 보고서는 제4탱크사단 병사들과 '대독일'연대가 툴라 남쪽 숲에서 소련군 탱크와 도보로 싸웠다고 기록했다.[72]

1812년에 나폴레옹의 위대한 군대는 병사들과 말들을 겨울철에 후퇴하다가 잃었던 것이 아니다. 그해 승리의 여름에 잃었다. 1941년의 독일군도 마찬가지였다. 가장 큰 손실은 진격중에 발생했다. 1941년 6월 마지막주에 4만 1,048명이 전사했고, 7월에 17만 2,214명, 8월에 19만 6,592명, 9월에 14만 1,048명이 전사했다. 탱크사단의 사정은 더 나빴다. 1941년 7월 말에 제4탱크사단의 핵심인 제35탱크연대는 원래 보유했던 177대의 탱크 중에서 남은 탱크가 49대에 불과했다. 구데리안은 히틀러에게 자기가 지휘하는 제2탱크집단을 위하여 탱크 부품을 보내달라고 사적으로 부탁하기까지 했다. 기계화 부대의 보병들은 어떤 전투에서건 탱크 사이의 열린 공간에서 산개하여 도보로 싸워야 했고, 따라서 전사할 위험성이 클 수밖에 없었다. 1941년 8월에 그런 병사가 기계화 보병의 50~70%에 달했다.[73]

독일군의 진격 속도 자체가 독일군을 패배시키고 있었다. 공급선이 갈수록 길어지면서 병참 사령관들은 불가능한 선택에 직면했다. 독일군에게는 동부전선에 공급할 차량과 기관차가 절대적으로 부족했다. 독일군이 소련의 손상되지 않은 일부 광궤도 열차와 기관차를 포획했지만, 그것들을 표준 궤도의 레일에 맞도록 개조하는 데는 예상보다 훨씬 많은 투자가 필요했고, 진척 속도도 느렸다. 상황은 독일군이 진격할수록 더 심각해졌다. 병기창의 보급품을 기차로 이동시키는 것도 갈수록 어려워졌다. 차량과 말의 손실 때문이었다. 1941년 11월 중순 독일군은 소련전 개시 시점에 보유했던 차량 50만 대 중에서 42만 5천 대가 파괴되거나 손상된 상태였다. 그것들을 수리할 설비도 너무 부족했다. 차량을 제외하고 견인력의 대부분을 감당하던 말들도 수만 마리씩 병들거나 죽어나갔다. 스몰렌스크에서 모스크바에 이르는 도로는 2차선이었지만, 소련군은 후퇴하면서 장시간 후에 점화되는 타이머를 부착한 지뢰를 매설했다. 그리하여 매일같이 지뢰가 터져서 너비 30미터 깊이 10미터의 지뢰 분화구들이 도로를 찢어놓았다. 상황이 너무도 열악했던 나머지 제5보병사단 병사들 대부분이 프랑스로 휴가 가서 재충전의 시간을 갖는 대신 도로의 보수 작업에 투입되었다.[74]

때는 늦가을이었고, 기온이 떨어지자 땅이 언 덕분에 독일군의 기동력이 다소간 회복되었다. 그러나 추위는 새로운 문제를 가져왔다. 1941년 11월 중순 눈이 내렸을 때, 제4탱크사단 병사들 중에서 방한 외투를 보유한 병사는 절반에 불과했다. 모직 담요를 보유한 병사는 1/3이었다. 그리하여 동상이나 여타의 질병으로 인하여 전열에서 이탈한 병사가 부상을 당한 병사보다 많았다. 물론 그 두 가지 숫자는 갈수록 커졌다. 독일군은 이미 1941년 7월 말과 8월 초에 겨울 장비를 주문했지만, 그것은 추후 승전을 거둔 뒤에도 소련에 머물게 될 58개 사단만을 위한 것이었다. 더욱이 당국이 운송의 우선순위를 철도에 둘 것인지 아니면 도로에 둘 것인지 절망적으로 논의하는 동안, 월동 군복은 대부분 폴란드의 열차 집하장에 쌓여 있었다. 병사들의 사기에 치명적인 것으로 여겨지던 전선 우편조차 제한되었다. 군집단중부가 수송 차량을 전선에 포탄과 휘발유를 공급하는 데 집중시켰기 때문이었다.[75]

제2군 우편검열관들에 따르면, 날씨가 나빴지만 병사들의 '사기'는 1941년 10월 내내 '꺾이지' 않았고, 병사들은 '확신'으로 충만했다. '지난달의 편지는 브랸스크와 뱌지마 포위 공격의 위대한 성공과 모스크바 진격이 차지했다. 대부분의 병사들은 볼셰비키에 대한 전쟁의 끝이 손닿을 거리에 있으며, 그와 함께 제국으로 돌아갈 날이 임박했다고 생각한다'. 실제로 소집단 심층 분석의 방법으로 병사 25명의 편지를 분석해보면, 임박한 승리에 대한 기대가 1941년 6월, 7월, 8월보다 1941년 10월에 더 높았다. 그들에게는 10월의 난관들 자체가 승리가 목전에 있다는 것을 확인해주는 듯이 보였다. 한 병사는 음식이 열악한 것을 강하게 비판했지만, '중요한 일이 닥칠 때'는 언제나 공급이 나쁜 법이라고 썼다.[76]

군집단남부의 상황은 군집단중부보다도 열악했다. 헬무트 파울루스는 도네츠크의 스탈리노에 도착한 다음날 부모에게 편지에 썼다. 그러니까 '우리의 발은 우리가 지난 7월 이후 전진한 2천 킬로만큼 걸었던 거지요. 발과 다리 근육에 통증을 느끼지 않고 5분 동안 서 있는 것도 힘들어요. 나만 그런 게 아니라 동료들 모두 그래요.' 군화에 기름칠을 못 해서 군화 가죽이 갈라졌고, 병사들은 갈라진 틈들을 꿰매서 군화가 조각나는 것을 겨우 막았다. 드니프로페트로프스크부터 스탈리노까지 500킬로미터를 진격하는 동안 병사들은 진창 및 어둠과 싸우면서 때로는 하루에 20시간을 걷기도 했다. 1941년 10월 17일 제17군과 재구성된 클라이스트의 탱크군이 미우스강에 도달했고 타간로크를 점령했다. 그러나 비와 진창이 그들을 묶었다. 1941년 11월 초 포르츠하임의 파울루스 가족은 희망적인 소문을 들었다. 소련전 초기부터 전투에 투입되었던 병사들이 그동안 프랑스에서 주둔하고 있던 병사들로 교체된다는 소문이었다. 헬무트는 답장에 썼다. 병사들의 주제는 언제나 '음식, 편지, 휴가예요. 모두가 밤낮으로 휴가를 꿈꿔요.' 그는 휴가를 가면 오직 프레첼과 덴마크 페이스트리만을 먹겠다고, 결단코 러시아 '검은 빵'은 먹지 않겠다고 다짐했다. 그러나 그는 미혼인 자신이 휴가를 받을 가능성은 제로라는 것을 잘 알고 있었다.[77]

동부전선의 북쪽 끝에서 알베르트 요스와 동료들은 핀란드만灣 해안선 근처에 있었다. 농민의 아들로서 13세에 학교를 떠났던 요스는 1939년 8월 28일에 징집된 때부터 일기를 썼다. '사랑하는 조국을 위해 모든 것을 주고 행할 준비가 되어 있는 용감한 개인으로서' 그는 자신의 전쟁을 기록하고자 했다. 고단한 농업노동을 해온 그는 기본 군사훈련을 무리 없이 통과했고, 제국노동봉사단 활동과 군복무가 자신을 농촌 아버지의 폐쇄적이고 권위적인 세계로부터 해방시켜준 것을 환영했다. 1941년 10월 중순 군집단북부에 합류하자마자 요스는 소련군 '정치위원 두 명'이 수송 열차를 폭파했다는 이유로 교수되는 것을 목격했다. 그들은 트럭 뒤에 묶이고 목에 올가미가 걸린 뒤에 차가 출발하면서 목이 졸려 죽었다. 요스는 적었다. '내게 가장 충격적이었던 것은 아이들의 태도였다. 아이들이 교수된 사람들 근처에서 놀면서 때로는 그들을 올려다보았다. 그게 러시아다.'[78]

그렇게 동부전선에 투입된 뒤 요스의 중대는 탈진한 동프로이센 연대로부터 스트르젤나 서쪽 20킬로미터 지점의 얇은 참호들을 넘겨받았다. 중대는 독일군 포병대가 소련군의 크론슈타트 해군기지를 포격할 수 있도록 포병대를 엄호하는 임무를 맡았다. 요스와 동료들은 사흘 동안 밤낮으로 딱딱한 땅바닥에 구덩이를 팠다. 참호 하나 만드는 데 흙 60입방미터를 파내야 했다. 그들은 참호 안에 이단침대 네 개와 난로를 '청어꾸러미'처럼 우겨넣었고, 심지어 바람을 막기 위한 작은 유리문도 달았다. 근처 숲속에 저격병들이 득실댔다. 요스의 가장 친한 동료가 입에 총알을 맞고 죽었다. 독일군의 강력한 포격과 소련군 보병의 끈질긴 반격이 교차하는 와중에 중대는 계속해서 이동했다. 그들은 그때마다 참호를 구축해야 했는데, 땅 파는 작업이 갈수록 더 힘들었다. 병사들은 '돌처럼 단단하게 언 땅을 수류탄으로' 폭파해야 했다.[79]

모스크바로 통하는 길은 여전히 닫혀 있었다. 독일군은 툴라를 정면 공격한 뒤 물러났다. 제4탱크사단에 남은 탱크는 25대에 불과했다. 나머지는 몇 안 되는 수송용 차량뿐이었다. 병사들을 보호하는 포대도 없었고 엄폐물도 부족했다. 더욱이 장교든 사병이든 무더기로 병에 걸려 부대에서 이탈했다. 제2탱크군은 휘하 사단들에게 '독일인의 피를 아껴야 하니' 소련군 포로들을 투입하여 툴라를 둘러싼 지뢰밭을 제거하라고 지시했다. 중화기가 감소했다는 것은 사단의 사상자 수도 급증했다는 것을 의미했다. 제24탱크군단 사령관 가이르 폰 슈베펜부르크는 구데리안에게 '부대의 병력과 물자가 고갈되었다'라고 보고했다. 제2탱크군의 공식 전쟁일기는 한걸음 더 나아가서, 부대 안에 의심이 퍼지기 시작했다고 기록했다. '부대는 추위와 전투에 의해 소진되었다. 병사들은 마침내 이제 무슨 일이 벌어질지 알고자 한다.'[80]

1941년 11월 1일 포병 중위 프리츠 파른바허는 한 러시아 병사가 중상을 입은 채 도로 가장자리에 누워 있는 모습을 보고 충격을 받았다. 병사는 신음소리도 내지 못하고 죽어가고 있었다. '아무도 그를 주목하지 않았다. 적으로 부상당한다는 것은 얼마나 끔찍한 일인가!' 11월 20일 이번에 총 맞은 사람은 그의 가까운 친구 페터 지게르트였다. 두 사람은 지난여름부터 늘 붙어 있었다. 죽어가는 친구를 안았을 때 생각나는 것은 어머니들뿐이었다. '모든 것이 공허했다. 나를 둘러싼 모든 것이 무의미했다.' 지게르트는 오후 2시에 죽었다. 파른바허는 '그의 한 조각이 남겨진 듯이' 느꼈다. 울란트의 노래 〈나에게는 전우가 있었네〉처럼.[81]

툴라 점령이 실패로 돌아가자 제4탱크사단은 그 대신 남동쪽의 갈탄 도시 스탈리노고르스크를 점령했다. 사단 사령부는 주민들을 증오와 경멸로 대했다. 부대는 그 러시아인들을 소련에서 마주친 가장 '저열한 노동자' '둥지'로 칭했다. 독일군은 더이상 후퇴하지 못한 소련 정규군 병사, 훈련받지 못한 민병대원, 민간인, 농민을 구분하지 않았다. 그들은 '경찰적 방법'으로 정보를 캐냈고, 밀고, 심문, 구타의 '더러운 전쟁' 전술을 선택했다. 그런 방법으로 주민들에게 사격과 야전활동을 훈련시키던 십장을 체포했고 폭발물을 휴대한 남자도 체포했다. 그는 광산을 폭파시키려 한 것이었는데, 그의 아내와 아들도 공범이라고 했다. 독일군은 키이우에서와 마찬가지로 생존하기 위하여 협력하려는 노동자와 위험한 '빨갱이'를 구분하지 않다.[82]

탱크사단과 함께 우크라이나로 진격하면서 전쟁에 치를 떨었던 병사 로베르트 R은 이번에는 미하일로부브카 마을을 불태우라는 명령을 받았다. 독일군 병사 네 명이 피살된 것에 대한 보복이었다. 로베르트가 상관에게 물었다. '마을 전체 말씀이십니까?' 상관이 답했다. '왜? 너무 커? 최소한 시도해볼 가치는 있잖아.' 부대의 차가 마을 밖의 궤도 트랙터 정거장에 도착하자, 로베르트는 기관총을 세워놓고 여자들과 아이들에게 마을을 떠나라고 명령했다. 그들은 아무것도 지니지 못한 채 얼어붙은 어둠 속으로 걸어들어갔다. 로베르트는 일기에 적었다. '나는 감정 없이 외쳤지만, 통곡하는 것 같았다.' 로베르트는 아무도 처형하지 않았다. 그는 기관총

사수를 제치고 더듬거리는 러시아어로 마을 사람들에게 말했다. 빨치산 활동은 신고해야 한다. 그렇지 않으면 더 큰 보복을 당할 것이다. 마을 사람들은 살려준 것에 감사하면서 다른 분대가 마을에 놓은 불길이 밤하늘로 치솟는 것을 바라보았다.[83]

군집단중부의 엘리트 기동 사단이 어느덧, 보통의 경우라면 독일군 보안사단이나 후비군 사단이 경찰대 및 친위 특공대와 긴밀히 협력하며 수행하던 과제, 즉 보복으로 마을을 불태우는 일을 행하기 시작한 것이다. 그 결정적인 순간에 라이헤나우의 1941년 10월 10일의 명령이 사단에 도착했다. 그러자 제4탱크사단 사령관이 부하들에게 '볼셰비키-유대인의 위협에 대한 투쟁에서 훨씬 더 가혹해져라'고 촉구했다. 프리츠 파른바허는 1941년 11월 17일의 중대장 설명회에 참석하고 귀대하면서 중대장이 설명회의 '핵심은 가차없는 행동이고 러시아인들을 엄히 단속하는 것'이라고 말하는 것을 들었다. 젊은 경건주의자 파른바허는 내면에서 싸웠다. 그는 그가 들은 것으로부터 일종의 내적인 거리를 두기 위해 분투했다. '몇 시간 동안의 토론에서 제시된 것은 그 자체로 근본적으로 독일적인 것이 아니다.' 그동안 사단 본부가 새롭고 분명한 '그날의 모토'를 하달했다.

1941년 11월 21일: 볼셰비키 사상의 담지자이자 선동가는 유대인이다. 독일군 병사는 유대인이 살고 있는 곳은 그 어느 곳이든 전선의 후미가 안전치 못하다는 것을 언제나 생각해야 한다. 유대인은 민간인이고 빨치산이고 상관없이 포로수용소에 속하지 않는다. 그들은 사살해야 한다. …… 1941년 11월 25일: 주민들로 하여금 주변을 배회하는 볼셰비키 잔당들과 빨치산의 테러보다 독일군의 조치가 뼛속까지 더 두렵게 느끼도록 만들어야 한다. 볼셰비키 하등인간들에게 자비는 없다. 여자들과 아이들에게도 자비는 없다. 빨치산과 공범들은 그 즉시 나무에 매

달아야 한다.[84]

　이어지는 몇 주일 동안 그 모토들은 마을을 불태우는 조치들, 저항하거나 의심이 가는 주민들을 죽이거나 강제로 얼어붙은 눈보라 속으로 들여보내는 여러 조치를 정당화했다. 그러자 병사들이 스스로 이니셔티브를 발휘하여 유대인을 죽이고, 소련군 포로들을 집결지로 수송하기보다 사살해버리기 시작했다. 민간인의 위협에 어떻게 대응할 것이냐는 더이상 상관의 관할이 아니게 되었고 공식 처형의 항목들이 줄어들었다. 군사 규율의 그 핵심이 사라지자 군대 후미의 제노사이드가 최전선으로 옮아갔다. 숲에 남아 활발히 움직이던 소련군 병사들을 죽이는 것은 말할 나위도 없고 민간인을 죽일 핑계는 많았다. 독일군이 진격할수록, 그리고 부대의 규모가 줄어들고 고립될수록, 빨치산에 대한 공포는 커갔다. 그들의 불안에는 객관적인 근거가 있었다. 1941년 12월 말 빨치산 부대들이 마을과 도시들을 탈환하기 시작한 것이다. 심지어 슈베펜부르크의 제24탱크군단 엘리트들도 빨치산에게 점령지를 빼앗겼다.[85]

　독일군의 '평정' 작전은 빈번히 빨치산이나 민간인들이 실제로 가하는 위협보다는 병사들의 고립감과 위기감에서 비롯되었다. 프리츠 파른바허는 '의심스러운' 민간인들이 죽임을 당하는 경우들을 여전히 기록하고 있었다. 그러나 그 역시 점점 둔감해져갔다. 그는 부하들이 멀리까지 가서 식량을 찾다가 지뢰의 위험에 노출되느니 앞서 식량을 징발해왔던 그 마을에 다시 가라고, 그것이 '마지막 젖소를 없애는 것!'을 의미할지라도 그렇게 하라고 지시했다. 독일군 병사들이 광대한 설원을 앞에 두고 회색의 얇은 전선에서 부들부들 몸을 떨면서 옹송그리고 모여 있을 때, 눈은 대지의 표식을 없앴고, 땅과 하늘의 구분조차 회색과 흰색의 뒤섞임 속으로 아스라이 소멸했다.[86]

라이헤나우의 지시가 동부전선의 독일 육군 전체에 관철되는 동안 유대인에 대한 언어폭력이 새로운 정점에 올랐다. 그 홍수의 문은 동부전선 병사들에게 모스크바를 점령하라고 촉구한 1941년 10월 2일의 선언문에서 히틀러 스스로가 열었다. 주적은 '유대인들 그리고 오직 유대인들!'이다. 히틀러는 다음날 베를린 스포츠궁전의 연설에서 국내전선을 향하여 그 선언을 반복했다. 1941년 11월 8일의 뮌헨 맥주홀 쿠데타 기념식에서도 히틀러는 청중들에게 자신이 '어떻게 유대인이 세계의 방화범임을 알게 되었는지' 발언했다. '러시아의 민족 인텔리겐치아 전체'가 '도살되고 프롤레타리아로 전락한 영혼 없는 하등인간들만 남았으며, 그들을 배후에서 지배하는 것이 유대인 정치위원들의 엄청난 조직―실제로는 노예 소유자들―입니다.' 히틀러는 독일인들의 머리에 그것을 새기려 했다. '현재의 투쟁은, 나의 오랜 동지들이여, 실제로 독일만을 위한 투쟁이 아닙니다. 유럽 전체를 위한 투쟁, 죽느냐 사느냐의 투쟁입니다.'[87] 독일은 '유대-볼셰비즘'에 대한 범유럽적인 투쟁의 책임을 떠맡았다는 종말론적인 수사는 그처럼 확고부동했다. 자신의 주간지 〈제국〉에 정기적으로 논설을 쓰던 괴벨스 역시 1941년 11월 16일 호에 '유대인이 유죄다'라는 논설을 실었다. 그는 독자들에게 히틀러의 1939년 '예언'을 상기시켰다. 유대인들이 또 한 번 유럽전쟁을 일으킨다면 파멸할 자는 유대인이다.

우리는 지금 그 예언이 실현되는 것을 목도하고 있다. 유대인에게 닥친 운명은 가혹하다. 그러나 그 운명의 책임은 오로지 유대인들 자신에게 있다. 이번에는 동정심이나 후회의 자리가 없다. 유대인들은 이 전쟁을 일으키면서 자신들이 동원할 수 있는 힘을 완전히 잘못 계산했다. 그들이 우리에게 가하고자 했던 절멸의 과정, 그들이 그럴 힘만 있으면 일말의 양심도 없이 그렇게 되도록 하려 했던 그 과정이 점차 그들 자신을

집어삼키고 있다. 유대인은 그들 자신의 법에 따라 파괴되고 있다. '눈에는 눈, 이에는 이!'[88]

**

구멍 난 군화를 신고 허름한 옷을 입고 변변치 않게 먹던 제4탱크사단은 아직도 공격중이었다. 툴라에 대한 정면 공격은 실패로 돌아갔지만, 구데리안은 공격의 역동성을 유지하고자 했다. 그는 툴라를 남동쪽으로 우회하여 콜롬나와 모스크바 동쪽 외곽에 압박을 가했다. 1941년 11월 24일 제2탱크군단이 베네프와 미하일로프카를 점령하고 카시라 쪽으로 움직였다. 그 도시는 툴라의 전력을 모스크바로 전달해주는, 소련군으로서는 내줄 수 없는 도시였다. 1941년 11월 30일 모스크바 동쪽에 위치한 그 도시 외곽에서 전투가 일시 정지된 순간, 로베르트 R은 시간을 내서 아내 마리아에게 편지를 썼다. 이틀 전 그의 트럭이 퍼졌고, 병사들은 포탄이 쏟아지는 한가운데서 쌓인 눈을 뚫으며 트럭을 밀고 갔다. 포탄 파편 하나가 동료를 타격했다. 로베르트는 짧게 적었다. '안톤 R이 맞았고 가슴이 뚫렸어요. 그는 죽었어요. 부대가 출발하기 직전에 G가 재빨리 그의 무덤에 표시를 했어요. 화환도 철모도 없었어요.' 로베르트의 생각은 갈수록 죽음에 머물렀다. 그의 어린 아들만이 그를 희망에 잡아둘 수 있었다. '미래에 대한 많은 약속이 있었지요. 우리에게 그것을 약속하신 주께서는 거짓말을 하지 않으십니다.' 그러나 미하일로프카 마을의 방화 작업을 도운 뒤 로베르트는 새로운 고통과 자기의심에 사로잡혔다. 2주일 뒤 그는 므첸스크로 돌아가 휴식을 취할 수 있게 되었고, 이어서 가벼운 포로수용소 경비 업무를 맡았다. 그는 수용소의 굶고 병든 포로들을 목격한 뒤 사흘 동안 아무것도 먹을 수가 없었다.[89]

로베르트는 마리아에게 그 경험을 그대로 전달하지 않았다. 그러나 그의 마음 상태에 대하여 설명은 했다.

나는 잘 울지 않아요. 사건의 한가운데 있는 동안 우는 것은 해법이 아니지요. 내가 당신에게 돌아가 쉬면서 그것들을 넘어설 수 있을 때, 그때만 우리는 통곡하게 될 겁니다. 그리고 그때에서야 당신이 당신 남편을 이해하게 될 거예요. …… 돕고 행동하지 않고 그저 '동정심'을 갖는 것은 의미가 없어요. 인간의 빈곤에 대한 감정과 인류의 죄악에 대한 감정이 커가고 있습니다. 인류의 죄악은 각 개인에게 뿌리를 두고 있습니다. 깊은 수치심이 커가고 있어요. 때때로 나는 사랑받는 것이 부끄럽습니다.[90]

그가 가장 두려워한 것은 자기 자신의 도덕적 파탄이었다. '영원한 도덕의 자리를 내적인 파멸이 차지하는 것'이었다. 그의 유일한 처방은 '사랑과 가족(이라는) 비밀'이었다. 그 편지는 그의 마지막 편지가 된다. 독일군이 서서히 후퇴하던 1941년 12월 4일 로베르트는 심각한 부상을 당한다. 동료들이 그를 7킬로미터가량 운반했다. 그러나 그를 살릴 수는 없었다. 그들은 소련의 어느 학교 입구 근처에 그를 매장했다. 로베르트가 일기를 써가던 학교 공책 네 권은 동료 병사 한 명이 독일의 마리아에게 전달해주었다.[91]

독일군이 툴라를 점령하기 위한 노력을 배가했다. 이번에는 포위 작전을 펼쳤다. 그러나 제4탱크사단 제12소총연대의 한 장교가 불평하였듯이, 병사들은 '먹지 못하고, 입지 못하고, 지쳐 있었다'. 화력이 '경악스러울 정도로 약했다'. 프리츠 파른바허는 사단의 포병대 동료들 역시 지친 것을 보았다. 그들은 소련군이 그들보다 약하기를 기원할 뿐이었다. 사단 사령부도 그렇기를 희망했다. 1941년 12월 2일 제24탱크군단이 드디어 툴라-모스크바 선을 절단하는 데 성공했다. 다음날 부대는 툴라와 세르푸코프 사이의 선로도 끊었다. 영하 32도의 추위 속에서 고트하르트 하일리치 장군의 제43군단이 서쪽으로부터 절망적인 노력을 기울인 끝에 탱크사단에 합류했다. 그러나 독일군은 마지막 9킬로미터를 연결하지 못하여 포위를 완성하지 못했다. 12월 5일 구데리안이 공격을 멈추었다. 그는 군집단중부의 총사령관 페도르 폰 보크에게 자신의 부대를 공격에서 면제시켜달라고 설득했다. 그는 야스나야 폴라냐의 옛 톨스토이 집에 설치한 본부를 포기하고, 70명의 독일군 전사자들을 작가의 무덤 근처 공원에 매장했다. 마을 광장에서는 러시아인 네 명을 교수했다.[92]

제7장

첫 패배

    1941년 12월 6일 새벽 2시 소련군의 대포와 박격포가 독일군 제4탱크 사단 제12소총연대에게 포탄을 퍼부었다. 그 시각은 독일에서 부모들이 아이들 신발에 선물을 넣어두는, 성탄절 19일 전인 성 니콜라우스의 밤이었다. 러시아 전선의 기온은 영하 40도였다. 연대장 스밀로 프라이혜르 폰 뤼트비츠는 포격 소리에 잠에서 깼다가 포격이 멈추자 다시 잠 속으로 빠져들었다. 새벽 3시 30분 그는 우군의 강렬한 총소리에 다시 잠에서 깼다. 부관을 보내서 알아보니, 소련군 두 개 대대가 긴 도랑을 따라서 마을 중앙까지 침투했다. 소련군 병사들의 접근이 그처럼 조용히 이루어진 것은 의도한 것이 아니었다. 날씨가 너무 추워 총이 얼어버려서 소련군이나 독일군이나 소총과 기관총을 발사할 수 없었다. 뤼트비츠의 병사들을 구해준 것은 지붕 바로 아래에 설치한 기관총이었다. 지붕이 기관총을 덮어서 얼지 않았고 그래서 발사할 수 있었던 것이다. 소총연대는 그 기관총으로 소련군 병사들을 퇴각시켰다.[1]

독일군의 선봉 부대들은 즉각 그들의 운이 나쁜 쪽으로 변했다는 것을 인식했다. 독일군의 툴라-모스크바 방어선 공격을 이끌었던 탱크사단들과 제43군단이 12월 6일 밤의 소련군 공격에 치명적으로 노출되었다. 그 부대들은 공격을 멈춘 자리에서 눈 속에 파묻혀 있었다. 나머지 부대들이 소련군 공격으로 부대가 궤멸될 수도 있다는 위험성을 인지하는 데는 시간이 걸렸다. 소련군의 총반격이 개시된 12월 6일 밤, 제296보병사단 참모부 중위 한스 라이네르트는 사단의 작전 계획을 짜느라 여념이 없었다. 그 날 밤 그가 가장 염려한 것은 회의중에 자기가 곯아떨어지지나 않을까 하는 것이었다. 라이네르트는 다음날 밤까지도 변화의 낌새를 눈치채지 못했다. 반복해서 울리는 긴급 전화벨소리에 결국 잠에서 깨어나 밖을 보니, 그의 게슴츠레한 눈에 어마어마한 수의 소련군 보병들이 물결처럼 공격해 오는 것이 보였다. 그는 소련군 사령관들이 병사들의 목숨을 그렇게나 낭비하는 것을 납득할 수 없었다. 그는 그 많은 병사들이 어디서 쏟아져 나왔는지도 이해할 수 없었다. '그것은 강과 같았다. 물결 위에 물결이 넘어오고 있었다.' 그는 공격의 목표도 이해할 수 없었다.

그것은 지속적인 전선을 구축하려는 전투가 아니다. 그것은 마을들을 차지하려는 전투이되, 그것들을 연결해주는 그 무엇도 없는 전투다! …… 우리는 러시아인들이 왜 그렇게 무의미한 공격을 하는지, 우리가 구축한 똑같은 진지들을 왜 그렇게, 러시아 병사 누구도 우리의 총을 피할 수 없는데 왜 그렇게 끝도 없이 공격하는지 계속해서 묻는다. 저들은 도대체 무엇을 하려는 것일까? 맞아. 그들은 마을들을 확보하려는 것이겠지. 그러나 그래서 도대체 어쩌겠다는 것일까?

제296보병사단 참모부는 그 한 번의 공격으로만 소련군 병사 약 2천

명이 죽었다고 계산했다.[2]

소련군의 엄청난 반격에 경악한 사람은 한스 라이네르트와 스밀로 폰 뤼트비츠만이 아니었다. 집단군중부의 참모부는 1941년 12월 4일에도 독일군의 공격이 멈추었으니 이제는 전투가 없는 기나긴 겨울이 될 것이라고 믿어 의심치 않았다. 그들이 입수한 정보에 따르면, 소련군이 '현재 보유하고 있는 무력으로는 반격을 개시할 수 없었다'. 그만큼 그릇될 수도 없었을 것이다. 1941년 10월 중순에 모스크바를 방어하는 소련군은 9만 명에 불과했다. 그로부터 겨우 6주일 뒤에 소련군은 새로운 군인들을 긁어모으는 동시에 극동에 배치되어 있던 노련한 병사들을 모스크바로 이동시켰다. 그 결과 모스크바에는 1백만이 넘는 병사들이 8천 문의 총과 박격포, 720대의 탱크, 1,370대의 전투기로 무장했다. 독일군은 그동안 거두었던 성공에 고무되어―가을 전투에서 소련군이 입은 막대한 손실 때문에 더욱 자신만만해져서―적의 힘과 공격력을 폄하했다. 육군참모총장 프란츠 할더와 군집단중부 총사령관 페도르 폰 보크로부터 에베르바흐와 뤼트비츠 같은 여단장과 연대장에 이르기까지 독일군 사령체계 전체가 독일군의 우월성에 취해 있었다. 그들은 정반대의 증거가 쌓여갔음에도 불구하고 소련군이 붕괴 직전에 있다고 확고히 믿었다. 승리의 버릇에서 태어난 망상이었다. 그 망상은 동부전선 독일군 전체의 한결같은 시각이었다. 그후 몇 달 동안의 사건들은 독일군이 모스크바를 정복한다면서 발산했던 우월한 확신을 산산조각냈다. 그러나 독일군이 온갖 난관을 뚫고 전투를 지속할 수 있고 또 승리할 수 있다는 망상은 그후에도 소멸하지 않았다.[3]

독일군의 모스크바 포위 작전은 동결된 상태였다. 전선은 한쪽으로 기운 거대한 초승달 모양이었다. 끝에서 끝까지가 무려 600킬로미터였다. 소련군 반격의 첫번째 타깃은 독일군 공격의 뿔 역할을 하던 탱크사단들과 보병들이었다. 소련군의 공격으로 독일군 선봉이 위축되자, 모스크바로 뻗은 고속도로 양측에서 전선의 중앙을 지키던 제4군과 제9군의 주력이 소련군에게 노출되었다. 그리고 1941년 12월과 1942년 1월 및 2월에 독일군 군집단중부 전체가 전면적으로 파괴될 위험에 놓였다. 독일군 공격의 북쪽 뿔은 크렘린 30킬로미터 안까지 접근했었다. 게오르크-한스 라인하르트 장군의 제3탱크집단은 모스크바 북부 교외의 마지막 물리적 장애물인 모스크바-볼가 운하 위의 결정적인 교두보를 잠깐이나마 점령했었다. 그러나 바로 그곳에서 시베리아와 극동과 중앙아시아로부터 이동해 온 소련군 엘리트 부대들이 1941년 12월 6일에 반격을 개시한 것이다. 단 하루가 지난 뒤에 이미 제3탱크군 사령관 라인하르트 장군은 자신의 최고 부대들에게 '더이상 작전 능력이 없다'고, '적군이 침투하거나 심지어 반격에 나서는 것을 봉쇄하는 것은 불가능하다'라고 보고했다. 독일군 병사들은 후미에서 갑자기 소련군 탱크가 나타나자 '탱크공포신경증'에 걸렸다. 제3탱크집단은 2주일 전만 하더라도 모스크바를 점령할 위치에 있다고 생각했다. 그 탱크집단의 공식일지에 독일군이 그 순간 새로이 처한 상태가 나타난다. '병사들이 이곳저곳에서 말 썰매를 타거나 소를 끌고 간다. …… 병사들 자신이 무관심해 보인다. …… 사실상 아무도 적의 공습을 격퇴할 생각을 하지 않는다. 폭격으로 사망한 병사들은 그곳에 그냥 쓰러져 있다.'[4]

남쪽의 툴라와 카시라는 더욱 심각했다. 제2탱크집단의 제4탱크사단을 이끌던 에버바흐 장군의 핵심 부대인 제5탱크여단은 그곳에서 이미 '위험한' 상황에 부딪혀 있었다. 여단은 소련군의 반격이 개시되기 전에 신속히 후퇴해야 했다. 그러나 시동이 걸리지 않는 차량이 부지기수였고, 그래서 버려졌다. 그것들이 운반해온 장비들도 함께 버려졌다. 모스크바로 진격해오면서 하루에 40~50킬로미터를 이동했던 병사들이 이제는 겨우 6.5킬로미터를 걸었다. 끔찍하게 느린 그 속도가 후퇴하는 병사들의 공포와 불길한 예감을 재차 강화했다. 툴라에서 오룔까지의 고속도로는 빙판의 활강 피스트로 변해 있었다. 그 위로 흩날리는 눈이 쌓였다. 탱크가 미끄러지면 그것을 끌어내느라 가뜩이나 부족한 연료가 더 들어갔다. 프리츠 파른바허는 싱거운 아이러니와 쓰라린 염려로 상황을 묘사했다.

장례 행렬이 움직일 때까지 매번 얼마나 흥분이 되는지 당신은 모를 것이다. …… 나의 자랑스러운 '가족'은 그렇다. 앞에는 보스의 전륜구동 차가 돌아가지만 후륜구동에 필요한 차동장치는 바로 어제 퍼져버렸다. 과연 우리가 언덕을 넘어갈 수 있을지. 조금 캑캑거리기는 하는데 어쨌거나 가기는 간다.

차는 그렇게 갔다. 귀중한 차, 표준화되지 않아서 한 대 한 대 각기 다른 방법으로 수리해가면서, 판 용수철이 무게에 찌그러지고, 휘발유가 새고, 야전식당 트럭에 응급처치 트레일러를 걸어놓고 갔다. 파른바허가 결론을 내린다. '이것이 나의 자랑스러운 가족이다.'[5]

제296보병사단의 사정도 비슷해서 소련군이 공격하기 전에 떠나야 했다. 사단의 전쟁일지는 간단하게 적었다. '오도예프 동쪽 배수구들 속 …… 통과하기 어려운 도로'. 라이네르트 중위의 기록은 보다 생생하다. '얼음 같은 북풍. 바람이 가라앉을 때까지 어둠 속에서 기다렸다. 전투 차량은 200미터 간격을 두고 따라가고, 병사들은 차량이 미끄러져서 배수구 활강에 빠지지 않도록 밧줄로 차량을 당기고 있다.' 말이 미끄러져 말 궁둥이가 배수구 깊이 처박히고 그 뒤를 마차와 차량이 이으면, 병사들이 말 위에 기어올라가서 다음 차량을 들어올려야 했다. 최악은 대포였다. 들고 가기에는 너무 무거웠고, 미끄러지면 힘들여 다시 끌어올려야 했다. 못 먹고 못 입고 공포에 질린 병사들이 통행로를 확보하는 데 꼬박 하룻밤이 걸렸다. 고통스럽도록 느린 이동 속도가 추위와 공포에 더해진 것이다. 1941년 12월 22일 파른바허는 일기에 적었다. '명령이 하달되었다: 후퇴! 우리의 사기는 완전 바닥이다. 나는 우리가 이 순간에 느끼는 것을 묘사할 수조차 없다. 너무나 힘들다. 소리 높여 울부짖고 싶다. ……' 새해 첫날 라이네르트 중위는 썼다. '병사들이 더는 걷지 못한다. 쓰러져서 그 자리에서 죽거나, 다음 대피소로 옮기는 도중에 얼어죽는다. 잔인한 시간이다.' 1941년 12월에 사망한 제296보병사단 병사 1천 명 중에서 351명은 얼어죽었다.[6]

1941년 12월 9일 군집단중부가 병사들의 사기가 최악의 고비에 도달했다고 냉정하게 평가했다.

> 사기가 떨어진 것은 효율성이 한계선 이하로 추락한 부대의 물리적·정신적 상태 때문이다. 러시아군에게 포로로 잡히는 것에 대한 공포, 전투병력의 급감, 연료의 부족, 병참의 취약성, 말들의 열악한 상태가 부대를 파탄으로 몰고 간다. 가장 결정적인 것은 러시아의 대형 탱크들을 방어할 수 없다는 무력감이다. 더욱이 러시아군은 너무나 많은 수를 때로는 엄청난 사상자가 발생함에도 괘념치 않고 투입하고 또 투입하여, 그렇지 않아도 얇은 우리의 방어선에 구멍을 내고 있다. 사단들이 길게 늘어선 탓에 우리의 방어선은 얇을 수밖에 없다.

군집단중부는 소련군이 독일군 후미를 돌파하여 '카오스'를 일으킨 양상을 기록했다. 그들은 병사들에게 반격할 능력이 없다고 인정했다. 바로 그 때문에 소련군 부대는 장비도 변변치 않고 훈련도 제대로 받지 못했음에도 불구하고 쉽게 승리할 수 있었다.[7]

군집단중부의 기계화된 뿔이 그처럼 바스러지자, 모스크바를 마주하고 있던 독일군 부대들이 지속적인—그리고 거의 치명적인—공격에 노출되었다. 1941년 12월 마지막 주부터 1942년 1월 중순까지 소련군은 독일군 전선에 거대한 구멍을 내어 군집단 전체를 부수고 궤멸시킬 기세였다. 오카강을 따라 펼쳐져 있던 독일군 남부전선이 뚫리자, 수히니치를 점령하고 있던 독일군 부대들이 항복해버렸다. 소련의 두 개 군이 모살스크, 지즈드라, 키로프를 수복한 뒤 거대한 반원 형태로 전개하면서 독일군 제2탱크군과 독일군 제4군을 분리시켰다. 그러자 소련군의 4개 군 앞에 거대한 공간이 열렸고, 소련군은 이제 유흐노프와 그 중요한 스몰렌스크-모스크바 고속도로로 진격할 수 있게 되었다. 북쪽도 비슷했다. 소련 제29군이 12월 29~30일에 스타리차의 독일 제4군단을 뚫고 르체프로 진격했다. 르체프의 낮은 이랑 지대는 독일군 전선의 열쇠였다. 소련 제39군이 사흘 만에 르체프 서쪽을 관통한 뒤 남쪽 시촙카로 향했다. 시촙카 너머에는 뱌지마와 스몰렌스크-모스크바 고속도로가 있었다. 소련군이 그 거대한 구멍을 이용하여 이제는 지난여름과 가을 전투에서 독일군이 그토록 효과적으로 사용했던 포위 전술을 실행하는 듯이 보였다. 1942년 1월 12일 소련군이 북부의 볼로콜람스크에 두번째 거대 구멍을 뚫었다.[8]

남쪽의 상황은 더욱 열악했다. 독일군 제2군은 그동안 자원이 절망적으로 부족했던 툴라 공격을 지원하는 대신, 남동으로 방향을 돌려서 육군 총참모부가 모스크바 다음 목표로 잡았던 고지 돈강 지역을 공격하라는 명령을 받았었다. 소련이 반격을 개시했을 때, 제2군은 예프레모프 인근의 눈 덮인 광야에 처박혀 있었다. 부대는 이웃의 제2탱크군과 군집단남부로부터 완벽하게 분리되어 있었다. 1941년 12월 8일 소련군이 독일군 전선에 30킬로미터에 달하는 거대한 틈을 만들어 독일군 3개 사단을 포위했다. 12월 14일 보크 원수는 잔여 병력만 남은 제45사단은 몰라도 제134보병사단만큼은 소련군이 구축한 포위망을 뚫으리라고 예상했다. 그러나 제134사단 사단장은 그 전날 자살해버렸다. 제45사단의 공식일지는 '유령 같은 야간 행군'을 다음같이 기록했다.

얼음처럼 차갑고 두꺼운 눈 폭풍이 가끔씩 가라앉으면, 그때서야 시야가 얼마간 확보된다. 거대한 불덩이들이 동쪽 모든 곳을 밝힌다. 행군로는 눈으로 덮여 있어서, 지역 주민들의 도움으로만 식별할 수 있다. …… 하루종일 눈 폭풍이 미세한 눈가루들을 끊임없이 눈과 얼굴로 휘몰아온다. 우박 폭풍을 맞는 느낌이다. …… 적의 타격 부대는 눈구름 속에 숨어서 손쉽게 우리 전선 바로 밑까지 접근한다. 적병은 마지막 순간에야 보인다.[9]

남쪽 전선의 후퇴는 패닉 속의 도망이었다. 차량, 말, 중화기, 야전식당, 도구, 밀 자루, 부품 자루 등을 포기한 도망이었다. 제2군 사령관 루돌프 슈미트 장군은 규율을 회복하기 위하여 '패배주의적인 발언을 하는 개별 병사들을 가려내어 시범적으로 사살하라'고 지시했다. 오스트리아 린츠에서 징집된 제45사단 병사들의 경험은 독특했다. 낙오할지 모른다는 공포가 전우애를 발동시켰고, 그래서 어두운 옷을 입은 군상들의 좁은 대형들이 하나로 모였다. 그 긴 대형이 눈보라를 뚫고 움직였다. 전선의 위치를 알 수 없던 그들은 지역민 안내인들에게 의존해야 했다. 독일군은 안내인들이 행여 추적해오는 소련군에게 위치를 누설할까 두려워 그들을 사살해버리기도 했다. 말과 차량이 없던 병사들은 부상병들을 썰매에 실어서 끌고 갔다. 마침내 독일 전투기가 그들을 발견하여 마치 '헨젤과 그레텔'에서처럼 유인물을 떨어뜨리면서 행군을 이끌었다. 후퇴한 지 11일이 지난 12월 17일 해가 지는 시각에 대형은 제56보병사단 연락장교를 만났다. 마침내 안전한 곳에 도착하자 사단 사령부가 신속한 진단을 내놓았다.

'부대의 전투 가치 제로, 완전 탈진.'[10]

1주일 뒤인 1941년 12월 25일 사단 군의관은 '신경병'을 앓는 병사가 다수라고 진단했다. 옷은 젖었고, 군화는 닳고 해졌다. 군의관에 따르면 병사의 70%가 동상에 걸렸으며 40%가 설사와 구토를 앓고 있었고, 전원이 이에 갉아 먹히고 있었다. 죽고 포위되었지만 그래도 그들은 파괴되지 않았다. 그 차이가 나폴레옹의 위대한 군대의 운명과 다른 점이었다. 겨울 내내 그들은 그들을 대체할 군대가 프랑스와 오스트리아에서 오기를 기다렸다. 그러나 제43사단은 끝내 전선에 머물러야 했다.

어디서나 위기는 최종적인 패전을 떠올리게 했다. 툴라 공격을 이끌었던 고트하르트 하인리치 장군은 소련군이 반격을 개시하고 열흘이 지난 시점에 집으로 보낸 편지에 썼다. '우리가 타격으로부터 회복하는 것은 불가능해요. 너무 많은 것을 잃었어요.' 프리츠 파른바허는 '나폴레옹의 러시아 경험'에 대한 생각을 멈출 수가 없었다. 1812년의 그림자를 보는 것은 그만이 아니었다.[11]

**

위기는 군대 후미의 포로수용소 203에도 닥쳐왔다. 그 수용소에서 콘라트 야라우쉬는 포로들에게 하루 세 번씩 음식을 제공하기 위해 최선을 다하고 있었다. 그러나 1942년 1월 4일 야라우쉬는 자신이 실패하고 있다는 것을 인정하는 수밖에 없었다. 그가 담당하던 구역의 포로 수가 3천 명으로 치솟았고, 몇 달 동안 인근 농촌을 빗질하고 벗기다시피 한 뒤로는 식량 징발대가 빈손으로 돌아오기 일쑤였다. 바로 그때 수용소에 발진티푸스가 발발했다. 1942년 1월 8일 야라우쉬는 아내에게 썼다. 음식이 도착하면 질서를 잡기 위해 주먹을 휘둘러야 해서 오른손이 부풀어올랐다.

상황은 갈수록 악화되고 있다. '수백 명이 굶어죽고 있어요.' '음식을 나누어주는 것 자체가 비극이에요. 포로들은 음식에 대한 욕망을 계속 키우다가 어느 순간 완전히 탈진합니다. 그러면 무관심해져요.' 다음 며칠 동안 식량이 다시 반입되었지만 너무 늦었다. 이틀 뒤에 야라우쉬는 포로들이 하루에 20명씩 죽는다고 계산했다. 포로 한 명이 그에게 말했다. '히틀러는 우리에게 빵과 좋은 대우를 약속했지요. 하지만 우리가 우리 스스로를 포기했고, 이제 우리는 모두 죽어가고 있어요.'[12]

포로수용소 203에 펼쳐진 비극은 인재人災였다. 그 재난은 당분간은 심지어 친위 특공대의 유대인 학살조차 넘어섰다. 독일군의 후퇴는 소련군 포로 230만 명의 식량 위기도 더불어 악화시켰다. 나치 정권은 1941년 11월에서야 독일의 노동력 부족을 보충하는 데 전쟁포로가 극히 중요하다는 점을 인식했다. 그러나 그때는 독일로 보내기에 적절한 포로가 이미 희귀해진 뒤였다. 포로들의 노동 능력이 모두 파괴되었던 것이다. 1942년 1월 13일 야라우쉬는 아내에게 그녀가 보내준 모든 편지에 대하여 고마움을 표했다. '편지가 말해주는 사랑이 나를 따뜻하게 해주고 나를 감사함으로 채웁니다. …… 이제는 당신 자신과 자식을 돌보세요.' 그는 아내에게 자신도 발진티푸스에 감염되었으며 그 편지는 로슬라블 야전 병원에서 쓰고 있다는 사실을 말하지 않았다. 2주일 뒤에 콘라트 야라우쉬는 사망한다. 소련군 포로 최소 200만 명이 포로수용소에서 죽어간 시점이었다.[13]

독일의 소련전 기획이 의거했던 절멸의 원칙을 역전시키기는 쉽지 않았다. 겨울철 후퇴는 정반대로 동부전선 독일군을 공통의 문화에 묶었다. 대량 학살의 문화였다. 소련군 정치위원과 유대인 공산주의자들을 처형하라는 독일군 최고사령부의 명령들은 1941년 여름만 하더라도 아주 다양한 방식으로 해석되었었다. 일부 사단은 유대인 포로를 적출한 반면에 다른 사단은 그러지 않았다. 그러다가 1941년 10월에 군집단남부의 라이헤나우가 학살 명령을 작성했고, 한 달 내에 그 명령이 다른 군집단에서도 반복되었다. 그 시점은 독일군의 진격이 막바지로 치닫는 동시에 휘청거리는 단계였다. 그때 엘리트 탱크사단들은 후미에 위치한 촌락들을 스스로 처리하고 있었다. 원래는 보안사단이 군대의 후미에서 실시하던 신문, 평정, 테러 방법을 그들이 채택한 것이었다. 그로부터 학살의 새로운 국면이 시작되었다. 단위 부대가 상부의 권위에 의거하지 않은 채 소련군 포로와 민간인들의 생사를 현장에서 독자적으로 결정했던 것이다. 독일군의 후퇴는 그 과정을 가속화했다. 이때 동부전선에 대한 독일군의 전체적인 관점과 자기이해가 재구성되었다.

후퇴하던 독일군은 궤멸의 위협에 직면하여 모든 수단, 그 어떤 수단을 동원해서든 소련군의 반격을 늦추고자 했다. 1941년 12월 7일에 후퇴를 시작한 제103탱크·포병연대는 적군에게 소용될 법한 것이면 무엇이든 파괴했다. '아니시노가 불타고 있다. 부대는 떠나면서 건물 하나하나에 불을 질렀다.' 프리츠 파른바허가 일기에 기록했다. '나는 내가 머물던 집에 불을 지르지 않았다. 나 대신 다른 병사들이 했다. 사령관도 그 일을 좋아하지 않는다. 그러나 러시아인들을 조금이라도 늦추기 위해서는 할 수 없다. 그것을 해야 한다. 우리는 민간인들이 굶고 얼어버리고 죽도록 놔둬도 되는지 질문할 수 없다.' 후퇴하는 부대는 촌락과 도시들을 불태웠고, 교량과 선로들을 폭파했으며, 공장과 발전소들을 파괴했다. 기온이 보통 영하 30도 혹은 40도까지 내려가는 상황에서 병사들은 마지막 남은 양심마저 벗어버리고 민간인들을 촌락으로부터 쫓아버렸다. 그런 작업들이 소련군의 추적을 약간은 늦추었지만, 그 이상은 아니었다. 히틀러가 1941년 12월 21일 독일군에게 '초토화' 작전을 펼치라는 명령을 내리기 전에 이미 초토화는 후퇴하는 독일군의 공통된 행동이었다. 파른바허는 그것을 개신교 양심 속에 위치시키려 시도했다. 그는 썼다.

나는 아직까지 단 한 발도 발사하지 않았다. 대포도 권총도 소총도 기관총도 발사하지 않았다. 나는 지금까지 단 한 마리의 닭도 거위도 죽이지 않았고, 단 한 채의 집도 불태우지 않았으며, 단 한 사람의 러시아인도 사살하라고 명령하지 않았고, 처형 장소에도 가지 않았다. 그곳으로부터 들리는 소리가 얼마나 이상하고 믿을 수 없는지! 나는 내가 그런 짓을 하지 않았다는 사실에 감사한다. 역사상 모든 전쟁 중에서 가장 불행한 이 전쟁에서 너무나 많은 살인, 방화, 파괴가 발생했다!

그러나 파른바허는 '러시아인들을 조금이라도 늦추라'는 군사적 논리를 의문시하지 않았다. 1941년 12월 17일 밤 그는 일기를 쓰면서 초막 건너 그들이 유숙했던 집의 주인들을 바라보았다. '집 지붕이 그들의 머리 위에서 너무 일찍 타버리지 않을까' 하여.[14]

독일군은 생사의 위기를 맞이하여 극단적 폭력의 영구화로 대응했다. 병사가 독일제국 어느 지역에서 충원되었든, 그들이 몸담았던 민간 환경이 나치즘에 적대적이었든 우호적이었든, 차이가 없었다. 개신교와 가톨릭이 고르게 섞인 루르 노동계급 출신의 제253보병사단은 농촌 출신들이 징집된, 좀더 나치화된 사단들과 똑같은 변화 과정을 겪었다. 후퇴는 분노와 공포를 뒤섞고 또 강화했다. 자신의 차량과 총과 중장비들이 파괴되고 그토록 어렵게 점령했던 영토를 포기해야 하는 것에 대한 분노, 겨울에 훨씬 유연하게 대응하는 소련군의 능력에 대한 충격, 후퇴할 안전한 전선을 보유하지 못한 것에 대한 공포가 그들의 폭력 원칙을 강화했다. 어느 부대도 소련군 병사들을 포로로 잡아놓으려 하지 않았다. 파른바허는 소련군이 '불에 탄 촌락들과 사살되어 도로 한편에 방치된 러시아 병사들의 시체'를 보면 독일군 병사들을 절대로 살려두지 않으리라고 생각했다.

1941년 12월 30일 그는 독일 공병들에게 그들이 집결지로 이동시키기로 되어 있던 소련군 포로들로부터 정보를 얻어냈는지 물었다. 그들이 '짐승처럼 낄낄거렸다.' 파른바허는 공병들이 포로들을 '당연히 그래야 하는 것'처럼 죽여버렸다고 인정하는 모습에서 충격을 받았다. 파른바허라는 사람의 일부는 병사들이 지난 다섯 달 동안 얼마나 변했는지 분노했지만, 파른바허의 다른 일부는 그들에 대한 변명을 일기에 적었다. 소련군이라는 '그 무자비한 짐승들에게 자비란 없다!'[15]

파른바허도 그동안 자신이 어느덧 '단단해지고hart 무정해졌다'는 것을 깨달았다. '단단함'과 '터프함'을 동시에 의미하는 독일어 hart—Härte는 독일에서 오랫동안 남성적이고 군사적인 덕성이었다. 히틀러청소년단은 그 미덕을 갖추라는 교육을 받았고, 징집병들은 기본 군사훈련을 받는 몇 달 동안과 최초의 불 '세례' 전투에서 그 미덕을 체화하고자 했다. 제4탱크사단의 수석 군의관은 병사들이 모스크바로부터 철수하는 고통스러운 마지막 몇 주일 동안 '스스로에게 단단해지는 것'을 습득했다고 평가했다. '스스로에게 단단한 것'은 이제 독일군에서도, 히틀러가 폐쇄적인 비밀회의에서 제노사이드 학살에 대한 은유로 '단단한'이라는 단어를 사용했을 때와 비슷한 뜻으로 사용되었다. 공식적인 설명과 사적인 기록 모두에서 '단단한'과 '거친harsh'이라는 형용사가 영웅적 자기희생이라는 신성한 언어를 보충했다.[16]

군집단북부 소속의 농촌 출신 알베르트 요스와 동료 병사들은 핀란드만 인근에서 소련군과의 동계 진지전을 견뎌내고 있었다. 요스도 자신이 '단단해지는' 과정을 기록했다. 1941년 12월 하순에 기온이 영하 30도까지 떨어졌지만 부대에는 방한 도구가 턱없이 부족했다. 요스는 끔찍한 두통에 시달렸다. 요스는 한 달 내내 밤에는 진지를 구축하고 낮에는 소련군의 기관총과 박격포 공격을 견뎌냈다. 1942년 새해를 맞으면서 요스는 언제나 그랬듯이 지난 한 해를 돌아보았다. '과거의 삶 전체'에서 '주님의 무한한 힘을, 그리고 이 …… 혼란스러운 삶에서 섭리를 느끼기 위해서'였다. 그는 '주님에 대한 흔들리지 않는 믿음, 그리고 그와 더불어 주께서 새해에도 모든 일이 내게 최선이 되도록 지휘하시리라는 믿음'을 다졌다. '이 믿음으로 나는 새해에도 올곧게 처신할 것이며, 의무감 속에서 내 삶을 살아갈 것이다.' 요스의 애국적 열정은 민족사회주의적이기보다 가톨릭적이었을 것이다. 그러나 그것과 무관하게 개인적인 의무에 대한 감각만은 열렬했다.[17]

1942년 1월에 요스의 상황이 더욱 악화되었다. 소련군 대포들이 진지에 유산탄을 퍼부었고, 기온이 영하 40도로 떨어진 가운데 야전 식당을 겨냥한 소련군의 포격은 병사들로부터 따뜻한 음식을 빼앗아갔다. 소련군조차 극한의 추위 때문에 보초를 1시간마다 교대시킬 정도였다. 그동안 하사 대리로 승진한 요스는 귀마개가 피부에 얼어붙은 채 근무에 나섰다. 그는 언 땅을 수류탄으로 폭파해야 했다. 눈 폭풍이 불어와 눈발이 참호를 채운 뒤에는 어김없이 어마어마한 수의 소련군 병사들이 물결처럼 공격해왔고, 그때마다 그 병사들은 독일군의 기관총 세례에 죽어갔다. 농민의 아들 요스는 성직자를 볼 수도, 예배를 드릴 수도 없게 되자 고해를 일기에 기록했다. '삶의 균형을 유지하고, 옳은 것과 그릇된 것을 구분하며, 전망을 유지하기 위해서'였다. 요스는 언 손으로 단어를 더듬거리며 적다가 결론을 내린다. '살면서 사람이 그처럼 야만적인 환경에 던져지고 참호처럼 원시적인 조건에서 살도록 강요받는 것은 아주 드문 일이다.' 요스는 자신을 예외로 두지 않았다. 참호 전투는 그로 하여금 오직 자신의 생존과 적의 살상에만 초점을 맞추도록 만들었다. '엎드려서 적이 오기를 기다리는 것, 어떤 상황에서도 대응하기 위하여 준비된 상태로 있는 것, 그것은 사람을 정녕 원시적으로 변화시킨다.' 그리고 그 생존 공포가 유대−볼

세비즘, 민간인의 배신, 위험한 빨치산에 대한 나치의 선전을 당연한 상식으로 만들었다. 내면에 남아 있는 개인의 양심이 병사를 얼마나 괴롭히든 상관없이, 그리고 병사들이 스스로가 '단단하고' '거칠고' '잔인하고' '원시적으로' 변해버린 것을 얼마나 불쾌하게 생각하든 상관없이, 동부전선의 집단적인 자아 변화는 그렇게 완성되었다.[18]

한스 알브링은 집단군중부 후미의 소도시 벨리시에서 겨울을 났다. 1942년 1월 말 소련군이 공격해오자 병사들은 끔찍한 조건 속에서 8주일을 버텼다. 씻지 못하고, 이에 갉히고, 배고픔에 시달리던 한스는 그 상황을 '최후의 심판과 비교하는 것이 지나친 과장은 아니'라고 믿었다. 1942년 3월 21일 그는 친구 오이겐 알트로게에게 '이 경험 속에서 나는 잃은 것보다 더 많은 것을 얻었다'라고 쓴다. 소련군의 공격이 멈추고 2주일이 지난 뒤 알브링은 뮌스터의 가톨릭 선배로부터 받은 편지에 열광했다. 알브링은 그 편지를 길게 인용함으로써 그동안 자기가 갖게 된 관점을 분명히 했다. '그리고 누가 알겠어. 우리가 지난 수백 년 동안 그릇되고 갈수록 왜곡되어 간 인간관을 추종하다가 이제야 비로소 새롭고도 진정한 인간관이 우리 내면에서 올라오고 있다는 것, 아마 그것이 이 전쟁의 형이상학적인 의미일 거야.'[19]

**

1942년 2월 17일 상병 안톤 브란트후버가 알렉산드로프카에서 대대를 탈영했다. 그의 부대는 독일군 전선으로 이동중이었다. 1939년과 1940년 전투에서 한몫했던 브란트후버는 저지 오스트리아 출신의 급조된 보충부대에 포함되었다. 신병과 고참 병사들이 섞여서 어깨를 맞댄 부대였다. 부대는 열차로 오룔까지 갔고, 그곳에서 영하 40도의 눈보라를 뚫고 사흘 동안 행군했다. 부대는 주기적으로 소련 공군기의 공격을 받아가며, 그리고 권총을 빼든 장교의 위협을 받아가며 계속 움직였다. 그들은 집단군중부 제2군 제45보병사단, 즉 1941년 12월에 소련 제2군의 포위에서 겨우 벗어났으나 병력과 무기가 고갈되어버렸던, 오스트리아 린츠 출신으로 구성된 사단을 교체할 부대의 일부였다. 그들은 전선에서 돌아오는 병사들의 얼굴에서 자신들을 기다리고 있는 것이 무엇인지 알아보았다. '기진맥진하고 지치고 주위를 불신하는 가련한' 병사들이었다. 잠시 멈추었을 때, 그 병사들은 브란트후버에게 겨울에 후퇴한다는 것이 어떤 것인지, 그리고 얼마나 많은 장비를 포기해야 했는지 말해주었다.[20]

아마 브란트후버는 폴란드와 프랑스 전투의 경험 덕분에 그가 대면한 위험을 보다 예리하게 인지했을 것이다. 그는 알렉산드로프카에서 부대를 이탈했다. 그는 단신으로 부대가 왔던 길을 따라 거꾸로 15킬로미터쯤 가서 소총과 가스마스크와 탄창을 눈 속에 버렸다. 그리고 빵을 먹었다. 여전히 독일군 군복을 입고 있었지만 장비는 대부분 버린 그는 지나가는 차를 히치하이킹으로 얻어타고 다음 기차역까지 갔다. 거기서 그는 경상을 당한 부상병들 사이에 섞여 기차에 올라서 요롤을 거쳐서 고멜까지, 그리고 브랸스크를 거쳐 민스크까지 갔다. 오룔에서 그는 한 러시아 여성의 집에 내내 머물렀고, 그 외에는 기차역 대합실에서 자고 군대 식당에서 빵을 훔쳐 먹었다.

독일군 헌병들이 탈영병을 잡기 위하여 기차역들을 정기적으로 순찰하고 있었다. 브란트후버는 서쪽으로 가는 도중에 브레스트 리톱스크와 바르샤바 두 곳에서 헌병에게 검문당했다. 그에게 이상할 정도로 군 장비가 없었음에도 불구하고, 그때마다 헌병들은 전투로 단련되었으나 불쌍해 보이는 그 하사관이 그저 부대와 분리된 것뿐이라는 설명을 액면 그대로 받아들였다. 헌병들은 그를 체포하는 대신 가능한 한 빨리 오룔로 돌아가서 제45탱크사단에 합류하라고 윽박지르기만 했다. 헌병들이 사라지자마자 그는 서쪽으로 길을 재촉했다. 브레스트에서 그는 기관사에게 담배 두 갑을 주고 기관사 칸에 앉아 바르샤바까지 갔고, 그곳에서 아슬아슬하게 체포를 면한 뒤에는 여객 열차 구석에 앉아 오스트리아 빈까지, 그리고 마침내 블루덴츠와 북스까지 갔다. 1942년 2월 27일 그는 스위스 국경을 넘었다. 알렉산드로프카를 떠난 지 정확히 열흘 동안 3킬로그램의 빵을 먹으며 3천 킬로미터를 이동한 것이다.

안톤 브란트후버는 노련한 군인이자 가장 군인답지 않은 군인이었다. 그를 심문한 스위스 헌병에게 그는 자신의 탈영 동기를 1960년의 영화 〈선한 병사 슈바이크〉에 합당할 정도로 간단명료하게 밝혔다. '거기 있는 것이 멍청해 보였습니다.' 그는 군대에서 경력을 이을 생각이 없었다. 1942년 초에 그는 독일이 승리할 경우의 삶에 대하여 생각해보았다. 그는 러시아에 대규모 집단농장의 관리인으로 가는 것에 흥미를 느끼지 못했다. 직업 군인이 되고 싶지도 않았다. 동료들에 대한 애착도 별로 없었다. 그는 그저 과거의 삶으로, 저지 오스트리아의 라아 안 데어 타야에 있는 가족 농원으로, 말 세 마리, 소 일곱 마리, 돼지 십여 마리, 8헥타르의 땅으로 돌아가기만을 원했다. 그곳은 그가 태어난 곳이요, 2001년에 87세가 된 그가 여전히 만족해하며 조용히 사는 곳이었다. 2001년에도 그에게는 59년 전 스위스 헌병에게 밝혔던 탈영 동기에 덧붙일 것이 없었다. 그를 찾아와서 인터뷰한 젊은 독일인 역사가에게 그는 똑같은 말을 했다. '나는 그것을 원하지 않았어요.'[21]

독일군과 나치의 선전은 거듭거듭 탈영병을 겁쟁이, 동료를 버리고 그들을 위험에 빠뜨린 배신자, 전선을 지키는 동료들의 노력을 이기적이고 간교하게 무너뜨린 부도덕한 인간이라고 강조했다. 안톤 브란트후버에게서 두드러지는 점은 그가 그 비난을 반박하려 하지 않았다는 사실이다. 정반대로 그는 정확하게, 자기는 군인이 되고 싶지 않았기 때문에, 그리고 1942년 2월에 동부전선에서 목격한 것을 싫어했기 때문에 도망쳤다고 인정했다. 다른 병사들과 마찬가지로 브란트후버는 독일이 벌인 그 전쟁의 폭력성, 그가 오룔을 지나면서 눈으로 목격한 벨라루스와 다른 여러 러시아 도시와 농촌의 파괴와 유대인 학살에 실망했다. 다른 탈영병들은 자기가 처음에는 독일군의 이념에 헌신했으나 자신이 행하지 않은 일 때문에 그릇되게 군법회의에서 재판을 받았다는 등을 탈영 동기로 내놓았다. 거의 모든 탈영병이 동료들에 대한 영웅적 헌신을 강조함으로써 자신은 이기적인 겁쟁이가 아니라고 길게 설명했다. 브란트후버는 그들과 완전히 달랐다. 그는 그런 설명을 아예 내놓지 않았다. 그의 설명에는 나치즘의 언어나 독일군의 언어가 흔적조차 없다. 알베르트 요스 같은 다른 가톨릭 농민의 아들들이 일기를 애국적 의무와 동료애와 희생으로 채운 반면, 그런 강력한 감정적 호소력은 안톤 브란트후버를 전혀 장악하지 못했다. 어차피 독특하기 마련인 탈영병 중에서도 그는 자기 시대의 가치로부터 아무런 영향을 받지 않은 사람이었다.

동부전선에서 탈영은 극단적으로 어려운 일이었다. 독일군 전선과 소련군 전선이 근거리에서 서로 맞대고 있었기 때문에, 양측은 메가폰으로 상대방 병사들의 탈영을 부추겼다. 소련군은 노동계급의 국제주의적인 연대에 이상주의적으로 호소하는 것으로부터 좋은 음식을 약속하는 것에 이르기까지 다양한 방식으로 탈영을 부추겼다. 탈영은 위험했지만 불가능하지는 않았다. 적의 척후병들이 정기적으로 야간 순찰을 했기에 병사들은 조금만 벗어나도 척후병의 안내를 받아 적 진영으로 넘어갈 수 있었다. 그러나 항복하려다가 난도질당한 병사들의 시체를 보았다는 목격담이 독일군 부대 안에서 반복해서 이야기되었고, 그것은 탈영의 강력한 장애물인 동시에 소련군 포로를 죽이는 핑계가 되었다. 성공적인 도주의 유일한 가능성은 후미에 있었다. 그러나 서쪽 그 먼길을 걷거나 타고 가면서, 잠잘 곳과 먹을 것을 찾아내면서도 검거되지 않는 것은 극단적으로 힘들었다. 브레스트와 바르샤바의 헌병들이 우연찮게 자기 부대에서 분리되고 말았다는 브란트후버의 설명을 믿어준 것은 아마 탈영의 시도 자체가 아주 적었기 때문이었을 것이다.[22]

전쟁 동안 스위스 국경을 넘은 독일군 탈영병은 수백 명이었다. 스위스에 도착하면 그들은 브란트후버처럼 스위스 헌병에게 심문받고 수감되었다. 독일 군법회의에 서는 것과 달리 스위스 당국에게 하는 증언은 탈영병에게 영웅적 이야기를 만들어낼 기회였다. 브란트후버가 하지 않았던 그런 발언을 한 병사가 게르하르트 슐츠였다. 그는 프랑스의 르 크휴조에서 탈영하여 1942년 3월 15일에 제네바호의 생정골프 인근에서 스위스 국경을 넘었다. 그가 진술한 힘든 도주 과정, 동부전선에서의 군사적 영웅담, 나치즘에 대한 실망감은 스위스 당국을 전율케 했다. 그는 친위대가 어떻게 전쟁포로들을 죽였는지, 친위대가 선전부대 영화 제작팀에게 자료를 제공하기 위해 빨치산과 싸우는 장면을 어떻게 조작했는지 설명했다. 그는 그러나 자신이 가장 분노한 대상은 자신의 상관들이었다고 말했다. 장교들이 사병과 똑같은 음식을 먹지 않고 '언제나 가장 좋은 음식은 자기들만 먹었다.' 식재료 담당 하사관으로서 자신은 식량을 최전선 부대까지 공급하기 위해 최선을 다했다고, 자기에게 유리한 이야기만 했다. 그가 제시한 벙커의 고통스러운 일상에 대한 설명은 스위스 헌병들에게 대단히 인상적이었다. 헌병들은 슐츠의 진술을 모든 스위스 교관에게 배포했다.[23]

그러나 그것은 모두 그가 지어낸 이야기였다. 19세였던 슐츠는 하사관도 아니었고, 1941년 겨울에 동부전선에 있지도 않았다. 그는 1941년 8월 말에 장염에 걸려서 서부전선의 야전병원에 보내졌고, 탈영한 이유는 동부전선으로 돌아가야 할 것 같았기 때문이었다. 그럼에도 슐츠가 한 이야기는 스위스 장교들에게 너무나 인상적이었던 나머지 스위스 당국은 그를 스파이로 파견하기로 결정했다. 1942년 여름 스위스 당국은 그에게 새로운 독일 신분증을 주고 독일군 군복을 입혀서 독일로 들여보냈다. 스위스 국경 인근의 독일군 방공망에 대한 첩보를 수집하도록 한 것이다. 슐츠의 다음 행동은 더욱 놀랍다. 그는 한번 더 탈영했다. 독일군으로 넘어간 것이다.

브란트후버와 슐츠 모두 이례적인 길을 선택할 때 가족들로부터 큰 영향을 받았다. 슐츠는 국경을 다시 넘자마자 프라이부르크 집으로 달려가서 부모와 약혼녀를 만났다. 2002년에 81세의 나이로 인터뷰하면서 슐츠는, 자기가 집에 다시 나타나자 엄마가 그에게 가톨릭으로 개종하라고 권했다고 말했다. 엄마와 약혼녀가 슐츠의 앞날에 대하여 어떤 공포를 가졌든 그들은 모두 그에게 자수하라고 설득했다.

가족들이 탈영을 지지하지 않은 것은 2차대전에 독일군 병사들의 탈영이 대량으로 발생하지 않은 것을 부분적으로 설명해준다. 2차대전에 동맹국 군대에서 탈영이 대량으로 발생한 예들, 1943년의 이탈리아 병사들, 독일에 병합된 폴란드와 룩셈부르크와 알자스에서 징집된 병사들, 그리고 1943~1944년 보스니아 무장 친위대 병사들의 탈영은 모두 그곳의 시민사회가 탈영한 병사들을 흡수하고 숨겨주고, 그래서 군 당국을 상대적으로 무기력하게 만든 곳들이었다. 독일과 오스트리아 심장부에서는 전쟁의 마지막 몇 주에 이르기까지 대규모 탈영이 발생하지 않았다. 그때까지 나치 테러 기구가 효율적으로 작동할 수 있었던 것은, 그 기관들이 비교적 고립된 개인들을 타깃으로 할 수 있었기 때문이었다. 충성심과 애국심은 나치 정권이 부과하던 외적인 요구였던 것만이 아니다. 그것은 독일 시민사회의 모든 층위에서 반복되고, 어머니와 아버지와 아내와 연인의 강력한 1차적 호소의 층위에서 되풀이된 격률이었다.[24]

**

　안톤 브란트후버가 보내겼던 군집단중부는 모스크바로 진격하면서 병사 29만 명을 잃었다. 그들의 빈자리를 메운 병사는 15만 명이었다. 군집단중부는 1942년 2월 초까지 또다시 37만 8천 명을 잃는다. 그리고 이번에는 6만 명만 보충되었다. 병사들의 사기가 곤두박질쳤다. 1942년 2월 제2탱크군의 한 의사는 '이제까지 무궁했던 군대 지도부에 대한 병사들의 신뢰'가 추락했고, 그들의 '정신적인 저항력'이 부스러졌다고 진단했다. 1942년 2월 독일군 총사령부는 제4군에게 병사들의 사기에 대한 특별 보고서를 작성하도록 했다. 보고서의 결론은 읽기가 불편할 정도였다. '병사들은 완전히 무감각하다. 무기를 멜 수도 다룰 수도 없다. 중대의 잔여 병력은 몇 킬로미터에 걸쳐서, 넝마로 발을 감싼 채 짝을 지어 서로를 소총으로 찔러가면서 절뚝이며 걷는다. 뭐라 말을 걸면 못 듣거나 울기 시작한다.' 그 보고서에 따르면 동부전선 제4군의 162개 사단 중에서 104개에는 스스로를 방어할 능력이 전무했다. 공격 작전을 펼칠 수 있는 사단이 8개에 불과했다. 병사들의 사기는 재앙 수준이었고, 사기를 올리려는 선전은 역효과를 냈다. 1941년 12월 27일 프리츠 파른바허는 일기에 썼다. 그의 포병대가 라디오를 틀었다. '더이상 들을 수가 없었다. 쓰레기만 말하고 있지 않은가!' 특별보고서에 따르면 사단장 이상의 장군들의 분위기 역시 '격한 불만으로 일치되어 있고' '비판의 공통된 핵심은 …… "저들이 우리의 말을 들었더라면 이번 겨울의 재앙은 피할 수 있었을 것이다. 우리가 보낸 경고는 더이상 불가능할 정도로 명확했다. 그러나 아무도 우리 말을 듣지 않는다. 저들은 우리 보고서를 읽지 않거나, 아니면 우리 보고서를 진지하게 여기지 않는다. 아무도 진실에 대해 알려 하지 않는다. ……"' 사령관들은 무엇보다도 독일군 총사령부와 협상하느라 수 주일씩 낭비하지 않고 자신들이 야전에서 직접 결정할 수 있기를 원했다.

> 우리는 부대를 방어할 방법을 안다. 그러나 우리 손은 묶여 있다. 우리가 이니셔티브를 발휘할 수 없도록 되어 있다. 어떤 희생을 감수하더라도 버티라는 엄숙한 명령이 하달되었다가, 불과 몇 시간 만에 상황 때문에 어쩔 수 없이 그 명령이 번복된다. 그 때문에 우리는 질서 있게 철수하는 대신 적에 의해 힘으로 밀려나고 있다. 그리고 그것이 병사와 장비의 막대한 손실을 야기했고, 지금은 그것을 대체할 방법이 없다.[25]

그러나 그해의 겨울 위기에서 가장 특별했던 것은 발생하지 않은 그것이었다. 누더기를 입고 동상에 걸리고 사기가 추락한 병사들은 그럼에도 불구하고 전선을 지켰다. 사기는 바닥에 처박혔을지 모르지만, 안톤 브란트후버의 예를 따른 병사는 아주 적었다. 사기의 추락은 탈영이 아니라 말다툼과 사소한 갈등과 유머와 폭력으로 발산되었다. 의사 아들 헬무트 파울루스가 분노한 대상은 연대 참모부 출신의 장교였다. 1941년 10월 말 부대가 전선으로부터 물러나 휴식을 취할 때, '여우굴 참호에 앉아본 적도 없는' 그가 병사들에게 무의미한 수색을 지시하고 훈련을 명령했다. 그 장교는 헬무트의 군복이 허름하다며 핀잔을 주었고, '군대 후미의 영웅'인 선임하사 한 명은 최전선에서 쉬지 않고 넉 달 동안 복무한 헬무트를 '마마보이'라고 불렀다. 헬무트가 2급 철십자훈장을 받기는 했지만, 그것은 '언제나 야전식당에만 머물면서 공격에 나서본 적이 없는' 모범 장교들이 똑같은 시점에 똑같은 훈장을 받았기에 의미가 훼손되었다. 프리츠 파른바허는 포병대에서 종종 자신이 환영받지 못하는 하급 참모장교 취급을 받는다는 느낌, 상관들의 요구와 병사들 사이에서 '만사를 담당하는 하녀'가

된 느낌을 받았다. 그는 자신은 아직도 2급 철십자훈장을 달고 있는데 아래 사병들은 이미 1급 철십자훈장을 받은 것에도 분개했다.[26]

1차대전 참전 군인이었던 헬무트 파울루스의 아버지는 지역 신문에 실리는 2급 철십자훈장 서훈자 명단에 아들의 이름이 오르도록 빠르게 움직였다. 그는 아들이 귀국하면 도달해야 한다고 믿는 사회적 지위를 의식하면서, 아들에게 장교 훈련을 받으라고 계속해서 권고했다. 심지어 어머니도 가세했다. 의사인 파울루스는 보병인 헬무트의 아버지로서 다른 병과에 대한 차별적 대우에 분개했다. 그는 편지에서 아들이 참호에서 피땀을 흘리고 있는 동안 공군이나 포병에 간 다른 사람들의 자식들이 자주 휴가를 나오고 거듭해서 훈장들을 받으며, 특별 훈련을 받고, 심지어 아들이 전공하려는 화학 수업을 받는다고 불평했다. 결국 부모의 간청에 대하여 아들이 의견을 표명했다. 아들은 전선 복무와 중등학교 교육이 열어준 장교의 길을 자신이 왜 가지 않는지 설명했다. '무엇보다도 저는 군인짓거리를 싫어해요.' '평화의 시기라면 저는 절대로 좋은 군인이 되지 않았을 겁니다.' 그는 승진할 욕심도 없었다. 그는 참호의 평등주의가 더 좋다고, 심지어 평화 속에 남겨지고 싶다는 '군인답지 않은' '소부르주아적인' 소망도 갖고 있다고 썼다. 그러나 '제가 그 관점에서 제외시키는 유일한 예외는 전투입니다. 전투에서 저는 누구도 비난할 수 없을 만큼 의무를 다합니다.'[27]

독일군의 계급 위계는 1차대전 때와 같았을지 모르지만, 그동안 밀어닥친 인민주의적 에토스는 그 위계를 아버지 에른트트 아르놀트 파울루스가 싸웠던 1차대전 때와는 다른 종류로 바꿔놓았다. 헬무트는 병사들이 '전선돼지'라고 애교 있게 부르던 그런 병사가 되었고, 그는 전투로 단련된 '땅개'인 것에서 자부심을 느꼈다. 상관들과의 관계가 어떠하든, 상병 파울루스는 편지에 쓸 수 있었다. '그 많은 것을 함께 겪은 내 동료들이 나를 다시 행복하게 해줘요.'[28] 그는 동부전선 병사들의 사기가 절대적인 최저점에 달한 1942년 3월 드니프로페트로프스키를 점령했을 때 한 동료가 쓴 시를 자랑스럽게 집에 써 보냈다.

드니프로 위의 도시

그곳, 며칠 전까지만 하더라도
자랑스럽게 드니프로에 서 있던 도시가,
쓰러져야 했던 듯 버려져 있다,
모든 것이 재와 파편 속에 묻히고,
오직 건물들만이 아직 불타고 있을 뿐
네가 지금 내뿜는 모든 것은 폐허.
...
전우가 쓰러지면,
그 자리에 우리가 있어.
적은 쓰러지리라,
우리가 승자일 것이니.[29]

독일군 병사들의 낙관은 1941년 10월에 절정에 달했다. 신속한 승리의 전망이 그들의 낙관에 기름을 부었다. 1941년 11월부터 진격이 완만해지자 고향으로 보낸 편지에 승리의 믿음이 갈수록 적게 표현되었다. 신속한 승리에 대한 전망이 물러갈수록 병사들에게 필요했던 것은 앞으로 견뎌낼 수 있는 기간에 대한 믿음이었다. 그 기간은 대부분 1년을 넘지 않았다. 그리고 모스크바를 즉각 점령하게 될 것이라는 전망의 자리를 강렬한 휴가의 꿈이 차지했다. 1941년 11월과 12월 초에도 독일군 총사령부는 승리를 얼마나 확신했던지, 동부전선 사단들을 서부전선에 배치함으로써 그곳

전선을 '갱신'하고자 했다. 그러고는 곧바로 그 부대들을 다시 동쪽으로 돌려서 소련의 역공에 맞서도록 했다. 그 결과 최전방과 독일 국내 모두에서 휴가와 교대에 관한 소문이 난무했다. 에르나 파울루스는 아들 헬무트가 갑자기 휴가를 받아 집에 오더라도 집안으로 들어올 수 있도록 1층 화장실 창틀 아래 열쇠를 놓아두었다. 그러나 헬무트는 과거보다 훨씬 우울했다. 그는 부모에게 자기는 미혼 병사여서 오래 기다려야 차례가 된다고 설명했다. 그는 병사들이 '언제나 오직 휴가, 편지, 휴가에 대해서만 말하며', 휴가를 가지 못하면 편지라도 오가야 한다고 믿는다고 썼다.[30]

군사우편은 동부전선의 보급 위기에서 악영향을 받았다. 전선으로 무료로 배달되는 소포는 처음에는 2킬로그램까지 그다음에는 1킬로그램까지만 허용되었다. 1941년 10월 말 에르나 파울루스는 아들에게 소포를 많으면 하루에 세 개까지 부쳤다. 따뜻한 점퍼, 겨울 속옷, 사과 등이 보내졌다. 군사우편이 불규칙해지자 에르나는 소포를 목록화하면서 아들에게 어떤 소포가 도착했는지 알려달라고 요구했다. 우편이 끊기거나 지연되기도 했지만, 고향에서 전선으로 통하는 생명줄은 이어지고 있었다. 꿀단지, 자두 잼, 딸기 잼, 단골 제화공이 창을 댄 부츠, 수선한 시계, 포르츠하임에서 아들을 위해 만든 보병 참전 메달과 2급 철십자훈장, 수제 부활절 비스킷. 에르나 파울루스는 1941년 11월 초에 아들에게 모직, 아랫도리 내복, 벙어리장갑, 스카프, 그리고 그녀가 손수 뜬 조끼를 보냈다.[31]

독일군은 화물 수송에서 군수물자에 집중하려 했다. 민간 소포의 흐름이 군수물자 공급에 부담을 주었기 때문이었을 것이다. 그러나 소포는 병사들의 사기에 결정적이었다. 헬무트는 부모에게 대단히 감사했다. 그는 음식, 특히 자두 잼을 사랑했다. 군대 식단, 즉 빵에 '주로 돼지비계 라드를 바르거나 얇은 소시지를 얹어서' 먹는 지겨운 식사가 어머니가 보낸 음식으로 가끔씩 중단될 수 있었다. 소포가 엄마의 집밥을 전선에 부활시켜주었던 것이다. 1941년 초 헬무트는 자기가 '음식, 그리고 이따금씩 도착하는 우편 외에는 아무런 관심이 없는 순수한 유물론자가 되었다'라고 썼다.[32]

1941년 12월 헬무트는 군집단남부의 한 구덩이에 웅크린 채 미우스강의 먼 기슭을 방어하고 있었다. 24일 성탄 전야에 어둠이 내리자, 헬무트는 고모가 보내준 작은 크리스마스트리에 어머니가 보내준 장식을 달고 동료들과 함께 트리에 작은 촛불들을 켰다. 동료 한 명이 하모니카로 캐럴을 연주했다. 12월 23일에는 전선을 떠나게 해주겠다는 약속이 지켜지지 않아서 모두가 무척 실망했지만, 병사들은 크리스마스이브 기분을 냈다. 우편물도 도착했다. 편지와 소포가 쏟아졌다. 헬무트가 집에서 받은 소포에는 비스킷, 잼, 브랜디, 레몬, 이름가르트(여동생)의 노트, 새 만년필, 거위 비계가 들어 있었다. 헬무트는 특히 만년필이 좋았다. 그가 지니고 있던 만년필이 이틀 전 잉크가 얼어버리는 바람에 깨졌기 때문이었다. 그 외에 헬무트는 포르츠하임의 친구들, 친척들, 목사 등이 보내준 선물들의 홍수에 젖었다. 그에 더하여 사령부가 성탄절 특별 식사 —'많은 양의 쿠키와 초콜릿과 술'—를 더해주었다. 헬무트가 전선에서 맞은 두번째 성탄절이었다. 이번이 첫번째 성탄절보다 좋았다. 첫번째 성탄절은 프랑스 생또방에서 맞았는데, 그때 휴식 시간은 주어졌지만 집에는 갈 수 없어서 견디기 힘들었다. 이번 성탄 전야에도 병사들은 3시간마다 교대로 보초를 서야 했고 '신을 모르는 볼셰비키'가 성탄절을 방해할 수도 있었지만, 그날 밤은 조용히 지나갔다. 성탄절 다음날인 12월 26일 부대는 군집단남부에서 가장 늦게 미우스강을 건너 후퇴했다. 부대는 크라스니루치 인근의 독일군이 채 완성하지 못한 방어 전선으로 갔다. 헬무트는 그곳에서 다음 몇 달을 머문다.[33]

헬무트가 미우스 전선의 퇴각로를 방어하는 동안 고향의 가족들은 다른 해와 마찬가지로 친구인 프렐러씨 집에서 기차 모형을 조립하며 즐거운 시간을 보냈다. 1941년 가을과 겨울 헬무트가 수류탄으로 참호를 파는 동안 아버지는 포르츠하임 집 한편에 차고를 지었다. 의사 파울루스는 이듬해 봄에 승용차를 한 대 사고 운전 교육을 받을까 생각하고 있었다. 정부가 휘발유를 아끼기 위하여 자동차 엔진의 마력을 규제하였기에 그가 살 수 있는 차는 작고 비싸고 오래된 한자 자동차뿐이었다. 그 소식을 들은 헬무트는 아버지의 과소비를 탓하기보다 주저하지 말고 구입하라고 채근했다. 아들은 아버지가 일반의 의사이기에 환자들을 방문하려면 차가 필요하고 겨우내 사용했던 모터 달린 자전거가 건강을 해칠까 우려했다.[34]

전선과 고향집의 엄청난 생활 격차는 가족 간의 감정적 결속을 해치지 않았다. 정반대로 집은 그 모든 특권 속에서 아무것도 아닌 문제들과 씨름하는 곳이었지만, 그래도 집은 전선의 삶을 견뎌내도록 해주었다. 헬무트의 어머니는 하녀 없이 겨우내 집안일을 꾸려야 했다. 일이 과다하다고 느껴질 때 그녀는 아들에게 편지를 썼다. '그럴 때는 러시아에 있는 너를 생각하고, 인간이 해야 한다면 얼마나 많은 일을 할 수 있는지 생각한단다. 나는 이 멋지고 따뜻한 집에서 특권을 누리고 있는 거잖니.' 그녀의 조카 라인하르트가 얇은 얼음 위에서 스케이트를 타다가 빠졌을 때, 그녀는 전선의 아들과 동료들은 '물에 잠기고도 불을 쬘 수도 없다'는 생각을 했다. 헬무트가 2층 부엌에 만들어놓은 화학 실험실이 라인하르트와 그의 어린 아들 루돌프에 의해 엉망이 된 사고에 대하여 쓴 편지는 그 어떤 애국주의 선전보다도 고향과 집에 대한 헬무트의 감정적 결속을 굳게 해주었다. 헬무트 파울루스는 그가 무엇을 위해 싸우고 있는지 설명할 필요가 없는 병사였다.[35]

**

　소련군의 반격이 시작되기 1주일 전인 1941년 11월 29일 프리츠 토트가 히틀러를 찾아가서 말했다. '이제 전쟁은 전투만으로는 승리할 수 없습니다.' 쉽게 들을 말이 아니었다. 토트는 군수부장관이었기에 독일의 군수품 사정에 대하여 가장 잘 아는 인물이었다. 그는 군수품 생산을 제고하기 위해 최선을 다하고 있었다. 그는 독일의 자원과 생산의 관계를 살펴본 뒤 독일이 소련을 상대로 하여 장기적인 소모전을 감당할 수 없다는 결론에 도달했다. 다른 전문가들, 예컨대 육군 군수사령관이자 훈련사령관이던 프리드리히 프롬 장군도 육군참모총장 프란츠 할더에게 똑같은 말을 했다.

　토트는 전쟁을 끝내라고 충고한 것이었는데, 그 말을 듣고도 히틀러는 놀라지 않았다. 히틀러는 사실 1941년 8월부터 종전에 대하여 생각하고 있었다. 그는 괴벨스에게 소련이든 독일이든 상대를 패배시킬 수 있는지 의문이라고 말했다. 토트는 히틀러의 가장 유능하고 오래된 동지의 하나였다. 그는 아우토반과 서부전선 방어벽을 건설한 인물이요, 프랑스를 공격하기 이전부터 군수생산을 책임진 인물이었다. 토트는 가장 음울한 메시지를 히틀러에게 직언할 수 있는 위치에 있었다. 히틀러는 평소의 그답지 않게 토트의 말을 조용히 끝까지 들었다. 그런 뒤에 물었다. '내가 어떻게 전쟁을 끝내야 하겠소?' 토트가 답했다. '오직 정치적으로만 끝낼 수 있습니다.' 히틀러에게 토트는 미국이 영국에게 군수물자를 공급하고 대서양을 통제하는 단계로부터 직접적인 참전의 단계로 넘어가면 어떤 심각한 결과가 초래될지 경고했다.[36]

　히틀러는 그 건전한 충고를 따르기는커녕 그로부터 2주일 뒤, 미국에 선전포고를 했다. 1941년 12월 11일 그는 제국의회를 소집하여 자신의 결정을 선포했다. 그는 책임을 루스벨트와 루스벨트 주변의 유대인 로비스트들에게 돌렸다. '이 역사적 대결은 독일의 역사만이 아니라 향후 500년 혹은 1000년 동안의 유럽의 역사를, 실제로는 전 세계의 역사를 결정할 대결'이다. '유럽 국가들이 갈수록 반유대주의적으로 되어가고 있는 이 시점에, 광신도 구약성경 유대인들은 미국이 유대인들을 페르시아로부터 탈출시킨 또다른 퓨림 축제의 도구가 될 수 있다고 믿고 있습니다. 사탄의 사악함으로 가득차서 그 남자(루스벨트) 주위로 모여든 사람들이 바로 유대인들이고, 그 남자가 손을 내민 사람들도 바로 유대인들입니다.' 히틀러는 다음날에도 같은 요지의 말을 했다. 그는 나치 지구당 위원장들과 나치당 제국지도자들이 집결한 자기들만의 모임에서 나치 전쟁국가의 상태를 개관했다. 괴벨스의 노트를 보면 히틀러는 나치당 수하들에게 자신이 1939년 1월 30일의 제국의회 연설에서 한 '예언'을 상기시켰다. '나는 그들이 한번 더 세계대전을 일으킨다면 그들은 절멸을 면치 못할 것이라고 예언했었다. 그 말은 단순한 레토릭이 아니었다. 그리고 실제로 세계대전이 벌어졌다. 유대인의 절멸은 필연적 결과여야 한다.' 히틀러는 그답게 연설을 전쟁으로부터 대량 학살로 전환했다. 그리고 덧붙였다. 유대인 '문제는 감상을 개입시키지 않고 처리되어야 한다.' 폴란드 총독 한스 프랑크는 그 연설을 들은 뒤 하이드리히의 제국보안청으로부터 실제로 무엇이 계획되고 있는지 물었다. 그는 총독령 수도 크라쿠프로 돌아가서 1941년 12월 16일에 자신의 수하들에게 알렸다.

여러분에게 솔직하게 말하지요. 유대인 문제는 이런 식으로든 저런 식으로든 끝내야 합니다. …… 그렇다고 350만 명의 유대인들을 쏴죽일 수도 없고 독살할 수도 없습니다. 우리는 나라에서 지금 논의되고 있는 거대한 조치들과 묶어서 유대인들을 파괴할 방법을 발견하고야 말 것입

니다.[37]

　언제나처럼 유대인에 대한 히틀러의 평가는 전쟁 전체에 대한 관점의 하이라이트였다. 1939년에 많은 사람이 히틀러가 새로운 포그롬을 용인할 것이라고 예상했을 때 히틀러는 한 걸음 물러났었다. 그때 그는 여전히 영국 및 프랑스와 합의에 도달하기를 기대했다. 그러나 미국과 전쟁에 돌입한 지금 주사위는 던져진 것이었다. 따라서 '유대인 문제의 최종 해결'의 형태가 과거와 완전히 달라졌다. 새해에 들어서면서 히틀러는 토트 혹은 평화를 제안하는 그 누구의 말도 들으려 하지 않았다. 그는 모스크바와 협상을 시작해야 한다는 리벤트로프의 제안을 오해의 여지가 없도록 거부했다. '동부에서 …… 고려될 수 있는 것은 오직 명확한 결판이 나도록 하는 겁니다.' 1942년 2월 7일 토트가 히틀러의 야전사령부를 다시 찾았다. 다음날 그를 태운 비행기가 베를린으로 돌아가기 위하여 이륙하는 순간 추락했다. 토트는 즉사했다. 그 자리는 히틀러의 건축사 알베르트 슈페어에게 돌아갔다. 히틀러의 총아였던 슈페어는 곧 유능한 테크노크라트임을 입증한다. 그는 가장 가혹한 수단을 동원하여 군수생산을 끌어올리려 했다.[38]

　정보가 전광석화처럼 순환하던 독일 지배계급 내부의 분위기는 음울했다. 겨울의 후퇴가 제값을 받아 갔다. 심근경색, 심장마비, 자살, 숙청이 꼬리를 물었다. 공군의 군수물자 책임자 에른스트 우데트 장군이 1941년 11월 17일에 자살했다. 1942년 1월 나치의 핵심 기업가 발터 보르베트도 자살했다. 루드비히 베크 장군과 육군총사령관 브라우히치는 심근경색으로 면직되었다. 그들보다 훨씬 나이가 많은 룬트슈테트는 1941년 11월에 '은퇴'했다가 1942년 1월에 화급하게 복귀했다. 후임자였던 라이헤나우가 심근경색으로 비행기에 실려 병원으로 후송되는 중에 비행기 사고로 사망했기 때문이었다. 명망 높은 탱크군단 사령관 회프너와 구데리안은 명령 불복종으로 숙청되었다. 1942년 1월 20일 괴벨스와 히틀러가 위기에 대하여 의견을 나누었다. 일기 쓰는 습관이 몸에 배어 있던 선전부장관은 그날의 일기에 적었다. '독일군 총사령부와 육군참모부의 패배주의적 분위기 …… 베를린 관가 패배주의의 보편화.'39

　군사적 파탄의 소식이 흘러나오면서 국내전선이 뒤늦게 위기감에 사로잡혔다. 1942년 1월 중순 여론 보고서들은 사람들이 언론 보도를 더이상 믿지 않는다고 강조했다. 1941년 8월에 이미 독일인들 대부분에게 소련군 병사들이 볼셰비키 정치위원들에 의해 억지로 끌려나온 패배주의 무리일 뿐이라는 나치 선전과는 대조적으로 러시아가 '예외적으로 강력한 적'이라는 점이 명확해졌다. 그럼에도 불구하고 국내전선에서 모스크바가 점령되었다는 특별 발표를 기다리던 때 거꾸로 소련군의 반격이 개시되자 모두가 충격에 빠졌다. 독일 사회가 위기의 '정도'를 파악하는 데는 시간이 조금 더 걸렸다. 히틀러가 1941년 12월 16일에 동부전선의 군대에게 더이상의 후퇴를 금지하는 '정지 명령'을 내린 뒤에야, 사람들은 무엇이 잘못되었는지 질문하기 시작했다. 1942년 1월이 되자 가장 큰 잘못은 독일군 총사령부에 있다는 점이 분명해졌다. 노동계급 반군국주의의 심장부였던 지역에서는 프로이센 장군들이 '건강상의 이유'로 퇴진한 것을 체제 내 '반동' 세력의 패배로 환영했다. 다른 지역에서는 그것을 단순히 군사적 실패와 무능력의 신호로 해석했다. 혼란의 최고봉은 1941년 11월에 실각했던 룬트슈테트가 1942년 1월의 라이헤나우 장례식에 히틀러의 대리인으로 나타난 일이었다. 친위대 정보국은 민간인들이 공식 보도를 처음으로 일체 믿지 않는다고 보고했다. 사람들이 이제는 '루머, 병사들이 해준 이야기나 "정치적 연줄"이 있는 사람들의 말, 군사우편물 등등으로 "그들 나름의 그림"을 만들어낸다. 종종 가장 저열한 루머들이 그 그림 속에 아무런 비판

적 검토 없이 통합되고는 한다.'40

나치는 패배주의와 혁명의 징후를 잡아내는 데 온 신경을 곤두세웠다. 1941년 겨울에 전선 병사들로부터 불평이 봇물 터지듯 터져나오자 나치 정권이 심각한 불안을 드러냈다. 그동안 군대 지도부는 병사들의 편지가 독일 국내에 '일종의 정신적 비타민'으로 작용하여 국민들의 '태도와 정신력'을 강화한다고 평가했었다. 이제 괴벨스는 한탄했다. '전선편지는 그동안 비상하게 중요하다고 생각되었지만 이제는 더없이 해로운 것으로 간주되어야 한다. …… 병사들이 집으로 보내는 편지에 그저 방한복이 없고 …… 음식과 무기가 부족하다는 등. 자신이 얼마나 열악한 조건 속에서 싸워야 하는지 쓰는데, 그들은 아무 생각이 없는 사람들이다.' 괴벨스는 독일군 총사령부에 전선편지의 가이드라인을 제시하라고 요청했다. 그러나 불평이 봇물처럼 터진 이상 군 지도부가 '할 수 있는 일은 없다'는 답변에 그도 수긍하고 말았다. 그후의 사건들은 괴벨스가 옳았다는 것을 보여준다. 1942년 3월에 하달된 군대의 가이드라인 「부대에 대한 지시」는 병사들에게 국내전선에 대한 홍보인이 되어달라고 요청했다. 최악의 경험은 자기만의 비밀로 감추어라. '불평하거나 비난하는 사람은 누구든 진정한 군인이 아니다.' 그러나 군대 검열관이 전선편지를 랜덤하게 검열을 진행하는 한 병사들이 부정적인 것을 쓰지 않도록 할 방법은 없었다.41

히틀러와 나치 지도부에게 전쟁 상황은 지도에 표시되어 있지 않은 바다 같았다. 그들은 1차대전의 패배를 떠올렸다. 그들이 보기에 1918년 11월은 일차적으로 사기와 정신력의 실패였다. 협상국, 특히 영국의 선전이 독일보다 우월했었다. 이제 전쟁 최초의 대위기에 직면하자 그들은 고통과 분노와 우울을 패배주의와 혼동했다. 군대 검열관들과 비밀경찰이 그런 실수를 저지른 것은 당연했다. 그들이 1차대전에서 독일 사회가 겪은 고통을 과소평가했기 때문이었다. 나치가 선전을 독점하고 있었음에도 불구하고 히틀러는 1938년 11월에 정권의 핵심 인물들을 모아놓고 말했었다. 나는 '닭 가슴'의 독일 인민이 패배를 뚫고 나를 따르리라고 믿지 않는다. 히틀러의 정치적 권위와 권력이 실제로 끊이지 않는 성공에만 의존할 뿐이었는가와 무관하게, 분명 그는 그렇다는 확신 속에서 전쟁에 돌입했었다. 1941년 10월 그의 섣부른 승전 선언이 전쟁 위기 때문에 부메랑으로 돌아오자 히틀러는 민족을 단결시킬 최선의 방안을 찾아야 했다.[42]

히틀러는 1942년 1월부터 4월까지 라디오로 중계된 연설을 네 번 했다. 그가 전쟁중에 한 가장 빈번한 연설이었다. 첫번째는 1942년 1월 30일의 제국총리 임명 9주기 기념식 연설이었다. 베를린 스포츠궁전에 모인 사람들에게 히틀러는 자신도 전쟁이 그해에 끝날지 끝나지 않을지 알지 못한다고 인정하는 동시에, 아주 단순한 질문을 던졌다. 그럼에도 불구하고 나를 신뢰할 것인가. 그는 그동안 유명해진 유대인에 대한 자신의 '예언'을 반복했다. 이때 그의 언어가 처음으로 구체적이었다. 그는 그저 유대인을 '파괴'하겠다고 말하지 않고 '근절'하겠다고 위협했다. 그처럼 강조점이 달라졌음에도 불구하고 독일인들이 토론한 구절은 그 부분이 아니었다. 히틀러의 연설에서 가장 큰 공명을 일으킨 부분은 끝까지 버티라는 간곡한 호소였다. '신이시여, 우리에게 우리 자신과 우리 인민과 우리의 어린이들과 우리 어린이들의 자유를 지킬 힘을, 우리 인민만이 아니라 유럽의 다른 인민들을 위하여 주소서.'[43]

히틀러의 연설은 1차대전 때의 선전과 공명하는 것이기도 했다. 그 전쟁은 영웅적 전투와 기사도적인 감연함이라는 19세기의 낭만주의적 개념보다는, 보다 무감동하고 평등주의적이고 지속적인 태도가 용기로 간주된 전쟁이었다. 1차대전에서 독일의 선전은 '강인한 정신력', '흔들리지 않는 차분함', '결의'를 강조함으로써 일련의 새로운 긍정적 덕성들을 생산했다. 그 덕성들을 응축시킨 슬로건이 '버텨라'였다. 'Durchhalten(버티는 것)'은

1차대전이 본질적으로 방어적인 전쟁이었다는 것을 반영했다. 그때 보병들은 참호를 지키며 적의 포탄 세례와 정면 공격을 견뎌냈다. 1941~1942년 겨울에 '전격전'이 실패로 돌아가고 동부전선의 독일군이 정적인 진지전을 강요받자, 버티는 것Durchhalten의 끈질긴 에토스가 다시 부각되었다. 신속한 진격이 그 자체로 발동시키는 황홀경이 없는 상태에서 '버티는 것'은 전적인 심리적·감정적 헌신을 요구했다. 포르츠하임의 에르나 파울루스는 아들에게 지도자가 1942년 1월 30일의 연설에서 보병을 콕 찍어 칭찬했다고 자랑스러워했다. '결국 이제 모든 인민에게 분명해진 것은 네가 전쟁의 가장 힘든 몫을 담당하고 있다는 것이야. 그것은 옳고 적절해.'⁴⁴

헬무트의 어머니는 애국적 헌신을 드러내놓고 과시하기 시작했다. 아들을 위해 바느질과 뜨개질을 시작한 것이다. 1941년 12월 20일에 괴벨스가 히틀러의 선언문을 들고 라디오에 나와서 '동부전선을 위한 독일 인민의 성탄절 선물'로 겨울옷과 겨울 장비를 모으자는 운동을 제창했다. 군부대를 위한 괴벨스의 겨울구호 캠페인은 독일 인민의 헌신 그 이상의 것들에 의지했지만, 어쨌든 대단히 성공적이었다. 그리고 독일 당국은 점령지를 징발하는 데 여념이 없었다. 폴란드에서 나치는 유대인들에게 모피 착용을 금지하는 동시에 모든 모피를 당국에 납부하라고 명령했다. 그것만으로도 바르샤바 한 곳에서만 모피 코트와 모피 안감 코트 1만 6,654벌, 모피 재킷 1만 8,000벌, 방한 토시 8,300개, 모피 목도리 7만 4,446개를 확보했다. 폴란드 지하 저항운동은 그 최초의 위기 신호에서 자신감을 얻었다. 그들은 독일군 병사가 여성용 여우 목도리를 두르고 여성용 토시로 손을 덥히는 포스터를 여기저기 붙였다.⁴⁵

독일인들은 괴벨스의 호소에 열광적으로 반응했다. 1942년 1월 중순까지 2백만 명의 자원봉사자들이 전국에서 겨울용품 6,700만 개를 수집했다. 헬무트 파울루스의 가족도 아낌없이 참여했다. 어머니는 그전에 아들에게 해주었던 것과 똑같이 오래된 모피는 병사 장갑으로, 비단 드레스는 조끼로 만들었다. 그녀가 아는 모든 여자가 바느질을 하고 뜨개질을 했다. 베를린의 젊은 사진작가 리젤로테 푸르퍼는 아예 서정시를 적었다. '바느질 방을 엿볼 수 있는 사람은 너뿐. 그 방에서 아침부터 밤늦게까지 여자들이 앉아서 …… 위장 재킷, 털모자, 손가락 보호개, 장갑 등등을 뜨고 있어.' 자원봉사자들이 밀려드는 통에 '사무실에 몸을 움직일 틈도 없다.' 그녀가 편지를 보낸 상대인 약혼자 쿠르트 오르겔은 레닌그라드를 포위하고 있는 포병대의 일원이었다. 그에게 보낸 편지에서 리젤로테는 자신의 사랑을 훨씬 큰 집단적 행동의 일부로 자리매김했다.

> 독일 여성들이 떨쳐 일어나 동부의 전선 병사들에게 뜨거운 사랑과 부드러움을 보낸 거야. 당신은 그 여자들과 어머니들을 위해 싸우는 거지. 그러니 이제 전투가 더 쉬울 거야. 승리가 사랑과 희생으로 얻어질 수 있는 것이라면, 우리는 분명 승리할 거야. 독일의 모든 여성이 당신에게 보낸 것은 신성한, 맞아 최고로 신성한 사랑이야.[46]

리젤로테는 '사랑의 기부'에 대한 낭만적 이상주의를 분출시키면서 베를린에 기습 한파가 닥쳤던 1942년 1월 하순을 떠올렸다. 하물며 동부전선은 어떠했을까. 그때 베를린의 기온이 영하 22도로 곤두박질쳤다. 그러나 석탄 배급량은 줄어들었다. 그녀는 점퍼를 몇 개나 껴입고 얼굴과 손이 언 상태에서 스튜디오에서 일했다. '물론 당신이 겪는 추위와 비교할 수는 없어. 그러나 이것만으로도 충분히 짐작할 수는 있어.'[47]

전선 병사들은 조국의 사랑에 놀랐다. 무전병 빌헬름 몰덴하우어는 썰매 석 대를 끌고 20킬로미터 떨어진 곳까지 가서 부대에게 할당된 물건들을 받아왔다. 그 즉시 그는 그동안 끼고 있던 낡은 벙어리장갑을 모피 안감을 댄 최고급 가죽장갑으로 교체했다. 병사들은 물건의 종류에도 입을 다물지 못했다. '벨벳 칼라를 댄 검은색 오버코트, 금단추와 금지퍼를 박은 파란색 재킷'도 있었다. 그 직전까지도 독일군 병사들은 러시아 농민과 포로들에게 빼앗은 옷을 입고 있어 마치 러시아 농민이나 소련군 병사처럼 보였었다. 이제 '보병 땅개들이 가장무도회에나 등장하는 최고급 옷'을 입었다. 헬무트 파울루스 역시 1942년 2월 초에 수령한 니트 더미에 놀랐다. '뜨개로 뜬 조끼, 양말, 장갑 더미'였다. 그는 신고 있던 낡은 양말을 한 번만 꿰맨 양말로 바꿔 신으면서 고마워했다. 그를 더욱 만족시킨 물건은 '완전히 새로 짠 것인데, 집게손가락 부분에 구멍을 내어 총이나 기관총을 발사할 수 있도록 한 벙어리장갑'이었다. '그 장갑이 정말 유용했던 것은 그때까지 손가락장갑이 없어서 총을 쏠 때마다 손이 시렸기 때문이었다.'[48]

**

1942년 3월 마침내 소련군의 반격이 약해졌다. 소련군은 초기의 눈부신 돌파에 이어 독일군 집단군중부의 부대들을 포위하는 데 실패했다. 주된 이유는 스탈린이 전선 전체에 걸쳐 공격해야 한다고 고집했기 때문이었다. 그 때문에 소련군이 분산되자, 독일군은 두 달 전만 하더라도 전혀 희망이 없던 지점들을 방어할 수 있었다. 독일군 사령관들은 자신들이 1812년 나폴레옹 대군의 운명을 얼마나 아슬아슬하게 피할 수 있었는지 잘 알았다. 나폴레옹 군대와의 평행은 히틀러 스스로도 몇 번이나 비교한 사항이었다.[49]

1941년 11월 27일 히틀러는 덴마크 외무장관에게 사회진화론적 관점에 입각해서 설명했다. '만일 독일 인민이 충분히 강하지 않다면, 그리고 생존을 위하여 자신의 피를 희생할 준비가 되어 있지 않으면, 독일 인민은 자신보다 강한 다른 힘에 의해 소멸되고 절멸되어야 합니다. 그들은 스스로 쟁취한 지위를 견지할 가치가 더이상 없는 민족이니까요.' 1942년 1월 27일 히틀러는 하인리히 힘러와 점심을 먹으면서 독일인들의 민족성에 대하여 기나긴 모놀로그를 늘어놓았다. 말미에서 그는 그 신념을 되풀이했다. '믿음은 산을 움직이지. 그래서 나는 가장 차가운 객관성에 의거하여 사태를 봐요. 만일 독일 인민이 그러한 믿음을 잃어버린다면, 만일 독일 인민이 생존을 위하여 몸과 영혼을 바치려 하지 않는다면, 그렇다면 독일 인민은 사라지는 것 외에 방법이 없어요!' 그 말은 1941년의 대위기에 대한 반응으로 처음 발화되었는데, 그후 히틀러의 고정관념이 되었다. 그 말은 1945년 전쟁의 최후 국면에 대한 그의 음울한 반응에서 다시 나타난다. 그러나 히틀러는 공적으로는 그 말을 절대 하지 않았다.[50]

가톨릭교회는 1942년 3월 15일의 영웅기념절이 다가오자 애국적 희생의 의미를 부각시키는 데 총력을 기울였다. 프라이부르크의 나치 대주교 콘라트 그뢰버는 설교문에서 전사자들을 어떻게 추앙해야 하는지 설명했다.

그들은 영웅이다. 그들이 목숨을 걸고 죽어간 것은 독일의 보다 나은 미래, 보다 정의로운 국제질서, 오래 지속될 지상의 평화를 위해서이다. …… 그들은 진정한 희생인 모든 타인을 위한 희생을 바쳤다. …… 그들은 세월과 질병으로 약화된 민족을 재생시켜 건강하게 번영하도록 하기 위해 자신의 피를 흘렸다. 그들은 스페인의 해방자 프랑코가 선언했듯이, '신께서 원하신다'는 구호로 볼셰비즘을 정복하려 했다. …… 그들은 유럽을 위하여 붉은 파도를 막고 서양 세계 전체의 보호 장벽을 건설하기 위해 죽었다.

뮌스터 주교 갈렌은 그 설교문을 단어 하나 빠뜨리지 않고 인용했다.[51]

영웅기념절 예식은 베를린병기창 명예의 전당에서 열렸다. 히틀러는 독일의 전사자들에게 경의를 표하면서 '140년 이래 가장 혹독한 겨울'이라고 말했다. 그 추운 겨울은 '독일군에게 1812년 나폴레옹의 운명을 부과하려던 크렘린 권력자들의 유일한 희망'이었다. 히틀러가 '전사자들'을 너무 가벼이 언급한 것은 아닌가 하고 느낀 사람들을 위해서는—친위대 정보국은 많은 전사자 가족들이 그렇게 불평한다고 보고했다—대단원이 준비되어 있었다. 라디오는 히틀러의 연설에 이어 히틀러와 부상병들의 대화를 방송했다. 사람들은 히틀러 음성의 '따스한 톤', 동부전선의 모든 장소 모든 전투에 대한 그의 지식, '병사 한 명 한 명에 대한 내적인 결속'에서 깊은 인상을 받았다. 그 독재자가 그동안 병사들과의 직접적인 접촉을 피해왔고 추후에도 민간인 전쟁 피해자들과의 접촉을 삼간 것을 생각하면, 그것은 놀라운 제스처였다. 히틀러는 겨울 내내 전선과 베를린 모두에서 멀리 떨어진 동프로이센 라스텐부르크 외곽 숲의 야전 지도자사령부에 칩거했다. 그곳에서 그는 스트레스와 불면증을 달래기 위하여 줄곧 허브티를 마셨다. 그런 그가 부상병들과의 라디오 대화에 '남자이자 동지'로 나타난 것이다.[52]

히틀러는 연설에서 '정치가이자 병사'였다. 가장 열광적인 반응을 불러일으킨 부분은 다가오는 승리에 대한 독일인들의 희망을 대변하는 문장이었다. '그러나 오늘 우리는 한 가지는 압니다. 볼셰비키 무리는 이번 겨울에 독일군 병사들과 동맹군들을 패배시키지 못했습니다. 그들은 다가오는 여름에 우리에 의해 절멸될 것입니다!' 그로써 임박한 패배에 대한 위기감과 1942년 1월에 그토록 강력했던 미디어에 대한 불신이 물러갔다. 물론 1941년 가을 승리의 약속을 기억하는 사람들, 혹은 '측량할 수 없이 막대한 소련의 힘'에 소리 내서 놀라는 사람들은 아직도 있었다. 히틀러의 연설에서 청취자들이 주목한 화려한 구호가 하나 더 있었다. 히틀러는 선언했다. '볼셰비키 괴물은 유럽 초원으로부터 멀리 떨어진 곳에 마지막 국경을 갖게 될 것입니다.' 사람들은 서로에게 물었다. 그 말은 소련을 완전히 패배시킬 수 없다고, 소련군을 밀어내서 일종의 '동부 장벽' 뒤에 가두겠다는 뜻일까?

히틀러의 마지막 문장은 혼란과 안도를 동시에 유발했다. '그 모든 것에도 불구하고 전투의 날들은 이번 전쟁이 가져올 장기간의 축복의 평화의 시간보다는 짧을 것입니다.' 친위대 정보국은 기록했다. '지도자조차 전쟁의 끝을 예상할 수 없다는 것, 그리고 종전이 계산할 수 없을 정도로 먼 거리에 있다는 것'은 무서운 인상을 남겼다. 그 선언은 신속한 종전에 대한 희망을 가차없이 지워버렸다. 그러나 독일군 병사와 민간인 수백만 명은 그들의 기대 수준을 이미 그것, 앞으로 더 어려울 것이라는 전망에 맞추고 있었다. 그들은 자신과 아내와 약혼자들에게 미래에 그들의 잃어버린 시간들을 보상하게 될 것이라고 약속했다. 한 병사는 아내에게 썼다.

우리는 다음해에 그 모두를 보상하게 될 거야. 그렇지?

에르나 파울루스는 아들에게 1940년에 아들이 했던 걱정을 떠올려주었다. 아들은 프랑스에서 펼쳐진 독일군의 승리에 참여하지 못한 것을 안타까워하면서 기회를 놓친 것은 아닌지 걱정했었다. '네가 "너무 늦게" 태어난 것은 확실히 아닐 거야. 너는 제때 태어났고, 지금 가장 힘든 곳에 있어. 사랑과 함께, 네게 최선만을 기원한단다, 엄마가.'[53]

제4부

교착상태
: 1942년 초~1943년 3월

제8장

비밀의 공유

독일군이 1941년 겨울에 나폴레옹의 위대한 군대처럼 바스러져버렸다면, 그리고 그래서 제3제국이 평화를 읍소했다면, 2차대전에서 사망한 군인과 민간인 대부분은 죽지 않았을 것이다. 독일 도시와 농촌의 인프라도 폭격을 면했을 것이다. 이번 전쟁도 1차대전과 마찬가지로 독일 바깥에서 벌어지고 거기서 끝났을 것이기 때문이다. 물론 그랬다고 하더라도 나치가 그때까지 저지른 폭력, 즉 독일과 폴란드 정신병 환자들의 독가스 학살, 폴란드인과 유대인의 대량 사살, 러시아와 우크라이나 촌락과 도시의 방화, 250만 소련군 포로의 아사餓死는 기록으로 남았을 것이다. 그것만으로도 히틀러의 전쟁은 그 어떤 전례와도 비교 불가능한 전쟁이다. 그러나 더 큰 파괴가 오고 있었다. 1942년 초 유럽의 유대인들 대부분 아직 살아 있었다. 1942년 말이 되면 유대인 다수는 사망한다.[1]

유대인 학살은 동유럽에서 시작되었고 주로 그곳에서 계속되었다. 그 사실은 유대인 문제의 '최종해결'의 전개 형태는 물론 당대인들이 그 사건을 지각한 방식도 근본적으로 규정했다. 1941년 여름과 겨울에 유대인 학살에 대한 독일인 증인은 많았다. 학살 사진이 독일 안으로 넘쳐들어왔다. 사진을 찍지 말라는 공식 명령에도 불구하고 대량 처형의 구경꾼들은 으레 사진을 찍었고, 사진을 찍는 서로의 모습도 찍었다. 그들은 35밀리 카메라 필름을 작은 상자에 담아 독일로 보내서 인화하고 현상하도록 했다. 그 사진들은 인화실에서 처음 목격된 뒤 가족이나 친구들에게 전달되었고, 그들은 그 사진들을 동부전선 병사에게 보내주었다. 그래서 소련군이 독일군 포로나 전사자의 군복 주머니 안에서 학살 현장 사진 수천 장을 발견했다. 사진들은 약혼녀, 아내, 자식들 사진 옆에 간직되어 있었다.[2]

국내의 독일인들은 대량 학살을 어떻게 이해했을까? 1941년 11월 샤를로테 야라우쉬는 남편 콘라트의 편지들에서 임시 포로수용소가 얼마나 살인적인지 점차 인지하게 되었을 것이다. 남편은 민간인의 대량 처형을 지나가는 듯 언급했다. 인근 숲에서 '특히 모든 유대인들', '혹한에도 불구하고 셔츠 외에 아무것도 입지 못한' 그들이 굶어죽도록 방치되는 것을 넘어서 '진정으로 가장 가혹한 것'이 그들에게 닥쳤다. 치명적인 포로수용소에서조차 유대인에게 가해진 폭력은 다른 폭력을 훨씬 능가했던 것이다. 예술가 지망생 한스 알브링은 친구 오이겐 알트로게에게 1942년 봄에 보낸 편지에서 어느 처형 장소에 쌓인 거대한 시체 더미의 '절반은 사살된 유대인 1천 명'이라고 썼다. 그런 소식의 성격은 역설적이었다. 증인의 위치가 학살에 가까우면 가까울수록 학살을 바라보는 시각은 파편적이었다. 학살이 끔찍하고 충격적일수록 학살은 관찰자에게 분산적이고 에피소드적으로 다가왔다. 조직화된 프로그램으로 보이지 않았던 것이다. 그럼에도 불구하고 많은 사람이 이러저러한 학살들이 세계적인 무언가의 일부라는 점을 처음부터 인지했다.

1941년 8월에 이미 친위대 장교이자 예비경찰대 대장이었던 헤르만 기셴은 브레멘에 있는 아내에게 보낸 편지에서 자신이 지휘하는 경찰대의 행동을 보다 넓은 맥락에 위치시켰다. '이 지역 유대인 150명이 사살되었어. 남자들, 여자들, 아이들, 모두 제거되었어. 유대인들은 완전히 절멸되고 있어. 사랑하는 H, 제발 그것에 대해 아무 생각도 하지 말아요. 그것은 그냥 그래야 해요.' 프랑스에 주둔중이던 상병 에른스트 귀킹은 1942년 2월에 동부전선에 배치되었다. 그는 신혼의 아내 이레네에게 썼다. '우리가 듣기에, 유대인들은 파탄을 경험하고 있어. 그들은 집결되어 재再이주되고 있어.'[3]

1941년 가을 학살에 대한 정보가 학살 사건 자체의 힘과 그에 대한 공적인 레토릭의 힘 두 가지에 의해 빠르게 확산되었다. 학살 경찰대들이 1941년 10월에 서쪽으로 돌아왔다. 소련과 발트해 국가들로부터 이제 폴란드-우크라이나 국경의 촌락과 도시로 온 것이다. 그들은 1939년 10월, 소련에 점령되었다가 소련전 이후 총독령 폴란드에 재편입된 지역에서도 작전을 펼쳤다. 1941년 10월 12일 제133경찰대가 스타니슬라우에서 1만 명 내지 1만 2천 명의 유대인을 처형했다. 유대인들은 다섯 명씩 유대인 공동묘지 구덩이로 끌려가서 죽임을 당했다. 그 장면을 철도 노동자들과 병사들과 일반 경찰관들이 사진으로 찍었다. 같은 시기에 독일로부터의 유대인 강제이송도 시작되었다. 유대인들이 1941년 10월 15일부터 11월 9일까지 특별 열차 21대에 실려서 우치 게토로 이송되었다. 기차마다 1천 명씩 수송했다. 5천 명은 오스트리아 빈, 5천 명은 보헤미아 모라비아 보호령, 1만 명은 구 독일제국의 유대인들이었고, 오스트리아 남동부 부르겐란트의 집시 5천 명도 그때 이송되었다. 비록 그해 겨울의 물류 위기로 인하여 강제이송의 역량이 크게 감소했음에도 불구하고 1941년 11월 8일부터 1942년 2월 6일까지 34대의 강제이송 기차들이 라트비아의 리가, 리투아니아의 카우나스, 잠깐 동안은 벨라루스의 민스크로 향했다. 1941년

11월 말이면 놀랍게도 정확한 정보가 서부 독일 루르 지방의 민덴에까지 알려졌다. 그 지역 친위대 정보국은 기록했다.

> 모든 유대인이 러시아로 이송되었다. 유대인들은 여객 열차에 실려 바르샤바까지 이송되고 그다음에는 독일 철도의 가축열차에 실려 이송되었다. 지도자가 1942년 1월 15일까지 독일제국 국경 내에 단 한 명의 유대인도 없다는 보고를 듣고 싶어한다는 소문이 돌고 있다. 유대인들은 러시아에서 과거 소련의 공장에서 노동을 하고, 늙고 병든 유대인들은 사살되고 있다고도 말해진다.[4]

엄밀하게 정확하지는 않았지만 그것은 사실이었다. 그리고 그 정보는 말하고 있었다. 유대인을 실은 기차가 떠나면 독일인들은 그 이웃들에게 무슨 일이 일어나는 것인지 궁금해했다. 독일인들은 자기가 알거나 추측하는 것에서 추론하기도 하고 '동쪽'에서 행해지고 있는 학살에 관하여 이미 아는 것을 유통하기도 했다. 더욱이 독일인들은 그 일에 중심적인 논리와 방향을 부여했다. 그들은 히틀러가 1942년 4월 1일까지 독일이 유대인이 없는 나라가 되기를 원한다고 마치 확정된 사실인 양 말했던 것이다. 그리고 그들이 상상한 날짜들은 현실과 그리 동떨어지지도 않았다. 라인하르트 하이드리히, 친위대 제국보안청 청장으로서 유대인 강제이송의 총책이었던 그가 1941년 10월 초 프라하에서 수하들과 대화하다가, 히틀러가 '독일 영토에서 유대인이 치워지기를, 가능하다면 연말까지' 이송되기를 바란다고 말했다. 그러나 사람들의 이차적 추론이 그처럼 정확했다는 사실보다 더 중요한 것은, 유대인을 이송한다는 결정이 중앙에서 내려졌다는 것을 그들이 파악했다는 사실이다. 유대인 이송은 수영장이나 공원에 유대인 출입을 금지하는 등 지역 차원의 이니셔티브들과는 다른 어떤 것

이었다.[5]

유대인에 대한 조치들 중에서 최초의 가장 극적인 조치는 1941년 9월 1일의 명령, 즉 다섯 살 이상의 모든 유대인에게 겉옷 왼쪽 가슴에 노란색 '다윗의 별'을 부착하도록 한 명령이었다. 2차대전이 발발하면서 유대인들에게 쇼핑 시간을 단 몇 시간으로 줄이거나 라디오 소유를 금지하는 등의 새로운 조치들이 홍수처럼 쏟아졌다. 그러나 다윗의 별 명령이야말로 1938년 11월의 포그롬 이후 유대인에 가해진 가장 가시적인 조치였다. 그것은 1941년 9월 19일 독일제국 전체에서 일제히 효력을 발생했다. 그 명령의 강제적 성격에는 의심의 여지가 없었고, 그 조치가 유대인 정책의 가속화를 나타낸다는 것 역시 곧장 인지되었다. 그 조치는 또한 그로부터 몇 주일 뒤에 민덴의 주민들이 그 도시 유대인들의 강제이송과 첫번째 사살 소식을 접하고 그것을 이해한 방식도 규정했다.

> 사람들은 독일에서 유대인들이 식별되는 것과 똑같은 방식으로 미국에서 독일인들이 쉽게 식별될 수 있도록 모두가 왼쪽 가슴에 나치 배지를 달아야 한다고 말하고 있다. 사람들은 유대인들이 독일에서 심한 대접을 받고 있기 때문에 미국의 독일인들이 그에 대하여 무거운 대가를 치르고 있다고 말한다.[6]

유대인의 별에 대한 보복으로 독일인 혈통들이 미국에서 하켄크로이츠 배지를 달아야 된다는 루머는 두 나라가 전쟁에 돌입하기 전에 나타났고 그후에도 이따금씩 돌출했다. 1941년 가을, 프랑크푸르트에 거주하던 한 미국인은 유대인의 별 명령에 대한 역겨움을 말할 때마다 독일인 지인들이 '예외 없이 그런 조치는 독일에만 있는 것은 아니라고 대꾸했다. 그것은 미국 당국이 독일인 혈통을 취급하는 방법에 발을 맞춘 것일 뿐이다.

미국은 독일인 혈통들의 외투에 커다란 하켄크로이츠를 달도록 강요하지 않았는가.' 독일인들이 자신의 경험을 벗어나는 세계에 대하여 그런 식으로 말했기 때문에 나치 선전이 미국 정치의 '유대적' 성격 그리고 그와 더불어 '세계 유대인의 음모'를 이미지화하는 것이 아주 용이했다.[7]

독일의 반미주의는 미국과 영국이 더욱 결속하는 1941년 여름에 한층 더 기이해졌다. 미국 의회는 1941년 3월 11일에 영국에게 군수물자를 공급하기 위한 무기대여법을 통과시켰고, 1941년 7월 7일에는 미국군이 아이슬란드를 점령했다. 1941년 8월 9일과 12일에는 루스벨트와 처칠이 뉴펀들랜드 플라센티아만 해상의 미국 전함 아우구스타호와 영국 전함 프린스오브웨일스호에서 만났다. 두 사람은 회담을 마치면서 대서양헌장을 발표했다. 헌장은 평화가 국제교역에 대한 평등한 접근과 민족자결의 원칙 위에 수립되리라는 점을 분명히 했다. 헌장은 전쟁을 직접 언급하지는 않았지만, 헌장의 발표 자체가 미국이 추축국들을 상대로 영국과 동맹을 맺었다는 것을 공적으로 과시하는 행동이었다. 따라서 베를린과 도쿄가 헌장을 바로 그렇게 해석한 것은 놀랄 일이 아니다. 특히 루스벨트는 1941년 9월 11일에 해군에게 서대서양의 모든 독일 잠수함을 공격하라고 명령했다. 그러나 다른 한편으로 대서양헌장은 1919년에 독일에 부과되었던 가혹한 경제적 제재를 명시적으로 거부했다. 헌장의 언어 역시 그 자체로 위협적이지 않았다. 영국 공군기들은 독일 상공에 전단 수천 장을 살포했는데, 전단은 영국과 미국이 '패배한 나라에 대한 그 어떤 경제적 차별도 허용하지 않는다'는 것을 확인했고, '독일과 다른 나라들이 다시 지속적인 평화와 번영을 누릴 수 있을 것'이라고 약속했다.[8]

괴벨스는 독일 라디오 책임자 볼프강 디베르게에게 대서양헌장의 온화한 약속 뒤에 숨겨진 진정한 계획을 폭로하라고 지시했다. 디베르게는 그때까지 잘 알려지지 않았던 책 『독일은 소멸되어야 한다』를 이용했다. 그는 그 미국 책자의 핵심 문구들, 예컨대 미국인 의사 2만 명이 독일인을 거세하면 두 세대 만에 '게르만주의와 그 주동자들의 절멸'을 이끌어낼 수 있을 것 등을 번역했다. 디베르게는 번역서 표지에 뉴펀들랜드에서 촬영된 처칠과 루스벨트의 사진을 싣고, 저자 테오도레 뉴먼 카우프만을 의심할 여지 없이 유대적으로 들리는 테오도레 네이선 카우프만으로 개명하고, 자칭 '미국평화협회' 회장이었던 그 극장 매표소 판매원을 미국 대통령의 핵심 자문위원으로 변신시켰다. 디베르게는 출간 날짜도 1941년 8월로 늦추었다. 책자가 대서양헌장의 일부로 보이도록 한 것이다.[9]

1941년 9월 7일 나치당이 히틀러의 1939년 1월 30일의 예언을 '이번주의 슬로건'으로 선정했다. '만일 국제 유대인 은행가들이 여러 민족을 한번 더 세계대전에 빠트린다면 결과는 유대인의 승리가 아니라 유럽 유대인의 파괴일 것이다.'[10] 나치당은 히틀러의 '예언'을 포스터 크기로 확대하여 전국의 모든 나치당 사무소 바깥에 설치된 유리 상자 게시판에 전시했다. 1939년에 그랬던 것처럼, 그것은 독일이 이제 유럽 유대인을 인질로 잡고 있다는 것을 미국에 경고하는 듯이 보였다. 미국과의 갈등이 고조된 것이, 히틀러가 1941년 8월 말에 독일 유대인에게 다윗의 별을 부착하도록 하고 이어서 소련전이 끝나기 전인 1941년 9월 중순에 독일 유대인들을 이송하도록 결정하는 데서 부분적인 역할을 했던 것은 거의 확실하다.[11]

독일인들이 미국의 독일인 혈통들은 겉옷에 하켄크로이츠를 달도록 강요되었다고 상상하기 시작하자, 독일에서 유대인들에게 가해진 조치들이 그리 독특하게 보이지 않았다. 독일인들의 생각으로는 '눈에는 눈 이에는 이' 식의 복수는 진작부터 진행되어온 것이기도 했다. 1933년 4월 1일 나치가 유대인 상점들을 보이콧하자 미국에서 독일 수출품 불매운동이 벌어졌다. 1939년 11월 포그롬은 국제 언론에 대단히 부정적으로 보도되었다. 민덴 주민들은 1941년 가을에 진행된 유대인정책의 가속화가 가져올 영향을 따져보면서 그 일이 1938년의 포그롬과 마찬가지로 악영향을 주지 않을지 우려했다. 그 일은 '국내에서 우리가 얻었던 이득보다 훨씬 큰 해악을 외국이 우리에게 끼치도록 했다.'[12]

유대인 학살 작전이 여전히 동부전선에 국한되어 있던 그 국면에 독일인들은 유대인의 운명에 국제적인 의미를 부여하고 있었다. 그것은 소련 민간인들에 대한 대량 학살에는 부여하지 않던 의미였다. 유대인은 워싱턴과 런던의 중요한 권력자들이고, 그 유대인들이 연합국 동맹이 구축되도록 만들었다는 것이다. 독일인들에게는 그렇게 유대인이 국제적으로 통일적인 적으로 보였다. 그 사고방식은 유대인을 집단 단수형인 '유대인Judentum' 혹은 보다 단순하게 정관사 '유대인Der Jude'으로 칭한 것으로도 요약되어 나타났다. 1941년 가을 독일인들은 유대인들이 어떻게 독일에 대한 보복을 지휘하고 있는지 상상하고 있었다. 그 보복이란 것이 아직 실행되지 않았음에도 불구하고 그렇게 상상하고 있었다. 다윗의 별이 도입되고 3개월 만에 독일은 미국과 공식 전쟁에 돌입한다.

**

오스트리아와 체코 일부를 포함한 대독일제국으로부터 유대인 수만 명을 이송하기 위해서는 다양한 행정 관리들이 개입해야 했다. 게슈타포는 처음부터 이송자 선정 작업을 지역의 유대인 커뮤니티에 맡겼다. 유대인 커뮤니티는 그리하여 이송으로부터 면제될 사람들을 결정할 권리와 동시에 이송될 유대인들에게 그 사실을 알릴 책임을 걸머졌다. 이송 대상자로 정해지면 통행금지 조치가 부과되어 경찰의 허락이 있어야만 집 바깥으로 나갈 수 있었다. 이송 유대인들은 채무를 정산하고, 3일 내지 5일 동안의 여행에 필요한 음식을 준비하고, 수하물을 50킬로그램씩 꾸렸다. 그들이 자산 목록을 작성하면 회계 당국들이 교차 검증을 했다. 유대인들은 가구와 가사도구들을 남기고 떠나야 했고, 떠나기 전에 공동주택 단지 책임자에게 집 열쇠를 넘겼다. 그들에게 통고된 날짜는 두 개였다. 첫째는 지역의 집결지에 집합하는 날짜였다. 그곳에 도착하면 며칠 동안 수하물—그리고 종종 수하물 주인에 대한—조사가 진행되었다. 나치 공무원들은 허용되지 않은 물건을 골라냈지만, 종종 허용된 물건도 압수했다. 유대인들은 강제 이송의 운임도 지불해야 했고, 친위대 제국보안청은 남겨진 재산의 25%를 추가적인 '기부금' 명목으로 가로챘다. 그러고는 유대인들이 너무 가난하여 운송료를 지불하지 못하기에 징수했다고 변명했다. 친위대가 자기 몫을 챙기고 나면, 재무부가 남은 유대인 자산을 인수했다.[13]

이송되는 날, 유대인들은 대열을 지어 행진하여 수송열차에 올랐다. 1941년 11월 27일 고지 프랑켄 호르흐하임 유대인 12명이 그곳 기차역으로 행진했다. 기록에 따르면 그때 수많은 독일인 '주민들이 나와서' '관심과 커다란 만족감'을 보여주었다. 강제이송 작전은 1938년 11월의 포그롬 이후 처음으로 유대인에게 가해진 집단적 가해 스펙터클이었다. 1938년의 포그롬이 히틀러청소년단과 독일소녀연맹의 소년 소녀들이 가세한 대중 축제가 되었던 바로 그 장소에서, 아직 떠나지 않고 있던 유대인들이 줄을 지어 걸어가는 행렬을 향하여 신구新舊 욕설들로 범벅이 된 구호들과 저주가 쏟아졌다. '저 건방진 유대인들을 보라!' '이제 저들은 게토로 간다!' '쓸모없는 식충 무리들!' 바트 노이슈타르트에서 늙고 못 먹은 유대인들이 시장 광장에 집합하자, 나치 활동가들이 사진을 찍었다. 그후 그 사진들은 포스터 크기로 확대되어 도시 중심가에서 전시된다. 유대인 행렬이 시장 광장에서 기차역으로 출발하자 '시끄럽게 떠드는 학동들 무리'가 기차역까지 행렬을 따라갔고, '기차가 떠날 때까지 소리를 질렀다.'[14]

강제이송은 유대인과 유대인을 대립시키기도 했다. 1941년 11월 마리안네 스트라우스와 부모가 에센 기차역 집결지로 가는 전차를 기다리고 있었다. 그 순간 게슈타포 경찰관 두 명이 나타나서 그들을 이송에서 제외했다. 놀란 다른 유대인들이 내지른 '짐승의 울부짖음'을 18세의 마리안네는 그후에도 잊을 수 없었다. 마리안네 가족은 부유했기에 지역의 은행가와 독일군 첩보기관의 보호를 사들일 수 있었다. 이송에서 면제된 유대인들은 다양했다. 군수산업 노동자 유대인, 외국 여권을 보유한, 통상적으로 서유럽 국가의 여권을 보유한 유대인, 독일인과 결혼한 '혼합혼婚' 유대인, 1차대전에서 무공훈장을 받은 유대인, 그리고—이송자들이 노동 수용소로 '재이주'될 뿐이라는 허구를 보존하기 위하여 면제한—노약자 유대인들이 그들이었다.[15]

유대인 강제이송의 리듬은 군수물자 수송과 겨울철 석탄 부족 사태에 의해 제약받았다. 그 때문에 강제이송이 1942년 3월에야 재개되었다. 이때 유대인 4만 5천 명 내지 6만 명이 빈, 프라하, 그리고 공습에 취약한 구舊독일 지역으로부터 이송되었다. 많은 노인과 1차대전 퇴역군인 유대인들은 테레지엔슈타트로 보내졌다. 프라하 북부의 작은 18세기 군대 주둔 도시 테레지엔슈타트는 독일인들의 불안을 달래기 위하여, 그리고 자신이 후견하는 유대인들을 선처해달라고 부탁하는 수많은 나치 관리들을 가라앉히기 위하여, '동유럽'에서 멀리 떨어져 제국 안에 위치했기에 선택된 곳이었다. 그러나 그곳은 나치의 선전과 달리 '노인 게토'도 아니었고 '종착지'도 아니었다. 도착하는 열차와 얼추 비슷한 수의 열차가 이송자들을 싣고 떠나는 '임시 수용소'였다. 그 유대인들 중 다수는 폴란드 루블린 지구의 게토로 보내졌다.[16]

1942년 4월 21일 또다른 열차가 에센을 출발했다. 열차에는 마리안네 스트라우스의 약혼자 에른스트 프롬바흐도 타고 있었다. 마리안네는 기차역에서 에른스트에게 손을 흔들며 인사를 전하려 노력했고, 에른스트는 첫번째 정류장인 뒤스부르크에서 마리안네에게 에센역에서 그녀를 보았다고 카드에 적어 보냈다. 기차가 정차한 다음 역은 뒤셀도르프-데렌도르프였다. 역에서 경찰은 유대인들을 도축장으로 몰고 간 뒤에 수하물을 필수품만 담은 여행가방 하나 혹은 배낭 하나로 줄이도록 강요했다. 세면도구와 약품과 남은 먹거리 일체가 독일 적십자로 넘겨졌다. 옷―드레스 345점과 오버코트 192점을 포함하여―과 우산은 나치 인민복지회로 넘어갔다. 에른스트는 그 북새통에서도 가족의 짐을 보호하는 데 성공했다. 압수 작업이 끝나자 게슈타포가 유대인들에게 제국국적법 제11차 시행령을 설명했다. 유대인들이 독일 국경을 넘으면 그 즉시 모든 재산이 자동으로 제국의 재산이 된다는 것이었다. 1942년 4월 23일 열차가 국경을 넘었고, 다음날 이쯔비차에 도착했다. 루블린 지구 게토 중 하나였던 그곳에서 에른스트는 마리안네에게 편지를 썼다. 그는 그녀에 대한 사랑이 여전하다고 안심시키는 동시에 그녀에게 경고했다. '이곳의 조건은 우리가 상상하는 그 어떤 것보다 극단적이야. 간단히 말하자면, 말로 옮기는 것이 불가능해. …… 이곳에 비하면 야생의 서부는 아무것도 아니야.'

1942년 8월 말 마리안네가 에른스트로부터 이쯔비차 게토의 생활상에 대한 길고 자세한 설명을 받았다. 그 편지는 친위대와의 계약하에 트럭을 운전하던 '아리안' 친구가 몰래 전달해주었다. 원래부터 이쯔비차 마을에 살던 폴란드 유대인 3천 명은 신입 유대인 이송자들에게 자리를 내주기 위해 다른 곳으로 이송되었다. 신입 유대인들의 고향은 폴란드, 슬로바키아, 아헨, 뉘른베르크, 브레슬라우, 슈투트가르트, 프랑크푸르트, 테레지엔슈타트였다. 유대인들은 폴란드, 체코, 독일 등 국적별로 나뉘어 관리되었고, 규칙을 위반하면 공개적으로 교수형에 처해졌다. 에른스트는 처음에 게토 안의 유대인경찰직을 거부했다. '유대인을 유대인에게 맞세운다는 발상이 불쾌했기 때문이었다.' 그러나 그는 결국 동의했다. 고향에 남아 있는 가족을 이송에서 면제시키기 위해서였다. 에른스트는 에센의 약혼녀에게 덧붙였다.

> 폴란드 유대인을 정리하는 작업에 참여할 수밖에 없었어. 인간적 감정을 모두 억눌러야 해. 나는 친위대가 감시하는 가운데 다른 유대인들을 채찍으로 내쫓아야 해. 맨발에, 품에 아기를 안고 있는 사람들을 말이야. 내가 묘사할 수도 없고 묘사하고 싶지도 않은 장면들이야. 잊는 데 많은 시간이 걸릴 거야. 이 비인간적인 경험들에 대해 나는 꿈속에서만 생각할 뿐이야.

독일 출신 유대인 세 가족은 마을 구석에 나무와 흙으로 된 작은 집에 살았다. 다른 유대인들보다 잘 먹기 시작하자 그들은 에센 출신의 다른 유대인 가족들을 도왔다.[17]

이송 유대인들이 남긴 가사도구는 인기 있는 전리품이었다. 슈바벤의 농촌 마을로부터 한때 좌파적이었던 함부르크에 이르기까지, 독일인들은 유대인의 재산을 얻기 위해 적극적으로 로비했고 경매에도 참여했다. 1941년과 1945년 사이에 함부르크에서만 유대인 가구와 가사도구 최소 3만 점이 경매장의 망치 소리와 함께 판매되었다. 가구 한 점당 응찰자가 족히 10명은 됐다. 함부르크 베델 구의 독일인 노동계급 부녀자들은 커피, 보석류, 고가구, 카펫을 사들였고, 그 일부를 되팔기도 했다. 게슈타포가 유대인 재산을 판매하여 도이체방크 계좌에 입금한 액수는 1943년 초까지 720만 마르크에 달했다. 독일 여성들이 구입한 모피 코트에는 원소유자의 이름표가 달려 있었다. 같은 지역 출신이었기에 원소유자가 누구인지 추측하는 것은 어렵지 않았다. 언론은 경매를 공고하면서 판매대에 오른 물건이 유대인의 물건이라는 사실을 숨기지 않았다. 유대인들이 남긴 주택

은 지역 나치 기관원 혹은 아직은 소수였던 폭격 맞은 독일인 가족들에게 보상으로 주어졌다.[18]

**

유대인의 별을 부착시키자고 히틀러를 설득한 사람은 괴벨스였다. 괴벨스는 유대인을 공적으로 낙인찍는 조치가 폴란드에서의 유사한 조치들과 똑같이 대중적인 반유대주의에 불을 댕기리라고 기대했다. 많은 유대인이 똑같이 예상했다. 그래서 전직 유대인 교수 빅토르 클렘퍼러는 1941년 9월에 그 별을 달고 길거리로 나갈 엄두를 내지 못했다. 그래서 그는 쇼핑을 전적으로 '아리안' 아내 에파에게 맡겼다. 사람들은 유대인들이 자살해버릴 것이라고 생각했다. 1941년 마지막 3주일 동안 오스트리아 빈의 유대인 87명이 자살했고, 그해 사사분기 동안 베를린 유대인 243명이 자살했다. 괴벨스는 매우 실망했다. 그가 지배하는 베를린, 1933년 이전의 세속적이고 좌파적인 전통이 아직 완전히 소멸하지 않은 도시요, 독일 유대인 15만 명 중에서 무려 7만 명이 거주하던 그 도시에서 유대인 낙인의 대중적 효과는 미미했다. 괴벨스는 군수부장관 알베르트 슈페어에게 불평했다. 유대인의 별이 '우리가 의도했던 것과 정반대 효과를 가져왔어요. …… 사람들은 어디서건 그들(유대인들)을 동정합니다. 독일 민족은 아직도 성숙하지 못해요. 온갖 바보 같은 감상에 싸여 있단 말입니다.'[19]

나치 당국이 그 결점을 교정하기 위해 취한 첫번째 대책은 위협이었다. 1941년 10월 24일에 유대인에 대한 동정 표현을 금지하고 위반자를 3개월간의 수용소 수감에 처한다는 명령이 공포되었다. 괴벨스는 1941년 11월 16일에 나치 저널 〈제국〉에서 경고했다. '유대인과 사적인 접촉을 유지하는 사람은 누구든 …… 유대인을 편드는 사람이고, 따라서 유대인으로 취급되어야 한다.' 괴벨스는 유대인과 독일인의 경계선을 날카롭게 그으면서 독자들에게 '잘못된 감상'에서 벗어나 성숙해지라고 질책했다. '만일 브람지히 씨와 크뇌테리히 부인이 유대인의 별을 부착하고 있는 노파를 보고 동정심이 일어난다면, 전쟁을 계획하고 시작한 자들이 바로 유대인이라는 점을 잊지 말아야 한다.' 괴벨스의 유명한 그 논설 '유대인은 유죄다'는 절정에 오른다. 유대인의 절멸에 대한 히틀러의 '예언'은 현재 성취되고 있다. 그것은 기정사실이다.[20]

괴벨스는 나치 유대인정책의 내용이 유대인을 죽이는 데 있다고 뭉툭하게 인정하는 선까지 근접한 것인데, 그런 발언을 한 나치 고위 공직자는 괴벨스만이 아니었다. 이틀 뒤에 알프레드 로젠베르크 역시 자신의 '동유럽부' 관리들에게 브리핑하다가 불쑥 내뱉었다. '유대인 문제는 오직 유럽 유대인 전체의 생물학적인 근절로만 해결될 수 있습니다. …… 그것이 운명이 우리에게 맡긴 과업입니다.' 히틀러만 하더라도 1942년에 자신의 '예언'을 무려 네 차례나 반복했다. 그때 그는 '근절Ausrottung'이라는 의심할 여지가 없는 단어를 사용했다. 나치당 기관지 〈민족의 파수꾼〉은 1942년 2월 27일에 지도자의 외침을 따랐다. '유대인은 근절될 것이다!' 나치 뮌헨 지구당위원장 아돌프 바그너와 노동전선 총재 로베르트 라이가 뒤를 이었다. 독일인들이 동부전선이라는 생사의 위기를 겪던 1942년 초에 그 위협들은 수사학적 지형을 가로질러 울려퍼지고 있었다.[21]

나치당 총재 비서실장 마르틴 보어만 같은 강성 이데올로그들은 한결같이 독일 인민을 이끌어서, 독일이 글로벌한 제노사이드적인 전쟁 속에 있다는 것, 그 전쟁은 독일의 승리 혹은 파멸로만 끝날 수 있다는 것을 깨닫도록 해야 한다고 믿었다. 그러나 반유대주의적인 주장들이 홍수처럼 쏟아졌음에도 불구하고 유대인 강제이송은 뉴스가 되지 않았다. 독일 언론은 유대인의 종착지와 그들의 운명 혹은 이송의 목적에 대한 세부 사실을 밝히지 않았다. 그러자 지역과 지방의 나치 당직자들이 유대인들에 대한 '극단적으로 가혹한 조치들'을 이슈화할 가이드라인을 요구했다. 보어만이 지침을 내려보냈다. 지역 나치가 유대인 문제에 공격적으로 접근함으로써 그 조치들을 정당화한다면 매우 만족스러울 것이다. 유대인 문제의 성격은 '부분적으로 매우 어려운 문제점들을 우리 인민의 궁극적인 안전을 위하여 가차없는 가혹함으로만 해결할 수 있는, 그런 성격이다.' 나치당 관리들은 보어만으로부터 루머를 부인할 것이 아니라 현재가 유대인 문제를 완전히 '해결할 기회'라는 것, 유대인 '문제 전체가 우리 세대에 의해 해결되어야 한다'는 것을 받아들이라는 지침을 받았던 것이다.[22]

유대인 학살에 대하여 말하고자 했다면 할말은 많았다. 바로 그 시기에 유대인 강제이송이 범유럽적 규모에 도달했고, 유대인은 '재이주'될 뿐이라는 허구가 말해지지 않았다. 1942년 5월 11일부터 민스크로 가는 강제이송 열차 17대는 더이상 게토로 가지 않았다. 열차는 말리 트로스티네츠 인근에서 멈췄다. 열차의 유대인들은 그곳에서 사살되거나, 이동식 독가스 차로 옮겨져 학살되었다. 1942년 6월부터는 테레지엔슈타트, 베를린, 빈의 유대인들이 소비부르 학살소용소로 직행했다. 동시에 범위가 확대되었다. 1942년 3월에 슬로바키아 유대인이 처음으로 이송되었고, 강제노동 유대인이 따로 선별되었다. 1942년 6월에는 슬로바키아 유대인을 실은 열차가 소비부르 학살 수용소로 직행했고, 한 달 뒤에는 아우슈비츠로 직행했다. 1942년 3월과 6월 사이에 프랑스 유대인을 실은 이송열차 6대가 아우슈비츠에 도착했고, 7월 19일과 8월 7일 사이에는 벨기에, 네덜란드, 프랑스 유대인 12만 5천 명이 아우슈비츠로 이송되었다. 가장 큰 작전은 동유럽 현지에서 실시되었다. 1942년 7월 22일부터 두 달간의 '작전'으로 30만 명의 유대인이 바르샤바로부터 트레블링카로 이송되었다. 그로써 유럽 최대의 유대인 커뮤니티가 사라졌다. 우크라이나에서는 유대인 촌락과 도시가 단 하나도 남지 않을 때까지 친위대 학살특공대의 '싹쓸이' 작전이 중단 없이 지속되었다. 1942년 여름, 소련 영토에는 이제 유대인 게토가 하나도 남지 않았다.[23]

소련 유대인 희생자 190만 명과 폴란드 유대인 희생자 270만 명은 대독일에서 이송된 유대인—보헤미아 모라비아에서 7만 8천 명, 오스트리아에서 6만 5천 명, '구' 제국에서 16만 5천 명—을 훨씬 추월했다. 그에 비하면 정복된 서유럽 국가들로부터 이송된 유대인—프랑스 7만 6천 명, 네덜란드 10만 2천 명, 벨기에 2만 8천 명, 룩셈부르크 1,200명, 노르웨이 758명, 덴마크 116명—은 약소해 보인다. 그러나 유대인 이송이 중앙에서 지휘한 범유럽적 프로그램의 일부였다는 것, 그것이 비단 동부전선의 빨치산 퇴치 작전의 극단적 형태가 아니었다는 것을 말해주던 것은 바로 서유럽 유대인들의 이송이었다. 유대인을 죽음의 수용소로 이송하는 데는 대단히 많은 기관이 연루되었다. 따라서 비밀에 부치는 것이 불가능했다. 사살을 지켜본 병사, 이송 열차를 움직인 철도원, 떠나기 전에 유대인으로부터 집 열쇠를 넘겨받은 지방 정부 공무원, 그들 모두가 기능적으로 한정된 자신의 역할 뒤에 일제히 숨었을지는 모르지만, 그들은 자기가 아는 것을 넓은 유통망 속으로 전달했다.[24]

1942년에 괴벨스는 새로우면서도 무척 세련된 여론 관리 방법을 채택했다. 1941년 가을에 그는 요란한 반유대인 캠페인을 벌이는 대신 캠페인의 강도를 오히려 낮췄다. 그는 전력을 기울여서 유대인에 대한 특정한 보도가 국내에서 나오지 못하도록 통제했다. 예컨대 그는 빈 지구당위원장 발두어 폰 쉬라흐에게 압력을 가하여 그가 유럽 청소년총회 연설에서 빈 유대인의 강제이송을 언급하지 않도록 했다. 국제 여론이 '우리를 찍소리도 못하게' 만들어놓을 탄약을 공급하지 말라고 경고한 것이다. 유대인 강제이송과 학살이 정점에 달한 그 시기에 〈민족의 파수꾼〉이나 〈공격〉 같은 나치의 주요 언론들은 반유대주의 기사를 1주일에 기껏 한두 번씩만 내보냈다. 방송 뉴스에도 유대인은 거의 등장하지 않았다. 영화관에서 본 영화 직전에 상영되는 짧은 다큐멘터리에는 유대인이 아예 보이지도 않았다. 얼마 전까지만 해도 나치당 기관지 머리기사에서 '유대인은 절멸될 것이다'라고 선언하던 나치는 왜 세부사항을 숨기기에 급급했던 것일까?[25]

가장 그럴듯한 동기는 괴벨스가 쉬라흐에게 스스럼없이 인정한 대로, 연합군이 보도를 독일에 불리하게 이용하리라는 우려 때문이었다. 그리고 그것은 사실이었다. 그러나 또다른 이유가 있었다. 1942년에 괴벨스는 독일 여론을 조종하는 서로 다른 전술 두 가지를 실험했다. 하나는 독일 인민 전체를 민족사회주의의 주름 안으로 끌어들이기 위하여 직접적인 호소와 주장을 교육적으로 펼치는 것이었다. 그것은 괴벨스 스스로가 1941년 11월의 논설 '유대인은 유죄다'에서 사용한 방법이었고, 히틀러와 괴링이 1942년 연설에서 구사한 방법이기도 했다. 마르틴 보어만이 나치 지방 당직자들에게 하달한 방침, 그리고 독일 바깥에서는 폴란드 총독 한스 프랑크의 기관지가 유럽의 독일 점령 지역에서 벌어진 강제이송에 대하여 상세히 보도한 것도 그에 속했다.

그 전술과 병행하여 괴벨스는 또하나의 보다 조심스럽고 섬세한 형태의 보도 관리를 실시했다. 괴벨스의 언론은 독일 독자들에게 '절멸'의 정치적·인종적 필연성을 승인하라고 설득하는 대신, 독일인들이 이미 알고 있는 것을 넌지시 내비치기만 했다. 그럼으로써 독일인들에게 공모했다는 비밀의 느낌을 심으려 한 것이다. 1942년에 나치 언론은 동맹국들인 루마니아, 불가리아, 크로아티아, 슬로바키아가 시행한 '유대인 문제 해결'의 조치들, 즉 유대인의 강제노동 등록, 게토 설치, 그리고 슬로바키아에서 실시된 강제이송에 대하여 보도했다. 이때 나치 언론인들은 슬로바키아에서 '유대인 문제'가 과연 '완전히 해결'되었는지 정도로만 논의했다. 남동부 유럼 '집시 문제'의 처리도 비슷한 노선에 따라 논의했다. 그러자 그 불완전하고 종종 모호한 말들이 사람들이 루머나 풍문을 통해 이미 알고 있던 것들과 결합되었다. 괴벨스의 그 새로운 전술은 도덕적 동요를 관리하는 —그리고 부분적으로 침묵시키는—암묵적이고 공모적인 방식이었다. 괴벨스는 나치 정권의 행동에 대하여 공적인 지지를 확보하려는 명시적인 선전 캠페인을 전개하는 대신, 학살 작전에 대한 앎이 공모의 느낌 속으로 스며들거나 공모의 느낌을 촉진하도록 한 것이다.[26]

그 결과를 설명할 최선의 개념은 '침묵의 나선형'일 것 같다. 그 용어는 전후 서독의 가장 유명한 커뮤니케이션 연구자 엘리자베스 뇔레-노이만이 1974년에 고안한 것이다. 그녀는 전후의 서독 민주주의와 관련하여 그 용어를 사용했지만, 그것은 그녀가 언론인으로서 성장하는 1941년과 1942년에 크게 영향받은 개념이기도 했다. 그때 그녀는 괴벨스의 저널 〈제국〉에서 미국 유대인 언론의 영향력에 대한 글들을 썼다. 그녀의 사유 중에서 나치 독재로 소급될 수 있는 요소는, 공적 여론이 어떻게 사적인 전前 정치적 압력에 따르느냐에 대한 논의였다. 뇔레-노이만에 따르면, 소수자의 위치에 있다고 느끼는 개인은 고립과 사회적 처벌에 대한 두려움으로 인하여 자신의 소수자적 의견을 침묵하는 경향이 있다. 그 경향은 소수자적 의견을 견지하는 잠재적인 사람의 수를 줄인다. 그런 가운데 언론이 '다수'의 견해를 보도하면 다수 의견의 도덕적 지위가 강화되고 안정된다. 뇔레-노이만은 사회의 공적 영역과 사적 영역의 교차 지점을 부각시켰다. 순응의 압력이 비슷한 성향의 동료 집단 내부에서 사적으로 행사되는 방식을 드러낸 것이다. 그 논리에 따르면, 가족과 작업장 내부의 의사 형성 관계는 사람들을 당혹게 하거나 심지어 굴욕스럽게 만듦으로써 도덕의 지위들에 조용한 변형을 일으킨다. '밴드왜건' 효과 개념이 공적인 순응에 초점을 두는 것과 대조적으로, 뇔레-노이만은 개인의 심리적 효과에 주의했다. 사적인 압력이 고립에 대한 개인의 공포심을 촉발하는 데서 얼마나 중요한 역할을 하는지 보여준 것이다.[27]

카를 뒤르케팔덴은 보편적 도덕의 문제가 어떻게 사적인 가족의 문제로 변하고, 그런 뒤에 침묵에 묻히게 되는지 예시해준다. 저지 작센 첼레에 위치한 기계 공장의 40세 엔지니어인 뒤르케팔덴은 '불가결한' 인력으로 분류되어 징집에서 면제되었다. 그는 전통적인 사회민주당에 충성했던 노동계급 가족 출신으로서, 1920년대에 야간 학교를 다녔고, 대공황기에는 기나긴 실업자 생활을 경험했다. 1930년대의 재무장과 함께 그는 마침내 안정된 일자리를 갖게 되었고, 가족도 꾸렸다. 1942년 여름 그의 회사는 소련 유전지대의 정복을 기대하면서 유정 굴착기를 생산했다. 뒤르케팔덴은 정기적으로 BBC 라디오를 들었다. 그는 '미국의 소리' 방송에서 토마스 만이 네덜란드 유대인 400명의 가스 학살을 언급하는 것을 들었다. 뒤르케팔덴은 유대인에 대한 히틀러의 공적인 위협이 말뿐이 아니라는 결론에 도달했다. 동부전선에 복무하던 처남 발터 카슬러는 편지에서 키이우에 유대인이 한 명도 남지 않았다고 알렸다. 1942년 6월에 휴가를 나왔을 때 발터는 자신이 목격한 대량 학살과 다른 병사에게서 들은 프랑스 유대인 가스 학살에 대하여 카를 뒤르케펠덴과 대화를 나누었다. 뒤르케팔덴은 일기에 고백했다. '발터가 거듭해서 강조했다. …… 우리가 유대인이 아니라는 사실이 얼마나 다행인지 몰라.' 카를이 충격을 받자, 발터가 설명을 내놓았다. '나도 처음에는 이해하지 못했어. 그러나 나는 이제 알아. 우리가 죽느냐 사느냐가 걸린 문제야.' 처남은 히틀러가 끊임없이 반복했던 주문呪文을 수용했던 것이다. 민족이 종말론적인 선택에 직면했다. '사느냐 죽느냐 그것이 문제다'. 카를이 반박했다. '그러나 그것은 살인이잖아'. 발터가 곧바로 내놓은 대답은 바로 나치 언론이 공급한 대답이었다. '이제까지 진행된 것으로 확실해진 것은, 우리가 패배하면 그들은 우리가 그들에게 행했던 바로 그것을 우리에게 행할 것이라는 거야.' 카를 뒤르케 팔덴은 대화를 끝내야 한다는 것을 알았다. 처남에게 반대하면 가족 안에 공개적인 균열을 일으킬 위험이 있었다. 최악의 경우에는 게슈타포로 밀고가 들어갈 수도 있었다. 그러나 그보다는 가족 내 관계가 뒤틀리고 자신이 고립될 가능성이 컸다.

두 사람의 대화에서 나치 언론의 정형화된 메시지가 승리한 것은 카를이 그 메시지를 믿었기 때문이 아니다. 나치 언론의 승리는 카를이 발터로 하여금 대화의 결론을 내리도록 방치한 행위 탓이었다. 나치가 노동운동을 폭력적으로 파괴하고, 노동계급의 정체성을 풍요로운 소비의 약속, 고용의 안정성, 민족적 자부심, 인종적 차이를 중심으로 재구축해간 단계들은 그 후과를 남겼고, 그후에는 전쟁이 가족의 식탁 대화에서 논의되는 '우리'와 '그들'에 대한 지각을 변화시킨 것이다. 어느덧 카를 뒤르케팔덴의 사회민주적 가치들은 구식이 되었고, 그의 인도주의적 관점은 이해되지 못했다. 카를은 포위된 소수자에 속했던 것이다. 그를 침묵시킨 것은 게슈타포나 나치당 행동가가 아니라 가족 안에서 행사되던 순응 압력이었다.[28]

'침묵의 나선형'이 사적으로 작동한 것은, 나치 언론이 학살에 대한 광범한 혹은 공개적인 논의를 회피하는 동시에 학살에 대하여 일련의 언어적 정당성을 공급했기 때문이었다. 나치 언론이 유대인 학살에 대하여 물방울 소리 듣듯이 넌지시 흘리면, 사람들은 사적으로 유통되던 대량 학살의 특정한 세부 사항들을 괴벨스와 히틀러가 발화한 유대인에 대한 위협과 결합시켰다. 이 과정에서 '알지 못하는 앎'이 구축되었다. 그것은 공적인 충성이나 확인 또는 도덕적 책임감을 요구하지 않는 앎이었다. 그것은 말해질 수 있는 것의 인위적 한계가 깨지지 않는 한 무난하게 작동했다. 그 한계를 깨트릴 수 있던 가장 강력한 기관은 가톨릭교회였다. 1941년 9월, 그러니까 갈렌 주교가 뮌스터의 람베르티 교회 강단에서 정신병 환자들의 학살을 천둥처럼 비난하고 한 달이 지난 시점에 갈렌에게 그의 용감한 자세를 칭송하는 익명의 편지가 배달되었다. 발신자는 독일 유대인에게 벌어지고 있는 일들을 언급했다. '지금 나와 같이 매우 애국적인 사람조차 다윗의 별을 달고 있습니다. 우리를 "도우려는 인자仁者"가 어디선가 우리를 위해 떨치고 일어날 것이라는 미친 희망과 분별없는 소망이 귀하에게 이 편지를 쓰도록 했습니다. 나의 신께서 당신을 축복하시기를!' 갈렌이 답장했다는 기록은 없다. 갈렌은 공적으로나 사적으로 유대인 박해에 대하여 한마디도 하지 않았다. 그 대신 그는 설교에서 독일 가톨릭을 볼셰비키의 위협으로부터 조국을 지키는 진정한 애국자들로 선언했다.[29]

갈렌을 비롯한 주교들이 유대인 학살을 몰랐던 것이 아니다. 마르가레테 좀머는 베를린 주교 프라이징이 후견하는 복지 사무실을 운영하고 있었다. 그녀는 유대인 혈통의 가톨릭 개종자들이 발트해 지역으로 이송된 뒤 어떤 일이 일어났는지 정보를 수집하고, 또 주교들에게 전달했다. 그녀는 내무부 고위 관리인 한스 글로프케로부터 비밀 정보를 얻기도 했다. 좀머가 보고한 바에 따르면, 오스나브뤼크의 주교 베르닝이 1942년 2월 5일에 확언했다. '유대인을 완전히 절멸시키려는 계획이 분명 존재한다.' 이는 하이드리히가 비밀 반제회의, 즉 고위 행정관리들에게 1,100만의 유럽 유대인의 임박한 학살에 대하여 알린 고위급 회의가 열리고 2주일밖에 지나지 않은 시점이었다. 그러나 베르닝과 프라이징이 '인권을 조롱하는 방식으로 비아리아인들을 이송하는 것'에 대하여 항의하는 진정서를 주교회의에 상정했을 때는 그로부터 무려 18개월이 지난 시점이었다. 더욱이 1943년 8월의 풀다 주교회의는 그 제안을 거부했다. 거부하지 않았어도 실상 너무 늦은 시점이었다. 그때는 유대인 대부분이 사망한 뒤였다. 독일 가톨릭에서 가장 영향력이 컸던 베르트람 추기경은 마가레트 좀머가 제출한 보고의 수신조차 거부했다. 그는 프라이징이 교차 서명을 통하여 진실성을 보장하는 한에서만 좀머의 보고서를 수신하겠다고 밝혔다. 물론 그는 그런 절차가 좀머와 프라이징을 게슈타포에게 노출하리라는 것을 잘 알고 있었다. 베르트람이 유대인에게 벌어지고 있는 일을 몰랐다고 가정하더라도, 이는 그가 알려는 노력을 기울이지 않았기 때문일 것이다.[30]

역사가들이 유대인 학살과 관련하여, '만약 그랬더라면 어떻게 되었을까'라고 질문하는 반사실적 가정의 가장 두드러진 예는, 만일 교회가 단합하여 행동했더라면, 1941년 8월에 정신병 환자들의 학살에 항의했듯이 그렇게 행동했더라면, 유대인 학살이 멈추었을까 하는 것이다. 그동안 많은 역사가들이 주교들이 유대인 학살에 대하여 그렇게 행동하지 않은 이유에 대해서 추측을 해왔고 또 도덕적으로 비난해왔다. 그러나 가톨릭 주교들은 1942년 8월에 성인 정신병 환자의 학살이 다시 시작되었을 때 그 사실을 알았음에도 불구하고 항의하지 않았다. 그들은 정보의 공개를 피했다. 1941년에 나치 국가와 대립했을 때 가톨릭 주교들에게 가장 중요했던 것은 교회의 각종 기관에 대한 나치의 공격이었다. 그리고 그해 가을 양측은 한 발씩 물러났다. 1942년 8월의 풀다 주교회의가 열릴 즈음 한 성직자가 게슈타포에 알렸다. 주교들은 '지난 1년간 교회가 거둔 성공들에 대하여 전반적으로 만족하고 있다.' 특히 국가와의 갈등이 줄어든 것, 교회 재산의 압수가 중단된 것에 대하여 만족한다.

다시 보면 가톨릭 주교들이 침묵한 것은 유대인 문제만이 아니었다. 그들은 1939년 폴란드에서 벌어진 대량 사살에 대하여 목소리를 내지 않기로 선택함으로써 스스로 불길한 선례를 만들었다. 그때 희생자들 속에는 폴란드인 교사와 장교와 걸스카우트와 유대인만이 아니라 가톨릭 성직자도 포함되어 있었다. 나치 이데올로그들이 가톨릭교회를 국제적인 음모 집단으로 간주했을 수도 있다. 그러나 성직자들은 자신의 민족 정체성을 알고 있었다. 독일군이 모스크바에서 후퇴하자 가톨릭교회는 전쟁의 심각성을 인식했다. 그들은 민족의 정신적 리더십을 놓고 나치와 대결하는 대신, 나치당과 불편하고 까다로운 동맹을 맺는 한이 있더라도 모든 독일인을 민족 방어라는 긴급 과제 아래 결집하고자 했다.[31]

교회가 아무런 말을 하지 않자 가톨릭 신자들이 각자의 방향으로 움직였다. 라인강 북부 베스트팔렌 리페 지구의 렘고 시장 광장에 1942년 7월 마지막 이송 열차에 탈 유대인 노인들이 집결하자, '아리안' 이웃들이 그 광경을 불편한 마음으로 지켜보았다. 친위대 정보국 지부의 보고에 따르면, 사람들은 노인들은 어차피 '죽어 없어질' 사람들인데 꼭 수용소로 이송해야 하느냐를 두고 논쟁을 벌였다. 논쟁의 편은 교회 신자들―그들 중 일부는 심지어 독일이 '신의 처벌'을 불러들일 것이라고 경고했다―과 골수 민족사회주의들로 갈라졌다. 이번에 소수는 민족사회주의자들이었다. 정보국의 보고서는 분명하게 인정했다. 심지어 '기회란 기회는 모두 이용하여 적절하든 부적절하든 민족사회주의 신념을 과시하던 민족동지들' 조차 이번에는 인도주의적 관점을 내세웠다. 이는 아마 그 마지막 강제이송이 공포보다 동정심을 일으켰기 때문이었을 것이다. 그러나 렘고는 이례적인 경우였다. 갈렌이 주교로 있던 이웃한 뮌스터에서는 마지막 강제이송이 두말없이 진행되었다. 유대인 노인들은 친위대 정보국 요원들에게 돈을 주고 자기들의 수화물을 부리도록 했다. 쾰른의 성직자들과 세속인들은 가톨릭 혼인예배 예식을 시대에 맞추라고 채근하면서 신부에게 유대인 이름인 '사라처럼 오래 살고 신실하라'고 축복하는 것은 '터무니없는' 저주라고 말했다.[32]

유럽 점령지역의 어떤 기관도 유대인의 강제이송과 학살을 비난하지 않는 한, 독일의 논의는 대체로 나치 언론이 설정한 한계 내에 머물렀다. 그때 '침묵의 나선형'―그 여론 관리 방법은 독일에서 2차대전 동안 일시적으로만 실시되었다―이 작동했다. 이것이 팔목할 만한 것은, 괴벨스가 그 간접적인 여론 관리 방법 대신 기존의 직접적인 방법을 지속했어도 과연 동일한 결과를 얻었을지 명확하지 않기 때문이다. 나치의 미디어 관리자들은 가차없는 선전 캠페인을 벌이는 대신 신문 독자들 대부분이 아는 것을 그저 암시만 하면 여론을 좀더 용이하게 이끌 수 있다는 것을 발견했다. 더욱이 괴벨스의 새로운 접근은 민족사회주의의 학살적인 인종주의적 공리주의와 노골적인 살인을 외면하는 독일 사회의 지배적인 기독교 윤리 사이의 도덕적 간극을 부각시키는 위험도 피할 수 있었다. 그 두 가지 사이에서 균형을 취하느냐의 여부는 상당한 정도로 교회, 즉 독일과 정복 지역 유럽에서 나치 체제 다음으로 큰 영향력을 갖고 있던 그 기관의 침묵에 의존했다.

그러나 나치 체제가 억압할 수 없던 정보의 흐름이 있었다. 제노사이드가 절정에 달했던 1942년 6월부터 1942년 12월까지 BBC는 유대인 강제이송과 학살을 보도했다. 1942년 12월 17일에는 영국 외무장관 앤서니 이든이 영국 하원에서 폴란드 게토의 정리 작업과 유대인 강제이송이 유럽대륙 전역에서 '끔찍한 호러와 폭력 속에' 벌어지고 있다고 발언했다. 친유대파가 아니었던 이든은 단어를 조심스럽게 선택했다. 독일 정부는 현재 '히틀러가 반복하여 밝혔던, 유럽 유대인을 절멸시키겠다는 의도를 수행하고 있습니다.' 이어서 이든은 12개 동맹국들—벨기에, 체코슬로바키아, 그리스, 룩셈부르크, 네덜란드, 노르웨이, 폴란드, 미국, 영국, 소련, 유고슬로비아, 프랑스 민족위원회—의 선언문, '냉혈의 짐승 같은 절멸 정책'을 비난하고 '그 범죄에 책임 있는 자들은 결코 응징을 면치 못할 것이라고 엄숙히 결의한' 선언문을 낭독했다. 연설이 끝난 뒤 하원은 기립하여 1분 동안 묵념했다. BBC는 그 주일 내내 하루에 몇 차례씩 유대인 학살에 대하여 보도했다.[33]

이든이 연설하기 사흘 전 괴벨스는 연합군의 반응을 예측하고 있었다.

그는 선전부 회의에서 태연하게 말했다. '우리는 그 문제에 답할 수 없습니다. …… 우리는 그 문제에 대하여 논쟁할 위치에 있지 않아요. 적어도 세계 언론을 상대로 해서는 그렇습니다.' 괴벨스는 한 눈으로는 중립국들과 국내의 언론 보도를 보는 동시에 여론의 주의를 다른 곳으로 돌리라고 요구했다. 인도, 이란, 그리고 세계의 다른 지역에서 벌어진 연합국의 폭력을 강조하는 캠페인을 주문한 것이다. 반응은 미적지근했다. 언론에는 새로운 자료가 없었고, 독일의 독자와 청자들은 비유럽 식민지 세계에 관한 이야기에 몰입하지 않았다. 그러나 독일의 선전 활동이 완벽히 실패한 것은 아니었다. 연합국들이 유대인 편에서 전쟁을 할 뿐이라는 독일의 주장은 영국의 신경을 예민하게 건드렸다. 요크의 대주교 시릴 갈베트 박사가 신년 메시지에서 유대인을 구조하기 위한 '십자군'을 요구한 것은 역설적으로 영국의 침묵을 강조하는 것이었다. 영국 정부조차 유대인들에게 볼모 잡힌 정부라는 비난을 피하고자 했다. 유대인 학살에 대한 보도 역시 강도가 약해졌다. 연합국의 보도는 제노사이드를 다른 소수자 집단에 대한 독일의 폭력들 사이에 조심스럽게 끼워넣었다. 연합국의 대의는 명확하게 인류 전체의 대의에 머물렀다. 카를 뒤르케팔덴이 뉴스를 얻기 위하여 BBC를 들었던 것은 이례적인 일이 아니다. 그러나 그 사람처럼 적국 라디오로부터 도덕적 태도를 도출해내고자 한 동료 국민들은 많지 않았다.[34]

**

1942년 말 전 유럽 차원의 유대인 학살을 확인해주는 출처는 많았다. 점령지역 소련, 발트해 국가들, 동부 폴란드에서 벌어진 유대인 사살의 증인들은 수십만, 아니 수백만 명이었을 수도 있다. 점령지역 폴란드의 학살 수용소들—헤움노, 베우제츠, 소비부르, 트레블링카—과 고지 슐레지엔 아우슈비츠에 새로 건설된 수용소의 이름도 알려지기 시작했다. 그러나 그곳에서 정확히 무슨 일들이 일어났는지에 관한 정보는 개략적이었다.

포머른과 점령지역 폴란드와 소련에서는 이동식 독가스 차가 두드러졌다. 독가스 차는 이산화탄소 연기를 차 뒤로부터 차 안으로 들여보낸 뒤에 시골길을 달렸다. 독가스 차는 1939~1940년에 포머른에서 정신병 환자들을 학살하는 데 사용하던 것이다. 그 차는 1942년 1월부터 헤움노 수용소로 이송된 우치 게토의 유대인들을 학살하는 데 이용되었다. 그때만 해도 친위대는 비밀을 유지하기 위해 상당한 노력을 기울였다. 학살수용소로 이용한 오래된 성에는 높은 목책을 둘렀고, 경비병들이 그것을 감시했다. 헌병들은 독가스 차에서 살해된 시체들을 묻은 숲으로 통하는 길을 통제했다. 유대인 시체는 유대인 노동대로 하여금 묻도록 했고, 그 작업이 끝나면 그들을 사살했다. 베우제츠, 소비부르, 트레블링카에 설치된 가스실을 방문한 사람은 아주 적었다. 그에 대한 기록을 남긴 사람 중의 하나가 친위대 장교 쿠르트 게르슈타인이다. 소독消毒 전문가였던 그는 1942년에 베우제츠를 방문했다. 그는 리비우 유대인들이 도착하고 가스로 죽는 것을 목격했다. 독가스를 내뿜는 디젤 엔진의 시동이 걸리지 않아서 유대인들은 엔진을 수리하는 두 시간 반 동안 가스실에 갇혀 있었다. 가스로 죽이는 데 32분이 걸렸다. 게르슈타인의 업무는 유대인 옷가지를 소독하는 방법에 대한 조언이었다. 베우제츠까지 그와 동행한 인물은 친위대 자문위원으로 활동하던 마르부르크대학교 위생학 교수 빌헬름 판넨슈틸이었다. 그 교수는 그곳에서 벌어지고 있는 것에 매료되었다. 그는 가스를 들여보내는 구멍에서 눈을 떼지 못하고 안경에 김이 서릴 때까지 들여다보았다. 그러고는 가스실 내부에 엉겨붙은 벌거벗은 유대인들의 울부짖음이 '유대교 회당' 같다고 말했다. 다음날 두 사람은 트레블링카에 설치된 더 큰 가스실을 보러 떠났다. 판넨슈틸은 만찬 직후의 연설에서 수용소 요원

들이 행하고 있는 '작업의 위대성'을 칭송했다.[35]

게르슈타인은 야간열차를 타고 베를린으로 돌아왔다. 열차에서 그는 독일 주재 스웨덴 대사관의 고위 관리 괴란 폰 오터와 같은 칸을 탔다. 학살 장면으로 인하여 마음이 심하게 동요된 게르슈타인이 오터에게 그가 아는 것을 털어놓았고, 그 소식을 전 세계에 알려달라고 부탁했다. 그는 자신의 신분까지 밝혔다. 자신은 독실한 개신교도이며, 자기가 종교적으로 의존하는 인물은 베를린의 자유주의 성향의 개신교 주교 오토 디벨리우스라고 덧붙였다. 게르슈타인은 베를린에 도착한 즉시 디벨리우스 및 그와 동일한 반열의 가톨릭 주교 콘라트 폰 프라이징에게 소식을 전했다. 그는 교황청 대사와 스위스 공사관도 움직이고자 했다. 그러나 모두 헛수고였다. 스웨덴 정부에게 보낸 오터의 보고서는 문서철에 처박혔고, 주교들은 게르슈타인의 기대에 맞게 행동하지 않았다.[36]

은퇴한 판사였던 게르슈타인의 아버지조차 알려고 하지 않았다. 부자의 대화는 실패했다. 그러자 게르슈타인이 아버지에게 편지를 보냈다. 1944년 3월 5일에 아들은 아버지에게 썼다.

나는 아버지 내면에서 무슨 일이 일어나는지 모릅니다. 저는 그것을 알아야 할 최소한의 권리도 주장하지 않아요. 그러나 한 남자가 법에 봉사하는 직업에 평생 종사했다면, 지난 몇 년간 그 사람 내면에 무언가가 발생했을 것이 틀림없습니다. 저는 아버지가 한 말에 정말 당황했습니다. 그 말을 편지에 쓰셨는지도 모르겠습니다만 …… 아버지는 말씀하셨지요. 어려운 시기는 거친 방법을 요구한다!—그렇지 않습니다. 최근에 발생한 일은 그런 종류의 준칙으로 결코 정당화될 수 없습니다.

세대의 역할이 역전되어 아들이 아버지에게 도덕적 입장을 견지하라고 호소한 것이다. 아들은 경고하기도 했다.

아버지가 사는 시대와 그 시대에 일어난 일에 대하여 책임지게 되는 날
이 올 겁니다. 만일 제가 아버지에게 그 책임을 과소평가하지 말라고,
아버지 스스로가 자신의 의무에 답해야 한다고 요구하는 것이 불가능하
다면 …… 아버지와 나 사이에는 이해의 여지가 남아 있지 않습니다.

아버지는 요지부동이었다. 그러나 아들은 아버지에게 닿으려는 절망적
인 노력 속에서 한번 더 편지를 썼다. '주위를 둘러보세요. 그러면 한때 그
리도 가까웠던 그 많은 가족들과 우정들을 갈라놓고 있는 틈이 보일 거예
요.' 카를 뒤르케팔텐의 경우와 똑같이 도덕적 관점을 전달하려는 쿠르트
게르슈타인의 시도는 자기 가족에 의해 봉쇄되었다. 게르슈타인과 같은
사람들이 또 있었다는 데는 의심의 여지가 없다.[37]

학살이 이루어지는 광경을 실제로 목격한 사람은 특권적인 소수밖에
없었다. 그리고 학살 소식이 죽음의 수용소 인근과 그 너머로 빠르게 확산
되는 도중에 학살의 결정적인 세부 사항에 오류들이 틈입되었다. 게르슈
타인과 판넨슈틸 교수의 베우제츠 방문 열흘 뒤에 하사관 빌헬름 코르니
데스는 근처의 갈리치아 라바 루스카 역 플랫폼에서 기차를 기다리고 있
었다. 그때 젖소 운반 트럭 38대가 유대인을 가득 싣고 도착했다. 한 경찰
관이 리비우에서 오는 마지막 유대인일 거라고 말해주었다. '5주일 내내
저랬어요.' 코르니데스는 열차에서 철도 경찰관 부부와 같은 칸을 탔다.
부부는 유대인이 살해되고 있는 수용소를 가리켜 보이겠다고 약속했다.
기차가 커다란 소나무 숲을 가로질러 한참 달리는데 한곳에서 달착지근한
냄새가 났다. 경찰관 아내가 외쳤다. '여기예요. 벌써 냄새가 나네.' 경찰관
이 웃으면서 고쳐주었다. 그건 '가스야.' 코리니데스는 일기에 적었다.

'200야드쯤 더 갔을 때 …… 달착지근한 냄새가 강한 탄내로 바뀌었다. 경찰관이 말했다. "소각장에서 나는 냄새예요.'"[38]

라바 루스카와 베우제츠 수용소의 거리는 18킬로미터에 불과했다. 폴란드를 가로지르는 기차는 대부분 그 역에서 정차해야 했다. 그해 여름 프랑스 포로와 벨기에 포로들이 노동을 위해 그곳에 보내졌을 때, 그들이 경비를 서고 있던 중년의 독일인 예비경찰관에게 물었다. 유대인을 가득 실은 열차들은 도대체 어디로 가는 것이냐. 간단하고 퉁명스러운 답이 돌아왔다. '하늘로.' 1943년 봄 스웨덴으로 탈출하는 데 성공한 벨기에 포로 두 명이 영국 요원에게 정보를 전달했다. 영국 요원은 보고서에 기록했다.

> 그 벨기에 포로들에게 가장 큰 인상을 준 것은 유대인 절멸이었다. 두 사람 모두 학살을 목격했다. 한 사람은 유대인을 실은 트럭이 숲으로 들어가서 몇 시간 뒤에 돌아오는 것을 보았다. 트럭은 비어 있었다. 유대인 아이들과 여자들 시체는 배수로와 기찻길을 따라 방치되었다. 그 포로가 덧붙였다. 몇몇 독일인들이 유대인들이 체계적으로 학살되어 묻힌 가스실을 자신들이 건설했다고 자랑했다.[39]

동부 갈리치아 테르노필 인근에서 도로 건설에 사용할 석재를 유대인 묘지에서 뜯어내던 프랑스 포로들이 독일로 돌아왔다. 그들 중 한 명이 자기가 믿는 독일인 노동조합원에게 기차가 유대인을 가득 싣고 갔다가 비우고 돌아왔다고 말했다. 스웨덴으로 도망친 벨기에 포로 두 명도 영국인 요원에게 같은 이야기를 했다. 그러나 그들은 학살이 어떻게 진행되었는지 세부 사항을 알지 못했다. 그들은 '일부 사람들이 그들(유대인들)이 집단으로 감전사당하고 있다고 말했'고 보고했다. 그런 오류는 잦았다. 유대인의 도착, 탈의, 시체의 매장 혹은 소각은 야외에서 벌어졌고, 수용소 밖에서도 관찰되었다. 그러나 살인 자체는 보이지 않았다. 베우베츠 수용소 인근 슈체브제신의 의사 지그문트 클루코프스키는 정보가 두루 밝은 사람이었는데, 그는 베우제츠에서 1942년 4월 8일에 이미 '전기'와 '독가스'가 모두 사용되었다는 말을 들었다.[40]

감전사 이야기는 멀리 그리고 널리 퍼졌다. 심지어 바르샤바 게토에까지 도착했다. 바르샤바의 '아리아인' 구역 경비대장 빌름 호젠펠트는 1942년 7월 23일, 즉 바르샤바 유대인이 두번째 강제이송된 날에 아내에게 편지를 썼다. '힘러의 명령으로 유대인 50만 명이 거주하던 게토가 비워졌어. …… 역사에 그 같은 일은 없었어. 동굴 인간들이야 서로를 먹었겠지만, 20세기에 한 민족을, 남자들, 여자들, 아이들을 모조리 도살하는 것, 볼셰비즘에 대항하는 십자군에 나선 우리가 그 일을 해야 하다니. 그 끔찍한 피의 죄악은 당신이 부끄러워서 땅속으로 들어가고 싶게 만들 거야.' 그가 들은 세부 사항은 그를 더욱 불안하게 만들었다. 1942년 7월 25일 그는 유대인들이 루블린 인근의 수용소에 보내져 전기로 달군 학살실에서 산 채로 태워진다는 말을 들었다. 집단으로 사살하고 매장하는 작업을 피하기 위해서라는 것이었다.[41]

그런 이야기가 떠돌았다는 사실이 독일인들이 당시 모두 학살을 알고 있었다는 것을 뜻하지는 않는다. 그러나 학살 소식은 수용소 인근에서 시작하여 멀리 독일의 여성 전화 교환원들, 철도원들, 아우슈비츠에서 유대인 재소자들과 함께 이게파르벤 화학 공장을 건설하던 독일인 엔지니어들을 통하여 퍼져나갔다. 심지어 선술집에서 곤드레만드레 취하여 자기 속에 있는 것을 발산하고자 한 친위대원들이 대화 상대인 술꾼들에게 그 이야기를 했다. 유대인을 태운 이송 열차나 터널에서 난방 가스로 유대인을 죽인다는 소문도 있었다. 그 소문은 이미 1941년 11월의 한 헤센 주민의 일기에 나타나고, 1942년 6월의 한 프랑크푸르트 주민의 일기에도 돌출하며, 1942년 말의 오스트리아 빈 주민의 노트에도 기록되었다. 베를린의 반나치 저항 그룹의 일원이었던 루트 안드레아스-프리드리히는 일기에 그 소문을 세 차례나 적었다.[42]

1940년과 1941년의 정신병 환자 학살 소식과 마찬가지로 유대인 학살 소식은 관료 기구에 특권적으로 접근할 수 있던 사람들에게 가장 먼저 알려졌다. 로마 대사를 역임했던 반나치 보수주의자 울리히 폰 하셀은 친위 특공대의 소련 내 활동에 관하여 들었고, 군대와 군대 정보기구의 지인들로부터는 가스실에 대해서도 들었다. 그 말을 해준 사람들은 제국법원 판사 한스 폰 도나니, 병참 전문가 게오르크 토마스 장군, 프로이센 재무장관 요한네스 포피츠였다. 심지어 군정 지역 프랑스의 나치 친위대 정보국 국장 베르너 베스트도 동유럽에서 독일로 전보 발령을 받은 동료들로부터 친위 특공대의 '싹쓸이'에 대하여 들었다. 친구들 및 지인들과 함께 반나치 네트워크를 견지하던 사람들보다 영향력이 없던 사람들이 오히려 더 빨리 알았다. 1943년 8월 31일 15세의 한 베를린 사민당원 딸이 일기에 적었다. '최근에 엄마가 유대인들 대부분이 수용소에서 학살되고 있다고 말해주었지만, 나는 믿을 수 없다.'[43]

1942년 1월 헤움노 학살수용소에서 유대인 시체를 묻던 노동 유대인 야코프 그로야노프스키가 탈출하여 바르샤바 게토까지 갔다. 그가 말한 내용이 게토의 비밀 기록보관소 소장 에마누엘 링겔블룸과 시온주의 청년단 지도자 이자크 추커만에게 전해졌다. 같은 내용을 담은 최소 두 통의 편지가 우치 게토에도 전달되었다. 그러나 그 경고는 활발하게 유통되지 않았다. 우치 게토의 주민들에게 1942년 초의 가장 중요한 이슈는 배고픔이었다. 배고픔이라는 문제가 게토에서 5만 5천 명이 이송된 것의 진정한 내용을 가리고 있었던 것이다.[44]

독일인들이 학살수용소에 대하여 알아야만 유대인 학살에 대하여 알 수 있었던 것은 아니다. 1942년 12월 19일 빈의 변호사 루드비히 하이든은 유대인 이송 열차의 난방기 환기구로부터 그 안의 유대인들에게 가스가 주입된다는 소식을 들었다. 그러나 그가 대량 사살 목격자의 진술이나 목격자의 진술에 대한 전언을 들었던 때는 그 이전 시기였다. 그는 1942년 6월 말에 BBC 라디오에서 유대인 절멸에 대한 최초의 보도를 들었다. 그는 일기에 적었다. '유대인 대량 학살에 대한 방송 보도는 우리가 어떤 식으로든 이미 알고 있는 것을 확인해줄 뿐이다.'[45]

그러나 동시에 학살 책임자들조차 그들의 과업이 어느 정도 진척되었는지 확실하게는 몰랐다. 하인리히 힘러는 친위대 제국보안청 사무실에 쌓인 내부 보고서에 만족하지 못하여 친위대 통계학자 리하르트 코르헤르에게 믿을 만한 통계를 작성하도록 지시했다. 그리고 그는 그 축약본—내용을 약간 돌려 표현한 판본—을 1943년 4월 초에 히틀러에게 보냈다. 코르헤르는 1942년 말까지 학살수용소에서 유대인 120만 명이 죽었으며 점령지역인 소련에서는 63만 3,300명이 사망했다고 계산했다. 그 시점의 실제 증거는 그 통계가 현실에 훨씬 모자랐다는 사실을 보여준다. 코르헤르의 보고서는 최고위 나치 지도자들만을 위해서 작성된 것이었음에도 불구하고 오류투성이였던 것인데, 그러나 연합군이 하는 말도 대략 비슷했다. 괴벨스는 1942년 12월 14일의 비밀 언론 브리핑에서 말했다. '유대인들이 우리가 폴란드에서 유대인 250만 명을 사살했다고 말한다고 해서, 우리가 실제로는 230만 명이었을 뿐이라고 답할 수는 없는 일이지요.' 추측만 할 수 있기는 다른 사람도 마찬가지였다. 전직 외교관 울리히 폰 하셀은 1943년 5월 한 달 동안 가스로 피살된 유대인을 10만 명으로 추측했다. 베를린 저항 그룹의 루트 안드레아스-프리드리히는 한 친위대원이 아우슈비츠에서는 유대인을 1주일에 2천 명씩 죽이고 있다고 자랑하는 것을 듣고는, 아우슈비츠 수용소 한 곳에서만 매년 10만 명씩 학살되고 있다고 계산했다. 그리스의 작은 섬 코스에 살던 유대인 96명이 본토로 이송되고 이어서 아우슈비츠로 보내진 1944년 7월, 그 작전이 유럽의 모든 유대인을 색출하여 파괴하려는 작전이라는 점은 이미 오래전에 분명해진 상태였다.[46]

**

학살 소식의 확산이 도덕적 책임의 문제를 자동적으로 제기했던 것은 아니다. 도덕적 책임 문제가 발생하기 위해서는 공적 논의라는 산소가 필요했다. 1941년 가을 괴벨스가 '민족동지들'에게 유대인의 낙인과 이송을 적극적으로 지지하도록 만들고자 했을 때, 그는 그 문제가 공적인 이슈로 전환되면 미디어가 토론과 반대의 공간을 창출하게 된다는 점을 인식했다. 괴벨스의 해법은 반유대인 캠페인의 톤을 낮추는 것이었다. 그는 '안락사 작전'에서도 독일인들을 그 문제에 맞대면하도록 하는 접근을 피했었다. 그는 강경파의 모든 시도를 외면하고 '부드러운 판매' 전략을 택했다. 그것은 〈나는 고발한다〉는 영화에서 안락사가 시한부 환자의 자살을 돕는 것과 같은 것이라고 선전한 것과 똑같은 접근법이었다. 그러나 중요한 차이가 있었다. 리베나이너의 그 영화가 전국적인 논의를 이끌어 독일인들을 정신병원의 정리 작업에 동화시키려 했던 반면에, 유대인 문제에 대한 괴벨스의 새로운 접근은 그보다도 낮은 키를 사용했다. 토론보다는 풍문과 암시를 통하여 인민이 학살을 묵인하도록 만들고자 했던 것이다. 그리하여 교회마저 침묵하자, 유대인 문제의 '최종 해결'에 찬성하든 반대하든 그 어떤 명시적이고 공적인 도덕적 추론이 봉쇄되었다.

괴벨스의 접근은 얼마간 효과를 발휘했던 것으로 보인다. 유대인의 공적인 낙인찍기와 강제이송은 역전 불가능성을 과시하는 상징적이기도 했던 행동이었고, 그 전략은 공적인 태도들을 천천히 그러나 근본적으로 변화시켰다. 1941년 가을만 해도 승객이 빼곡히 탑승한 전차나 열차에서 독일인들이 유대인 노약자에게 자리를 양보하는 일은 무척 많았다. 1년 뒤 그런 행동은 드문 행동인 동시에 추태였다. 1942년 10월 한 젊은 독일인 여성이 슈투트가르트의 한 전차에서 발이 부어오른 것이 확연한 한 유대인 노파에게 자리를 양보했다. 그러자 그녀에게 승객들로부터 비난이 쏟아졌다. 분노한 승객들이 고함쳤다. '내려!' '유대인의 하녀!' '자존심도 없냐!' 운전사가 전차를 멈추고 두 여성을 하차시켰다. 뮌스터의 저널리스트 파울하인츠 반첸은 유대인들에 대한 태도가 그처럼 경화된 것을 1941~1942년 겨울 동부전선을 집어삼킨 위기 탓으로 돌렸다.[47]

그러나 공적인 침묵에는 또다른 측면이 있었다. 사람들이 자신의 도덕적 동요를 스스로에게조차 말하기 어려워진 것이다. 졸링겐의 김나지움 교사 아우구스트 퇴퍼빈이 폴란드 유대인의 대량 사살에 대한 소식을 처음 들었을 때는 1939년 12월이었다. 1940년 5월에도 그는 그 소식을 기록했다. 1942년 5월에 그는 징집되어 벨라루스의 한 포로수용소에 배치되었다. 그로부터 6주일 내에 그는 유대인 대량 사살에 대하여 기록한다. '우리 마을에서 유대인 300명이 사살되었다. 남녀 무관, 연령 무관. 사람들은 옷을 벗어야 했고(그 옷은 남아 있는 마을 주민들에게 배분될 것이 틀림없다), 모두 권총으로 사살되었다. 그 마을 유대인 공동묘지에 집단 매장.' 그 후 퇴퍼빈은 우크라이나로 보내졌다. 그때 그의 행로에는 학살 장소가 많았다. 그러나 그 성찰적인 김나지움 교사가 그 모든 정보를 스스로 인정하는 데 17개월이 걸렸다. 1943년 11월에서야 퇴퍼빈은 일기에 썼다. '우리는 우리에 대항하는 유대인만을 파괴하고 있는 것이 아니다. 우리는 그 인민 전체를 글자 그대로 절멸시키려 하고 있다!' 성찰의 방아쇠는 한 병사와의 대화가 당겼다. 그 병사로부터 퇴퍼빈은 '우리가 리투아니아에서 유대인들을 (유아부터 노인에 이르기까지) 어떻게 절멸시켰는가에 대한 "끔찍하고" 또 분명히 정확한 세부 사실을 들었다.' 아우구스트 퇴퍼빈이 자기가 이미 목격한 것을 보편적인 맥락에 위치시키기 위해서는—사적인 대화만이라도—논의라는 자극이 필요했던 것으로 보인다. 그는 사유의 연쇄를 더이상 밀고 나가지 않았다. 전쟁의 형이상학적 의미에 대한 드넓은 성찰로 일기를 채우던 그 개신교도는 자신의 인정이 의미하는 것이 무엇인지 차마 생각할 수 없었던 것으로 보인다.[48]

유대인이 아닌 독일인들, 그리고 독일 점령지의 유럽인들 대부분에게 유대인의 강제이송과 학살은 특급 비밀도 아니었고 매우 중요한 일도 아니었다. 그와 달리 덫에 걸린 유대인들에게—서유럽에서 그들은 기록되고 딱지가 붙었으며, 동유럽에서 그들은 게토에 갇혔다—초점은 그들 자신의 죽음이었다. 빅토르 클렘퍼러와 그의 아내가 이송 전날인 욤 키푸르 속죄일 저녁에 드레스덴의 유대인 커뮤니티 하우스에서 마지막 '노인' 26명에게 작별 인사를 건넸을 때, 그들 모두에게 공통된 감정은 분명했다. '이곳 유대인의 분위기는 예외 없이 똑같다. 끔찍한 종말이 임박했다. "그들"(나치스들)은 소멸할 것이다. 그러나 아마, 아마, 그들이 먼저 우리를 전멸시킬 것이다.' 집단적이건 사적이건 임박한 죽음은 전쟁 끝 마지막날까지 클렘퍼러의 모든 반응에서 근본적이었다.[49]

학살 소식에 대한 독일인과 유대인이 보인 반응의 비대칭성은 여기서도 확인된다. 유대인의 경우에는 임박한 죽음이 전쟁의 나머지 모든 측면에 대한 이해를 규정했다. 독일인들의 경우에는 전쟁이 유대인 학살에 대한 반응을 규정했다. 그들을 분리한 것은 사건에 대한 지식이 아니라 관점이었고, 그 관점은 권력의 막대한 비대칭성—그리고 공감의 비대칭성을 특징으로 했다.[50]

독일 언론이 사람들이 이미 알고 있던 것을 암시하기만 하자 루머가 더욱 기이해졌다. 1942년 11월 힘러는 미국의 랍비 스티븐 와이즈가 심각하게 제기한 주장을 읽고는 경악했다. 랍비는 유대인의 시체가 비료와 비누로 만들어지고 있다고 주장한 것이다. 친위대장은 즉시 게슈타포 청장을 불러서 조사를 명령했다. 그러면서 유대인 시체를 태우거나 매장하는 것을 넘어서 어떤 방식으로도 이용하지 않도록 보장하라고 요구했다. 와이즈는 스위스 랍비의 정보원들을 통하여 루머를 전달받았던 것인데, 그 시점에 그 루머는 이미 확고했다. 베를린에도 유머 하나가 떠돌았다. '세계사에서 가장 위대한 화학자가 누군지 알아? 답: 예수는 물을 포도주로 바꿔놓았고, 괴링은 버터를 포탄으로 바꾸었지. 힘러는 유대인을 비누로 바꿔놓았단 말이야.' 15세 소년들은 축구를 한 뒤 샤워를 하면서 깔깔대면서 농담을 했다. 그들이 녹색 비누로 일으킨 거품은 유대인 몇 명을 문지른 것일까? 어떤 사람은 비누 표면에 양각된 독일어 이니셜 RIF에서 I자를 유대인의 J자로 바꿨다. 제국 공업수지 수집처라는 기관의 평범한 약자인 RIF를 '순수한 유대인 비계'라는 RJF로 변환시킨 것이다.[51]

비누 루머는 1차대전으로 거슬러올라간다. 그때 영국은 독일의 '시체 공장'에서 전사자들이 글리세린 제품으로 가공되고 있다고 선전했다. 열차가 비워진 채 돌아오는 특별 수용소에서 감전 학살이 대량으로 자행되고 있다는 루머들과 마찬가지로, 진짜 세부 사실과 가짜 세부 사항들이 결합해 전례 없는 공업 규모의 작전이 벌어지고 있다는 인상을 널리 퍼뜨리고 있었던 것이다. 악마 같은 그 유머들은 실제로 벌어지고 있는 것의 막대함을, 그것을 완전히 받아들이지 않으면서도 기정사실로 소화하도록 만들어 주었다. 사람들은 경솔한 말을 내뱉음으로써 사실을 터무니없는 것의 영역으로 전치시킬 수 있었던 것인데, 그렇다고 해서 내면의 격심한 불편한 감정을 떨쳐버리지는 못했다.

**

1942년과 1943년 독일에 남아 있는 유대인들은 그 이전보다 더 고립되었다. 직장에서는 '아리안' 동료들과 분리되었고, 쇼핑은 사람이 붐비지 않는 시간대로 제한되었으며, '유대인의 집'으로 이사하도록 강요되었다. 그리하여 유대인과 비유대인이 대면할 수 있는 공간이 아주 적었다. 유대인 에르나 베커 코엔은 이미 가톨릭으로 개종했지만, 성가대 활동을 그만두어야 했다. 독일인 동료들이 그녀와 함께 찬송가를 부르려 하지 않았기 때문이었다. 성찬식 참석도 어려웠다. 동료 교구민들이 유대인 곁에서 무릎을 꿇으려 하지 않았기 때문이었다. 일부 성직자들조차도 그녀와의 접촉을 꺼렸다. 다윗의 별이 도입되자 베르트람 추기경은 파울하버 추기경에게 어차피 긴급한 사항이 많으니 유대인 개종자 문제는 개별 교구에 맡겨서 처리하도록 하자고 제안했다.[52]

개신교에서도 고백교회의 일부 분파만이 유대인 개종자들과 독일인 신자들이 함께 예배를 드릴 수 있도록 했다. 뷔르템베르크의 개신교 주교 테오필 부름은 나치 지도부에게 자신의 교구 유대인 기독교도들 1,100명을 옹호하는 사적인 편지들을 보냈다. 괴벨스가 1941년 11월에 부름이 자기에게 보낸 편지를 읽었다. 부름은 '비아리아인'에 대한 조치들이 '루스벨트와 그 공모자들'의 손에 놀아나는 것일 뿐이라고 썼다. 괴벨스는 정신병자 학살에 대한 부름의 심약한 항의를 기억했던지 그를 개신교의 갈렌이라고 칭했다. 괴벨스는 일기에 적었다. '그의 편지는 쓰레기통에 던진다.' 부름이 보낸 다른 편지들도 비슷한 운명을 맞았다. 결국 제국총리실장 한스 라머스가 부름에게 수기 편지를 보냈다. '귀하의 기관이 설정한 경계 내에 머물고 일반적인 정치 문제에 대한 촌평을 삼가시오'. 부름은 순응했다. 나치와 게르만기독교로부터 교회의 독립성을 지키려던 개신교 주교는 두 명 더 있었다. 바이에른의 마이저와 하노버의 바라렌스였다. 그러나 부름처럼 행동한 주교는 없었다. 그들 셋은 비록 나치의 인종주의적인 반유대주의를 외면했지만 다른 성직자들과 마찬가지로 깊이 보수적이었고 또 민족주의적이었다. 그들은 유대인을 '신을 모르는' 바이마르공화국과 동일시하는 반유대주의를 공유했고 유대인의 영향력을 삭감하는 조치들과 유대인의 재산을 '아리아화하는' 조치를 정당하다고 생각했다. 고백교회에서도 유대인의 강제이송에 반대하는 목소리는 나오지 않았다.[53]

개신교 스펙트럼의 다른 쪽 끝에 게르만기독교가 있었다. 그들은 '유대인 기독교도들과의 성찬식은 그 어떤 형태로도 행하지 않는다'고 맹세했고 유대인 박해를 강력히 지지했다. 1941년 12월 17일 메클렌부르크, 슐레스비히-홀스타인, 작센. 헤센-나사우, 튀링겐의 게르만기독교 지도자들은 '독일 영토에서 유대인을 추방하라'고 요구하면서, '인종적으로 유대인 기독교도는 교회에 자리도 권리도 없다'고 선언했다. 함부르크의 개신교 주교 프란츠 튀겔은 1931년에 나치당에 입당했고 그후 지역 집회에서 지도적인 대표자로 활동한 인물이었다. 그는 1935년부터는 게르만기독교에 거리를 두기 시작했지만, 1941년 11월에 유대인 강제이송에 대하여 그는 독자들에게 다음과 같이 주장했다.

(1920년대 전반기의) 초인플레이션 시기에 나는 수백만 명의 검소하고 근면한 독일인들의 가혹한 착취를 끝내기 위해서는 은행 문을 닫고 유대인 증권 투기꾼들을 교수해야 한다고 설교한 바 있다. …… 나는 유대인 개신교도들에 대한 책임을 거부한다. 우리 교회에 기독교 세례를 받은 유대인은 아주 드물다. 세례받은 그들이 오늘 게토로 떠나야 한다면 그들은 그곳에서 선교사가 되어야 할 것이다.

1941년 성탄절 이틀 전 독일개신교 총무국이 지방 교회들에 공개서한을 보냈다.

최고 권위 당국은 세례받은 비아리아인들을 독일 회중의 종교 생활로부터 분리하는 데 필요한 적절한 여러 조치를 취해야 한다.[54]

1941년 성탄절 날 작가 요헨 클레퍼는 자기가 다니는 베를린의 니콜라스제 교구 교회의 '예배에 다윗의 별을 단 사람이 한 사람도 없는 것'을 보았다. 유대인 아내 요한나는 '아리아인'인 그와 혼인을 한 덕분에 그 별을 달지 않아도 됐다. 그러나 딸 레나테는 면제의 범주에 속하지 않았고 그래서 부모와 함께 교회에 가지 못했다. 예배 동안 요헨과 요한나는 '성찬을 받는 것이 금지되면 어쩌나'라는 공포에 시달렸다. 클레퍼는 그로부터 두 달 전에 군복무에서 면제되어 군대에서 귀가한 상태였다. 그는 유대인 아내와의 이혼을 거부했기 때문에 면직되었던 것이다. 클레퍼는 1939년 9월에는 독일이 민족적 자기방어라는 정당한 전쟁을 치르고 있다고 확신했었다. 다만 요한나와 레네타가 걱정이었다. 그는 전쟁이 유대인 박해를 강화하리라는 것을 얼마든지 예상할 수 있었다. 그 때문에 시간이 있을 때 영국으로 이민 가겠다는 레나테를 말린 것에 대하여 고통스러운 죄책감을 느끼고 있었다. 강제이송이 시작된 지금 그 예감이 현실로 나타나고 있었다.[55]

클레퍼는 사력을 다하여 정치 엘리트들과의 인맥을 이용하려 했다. 1942년 3월 그는 마지막 남은, 자신이 편집한 17~18세기 프로이센 '병사왕' 프리드리히 빌헬름의 서한집을 내무장관 빌헬름 프리크에게 보냈다. 그것은 프리크의 생일 선물이었고, 그가 유대인 이주 금지령을 레나테가 우회하도록 도와주겠다던 약속을 기억시키는 행동이기도 했다. 유대인 이주 금지는 1941년 10월에 도입되었다. 클레퍼는 몇 개월 동안 노력한 끝에 중립국 스위스로부터 레나테의 비자를 얻어냈다. 비자가 발급된 1942년 12월 5일 당일 클레퍼는 스톡홀름의 영국 영사관에 연락해서, 그곳 퀘이커 교도들이 레나테가 이미 영국에 가 있던 자매 비르기테와 합류할 수 있도록 도와줄 수 있는지 문의했다. 동시에 그는 가장 중요한 출국 비자를 얻기 위해 프리크에게 연락했다. 내무장관인 그가 접견을 허락했고, 만난 자리에서 자신의 약속을 인정하고 또 돕겠다고 말했다. 프리크는 클레퍼와 만난 그 자리에서 모처에 연락을 취해 친위대 제국보안청의 출국 허가를 부탁했다. 클레퍼는 기쁨과 두려움의 공존 속에서 아내도 이주할 수 있도록 도와줄 수 있는지 물었다. 겉으로 보기에도 짜증이 난 프리크가 속도를 올렸다 내렸다 했다. 프리크는 자신에게 단 한 명의 유대인도 보호할 권한이 없다고 말했다. '그런 일은 성격상 비밀일 수가 없어요. 그런 일은 지도자의 귀에 바로 들어갑니다. 그러면 소란이 일어나고요.' 프리크는 클레퍼에게 그의 아내가 아리아인과 결혼한 덕분에 보호를 받지 않느냐고 다독이는 듯하다가, 비밀인 듯 말했다. '강제 이혼을 부과하려는 시도들이 진행중입니다. 그것이 뜻하는 바는 이혼 즉시 유대인 아내나 남편을 이송한다는 거예요.'[56]

프리크가 약속할 수 있는 것은 영향력을 행사하여 친위대 정보국에게 알선을 요청하는 것뿐이었다. 친위대 정보국은 클레퍼가 이튿날 정보국의 유대인과 과장 아돌프 아이히만과 만날 수 있도록 주선했다. 아이히만은 클레퍼에게 아무에게도 발설하지 말라고 경고하면서 말했다. '알았다는 최종적인 답을 드릴 수는 없습니다. 그러나 일은 잘 진행될 거라고 생각해요.' 클레퍼가 이번에도 아내 얘기를 꺼내자 아이히만이 단호하게 답했다. '합동 이민은 허용되지 않습니다.' 다음날 오후 아이히만이 레나테 문제의 결과를 알려주겠다며 클레퍼를 호출했다. 1942년 12월 10일의 두번째 만

남에서 아이히만은 레나테의 출국 비자가 거부되었다고 통고했다. 요헨, 요한나, 레나테는 그들 방식으로 독일을 떠나기로 결단했다. '오늘 우리는 함께 죽음으로 간다.' 예수가 손을 들어 식사를 축복하는 그림을 걸어놓고 그들은 바닥에 엎드려서 그 그림과 서로의 얼굴을 바라보았다. 수면제와 가스가 작동하고 있었다.[57]

나치는 유대인-기독교도의 혼인을 강제로 해체시키는 작업에서는 발을 뺐다. 빅토르 클렘퍼러는 그 덕분에 생존할 수 있었다. 그러나 모종의 조치가 임박했다는 신호는 계속되었다. 1943년 3월 '아리아인'과 결혼한 베를린의 유대인 남자 1,800명이 일제히 체포되었다. 그다음주 유대인 남자들의 아내들이 남편들이 갇혀 있던 로젠스트라쎄 건물 밖 도로에 모였다. 그들은 외쳤다. '내 남편을 돌려내라!' 그들은 포기하지 않았고, 결국 게슈타포는 남편들을 풀어주었다.[58]

강제이송이 개시된 시점에 베를린에 살고 있던 유대인 7만 명 중에서 지하로 숨어든 유대인은 10%가 되지 못했다. 이송의 물결에서 면제된 사람들은 특권과 면제 증명서가 자신들을 보호해줄 것이라는 희망에 매달렸다. 1943년 2월 27일에 그 희망이 산산조각났다. 베를린 군수 공장에서 일하던 유대인 8천 명이 일제히 체포되었다. 이제 유일한 생존 수단은 지하로 숨는 것뿐이었다. 이르마 시몬은 '공장 명령'이 개시되기 전날 그 정보를 입수했다. 그녀는 지멘스 회사에게 보고하지 않은 채 남편과 열아홉 살 난 아들 프리츠와 집에 머물렀다. 수의사 남편은 자살에 대비하여 청산가리를 챙겼다. 이르마는 여행가방을 들고 도움을 얻고자 레르터 스트라쎄를 따라 내려갔다. 불가능해 보였지만, 도움을 발견했다. 한 제화공과 그의 대장장이 동생을 만난 것이다. 공산주의에 호감을 갖고 있던 노동계급 남자 코스만 형제는 그 세 유대인을 숨겨주었다. 처음에 부부는 분리되어 살았다. 남편은 제화공 집에 머물고, 이르마와 프리츠는 대장장이 집에 살았다. 징집 연령이었던 프리츠는 군복무에 부적합한 청년인 척 위장했다. 그 위장을 더이상 유지할 수 없는 때가 오자 프리츠가 자기 자신으로 '돌아가야' 할 위험에 처했다. 이는 현실에서 그가 코스만의 어둡고 추운 텃밭 창고에서 숨어 지낸다는 것, 그리하여 코스만이 그에게 음식을 날라주고 그의 대소변을 처리해준다는 것, 그것도 아무도 모르게 그렇게 해야 한다는 것을 뜻했다. 프리츠는 그곳에 2년을 머물렀다. 이르마는 창문에 검은 베일을 둘렀고, 밖에서는 자기가 아우구스트 코스만의 애인이라고 둘러댔다. 그 낭만의 이야기는 1943년이 흘러가면서 현실이 된다. 코스만 형제는 온갖 난관을 뚫고 전쟁 말까지 세 명의 시몬을 숨기는 데 성공했다. 그들은 얼마 되지 않는 그들 몫의 배급을 세 사람과 나누었고, 아우구스트는 제화공 일 이외에 그 지역 농가에서 아르바이트를 하여 돈을 벌었고, 그 돈으로 식품을 구입하여 여전히 의심을 거두지 않던 나치당 블록장에게 선물했다. 뇌물이었다.[59]

지하에 숨어들어 생존한 유대인은 베를린에서 모두 합해 약 1,400명이었다. 생존은 한 번 숨는 것으로 끝나는 문제가 아니었다. 나치를 피하기 위해서는 구원을 여러 차례 받아야 했다. 비밀 네트워크를 갖추고 게슈타포의 감시를 피하는 데 익숙한 사람들이 그들을 돕는 일도 종종 있었다. 게르하르트 베크는 베를린에서 오스트리아 유대인 아버지와 유대교로 개종한 어머니 사이에 태어난 유대인으로, 로젠스트라쎄 시위로 풀려난 사람이었다. 그후 그는 다른 유대인들의 도피를 도왔다. 그는 지하 시온주의 네트워크를 이용하기도 했고, 동성애자 친구들이 구축한 도피망으로 도움받기도 했다. 남성 동성애자들은 독일 형법 175조에 의해 억압받은 경험이 풍부했던 탓에 사회적 차별과 호모포비아와 경찰의 억압을 피하는 데 익숙했다. 그들은 사회적 연결망과 성생활을 유지하는 노하우를 오랫동안 쌓아온 사람들이었다. 게르하르트의 유대인 네트워크는 유대인 정보원의

배신으로 인하여 1945년 초에 처음으로 게슈타포의 공격에 노출된다.[60]

에센에 살던 마리안네 스트라우스는 1943년 10월에 가족들이 이송되자 즉시 지하로 들어갔다. '분트'라는 이름의 작은 윤리적 사회주의자 그룹이 그녀를 도왔다. 그녀는 그 연결망에 의존하여 집에서 집으로 옮겨다니고, 기차와 전차를 타고 독일 전체를 종횡으로 다녀야 했다. 처음에는 브라운슈바이크와 괴팅겐을 오갔고, 그다음에는 부퍼탈, 뮐하임, 에센, 부르샤이트, 렘샤이트를 왕복했다. 2년 동안 그녀가 움직인 회수는 서른 번 내지 오십 번이었는데, 매번이 생존 기술의 시험대였다. 우체국 통행증 외에 신분증이 없던 그녀는 이동중에 계속적으로 검문을 피해야 했다. 기차에서 경찰이 신분증 검사를 하는 모습이 보이면 조용히 다른 칸으로 건너갔다. 그리고 차례가 되기 전에 다음 역에서 하차했다. 그녀를 숨겨준 독일인들은 그녀가 다른 도시에서 방문한 친척이라는 핑계를 만들어내거나, 그녀를 아기 엄마로 변신시킨 뒤 아기를 키우느라 일을 하지 않고 있다고 둘러댔다. 물론 그때 그녀가 안고 있는 아기는 분트 회원에게 빌린 아기였다. 그러나 헌신적인 활동가들이 구축한 다양하게 이어진 연결망도 어느 한순간에 무너질 수 있는 노릇이었다. 그처럼 난관에 난관이 쌓여 있는 가운데서도 게슈타포로부터 막아준 것은 겉으로는 전혀 정치적으로 보이지 않았던 그들의 사회주의적 유토피아주의였다. 분트 회원들은 공동체생활 실험을 자극하기 위하여 집 몇 채를 사들였다. 그들 다수는 모던댄스모임의 회원이기도 했다. 공동체생활과 모던댄스 두 가지는 모두 1920년대 '생 개혁' 운동에서 기원했고, 그들은 게슈타포에게 자신들은 정치와 무관한 모임이라고 주장했다. 헌신적인 사회주의자요 반나치 활동가였던 분트 회원들은 마리안네를 유대인으로서가 아니라 동료 독일인으로 대했다. 그들은 사회주의 혁명가들로서 독일의 패전을 기원했다. 그것이 유대인을 도우려던 또다른 독일인들과의 차이였다.[61]

유대인을 숨겨준 아주 다양한 사람들 중에 빌름 호젠펠트도 포함된다. 1939년 9월에 폴란드에 도착한 그는 폴란드의 새로운 주인 민족이 된 독일인들이 폴란드인들에게 가하는 가혹한 조치에 충격을 받았다. 호젠펠트는 자신의 양심을 따르기로 결심했다. 그는 우선 폴란드가톨릭을 도왔다. 호젠펠트는 1942년 여름 바르샤바 게토 정리 작업이 시작되었을 때 유대인들이 대량 감전으로 학살되고 있다는 소식을 들었다. 1942년 9월 초 호젠펠트는 보다 정확한 정보를 얻었다. 수용소의 이름은 '트리플리카'이며, 유대인들이 그곳에서 가스로 살해되어 구덩이에 집단으로 매장된다는 것이었다. 호젠펠트는 처음에 독일인이 그런 일을 벌일 수 있다는 것을 믿지 못했다. 그러나 정보가 좀더 확정되자 그는 깊은 수치심을 느꼈다. 그는 15세기 신비주의자인 토마스 아 켐피스를 다시 꺼내 읽기 시작하면서 스스로 질문했다. 신께서는 인간이 다시 타락하도록 허용하신 뒤에 '서로 사랑하라'는 가르침으로 되돌리시려는 것일까?[62]

마지막 이송 열차가 트레블링카로 떠나고 나흘이 지난 1942년 9월 25일 호젠펠트가 한 만찬에 참석했다. 친위대 소령 게르하르트 스트라베노프 박사가 그곳에 있었다. 그의 애인은 성장盛粧을 하고 있었고, 호젠펠트는 그 옷이 게토에서 약탈한 전리품일 것이라고 생각했다. 식사중에 느긋해진 스트라베노프가 '게토의 주군'인 양 굴기 시작했다. 호젠펠트는 일기에 적었다. '그는 유대인들에 대하여 …… 그들이 마치 개미나 페스트균이라도 되는 양 말한다. "재이주", 실상 대량 학살에 대해서는 그것이 집소독할 때 빈대를 잡는 일인 양 말한다.' 호젠펠트는 도대체 자신이 지금 무엇을 하고 있는지 자문했다. 자기가 '부자들이 부유하게 차린 식탁에 앉아 있는 동안 그 주위는 가장 처절한 가난이 지배하고 있고, 병사들은 굶주리고 있지 않은가? 왜 사람들은 침묵하고, 항의하지 않는가?' 바르샤바 게토 유대인의 대규모 강제이송이 이루어지는 동안 호젠펠트는 그가 독일군을 위해 운영하던 스포츠학교에 집중했다. 그는 1주일 동안 진행되는 스포츠 대회를 조직했다. 1,200명이 출전했고, 관객이 수천 명이었다. 군대의 사기를 위한 중요한 기여라는 평가를 받은 그는 1주일간의 포상 휴가를 받아 베를린의 아내에게 갔다.[63]

호젠펠트는 사회주의자 소그룹과 달리 동료 장교들에게 자신의 의견을 숨기려 하지 않았다. 그는 대량 학살에 반대했고, 그가 1935년에 입당한 나치당을 갈수록 볼세비키와 동일시했다. 그럼에도 불구하고 그는 자신을 결코 독재 체제에 반대하는 음모자로 여기지 않았다. 독일의 대의를 배신한 사람으로 생각하지도 않았다. 그는 오히려 스스로에 답했다. '민족 사회주의 이념은 현재 두 개의 거악 중에서 차악이기 때문에 용인하는 것뿐이다. 패전은 더 큰 거악이 당하게 될 것이다.' 그는 당시 동부전선에서 복무하고 있던 아들 헬무트에게 보낸 편지에서 속마음을 몇 번이나 털어놓았다. 독일군이 북아프리카에서 북극까지 버티고 있다는 사실이 '그 민족의 일원인 것을 자랑스럽게 해주지 않니. 동의하지 않는 사람도 있을 거야'. 그는 유대인 작전을 염두에 두고 덧붙였다. '이런저런 일들이 있지만 독일 인민의 본질과의 내적인 결속감은 그런 결점들에서 눈을 감게 해.'[64]

8개월 뒤 빌름 호젠펠트는 한 걸음 더 나아갔다. 그는 자신이 운영하는 독일군 스포츠학교에 유대인 두 명을 숨겨주었다. 그동안 바르샤바 게토의 봉기가 진압되었고, 그 도시에 남은 유대인은 지하로 숨은 유대인뿐이었다. 그들 중 하나인 레온 바름−바르친스키는 트레블링카로 달리던 기차의 젖소 수송칸에서 탈출했다. 호젠펠트는 그를 기꺼이 받아들여서 폴란드 노동자로 위장시켰다. 1차대전 참전 군인이요, 가톨릭 교사요, 한동안 돌격대원이자 나치당 당원이었던 빌름 호젠펠트에게 바르샤바 유대인 두 명을 숨겨주는 것은 자연스러운 반응이었다. 그것은 그의 양심이 최종적으로 명령하는 종류의 행동이었다. 그러나 그 행동은 그의 애국주의와 경쟁하지 않았다. 독일의 패전은 말할 나위도 없었다. 바름-바르친스키의 생존을 보장해줄 유일한 방법인 독일의 패전을 호젠펠트는 바라지 않았다.[65]

그 지점까지 나아간 독일인은 거의 없었다. 〈도이체 알게마이네 차이퉁〉의 젊은 저널리스트 우르줄라 폰 카르도르프의 유대인 돕기는 사적인 만남으로 시작되었다. 1942년 11월 어느 날 땅거미가 질 무렵 초인종이 울렸다. 복도의 어스름한 불빛 속에 다윗의 별을 단 두 사람이 보였다. 브레슬라우에서 왔다고 했다. 그들은 자신들의 아버지가 그린 그림을 갖고 있었다. 유명한 아카데미 예술가의 작품이었다. 그들은 그 그림을 팔려고 했다. '우리는 그들에게 음식을 주었다. 그들이 천천히 긴장을 풀었다.' 카르도르프는 일기에 적었다. '그들이 겪은 일은 표현이 불가능할 정도다. 그들은 검거되기 직전에 지하로 들어갔고, 라인란트에서 폭격당한 난민으로 위장하고 살았다.' 우르줄라의 아버지가 그림을 사주었다. 그 젊은 여성 저널리스트는 생각했다. 그들이 필요로 하는 것은 '물질적 도움 외에 무엇보다도 격려다.' 그러나 카르도르프 가족은 어쩌다 도운 것 이상으로 나아가지 않았다.[66]

우르줄라의 신문사 활동 영역은 문화 비평이었다. 그녀는 코카서스에거 주둔하고 있던 오빠와 약혼자에게 보낼 성탄절 소포를 준비하면서, 두 사람을 놀래주려고 담뱃갑 삽화 옆에 자기 사진을 집어넣어서 불쑥 튀어오르게 했다. 그녀가 얼마나 유대인을 도우려 했든, 그녀도 독일의 패전을 바라지 않았다. 그녀는 신문의 신년 증보판 문화면 한 면에 사진들을 배치했다. 러시아의 설경으로부터 북아프리카의 태양에 이르기까지 '지키고 있는 독일의 병사들'을 보여주는 사진들이었다. 우르줄라는 일기에서 지난해를 되돌아보면서 적었다. 폭격과 배급에 비하면 '유대인 근절에 대해서 (국민들) 다수는 무관심하거나 심지어 승인한다.'[67]

유대인 이송과 대량 학살은 점차 과거의 사건이 되어갔다. 1943년 여름 나치 특별팀이 트레블링카, 소비부르, 베우제츠에서 가스로 죽은 시체들을 파내서 태웠다. 그 수용소들은 그후 몇 달 동안 해체되었다. 갈리치아와 우크라이나에서 사살된 사람들의 시체를 파내서 태우는 작업은 독일 국내에도 비밀로 숨겨지지 않았다. 그리고 그 시점에 독일 도시 정부들은 유대인의 공공도서관, 수영장, 공원 출입을 금지한, 시대에 뒤진 옛날 공지문들을 떼어내기 시작했다.[68]

제9장

유럽의 약탈

추축국들은 1941~1942년 겨울의 위기에서 동맹국으로 일본을 얻었고 적국에 미국을 추가했다. 두 동맹의 자원 격차는 4:1이었다. 독일은 소모전을 성공적으로 이끌 수 없는 처지였다. 그것은 1차대전의 바꿀 수 없는 교훈이었다. 동부전선에서 세 개의 군집단이 소련군의 총공세를 견뎌내고 있을 때, 독일 정치 지도부는 방어전이 전략적 딜레마의 해결책이 될 수 없다는 것을 알고 있었다. 그것은 기껏해야 동부전선을 소모전에 묶어놓을 것이며, 그런 전쟁은 늦든 빠르든 독일에 불리하게 기울 것이었다.[1]

1942년 초 독일이 전략적으로 기댄 유일한 힘은 일본이었다. 일본은 진주만의 미국 태평양함대를 폭격한 다음날인 1941년 12월 8일에 홍콩 공격을 개시했다. 그 도시는 1941년 성탄절에 항복했다. 그후 일본군은 동남아시아 전체를 쓸어버리고 1942년 2월 14일에는 싱가포르를 점령했다. 성공의 절정이었다. 일본군이 그처럼 연속해서 승리하자, 독일 지도부는 미국과 영국이 빨라야 1942년 가을, 아마도 1943년은 되어야 서유럽을 공격할 것으로 판단했다. 전쟁에 일본과 미국이 포함된 것의 장기적인 위험성이 얼마나 컸든, 단기적으로 그것은 독일에 숨쉴 틈을 주었다. 히틀러의 시각에서는, 루스벨트가 1941년 9월에 미국 해군에게 무기대여법에 의거하여 영국에 지원하는 군수물자 수송선을 독일의 잠수함 공격으로부터 보호하라고 지시했을 때 미국은 이미 참전국이었다. 루스벨트는 1941년 11월에 무기대여법을 소련으로 확대했다. 그뒤에 일본이 진주만을 공격함에 따라 미국의 자원이 태평양 전선에 소모되었고, 이는 독일에 엄청난 득이 되었다.[2]

히틀러가 1941년 12월 11일에 왜 미국에 선전포고를 해야겠다고 느꼈는지는 분명치 않다. 미국인의 75%가 참전에 반대하던 것을 생각하면, 히틀러의 선전포고는 분명 루스벨트의 국내 정치를 쉽게 만들어주었다. 일본은 그에 상응하는 선전포고를 소련에 하지 않았다. 만일 일본이 그리했더라면, 스탈린은 모스크바 방어를 위해 시베리아 사단을 서쪽으로 배치할 때 무척 망설였을 것이다. 히틀러는 괴벨스에게 선전포고라는 주권적 결정에서 자신이 거대한 만족감을 느꼈다고 말했다. 그 주권적 결정의 이니셔티브는 1939년 9월 3일에는 주어지지 않았었다. 선전포고한 나라는 영국과 프랑스였다. 그때의 프랑스와 영국의 선전포고는 독일은 순전히 방어적으로 행동할 뿐이라는 주장과 일치했다. 히틀러에게 그것은 감정적으로 내키지 않는 일이었다. 1941년 말 미국에 대한 히틀러의 선전포고는 불필요한 행동이었다. 그것은 그 이전의 모든 조심스러움을 바람에 날려버린 행동이었다. 히틀러가 미국 내의 호전파를 억제할 목적으로 유럽 유대인들을 처벌한다고 위협하는 대신 바로 그 시점에 독일 유대인의 첫번째 강제이송을 허락한 것은 우연이 아니었다. 그것으로 전쟁의 단계적 축소는 불가능하게 되었다. 협상을 통한 해결도 없게 되었다. 1917년에 그랬듯이 독일은 미국과 영국과 러시아와 싸우게 되었다. 히틀러의 정치가 1차대전을 최종적인 승리로 이끄는 새로운 전쟁에 헌신한 것이었다면, 이제 그는 드디어 자신의 '세계대전'을 갖게 된 것이었다.

이제 독일 지도부는 군사 전략을 필사적으로 재고해야 했다. 질적으로나 양적으로나 열등했던 독일군이 1940년과 1941년 여름에 불패의 모습을 보였던 것은 기습 전략 덕분이었다. 그것을 되풀이하는 것은 이제 불가능했다. 1942년 초 독일군 정보 당국과 육군참모부는 독일이 소련의 군사-산업 역량을 극도로 과소평가했었다는 것, 그리고 독일이 경제적·군사적 자원을 완전히, 그러니까 소모전을 견딜 정도로 동원할 수 있을 때만 동부전선에서 또 한번의 대규모 작전을 전개할 수 있다는 것을 인식했다. 독일 해군은 전략 자원을 검토하던 그 휴지기에 전혀 다른 전략을 내놓았다. 동부전선을 지키는 작전으로 전환하고 독일의 자원 대부분을 새로운 글로벌한 공중 및 대양 전쟁에 투입하고 이를 일본과 연결하여 지중해, 홍해, 인도양, 대서양에 대한 영국과 미국의 통제력에 도전하자는 것이었다. 히틀러가 전략적 선택에 집중하는 동안 독일 지도부는 새로운 공격을 가능하게 해줄 노동력, 식량, 석탄, 철강을 찾느라 여념이 없었다.[3]

독일이 서유럽의 고도 산업 국가들을 정복함으로써, 독일은 이제 전쟁 이전의 열등한 지위에서 벗어나서 군사-산업 강대국이 될 현실적인 전망을 갖게 되었다. 미국을 제외하고는 교전국들 모두 제한된 자원에 의해 옥죄고 있는 실정이었다. 독일의 경우에는 재고는 바닥났고 남은 자원은 단기적인 병목현상들을 수선하기 위해 이리저리 재배치되고 있었다. 숙련 노동자들은 군대와 공장을 오가야 했다. 소련전에 투입된 무기 대부분은 1940년 프랑스전 이후에 공장으로 되돌아간 노동자들이 생산한 것들이었다. 그러나 1년 뒤에 그들은 재징집되었다. 1942년에 영국과 싸울 무기를 생산하려면 그 병사들이 1941년 말에 또다시 공장으로 돌아가야 했다. 그러나 그때 그들은 동부전선에서 동상凍傷과 싸우고 있었다. 독일의 군수물

자는 노동력을 막대하게 투입해야만 극적으로 증가시킬 수 있었다.[4]

원자재도 사정이 비슷했다. 1940년과 1941년의 하계전투에서 독일은 보유한 휘발유 거의 전량을 전진하는 탱크에 투입했다. 재고 역시 그 전쟁에 모조리 쏟아부었다. 더욱이 영국 해군의 대륙봉쇄는 유럽에 석유와 고무 같은 군사적 전략 물자는 물론 식량의 항구적인 부족 사태를 야기했다. 독일은 인조고무와 바이오연료를 생산할 수는 있었지만, 그것들은 값비싼 대용품이었고 또 얼마 되지 않는 루마니아 원자재에 의존했다. 독일군의 탱크, 승용차, 트럭, 비행기 모두 휘발유가 절망적으로 부족했다. 오직 코카서스 유전지대의 정복만이 상황을 변동시킬 수 있었다. 그것이 1942년의 핵심적인 군사적 목표였다.[5]

전시 유럽의 동력원은 일차적으로 석탄이었다. 독일의 석탄 매장량은 충분했다. 그러나 철도 차량의 부족 사태가 처음부터 석탄 수송에 문제를 일으켰다. 전쟁 첫해 겨울에 이미 그랬지만, 1942년 초와 봄에도 군수물자를 수송할 철도 차량이 부족했다. 유대인 이송조차 연기할 정도였다. 석탄과 강철—무기와 생산품을 포함한 공업 생산의 기반—이 가뜩이나 부족한 상황에서 기업들은 자기 회사의 생산 애로를 최소화하기 위해 자재를 쌓고 비축했다. 기업들의 반응은 합리적인 것이었지만, 문제 전체를 악화시켰다. 동시에 프랑스와 벨기에 탄광의 생산성이 지속적으로 감소했다. 그에 따라 석탄 채굴량이 제약되었고, 그것이 공업 생산 팽창의 목을 죄었다. 생산성이 감소한 원인은 배고픔이었다. 1941년 5월 9~10일 벨기에 탄광과 제철소에서 파업이 발생했다. 점령 1주년을 상징하는 행동이었다. 벨기에 기업가들은 공산주의의 영향력 증가를 어떻게든 막기 위하여 노동조합과의 협상을 택했고, 6%의 임금인상에 동의했다. 그리고 그 기업가들은 저항 노동자 명단을 독일 당국에게 넘기기를 거부했다.[6] 그럼에도 불구하고 프랑스와 벨기에 탄전 지대에서 배고픔은 지배적인 공포로 남아 있었다. 그 때문에 프랑스 공장의 사회정책위원회와 벨기에의 공장위원회들은 구내식당을 설치하고 배급을 할당하는 데 총력을 기울였다. 그 위원회들은 '감자 위원회'로 불리었다.[7]

서유럽의 점령된 국가 안에서는 독일의 군정 당국과 민간 행정이 서로 다투는 동시에 지역의 게슈타포 및 친위대 정보국과 경쟁했다. 그들이 괴링의 4개년계획청, 알베르트 슈페어의 군수부, 프리츠 자우켈의 외국인 노동자 동원처, 농업식량부 같은 독일의 중앙 기구들과 다투어야 했던 것은 말할 나위도 없었다. 농업식량부는 명목상으로는 나치 이데올로그 발터 다레가 장관이었지만, 실질적으로는 차관인 헤르베르트 바케가 이끌고 있었다. 그리고 1942년에 범유럽적인 경제를 창출하려는 시도는 노동과 자본을 독일에 집중시킬 것이냐 아니면 유럽의 정복 지역, 예컨대 프랑스 대서양 항구도시나 고지 슐레지엔의 구 폴란드 지역에 새로운 공장을 세울 것이냐에 대한 갈등으로 얼룩졌다. 그리고 그 모든 결정에 식량 부족이 어두운 그림자를 드리우고 있었다.[8]

그러나 식량 배분은 경제정책이나 군사적 목표에 따라 합리적으로 이루어지지 않았다. 그랬더라면 프랑스와 벨기에 광부들은 충분히 먹고 그래서 채탄량을 늘릴 수 있었을 것이다. 식량 배분은 인종주의적으로 작동했다. 독일인이 먼저 먹었다. 전쟁중에 먹거리는 독일인들의 가장 근본적이고 항구적인 인종적 권리였다. 식량은 농업식량부 관할이었고, 헤르베르트 바케는 나치의 인종적–민족주의적 우선순위를 강경하게 해석함으로써 경력을 쌓아온 공무원이었다. 그는 소련전을 기획하는 동안 '슬라브인' 2천만 명 내지 3천만 명을 아사시키면 독일군을 먹일 수 있다고 계산했다. 1942년 초에 독일 당국은 심지어 전년도 가을과 겨울의 소련 민간인 사망자 수가 그보다 높지 않은 것에 놀랐다. 독일 국내의 식량 비축량이 위험스러울 정도로 낮은 것도 쇼크였다. 국내의 식량 비축분이 낮았던 것은 단기전으로 소련에 승리할 것이라고 믿었기 때문이었다. 바케는 동유럽에 대한 제2차 '기아계획'을 준비했다. 그리고 동유럽과 서유럽 모두에게 식량 징발 쿼터를 설정했다.[9]

헤르만 괴링은 1942년 8월 6일에 점령지역을 책임지는 공무원들을 모아놓고 바케의 계획을 실천할 회의를 주재했다. 괴링은 징발에 대한 책임을 스스로 떠맡으면서 징발의 논거를 폭력적으로 명료하게 밝혔다.

> 여기 여러분들이 담당할 과업에 대한 보고서가 있습니다. …… 여러분 지역의 인민이 굶어죽건 말건 내겐 중요치 않아요. 독일인이 한 명도 굶어 쓰러지지 않을 수 있다면, 그렇게 되도록 하십시오. 지구당위원장께서 (어제) 이 자리에서 말한 것을 들은 사람들은 나의 무한한 분노를 이해하실 겁니다. 우리는 우리 군대의 용맹으로 그 광활한 영토들을 정복했는데, 우리 인민이 거의 1차대전 수준의 가련한 배급을 받아야 한단 말입니다. …… 정복된 지역의 인민 중에서 내가 관심을 갖는 사람은 군수공장에서 일하는 사람과 식량을 생산하는 사람뿐입니다. 그들은 노동을 지속할 수 있을 정도로 충분히 먹어야 합니다.[10]

회의에 참석한 공무원들이 주민 다수에게 기근을 부과했을 때의 사회적 결과를 우려하자, 괴링은 유대인 절멸이 그들 지역의 식량 공급에 부분적으로 여유를 줄 것이라고 수사학적으로 말했다. 1942~1943년에 독일은 국내에서 소비된 곡물의 20% 이상, 수지의 25%, 육류의 거의 30%를 유럽으로부터 약탈했다. 같은 기간에 프랑스와 소련의 점령지역에서 징발한 곡물, 육류, 수지는 1942년에 350만 톤, 1943년에 878만 톤이었다. 가장 큰 징발은 우크라이나의 키이우 지구에서 벌어졌다. 1942년 추수 이전 시기인 6월에만 곡물 3만 8,470톤이, 그리고 7월에 2만 6,570톤이 징발되었다. 남은 것이 없어서 8월의 징발량은 7,960톤에 불과했다. 제국직할령 우크라이나에 파견된 독일 농업식량부의 한 공무원은 우크라이나를 감찰한 뒤에 만족해서 기록했다. 그 지구 농민들에게 곡물이 남아 있지 않다고, 파종할 씨앗조차 없다고. 징발은 군사작전처럼 진행되었다. 우크라이나 치안경찰이 농가, 방앗간, 제분소, 시장, 텃밭, 헛간 안으로 들어가서 숨겨놓은 곡물까지 샅샅이 훑었다. 프랑스와 우크라이나에서 징발한 곡물 대부분은 현장에서 직접 독일군에게 전달되었고, 중부 폴란드와 동부 폴란드 및 우크라이나 서부까지 포괄하던 총독령 폴란드는 호밀과 감자의 반 이상과 귀리의 2/3를 독일로 보냈다.[11]

정확히 같은 시기에 노동력 징발이 극적으로 강화되었다. 히틀러는 1942년 3월 21일에 튀링겐 지구당위원장 프리츠 자우켈을 노동력 동원 전권위원에 임명했다. 자우켈의 수하들은 1942년 초부터 1943년 6월까지 18개월 동안 매주 3만 4천 명의 외국인 노동자를 독일로 보냈다. 그리하여 독일에서 노동하는 기존의 외국인 노동자 350만 명에 새로이 280만 명이 더해졌다. 그 수는 지속적으로 증가하여 1944년 여름에 800만 명에 약간 못 미치게 된다. 서유럽에서 징발은 저항적인 행동과 파업을 유발했다. 기차가 프랑스인 강제 노동자들을 태우고 빠져나갈 때 프랑스 군중들이 민족 상징 금지령을 어기고 '라 마르세예즈' 국가를 불렀다. 벨기에에서는 노동조합과 가톨릭 청년노동자 운동이 본국에서 휴가를 보낸 뒤에 독일 공장으로 복귀하지 않은 '저항인들'을 숨겨주었다. 독일로의 복귀를 거부한 노동자는 프랑스, 벨기에, 네덜란드에서 징발된 노동자의 거의 1/3에 달했다. 그들은 불법 노동자 및 불법 거주민이 되어버렸다. 그들은 종종 교외 농장에서 일했는데, 농장 주인에게 의존해야 하던 처지여서 농장 주인의 이상적인 유순한 노동자가 되었다. 독일의 권력이 정상에 있을 때 한 걸음 더 나아간 사람들, 즉 레지스탕스 운동은 아직 비교적 적었다.[12]

가장 많은 강제노동자가 동원된 곳은 동유럽이었다. 독일인 당국은 특히 총독령 폴란드와 우크라이나를 샅샅이 훑었다. 자우켈의 통례에 따르면 1942년 4월에서 11월 사이에 137만 5,567명이 총독령 폴란드에서, 29만 1,756명이 독일에 병합된 구 폴란드 땅 바르텔란트에서 징발되었다. 이는 네덜란드, 벨기에, 군정지역 프랑스 전체에서 징발된 숫자가 35만 7,940명이었던 것과 선명히 대비되는 양상이다. 동유럽의 촌장들에게는 할당 쿼터를 채우지 못하면 처형해버리겠다는 위협이 가해졌다. 촌장들은 마을 사람이 아니라 외부인들을 선호했다. 예컨대 압도적으로 많은 우크라이나인이 거주하던 서부 볼리니아에서 타깃이 된 사람들은 흔히 폴란드인이었다. 촌락의 원로들은 곡물과 노동력을 동시에 넘기라는 압력을 받았는데, 원로들은 촌락의 비농업인 주민을 선호했고 또 아직 피고용인으로 등록되지 않은 10대를 비대칭적으로 많이 징발했다. 그리하여 1942년에 독일로 보내진 노동자의 반 이상이 12세에서 22세 사이의 소녀와 젊은 여성들이었다.[13]

그것은 독일 당국이 지속할 수 있는 전략이 못 되었다. 독일은 중장기적으로 동유럽 식민지에서 식량과 노동력 두 가지 모두를 약탈할 수 없었다. 더욱이 동유럽에서 기아와 사망률이 급격히 증가했다. 그 모습은 스탈린의 강제 집단화 및 제1차 5개년계획과 평행이었다. 소련의 그 계획이 실천되는 와중에 1930년대 초 우크라이나에서 거대한 기근이 발생했다. 소련 공무원들은 우크라이나 농민들이 굶어죽든 농업 생산이 바닥에 코를 박든 상관하지 않았다. 쿼터를 채울 수 있으면 그만이었다. 그러나 스탈린조차 그 정책이 지속 불가능하다는 것을 인식했다. 그래서 농업에 대한 재투자와 기계화 영농을 개시했다. 그리고 그 결과 인명과 생산 손실을 일부 완화할 수 있었다. 독일의 기관들은 내부적으로는 꽤 많은 토론을 벌였지만 스탈린처럼 상황에 적응하지 않았다.[14]

독일이 점령한 '동부'는 경제적 붕괴의 나선형적 악순환에 빠져들었다. 그리고 그것은 식민 지배의 규제되지 않는 폭력에 의해 강화되었다. 1942년 가을 동유럽은 독일이 정한 곡물 수확량을 채울 수 없었다. 식민 지배가 그 지역 농촌에 미친 영향은 검열된 우편물의 내용과 친위대 정보국의 보고서에서도 확인된다. 우크라이나의 한 여성은 독일로 보내진 친지에게 썼다. '수확철이야. 그런데 우리에게는 빵이 없어. …… 남자들이 밀 줄기를 모아오면 우리가 맷돌로 갈아. 빵가루가 나올까 해서. 요즘 우리는 그렇게 살아. 이제 무엇이 또 올지 알지도 못해.' 그들은 집집마다 증류기를 설치했다. 술로 바꾼 곡물만은 빼앗을 수 없기 때문이었다. 그러자 알코올 소비가 급증했다. 볼리니아의 한 신문은 보도했다. '사람들은 "어떤 경우에든" 술을 마신다. 과거에는 마을 전체에 주점이 하나 있었는데, 이제는 세 집마다 하나씩 있다.'[15]

우크라이나의 폴레시아처럼 궁핍한 농촌들이 할당량을 채우지 못하자, 민간인들을 상대로 끔찍한 전쟁이 전개되었다. 1942년 9월 2일 독일과 우크라이나 경찰이 브레스트 리토프스크 동쪽의 카민카 마을에 난입했다. 그들은 주민 전체를 한 명도 빠짐없이 학살하고 모든 농가를 불태웠다. 다른 마을들에 대한 경고였다. 할당량을 채우지 못하거나 빨치산을 지원한다는 의심을 받으면 어떻게 되는지 보여주었던 것이다. 그로부터 정확히 3주일 뒤 이번에는 라트네 인근의 코리텔리시 마을이 공격당했다. 그때 코벨 지구의 독일인 전권위원이 그곳에 나타나 주민들에게 선언했다. 촌민들이 빨치산을 숨겨준다는 정보가 입수되었다. 나는 경찰에게 농민들을 산 채로 태워죽이라고 명령했다. 그 마을에서 그는 징벌을 화형에서 사살로 감형해주었다. 1942년 중반부터 폭력에 의한 평정 전략이 동유럽과 남유럽을 휩쓸자, 불에 타 죽은 주민의 수가 기하급수적으로 증가했다. 벨라루스, 그리스, 동부 폴란드, 세르비아, 그리고 후에는 이탈리아의 여러 지역이 독일의 '반빨치산' 작전 내지 대량 보복에 강타당했다. 서유럽에서는 그런 작전이 예외적으로만 실시되었다. 프랑스 오라두르쉬르글란과 보헤미아 모라비아의 리디체 지역 마을들이 독일 폭력의 기념지가 된 이유는, 그 마을들이 겪은 폭력이 유니크한 예외였기 때문이다. 벨라루스가 해방되었을 때 독일 점령기에 파괴된 마을 수가 600개 이상이었고, 인구 1,060만 중 220만 명이 사망했다.[16]

농민들이 빨치산을 위협으로서가 아니라 해방자로 인식하는 데는 시간이 걸렸다. 1942년에 빨치산은 아직 약했고 분산되어 있었다. 그들은 독일 당국에 별로 위협이 되지 못했다. 그때 빨치산들은 오히려 폴란드, 유대인, 우크라이나, 소련 그룹으로 갈라져서 거점과 인근 마을에서의 식량 공급을 놓고 숲에서 서로 싸우고 있었다. 우크라이나가 경제적, 정치적, 사회적으로 인종 간 폭력의 소용돌이 속으로 붕괴된 것은 제한받지 않는 독일의 요구 때문이었다. 동유럽과 남유럽의 다른 지역에서 원인의—군사적, 정치적, 경제적 원인—비중은 나라마다 각각 달랐다. 그러나 모든 나라에게 공통적인 특징이 하나 있었다. 국가 권위의 붕괴였다. 독일은 벨라루스, 폴란드, 세르비아, 우크라이나에 그 어떤 자율적인 민족적 혹은 지역적 정부를 용인하지 않았다. 모두를 보조 수단으로 전락시켰다. 지역 경찰조차 파열되었다. 독일 지배의 마지막 국면에 경찰관 다수가 탈영하여 빨치산 부대에 합류한 것은 그 때문이었다.[17]

동유럽은 독일의 직접적인 식민 지배를 받았지만, 프랑스는 살아남았다. 프랑스 농민들로부터 곡물을 약탈한 것은 독일 당국이 아니라 프랑스 당국이었다. 브르타뉴와 루아르같이 점령 초기부터 독일 군정이 직접 지배한 곳에서도 그랬다. 그리하여 중앙화된 비시 정부의 지구 총감독에서 시작하여 농촌 코뮌의 이장에 이르기까지 위계의 매 단계에서 독일인 관리와 프랑스인 관리가 지속적인 협상을 벌였다. 식량 징발의 최대 문제는 가축의 불법 도살이었다. 독일 당국은 프랑스 점령 초기부터 농가의 버터 제조와 가축 도살을 금지했다. 도축과 낙농을 대형화함으로써 통제를 용이하게 하려 한 것이다. 농민들은 공납을 피할 수 있는 것이라면 무엇이든 했다. 1941년 가을에 프랑스 농민들은 비시 정부가 농촌에 대한 통제력을 강화하기 위해 설치한 메네루아르주의 농민협동조합장에 비시 관리가 아닌 일반 농민을 선출했다. 샹파뉴주의 앙리 공작은 자기가 책임지는 앙주의 솜루아르 코뮌 버터 할당량을 거리낌없이 375킬로그램에서 50킬로그램으로 줄여버렸다. 그는 비시 체제 안에 견고하게 자리잡은 자의식이 강한 보수적 가톨릭 귀족에 속했다. 인맥이 그 사람만큼 좋지 않은 이장들은 농촌의 유구한 방어 전략인 고집스러운 침묵에 의존했다. 그들은 독일인 당국이 쿼터 미충족을 이유로 부과한 집단적인 벌금을 몇 년 동안이나 모른 척 내지 않았다. 처벌이 별반 가해지지도 않았다. 프랑스의 국가수반 페탱 원수의 개인적인 인기는 여전히 매우 높았다. 그러나 프랑스 농촌은 '민족적 차원에서의 연대와 상호 지원'이라는 페탱의 보수적인 비전에도 협력을 거부했다.[18]

우크라이나 농촌에 대한 독일의 공납 요구는 우크라이나 지역 정부를 파괴하고 결국 무정부적인 내란을 유발했다. 프랑스에서 중앙 국가 권력이 고갈되는 과정은 그만큼 극적이지는 않았다. 그러나 매우 의미심장했다. 1940년에 침략자 독일인들을 맞이한 프랑스인은 지역의 지주들과 공무원들이었다. 그때 그들은 스스로 인질이 되어 시민의 안전을 보장하고자 했다. 이제 독일의 극단적인 경제적 요구로부터 시민을 보호하는 사람은 바로 그들이었다. 공적으로는 권고하지만 코뮌 차원에서 고집스럽게 협조하지 않는 양상은 나머지 서유럽 지역에서도 나타났다. 모든 곳에서 지역 명사들이 핵심적인 행위자로서 재등장한 것이다. 지방pays과 조국patrie의 그 유구한 대립에서 지방이 승리한 것이다.[19]

서유럽 어디에서나 도시가 약화되고 농촌이 번성했다. 루아르 지방의 도시 노동자들은 군수물자 생산, 즉 잠수함 기지와 대서양 방벽 건설과 같은 거대한 프로젝트는 말할 것도 없고 선박용 무전기, 천막, 등화관제 도구와 위장망, 잠수함과 구축함, 철도 열차와 하인켈 3 폭격기 등등의 생산에서 득을 보았다. 그러나 고용의 증가, 임금인상, 명목 배급량의 증가만으로는 그들의 만성적인 식량 부족과 굶주림을 막을 수 없었다. 대도시의 사정은 더 나빴다. 1942년 5월 31일 파리 루 드 부시 시장에서 식량 폭동이 폭발했다. 경찰관 두 명이 사망했다. 봉기는 진압되었고, 봉기를 조율한 공산주의자들 중에서 남자들은 처형되고 여자들은 라벤스브뤼크 수용소로 보내졌다. 그러나 그런 항의는 고립된 사건이었다. 현실은 여전히 배급소 앞의 줄 서기였고, 그 현실이 사람들을 마비시키고 있었다. 물론 물건들이 암시장으로 이동함에 따라 공식적인 배급량은 더욱 부족해졌다.[20]

파리의 중간계급 시민들은 루아르 지역의 쉬농과 같이 그들이 1940년에 피란을 갔던 지역에 다시 갔다. 식량을 구하기 위해서였다. 그런 농촌에서 부르주아가 자전거에 짐바구니 두 개를 싣고 달리는 모습이 익숙한 풍경이 되었다. 자동차가 없어진 세상에서 자전거가 새로운 황금기를 맞았다. 거의 모든 마을에 자전거 클럽이 하나씩은 생겼다. 또한 영국의 대륙봉쇄가 고무 수입을 막아버리자 타이어 교체가 일상적인 문제가 되었다. 느리지만 결국 관철된 추레한 해법은 고무호스로 감는 것이었다.[21]

잉여 식량 지역과 식량 결핍 지역이라는 깊고 근본적인 구분에 경제적 파편화와 지역화 현상이 겹쳤다. 때로는 동일 지역이 내적으로 재차 파편화되었다. 유럽 전체 차원에서는 네덜란드와 덴마크가 생산물이 남았고, 벨기에와 노르웨이와 그리스에는 식량이 부족했다. 덴마크 행정부는 자치를 허락받자 농민들의 돼지고기, 소고기, 우유 생산을 자극하는 가격정책과 배급정책을 채택했다. 덴마크는 그 덕분에 국내 소비를 제한하거나 암시장을 자극하지 않고도 식량을 독일로 수출할 수 있었다. 그 경제적 인센티브 체제가 주목할 만한 이유는, 인구 4백만 명인 그 나라가 독일에서 소비되는 소고기, 돼지고기, 버터의 10~12%를 공급했기 때문이다. 다른 나라로부터의 공급이 크게 감소한 1944년에는 덴마크가 독일 도시에서 소비되는 육류의 1/5을 담당했다. 기술적으로 대단히 근대적인 농업을 보유한 네덜란드도 비록 영국의 대륙봉쇄에 따른 사료 부족에 적응해야 했지만, 독일의 중요한 무역국이었다. 사료가 부족해지자 네덜란드 농민들은 곡물 경작과 온실 경작으로 이동했다. 그 나라는 1941년에 과일, 채소, 설탕, 감자 외에 심지어 사료까지 독일로 수출했다.[22]

노르웨이, 벨기에, 그리스는 식량 수입에 크게 의존하는 나라들이었다. 나치는 인종 정책과 경제적 유용성을 뒤섞어서 노르웨이를 독일보다 더욱 '아리아적인' 나라로 간주했다. 나치는 그리하여 그 나라를—독일의 기준으로—점령정책의 '모델'로 키우고자 했다. 그러나 이곳에서조차 유아 사망률이 증가하기 시작했다. 1942년 여름 독일 당국은 노르웨이인들의 영양 상태가 '상당한 정도로 결핍되어 있다'라고 평가했다. 독일에서 벨기에로 가는 수출도 크게 약화되었다. 전쟁 이전 수준의 17%에 불과했다. 암시장 가격이 폭등하고 임금율이 고정되자 노동자들의 소요 물결이 일었다.[23]

전쟁 이전 그리스는 곡물의 1/3을 캐나다, 미국, 호주에서 수입했다. 1940~1941년에 곡물 공급이 전쟁 이전 수준의 40%로 곤두박질쳤다. 독일군 점령 다섯 달 만에 그리스에서 피점령 국가 중 처음으로 기근이 발생했다. 아테네의 하루 칼로리 섭취량이 930칼로리로 추락했고, 그후 1년 동안 아테네-피레아스 지역에서 4만 명이 사망했다. 바케의 연속적인 '기아 계획'의 대상이었던 소련 지역과 달리 그리스의 기근은 의도된 것이 아니었다. 그곳의 기아는 독일군의 구입 및 징발에 도매업자들의 매점이 겹치면서 발생했다. 나라를 세 개의 점령 지구—이탈리아, 독일, 불가리아—로 분할한 것도 사태를 악화시켰다. 지구 분할이 내부 교역, 특히 트라키아와 동부 마케도니아의 곡물 이동을 막아버렸기 때문이었다. 아테네에서 북부 그리스로 가는 기차는 하루 한 대로 제한되었고, 먹거리를 구하기 위하여 그곳에 간 도시 거주민들이 하루에 가져올 수 있는 곡물은 300~350톤 이하였다. 우편 행정과 통신 체계도 붕괴했다. 통합되었던 민족경제가 빠르게 역전되어 파편화된 것이다. 세 군정 당국 어느 곳도 주민들을 지원하기 위해 움직이지 않았다. 베를린의 농업식량부 관리들도 마찬가지였다. 기아는 스웨덴 선박이 국제적십자의 감시하에서 캐나다 곡물을 그리스로 들여올 수 있도록 영국이 봉쇄를 해제했을 때 비로소 완화되었다. 벨기에와 노르웨이는 경제적으로나 전략적으로나 독일에 중요했고 또 '게르만적'인 '아리아' 민족으로 분류되었다. 1941년 봄에 아테네에 자리잡은 독일 관리들의 친헬레니즘은 고전고대의 그리스로 한정되었다. 1942년 봄 그리스의 독일어 신문들이 '도시 기생충들'과 '식충들'을 발화하기 시작했다. 나치 독일의 용법에서 그때까지 유대인에게만 한정되어 사용되던 표현이었다.[24]

**

1942년 7월 16일과 17일 프랑스 경찰이 최초로 대규모 유대인 검거 작전을 실시했다. 경찰은 파리와 그 근교에서 유대인 1만 3,152명을 체포했다. 그들 중 아이가 있는 유대인 가족은 유명 경륜장 벨로드롬 디버에 수용되었다. 적절한 의료 시설도 준비하지 않았고 물과 음식도 제공되지 않은 그 경기장에서 8,160명이 한여름의 뙤약볕에 엿새 동안 수감되었다가

이송되었다.[25]

유대인 가족들이 벨디브 경륜장에 수용되어 있던 시점에 프랑스 대중은 프로 사이클 경주 스펙터클에 열광하고 있었다. 열흘 전인 1942년 7월 5일과 6일 파리 관중들은 뱅생 시립운동장에 운집하여 '규율을 지키십시오. 원수께서 요청하십니다'라고 적힌 거대한 페탱 초상이 굽어보는 가운데 네덜란드 챔피언 반 블리엣의 결승전 승리를 지켜보았다. 1942년 7월 16일 유대인 일제 검거 작전의 첫날 프랑스 선수가 투르 드 스페인 제14차 구간에서 승리했다. 1942년 가을에는 투르 드 프랑스 대신 구간을 여섯 개로 줄인 프랑스 서킷이 열렸다. 69명의 사이클 경주자가 1,650킬로미터를 달리는 시합이었다. 에밀 이데와 마르셀 킨트가 파리-루배 구간 경주와 파라-투르 경주에서 자웅을 겨루었다. 프랑스 선수들은 이탈리아, 스위스, 스페인 투어에도 참여했다. 1942년 9월 거대한 벨디브가 다시 개장했다. 아무 일도 없었다는 듯, 권투 시합이 열렸다.[26]

프랑스에서 1942년 7월 중순에 시작된 유대인의 일제 검거는 1943년 3월까지 계속되었다. 기차가 유대인들을 드랑시와 콩피에뉴의 임시 수용소로 옮기고, 그곳에서 다시 폴란드의 학살수용소로 이송했다. 기차는 프랑스 노동자들을 강제로 독일로 보낼 때 발생했던 시위와는 아주 다른, 기괴한 침묵 속에서 출발했다. 유대인을 도우려는 공개적이고 용감한 행동은 네덜란드와 덴마크에서만 나타났다. 1941년 2월 네덜란드 암스테르담의 유대인이 소유한 한 아이스크림 가게에서 독일 경찰분대가 사소한 공격을 받자, 독일 당국이 그에 대한 보복으로 대로에서 유대인 남자 수백 명을 체포했다. 그러자 네덜란드 공산주의자들이 1941년 2월 25일에 총파업을 선언했다. 총파업은 독일인들에 의해 총격과 수류탄으로 진압되었다. 파업은 반복되지 않았다. 그러나 네덜란드에서 유대인 이송이 실제로 시작되자 가톨릭교회가 공개적으로 항의했다. 1942년 7월 26일 위트레흐트의 대주교 데 용이 독일이 파견한 네덜란드 제국전권위원 아르투르 자이스–잉쿠바르트에게 개종 유대인 이송에 항의했고, 그 편지가 네덜란드의 모든 가톨릭교회에서 낭독되었다. 독일인 당국은 개종 유대인들을 신속하게 체포하는 것으로 응답했다. 항의는 반복되지 않았고, 유대인 이송은 부드럽게 진행되었다. '오랑예여 영원하라!'고 시끄럽게 외치고 노래하는 것은 네덜란드 노동자들을 독일로 이송하는 기차로 한정되었다. 덴마크에서는 반유대주의가 너무나 인기가 없어서 독일인 당국은 1943년 여름까지 유대인 이송을 엄두도 내지 못했다. 그들은 유대인 강제이송이 덴마크 입헌군주정과의 협력관계를 종식시키리라는 점을 알고 있었다. 1943년 9월 덴마크 담당 독일인 제국전권위원이 유대인 이송을 확정하자 그 날짜가 알려졌다. 그러자 덴마크인들은 그 나라의 유대인 7천 명을 좁은 발트해 너머의 중립국 스웨덴으로 안전하게 옮겼다. 그 덕분에 강제로 이송된 유대인이 485명에 그쳤다.[27]

그러나 그것은 유럽대륙을 뒤덮은 침묵과 수동성에서 예외적인 경우였다. 덴마크를 제외한 모든 유럽 국가에서 독일의 점령은 기존의 반유대주의를 도리어 강화했다. 독일인 당국이 요구한 '테러리스트의 공격'에 대한 보복과 인질 체포 문제는 말할 것도 없고 노동력과 식량에 대한 요구를 회피하는 작전에서도 유대인들과의 연대 행동은 우선순위의 맨 아래 있었다. 다만 독일이 넘을 수 없는 레드라인이 있기는 했다. 프랑스 가톨릭교회의 눈에는―가톨릭교회의 추기경단은 비시 정부가 이니셔티브를 취하기도 전에 유대인들의 권리를 박탈하라고 제안했다―1944년 2월 1일의 프랑스 미혼 여성 징발이 그 레드라인이었다. 전통적인 프랑스 갈리아교회의 추기경 및 대주교들의 회의가 그 조치를 공개적으로 비판했다. 그것은 '가정생활, 나라의 미래, 여성의 존엄과 도덕적 민감성, 섭리가 여성에게 부과한 과업에 대한 심각한 공격'이라는 것이었다. 여성의 섭리적인 과업이란 모성을 가리켰다. 그 일은 프랑스 교회가 유대인 이송에 눈을 감은 양상을 가장 잘 드러낸 사건이었다. 독일 점령지의 침묵은 항의만큼이나 그들의 얼굴을 보여주었다. 유대인 문제에 대한 그들의 침묵은 그들이 진정으로 중요시하는 것을 독일로부터 방어하기 위한 양보 조치였던 것이다.[28]

유대인들은 없어졌지만, 그들의 운명은 잊히지 않았다. 1941년과 1942년에는 폴란드와 우크라이나에서 군중이 운집하여 유대인 체포를 구경했고 유대인이 남긴 재산을 착복했다. 그러나 유대인 학살은 곧 그들 자신의 운명을 추측하는 기준이 되었다. 1942년 여름에 친위 부대들이 자모스크 지구로 돌아와 폴란드인들을 토지에서 축출하고 촌락을 '게르만화'했다. 그러자 몇 달 전에 그 지역 유대인들이 학살되었던 베우제츠나 트레블링카의 가스실로 폴란드인들도 이송된다는 소문이 빠르게 퍼졌다. 우크라이나 도시에도 비슷한 공포가 확산되었다. 1941년 9월에 키이우가 점령되고 그 도시 유대인들이 바비 야르 협곡에서 학살되었을 때, 유대인에 대한 우크라니아인들의 동정심과 도움은 거의 없었다. 1942년 4월 독일인 당국이 식량 반입을 봉쇄하자 한 여교사가 일기에 적었다. '우리가 무엇을 할 수 있고 또 어떻게 살 수 있을까? 저들은 우리에게 느린 죽음을 주려는 것 같다. 사람들을 쏴 죽이는 것이 불편한 모양이다.' 독일 지배가 시작된 지 1년이 지난 그해 초가을에 그 여교사 나르토바는 키이우 동료 시민들이 한 말도 기록했다. '저들은 우선 이디시어 사용자(유대인)들을 없애버렸다. 그다음에 저들은 우리를 1년 내내 질식시켰다. 저들은 매일 매일 우리를 십여 명씩 절멸시키고 있다. 저들은 우리를 느린 죽음 속에 파괴하고 있다.'[29]

⁎⁎

독일 학교 교실에 내걸린 유럽의 지도에는 대서양에서 카스피해에 이르기까지 작은 나치 깃발들이 빼곡히 꽂혀 있었다. 그러나 동시에 식량 부족이 승리의 표현을 옥죄고 있었다. 1941~1942년 가을에 바케가 구상한 정복지 약탈 계획은 독일 민간인들을 결핍에서 구해내지 못했다. 1942년 4월 6일에 배급량이 심하게, 그것도 모든 범주에서 삭감되었다. 나치 지도부는 1916~1917년의 '순무의 겨울'과 1918년 '등에 칼을 맞은 것'을 직선으로 결합했기에, 식량 부족은 그들이 가장 피하고 싶은 위기였다. 친위대 정보국은 식량 부족이 국민의 사기에 가해진 최악의 타격이라는 점을 확인했다.

주요 도시의 친위대 정보국 분소들은 '식량 상황'이 '미래에 대한 대단히 비판적이고 회의적인 관점'을 유발하고 있다고 경고했다. 배급이 삭감될 것이라는 정보가 새어나가고 루머가 나돌았지만, 실제로 조치가 취해지자 독일인들은 전례 없는 심리적 충격을 받았다. 연료 부족, 학교 휴교, 실내에서 외투를 입어야 하는 상황은 1941~1942년 겨울에 포르츠하임의 의사 가족조차 피할 수 없는 일이었다. 그 모든 양상이 전쟁의 첫번째 겨울이었던 1939~1940년에 나타났었고, 그때 독일인들은 경악했었다. 그러나 이번에 실시된 배급량 삭감은 차원이 다른 쇼크였다.[30]

1942년 4월에 1주일 빵 배급량에서 250그램이 삭감되었다. 빵 배급의 삭감은 감자와 같은 다른 탄수화물 식품들로 보충할 계획이었지만, 단백질과 지방의 삭감 폭은 빵보다도 컸다. 1주일 육류 배급량이 '특별 중노동자'를 제외하고 모든 범주에서 25%씩 삭감되었다. '일반소비자', 즉 주부, 은퇴자, 화이트칼라 노동자들의 육류 배급이 400그램에서 300그램으로 삭감되었다. 언론은 임신부와 출산 여성 및 아기에 대한 배급이 삭감되지 않았다는 점을 부각하는 등, 1차대전과의 차이를 부각하기 위하여 가능한 모든 노력을 기울였다. 그러나 독일 어디서나 주부들은 아이들을 어떻게 먹여야 할지 모르겠다고 드러내놓고 불평했다.[31]

배급 사정은 재앙과도 같았던 1차대전 수준까지 추락하지는 않았다. 대부분의 지역에서 배급 체계가 종전 때까지 계속 작동했다. 그러나 그렇다고 해서 비교를 멈출 독일인들이 아니었다. 루르 지역의 친위대 정보국 분소는 '기업 안의 분위기가 갈수록 나빠져서 1918년과 비슷해지고 있다'며 경고했다. 다른 지역의 노동자들도 배급량 삭감으로 자신의 생산성이 추락했다고 소리 높여 말했다. 사실상 태업하겠다는 위협이었다. 실제로 1942년 하반기에 결근과 여타의 노동 규칙 위반이 극적으로 증가했다. 배급량 부족으로 여성들이 가게 앞에서 줄을 서는 시간도 길어졌다. 기업가들은 그들대로 여성 노동자들을 신뢰할 수 없다고 가혹하게 비판했다. 뷔르템베르크의 우유·지방 상업협회는 주민들에게 너도밤나무 열매를 모아서 식물성 기름을 추출하자는 캠페인을 벌였다. 의도는 좋았으나, 사람들은 1차대전을 떠올렸다.[32]

나치 배급 체계에서 소비자들은 특정 가게와 정육점에서 배급 물건을 구입하도록 등록되어 있었다. 따라서 그들은 다른 가게에서 자유롭게 쇼핑할 수 없었고, 그래서 줄을 서야 했다. 특히 라인 지방과 루르 지방에서는 도시 주민들이 이른아침부터, 아침 6시, 5시, 심지어 새벽 2시에 줄을 서기 시작했다. 때때로 경찰관들이 배급을 통제한다는 핑계로 줄에 슬쩍 끼어들어서 어류와 같이 모자라는 물건을 구입하기도 했다. 1942년 8월 북서부 독일 카스트로프−라욱셀의 나치당 지도자는 경고했다. '채소 같은 물건의 판매가 지금처럼 저조하면 여자들이 무분별해져서 볼썽사나운 일들이 벌어질 수도 있다.' 그러나 독일인들은 파리 시민들처럼 식량 폭동을 일으키지 않았다. 그들은 불만을 질투와 불평으로 분산시켰다. 혹시 이웃

들이 규정을 위반하지는 않는지 촉각을 곤두세웠다.[33]

배급량이 삭감되기 오래전부터 전쟁은 맛을 잃어버렸다. 영국과 마찬가지로 독일에서도 육류, 우유, 달걀, 신선한 과일, 채소가 식단에서 사라졌고, 그로 인한 칼로리 부족분이 빵과 감자로 채워졌다. 결국 빵과 감자가 하루 칼로리 섭취량의 90% 이상을 차지했다. 빵의 질도 나빠졌다. 영국에서는 흰 빵에서 잡곡빵과 밀 배아 빵으로 이동함으로써 영양이 오히려 개선되었다. 그러나 전통적으로 빵이 훨씬 중요했던 독일에서는 빵의 질이 나빠졌다. 1942년 4월 이후 당국은 도정 과정에서 겨를 전혀 제거하지 않도록 했다. 빵에 들어가는 보리와 호밀과 전분의 비율도 높였다. 빵 반죽이 거칠어졌고, 따라서 더 많은 물을 흡수했다. 그리하여 빵의 무게는 그대로였지만 칼로리는 낮아졌다. 얼마 지나지 않아서 사람들이 소화가 안 된다고 호소하기 시작했다. 전통적으로 호밀빵보다 밀가루빵을 더 많이 소비하던 남부에서 문제가 특히 심각했다. 더욱이 지방과 단백질과 비타민을 전분으로 교체한 것은 육체와 심리 모두에 악영향을 끼쳤다. 보건 전문가들은 전쟁이 도시 노동자의 육체에 축적되어 있던 유보 영양분을 고갈시켰다고 평가했다. 그리고 지방과 필수 미네랄을 보충하지 못한 채 전분 위주로 먹다보니 포만감도 오래 가지 않았다. 정부가 내놓은 '네 가지 과일잼'에도 갈수록 많은 호박, 녹색 토마토, 대황이 포함되었다. 우유, 버터, 마가린의 최소 지방 함유량도 줄어들었다.[34]

가장 흔한 식품은 주택 지하실에 수십수백 개씩 저장되어 있던 감자였다. 감자는 수프와 경단에서 소스에 이르기까지 수많은 레시피에 사용되었다. 사람들은 감자를 손수 전분으로 가공했다. 양동이로 감자를 날라서 냄비에 넣고 물을 붓는다. 계속 끓이면서 냄비 바닥에 흰 분말만 남을 때까지 맨 위의 물을 버리고 또 버린다. 밑에 남은 흰 분말을 긁어서 기름종이에 올려놓고 말린다. 그것이 전분이었다. 작업이 하루종일 걸릴 수도 있었다. 그리고 설탕을 구하기가 어려워지자 도시 여성들이 농촌으로 가서 농민들의 사탕무 수확을 도왔다. 무시래기라도 얻기 위해서였다. 한 여성은 회고했다. 사탕무의 거친 시래기를 열심히 비빈 뒤 잘게 썬다. 그것들을 큰 통에 넣고 몇 시간 동안 끓이고 다시 식힌다. 그렇게 얻은 것을 반죽 압착기에 넣어서 짜면 갈색 액체가 나온다. 그 액체를 다시 몇 시간 동안 끓이면 냄비 밑에 달콤한 시럽이 남는다. 설탕, 레몬, 럼의 맛을 내는 화학 에센스의 수요도 증가했다. 똑같은 재료만 끝도 없이 사용하는 것을 숨기기 위하여 새로운 레시피들이 개발되었다. 그중에는 감자, 렌틸콩, 순무, 양배추로 '미트볼'과 '커틀릿'을 만들어내는 조리법도 있었다. 단조로운 요리가 지겨웠던 사람들은 레시피와 상상 요리에 강박적으로 매달렸다. 그렇게 그들은 풍부했던 잃어버린 '황금시대'의 기억을 먹고 있었다.[35]

전쟁 이전부터 여성들은 딸들에게 각종 레시피를 전수했다. 베리와 같은 과일, 양배추, 당근, 버섯, 채소 등으로 달거나 맛있는 절임과 조림을 만드는 방법도 있었다. 종종 소금을 쳤다. 전쟁이 시작되자 텃밭이 훨씬 더 중요해졌다. 광부 가족들은 염소나 돼지를 쳤다. 사료가 줄어들어서 두頭수는 감소했지만 도시와 농촌 주민들은 저마다 토끼와 닭을 키웠다. 의사 아들 에른스트 파울 같은 보초병들도 전선에서 닭을 키우고 텃밭을 가꿨다. 히틀러청소년단이 자연치료에 이용한다며 오래전부터 모아놓았던 쐐기풀도 베를린 시장에 채소로 등장했다. 도시민들은 숲으로 가서 민들레를 캐서 샐러드를 만들었고, 도토리로 대용 커피를 만들었으며, 캐모마일과 페퍼민트와 라임 잎으로 차를 만들었다.[36]

암시장도 새로운 형태를 띠었다. 정육 수공업자들과 식료품 잡화상들이 일부 고객들과 암거래를 했다. 약국에서 일하는 한 젊은 여성은 정육점 주인과 홍차와 단맛 시럽을 고기와 맞바꿨다. 시청 배급표 사무실에 근무하는 또다른 여성은 자기 엄마에게 꽤 많은 배급표를 발급해주었다.

그녀는 운좋게 적발되지 않았다. 샤를로텐부르크 배급표 사무실에서 서기로 일하던 엘리자베트 한케는 4주일 주기로 발급되는 배급표를 제때에 모두 사용하지 못하는 사람들이 있다는 것을 알았다. 그녀는 상사로부터 그 배급표들을 무효화하도록 허락받았다. 그러자 그녀는 그것들을 무효화하지 않고 착복했다. 그녀는 어느 날 저녁 퇴근 후에 동료들과 술 한잔하러 갔다가 정부 항공부에서 근무하는 남성 지인과 마주쳤다. 두 사람은 재빨리 경제 파트너십을 결성했다. 두 사람은 배급표와 밀수품을 교환했다. 그들은 곧 연인이 되었다.[37]

그러자 형사경찰이 암시장 단속에 나섰다. 경찰은 베를린 지구별로 암거래로 알려진 카페, 주점, 가게, 식당 목록을 작성했다. 암시장에 봉사하는 고객들은 각 지구의 특징을 반영했다. 우아한 부르주아는 '더 나은 웨스트엔드'로 갔고, 베딩, 노이쾰른, 슈판다우의 노동계급 술집에는 노동계급이 찾아왔다. 많은 고객들이 화장실에서 거래했고, 식당 웨이터들은 손님들에게 공공연하게 담배를 팔았다. 설명, 비밀, 협상 모두 필요치 않았다.[38]

1942년 4월 1일 마르타 레비엔은 숙소를 옮겨야 했다. 암거래 문제로 셋집 여주인의 눈 밖에 났기 때문이었다. 55세의 웨이트리스인 마르타는 2년 뒤에 결국 체포되었다. 그러자 그녀는 망설이지 않고 셋집 여주인을 고발했다. 그녀에게 물건을 공급해준 사람이 바로 그 셋집 여주인이었다. 그녀가 공급한 '커피, 고기 통조림, 초콜릿' 등은 형무소 교도관인 그녀의 남편이 인맥을 이용하여 확보한 것들이었다. 경찰이 증인들의 진술을 모으고 심층 조사를 해보니, 무려 40명의 거래 파트너와 조력자들이 포함된 암거래 네트워크가 드러났다. 피의자들 대부분은 주점에서 일하고 있었고, 그 주점들은 베를린에서 가장 번잡한 기차역으로서 노동계급 구역의 심장에 자리한 게준트브룬넨역의 반경 1킬로미터 안에 있었다. 레비엔의 영업은 통상 개인적인 접촉과 대화로 시작되어 그녀 집에서 물건을 교환하는 것으로 진행되었다. 보는 사람이 없었기에 가장 중요한 것은 셋집 여주인이 맡은 물건 공급이었다. 거래의 인적인 망은 넓었지만, 거래 규모는 작은 편이었다. 한 사람이 상대하는 고객이 몇 명 되지 않았다. 딱 한 사람, 도시와 도시를 오가던 세일즈맨의 거래만이 심하게 컸다. 그는 단치거 스트라쎄의 한 카페에서 고객 14명과 거래를 했는데, 그에게는 원래 확보한 고객들이 따로 있었다.[39]

그 작은 암시장의 작동은 전통적인 매춘 영업에 의존했다. 창녀를 이용하여 반쯤은 공개적이고 반쯤은 비밀스럽게 진행되고 있었다. 창녀들은 같은 장소에 있으면서 지역의 친숙한 연결망을 이용하여 정보를 수집하고 외부인을 걸러낸 뒤 고객을 자기 집으로 데려갔다. 암시장의 연결망과 매춘의 연결망은 흔히 중첩되었다. 섹스 거래가 화장품, 드레스, 미용, 의약품(특히 낙태)을 거래하는 암시장을 이용했던 것이다.[40]

정복된 지역과 마찬가지로 독일의 도시민들도 할 수만 있다면 농촌에 직접 가서 먹거리를 구했다. 일요일마다 교외선 기차에 어린이 장난감, 주방용품, 외투, 구두, 남성 슈트를 휴대하고 농촌으로 가서 달걀, 치즈, 특히 도시 식탁에 잘 보이지 않는 육류와 바꾸려는 사람들이 가득했다. 울름이나 슈투트가르트 주부들은 아예 세제나 음식 저장용 유리 항아리같이 유용하지만 배급 대상이 아닌 물건들을 사들인 뒤에 농촌으로 내려가 농민의 집 앞에서 농산물과 교환했다. 1941년 여름에 이미 슈바벤 도시의 주민들은 성탄절을 준비하기 위하여 자울가우 농민들에게 새끼 거위 한 마리에 20마르크까지, 살이 통통하게 오른 거위는 40마르크를 지불했다. 친위대 정보국은 거래 일부를 추적하면서 비버라흐에서 커피 원두 0.25킬로그램와 딸기 10파운드가 교환되고, 프랑스제 구두와 직물은 과일 및 채소와 교환되며, 샐러드용 식용유는 체리와 교환된다고 보고했다. 그렇게 많은 도시민이 찾아오자 슈투트가르트 인근의 농민들은 그들의 농산물을 도시 시장에 내다팔 필요가 없었다.[41]

독일 경찰이 도시와 기차역에 설치한 듬성듬성한 감시망은 농촌에는 거의 찾아볼 수 없었다. 당국은 농촌에서 이루어지는 거래에 관한 한 거의 문맹 수준이었고, 미로와도 같은 경제 규제들은 농촌에 적용하기 힘들었고 또 적용하기를 꺼렸다. 경찰도 폐쇄적인 농촌 공동체에 파고들지 못했던 것이다. 그렇게 된 중요한 요인은 경찰 인력의 부족이었다. 개전 초 뷔르템베르크 전체에서 가격 통제를 집행할 수 있는 경찰관은 모두 합해 14명에 불과했다. 그 수는 1941년 이후 동부전선에 경찰 인력이 필사적으로 요구됨에 따라 더욱 줄어들었다. 전선에 파견된 경찰관들을 대신한 보조경찰관들은 심층적인 수사를 수행할 능력이 없었다. 그래서 그들은 증가하는 업무를 검찰청 수사관들에게 떠넘겼다. 그러나 인력이 부족하기는 검찰도 마찬가지였다. 1942년 중반 전시경제명령의 위반 행위는 나치 특별 법원의 소관이었다. 특히 불법 도살 재판이 많았다. 경찰이든 검찰이든 수사를 회피하거나 가벼운 형량을 구형하는 데 그쳤다. 그들은 그 상황에 경고나 권고 같은 부드러운 접근을 선호했다.[42]

1942년 11월 슈투트가르트 특별법원 판사들은 로트바일까지 출장을 나가서 한 불법 도살 사건을 심리했다. 로트바일의 이장, 이장의 17세 아들, 경찰 서기, 지역 농민지도자가 연루되어 있었다. 농민지도자는 편리하게도 지역 육류감찰관도 겸직하고 있었다. 피고 네 사람은 도살한 고기의 무게, 주로 돼지의 중량을 체계적으로 낮게 기록하는 데 공모했다. 육류 감찰관의 통상적인 수법은 가축들의 머리를 제외하고 무게를 기록하고, 그래서 머리들을 합한 무게만큼 도살 가축 수를 줄이는 것이었다. 농촌에서 돼지나 송아지의 도축 자체를 은폐하는 것은 불가능했다. 도살업자와 농민 두 명이 하루종일 도살하고 또 가축의 내장을 꺼내서 마당에 걸어놓았기 때문이었다. 따라서 도살 자체를 기록하지 않는 것보다 무게를 줄이는 것이 훨씬 용이했다. 그 육류감찰관이 1939년 11월부터 1941년 10월까지 도살 227번을 기록하면서 거의 3천 킬로그램의 돼지고기 중량을 줄였다는 증거가 슈투트가르트 특별법원에 제출되었다. 무게를 기록한 사람은 로트바일의 경찰 서기였다. 그는 체포된 1942년 3월까지 6개월 만에 돼지고기 1,170킬로그램을 속였다. 도살 기록의 총책임자는 이장이었지만, 그는 알면서도 공모했다. 더욱이 십대 아들에게 서기 대신 서기 업무를 수행하도록 했다. 소년은 단순하게 아버지의 지시에 따랐을 뿐이라는 이유로 방면되었다. 나머지 세 사람은 유죄 판결을 받았다.

슈투트가르트 특별법원장 헤르만 쿠호르스트는 악명 높은 판사였다. 그 사건을 심리하기 며칠 전에 그의 판결에 따라 슈투트가르트에서 전시 경제명령 위반으로 몇 명이 교수되었다. 한 달 뒤에는 60세 남자가 불법 도살과 '몇 건의 사기 행위'로 처형되었다. 그러나 로트바일 사건에서 코호르스트는 비교적 가벼운 징역형을 선고했다. 경찰 서기에게는 징역 10개월, 농민 지도자에게는 18개월, 고위 공직자 이장에게는 24개월을 선고한 것이다. 히틀러는 1942년 4월에 제국의회에서 행한 한 연설에서 사법부가 너무 관대하다고 비난했다. 히틀러의 연설은 왜 슈투트가르트 같은 주도州都에서 사형이 선고되었는지 설명해준다. 그러나 로트바일 같은 시골 벽지에서는 관대하게 처벌해도 공적인 주목을 받지 않았다. 더욱이 법원은 농촌 마을의 지도자를 처형함으로써 농촌 공동체 전체를 적으로 돌리는 위험을 피하고자 했다. 쿠호르스트는 판결문에 적었다. '그들(피고들) 누구도 뿌리깊은 잘못된 관행을 깨려 하지 않았다. 그들은 코뮌 농민들과의 갈등과 분란을 피하고자 했을 뿐이다.' 그들은 '모두가 모든 것을 아는 마을, 주민 대부분이 혈연이나 혼인으로 서로 맺어진 마을에서 이해 충돌이 발생했을 때 자신의 공적 의무를 이행하기 어려웠던 것으로 보인다.'[43]

경제 규제를 집행하고 가혹한 조항을 완화하는 섬세한 일은 뷔르템베르크 시골에서 이례적이지 않았다. 남서부 독일의 촌락 공동체들은 세대를 가로질러 복잡하게 전개되는 통혼 패턴을 지니고 있었고, 따라서 내부로 침투하기가 무척 어려웠다. 위 판결문에서 판사들은 나치당과 국가의 지역 대표들을 일차적으로 그곳 공동체의 구성원으로 간주했다. 그럼으로써 그들은 만일 온건한 조치를 정당화해줄 정상 참작을 생각해내지 못했더라면 그곳 농촌에 대한 나치 체제의 영향력을 모조리 상실할 수도 있었다는 점을 인정했다. 그 공동체들과 전쟁을 치르는 것보다는 그들과 타협에 도달하는 것이 훨씬 용이한 일이었다. 더욱이 그 공동체들은 오랫동안 민족사회주의의 '피와 흙' 정책의 진정한 토대로 찬양받지 않았던가.[44]

농민들이 그들의 생산 할당량을 충족시키고 또 암시장―혹은 회색시장―에서 거래할 잉여를 충분히 생산했다는 사실은, 농업 생산을 자극하기 위해서는 농민들의 인센티브를 강화해야 한다는 친위대 정보국의 주장이 옳았음을 보여준다. 그것이 바로 덴마크에서 그렇게나 성공적으로 작동한 모델이었다. 그러나 농업식품부는 그 전략을 거부했다. 그들은 고정된 가격과 할당 쿼터를 1차대전에 난무했던 인플레이션과 도시의 기근을 피할 수 있는 보장책으로 간주했다. 그러나 경찰과 법원은 농촌에 광범하게 나타난 온건한 암시장을 용인해줌으로써 작은 불법 경제가 나타난 것을 묵인했고, 그렇게 용인된 불법 경제가 공식 할당량을 충족시키는 한 그것은 증산을 자극하는 인센티브가 되었다. 그렇게 하여 나치 체제는 언어와 현실의 부조합이 넓어지는 것을 인정하지 않고도 불법 경제에서 득을 볼 수 있었다.[45]

요컨대 먹거리를 조달하고 배급하는 체제를 운영하는 사람들이 그 체제를 전복시킬 지점에 있었던 것인데, 이는 슈바벤의 촌락에서만 그랬던 것이 아니다. 점령된 유럽 전체가 그러했다. 역사가가 대규모 암시장 작전을 재구성하는 것은 작은 동네의 암거래를 추적하는 것보다 훨씬 어려운 일이다. 그러나 그 윤곽은 때때로 식별이 가능하다. 바르샤바의 독일인 당국은 1940년 1월 23일에 이미 흰 빵의 제조와 판매를 금지했다. 그러나 흰 빵의 제빵과 판매는 그후에도 빵집과 시장 가판대에서 공공연하게 이루어졌다. 독일인들 스스로가 그곳에서 빵을 샀다. 매일같이 트럭 행렬이 군대와 민간행정의 부패한 관리들에게서 매수한 허가증으로 독일인들이 통제하는 주유소에서 휘발유를 넣고 흰 밀가루를 싣고 들어왔다. 교통 요충지였던 바르샤바는 휴가차 동부전선을 떠나는 군인들의 환락가이기도 했다.

암시장도 번성했다. 그곳에서 거래된 물건을 보면 독일인 관리들과 협상한 거래의 범유럽적 차원이 드러난다. 1942년 성탄절 직전에 바르샤바 시장에 갑자기 대량의 가금류가 나타났다. 의심할 바 없이 독일로 수송되는 와중에 빠져나온 상품들이었다. 1943년에는 독일군이 노르웨이로부터 이송하는 청어가 대량으로 판매될 것이라는 정보가 새어나왔다. 물건 자체가 암거래 작전의 규모를 드러내는 경우도 있었다. 1943년 5월 그리스 혹은 불가리아에서 수송된 거북이들이 바르샤바에서 하역되었다. 거북이는 전통적인 폴란드 식재료가 아니었다. 그럼에도 불구하고 거북이가 도시 전역의 길거리와 시장 가판대에서 판매되었다. 그러자 판매대를 탈출한 거북이들이 도시 곳곳의 기둥 뒤에서 기어나오거나 계단 위를 힘들여서 기어오르는 모습이 눈에 띄었다. 그 일이 몇 주일 동안 계속되었다.[46]

1940년과 1941년에 독일의 민간행정과 친위대와 독일군 병사들은 정복에 환호하면서 독일에서 구할 수 없던 물건들을 사재기했었다. 그 같은 현상은 여전히 계속되고 있었다. 한 십대 소녀는 자기 집 식탁 위에 갑자기 올라온 사치스러운 음식들에 신음했다. 아몬드와 배, 계피와 파테와 당근을 넣은 햄까지 있었다. 아버지가 파리에서 돌아오면서 가져온 것들이었는데, 아버지는 노트, 바느질감, 스타킹, 장갑, 벨트, 세제, 구두, 비누, 침대보도 가지고 왔다. 그녀는 놀라워하면서 일기에 적었다. '이런 일이 독일에서는 이제 평범해졌다. 남자들은 어디 가든 물건을 산다. 홀란드, 벨기에, 프랑스, 그리스, 발칸, 노르웨이 어디든 마찬가지다.' 배를 곯던 파리 주민들은 파리 동부역에서 수하물 무게에 비틀거리던 독일군 병사떼를 보고는 별명을 붙였다. '감자 딱정벌레들'.[47]

   우크라이나가 붙여준 별명은 '하이에나'였다. 그곳에서 약탈은 유대인 재산의 착복으로 시작되었다. 유대인이 소유했던 단순한 가구와 도구는 종종 지역민들에게 넘겨주었지만, 값나가는 것들은 친위대가 착복했다. 중부 러시아 담당 고위친위경찰 지도자 에리히 바흐-첼렙스키는 어린이 양말 1천 켤레와 어린이 장갑 2천 켤레를 친위대 본부로 보내서 그것들을 성탄절 선물로 대원들에게 지급하도록 했다. 이탈리아 파시스트 사절단은 민스크의 오페라하우스에 관광차 갔다가 경악했다. 옷가지를 비롯한 약탈품들이 산더미처럼 쌓여 있었다. 탑 같았다. 1943년 독일인 우편 검열관들은 독일의 가족들이 동유럽 약탈품들을 이용하는 방법을 기록해놓았다. 할아버지가 새 부츠를 우크라이나로 보내면, 우크라이나에 근무하는 손자가 그것을 휘발유 8리터와 교환한다. 휘발유를 받은 독일의 할아버지는 그것을 새 코트와 교환한다. 우크라이나인들은 독일인들에게 달걀, 기름, 라드, 햄, 닭, 완두콩, 버터, 설탕, 밀가루, 국수, 비스킷, 소시지, 통보리, 페르시아 양털을 팔고, 소금, 성냥, 라이터, 이스트, 중고 옷, 가사도구, 여자 속옷, 핸드백, 가정용 강판, 오이를 얇게 써는 슬라이서, 멜빵, 사카린, 피부용 크림, 매니큐어, 베이킹파우더, 립스틱, 칫솔, 베이킹소다를 샀다. 성냥은 6마르크였고, 중고 슈트는 600마르크였다. 우크라이나의 독일인들은 소금 1파운드로 닭 한 마리를 살 수 있었고, 소금 10파운드로 양 한 마리를 살 수 있었다. 독일의 가족이 달걀 2천 구 내지 3천 구를 수령하는 일도 드물지 않았다. 우크라이나에 주둔하고 있는 병사는 교환할 물건들을 '한 묶음으로 보내라'고 독일의 '친척과 지인들에게' 전했고, 독일의 가족들은 남는 가사용품과 싸구려 가짜 보석을 보냈다.[48]

한 병사가 편지에서 나치의 영웅주의 언어를 패러디했다. '이 지역에서 이례적인 일들이 성취되고 있다.' 그는 잠시 숨을 고른 뒤 유대인 학살이 남긴 공백이 어떻게 메워지는지 적었다. '유대인들이 행했던 것을 오늘날 아리아인들이 훨씬 더 완벽한 형태로 추구하고 있다.' 그런 통찰과 도덕적 비판은 드물었다. '협잡꾼'이나 '암시장꾼' 같은 단어는 독일 내 암시장에만 사용되었다. 경멸적이든 아니든, 독일인들이 점령 유럽 지역에서 벌인 똑같은 행동들을 지시하는 단어는 고안되지 않았다. 서유럽에 관한 한, 적어도 점령 초기에 독일인들은 당혹감을 느꼈고 또 그것을 자각했다. 뮌스터의 저널리스트 파울하인츠 반첸은 1941년에 새로 나타난 농담을 일기에 적어놓았다. '독일군 장교로 변장한 영국인 두 명이 벨기에에서 스파이로 체포되었다. 그들을 체포한 사람은 독일인이 아니라 벨기에인들이었다. 두 사람이 여행가방을 들고 있지 않았던 것이다.' 서유럽과 달리 동유럽은 독일인들에게 약탈당하기 위해 있는 땅이었다. 동유럽을 점령한 초기가 아니라 그 물건들이 독일 안에서 유통되기 시작한 뒤에야 비로소 독일인들은 서로의 행동을 관찰하고 도덕적으로 평가했다.[49]

**

점령 지역에 대한 의존성이 갈수록 증가하고 또 그것을 의식하게 됨에 따라, 독일인들은 독일의 새로운 제국적 사명을 수용했다. 다만 그 열기는 정복이 가져다준 물질적 이득의 열기보다 훨씬 약했다. 1942년 독일 언론은 '대공간' 이념을 대중화하기 위해 노력했다. 1942년 5월 히틀러는 나치당 제국지도자들과 지구당위원장들이 모인 폐쇄적인 회의에서 말했다. '우리의 식민지는 동쪽에 있습니다.' 그 지역은 석탄, 곡물, 석유를 공급할 것이고, 제국은 막대하게 성채화된 새로운 국경선을 구축할 것이며, 그 속의 독일인 인구는 두 세대 내지 세 대를 거쳐 2억 5천만에 이르게 될 것이다. 공적으로 히틀러는 언제나 독일이 방어전을 치르고 있다고 확고하게 밝혔다. 그러나 1942년 5월에 베를린 스포츠궁전에 모인 1만 명의 젊은 장교들에게 히틀러는 동유럽 '생활공간'의 정복과 그것이 가져올 원자재들을 강조했다.[50]

하인리히 힘러는 유대인을 이송하는 동시에 게르만 병사–농민들을 정착시킬 농업 식민지 구상에 몰두했다. 그 기획을 정식화한 것이 친위대가 입안한 일련의 '동유럽 총괄계획'들이다. 그 작업은 야심과 재능을 두루 갖춘 젊은 세대의 지리학자, 경제학자, 역사학자들을 끌어들였다. 독일의 명백한 운명으로서의 동유럽 지배는 폴란드 정복과 함께 기꺼이 받아들여졌다. 유치원 교사에서 대학생에 이르기까지 많은 여성들이 자발적으로 바르텔란트로 가서 그 지역의 게르만화에 필요한 자기 몫을 했다. 여성들은 1942~1944년에 폴란드의 자모스크에도 갔다. 그들은 재게르만화 작업에 현지에서 구할 수 있는 물건을 이용했다. 독일소녀연맹 소속의 한 십대 소녀는 루블린 지구에서 독일인 이주민 자녀를 교육할 적당한 유치원 건물을 물색했다. 그녀는 유대인 가옥을 발견하고는 그 집에서 유대인 여성을 쫓아버렸다. 그 집이 너무 좁다는 것이 드러나자 그녀는 크라쿠프 남쪽 프와수프의 유대인 주택을 헐어내어 그 자재로 유치원을 건축했다.[51]

1942년 6월 에르나 페트리가 세 살 난 아들과 함께 폴란드의 리비우에 도착하여 친위대 남편과 합류했다. 독일의 농촌집을 떠난 그들은 리비우 외곽의 귀족 저택을 넘겨받았다. 전면의 흰색 포르티코 지붕과 드넓은 목초지를 갖춘 저택은 플랜테이션 빌라와도 같았다. 튀링겐에 남기고 온 그들의 자그마한 농원과 크게 달랐다. 독일인들은 동유럽에서 친위대의 계율에 따라 동유럽 주민들을 육체적으로도 지배해야 했다. 남편은 그에 충실하게 아내가 도착하고 이틀이 지나지 않은 시점에 농장 노동자들에게 매질을 가했다. 얼마 지나지 않아서 이르나도 매질을 했다. 그녀가 발코니에 앉은 남편의 친위경찰 동료들에게 커피와 케이크를 제공했을 때, 대화가 자연스럽게 유대인 학살로 넘어갔다. 1943년 여름 어느 날 그녀가 리비우에서 쇼핑을 하고 돌아오는데 아이들이 길거리 한편에 거의 나체 상태로 쭈그려 앉아 있었다. 그녀는 마차를 멈추게 하고, 공포에 사로잡힌 아이들 여섯을 다독여서 집으로 데리고 왔다. 그리고 아이들에게 음식을 준 뒤 남편의 귀가를 기다렸다. 남편의 귀가가 늦어지자 그녀는 스스로 해결하기로 결정했다. 그녀는 아버지에게 이별 선물로 받은 낡은 리볼버 권총을 주머니에 넣고 아이들을 숲속으로 데려갔다. 그리고 아이들을 유대인들이 사살된 것으로 알려진 구덩이 앞에 줄지어 세워놓고 하나하나의 뒷머리에 차례로 권총을 발사했다. 이르나는 훗날 기억했다. 아이들 두 명을 처리하자 나머지 아이들이 '울기 시작했다.' 그러나 '큰 소리로 울지는 않고 그냥 훌쩍였다.'[52]

소련 지역에는 페트리 부부처럼 열정적인 독일인 식민자들은 얼마 되지 않았다. 독일인들은 그곳 농업이 풍족했지만 크림반도와 우크라이나로 몰려가지 않았다. 그들 내면에 깊이 자리한 문화적 공포는 소련에 대한 '예방' 전쟁을 정당화하는 가장 강력한 기제였지만, 동시에 독일인들의 식민을 어렵게 만들었다. 전쟁이 개시된 뒤 2년 동안 나치는 독일 사회를 '민족공동체'로 구축해야 한다는 이념을 성공적으로 선전했다. 민족공동체 이념은 사람과 집단에 따라 지극히 다양하게 의미화되었다. 그러나 그 이념은 독일이 비非독일 '대공간'을 지배해야 한다는 보다 포괄적인 운명과 어긋났다. 대공간이라는 새로운 미션은 보통 '제국주의'로 치부되어 거부되었다. 나치 독일은 제국주의라는 용어에 경멸적인 함의를 부여했다. 그들에게 제국주의는 1941년의 영화 〈옴 크뤼거〉에 그려진 영국 강제수용소의 보어인 여자들과 아이들이었고, 영국 해군이 1차대전 휴전 이후 1919년에도 봉쇄를 풀지 않음으로써 독일 어린이들을 대량으로 아사하도록 만든 정책이었다. 독일인들에게도 구 아프리카 식민지에 대한 향수는 있었다. 그러나 이제 정복하고 식민화해야 하는 동유럽의 거친 세계는 차원이 달랐다. 친위대의 식민위원들은 결국 폴란드, 우크라이나, 벨라루스의 고아원들을 샅샅이 뒤져서 '아리아인'처럼 보이는 아이들을 골라냈다. 그들을 '게르만화'하여 투입하려 한 것이다. 독일이 정복한 '생활공간'이 너무나 광대했기에 힘러는 인종적 순수성의 그 수호자들에게 인종적 순수성의 기준을 낮추라고, 인종적으로 뒤죽박죽인 동유럽 민족들 속에서 '좋은 피한 방울'이라도 모두 골라내어 '증류'하라고 지시했다.[53]

'나치 제국'이 인기가 없던 이유가 하나 더 있었다. 독일에 외국인 노동자들이 넘쳐났다. 나치가 선전한 인종 '순수성'의 범위는 좁았다. 그 개념은 민족, 혹은 심지어 지역 정체성에 영합했다. 따라서 외국인 노동자의 대규모 유입은 합리적이지만 불쾌한 전시의 긴급 상황으로 용인되었을 뿐이었다. 더욱이 나치는 국내의 바람직하지 않은 모든 문제를 외국인 탓으로 돌렸다. 외국인 노동자들이 대부분 강제로 동원된 사람들이라는 사실은 편리하게 잊히고는 했다. 친위대 정보국은 암시장에 대한 특별보고서에서 프랑스와 이탈리아 노동자들이 식품과 와인은 물론 시계와 보석을 독일에 가지고 들어오거나 고향에서 독일로 부쳐준 마카로니 국수와 지중해 과일을 판매한다고 보고했다. 일부 이탈리아 노동자들은 그 덕분에 도이체방크에 거대 계좌를 쌓아놓았다는 것이다. 보고의 핵심은 외국인 노동자들이 범죄적으로 독일인인 양 행동하고 있다는 것이었다. 프랑스와 이탈리아 노동자들이 독일인과 외국인 간의 협상상의 지위를 역전시켜서 스스로를 유혹자로 전환하고 또 순진한 '민족동지들'을 불법적이고 부도덕한 교환경제의 망으로 끌어들인다고 주장한 것이다. 현실을 그렇게 정반대로 해석하는 것은 널리 작동하고 있던 '이중 사유'에 상응했다. 독일인들은 자기들이 시작한 성적 접촉을 외국인 탓으로 돌렸다.[54]

프랑스 전쟁포로들은 독일 민간인 슈트나 노동복을 입고 카페, 영화관, 주점으로 몰려갔다. 가히 홍수였다. 인스부르크 교외에서 그들은 베르크호텔의 테라스 의자에 앉아서 일광욕을 즐기기도 했다. 나치는 민족동지들이 그들 한가운데 있는 외국인들에게 거리를 두어야 한다고 채근했다. 그러나 독일인들은 외국인들과 복잡한 관계를 맺었다. 기회주의적이기도 하고 착취적이기도 하며 성적이기도 한 관계였다.[55]

1944년 말 게슈타포는 앙드레라는 프랑스 노동자를 체포했다. 독일인 연인에게 편지를 썼다가 압수된 탓이었다. 앙드레는 편지에서 독일인 애인과 성탄절에 재회할 계획을 열정적으로 쓰고 또 약속했다. '나는 당신 가슴에 수천 번 입을 맞출 거고, 우리는 69를 할 거야.' 앙드레는 독일에 자발적으로 입국한 민간인 노동자였다. 따라서 독일 여성과의 관계가 금지되지 않았다. 게슈타포가 개입할 수 있었던 것은 상대 독일 여성이 유부녀였기 때문이었다. 수사해보니, 그들의 비밀 연애는 2년 전인 1943년 초 일요일의 밀회로 시작되었다. 당시 앙드레는 민간인이 아니라 전쟁포로였다. 1940년의 휴전 이후 독일로 보내진 프랑스 전쟁포로 백만 명 중 한 명이었다. 경비가 느슨했던 탓에 앙드레는 어렵지 않게 탈출했다. 더욱이 독일인 애인이 민간 복장을 구해주었다. 그들의 연애는 그 자체로는 이례적이지 않았다. 프랑스 전쟁포로 약 20만 명이 그 커플처럼 연애했다. 그러나 앙드레가 그녀에게 너무 빠진 나머지 프랑스에 도착하자마자 독일로 돌아가기로 결심하고, 실제로 자원해서 민간인 신분으로 독일로 왔다. 자발적으로 독일에 일하러 온 프랑스인은 비교적 소수였다. 앙드레는 경제적 동기가 아니라 사랑 때문에 입국한 아주 적은 소수에 속했다.[56]

복잡한 경찰 및 군사적 규제에 묶여 있기는 했지만, 독일인과 프랑스 민간인 노동자의 사적 관계는 허용되었다. 그러나 전쟁포로와 독일인 여성의 관계는 금지되었다. 프랑스가 항복한 직후 하이드리히의 친위대 제국보안청은 공지했다. '지도자 명령에 따라 프랑스, 영국, 벨기에의 전쟁포로는 폴란드 전쟁포로와 마찬가지로 독일 여성이나 독일 소녀와 성교를 했을 경우 사형에 처한다.' 그러나 독일군은 하이드리히의 명령을 무시하고 제네바협약에 입각해서 처리했다. 협약에 따르면 프랑스 군인은 독일 군법재판소의 관할이었고 피고에게는 평결받을 권리가 있었다. 판사들은 포로가 불복종한 경우를 규정한 독일군 형법 92조에 따라 보통 3년 형을 선고했다. 여성이 프랑스 포로를 '유혹'했다고 믿어지는 경우에는 형량이 가벼워질 수 있었다. 앙드레의 경우처럼 독일 여성이 독일인 병사의 아내인 경우에는 반대로 무거운 형량을 선고하고, 때로는 그라우덴츠의 군대 수용소로 보냈다. 전쟁 동안 그 수용소에 대략 7천 명 내지 9천 명이 수용되었다. 그 수용소의 중노동, 빈약한 음식, 열악한 위생 시설, 겨울의 추위는 많은 목숨을 앗아갔다. 앙드레의 편지에 불법적인 연애가 암시되었음에도 불구하고 그는 성교를 부인했다. 그러나 결국 수용소 수감 3년 형을 선고받았다. 우리는 독일 경찰이 그의 독일인 애인을 어떻게 처리했는지는 알지 못한다. 그런 경우 결정적이었던 것은 남편의 의견이었다.[57]

성적 비위를 추적하고 처벌하기를 원하던 게슈타포 경찰관들은 종종 심층 수사를 하기도 했다. 그들은 긴 시간을 들여서 지역민들로부터 정보를 캐냈는데, 그중에는 악의적인 이웃의 가십에 불과한 사건도 많았다. 에센에서 주택 창문을 차례로 수리하던 프랑스인 유리공 팀도 수사를 받았다. 수사를 마친 게슈타포 경찰관이 짜증스러워하며 결론을 내렸다. '이 사건은 이웃 가십의 경우로 보인다. 주택들 전체가 동시에 수리되지 않았기 때문이다.' 1942년 들어 영국 공군의 폭격이 보다 빈번해지고 유리공들이 도시에서 도시로 이동하면서 유리창과 지붕을 수선했다. 게슈타포에 접수된 이웃들의 밀고는 알고 보면 독일인이 그들에게 작은 선물, 브뢰첸 빵, 차, 자우어크라우트, 때로는 옷가지도 있었지만, 커피를 타도록 끓는 물을 준 것이 전부였다. 그런 경우 프랑스 노동자들은 단순히 잡역부로서 현물 지급을 선호하던 전시 독일의 관행에 편승해서 행동한 것뿐이었다.[58]

독일 당국은 도시와 마을에서 일하던 프랑스와 벨기에 여성 노동자들도 주목했다. 슈투트가르트 검찰은 그 여성들이 거칠고, 독일소녀연맹의 십대 소녀들에게 욕을 하고, 많은 시간을 카페와 바와 영화관에서 보낸다고 불평했다. 울름 당국은 그들이 '많이도 돌아다닌다'고 보고했고, 렌팅겐의 지역 공무원은 인근 병영의 독일군 병사들이 '벌건 대낮에 프랑스 여자와 포옹하고 키스한다'고 놀라워했다. 그 지역의 나치당 지도자는 독일 남자들에게 '인종 의식'과 명예를 견지하라고 공개적으로 호소하기도 했다. 슈투트가르트 경찰은 십대 소년 네 명이 도시 외곽의 스키장에서 프랑스 여성들과 정기적으로 데이트한 것을 수사했다. 그러나 그중에서 18세가 채 안 된 세 명은 청소년 통행금지 시간을 지키지 않았다고 기소했고, 나이가 가장 많은 청소년은 아예 기소하지 못했다. 검찰이 쓰리게 불평했듯이, 18세가 넘은 경우에는 '외국인 여성 노동자와의 성교는 그녀가 적국 시민이고 그 행위가 공중을 심각하게 해치는 행동임에도 불구하고 처벌할 수 없었기' 때문이었다.[59]

**

동유럽 출신의 여성 노동자들은 서유럽 출신과 전혀 다르게 처리되었다. 1942년 6월 독일군이 러시아의 노보체르카스크를 점령한 직후 지역 공무원이 안토니아 미하일로바의 집을 찾아가 소집 사실을 알렸다. 공무원은 집무실로 돌아오자마자 17세의 안토니아를 소환했다. 그녀가 짐을 챙기고 가족에게 작별 인사를 하도록 주어진 시간은 단 몇 분이었다. 그녀를 포함한 행렬이 한여름 뙤약볕 아래서 로스토프나노두로 걸어갔다. 마을 원로들이 동행했고, 독일인들이 소총과 경비견으로 감시했다. 로스토프에서 그들은 돼지를 수송하는 데 쓰이는 더러운 화물칸에 실렸다. 기차가 폴란드에 도착했다. '소독'을 위해 안토니아와 소녀들은 옷을 벗기고 샤워를 했다. '남자들이 앞뒤로 오고 가며 웃었다.' 마리아 쿠츠네초바가 뮌헨으로 수송될 때의 이야기도 비슷했다. 그들은 강제로 샤워를 한 뒤 탁자에서 털을 밀었다. '우리는 어렸어요. 그러니까 아시죠? 처녀였어요. 우리가 울고불고하는데 남자들이 우리 주위를 빙빙 돌았어요. 그러나 울어도 소용없었어요.'[60]

두 소녀는 오스트리아 슈타이어마르크의 칼스도르프에 위치한 철가공 공장에 배치되었다. 군수산업 납품 회사였다. 라프–핀체 주식회사는 종업원 820명의 중급 기업으로서, '동유럽 노동자'와 영국 전쟁포로 89명, 크로아티아인 80명, 프랑스 민간인 15명이 투입되어 있었다. 외국인 노동자들은 국적별로 분리되어 수용되었다. 일부는 시내에, 나머지는 공업 지대 막사에 거주했다. 동유럽 노동자에게 할당된 막사는 세 개뿐이었고, 그 구역은 그 회사가 생산하는 철조망 철책으로 둘러싸였다. 여름에 그들이 그곳에 도착했을 때 막사 시설은 초라하지만 깨끗했다. 나무 침상에 매트리스가 놓여 있었고 베개에는 짚이 들어 있었다. 겨울이 오자 사정이 돌변했다. 막사 중앙에 놓인 작은 난로의 온기가 너무 약했다. 특히 밤에 잘 때 너무 추웠다. 그리고 단지 입구 바로 앞에 그 노동수용소의 소장 사택이 자리하고 있어서 들어오고 나가는 사람을 쉽게 통제했다.

낮의 노동 시간에 그들은 십장과 마이스터 수공업자들의 자의적 통제를 받았다. 소녀들은 근력이 약한데다가 고글과 여타의 보호 장비를 공급받지 못했음에도 불구하고 주물 공장에서 강도 높은 노동을 해야 했다. 십장과 마이스터 일부는 점잖았다. 예카테리나 베레트노바의 마이스터가 그런 사람이었는데, 1차대전 때 그는 러시아어를 배우기도 해서 소녀들과 러시아어로 대화했다. 그는 소녀들에게 빵도 주었다. 회사는 외국인 노동자의 생산성을 모니터하는 일반적인 관행을 따랐고, 그래서 생산적인 노동자들에게는 '동東' 배지를 오른 팔뚝에 달도록 했다. 그렇지 않은 노동자들은 배지를 가슴에 달았다. 배지는 그 자체로 동유럽 노동자들을 작은 도시의 나머지 사회 및 여가 공간으로부터 분리시켰다. 단적으로, 그들은 영화관에 갈 수 없었다. 그보다 중요했던 것은 비공식적인 관계였다. 외국인 노동자들 중에는 도시를 둘러싸고 있던 농가에서 농사일을 돕고 음식과 옷을 얻는 사람이 많았다. 여름에 일부 소녀는 수영복을 만들어 입고 운하에서 수영했고, 공장 인근의 들판에서 놀면서 그 순간을 사진으로 남겼다. 그들은 '민속' 의상을 만들어 입고, 춤추고, 러시아 노래를 불렀다. 한 크로아티아 남성 노동자가 만돌린을 연주했다. 그 노동수용소에서 결혼식이 최소 8번 열렸다. 주례는 수용소장이 맡았다.[61]

군수산업에 배치된 외국인 강제노동자들은 반半숙련노동을 수행했다. 어린 외국인 여성들은 그들을 교육시키고 그들의 작업을 감시하던 나이가 위이고 숙련된 독일인 남성 수공업자들에게 위협이 되지 않아 보였다. 에센 크루프 공장에서 일을 하다가 은퇴한 한 노동자는 외국인 노동자들과 작업장에서 공모적으로 서로를 도왔던 일을 다음과 같이 묘사했다.

> 그러니까 선반을 맡고 있던 남자, 회사가 그 사람에게 여자 한 명을 훈련시키도록 해요. 그가 징집되면, 그녀가 그의 대체자가 되는 거지요. 자 그러면 그 친구가 그 일을 빨리했을 것 같아요? 그 친구는 여자에게 '어이, 내 무덤 파지마'라고 말해요. 여자도 그럴 생각이 없고요.

친위대 정보국도 '사용자들이 러시아 노동자들에게 생산을 억제하도록 한다'고 보고했다.[62]

루르 탄광 지대에서 채탄 작업의 상당 부분은 소련군 전쟁포로들에 의해 수행되었다. 포로들은 티푸스가 쓸어버린 거대한 포로수용소에서 선발된 쇠약하고 뼈만 남은 사람들이었다. 크리비리흐에서 데려온 우크라이나 광부들은 자기 규율이 강하고, 힘이 세고, 강도 높은 노동에 익숙했지만, 소련군 포로들은 망치와 정으로 석탄을 캐야 하는 작업을 감당하기에는 너무 약해져 있었다. 탄광은 원체 폭력이 무제한적이기로 유명한 업종이었다. 1942년 3월 벨기에와 북부 프랑스에서 루르 탄광으로 보내진 노동자들의 2/3가 그곳을 떠나버렸다. 그곳의 독일인 광부들은 휘하의 소련군 포로 네댓 명의 생산을 감시하고 배급량도 결정하는 절대적인 권력자였다. 탄광은 애초부터 징집에서 면제된 대표적인 업종으로서, 독일인 광부들의 막강한 지위는 경영자들의 이익과도 맞아떨어졌고 나치 지도부의 이해관계에도 부합했다. 노동전선 수장 로베르트 라이가 1942년 10월의 탄광 경영인 모임에서 말했듯이, '러시아 돼지가 언제 맞아야 하는지'는 독일 노동자가 결정했다. 경제부 산하 '석탄집단' 수장 파울 플라이거는 보다 부드럽게 표현했다. '지하는 어둡고 베를린은 멀다.'[63]

그리하여 독일 국내전선도 대량 죽음의 장소가 되었다. 최소한 소련 민간인 노동자 17만 명과 폴란드 민간인 노동자 13만 명이 독일에서 노동하다 죽었다. 당국은 독일로 오거나 독일로부터 귀국하는 도중에 사망한 사람은 통계화하지도 않았다. 수십만 명이었을 것이다. 1942년 6월에는 소련 민간인 노동자들에게 티푸스가 닥쳤다. 1942년 7월 베를린의 AEG 전깃줄 공장은 '공장에 배치된 러시아 여자들이 때로는 굶주림으로 쓰러질 정도로 너무 약하다'고 보고했다. 그해 여름 프랑크푸르트 소재 공장들은 그들에게 보내진 노동자들의 절반을 '질병과 신체적 쇠약'을 이유로 들어서 되돌려보냈다. 1942년 9월의 또다른 공식 보고서는 동유럽 노동자를 베를린으로 수송하는 열차가 '부적합' 노동자들을 독일로부터 본국으로 귀국시키는 또다른 열차와 마주친 장면을 자세히 기술했다. 이러한 일은 '재앙을 가져올 수도 있다.'

왜냐하면 귀국 열차에 탄 사람들이 죽어 있었기 때문이다. 기차에서 아이를 출산한 여자들은 아이를 창밖으로 던진다. 폐병에 걸린 사람들과 성병에 걸린 사람들이 같은 칸에 타고 있다. 죽어가는 사람들은 지푸라기 하나 없는 화물칸에 버려져 있고, 죽으면 제방으로 던져진다. 아마 다른 귀국 열차도 비슷한 유감스러운 상황일 것이다.[64]

나치 전시경제의 위계에서 아래로 내려갈수록 통계는 더욱 끔찍해진다. 소련군 전쟁포로 2백만 명이 독일에서의 강제노동에 동원되어 그중 1백만 명이 사망했다.

외국인 노동자가 강제노동에 투입되면서 수용소 재소자 수도 기하급수적으로 증가했다. 강제수용소가 외국인 노동자를 규율화하는 주요 수단으로 변신했기 때문이었다. 수용소 재소자 사회에서는 초기부터 강자 역할을 하던 정치범들—보통 역전의 공산당 당직자들이었다—과 형사범들이 서로 격렬하게 경쟁하는 동시에 재소자들의 조장인 카포가 되고 '저명인사'가 되었다. 그 두 집단은 '동유럽' 노동자들과 폴란드 노동자들에게 막강한 권력을 휘둘렀다. 게슈타포에게 외국인 노동자들이 도주하려 했다거나 복종하지 않았다고 보고하는 자들이 그들이었다. 수용소에서 기대수명이 특히 짧았던 집단은 남성 동성애자와 경범죄자들이었다. 1942년부터 수용소 재소자들이 군수생산에 대거 투입되었다. 아우슈비츠와 모노비츠 수용소는 거대한 이게파르벤 화학공장과 고지 슐레지엔 기업들에 노동력을 제공했고, 베를린 북부의 오라니엔 수용소는 하인켈 항공기에, 다카우 수용소는 BMW에, 라벤스브뤼크 수용소는 지멘스에, 마우트하우젠 수용소는 슈타이어-다임러-푸흐에, 작센하우젠 수용소는 다임러-벤츠에 노동력을 공급했다. 1942년과 1943년에 수용소 노동력의 동원에 앞장선 기업들은 BMW, 하인켈, 메서슈미트와 같이 공군에게 군수장비를 공급하는 기업들이었다.

독일 강제수용소 재소자 165만 명 중에서 최소 80만 명이 사망했고, 그 외에 30만 명이 학살 노동에 배치되었다. 그들이 바로 '노동에 의해 파괴'되도록 선택된 유대인들이었다. 공식적인—따라서 본질적으로 보수적인—통계조차 최소한 240만 명이 1941~1942년의 전쟁 위기 이후 독일에서 노동으로 사망했다는 것을 보여준다.[65]

한 경제사가는 나치 독일이 강제수용소 재소자들 중에서 노동에 투입할 노동자들을 지속적으로 '선별'하는 동시에 그들에게 기아 배급만 제공한 것을 두고 그 원리를 '스톡이 아닌 플로우'로 정리했다. 노동력을 저장하지 않고 일정 기간 투입한 뒤 버리는 양상을 개념화한 것이다. 1942년에 시작된 배급 위기에서 그 원리가 전쟁포로와 외국인 '자원' 노동자를 가리지 않고 동유럽 출신의 모든 노동자에게 적용되었다. 사망자가 엄청나게 발생한 것은 바로 그 때문이었다. 노동자를 보다 경제적인 방식으로 선별하고 노동력 소모를 합리화하는 방법이 고안되지 않았던 것은 아니다. 고지 슐레지엔 석탄그룹 의장 귄터 팔켄한은 자신이 소유한 프슈치나광산의 '동유럽' 노동자들에게 '수행 능력에 따른 배급' 체계를 도입했다. 기준에 못 미치는 노동자의 음식을 빼앗아 기준을 초과한 노동자에게 먹였던 것이다. 팔켄한은 사망한 노동자를 대체할 새로운 노동력에 대한 요구를 줄이지도 않았다. 사회적 다윈주의의 그 식인 판본이 슐레지엔 광산 지대 전체로 확산되었다. 군수부장관 알베르트 슈페어도 열광했다. 그 체계는 점차 독일 군수산업의 표준이 되어갔다.[66]

기아 배급으로 인하여 사망자 수가 걷잡을 수 없이 증가하자, 나치 이념에 충실한 기업가들조차 배급을 개선하라고 요구했다. 기업가들은 노동 생산성이라는 '감상적이지 않은' 근거를 제시했다. 인종적 원칙을 가장 이데올로기적이고 가장 가혹하게 실천하던 하이드리히의 친위대 제국보안청조차 개선의 필요성을 인정했다. '현재의 배급 체계로는 양호한 상태로 입국한 러시아 노동자들도 빠른 시간 내에 소진되어 필요한 노동을 수행할 수 없을 것이다.' 1942년 3월 내내 각종 기관들이 조기경보를 울렸다. 히틀러 스스로가 '러시아인들'을 노동하는 데 충분할 만큼 먹일 필요가 있다고 말했다. 그러나 1942년 4월 6일 독일인들에 대한 배급량을 줄이는 조치가 취해지자, 그 즉시 외국인 노동자들에게 '예외적으로 좋은 음식'이 할당되고 있다는 질투어린 가십이 '민족동지들' 사이에 난무했다. 외국인 노동자들에 대한 배급을 줄인 뒤에도 독일 민간인들은 인종의 원칙을 고수했다. 인종적 차이를 허무는 그 어떤 조치도 허용하지 않았다. 경제적 효율성의 필요성 때문이든 어떻든, '민족공동체' 윤리는 독일인들에 대한 배급량 삭감이 역전되지 않는 이상 외국인 노동자에 대한 배급을 상당한 정도로 증가시킬 수 없도록 했다.[67]

**

민족적 연대의 또다른 원칙은 실천하기가 좀더 어려웠다. 전쟁 부담을 독일인들에게 평등하게 배분해야 한다는 원칙이 그것이다. 괴벨스는 1942년 4월에 배급을 삭감하기 직전에 자신의 주간지 〈제국〉에 전쟁이 부과하는 희생이 평등하게 공유되어야 한다고 선언했다. 그렇지 않을 경우

'우리의 식량'만 위협받는 것이 아니라, '공적인 통합성과 순수성에 대한 민음과 정의감'이 품위 있는 민족동지들 사이에서 위험하게 흔들릴 수 있다. 그 원칙을 훼손하는 자를 가차없이 처벌하지 않는 정권은 '더이상 인민의 정부로 불릴 가치가 없다.' 그렇듯 괴벨스는 나치 정부를 평가할 기준을 스스로 제시했다. 히틀러와 괴벨스는 의심의 대상이 아니었다. 그들의 소식小食—괴벨스의 요리사는 만찬 전에 손님들의 배급표를 은쟁반에 모았다—은 잘 알려져 있었다. 그러나 대중의 유머는 괴벨스가 던진 유명한 질문에 유명한 답변을 내놓았다. '전쟁이 언제 끝나겠습니까?' '괴링의 몸이 괴벨스의 바지에 맞을 때' 끝나.

나치 엘리트가 향유하던 특권에 대한 풍문은 영국 라디오 방송의 선전과 영국이 전쟁중에 개설한 가짜 독일어 방송 구스타프 지그프리드 아인스Gutav Siegfried Eins에 의해서도 퍼졌다. 부패에 관한 소문이 꼬리에 꼬리를 물자, 나치당 총재 비서실장 마르틴 보어만이 지구당위원장들에게 '민족공동체'의 규범에 맞도록 모범을 보이라고, 특히 '식품 배분'에서 모범을 보이라고 경고했다.[68]

더욱이 스캔들 망령이 나치 엘리트들을 스토킹했다. 사건은 베를린의 안락한 스테클리츠 지구에서 식료품 잡화상을 하던 아우구스트 뇌틀링으로 시작되었다. 1942년 7월 그가 고객들로부터 받은 배급표가 판매한 식품에 훨씬 미치지 못했다. 베를린시 식품국은 1942년 7월 23일에 그에게 벌금 5천 마르크를 부과했다. 식품국이 벌금으로 부과할 수 있는 최대 액수였다. 뇌틀링은 베를린 행정법원에 그 결정을 심리해달라고 요청했다. 그는 식품국의 결정이 알려지면, 자신만이 아니라 '나치당, 군대, 외교부의 중요한 인물들'이 포함된 고객들도 해를 입을 것이라고 진정했다. 뇌틀링의 고객 명단에는 독일의 정치 군사 엘리트 전체가 포함되어 있었다. 그는 그들에게 사슴고기, 햄, 소시지, 고급 와인, 사탕, 꿀, 코냑, 설탕 등, 배급표가 필요 없는 사치품들을 공급했다. 명단에는 내무장관 빌헬름 프리크, 외무장관 요아힘 폰 리벤트로프, 교육장관 베른하르트 루스트, 농업장관 발터 다레, 제국노동봉사단 단장 콘스탄틴 히에를, 히틀러의 총리실장 한스 라머스, 경제장관 발터 풍크, 제국라디오국장 오이겐 하다모프스키, 라이프치히 경찰청장과 베를린 경찰청장, 다수의 차관과 행정부 국장들이 올라 있었다. 고객 중 하나였던 베를린 행정법원장 가르디에프스키는 뇌틀링 건을 행정법원에서 심리하도록 했다. 고객 중에는 육군총사령관 브라우히치와 독일군 총사령부 사령관 카이텔, 해군의 레더 제독과 쿠르트 프리케 제독, 공군 참모총장 한스 예소베크와 공군 총사령관 빌헬름 해넬트도 포함되어 있었다.[69]

괴벨스는 섹스 스캔들로 오랫동안 시달려온 터, 부패의 폭에 경악하여 문제를 곧바로 히틀러에게 가져갔다. 놀란 히틀러가 연루된 인물들에게 개인적으로 소명하고 생활방식을 바꾸겠다고 약속하라고 요구했다. 그는 영향력이 약소하던 법무장관 오토 티어라르크에게 조사를 맡겼다. 공직자들의 소명은 스캔들의 실체적 내용보다 나치 정권 지도부의 도덕적 현실을 드러냈다. 모두가 '민족공동체'의 이상을 배신한 자신의 행위를 숨기기에 급급했다. 농업부 장관 다레는 자신은 그저 아내가 뇌틀링 가게에서 '정상적인' 수준의 쇼핑을 하도록 개인적으로 개입했을 뿐이라고 설명했다. 모든 혐의를 부인하면서 자신은 해당 규정들—그의 부처 관리들이 작성한—을 자구 하나하나까지 모두 따랐다고 주장했다. 리벤트로프 같은 인물들은 오히려 화를 내면서 무결함을 주장하고 항의했다. 한스 라머스는 아내 뒤에 숨었다. 아내가 식품점에서 구입한 야생 조류가 배급의 대상인지 몰랐다는 것이다. 대부분은 사실을 인정하되 책임을 최소화하려 했다. 규정을 몰랐다거나, 자신은 알았지만 아내나 하녀는 몰랐다고 둘러댔다. 돌격대 수장 빅토르 루체는 자기가 구입한 식품을 군대 병원에 입원한 돌격대원들에게 보냈다고 주장했다. 해군 총사령관 래더만은 '완전한 책임'이 자신에게 있다고 선언했지만, 아내가 무엇을 구입했는지 자신은 몰랐다고 덧붙였다. 아내 역시 해군 병원을 방문했을 때 부상자들에게 식품들을 나누어주고 나머지 식품은 전선 병사들에게 소포로 보냈다는 것이다. 괴벨스는 사람들이 나치 정권의 도덕률을 깨트린 책임은 회피하고 '주로 비루한 변명만을 늘어놓는 것'에 충격을 받았다. 히틀러는 스캔들의 확산을 막기 위해 그 선에서 멈추기로 결정했다. 뇌틀링은 보호자들로부터 버려지자 감방에서 자살했다.[70]

1942년 가을 독일은 유럽이 추수한 곡물을 약탈함으로써 식량 공백을 메우는 데 성공했다. 1942년 10월 4일 일요일 헤르만 괴링이 배급량을 1942년 4월 이전으로 되돌린다고 선언했다. '민족동지' 아래에 위치한 외국인 노동자들의 배급도 인종 위계에 따라 적절히 조절했고, 그렇게 노동력에 힘을 불어넣었다. 한번 더 삭감된 유일한 집단은 아직도 독일에 남아 있던 유대인들뿐이었다. 그 수가 얼마 되지 않아서 삭감은 상징적인 의미를 지녔다. 괴링은 라디오로 생중계된 '추수감사절' 연설에서 독일인들을 안심시켰다. '우리는 우리 군인들 모두를 정복 지역 물건들로 먹이고 있습니다.' 괴링의 그 '작은 실수'를 괴벨스는 외국에 알리지 말라고 언론에게 지시했다. 그러나 독일인들은 괴링의 말을 명확하게 이해했다. 또한 괴링은 연설에서 전쟁이 무엇보다도 유대인과 싸우는 전쟁이라고 길게 설명했다. 그리고 패배하면 독일이 어떻게 될지 각인시켰다. 그는 걱정스러워하는 아버지라도 되는 양 말했다.

독일 인민은 알아야 합니다. 전쟁에서 지면 여러분은 전멸되는 겁니다. …… 이번 전쟁은 두번째 세계대전입니다. 이번 전쟁은 인종 대전입니다. 독일인과 아리아인이 살아남느냐, 유대인이 세계를 지배하느냐, 그

것이 문제고, 그것이 우리가 저 먼 곳에서 싸우는 이유입니다.[71]

괴링의 연설에 대한 반응은 즉각적이고 압도적이었다. 친위대 정보국은 괴링이 국민들의 '가슴과 배를 향해 연설했다'고 요약했다. 나치가 독일 노동자들에게 생산성과 '수행능력'을 증가시키고 퇴근 후에는 자발적으로 스포츠 활동에 참여하라고 선전했지만 별로 효과를 거두지 못하고 있던 그 시점에, 괴링은 그 연설로 인민과 국가 지도부를 재결합시켰다. 1942년 여름 내내 바닥을 쳤던 국민들의 사기가 가을이 시작되자마자 반등했고, 그후 몇 달 동안 긍정적이고 낙관적 상태에 머물렀다. 전쟁은 독일인들 대부분에게 여전히 방어 전쟁이었다. 그러나 1942년에 그들은 전쟁의 성격이 변한 것에 적응했고, 더 길고 더 깊은 전쟁을 수행하기 위해서는 유럽을 샅샅이 약탈해야 한다는 것도 인지했다. 그렇게 독일인들은 전쟁이 제국주의적이고 제노사이드적인 전쟁이 되어버렸다는 것을 의식했다. 그것은 절반쯤만 표현되었고, 종종 불편했다.[72]

소련 여군 포로들, 1941년 8월, 다수는
처형됨.

마우트하우젠 수용소 소련군 포로,
1941년.

마우트하우젠 수용소, 1944년.

상: 독일군 공병 프리츠 프로프스트의 사
진, 키이우 드니프로강의 파괴된 다리,
1941년.

하: 파괴된 그 다리가 복구된 모습, 1941년.

독일인들의 키이우 폐허
산책, 1942년, 사진 저
널리스트 리젤로테 푸
르퍼의 사진.

처형 관광:
1941~1942년 겨울 오
룔의 독일군 병사들.

상: 에른스트 귀킹의 1941~1942년 겨울 철수: 전사한 소련군 병사와 죽은 말.

하: 빌헬름 몰덴하우어의 하계 공세, 1942년.

상: 키칭겐 유대인의 강제이송, 1942년 3월 24일.

하 좌: 지하로 숨은 유대인: 마리안네 스트라우스의 전시 우편 통행증.

하 우: 하나우에서 독일인들이 유대인 물건 경매에 나서고 있다.

상: 리젤로테 푸르퍼가 리비우 공군
기지에서 부상병 촬영을 준비하고
있다.

하: 리젤로테 푸르퍼가 위생병을 유
52 수송기에서 이송되는 부상병으
로 연출하고 있다.

상: 베를린 안할트 역의 지하 벙커에서 방공 요원들
이 휴식중에 피아노와 바이올린 협주곡을 연주하
는 모습, 리젤로테 푸르퍼의 사진.

하: 베를린 영화관 매표소 앞의 사람들.

영화 〈위대한 사랑〉(1942)에서 차라 레안더가 〈이것 때문에 세상은 끝나지 않아〉를 부르고 있다.

전시의 결혼: 리젤로테 푸르퍼와 쿠르트 오르겔, 1943년 9월.

제10장

전사자에게 쓰는 편지

1942년 4월 초 육군참모총장 할더가 새로운 소련전선 계획에 마무리 손질을 했다. 해군의 계획, 즉 일본과 손잡고 영국과 미국을 상대로 '대륙 간 전쟁'을 치르자는 주장은 거부되었다. 우선시해야 할 것은 육군이었고 소련과의 육상전이었다. 몇 주일 뒤 히틀러가 나치 지도부에게 말했다. '동쪽 일'이 마무리되면, '그러면 전쟁은 우리가 이긴 겁니다. 그러면 우리는 앵글로−색슨 국가들을 상대로 대규모 해적 전쟁을 치를 위치에 있게 돼요. 그 사람들은 그런 전쟁을 장기적으로 버텨낼 수 없을 겁니다.' 히틀러는 여전히 소련이 패하면 영국이 어쩔 수 없이 협상에 나설 것이고, 미국은 동맹국 영국이 없으면 유럽대륙에 올 수 없을 것이라고 믿고 있었다. 독일 지도부는 이제 와서 도박을 멈추기에는 너무 오랫동안 도박을 해온 터였다.[1]

소련의 힘을 평가하는 데서 재앙적인 오류를 범했던 육군정보국은 소련의 군사력에 대한 새로운 평가 작업을 진행했다. 그러나 이번에도 그들은 소련의 장비, 병력, 예비군을 심각하게 과소평가했다. 그들은 소련이 겨울에 입은 손실에서 회복할 수 없다고 판단했다. 독일군에게 행운이었던 것은 소련의 정보력 역시 똑같이 형편없었다는 사실이었다. 소련군은 독일 집단군중부의 모스크바 공격에 대비하고 있었다. 그러나 실제로 독일군은 전적으로 집단군남부와 코카서스 유전에 집중하고 있었다. 히틀러는 제6군 사령관 파울루스에게 선언했다. '만일 내가 마이코프와 그로즈니를 갖지 못하면 …… 그러면 나는 이 전쟁을 접어야 합니다.' 1941년에 전통적인 프로이센 장군들은 결정적인 섬멸전을 통하여 소련군을 패배시킴으로써 모스크바를 점령하고자 했다. 그때 히틀러는 우크라이나 곡창지대와 코카서스 유전에 더 큰 관심을 보였다. 이제 그 두 가지 의견이 하나로 모였다. 소련 경제의 생명선을 잘라내면 소련군은 어쩔 수 없이 멈춰서 싸울 것이며, 독일군은 독일이 필요로 하는 자원을 정복하여 동유럽 전쟁에서 승리하리라.[2]

할더가 입안한 '청색 작전'은 흑해 연안을 따라 코카서스로 진격하는 것이었다. 그 첫번째 목표는 소련군이 남쪽에서 반격하는 것을 막기 위한 세바스토폴과 케르치반도의 점령이었다. 독일군이 군집단남부에 집중한 것은 의도적인 전략이기도 했지만 어쩔 수 없는 선택이기도 했다. 1942년 3월 말 독일 육군 사단의 95%가 공격 불능 상태였다. 1942년 5월 초 동부전선의 독일군에게는 병력 62만 5천 명이 부족했고, 그동안 상실되었던 차량의 90%가 대체되지 못했다. 독일군은 가용 자원 대부분을 군집단남부에 집중시켰다. 군집단남부의 총 68개 사단 중에서 48개 사단이 완전히 재구성되었고, 17개 사단이 부분적으로 재구성되었다. 1941년 6월에 독일군은 세 개의 군집단을 모두 투입하여 소련을 공격했다. 1942년 봄에 군집단북부와 군집단중부의 과제는 물자 손실을 흡수하고 전선을 유지하는데 그쳤다.[3]

소련 지역 독일군 북부 전선의 젊은 보병 빌헬름 아벨은 탱크들이 남쪽으로 향하는 것을 보고 레닌그라드에 대한 지상 공격이 끝났다는 것을 알았다. 그러나 아벨은 베스트팔렌의 누이에게는 레닌그라드를 가차없이 포격하고 공습할 자원이 충분하다고 썼다. 그리고 그는 러시아 전쟁이 적시에 끝나면 그해에 영국을 공격하고 그동안 당한 공습에 대한 복수를 할 수 있지 않을까 생각하기도 했다. 1942년 5월 초 아벨과 동료들은 봄날의 햇살 아래 라고다호湖에서 수류탄으로 물고기를 잡았다.[4]

그 시각에 헬무트 파울루스는 남쪽으로 수천 킬로미터 떨어진 남동부 극점 미우스 강가에 주둔하고 있었다. 헬무트는 독일군의 새로운 공세를 가장 늦게 인지한 사람에 속했다. 그의 누이와 어머니는 1942년 7월 10일에 라디오 특별 보도를 통하여 세바스토폴이 함락되었으며, 오랫동안 기다려온 여름 공세가 시작되었다는 것을 알았다. 헬무트는 포르츠하임의 가족을 걱정했다. 그는 고향에서 이제는 감자도 배급된다는 기사를 읽었고, 휴가에서 돌아온 병사로부터 '고향의 분위기와 생활'에 대하여 부정적인 말을 들었다. 그래서 엄마가 아들을 위해 초콜릿 배급을 받지 않기로 한 것이 좋은 결정이었는지 의심했다. 그는 부대의 고참 병사들과 더불어 장교가 거듭해서 부과하는 훈련에 분노하고 있었다. 무의미한 훈련으로 귀한 포탄이 낭비되고 때로는 사망 사고까지 발생하지 않는가. 그는 상관을 도저히 이해할 수 없었다. 얼마 전에 실제로 신병이 실수로 수류탄을 코앞에 내리꽂는 바람에 사망 사고가 발생했다. 한 동료가 시의적절한 '철학'을 내놓았다. "네가 전선에서 총에 맞지 않으면, 그들이 뒤에서 네 똥구멍에 한 방을 발사하지. 어떤 경우든 너는 가게 되어 있어."[5]

1942년 7월의 첫번째 주일이 어떻든 흘러가고 포르츠하임의 라디오가 헬무트가 지키던 전선의 북동부에서 거대한 공격이 개시되었다는 소식을 전했을 때, 미우스 강가는 전과 다름없었다. 훈련 강도가 높아져 장거리

행군을 하고, 어쩌다가 소련 복엽기가 폭격을 해왔다. 자주 그랬듯이, 병사들은 야전극장에서 코미디 영화 〈명랑한 방랑자들〉도 관람했다. 그러나 병사들의 분위기는 크게 바뀌어 있었다. 헬무트는 편지에 썼다. 병사들의 '웃음이 적어졌어요. …… 우리들 거의 모두 한 사람당 적어도 열 명의 러시아 병사를 죽인 것을 생각하면 우리가 코미디 연극의 부산스러움을 납득하지 못하는 것을 이해하실 거예요.'⁶

1942년 7월 11일 마침내 진격 명령이 떨어졌다. 병사들은 찜통더위 속에서 미우스강을 도보로 건넜다. 부대는 강물이 군화 위에서 찰랑거리는 것을 느끼면서 어느 마을로 향했다. 소련군 부대는 이미 철수한 상태였다. 소련군 탈영병이 지뢰가 묻혀 있는 곳을 알려주었다. 중대가 마을 너머로 몇백 미터를 갔을 때 갑자기 소총과 기관총 세례가 쏟아졌다. 병사들이 구덩이를 파고 안에 엎드렸다. 밤이 왔다. 젖은 옷에 몸을 떨면서 밤을 보내는 동안 셔츠는 땀에 젖었고 바지는 강물을 빨아들였다. 소련군 부대가 소총과 기관총 외에 대포와 박격포를 더했다. 알고 보니 부대는 반대 방향으로 가고 있었다. 밤 동안 다른 병사들은 대부분 후퇴했고 헬무트를 포함하여 병사 24명만 남아서 전선을 방어했다. 다음날 후방 부대와의 통신이 끊기고 3면에서 포위당한 채 그들은 구덩이 속에 들어박혀 있었다. 병사들은 48시간 동안 아무것도 먹지 못했다. 일부 병사가 30분을 움직여서 냄비에 물을 담아왔다.

병사들이 물을 들이켜자마자 박격포탄이 날아오는 소리가 들렸다. 헬무트는 본능적으로 구덩이에서 튀어나왔다. 포탄은 헬무트 10미터 뒤에 떨어졌다. '저 다음으로 뛰어나온 병사는 다리 두 개가 날아갔어요. 저는 무사해요.' 그들은 하룻밤 내내 먹을 것을 찾아서 버려진 소련군 벙커들을 뒤졌고, 다음날 만난 산악 부대에게 빵 몇 조각과 말린 비스킷을 구걸해서 먹었다. 냇물을 건널 때는 물을 퍼마시고 수통에도 담았다. 그리고 그날 밤 마침내 독일군 수송차량과 야전 식당을 만났다. 따스한 음식은 없었다. 그래도 빵, 버터, 커피, 초콜릿 한 조각이 병사들 모두에게 돌아갔다. 헬무트가 숲 그늘에 누워서 편지를 쓰고 있을 때, 그는 독일군이 포격과 폭격을 집중시키면서 내는 굉음을 난생처음 들었다. 대포가 우레와 같이 발사되고 급강하 폭격기 수백 대가 파도처럼 소련군의 콘크리트 벙커들을 향해 내리꽂혔다. '이제까지 우리가 어디에 있든 언제나 적기와 대포가 압도적으로 우월했어요. 우리는 모두 우리 공군의 엄호 공격에서 형언할 수 없는 감정을 느꼈어요.'[7]

다음날 헬무트 중대는 갑자기 참호에서 불려나와 트럭에 실렸다. 그리고 미우스강을 건너 되돌아갔다. 중대는 이제 훨씬 남쪽의 로스토프로 향했다. 중대는 7월의 열기를 피해서 야간에 움직였다. 도중에 쇠숟가락을 잃어버린 헬무트는 가족에게 숟가락을 보내달라고 편지를 썼다. 그는 그곳 주민들처럼 나무 숟가락을 사용하기 싫었다. 그런 스푼은 '악어 입에나 맞는 것이지, 교육받은 중부유럽인이 그걸로 음식을 먹을 수는 없잖아요.' 독일군이 크라스니루치—그들이 겨울과 봄 내내 마주했었던 도시—를 함락시켰다는 소식은 '러시아군이 요새화된 전선 전체를 포기했다'라는 것을 의미했다. 헬무트는 통과하는 마을들에서 후퇴하는 소련군이 자기 부대와 하루 정도 떨어져 있고 거리가 좁혀지고 있다고 판단했다. 공병대가 지뢰밭을 찾아내는 동안 중대는 완전군장 상태로 출발할 준비가 되어 있어야 했다. 부대는 기관총을 메고 다녔다. 40킬로미터를 행군하면 기관총이 엄청나게 무거워졌고, 그것을 메고 다니는 것은 정말 괴로운 일이었다. 행군중에 파손된 다리를 만나면 인근 촌락에서 문짝과 창틀을 뜯어다가 수선했다. 그들은 계속 갔다.[8]

여름이라는 계절, 낮은 사상자 수, 스텝지역을 가로지르는 빠른 진격 속도 덕분에 병사들의 사기는 높았다. 중대는 1942년 7월 26일에 로스토프나도누에 도착했다. 헬무트는 동이 막 트는 시각에 도심을 통과하면서 기차역에 버려진 기관차와 열차들이 가득한 것에 놀랐다. 부대는 대형 페리를 타고 돈강을 건넜고 밤시간 동안 계속 걸었다. 가끔씩은 그 큰 돈강의 오른쪽 습지대를 철벅거리면서 통과했다. 한 작은 마을에 도착하니 적이 공격해왔다. 그러나 급강하 폭격기들이 도맡아 처리했기에 근접전은 없었다.[9]

중대는 소련군이 남긴 참호에서 눈을 붙인 뒤 1942년 7월 27일 아침 7시 30분에 다시 출발했다. 전투 준비를 완료한 채 스텝지대 20킬로미터를 걸었다. 소련군 후미 부대를 따라잡으니 그냥 손을 들고 항복했다. 습지대를 지나자 진격 속도가 빨라졌다. 헬무트는 독일군 탱크들이 중대를 앞질러서 딱딱한 지대의 선두에 서는 모습을 기쁘게 바라보았다. 1941년의 전투에서 소련군은 '사수 명령'을 지키다가 독일군에게 포위되었다. 그 전술적 오류에서 벗어난 소련군은 이제 새로운 동맹국 미국이 공급해준 트럭을 타고 직선으로 후퇴했다. 그 기계화된 적군을 독일군은 도보로 쫓고 있었다. 행군해야 하는 거리가 갈수록 길어졌다. 독일군에게는 이용할 수 있는 트럭이 별로 없었다. 하루종일 걸었던 그날 밤 헬무트는 편지에 썼다. '몸이 완전히 지친 동시에 과도하게 팽팽하며, 두 눈은 애타게 잠을 부르는데 신경에는 날이 서 있어요.' 포병들이 따라오지 못했기에 '종종 그랬듯이 우리 보병은 알아서 해야 해요.' 헬무트 중대는 이웃 중대와 함께 천천히 한 마을을 향해 나아갔다. 전투가 벌어졌고, 병사 몇 명이 부상을 입었다. 그러나 많은 포로를 잡았다. 그곳에서 병사들은 '계란, 우유, 버터, 일급 흰 빵을 발견했어요. 지난 이틀 그 고생을 해서 그런지 맛이 기가 막혔어요.' 소련군 포로들은 큰 도움이 되었다. 중대는 포로들 일부에게 무거운 탄약 박스를 들게 하고 끝없는 초원지대로 나아갔다.[10]

**

소련군 포로를 전선에 배치하는 것이 일상적이 되어갔다. 그것은 1942년 전반에 나타난 거대한 변화의 표식이었다. 소련군이 동쪽으로 계속 후퇴하면서 독일군의 포위 전술을 피했기 때문에, 1941년과 달리 독일군 후미에는 소련군 포로의 홍수가 없었다. 그러자 포로수용소의 성격도 변했다. 수용소는 이제 콘라트 야라우쉬가 티푸스에 감염되어 떠날 때까지 목격했던 대량 죽음의 장소가 아니었다. 수용소는 이제 포로들을 검사하여 독일군 용어로 '보조 자원병'을 선별하는 장소가 되었다. 졸링겐의 고등학교 교사 아우구스트 퇴퍼빈은 1942년 5월, 벨라루스에 도착했다. 퇴퍼빈이 맡은 역할이 바로 그 선별 작업이었다. 사실 독일군은 1941년 12월에 이미 소련군 포로들에게 군사적 보조 업무를 맡기기 시작했다. 포로들 일부는 심지어 전투 부대에 배치되었다. 히틀러가 명확한 금지 명령을 하달했음에도 불구하고, 1942년 봄과 여름에 독일군 군복을 입은 '러시아인들'이 지속적으로 증가했다. 그 '자원병들' 대부분은 굶주림으로 곯아터지는 수용소를 떠나고자 했을 뿐이었다. 대부분은 사소한 비전투 업무를 맡았다. 그들은 의료 인력, 요리사, 통역사, 트럭 운전사, 마부 혹은 장교의 종복으로 일했다. 소련군 병사의 투입은 만성적으로 열악했던 병력을 보충하는 가장 단순하고 실용적인 방법이었다. 1941년 겨울에 눈보라 속에서 철수해야 했던 제134보병사단은 부대를 재편할 때 소련군 포로들을 아예 전투 병과에 배치했다. 히틀러는 1942년 2월과 6월에 거듭해서 '동유럽 병사'의 배치를 금지했다. 그러나 소용없었다. 죽거나 다친 병사들을 대체할 인력이 고갈되자, 육군총사령부 스스로가 히틀러의 명령을 우회하는 가이드라인을 하달했다. 소련군 '자원병들'을 동부전선 사단 전체 병력의 10~15%까지 배치할 수 있도록 한 것이다. 그 '자원병들'이 후미의 빨치산 작전에서 과거의 소련군 동료 병사들과 훌륭하게 싸우자, 군집단중부는 그 자원병들만으로 구성된 전투 부대를 만들어서 독일군 장교 아래 두었다. 결국 히틀러가 물러섰다. 히틀러는 1942년 8월 18일 '동유럽 병사'의 존재를 인정하고, 그들의 급여, 계급, 군복, 독일인과의 관계를 규정한 명령서에 서명했다. 1942년 말 제134보병사단 병사의 거의 절반이 '러시아 자원병들'이었다. 독일군은 새로운 부대들이 러시아 민족주의 전통과 연결되는 것을 막기 위하여 그 부대들에게 역사적 명칭보다는 '드니프로 부대' '프리피아티 부대' '비아레치나 부대' 등의 지리적 명칭을 부여했다.[11]

발트해 국가들과 서부 우크라이나는 독일군을 해방자로 환영했고, 기꺼이 함께 볼셰비즘과 싸우려 했다. 그러나 그들이 무엇을 위해 싸우는가 하는 문제는 해결되지 않았다. 독일측은 우크라이나 민족기구Organization of Ukrainian Nationalists를 지원했다. 그 기구의 두 경쟁 파벌 지도자들, 안드리 멜리크와 스테판 반데라는 독일군 정보국 및 게슈타포와 긴밀한 관계를 맺었다. 독일군이 우크라이나를 점령하자 그 두 사람은 경쟁적으로 우크라이나 독립을 청원했다. 독일측은 두 분파의 활동을 지원하는 한편 독립의 보장을 거부했다. 때로는 지도자들을 투옥시켰다. 사실 우크라이나는 1939년 이전에 성립된 정치 노선에 따라 분열되어 있었다. 소비에트 연방에 속하는 공화국이었던 우크라이나가 이제 '독일제국 우크라이나 판무국'이 되었다. 판무국장으로 부임한 동프로이센 지구당위원장 에리히 코흐는 판무국에 극독일주의 폭력 체제를 구축했다. 코흐는 가능한 모든 기회를 이용하여 '현지인들'을 공개적으로 매질하고 처형했다.

과거 서부 우크라이나 지역으로서 독일군 점령을 폴란드 및 소련의 지배로부터 벗어날 기회로 판단했던 갈리치아에는 보다 온건한 문화적·정치적 정책이 시행되었다. 리비우를 수도로 삼은 갈리치아는 한스 프랑크가 통치하던 총독령 폴란드의 한 지구로 편입되었지만 독자적인 지위를 인정받았다. 그래서 우크라이나 민족주의 출판과 문화 활동이 펼쳐졌다. 친위 대는 1941년 7월에 우크라이나 보조경찰 대대를 조직했고, 그 대대들은 유대인 학살, 빨치산 격퇴, 헤르베르트 바케의 '기아 계획'을 위한 도시 봉쇄에서 핵심적인 역할을 수행했다. 우크라이나 보조경찰 대대의 수는 1942년 여름에 괄목할 정도로 증가했다.

그것이 전쟁의 그 단계에서 슬라브 민족주의가 전개될 수 있도록 허용된 한계였다. 우크라이나의 지배자 에리히 코흐는 독일군 지도부와 로젠베르크의 동유럽부로부터 보다 온건한 지배를 실시하라는 압력을 받았지만 전혀 자세를 바꾸지 않았다. 그는 강제노동, 식량 징발, 공개 처벌, 자의적 테러를 고수했다. 괴링과 보어만과 히틀러의 변함없는 지지에 기댈수 있었기 때문이었다. 이웃한 벨라루스의 빌헬름 쿠베는 중간노선을 걸었다. 예컨대 1942년 7월에 쿠베는 17세에서 21세에 이르는 청소년 모두가 '100% 공산주의에 전염되었으니' 모두 죽이자는 제안을 거부했다. 그대신 그는 그들을 산업 교육생이나 친위대 및 방공대의 '자원' 보조병으로 선발했다. 그 긍정적인 편린은 독일인 당국이 벨라루스 민간인들에게 가한 폭력에 비하면 아주 사소한 것이었다. 그리고 그조차 독일인들의 우려에 부딪혔다. 독일인 당국은 슬라브 혹은 러시아 민족주의가 독일의 계획, 즉 볼셰비즘에 승리한 뒤 항구적인 식민 정착지를 창출하려는 계획과 어긋나지는 않을까 우려했다.[12]

당시 표현으로 '동유럽 군단'의 구축은 비슬라브 지역, 특히 무슬림 지역에서 훨씬 더 빠르고 부드럽게 진전되었다. 히틀러는 1941년 11월에 '투르크 군단'의 구성을 승인했다. 1942년 2월에는 육군총사령부가 로젠베르크의 동유럽부와 협력하여 코카서스인, 조지아인, 아르메니아인으로 구성된 투르키스탄 군단을 조직했다. 1942년 여름에 북부 코카서스 군단과 볼가 타타르 군단이 그 뒤를 이었다. 이는 소련 점령지역의 모든 비슬라브 민족 집단, 그리고 추후에는 발칸의 모든 비슬라브인들을 결집하려는 의지와 범이슬람주의에 대한 친위대와 독일 외무부의 열광이 교차하면서 나타난 일이었다. 범이슬람주의에 대한 열광은 1차대전 때 중동을 격동시키려던 독일의 시도로 거슬러올라간다. 어쨌거나 그런 식으로 50만 명이 넘는 병력이 구축되었다.[13]

1941년 가을에 군집단남부가 크림반도에 진입하자 타타르족 22만 5천 명이 따뜻하게 환영했다. 수니파 무슬림이었던 그들은 소련 공산주의자들이 모스크와 이슬람 학교를 더럽히고 독립성을 빼앗고 파괴하는 것을 겪은 사람들이었다. 독일 점령하에서 1943년에만 모스크 150개와 기도의 집 100개가 복원되어 문을 열었다. 독일 당국은 크림에 이슬람 율법지배령muftiat의 재구축을 허용하면서 다만 그것이 정치적 요구의 초점이 되지 않아야 한다는 조건을 달았다. 지역의 이슬람 율법학자들ulema도 만슈타인 장군의 제11군에 부속될 민병대의 모집을 도왔다. 1942년 초 심페로폴에서 열린 타타르대위원회 대회에서 이슬람 학자가 선언했다. 우리의 '종교와 신앙이 우리에게 독일인과 함께 성전에 참여하도록 명령한다.' 싸울 대상은 물론 볼셰비즘이었다. 대회 참가자 전원이 기립하여 '신속한 승리를 성취하도록 …… 그리고 지도자 아돌프 히틀러의 만수무강을 위해' 기도했다. 1942년 3월까지 무슬림 2만 명이 민병대에 가담했다.[14]

독일인들은 타타르 군단과 투르크 군단의 규율과 전투력에 놀랐다. 군단은 곧 빨치산 전투에서도 이름을 날리게 된다. 그해 우편 검열관들은 병사들의 편지에서 무슬림들이 '알라와 아돌프 지도자Effendi에 대한 믿음'으로 싸운다는 것을 확인했다. 한 자원병은 편지에 썼다. '나는 타타르족과 이슬람 종교를 볼셰비키의 멍에로부터 해방시키기 위하여 싸웁니다.' 1942년 봄 케르치의 소련 해군기지를 점령한 뒤 한 무슬림 병사가 열광했다. '우리는 …… 붉은 러시아군을 회복 불가능하게 박살냈어. 승자의 이

름은 우리 것이야. 알라께서 아돌프 에펜디를 우리에게 주셨으니 우리는 영원히 승자일 거야.'[15]

독일군은 서둘러서 무슬림 부대의 종교적 권리를 보장했다. 독일군 병사들에게는 무슬림 병사들의 일일 기도를 호기심 속에서 지켜보지 말 것, 특히 사진을 찍지 말 것을 명령했다. 라마단과 모하메드 탄생일Id ul-Adha의 축일도 존중했다. 돼지고기 메뉴도 금지됐다. 가축을 도살할 때 행하는 의례를 도입하는 일은 쉽지 않았다. 나치가 유대교 율법에 따르는 정육점을 없애기 위하여 1933년 4월에 '동물보호법'을 제정했기 때문이었다. 그러나 독일군은 무슬림 부대에 필요한 가이드라인을 따로 마련했다. 친위대는 보스니아 무슬림 친위대 사단을 구축했는데, 친위대 역시 독일군의 예를 따랐다. 1942년 10월에 무슬림 지원병들을 상대로 실시된 설문은, 병사들의 지원에 각양각색의 동기가 있었다는 것을 드러낸다. 독일군 포로수용소에서 해방되려고 지원한 병사도 있었고, 강제노동을 피하고자 한 병사도 있었다. 특히 발칸 출신 병사들은 압도적으로 빨치산 공격으로부터 가족을 보호하려고 싸웠다. 사실 독일군과 친위대는 나치즘과 이슬람이 핵심 가치를 공유한다고 믿었다. 지도자에 대한 복종, 가족에 대한 믿음, '유대-영국-볼셰비키 적'과 싸우는 성전에의 헌신. 하인리히 힘러는 심지어 히틀러를 과연 모하메드의 반열에 놓을 수 있는지 아카데믹한 연구를 위촉하기까지 했다. 히틀러를 '쿠란에 예언된 돌아온 예수Isa로 제시할 수 있을지, 아니면 세계의 종말에 거인 유대인 악마 왕Dajjal을 쳐부술 게오르기우스 기사와 비슷한 유형'으로 제시할지 연구하도록 한 것이다.[16]

가장 큰 변화는 친위대 내의, 원래는 비교적 작았던 유사 군사 기관에서 일어났다. 친위대가 1941년에 최전방에서 맡은 역할은 없었다. 그러나 무장 친위대 병력이 1942년 초에 17만 명에 이르자, 친위대는 제국 너머를 바라보기 시작했다. 그들은 독일 정규군이 징집하지 않는 인력풀에서 병력을 모집했다. 그 작업은 독일군이 발간하던 인기 높던 삽화 저널 〈신호〉의 지원을 받았다. 그 잡지 구독자 250만 명은 서유럽인이었다. 프랑스에서 독일 점령군은 프랑스 문화인들의 활동을 지원하고 조종했다. 독일 대사 오토 아베츠의 전문가적인 지휘 아래서 장 콕토, 앙리 마티스, 파블로 피카소, 시몬느 드 보바르, 장-폴 사르트르가 작품 활동을 지속했다. 그들은 독일군 장교들과 함께 사르트르 연극의 개막 공연을 관람하기도 했다. 독일인 당국은 프랑스의 문화적 다원성을 제한적으로나마 허용했다. 독일인 당국과의 협력을 거부하던 급진파로부터 드리외라로셸이나 루이페르디안 셀린 같은 철두철미한 파시스트 반유대주의자에 이르기까지 다양한 사람들이 그 안에 포함되었다. 독일인 당국은 문화적 다양성을 제한적으로 허용함으로써 독일이 동유럽의 야만으로부터 서유럽 문화를 방어하고 있다고 선전하고자 했다.

당국은 특히 각국의 민족 영웅들을 내세웠다. 프랑스에서는 잔 다르크를 통하여 영국 포비아를 동원했고, 네덜란드에서는 망명한 왕 대신 렘브란트 초상을 넣은 우표를 발행했다. 1942년에 그들은 렘브란트를 형상화한 아름다운 역사영화도 제작했다. 독일의 문화 선전이 레지스탕스 운동에 대한 지지를 억제했는지는 불확실하다. 그 시점에 레지스탕스 세력은 매우 작았다. 그러나 나치의 선전은 네덜란드인, 벨기에인, 프랑스인, 노르웨이인들이 무장 친위대 사단에 자원하도록 설득하지는 못했다. 그에 비해 루마니아, 헝가리의 독일 혈통이나 갈리치아의 우크라이나인들과 보스니아의 무슬림을 무장 친위대에 입단시키는 작업은 훨씬 용이했다.[17]

친위대가 '인종적' 배타성을 포기함에 따라 자체적으로도 의식을 전환할 필요가 있었다. 학습 과정은 가팔랐다. 1941년 9월에는 친위 특공대가 무슬림 전쟁포로 수백 명을 처형했다. 그러자 친위대 정보국 국장 라인하르트 하이드리히가 모든 친위 특공대에게 명령문을 발송했다. '할례'와 '유대인 외모'가 '유대인 혈통'의 증거가 되지는 못한다는 것이었다. 오토 올렌도르프가 이끌던 학살특공대 D는 크림반도에서 아스케나지 유대인과 투르크어를 말하는 크림샤 유대인은 학살했지만, 베를린의 특별 명령에 따라 투르크 카라이트 유대인은 생존케 했다. 그들은 유대교로 개종했을 따름이라는 것이었다. 그들 중 수백 명은 크림 타타르 자원병 부대에 입대했다.[18]

독일군 일부가 그렇듯 인종적·종교적으로 혼합된 다언어 군대로 변모하자, 독일군 병사들이 혼란에 빠졌다. 병사들은 '아시아인' 속의 개별 민족들을 구분하지 않았다. 바르샤바를 지나 독일로 가던 기차의 마지막 열차에 붙은 표지는 '폴란드인, 유대인, 외인환자'였다. 독일군 당국이 병사들에게 다양한 방법으로 새로운 동맹에 대한 포괄적이고 관용적인 태도를 교육시켰지만, 병사들은 기존의 민족적–인종적 관점을 고수했다. 공병 프리츠 프로프스트는 1942년 6월에 독일군 공세가 시작되면서 급강하 폭격기가 소련군을 타격하는 굉음 소리가 들리자 기분이 아주 좋았다. 튀링겐의 그 가족주의자는 부대 옆을 지나는 소련군 포로들을 보면서 몸서리를 쳤다. 그는 아내에게 썼다. '당신, 이 아시아 포로들을 보았어야 해. 그들이 우리 조국에 가면 살인 사태가 벌어질 거야. 저것들은 도대체 인간이 아니거든. 그렇다고 무해한 동물도 아니야. 야수야.' 그렇게 프리츠 프로프스트는 개전 이후에 그가 습득한 용어와 은유들을 사용하고 있었다. 그는 상부에서 하달된 종류가 상이한 명령을 따를 수 없었다. 1941~1942년의 위기에서 전쟁이 독일군 병사들에게 준 것이 있다면 민간인을 나무에 매달아 죽이고, 촌락을 불태우고, 주민들을 초원지대로 쫓아버리고, 촌민들의 마지막 식량과 겨울옷을 징발하는 것을 강력한 적의 위협에 대한 당연한 대응으로 간주하는 공통적인 심성이었다. 그 심리적 변화는 되돌릴 수 없었다. 병사들에게 결정적인 순간이 닥치면 그 집단적 관점의 중심 요

소들이 소환되어 점령자와 피점령자 사이의 복잡한 고유한 관계들을 압도해버렸다.[19]

　예술가 지망생 오이겐 알트로게는 동부전선에서 6개월을 보낸 뒤 '러시아인들의 본질'을 드로잉으로 담고자 했다. 그는 친구 한스 알브링에게 썼다. '우리가 아무리 진지하게 그들의 커튼 문화, 복도 문화, 정갈한 손톱 문화를 존중한다고 하여도 …… 우리 대부분은 그들의 원시성, 영혼의 단순성, 소박한 정열, 끔찍한 폭력성을 이해하지 못해.' 알트로게는 그 이국적인 단순성을 그림에 담기 위하여 '덜 추상적이고 보다 단순한' 새로운 드로잉 기법을 실험했다. 그 두 가톨릭 신자는 서구의 근대 상업 문명이 파괴해버렸다고 그들이 믿고 있던 깊은 종교적 순수성을 러시아에서 발견하고 싶었다. 스탈린그라드에 접근했을 때 한스 알브링은 러시아정교 아이콘에 경탄하고 수집했다. 두 사람 모두 러시아 여성의 신체적 아름다움에 매혹되었고, 그 정신적 차원을 드로잉으로 포착하고자 했다. 그러나 알브링은 예민한 종교적·예술가적 감수성에도 불구하고 프리츠 프로프스트와 다르지 않았다. '인간이 아닌 그 무리들이 그후 가공할 만한 범죄를 저질렀어. 우리가 구조해내기 전에 부상병들을 살해해버렸어. 참혹해 …… 대지에 악마의 음흉함이 참을 수 없이 횡행하고 있어.'[20]

　알브링과 알트로게처럼 자의식적인 병사들조차 자신이 그동안 동부전선에서 얼마나 '단단하게' 변했는지 성찰하지 않았다. 그들에게는 자신의 변화를 추跙체험할 지점이 없었다. 그들은 자신이 성장한 고향과 가족과 독일 문화에 매달렸다. 그들의 감정적 상수는 그것들이었다. 스텝지역을 가로지를 때 알트로게, 알브링, 헬무트 파울루스는 한결같이 괴테와 횔덜린을 읽었고, 에른스트 윙거의 1939년 일기 소설 『정원들과 거리들』을 읽었다. 세 사람은 독일의 서로 다른 지역 출신이었고, 서로 다른 기독교 종파에 속했으며, 서로 다른 계급장을 달고 있었다. 그러나 그들은 공히 그들이 가족과 교육을 통해 축적한 문화에 깊은 애착을 느꼈다. 스텝 지대의 광활하고 낯선 '사막'에서 그들은 고전으로 도피했다.[21]

병사들은 동부전선을 필수적인 시험대로 간주했다. 희망이 오직 그 시험이 언제 끝날지 계산하는 것에만 있는 무시무시한 시험이었다. 허세가 가득한 나치당 당원이요 엄격한 아버지였던 프르츠 프로프스트에게는 성찰할 것이 많지 않았다. 그러나 그는 자신이 무엇을 잃어버리고 있는지 절망적으로 의식했다. 전쟁 첫해만 해도 밤에 엄마 침대에서 꼭 붙어 자던 막내아들 만프레드가 1942년에 학교에 입학했다. 신년이 되어 달력을 바꾸면서 전년도 달력을 보면 함께하지 못한 가족의 생일들이 가득 표시되어 있었다. 1942년 1월 6일은 둘째인 군둘라의 생일이었다. 프로프스트는 고백했다. '나는 그런 날을 언제나 공포 속에서 보낸다오. 그런 날이면 아이들이 우리가 얼마나 늙었는지 깨닫게 해줘. 게다가 아이들은 커가는데 나는 아이들의 짧은 유년기를 함께하지 못해.' 그때는 그가 마지막으로 집으로 휴가를 다녀온 지 1년이 지난 시점이었다.[22]

아버지의 부재가 끼친 영향은 장남 카를-하인츠에게 가장 컸던 것 같다. 프로프스트는 아내 힐가르트에게 아들을 어릴 때 다잡아야 한다고 경고했고 아들에게는 정기적으로 편지로 훈계했다. 1940년에 그는 교장 선생님 어투로 12살 먹은 아들이 했던 '명예의 약속'을 상기시켰다. 그때 아들은 '말만 잘 들으면 엄마가 무엇이든 허락할 거예요'라고 썼었다. 2년 뒤 프로프스트는 14살이 된 아들에게 세 번 연속해서 편지를 보냈다. 할머니가 함께 계신 자리에서 '버릇없게' 행동한 것을 '부끄러워해야 한다'. 아들이 히틀러청소년단에 입단하자 아버지는 아들을 국민학교 4년이 끝나고도 그 위의 학교에 보내느라 부담해야 하는 재정적 희생을 강조했다. 도덕적 부채도 빼놓지 않았다. '부끄러워해라. 아버지는 멀리 있지만, 네가 다음에 너 스스로 하지 않아도 되도록 그래서 다른 과제에 헌신할 수 있도록, 지금보다 나은 너의 미래를 우리가 준비하고 있잖니. 그런데 너는 그것을 보지 않잖아. 한번 더 말한다. 부끄러워해라.'[23]

프로프스트는 관계가 멀어지고 아버지로서의 권위가 줄어드는 것에 절망했다. 1주일 뒤 그는 카를-하인츠의 견진성사에 참석하지 못한 것을 아파하면서 아내가 보내준 세 자식 사진을 보는 것으로 만족했다. 그는 아내에게 자식들에게 '약해지지 말라'는 경고로 편지를 끝맺었다. 우리가 살면서 만나는 도전에 맞서려면 '당신이 당신 자신에게 단단해야 해. ……우리, 단단하고 단호해집시다. 우리가 곧 만나게 된다는 희망을 놓지 맙시다.' 편지에 쓴 '단단함'은 전선의 위험과 가정의 부담 모두를 공통의 가족적 노력 속에서 받아들이자는 뜻이다. 석 달 뒤 프로프스트는 힐데가르트와 자기 자신을 격려한다. '우리는 더욱 단단해야 해. 용기를 잃지 말아야 해. 우리의 소망이 성취되는 그날에 대한 희망을 놓지 말아야 해.' 프로프스트는 가족의 사적인 갈등을 해결하려고 시도하면서 반복하여 '헌신', '단단함', '단호함', '희생'이라는 공적인 미덕에 의지했다. 아내에게 전투 이야기를 많이 할 수 없던 그는 그 공적인 구호들로부터 자신의 권위와 전선의 진정성을 빌려와야 했던 것이다.[24]

스무 살의 헬무트 파울루스에게는 그런 걱정이 없었다. 집에서 온 편지와 소포는 놀랍게도 부대의 진격에 보조를 맞추고 있었다. 그는 아버지가 새로 구해서 보내준 덕분에 하사관이 잃어버렸던 자기 훈장도 가슴에 부착할 수 있었다. 그는 아버지가 보내준 그 훈장에 크게 기뻐했다. 부대가 코카서스에 접근했을 무렵에는 몇 달 동안 사용하기에 충분한 노트도 배달되었다. 어머니가 부쳐준 설탕은 촌락에서 구해온 딸기와 뽕나무 열매를 버무리는 데 썼다. 어머니의 레몬즙은 행군할 때의 갈증을 가라앉혀 주었다. 그는 니체 선집을 탄약통에 숨겼고, 〈제국〉에 실린 파우스트 공연 리뷰를 게걸스럽게 읽었다. 그는 어머니에게 국내전선이 불평으로 가득하다는 소문에 대하여 물었다. 어머니는 국내전선의 명예를 변호했다. '주부들이 침묵 속에서 기다려야 하는 상황인 것은 맞지만, 사람들은 물건이 부족하고 긴 줄을 서야 하는 것을 견디면서 어떻게든 해나가고 있단다.'[25]

헬무트의 부모는 1941년에 비하여 전쟁에 대하여 더 많이 알았고 또 아들의 진격을 거의 실시간으로 뒤쫓았다. 어머니는 심지어 아들이 돈강 습지대에 도착하는 날을 예측하기도 했다. 아버지는 여전히 아들에게 장교 훈련에 자원하라고 채근했다. 그러나 아들은 1년 전과 달리 부모의 질문을 외면해버리는 성인이 되어 있었다. 그리고 좀더 민중적으로 되어 있었다. 그는 자신을 '평화 시기'의 열병식 군인이기보다 자의식으로 충만한 '졸병'으로 간주했다. 그러나 그도 결국은 가족의 직업인 의학으로 선회했다. 화학을 공부하겠다는 바람을 포기한 것이다. 빨리 경력을 시작하고 빨리 가정을 꾸려야 한다고 생각하니 전쟁에서 보낸 시간은 잃어버린 시간이었다. '아마 내가 전쟁의 조야함과 불공평을 겪은 탓에 조용하고 안정된 삶을 희구하게 된 것 같아. 화학을 전공하면 많은 시간이 흘러야 그런 것들을 가질 수 있거든.' 여동생 엘프리데도 의학을 택했다. 어머니는 헬무트에게 군복무를 중단하기 위해 갑자기 대학에 지원하는 청년이 많다고 알렸다. 그러나 헬무트는 보병인 자기에게는 그런 허가가 나오지 않으리라는 것을 잘 알고 있었다. 보병은 대체 병력이 거의 없었기 때문이었다. 유일한 해법은 의료 병과로 전직하고, 그뒤에 다음 단계를 밟는 것이었다. 그는 그 과정이 2년은 걸릴 것이라고 예상했다. 그리고 전쟁이 그 정도나 더 계속되리라고 생각하지 않았다.[26]

한스 알브링은 대학에 진학하기 위해 휴가를 신청할 생각이었다. 그의 계획은 역사, 철학, 독문학을 공부하는 것이었다. 그러나 그는 전쟁이 잃어버린 시간이 되도록 놔두지 않았다. 한밤중 연락병 차량의 무전기가 꺼진 조용한 시간에 그는 요한복음을 새로이 번역하는 작업을 벌였다. 자기가 그린 삽화의 설명문을 수정하는 작업도 병행했다. 그는 출간을 희망했다. 그는 동료들의 얼굴, 특히 손을 그렸다. 그에 뒤질세라, 친구인 오이겐 알트로게는 넓적다리 총상에서 회복되어 전선으로 돌아오자마자 자기가 만든 '기도서'의 삽화와 텍스트 작업을 재개했다. 그러나 그때 오이겐은 동부전선 병사들의 학업휴가가 모두 정지되었다는 소식을 들었다. '희망과 꿈의 성들'이 갑자기 무너져내린 그때 그는 학업을 신청하려던 친구 한스가 어떤 마음일지 걱정했다.[27]

**

육군원수 빌헬름 리스트의 군집단A가 1942년 8월 9일에 코카서스에서 첫번째 마이코프 유전을 점령했다. 다만 유전 설비가 파괴된 뒤였다. 2주일 만에 480킬로미터를 진격한 독일군의 보급선은 너무나 길었다. 휘발유를 낙타로 실어날라야 했다. 헬무트 파울루스의 부대는 1942년 8월 12일에 크라스노다르 점령을 함께했다. 그로써 독일군이 타만반도 흑해 동안東岸의 항구들로 가는 길이 열렸고, 그와 더불어 루마니아 항구로부터 해로로 코카서스의 독일군과 루마니아군에게 보급품을 공급할 가능성도 생겼다.[28]

헬무트 파울루스의 보병 부대는 1942년 8월 후반에 드디어 무한해 보이던 단조로운 스텝지대를 통과했다. 부대가 코카서스 산록을 올라갔을 때 헬무트는 집에 온 듯한 느낌이 들었다. 8월 20일에 양측이 포격전을 주고받았기에 헬무트는 행군을 멈추고 떡갈나무 숲과 그 뒤에 솟은 산맥의 아름다움을 음미할 수 없었다. '거의 집에 갔다고 상상할 수 있었어요. 슈바르츠발트의 가장자리와 너무나 닮았거든요.' 그날 오후 병사들은 우크라이나 체르카시 수목관리인 출신 병사의 안내로 숲속으로 소련군 후미

깊숙이까지 접근하기도 했다. 그날 밤 중대는 세번째 고개에 올랐고, 헬무트 분대는 계곡 안으로 정찰을 나갔다. 분대가 고원지대로 통하는 산길을 올라가다 길옆 덤불 속의 소련군 부대를 목격했다. 소련군 트럭, 대포, 부대, 화물 차량 행렬이 남쪽의 유전지대로 향하고 있었다. 그 행렬을 밤새도록 지켜본 부대는 동틀 무렵 부대로 복귀하는 대신 소련군에게 총격을 가했다. 소련군 병사들이 기습 공격에서 빠르게 벗어나더니 숲을 통해 헬무트 분대를 우회했다. 그리고 분대를 계곡 아래의 실개천 바닥에 묶어놓았다. 헬무트가 그들이 발사한 첫번째 총탄에 맞았다.[29]

헬무트는 집에 보낸 편지에 상황을 묘사했다. '처음에는 부상당한 것을 전혀 몰랐어요. 바지에 구멍이 났지만 피는 안 보였거든요. 그런데 곧 속옷이 붉게 변했고, 그때서야 무슨 일인지 알았지요.' 의무병이 달려와 바지를 잘라내고 상처에 붕대를 감았다. 그는 절뚝이면서 배수로에 설치된 군의관의 응급처치소로 갔다. 총알은 왼쪽 대퇴부를 깨끗하게 통과했고, 동맥과 뼈의 옆을 지나면서 살만 5센티 찢어놓았다. 탄약이 부족했던 분대는 소련군 부대에게 점점 뒤로 밀려난 끝에 결국 산을 뒤로한 채 3면에서 포위당했다. 그들을 살려준 것은 산이었다. 독일군 운전병들과 행정병들이 탄약과 음식을 메고 밤새 언덕을 넘어서 포위된 병사들을 찾아왔던 것이다. 그들은 부상병 후송도 도왔다. 헬무트는 혼자 힘으로 절뚝거리며 걸었다. 붕대가 풀어지고, 상처가 몇 주일 동안 갈아입지 못한 땀에 쩌든 속옷과 비벼졌고, 마른 피가 피떡이 되어 엉겼다. 병사들은 2킬로미터 산길을 걸어서 마침내 마차와 만났다. 헬무트는 크게 안도하며 올라탔다.[30]

돌아가는 길은 고통스러웠다. 마차가 산길에서 미끄러져서 계곡 아래로 쏜살같이 달려 내려갔다. 그 순간 헬무트에게 고향 포르츠하임의 남쪽 숲이 떠올랐다. 누이 이름가르트가 아기였을 때 유모차에 실려서 숲 아래로 처박혔던 적이 있었다. 헬무트가 탄 마차의 제동장치는 뒷바퀴에 묶여 있는 체인뿐이었다. 마차는 결국 계곡 바닥에 처박혔다. 그곳에서 부상병들은 앰뷸런스에 실려서, 한꺼번에 서른여섯 발을 발사하는 스탈린오르간의 작별 인사를 받으며 그곳을 떠났다. 헬무트는 1시간 뒤에 전방 치료소에 도착하여 파상풍 주사를 몇 방 맞고 코카서스 크라스노다르의 군대병원으로 후송되었다.

소련군 훈련소를 개조한 군대병원은 스파르타처럼 엄격했으나 또한 안락했다. 식단은 단순했으나 양은 푸짐했다. 부상병들은 모두 보병이었고, 다수가 헬무트 중대의 동료 병사들이었다. 일부 병사는 식당에 라디오를 들여놓아 그곳을 경음악 방송국으로 만들었다. 헬무트와 동료들은 앉아서 이야기를 하고, 사과를 먹고, 집으로 편지를 썼다. 편지는 2주일 걸려 집에 도착했다. 배달 시간이 1941년보다 절반으로 줄어든 것으로, 이는 당국이 동부전선을 위한 특별 항공우편을 도입한 덕분이었다. 포르츠하임의 의사 아버지 파울루스는 즉각 크라스노다르 야전병원 의사들의 이름과 계급을 알아보았다. 아는 사람이 있을까 해서였다. 그는 친절해 보이는 수석 군의관에게 헬무트를 보병에서 의료부대로 전직시켜주기를, 그래서 아들이 의학 학업휴가를 받을 수 있도록 해줄 수 있는지 문의했다. 그리고 헬무트의 부상에 해당하는 메달 증명서가 집에 도착하자마자 메달을 만들어서 아들에게 부쳤다.[31]

헬무트는 크라스노다르를 공격한 보병의 일부였던 것에 자부심을 느꼈다. 그러나 그는 사병들이 초라한 '땅개'로 폄하되는 것에는 분노했다. 그는 1941년 겨울에 후방의 한 도시에서 '장교들과 군인들이 러시아 아가씨들과 팔짱을 끼고 걷던 것'을 떠올렸다. '여기 크라스노다르에 댄스 주점도 있다는데, 그곳이 곧 문을 닫을지 몰라.' 결국 지루함이 그를 이겼다. 헬무트는 외출했다. 목발을 버리고 동료와 함께 시장에 가서 사과와 포도를 잔뜩 사먹고, 주변을 어슬렁거렸다. 그는 길거리의 '형형색색의 오리엔트적인 분위기'에 매혹되었다. 그는 소련군 전단을 몇 장 주워서 누이 이름가르트에게 보냈다. 전쟁 앨범에 꽂아둘 자료였다. 그리고 시장을 샅샅이 훑어서, 수놓은 베레모를 이름가르트의 생일선물로 구입했다. 그것이면 누이가 포르츠하임 아가씨들에게 뽐낼 수 있으리라. 극장에 갔더니, 흐린 조명이 배우들의 너저분한 분장을 '신비한 어두움' 속에 숨겨주고 있었다. 관객들은 대부분 러시아인이었는데, 그들은 '진정한 프롤레타리아트로서 극장에서 어떻게 처신해야 하는지 아무 생각도 없고, 시끄럽게 떠들고 과자를 먹고 담배를 피웠어.' 영화 관람은 유쾌했다. 비록 〈주간뉴스〉 속의 전투 영상이 실제 전투를 '정확히 담을 수 없는' 법이지만, 독일 보병의 진격하는 모습은 인상적이었다. 그는 편지에 썼다. 영상들이 '상당히 정확해요. …… 계급별 복장도 없고, 모두가 그런 식으로 움직이거든요. …… 다만 즐겁게 군가를 부르는 병사는 없어요(지금까지 전쟁 내내 우리는 단 한 번도 전투중에 군가를 부른 적이 없어요). 영상은 40 내지 50킬로미터를 이동한 보병 중대의 모습 그대로예요.'³²

같은 시기에 오이겐 알트로게도 좌측 대퇴부 부상에서 막 회복되었다. 부상이 가벼운 것에 안도한 그는 의무대 후송 비행기를 타고 아조프해를 건넜다. 비행기는 병사들이 '유 아줌마'라는 애칭을 붙인 융커 52S였다. 오이겐은 비행에 열광했지만 영화관 뉴스에 대해서는 비판적이었다.

기자, 사진 저널리스트, 홍보대 카메라맨이 진지한 전쟁 예술가들을 대체했어. 모두 언론용 스케치뿐이야. 오 나의 하나님, 어떻게 신사들이 한결같이 거짓말을 할 수 있나! 꽤 오랜만에 보았는데, 〈주간뉴스〉조차 거짓이야. 이 거짓의 원인이 무엇일까—객관적인 영상은 없는가?

오이겐은 영상들이 전쟁의 감정적·신체적 고갈과 전투의 긴장을 전달하지 못한다고 여겼다. '나는 내가 전쟁 예술가로서의 소명을 받은 것으로 느끼지는 않아.' 그러나 그는 자신이 '옳다'고 느낀 것을 소묘했다. 그가 그린 드로잉에는 순찰에서 돌아와 참호에 앉은 하사관이 셔츠도 입지 않고, 손가락에는 밴드가 감겨 있고, 입은 벌어져 있고, 시선은 공허한 모습으로 형상화되었다. 그가 그리지는 않았으나 그리려고 마음에 담아둔 이미지들도 있었다.

두 명의 병사가 붙어서 잠을 자. 엎드려서 자는데, 죽은 사람 같기도 하고 서로를 엄호하는 것 같기도 해 …… 로스토프 인근 돈강의 모습—도망친 군대가 남긴 파괴들과 소름 끼치는 잔해들, 발굽을 하늘로 뻗고 울부짖는 부어터진 말들 …… 부풀어오르고 사지가 떨어져나간 러시아군 시체들. 모든 이미지에는 법칙이 있어!

오이겐은 결론에 도달하기 전에 주춤거리며 덧붙였다. '그들이 누구인지는 몰라. 그러나 그들은 그곳에 있어.'[33]

헬무트 파울루스의 동료들은 헬무트에게 '방탄'이라는 별명을 붙여주었다. 루마니아에서 코카서스까지 오는 동안 그의 몸에 생채기 하나 나지 않았다. 그런 그가 운이 다하여 다리를 절면서 치료소에 들어서자 병사들이 놀라워했다. 한스 알브링은 아직 온전했다. 알브링이 오이겐에게 썼다. '나는 그것을 더이상 "운"이라고 부르지 않아. …… 나는 신의 섭리가 작용하고 있다는 것을 알아. 지금까지 섭리가 나를 지켜주었어.' 그 전날 그가 좋아하던 중위가 사망했다. 알브링은 자문했다. '그도 섭리를 믿었을까?' 알브링은 '그의 영혼을 위해 기도하겠다'라고 약속했다.[34]

1941년 여름에 독일군이 소련 공격을 개시했을 때, 알브링은 유대인과 전쟁포로의 처형을 목격한 뒤 죽음의 의미를 성찰하는 데서 어려움을 느껐었다. 이제 동료의 죽음에 대하여 생각하자니 자신에게 닥칠 위험에 대하여 생각할 수밖에 없었다. 병사들은 보통 가까운 동료의 사망이 주는 쇼크에 대처할 심리적 방벽을 발전시켰다. 1941년 7월에 헬무트 파울루스의 바로 옆 동료가 적의 포탄으로 두 다리를 잃었을 때가 그러했다. 형제적 상호성의 연대감과 참호의 평등주의가 그 방벽이었다. 그 규범은 죽은 동료를 최고의 존중으로 대우하도록 의무화했다. 1941년 겨울 모스크바에서 후퇴하던 최악의 순간에도 로베르트 R의 동료 병사들은 그를 그들이 할 수 있는 곳까지 메고 갔다. 그들은 서쪽으로 빨리 도주하려는 욕망을 억누르고, 그를 품위 있게 매장하고, 그의 공책을 품에 갈무리했다. 많은 병사들이 빌헬름 아벨의 감성에 동의했을 것이다. 아벨은 열여덟 개의 소련군 벙커에 수류탄을 던져넣고 적군을 불태우고 폭파하는 기습 작전을 '아군의 사망에 조금은 복수'하는 것으로 생각하기도 했다. 전사한 동료들에 대한 연대감은 전투를 지속하는 이유가 되기도 했다. 1941년 11월 20일에 페터 지게르트가 포탄에 맞았을 때 그의 친구인 포병 장교 프리츠 파른바허는 어머니들을 생각했다. 그는 모성의 마지막 제스처를 취하면서 숨을 거두는 친구를 가슴에 안고 쓰다듬었다.[35]

그러나 명예감과 동료애 신화가 얼마나 강력했든, 모든 대규모 군대와 마찬가지로 독일군은 군복 입은 민간인들의 집합이었다. 헬무트 파울루스와 오이겐 알트로게와 한스 알브링처럼 고등학교를 마치자마자 입대한 병사들조차 미래를 선택하고 있었다. 전쟁이 끝나기를 열망하는 것은 모두 똑같았고, 전쟁에 목적과 의미를 부여해주는 것은 무엇보다도 독일과 고향과 가족과의 무수한 관계들이었다. 알브링과 알트로게가 2년 뒤에 서로를 만나는 모습을 상상할 때, 그들은 그들이 성장한 뮌스터란트의 소도시 거리들을 걷고 있었고, 음악회에서 모차르트와 하이든을 듣고 있었다.[36]

**

　독일군은 1942년 9월 10일에야 흑해 동해안의 군항 노보로시스크를 점령했다. 그러나 그것은 불완전한 승리였다. 소련 제47군이 항구 남쪽 고지대들과 중요한 해안 도로들을 지켜냈다. 루마니아에서 보급품을 실어나르는 해로도 여전히 안전치 못했다. 전쟁의 진정한 목표는 아제르바이잔의 수도 바쿠였다. 그 도시는 트랜스코카서스산맥들 너머에, 그러니까 저 멀리 카스피해 남동부 해안에 위치했다. 리스트 원수의 군대가 그곳에 닿으려면, 아니면 그로즈니 유전에라도 닿으려면 막대한 보급품과 병력 교체가 필수적이었다. 상황이 그러했음에도 불구하고 군집단A는 군수품 대부분과 방공포 전체를 제6군에게 보내야 했다. 1942년 9월 말이 되자 결국 어쩔 수 없이 독일군 진격이 주춤거렸다. 유전을 얻을 수 없다면 그것을 적에게 넘기지는 말아야 했다. 제4항공군단이 1942년 10월 10일과 12일에 그로즈니의 정유시설을 폭격했다. 마이코프와 그로즈니의 석유가 소련군 보급의 10%를, 바쿠의 석유가 80%를 차지하고 있었다. 바쿠는 독일군 폭격기의 작전 한계 안에 있었지만, 동시에 독일군 전투기의 작전 한계 밖에 위치했다. 바쿠를 공격하려면 200대가 되지 않던 제4항공군단 폭격기들이 전투기의 보호도 없이 그곳까지 날아가야 했다. 그러나 그때는 소련 공군의 존재감이 대단히 빠르게 증가하던 시점이었다. 독일군의 진격은 로스토프에서 크라스노다르까지 신속히 이루어진 뒤에 비틀거리기 시작했다. 바이에른 산악부대가 1942년 8월 23일에 옐브루스산 서쪽 정상에 깃발을 꽂자 히틀러는 쓸모없는 일에 힘을 쏟았다며 분노했다.[37]

　유전의 장악이라는 핵심 목표를 달성하지 못하자 육군참모총장 할더는 총장 자리에서 사퇴할 기회가 왔다고 생각했다. 실제적이고 상징적인 전투는 히틀러가 보기에 그로즈니 유전지대에서 북쪽으로 훨씬 떨어진 지점에서 벌어지고 있었다. 그는 그가 제6군에게 맡긴, 스탈린그라드를 점령함으로써 코카서스로 진격하는 독일군 부대들을 보호하는 것을 결정적인 전투로 간주했다. 스탈린그라드는 러시아 내전에서 중요한 역할을 수행했던 공업도시로서, 볼가강이 카스피해로 흘러들기 전에 거치는 마지막 만곡을 통제할 수 있는 위치에 있었다. 독일군 제6군은 한 달간의 전투만으로 1942년 8월 23일에 돈강을 건넜다. 같은 날 독일군 탱크들이 자연 장애물을 만나지 않고 돈강의 거대한 동쪽 만곡으로부터 볼가강의 서쪽 만곡까지 진격했다. 스탈린그라드 북쪽 교외에 도착한 것이다. 그후 사흘 동안 볼프람 폰 리스트호펜 장군의 제4항공함대가 스탈린그라드를 폭격했고, 그때 수많은 민간인이 사망했다.[38]

1942년 8월 30일 프리츠 프로프스트는 북서쪽으로부터 스탈린그라드로 접근하고 있었다. 그는 흥분하여 아내 힐데가르트에게 썼다. '내가 치열한 전투 끝에 이 도시를 정복하게 될 것이라고 쓴다고 해서 비밀을 누설하는 것은 아닐 거야. 그들은 도시의 북쪽 끝과 남쪽 끝 가장자리에 있어. 서쪽에서는 멀어. 그래서 이 도시는 포위될 거야. 그것을 도려내면, 그러면 여기 전투는 끝나.' 그는 힐데가르트와 자신이 '늙어가고 있고 최고의 시간을 함께하지 못한 채 흘려보내고 있다는 생각'을 하느라, 전투가 끝날 때까지 기다릴 수 없을 지경이었다. 1942년 9월 12일 독일군이 도시에 진입했다. 건물 하나하나를 두고 시가전이 벌어졌다.[39]

그 3주일은 프로프스트에게 종류가 다른 깨달음을 주었다. 그 걸걸한 남자, 글 쓰는 스타일에서 격식을 갖추려 하지만 그것이 어울리지 않아서 불편한 그 남자가 쓰는 것에서 새로운 사랑법을 발견했다. '당신이 여기 있다면 나는 키스를 멈추지 않을 거야. 아내가 그에게 보내준 장미는 '내게 절대적으로 모든 것을, 우리 사이의 모든 것을 말해줘. 슬프게도 나는 당신에 대한 나의 사랑을 빨간 장미로 표현할 수 없어. 여기에는 장미가 없거든. 그러나 나는 이 편지를 쓸 수는 있어.' 전쟁이 드디어 끝나면, '그러면, 내가 당신을 내 품에 안고 키스할 당신의 입을 발견하면, 그러면 모든 것이 잊힐 거야. 우리는 세상에서 가장 행복한 한 쌍일 거라는 걸 나는 확실히 알아'. 그러나 지금 당장 그가 할 수 있는 모든 것은 힐데가르트가 꿈에서 그를 만나기를 기원하는 것뿐이었다. '꿈들이 우리가 하나가 되는 유일한 장소이니까'. 그 역시 때때로 '달콤한 꿈'을 꾸기도 하지만, 그러나 '깨면 실망이 너무 커.'[40]

부대의 진격이 두 사람 사이의 거리를 갈수록 벌려놓았지만 그래도 부부는 그 거리를 극복할 언어를 찾아냈다. 프리츠 프로프스트는 자신의 감정이 랄레 안데르센의 새로운 뮤지컬 히트곡 〈모든 것은 지나가요〉로 가장 잘 표현된다고 여겼다.[41]

> 모든 것은 지나가요, 모든 것은 끝나요,
> 12월이 가면 또다시 5월이 와요.
> 모든 것은 지나가요, 모든 것은 끝나요,
> 그러나 사랑하는 두 사람은 지조를 지켜요.[42]

안데르센의 경쾌하고 또 부드럽게 쓰다듬는 듯한 목소리로 불린 노랫말 속의 약속은 그해 가을과 겨울에 스탈린그라드 전선에서 쓰인 수많은 편지에서 메아리쳤다. 부부가 헤어져서 보낸 20개월을 그렇게 위무하면서 프로프스트는 아내에게 썼다. '씩씩한 병사의 작은 아내여, 머리를 높이 들어요. 이 가을이 가면 새로운 봄은 오게 되어 있어요.' 프로프스트는 몇 주일 뒤에 갑작스럽게 휴가를 받게 된다는 것을 그때는 몰랐다.[43]

소련군이 볼가강 동안東岸으로부터 강 건너 스탈린그라드로 보내는 병력이 날이 가면 갈수록 많아졌다. 마치 볼셰비키 정권이 그들의 지도자 이름을 딴 그 도시에서 최후의 저항을 하려고 선택한 듯이—독일군에게는 알맞춤으로—보이기 시작했다. 히틀러는 1942년 9월 30일 베를린 스포츠 궁전에서 열린 겨울구호 자선 캠페인의 개막 연설에서 약속했다. '곧 달성하게 될 스탈린그라드 점령은 (볼가에서의) 그 거대한 승리를 심화할 것이며, 그 승리를 강화할 것이고, 여러분은 추후 어떤 인간도 우리를 그곳에서 나가게 할 수 없을 것입니다.' 그는 선언했다.

내가 보기에 우리 인민은 가장 운명적인 시험을 이미 1942년에 통과했습니다. 그것은 1941년에서 1942년으로 가는 겨울이었습니다. 나는 말하고 싶습니다. 그 겨울에 독일 민족 특히 독일군은 섭리의 저울대에 올랐었습니다. 더 나쁜 것은 일어날 수도 없고 일어나지도 않을 것입니다.[44]

한때 독일군은 불패인 듯 보였다. 소련군이 야밤에 볼가강 건너로 병사들을 실어나르는 것은 그저 도시의 불가피한 함락을 늦추는 것으로만 보였다. 휴가를 마친 프리츠 프로프스트가 1942년 11월 초에 그곳 공병대로 복귀했다. 그러나 튀링겐의 괴르마르에서 돌아오자마자 그는 병에 걸려 야전병원으로 갔다. 그는 썼다. 스탈린그라드 전선에서 가진 것은 '길고 지루한 겨울밤들뿐이야. 그 밤에 나는 아름다운 시간들을 되돌아봐. 당신은 내가 지금 무슨 말을 하고 있는지 알잖아.' 힐데가르트보다 어머니가 먼저 편지를 읽으면 어쩌나, 그는 주저했다. 그래서 하고픈 말을 하지 않고 대신 그녀가 그런 것들에 대해서 쓰라고 채근했다. '당신은 (당신이 쓰고 싶은 대로) 쓸 수 있잖아. 당신 편지를 읽는 사람은 나밖에 없어. 당신이 그것에 대해서 쓰면 얼마나 좋을까.'[45]

독일군의 약점은 그동안 진격해온 광대한 거리와 그로 인해 너무나 길어진 보급선이었다. 그리고 그것이 소련군 반격의 출발점이었다. 1942년

11월 9일 소련군이 독일군 스탈린그라드 전선의 북면을 공격했다. 이튿날에는 남면도 공격했다. 목표는 돈강 서쪽에 포진하고 있는 루마니아군과 이탈리아군을 갈라쳐서 독일 제6군을 고립시키는 것이었다. 무전병 몰덴하우어는 소련군 공세를 처음으로 알게 된 사람에 속했다. 그는 규정을 어기지 않도록 조심하면서 아내에게 암호처럼 썼다. '이제 우리가 생각했던 것과는 다르게 돌아가.' 1942년 11월 22일 1백만 규모의 소련군이 과하게 뻗어 있던 추축국의 전선을 갈라치는 데 성공했다. 그로써 동쪽의 루마니아군과 독일군이 스탈린그라드 안팎의 볼가강 만곡의 넓은 무인지대에 고립되었다. 서쪽의 군집단B와 분리된 것이다. 동시에 개시된 소련군의 두번째 공세는 코카서스의 군집단A로 이어지는 육로를 겨냥했다. 그 공격은 독일군이 격퇴해냈다.[46]

독일군에게는 경험이 있었다. 1942년 1월 데먄스크에서 독일군 병사 10만 명이 르제프–뱌지마에서 소련군이 가한 반격으로 인하여 포위되었을 때, 독일군은 항공 보급을 받으면서 다른 부대들이 포위망을 뚫을 때까지 넉 달을 버텼다. 스탈린그라드 포위 소식을 들은 괴링은 참모들의 반대에도 불구하고 공군으로 하여금 스탈린그라드로 가는 항공다리를 건설하게 하겠다고 맹세했다. 히틀러 역시 그 도박의 성공을 믿으면서 스탈린그라드를 '성채'로 전환하라고 지시했다. 1년 전과 마찬가지로 그는 후퇴하라는 모든 요구를 물리쳤다.[47]

항공다리는 강력한 약속이었고, 그 약속은 병사들의 가족을 안심시켰다. 그들은 지난해 여름에 제공되었던 특별 항공 군사우편에서 깊은 인상을 받은 터였다. 항공다리는 보급품만 들여보내는 것이 아니라 부상병들을 밖으로 후송하기도 할 것이었다. 1943년 1월 초 사진 저널리스트 리젤 로테 푸르퍼가 Ju 52 군용기로 후송되는 부상병들을 찍기 위해 리비우 공군기지에 도착했다. 얼마나 추운지 카메라를 들여다보기도 힘들었다. 사진을 찍기 위해 부상병이 반복해서 수송기에서 나왔다가 들어갔다 하는 것을 피하고자 리젤로테는 의무병 한 명을 붕대로 감아서 들것에 올려놓은 뒤 인부 12명으로 하여금 수송기를 돌려가며 들것에 맞추도록 했다. 결국 적절한 조명을 잡을 수 있었고, 사진도 잘 나왔다.[48]

1942년 1월에 데먄스크에 포위된 병사들에게 공중 보급을 하는 작전에 제1항공함대 전체가 투입되었다. 1942년 11월에 스탈린그라드의 '불가마'에 포위된 29만 명에 대한 공중 보급은 독일 공군 전체의 능력조차 벗어나는 일이었다. 데먄스크의 경우 하루에 265톤이 필요했던 데 비하여 스탈린그라드의 병사들에게는 680톤이 필요했다. 더욱이 비행 거리가 훨씬 길었을 뿐만 아니라 그동안 소련 공군의 조직이 향상되어 있었다. 독일 공군이 입은 손실은 이미 막대한 상태인지라 공중 보급은 손실률이 높은 작전이었다. 공군 병참사령관 에르하르트 밀히가 직접 책임을 맡았으나 그 역동적인 장군조차 하루에 100톤 이상을 공급할 수 없었다.

공군의 실패가 명확해지자 더욱 긴급하게 육로를 회복해야 했다. 제6군이 단절되면 소련군이 군집단A와 군집단B 사이에 자리잡게 되고, 그렇게 되면 코카서스의 군집단A도 고립될 수밖에 없었다. 청색 작전에 참여하지 않고 세바스토폴에서 독자적인 작전을 펼치고 있던 제11군의 만슈타인 장군이 반격에 나섰다. 소련군은 기습에 놀랐다. 만슈타인 군대는 이틀 동안 빠르게 진격하여 포위된 제6군의 50킬로미터 반경 안까지 진입했다. 만슈타인의 공격 때문에 소련군은 코카서스의 군집단A를 고립시키려던 계획을 포기해야 했다. 만슈타인은 제6군 사령관 프리드리히 폰 파울루스에게 동시에 소련군을 공격함으로써 포위망을 돌파하라고 거듭해서 요구했지만, 파울루스는 거부했다. 파울루스는 제6군이 휘발유와 포탄과 차량의 부족과 맹렬한 눈보라에 직면했으면서도 히틀러로부터 후퇴하지 말라는 명령을 직접 받자 다른 충고를 무시했다. 그는 기다리기로 결정했다.

제6군이 겪은 고통은 부대마다 달랐다. 몰덴하우어의 무전 트럭은 휘발유를 아끼기 위하여 난방기를 가동하지 않았다. 그러나 그는 밤이면 여전히 참호의 좁은 세계에서 벗어나 트럭으로 가서 뉴스를 들었다. 깊이 2.5미터 너비 4미터의 참호는 7명이 한꺼번에 있기에 좁았다. 병사들은 돌아가면서 잠을 잤다. 장점은 야간에 누구도 1시간 이상 보초를 서지 않아도 된다는 것이었다. 몰덴하우어는 칠흑 같은 참호에서 군화를 신고 벗는 것이 진정 예술이라고 편지에 명랑하게 적기도 했다. 집으로 보내는 편지들의 내용은 1942년 12월 내내 한결같았다. 주된 관심은 휴가와 편지였다. 요리에 대한 묘사만이 가족에게 그가 맞이한 곤경을 말해주었다. 병사들은 담배를 주고 말의 뼈를 받아서 수프를 끓였다. 마른 양배추도 잘라 넣었다. 말의 심장이나 허파는 진정 별미였다.[49]

1942년 12월 17일 '똥통'에서 4주일을 지낸 프리츠 프로프스트와 공병대 동료들은 춥고 배고팠다. 프로프스트는 편지에 자신은 그러나 여전히 건강하다고 썼다. 하루 배급이 빵 200그램으로 줄었고, 수프는 점심에만 나왔다. 더이상 편지가 오가지도 못했다. 그들은 그들을 구조하기 위해 독일군이 포위망을 뚫었다는 소식을 들었지만 닷새 뒤에도 상황은 변치 않았다. 프로프스트의 동료 한 명이 포탄 파편에 전사했다. 프로프스트는 4주일 동안 씻지도 못했고 5주일 동안 면도도 못했다. 그는 아내에게 썼다. 턱수염이 '몇 센티인지 모르겠어. 그러나 우리의 희망과 용기는 단단해. 우리는 승리가 우리 것이라는 것을 알아.'[50]

프로프스트가 구조 군대가 오고 있다는 소식을 들었을 즈음 전투는 사실상 끝난 상황이었다. 만슈타인의 진격은 소련 제2근위군에게 막혔고, 만슈타인의 군대마저 포위될 위험이 있었다. 소련군이 1942년 12월 16일에 족집게 공격으로 13만 명의 이탈리아 제8군을 분리시켜서 만슈타인 군대를 포위할 수 있는 지점을 확보했던 것이다. 만슈타인은 제6탱크사단을 보내서 이탈리아군의 잔여 병력을 구하는 수밖에 없었다. 성탄 전야인 1942년 12월 24일 밤에 그는 후퇴를 명령했다. 이제 제6군과 연결되는 길은 항공밖에 없었다. 그러나 바로 그날 소련군 기갑부대가 타친스카야의 독일 공군 전초기지에 침투하는 데 성공했다. 소련군은 56개의 수송기는 물론 공항 자체를 파괴했다.[51]

1942년 12월 24일 밤 독일 국내전선은 서른 개의 송신국으로 중계된 특별 라디오 프로그램을 방송했다. 비행기와 잠수함에 설치된 송신기에까지 연결된 방송은 북아프리카에서 북극까지 모든 전선방송국을 하나로 연결시켰다. '스탈린그라드 나오세요!'―'여기는 스탈린그라드입니다! 여기는 볼가강 전선입니다!' 〈리퀘스트 콘서트〉처럼 사적인 인사가 교환되었다. 방송 마지막에 모든 송신국이 〈고요한 밤〉 캐럴과 루터의 위대한 찬송가 〈예수는 강한 성이니〉 3절을 함께 불렀다. '볼가–돈 지역'의 치열한 전투를 묘사하면서도 아직 '불가마'라는 단어는 사용되지 않고 있었다.[52]

1942년 성탄절에도 프리츠 프로프스트는 아내에게 편지를 썼다. 그는 독일에 아무리 물건이 부족해도 '따뜻한 거실과 크리스마스트리는 있고, 가족과 함께 있지 않느냐'고 썼다. 그 모든 것에 대하여 '당신은 우리의 경애하는 지도자에게 감사할 수 있을 뿐이야. 그것은 앞으로도 그럴 것이고, 그것이 우리가 여기에 있는 이유야.' 성탄절은 몰덴하우어에게 특별한 것을 허락했다. 우편물 두 자루가 도착한 것이다. 아내의 편지 다섯 통, 간소시지가 든 작은 꾸러미, 말린 체리, 손전등 배터리가 들어 있었다. 참호에 기거하는 병사의 수가 아홉 명으로 늘어났다. 병사들은 참호 바닥을 약간 파내서 카시트를 깔고, 벽에는 깔개를 걸고, 벽에 신문에서 오려낸 예쁜 여자들 사진을 붙였다. 병을 은종이로 싸고 위장망으로 감아서 '트리'도 만들었다. 트리에 매다는 장식은 담배 은박지로 해결했다. 이에 몸을 갉아 먹히던 병사들은 성탄절 특별 배급과 진짜 커피에 기분이 좋아져서 기쁘게 캐럴을 불렀다. 몰덴하우어도 1942년 12월 30일의 편지에서 랄레 안데르센의 히트송을 인용하면서 말했다. '겨울이 지나면 5월이 와. 우리는 이 시간을 유머와 유쾌함으로 보낼 거야.' 닷새 뒤인 1943년 1월 4일 서쪽에서 날아온 폭격과 포격 세례 속에서도 몰덴하우어는 낙관을 잃지 않았다. '우리의 탁월한 지도부 덕분에 우리는 확신할 수 있어. 우리는 러시아의 대공세가 우리의 거대한 성공으로 전환되기를 희망해. 그저 희망하기만 하는 게 아니라 나는 그렇게 될 것이라고 굳게 믿어.' 그것이 그의 마지막 편지였다.[53]

우르줄라 폰 카르도르프의 오빠는 우르줄라에게 보낸 1943년 1월 23일의 편지에서 19세기 초의 극작가 하인리히 폰 클라이스의 작품 한 구절을 생각했다. '1806년의 프로이센 경기병은 그 시에 전투의 승패와 무관하게 영광을 얻는 군인의 대표로 그려졌어.' 23세의 병사는 썼다. '나는 결과를 묻지 않고 내 능력의 최고를 쏟을 거야.' 편지가 베를린의 우르줄라에게 도착할 무렵 군 소식지가 그 부대를 찬양했다. 여동생이 적었다. '우리는 그것이 무슨 뜻인지 알아.' 그 젊은 여성은 정신적 피란처를 어디서 찾아야 하는지 자문했다. '바흐? 횔덜린? 클라이스트?' 그녀는 자신의 입장은 스스로 결정해야 한다고 답했다. '환상을 품지 않고, 의무에 충실하며. 결연히.'[54]

소련군이 전술적 이점을 활용하여 독일군과 헝가리군을 돈강으로 되돌아가도록 밀어붙였다. 1943년 1월 25일에 소련군이 보로네슈—독일군이 1942년 7월의 '청색 작전' 초기에 점령했던 도시—를 수복했다. 오이겐 알트로게 중위는 서쪽으로 후퇴하던 중에 오른팔에 부상을 입었다. 한 달 전 편지에서 그는 한스 알브링에게 최근에 그린 자신의 드로잉을 설명했다. 그중에는 죽음이 병든 병사의 어깨를 잡고 있는 그림도 있었다. 그후

한 하사관이 오이겐 알트로게의 가족에게 오이겐이 부상을 입은 뒤에 야전 치료소로 보내졌고, 그곳에서 다시 비행기로 서쪽으로 후송되었다고 전했다. 그러나 그것은 사실이 아니었던 것 같다. 겨울 후퇴의 카오스 속에서 오이겐의 행방은 알려지지 않았다. 작전중 실종되었다고 보고되는 병사가 점점 많아졌는데 그는 그중 한 명이었다.[55]

소련군의 포위망이 좁혀지면서 스탈린그라드 소식은 독일에 갈수록 적게 전해졌다. 예컨대 1943년 1월 10일에 독일군은 단지 '지역적인 기습 공격들'만 보도했다. 그러다가 나흘 뒤에 갑자기 '스탈린그라드 지역에서 벌어진 영웅적인 치열한 전투'가 대대적으로 보도되었다. 친위대 정보국은 대중의 공포가 새로운 수준에 도달했다고 보고했다. 괴벨스는 〈제국〉에 '총력전'이라는 제명의 논설을 게재했다. 그는 제6군이 소련군과 대결함으로써 코카서스의 독일 군부대들을 보호했다면서, 그들의 영웅주의와 희생을 찬양했다. 보도의 색깔이 바뀐 것은 우연이 아니었다. 괴벨스는 패배가 불가피하다는 것을 받아들이면서, 히틀러를 설득하여 '영웅적 서사'를 준비했던 것이다.[56]

1943년 1월 30일 토요일 나치 집권 10주년 기념식이 열렸다. 메인이벤트는 괴링의 연설이었다. 1941년 10월 그의 추수감사절 연설은 강력한 반향을 일으켰었다. 이번에 괴링은 오전 11시에 군인들 앞에서 연설을 하고, 그 연설이 국내와 독일군의 모든 라디오 방송으로 생중계될 예정이었다. 연설 시각이 조금씩 늦추어졌다. 동틀 무렵부터 영국 공군의 모스키토 폭격기가 베를린 상공에 나타났기 때문이었다. 마침내 시작된 괴링의 기념 연설은 나치 집권을 기념하기보다 제6군을 추도했다. 그는 제6군 병사들을 독일사 속의 영웅들, 전설 속의 니벨룽겐과 동고트족으로 시작하여 1914년에 랑게마르크에서 싸웠던 대학생 자원병들, 그리고 테르모필레 협곡에서 페르시아의 '인간떼'에 맞서 '좁은 통행로'를 지킨 스파르타의 레오니다스왕과 300 전사들과 연결시켰다. 괴링은 '심지어 1천 년 뒤에도 모든 독일인은 이 전투(스탈린그라드)를 종교적 경이와 외경심으로 대할 것이며, 그들은 독일의 최종적인 승리가 그 모든 어려움에도 불구하고 바로 그곳에서 결정되었다는 것을 알 것입니다'라고 선언했다. 제6군의 영웅주의는 '2,500년 전'의 스파르타인들의 영웅주의와 같다. '그때도 노르딕 남자들에게 인간떼가 덮쳤었습니다.'[57]

괴링의 연설은 영웅적 죽음 숭배의 절정이었다. 그 숭배는 나치가 발명한 것이 아니라 계승한 전통이다. 테르모필레는 교육받은 독일인 계층, 즉 프리드리히 실러의 시와 나폴레옹 '해방전쟁'의 병사 시인 테오도르 쾨르너의 시 속에서 성장한 사람들의 내면에 깊은 공명을 일으켰다. '그런 날들이 올 겁니다. 그대가 고향으로 돌아가면, 그곳 사람들에게 우리들이 인민의 안전법이 명하는 대로 스탈린그라드에 쓰러져 있는 것을 보았다고 말하라.' 괴링의 맹세는 프리드리히 실러 판본의 시모니데스 고전 묘비명에 의도적으로 맞춘 것이었다. 시모니데스 묘비명은 스파르타 신화의 문학적 심장이었다. '방랑자여 그대가 스파르타에 가면 그곳의 그들에게 우리가 법이 명하는 대로 여기에 쓰러져 있는 것을 보았다고 말하라.' 횔덜린과 니체는 독일인들이 그리스인의 후손이라고 믿었다. 괴링은 스파르타인들이 노르딕 인종이라고 선언했다.[58]

1차대전 전사자들을 숭배하도록 교육받은 독일군 신병들은 그들이 어떤 기대를 받고 있는지 알고 있었다. 군집단중부의 한 상병은 1943년 1월 24일 집에 보내는 편지에 썼다.

이것은 사느냐 죽느냐의 문제예요. 결과가 어떻든 러시아는 우리의 운명이에요. 이곳 전투의 가혹함과 무자비함은 형언할 수 있는 수준을 넘어서요. "여러분 누구도 살아서 집으로 돌아갈 권리가 없습니다." 이 모토가 우리 병사들에게 자주 반복되고, 우리는 그것이 진실이라는 것을 알아요. 우리는 그에 완벽히 준비되어 있어요.[59]

크로아티아에 주둔중이던 한 제721보병연대 참모 중위가 괴링의 연설을 칭찬했다. '지금까지 이 전쟁에서 그 정도의 영웅적 전투가 치러진 적은 없었다. 아무도 이 불가마에서 살아남아 조국으로 돌아갈 수 없을 것이다! 우리가 진정 불멸의 스탈린그라드 전사들에게 미치지 못한다는 것은 옳다.' 그의 부대는 최대의 저인망식 빨치산 작전이었던 '백색 작전'을 수행하고 있던 독일군, 크로아티아군, 이탈리아군 9만 명의 일부였다. 그들은 비하치 지역의 마을들도 불태웠다. 중위는 생각했다. 이것은 '개인의 문제가 아니라 전체의 문제다.' 그런 의식을 가져야 '우리가 승리할 수 있다.' 젊은 하인리히 뵐은 스탈린그라드 병사들의 숭고한 희생을 보면서 자신의 신체적 약점을 부끄러워했다. '내가 두통과 안질 때문에 내일부터 며칠간 치료받으러 다녀야 한다는 사실이 부끄러워요.'[60]

아이제나흐에서 탱크군 훈련 과정을 밟고 있던 페터 스퇼텐에게는 아틸라가 카탈루아눔 전투에서 당한 패배만이 스탈린그라드의 영웅적 전투와 비길 수 있었다. 그때도 '게르만족'은 로마 군단과 함께 '아시아'의 훈족과 싸웠다. 스퇼텐은 스탈린그라드의 의미가 '피의 어둠 아래로 가라앉아서' 그 정신적 표출이 망실될까 걱정했다. '고요한 성찰의 시간이 오면 우리가 그것이 엄청난 상실이었음을 느끼게 되리라고 나는 믿어요.' 그는 부모에게 썼다. '요즘은 편지 한 통도 집으로 배달되지 않고 있어요. 우리는 지속적으로 죽음과 대면하는 이곳에서 틀림없이 우리 시대에 대한 진정한 답, 이상적인 표준을 발견하게 될 거예요.' 스탈린그라드 전투가 지속되고 있는 동안에 이미 괴벨스는 제6군에 부속된 수석 저널리스트에게 정확히 그런 종류의 정신적 요구를 만족시켜줄 병사들의 편지를 수집하여 편집하

라고 지시했다.[61]

　괴링이 연설을 하던 시점에 스탈린그라드 전선은 독일 지도부가 선택한 이벤트와 일치하는 듯이 보였다. 1943년 1월 29일 제6군의 파울루스 장군이 히틀러에게 나치 집권 10주년 축하 전문을 보냈다. 그는 스탈린그라드 상공에 아직도 나치 깃발이 휘날리고 있다고 강조하면서 썼다. '우리의 전투는 현재와 미래의 세대에게 절대로 항복하지 말아야 한다는 예가 되고, 희망을 잃지 않으면 독일이 승리하게 된다는 것을 보여줄 겁니다.' 나치는 패배가 불가피하면 지휘관은 자살해야 한다고 믿었다. 히틀러는 사태를 분명히 하기 위해 파울루스를 원수로 승진시켰다. 히틀러는 독일군 원수가 항복한 전례가 없다는 사실을 의식했다. 그러나 파울루스는 최초로 항복한 원수가 됨으로써 히틀러의 지속적인 경멸을 받게 된다. 독일 라디오는 최선을 다하여 제6군의 항복에 빛깔을 부여하려고 했다. 집단군 남부는 '두 달 이상의 영웅적인 방어 끝에 압도적인 적에게 열세에 빠졌습니다.' 1943년 1월 30일 스탈린그라드의 트랙터 공장에 설치한 마지막 독일군 초소가 함락되었다는 소식이 전달되었다. 그러나 그 뉴스는 비타협의 이미지로 포장되었다. '영웅적인 그 전투에서 말단 병사부터 장군까지 모든 군인이 자기가 갈 수 있는 가장 앞선 지점에서 총검을 들고 싸웠습니다.'[62]

　1943년 2월 3일 독일 라디오가 느린 행진곡과 함께 스탈린그라드 전투가 끝났음을 알렸다.

　　제6군의 희생은 헛되지 않았습니다. 부대는 역사적인 유럽의 사명의 보루로서 몇 주일 동안 소련 여섯 개 군의 공격을 분쇄했습니다. …… 장군, 장교, 하사, 사병이 어깨에 어깨를 맞대고 마지막 총탄을 발사할 때까지 싸웠습니다. 그들은 독일을 살리기 위해 죽었습니다.

발표문에 이어 낮은 북소리와 함께 군가 〈내겐 전우가 있었지〉의 세 개 연聯이 흘러나왔다. 그다음에 독일, 루마니아, 크로아티아 국가가 연주되었다. 이어서 위대한 승리의 공식인 3분 묵념이 선언되었다. 이어서 3일간의 애도의 날이 선포되었고, 그 기간 동안 극장, 영화관, 버라이어티 공연장이 문을 닫는다는 공고가 발표되었다. 마지막으로 차분한 행진곡과 베토벤의 제5교향곡 〈운명〉이 방송되었다. 괴벨스는 독일군 방송 담당자에게 스탈린그라드를 시저, 프리드리히 대왕, 나폴레옹의 선언들과 동렬에 놓고 독일인들의 가슴을 다가오는 세기를 향하여 격동시키라고 요구했다.[63]

사흘간의 공식 애도 기간 동안 가톨릭 주교들은 모든 교구 교회에서 전사자들을 위한 예배를 집전하도록 했다. 쾰른 대주교 프링스는 성모 마리아에게 열렬하게 호소했고, 나치의 눈엣가시였던 뮌스터의 주교 갈렌은 목회 서신을 작성했다. '우리는 가득한 내적인 사랑으로 멀리 있는 우리 병사들을 기억합니다. 그들은 적의 침략과 볼셰비즘의 폭력을 막아냈습니다.' 그는 토마스 아퀴나스를 원용하면서 '의무를 충성스럽게 이행하다가' 죽은 병사들을 '의미와 가치에서 신자의 순교에 가까운' 사람으로 축복했다.[64]

그러나 괴벨스와 괴링이 조심스럽게 제작해낸 '영웅 서사'는 전례 없는 파탄을 초래했다. 독일인들은 그 막대한 패배를 받아들일 감정적 준비가 전혀 되어 있지 않았다. 뉘른베르크처럼 많은 자식이 스탈린그라드에 가 있던 도시들은 거의 발작했다. 뉴스 가판대에서 신문을 집어든 격분한 군중들이 통곡하면서 처음으로 히틀러에게 분노했다. 사람들은 히틀러가 1942년 11월 8일의 연설에서 스탈린그라드가 사실상 정복되었다고 자랑스럽게 선언했던 것을 기억했다. '히틀러가 우리를 석 달 속였다.' 독일 전역에서 사람들이 극심한 충격과 슬픔과 분노를 터뜨렸다. 그 직전까지 나치 미디어가 낙관적인 보도들을 일삼은 것이 분노를 증폭시켰다. 다만 정부가 스탈린그라드를 위신의 전투로 보도해왔기에 사람들은 아직도 그 패배의 전략적 의미를 제대로 인지하지 못했다. 그래서 일부 독일인들에게는 제6군 전체가 망실된 그 패배가 하찮게 보이기도 했다. 그러나 다른 일부에게는 전쟁이 이제 결정적으로 독일에 불리한 전쟁으로 전환된 것으로 보였다. 괴벨스는 김나지움 교육을 받은 이상주의적인 청년들에게 호소력을 지닌 언어가 국민 전체에게는 생생한 신화로 작동하지 못한다는 것을 깨달았다. 그는 일기에서 인정했다. '그것은 독일 인민이 받아들일 수 있는 것이 아니다.' 그는 병사들의 '마지막 편지'를 선별하여 영웅적 서사를 구축하려던 출간 계획을 보류했다. 스탈린그라드는 나치 정권이 신화화한 최초의 패배요 마지막 패배였다. 1943년 5월 튀니지에서 독일군 25만 명이 항복했을 때는 절제되고 건조한 보도만이 이어졌다. 그후에 당한 패배들도 모두 마찬가지였다. 1943년 3월 21일 마침내 히틀러가 스스로 나서서 영웅기념일 연설을 했을 때 그는 스탈린그라드를 언급조차 하지 않았다.[65]

그러나 괴벨스는 어떻든 인민을 결집시켜야 한다고 판단했다. 1943년 신년 벽두에 괴벨스는 선전 전략을 재고한 뒤 미디어 핵심 관리자들을 소집했다. 그는 말했다.

전쟁이 시작된 이래 우리의 선전은 다음과 같이 잘못된 길을 걸었습니다.

전쟁 첫해: 우리는 승리했다.
전쟁 둘째 해: 우리는 승리할 것이다.
전쟁 셋째 해: 우리는 승리해야 한다.

전쟁 넷째 해: 우리는 패배할 수 없다.[66]

비판의 주요 타깃은 괴벨스 자신이었다. 괴벨스는 독일인들을 가장 동기화할 수 있는 것이 무엇인지 생각한 끝에 처음으로 패배의 망령을 내세우기로 결정했다. 한 영국인 관찰자는 그것을 일러, 나치당 산하 여가 기구인 '기쁨에 의한 힘'이 아니라 '공포에 의한 힘'이라고 재치 있게 말했다. 그러나 괴벨스는 공포 하나만으로는 민족을 격동시킬 수 없다는 것도 알았다.

1943년 2월 18일 괴벨스가 베를린 스포츠궁전을 가득 메운 나치당원들에게 연설했다. 연설은 모든 라디오 방송으로 중계되었다. 괴벨스의 새로운 연설에서 언급된 고전고대는 테르모필레와 무관했다. '우리는 우리가 지금 무엇을 해야 하는지 압니다. …… 독일 인민은 스파르타적인 삶이 모든 사람에게 적용되기를 원합니다. 높건 낮건, 부유하건 가난하건.' 괴벨스는 그 연설에 희망을 걸었고, 또 그 연설을 자신이 행한 최고의 수사학적 성취의 하나로 간주했다. 연설은 괴벨스가 던진 질문 열 개에서 절정에 달했다. 괴벨스는 충성스러운 당원들을 고전극의 코러스로 전환시켰다. 그 자리의 당원들이 괴벨스가 던진 질문들에 포효로 답했다. 괴벨스가 열 번째 마지막 질문에 도달했을 때 스포츠궁전은 광란에 휩싸였다.

전시에도 당 강령이 요구하는 대로 평등한 권리와 평등한 의무가 부과되는 것이 여러분의 바람입니까? ('옳소!'라는 울부짖음) 고향전선이 연대감을 증명하고, 인민 모두가 똑같은 전쟁 부담을 자신의 어깨에 걸머지며, 높든 낮든, 부유하든 가난하든 그 부담이 공평하게 배분되는 것이 여러분의 바람입니까?

그렇게 괴벨스는 '총력전'을 선언했다. 마지막 장면에서 괴벨스는 군인 시인 테오도르 쾨르너의 시구로 돌아왔다. '이제 민족이 일어나도록 하라, 폭풍이 불게 하라.' 당원들이 열광적으로 환호하면서 독일 국가와 나치당가인 〈호르스트 베셀의 노래〉를 합창했다.[67]

괴벨스는 즉각적인 반응에 기뻤고, 그 연설이 그동안 자신이 행한 그 어떤 연설과도 다르다고 느꼈다. 그러나 친위대 정보국 모니터 팀이 수집한 반응은 그리 긍정적이지 않았다. 많은 사람들이 참가 당원들의 열광이 진정성을 담기보다 연출된 것 같다고 느꼈고, 일부는 왜 정부가 그동안 그런 자세를 취하지 않았는지 질문했으며, 또다른 일부는 그 연설로 바뀔 것이 있을지 의심했다. 시간이 가면서 결국 괴벨스도 변한 것이 별로 없다는 것을 받아들였다. 그는 그 기회를 이용하여 히틀러에게 다른 나치 기관들의 우위에 서서 국내전선을 동원할 수 있는 새로운 권력을 자기에게 달라고 설득했다. 그러나 독일의 전쟁 수행 방식은 과격하게 재편되지 않았다. 히틀러는 가족을 침범하지 않으려 했다. 그래서 폭격 지역으로부터 아이들을 피란시키는 작업은 여전히 개별 가족의 선택이었다. 민방공을 조율하는 공직자들의 불만도 커졌다. 그러나 체제의 최상층에서 권력 재편이 소리 없이 진행되었다. 공군이 동유럽과 서유럽 전선 모두에서 실패한 것에 분노한 히틀러는 여러 날 동안 괴링 이름이 언급되는 것조차 싫어했다. 그러나 히틀러는 체제 리더십의 통일성을 내보이기 위하여 괴링이 '제국 최고 지도부에 불가결한' 존재라고 인정해주었다. 권력 구조가 재편되는 대신 일부 인사의 권력이 고유의 업무 영역을 훨씬 넘어서까지 돌발적으로 증대되었다. 전시경제에 대한 알베르트 슈페어의 영향력, 강제력에 대한 하인리히 힘러의 영향력, 나치당에 대한 마르틴 보어만의 영향력이 그러했다. 그들의 경쟁자들—한스 라머스, 프리츠 자우켈, 로베르트 라이, 요아힘 폰 리벤트로프, 알베르트 로젠베르크—은 체제 내부의 소모전 속

에서 핵심적인 위원회, 관료 기구, 히틀러에 대한 접근에서 입지를 잃어 갔다.[68]

괴벨스는 그가 원하던 '총력전 전권위원'직에 임명되지 못했다. 그러나 히틀러는 1943년 1월에 그를 '정부부처 공습위원회' 위원장에 임명했다. 그 직책으로 괴벨스는 민방공 문제와 관련하여 나치 지구당위원장들을 동원하거나 개입시킬 수 있었다. 괴벨스는 실천적인 문제에 집중하고자 했다. 그래서 국민들에게 모범적인 태도를 고무하는 '예절 캠페인'을 포기했다. 1943년 4월 9일 그는 판단했다.

> 인민의 사기가 높은 것은 중요치 않다. 이제 중요한 것은 사람들이 자세를 견지하도록 하는 것이다. …… 전쟁 네번째 해가 지나간 지금, 모든 사람이 전쟁에 대하여 전쟁 초와는 다르게 생각한다. …… 애국주의니 열광이니 하는 것들은 이제 맞지 않다. 독일 인민은 단순하게 의무를 수행해야 한다. 그것이 전부다.[69]

괴벨스는 정치 선전과 대중오락을 서로 반대되는 방향으로 움직였다. 패전의 위기감을 강조함에 따라 정치 선전은 강인하고 암울해진 반면 오락은 더욱더 가볍고 부드러워졌다. 괴벨스가 '총력전' 연설을 할 때 베를린에서 상연되던 중요한 영화 〈행복한 두 사람〉과 〈나를 사랑해줘〉는 로맨틱 코미디였다. 빙상 서커스 〈빅히트〉도 높은 인기를 누렸다. 나치 지도부가 기대하던 최선은 평범한 독일인들이 그들의 유토피아를 독일의 승리 이후로 계속 연기하는 것이었다. 전쟁 초기에 〈리퀘스트 콘서트〉가 추동한 태도가 바로 그것이었다. 1942년의 영화 〈위대한 사랑〉도 무대를 동부 전선으로 이동시킨 로맨틱 코미디였다. 그 영화가 나치 영화 최고의 블록버스터가 된 비결은 영화에서 팜므파탈을 연기한 스웨덴 여배우 차라 레안더의 노래였다. 그녀는 바리톤에 가까운 목소리로 양성적인 섹슈얼리티를 발산했다. 스탈린그라드 이후 최대의 히트곡에서 레안더는 관객을 안내했다. 〈그것으로 세상은 끝나지 않아〉. 노래 속의 무사태평함, 선정성, 카바레스타일은 지속적인 호소력을 발휘했다. 그때 친위대 정보국은 베를린 여자들이 도발적인 패션 성명서를 발표하기라도 하는 양 바지를 입기 시작했다고 보고했다.[70]

스탈린그라드는 중요한 패배였다. 전투가 끝나기도 전에 히틀러는 충동을 못 이기고 독일군이 결정적인 전투에서 승리를 쟁취했다고 두번째로 선언했다. 군사적인 관점에서는 1941년의 모스크바가 더욱 결정적인 전환점이었다. 그때 독일군이 모스크바를 점령했다면 소련군이 계속 싸우기는 매우 힘들었을 것이다. 반면에 소련군이 스탈린그라드에서 항복했어도 소련군은 계속 싸웠을 것이다. 상징적인 차원에서 히틀러의 명성에 더 나빴던 것은 스탈린그라드였다. 히틀러는 1941년 12월에 육군 총사령관 브라우히치로부터 육군 통수권을 개인적으로 인수하고 '전선 유지 명령'을 발동함으로써 패닉을 막았다. 그로부터 1년이 약간 넘게 지난 시점에 총사령관으로서의 히틀러 역할은 많은 독일인들로 하여금 처음으로 그의 군사적 천재성을 의심하도록 만들었다. 사태를 더욱 악화시킨 것은, 히틀러가 괴벨스의 충고를 무시하고 1942년 10월부터 12월까지의 그 결정적인 기간 동안 미디어로 하여금 전투를 어둡고 비관적으로 보도하지 않도록 한 것이었다. 제6군의 '희생'을 '서사시적 투쟁'으로 제시한 거창한 기획도 별반 효과가 없었다.

1943년 2월 히틀러는 공식 지침을 승인할 때까지 전쟁에 대한 강연과 전투에 대한 촌평을 일체 중단하라고 명령했다. 1943년 5월에 아프리카 군단이 튀니지에서 항복하자 그는 보도지침에서 '어떤 상황에서도 스탈린그라드를 언급하지 말라'고 지시했다. 1943년 6월 괴벨스가 자신 있게 방향을 전환했다. 그는 라디오 방송에서 낭독된 〈제국〉의 한 논설에서 정부가 '미래를 정확하고 올바르게 예언하리라'고 기대하는 것은 합리적이지 못하다고 무심히 선언했다. 괴벨스는 주장했다. 1939년에 전쟁이 발발했을 때, 전쟁이 그처럼 오래 지속되리라고 예측한 사람도 없었고, 독일군이 그 먼 곳까지 가서 싸우리라고 예측한 사람은 없었다. '의도적이든 의도적이지도 않고 의지적이지도 않든, 오류는 오직 승리로만 정당화될 수 있다.' '지도부는 경우에 따라 실수할 권리가 있다.' 그러나 스스로 '예언자'임을 자임한 독재가 그런 주장을 자주 꺼낼 수는 없었다. 1944년 2월 3일 괴링이 '천년 동안 종교적인 경이 속에서' 말하게 되리라고 예언했던 스탈린그라드 패배의 첫번째 기념식은 침묵 속에 지나갔다.[71]

이제는 독일이 소련을 언제 어떻게 정복할지 더이상 분명치 않았다. 독일인들은 그 대신 끝도 없는 소모전을 받아들이기 시작했다. 괴벨스의 '총력전' 선언이 별다른 반향을 일으키지 못했던 것은 분명하다. 그러나 그것은 1941년 말의 패배에 대하여 1942년에 그러했듯이, 1943년의 독일인들이 '버티자'는 구호를 현실에서 이미 시험하고 시도했기 때문이기도 했다. 독일인들은 1943년의 삶을 1942년의 호러와 엄연함의 렌즈로 보았던 것이다. 당시의 대중 유머가 그 양상을 보여준다. 뮌스터의 저널리스트 파울하인츠 반첸이 채록한 농담은 다음과 같다.

1999년 탱크부대 보병 두 명이 쿠반강 교두보에서 수다를 떨고 있었다. 한 사람이 책에서 '평화'라는 단어를 읽었고, 그게 무슨 뜻인지 알고 싶었다. 그러나 벙커에 그 단어를 아는 사람이 없었다. 그들은 하사에게 물어보았다. 그러나 그도 몰랐다. 중대장 중위에게 물었다. '평화?' 그가 고개를 저으며 말했다. '평화? 나는 김나지움을 다녔는데, 모르는 단어인데.' 다음날 대대본부에 들렀던 그가 대대장에게 물었다. 그 역시 몰랐다. 그는 최근에 간행된 사전을 꺼내서 마침내 찾아냈다. '평화, 인간에게 맞지 않는 삶의 방식으로 1939년에 폐지됨'.[72]

스탈린그라드를 중심으로 하는 인위적인 신화를 창출하려는 노력은 실패했지만 그 시도는 한 가지 결정적 측면에서 고통스럽게 지속되는 유산을 남겼다. 1943년 2월 3일의 독일군 뉴스에는 결정적인 거짓말이 포함되어 있었다. '장군, 장교, 하사, 사병이 어깨에 어깨를 맞대고 마지막 총탄을 발사할 때까지 싸웠다.' 1주일이 지나지 않아서 루머가 퍼졌다. 사실은 파울루스 원수를 포함하여 독일군 사령관들과 많은 병사들이 항복하여 소련군 포로가 되었다고 하더라. 독일군은 소련이 전쟁 발발 이전에 포로의 대우에 관한 제네바협약에 서명하지 않았다는 것을 근거로 하여, 독일군이 독립적인 제3자가 확인할 수도 있을 그 어떤 정보도 갖고 있지 못하다고 주장했다. 군 당국은 스탈린그라드 전사자들을 단순하게 '작전중 실종'으로 분류했다.[73]

※※

스탈린그라드의 실종된 병사들은 '살아 있는' 것으로 간주되었다. 힐데가르트 프로프스트는 남편에 대한 소식을 듣지 못했다. 남편 프리츠는 1942년 성탄절과 1943년 새해 첫날의 편지에 참호 안을 덥혀줄 목재는 없지만 자신들은 여전히 해내고 있다고 썼었다. '우리가 해방되고 형편이 나아지는 날이 반드시 올 거야.' 힐데그라트가 남편에게 보낸 편지와 소포는 반송되고 있었다. 1943년 4월 1일에 편지 4통과 100그램짜리 항공소포 6개가 반송되었다. 남편의 동료 병사 가족들도 마찬가지였다. 그들이 받은 마지막 편지는 모두 1월 초의 편지들이었다. 힐데가르트는 혹시 프리츠의 동료들이 소식을 전해줄까 해서 독일 라디오 방송의 동료 찾기 프로그램에 편지를 보냈다. 한 달 뒤 남편 이름이 전파를 탔다. 1943년 5월 29일에는 지역의 적십자 사무실에 남편 이름을 등록했다. 그러나 '실종'으로 간주되어야 한다는 답을 받았다.[74]

그때 전직 총리 프란츠 폰 파펜이 대사로 있던 앙카라의 독일 대사관이 한 하급 장교의 행방을 알아내서 그의 모친에게 알려주었다는 소문이 퍼졌다. 그러자 실종자 가족들이 투르크 적십자에 병사를 찾아달라는 편지를 보냈다. 독일군 정보국은 독일군과 루마니아군 병사 11만 3천 명이 포로로 잡혔다는 사실을 숨기기 위해 최선을 다했다. 독일군 총사령부 역시 영웅적 최후의 연출을 망치지 않기 위해 사령부에 접수된 편지와 소포를 배송하지 않도록 했다.[75]

그러나 정보의 공백은 유지될 수 없었다. 라디오 모스크바가 이미 '포로 9만 1천 명이라는 숫자'를 발표했다. 독일 외무부 언론홍보국은 1943년 2월 2일에 평가했다. '모두가 적국 방송을 통하여 소식을 얻으려는 유혹에 저항할 수 있는 것은 아니다. …… 단순한 대중에게는 '포로로 잡혔다'와 '사망했다'는 굉장히 다르다. 러시아인들은 포로를 잡으면 무조건 죽인다고 아무리 말해도 소용없다.' 친위대 정보국도 같은 의견이었다. 정보국은 독일인들이 독일에 투하된 소련 전단들이 읽히는 정도와 오직 라디오 모스크바를 통해서만 얻을 수 있는 정보가 유통되는 정도를 기록했다. 당시 BBC와 라디오 모스크바는 독일군 포로들의 이름을 발표하고 있었다. 지역과 전국의 미디어들 역시 그 시점에 '불법 청취'가 증가하고 있다고 확인했다. 슈투트가르트 나치 지구당위원장 빌헬름 무르는 '적국 방송을 듣고 그렇게 우리 인민의 방어 능력과 저항 능력을 훼손하는 사람'을 '기소하여 가차없이 처벌할 것'이라고 위협했다. 그러나 지역의 친위대 정보국은 그처럼 무식하게 사안을 보지 않았다. 정보국은 적국 방송 청취를 정보 부족

에 대한 자연스러운 반응으로 간주했다.[76]

　게슈타포는 언제나처럼 그런 사건들을 내적으로 구분함으로써 범죄와 범죄자를 만들어냈다. 1943년 3월 한 여성이 전선의 아들이 휴가 오면서 집에 가져온 소련 전단지에서 독일군 병사들의 이름과 주소를 알아냈다. 그녀는 그 가족들에게 편지를 쓰기 시작했다. 병사들이 살아 있는지, 그리고 '잘하고 있는지' 소식을 전해주려 한 것이다. 그녀의 행동은 게슈타포의 주목을 끌었다. 게슈타포는 수사를 통하여 그녀가 남자 형제 두 명을 1차대전에서 잃었고 막내아들도 1942년에 전사했으며, 그 때문에 그녀가 그런 일을 벌이고 있다고 판단했다. '나는 그 가족들을 돕고 싶었어요. 전선에 가 있는 가족에 대하여 아무것도 모르는 것이 안타까웠고요.' 게슈타포는 그녀를 '패배주의' 혹은 '적국 선전 유포'로 처벌하지 않고 경고만 하고 돌려보냈다. 경찰관들은 그녀가 나치 대중조직에서 흠결 없이 활동해온 것도 높이 평가했다.

　프리츠 M은 다르게 처리되었다. 1943년 5월 게슈타포가 그를 체포했다. 그는 라디오 모스크바가 발표한 병사들 가족에게 46통의 편지를 보내서, '실종되었다는 병사들이 실은 포로로 잡혔고 잘 지내고 있답니다'고 썼다. 그런 행동은 '공산주의 선전'으로 규정되었다. 그 편지가 '러시아군에게 포로로 잡히면 악랄하게 처리된다는 상식'에 도전한 것이었기 때문이다. 더욱이 프리츠는 전직 사민당 당원이었다. 공산주의 선전은 사형으로 처벌할 수도 있는 범죄였다. 따라서 2년 형을 선고받은 것은 그가 비교적 운이 좋았다고 할 것이다. 그러나 다른 한편 그것은 게슈타포가 그런 사건들을 극단으로 몰고 가지 않으려 했다는 것을 분명하게 드러낸다. 그리고 프리츠는 자신의 행동을 비밀스러운 레지스탕스의 한 형태로 생각하지 않았던 것으로 보인다. 프리츠와 비슷한 편지를 보낸 사람들 중 서명자 란에 '+++', '한 민족동지' 혹은 '+++(불행하게도 나는 달리 할 수가 없습니다)'라고 쓴 사람들도 있었던 반면에, 프리츠는 자기 이름과 주소를 밝혔다. 게슈타포의 수사는 또한 프리츠의 편지를 받은 사람들 중에서 단 한 사람도 프리츠를 게슈타포에게 밀고하지 않았다는 사실도 드러낸다. 그들이 게슈타포에 출두하여 설명해야 했기 때문이다.[77]

독일 당국은 최선을 다해서 포로로 잡힌 병사들이 독일로 보낸 편지와 엽서를 가로챘다. 그러나 편지 몇 통은 가족에게 도달했다. 일부는 중립국을 통하여 전달되었고, 일부는 나치 행정의 무능력 덕분에 전달되었다. 1943년 4월 빈의 검열소가 제6군 장군 발터 하이츠가 아내에게 보낸 편지를 통과시켰다. 편지의 내용이 곧 다른 상급 장교 가족들에게 알려졌다. 그러자 그들 중 일부가 기젤라 하인츠처럼 독일군 총사령부에게 진정하여 포로들과 접촉하려 했다. 그러나 독일군 정보국은 그들의 기대를 억제하고자 했다. '소련측의 완전히 부정적인 태도로 인하여 소련 내 독일군 전쟁포로들과의 접촉과 관련된 그 어떤 합의도 없습니다.' 하이츠 장군의 이야기는 부풀려져서, 그가 동유럽 실종자나 전쟁포로들의 연락관 역할을 수행하고 있다는 신화가 만들어졌다. 그런 루머들은 1944년 여름까지 끈질기게 유지되었고 동부전선의 새로운 전투와 패배들의 충격 속에 묻히기는커녕 계속 부활했다. 육군 총사령부는 결국 루머들을 공식적으로 부인하는 대단히 이례적인 조치를 취했다.[78]

남편 소식을 기다린 지 몇 달, 루이제 슈티버의 유일한 위안은 실종된 남편과의 일기 대화였다. 한밤중에 그녀는 남편에게 시를 썼다.

나는 방에 혼자 앉아 있어요
한밤중에 램프의 불빛 속에서
옆 침대의 우리 아이가
자면서 당신 이름을 부릅니다.

...
포기하고 싶어지면
당신의 사진을 가져와
두 아이를 부르고
아이들이 당신 때문에 우는 것을 보아요.
그러면 나는 알지요. 이 모든 비탄 속에도
그들이 내게 위로라는 것을.
그래서, 나는 내 자리를 지킵니다,
용감하고 포기하지 않고,
왜냐하면 나는 분명히 알기 때문이에요
그날이 온다는 것을
우리가 다시 만날 그날이[79]

일부 역사가들은 그러한 회복 불가능한 손실이 독일인들이 2차대전을 경험한 압도적이고 공통적인 내용이었으며, 그 경험 때문에 많은 독일인들이 나치 정권으로부터 유리되었다고 주장한다. 그러나 그러한 반응을 패배주의 혹은 정치적 저항으로 해석하기는 어렵다. 그것은 오히려 사적인 슬픔이었다. 1944년 2월 초에도 루이제 슈티버가 시에서 쓰지 않았는가. '그래서, 나는 나의 자리를 지킵니다,/ 용감하고 포기하지 않고'. 그녀는 차라 레안더가 〈위대한 사랑〉에서 부른 노랫말로 자신을 위로했다. '나는 알아. 어느 날 기적이 일어나리라는 것을'. 20일 뒤의 일기에서 루이제는 남편에게 고백한다. '당신으로부터 인사도, 말 한마디도 듣지 못하기에, 모든 것이 말할 수 없이 힘들어요. 고아가 된 기분이에요.' 순간 두 자식의 존재도 잊은 채 그녀는 덧붙였다. '이제 내게 속하는 사람은 아무도 없어요.'[80]
　힐데가르트 프로프스트는 석 달 동안 신경을 곤두세우고 남편 소식을 기다렸다. 성과가 없자 그녀는 출구를 모색했다. 1943년 4월 초 아이들로부터 성탄절 선물로 받았던 노트에 편지를 쓰기 시작한 것이다. '나는 노트를 일종의 일기로 만들기로 했어요. …… 일기는 더이상 당신에게 보낼 수 없는 편지를 대신해요. 평소 같았으면 편지에 썼을 내용을 노트에 적어요. 그것은 나를 당신이 우리와 함께 있게 될 시간과 연결해주는 일종의 다리예요. 나는 여전히 당신이 어느 날 불쑥 돌아오리라고 굳게 믿어요.' 그녀는 튀링겐의 중세 도시 뮐하우젠에서 얻은 가장 중요한 소식들을 남편에게 전했다. 가게와 상점들이 괴벨스의 '총력전' 캠페인의 일환으로 문을 닫았다. 신문 공지란에 실린 것이지만, 전사자 소식도 있다. '매우 감동적인' 장례식도 열렸다. 커뮤니티 전체가 모인 가운데 장례식에 병사들이 도착하여 비어 있는 관 위로 예포를 발사했다. 실종자 가족들에게는 그런 이별이 주어지지 않았다.[81]

시간은 멈추지 않았다. 성령강림절에 힐데가르트는 노트에 적었다. 세 명의 자식들은 '아무 걱정 없이 잘 지내고 있어요. 아이들은 내 슬픔을 전혀 모른답니다. 어쩌다가 내 눈물을 보면 아이들이 나를 위로해요. 아빠는 다시 돌아올 거야.' 어느덧 장남 카를-하인츠는 아버지 프리츠가 회피한다고 언제나 걱정하던 책임을 떠맡고 있었다. 그는 융커 공장에 수련생 지원을 했다. 한 달 뒤인 1943년 7월 중순 힐데가르트는 그녀가 1942년 성탄절 이전에 보냈던 편지가 아직도 반송되는 것에 놀랐다. 프리츠의 생일인 1943년 8월 17일에 그녀는 다른 때처럼 남편의 사진을 장미로 장식했다. 그녀는 아프리카 군단 병사들의 가족을 질투했다. 그 가족들은 튀니지에서 미군에게 항복한 25만 명의 병사들로부터 1943년 5월에 편지를 받았다.[82]

많은 아내와 엄마들이 힐데가르트처럼 살아갔다. 아이들을 학교에 보내고, 실종으로 분류된 병사들의 가족에게 편지를 쓰고, 때로는 편지 한

통을 동시에 여러 사람에게 발송했다. 그러면 수신인들은 그 편지를 또 여러 사람에게 발송하는 '행운의 편지' 비슷한 연쇄 편지를 보내고 받았다. 그 내용에서 가장 두드러지는 것은 여전히 생일, 결혼기념일, 징집, 마지막 휴가, 전선에서 보내준 작은 선물과 사진이었다. 남편 가구공방의 작업 도구들 위에 먼지가 쌓여가는 동안 일기를 통해서만 실종된 남편에게 닿을 수 있다고 느낀 사람은 힐데가르트 프로프스트만이 아니었다. 그들의 슬픔은 애도가 없는 슬픔이었다. 공적인 인정도, 공동체적인 위로도, 배우자 연금도 없이 그들은 연옥 속에 있었다.

제5부

독일에 도착한 전쟁
: 1943년 3월~1944년 여름

제11장

폭격과 복수

1943년 2월 15일. 독일의 전쟁 동원에 새로운 차원을 부여하는 기념식이 열렸다. 제6학년과 제7학년에 등록된 15세와 16세 청소년들이 공군과 해군의 보조병사 선서를 한 것이다. 많은 청소년이 히틀러청소년단 복장을 실제 군복으로 갈아입고 지도자에 대한 충성 맹세를 하자 황홀경에 빠졌다. 쾰른의 한 소년이 적었듯이, 그날은 '중요한 날'이었다. '자부심으로 채운 날이었다. 왜냐하면 나도 이제 조국의 방어에 참여할 수 있게 되었기 때문이다'. 그 첫번째 보조병 중에 작센 라이데부르크의 한스 디트리히 겐셔가 포함되어 있었다. 그는 훗날 서독 외무장관이 된다. 단치히에서 선서한 소년들 중에는 미래의 작가 귄터 그라스가 있었고, 바이에른 트라운슈타인에는 미래의 교황 베네딕트 16세 요제프 라칭거가 있었다. 많은 소년이 방공포대에 배치되었다. 오늘날 종종 그 연령대 '전체'를 방공포대 보조병 세대로 부르지만, 방공포대에 배치된 청소년들은 주로 김나지움에 다니던 중간계급 출신이었다. 전쟁 말이 되면 1929년과 1930년도 출생자들도 방공포대에 들어간다. 그들 중에 미래의 사회학자 하버마스와 미래의 총리 헬무트 콜이 포함된다. 청소년 징집은 민방공 체제를 구축하기 위한 일련의 조치들 중 첫번째 조치였다. 독일인들의 전쟁 경험을 진정 '총력전'으로 만든 것은 민방공이었다.[1]

함부르크의 교사 아들 클라우스 자이젤은 16세의 나이로 함부르크 도심의 방공포대에 합류했다. 베를린의 한스 요아힘 M과 학우들은 공항의 방공포대에 배치되었다. 부모들은 자식들과의 접촉과 면회가 부족하다고 불평했지만, 청소년들은 새로운 자유와 책임에 기뻐했다. 나치 미디어는 부모들에게는 아이들이 능력 밖의 일을 맡지 않는다고 확언했지만, 청소년들에게는 그들이 공장 수련생에 비해 특권을 받은 것이라고 강조했다. 청소년들은 동시에 세 가지 교육을 받았다. 공군과 해군 조교들에게는 군사훈련을 받았고, 히틀러청소년단에서는 이데올로기 교육을 받았으며, 학교에서는 정상적으로 수업을 받았다. 쾰른-뮐하임의 한 김나지움에서 열린 학부모의 밤에 참석했던 한 아버지가 그날 밤 전선의 장남에게 편지를 썼다. '개인적으로 나는 이 모든 것에 분노해. …… 나의 동료 P처럼 건장한 남자 수백 수천 명이 속임수를 써서 징집을 피했어. 집에서 그들은 자식의 기저귀나 갈고 있어.' 장남은 동의하지 않고 외려 아버지를 훈계했다. 아버지가 '감정이 시키는 대로' 발언한 것은 아니겠지만, '오늘날은 아들들만이 병사가 되어 의무를 완수하는 것은 아니에요. 부모들도 필요한 모든 곳에 가고, 무조건적인 지지를 보내고, 의무를 무조건적으로 완수한다는 정신을 가져야 합니다.'[2]

한스 요아힘 M과 학우들은 방공포대의 거대한 서치라이트와 레이더에서 연로한 예비군과 소련군 포로들을 도왔다. 히틀러 생일인 1943년 4월 20일에 한스 요아힘의 방공포대가 폭격을 당했다. 군인 한 명이 전사했지만 청소년 보조병들은 모두 무사했다. 옆 포대의 청소년들은 운이 좋지 않앉다. 청소년 7명이 죽었다. 에센의 롤프 디터 코흐는 그보다 앞서 폭격을 경험했다. 1943년 3월 5일 오전 8시 45분 사이렌이 울렸다. 오전 9시 정각에 영국군 모스키토 전폭기가 에센 남부 크루프 공장에 붉은 신호 폭탄을 투하했다. 9시 36분까지 모스키토 전폭기 7대, 랭커스터 전폭기 17대, 핼리팩스 전폭기 5대가 짧은 간격을 두고 크루프 공장에 신호 폭탄을 투하했다. 안쪽은 녹색이고 바깥은 빨간색 원을 그리는 화염이 폭탄 투하 지점을 표시했다. 그 직후 영국 공군기가 세 차례 나타났다. 밀집대형을 이룬 핼리팩스 폭격기 89대, 스털링 폭격기 52대, 웰링턴 폭격기 131대, 마지막으로 랭커스터 140대였다. 폭격기들은 9시 40분까지 소이탄 524.4톤과 고폭탄 490.4톤을 투하한 뒤 돌아갔다. 그날 밤이 끝날 무렵 롤프 디터 코흐는 너무 지쳐서 그날의 경험을 일기에 전보 형식으로만 적을 수 있었다. '날아온 비행기들의 강력한 힘. 처음에는 표식 투하. 그다음의 고폭탄과 소이탄. 레이더 작동 평가 장치 파괴. 우리 막사들 파괴. 소화 작업. 수면.' 그 폭격으로 457명이 죽고 1,400명이 부상당했다. 그에 더하여 5만 명이 집을 잃었고, 건물 3,016채가 완파되었으며, 2,050명이 중상을 입었다. 영국 폭격기들은 1주일 뒤에 다시 나타나서 648명을 죽이고 4만 명을 홈리스로 만들었다. 1940년에 영국 공군의 폭격을 비웃었던 카롤라 라이스너는 이번에는 폭격이 끝나고도 며칠 동안 귀에서 폭탄 터지는 소리가 들렸다.[3]

영국군 폭격사령부에게 에센 공습은 공중전의 전혀 새로운 국면, 즉 루르 전투의 시작이었다. 크루프 군수품 생산 제국의 본부인 에센은 공업 시설 폭격 작전의 상석에 있었다. 1942년에는 영국 공군기의 항로 탐지 장치가 아직 부정확했었다. 또한 조종사들이 구름을 뚫고 지상을 볼 수 있는 경우에도 루르의 광역 메트로폴리탄 형세 때문에 폭격 목표를 식별하기 어려웠다. 영국 공군기들이 독일의 강력한 방공망에서 입은 손실도 적지 않았다. 그러나 1943년 3월의 공습과 함께 균형이 폭격하는 편에게 유리하게 바뀌었다. 기술이 개선되어 항로 탐지와 목표 설정이 훨씬 더 정확해진 것이다. 영국 폭격기들은 새로운 무전 체계인 '오보에Oboe'의 도움을 받았다. 또한 폭격사령부는 직선 비행을 피하도록 했다. 그리고 북해 연안과 서부 독일에 잠재적인 폭격 목표가 숱하게 산재해 있었기에 영국은 위장 폭격기를 띄워서 독일 전투기들을 유인할 수 있었다.

더욱이 영국 공군은 1943년 2월부터 폭탄 투척 표식 편대에 H2S 레이더 장치를 탑재했다. 그 장치 덕분에 조종사는 비행기 아래의 지상이 거주지인지 아닌지를 알게 되었다. 물론 아직은 부정확했다. 그래서 표식 편대가 레이더 이미지를 보고 썰물 때의 엘베 강둑을 함부르크 부두로 오인하여 도심에서 21킬로미터 떨어진 강둑에 폭탄을 쏟아부은 일도 있었다. 1943년 3월 5~6일 밤의 에센 폭격이 엄청난 파괴력을 발휘한 것은 모스키토 폭격기의 스피드와 표식 편대의 정확성 덕분이었다. 영국 공군이 벌인 폭격 작전 전체에서 처음으로 출격한 폭격기 153대 중의 거의 절반이 목표 지점의 반경 5킬로미터 안에 폭탄을 투하하는 데 성공했다. 그뒤 넉달 동안 라인란트와 루르의 도시들 대부분이 반복해서 에센과 비슷하게 정확한 폭격에 노출되었다. 에센의 크루프 공장은 1주일 뒤에 다시 한번 선별 폭격을 받았고 그것은 그후 실행되는 반복 폭격의 패턴이 되었다.[4]

에센은 1940년부터 영국 공군의 폭격에 대비하여 건설한 거대한 철근 콘크리트 벙커를 갖추고 있었다. 그런 도시에서도 많은 민간인들은 공동주택 지하실로 대피해야 했다. 1943년 3월 5일 밤 에센에서 한 의사와 아내가 에센-베스트의 자기 집 지하실로 대피하여 접의자에 앉아 있었다. 강력한 폭발풍이 대문과 창문들을 뒤흔들었다. 아내는 남편의 위로에 아무런 반응도 보이지 않은 채 앞만 뚫어지게 응시하면서 폭발 소리가 들릴 때마다 짧은 기도문을 중얼거렸다. 의사가 아내를 꽉 끌어안고 보니 몸 전체가 떨리고 있었다. 그 떨림이 그에게 느껴지기 훨씬 전에 그의 두 다리도 이미 통제 불가능하게 꼬이고 있었다. 그는 라인 강변의 도시 본의 전쟁신경증 의사 프리드리히 판제 박사에게로 보내진다. 어린이들은 특히 지하실에서 울리는 폭발과 폭발풍의 진동에 예민했다. 그들은 지하실에서 다양한 소리를 들으면서 폭탄을 구분하는 법을 배웠다. '쾅'은 폭탄이고 '낮게 찢어지는 소리'는 소이탄이다. 한 아이는 소이탄의 '딸깍거리는 소리'를 듣고는 '누군가 뺨을 다정하게 때리고 있다'는 생각이 들었다. 그러나 아이들은 함께 있던 어른들로부터 공포도 배웠다. 한 소년은 썼다. '그것은 사람들이 지하실 구석과 틈에 엉겨붙어 앉아 있을 때 시작되었어. 폭탄이 떨어질 때마다 "아버지 하나님" 하는 큰 소리가 났어.'[5]

1943년 3월 5일의 공습으로 에센의 주요 무료급식소 여덟 곳이 모두 파괴되었다. 작은 급식소 3개만 남자 나치 인민복지회가 인근 도시들의 급식소로 달려갔다. 그들은 하루 평균 7만 3천 인분을 제공했다. 지역의 군 부대들도 야전 식당 60곳에서 하루에 2만 5천 리터의 음식을 공급했다. 카롤라 라이스너는 감동했다. '이곳에서 모든 것을 영웅적인 헌신 속에서 불평 한마디 없이 인내하는 것이 놀랍다.'[6]

에센을 폭격할 준비는 1942년에 시작되었다. 1942년 5월 30~31일 영국 공군은 쾰른에 '폭격기 1천 대' 공습을 가했다. 영국 폭격사령부는 그 공격으로 자원이 제공되기만 하면 무엇을 해낼 수 있는지 항공부에게 과시하고자 했다. 그래서 훈련용 비행기까지 투입했다. 쾰른 지역의 한 신문 편집자가 촌평에서 썼다. 길거리를 오가는 사람들은 모두 '그들이 아는 쾰른은 그 전날 이후 더이상 없다'는 것을 깨달았다. 에센이 루르 메트로폴리탄 광역 속에 묻혀서 인근 도시와 구분이 안 되었던 것과 달리 쾰른은 식별하기 쉬웠다. 라인강 좌안의 넓은 은색 띠 위에 기차역이 있었고, 바로 옆 고딕 대성당의 첨탑 두 개가 솟아 있었다. 그래서 쾰른은 폭격 항로의 편리한 랜드마크였다. 쾰른을 목표로 삼지 않은 폭격기들조차 그 도시 위에서 오른쪽으로 방향을 돌려서 루르 공업 지역을 폭격하거나 남쪽 멀리 뉘른베르크까지 날아갔다.

1943년 2월 말 쾰른의 한 젊은 여성이 불평했다. '영국인들이 우리를 미치게 한다! 매일같이 저녁마다 경보가 세 번, 네 번, 다섯 번, 그 이상 울린다.' 개전 이래 경보를 세어온 하인츠 페텐베르크는 1943년 2월 28일에 경보가 500번째 울렸다고 썼다. '우리는 죽을 만큼 피곤하다.' 전차 안이건, 병원 대기실이건, 구청 사무실이건, 사람들은 앉자마자 잠에 떨어진다. 피폭민들에게 비상 숙소로 제공되는 흉물스러운 막사들이 쾰른의 여기저기 광장에 세워졌다. 로잘리에 쉬틀러는 가게 출입문에 판자가 씌워지고, 여자들이 트럭과 전차를 운전하고, 노이마르크트 시장에 파괴된 건물들의 잔해더미가 끝도 없이 쌓이는 모습들을 보았다. 채굴 기사 두 명이 전찻길 위의 트럭에 잔해들을 싣고 있었다. 쾰른이 비워지고 있었다. 주민 수가 77만 명에서 52만 명으로 감소했다. 사람들이 안전과 파괴되지 않은 주택을 찾아서 주변의 읍과 촌락으로 떠난 것이다. 통근 열차는 직장과 학교로 가기 위해 매일같이 25만 명이 몰려들자 어찌할 바를 몰랐다. 영국 공군의 '루르 전투'가 시작되기 전에 이미 쾰른의 스위스 영사 프란츠-루돌프 폰 바이스는 시민들의 사기를 '제로 이하'로 평했다.[7]

1943년 봄이 지나는 동안 영국 공군의 폭격 규모가 커져갔다. 로잘리에 쉬틀러는 쾰른의 라트-회마르 남동부 교외에 위치한 집에서 매일 밤 '루르 위에서 벌어지는 잔인한 게임을 관찰'할 수 있었다. 그녀는 1943년 5월 16~17일 뫼네와 에더의 저수지 댐 폭격으로 '믿을 수 없는 홍수'가 발생하고, 그 때문에 '촌락들 전체가 파괴되고 엄청난 인명 피해'가 발생했다는 소식을 들었다. 그녀는 사망자 수를 추측할 수만 있었다. 미디어는 370~400명이 사망했다고 발표했지만, 1만 2천 명이 죽었다는 소문도 있었다. 1943년 5월 24일 밤 도르트문트가 폭격당했을 때는 폭탄과 방공포 소리가 쾰른까지 들렸다. 예광탄이 발사되고 화염이 솟았기에 하늘이 환하게 밝았고, 불이 걷잡을 수 없이 번지면서 불빛이 80킬로미터 밖에서도 보였다. 스위스 영사는 폭격이 주민들에게 '깊이 각인'되었다고 평했다. 사람들은 영국이 '페어플레이' 규칙을 어겼다고 생각했다. 뫼네 저수지 댐을 파괴하여 도르트문트의 공습 대피소까지 잠기게 만들었다는 것이었다.[8]

'폭격기 1천 대' 공습 1주년이 되는 날 쾰른 주민들은 새벽부터 일어나 '대폭격'을 기다렸다. 그러나 폭격을 당한 곳은 부퍼탈이었다. 1943년 5월 30일 일요일 이른 시각에 13세의 로타르 카르스텐이 일기에 적었다. '한밤중 12시경에 사이렌소리. 새로운 것은 아니기에 몸을 뒤집어서 다시 잠.' 소년은 주민들 모두가 하던 말을 반복했다. '토미는 우리를 보지 않을 거야. 우리 도시는 계곡 속에 있고, 밤에는 도시 위에 두꺼운 안개가 자욱하게 끼거든.' 다행스럽게 아버지가 일어나 가족을 깨웠다. 그 덕분에 첫번째 폭탄이 떨어질 때 그들은 지하실에 있었다. 엄마가 운동복을 가져왔지만, 서두르다가 중요한 문서들이 들어 있는 여행가방을 잊어버렸다. 로타르는 안전이 확실해지자마자 이웃들에게 합류했다. 그들은 함께 인간 띠를 형성하여 손에서 손으로 양동이를 전달했다. 그렇게 불을 끄려 했으나 급수관은 파괴되었고 소화전은 작동하지 않았다. 로타르는 아침이 지나지 않은 그 시각 잠시 뒤에 일기에 적었다. '하늘이 피처럼 빨갛다.' 폭격기 719대가 날아왔는데 대부분 네 발짜리 폭격기였다. 그 비행기들은 길쭉한 모양의 부퍼탈 동쪽 끝에 폭격을 집중시켜 바르멘의 구시가지를 불태우고 그곳 건물의 약 80%를 파괴했다. 그뒤 며칠 동안 로타르에게는 일기를 쓸 시간이 없었다. 로타르는 히틀러청소년단의 다른 소년들과 함께 피폭민들이 집기를 건져내는 작업을 도왔고, 전령이 되어 여기저기로 메시지를 전했다.[9]

폭격으로 파괴된 부퍼탈 바르멘의 한 집 앞에서 한 여성이 울고 있었다. 건물 잔해 속에 그녀의 아들과 며느리와 두 살배기 손자가 묻혀 있었다. 돌격대원 두 명이 그녀에게 다가가 위로하려 했다. 그러자 그녀가 그들에게 소리쳤다. '이 전쟁의 책임은 갈색 것들에게 있어. 너희들은 전선으로 가서 영국인들이 여기 올 수 없게 해야 해.' 바르멘은 폭격에 전혀 준비되어 있지 않은 도시였다. 그날 로잘리에 쉬틀러는 옷에 불이 붙은 '사람들이 부퍼탈강에 뛰어들었다'는 소식을 들었다. 사망자는 3,400명에 달했다. 그 시점까지 단일한 폭격으로 사망한 최대 숫자였다. 영국 폭격사령부에게 부퍼탈은 부차적이었다. 부퍼탈 폭격의 진정한 목적은 방공포대들을 잘 방어되고 있던 루르 공업 중심지로부터 주변 지역으로 분산시키는 데 있었다.[10]

퀼른시 당국은 시민들에게 도시 안에 일자리가 없는 사람은 도시를 떠나라고 당부했다. 로잘리에는 그것을 독일 정부가 '라인란트를 희생시키기로' 결정한 것으로 판단했다. 퀼른 내부는 이상할 정도로 조용했다. 12일 동안 경보가 한 번도 울리지 않았다. 그 대신 이상한 루머가 퍼졌다. 양국 정부가 '비밀 협약'을 맺었다고 하더라. 퀼른은 이민을 갔던 유대인들이 '그곳으로 다시 돌아오기를 원하기' 때문에 폭격에서 면제된다고 연합군 전단에 써 있다더라. 그러한 망상은 유대인 박해와 연합군 폭격을 결합시킨 강력한 준거점의 창출을 도왔다. 그러나 1943년 6월 11~12일에 끝내 폭격 경보가 울렸다. 하지만 폭격기들은 퀼른 상공을 지나갔고, 곧 뒤 셀도르프 위 북쪽 하늘이 '큰불로 환하게 밝았다'. 1943년 6월 15일 스위스 영사가 상관들에게 보고했다. '여기에서 우리는 화약고 위에 살고 있습니다. 퀼른 주민들은 모두 다음번 공습 목표가 우리라고 믿습니다.' 퀼른 사람들은 너도나도 철근 콘크리트 벙커에 입장을 허가받기 위해 최선을 다했다. 동시에 독가스 폭격에 대한 루머가 증폭되었다. 독가스 루머는 주

민들의 사기가 폭락한 것을 가리키는 주요 지표였다.[11]

서부 독일에 대한 폭격 소식이 확산되면서 친위대 정보국 보고서 속에 묘사된 인민의 사기가 무척 음울해졌다. 그러자 괴벨스가 힘러를 찾았다. 그는 친위대 정보국이 내부 보고서를 나치 지도부에게 회람시키기 전에 선전부가 그 보고서를 함께 점검하도록 하자고 설득했다. 힘러는 거부했다. 다만 괴벨스는 정부 지도부 인사들 중에서 당시 가장 중요했던 그 정보지의 수신인 수를 크게 줄이는 데는 성공했다. 루르에는 괴벨스의 '총력전' 연설을 칼날같이 비난하는 짧은 노래가 유행했다.

친애하는 토미야, 더 멀리 날아가
우리는 모두 광부들이야.
더 멀리 베를린까지 날아가,
그들 모두 '옳소'라고 외쳤단다.[12]

그러나 당시 독일인들을 지배한 것은 나치 지도부에 대한 격렬한 적대감이 아니었다. 그해 봄에 도르트문트와 에센을 순방했을 때 괴벨스는 군수 노동자들에게 영국군 공습에 '복수'할 것이라고 약속했다. 강당을 가득 메운 사람들이 강당이 떠나가도록 박수쳤다. 그들이 표출한 것은 나치에게 적대감이라기보다는 공습의 고통을 면하게 해달라는 소망이었다. 사람들은 낙관적인 순간에는 영국에게 이자를 더해서 복수하는 것을 상상했고, 비관적인 순간에는 폭탄이 어디든 다른 곳에 떨어지기를 소원했다. 스위스 영사에 따르면, 1943년 3월 초 베를린이 최대의 폭격을 당하자 쾰른 사람들은 그 소식에서 '안도감과 심지어 기쁨'을 느꼈다.[13]

히틀러는 괴벨스의 총력전 전권위원직 임명은 거부했지만 정부부처 공습위원회 위원장직은 주었다. 괴벨스는 그 직책 덕분에 민방공에서 핵심적인 역할을 수행했다. 위원회는 이동식 작업장, 식당, 가사도구, 가구, 옷, 식량을 피폭 도시에 공급할 권리를 가졌다. 위원회는 관료적 절차를 무시하고 군대의 '비상 구호' 저장고에서 물자를 징발하기도 했다. 그 작전이 한창이던 1943년 6월 5일 괴벨스가 베를린 스포츠궁전에서 또 한번 연설했다. 그는 영국인들에게 가혹한 복수를 하겠다고 약속했다. '(영국) 지도자들이 유대인 선동가들 편에 서서 자신의 피를 배신하고 청구서에 높은 가격을 써넣었는데, 이제 그 돈을 지불해야 하는 사람은 바로 영국 국민입니다.' 언론이 가공할 만한 신무기에 대하여 말하기 시작했고, 괴벨스의 약속은 전쟁의 나머지 기간 내내 독일인들의 희망을 조율하는 핵심축이 되었다. '복수의 시간은 올 것이다!'[14]

부퍼탈 바르멘 폭격 이후 4주일 뒤 부퍼탈 엘버펠트 지역도 폭격을 맞았다. 바이마르 인근의 첼라-멜리스의 군수공장 노동자들이 새로운 노래를 부르기 시작했다. 노래는 복수의 합창에 그들 자신의 목소리를 더한 것이었다.

복수:
그날이 오고 있어. 부퍼탈의 범죄를 복수할 날이
그리고 복수는 너희들 땅에 강철 우박을 쏟아부을 거야.
너희 살인자들은 이 도시와 이 도시의 불길에도
그리고 어머니 품의 아이들을 죽이면서도 슬픔을 느끼지 않았어.
그것이 지금 뜨거운 열기로 너희들을 증오하도록 우리를 찌르고 있어
너희가 모든 유대 인종들과 더불어 부퍼의 주홍글씨를 달고 있기 때문.
죽은 사람들이 복수를 요구해! 그리고 우리는 우리가 한 말을 단호히 지킬 거야.
그리고 이 살인에 최종적으로 답할 무기를 벼리고 있어.[15]

가톨릭 주교들은 자제하라고 촉구했다. 1943년 6월 10일 쾰른 대주교 프릿스가 사목 서한을 발표했다. '전쟁의 극단적인 고통은 인간이 지은 죄의 결과이고, 인간들이 신과 그의 계명에서 너무나 멀어진 것에 대한 처벌이다.' 언제나처럼 갈렌 주교가 좀더 명확하게 표현했다. 1943년 7월 4일 텔그테의 순례지에서 행한 설교에서 그는 '복수'의 윤리에 정면으로 도전했다. '이번에 나는 공개적으로 말해야겠습니다. 나는 독일 언론에 반복해서 표현되고 있는 증오와 복수의 요구를 나의 것으로 삼을 수 없고, 그러고 싶지도 않습니다. 여러분도 그 요구를 여러분의 요구로 받아들이지 마시기 바랍니다!' 복수의 요구는 '비기독교적이고, 무엇보다도 비독일적입니다. 무가치하고, 비열하고, 기사답지 못합니다!' 복수는 유대인의 원칙이니, '고대 유대인의 법이 바로 "눈에는 눈 이에는 이"였고, 그리스도는 그것을 명명백백하게 거부하셨습니다.' 갈렌은 나치의 복수를 '유대인의 원칙'으로 포장하면서 다른 주교들과 마찬가지로 '기사답다'는 구식 버전의 기독교 메시지를 신자들에게 전달했던 것이다. 그는 또한 폭격과 전쟁 책임을 신성한 진리에 등을 돌린 세속적 근대성의 오만 탓으로 돌렸다. '신께서는 왜 우리에게 이것을 허락하셨을까요?'에 대한 갈렌의 그 답은 또다른 질문을 제기했다. '신의 우월함이 인정되고 신께서 받아야 하는 명예를 신께 드린 나라는 어느 나라일까요?' 최후의 1인까지 민족주의자들이었던 가톨릭 주교들은 1차대전에서도 동일한 종류의 논거로 회한과 회개를 촉구했고 그렇게 독일에 기독교 사회가 부활하기를 기대했었다.[16]

가톨릭 주교들은 나치 독일의 정치 엘리트보다 한 세대 위였다. 그들은 자유주의적인 세속화에 반대하는 투쟁에 뛰어들었던 중장년들이었다. 그러나 가톨릭 민족주의의 극보수적인 그 버전은 새로운 세대와 발을 맞추지 못했다. 그리고 그 정도가 2차대전이 진행되면서 더욱 심해졌다. 그들과 하급 성직자들 사이의 균열이 1942년에 가시화되었고, 1943년 초에 그 균열은 보다 젊고 보다 행동주의적인 하위 성직자들과 연로한 고위 성직자들을 갈라놓고 있었다. 예컨대 아헨의 프론라이히남 교구에서 재직 성직자 두 명이 서로 갈등했다. 퀼른의 '1천 폭격기 공습' 이후 슈파르브르트 사제는 견진성사 학급에서 질문했다. '증오의 설교로 무엇을 어쩌겠다는 것일까요?' 게슈타포 정보원은 그 성직자가 교권을 남용하여 병사들 마음에 의심을 심는다고 보고했다. 그는 다른 질문도 던졌다. '신을 모르는 국가를 위하여 군복무를 하는 것이 허락되는 것일까요?' 그와 대조적으로 힐머 사제는 '도버해협 건너의 범죄자들'에게 퀼른 공습에 대한 복수를 해야 한다고 설교했다. 교구민들에게 '하일 히틀러'로 인사하던 힐머는 말했다. '지금은 저주를 내려주십사 기도하는 시편을 반복할 때입니다. 그토록 잔혹할 수 있는 인간들이 사는 섬에 하늘로부터 불벼락이 떨어지도록 기도합시다.' 힐머는 신자들에게 경고했다. '다이아몬드처럼 단단해야 하고, 어머니처럼 충성스러워야 하며, 외국의 루머를 믿지 말고, 가게에서 침묵을 지켜야 하며, 불안을 퍼뜨리지 말아야 하고, 모든 것에 복수할 날을 믿어야 합니다.' 1943년 6월 그는 설교에서 '교회의 파괴에 대한 가톨릭 진영의 침묵'을 공적으로 비판했다. '특히 지도적인 성직자들이 그 야만(폭격)을 사소하게 여기고 있다는 인상을 주어서는 안 됩니다.' 게슈타포 정보원은 힐머의 설교에 대한 회중의 '이례적인 반응'을 보고하면서 박수를 보냈다.[17]

다른 교구들의 반목은 프론라이히남만큼 두드러지지 않았다. 그러나 게슈타포가 보기에는 모두 마찬가지였다. 일부는 교회의 권리를 보다 굳건하게 지키려 했고, 일부는 독일의 전쟁 수행 노력을 보다 강력하게 지지하고자 했다. 일부 교회에서는 내분 때문에 주교들의 사목 서신을 낭독하지도 못했다. 1943년 4월 퀼른 대주교 프링스는 내적 분열을 피하기 위한 노력의 일환으로 신자들에게 나치당과 그 하위 기구들에 적극적으로 참여하라고 권고했다. 그는 그것을 독일 사회에서 교회의 지위를 공고히 하는 방안으로 생각했다. 1941년 중반에 교회와 나치당이 정면으로 대립했었기에 그의 제안은 신자와 성직자 모두에게서 폭넓은 지지를 받았다.[18]

막강한 국제콜핑협회 사무총장 나테르만 박사 같은 성직자도 가톨릭 교회에 있었다. 그는 19세기의 전통적인 사회 활동과 자선 활동을 자랑스럽게 대표하는 인물로서, 이제는 '민족공동체'에 대한 보다 긍정적인 헌신이 일종의 교회 '개혁'인 양 밀어붙였다. 그런 성직자들은 교회의 '원민중적인völkisch' 인종주의적 혁신을 주창했다. 그들의 제안은 1942년 6월에 베렌스베르크에서 열린 하위 성직자 회의에서 지지를 받았다. 개신교 교회의 회중은 보통 교구 목사의 지도에 따랐고, 그래서 주교들의 영향력이 상대적으로 약했다. 개신교도들의 정체성이 흔히 교구 교회 차원에서 성립된 것은 그 때문이었다. 가톨릭교회의 경우에는 고위 성직자들이 젊은 세대 성직자들의 개혁 어젠다를 막는 것이 훨씬 쉬웠다.[19]

그러나 위계적 통제력을 유지한 대가는 영향력의 점진적인 침식이었다. 한때 막강하던 가톨릭 특유의 통합적 구조가 전쟁의 압력하에서 파편화되어갔다. 쾰른과 파더보른 대주교가 1943년 2월의 사목 서신에서 혼외 성교의 부도덕성에 대하여 논하자, 하위 성직자들과 속인 신자들은 폭격에 비해 사소한 그 문제에 집중하는 대주교들을 이해할 수 없다고 불평했다. 아리스토텔레스 논리학으로 훈련된 연로한 고위 성직자들의 언어는 너무 추상적이었고, 그들의 관용 메시지는 너무 수동적이었으며, 그들이 떠받드는 기독교 독일의 비전은 너무 귀족적이고 보수적이었다. 아헨의 가톨릭 신자들은 성직자들의 안락한 일상과 소득과 징용 면제에 대해서도 불만을 터뜨렸다. 1943년 3월의 사목 서신도 비슷한 반응에 부딪혔다. '만일 그들(성직자들)이 우리만큼 피곤하다면, 그러면 도덕에 대하여 설교할 시간이 없을 텐데'. '이를 통해서 우리는 주교들이 얼마나 우리와 다른지 알 수 있고 또 그들에게 아직도 그런 쓰레기들을 논할 시간이 있다는 것도 알 수 있다'. 영국에 대한 복수를 거부한 것도 주교들의 영향력을 갉아먹었다. 지역의 게슈타포 정보원들은 보고했다. '신자들이 적과 적의 테러를 증오하는 반면 성직자들은 적을 옹호한다.' 특히 에센의 피폭민들이 크게 분노했다. 교회의 태도에 대한 부정적 반응은 그후 몇 달 동안 더욱 심화되고 결국 전국적인 현상이 된다.[20]

언제 어떻게 복수할지는 아무도 몰랐다. 비밀 무기에 대한 실체적인 정보의 부재는 루머와 추측으로 메워졌다. 엄청난 로켓을 말하는 사람도 있었고, 도버해협에서 16미터짜리 포탄 세례로 런던의 반을 파괴할 수 있다고 말하는 사람도 있었다. '폭격기 1천 기 폭격' 1주년이 지난 뒤에도 쾰른의 긴장은 높아만 갔다. 1943년 6월 22일 스위스 영사가 보고했다. '특급 비밀 무기'가 '트럼프카드'로 이용되고 있다. '화약고' 위에 앉아 있다는 공포가 '복수'의 희망에 의해 가라앉고 있다. 그러나 바로 다음날 밤 루르의 뮐하임이 엄청난 폭격을 맞았다. 건물 잔해 때문에 자전거가 도시를 출입할 수 없을 정도였다. 그리고 1943년 6월 28~29일, 폭격이 예측되고 한 달이 지난 그 시점에 드디어 쾰른에 영국군의 폭격이 가해졌다.[21]

쾰른 주민 수천 명이 휘청거리면서 학교에 설치된 긴급구호소로 달려갔다. 그들은 무너지는 건물을 피하면서 불길이 걷잡을 수 없이 번지는 가운데 자욱이 피어오른 연기와 불꽃과 재를 뚫고 갔다. 임멘스도르프의 학교 연대기 작가는 할말을 잃었다. '난민들, 눈이 부어오르고 가스 구름에 눈이 멀어 그 밤의 호러들을 보지도 못하는 사람들'. 1년 전의 폭격기 1천 기 공습 때와 달리 폭격이 두 차례 더 이어졌다. 1943년 6월 28~29일 밤, 7월 3~4일 밤, 7월 8~9일 밤에 그때까지 쾰른에 투하되었던 폭탄들을 모두 합한 것보다 더 많은 폭탄이 투하되었다. 첫번째 공습은 도시 중심부를, 두번째 공습은 라인강 동안東岸을, 세번째 공습은 북서부와 남서부 교외를 폭격했다. 1942년에 쾰른 사람들을 경악시킨 것은 폭격기의 믿을 수 없는 숫자인 1천 기였다. 1943년 여름에 그들을 경악시킨 것은 사망자 숫자였다.[22]

첫번째 공습 직후 날이 밝자 정보에 밝은 스위스 영사가 최소 2만 5천 명이 죽었다고 추정했다. 며칠 뒤에 '고위 공식 통로'로부터 정보를 입수한 영사는 숫자를 2만 8천으로 수정했다. 공식 발표는 1,500명 사망, 1만 명 부상이었다. 두번째와 세번째 폭격으로 1,100명이 추가로 사망했다. 비교적 정보가 밝은 영사가 공식 통계보다 다섯 배나 많은 숫자를 언급한 것은 놀라운 일이 아니다. 그 숫자가 도시의 물리적 파괴 규모와 일치했기 때문이다. 쾰른 주민의 거의 2/3, 그러니까 35만 명에서 40만 명가량이 집을 잃었다. 아넬리제 후스텐플루크는 첫번째 폭격 직전에 스무번째 생일을 맞았다. 그녀는 프랑스에 주둔중이던 약혼자 아디에게 썼다. '여기가 어떤지 알아? 내가 할 수 있는 말은 작년 5월 31일은 어린애 장난이었다는 거야.' 도심에 온전한 건물이 하나도 없다. 극장과 영화관이 모두 파괴되었다. 여동생 아델레가 길거리에서 수많은 주검을 보고 '완전히 정신이 나가서' 귀가했다. '이제 그 애는 무서워서 밤에는 집밖으로 단 한 걸음도 나가지 못해'.[23]

피란민들이 줄지어 쾰른을 빠져나갔다. 그들은 할 수 있는 대로 마차나 자전거나 손수레에 가구, 여행 가방, 침구, 냄비를 싣고 떠났다. 쾰른과 레버쿠젠 사이의 된발트에 살던 안나 슈미츠에게는 그 모습이 '대량 이민 행렬'로 보였다. 두번째 폭격으로 피폭민들의 홍수가 발생했고, 사람들은 숲에 천막을 쳤다. 아넬리제 후스텐플루크는 당국이 온갖 방법을 동원하여 피란과 관련된 노력을 격려하는 한편 노동하는 사람들은 도시를 떠나지 못하도록 경찰이 막는 것을 보았다.[24]

쾰른의 나치당 지도자들은 필요하다고 생각되는 모든 조치를 취했다. 그들은 카오스를 관리하고자 했다. 히틀러청소년단, 독일소녀연맹, 나치 인민복지회는 비상 급식소를 설치하고 임시 숙소를 마련했다. 그들은 피폭민들이 폐허 속에서 그나마 온전한 집기를 끌어내는 것을 도왔고 긴급 구호 서비스를 제공했다. 친위대는 1942년에 쾰른 박람회장 옆에 설치된 수용소 재소자들을 동원하여 가장 위험한 장소에 투입했다. 재소자들은 건물 잔해를 치우고, 폭파된 가게에서 식재료를 건져내고, 폭발하지 않은 폭탄을 제거했다. 그들은 아슬아슬하게 서 있는 건물들을 폭파한 뒤에 타일, 금속 부품, 목재를 파냈다. 세번째 폭격 나흘 뒤에 피폭 장소에서 일하는 수용소 재소자가 거의 1천 명이나 되었다. 멀리 바이마르의 부헨발트 수용소에서 온 재소자는 더 많았다. 재소자들은 무장 경찰과 친위대의 감독 속에서 줄무늬 죄수복을 입은 채 노동했다. 그 모습은 그후 석 달 동안 모든 피폭 장소의 익숙한 장면이 되었다. 쾰른에서 그들은 파괴된 건물 잔해 속에서 4,500구의 시체를 파내 수용소 안의 가구 공방이 서둘러 만든 관에 넣었다.[25]

1943년 7월 8일 합동 장례식이 쾰른의 여섯 개 공동묘지에서 동시에 열렸다. 시 당국, 긴급구호대, 독일군, 나치당 대표들이 수용소 재소자들이 파놓은 합동묘지 옆에 도열했다. 지역의 나치당 기관지 〈서부독일의 파수꾼〉이 분위기를 이끌었다. '강한 마음! 투쟁이 우리에게 요구하는 것은 그것', '희생은 밝은 미래를 낳는다'. 나치당 기관지는 터부를 깨고 군인에게 국한되어 사용되던 '희생'이라는 단어를 사용했다. 마르틴 보어만의 나치당 총재실은 이미 1942년에 당 기관들에게 '"희생Opfer"이라는 단어를 올바로 사용하라!'고 경고했다. '희생이라는 단어는 조국의 전쟁이 요구하는 노력에 한해서 사용되어야 한다. …… 오직 전선의 병사들만이 그 단어의 진정한 의미에서 희생을 한다.' 독일어 단어 희생Opfer은 비자발적인 (피해)

희생victim과 적극적인 (자기)희생sacrifice의 이중적인 의미를 갖고 있다. 그 단어는 독일 민족주의자들과 민족사회주의자들의 전사자 숭배의 핵심이었다. 1943년 봄이 되자 '쓰러진 자들'에 대한 숭배를 전사자에게 국한시키는 것이 더이상 불가능했다. 이제는 공습 현장과 군수생산에서 일하는 민간인들에게도 군사 훈장이 수여되었고, 그들의 주검은 준군사적인 명예 속에 안장되었다.[26]

그날 열린 합동 장례가 일시적으로 얼마나 큰 인상을 주었든 아니든 상관없이, 그 인상은 그날 밤 소멸되었다. 세번째 폭격이 닥쳤기 때문이다. 그 폭격은 세 번의 폭격 중에서 가장 작았지만 독일인들의 사기를 가장 강하게 분쇄했다. 친위대 정보국의 보고에 따르면, 주민들이 '처음 두 번 폭격의 공포를 뒤로하고 피폭 잔해를 정리하는 첫번째 작업을 막 끝낸 뒤 보급품들을 다시 수송하기 시작했을 때' 닥친 세번째 폭격이 '삶의 정상화를 완전히 결딴냈다'. 쾰른의 구區 나치당 지도자 중 한 명인 알폰스 샬러는 동료 시민들에게 호소했다. '우리 모두 7월 10일에 호이마르크트에 모여서 "우리의 훼손된 도시의 폐허 한가운데서 산 자와 죽은 자들 간의 결속"을 과시합시다!' 그날 도시에 아직 남은 교회들이 타종을 하고, 대공포가 예포를 발사하고, 1분간 묵념을 하는 장면이 연출되었다. 호이마르크트에 모인 사람들은 쾰른의 나치 지구당위원장 요제프 그로에의 연설을 들었다. '저항의 힘' '싸우려는 광적인 의지' '모든 피조물 중 가장 무가치한 자들인 …… 유대인들의 머리에서 나온 '유대인의 종말'—피곤하고 또 피곤한 구호들이 광장을 가로질렀고, 거장인 척하는 그 스카카토는 산재한 폐허 무더기 속으로 스러졌다.[27]

별수 없이 나치 지도자들은 민방공의 실패에 대한 비판을 받았다. 사람들은 그에 더하여 나치 선전이 지역민들의 고통을 나머지 독일에 전달하지 않는다고 비판했다. 특히 괴벨스가 위선자라고 욕을 먹었다. 반성직주의적 태도로 유명했던 그가 쾰른 대성당의 피해에 집중했기 때문이었다. 그러나 맞서 싸우자는 메시지 자체가 호소력을 전혀 발휘하지 못했던 것은 아니다. 투쟁의 자세가 사적인 편지와 일기에서 메아리쳤다. 베른트 뒨발트는 전선의 아들 귄터에게 쓴 편지에서 폭격을 묘사했다. 집에 앉아서도 불타버린 건물들의 잔해 너머의 쾰른 시청이 보인다. 칼과 방패로 무장하고 시의 열쇠들과 도리깨를 든 건장한 중세 농민–시민 조각상이 파괴된 시청 벽을 가로질러 똑똑히 보이는 것이 신기하다. 그 '쾰른 농민조상Kölsche Boor' 의 상징은 깊은 감동을 주었다. 2주일 뒤 그는 아들에게 보낸 편지에서 민족주의 노랫말을 인용했다. '우리가 라인을 지킨다'. 그는 나치가 아니라 1차대전에 참전했던 보수적인 가톨릭이었다. 그런 그가 쾰른 폭격 후의 시민적 애국주의에 감동한 것이다. '더러운 토미'가 그 '비겁한 파괴의 광기' 속에서 '예술품들과 셀 수 없는 보물들'을 '훼손하고 파괴했다'. 그 많은 파괴 속에서도 여전히 서 있는 대성당 트윈 타워는 그날 저질러진 범죄를 '영원 속에서 가리키며 경고하고', 난민들이 '향수鄕愁 속에 자기 그림자' 아래로 들어오도록 끌어당기고 있다. 뒨발트는 쓰러질 듯한 건물들을 완전히 허무는 철거반의 발파가 도시를 뒤흔드는 가운데 움츠리기를 거부하고 일어나 싸우겠다고 맹세했다. '그날은 온다!'[28]

그러나 물리적 쇼크에 이어 심리적 쇼크가 닥치자 비타협적인 전투 언어를 수용하려는 사람이 크게 감소했다. 스위스 영사 프란츠–루돌프 폰 바이스는 홈리스들이 비상 급식소 옆에 여행가방을 놓고 하염없이 앉아 있는 모습을 보았다. 그는 전반적인 분위기를 '깊은 무기력, 일반화된 무관심, 평화에 대한 소망'으로 정리했다. 폰 바이스 스스로가 폭격을 당하여 소도시 바트 고데스베르크로 옮겼다. 이혼한 지 얼마 되지 않던 젊은 크리스타 레마허는 전선의 오빠에게 그녀와 어머니의 상황을 전했다. 두 사람 모두 거의 모든 것을 잃었다. 그녀 자신은 전쟁복구처에서 치마 하나를 얻었고 대성당 옆의 엑셀수아호텔에 긴급 수용되었다. 작은 소음 하나가 들리거나 머리에 돌가루 하나가 떨어져도 뛰어나가지 않을 수 없었다. 그후 그녀는 모든 힘을 기울여서 집을 수리하겠다고 마음먹었다. 지하실에 남겨둔 몇 개 되지 않는 물건을 찾으려 했지만 남아 있는 벽이 무너질까 너무나 무서웠다. 그래서 그녀는 어머니와 세 살배기 딸을 저멀리 바이에른의 퓌센으로 피란시키는 데 집중했다.[29]

크리스타 자신은 쾰른에 남았다. 그녀는 우편 검열관이 읽건 말건 신경쓰지 않고 전선의 오빠에게 썼다. '여기서 "하일 히틀러!"라고 인사하는 것은 더이상 쉽지 않아. 그랬다가는 귀싸대기를 얻어맞을 수도 있어.' 크리스타의 평범하고도 끈질긴 '버티기'는 괴벨스가 고취하고 싶었던 애국적 결의와 전혀 달랐다. 그녀는 유언장을 다시 써서 사본을 가족들에게 보내고, 그녀가 죽으면 어린 딸이 먹고살 수 있을지 걱정했으며, 직장에 나가 일해서 관리인으로 승진하고자 했다. 크리스타 레마허의 전쟁에서 낙관은 가끔씩 목욕으로 피로를 푸는 것에 한정되었다. 그녀는 여동생과 함께 뜨거운 목욕물 속에 오랜 시간 동안 앉아 있으면서 목욕통 위에 걸쳐놓은 널빤지 위의 책과 커피잔과 유리 술잔을 가지런하게 맞추었다.[30]

라인과 루르의 도시민들은 아직도 괴벨스가 약속했던 처절한 복수에 대하여 말은 했지만 1943년 5월과 6월에 가졌던 희망과 기대는 더이상 없었다. 적어도 쾰른시 주민들은 복수가 그들을 구해줄 것이라고 더는 믿지 않았다. 북부 베스트팔렌 나치 지구당위원장 알프레드 마이어는 합동묘지 옆에서 열린 공공 장례식에서 여전히 복수를 다짐했다. 그러나 도르트문트, 보훔, 하겐 같은 도시의 주민들의 공포는 정점에 달했다. 그들은 복수가 제대로 이루어질 것이라고 거의 믿지 않았다. 친위대 정보국은 불길한 분위기 속에서 '당국의 선전이 우리 국민들을 상대로 신경전을 벌이고 있다'고 강조했다. 언제나처럼 예민한 괴벨스는 미디어에 언어를 더욱 절제하

라고 당부했다.[31]

　나치 당국과 교회가 제각기 폭력에 고유한 의미를 부여하려고 시도하는 동안, 일부 개념은 공리로 자리잡고 일부는 버려졌다. 누구나 괴벨스가 공습을 '테러 폭격'으로 정의한 것에는 동의했다. 그 용어는 연합군이 선언한 목표에도 부합했고 독일인들이 겪은 극단적인 고통과도 부합했다. 연합군은 독일인들의 저항 의지를 분쇄하겠다고 선언했고, 독일인들은 어두운 지하실에서 떨며 기도하는 동안 자기들 집이 자기들 위에서 흔들리고 무너지고 불타는 것을 견뎠다. 그러나 가톨릭 주교들이 사람들의 복수 강박을 밀어낼 수 없던 것과 똑같이, 독일인들의 공포와 무기력을 집단적인 저항 의지로 변모시키려던 나치당의 노력도 헛수고였다. 장례 의식과 훈장만으로는 충분치 않았다. 또한 나치는 민간인을 전투원으로 전환시킬 수 없었고—나치는 그렇게 하고 싶어하지도 않았다—그런 식으로 민간인에게 전쟁을 부과하는 것은 근본적인 도덕적 경계를 위반하는 것이라는 독일인들의 깊은 신념을 무너뜨릴 수도 없었다. 영국과 독일 중에서 누가 먼저 민간인을 폭격했느냐 하는 1940년의 논란은 이미 과거였다. 긴급한 문제는 독일이 폭격에 대응할 힘이 있느냐의 여부였다. 1943년 7월 초 대중유머는 '차라 레안더에게 히틀러의 '집필 본부'에 가서 그녀의 영화 히트곡 〈나는 알아. 언젠가 기적이 일어나리라는 걸〉을 부르라고 신청'하라는 것이었다.[32]

　강자의 권리를 숭배하던 나치 정권에게 '테러 폭격'은 약하고 의기소침한 독일인이라는 전래의 망령을 소생시켰다. 그래서 괴벨스는 민간인 사망자 수가 방송될까 노심초사했다. 그래서 그가 미디어의 보도를 문화적 기념물 파괴에 집중시켰던 것이다. 독일 미디어는 훼손되고 파괴된 교회를 꼼꼼하게 목록화했고, 쾰른의 경우에는 대성당의 피해를 자세히 묘사했다. 그 전략은 독일이 유럽의 문화와 유산을 연합군의 야만으로부터 방어할 뿐이라는 나치의 메시지와도 부합했다. 그러나 피폭 도시의 주민들 일부는 미디어가 문화적 기념물에 집중하면서 '주택이 입은 막대한 파괴와 특히 인명 손실을 주변화'한다고 비판했다. 친위대 정보국은 그 사람들이 대성당에 대해서가 아니라 자기들의 일상에 대하여, '대중 교통수단이 정지된 상태에서 콘크리트 파편 더미를 넘고 돌가루 연기를 들이마시며 걸어가야 하는 사정, 수도와 전기와 가스가 끊겨서 씻지도 끓이지도 못하는 처지, 폐허에서 건진 숟가락 하나와 접시 하나가 얼마나 중요해졌는지'에 대하여 나머지 독일이 알기를 원한다고 보고했다. 사람들은 폐허의 도시로부터 도망치면서 공포와 분노를 나치에 돌렸다. 루르의 도시 함 출신의 수공업 장인은 열차를 빼곡 채운 사람들 사이에 끼어 거의 이틀 걸려서 쾰른에서 프랑크푸르트까지 갔다. 그는 열차 안에 백묵으로 거칠게 그려진 그림을 보았다. '교수대에 나치 갈고리십자가의 목이 걸려 있었다. 아무도 그것을 지우지 않았다.'[33]

폭격을 맞지 않은 지역에서는 나치 미디어가 연합군 폭격 규모의 근본적 급증을 숨겼다. 나치 미디어가 1940년과 1941년에 폭격하는 영국의 부도덕성을 부각시키기 위하여 가끔씩 찌르는 듯했던 폭격을 턱없이 과장했었던 것과 달리, 이제 그들은 폭격 규모를 최소화했다. 라인란트와 루르의 피란민들이 다른 지역으로 가서 자신이 폭격 때문에 겪어야 했던 고통을 말하면 동정심과 믿지 못한다는 반응이 섞여 나왔다. 일부는 폭격이 해당 지역 주민들의 독특한 성격적 단점을 드러낸다고 생각하기도 했다. 한 하사관이 편지로 브레멘 집에 썼다. '나는 라인-베스트팔렌 공업 지역에 있고, 이곳 주민들은 축 처지고 또 불안해해요. 나는 브레멘 같은 북부 독일에서는 이런 꼴을 본 적이 없어요. 북독일 사람들이 다른 독일인들보다 인내력이 강하잖아요.' '강한 마음'과 '단단한 신경'에 대한 호소의 이면은 독일인들을 고통을 감당할 수 있는 사람과 감당하지 못하는 사람으로 갈라

놓는 것이었고, 이는 독일인들 마음 속에 의심을 심어놓고 있었다.[34]

　하늘로부터 전례 없는 공격을 경험한 사람들은 자신들이 그 고통을 이겨냈다는 자부심을 발전시키기도 했다. 그리고 그들은 '테러 폭격'이라는 용어를 다른 사소한 곤경에 사용해서 그 고통의 의미를 희석시키는 데 반대했다. 1943년 5월에 나치 미디어가 에더와 뫼네의 상수원 댐 폭격을 자동적으로 '테러 공격'으로 규정했다. 괴벨스는 사람들이 그 보도에 어이없어하면서 폭풍같이 비판하는 것에 놀랐다. 1943년 5월 말 지구당위원장들이 베를린에 보고한 바에 따르면, '사람들은 저수지와 창고와 설비도 당연히 중요한 군사적 타깃이라고 말한다'. 댐의 파괴로 홍수가 발생하여 무려 3만 명이 죽었다는 루머에도 불구하고, 심지어 루르의 지역민들조차 '댐 폭파 공격'을 '유대인의 테러'로 규정하는 데 반대했다. 나치 당국은 루머 유포를 종식시키기 위하여 사망자 1,579명이라는 '공식 숫자'를 발표했다. 사실 그중에서 1,026명이 외국인 노동자였다. 지구당위원장들이 보기에 사람들의 생각은 달랐다. 요점은 '댐의 파괴가 영국인들의 탁월한 성공이며, 중요한 군사적 목표에 대한 정당한 공격을 순수한 테러 공격으로 바꿔놓는 것을 이해할 수 없다'는 것이었다.[35]

　미디어의 보도에 대한 비판은 사람들이 괴벨스 선전의 중요한 일부 요소를 받아들였다는 것도 보여준다. 대부분의 사람들은 나치 미디어처럼 댐 공격에서 '유대인의 역할'을 보는 것을 '이해하지 못했다'. '유대인의 테러'란 도시에 대한 막대한 공격으로 인하여 건물이 무너지고, 가스가 폭발하고, 대화재가 발발하고, 독일 여자들과 아이들 몸이 찢겨나가는 것을 가리키는 것이 아닌가. '유대인의 테러'란 도덕적 한계가 없는 폭력을 함축했다. 따라서 그것은 부퍼탈, 도르트문트, 쾰른에 적용되어야지 댐에 대한 경이로운 정밀타격에 적용되지 말아야 했다. 아무리 파괴적이었어도 그런 공격은 명료하고 제한적인 군사전략적 목표에서 나온 것으로, '유대인의

테러'에 대한 대중의 이해에 부합하지 않았다.[36]

　'테러 공격'의 '유대적' 성격에 대한 말들은 1942년에 전 유럽에서 진행된 유대인 강제이송과 학살에 씌워진 침묵의 나선형을 깨뜨렸다. 괴벨스는 1943년 2월의 '총력전' 연설에서 말이 헛나와서 학살을 거의 인정해버렸다. '볼셰비즘의 목표는 유대인의 세계혁명입니다. …… 어떤 경우이든 독일은 그 위협에 굴복하지 않을 것입니다. 독일은 적절한 때에 필요하다면 가장 완전하고 과격한 유대인 절멸vernich, ─(연설중에 수정)─제거ausrotten를 실행할 것입니다.' 그 연설문의 인쇄본에서는 표현이 완화되었다. 그러나 라디오 생중계를 들은 독일인 수백만 명은 학살을 반쯤 인정하는 것을 귀로 들었다. 그들은 또한 스포츠궁전의 당원들이 박수치고 "유대인을 끝내버리자"라고 외치는 것을, 그리고 괴벨스가 자기 말을 수정하자 그들이 웃는 것도 들었다. 어쩌면 그 말실수조차 절반은 의도된 것이었을 수도 있다. 괴벨스의 그 연설은 전쟁의 반볼셰비즘적이고 반유대적인 성격을 새로이 강조하는 출발점이었다. 전쟁은 독일, 그리고 유럽 문화를 위한 생사의 투쟁으로 표상되었다.[37]

**　*　**

　1943년 2월 말 독일군 비밀헌병대가 모스크바에서 남동쪽으로 200여 킬로미터 떨어진 스몰렌스크 서쪽의 소도시 카친의 숲에서 거대한 시체 구덩이를 발견했다. 독일측은 땅이 딱딱하게 얼었기에 얼음이 녹은 뒤에야 조사를 진행할 수 있었다. 군집단중부는 법의학 전문가인 브레슬라우 대학의 게르하르트 부츠 교수에게 법의학적 조사를 맡겼다. 부츠는 부헨발트 수용소 재소자들의 시체 해부에서 자신의 전문성을 발휘하고 또 발전시킨 인물이었다. 그가 1943년 3월 29일에 카친에서 발굴된 유해들을 검사했다. 시체들은 폴란드 장교들의 것이었고, 1939년에 동부 폴란드를 침공한 소련군이 폴란드 장교들을 그곳으로 이동시킨 뒤 사살한 시체들이었다. 괴벨스는 그 사건에서 연합군을 분열시킬 기회를 보았다. 그는 즉각 베를린의 외국인 특파원들과 바르샤바와 크라쿠프의 폴란드 인사들의 카친 방문을 주선했다. 그 무덤이 독일의 조작이 아니라는 것을 직접 보도록 한 것이다. 1943년 4월 13일 독일 라디오 방송이 가로 28미터 세로 16미터의 무덤에서 폴란드 장교 시체 1만 구가 발견되었다고 발표했다. 폴란드 장교들은 소련 비밀경찰에 의해 '살해'되었고 시체는 아직도 군복을 입고 있었다. 대부분 '뒷머리에 권총 사격을 당해 사망했습니다. 시체가 폴란드 군인이라는 사실은 쉽게 확인되었습니다. 그곳 토양이 시체를 미라로 만들었고, 또 구덩이에서 소련 비밀경찰의 신분 문서들이 발견되었기 때문입니다.' 폴란드와 국제기구 대표단들이 카친에 왔고, 그들은 부츠의 안내를 받으며 믿을 수 있는 법의학 보고서들을 작성했다.[38]

괴벨스는 카친 사건이 너무나 충격적인 것이기에 '우리가 그것만으로도 몇 주일을 살 수 있을 것'이라고 예측했다. 1941년에도 같은 종류의 보고들이 있었다. 그중에서 특히 리비우 감옥 세 곳에서 소련 비밀경찰이 자행한 학살이 한동안 독일인들의 주의를 집중시켰었다. 그러나 그 사건은 독일군의 승리에 묻혔다. 1943년 봄에는 그처럼 주의를 분산시킬 사건이 없었다. 괴벨스는 독일인들의 주의를 분산시키는 것 외에 다른 면도 고려하고 있었다. 처음에 그는 그 사건을 주변화하려 했다. 보도했다가 공연히 소련 포로수용소에 갇혀 있는 독일군 포로들에 대한 불안을 고조시킬까 우려한 것이다. 그러나 발굴된 시체들의 사진을 본 뒤 괴벨스는 마음을 바꿔서 독일인들에게 사진과 설명을 공급하기로 했다. 카친에 대한 보도는 1943년 6월 초까지 7주일 동안 이어졌다. 절정은 8분짜리 보도영화 〈카친 숲〉이었다. 구슬픈 장례 곡을 배경음악으로 하여 영화는 시체가 묻혔던 참호를 발굴하고 시체의 신분을 확인하는 장면들을 보여준다. 법의학 전문가들이 소련 비밀경찰의 등록상표인 '뒷머리 총격'으로 인하여 총알이 머리로 뚫고 들어가고 나간 구멍을 가리킨다. 가장 기막힌 것은 그 영화가 희생자들의 인간적 존엄성을 주장했다는 점이다. 법의학자들이 시체의 군복 주머니에서 가족사진을 꺼내 카메라에 비춘다. 사진 속에서 폴란드 장교의 아내와 아이들이 손을 흔들고 있다. 영화 속에서 외국 특파원들만이 아니라 군복을 입은 전직 폴란드 병사들이 상황에 맞지 않지만 철모를 쓰고 그들의 동료들이 '스탈린의 도부수들에 의하여 몰살된' 장소를 방문한다. 영화는 장례식 비가를 연주하는 첼로의 수가 늘어나면서 폴란드 주교가 텅 빈 참호에 축복하는 장면으로 끝난다.[39]

카친 보도가 독일인들에게 주는 메시지는 단순하고 강력했다. 〈민족의 파수꾼〉의 헤드라인은 '카친의 대량 학살: 유대인 도살자들의 만행'이었다. 살해된 폴란드 장교들 중에서 700~900명이 유대인이라는 사실은 의당 은폐되었다. 보도는 2차대전이 '독일인들을 파괴하려는 유대인의 계획에 대한 방어'라는 나치의 공식을 더욱 분명하게 부각시켰다. 괴벨스는 1943년 5월의 〈제국〉에 실린 장문의 논설 「전쟁과 유대인」에서 독자들에게 지도자의 '예언'을 한번 더 강조했다.

세계 유대인이 두번째 세계대전을 도발하는 데 성공한다면, 그것은 아리아 인류의 파괴가 아니라 유대 인종의 멸종을 결과할 것입니다. 그것은 세계사적으로 결정적인 과정이고, 그 과정에는 불가피한 조치들이 동반될 것이고 또 시간이 걸릴 것입니다. 그러나 그것을 더이상 멈출 수는 없습니다.

괴벨스는 독자들에게 선언했다. 유대인 문제는 유대인의 '재이주' 혹은

'순진한 복수 계획'이 아니다. 그것은 '감상적인 생각들과는 무관한' '1급의 세계적인 문제'다. 괴벨스는 결론을 내린다. 유대인들이 '독일인들을 완전히 파괴할 계획을 세웠을 때, 그들은 자신의 사망 증명서에 서명한 것이다. 그리고 여기서 세계사는 세계법정일 것이다.'[40]

카친이 새로운 반유대주 선전의 중핵으로 부상했다. 나치는 전쟁을 사주한 죄와 같은 기존의 주제에 더하여, 이제 유대인이 복수를 한다면 독일에 어떤 운명이 닥치게 될 것인가 하는 새로운 주제를 추가했다. 나치 미디어는 독일인 독자들이 유대인들에게 일어난 일에 대하여 1942년보다 잘 알고 있다는 전제하에서 보도했다. 바덴의 나치 지구당 기관지 〈지도자〉는 학문 활동도 병행하는 유명 저널리스트 요한 폰 레어의 논설을 게재했다. 그는 대중의 비판에 대하여 썼다. 사람들은 유대인 조치에 대하여 '좋다. 그러나 방법은?(옳은 것이냐고 비판한다. 그러나) 방법을 대하여 말하는 사람은 이미 틀린 것이다. 중요한 것은 결과다. 의사에게 결과는 콜레라의 완전한 제거여야 하고, 우리 인민에게 결과는 유대인의 완전한 제거이어야 한다. …… 유대인과 우리 사이의 문제는 누가 죽고 누가 사느냐다.' 레어가 '유대인이 승리하면 우리 민족 전체가 카친 숲의 폴란드 장교들처럼 도살될 것'이라고 주장한 것에서 빅토르 클렘퍼러는 충격을 받았다. 클렘퍼러는 그가 집필을 기획하고 있던 '제3제국의 언어' 연구에 이용하기 위하여 레어의 수사법들을 모으기까지 했다. '그가 뱉는 모든 문장, 모든 표현이 중요하다. 위장된 객관성, 강박, 포퓰리즘, 모든 것을 하나의 공통분모로 환원하기'. 레어는 예외가 아니었다. 베를린의 정론 일간지 〈도이체 알게마이네 차이퉁〉은 1943년 5월 29일의 논설에서 독자들에게 '우리는 반유대주의 캠페인을 체계적으로 수행해야 한다'고 선언하더니, 나흘 뒤에는 동유럽에서 유대인을 학살하고 있던 친위대에 배속된 특파원 논설을 게재했다. '지금은 보안경찰과 친위대 정보국의 작전에 대하여 보고할 때가

아니다. 많은 것이 말해지지 않은 채 남을 것이다. 전략을 드러내는 것이 언제나 바람직한 것은 아니다.'

그렇게 1943년 5월과 6월에 독일의 언론은 유대인 문제의 '최종 해결'을 전제한 채 보도하고 있었다. 독일 언론은 남동부 유럽의 '집시 문제'를 '유대인 문제가 해결되어온 것과 똑같은 방식으로' 처리할 것이냐를 논의했고, 유대인에 대한 슬로바키아의 조치가 불완전하다는 의견에 대하여 촌평을 했다. 요컨대 1942년만 하더라도 유대인 학살에 대하여 불편한 침묵이 지배적이었으나 1943년 늦봄에 이르면 유대인 학살에 대한 집단적 공모를 반공개적으로 인정하고 있었던 것이다.[41]

히틀러는 보도의 초점을 유대인에게 맞추는 것에 크게 흡족해했다. 그는 괴벨스에게 「시온의 현자들의 프로토콜」을 상세히 논하라는 과제를 주는 자리에서―그전에 괴벨스는 그 문서의 진본성에 대하여 얼마간 거리를 두고 있었다―유대인을 감자잎 딱정벌레에 비유했다. 기생적인 유대인에 대한 히틀러의 비유는 종전에도 그의 점심 식탁에서 출발하여 방송 전파를 타고 전 유럽으로 전달되었다. 히틀러는 괴벨스와의 대화에서 처음으로 유대인을 감자잎 딱정벌레에 비유했던 것인데, 괴벨스는 그 비유를 영국의 폭격에 대한 복수를 약속한 1943년 6월 5일의 스포츠궁전 연설에서 이용했다. '감자잎 딱정벌레가 감자밭을 망치듯이 유대인은 나라들과 민족들을 파괴합니다. 그것에 대한 해법은 그 위협을 과격하게 제거하는 것 하나밖에 없습니다.' 괴벨스는 또한 그 의미가 무엇을 가리키는지 명확하게 밝혔다. '유럽에서 유대인을 완전히 제거하는 것은 도덕의 문제가 아니라 안보의 문제입니다.'[42]

나치 지도자들은 카틴 사건이 흡족했다. 카틴 문제가 실제로 연합국 동맹에 긴장을 조성한 것이다. 독일 정부가 국제적십자사로 하여금 학살을 조사하도록 하자고 요구하자, 시코르스키 장군이 이끌던 런던의 폴란드 망명정부가 지지했다. 그것은 소련 공보부가 발표한 부인 성명에 도전하는 행위였다. 스탈린은 폴란드 망명정부와의 외교 관계를 단절해버렸다. 물론 연합국 동맹이 와해되지는 않았다. 개인적으로 얼마나 우려했든, 처칠과 루스벨트는 국제적십자의 조사를 봉쇄했다. 동시에 그들은 폴란드 망명정부에 대한 승인을 철회하라는 소련의 압력도 뿌리쳤다. 그럼에도 불구하고 카친은 서구 동맹국들에게 지속적으로 곤혹스러운 문제였다. 그 사건이 그들이 인류 전체를 위해 싸우고 있다는 주장과 어긋났기 때문이었다. 괴벨스는 폴란드인의 인권 문제를 제기함으로써 국제 선전 무대에서 성공을 거두었던 것이다.[43]

그러나 독일 민간인들은 그 모든 소란을 오히려 혼란스러워했다. 전쟁 초에 독일인 혈통들을 학살했다던 '폴란드 쓰레기들'이 갑작스럽게 동정의 대상이 되었기 때문이다. 친위대 정보국이 판단하기에는, 폴란드인들과의 그 새로운 연대감은 '독일측이 훨씬 더 많은 수의 폴란드인과 유대인을 제거한 것'에 대해 죄의식을 느끼는 '지식인들 및 종교계' 인사들에게만 적용될 수 있었다. 오히려 1939년 가을에 정립된 견해, 즉 폴란드인들은 '독일의 민족동지 6만 명을 학살'한 대가를 치른 것이라는 주장을 견지하는 편이 더 쉬웠다. 다른 한편 친위대 정보국은 보고했다.

많은 사람이 (소련의) 폴란드 장교 제거를 …… 위험한 적을 과격하게 말살한 것으로 간주하고, 또 그런 것이 전쟁에서는 불가피하다고 여긴다. 혹자는 폴란드 장교 학살을 영국과 미국이 독일 도시를 폭격하는 것과 동렬에 놓는다. 유대인에 대한 우리의 절멸 작전에 대해서도 마찬가지다.[44]

**

1943년 7월 25일 새벽 1시 직전 함부르크공원에 위치한 클라우스 자이델의 대공포대가 행동에 돌입했다. 영국 공군기 740대가 함부르크 상공에서 북에서 남으로 날아오면서 고폭탄 1,346톤과 소이탄 938톤을 투하했다. 지상에서는 대형 대공포 54문과 소형 대공포 26문이—24개의 서치라이트의 지원을 받아가면서—밤하늘에 5만 발 이상의 포탄을 발포했다. 그러나 그 대공포가 58분간 떨어뜨린 비행기는 겨우 두 대였다. 그날 밤 영국 공군은 처음으로 '창window'을 사용했다. 작은 알루미늄 조각을 폭포수처럼 떨어뜨려 레이더를 교란함으로써 서치라이트와 대공포를 이끌지 못하도록 하는 장치였다. 새벽 3시, 열여섯 살의 클라우스 자이델에게 시청으로 가서 소방 작업을 도우라는 지시가 떨어졌다. 자이델은 '파자마, 추리닝, 철모, 군화' 차림으로 화급하게 달려갔다. 그는 불속에서 물건을 끌어내고 호스로 불과 싸웠다. 또다른 소년이 클라우스에게 장난삼아 물을 뿌렸는데 다행스럽게도 그 물이 쓰러지는 목재의 불꽃들로부터 클라우스를 보호해주었다. 1시간 30분 뒤에 클라우스는 대공포대로 돌아왔고 아침 6시까지 연락병 역할을 수행했다. 그리고 귀가하여 3시간 동안 잔 뒤 다시 공원의 방공포대로 가서 대공포를 소제했다.[45]

그다음 공습은 1943년 7월 26일 오후 4시 30분에 가해졌다. 미 공군의 '날아가는 성채flying fortress' 90대가 함부르크 상공에 나타났다. 그날 밤 12시경에 또다시 미군기 54대가 나타났다. 그날 잉게보르크 하이의 부모는 엘베강 벨렌에 있는 딸에게 편지를 썼다. 잉게보르크는 교사로서, 학생들을 인솔하여 그곳에 피란 가 있었다. 부모는 자신들이 안전하고 건강하다고 전했다. 다음날 편지에서는 폭격 상황을 묘사했다. 사이렌소리가 계속 들렸다. 사전경보, 경보해제, 경보, 경보해제가 연속으로 발령되는 바람에 무척 혼란스러웠다. 함부르크를 떠나는 사람들의 행렬이 도로를 메웠지만 그들은 당국의 권고대로 도시에 머물기로 결정했다. 사흘 밤낮 동안 폭격을 겪으며 기진맥진해진 부모가 잉게와 친구들에게 자신들을 위하여 성호를 그어달라고 부탁했다. 영국 공군은 이틀 밤 동안 쾌속의 모스키토 전폭기만을 보냈으나 7월 27~28일 밤 12시 이후에는 722대의 중폭격기를 투입했다. 폭격기들은 동에서 서로 날면서 그때까지 생채기 하나 나지 않았던 구역들을 폭격했다. 로젠부르크스오르트, 함머브로크, 보르크펠데, 호엔펠데, 함에 폭탄이 떨어졌다. 날씨가 몹시 더운데다가 폭탄의 열기로 인하여 전례 없는 규모의 화재폭풍이 발생했다. 사물과 인간이 그냥 사라졌다. 지름 1미터짜리 나무가 쓰러졌다. 지하실이나 방공호로 대피한 사람들은 타죽거나 일산화탄소에 질식해 죽었다. 더 깊은 지하까지 내려간 사람들은 지상의 건물에 불이 붙자 벽과 문을 뚫고 이웃집 지하실로 옮겨가기도 했다. 길거리로 대피한 사람들은 무너지는 건물 벽돌에 강타당하거나 녹아내리는 도로 표면에 갇힐 위험이 있었다. 많은 사람이 머리와 옷으로 옮겨붙은 불이나 불티를 끄기 위해 운하로 뛰어들었다. 그날 밤 사망한 1만 8,474명 중에 잉게보르크의 부모도 포함되어 있었다.[46]

다음날 클라우스 자이델은 다름슈타트에서 여름휴가를 보내고 있던 엄마에게 편지를 보내서 함부르크로 돌아오지 말라고 당부했다. 그는 엄마에게 대공포대가 이번에는 보다 효율적으로 작동했지만, 그럼에도 함부르크가 막대하게 파괴되었다고 알렸다. 그날 함부르크 지구당위원장 카를 카우프만이 시민들은 집에 머무르라는 종전의 지시를 뒤집었다. 가능한 모든 수단을 동원하여 도시를 빠져나가시오. 클라우스가 나가보니, 피폭민들이 도시공원으로 몰려가 피란을 기다리는 가운데 대형 트럭들이 사람들에게 빵덩어리를 던져주고 있었다. 함부르크시는 시민들의 사기를 북돋우기 위해 배급표와 대조하지 않은 채 피폭된 지역에 추가적인 음식과 물자를 제공하기로 결정했다. 클라우스는 피란민들이 반쯤만 먹은 고기 통조림을 숲에 던지는 것과 땅바닥에 남은 자두 더미가 썩는 것을 보았다. 사람들은 전시의 물자 부족에 너무나 익숙해진 나머지 음식을 그 자리에서 먹고 남은 것을 그냥 버리고 있었다.[47]

1943년 7월 29~30일 밤 영국 공군기들이 다시 나타났다. 그날 밤 클라우스는 촛불이 아니라 '불 구름' 불빛을 이용하여 엄마에게 편지를 썼다. 7월 31일 클라우스에게 드디어 번외 시간이 주어졌다. 그는 엄마 집이 온전한지 살펴보고 귀중품들을 지하실로 옮겼다. 그는 이웃들이 함부르크를 떠나려는 것을 이해하지 못했다. 클라우스는 차가운 논리를 전개했다. 파괴된 건물들이 방화벽이 되어 보호해주고 있지 아니한가.[48]

1943년 8월 3일 새벽 2시 55분 영국 폭격기들이 마지막 폭격을 가했다. 독일의 2대 도시가 폐허로 변했다. 한 주일 동안 도시 안 건물들의 절반이 파괴되었고, 90만 명이 피란을 떠났다. 8월 1일 함부르크 나치 지구당위원장 카우프만이 '사람들이 정신병에 걸린 듯 패닉에 사로잡혀 불에 갇힌 짐승들처럼 뛰어다닌다'라고 말했다. 괴벨스에게는 정작 카우프만이 '망가진 인물'로 보였다. 당국들마저 패닉에 사로잡혀, 함부르크 검찰총장이 죄수 2천 명을 석방하고 재소자들에게 보석을 허가했다. 그 속에는 심지어 지하 공산주의 그룹에 속한 50명도 포함되어 있었다. 나치당 '거물들'이 피란민 구호 트럭을 빼돌려 자기 집 가구와 물건들을 수송했다는 루머도 퍼졌다. 분노한 시민들이 나치 당직자들을 붙잡고 훈계를 토하다가 당 배지를 떼어버리기도 했다. 경찰은 그것을 보고도 가만히 있었다. 경찰은 함부르크 친위경찰이 힘러에게 보고한 것처럼 '신중하고 조심스러운' 접근이 옳다고 판단했다.[49]

함부르크의 나치 리더십 트리오인 지구당위원장 카우프만, 그를 대표하는 도시정부 차관 게오르크 아렌스, 시장 크로그만은 정신을 가다듬었다. 그들은 서둘러 피란을 조직하고 도시를 정리하는 작업에 돌입했다. 가용 자원을 즉흥적으로 동원했다. 그들은 병사, 강제동원 노동자, 수용소 재소자를 포함하여 가능한 모든 인력을 동원하여 불을 끄고, 도로의 파편 더미들을 치우고, 주요 인프라를 재가동하고자 했다. 킬, 뤼베크, 브레멘의 소방대들이 지원하러 왔다. 소방 인력 중에는 인근 농촌에서 자원한 사람들도 있었다. 지난 6개월 동안 분명해진 것은 제국방공협회가 발전시킨 '자기방어' 체제, 즉 모든 착륙장에 모래주머니를 쌓아두고, 인간 띠를 형성하여 길거리 수도 펌프에서 물을 길어 양동이로 전달하는 것으로는 강력한 공습에 대응할 수 없다는 것이었다. 그러나 전국적으로 무려 2,200만 명을 헤아리던 방공협회는 중요한 인력 자원이었다. 더욱이 히틀러청소년단, 돌격대, 나치 인민복지회, 나치 여성회도 있었다. 그들은 긴급 치료소와 피폭민 임시 대피소를 세우고 고아가 된 아이들과 피란민들에게 식사를 제공했다. 1943년 8월 10일에 상수도가 복구되었다. 9월 초에는 가스가 도시의 주요 공장과 대부분의 공공기관에 다시 공급되었다. 9월 중순에는 주거 가능한 모든 주택에 전기가 복구되었다.[50]

복구 작업에서 가장 더러운 일을 맡은 사람은 수용소 재소자들로 구성된 특별 작업반, 그 대부분이 독일 기업가들의 눈에 난 외국인 강제노동자들이었다. 17세의 파벨 바실리에비치 파블렌코는 인근의 노이엔감메 수용소에서 차출되어 빌헬름스하펜에서 불발탄을 처리했다. 그의 분대는 불발탄 둘레에 호를 파고, 추첨으로 한 사람을 뽑아서 기폭장치를 해제하도록 했다. 파블렌코는 로덴부르크스오르트와 함머브로크와 함을 포함하는 4평방킬로미터의 화재폭풍 지역에 배치되었다. 도로 위에 시체들이 널려 있었다. 불덩이에 따라잡힌 시체들이 25구, 30구씩 엉겨붙어 있기도 했다. 불의 열기만으로 사망한 탓에 거의 손상되지 않은 시신도 있었고, 알아볼 수 없을 정도로 타버린 시체도 있었다. 1943년 9월 10일까지 시체

2만 6,409구가 발굴되었다. 주로 길거리와 광장의 시체들이었다. 가장 어렵고 위험한 작업은 지하실 작업이었다. 그 속에는 그곳으로 대피했다가 불이 산소를 연소함에 따라 이산화탄소로 질식한 시체들이 쌓여 있었다. 파블렌코는 동료들과 '뼈를 양동이에 모아서 밖으로 옮겼다'. 다른 곳에는 '인형 모양의' 시체들이 있었다. 몸이 정상 크기의 절반 이하로 줄어들었으나 식별은 가능한 시체들이었다. 지하실이 오븐으로 변함에 따라 모든 장기에서 정확히 똑같은 비율로 수분이 없어진 탓이었다.[51]

함부르크 경찰청장 게오르크 헤닝 그라프 폰 바제비츠−베어에게 함부르크는 현대의 폼페이요 현대의 에르콜라노였다. 함부르크의 개신교 주교 프란츠 튀겔은 사목 서신에서 성경 이미지에 호소했다. '한여름의 태양이 불과 유황 구름으로 인하여 글자 그대로 어두워졌던 구약성경 속의 장면들을 떠올리는 분들도 있습니다.' 파울 크라이에 목사는 흩어진 함 교구민들에게 소돔과 고모라를 상기시켰다.

여러분 중의 한 분이 제게 썼습니다. '나는 롯의 아내 이야기가 떠오릅니다. 주께서 불과 유황 비를 하늘에서 쏟아지게 하여 도시를 덮었다. 주께서 롯에게 말씀하시기를, 너의 영혼을 구하라. 죽지 않으려면 뒤돌아보지 마라. 그의 아내가 뒤를 돌아보았고 소금 기둥이 되었지요.' 뒤돌아보지 말고 앞만 보아야 합니다.

크라이에와 튀겔 목사는 성경 암호를 좋아하던 영국 폭격사령부 사령관 아서 해리스가 함부르크 폭격에 '고모라 작전'이란 이름을 붙였다는 것을 알지 못했다.[52]

함부르크 당국은 '죽음의 구역' 주변에 벽을 세우고 허가받지 않은 사람의 접근을 막았다. 그러나 그곳 모습은 단선 철로 위의 기차에서 보였다. 기차가 중앙역으로 가기 위해서는 함머브로크와 로덴부르크스오르트의 폐허를 지나가야 했기 때문이다. 사망자가 10만 명이라는 루머, 35만 명이라는 루머가 떠돌았다. 실제 사망자 수는 3만 4천 명 내지 3만 8천 명이었다. 그조차 그때까지 공습으로 입은 그 어떤 파괴와도 비교할 수 없는 피해였다. 함부르크 경찰청장의 보고에 따르면, 많은 병사들이 '위로' 휴가를 받아서 가족들을 찾으러 왔다가 '뼈만 몇 개 발견한' 경우가 적지 않았다. 생존자들은 조각난 사체들이 가득한 시체 안치소들을 돌면서 가족들을 찾았다. 우연히 발견한 결혼반지나 시곗줄에서 타다 남은 팔이나 상체의 주인이 누구인지 식별하는 경우도 종종 있었다. 클라우스 자이델이 할머니 할아버지가 사망한 것을 확인하는 데도 2주일이 걸렸다.[53]

피란민들 일부가 함부르크로 돌아오기 시작했을 때도 피란 작업은 여전히 진행중이었다. 1943년 8월 중순에만 피란민 수가 60만 명으로부터 80만 명으로 증가했다. 그럼에도 불구하고 1943년 11월 말, 함부르크에 거주하고 있던 주민이 백만 명을 넘었다. 이는 첨예한 주택난을 일으켰다. 불에 타 무너져내린 노동계급 구역은 재건될 수 없었다. 당국은 서둘러서 방 두 개짜리 조립식 목조주택을 만들어냈다. 정부가 1943년 9월에 독일 전체에 매년 1백만 채 이상의 주택을 공급하겠다고 약속했지만, 현실은 약속에 한심하게 모자랐다. 1944년 6월까지 완성된 주택은 겨우 3만 5천 채였고 시공중인 주택도 2만 3천 채에 불과했다. 반파된 건물에 임시로라도 살아야 했던 사람들은 그런 집을 '지하실'이라고 불렀다. 아예 콘크리트 벙커나 공장에 눌러앉는 사람들도 있었다. 그러나 도시의 절반 이상은 여전히 서 있었다. 도심 너머의 중간계급 빌라들은 멀쩡했다. 노동자들은 특권을 포기하지 않으려는 부유층들에게 대단히 분노했다. 독일군과 친위대 장교들에게 피폭 동료들의 아내를 자택에 수용하라는 권고가 떨어졌다.[54]

나치 당국은 복구 작업의 우선순위를 군수품 생산과 산업 생산의 재개에 두었다. 그 덕분에 함부르크 조선소가 그해에 그때까지 최대의 잠수함 생산 실적을 기록했다. 그러나 대서양 전투는 사실상 끝났고 활동중인 잠수함마저 복귀하고 있었다. 지구당위원장 카우프만은 산업 복구를 함부르크 경제 엘리트들에게 맡겼다. 그중 한 명인 루돌프 블롬은 자기 조선소에 노이엔감메 수용소 재소자 수천 명을 고용했고, 학교 건물 자재를 주택 건설에 투입했으며, 함부르크 역사박물관을 백화점으로 개조했고, 공공 행사장에서 무도회와 음악회를 열고 영화를 상영했다. 기업가들은 자기 회사 노동자들에게 주택을 배분하고 옷과 가사 도구와 가구를 공급하는 책임을 맡았다. 그들이 그런 권한을 갖고 있었고 또 경영자들이 보기에도, '사람들이 가진 것이 아무것도 없고 그래서 우선 무언가를 구입하고 싶어'했지만, 노동자들의 규율은 나아지지 않았다.[55]

유대인 물건의 재활용도 복구 작업에서 일정한 역할을 했다. 소위 '가구 작전'이 전개되었다. 1942~1943년에 강제이송된 프랑스, 벨기에, 네덜란드, 룩셈부르크의 유대인들로부터 압수한 가구가 동유럽부 '서유럽사무소'와 친위대의 감시하에 독일인들에게 재배분되었다. 밤베르크에서 프랑크푸르트 암 마인에 이르기까지 담당 기관들은 독일인들이 유대인 물건 창고를 열어 도와달라고 요구한다고 보고했다. 부유한 유대인이라는 상상이 많은 독일인들로 하여금 '그 가구들은 폭격으로 손실을 입은 모든 사람을 만족시킬 수 있을 것'이라고 믿도록 했다. 그들은 유대인의 물건을 창고에 그대로 두면 전부 폭격 맞을 것이라고 주장하기도 했다. 그리하여 1944년까지 1만 8,665열차 분량의 유대인 물건이 폭격으로 특히 큰 타격을 받은 지역으로 수송되었다. 함부르크로 배달된 것은 2,699열차였다. 그러나 물건 수령자들은 감사하기는커녕 그들이 받은 물건에 불만을 터뜨렸다. 1943년 9월 말에 뮌스터와 프랑크푸르트 안데어 오데르의 보고서들은 '주민들이 점령지역으로부터 보내진 중고 가구, 특히 유대인의 가구에 얼마나 실망했는지' 기록했다. 유대인 물건들은 독일인이 사는 작은 집에는 맞지 않거나 해충이 갉아먹었거나 운반중에 망가졌고, 혹은 정반대로 독일인들이 쓰기에는 너무 낡거나 변변치 않았다. 유대인들이 너무 부유하거나 너무 가난했던 것 같다.[56]

좌절된 탐욕이 독일 전역에서 질투와 분노로 전환했다. 친위대 정보국에 따르면, 키칭겐의 한 제철소 직원들은 나치 관리들이 '유대인을 절멸시킨 뒤 유대인 침대를 사유화하여 자기 똥구멍을 대고 누워 잔다'고 비난했다. '그들이 밤과 안개 작전을 통하여 유대인 집에서 고가의 카펫, 가구, 은제품을 실어갔다'고도 했다. 나치는 19세기부터 독일에 유행하던 '밤과 안개'라는 비유를 차용하여 적에 대한 기습 작전에 써먹었는데, 사람들이 그 비유를 나치에게 되돌려준 것이다. 히틀러의 제2의 고향인 린츠의 나치당 지도자는 피폭 가족에게 위로 방문을 갔다가 욕설이 쏟아지자 화급히 돌아갔다. 아들을 잃은 아버지가 그에게 욕설을 퍼부었던 것인데, 진실은 아들이 죽어서가 아니라 자기 여동생이 최근에 '유대인 집'을 구입하려다가 나치당의 방해에 막혔기 때문이었다. 좌절된 탐욕이 격분을 일으키는 한편, 원하는 것을 얻은 사람에게는 죄의식이 올라왔다. 독일인들은 자문자답했다. '유대인이 전쟁에서 이기면 자기 집을 되찾아 갈 거야.'[57]

**

1943년 8월 6일 괴벨스가 베를린 시민들에게 베를린에서 즉각 피란하라고 지시했다. 평소처럼 침착하고 영웅적인 도전심과 '강한 마음'을 주문하는 대신 베를린도 함부르크와 똑같은 운명에 처할 수 있다고 미디어로 경고한 것이다. 시민들이 패닉에 빠졌다. 출판인인 헤르만 카자크는 기록했다. '히스테리, 도망, 패닉. 구체적으로: 병원들과 개인 의원들이 중증 환자와 의사와 나머지 의료 인력과 함께 완전히 베를린으로부터 소개되었다'. 모든 학교가 문을 닫았다. 기업과 정부 부처도 베를린 내 다른 곳으로 대피했다. 열차와 특별열차가 꼬리에 꼬리를 물고 베를린을 빠져나갔다. 카자크처럼 베를린에 머물기로 결정한 사람들은 위기를 분산시키고자 했다. 그들은 가구, 옷, 주방도구, 침구를 친구들과 친척들 집에 맡겼다. 그리고 그들은 교외에서 밤을 보내기로 했다. 그 말은 실제로는 지하철 종점에서 잠을 자겠다는 뜻이었다. 카자크는 '아직은 조직화된 패닉'이라고 판단했다. 루르, 라인란트, 함부르크의 피란민들로 넘쳐나는 지역들이 이제는 그때까지 심각한 폭격에서 면제되었던 베를린과 뮌헨 같은 대도시로부터 떠나온 더 많은 피란민들을 받아야 했다.

베를린의 여성들이 프랑크푸르트 암 마인으로 베를린 소식을 전했다. 합동 매장지로 사용하기 위해 미리 석회 갱을 파고 있다. 수도의 소요 사태를 막기 위해 프랑크푸르트의 군인들이 베를린으로 이동했다는 루머가 돌고 있다. 함부르크에도 군대가 파견되었다고 믿는 사람은 많았다. 베를린과 브라운슈바이크만이 아니라 베를린에서 멀리 떨어진 인스부르크, 쾨닉스베르크, 바이마르, 뷔르츠부르크에도, 연합군이 독일 정부에 1943년 8월 15일까지 사임하지 않으면 베를린, 라이프치히, 뮌헨과 여러 주요 도시들을 지상에서 없애버리겠다는 최후통첩을 했다는 소문도 나돌았다. 독일인들은 히틀러가 1940년 9월 베를린 제국의회 연설에서 영국에게 가했던 위협을 기억해냈다. 풍문에는 일말의 진실이 있었다. 1943년 8월 말에 연합군은 다른 도시들도 함부르크의 운명을 맞이할 것이라는 전단을 투하했다. 연합군 전단은 나치 정권의 영웅 슬로건을 조롱했다. '선택은 항복이냐 파괴냐 뿐이다. 튀니지인가 스탈린그라드인가. 팔레르모인가 함부르크인가. 사느냐 죽느냐.'[58]

시칠리아의 팔레르모는 1943년 7월 22일에 연합군에게 저항 없이 항복했다. 그로부터 사흘 뒤, 함부르크에 폭격이 가해진 그 시각에 무솔리니가 이탈리아 파쇼당 대위원회에 의해 축출되고 체포되었다. 예측 가능한 일이었지만, 독일에 일하러 온 이탈리아 노동자들이 '기쁨의 눈물'을 터뜨리고 밤새도록 축하연을 벌였다. 비밀경찰에 따르면 '파쇼당 당원들조차 두체가 모든 정치적 성취에도 불구하고 군사적으로는 실패했다고 선언했다'. 브레슬라우와 다른 도시의 프랑스 전쟁포로들도 그날 늦은 밤까지 술 마시고 노래 불렀으며, 이튿날에는 출근을 거부했다. 바르샤바의 폴란드 레지스탕스는 '10월'이라는 슬로건을 벽에 휘갈겼다. 1차대전 말 독일의 11월혁명이 이번에는 한 달 먼저 발생할 것이라는 경고였다. 독일인들도 이탈리아 사태에 신경을 곤두세웠다. 그들은 가장 가까운 동맹국을 집어삼킨 중대한 레짐 체인지의 소식들을 쫓고 있었다. 그들은 파쇼당이 금지되었다는 작은 보도도 놓치지 않았다. 집권한 지 20년이나 되는 정권이 하루아침에 바뀔 수 있다면 그렇다면, 사람들은 그런 말을 거의 공개적으로 했다. '10년간 집권한 민족사회주의는 더 신속히 제거될 수 있으리라.'[59]

1918년 혁명의 반복을 막는 데 집중하고 있던 친위경찰 정보국은 1943년 8월에 나타난 민심의 이반에 주목했다. 괴팅겐 시장이 함부르크에서 기차에 올랐는데 피란민들이 그의 금색 나치당 배지를 알아보고는 그에게 조용히 말했다. '결산이 이루어질 것이다.' 한 여성은 옷소매를 그의 코앞에 들이댔다. 옷에 묻은 연기 냄새를 맡으라는 것이었다. 나치당 당직자들은 특히 최근에 피폭된 도시에서 너무 자주 욕을 먹고 협박당하다보니, 외출할 때 나치당복을 입지 않고 나치당 배지도 달지 않았다. 나치 당 직자들의 공포를 조롱하는 조크의 새로운 물결이 일었다. '나치당 금배지를 축지법 장화로 바꿔드립니다.' 마르부르크의 리자 드 부어는 온몸에 소름이 돋았다. '모든 곳에서, 길거리와 가게와 기차역에서 사람들은 지금처럼 계속 갈 수는 없다고 서로서로 말한다.' 시골 학교 교사 출신의 선임하사 빌름 호젠펠트는 바르샤바의 독일인들 사이에서조차 이탈리아식의 정권 교체에 대한 물밑의 희망이 일렁이는 것을 보았다. 이탈리아의 바돌리오 원수 정권과 같은 포스트나치 군사독재라면, 독일도 영국과 미국과의 별도의 평화에 도달할 수 있지 않겠는가. 친위대 정보국이 취합한 주별 '인민 분위기' 보고서에 따르면, 군부독재가 독일에 서구 연합국과 '별도의 평화'에 도달할 수 있는 '최선의' 혹은 아마도 '마지막' 방법이라는 희망이 힘을 얻고 있었다. 다른 한편 바돌리오 장군이 전쟁은 계속될 것이며 독일과의 동맹도 지속될 것이라고 발표했다는 사실도 이탈리아의 '배신'에 따른 대중의 불안을 가라앉히지 못했다. 브라운슈바이크의 야시장 채소 가게 앞에서 여성 두 명은 사람들이 폭격에 대해 영국에게 복수하겠다는 약속이 완벽히 폐기된 것에 대하여 불평하는 소리를 들었다. 그러자 근처에 있던 철도 노동자들이 가세하여 큰 소리로 외쳤다. "우리 나라가 가야 할 길은 물론 있지. 우리는 새로운 정부를 가져야 해."[60]

독일인들이 10년간 게슈타포의 억압에서 배운 교훈들을 팽개치고 듣도 보도 못한 말들을 공공연히 내뱉기 시작하자, 나치 지도자들이 흔들리기 시작했다. 모스크바 위기의 후유증 속에서 군수부를 넘겨받았고 스탈린그라드 패배에도 흔들리지 않던 알베르트 슈페어가 히틀러에게 경고하고 나섰다. 함부르크 같은 규모의 공습이 6개 도시에 가해지면 군수생산은 '총체적으로 끝'일 것이다. 공군 참모총장 한스 예노슈네크는 함부르크와 비교하면 '스탈린그라드는 사소하다'라고 판단했다. 영국 공군이 1943년 8월 중순에 페네뮌데의 로켓 개발기지에 정밀 타격을 가하자 그는 자살해버렸다. 괴벨스는 1943년 8월 6일의 일기에 '공중전이 우리 머리 위에 놓인 다모클레스의 칼'이라면서, 함부르크 폭격 이후 '대륙 대부분이 영국 공군에 대한 패닉 같은 공포에 사로잡혔다'라고 고백했다. 나치 지도부가 즉시 한발 물러섰다. 나치가 내란음모를 진압할 것이라는 온갖 루머

에도 불구하고 힘러는 민감하게 사태를 주시하기만 했다.[61]

그러나 독일은 이탈리아가 아니었다. 전쟁에 대한 염증과 서구와의 평화 협상에 대한 희망에도 불구하고, 독일인들은 동유럽 전쟁의 종결을 입에 올리지 않았다. 그 대신 그들은 그들이 품고 있던 다른 종류의 공포를 공공연하게 말했다. 1943년 봄에 처음으로 나타났던, 폭격과 유대인 학살을 등치하는 것이 이제 열쇠가 되었다. 극동과의 교역에 종사하던 무역상 로타르 드 라 캉은 함부르크에 갔다가 베를린 해군사령부를 위한 외국 문건 번역 작업으로 복귀한 뒤 1943년 8월 15일에 가족, 친구, 지인들에게 회람 편지를 썼다. 그는 20만 명 내지 24만 명이 죽었다는 추측을 포함하여 함부르크의 폭격에 대하여 아는 바를 설명한 뒤에 베를린 사람들이 폭격에 대하여 말하는 것을 전했다.

> 비인간적인 전쟁 방식에 대한 영국과 미국인들의 분노가 얼마나 크든, 정말 객관적으로 봐야 하는 것은 보통 사람들, 중간계급들, 그리고 나머지 사람들이 친밀한 대화에서건 큰 모임에서건, 폭격이 우리가 유대인에게 행한 것으로 인한 보복이라고 거듭해 말한다는 것입니다.[62]

북부와 서부 독일의 피란민들이 폭격 경험을 독일의 남부와 동부 주민들에게 설명하면 어디서건 그들은 '테러 폭격'은 '유대인의 복수'라고 말했다. 나치가 폭격의 배후에 독일 민족을 근절시키려는 런던과 워싱턴의 유대인 로비가 있다고 선전한 것도 그 발상의 한 원인이었다. 그러나 사람들의 추론에 깔린 정서는 그와 달랐다. 독일인들이 유대인들에게 가한 행동이 또 유대인들이 권력을 사용하여 독일 도시들을 폭격하도록 만들었다는 것이었다. 그러한 첨예한 위기의식은 지방에 따라 비틀린 형태로 나타나기도 했다. 예를 들어서 프랑크푸르트 피란민들의 피폭 경험에서 큰 인상을 받은 바이에른의 소도시 바트 브루케나우 주민들은 '깊은 비관론과 운명론적인 무감동의 분위기 속에서' 프랑크푸르트 폭격이 '1938년의 유대인 작전에 대한 몇 배의 보복'이라고 말했다. 옥센푸르트 주민들은 함부르크 공습의 충격 속에서 인근 도시인 뷔르츠부르크가 폭격의 다음 대상이 되지 않을지 따져보았다. 일부 주민들은 '뷔르츠부르크의 유대교 회당은 불타지 않았기 때문에' 폭격에서 면제될 것이라고 말했고, 일부 주민들은 '뷔르츠부르크의 마지막 유대인이 도시를 떠났기 때문에 이제는 조종사들이 뷔르츠부르크에도 올 것'이라고 말했다. '이송되기 전에 그 유대인이 이제 뷔르츠부르크도 폭격을 맞을 것이라고 말했다'는 루머도 떠돌았다.[63]

그런 루머에 반영된 무기력감은 괴벨스가 반유대주의 캠페인을 통하여 주입하고자 했던 증오 및 저항과는 아주 다른 감정이었다. 독일인들의 마음 상태는 도시민들이 연합국 폭격의 정밀성을 턱없이 과장하는 신화로도 표출되었다. 영국 공군 조종사들이 타깃의 반경 5킬로미터 이내에 폭탄을 떨어뜨리는 데 엄청난 어려움을 겪고 있을 때조차 베를린 주민들은 영국 공군기들이 그들이 처벌하려는 특정한 도로와 구역을 의도적으로 타격한다고 상상했다. 한 유대인이 강제이송되기 직전에 자기가 떠나면 폭격이 가해질 것이라고 말했다는 루머, 특정 도시가 폭격으로 불에 탔지만 유대교 회당은 면제되었다는 루머도 그 벌거벗은 위기감의 발로였다.

사람들은 누누이 폭격을 1938년 11월의 포그롬과 연결했다. 동유럽 유대인의 대량 학살에 관한 루머로 흠뻑 젖어 있던 사회로서는 이상해 보이기도 하는 연결이었다. 그러나 그 포그롬은 많은 사람이 직접 목격하고 독일 전역에서 적극적으로 참여했던 유대인에 대한 마지막 공격이었다. 당시 독일에 남아 있던 유대인들은 그 포그롬의 후유증으로 대도시로 이사했다. 이제 일부 장소에 그 포그롬과 폭격의 직접적인 결합이 가시화되기도 했다. 베츨라어, 브라운슈바이크, 졸링겐, 프랑크푸르트 암 마인, 베를린, 지겐, 쾰른, 엠덴, 함부르크에서 거대한 콘크리트 방공 벙커가 1938년 11월까지 유대교 회당이 서 있었고 이제는 공터가 된 장소에 건설된 것이다. 쾰른과 아헨의 주민들은 불타버린 유대교 회당과 폭격으로 파괴된 교회를 직결시켰고, 그 속에서 신의 응보를 보았다. 게슈타포의 한 성직자 정보원이 그런 정서를 요약했다. '그렇다. 그럴 만하다. …… 지상의 모든 것은 보복된다.' 독일인들이 1938년을 유대인에 대한 독일의 전쟁이 '시작된' 시점으로 간주하고 그 전쟁이 상호 보복을 연쇄적으로 가속화시켰다고 상상한 것이다. 그때까지 좀처럼 찾아볼 수 없었던, 독일의 책임과 죄악을 인정하는 모습이 1943년 늦여름과 가을에 나타난 것이다. 그런 양상은 폭격을 맞지 않은 지역으로도 확산되었다.[64]

1943년 초에 괴벨스는 영국에 대한 '복수'라는 약속을 퍼부었다. 함부르크 대폭격은 그 희망을 뒤집어놓았다. '복수할' 힘은 유대인과 연합군의 수중에 있는 것이었다. 재앙과도 같은 공중전의 패배가 독일이 복수할 것이라는 사람들의 한 달 전 희망을 '유대인의 복수'에 대한 공포로 전환시킨 것이다. 독일 전체에서 그렇게 유대인의 복수에 대하여 말하면서 독일인들은 그때까지 절반쯤 숨겨져 있던 어떤 것을 무심결에 드러냈다. 유대인의 절멸에 대한 나치의 추상적인 언어가 글자 그대로 실행되었다는 것을 독일인 대중도 알고 있었다는 점을 드러낸 것이다. 유대인 강제이송이 절정에 달했던 1942년, 그러니까 많은 독일인이 함부르크와 기타 도시의 경매장에서 유대인 가구와 물건에 응찰하고, 동유럽의 대량 사살과 시체 무덤의 목격자들이 그 세부 사실들을 독일로 전하고 있었으며, 무엇보다도 독일인들이 학살에 대하여 어떤 형태이든 폭넓은 반대를 했다면 유대인의 생명을 구했을 수도 있었던 그 1942년에, 독일인들은 실행중이던 제노사이드에 대하여 다르게 말했었다. 단편적으로, 루머를 통하여, 문을 닫고

'특정한' 학살에 관련해서만 말했다. 이제 1943년 3분기에 그 모두는 과거였다. '우리가 유대인에게 행한 것'이라는 말은 1년 전에 말하지 않았던 것의 공적인 시인이었다.

1943년 여름에 나치 지도부에 보고된 독일인들의 대화 내용은 '최종해결'에 대한 직접적인 논평이 아니었다. 최종해결은 그 시점에 발생한 사건이 아니다. 보고서들이 우회적인 표현법으로 '유대인에게 수행된 조치들'이라고 칭한 것은 이미 과거였고 되돌릴 수 없었다. 대화의 진정한 요점은 연합군의 폭격이 복수이자 아마도 심지어 절멸 의도에서 비롯된 것일 수 있다는 공포였다. 독일인들의 일차적인 관심은 유대인의 고통이 아니라 그들 자신의 곤경이었다. 독일인들이 책임감과 유감을 표현하도록 내몰렸을 때가 되어 죄를 인정한 것은 자신의 위험성과 피해에 대한 그들을 압도하는 의식과 떼려야 뗄 수 없게 얽혀 있었다.

글자 그대로 그리고 도덕적으로 죄에 대한 등가를 찾던 사람들에게는, 폭격이든 유대인 학살이든 사망자 수에 대한 단단한 사실이 부재했던 것이 도움이 되었다. 친위대 자체가 만든 1943년 4월의 통계는 특급 비밀이었다. 그러나 사람들은 극소수의 유대인만이 독일에 남았다는 사실을 알고 있었다. 다른 한편 나치 당국은 경찰이 조사한 피폭 사망자 숫자를 밝히지 않았다. 그들은 사망자 사진도 공개하지 않았다. 사기 저하를 우려했기 때문이었다. 그러자 루머가 그 공백을 메웠다. 루머는 불가피하게 숫자를 과장했다. 인맥이 좋고 정보에 밝은 사람들의 비공식적인 추정에 따르면 사망자 수가 도르트문트 폭격으로 1만 5천 명, 뒤셀도르프 폭격으로 1만 7천 명, 뫼네와 에더의 댐 폭격으로 1만 2천 내지 3만 명, 부퍼탈 폭격으로 2만 7천 명, 쾰른 폭격으로 2만 8천 명, 함부르크 폭격으로 10만 내지 35만 명이었다. 경찰의 공식 통계는 모두 그보다 낮았다. 그러나 발표하지 않았다. 정보의 진공 속에서 인플레를 일으킨 숫자들이 널리 퍼져나

갔다. 그리고 그것은 자신들이 기존의 모든 도덕적 경계들을 이미 넘어버렸다는 믿음을 강화했다.[65]

괴벨스는 공공연한 비판의 홍수에 대응할 방법을 몰랐다. 다양한 색채의 폭격을 유대인의 테러로 일괄적으로 선언하고 복수와 보복을 약속하는 것은 어렵지 않았다. 그것이 그가 제시한 모든 메시지의 공리였다. 그러나 그것은 광택일 뿐이었다. 독일인들의 정서—'만일 우리가 유대인을 그렇게 심하게 처리하지 않았더라면'—는 불가능한 소망이었다. 그러나 독일인들은 되돌릴 수 없는 나선형적 과격화로부터 되돌아갈 길을 찾는 와중에 정확히 괴벨스가 그들을 얽어매고자 했던 덫에 걸려들었다. 괴벨스는 1943년 3월의 일기에서 스스로를 위로했다. '무엇보다도 우리는 유대인 문제에서 빠져나갈 수 없는 지점까지 왔다. …… 경험이 가르쳐주는 것은 건너온 다리를 불살라버린 운동과 인민은 후퇴할 가능성이 남은 사람들보다 훨씬 더 결연히 싸운다는 점이다.' 그러나 이번에는 그처럼 작동하지 않았던 것 같았다. 친위대 정보국의 보고 내용, 서구 연합군과의 독립적 평화와 정권 교체에 대한 열망, 그리고 유대인 학살에 대한 후회는 모두 전진이 아니라 후퇴를 말하고 있었다.[66]

1943년 봄부터 괴벨스와 히틀러는 자기들이 가장 열렬하게 믿던 것을 선전에 투입했다. 괴벨스는 유대인 학살의 자세한 내용은 말해지지 않도록 유의하기는 했지만, 미디어로 하여금 '유대인에 대한 전쟁'에 대하여 보다 공개적으로 말하도록 했다. 그러나 유대인 학살은 독일 사회에서 괴벨스가 다리를 불사르는 것을 언급하면서 상상했던 역할을 수행하지 못했다. 유대인 학살은 독일인들에게 새로운 목적의식을 고취함으로써 '총력전'에의 의지를 활성화하지 못한 것이다. 시장통에서 오간 독일인들의 대화는, 독일인들이 종말과 임박한 패배와 위기의식에 사로잡혔다는 것을 보여준다. 나치의 충성스러운 지지자들, 심지어 괴벨스에게 진정서를 보내서 나치의 선전을 개선할 방법을 제안하던 사람들조차 반유대주의 캠페인을 비판하기 시작했다. 그중 일부는 독일인들이 이제 그들이 유대인에게 행했던 것에 대하여 처벌받고 있다고 강조했다.[67]

나치의 관점에서 보면, 함부르크 위기 이후 독일인들이 '유대인의 복수'에 대해 말하는 것 자체가 독일의 실패였다. 그것은 군사적 실패인 동시에 정당성의 위기였다. 인민적 정당성은 나치 자신의 핵심 가치였다. 그동안 괴벨스는 제노사이드에 대한 인민의 앎을 이용하여 '알지만 알지 못하는' 종류의 공모를 촉진해왔다. 그러나 '유대인이라는 적'을 일상의 상식 속에 삽입하는 데 성공하자, 그 성공이 뒤집혀서 인민이 유대인의 적이라는 개념을 사용하는 방식을 통제할 수 없게 되었다. 괴벨스는 유대인에게 일어난 그 일을 인정하지도 부인하지도 않았다. 그러나 그에게는 학살을 되돌리고 싶어하는 소망에 답할 수도 없었다. 그가 할 수 있는 모든 것은 그 음울한 평가의 물결이 멈추기를 희망하는 것뿐이었다.[68]

1943년 8월 내내 나치 정권은 뒤로 물러섰다. 사람들은 친위대 보안국이 보고하던 그 비판적인 내용을 말한다고 해서, 심지어 정권 교체를 요구한다고 해서 게슈타포에게 체포되지 않았다. 그러다가 1943년 9월 초에 나치 선전이 드디어 답을 내놓기 시작했다. 1943년 9월 3일 바덴의 나치 지구당 기관지 〈지도자〉가 독자들을 책망했다. '민족사회주의 독일이 유대인 문제를 그렇게 과격하게 해결하지 않았다면, 국제적인 세계 유대인이 오늘날처럼 우리와 싸우지 않았을 것이라고 말하는 사람들이 있다.' 신문은 '치매 걸린 바보'만이 그렇게 믿을 수 있다고 야유했다. 유대인은 세계대전 두 개를 모두 일으켰다. 지금의 세계대전은 '첫번째 세계대전의 연속일 뿐'이다. 신문의 발언은 위험한 전술이었다. 그 전술은 유대인 문제의 '최종해결'에 대한 반공개적인 논의를 일으킬 수도 있는 것이었기 때문이다. 그러자 괴벨스가 개입하고 나섰다. 1943년 9월 26일에 발간된 〈제국〉

의 논설에서 그는 특정한 질문에 대한 '침묵'의 미덕을 피력했다. '소수만이 전쟁의 비밀을 안다.' 그는 수백만 독자들에게 썼다.

> 따라서 루머를 퍼뜨려서 정부로 하여금 전쟁의 결말에 중요한, 진실로 결정적으로 중요한 문제에 대하여 공적으로 발언하도록 강요하는 것은 지극히 불공정하고 해로운 것이다. 그런 발언은 적에게 유용한 것이고, 우리 인민에게도 최대의 해악을 끼칠 것이다.[69]

1943년 8월 말에 내무부장관직도 차지한 하인리히 힘러가 1943년 10월 초의 라디오 방송에서 위협했다. '패배주의자들은 그들의 행위에 대한 대가로 죽어야 합니다. 그래야 다른 사람들에게도 경고가 되지요.' 그 직후 시범 처벌이 줄을 이었다. 힘러가 한 위협을 강조하려는 조치들이었다. 중년의 한 뮌헨 여성은 3년 징역형을 선고받았다. 그녀가 히틀러에 대하여 경멸적인 표현을 썼고 또 다음과 같이 말했다는 것이다. '혹시 외국 방송을 듣는 사람이 없다고 생각하세요? 그들이 유대인 여자들과 아이들을 열차에 실어 도시 밖으로 끌어내고 가스로 죽였잖아요.' 브라크베데의 한 회계사는 빌레펠트 특별법원에서 유죄 판결을 받았다. '폭격은 유대인들에게 일어난 것에 대한 복수입니다.' 그는 전선 병사들로부터 '유대인들이 수천 명씩 살해되었다'라고 들었다. 1943년 10월 6일 힘러가 포젠에 모인 나치 지도부에게 전례 없이 직접 연설했다. 그는 무분별하게 발언한 사람들 일부를 시범적으로 처벌했다면서, '패배주의 문제'에 대한 대응 방식을 설명했다.

> 우리는 모든 사람을 체포하지 않을 것이고, 또 그것을 원하지도 않습니다. …… 체포된 사람이야 대가를 치러야 하고—그것은 어쨌거나 모든

법의 요점입니다 — 그리고 그들은 죽음으로 다른 수천 명에게 교훈과 경고를 줘야지요. 그들처럼 행동하는 것은 현명치 못하다는 것을 보여줘야 합니다.

친위대 정보국은 독일 전역에서 '패배주의적 루머'를 수집해서 보고했다. 힘러가 말한 대로 '패배주의적 루머'를 퍼뜨렸다는 죄목으로 게슈타포가 소수에게 선택적인 테러를 가한 것은, 독일인들에게 공적 발언의 한계가 어디인지 보여주기 위한 행동이었다. 그리고 힘러는 그 연설에서 유대인 절멸을 최초로 명확하게 발표했다. 그것은 그곳에 모인 사람들에게 새로운 뉴스는 아니었다. 그러나 나치당 제국지도자들과 지구당위원장들이 그것을 공식적으로 듣고 비밀 엄수를 부여받는 것은 또다른 문제였다. 힘러는 말했다. '나는 그것이 낫다고 믿습니다. 우리 — 집단적으로 우리 — 가 그것을 우리의 인민을 위하여 행했고, 우리가 우리 스스로 그 책임 — 이념에 대해서만이 아니라 행동에 대한 책임 — 을 지고, 그리고 우리가 그 비밀을 우리 무덤까지 지고 가는 것, 그것이 더 낫습니다.'[70]

나치 정권은 독일 인민에게 침묵을 요구할 수는 있었다. 그러나 그런다고 해서 유대인 학살에 대한 공유된 비밀이 독일 전체에서 공공연하게 언급되는 현실, 그리고 또 그런 언급이 정권에 대한 지지를 강화하지 않는다는 사실이 변치는 않았다. 그러나 다른 한편 그런 발언이 진정한 행동을 촉발하지도 못했다. 정권으로부터의 이반은 서구 열강과의 독립적 평화와 정권교체에 대한 게으른 발언을 넘어서지 못했다. 1943년 가을 쾰른의 스위스 영사는 '이송된 유대인들이 총체적으로 학살당했다'라는 앎이 '갈수록 더 새나가는' 양상을 관찰했다. 그 앎이 지식의 보통주株에 추가되면 될수록 전쟁이 앞으로 또 얼마나 제노사이드해질 것인지에 대한 지극히 암울한 전망이 나타났다.

독일인들이 무엇보다도 소망하던 것은 '서유럽' 전쟁의 해결이었다. 독일인들은 그것이 해결되면 동유럽 전쟁에서의 독일군이 강화되고 그 전쟁이 결말에 도달하리라고 기대했다. 1943년 8월의 위기는 전례 없는 것이었다. 그러나 그것은 막간에 불과했음이 입증되었다. 이탈리아 사태가 독일에서의 위기를 끝냈다. 1943년 8월 바돌리오의 순간이 독일인들에게 평화에 대한 희망을 되살렸지만, 9월 8일 그가 연합군과 휴전조약에 서명했다는 소식이 전해지자 그의 이름과 결합된 모든 것이 역전 불가능하게 바뀌었다. 바돌리오처럼 행동하기를 원하는 독일인은 많았다. 그러나 가장 가까운 동맹국이 그렇게 행동한 것은 순전한 '배신'이었다. 독일군의 대응은 신속했고 결정적이었으며, 국내의 사기를 올려놓았다. 독일군 20개 사단이 이탈리아반도를 점령하고, 연합군을 이탈리아 남부의 살레르노에 묶어두었던 것이다.[71]

독일군의 번개 같은 대응이 '유대인의 복수'의 의미에 대한 도덕적 질곡을 해결해주지는 못했다. 그러나 독일군의 점령은 독일이 한 달 전에 보였던 것처럼 그렇게 무기력하지 않다는 것을 보여주었고, 그렇게 국내 위기를 끝냈다. 이탈리아 병사 1백만 명이 종전까지 동맹국이었던 나라의 군대에 의해 '수감'되었고, 그중 71만 명이 독일로 보내졌다. 독일에서 이탈리아 군인들은 외국인 노동자 위계의 말단에 놓였다. 그들은 소련군 포로들과 마찬가지로 제네바협약의 전쟁포로 지위를 부여받지 못했다. 그들은 끔찍한 대우를 받으면서도, 독일인들이 배신자들에게 붙인 새로운 별명인 '바돌리오들'이라는 칭호를 부여받았다. 세계 어디에서나 낡은 편견으로 치부되던 배신자라는 이미지가 과거의 동맹국에게 부과되었고, 이탈리아인들은 무엇보다도 독일인들의 희망이 좌절된 것에 대하여 처벌받았다.[72]

제12장

/

버티기

피폭 사망자들에 대한 추모의 일요일은 1943년 11월 21일, 즉 나폴레옹전쟁 직후에 프로이센에 도입되었던 루터파 교회의 '추모의 일요일'에 열렸다. 함부르크로서는 폭격 이후 거의 4개월 만에 처음으로 열린 집단적인 추모 행사였다. 그날 함부르크의 성베드로교회 목사가 도시의 모든 교회를 초대했다. 사상자들과 생존자들 모두를 하나로 묶어주는 성찬식을 열기로 한 것이다. 14세기의 청동 사자머리 문고리로 유명했던 성베드로교회는 알스터와 촐카날 사이의 중심지에 있는 것치고는 폭격에서 예외적으로 비교적 온전하게 보존되어 있었다. 그러나 예배에 참석한 인원은 91명에 불과했다.[1]

그날이 갖는 종교적 중요성에도 불구하고 교회는 나치당이 같은 날 아돌프 히틀러 광장의 불타버린 시청 건물 잔해 앞에서 개최한 기념식과 경쟁할 수 없었다. 함부르크 지구당위원장 카를 카우프만은 추도식에서 세속과 신성성, 당과 도시를 결합시켰다. 주와 시의 고위 공직자들, 나치당과 기관들, 3군 대표들이 거대한 군중 앞에 밀집대형으로 집결했다. 깃발이 땅을 향했고, 도시의 주요 건물에 조기가 게양되었다. 남자 배우가 저음으로 나치 시인 게르하르트 슈만의 시 「불멸」을 박자와 억양에 맞춰 낭독했다.

탄생은 죽음을 부르고, 죽는 것은 탄생을 위해서이리.
그대는 오늘 애도하나, 절망하지 말라.

카우프만이 연단에 오르자 광장의 기수들이 땅을 향했던 깃발을 위로 치켜세웠다. 건물 위의 조기들이 높이 게양되고 분위기가 추모로부터 회복으로 옮겨갔다. 카우프만은 함부르크 시민들은 전쟁의 모든 요구에 충실히 응할 것이라고 선언했다. 그는 종교 의례를 차용하여 함부르크 시민들이 7월의 밤 동안에 닥친 '거대한 시간의 시험'을 성공적으로 통과했다고 외쳤다. 그는 함부르크가 재건될 것이라고 맹세하는 동시에, 청중들에게 1842년의 대화재에서도 도시의 많은 부분—시청과 성베드로교회를 포함하여—이 파괴되었었다는 것을 상기시켰다.

우리 도시에는 어려웠던 역사가 있습니다. 그러나 그 어려움은 우리를 하나로 결속시켰습니다. 우리 도시는 전쟁과 파괴와 투쟁과 고난에서 많은 희생을 강요당했지만 언제나 더욱 빛나는 아름다움과 더욱 큰 위대함으로 다시 일어섰습니다. 우리를 둘러싸고 있는 이 모든 파괴와 사망자들은 우리의 소명에 대한 영원한 서약입니다.

참석자들이 올즈도르프 묘지로 이동했다. 수천 명씩 헌화했다. 시 소속 건축가 콘스탄티 구초프가 건립한 십자가 모양의 묘지였다. 북에서 남으로 280미터 동에서 서로 240미터의 그 거대한 묘지에 3만 4천 명이 안치되었다. 묘지는 한여름의 열기가 전염병으로 옮아가는 것을 막기 위해 빠른 속도로 조성되었고, 시신들은 트럭으로 옮겨졌다. 시신의 부패 때문에 건설 노동자들에게 생긴 '입속의 역한 맛'을 상쇄하도록 노동자들에게 담배와 술이 제공되었다. 한 지역 공무원이 보고했다. '최고는 럼주였어요.' 함부르크에서도 다른 도시와 마찬가지로 시체 매장은 대부분 전쟁포로와 강제수용소 재소자들이 작업했다. 그들이 작업을 끝내자 파괴된 구역 이름이 새겨진 오크 판자가 무덤 앞에 세워졌다. 함머브로크, 로텐부르크스오르트, 함, 바름베크. 다른 한편 그 미학은 종전까지 사적인 개인들에 의해 조성되던, 망자의 이름과 사진으로 장식된 작은 기념물들을 없애버렸다.

그 집단적 기념 행위의 가장 중요한 요소는 시간이었던 것 같다. 괴링은 제6군의 잔여 부대가 스탈린그라드에서 항복하는 시각에 그의 '테르모필레' 연설을 했었고, 그로써 군사적 재앙에 준비되어 있지 않았던 공중에게 심각한 충격을 주었다. 그때 괴링과 괴벨스는 스탈린그라드를 극복하는 의례를 연출함으로써 집단적인 영웅주의를 즉각적으로 경험하고 공유하도록 하려 했다. 반면에 함부르크 폭격 이후 공적인 추모가 4달이나 연기된 것은 위기가 얼마나 막대했는지 보여준다. 그 넉 달은 초기의 충격이 지나갈 시간을 주었고, 이제 함부르크 나치 지도부가 도시 전체에 공급한 합동 애도가 유족들에게 수용되도록 했다. 나치는 재건, 회복, 재탄생을 약속함으로써 스탈린그라드에 쏟았던 과잉된 순교론을 비켜갔다. 올즈도르프 묘지로의 대중 순례는 함부르크 폭격 1주년인 1944년 7월 25일에도 반복되었다. 그후 매년 그날이 오면 지금도 기념식이 개최된다. 나치 기념식이 얼마나 성공적이었는가는, 기념식의 기원이 나치였다는 사실이 점차 망각된 것에서도 나타난다.[2]

함부르크 기념식에는 이례적이었던 또다른 측면도 있었다. 그때까지 집단 묘지는 경원의 대상이었다. 집단 묘지는 빈자들의 무덤과 마찬가지로 수치였다. 그리고 개인 묘비를 없앤 그 익명성은 유족들이 찾아와 애도할 여지를 주지 않았다. 베를린과 여타 도시에서 피폭 사망자들은 여전히 개별적으로 매장되고 있었다. 가족의 요구와 당국의 조심성이 결합된 결과였다. 신원을 확인할 수 있도록 시체들이 대강당에 '존중되는 방식'으로 놓이면 유족들이 시신을 수습하여 민간 장례업자를 통해 매장했다. 나치 정부는 1943년 7월의 긴급명령을 통하여 개인들에게 사적인 관을 마련할 권리를 부여했다. 인종 위계의 바닥을 차지하는 사망자만이 익명의 집단 묘지에 매장되었다. 그렇게 베를린 빌머스도르프 묘지의 한 장소에 '동유럽 노동자' 122명이 묻혔다. 함부르크 올즈도프르 기념묘지의 설계에서 미학적 과제의 하나는 그러한 불명예를 피하는 것이었다.[3]

1943년 추모의 일요일에 나치당은 함부르크 교회의 예식을 주변으로 밀어낼 수 있었다. 나치당은 그것을 대단한 성과로 여겼다. 당 지도자들은 전사자 소식을 가족에게 사적으로 전달할 특권도 주장했다. 그러나 유족들은 계속해서 교회를 찾았다. 게르트루드 L은 남편의 사망 소식을 전달받고 한 달이 흐른 뒤, 부부가 8년 전에 결혼식을 올렸던 교회에서 남편 장례식을 치렀다. 주례를 맡았던 목사가 장례 예배도 주관했다. 장례식에서 목사는 신앙의 문제를 직접적으로 제기했다. '여러분은 스스로에게 질문해야 합니다. 저 젊은 여성에게서 사랑하는 남편의 목숨을 가져가고 네 명의 아이가 아버지를 잃도록 허용한 신은 과연 계시는 걸까요?' 다른 과부들은 의심했을지 모르지만 게르트루드는 목사의 '답'에서 위로받았다. 목사는 회중에게 확언했다. '하나님께서는 우리가 짊어질 수 있는 것보다 큰 부담을 주시지 않습니다.' 때는 5월이었고, 교회는 월계수 나무로 치장되었다. 회중은 열을 지어 교회를 빠져나가면서 전사한 병사와 그의 부재하는 동료들을 대표하는 소총 피라미드와 철모 앞을 통과했다.[4]

개신교 목사들과 가톨릭 성직자들은 19세기 중후반의 독일 통일전쟁과 1차대전의 시험을 통과했던 텍스트와 기도서에 의존했다. 즐겨 선택된 테마는 마태복음 5장 4절 '애통하는 자는 복이 있나니 저희가 위로를 받을 것이요'였다. 어느 목사는 군인들의 기도문으로 장례 설교를 끝맺었다.

> 바다와 땅에서 쓰러진 모든 이가
> 당신의 손에 있습니다.
> 머나먼 곳에서 싸우는 모든 이가
> 당신의 은총을 보도록 하소서.
> 어두운 밤에 우는 모든 이가
> 당신의 은총으로 보호받게 하소서.
> 아멘[5]

나치당과 교회는 애도공동체를 놓고 경쟁하는 동시에 서로에게서 상징을 빌렸다. 교회의 장례 예배는 제단 앞에 빈 관을 놓고 그것을 나치 하켄크로이츠 깃발로 덮은 뒤에 그 위에 철모와 '총 두 개를 교차시켜 놓거나, 장교의 경우에는 칼을 교차시켜 놓았다'. 교회는 애국적 자세도 강조했다. 죽음과 애도를 피할 수는 없다. '우리 민족이 생사의 전쟁을 수행하고 있기 때문입니다.' 라인란트의 가톨릭 성직자들은 점차 교회에서 열린 장례식과 추모식의 참가자 수가 성금요일 같은 중요한 기념 예배보다 더 많다는 것을 인지했다. 주교들은 그런 행사가 가톨릭 신자들의 종교성보다는 집단적 추모의 필요성을 가리키는 것은 아닌지 우려했다.[6]

함부르크 폭격 직후 교회 출석자가 급증했다. 정부와 군대 엘리트들이 처음으로 정복을 입고 나타났고, '오랫동안 종교에 문을 걸어 잠그고 있던' 노동자들도 성직자들과 대화를 나눌 필요성과 예배에 참석할 필요성을 느겠다. 교회는 폭격을 신의 시험으로 설명했다. 함부르크 풀스뷔텔 교회의 하인리히 차하리아스-랑한스 목사는 회중에게 말했다.

우리 도시가 죽어가고 있습니다. 우리가 영국 공군을 비난해야 할까요? ······ 그렇다고 해서 무슨 의미가 있을까요? 영국인들을 넘어서는 것이 있습니다. ······ 손! 적의 손이 아닙니다. 아닙니다. 주님의 손! 지금 모든 분들이 잘못된 불평을 하고 있습니다. 지금 ······ 주님의 신비한 지도는 인간으로서는 모르는 것이지만, 하나님은 결국 하나님을 모르는 우리의 상태를 끝장내라고 요구하시는 겁니다. 가장 깊은 내적인 확신 속에서 하나님께 돌아오라고 요구하고 계신 겁니다.

라인란트의 가톨릭 주교들이 회중에게 보낸 사목 서신도 회개를 요구했다. 개신교 목사들과 다르지 않았다. 가톨릭이든 루터파든 교회는 고통에 대한 책임을 적이 아니라 신을 모르는 유물론과 오만한 세속주의로 돌리면서 독일인들에게 신으로 돌아오라고 요구한 것이다.[7] 그러나 그 언어는 폭격당한 사람들 마음을 충족시키지 못했다. 전선의 죽음은 머나먼 곳에서 벌어진 일이고 전선편지는 위생처리 되었지만—편지에서 병사들이 죽는 순간은 흔히 동료 병사의 무릎 위에 안긴 피에타의 모습으로 그려졌다—, 피폭 사망자들의 현실은 그렇게 쉽게 세척되거나 성화될 수 없었다. 길거리에 죽은 자의 잘린 사지들이 아무렇게나 널려 있었고, 시체 안치실에는 불에 타고 반쯤 벌거벗은 사체들이 포개져 있었다. 어떤 언어와 의례도 북동부 독일인들의 폭격 경험을 표현해줄 수 없었다. 종교적 회개를 요구하는 적막한 메시지는 위로가 되지 못했다. 메시지들은 분노를 견인하지도 못했고 보호를 약속하지도 못했다. 그리하여 함부르크 교회의 출석자가 다시 급격히 감소했다. 1943년 6월 말과 7월 초 세 차례의 막대한 공습 이후 쾰른 대주교 프링스가 가톨릭 성직자 특별회의를 소집했다. 한 게슈타포 정보원은 보고했다. '성직자들은 대체로 폭격이 종교의 부흥을 동반하지 않을 것이라고 전망한다. 존재의 핵심까지 위협을 받자 사람들이 짐승처럼 되고 원시적 본능으로 퇴행하리라는 것이다.' 1차대전에서 그랬듯이 이번에도 모든 교파의 신학자들과 지도자들은 독일인들이 '영적으로 재탄생'하기를 기대했다. 그러나 그들은 '유물론'의 승리를 목격하고 있는 것은 아닌지 두려워했다.[8]

　나치당과 교회 모두 기념 의례를 계속 제공했지만 두 기관 모두 권위를 회복하지 못했다. 1943년 가을 가톨릭 교구 교회의 신자들은 설교 도중에 나가버렸고, 시민들은 길거리에서 나치당 정복을 입은 당직자들에게 화를 냈다. 독일인들은 독일의 전쟁에 대한 기본적 정당성을 의문시하지는 않았다. 그러나 나라를 휩쓸던 그 어떤 정치적 희망과 공포의 물결만큼이나 중대한 변화가 일어나고 있었다. 교회도 나치당도 대량 죽음에 유의미한 해석을 공급하지 못하자, 사람들이 삶과 죽음의 의미를 개인적으로 찾기 시작한 것이다.[9]

✳✳

　1943년 11월 22~23일 밤 베를린 정부청사 지구에 공습이 가해졌다. 연이어 화재가 발생했다. 그해 8월 말과 9월 초의 공습과 달리 이번 공습은 집중적이었고, 투하된 고폭탄 1,132톤과 소이탄 1,331톤이 대부분 베를린 중심지에 떨어졌다. 게다가 얼음처럼 차갑고 사나운 바람이 불어왔다. 화재가 지옥으로 변할 가능성이 높았다. 공습 해제 사이렌이 울렸을 때, 공습 반경 인근의 티어가르텐 바로 남쪽 아래 사는 한 여성의 눈에 베를린의 '세 방향 하늘이 피처럼 붉게' 타는 것이 보였다. 그녀는 화재폭풍이 몇 시간 내로 최대치에 달할 것이라는 사전 경고를 받았기에 아버지와 함께 황급히 귀가했다. 집에 도착하자마자 그들은 집에 있는 모든 용기에 물을 채워놓았다. 검은 연기가 더욱 진해지고 길거리의 공기가 더욱더 뜨거워지자, 웬만하면 동요를 하지 않는 러시아 망명객인 연로한 아버지가 화재를 보기 위해 지붕 꼭대기로 올라갔다. 새벽 시간 딸이 마침내 침대에 누워 잠을 자려 했을 때 바깥바람의 '굉음 소리가 터널을 통과하는 기차 소리처럼' 들렸다. 그 직후 영국 공군기들이 다시 나타나 전단을 투하했다. 베를린을 '함부르크화'하겠다.[10]

베를린 중앙 공원 북쪽의 노동계급 구역 베딩도 막대한 타격을 받았다. 직업학교가 피폭민들에게 긴급 대피소와 음식을 제공했다. 피해자들은 말을 잃은 채 거의 무감각한 모습이었다. 그 학교의 한 교사는 그것을 '미저리 홍수'라고 표현했다. 한 적십자 간호사가 아기를 안고 있는 여성을 데려왔는데, 얼굴이 무표정하게 앞만 보는 마스크 같았다. 그녀는 계속해서 묻고 있었다. '내 여동생, 내 여동생 어디 있어요?' 마구간의 놀란 말들도 학교로 옮겨져서 의무를 수행중이던 소녀들이 돌보았다. 그 한 편에서 소 네 마리가 되새김질하고 있었다. 집을 잃은 사람들의 물결이 끊이지 않았기에, 피폭민들이 학교 지하층부터 3층 복도까지 가득 찼다. 무의식 속에 실려온 한 여성은 정신을 되찾았지만, 아이가 없어진 뒤였다. 청소반도 도착했다. 그들은 죽음처럼 창백했고 기진맥진했다. 트럭이 학교 강당에 빵과 버터와 소시지를 날라왔고, 여성 자원봉사자들이 그것들을 나눠주기 시작했다. 남자들은 사유물들을 체육관에 쌓아놓았다.[11]

사진 저널리스트 리젤로테 푸르퍼도 피폭민이었다. 폭격 다음날 그녀는 레닌그라드 전선에 있는 남편에게 썼다. '가장 끔찍했던 밤! 우리는 목숨을 제외하고 모든 것을 잃었어'. 그리고 썼다. '당신이 올 수만 있다면— 나는 정말 당신이 필요해'. 리젤로테는 다행스럽게도 안할트역의 수화물

보관소에서 귀중품 가방을 꺼내고 있을 때 폭격을 맞았다. 그녀는 '우리의 별'이 자신을 한번 더 보호해주었다고 생각했다. 그 직후 그녀는 기차역 4층 벙커로 안내되었고, 그곳에서 공습이 끝나기를 기다렸다. 주변 건물들이 불타고 기차가 움직이지 않는 가운데 그녀가 할 수 있는 모든 것은, 가방을 수화물 보관소에 다시 가져다놓은 뒤에 부분부분 막혀 있는 도로를 따라 쇠네베르크 집까지 가는 일이었다. 그녀와 친구 한 명은 손수건으로 얼굴을 가리고 어두운 거리를 덮고 있는 깨진 유리 조각들을 뚫고, 사나운 바람이 얼굴로 들이붓는 모래, 시멘트, 아스팔트 조각, 연기를 피하여 전차, 앰뷸런스, 광고 기둥 뒤에 숨으면서 갔다. 뇔렌도르프플라츠 가까이에 갔을 때는 바람이 버틸 수 없이 강하게 불어와서 어느 집 현관 안으로 피했다. 그곳에서 두 사람은 양동이를 뒤집어놓고 그 위에 앉았다. 뜻밖에도 집주인은 아는 사람이었다. 그가 차를 날라왔다. 동이 틀 무렵 바람이 드디어 약해졌다. 두 사람은 리젤로테의 부모 집이 있는 마르틴 루터 스트라쎄로 향했다.[12]

　두 사람이 마르틴 루터 스트라쎄에 접어들자마자 리젤로테의 가슴이 방망이질 쳤다. '오, 맙소사! 타버렸어! 완전히 타버렸어!' 이웃한 집들은 아직도 타고 있었다. 길거리에는 철골이 흩어져 있었고, 깨진 창문이 무너질 듯한 벽 사이를 뚫고 앞으로 튀어나와 있었다. 건너편 학교 건물에는 고폭탄이 떨어졌다. 리젤로테는 길거리 한가운데서 부모의 도우미를 만났다. 부모는 천만다행으로 살아서 건물을 빠져나갔다고 한다. 그날 부모가 돌아와서 집을 응시하더니 폭격으로 부서지거나 타버린 물건들을 점검하기 시작했다. 남편 쿠르트의 편지와 전쟁 일기가 모두 타버렸다. 리젤로테가 보관하고 있던 사진 6천 장, 두 달 전에 올린 결혼식 사진필름이 모두 사라졌다. 그녀의 책들, 그림들, 여행 기념물들, 『파우스트』 소장본, 음반, '아름다운 램프, 아! 모든 것, 내가 사랑하는 모든 것'이 사라졌다. 최악은 그녀의 '사랑하는 친구'인 바이올린이 타버린 것이었다. 그후에도 몇 달 동안 리젤로테가 악몽 속에 도로 위에서 몸에 불이 붙고 건물이 불타오르는 모습 사이사이에 그 바이올린이 보였다.[13]

레닌그라드를 포위하고 있던 포병연대의 부관 쿠르트 오르겔은 잔뜩 긴장한 채 베를린 폭격 소식을 쫓고 있었다. 두려움 속에서 기다린 지 3주일 만에 리젤로테의 편지 두 통이 도착했다. 그는 아내가 무사한 것에 가슴을 쓸어내렸다. 잃어버린 모든 것은 채울 수 있고, 자신의 편지도 마찬가지였다. '내가 새 편지를 당신이 원하는 만큼 쓸게. 우리의 결혼사진—인화할 거 아직 많아! 신혼여행 사진—우리는 새로운 신혼여행을, 훨씬 더 아름다운 신혼여행을 가게 될 거야. …… 책, 그림, 라디오, 램프—모든 것을 새로 구할 수 있고 구하게 될 거야—우리 둘이서. 우리는 막 시작했어! 아무도 우리에게서 우리의 기억을 빼앗아갈 수 없어.' 장인과 장모가 그 많은 것을 잃어버린 것은 또 다르다고, 그는 충성스럽게 덧붙였다.[14]

군부대와 소방대가 저멀리 슈테텐, 마그데부르크, 라이프치히로부터 베를린에 도착했다. 그러나 도심의 파괴가 너무나 막대하여서 일부만이 겨우 진입할 수 있었다. 화재는 다음날 밤, 폭격기가 다시 나타나기 직전에 잡혔다. 1943년 11월 22일과 26일 사이 기간에 독일의 수도에서 3,758명이 죽고 574명이 실종되었다. 홈리스가 거의 50만 명에 달했다. 피폭민 수가 너무나 많았고 그들이 피란갈 곳도 없었기에, 도시 당국은 도시 외곽과 그린벨트에 천막을 세웠다.[15]

1943년 11월 23일 우르줄라 폰 카르도르프가 일간 신문 〈도이체 알게마이네 차이퉁〉에 출근했다. '베를린은 정말 큰 도시다. 많은 동료 직원들이 폭격을 전혀 보지 못했다'. 그녀의 집은 무사했다. 비록 가스도 전기도 수돗물도 끊기고, 빈 창틀이 덜컹거리는 소리를 막을 방법도 없었지만, 그래도 다행이었다. 밤이 내리자 마치 '마녀의 시간'이 온 듯했다. 그녀는 포츠담 친구 집의 하얀 시트와 깨끗한 침대로 도망쳤다. 1944년 1월 29일에는 그녀의 아버지 집에 폭탄이 떨어졌다. 거실 책장에 불이 붙었지만 친구들이 적시에 도착했다. 그들은 침대, 책, 베개를 창밖 아래로 던지고, 계단 아래로 끌어내릴 수 있는 모든 것을 메고 지고 지붕에서 떨어진 검게 탄 철골들을 넘어서 내려갔다. 청록색 불길이 창을 핥기 시작하자 그들은 은제 식기와 칼과 도자기를 쓰레기통에 던져넣었다. 2층으로 올라갈 수 없게 되자, 이웃집으로 가서 그 집의 무거운 가구들을 끌어내렸다. 그러고는 남아 있는 소주병들을 돌렸다. 소방 호스가 2층에 물을 뿌리는 동안 그들은 아래층에 우산을 펴고 앉아서 즉석 술 파티를 열었다. 흐릿한 저녁 여명 속에 연기와 안개가 섞일 무렵이 되어서야 그들은 도로의 펌프 물로 몸을 씻었다. 하얗게 질린 한 아낙이 우르줄라와 친구들에게 물었다. '복수는 언제 올까요? 우리는 언제 다 죽을까요?'[16]

우르줄라는 그후 나흘 동안 시골에서 쉬었다. 그리고 다시 일어섰다. '내 안에서 야생의 활력이 솟아오르는 것을 나는 느낀다. 맞서기—좌절의 반대.' 그녀는 '나치와 반反나치 모두에게 쏟아지는' 무차별적인 공격이 사람들을 하나로 묶어주고 있다고 느꼈다. 폭격당할 때마다 당국이 담배, 진짜 커피, 고기를 특별히 배급한 것도 그 모든 것을 감당하는 데 도움이 되었다. 젊은 우르줄라는 결론을 내렸다. '만일 영국인들이 우리의 사기를 파괴할 수 있다고 믿는다면, 그들은 계산을 잘못한 것이다.' 1주일 내에 그녀는 베를린 외교부 청사 옆의 작지만 아름다운 단층집으로 이사했다. 아버지 쪽 인맥 덕분이었다. 같은 날 폭격으로 파괴된 그녀의 신문사도 다른 건물에 자리잡고 신문을 계속해서 매일 발간했다.[17]

리젤로테 푸르퍼도 호의를 얻었다. 그녀는 알트마르크의 조용한 18세기 시골집의 밝은 방 두 개를 얻었다. 그 집은 친척의 소유로서, 리젤로테와 쿠르트가 9월에 결혼식을 올린 곳이기도 했다. 우아한 현관 건너에

0.5마일의 숲이 조성되어 있고, 호수에서 낚시를 하고, 주변을 산책할 수 있는, 회복에 최적의 장소였다. 그녀는 이사하는 날 기도했다. 자신이 '단단하기를', 그리고 '신무기들이' 곧 나타나기를. 마침 피폭민의 남편 자격으로 쿠르트가 위로 휴가를 얻었다. 부부는 성탄절과 신년을 함께 보낼 수 있었다.[18]

쿠르트가 군집단북부로 귀대하고 3주일이 지나서 리젤로테는 아기를 갖고 싶다는 생각을 했다. 아이 이름을 생각하던 그녀가 친구 하다와 프라하로 쇼핑 여행을 떠났다, '체코 여자들의 엄청난 생식 능력'에 그녀는 불쾌한 충격을 받았다. 19세와 20세 여자들까지 모두 임신한 것 같았다. '토끼들처럼.' 진정 우생학적 악몽이었다. 리젤로테는 남편에게 판에 박힌 민족주의 언어를 동원한 편지를 썼다. '우리 민족의 최고들은 소멸되고 있어. 동유럽의 열등한 인간들이 자식을 열두 명씩 낳는 동안, 우리는 겨우 하나를 낳거나 아예 낳지를 않아'. 그녀는 자신이 자식을 정말 원하는지 모르겠다고, 자식이 부부의 완벽한 관계를 흩트려놓는 것은 아닌지 걱정스럽다고 썼다. 30세의 매력적인 젊은 여성이자, 사진 저널리스트로서의 경력을 성공적으로 쌓고 있고, 인맥과 친구 관계도 좋았건만, 리젤로테는 심각하게 외로운 사람이었다.[19]

그 외로움을 그녀는 하다와 야간열차를 타고 빈으로 여행하는 것으로 메웠다. '파괴도, 파편도, 항구적인 공습 위험도 없는' 도시는 매혹적이었다. 그들은 그들이 발견할 수 있는 가장 예쁜 호텔을 잡았다. 1944년 2월 말 그녀는 오스트리아 티롤로 가서 회복중인 병사들의 사진을 찍었다. 쌓인 눈에서 반사된 햇빛으로 그녀 머리 색깔이 옅어졌고, 얼굴이 타고, 파란 눈이 더욱 맑고 편안해졌다. 리젤로테의 유일한 걱정은 베를린으로 돌아갔을 때 그녀 모습을 보고 사람들이 어떻게 반응할까 하는 것뿐이었다. 그녀는 또한 폭격으로 잃어버린 가구를 채워넣기 위해 공습 경고를 무시하고 브라운슈바이크로 갔다. 괴링과 히틀러에게도 가구를 공급하던 공방에서 탁자 램프를 구입하기 위해서였다. 그녀는 성공했고, 또 기뻤다.[20]

**

영국군 폭격사령부는 '베를린 전투'를 1944년 3월 24일까지 지속했다. 그 기간 동안 대규모 공습 16번, 소규모 공습 17번을 가했다. 유럽 전선 전체에서 단일 타깃에 가해진 최대 최장의 폭격이었다. 그러나 1943년 11월 말에 발생한 엄청난 화재에도 불구하고 베를린은 함부르크가 아니었다. 그 도시는 1943년 10월 22일의 폭격으로 거의 전부 파괴되었던 카셀도 아니었다. 베를린 대부분은 절반이 목재로 시공된 중세 건물이 아니라 철골과 벽돌 건물들이었다. 넓은 대로는 방화대 역할을 했다. 베를린은 또한 영국 폭격사령부가 의존하던 지상 레이더망 '오보에'의 탐지 범위 바깥에 위치했다. 폭격기에 탑재한 패스파인더 레이더 장치도 베를린을 식별하기에 충분히 정확하지 않았다. 예기치 못한 강풍이 불어와서 폭격기를 경로에서 이탈시키기도 했다. 비록 영국 공군이 샤를로텐부르크와 크로이츠베르크와 빌머스도르프 같은 베를린 중심과 남서부 구역들에 1943년 12월 16일, 12월 2~3일, 12월 23~24일에 공습을 가하는 데 성공했지만, 폭격기 대부분은 타깃을 완전히 놓치거나 남쪽 교외만 타격하고 말았다. 그리고 1944년 1월에 행한 두 번의 공습에서 영국 공군기도 큰 손실을 입었다. 독일 전투기들이 영국 폭격기들을 베를린까지 추격한 것이다. 1944년 1월 20~21에는 영국 공군기들이 베를린을 아예 식별하지도 못했다. '베를린 전투'를 전개한 다섯 달 동안 영국 정찰기들이 피폭 사진을 찍는 데 성공한 횟수도 딱 두 번이었다. 겨울 구름이 너무나 두껍게 깔려 있었다. 따라서 베를린 공습은 또하나의 소모전으로 전환되고 말았다. 그런 가운데 양측 모두 피격된 공군기가 각각 몇 대인지 계산하고 대중의 사기가 어느 정도 유지되고 있는지 가늠하고 있었다.[21]

역설적으로 공습이 지속되고 폭탄의 규모와 물리적 파괴가 치솟는 가운데 피폭 사망자가 감소하기 시작했다. 1944년 2월 15일 밤 800대가 넘는 폭격기가 베를린에 도달하여 북부의 노동계급 지구 베딩과 판코프부터 남서부 녹지대 첼렌도르프까지 그 넓은 공간을 폭격했다. 사망자 수는 169명에 불과했다. 1943년 8월과 9월의 소규모 공습으로도 베를린 주민 1,500명이 사망했던 것과 크게 대비되는 모습이었다. 다른 한편으로 베를린 주민들은 이제 외출해도 언제 어디로 대피할 것인지 가늠하면서 움직였다. 베를린을 방문한 외지인들은 베를린에 새로 나타난 유머와 활력과 저항의 분위기에 놀랐다.

1944년 2월 리젤로테 푸르퍼는 1943년 11월의 피폭 이후 처음으로 베를린에 왔다. 그녀가 거주하던 쇠네베르크의 집은 파괴가 너무나 극심해서 알아볼 수조차 없었다. 현관 전체와 입구가 모두 날아가버렸다. 돌과 판자 더미 위에 올라가보니 검은 모자를 쓰고 작업복을 입은 중년의 이웃 남자가 지하실에서 물건을 파내고 있었다. 그녀가 쿠르트에게 썼다. '먼지를 뒤집어쓰고 지쳐 있었지만 바로 전선 병사의 모습이었어. …… 그것이 바로 현재의 베를린이야. 만일 우리가 이 도시에 삶이 있다고 말할 수 있다면 전선의 삶이 바로 그것이야.'[22]

베를린 영공을 지배하려는 전투가 계속되면서, 공군 군수물자 생산을 책임지고 있던 밀히와 군수부장관 슈페어가 폭격기 생산에 집중하라는 히틀러의 지시를 무시하고 자원을 지상 방공망과 전투기 생산으로 이동시켰다. 그리하여 단발 엔진 전투기 생산이 1943년 후반에 매달 851대로 최고치에 달했다. 독일 광학 산업의 1/3과 전기 산업의 절반이 국내전선 방어에 투입되면서, 영국과 독일이 레이더 전쟁의 기술 혁신 하나하나에서 상대방을 넘어서려는 치열한 경쟁을 벌였다. 1943년 말이 되자 독일 방공 포대에 서치라이트 7천 대와 대공포 5만 5천 문이 설치되었고, 이에 동부 전선에서 대對전차 대포로 공포의 대명사가 되었던 80밀리 포의 3/4이 더해졌다. 대공포대 인력은 공군 인력 180만 명, 그리고 학동 8만 명과 전쟁포로 6만 명을 포함한 대공포대 보조병 40만 명이었다. 대공포대에서는 소련군 전쟁포로가 폭탄을 가져오면, 소년들이 장전하고, 병사가 포격했다. 독일 포탄의 12%가 대공포로 소비되었다. 군대의 야포가 소비한 것보다 높은 비율이었다. 그러나 성공률은 비교적 낮았다. 적기 한 대를 격추하는 데 평균 1만 6천 발이 발사되었다. 그러나 민간인들은 대공포대 때문에 더욱 안전하다고 느꼈다.[23]

1944년 3월 말 영국 폭격사령부가 '베를린 전투'를 중단했다. 공군기 피해가 증가했기 때문이었다. 사령관 해리스는 작전에 필요한 물자를 비교적 정확히 계산해왔다. 해리스는 1만 5천 회의 출격을 요청했고, 실제로 공군기가 1만 4,562회 발진했다. 해리스는 베를린 전투로 영국 공군기 400~500대가 격추될 것이라고 예상했다. 실제로 496대가 격추되었다. 95대는 영국으로 귀환중에 부서졌다. 1944년 2월과 3월 폭격사령부는 라이프치히와 베를린 공습으로 각각 폭격기의 9% 이상이 격추되었다고 계산했다. 1944년 3월 24일의 베를린 공습 며칠 뒤 뉘른베르크 공습에서는 손실률이 11.8%에 달했다. 그것은 작전을 거듭할수록 폭격기 조종사들이 사망할 확률이 높아진다는 것을 뜻했다. 베를린은 전략적 폭격만으로 독일을 패배시킬 수 있다는 기획의 실패였다.[24]

독일인들에게는 그 전환점이 명확하지 않았다. 1943년 가을에 중단되었던 미공군의 공습이 그 시점에 재개되었기 때문이다. 미공군은 리버레이터 폭격기와 날아가는 성채 폭격기에 새로 개발한 장거리 전투기 무스탕을 추가했다. 무스탕은 독일 영공에서 독일 전투기와 공중전을 벌였다.

미공군이 1944년 3월에 베를린을 공습했지만, 주요 목표는 독일 공군기를 패퇴시키고, 항공기 생산 공장을 공격하며, 인조 휘발유 생산 시설을 파괴하는 것이었다. 인조 휘발유 생산 공장의 폭격은 효과가 컸다. 그러나 공중전의 성격이 1944년 봄에 변화한 것을 되돌릴 수는 없었다. 독일인들은 야간 공습이 끝난 것에 안도했다.[25]

작가이자 저널리스트였던 마그레트 보베리가 마드리드에서 베를린으로 귀환하기로 결정한 때가 바로 그 시점이었다. 그녀는 마드리드 독일 대사관의 좋은 자리를 포기했다. 그녀는 미국인 어머니를 포함하여 가족과 친구들의 충고를 무시하고 '베를린에 머물면서 폭격 속의 독일인들의 삶을 알아내는 것'에 집중하기로 했다. 그녀는 괴벨스의 〈제국〉에 기사를 썼다. 1944년 4월 괴벨스가 그 주간지에 게재한 논설 중에 '삶의 파괴될 수 없는 리듬'과 '우리 대도시 주민들의 깨뜨릴 수 없는 삶에의 의지'가 포함되어 있었다. 괴벨스가 그렇게 논조를 정하자, 편집장과 보베리와 다른 저널리스트들이 그에 따라 기사를 전개했다. 그들은 베를린의 버티는 능력을 찬양했다.[26]

**

전략 폭격의 가장 큰 목표는 심리적이고 정치적인 것, 즉 독일에 패배주의를 확산시키고 나치 정권을 안으로부터 무너뜨리는 것이었다. 지금 돌아보면 독일이 1944년 4월 1일까지 항복할 것이라는 해리스 사령관의 자신만만했던 주장이 오만해 보일 것이다. 그러나 그에게는 선례가 있었다. 영국 폭격사령부가 1942년 가을에 제노바, 토리노, 밀라노 같은 이탈리아 공업도시들을 폭격하자 이탈리아 민간인들의 대량 도피, 폭동, 도지사와 파쇼당에 대한 자발적인 시위가 이듬해 봄까지 이어졌고, 그들은 정치적 권리도 요구했다. 1943년 8월의 함부르크 폭격은 독일에도 이탈리아와 똑같은 효과를 발휘하는 듯 보였다. 독일인들이 이탈리아의 예를 독일에 적용하고 군부독재에 대하여 공공연하게 논의했던 것이다. 그러나 유사성은 거기까지였다. 반체제적 발언과 나치 당직자들에 대한 공격은 집단행동으로 나아가지 않았다.

무엇이 이탈리아와 달랐던 것일까? 전쟁 동안 폭격으로 사망한 이탈리아인은 5만 명 내지 6만 명이었다. 전쟁으로 사망한 영국인 및 프랑스인 수와 얼추 비슷했다. 1944년 9월까지 폭격으로 사망한 독일인은 20만 명에 가까웠다. 이탈리아와 달랐던 것은 사망자 수가 아니라 폭격의 사회적 효과였다. 이탈리아 도시에는 민방공이 없었다. 대피호도 얼마 되지 않았고, 방공포대도 적었으며, 전투기 편대가 전폭기를 향해 출격하는 경우도 거의 없었다. 그래서 민간인들이 폭격에 무방비로 노출되었다. 그들은 파쇼 국가가 적절한 방공 및 대피 조치를 조직하지 못하자 친지와 암시장과 교회에서 대피소와 음식과 안전을 찾았다.[27]

나치 독일은 1943~1944년에 그런 식으로 내파되지 않았다. 독일 도시들은 잘 방어되고 보급되었을 뿐만 아니라―나치 기구들의 업무가 중첩된 탓에 내부 경쟁과 비효율이 난무했음에도 불구하고―국가와 나치당과 지방 정부와 군대가 효율적으로 협력하면서 민방공과 소개 작업에 수백만 명을 투입했다. 그것은 조직화와 동원의 승리였다. 동원되는 젊은 여성도 갈수록 더 증가했다. 1944년이면 적십자 회원 40만 명 외에 여성 50만 명이 군대에서 복무했다. 그들 대부분―30만 명―은 국내에서 공군 보조요원으로 근무했다. 나이가 그들보다 약간 위인 여성들은 제국방공연맹에서 봉사했다. 아샤펜부르크의 경우 그들은 대부분 25세에서 30세 사이의 가정주부였다. 나치즘의 가부장주의에도 불구하고 공군의 상위 직책에 투입할 남자가 부족하다보니 젊은 여성들에게 갈수록 많은 적극적인 업무가 주어졌다. 트리에르의 경우에는 공군에 전일제로 복무하는 여성 전원이 기혼자였고, 퓌센에서는 기혼 여성이 2/3를 차지했다. 나이, 건강, 양육, 노부모 봉양을 이유로 동원을 피하는 여성들도 있었지만, 많은 여성이 새로운 책무를 즐겼다. 한 젊은 적십자 간호사는 파괴된 지하실에서 21명을 구해낸 업적을 인정받아서 1942년에 철십자 무공훈장까지 받았다. 그것은 여자가 받은 최초의 무공훈장이었다. 그녀와 동료들은 대단한 자부심을 느꼈다. 여성들이 군복 비슷한 작업복을 입고, 철모를 쓰고, 의무, 복종, 희생이라고 적힌 벨트 버클을 두르고, 무장한 민족에 글자 그대로 가입했던 것이다. 1944년까지 그런 여성이 62만 명이었다. 대부분 무급 자원 봉사자였다.[28]

1942년 이래 전선의 병사들은 라디오 여성 아나운서가 그들을 '동료'로 칭하는 것에 익숙해갔다. 한 병사가 말했다. '우리는 여자가 섬세하고 속삭이는 듯한 소프라노 목소리로 우리에게 말을 거는 것이 행복해. …… 그러나 (희망컨대) 잘 자란 그 앙증맞은 작은 것이 우리 같은 거친 사나이들을 "동료"라고 부르는 것이 우스꽝스럽지 않나?' 1943년 말이면 '저 바깥의' 남자들과 '집안의' 여자들 및 아이들이라는 날카로운 구분이 대부분의 도시적 세계에서 무너졌다. '집'이 자동적인 안전의 장소이기를 멈추었던 것이다. 여성들과 십대 소녀들은 동원되고 군사화되어야 할 '영웅적인 민방공 요원'이었다.[29]

1944년에 라이프치히의 한 젊은 정신의학자가 폭격이 민간인들에게 미치는 '심리적이고 신경증적인 반응들'을 자신의 환자들에게서 연구했다. 50세의 한 사업가는 어머니를 불구덩이에서 구해내고 정작 자신은 폭탄의 폭발력에 의식을 잃고 쓰러졌다. 그후 1주일 동안 그는 말하는 데 어려움을 겪었다. 그가 포이델 박사에게 설명했다. '모음으로 시작되는 단어를 말하기가 굉장히 어렵습니다. 단어들을 억지로 내뱉어야 하거나 아니면 아예 말을 할 수가 없어요.' 그는 그때부터 공습 사이렌만 들리면 즉각 '피가 머리로 거꾸로 올라가고, 가슴이 아프고 몸이 떨리는' 반응이 나타났다. 포이델은 환자들에게 동정심을 느꼈지만, 그런 환자는 어차피 전쟁 이전부터 신경질적이고 약한 인간이라는 결론을 내렸다. '공동체의 요구가 개인적인 고통보다 우선되어야 한다'는 것이 그의 생각이었다. 그는 '원민중적인völkisch 인종적 자세에서 나오는 추동력'이 민족의 심리적 자원을 동원하게 해준다고 상정했고, 실제로 이번 전쟁에서는 1차대전보다 '히스테리적인' 사람이 적다고 가정했다. 1차대전의 경험은 그런 의사들에게 '히스테리'가 패배주의와 혁명을 낳는다는 준거점이었다. 또한 포이델은 루머들, 특히 '호러 스토리와 과장된 통계를 무책임하게 퍼뜨리는 것'이 사람들이 실제로 겪는 경험보다 더 위험하다고 판단했다. 그래서 그는 환자들에게 공포 경험을 억제하고 다른 사람에게 그에 대해 말해서 공연히 공포를 일으키기보다 침묵 속에서 해결하라고 권고했다. 에어랑겐의 또다른 연구는 그보다 낙관적이었다. 그곳의 정신의학자들은 독일인들의 심리적 저항력에 경의를 표하면서 폭격은 하등의 새롭거나 혹은 특정한 질환을 일으키지 않는다고, 정상인들에게는 공포 경험이 얼마 지나지 않아서 사라져 없어진다고 주장했다.[30]

1943년 9월에 80만 명이 베를린을 떠났다. 그후 1944년 3월까지 40만 명이 추가로 소개되었다. 베를린 인구가 4백만 명에서 280만 명으로 감소했다. 그해 말까지 폭격으로 소개된 민간인은 독일 전체에서 6백만 명을 넘었다. 그중에는 자기 집에 폭탄이 떨어지지 않았음에도 불구하고 폭격 직후에 떠나기로 한 사람도 많았다. 공습 해제 사이렌이 울리면 보통 남자들은 불을 끄고 사람과 물건을 구조하는 작업을 도울 것으로 기대되었다. 여성들은 곧장 지역의 공공 수용시설로 향했다. 그곳에는 사회복지사들과 나치 인민복지회 자원봉사자들이 있었다. 그들은 응급처치, 뜨거운 음료, 샌드위치, 비상 침대를 제공했다. 사람들은 그곳에서 피해를 등록한 뒤 파견 나온 시청 공무원에게 보상을 요구할 수 있었다. 그 공무원들은 피란 가기를 원하는 사람도 등록했다. 지역의 나치당과 민방공 협회는 도시의 첨예한 주거 압력 때문에 피란을 지지했다. 피란을 원하는 사람은 허가증을 받아야 했는데, 그 허가증은 고용 계약에 묶여 있지 않은 사람들에게만 발급되었다. 허가증이 없으면 피란 간 곳에서 등록될 수도 없었고 배급 카드를 받을 수도 없었다. 그 규정은 배급체제가 완전히 무너진 예외적인 경우에만 해제되었다. 1943년 7월의 함부르크 폭격과 1943년 8월의 뉘른베르크 폭격이 그런 경우였는데, 그런 경우가 극히 드물었다는 사실이 독일의 민방공과 소개 작전의 탈중앙적인 조직화가 얼마나 효율적으로 작동했는지 분명하게 말해준다. 피란민 중에 남자가 적었던 것은 놀랍지 않다. 뮌헨을 떠난 20만 명 중의 10%, 바이에른의 슈바인푸르트를 떠난 사람의 겨우 5%만이 남자였다. 그들은 십중팔구 은퇴자나 장애인들이었다. 소개는 그렇듯 원칙적으로 아이들과 여성들의 문제였지만, 다른 한편으로 피란은 여성을 두 계급으로 나누었다. 노동하고 있고 그래서 떠나지 못하는 여성, 노동하지 않고 있고 그래서 떠날 수 있는 여성, 혹은 예외적으로 사용자를 설득하여 떠나도록 허가받은 여성 두 계급으로 나누었다.[31]

대부분의 피란민들―전체의 78%―을 안전한 곳으로 이동시킨 주체는 나치당 대중 기구였다. 일부의 사람들, 즉 가족 네트워크에 의존할 수 있었고 그렇게 스스로 숙소를 마련할 수 있는 사람들도 나치의 도움을 받았다. 실제로 나치 인민복지회의 지원을 받은 여성들은 그 경험을 긍정적으로 평가했다. 종전 직후 카를스루에의 한 여성은 회고했다. '모든 것이 조정되어 있었고, 지급되었어요. 우리는 서류를 받았고, 어디로 언제 떠날지 통고받았지요. 나는 대농장을 소유한 한 여성의 집에 받아들여졌어요.'

뮌스터의 한 재봉사의 의붓딸도 1945년에 경험한 소개 작업을 긍정적으로 기억했다. '모든 것을 나치 인민복지회가 해줬어요'. 1939년 가을, 자르란트에서 처음으로 소개 작전이 개시된 이후 나치 인민복지회는 기차역마다 피란민 휴게소를 설치하고, 여성 자원봉사자들이 그곳에서 뜨거운 음료와 샌드위치를 제공했다. 피란민 열차가 도착하면 나치 여성회와 독일소녀연맹이 다가가 수화물을 옮기고, 어린아이들을 돌보고, 하룻밤을 지낼 숙소를 찾아주었다.[32]

첨예한 과부하의 시간, 예컨대 1943년 여름과 같은 경우는 철도 네트워크와 자원봉사자들만으로는 감당할 수 없었다. 친위대 정보국은 함부르크의 한 어머니가 세 자녀와 함께 1943년 6월에 경험한 피란에 대해 보고했다. 남부 독일에 도착한 뒤 그녀는 한 살배기 아기에게 필요한 깨끗한 기저귀를 구할 수가 없었다. 그녀와 아이들이 오스트리아 린츠에 도착했을 때는 기차역 대기실 외에 잘 곳이 없었다. 예상할 수 있겠듯이, 아이들이 병에 걸렸다. 여자는 남편에게 집으로 돌아갈 여비를 보내라고 연락했다. 함부르크의 파괴된 집 지하실이 '여기보다 천배는 낫다'. 그녀는 남편에게 썼다. '당신이 할 수 있는 한 가난한 사람들에게 평화밖에 모르는 지역으로 가지 말라고 말리세요. …… 여기 오스트마르크에서는 아무도 이해를 못해요. 나는 이곳 사람들도 폭격을 맞았으면 좋겠어요.' 물론 그런 일은 소개 작업의 의도와 어긋나는 것이었다. 그러나 친위대 정보국이 그 이야기를 정부 최고위층에게 전달했다는 사실 자체가 나치가 그런 일이 예외가 되도록 만들기로 결심했다는 것을 보여준다.[33]

1943년 여름에 나치의 소개 작업은 전혀 그럴 것 같지 않던 기관의 지지를 받았다. 가톨릭교회가 지지한 것이다. 교회는 초기에 어린이 소개 작업에 강경하게 반대했다. 교회는 소개된 어린이들의 일상을 히틀러청소년단이 관리하기 때문에 소개 작업이 거대한 반종교 세뇌 작업이 될지도 모른다고 우려했다. 성직자들의 우려는 그후에도 가라앉지 않았지만, 막대한 폭격에 직면하여 결국 반대를 철회했다. 예를 들어서 가톨릭 카리타스 협회의 쾰른-아헨 교구 의장은 1943년 7월 말에 나치 인민복지회의 노력을 칭찬했다. 그렇게 어린이 소개 작업이 교회의 지지를 얻자 소개 작업은 대량 이주로 전환되었다. 자발적이어야 하고 부모의 동의가 필수적이라는 원칙은 유지되었다. 그러나 어린이들이 시골 지역에 6개월 동안만 머무르던 초기와 달리 시한이 없어졌다. 그러자 여름방학이 끝나자마자 지역의 나치당과 교육부 관리들이 학교를 아예 닫아버리고 교사들을 포함하여 학교 전체를 소개하기에 이르렀다.[34]

1943년 9월 베를린의 페스탈로치 여자고등학교가 구 폴란드 지역인 바르텔란트로 옮겨졌다. 여학생들은 슐로스 스트레벤의 한 폴란드 백작 저택에 거주했다. 당장은 모든 것이 임시변통이었다. 처음에 소녀들은 밀집 매트리스 위에서 자야 했다. 그래서 이에 마구 뜯겼다. 당국은 화급하게 목재 침상을 제작했다. 그러나 소녀들은 점차 수석 교사와 소녀연맹 지도자가 함께 이끄는 '캠프' 구조에 적응해갔다. 밤이면 소녀연맹 지도자가 침상 옆 등잔의 깜빡이는 불빛 아래서 귀신 이야기를 읽어주었다. 교장은 언제나 친위대 정복을 입었고, 느긋했다. 그는 소녀들이 집에 보내는 편지를 검열하지 않았고, 소녀들이 저택의 거대한 계단 난간에서 미끄럼 타는 것을 막지도 않았다.[35]

그렇게 전형적인 기숙학교 분위기가 지배하는 가운데 여학생들만으로 구성된 집단화가 역동성을 발휘했다. 캠프가 십대 소녀들에게 가부장적인 사회적 현실로부터 분리된 총체적인 해방적 환경이 되었던 것이다. 캠프는 모두 시골에 자리잡았고 종종 구舊 제국의 외부에 위치했다. 그곳에서 10~14세의 연령으로 구성된 청소년들은—교회가 우려했던 대로—히틀러청소년단의 구호와 선전으로 침윤된 관점을 습득해갔다. 프리드리히 하이덴은 헝가리-루마니아 도나우 강가의 비스트리츠 지역의 청소년 캠프에 참가했다. 그곳에서 그는 촌락의 민족지誌에 매료되었다. 헝가리인들이 운영하는 상점, 촌락의 가장자리에 위치한 루마니아인과 집시들의 진흙 벽돌로 지어진 작고 둥글고 지저분한 오두막, 촌락 중앙의 루터파 목사 저택과 교회 건물, 그리고 그것을 에워싸는 독일인들의 석재로 건축된 널찍한 농장 건물들. 소년들은 조직화된 스포츠, 전쟁놀이, 하이킹 등으로 대부분의 시간을 보냈다. '동료애'를 진작시키기 위하여 기획된, 동부 카르파티아산맥 산기슭으로의 하루 여행은 히틀러청소년단이 전쟁 이전에 조직했던 여름 캠프의 연장으로 보였다. 다른 한편으로 학생들의 정복正服 어깨 위의 견장은 여러 색깔의 수술로 장식되었다. 위계의 표시였다. 캠프는 훈련과 계급의 체계였고, 목적은 남학생들과 여학생들을 노동봉사단이나 방공포대 복무에 준비시키는 것이었다. 헝가리 디스페 캠프에서는 교장이 자리를 비우면 학생들이 목검으로 결투를 벌였다. 히틀러청소년단 지도자는 그것을 '성격 형성' 작업으로 정의했다. 베르너 크롤이 결투에서 한 학생을 쓰러뜨리자 격분한 소년이 유대인의 초막으로 달려가 창문을 박살냈다. 그날 밤 소년 30명이 그 유대인 집에—베르너의 추측으로는—80개 내지 90개의 돌을 던지고 돌아왔다. 그들은 그 일로 처벌받지 않았다.[36]

**

소개 작업은 폭격 때문에 이루어졌지만 그것은 인구 이동의 역사를 역전시키기도 했다. 과거 인기 없던 동부와 남부 독일의 농촌 지역이 '제국 방공 대피소'라는 애칭을 얻었다. 다른 한편으로 대규모 피란은 피폭 도시들의 첨예한 주택 및 보급 위기를 완화시켜주었지만 그 위기를 소도시와 농촌으로 옮겨놓은 것이기도 했다. 나치 인민복지회가 1943년 초에 실시한 조사는 당시 안전한 지역의 게스트하우스, 호텔, 수도원이 이미 가득 찼다는 것을 보여준다. 1943년 9월 보훔, 하겐, 베를린, 슈테틴 등으로부터 소개된 1,241명이 동프로이센의 해안 도시 뤼겐발데에 도착했다. 인구 8천 명의 도시였다. 피란민이 늘어나자 뤼겐발데 주민들이 도시민들을 받지 않으려 했다. 결국 도시 시장과 나치당 지도자—흔히 겸직이었다—가 나서서 주민들에게 강한 압력을 행사해야 했다.[37]

열두 살 먹은 에르빈 에벨링이 포머른 스타그라드 인근의 뤼보프에 도착했을 때 우선 여인숙으로 안내되었다. 여인숙에서 에르빈과 함께 간 여자들, 십대 청소년들, 어린이들이 농민들에게 '경매 부쳐졌다'. 농민들은 대부분 아이 하나만 데리고 온 여자만 받으려 했다. 부담을 최소화하는 동시에 여자에게 밭 노동을 시키려 했던 것이다. 에르빈과 소년 10명은 받아줄 사람이 없었다. 당분간 그들은 돼지치기 집의 짚단 위에서 자야 했다. 1943년 8월 포머른의 농촌 마을 나우가르트에서도 13세의 기젤라 베터와 여동생을 받으려는 사람이 없었다. 결국 이장이 자기 집 부엌에 침대를 놓고 자매를 받아들였다. 부엌은 그가 업무를 보는 곳이기도 했다. 어느 날 저녁, 이장이 방문객들과 술을 마시자 소녀들은 침대 밑에 숨어야 했다. 두 소녀를 위해 나서주는 사람이 한 사람도 없었다. 결국 자매는 집으로 돌아가기로 했다. 두 소녀는 한여름 뙤약볕 아래 목재 트렁크를 끌면서 기차역까지 걸었다. 오스트리아 바이로이트에 도착한 여성 두 명과 아이 한 명도 짐을 쌌다. 세 사람에게 너무나 작은 방 하나만 제공되었고, 따뜻한 음식도 먹지 못했기 때문이었다. 그들은 분노와 증오 속에서 함부르크로 돌아갔다.[38]

대량 피란은 조직화의 승리였을지언정 '민족공동체'의 승리는 아니었다. 소개의 경험은 오히려 독일 사회에 전혀 새로운 갈등을 만들어냈다. 갈등이 폭발하게 되는 계기는 흔히 농민들이 자기들끼리만 식사하고 빨래하는 것이었다. 갈등이 폭발할 때마다 지역 나치 당직자들이 나서서 중재해야 했다. 결국 나치 여성회와 나치 인민복지회가 바느질 방과 공동 식사와 세탁장을 조직하기 시작했다.[39]

피란민과 집주인 사이에 친밀성이 조성되기 위해서는 많은 것들이 필요했을 것이다. 포머른 지역민들은 피란민 여성들을 '폭격 여자들'로, 소녀와 소년들은 '폭탄 파편 아이들'로 경멸적으로 칭했다. 그리고 그들이 도착한 뒤에 벌어진 혼란을 모두 그들 책임으로 돌렸다. 바이에른 농민들은 소녀들이 소녀단 정복을 입고 농촌을 행진하자 '프로이센 암퇘지들'이라는 전통적인 욕설을 퍼부었다. 비난이 들끓었다. 피란민 여성들은 자식을 돌보지 않는다, 남자들과 바람을 피운다. 결국 친위대 정보국과 가톨릭교회가 얼마 뒤에 상부에 보고했다. 그 두 기관은 서로 싫어하면서도 '헤픈 여자들'이 사회질서와 민족의 사기를 저해한다는 신념은 공유했다. 그 신념은 혼자 사는 또다른 여성 집단인 전선 병사의 아내들을 향해 거듭하여 제기되어온 혐의이기도 했다. 요컨대 성적 비난은 농민들이 반갑지 않은 외부 침입자들에게 던질 수 있는 편리한 돌멩이였던 것이다. 슈바벤 지방의 농촌 아낙들은 또한 가을걷이로 일손이 모자라는데도 피란 여성들이 밭일은 물론 설거지와 옷 수선 같은 가사 노동을 돕지 않는다고 불평했다. 그들이 보기에는 게으른 도시 여자들은 '호텔에서처럼 남들이 그들의 손과 발이 되어주어야 한다고 생각하는 것' 같았다. 그와 대조적으로 에센, 뒤셀도르프, 함부르크에서 온 노동계급 여성들에게는 농촌 여성들이 '너무 일을 많이 해서 단순하고 멍청해' 보였다. 그들은 시골에 카페, 미용실, 영화관이 없다고 불평했다. 브레멘에서 어린 딸을 데리고 라인 팔츠로 피란 온 한 젊은 여성은 농민들의 불친절과 춥고 습한 방에 질려버렸다. 고립감과 향수 속에서 그녀는 시어머니에게 편지를 썼다. '농민들은 우리의 방문을 꺼려요. 어떤 농장에서는 면전에서 문을 쾅 닫아버리고요.'[40]

대량 피란이 야기한 사회적 긴장의 해결은 교회와 나치당 대표들의 역량을 넘는 것이었다. 1943년 가을 라인란트의 가톨릭 성직자들이 라인란트로부터 고지 슈바벤으로 피란을 온 여성들과 어린이들을 방문했다. 그들은 자신들이 '양측의 어려움, 원한, 적대감, 몰이해를 해결하는 데' 시간 대부분을 썼다고 보고했다. 그 성직자 대부분은 연로한 사람들이었다. 그들이 마을들을 돌면서 여기저기 흩어진 신자들을 보살피는 작업은 육체적으로 여간 힘든 일이 아니었다. 그러자 성직자들의 불평이 농민들과 비슷해졌다. 라인란트에서 작센으로 온 피란민 신자들이 기차를 타고 드레스덴이나 피르나로 가서 영화를 보고 미용실에 들르기를 선호한다는 것이었다.[41]

부퍼탈 바르멘의 목사 요한네스 메어도르프는 게르만기독교의 아성이었던 튀링겐 지방 17개 지역을 돌면서 피란민 신자들을 방문했다. 그는 통신원이라도 된 양 피란민들에게 다른 지역으로 피란한 신자들의 소식과 주소를 전해주었다. 많은 여성이 그에게 감사 편지를 썼다. 부퍼탈의 경건주의 전통에 젖어 있던 일부 신자들에게 피란은 멀고 떨어진 낯선 지역에서 종교적 의미를 스스로 찾아가는 기회가 되기도 했다. 피란민 신자들은 '목사님이나 우리 교회의 사랑하는 신자들로부터 편지가 올 때마다 느끼는' 기쁨에 감사했다. 아기 둘을 데리고 피란한 한 젊은 엄마는 썼다. '고향에서도 우리 생각을 하고 있다는 것을 알면 마음이 달라져요. 그렇지 않았더라면 쉽게 포기했을 거예요. 고향 분들과의 연대감이 우리에게 새로운 용기를 줍니다.' 개신교 지역인 튀링겐은 가톨릭 성직자들이 라인란트에서 피란 온 가톨릭 신자들을 돌보기가 간단치 않은 환경이었다. 그 지역 경찰과 나치당 당직자들이 때때로 하필이면 가톨릭 성직자들만을 골라서 경고하기도 했다. 지역 경찰과 나치당원들이 '교황주의자들'에 대한 개신교 지역의 적대감을 공유하고 있었던 것이다.[42]

피란민과 지역민 간의 갈등에는 도시와 농촌의 갈등과 북부와 남부의 갈등—사투리와 음식과 종교성과 복식 코드가 각각 다른 것에서 나타나는 그 모든 문화적 차이와 함께—외에 사회경제적 차원도 개재되어 있었다. 피란민들은 지역 상점이 종종 자기들에게는 물건을 팔지 않는다고 불평했다. 그러나 그들은 먹을 것은 많으나 현금은 적은 농촌 경제의 균형을 자신들이 교란하고 있다는 사실을 알지 못했다. 아이 다섯을 둔 시골 여성이 한 달에 45 내지 60마르크로 살아가는 곳에서 자식이 없는 화이트칼라 사무직 노동자 아내가 150 내지 180마르크를 소비하려 했던 것이다.[43]

구매력의 불균형은 나치 중앙정부가 1939년에 자르란트 주민들의 피란을 조직하면서 고안한 정교한 보조금 체제 때문이기도 했다. 그때 나치 정부는 피란 가족의 추가적인 비용, 즉 이동, 운송, 가구와 가사 도구의 교체, 피란으로 인한 소득 감소, 남편이 남을 경우 가계를 이중으로 운영해야 하는 비용 등을 완화하기 위하여 '피란민 가족 지원' 보조금을 지급했다. 방금 열거한 모든 비용이 그 지원금에 포함되었다. 이는 국가가 피란을 조직하였기에 발생한 일이었는데, 농촌으로 떠나면서 물건을 안전한 창고에 보관하는 데 들어가는 비용과 외식을 하거나 음식을 사들고 들어오는 데 쓴 돈도 환급 대상이 되었다. 그러자 사람들이 얼씨구나 하고 지원금으로 친구와 친척을 방문하고 고향 도시를 둘러보았다. 더욱이 그렇지 않아도 과부화된 철도 체계가 그 때문에 더욱 일그러졌다.[44]

그러나 다른 한편 국가가 소개 작업에 동원한 자원의 규모가 엄청났기에 피란은 지역 경제와 농촌 경제를 활성화하기도—인플레이션조차 있었던 것 같다—했다. 가격관리위원회는 지역민들에게 인센티브를 제공하기 위해 집세, 취사도구, 난방과 가구의 가격을 재조정했다. 나치 정부는 '민족공동체'가 폭격의 시험에 대응하도록 '피란 가족을 지원'하는 무려 39개의 명령과 수정 명령을 발령했다. 그 계산이 너무나 복잡했다. 도시 당국은 어린이 4명과 엄마 1명의 모델 여러 개를 만들고, 이를 다시 아버지가 군대에 있는 경우, 군수공장에서 일하는 경우, 사망한 경우 지원금이 각각 어떻게 다른지 계산했다. 의당 사소한 액수 차이가 질투와 험담에 불을 붙였다. 그러나 일부 가족이 더 많이 받았을지언정 지불된 총액은 평화 시기의 가구 소득과 거의 비슷했다.[45]

남성 근로자의 소득을 지원금 계산의 기준으로 삼은 것은 전쟁 이전의 사회적 질서를 보존하기 위해서였다. 국가는 병사들의 아내에게 지불하는 '가족 보조금'과 마찬가지로 피란 지원금을 지불할 때 가계의 어려움을 완화하면서도 급여, 계급, 지위에 따른 기존의 구분이 온존되도록 기획했다. 그것은 평등한 사회복지가 아니었고, 개인이나 공동체를 겨냥한 것도 아니었다. 나치는 자발적인 연대 공동체에 대한 기대를 국가 관리로 대체하면서 복지의 중심에 가족을 놓았던 것이다.[46]

괴벨스, 알베르트 슈페어, 친위대 보안국처럼 단순한 강제 소개를 선호하던 측에게 가족은 방해물이었다. 그러나 히틀러는 그들에게 강제 이송 권력을 절대 허락하지 않았다. 그래서 지역 당국이 부모들에게 일일이 아이들의 피란을 설득해야 했다. 나치 당직자들은 곧 노련한 교사나 지역에서 존경받는 교장이 부모들을 가장 성공적으로 설득할 수 있다는 사실을 발견했다. 물론 아무리 노력해도 부모가 동의해주지 않는 경우가 적지 않았다. 교육부 관리들은 그런 사람에게는 압력을 가했다. 1943년 초가을 학교가 문을 닫고 학교 전체가 시골로 이동했을 때 교육부는 부모들에게 자녀들을 학교에 보낼 법적인 책임이 있다는 점을 환기시켰다. 많은 가족은 순응했다. 그러나 일부 가족은 자녀를 도시 밖 학교로 전학시켰다. 괴벨스 지구인 베를린에서 일부 어린이들은 오라니엔부르크까지 통학하거나 나우엔과 같은 인근 마을에서 하숙했다.[47]

부모들은 권리에 예민했다. 1943년 10월 11일 여성 300명이 루르 지역 비텐의 도시 관청 앞에서 격렬하게 항의했다. 배급 카드를 계속 발급하라고 요구한 것이다. 남부 베스트팔렌의 나치 지구당 위원장이자 그 지역 제국방어 특임위원인 알베르트 호프만이 아이들의 귀가를 억제하기 위해, 집으로 돌아와야 할 심각한 이유가 없는 가족에게는 배급 카드를 발급하지 말라고 지시했던 것이다. 데모 장소에 경찰이 출동했지만, 경찰은 진압을 거부했다. 엄마들에게는 '권리'가 있고 배급 카드를 지급하지 않을 '하등의 법적 근거'가 없다는 이유에서였다. 비슷한 장면이 함, 보훔, 뤼넨에서도 반복되었다. 여성들은 젖먹이와 걸음마 아기들까지 데리고 나왔다. 급기야 일부 광부 남편들까지 가세하여 배급 카드가 발급될 때까지 연좌하겠다고 위협했다. 원칙은 피란이 자발적이야 한다는 것이었으므로 결국 당국이 양보했다.[48]

남편이 있는지 없는지에 따라 여성의 선택은 아주 달랐다. 함부르크 출신의 전선 병사들은 폭격 이후에 아내와 자식들이 도시를 떠나지 않을까 걱정한 반면, 함부르크에 남아서 일해야 했던 남편들은 아내와 자식이 돌아오기를 원했다. 다른 한편 필수 군수 인력으로 분류된 여성들은 도시를 떠날 수 없었다. 뮌헨의 노동자 엄마들은 자신들에게도 떠날 자유를 달라고 진정했다. 일부 여성들은 말없이 그냥 떠나버렸다. 그들은 그렇게 전시경제의 노동력 부족을 악화시켰다. 1944년 8월 노동력전권위원 프리츠 자우켈은 '독일의 미래를 책임질' 어린이와 유아들을 보호하기 위해서는 아이들은 떠나도록 해야 하며, 아이가 한 살 이상인 엄마들은 사용자가 허락하지 않는 한 떠날 수 없다고 규정했다. 괴벨스는 허가증을 갖고 있지 않은 여성들에게 배급과 지원금 등록을 거부할 수 있도록 한 규정을 지역 당국이 꼼꼼히 지키도록 했다. 그러나 자우켈은 작은 아이들을 동반한 엄마들과 전쟁을 치르고 싶지 않았다. 그는 여성들에게 새로운 피란처

에 노동봉사등록을 하도록 규정함으로써 체면치레하는 것으로 그쳤다.[49]

도시는 비어가고 가정주부는 사라지자, 나치 여성회가 지회들에게 생홀아비들에게 식사와 집을 제공하라고 지시했다. 언론은 남자들을 위한 요리 레시피와 바느질하여 옷을 깁는 실용적 방법들을 기사화했다. 전쟁 초기에 가족을 중요시하는 공업 노동자들에게 너무나 인기가 없던 노동자 간이식당에 이제 사람들이 몰려들었다. 식사와 잠잘 곳을 제공하는 직장이 가정의 대안이 되었던 것이다.[50]

1944년 초에 이르자 소개 작전이 전면적으로 재고되었다. 괴벨스의 전쟁피해위원회는 그 1년 전에 독일 전체를 '보내는 지역'과 '받는 지역'으로 양분했다. 그러나 '받는 지역'에 연속적인 피란민 물결의 홍수가 닥치자 그 분류 체계가 더는 작동할 수 없었다. 결국 괴벨스는 소개 대상을 각별하게 위험한 대도시들로 제한하기 시작했다. 게다가 많은 주민이 도시에 남기 위하여 할 수 있는 모든 것을 하고 있었다. 라인팔츠 루드빅스하펜이 심각한 폭격을 받자 사람들은 폐허에서 가사 도구를 파내는 동시에 학교 강당, 지하실, 공공건물 지하 공간, 심지어 벙커를 대안의 집으로 삼았다. 그래서 피란민을 수송하기 위해 마련된 특별열차와 대여 버스가 며칠 동안 비어 있었다. 1943년 6월과 7월의 쾰른 폭격 이후에 지구당위원장 요제프 그로에는 도시를 떠난 시민 30만 명 대부분이 인근 교외에 머물면서 '지하실이건 텃밭의 헛간이건' 어떻든지 쾰른 안에 움막이라도 세우려 한다고 보고했다. 그로에 역시 이심전심이어서, 인근 도시 뒤셀도르프 지구에서 피란민들이 몰려오자 그들을 원래의 계획에 따라 튀링겐, 캐른텐, 뷔르템베르크 등으로 보내지 않고 쾰른 지역에 머물도록 했다.[51]

그러한 즉흥적인 조치들이 1943~1944년 겨울에 새로운 소개 모델로 응결되었다. '제국철도'로 하여금 단거리 통근자들도 수송하도록 하고 기차역을 버스와 전차 네트워크와 연결했다. 철도는 이미 유럽 전체에 걸쳐서 군인, 군수물자, 피란민, 강제노동자, 식량, 유대인을 수송하느라 비틀거리는 형편이었다. 그리하여 계획과 즉흥적 해결의 새로운 국면이 시작되었다. 제국철도는 가축 수송열차를 통근열차로 바꿨다. 목제 의자, 전구, 배가 불룩한 난로를 갖춘 새로운 통근열차가 MCi 43 열차라는 형태로 고안되었다. 그러나 통근은 곧 새로운 질투와 갈등의 소재가 되었다. 교외 자기 집에 거주하면서 도시 안 공장으로 출퇴근하는 피란민들도 피폭 도시 안에 머무는 사람들과 똑같은 특별 배급을 받을 권리가 있는가? 만하임의 경우에는 특별 배급에 원두커피, 담배, 송아지 고기 0.5파운드, 사과 퓌레 1파운드가 포함되어 있었다. 그 문제가 제국총리실까지 보고되고 나서야, 자기 집에서 통근하는 사람들에게는 특별 배급을 주지 않는다는 결정이 내려졌다. 일부 시민들은 실제로는 교외에 거주하면서 도시 거주민인 척하는 것으로 보이는 이웃들을 밀고했다.[52]

　'유기적인 연대'가 그처럼 부족했던 것은 나치의 '민족공동체' 이상과 어긋나는 문제만이 아니었다. 그것은 나치 정권을 '합의적 독재'로 해석하는 역사가들과 나치 체제에서 패배주의와 사회적 저항이 증가했다고 해석하는 역사가들을 갈라놓는 문제이기도 하다. 두 해석은 모든 차이에도 불구하고 동일한 문제점을 안고 있다. 그들은 독일 사회 전체가 나치 체제를 지지했거나 아니면 정반대로 반대했다고 파악하는 것이다. 비텐의 광부 아내들이 벌인 집단적인 항의—아이들의 배급 카드를 요구하던 항의—와 같은 사건은 대단히 드물었다. 그리고 그 여성들조차 국가가 법을 준수하고 그들의 정의로움을 인정하기를 기대했고, 또 국가는 그 요구에 따랐다. 전쟁중에 제기된 대부분의 사회적 항의는 당국을 직접 겨냥하지 않았다. 사람들은 대체로 당국이 개입하여 그들이 보기에 부당하게 처신하고 있는 다른 범주의 '민족동지들'을 제자리에 놓아주기를 원했다. 벙커 안 자리에 대한 수요가 증가하자 군수산업 노동자들은 아이를 부양하는 엄마들에게 우선권이 있다는 원칙에 도전했다. 그들은 자기들에게는 선택의 여지가 없는 반면에 아이 엄마들은 이미 안전한 곳으로 소개되었어야 하는 것이 아니냐고 따졌다. 그러나 여성과 아이들을 우선시한 괴링의 '기사도적인' 결정은 유지되었다. 다른 문제에서도 패턴은 비슷했다. 영화관 티켓 수요가 높아지자, 암표 거래, 미리 줄서기, 휴가병 좌석에 대한 불평이 쏟아졌다. 그들 모두가 당국에게 자신이 불공정하게 대우받았다고 주장했다. 〈영화소식〉에 실린 기사 하나가 돌려 말했다. '민족동지 하나하나가 자신의 권리를 얻으려 하는 시도가 부족하지 않다.'[53]

독일인들은 진정, 불평, 밀고를 통하여 당국을 내부의 갈등 안으로 끌어들이는 동시에 국가가 '공정한' 해법을 부과하기를 기대했다. 그들의 그러한 행동 패턴이 나치의 '민족공동체' 주장에 일정한 정당성을 부여하는 것은 사실이다. 민족공동체 이념이 개인적인 주장을 펼칠 틀이 되어주었기 때문이다. 또한 그 공동체에 유대인, 폴란드인, 여타의 외국인은 배제되어 있었다. 그러나 동시에 불평의 격렬함과 갈등 소재의 사소함은 독일인들이 감정적인 '민족공동체'를 구축했다기보다 하나의 포위된 민족이었다는 점을 말해준다. 나치 선전의 웅장한 주장은 공허하게 울리고 있었다. 그러나 그것이 전쟁중의 독일 사회가 '원자화'되었다는 것을 의미하지는 않는다. 가족적 결속, 교회 회중, 전문인 네트워크, 우정은 여전히 작동했다. 공동주택, 교외, 촌락에 기초한 커뮤니티도 마찬가지였다. 자발적인 '민족공동체'의 기대는 점차 실망으로 돌아왔지만, 사람들은 그들이 의존할 수 있는 직접적인 일상의 커뮤니티를 더욱 의식했다.

독일 사회는 방공연맹과 인민복지회 같은 자발적인 대중 조직들과 교회와 나치당에 의해 전국적 수준에서 여전히 결속되어 있었다고 할 것인데, 그 기관들은 폭격과 주택 파괴와 피란에서 유발된 새로운 사회적 갈등을 매개하기 위하여 전력을 다했다. 그 모든 일이 나치즘에 대하여 양가적인 반응을 일으켰다. 히틀러는 대중에게 연설하기를 꺼렸고, 일상에 개입하기에는 너무 먼 듯 보였다. 괴벨스는 분방한 여성편력과 거짓 선전으로 많은 농담의 소재가 되었지만, 동시에 매일 밤 피폭 구역을 방문하고 피폭민들과 연대함으로써 널리 존중받았다. 나치당 지역지도자들은 부패, 적나라한 사치, 거친 행동으로 '정상배'—'거물'—이라는 농담 섞인 욕을 먹었지만, 독일인들은 스스로를 '작은' 사람들로 생각했다. 나치 체제의 구조물들은—피폭 장소에서 불발탄을 제거하는 수용소 재소자들의 수감체제에 이르기까지—그저 정상적으로 보였다. 나치당—국가는, 그리하여 나치 국가의 모든 지역적 기구는 권리와 권한과 인종적 특권들의 일차적인 공급처였다. 그 특권을 나치 인민복지회 자원봉사자가 배분하든, 도시 시청 배급과가 발급해주든 마찬가지였다. 변화를 위한 노력은 배급의 위계질서 안에서 자기 자리를 높이는 것, 혹은 부족한 겨울 코트의 배분을 통제하는 백화점 여성과 친하게 지내는 것에 집중되었다.

**

　사적이고 비정치적인 오락에 대한 갈증은 억제할 수 없었다. 독일인들은 폭격 희생자 추도식이나 영웅절 혹은 히틀러의 신년 연설과 같은 연례 행사에서 나치당과 히틀러와 교회에 주목했을지 모른다. 그러나 그들은 이미 오랫동안 전쟁의 부담에 사적이고 비정치적인 수단으로 대응하고 있었다. 대중적 지지를 얻은 그런 종류의 첫번째 이벤트가 '병사들을 위한 리퀘스트' 방송이었다. 1939년 12월 31일의 신년 이브에 빈 필하모니는 나치당의 월동구호를 위한 모금 행사로서 스트라우스의 왈츠 음악회를 열었다. 빈 필하모니의 거장 지휘자 클레멘스 크라우스의 지휘하에 연주된 공연이 얼마나 성공적이었는지, 이듬해에는 공연을 새해 첫날로 옮겼고 독

일 전체에 생중계했다.[54]

국민의 사기를 북돋기 위한 노력이 결정적인 국면에 접어듦에 따라 사적이고 개인적인 만족을 찾는 노력이 체제와 개인 양방향에서 더욱 강렬하게 전개되었다. 마르부르크의 작가 리자 드 보어가 1944년 4월에 베를린을 방문해보니 놀랍게도 쿠어퓌르스텐담의 영화관들이 멀쩡했다. 오전 11시 30분 상연에 관객들이 가득 들어찼다. 1943~1944년에 개봉한 〈하얀색 꿈〉은 도피주의적인 뮤지컬 영화였다. 아이스링크에서 펼쳐진 영화의 히트곡은 이렇게 노래했다. '가서 색칠한 풍선을 사렴/ 그것을 네 손에 잡고/ 풍선이 너를 데려간다고 상상해/ 이상한 동화의 나라 속으로'. 1943년 가을에는 뉴스조차 전선 소식을 회피했다. 뉴스는 스포츠와 사소한 이모저모와 사건들, 즉 친위대 정보국이 '평화의 일들'이라고 칭한 것들을 선호했다.[55]

괴벨스는 연극의 활력을 유지하기 위하여 연극 공연에 막대한 자금을 투입하고자 했다. 1942~1943년에 그는 극장에 4,500만 마르크를 할당했다. 10년 전의 거의 10배였다. 그 돈을 마련하는 데 나치 지구당과 도시 정부들도 한몫해야 했는데, 그 액수는 괴벨스가 지출한 전체 예산의 1/4에 달했다. 그것은 괴벨스가 선전 전체에 투입한 돈보다도 많았고, 영화 지원금의 두 배가 넘었다. 영화 산업은 이윤을 얻고 있었던 반면, 지원이 없으면 연극은 문을 닫아야 했기 때문이었다. 나치 정부는 극장장에게 극장 문을 대중에게 열라고 채근했지만, 그렇다고 해서 나치가 연극에 대한 중간계급의 문화적 헤게모니를 분쇄하려 했던 것도 아니다. 독일 중간계급은 갱신이 가능한 1년 좌석권을 구입함으로써 연극에 대한 문화적 패권을 유지하고 있었다. 연극에 할당된 지원금 액수를 보면 나치가 '독일문화'라는 이념을 진지하게 여겼다는 것, 그리고 나치가 그 문화를 체현하던 교육받은 중간계급의 취향도 만족시키려 했다는 점을 보여준다. 극단은 모두 300여 개에 달했다. 그 대부분이 1년 내내 하루에 두세 번씩 공연을 했다. 그렇게 되기 위해서는 2주일마다 새로운 작품이 무대에 올라야 했다. 실제로 전쟁 동안 독일 전체에서 작품 1만 3천 개가 제작되었다. 독일을 대표하던 빈 시민극장은 1943~1944년 겨울 시즌에만 12개의 신작을 선보였다. 무려 1944년 2월에 고지 슐레지엔의 공업도시 글라이비츠에서 나치 독일의 마지막 극장이 문을 열었다.[56]

1943년 말 베를린 전체 극장의 2/3가 폭격으로 심각하게 손상된 상태였다. 그러나 보수 작업이 즉각 개시되었다. 1944년 중반까지 17개가 정상적인 공연에 돌입했고, 5개가 재건중이었다. '코미디하우스'의 보수 공사는 1944년 1월에 네번째 폭격을 맞은 뒤에야 포기되었다. 연극의 세계에서도 즉흥성이 일상이었다. 실러극장이 수리 불가능하게 파괴되자 스타 배우들이 남아 있는 넓은 식당에 운집하여 괴테의 〈파우스트〉를 공연했다. 1944년 여름에 괴벨스는 베를린 지구에 위치한 극장들의 상태에 대하여 매월 상세한 보고서를 제출하도록 했다. 심지어 만월滿月 즈음 해서는 추가로 야간 공연을 열도록 했다. 달이 밝으면 등화관제 시간에도 도로 위 파편들을 뚫고 귀가하기 쉽다는 것이었다. 도이체테아터 극장의 배우들은 극장 바로 옆에 따뜻한 기숙사가 있어 다행이라고 생각하면서 프리드리히 스트라쎄 기차역에서 잠을 잤다.

연극의 인기는 높았다. 1943년 한겨울 베를린 주민들은 토요일 오후에 구스타프 그륀트겐스의 프로이센 국립극장 매표소 앞에서 줄을 서서 서로를 격려하며 밤을 새웠다. 매표소 창구가 일요일 오전 10시에 열리기 때문이었다. 1944년 4월 괴벨스는 빈의 스타 배우들을 베를린으로 초빙하여 셰익스피어의 〈겨울 이야기〉를 공연하도록 설득했다. 우르줄라 폰 카르도르프는 미국 공군기의 대대적인 폭격이 가해진 날 그 연극을 보기 위해 폭격이 끝나고 단 몇 시간이 지났을 뿐인데도 극장으로 달려갔다. 극장에 가기 위해 그녀는 '질려버린 녹색 얼굴에 핏방울이 점점이 튄 사람들을 지나' 도로의 파편 더미를 뚫고 걸어야 했다. 그러나 그럴 만한 가치가 있었다. '내 몸이 현재의 상태에서 벗어나 꿈의 세계로 들어올려지는 느낌이었다.' 그런 희열이 배우와 관객을 하나로 만들었고, 우연찮게도 감독과 비평가와 나치 선전이 그토록 오랫동안 희망하던 강렬한 감정을 만들어냈다. 셰익스피어는 런던에서만큼이나 베를린에서 열렬하게 소비되었고, 정신적 의미와 내면의 휴식을 찾는 일은 공습 사이의 시간에도 극히 중요했다.[57]

라이브 공연은 체제에 대한 비순응을 표현하는 수단이 되기도 했다. 베를린 국립극장에서 괴테의 〈파우스트〉를 관람하던 관객들이 일순간 벌떡 일어나 과시하기라도 하는 듯 박수쳤다. 구스타프 그륀트겐스가 연기한 메피스토펠레스가 '우리는 권리들을 가지고 태어났으나/ 슬프게도 그중 어느 것도 결코 중요치 않구나'라고 선언하는 순간이었다. 실러의 〈돈 카를로스〉는 종교재판의 폭정을 벌이던 스페인의 필립 2세를 포자의 마르키스와 대면시키면서 정치적·종교적 자유에 대한 요구를 치켜든다. 나치 독일에서 그 연극이 상연되면 그 장면에서 관객들이 너무나 자주 자리에서 일어났다. 그래서 극장 감독들이 그 작품의 공연을 꺼리기까지 했다. 빈의 시민극장은 괴벨스가 베를린 연극에 온 힘을 기울였음에도 불구하고 독일 연극계의 우두머리 자리를 놓치지 않았다. 그곳에서 체제 이반은 분리주의적인 모습으로 나타났다. 보헤미아 마지막 군주의 비극적 몰락을 다룬 프란츠 그릴파르처의 〈오토카르왕〉에서 호르네크가 오스트리아를 애국적으로 찬양하는 모놀로그를 한다. 보수적인 빈 주민들이 그 장면에서 자리에서 일어나 박수를 쳤다. 오스트리아 최초의 신성로마제국 황제 합스부르크의 루돌프가 '정의와 법이 독일 지역을 지배하라'고 간절히 호소하는 장면에서는 더 큰 박수가 터져나왔다. 친위대 정보국은 그것을 '다양한 반동적인 부류들의 시위'로 정리했다.[58]

나치 정권은 그 모든 것을 대수롭지 않게 여겼다. 브레멘의 히틀러청소년단 청소년 지도자가 괴벨스의 제국문화원 연극국장 라이너 슐뢰써에게 시립극장을 '반동적 정서의 온상'이라고 비난하는 편지를 보냈다. 슐뢰써가 설명했다. '자유주의적 분위기를 거침없이 드러내는 극장은 없어서는 안 되는 겁니다. 그런 극장이 일부 관객들의 마음을 만족시키기 때문에 우리가 그런 관객들을 통제할 수 있는 거예요.' 괴벨스와 슐뢰써가 극장 감독들과 특히 베를린의 기라성 같은 배우들의 작품 선택을 비판하기는 했다. 그러나 그들은 전체적으로 하고 싶은 대로 하도록 놔두었다.[59]

검열 없는 연극을 원하는 것, 전통적인 판본의 실러 작품에 기립박수를 치는 것은 정치적 항의라기보다 민족 정체성의 재발견이라고 할 것이다. '비정치적인 독일인', 즉 심대하게 민족주의적이지만 정당정치적인 의미에서보다는 공리적인 의미에서, 즉 당연하다는 의미에서의 민족주의자로서의 독일인의 재발견이었다. 그것이 바로 1차대전에서 교육받은 중간계급이 보유했던 자아 정체성이었다. 2차대전에서 독일 국내와 전선 모두에서 널리 읽혔고, 교육받은 독일인들이 되풀이해서 영감을 얻어내던 작가 두 명이 있었다. 그중 하나가 동시대 작가인 에른스트 윙거였다. 그는 2차대전중에도 여전히 작품을 발표하고 있었다. 다른 한 명이 낭만주의 시인 프리드리히 횔덜린이었다. 그는 1780년대에 헤겔 및 셸링과 함께 공부했고 1790년대 초에는 괴테와 실러의 영향을 받았다.[60]

횔덜린의 작품 다수는 19세기에 발간되지 않았다. 그는 요제프 폰 아이헨도르프와 테오도르 쾨르너 같은 다른 19세기 작가들만큼 유명하지도 않았다. 그 두 사람은 보다 단호했고 또 나폴레옹전쟁에서 '민족 해방'의 군사적 영웅주의를 찬양했다. 반면에 횔덜린은 보다 비가悲歌적이었고 보다 서정적이었다. 그러나 시인 슈테판 게오르게에게 호소력을 발휘한 것은 횔덜린의 신비하고 모호한 특징들이었다. 슈테판 게오르게는 1차대전 이전에 이미 신비주의적이고 배타적인 자신의 서클에서 애국자로서의 횔덜린 숭배를 시작했다. 게오르게의 제자 노베르트 폰 헬링그라트는 1차대전중에 횔덜린의 미간행 작품들을 편집하여 발간했다. 그가 원고를 라이너 마리아 릴케에게 보여주자, 릴케는 그 찬가와 비가에 너무 감동한 나머지 그의 '두이노 비가'의 첫번째 시 두 수를 횔덜린에 대한 후기 낭만주의적 헌사로 작시했다. 헬링그라트는 평했다. 횔덜린의 작품 다수는 '그 비밀을 아주 적은 소수와만 공유한다. 대부분에게는 전적으로 침묵한다. 그리고 독일인이 아닌 사람은 완전히 접근 불가능하다.' 헬링그라트는 1차대전의 베르됭 전투에서 사망했다. 헬링그라트 판본의 횔덜린이 엘리트주의적인 '게오르게 서클'을 통하여 독일의 공적인 의식意識에 입장했다. 헬레니즘적이고 귀족적인 '비밀스러운 독일'을 공경하던 그 서클에 1920년대에 슈타우펜베르크 미남 형제 세 명—베르톨트, 알렉산더, 클라우스—이 가입했다. 슈타우펜베르크 형제들은 그 서클에서 슈타우펜 가문 출신의 13세기 전반기의 황제 프리드리히 2세의 후손으로 환영받았다. 프리드리히 2세의 전기는 당시 그 서클의 또다른 회원인 역사학자 에른스트 칸토르비츠가 저술중이었다. 그렇게 '비밀스러운' '또다른 독일'에 대한 숭배가 공적인 유통망에 입장했다. 그리고 그 독일이 1차대전에 참전했고 전후에는 백색 '자유군단'에서 활동했던 에른스트 윙거와 결합되었다. 그 독일은 바이마르공화국에 반대하는 민족주의 우익의 문학적 시금석이 되어 지속적인—그리고 깊숙이 개인적인—호소력을 지닌 유산이 되었다.[61]

1843년 6월에 사망한 횔덜린을 기리는 사망 백 주년 기념식이 1943년에 독일 전역에서 열렸다. 중심은 횔덜린이 생애 마지막 36년을 지낸 튀빙겐이었다. 혀가 날카로운 대학원생 헬무트 귄터 담즈는 친구에게 쓴 편지에서 나치 추종자들이 횔덜린을 납치했다고 맹렬하게 비난했다. 나치가 튀빙겐의 축제와 병행된 강연에서 '횔덜린을 최초의 친위대원으로 선언했다'

는 것이었다. 담즈는 그러나 축제의 마지막 콘서트에는 '깊이 감동했다'. 콘서트의 절정은 〈히페리온〉의 '운명의 노래'에 붙인 브람스의 곡이었다. 시는 첫번째 연聯에서 조화로운 신성한 세계를 정립한다. '운명의 여신은 자는 듯하고/ 신성한 존재인 아기들이 숨쉬는' 그곳은 저 아래 필멸의 세계와는 격리되고 봉인된 곳이다. 저속한 세계의 운명은 두번째 연에서 묘사된다.

그러나 우리에겐
쉴 만한 어떤 곳도 없으니
고통받는 인간들이
눈이 먼 채 한 시간에서
다른 시간으로 살면서,
사라지고 쓰러지는구나
마치 물방울이 절벽에서
절벽으로
오랫동안 미지의 심연 속으로 떨어지듯이

브람스는 노래에서 '오랫동안 미지의 심연 속으로'를 네 번 반복했다. 담즈는 '조용히 확신했어. 노래는 오늘날의 그 어떤 것과도 비교할 수 없는 강렬한 효과를 발휘했어. 그 진실 하나가 요즘의 그 모든 멍청한 허언들보다 많은 것을 말해주지. 도덕적으로 말하자면 횔덜린의 백 주년 기념은 카친과 동일한 수준에 있다고 할 것이야.' 서정시인 횔덜린을 소련 비밀경찰의 폴란드 장교 학살과 동열에 놓다니, 그것은 물론 기이하고 엇나가는 비교다. 카친에 대한 보도가 그때 7주일 동안 보도되기는 했다. 현재 우리들의 눈에는 카친에 대한 담즈의 언급이 너무나 이상하지만, 그러나 친구는 담즈의 말을 완벽하게 이해했다. 그들이 싸워 지키려는 것이 횔덜린이었다면, 카친은 독일이 직면한 압도적인 '유대-볼셰비키의 절멸' 위협을 표상했다. 담즈는 나치이기 때문에 그렇게 믿었던 것이 아니다. 그가 분개했던 것은 나치가 자신의 문화적 가치를 동원했기 때문이 아니라 횔덜린을 나치화하려는 조잡한 시도 때문이었다.[62]

마르부르크의 작가 리자 드 보어 역시 부퍼탈 폭격에 반응할 때 횔덜린의 '운명의 노래'에 의지했다. '우리 독일이 심연으로 들어가는 길은 얼마나 끔찍한가. "미지의 심연 속으로."' 그녀는 경멸스러운 나치 체제의 패배를 소원하면서, 그리고 그 패배가 독일에게 무엇을 의미하는지 두려워하면서 횔덜린을 돌아보았다. 그녀가 횔덜린에게 의지한 것은 시인이 심연의 가장자리에서 사는 삶의 근본적 딜레마, 운명에게 끌려들어가면서도 그에 도덕적으로 저항하는 딜레마를 표현했기 때문이었다. 우르줄라 폰 카르도르프가 가까운 친구─그 역시 나치 체제에 대한 사적인 비판자였다─가 작전중에 전사했다는 소식을 들었을 때, 자신이 그 친구에게 선물해주었던 횔덜린 시집을 기억해냈다. 우르줄라는 책 속의 헌사에 적었다. '우리가 행복했던 시간들을 기억할 때 덮쳐오는 진한 슬픔을 너는 모두 알아. 그 시간들이 얼마나 멀리, 기억하기 힘들 정도로 멀리 있는지, 그리고 그 먼 거리보다 더욱 무자비한 어떤 것이 우리를 그 시간들로부터 단절시키고 있는지.' 그 언어는 그녀의 것이 아니었다. 에른스트 윙거의 『대리석 절벽 위에』의 언어였다. 리자 드 보어는 그 소설을 역겨움과 경탄 속에서 읽고 있었다.[63]

1943년 12월 리자 드 보어의 딸 우르줄라가 게슈타포에게 체포되었다. 의사인 그녀는 '휴머니티의 후보자들'이라는 함부르크 그룹의 다른 의사 회원들과 함께 체포되었다. 볼프와 리자 드 보어는 모든 인맥을 동원하여 딸을 면회했고, 그녀에게 편지를 썼으며, 나치 변호사를 섭외하여 재판에서 딸을 변호하도록 했다. 그러는 와중에 리자는 자신의 초상화를 그리도록 모델을 섰고, 마르부르크에서 열린 슈베르트와 베토벤과 쇼팽 콘서트에 갔다. 한 젊은 장교가 그녀에게 흡족한 말을 해주었다. 동부전선 병사들에게는 귀에 소음만 일으키는 나치 선전보다 〈노이에 샤우〉에 실린 리자의 흥미로운 글이 더 많은 것을 준다는 것이었다. 그녀는 '러시아의 대지에 자양분을 주고 있는 수백만 명의 독일군 병사 시체들에 감동하여' '발라드를 작곡할까 하는 과거의 생각'에 이끌리기도 했다. 또한 그녀는 카셀과 다른 독일 도시들의 폐허가 '그리스도의 새로운 탄생'을 예고한다고 느꼈고, 딸의 '재판은 겪어야만 할 일'이라고 생각했다. 1944년 1월 그녀는 에른스트 윙거의 소설 『노동자』에서 '인류를 압도하는 악마적이고 초월적인 실체들'을 읽어냈다.

1942년 젊은 육군참모부 장교 클라우스 폰 슈타우펜베르크가 과거 그가 존경하던 히틀러로부터 돌아섰다. 그는 히틀러에 저항하는 힘을 한때 그를 바이마르 민주주의에 반대하도록 이끌어주던 시에서 얻었다. 핀다로스와 단테와 횔덜린과 슈테판 게오르게의 시였다. 뮌헨에서는 조피 숄이 남자친구 프리츠 하르트나겔에게 자신이 왜 나치에 저항해야 하는지 장문의 편지를 썼다. 그때 그녀도 횔덜린에게 의지했다. 그녀는 횔덜린을 권투선수 막스 슈멜링과 비교했다. 육체적으로는 슈멜링이 강하겠으나, 우월한 것은 횔덜린이다. '우리는 강자의 승리가 아니라 영적인 강자의 승리를 믿어. 그리고 그 승리가 우리의 좁은 (아름답기는 하지만 작은) 세계가 아닌 다른 세계에서 일어나리라는 사실이 그 승리를 승리 자체만큼이나 값지게 해줘.' 조피 숄은 독일인들에게 나치 지배에 대한 평화적인 저항을 촉구하는 백장미단의 전단을 계속해서 배포했다. 그녀와 회원들은 1943년 2월 18일에 체포되어 나흘 뒤에 처형되었다.[64]

그러나 횔덜린과 윙거가 모든 독자를 반나치 저항으로 이끌었던 것은 아니다. 헬무트 파울루스는 우크라이나로 진격할 때 윙거의 책을 휴대했다. 1943~1944년 겨울에 전쟁일기를 회고록으로 전환하면서 그 작가들과 대화한 보병이 한 명 더 있었다. 빌리 레제는 두이스부르크 출신의 23세의 은행 수습사원 출신으로서, 그가 회고록을 작성하던 때는 다섯번째 동부전선 출전을 앞둔 시점이었다. 신앙을 버린 가톨릭이었던 그는 나치의 행진을 혐오했고 히틀러청소년단의 훈련을 기피했었다. 1941년에 레제는 윙거의 1차대전 베스트셀러 소설이 제시한 '불의 세례'를 기대하면서 전장으로 갔다. 윙거는 1922년에 발간한 『내적 경험으로서의 전쟁』에서 피의 에로틱한 흥분과 살인의 '광란'을 찬양했다. '적의 현현은 궁극의 공포만을 주는 것이 아니라 참을 수 없이 둔중한 압력으로부터의 해방도 준다. 그 감정은 검은 갤리선 위의 붉은 폭풍 돛처럼 전쟁을 감싸고 있는 피의 관능적 쾌감이다. 그 무한한 힘은 사랑을 닮았다.' 레제는 소련 전선에서 광란의 흥분을 처음으로 느끼기를 기대했다. 그러나 현실은 '충분히 참혹하지도 자극적이지도 않았다. 쾌감이 아니라 공포가 모든 곳에서 우리를 흘겨보고 있었다.'[65]

레제가 출전할 때마다 발병과 부상과 독일에서의 재활이 반복되자 전쟁에 대한 그의 생각이 바뀌기 시작했다. 1941년 겨울의 '러시아 수난'에서 생존한 레제는 1942년 여름에 전선으로 돌아오면서 보다 강하고 보다 냉소적인 판본의 윙거를 모델로 삼았다. 그가 군용 열차를 타고 동부전선으로 향할 때 열차에는 산더미 같은 무기와 폭탄이 실려 있었다. 레제는 전쟁의 가공할 만한 규모를 그때 처음으로 깨달았다. 그 깨달음은 그를 윙거의 1932년 소설 『노동자』로 이끌었다. 윙거는 그 책에서 공업사회를 마르크스주의 소외론에 입각하여 바라보던 바이마르 주류에 도전했다. 그는 총체적으로 동원된 기계 시대에 노동자-전사가 자발적으로 예속하는 모델을 찬양했다. 레제는 윙거의 서술을 동부전선에서 목격한 군사적 상황에 적용할 수 있었다. 레제와 동료들은 심지어 의식적으로 윙거를 흉내 냈다. 그들은 스스로를 '영웅적인 니힐리스트'로 칭했고, 십자군에 대한 연설을 주고받았으며, 군복 단춧구멍에 빨간 장미를 꽂았다.[66]

1942년 겨울이 닥치자 레제의 허세는 온데간데없이 사라졌다. '면도를 못 하고, 이에 뜯기고, 병에 걸리고, 정신적으로 빈곤하고, 피와 내장과 뼈의 총합에 불과한 존재'. 병사들을 결속시켜주는 것은 '강제된 상호 의존이다. …… 우리의 유머는 …… 블랙유머, 교수대 유머, 풍자, 음담패설, 빈정거림에서 태어난 것들이다. …… 우리의 이상은 나, 담배, 음식, 잠, 프랑스 창녀.' 레제와 동료들은 자기들이 '탈인간화된 삽화적 존재 …… 얼이 빠져나간 물건'으로 전락했다고 느꼈다. 마침내 레제가 동부전선의 많은 병사들이 '거칠고' '단단하다'고 묘사했던 그 상태에 도달했던 것이다. 그러나 그 찌르는 자아 묘사에도 한구석에 서정성과 자기연민이 섞여 있었다.[67]

레제는 유체이탈을 경험했다. 윙거가 묘사했던 것보다 더 생생하고 편안했다. '물자 전쟁에서 생은 존재에 대한 야생의 충동에서 더욱 강력했다. 전쟁은 우리를 꿈과 비슷한 세계로 이끌었다. 진심으로 평화를 원하는 일부 병사들은'—자신을 지시하는 것으로 보인다—다른 한편으로 '고통으로 신음하고픈 비밀스러운 열망과 가공할 만한 짓을 행하고픈 비밀스러운 열망을 경험했다. 우리 안에서 원초적인 것이 깨어났다. 본능이 마음과 감정을 대체했고 우리는 초월적인 활력에서 힘을 얻었다.'[68]

레제는 저격수의 총에 맞았으나 살아났고, 두번째로 독일로 귀환했다. 그의 꿈속에서 '겨울 전쟁의 호러가 계속해서 재현되었고, 탄환들의 부르짖음과 부상병들의 울부짖음이 들렸으며, 병사들이 진격하고 죽어가는 것이 보였고, 노맨스랜드의 가장자리에서 나 자신이 내 운명의 이방인으로 보였다.' 레제는 1943년 여름에 자원하여 세번째로 동부전선으로 갔다. 이제 그는 전쟁이 제공하는 영적인 여행만을 믿었다. '나는 불로서 불을, 전쟁으로서 전쟁을 정복하기를 원했다.' 전선으로 복귀하는 것이 '내적인 귀향을 위한 광적인 수단'이 되었다.[69]

그 시점에 레제는 윙거의 반자유주의적인 가치와 협소한 공감을 한참 넘어선 상태였다. 그는 병사들이 행하는 전쟁에 몸서리쳤고 죄의식에 고통받았다. 1942년에 레제는 2차대전중에 독일인이 작성한 가장 이례적인 시의 하나인 '카니발'을 지었다. 레제는 가볍고 경쾌한 리듬을 단어의 난폭한 직접성과 교차시켰다.

유대인들을 죽였지
러시아로 진격했지
으르렁거리는 무리가 되어
사람들에게 재갈을 물렸지
쩔러서 피에 잠기게 했지
광대에게 이끌리는
우리는 그의 사절단
모든 사람이 아는 그 구세주의 사절단
그리고 핏속을 철벅이며 가네[70]

정말 오랫동안 살아남았던 레제는 주저하다가 마침내 전쟁의 대의를 발견한다. 집에 보낸 편지에서 그는 검열되지 않은 완벽한 신앙고백을 하는 동시에 반나치 애국주의를 펼쳐놓았다.

내가 독일을 위하여 살고 싸우려는 그것, 영적이고 비밀스러운 독일, 그것은 오직 패배 뒤에, 히틀러-시기의 종말 뒤에 다시 존재할 수 있고, 그

때야 세계 속의 자리를 다시 얻게 될 것입니다. 내가 싸운다면, 그것은 나의 삶을 위해서입니다. 내가 쓰러진다면, 그것이 내 운명이기 때문입니다. 그리고 나는 미래를 위해서도 희생하고 싶습니다. 자유롭고 영적인 독일이라는 미래를 위하여. 결단코 제3제국을 위해서가 아니라.

그러나 레제는 '자유롭고 영적인 독일을 위한' 그의 전쟁을 촌락을 불태우고 러시아 여성을 공격하는, 독일군 군복을 입고 '웃고 있는 병사의 마스크'와 일치시킬 수 없었다. 레제는 1944년 2월에 두이스부르크에서 회고록을 마무리한 뒤 전선으로 다시 갔다. 다섯번째였다. 그는 자신의 활력을 재확인하면서 회고록을 끝냈다. '전쟁은 계속되었다. 나는 한번 더 그곳으로 갔다. 나는 삶을 사랑했다.'[71]

에른스트 윙거의 실존주의적인 서사와 횔덜린의 고전적인 '운명'이 문학적인 독일인들에게 호소력을 발휘한 것은 두 작가가 책임의 문제와 인과관계의 문제를 제기하지 않았기 때문이기도 했다. 두 사람은 전쟁을 원소적인 힘으로, 자연적인 재해로, 인간의 도덕 혹은 권력을 넘어서는 것으로 바꾸어놓았다. 리자 드 보어, 우르줄라 폰 카르도르프, 빌리 레제는 모두 스스로를 반나치로 간주했다. 그러나 그들은 숄 남매나 슈타우펜베르크 형제들과 달리 전쟁을 '나치의 전쟁'으로 간주하거나 혹은 스스로 정치적 선택을 해야 한다고 느끼지 않았다. 심각한 위험성에 대한 자각이 증가했을 때조차, 그들은 독일의 패배를 원할 수 없었다.

**

함부르크 재난 이후 독일인들의 위기의식은 많은 독일인들에게 유대인 학살에 대한 자신의 책임을 묻도록 했다. 그러나 그것은 외적인 쇼크와 몰락의 예감에 따른 정치적 셈법이었다. 교육받은 독일인들이 그들의 문학과 예술의 정전正典에서 찾고자 했던 것은 시대에 묶이지 않은, '내적인' 도덕적 확실성과 결합한 답변이었다. 2차대전이 외적인 '유대인의 전쟁'이라는 생각은 줄어들지 않았다. 다만 성격이 바뀌었다. 유대인 학살은 역전 불가능한 사실이었고, 따라서 소화되거나 이해되어야 할, 그것이 불가능하다면 저쪽 한편으로 치워버려야 할 어떤 것이었다.

빅토르 클렘퍼러는 드레스덴의 골판지 박스 공장 생산라인으로 보내졌다. 그곳에서 그는 노동계급에 대한 자신의 보수적인 공포와 중간계급적인 혐오를 극복할 수 있었다. 그는 새로운 '아리아인' 동료 노동자들이 그의 대학교수 동료들보다 덜 나치적이고 자신에게 보다 관대한 것을 경험했다. 1944년 3월 구시대 노동조합 유형의 십장이 클렘퍼러가 단지 유대인이라는 이유로 교수직을 잃은 것에 대하여 동정심을 표현했다. 그로부터 1주일 뒤 똑같은 그 십장이 미국 공군이 최근에 함부르크를 무의미하게 폭격한 이유를 찾다가 별다른 생각이 떠오르지 않자, 유대인 '억만장자들'을 입에 담았다. 개별적인 독일 유대인을 사적으로 어떻게 생각하느냐와는 무관하게, 그 십장과 같은 사람들에게는 '유대인 금권정치'라는 추상적인 구호가 현실을 설명해주고 있었다. 독일 민간인들에게 쏟아진 공습의 난폭성을 납득하기 위해서는 그 '테러 폭격'이 독일인들과 독일을 무자비하게 증오하는 적의 음모여야 했던 것이다.[72]

1944년 봄이 되자 폭격과 유대인 학살을 비교하는 연결고리가 전년도 가을과 달라졌다. 함부르크 폭격 이후의 쇼크와 패닉은 사라졌다. 폭격과 유대인 정책의 상호적 가속화를 역전시키고자 하는 소망, 유대인 학살을 없었던 일로 만들면 폭격도 멈추리라는 소망도 사라졌다. 독일 도시에 대한 폭격이 12달 동안 지속되자, 공습은 삶을 구성하는 하나의 사실이 되었고 폭격의 '유대적인' 성격은 공식이 되었다. 일부 독일인들은 자신에게 책임을 묻는 대신 학살의 고삐를 죌 방법을 제안했다. 1944년 5월 독일군이 헝가리 수도 부다페스트를 점령하자 유대인 게토 문제에 대한 발언이 쏟아졌다. 그러나 그 유일한 내용은, 게토가 유대인에게 어떤 의미를 갖느냐가 아니라 게토가 독일인에게 어떤 의미를 갖느냐는 것이었다. 뷔르츠부르크 노동자들은 유대인들이 부다페스트의 공장 지대 인근에 갇혀 있다는 소식에 공감을 표시했다. '헝가리인들이 우리보다 낫네. 그들은 문제를 올바로 처리하고 있어'. 독일 유대인들을 인간 방패로 삼자는 목소리도 있었다.

1944년 5월과 6월에 괴벨스에 배달된 편지 묶음이 기록보관소에 남아 있다. 편지들은 '테러 공격으로 민간인이 사망할 때마다 영국과 미국 정부에 10배나 많은 유대인들과 유대인 여자들과 아이들이 사살되었다고 말하자'라고 나치 정권에게 충고했다. 그런 조치들이 '신무기들'과 '복수'가 그때까지 발휘하지 못한 효과를 영국인들과 미국인들에게 줄 것이라고 쓴 독일인은 많았다. 이르마 J는 괴벨스에게 '독일인 여자들과 어머니들을 위하여 그리고 여기 이 나라에 살고 있는 모든 이를 위하여 …… 무방비의 값진 우리 독일인들이 테러 비행기에 의하여 비겁하고 무도하게 학살되는 곳에서 독일인 한 명이 죽을 때마다 유대인 스무 명의 목을 매달라'고 요구했다. 그녀는 '우리에게 다른 무기가 없기 때문'이라고 무기력감을 고백했다. 그 근저에 독일의 방공 능력에 대한 비관이 깔려 있었다는 것은 분명하다. 그러나 그녀의 발언은 연합군에 대한 저항에의 헌신도 강화되고 있었다는 점도 드러낸다.[73]

히페리온의 '운명의 노래'를 듣거나 윙거를 읽는 것은 존재의 심연을 들여다보게 해주었고 몽상 속으로 물러나게 해주었다. 그곳에서 독자들은 —잠시—내려놓고 자신만의 내적인 도덕적 힘들을 끌어모을 수 있었다. 그렇듯 전쟁의 현실을 서정적인 추상과 문학 정전의 베일 뒤에 숨기는 것은 '비정치적인 독일인들'이 나치 글쟁이들의 말을 듣지 않고 스스로를 재주조하도록 도와주었다. 그러나 동시에 그것은 독일인들이 전쟁으로 인하여 직접적인 도덕적·정치적 선택들과 대면하도록 할 가능성도 봉쇄했다. 그들은 그 선택과 대면하는 대신 문화유산을 헤집으면서 그 부담을 감당하고자 했다.

제13장

빌린 시간

1944년 5월 말에도 나치 제3제국은 노르웨이 북부의 북극에서 로마의 남부에 이르기까지 그리고 흑해에서 영불해협에 이르기까지 유럽을 통제하고 있었다. 1943년 11월 3일 히틀러는 총통명령 제51호를 발동했다. 새로운 병력과 무기는 서유럽 전선으로 보내고 동부전선은 물자를 자체 조달하도록 한 것이다. 동부전선에서 주도권은 1943년 여름에 쿠르스크에서 역공을 펼친 소련군이 잡고 있었다. 그러나 이번에 독일군은 그전보다 훨씬 빠르게 후퇴했다. 그들은 우크라이나의 광대한 일부를 포기하고 자연 방벽이라고 할 수 있는 드니프로강 뒤로 물러났다. 히틀러와 장군들은 서유럽에 파견된 군대가 이탈리아반도에 상륙한 연합군을 격퇴하고 그리스와 프랑스 해안선을 방어하는 동안, 드니프로강의 새로운 '판터 탱크 전선'이 소련군을 억제해주기를 희망했다. 1943년 9월에 히틀러는 장군들에게 드니프로 방어선이 볼셰비즘에 대한 마지막 장벽이 되어야 할 것이라고 다짐했다.

독일군은 후퇴하면서 모든 것을 불태웠다. 귀중한 시간과 폭탄을 파괴 작업에 아낌없이 투입했다. 후퇴하는 독일군을 방어하는 임무에 투입된 빌리 레제는 '죄의식으로 찢어지는 듯'했다. 그는 1942~1943년의 파괴 작업을 훨씬 능가하는 초토화 작전에 몸서리를 쳤다. 레제는 촌락과 도시가 '불과 연기의 폐허 사막'으로 무인지대로 바뀌는 것을 볼 때마다 술을 퍼마셨다. 그러나 동시에 레제는 썼다. 한밤중에 불타는 마을들의 선線이 '신비한 이미지를 만들어냈다. 나의 오랜 취향은 역설, 그래서 나는 전쟁을 미학적 문제라고 칭했다'. 병사들은 마을에서는 식량을 약탈하고 독일인 상점에서는 그곳에 반입된 새로운 군복과 술과 담배를 빼앗았다. 그들은 후퇴 작전을 먹고 마시는 광란의 잔치로 만들었다. 병사들은 '전쟁과 평화에 대한 그로테스크한 연설'을 하고, 멜랑콜리에 젖어 향수를 말하고, 연애를 걱정했다. 레제와 병사들은 우마차 트럭을 타고 고멜Gomel을 향하여 서쪽으로 가는 동안 트럭에서 술을 마시고 춤을 췄다. 한 여군 포로를 발견한 뒤에는 옷을 벗겨 나체로 춤을 추게 하고 그녀의 유방에 군화 기름을 처발라서 그녀도 '우리들처럼' '취한 것처럼' 만들었다.[1]

1943~1944년 겨울에 독일군은 드니프로 전선을 지켜냈다. 고트하르트 하인리치 장군은 부족한 병력을 적절히 배치해가면서 방어선 중심에 대한 소련군의 막강한 타격을 괄목할 만한 솜씨로 막아냈다. 하인리치의 성공 덕분에 독일군 장군들은 소련의 무진장해 보이는 자원이 실제로는 고갈되어가고 있으며 소련군 장군들도 배운 게 없다고 믿었다. 독일군은 비텝스크, 모빌레프, 핀스크 이동以東을 요새화함으로써 벨로루시와 우크라이나의 상당 부분을 여전히 장악하고 있었다. 독일군은 여름에 그곳의 축축한 땅바닥이 마르면 재개하게 될 공격을 준비하고 있었다. 히틀러의 총통명령 51호는 동유럽은 '최악에 최악이 겹쳐서 광대한 공간을 상실한다고 해도 독일의 생존에 치명적인 위협이 되지 않는다'고 전제했다. 그러

나 서유럽은 그럴 수 없었다.[2]

독일군의 정예 기갑 부대는 프랑스에서 만반의 준비를 갖추고 있었다. 독일 정부는 막대한 양의 강철, 콘크리트, 노동력을 투입하여 프랑스와 벨기에 해안을 요새화했다. 서부전선 사령관 롬멜과 룬트슈테트는 〈주간뉴스〉 카메라 팀과 함께 전선을 순찰했다. 방송과 신문은 대서양장벽은 연합군이 '가질 수 없는' 것이라는 주문呪文을 반복했다. 그래서 위트 있는 빈 사람들이 자기들 대용 커피가 바로 그렇다고 재담을 했다. 회의적인 독일인 관찰자들조차 영국과 미국의 공중과 바다의 '해적들'을 막아내는 해안 방어막 뒤에 '성채 유럽'이 안전하게 자리하고 있다는 이미지에 설득되었다. 롬멜과 룬트슈테트—두 사람 모두 나치가 아니었다—의 드높은 명성도 믿음직스러웠다.[3]

1944년 봄은 비교적 조용했다. 1년여 만에 처음으로 폭격이 전쟁과 관련된 대화의 중심에서 밀려났고, 일상의 불평이 감자와 신선한 채소의 계절적 부족에 초점을 맞췄다. 폭격의 자리는 적의 침공에 대한 예측이 차지했다. 독일인들의 기대는 높았다. 공격의 시간과 장소는 연합군이 정하겠지만, 그들은 결국 바다로 밀려날 것이요, 그러면 연합군이 1944년에 또 한번의 유럽 침공을 감행할 수는 없으리라. 연합군의 침공은 오히려 독일이 전쟁의 이니셔티브를 다시 확보하여 형세를 역전시킬 가장 확실한 기회가 될 것이다. 연합군이 유럽 대륙으로 '유인'되기만 하면, 영국군과 미군은 1940년에 프랑스군과 영국군이 패배했던 똑같은 장소에서 결정적인 패배를 당할 것이다. 그리고 그것은 독일 도시의 폭격에 대한 적절한 응답일 것이다. 1944년의 가장 큰 불안은 오히려 연합군이 미끼를 물지 않고 장기적인 소모전을 지속하는 안전한 길을 선택하는 것이었다. 영불해협에서 벌어질 다가오는 대결에 대한 낙관적인 기대의 이면은 무제한 지속되는 공중 공격을 버텨낼 능력에 대한 불편한 비관이었던 것이다.[4]

**

친위대 정보국이 1944년 봄에 우려하던 것은 사회혁명보다는 성적 난행이었다. 1944년 4월에 정보국은 '독일 여성들의 부도덕한 행태'에 대한 특별 보고서를 작성했다. 작성자의 의견으로는 문제의 핵심이 '전쟁의 장기화' 그리고 '대단히 많은 여성들과 소녀들의 성생활 트렌드'에 있었다. 보고서에 따르면 그런 생활을 주도하는 사람은 전선 병사들의 아내였다. 유명 술집 어느 곳에나 남자를 만나러 온 그들이 있다. 미혼 여성과 소녀들이 그들을 따라 한다. 14세에서 18세에 이르는 십대 소녀들의 임신과 성병의 증가율을 보라. 임신과 성병은 소녀들을 교정소로 보내는 고전적인 근거였고, 친위대 정보국은 일부 도시의 청소년복지관들이 실제로 소녀들을 그렇게 처리하고 있다고 확인했다. 친위대 정보국은 정색했다. 독일 여성이 외국인 남자와 성적으로 어울리는 것, 인종법에 저촉되지 않는 만남도 민족의 명예에 대한 욕설이다. 아이의 엄마인 병사의 아내가 처음 보는 독일 남자와 좁은 지하실에서 몸을 겨우 가린 채 때로는 우산 하나 펼쳐놓고 성교를 한다. 그런 여자들은 자식들도 '제멋대로 놀도록' 방치한다. 아내의 부정이 알려지면 군대에 있는 남편의 사기가 어떻겠는가.[5]

당시 그런 양상은 여러 가지 면에서 실제로 확인되고 있었다. 쿠르트 오르겔의 포병대 병사 한 명이 그에게 조언을 구했다. 아내가 그에게 보낸 편지에 적혀 있었다. '휴가가 허용되지 않잖아.'

당신이 언제 올지 누가 알아? 아마도 전쟁이 끝난 뒤에나 오겠지. 내가 당신만을 기다려야 하는 건 아냐. 내가 원하기만 하면 언제라도 남자 네 명은 가질 수 있어. 더이상 참을 수가 없다고. 나는 지금 원한다고! 나는 당장 건장한 사내 두 명을 갖고 싶어. 지금 이 순간, 그것 말고는 당신에게 쓸 말이 없어!

쿠르트 오르겔은 그 병사에게 아내를 놔주라고 조언했다. 쿠르트는 자기 아내 리젤로테 푸르퍼에게 썼다. '우리가 그 병사에게 무엇을 요구할 수 있으며, 그는 또 자기 아내에게 무엇을 기대할 수 있겠어?' 충성과 인내밖에 없지 아니한가. 쿠르트가 인정했듯이, '전쟁 결혼'이 무수히 실패하고 있었기에 그 단어를 말할 때 사람들은 어느덧 냉소적인 미소를 띠고 뭔가를 암시했다. 쿠르트는 리젤로테에게 물었다. 무엇이 부부를 그처럼 서로 다르게 만들었을까? 한쪽이 단순한 성적인 매력을 '진정한 깊은 사랑'으로 오해한 것일까? 부부가 너무 어렸던 것일까? 아니면 단순하게 서로를 알 시간이 부족했던 것일까? 쿠르트는 감히 전쟁이 리젤로테와 자신의 관계도 바꾸어놓았을지 묻지 못했다. 리젤로테는 최근의 편지에서 지난 6년 동안 자신이 '수녀처럼' 살았다고 불평했다. 그녀는 아무도 그녀에게 남편에 대해 묻지 않는다는 사실을 갑자기 깨달았다. 1944년이 되자 손가락에 낀 반지가 더이상 분명한 표지가 되지 못했다. 리젤로테는 썼다. 사람들이 남편에 대한 질문을 했다가 '대부분 좋지 않은 경험을 했던 것 같아. 그래서 "묻지 않는 것"을 선호하게 된 것이겠지'. 죽음과 부정不貞이 모든 것을 더욱 복잡하게 만들어놓았던 것이다.[6]

도덕의 수호자를 자처하던 친위대 정보국과 가톨릭교회의 인사들은 공통적으로 성적 무질서를 여성혐오의 시각에서 진단했다. 정보국은 부정을 저지르는 병사 아내에게는 '가족 지원금'을 지불하지 말자고 제안했고, 병사들에게는 군인의 명예를 위하여 동료 병사의 아내와 잠자리를 갖지 말라고 호소했다. 정보국은 또한 선전부에게 언론과 라디오와 영화에서 에로틱한 2행 노래를 없애고 그렇게 미디어를 탈성애화하라고 요구했다.

그러나 친위대와 가톨릭교회가 발버둥친다고 해서 자기 절제가 회복될 수는 없는 노릇이었다. 그들의 불만을 논외로 하면, 1944년 초의 맥락에서 그들의 발언은 독일 사회가 총력전의 고난과 긴장을 어느 정도 흡수해내고 있는 것을 기술했다고 할 것이다. 독일 사회의 기본 구조는 전체적으로 온전했고, 종전 이후에 대한 기대와 열망은 소박했다. 독일인들은 남편이 언젠가 귀환하게 될 지역사회 안에서 집과 가족과 경력을 건사하는 데 집중하고 있었다.[7]

친위대 정보국은 '러브 토큰'으로 발생한 문제도 언급했다. 러브 토큰은 십대 소녀들로 하여금 미지의 젊은 미혼 병사들에게 편지와 소포를 보내도록 한 공공 캠페인이었다. '경애하는 기젤라 양! 모르는 병사로부터 편지를 받아서 놀랐겠지요. 제가 어떻게 주소를 알게 되었는지 기젤라 양이 머리를 쥐어짤 수도 있겠네요'. 1943년 10월에 하인츠가 기젤라에게 보낸 편지는 그렇게 시작된다. 하인츠는 북극 노르웨이에 주둔하고 있는 젊은 잠수함 병사였고, 기젤라는 베를린 부모 집에 살고 있는 젊은 여성이었다. 두 사람은 4년간 편지를 주고받았다. 그들은 하인츠가 1944년 6월에 마침내 휴가를 받았을 때 딱 한 번 만났다. 그러나 나머지 시간 동안 그들은 언제 다시 만날 수 있을지 계산하고, 사진을 주고받고, 끈기 있게 서로를 기다렸다. 하인츠는 약간은 사적인 공간인 참호 벽에 기젤라 사진을 붙여놓았다. '내가 그대를 언제나 볼 수 있도록. 잠에서 깨어날 때이건, 밤에 잠을 자려 할 때이건, 나는 그대를 보아야 해요. 그리고 그때 나는 생각하지요. "기젤라도 지금 나를 생각하고 있어."'[8]

쿠르트 오르겔과 리젤로테 푸르퍼도 서로에게 연애편지를 썼다. 못 보는 시간이 늘어날수록 에로틱한 내용이 크게 늘어났다. 그들은 상대방에 대한 헌신을 확인했고, 기다리겠다고 약속했으며, 앞으로 '진정한 삶'이 찾아올 것이라고 썼다. 그러나 당장의 구원은 꿈과 판타지였다. 쿠르트가 꿈에서 리젤로테가 사는 크룸케의 거리를 걸어가는데 리젤로테와 하다가 사이드카를 타고 나타나는 것이 아닌가. 그는 그들이 내리기도 전에 달려가서 꽉 끌어안았다. '내가 사랑을 얼마나 필요로 하는지 당신은 알 수 있지!' 쿠르트는 리젤로테가 하다보다 훨씬 매력적이었다고 확언했다. 다만 그는 그때까지 하다를 본 적이 없었다. 그 편지를 받은 리젤로테가 자신이 지금 시골집 발코니 위에 앉아 있다고, '반쯤 나체로' 일광욕을 즐기고 있다고 답장했다. 그녀는 웃으면서 썼다. 꿈속에 들어 있는 수많은 의미를 읽어내기 위해 '당신이 꼭 지그문트 프로이트이어야 하는 것은 아니지요.' 그녀는 자신의 꿈을 묘사했다.

어젯밤에 나는 사이드카에 앉아서 손을 흔드는 것보다 훨씬 슈퍼한 꿈을 꾸었어. …… 용서해줘. 어젯밤에 다른 남자가 나를 품에 안고 키스를 퍼부었어. 나를 보호하기 위해서 내가 그래도 부드럽게 말했지. 저는 결혼한 사람입니다! (잊고 있었어!)

그뒤 어느 날 밤 리젤로테와 하다가 사진 설명 작업을 한 뒤 각각 쿠르트에게 편지를 썼다. 그들은 벽에 붙어 있는 사진 속의 쿠르트가 두 사람을 보고 있다고 상상했다. 리젤로테는 타일을 붙인 난로에 맨살의 긴 다리를 덥히고 있었고, 하다는 그날 밤 내내 옷을 벗고 있었다. '그런데 당신이 남편이면 마땅히 그래야 하는 방식으로 하다를 보지 않았단 말이야. …… 다음번에는 몸을 돌려야 해. 아니면 그 엉큼한 눈을 수건으로 가리든지.'9

사랑의 욕망 표현을 다른 방법으로 실험하는 사람들도 있었다. 1926년에 브레멘에서 태어난 라인하르트는 십대를 아버지와 함께 보냈다. 아버지는 1941년에 전사했다. 라인하르트는 2년 뒤에 무전병 교육을 받고 헝가리의 비교적 조용한 지역에 배치되었다. 그곳에서 그는 젊은 여성 여섯 명과 편지를 주고받았다. 그 여섯 명은 모두 서로를 알았지만, 모두가 라인하르트에게 연애편지를 보냈다. 그녀들은 자신을 연모하는 '많은 숭배자들'에 대하여, 그들의 실망에 대하여, 다른 남자들과의 희롱에 대하여 썼고, 그가 얼마나 '황홀한' 미남인지 상상했다. 에파는 '군복을 입은 그대를 보고 싶어요'라고 썼다. 이나는 철모를 쓴 그가 '귀여울' 것이라고 지분거렸다. 그들은 로맨틱 영화의 노랫말을 인용하기도 했다. 쾨닉스베르크에서 간호사 훈련을 받던 하넬로레는 라디오에서 '소녀, 나는 그대를 향해 곧장 가요/ 적이 패배하면 나는 언제까지나 그대 곁에 머무를 거예요'라는 노래가 나올 때 그를 생각한다고 썼다. 그들 모두에게 1944년에도 전쟁은 위협이기보다 모험, 대단한 사적인 자유를 선사해주는 모험이었다. 여섯 중에서 가장 어린 이나는 16세였고, 아직 부모 집에 살았으며, 비서 교육을 받고 있었다. 그들 모두 흡연을 했고—그것이 그에게 거부감을 주었지만—자기만의 선택을 하고 있었다. 하넬로레는 프랑스 전쟁포로의 구애를 본능적으로 거부했다. 그 남자는 장교였지만, 그리고 그녀가 분명하게 말할 필요가 없다고 여겼겠지만, 그녀는 독일 여성의 명예를 지키라는 계고를 지켰던 것으로 보인다.

라인하르트와 그를 숭배하는 소녀들 모두 정치 슬로건을 인용하지 않았다. 상대방에게 전쟁 동안 '버티라'고 쓰지도 않았다. 나이가 그들보다 위인 귀킹 부부 및 오르겔 부부와 달랐던 것이다. 그들은 평화에 대한 갈망도 나이든 커플보다 적게 말했다. 프라이버시를 모색할 때 공공 메시지에 그만큼 무관심했기에 그들의 행동은 '비정치적'이었다고 할 만하다. 그러나 그것이 반전反戰이었던 것도 아니다. 소년 소녀들의 편지는 규범과 도덕적 의무들을 승인하는 것들이었고, 자신의 이미지를 형상화할 때는 나치가 대중음악과 영화로 공급한 '부드러운' 선전에 의거했다. 나치가 공급한 이미지는 에로티시즘과 성적 만족을 결합하되 그 실현을 종전 이후로 연기하는 것이었다. 소년 소녀들의 성장기는 전시였고, 그리하여 그들은 전쟁을 정상적인, 거의 자연적인 상태로 간주했다. 1944년 봄에 전쟁은 실제로 그들에게 젊어도 될 자유를 주고 있었다. 그들의 난교 놀이는 부모들에게 충격을 주기는 했다. 그렇다고 그것이 친위대 정보국이 유령으로 그려낸 도덕적 해체였던 것은 아니다.[10]

1944년 2월 5일 토요일 하르츠산맥의 북동부 급경사면 아래 위치한 도시 아셔스레벤의 작은 공군기지에 우편물이 도착했다. 23세의 독일군 병사 한스 H에게 기지는 죽을 만큼 지루한 곳이었다. 우편물을 받아든 한스가 벙커 위로 올라갔다. 그는 편지를 홀로 읽고, 다 읽은 뒤 또 읽었다. 그다음에 그는 외투를 걸치고 시퍼런 겨울 숲을 1시간 동안 걸어서 기차 정거장까지 갔다. 그는 기차를 타고 인근 도시로 갔고, 도시에서는 몽상에서 깨어나지 않기 위해 모든 우연한 대화를 조심스레 피했다. 조용한 카페에 들어간 그는 여자친구의 편지들을 다시 음미했다. 그리고 다음날 마리아에게 편지를 썼다. '내면의 눈'으로 그는 그녀가 동트기 전에 일어나 직장인 미헬보이어른 마을 기차역으로 출근하는 모습, 그곳 매표소에서 일하는 모습, 그러면서 그의 편지들을 한스의 아버지인 역장의 눈에 띄지 않게 숨기는 모습을 보았다. '내게 현실을 전송해주는 내면의 눈이 있다면 나는 하루종일 아름다운 너만을 볼 거야.' 빈 출신의 한스는 생생한 상상력으로 마리아를 실제인 듯 그려내는 재주가 있었다. 상상 속의 그는 그녀 옆에서 열차표 판매를 돕고 있었다.[11]

한스는 모든 능력을 동원하여 그녀의 사랑을 지키고자 했다. 커플 어느 쪽도 상대방을 확신하지 못했다. 대부분의 새로운 커플들처럼, 그들은 순간적인 기억들의 저장고를 세워서 관계를 봉인하고자 했다. 1월 16일은 그들이 첫 키스를 하고 2주일 되는 날이었다. 7월 23일은 첫 키스 이후 29주일 되는 날이었다. 1944년 1월에 한스는 그들의 연애가 그에게 의미하는 만큼 마리아에게도 의미가 있을지 진지하게 걱정했다. 비록 그녀가 그뒤에는 키스를 자발적으로 허락했지만, 첫 키스 때 그는 그녀를 끌어안고 힘으로 키스했다. 그녀가 그를 밀어내지는 않았지만, 그가 반쯤 사과한 것에서 드러나듯 그녀가 적극적으로 반응했던 것도 아니었다. 문제는 또 있었다. 연애를 한스의 아버지, 즉 마리아의 보스에게 비밀로 해야 했다. 한스의 엄마와 누나는 연애 사실을 알았다. 그리고 7월이 되자 마리아는 한스의 부모가 자신을 '재미있다는 듯이 보고' 또 '유도심문'을 한다고 느꼈다.[12]

함께한 날이 얼마 되지도 않고, 그것도 2층에 한스 가족이 사는 미헬보에어른 역에서 낚아채는 듯한 순간에 이루어졌기에, 그들의 관계를 리얼하게 해주는 것은 편지에 실어 보내는 수천 개의 키스뿐이었다. 한스는 일요일 오후에 방송되는 음악 프로그램을 즐겨 들었고, 마리아도 차라 레안더의 노래 〈나는 언젠가 기적이 일어나리라는 것을 알아요〉를 들었으면 했다. 그는 자기가 동네에 바람둥이로 알려져 있는 것을 걱정했다. 그래서 마리아에게 군복무가 자신을 보다 나은 사람으로 변화시켰다고 강조했다. 한스보다 두 살 아래였던 마리아에게는 마을에 또다른 숭배자들이 있었다. 한스는 군대를 피하고 집에 머무는 다른 청년들이 그녀를 빼앗아가는 것은 '등화관제 때의 도둑질'과 매한가지라고 강조했다. 그는 마리아에게 맹세했다. 만일 어느 누군가가 '와서 내 여자를 나로부터 가져간다면, 그를 죽일 거야. 나는 그놈을 러시아인처럼 죽여버릴 거야.' 마리아는 마을의 여자 우편배달부가 한스의 편지에 김을 쐬어 열어보고 또 악의적으로 배달해주지 않는다고 의심했지만, 어떻든 그녀는 그 작은 오스트리아 마을의 엿보는 눈들을 성공적으로 피하고 있었다. 노년에 도달한 뒤 마리아는 그녀가 그때 청년 아홉 명과 편지를 주고받고 있었다고 고백했다. 라인하르트를 흠모하던 소녀 여섯 명과 마찬가지로 미래가 확실하지 않던 시절에

그런 일은 드물지 않았다.[13]

한스는 러시아 전선에서 근무했었고, 그후 이탈리아 전선으로 보내졌다. 1943년 9월에 로마를 점령한 부대가 바로 한스의 제2공수사단이었다. 그에 비해 아셔스레벤 공군기지의 생활은 지루하기 짝이 없었고, 한스는 또 동료 병사들의 음악 취향을 경멸했다. 나이는 어렸지만 이미 베테랑이 된 병사들은 민간인 엔지니어들의 지시에 따라 청소를 해야 하는 등의 사소한 일을 싫어했다. 1944년 5월 말에 부대는 쾰른 인근의 공군기지로 이동했다. 그곳에서 한스는 햇볕을 즐겼고 또 쾰른 주민들의 스토아풍 금욕적 생활상에 깊은 인상을 받았다. 그는 마리아가 멀리서 목격했던 빈 폭격이 라인란트 사람들이 3년 동안 견디고 있는 것보다 나쁘지는 않았을 것이라고 썼다. 한스의 사단은 쾰른에 도착하고 1주일이 채 지나지 않아서 프랑스로 보내졌다.[14]

**

1944년 5월 페터 스튈텐 중위는 파리에 머물고 있었다. 그는 샹젤리제에서 몽마르트까지 전차를 타고 가고, 노트르담과 물랭 드 라 갈레트 무도회를 즐기며, 바닷가재에 부르고뉴 와인을 마시고, 진짜 커피를 마셨다. 그는 헝가리 점령에 참여했다가 막 프랑스로 돌아온 레어탱크사단에 속했다. 사단의 탱크와 장비와 병사들을 헝가리에서 이동시키는 데 열차 70량이 동원되었다. 베를린 출신의 야심 찬 화가 스튈텐은 파리지엥의 패션센스와 오래전 독일에서 사라진 파리의 '우아한 세계'에 매료되었다. 슈튈텐과 친구 헤르만은 거듭되는 공습경보를 아랑곳하지 않고 프랑스 수도를 15시간 동안 탐험한 뒤에야 잠자리에 들었다. 그들은 자면서도 그 매혹적인 도시의 이름을 큰 소리로 불렀다. '전장에서 연인의 이름을 중얼거리는

애국 영화 속의 병사들과 똑같았다'.15

페터 스퇼텐은 빌리 레제보다 두 살 아래였다. 레제도 그때 전선에 있었다. 레제의 부대는 벨라루스의 유르코바스테노Jurkovasteno 마을에서 조용한 몇 달을 보냈다. 레제는 한 러시아 소녀와 같은 침대를 썼다. 마을을 떠난 다음날 레제가 삼촌에게 편지를 보냈다. '힘들어요'.

모두에게 힘들어요. 전날 밤 클라라와 침대에 누워 있었는데, 잠들기까지 그녀를 위로했어요. 어제 아침에 작별 키스를 하는데 클라라가 내내 울더라고요. …… 그녀 아버지가 내게 행운을 빌어주었고, 어머니는 나를 축복하셨어요. 그런 사람들, 그들이 적일까요? 절대 아니지요.

빌리 레제는 비테프스크로 향했다. 가장 피하고 싶던 전선이었다.16

스퇼텐과 레제는 1941년 같은 시기에 동부전선에서 군복무를 시작했다. 탱크 사단에 부속된 오토바이 연락병이었던 스퇼텐은 두 번이나 부상당했으나 화농은 면했고, 그후 사관 과정을 거쳐서 하사에서 중위로 승진했다. 1943년에 그는 '골리앗'을 숙달했다. 그 무기는 골리앗이라는 별명과 달리 원거리에서 조종하는 소형 궤도 차량으로, 보통 그 위에 고성능 폭탄을 실어서 성채화된 구조물을 공격할 때 투입했다. 스퇼텐은 이어서 당시 가장 높이 평가받던 무거운 티거 탱크 훈련에 참가했다. 전투 경험은 없었지만 그는 독일군 최고의 엘리트 기갑 사단의 하나에 배치되었다. 스퇼텐이 속한 제316대대는 골리앗과 티거 탱크에 전문화된 부대였다. 스퇼텐과 동료들은 파리에서 노르망디의 외르에르와르Eure-et-Loir로 이동했다. 사단은 롬멜의 군집단B의 기갑 보충 병력의 일부였다. 스퇼텐이 오래된 방앗간, 성, 푸르른 나무들 앞에 서자 저절로 스케치북을 꺼내 풍경 속으로 들어가고픈 오래된 충동과 향수가 아프게 느껴졌다.17

1944년 6월 5일 영불해협의 날씨가 너무나 불순하여 독일군은 공중과 해양 정찰을 연기했다. 독일군은 대서양 멀리까지 바라볼 장거리 탐지 능력을 상실한 터여서 바다 폭풍 속에 '창'이 잠깐 열리게 된다는 사실을 몰랐다. 그날 밤 대기중이던 연합군 전함 6척, 순양함 23척, 구축함 60척이 그 창 안으로 들어왔다. 연합군이 독일군 58개 사단의 화력과 우월한 병사의 수에 맞서 노르망디 해안을 탈취하여 상륙하기 위해서는 습격, 속도, 힘의 집중이 요구되었다.[18] 스튈텐은 노르망디 캉을 점령하려는 영국 제2군을 상대로 격렬한 전투를 치렀다. 연합군의 상륙을 막기 위해 특별히 조직된 '레어탱크사단'은 베이유 앞에서 영국 제7기갑사단과 맞대면했고, 그래서 연합군 상륙 부대를 엄호하던 해상의 전함과 육상의 포격과 전폭기의 폭격에 노출되었다. 1944년 6월 10일 스튈텐이 부모에게 편지를 썼다. 얼마 되지 않는 자기 물건이 전투기의 기관총 세례에 산산조각났고, 꺼칠하게 자란 수염이 꼭 비적 두목 같다. '책임이 막중합니다. 그러나 사방이 적막해요.' 그는 이어서 썼다. 군복무를 3년이나 했지만 이번 전투야말로 자기가 경험한 최초의 전면전이다. 차분한 신경만이 전선을 지켜줄 수 있다. 그러나 서쪽에서 제352보병사단이 적의 공격으로 산산조각났고, 그래서 독일군 전선에 구멍이 뚫렸다. 영국군이 그 틈을 이용하여 후미로 파고들어 빌레 보까주 마을을 잠깐 동안 점령했다. 그러나 곧 친위대 탱크 대대에게 밀려났다. 독일군은 겨우 전선을 지켰다.[19]

1944년 6월 20일 스튈튼이 편지에 썼다. '우리는 모두 매우 심각한 상황 속에 있어요. 그러나 오직 서부전선만의 방식으로 우리는 차분해요. 신경이 망가지는 일은 제게 발생하지 않았어요.' 전날 그는 반격 작전에 참여했었다. 그러나 실패했다. 그의 탱크가 포문을 아래로 한 채 웅덩이에 처박혔고, 그는 동료 병사 두 명이 그들의 탱크 안에서 불에 타죽는 것을 지켜볼 수밖에 없었다. 또다른 가까운 동료 병사는 5일 전에 '제 바로 옆에서

총에 맞아 죽었어요'.[20]

1944년 6월 26일 미군 제7군단이 심하게 파괴되어 당분간 사용할 수 없게 된 셰르부르 항구를 점령했다. 그러나 상륙 부대의 다섯 목표 중의 하나인 캉에서 독일군은 여전히 연합군의 돌파를 막아냈다. 독일군은 캉 운하와 오흔느Orne강과 허브 도로를 지켜냄으로써 활주로를 만들 수 있는 나무가 적고 평평한 땅을 연합군에게 내주지 않았다. 연합군이 노르망디 반도를 돌파하는 것을 막고 있던 7월 2일, 페터 스튈텐은 그의 사단이 전선에서 철수한다는 소식을 들었다. 서쪽 생로Saint-Lô 방어선으로 이동하여 미군을 상대하고 있는 부대를 지원한다는 것이었다. 그는 갑작스러운 전투 중단에 불만을 터뜨리면서 가족에게 자신이 모험을 얼마나 즐기는지 썼다. 에른스트 윙거가 되기라도 하는 듯 그는 명랑하게 선언했다. '흥분과 감동이 없는 삶은 부르주아가 아닌 우리 같은 사람으로서는 견딜 수 없는 삶이지요'.[21]

영국군은 1944년 7월 18일에야 캉에서 독일군을 밀어냈다. 미군은 다음날까지도 레어탱크 사단으로부터 생로를 빼앗지 못했다. 독일군과 미군 모두 보카주 지역의 높은 나무숲 울타리와 잡목림에 갇혔고, 그래서 기동력이 떨어지고 사방이 제대로 보이지도 않았다. 페터 스튈텐은 더이상 전선에 있지 않았다. 그의 중대는 철수하여 제302탱크부대에 편입될 예정이었다. 동료들과 함께 영웅적으로 최후 시점까지 버티고자 했던 스튈텐은 강력하게 반발했다. 그는 오토바이를 타고 연대장에게 달려가서 '내가 살면서 받은 가장 분별없고 어리석고 실망스러운 명령을 철회하라'고 설득했다. 그러나 실패했다. 분노 속에 돌아오던 그의 오토바이가 전복되었다. '당신의 아들은 지금 야전병원에 있음. 불행하게도 전투로 부상당한 게 아니라 …… 사고의 결과임'. 스튈텐은 1944년 7월 8일에 르망의 군대병원에서 슬퍼하며 그렇게 간단하게 집에 써 보냈다.[22]

전복 사고에서 몸이 쇼크를 받았고 왼쪽 눈을 상실할지도 모른다는 걱정도 했지만, 스틸텐은 혼자 오토바이를 몰았다는 죄목으로 군사재판에 넘겨질 수도 있었다. 그는 르망 군대병원의 침상에 누워 1주일을 보내면서 '처벌 대대 배치, 징역형, 사병으로의 강등 등 가능한 모든 경우들'을 상상해보았다. 그는 사고가 오히려 그를 거의 확실했던 죽음에서 구해주었다는 것도 알았다. 대령이 그에 대한 고발장을 쓰레기통에 던져버렸어도 그는 기뻐할 수 없었다. 그는 자신과 청년 장교 집단이 어떻게 함께 훈련을 통과했으며 연합군의 침공 초기에 그들이 군사적 상황을 어떻게 평가했는지 약혼녀인 도로테에게 썼다.

> 우리는 청명한 정신에서 단순한 결론에 도달했었어. 우리 중 누구도 올가미에서 머리를 빼지 않을 것이며, 우리의 삶은 이제 끝난 것이다. …… 그리고 지금 그때 그 중위들 중에서 살아남은 사람이 나 외에 한 사람도 없고, 티거 탱크도 모두 없어졌어. 오직 그 사고가 …… 우리가 예상했던 것으로부터 나를 살려준 거야.

그는 전투 중단을 강요받은 것을 감당하기 힘들었다. 도로테에게 그는 동료애가 필요하다고, 전선의 긴장과 망각이 필요하다고 고백했다.[23]

스틸텐이 병원에서 치료를 받는 동안, 그의 자랑스러운 사단의 나머지 병력은 14만 명에 달하는 연합군 병력의 압도적인 우위에 의해 서서히 갈려나갔다. 1944년 7월 25일 폭격기 2천 대가 2차대전에서 그때까지 없던 파괴적인 무력을 과시하며 독일군 진지들을 두들겼다. 레어탱크 사단은 그 한가운데 있었다. 1944년 8월 5일 탱크 사단의 남은 병력에 알렁쏭Alençon으로 돌아가 휴식을 취하고 장비를 정비하라는 명령이 떨어졌다. 그때 사단은 사실상 더이상 존재하지 않았다. 그들이 노르망디를 떠났을 때 기동하는 탱크가 겨우 20대였다. 독일군 제7군은 영국군과 미군을 코탕탱Cotentin반도에 6주일 동안 묶어두었지만, 나머지 병력은 팰래스Falaise에서 연합군에게 포위되었다.

스튈텐의 시력은 회복되었고 그는 퇴원했다. 베르됭의 한 호텔에서 몸을 추스르던 그는 친구들에 대한 죄의식에 고통스러워하면서 우울증에 빠져들었다. 자신이 도대체 무엇을 위해 싸우는지 더이상 확실치 않았다. 1944년 7월 24일 그는 도로테에게 썼다. '세계가 더이상 흥미롭지 않아. 그저 단조롭게 슬프고, 무기력감과 긴장감이 형용할 수 없이 섞여 있어'. 이틀 뒤에 그는 도로테에게 그를 잊으라고 쓴다. '한 주일 내내 내가 아무것도 아니라는 것, 내면에 아무것도 없다는 것이 부끄러워. …… 당신에게 줄 나는 아무 쓸모 없는 존재야.'24

그는 휴식 기간에 그가 선택한 직업인 드로잉과 그림을 멀리하고 늦은 밤까지 열병에 걸린 듯 글을 썼다. 그는 일기나 회고록을 쓰지 않았다. 그는 젊은 군인 세 명과 젊은 여성 두 명의 극적인 대화록을 창작했다. 병사두 명에게 그는 실제 친구인 테오와 카를이라는 이름을 부여했고 여성 한 명에게는 도로테의 매혹적인 활력을 부여했다. 캐릭터들이 스튈텐의 딜레마에 대하여 끝장 토론을 한다. 카를이 최선의 논거를 잡았다. 신은 존재하지 않고, 전쟁에는 목적이 없다. 파리들이 거대한 파리채를 향하여 날아가듯 군인들은 자신의 죽음을 향하여 기어갈 뿐이다. 테오가 그와 반대되는 종교적 주장을 전개했다. 병사들은 지금 신성성의 신비에 대한 경이 속으로 돌아가고 있다.

'하늘이 땅보다 높음같이 내 길은 너희의 길보다 높으며 내 생각은 너희의 생각보다 높음이니라.' 우리가 발견하고 말하는 모든 것에 인간의 유한성이 각인되어 있어. 종교적인 경이驚異야말로 인간이 인간 한계의 고통스러운 경험을 넘어서는 첫걸음이야. 무한을 알기 원하는―그러나 유한을 알 수 있기 위한.

대화록에서 약혼녀 도로테를 형상화한 캐릭터가 안겔리카였다. '자신을 꽃이라고 상상하세요. 피어나고 성숙하여 씨앗을 흩뿌리고 시들고 땅으로 돌아가는 꽃.' 세 명의 남자를 궤도에 올려놓고, 세 남자 중에서 가장 조용한 미하엘로 하여금 인간의 사랑을 성화시키자고 열정적으로 호소하도록 이끄는 인물은 당연히 안겔리카였다. 미하엘은 호소한다. 사랑만이 인간 육신의 물리적, 필멸적 한계를 피할 수 있도록 해준다. '사랑! 그것은 보다 나은 것과의 합일에 대한 열망, 아름다운 것에 하나로 용해되고자 하는 의지에 대한 열망이야. 우리는 그 감정과 의지 속에서 엠페도클레스처럼 세계를 극복하기를 배우고자 하는 거야.'[25]

스틸텐은 도로테에게 썼다. 전쟁에 의미를 부여하는 문학적 도전을 '용이하게 해준 것은, (내가) 마지막 가장 중요한 말을 휠덜린(성경이 아니야)에게 주었기 때문이야. 그 때문에 내 승률이 높아졌어'. 스틸텐이 영감을 얻기 위하여 휠덜린의 『엠페도클레스의 죽음』으로 향했다면, 노르망디의 스틸텐이 노르망디에서 살아남기 위해 노력하는 척도를 공급한 것은 휠덜린의 『히페리온』이었다. '너는 지금 시험에 부쳐진 것이다. 이제 너는 네가 어떤 사람인지 보여주어야 한다.' 그의 사단이 괴멸되고 가장 가까운 동료들은 전사한 그 시각, 스틸텐은 연합군이 기술적으로는 독일군이 어찌해볼 수 없을 정도로 우월하다는 것을 인정했다. 그는 도로테에게 '시간이 가면 승리하는 것은 물질(적 이점)'이라고 인정했다. 그는 그동안 전쟁이 모험, 그가―당시 고등학생들 전체가―1939~1940년에 실기할까 두려워했던 모험과 얼마나 다른지 알게 되었다. 그러나 핵심적인 한 측면에서 스틸텐은 변하지 않았다. 그가 배운 애국적인 미덕들인 '헌신' '용기' '행동할 의지'

'자기희생' '충성'은 여전히 확고했다.[26]

횔덜린은 독일 경건주의 속에서 자랐고, 1780년대와 1790년대 초에 튀빙겐에서 신학을 공부했지만 끝내 신앙을 상실했다. 빌리 레제와 페터 스퇼텐도 어린 시절의 가톨릭교회와 개신교에 등을 돌렸다. 그렇다고 해서 그들이 유물론자나 허무주의자가 된 것은 아니었다. 레제는 윙거의 문학을 이용하기는 했지만 허무주의자는 아니었다. 스퇼텐 역시 대화극에 썼다. '그것, 무無가 존재하지 않는다는 것은 확실해.' 그 신낭만주의 '방랑자들'은 여전히 그들 자신의 영적인 행로에 고정되어 있었다.[27]

＊＊

1944년 6월 19일 스퇼텐이 야전병원에서 노르망디 전투의 추이를 쫓고 있던 그날, 벨라루스의 소련 빨치산들이 작전에 돌입했다. 그들은 민스크 선로 아래 1만 발 이상의 폭탄을 설치했다. 그 폭탄들이 나흘 밤 동안 비텝스크와 오르샤 사이 구간, 폴라츠크Polotsk와 말라제치나Molodechno 사이 구간, 그 도시들에서 민스크와 브레스트와 핀스크로 이어지는 구간의 독일군 공급망에 심대한 타격을 입혔다. 비록 독일군 후미 부대들이 빨치산의 시도를 다수 좌절시키긴 했지만, 선로에서 1천 개 이상의 지점이 끊어졌고 독일군의 병력과 병참 수송이 그만큼 제약당했다. 독일군 병력의 이동과 후퇴 모두 영향을 받았다.

벨라루스에서 활동하던 소련 빨치산 여단 150개의 병력은 약 14만 명으로, 독일이 점령한 유럽 지역의 가장 강력한 레지스탕스 군대였다. 그 부대들은 독일군의 대규모 제거 작전도 견뎌냈다. 독일 제9군은 전선 후미를 통제하기 위하여, 그들이 '죽음의 지대'라고 칭한 지역 전체를 쓸어버리고 그 지역 성인들을 이동식 '노동수용소'에 수감했다. 더욱이 독일군은 어린이들까지 체포하여 '촌락'에 수감했다. 그 어린이들은 어른들이 수용소에서 도망쳐서 빨치산에 합류하지 못하도록 하는 인질이었다. 독일군 점령 정책이 그렇게 더욱 살인적으로 가혹해지자—그것은 어린이들의 피를 뽑아서 부상병에게 수혈하는 데서 절정에 달했다—심지어 벨라루스의 부역자들과 경찰대까지도 빨치산에 합류하기 시작했다. 독일군의 정책은 군사적인 대가도 치렀다. 후미 지역의 '평정'에 상당한 부대를 투입하다보니 소련군의 공격에 신속히 대응할 예비 병력이 그만큼 감소했던 것이다.

1944년 6월 21~22일 밤 소련 공군이 독일군 후미를 폭격했다. 소련 공군기의 피해는 비교적 적었다. 이튿날, 1941년 소련 침공일 3주년인 그날 소련군 정찰 대대들이 독일군 전선에 침투하기 시작했다. 독일군 사령관들은 1944년 초와 이른봄에 소련군이 가장 성공적으로 작전했던 지역, 즉 북쪽에서는 포위가 풀린 레닌그라드 북방과 1944년 6월 10일에 공격하기 시작한 핀란드, 그리고 남쪽에서는 독일군이 크림과 드니프로강 훨씬 뒤쪽까지 밀려난 탓에 자연적 보호막이 없어진 곳을 공격하리라고 예상했다. 실제로 소련군 병력은 남쪽에 가장 집중되어 있었다. 그러나 소련군의 주된 공격은 독일군이 가장 예상하지 못했던 지점, 즉 1943년 가을에 소련군 공격을 가장 효율적으로 방어했던 군집단중부에 가해졌다.

이번에 소련군은 과거처럼 독일군 포대를 향하여 병사들을 끝없이 투입하는 인해전술을 버렸다. 그때 병력 손실이 너무 컸고, 소련군 장군들은 그동안 독일군으로부터 전술적 교훈을 배웠다. 탱크에 특수 쟁기를 부착하여 진격하면서 지뢰를 폭발시킨 것도 그중 하나였다. 소련군은 보병, 탱크, 자주포, 야포, 폭격기를 하나의 단위로 묶어서 진격하도록 했다. 이는 독일군이 1941년에 대단히 성공적으로 구사했던 전술이었는데 이제 기갑과 화력에서 압도적인 우위를 확보한 소련군이 그 전술을 채택한 것이다.[28]

소련군은 전략 차원에서도 근본적인 교훈을 얻었다. 공격 지점을 신중하게 선택한 뒤에 독일군 총사령부가 전혀 예상치 못한 기습 공격을 펼친 것이다. 바브뤼스크에서 로코솝스키 장군의 벨라루스 전선이 통과 불가능해 보이던 프리페트 늪지대를 약간의 흙길과 나무다리를 이용하여 통과했다. 그로써 군대가 독일군을 우회하여 그 후미에 도달했다. 북쪽에서는 소련 제3군이 독일군 전선을 돌파했다. 이때 소련군은 처음으로 독일군의 고전적인 '집게' 공격을 가했고, 그로써 독일 제9군을 궤멸시킬 수 있었다. 제9군은 폐허만 남은 바브뤼스크로 물러났다. 소련군이 바브뤼스크마저 점령한 뒤, 소련의 저널리스트이자 작가인 바실리 그로스만이 그 결과를 적었다.

> 병사들이 독일군 시체들 위를 걷고 있다. 시체들, 수백 수천의 시체들이 도로를 포장하고, 웅덩이 속에, 소나무 아래, 푸르른 보리밭에 쓰러져 있다. 어떤 곳에서는 시체들이 도로를 덮고 있어서 군용차가 시체들 위를 달린다. …… 여기 죽음의 솥이 끓고 있다. 복수가 행해지는 곳.

독일군은 좁은 공간에서 포탄과 폭격을 맞으면서 약 5만 명이 죽고 2만 명이 포로로 잡혔다. 서쪽으로 도망친 병사는 1만 2천 명이었다. 거의 모두 무기를 버리고 도망쳤다.[29]

북쪽으로 비테프스크와 오르샤에서도 소련군은 바브뤼스크만큼 성공적이었다. 소련군은 1944년 6월 24일 늦게 드비나강을 건넜고, 6월 27일에 두 도시를 점령했다. 그로써 독일군 최전선에 엄청나게 넓은 간극이 벌어졌고, 소련군은 새로운 기갑부대를 그 공간에 투입했다. 소련군은 서쪽으로 민스크를 향해서도 진격했다. 소련군은 스비슬라치Svisloch강에 교두보를 확보한 뒤에 독일군 군집단중부의 자존심이라고 할 수 있는 제4군을 우회했다. 소련군은 그뒤에 벌어진 일련의 전투에서 독일군 집단군중부를 민스크 동쪽에 고정시켰고 결국 7월 4일에 포위망을 완성했다. 그것은 독일군이 3년 전 벨라루스에서 소련군을 옭아맨 작전의 판박이였다. 1941년에 소련군의 고통이 스탈린의 '철수 금지' 명령에 의해 악화되었던 것과 똑같이, 히틀러는 1944년 7월 27일에 동부전선의 독일군에게 사수 명령을 내렸다. 바브뤼스크, 비테프스크, 오르샤, 모길료프Mogilev, 민스크의 병사들이 항복을 금지당하자 독일군 군집단중부의 병사들 대부분이 죽어갔다. 그러나 히틀러가 보다 유연하게 대처했다고 하더라도—그가 그때의 상황을 1941년 12월의 모스크바 전선 철수와 비슷한 것으로 오해하지 않았다고 하더라도—군집단중부가 생존할 수 있었을지는 의심스럽다. 1944년 6월 22일과 7월 4일 사이에 군집단중부는 25개 사단의 30만 명을 잃었다. 그뒤 몇 주일 동안 10만 명이 전사했다. 스탈린그라드 사망자 수를 훌쩍 넘어서는 규모였다. 독일군 병사의 일일 사망자가 처음으로 5천 명에 달했다. 빌리 레제는 비테프스크에서 소련군과 대면했다. 빌리 레제에 대한 공식 기록은 '작전중 실종'이었다. 그는 1944년 하반기에 동부전선에서 사망한 독일군 병사 74만 821명 중 한 명이었다.[30]

히틀러가 신병들을 서부전선에 집중시키고 그에 따라 동부전선의 독일군에게 예비 병력이 없었기에, 독일군은 소련군이 돌파 이후의 전략적 이점을 이용하는 것을 막을 도리가 없었다. 로코솝스키 부대는 한편으로는 민스크로부터 남서 방향으로 바란노비치까지 벨라루스를 가로질러 진격했고, 다른 한편으로는 북서 방향으로 발트해 국가들 안까지 진격했다. 1944년 7월 13일 소련군이 리투아니아의 빌뉴스를 해방시켰다. 이제 부대가 발트해 연안의 독일군 군집단북부를 고립시킬 수 있는 지점에 위치했다. 남쪽에서는 1944년 7월 13일에 코네프 장군이 오랫동안 기다린 끝에 두 개의 독일군 군집단에 대한 공격을 개시했다. 코네프는 독일군을 헝가리와 루마니아로 밀어낸 뒤 탱크 부대를 서쪽의 리비우, 루블린, 비스툴라 강으로 발진시켰다.

1944년 7월 17일 5만 7천 명의 독일군 포로들이 모스크바 거리에서 행진했다. 소련의 승리를 과시하고 독일의 인종주의적 오만을 조롱하는 이례적인 행사였다. 그해 여름 많은 소련군 부대들은 독일군 포로들을 전쟁 포로로 등록하지 않고 학살해버렸다. 세월이 한참 흐른 뒤 한 소련 여군이 자기 부대 남자들이 독일군 포로들을 총검으로 난도질하는 것을 목격했다고 회고했다. '나는 기다렸어요. 그들의 눈이 고통으로 파열되는 순간까지 오래 기다렸어요. 학생 여러분. 끔찍한가요? 잔인한가요? 그들이 여러분이 보는 가운데 마을에 불을 지르고 여러분의 엄마를 그 속에 던진다면요? 여러분의 누나를 던진다면요? 사랑하는 선생님을 던진다면요?'[31]

1944년 7월 27일 마침내 리비우가 해방되었다. 그뒤 사흘 동안 라지에프스키 장군 휘하의 제47군이 남동부로부터 바르샤바로 진격했다. 라지에프스키는 마지막 남은 힘까지 끌어올려서 제8근위탱크군단과 제3탱크군단을 북동부로부터 바르샤바로 진격시켰다. 1944년 7월 30일에 보워민에 도착한 부대는 그러나 독일군의 역공에 묶였다. 바르샤바까지 단 15킬로미터 남은 상황이었다. 그들은 지난 5주일 동안—드니프로강과 드비나강에서 비스툴라강까지—300킬로미터를 진격한 터였다. 병사들은 지쳤고, 보급은 모자랐다.

1944년 8월 1일 폴란드의 지하 레지스탕스 부대가 바르샤바에서 봉기를 일으켰다. 무장이 변변치 않던 레지스탕스 부대는 오후 4시에 공격을 개시하여 독일군 병영의 경비 병력을 제압했다. 그러나 핵심 요충을 점령하는 데는 실패했다. 더욱 불운하게도 봉기의 타이밍이 군사적으로 좋지 않았다. 폴란드 지하군 사령관 보르-코모로프스키는 공격 명령을 내린 뒤 1시간 만에 보워민에서 목격된 소련군 탱크 부대가 비스툴라 동안東岸

의 프라가 지구를 해방시키지 않으리라는 것을 알았다. 프라가 지구를 소련군은 1944년 9월 13~14일이 되어서야 점령한다. 소련군은 산도미에시와 마그누스체프에 비스툴라강 교두보를 마련했기 때문에 독일군을 바르샤바로부터 밀어내는 출혈이 큰 전투를 치르는 대신 도시를 우회할 수 있었다. 소련군이 바르샤바 공격에서 얻을 것이 확실치 않았던 것이다.[32]

보르-코모로프스키는 런던의 폴란드 망명정부의 지원을 받지 못했을 뿐 아니라 정치적으로도 오판했다. 봉기의 목적은 폴란드 지하군이 소련군 점령의 수동적인 구경꾼이 아니라 무장한 해방군임을 과시하는 데 있었다. 그러나 소련군은 1944년 7월 22일에 이미 루블린을 순찰하던 폴란드 지하군을 지체없이 체포함으로써 소련이 그 어떤 독립적인 비공산주의 부대도 용인하지 않을 것이라는 점을 보여주었다. 더욱이 소련은 카친 사건 이후 런던의 폴란드 망명정부와 모든 관계를 단절했던 터, 이제 와서 폴란드 망명정부의 정통성을 인정할 의사가 전혀 없었다. 그리고 소련은 꼭두각시 정부인 '폴란드 민족해방 위원회'를 설립한 상태였다. 그래서 소련이 런던의 폴란드 망명정부의 바르샤바 대표를 용인할 전망은 없었다. 봉기 발발 이후 몇 주일 동안 소련군의 개입은 미결정 문제였다. 봉기가 9월까지 이어지자 소련군의 개입 가능성이 훨씬 높아졌다. 그러나 소련군은 그때 프라가 지구를 점령함으로써 비스툴라 동안의 요충을 장악한 뒤 그곳에서 기다렸다. 더욱이 스탈린은 영국군과 미군이 공중에서 폴란드 봉기군에게 보급품을 지원하는 것을 막기 위해 최선을 다했다.

전쟁의 대부분을 바르샤바에서 보낸 교사 출신의 빌름 호젠펠트 대위는 어느덧 사령관 참모가 되어 있었다. 그는 1939년 9월 이래 처음으로 적극적인 군복무를 수행하고 있었다. 1944년 8월 4일에 그는 집으로 보내는 편지에 썼다. '지금까지 나는 전쟁의 호러를 목격한 적이 없어요. 그 때문에 요즘 내가 겪는 경험이 나를 혼란스럽게 합니다.' 이틀 뒤 호젠펠트는 자신은 폴란드 봉기군이 독일군에게 결연하게 맞서 싸우기를 원한다고 썼다. '탱크와 막강한 폭격도 봉기군에게 심각한 인상을 주지 않는 듯해요. 주택가가 불타고 민간인들이 어딘가로 도망칠 때도 그들은 폐허 속으로 들어가서 계속 싸웁니다. 길거리에서 눈에 띄는 사람은 모두 총에 맞고 있어요.'33

호젠펠트는 육군 정보장교였다. 따라서 폴란드 포로의 신문도 그의 업무에 속했다. 봉기 첫 주일에 독일군은 포로를 잡지 않고 사살했다. 호젠펠트는 1944년 8월 8일의 일기에 독일군이 도시를 재장악하는 과정에서 지하실에 대피해 있던 민간인들을 없애버리고 있다고 썼다. '어제는 남자들만 죽였지만, 그전에는 여자들과 어린이들도 사살했다'. 바르샤바 볼라지구에서는 디를레방거 여단―전과자, 밀렵꾼, 예비 친위대원들로 구성된 특별 부대―이 눈에 띄는 모든 사람을, 병원 환자로부터 어린아이에 이르기까지 모조리 죽였다. 사망자가 3만 명 내지 4만 명에 달했다. 호젠펠트가 사령부 건물에서 밖을 내다보니 '긴 민간인 행렬들이' 서쪽 교외로 이동하고 있었다. 그는 독일군 경찰관에게 들은 얘기를 적었다. '저 민간인들은 선별될 겁니다. 남자들은 모두 죽이라는 힘러의 명령이 하달되었다는 소문이 있어요.' 힘러의 명령을 수령한 친위 부대 사령관이 제9군 사령관에게 전화로 물었다. '민간인들을 어떻게 죽이죠? 현재 부대의 탄약이 민간인 수보다 적습니다.'34

호젠펠트는 처음으로 아내와 딸들에게 보내는 편지의 내용에 대해 자가검열을 했다. 그는 특별한 세부 사실은 숨기는 대신 전체적으로 정확한 그림을 전달하고자 했다. '시시각각 도시는 화재와 폭격으로 폐허가 되어가고 있어요. 주택가에 체계적으로 불을 질러요. 우리는 눈과 가슴을 닫아야 합니다. 주민들이 자비 없이 파괴되고 있어요.' 도덕적 비교의 균형을 갖추기 위해 호젠펠트는 강조했다. '수없이 많은 독일 도시들도 폐허 속에 있지요!' 그 모든 것이 그에게 노아의 홍수, '인간의 죄악과 오만'이 부른 재앙을 떠올렸다. 의무, 그리고 식사 때마다 마시는 적포도주—어느덧 술은 그의 식단에 새롭게 추가된 정규 메뉴였다—가 일시적이나마 그의 스트레스를 해소시켜주었다. '무엇이든 올 테면 오라지. 나는 명랑해.' 그동안 폴란드 봉기군과의 전투가 정체되었다. 어느 편도 상대방을 제압할 만큼 강하지 못했다. 주변의 장교들 대부분이 독일군이 단시간 내에 봉기를 제압하고 소련군을 비스툴라강에 묶어둘 것이라고 예측했지만 호젠펠트는 소련군이 약화된 독일군 전선을 쓸어버릴 것이라고 확신했다. 그는 독일로 귀국하는 동료 장교에게 값진 시계를 건네면서 아내에게 전달해달라고 부탁했다.[35]

1944년 8월 21일 퍼터 스틸텐의 제302탱크부대가 바르샤바 교외에 도착했다. 노르망디에서 철수했던 부대가 그곳으로 보내진 것이다. 그 직전에 스틸텐은 자신이 '아름다움과 용해되겠다는 의지'를 천명했었다. 그런 남자에게 바르샤바의 상황은 적합하지 않았다. 바르샤바에 도착하자마자 스틸텐은 도로테에게 썼다. '전투는 특별하게 격렬할 거야—상상할 수 없을 정도로.' 그는 철학적으로 덧붙였다. '내일 우리는 보게 되리.' 도착 며칠 만에 스틸텐은 부상을 당했다. 독일군의 미니 골리앗이 스틸텐의 사령 차량 바로 옆에서 폭발한 탓에 동료 여섯 명이 사망했다. 며칠 뒤에 똑같은 사고가 또 발생하여 병사 두 명이 죽었다. 스틸텐은 집에 보내는 편지에 썼다. '적이 우리에게 야포를 발사했고, 내 차에서 불과 몇 미터 떨어진 곳에서 수천 킬로그램의 포탄이 터졌어요.'

저는 그게 제 잘못이라고 생각하지 않아요. 그러나 무슨 상관이겠어요. 불행이 오면, 그게 제 탓이 되어 제가 진짜 잘못인 듯한 낙인이 찍힙니다. 제가 저주가 되는 겁니다. 모든 병사들 얼굴에 그게 쓰여 있어요. 폭발 사고가 난 뒤 몇 시간 동안 저는 시력을 잃은 채 신음하는 부상병들 사이에 누워 있었어요. 지금 저는 무사해요. 그리고 차분해요. 저는 불운과 책임이 인간을 교육한다고 믿어요.

스퇼텐은 죽은 동료들의 가족들에게 서둘러 위로 편지를 쓰면서 자신에게 자신감이 없어졌다는 것을 뼈저리게 느꼈다.[36]

건물 하나하나를 놓고 싸우는 시가전의 잔인함과 폭력성은 스퇼텐이 그때까지 보았던 모든 폭력성을 넘어섰다. 1944년 8월 26일 그는 도로테에게 시가전이 독일에 대한 연합군의 폭격도 능가한다고 썼다. 그러나 그는 '바르샤바 전쟁, 폴란드인들의 그 영웅적인 투쟁은 오직 풍자적인' 방식으로만 쓸 수 있으며 '여자에게 말하면 안 된다'고 느꼈다. 농담이 아니었다. 그런 와중에도 그는 자신의 도덕적 위기를 극화하는 작업을 수행했다. 스퇼텐이 바르샤바에서의 첫 며칠 동안 전투와 동료의 죽음과 공포 속에서 어떻든 시간을 내서 '풍자―정글 전투'라는 16페이지의 글을 쓴 것이다. 그는 그 글을 아버지에게 보내면서 어머니에게는 보여주지 말라고 당부했다. 그는 진정 끔찍한 것은 여자들에게는 말하면 안 된다는 자신의 규칙에 충실했다.[37]

스퇼텐의 '풍자'는 그가 5주일 전에 작성했던 목가적인 대화록과 더이상 다를 수 없을 정도로 달랐다. 주인공들은 잡다한 무리였다. 늙은 독일군 보병들, 사지가 멀쩡한 사람은 거의 없는 그 사람들, 독일 경찰대, '미처 전소되지 않은 주택 현관에 다시 불을 지르는 그 경찰관들'에서 시작하여 '팔뚝에 팔찌와 시계를 암컷 기린 목의 반점들처럼 두르고 있는 코자크 병사와 보조군인들'에 이르기까지. 약탈은 시대의 질서였다. '병사들은 국적과 무관하게 가능한 모든 물건을 침대 시트 아래 보관하고 있다.' 카민스키 부대가 '여자들을 강간하고, 그들의 유방을 도려내고, 그들 몸을 창

밖으로 던질 때!' 스틸텐은 개입하지 않는 것을 배웠다.

1941년 말에 러시아인들로 구성된 브로니슬라프 카민스키 보조경찰대는 스탈린그라드 패배 이후 약 1만 명 내지 1만 2천 명의 '연대' 규모로 확대되었다. 병력은 주로 소련군 포로들 중에서 선발된 '자원병'들이었고 포획한 소련군 탱크와 야포로 무장했다. 부대는 1944년 6월에 무장친위대에 통합되었다. 여타의 '동유럽 외인부대'들도 독일군이 거칠고 잔인한 빨치산 전투에 갈수록 외국인 병사들을 투입하면서 비슷한 방식으로 대형화되었다. 최초의 코자크 사단은 1943년 4월에 구성되었고 에스토니아 친위대 사단은 1944년 5월에 조직되었다. 전쟁 말에 무장친위대의 절반인 50여만 명이 독일 출신이 아니었다. 바르샤바에서 자행된 폭력의 다수—결코 모두는 아니었다—는 그 규율 없던 외국인 외인부대가 벌인 일이다.[38]

스틸텐이 인식했듯이 독일군이 바르샤바를 재정복할 수 있었던 것은 전적으로 '탱크, 급강하 폭격기, 수평으로 포탄을 쏟아내던 대전차 야포와 대공포, 야포와 로켓탄 발사기' 그리고 특히 '탈영하여 지하 통로의 입구를 누설한 적병들' 덕분이었다. 독일군은 탈영병이 누설한 정보를 이용하여 '수문을 폭파시킴으로써 지하에 있던 적군 전원을 익사시켰다'. 혹은 병사들이 화염병을 던져넣으면 '폭발 속에서 사체가 발기발기 찢겼다'. 스틸텐은 그 와중에 그의 '풍자'를 작성한 것인데, 이번에 그는 고트프리트 벤이 표현주의 시로 표현한 죽음의 무도를 모델로 했다. 그러나 그의 '풍자'는 현실 그 자체가 주는 쇼크의 무게에 의해 붕괴된다. 그는 자신을 짓누르는 호러와 깊은 부끄러움으로 인하여 가벼운 음조와 아이러니한 거리를 유지할 수 없었다. 그의 글은 그 두 가지로 시작되지만 스틸텐은 자기검열을 완전히 포기하고 전투가 실제 어떠했는지 처음으로 표현한다. '항복한 그들(폴란드 병사들)은 사살되었다—뒷머리 총격으로!' 호젠펠트처럼 스틸텐도 체포된 민간인들이 성별로 나뉘어 끌려갔다고 증언한다. 그리고 그는 그들에게 가해진 그 이상의 가혹행위를 암시한다. '일부는 다른 것들을 보았다—그러나 그것은 어차피 우리의 문제가 아니다—하나님께 감사하게도!!!'[39]

스튈텐은 도로테와 어머니와 여동생이 자신이 지은 풍자극을 읽지 않기를 바랐다. 그러나 폐허 속에서 5주일 동안 시가전을 치르고 난 1944년 9월 28일 그는 약혼녀에게 고백했다.

> 남자 시체에 익숙해져. 시체가 오랜 세월 동안 자연의 질서에 속해왔다고 생각되는 거야. 그러나 짓이겨진 여자 시체들 사이에서 빛나는 아름다움을, 완전히 다른, 사랑스러운, 훼손되지 않은 인간을 보면, 그리고 아이들, 나의 가장 암울한 시간에도 국적을 불문하고 그 순수함이 내 안에 강렬한 사랑을 일으키는 아이들을 보면, …… 당신도 보게 될 거야—그리고 당신도 내가 그것에 관하여 쓰면 안 되는 것이었다고, 쓸 필요가 없는 것이었다고 말하게 될 거야.

스튈텐은 그렇게 '남자란 자신의 여자와 다른 모든 여자에게 전쟁에 대한 글을 읽게 하면 안 된다'는 자신에게 부과한 전래의 규칙을 위반했다. '당신도 눈을 떠야 하고 그 위험을 알아야 하기' 때문이었다. 그는 도로테에게 독일군 병사들이 바르샤바에서 자행한 것을 적군 병사들이 베를린에서 행할 수 있다고 암시했던 것이다. 그렇게 남녀 역할에 대한 전래의 구분에 도전하면서 그는 처음으로 깨달았다. 그 규범의 유효성은 그가 그 속에서 성장했고 또 아직도 여전히 믿고 있는 '남성 영웅주의의 아우라'에서 비롯된 것이었다고.[40]

빌름 호젠펠트는 폴란드 봉기군이 '비적'이기에 독일군이 민간인들을 인간 방패로 내세우는 것이라는 나치의 공식 설명을 받아들였다. 그는 스틸텐보다 더욱 단호하게 바르샤바에서 발생한 사악한 행위들은 카민스키 여단의 '자원병들'이나 친위경찰 부대가 저질렀고, 독일군은 군인으로서의 명예에 충실했다고 주장했다. 그러나 독일 포병대가 대성당의 둥근 탑을 포격하는 것을 목격한 뒤 그는 그 성당 안에 1,500명이 대피하고 있었다는 충격적인 내용을 편지에 썼다. 호젠펠트는 또한 여성 포로들이 잔인하게 처리되는 것에도 고통스러워했다. 1944년 8월 27일 호젠펠트가 고등학교 여학생 세 명을 전단과 지도를 배포한 혐의로 신문했다. 호젠펠트는 자기 아내와 딸들에게 그 소녀들이 사살되지 않게 할 수 있기를 희망한다고 썼다. 실제로 그는 소녀들에게서 아무런 혐의도 확인하지 못했다. 그리고 결론을 내렸다. '이곳 상황에 맞고 또 통상적으로 적용되는 가차없음'이 내게는 없다. 호젠펠트는 소녀들이 모두 종교 메달이나 성모상을 휴대하고 있다는 점도 주목했다.[41]

스틸텐이 짧은 휴가를 얻었다. 2차대전 발발 전에 독일에서 인테리어 사업을 하던 상관이 그에게 바르샤바 도심의 최고 아파트 단지에 숙소를 물색하도록 했다. 스틸텐은 아파트를 하나 선택하여 '조각상, 소파, 고블랭, 융단 등등'으로 단장했다. 그는 도로테에게 썼다. 그러나 '곧 모두 불타버릴 거야.' 스틸텐은 그 숙소를 베를린 녹지 첼렌도르프에 위치한 부모집처럼 장식하고자 했다. '거실을 우리집 다이닝룸처럼 꾸몄어.' 스틸텐은 음반을 뒤져서 폭스트롯과 탱고와 왈츠와 폴카를 틀어놓고 1.5미터 밀랍 촛불의 깊은 그림자 속에서 춤을 추었다. 구원은 베토벤이었다. 그는 베토벤의 〈에그몬트〉 서곡에 깊이 감동했다. 그는 독일 라디오가 '나치의 그 모든 연설 대신에' 이 곡을 방송해야 한다고, '그것이 힘의 원천'이라고 도로테에게 썼다. 전투가 잠시 멈춘 시각에 스틸텐과 상관이 반파된 아파트들 안에 들어가보았다. 유리 조각들이 발에 밟혔고 매캐한 콘크리트 가루가 가득했다. 신기하게도 예술품 일부가 온존되어 있기도 했다. 머리가 단정한 어린이 사진들도 있었다. 모든 사진이 하나같이 말하고 있었다. '그가 무사하길 빌어요.' 심란해진 스튈텐이 그곳에서 발견한 미술사 전집에서 도판을 떼어냈다. 바르샤바 문화유산의 작은 일부라도 보존하기 위해서였다. 그는 바르샤바의 도시 문화에 '독일은 진정 상대도 되지 못한다'고 확신했다. 독일인들이 폴란드인들에 대하여 믿도록 교육받아온 모든 것이 뒤집힌 것이다.[42]

소련군 로코소프스키 장군은 비스튈라강 동안東岸의 프라가를 점령한 뒤인 1944년 9월 14~15일 밤에 폴란드 자원병들을 투입했다. 그러나 그 병사들은 스튈텐도 참여했던 독일군의 반격으로 살육당했다. 그때까지 남아 있던 폴란드 레지스탕스 봉기군이 독일군에게 승리할 가능성은 전무했다. 그들은 소련군의 지원을 받지 못했고, 중화기는커녕 약간의 소총만 휴대했을 뿐이며, 탄약과 식량도 부족했다. 결국 1944년 9월 27일에 모코투프 지구가, 사흘 뒤에는 졸리보시 지구가 함락되었다. 그 직후 봉기군은 폴란드 병사들과 민간인들의 처우 문제에서 독일군의 양보를 받아내기 위한 협상을 서둘러 신속히 진행했고 또 합의했다. 그에 따라 도심의 봉기군이 1944년 10월 2일에 질서 있게 항복했다. 모든 전투가 멈추었다.[43]

빌름 호젠펠트와 페터 스튈텐은 폴란드 봉기군이 항복하는 모습을 지켜보았다. 호젠펠트는 '봉기군의 끝없는 행렬'을 보면서 놀랐다.

자부심 넘치는 모습들. …… 어린 청년들. 장교들만 내 나이 또래인데, 그조차 얼마 되지 않았다. 열 살 먹은 소년들이 자랑스럽게 군모를 쓰고 있었다. 소년병들은 연락병 역할을 했었는데, 그들은 어른들과 함께 포로로 잡히는 것을 명예로 여기고 있었다. 대오는 남자들 60명씩 구성되어 있었고 대오마다 소녀들과 젊은 여성들이 뒤따랐다. …… 그들은 애국적인 노래를 부르고 있었고 그 어떤 이도 그들이 겪은 끔찍한 고통을 겉으로 내보이지 않았다.

60일간의 봉기 동안 호젠펠트는 공식 용어에 충실하게 봉기군을 '비적들'로 칭했고, 그가 구해주려던 소녀들은 현혹된 것뿐이라고 서술했으며, 봉기군에 대한 민간인들의 지원은 강제된 것이라고 설명했다. 독일군 사령부가 폴란드 봉기군을 정당한 군대로 인정하고 그들에게 전쟁포로 자격을 부여하자 비로소 호젠펠트는 폴란드인들에 대한 전적인 존경심을 자유롭게 표현했다. '민족정신이 무엇인지, 그것이 어떻게 진실된 형태를 띨 수 있는지, 5년간의 부당한 고통을 겪은 사람들이 어떤 모습인지, 그 질문에 대한 답이 여기 있다.'[44]

스튈텐 역시 봉기군이 포로로 잡히면서 보여준 '굴하지 않는 민족적 자부심'에 깊이 감동했다. 폴란드 병사들은 군인의 명예에 완벽하게 부합했다. '왜냐하면 하나님이 증인이신데, 그들이 우리보다 더 잘 싸웠기 때문이야'. 호젠펠트와 마찬가지로 스튈텐으로 하여금 자신을 봉기군과 동일시하도록 한 것은, 그 자신이 믿는 가치들을 폴란드 봉기군이 보다 순수하고 보다 자기희생적으로 보여주었기 때문이었다. 스튈텐은 결론지었다. 독일인들은 '굳은 자세와 민족주의와 희생적인 용기와 힘을 구현한 인민이 아직 못 돼.' 패배한 민족이 영웅적인 저항을 수행할 수 있다는 인식은 그로 하여금 독일의 점령을 처음으로 새로운 각도에서 바라보도록 했다. '나조차 독일의 통치 아래 살고 싶지 않아.' 스튈텐은 노르망디 전장에서 독일의 '정신'이 연합군의 '물질'에 의해 분쇄되는 것을 목격했다. 바르샤바에서도 폴란드 '정신'을 분쇄한 것은 독일의 '물질'이었다. 민족적 의지와 흔들리지 않는 믿음이 물질적 곤경에 대해 승리한다는 믿음 속에서 살아온 그였다. 그는 자명한 반대 교훈을 받아들일 수 없었다. 그는 도로테에게 물었다. '역사에 정의라는 게 있을까?' 그리고 몇 달 전 르망에서 즉각적으

로 거부했던 신비주의로 잠시 돌아갔다. '신의 생각이 우리의 생각인 건 아니지.'[45]

그후 스뵐텐 부대는 동프로이센 촌락들을 방어하도록 배치되었고, 빌름 호젠펠트는 바르샤바 도심에 머물렀다. 그의 위수군 연대는 그 최전선 도시를 '성채'로 전환하라는 임무를 부여받았다. 바르샤바에서 독일군과 친위대 모두 그 도시를 지구 표면에서 삭제하라는 히틀러의 명령을 완수하느라 분주했다. 민간인 전체가 강제로 소개되었다. 호젠펠트의 첫 임무는 독일과 중립국 언론을 초대하여 폐허를 취재하도록 하는 일이었다. 파괴를 보도하는 것은 쉬운 일이었다. 극장에만 가도 불타고 남은 의상 더미나 악보가 있었다. 호젠펠트는 아내에게 보낸 편지에서 물었다. '집은 좀 다른가요? 요즘 아헨의 모습은 어때요?'[46]

호젠펠트는 바르샤바에서 임시 숙소와 연대 사령부 사무실로 사용할 집을 찾느라 애를 먹었다. 1944년 11월 17일 호젠펠트는 니에포들레고쉬치가街의 한 주택을 살펴보다가 부엌에서 음식을 찾고 있는 해골 모습의 유대인을 만났다. 호젠펠트는 그 유대인이 쇼팽을 연주하는 것을 들은 뒤 그 건물 다락에 숨도록 도와주었다. 그날 밤 호젠펠트는 어둠 속에 깨어 있으면서 전사한 동료들과 상상의 대화를 나누었다. 그는 아내에게 썼다. '그들과 대화하는 것이 믿을 수 없을 만큼 위안을 줘요. …… 나는 생생하게 살아나서 중대中隊만의 작은 세계에 사로잡힙니다. …… 그러면 사랑하는 사람들, 당신과 아이들이 보여요. 작은 아이들은 자고 있네요. 피곤한 녀석들. 큰딸과 당신은 실물만큼 커져서 눈을 반짝이며 어둠 속을 보고 또 나에게 와요.' 그는 편지 검열을 우려하여 유대인을 숨겨준 이야기를 쓰지 않았다. 과거 호젠펠트는 바르샤바 봉기 이전에 관리하던 체육관에 유대인들을 숨겨주었었다. 이번에 그가 숨겨준 유대인이 바로 그 유명한 피아니스트 브와디스와프 슈필만이다. 그후 몇 주일 동안 호젠펠트는 슈필만에게 정기적으로 음식을 가져다주었다. 그가 숨어 있던 다락방은 부대가 사무실로 사용하는 주택의 꼭대기에 있었다. 그러는 동안 자신감이 되돌아왔다. 호젠펠트는 봉기가 시작된 이후 처음으로 독일군이 소련군을 비스툴라강에 묶어놓을 수 있다고 생각했다.[47]

**

1944년 7월 25일에 스틸텐의 레어탱크 사단이 프랑스 생로 인근에 융단 포격을 가한 것은 사실 미군이 노르망디반도를 돌파했다는 표시였다. 그때 사흘간의 전투로 독일군 전선이 공간적으로 과도하게 늘어졌고, 독일군은 전선의 벌어진 틈들을 메울 수 없었다. 동부전선의 벨라루스에서 독일군이 예비 병력이 부족해서 소련군의 진격을 막을 수 없었던 것과 똑같이, 노르망디에서도 예비 기동 병력이 부족했던 독일군은 미군의 엄청난 역동성을 멈출 수 없었다. 1944년 7월 30일에 아브헝슈가 함락되었고, 다음날 패튼의 제3군 기갑사단이 퐁토보 다리를 점령하고 브리타니로 쏟아져 들어갔다.[48]

1944년 8월 7일 미군 제8군단이 프랑스 북서부 극점의 항구 도시 브레스트를 포위했다. 그곳 항만 시설과 잠수함 기지는 독일군의 중요한 자산이었다. 한스 H는 브레스트를 방어하는 독일군 병사 4만여 명의 하나였다. 그 젊은 오스트리아 공수대원의 사기는 아직 높았다. 한스는 미헬보이렌 기차역 매표소의 여자친구 마리아에게 썼다. '토미가 폭탄과 포탄으로 우리를 죽이려 하고 있어. 그러나 괜찮아. 우리는 지하 깊숙이에 들어앉아 있거든.' 부대에는 먹고 마실 것이 풍부했다. 다만 한스는 브리타니를 통과하면서 배낭을 잃어버린 것이 아쉬웠다. 그 안에 마리아가 보낸 모든 편지, 면도기, 양말 몇 짝이 들어 있었다. 그러나 기쁘게도 한스는 브레스트에서 마리아의 편지 여덟 통을 받았다. 답장에서 그는 그들의 사랑과 행운이 그들을 지켜주고 있다고 확언했다. '나는 용기를 잃지 않아. 나는 운이 좋거든. 자기는 행운을 주는 사람이야. 자기가 내게 계속해서 행운을 가져다주리라는 것을 나는 알아.' 한스의 그 편지는 잠수함으로 배달되었다. 그리고 그 편지가 그의 마지막 편지였다. 브레스트는 6주일을 버텼다. 1944년 9월 19일에 도시가 함락되었을 때 도시에는 서 있는 것이 없었다.[49]

1944년 8월 15일 알렉산더 패치 중장이 이끄는 미군 제7군이 지중해의 마르세유와 툴롱 사이 지점에 상륙했다. 독일군의 정예 부대들은 프랑스 북부의 군집단B에 집중되어 있었고, 남서부 프랑스는 장비가 취약한 요한네스 블라스코비츠 사단들이 지키고 있었다. 히틀러는 블라스코비츠에게 할 수만 있다면 즉시 동북쪽의 알자스-로렌으로 철수하도록 허락했다. 철수하지 않으면 패튼과 패치의 집게에 걸려들 위험이 다분했기 때문이었다.

블라스코비츠 사단에 에른스트 귀킹이 포함되어 있었다. 철수 명령이 하달된 뒤 부산하게 철수 준비를 한 끝에, 하루가 지난 1944년 8월 17일에야 귀킹이 부대의 마지막 트럭을 타고 출발했다. 귀킹 부대는 제19군의 1089호 야전병원을 수송했다. 부대가 아비뇽에 도착하니, 다리가 심하게 파괴되어 통과하는 부대의 무게를 견딜 수 없었다. 부대는 장비의 절반을 버리고 오랑주로 방향을 잡았다. 연합군 공수부대가 상륙했다는 소문이 무성했다. 공중으로부터의 위협에 대한 공포도 상존했다. 1944년 8월 18일 트럭이 긴 다리의 중간을 지나는데 폭격기가 날아왔다. 귀킹은 트럭에 앉아서 폭탄이 강물에 떨어지는 것을 바라보았다. 발랑스로 가는 도로에서는 '테러리스트들'이 부상병을 실은 차량 행렬을 공격했다. 병사들이 차량에서 내려 대응사격을 가해 격퇴했다. 귀킹은 일기에서 농촌 지역을 장악하고 있는 프랑스 레지스탕스 유격대를 '테러리스트'라고 칭했다. 자신의 부대가 막강한 미군과의 대결을 피하고 프랑스 농촌 지역을 가로질러 도망치는 동안에도 귀킹은 특유의 신념을 유지했다. 귀킹 부대가 포획한 첫번째 미군 포로들이, 자신들은 그로노블에서 출발한 부대로서 론강에서 독일군의 퇴로를 차단하려 했다고 자백했다. 그 소식을 듣고도 귀킹은 낙관적이었다. 미군은 '야포로계곡 아래를 향해 포탄을 발사할 수 있을 뿐이야. …… 그들은 겁쟁이여서 대면 공격을 못 해.'[50]

북부 프랑스에서는 독일 제7군이 팔래스 주변에서 포위되었다. 3면으로 포위된 군대에게 빠져나갈 곳은 팔래스와 동쪽 아흐정떵 사이의 좁은 회랑뿐이었다. 서유럽 독일군의 그 최정예 부대가 완전히 포위될 위험에 처하자 히틀러는 귄터 폰 클루게 사령관을 발터 모델 장군—비스툴라강을 따라 새로운 방어선을 구축했던 소방수—으로 교체하면서 후퇴를 허락했다. 영국군과 캐나다군이 포위망을 봉인하기 직전에 4만 명에서 5만 명에 이르는 독일군 병력이 빠져나갔다. 그들은 거의 모든 기갑 차량과 중무장 장비를 버리고 떠났다. 그럼에도 불구하고 1만 명 내지 1만 5천 명이 전사했다. 그 전투에서 서유럽 연합군은 유럽 대륙으로 돌아온 이래 처음으로 포위 작전을 전개했다. 그리고 전투의 살육에 경악했다. 연합군 총사령관 아이젠하워가 전장을 방문했을 때 그는 바실리 그로스만이 바브뤼스크에서 마주친 상황과 비슷한 경험을 했다. '글자 그대로 오직 시체와 썩어가는 육신만을 밟으면서 수백 야드를 걸어갔다'. 나흘 뒤인 1944년 8월 25일에 파리가 해방되었다.[51]

남부 프랑스에서 미군은 독일군의 동쪽 퇴각로를 끊으려 했다. 블라스코비츠의 군집단에게 기갑사단이라고는 제11탱크사단 하나만 남은 상태였다. 블라코비츠는 그 탱크만으로 독일군 제1군과 제19군 전체가 몽뗄리마흐로부터 무사히 후퇴하도록 엄호해야 했다. 탱크들은 부대가 통과할 수 있도록 공간을 크게 벌렸다. 에른스트 귀킹은 1944년 8월 27일에 리옹에서 부상을 당하여 야전병원으로 옮겨졌다. 그 직전에 귀킹은 '테러리스트들'이 득실대는 도로 위의 총격전을 피하면서도, 폭격 맞은 야전병원 버스의 부품을 챙겨야 했다. 그가 일기에 '이 돼지들은 적십자도 안 알아줘'라고 썼지만, 그의 기록은 오히려 야전병원에 대한 공격이 드물었다는 사실을 보여준다. 후퇴하는 동안 매일같이 '야보스' 전폭기가 날아왔지만, 그 비행기들은 대부분 굉음 소리와 함께 병원용 버스 위를 지나쳐서 날아갔다. 귀킹은 어떻게든 시간을 내서 집에 소포 하나와 편지 두 통을 보냈다. 소포는 휴가 가는 병사를 통해서 보냈고, 편지는 일상적인 야전 우편함을 이용했다. 야전 우편이 적어도 주요 도시에서는 후퇴하는 전선에서도 작동하고 있었다.[52]

1944년 9월 3일 에른스트 귀킹이 론강을 건너 달빛 속에서 돌르―'테러리스트들로 오염된' 도시―로 들어갔다. 이어서 브장송, 브술, 샹파뉴, 에피날을 지났다. 흐미흐몽Remiremont 근처에서는 귀킹이 탄 차량의 앞바퀴 베어링이 떨어져나간 탓에 온갖 곳에서 부품을 찾아와 수리해야 했다. 1944년 9월 10일에 패치의 부대와 패튼의 부대가 만났다. 그러나 독일군 제11탱크사단은 여전히 후퇴하는 독일군을 엄호하고 있었다. 1944년 9월 13일 귀킹 행렬이 서부 보주산맥의 독불 국경을 통과했다. 히틀러청소년단 소년들이 나와서 손을 흔들며 환영해주었다. 귀킹과 동료들도 손을 흔들며 답했다. 그날 일기에 귀킹은 적었다. '오늘 우리는 독일 땅에 있다. …… 참담한 심정이다.' 후퇴로 지치고 우울했지만 드디어 적을 피하는 데 성공해서 안도한 병사들은 차 안에서 곯아떨어졌다. 연합군이 독일군 부대들을 앞지르려고 시도했지만, 블라스코비츠는 그렇게 최후 순간의 후퇴에 성공했다.[53]

북부의 군집단B도 후퇴하는 데 성공했다. 마지막 부대가 1944년 8월 말에 센강을 건넜다. 1940년 6월에 프랑스군과 영국군은 센강의 다른 편에서 재집결하여 강을 방어벽으로 이용했었다. 이번에 독일군은 그에 성공하지 못했다. 그래서 1944년 9월 3일에 브뤼셀을 포기했고, 다음날에는 중요한 항구 도시인 앤트워프를 내주었다. 독일군이 독일 국경 쪽으로 퇴각하자, 독일군 총사령부는 앤트워프와 아헨 사이의 까날 알베르를 따라 구축된 요새들과 아헨부터 트리어와 자르브뤼켄까지의 서부방벽을 재활성화하도록 지시했다. 독일군은 영불해협으로부터 흑해에 이르는 '성채 유럽'을 방어하는 대신 독일이 1918년 11월 11일의 1차대전 항복 일에도 잃지 않았던 강–몽스–스당 휴전선 너머로 후퇴했던 것이다.[54]

연합군이 앤트워프로부터 독일을 향해 출발하자 독일 서부 국경 지대가 패닉에 사로잡혔다. 아헨에서 트리어에 이르는 국경 전체가 전선이 되었던 것이다. 1944년 9월 초에 선전부에 접수된 주별 여론 보고서들은 독일인들의 사기가 기록 이래 최저점에 달했다는 것을 보여주었다. 부정적인 태도들, 지도자들에 대한 '숨은 비판들', 패배주의적 촌평이 증가했다. 인민의 사기가 얼마나 낮았는지 괴벨스가 런던을 V-2 로켓으로 공격했다는 뉴스를 금지할 정도였다. 괴벨스는 국민들의 사기가 낮아졌으므로 선전을 해봐야 선전 효과만 허비하는 것은 아닌지 우려했다. 선전부 보고서들은 동시에 독일인들이 그냥 '수건을 던지고' 노예가 되려 하지는 않는다고 보고했다. 독일인들은 자신들이 보호될 수 있는지 알고 싶어했다. 그 강력한 대서양방벽조차 1944년 6월의 연합군 공격을 막아낼 수 없었는데 서부방벽이 무슨 소용일까? 많은 독일인에게 문제는 단순히 독일에 처음으로 진입하는 적군이 영국군과 미군이냐, 아니면 소련군이냐 하는 것이었다.[55]

1944년 9월 11일 미군이 드디어 아헨 남쪽으로 진입했다. 민간인 수만 명이 동쪽으로 도망친 뒤였다. 그날 히틀러는 아헨의 소개를 허락했다. 이틀 동안 주민 2만 5천 명이 떠났다. 그것은 질서정연한 소개 작전이 아니었다. 늦은 저녁이 되자, 아헨의 나치당 당직자들, 경찰관들, 소방대원들, 심지어 게슈타포 경찰관들까지 탈출을 지휘하는 대신 탈출에 가담했다. 비슷한 장면이 룩셈부르크와 트리어에서도 벌어졌다. 군수장관 알베르트 슈페어가 그곳에 순찰차 가보니, 나치 공직자들이 독일군이 재앙과도 같이 프랑스를 내주었다고 군대에 손가락질을 하고 장교들에게 배신의 낙인을 찍고 있었다. 그러나 히틀러에게 보고했듯이 그는 독일군과 나치당 당직자들의 대비되는 모습에 충격을 받았다. 병사들이 낡아빠진 회색 전투복을 입고 있던 데 반하여 당직자들은 금색 수술을 단 당복을 말쑥하게 차려입고 젠체하고 있었던 것이다.[56]

그러나 아헨의 질서를 회복한 것은 정작 독일군이었다. 1944년 9월 12일 제116탱크사단—한때 자랑스러웠던 부대는 병사 600명에 가동 탱크는 12대뿐이고 야포는 아예 없는 수준으로 축소되어 있었다—이 제때 도착하여 '무질서한 소개'를 정지시켰다. 부대는 벙커에 남아 있던 민간인 수만 명을 적절히 소개시키고 도로를 정리했고 미군 제3기갑사단과 대결할 준비를 했다. 미군이 트리어와 아헨을 포격한 1944년 9월 13일에도 그들은 참호를 파고 있었다. 다음날 룬트슈테트가 서부전선 총사령관에 재임명되었다. 그는 서부방벽을 '마지막 총알까지 완전히 파괴될 때까지' 지킬 것이라고 선언했다. 1944년 9월 16일 히틀러가 그 명령을 서부전선의 모든 독일군 병사에 대한 일반명령으로 전환했다. '독일 도시의 모든 벙커, 모든 주택 블록, 모든 촌락은 성채가 되어야 한다. 적이 피 흘려 죽을 때까지, 점령군 병사들이 1대1 전투 속에서 매장될 때까지.'[57]

제6부

완전한 패배
: 1944년 여름~1945년 5월

제14장

참호가 된 나라

1944년 8월 말과 9월 독일인들은 글자 그대로 땅을 팠다. 수십만 명이 동원되어 참호를 파고 요새를 건설했다. 그들은 지역의 제국방어 전권위원에 임명된 나치 지구당위원장들의 지휘를 받았다. 서부방벽에 동원된 민간인만 1944년 9월 10일 현재 21만 1천 명이었다. 대부분 여성과 십대 청소년과 노인들이었다. 137개의 노동봉사단과 히틀러청소년단 부대도 투입되었다. 동부에서는 독일인과 외국인 노동자 50만 명이 땅을 팠다. 1944년 9월에는 극장 문을 닫고 배우, 음악가, 무대 스텝들도 동원했다. 괴벨스가 영화 산업의 인력 일부를 보호하려 했고 히틀러 역시 면제자 예술인 명단을 작성했지만, 히틀러가 성장했던 히틀러 도시 오스트리아의 린츠조차 배우와 가수들을 친위대에 징집하여 인근의 마우트하우젠 강제수용소 경비에 투입했다.[1]

히틀러는 소련군의 처절한 스탈린그라드 방어에서 교훈을 얻어서 1944년 3월에 모길료프, 바브뤼스크, 비테프스크를 '성채'로 지정했다. 그 도시들은 '스스로 포위되는 한이 있더라도 가능한 한 적군을 최대한 붙잡아두어 성공적인 반격 조건을 창출해야 했다'. 그러나 그 세 도시는 1944년 여름에 파괴적인 패배 속에 함락되었다. 그 모델은 서부전선에서는 훨씬 잘 작동했다. 미군은 브레스트를 점령하느라 막대한 인명을 잃었고, 항구 역시 심각하게 파괴되었다. 독일군은 그 덕분에 루아양, 라로셸, 생나제르, 로리앙 같은 대서양 항구들을 변함없이 통제할 수 있었다. 동부전선에서는 독일군이 비스툴라강 너머로 후퇴한 뒤에 정부가 동부 독일과 폴란드의 20개 도시를 추가로 '성채'로 지정했다. 슐레지엔, 단치히-서프로이센, 바르텔란트의 성채화에는 폴란드인들의 노동이 투입되었다. 동프로이센의 성채화는 1차대전으로 거슬러올라간다. 그러나 과거부터 있던 요새들도 새로 보수되어야 했고 가능한 한 새로이 무장해야 했다. 그곳에 동원된 20만 명의 독일인들은 가을 이전에 성채화를 완수하라는 명령을 받았다. 그들은 노동이 강제적이라고 불평했고, 불만은 흔히 나치당 당직자들을 향했다. 그들은 삽자루를 들고 함께 참여하는 대신 당복을 말쑥하게 차려입고 고함이나 지르고 있지 않은가. 음식도 나쁘고 헛간에서 지내면서 짚단 위에서 자는데다가 노동시간도 과도하다. 독일인들은 그들이 타인에게 가했던 폭력의 맛을 연하게 보고 있었던 것이다. 그러나 다른 한편 식당 웨이터와 대학생과 화가와 대학교수가 함께 도시 밖에서 야영하며 삽을 들다보니, 그 강제노동이 공동의 노력의 감각을 일깨우기도 했다. 노동에 투입된 독일인이 1944년 말에는 150만 명에 달했다.[2]

독일인들은 그런 작업에 적응되어 있었다. 그동안 벌인 월동구호단 모금 활동, 나치 기관들의 여름 캠프, 빈민 무료 식당 등이 그들을 준비시켰던 것이다. 희생을 공유하자는 그 작업이 5년간의 전쟁으로 완성되었다. 라우터바흐에 살던 이레네 귀킹은 남편 에른스트에게 썼다. '나는 다른 사람들에게 앞으로 나아가는 좋은 예를 보여주고 싶어. 다른 사람들을 부끄럽게 만들 자신 있어.' 그러나 그녀는 아이 둘을 돌보다보니, '총력전의 주변으로 밀려나지 않기 위해서는 내가 무엇을 해야 하는지' 알 수 없었다. 독일군이 프랑스로부터 철수했다는 것은 적어도 남편이 더이상 우아한 프랑스 여자들에게 유혹당하지 않는다는 것을 뜻했다. 지도를 들여다보니 보주산맥의 언덕들이 아주 가까웠다. 그녀는 매일 지도를 들여다보았고, 혼잣말을 했다. '당신이 동쪽으로 조금만 오면 안전한 국경이야. 제국의 국경이 가깝다는 것을 알면 웃기는 감정이 들 거 같아.'[3]

예외적인 조치들이 필요한 시간이었다. 괴벨스는 1944년 7월 중순에 국내전선에 '총력전' 조치들을 부과하고 싶었다. 그러나 여전히 히틀러에게 막혔다. 하지만 1944년 7월 20일의 암살 기도에서 아슬아슬하게 살아난 뒤 히틀러가 마음을 바꿨다. 그날 클라우스 솅크 폰 슈타우펜베르크 대령이 설치한 폭탄이 히틀러의 동프로이센 야전사령부 회의실에서 폭발했다. 장교 세 명과 속기사가 죽었다. 그러나 회의실에 있던 다른 24명과 마찬가지로 히틀러는 고막이 터지고 폭발풍 상처만 입었을 뿐 무사했다. 암살 음모의 중대한 결점은 음모가 군대 고위층의 지지를 받지 못했다는 점이었다. 1943년 7월의 이탈리아에는 무솔리니를 숙청하자는 명확한 합의가 군대 내부에 만들어졌었다. 그와 달리 독일군 지도부는 입장을 모으지 못했다. 많은 고위 장성과 접촉했지만 음모 참여자는 대부분 중급 장교였다.

음모의 두뇌는 헤닝 폰 트레슈코프 중장이었다. 1942~1943년에 군집단중부의 참모사령관으로 일했던 그는 그 지위를 이용하여 루돌프 크리스토프 폰 게르스도르프 장군, 카를-한스 폰 하르덴베르크 소령, 파비안 폰 슐라보렌도르프 장군, 필립 폰 보에제라거 중령, 게오르크 폰 보에제라거 대령, 베른트 폰 클라이스트 대령, 귀족 융커 하인리히 폰 렌도르프-슈타이노르트 등과 접촉했다. 그들은 귀족 가문 출신의 젊은 장교들이었고, 트레슈코프의 처삼촌이자 집단군중부 사령관이었던 페도르 폰 보크 장군, 그의 후임자 귄터 폰 클루게 원수 같은 인물들에 의해 억제되거나 그저 용인되었다. 히틀러가 1943년 3월에 스몰렌스크 사령부를 방문했을 때도 암살 음모가 진행되었으나, 폰 클루게는 그 계획을 거부했다. 음모를 명확하게 지지한 독일군 고위 장군은 에르빈 롬멜과 프랑스 군정 사령관 카를-하인리히 폰 스튈프나겔 두 명뿐이었다. 계급이 아래로 내려갈수록 지지와 이해는 더욱 적어졌다. 음모자들은 잘 연결되어 있었지만 고립된 소수였다.[4]

그들은 그 약점을 기왕에 수립되어 있던 작전을 역이용함으로써 우회하고자 했다. '발키리' 작전은 나치 정부에 의해 이미 수립되어 있던 계획으로서, 쿠데타나 외국인 노동자들의 봉기와 같은 국내 소요가 발생했을 때 후비군 사령부 산하의 군부대들이 자동으로 출동하여 수도의 정부 건물들을 포위하도록 되어 있었다. 그것을 이용하려 한 쿠데타 계획이 얼마나 빈약했는지, 히틀러에 충성하는 오토-에른스트 레머 소령이 출동 이유에 대하여 질문하자 그것으로 음모가 붕괴했다. 괴벨스를 체포하러 간 레머가 전화로 히틀러와 연결되고 전화 목소리에서 히틀러를 식별하자, 자기도 모르게 음모의 수단이 되어 있던 그가 거꾸로 음모를 분쇄할 책임을 즉시 받아들였다. 7월 20일 당일 저녁에 이미 쿠데타 계획의 전모가 밝혀졌다. 주동자들은 죽거나 체포되거나 정신없이 증거를 없앴다. 레머와 부하들은 적시에 벤들러스트라쎄의 육군 사령부에 도착하여 쿠데타 주동자들을 처형했다. 슈타우펜베르크는 동시대인들이 자신들의 행동을 이해하지 못할 것이라고 생각했다. 그는 '그가 독일사에 배신자로 남을 것을 알고' 행동한다고 말했다. 그의 동시대인들에 관한 한 그는 틀리지 않았다.[5]

쿠데타 소식은 이미 1944년 7월 20일 당일 오후 6시 30분에 짧막한 라디오 방송으로 발표되었다. 그날 밤 12시 직후에 히틀러가 라디오에서 바리톤 목소리—억제되었지만 약간은 숨이 막힌 듯한—로 연설했다. '독일 민족동지 여러분, 내 목숨을 앗아가려는 시도가 몇 번이나 계획되고 수행되었는지 모릅니다. …… 내가 오늘 여러분에게 말을 하는 것은 첫째, 여러분이 나의 목소리를 듣고, 여러분이 내가 다치지 않고 무사하다는 것을 알며, 여러분이 독일 역사에서 전례가 없는 범죄에 대하여 알도록 하기 위해서입니다.' 그의 말은 이어졌다. '야심 차고 무책임하며 동시에 분별 없고 범죄적으로 우둔한 매우 적은 장교 일당이 나를 제거하고 그리고 나와 함께 독일군 사령부를 제거할 음모를 꾸몄습니다.' 그는 국민을 향해 확언했다. '나 자신은 완벽히 무사합니다. …… 나는 그 시도를 내가 지금까지 해왔듯이 나의 삶의 목표를 계속 수행하라는 섭리의 위탁의 확인으로 간주합니다.' 히틀러는 범죄자들을 '절멸시키겠다'고 약속했다. 그 6분간의 연설, 그뒤를 이은 헤르만 괴링의 연설과 해군 총사령관 카를 되니츠의 연설은 다음날 내내 재방송되었다. 사건은 지진과도 같았다.[6]

베를린-첼렌도르프에 사는 페터 스퇼텐의 아버지는 자신이 받은 충격을 아들에게 간결하게 표현했다. '어떻게 그들은 그렇게 전선을 위태롭게 할 수 있을까?' 아버지는 일기에 자신의 생각을 보다 길게 적었다. '그들은 전쟁에서 이미 패배했다고 생각하고 이제는 구해낼 수 있는 것, 구해낼 수 있는 듯 보이는 것을 구해내야 한다고 생각했던 것 같다. 그러나 지금 그런 일은 …… 오직 내전과 내적 분열로 이어질 수 있을 뿐이고 등에 칼을 맞았다는 또하나의 전설을 만들어낼 수 있을 뿐이다.' 그것은 절제된 반응이었으나, 패전 혹은 심지어 내전을 우려한 사람은 그만이 아니었다. 뉘른베르크로부터 올라온 친위대 정보국 보고서에 따르면 나치에 대해 비판적인 사람들조차 '오직 지도자만이 상황을 정리할 수 있으며, 그의 죽음은 카오스와 내전을 일으킬 뿐'이라고 확신하고 있었다. 흥미롭게도 그 보고서에 솔직한 지점이 추가되어 있었다. '군부독재에 우호적인 서클들조차 쿠데타가 조직되고 수행된 방식이 아마추어 호사가들보다도 못해서, 사람들은 위중한 이 시기에 장군들은 국가의 조타수가 될 만한 사람이 못 된다고 믿게 되었다.' 그로써 1943년 여름부터 터져나온 정권교체에 대한 게으른 말들이 명확하게 끝장났다. 쾨닉스베르크와 베를린의 길거리와 상점에서 여자들은 히틀러가 무사하다는 소식을 듣고는 울음을 터뜨렸다. '하나님, 지도자를 살려주시어 감사합니다'가 전형적인 안도의 표현이었다.[7]

선전부와 나치당은 섭리가 히틀러를 생존케 한 것에 감사하는 '자발적인' 대회를 발 빠르게 조직했다. 엄청나게 높았던 대회 참가자들의 수와 넘치는 표현들이 그 정서가 진정이었음을 말해준다. 파더보른과 프라이부르크같이 과거 나치당이 집회를 조직하려면 그야말로 전투를 치러야 했던 가톨릭 아성들에서조차 전례 없이 많은 인원이 모였다. 가족들은 히틀러의 기적 같은 생존에 대한 안도와 기쁨을 서로에게 써 보냈다. 그것은 군대 검열과 선전부가 강요할 수 있는 일이 아니었다. 연합군은 '과학적인' 방법을 동원하여 독일군 포로들로부터 연합군의 선전이 독일 국민에게 일으킨 효과를 측정해보았다. 실망스럽게도 히틀러의 지도력에 대한 독일인들의 신뢰는 1944년 중반의 57%로부터 1944년 8월 초의 68%로 상승했다. 그 단계에서 나치 정권은 그러한 신뢰와 안도를 독일의 군사적 지위에 대한 국민들의 확신과 혼동하는 실수를 저지르지 않았다. 뉘른베르크 지방법원장은 보고했다. '동부전선의 상황을 고려하면 인민의 분위기가 매우 어두운 것은 놀랄 일이 아니다.' 그러나 위기는 활력을 일으키는 효과를 발휘했다. 모든 보고서가 사람들이 완전한 총동원의 장애물들이 '이제마침내' 모두 제거되었다고 생각한다고 확인했다.[8]

1944년 7월 20일의 음모자 다수를 배출한 군집단중부는 음모 이전의 벨라루스 전투에서 병력의 절반을 잃었다. 나치 정부는 이제 그 패배가 그곳의 독일군 장교들이 배신의 무리였기 때문이었다고 주장했다. 친위대 정보국은 독일인들이 심지어 스탈린을 칭찬한다고 보고했다. '민족'의 동지들은 이제 스탈린의 1937~1938년 소련군 장교 숙청을 존경스러워한다. '스탈린이야말로 모든 지도자 중에서 유일하게 통찰력 있는 지도자다. 그는 믿을 수 없는 부류들을 근절함으로써 배신의 싹을 미리 잘라버렸다.' 무척 인민적이던 노동전선 수장 로베르트 라이는 기관지 사설에서 그 정서를 증폭시켰다. 그는 유대인에게만 한정되어 사용하던 용어까지 동원하며 분노를 터뜨렸다.

> 뼛속까지 퇴행하고, 귀족의 피로 백치가 되고, 역겹게 부패하고, 저열한 축생畜生처럼 비겁한 그 귀족 일당, 유대인이 그 일당을 폭탄으로 무장시켜서 민족사회주의를 공격하도록 했고, 그들은 살인자요 범죄자가 되었다. …… 이 해충들은 절멸시키고 뿌리와 가지 모두 잘라내야 한다.

라이는 예외였다. 괴벨스는 언론에 장교단 전체를 공격하지 않도록 조심하라고 지시했다. 히틀러 역시 음모자들을 '매우 적은 일당'이라고 칭했다. 그것은 또 사실이었다. 독일 국가의 주요 세력은 음모자들을 지지하지 않았다. 비록 그들 대부분이 군대와 외교부에서 나왔지만, 두 기관의 고위층들은 위기 동안 나치 지도부에 대한 충성을 유지했다.[9]

쿠데타를 겪은 뒤 히틀러는 머리부터 발끝까지 나치인 장군들과 비정치적인 장군들에게 더욱 의존했다. 전자의 대표적인 인물이 군집단북부의 신임 사령관 페르디난트 쇠르너였고, 후자의 대표적인 장군은 하인츠 구데리안이었다. 히틀러는 쿠데타 다음날인 1944년 7월 21일에 구데리안을 육군참모총장에 임명했다. 연로한 보수 민족주의자 게르트 폰 룬트슈테트도 다시 소환되었다. 그는 1944년 7월 초에 소련군의 서부전선 돌파를 막지 못했다는 이유로 해직되었다. 재등용된 룬트슈테트는 육군 지도부 숙청을 지휘한 뒤 1944년 9월에 서부전선 지휘를 맡았다. 히틀러는 군대 카스트 전체, 특히 육군참모부를 깊이 불신했지만 그들의 충성심과 능력을 이용할 줄은 알았다. 심지어 1940년에 친위대의 가혹행위에 거듭 도전하다가 한직으로 밀려났던 요한네스 블라스코비츠 장군도 재등용했다. 하기야 블라스코비츠는 히틀러 암살 시도에 충격을 받아서 '그 비겁한 범죄 이후 그(히틀러)를 보다 강력하게 지지하겠다'라고 맹세했다. 더욱이 그가 남프랑스 후퇴에서 능력을 입증했기에 히틀러는 그에게 전략적으로 치명적이었던 네덜란드의 군집단H를 맡겼다. 벨기에의 영국군이 네덜란드 남부를 돌파하면 라인란트를 우회하여 북부 독일로 진입하고 이어서 베를린으로 직행할 수 있게 된다. 블라스코비츠는 히틀러의 신뢰에 완벽히 부응한다.[10]

쇠르너는 에스토니아와 라트비아의 군집단북부 50만 대군을 통솔하게 되자 히틀러의 종말론적 관점에 입각한 명령들을 쏟아냈다. 그는 볼셰비즘의 '아시아적 범람'을 막는 것이 절대적으로 필요하다고 강조했고 비겁, 패배주의, 탈영 등의 죄목으로 전례 없이 많은 병사들을 처형했다. 독일군의 후퇴를 막고 라트비아 보조군의 탈영을 봉쇄하며 공포에 의한 복종을 흡입시키기 위해서였다. 쇠르너는 더욱이 독일군 병사들에게 최초로 총살 이외의 처형 방식을 적용했다. 병사의 목에 모욕적인 범죄 내용을 담은 공고문을 걸어서 만인이 볼 수 있도록 한 뒤 교수하도록 한 것이다. 그 '불명예스러운' 죽음은 그때까지 유대인과 슬라브인에게만 적용되었었다. 쇠르너는 예외적이긴 했지만, 대표적이기도 했다. 독일군 사령관들은 군대의 와해를 막기 위하여 갈수록 폭력적으로 변해갔다. 경건한 개신교도 블라스코비츠 장군마저 대량 탈영을 막기 위하여 많은 병사를 탈영죄로 처형했다. 1944년 10월 31일에 룬트슈테트는 심지어 탈영병 가족들을 수용소에 수감하고 재산을 몰수하자고 제안했다. 그것은 7월 20일의 쿠데타 가담자의 몇몇 가족에게만 가해졌던 조치로서 그들조차 몇 주일 내에 석방

되었다.[11]

다른 고위 장군들도 가족 연좌의 원칙을 지지했다. 그 정책의 광범한 도입을 궁극적으로 막은 것은 뜻밖에도 가장 그럴 것 같지 않던 기관이었다. 가족을 구금할 권한을 보유한 친위대 정보국이 자국민에게 집단적 복수의 원칙을 적용하지 않은 것이다. 친위대는 개인별 '성격'에 의거하여 처벌의 수위를 정했다. 예컨대 뷔르츠부르크 게슈타포는 이탈리아 전선에서 탈영한 한 병사의 가족들을 처벌하는 데 반대했다. 그 가족들이 '반민족사회주의자'라는 증거가 없다는 것이었는데, 게슈타포는 수사를 아홉 달 동안 질질 끌다가 사건을 종결해버렸다. 나치 정권은 새로운 차원의 강제력을 손안에 쥐고도 점령지 유럽에서 실시했던 무차별적인 대량 테러를 자국에는 시행하지 않으려 했다.[12]

그러나 암살 음모 사건 이후 나치 리더십이 보다 목적 지향적으로 과격화된 측면이 있었다. 가장 가혹하고 또 효율적인 인물들이 나치 권력의 '사두四頭 정치'를 형성한 것이다. 우선 당 기구를 통괄하던 나치당 비서실장이자 당총재 대리 마르틴 보어만이 권력의 중추로 부상했다. 나치 지구당 위원장들이 지역의 군사적 방어를 책임지게 되자, 그들에게 명령권을 가진 보어만의 권력이 자동으로 강화되었다. 친위대장 하인리히 힘러 역시 내무부에 이어 국내 예비군에 대한 명령권을 확보함으로써 국내의 강제력을 거의 완벽하게 독점하게 되었다. 괴벨스는 1942년 초부터 열망했던 총력전 전권위원직을 마침내 차지했다. 이제 그는—적어도 원칙에서는—국내 방어에 필요하다면 민간 경제든 문화 소비든 뭐든 동원할 수 있었다. 나치 이너서클의 네번째 인물은 군수부장관 알베르트 슈페어였다. 그는 그동안 부적절하게 관리되어온 자원을 효율적으로 동원하여 극대치의 군수물자를 생산해냈다. 더욱이 히틀러는 갈수록 미시적인 군사 작전에 매몰되었다. 따라서 그 시기에 독일을 관리한 사람은 그 네 사람이었다. 그

들은 경쟁적 협력 상태에 있었다. 네 사람 모두 타인의 영역으로 확장하는 경향이 있었다.[13]

1944년 8월 히틀러청소년단 단장 아르투르 악스만이 1928년생 소년들에게 조국의 무력 방어에 자발적으로 나서라고 호소했다. 6주일 만에 그 연령대의 소년들 전체의 70%가 등록했다. 부모들은 소년들이 동원되는 것을 끔찍하게 여겼을지는 모르지만 실제로 십대들을 막으려 한 부모는 아주 적었다. 전쟁 초기 국면, 특히 서유럽에서의 승리 이후에 징병 사무소들은 조국을 위해 조금이나마 싸우려고 필사적으로 자원하던 소년들로 마비될 지경이었다. 그 애국적 모험심이 1945년까지 지속되었던 것이다. 1944년 9월 25일에 새로운 민병대가 공표되었다. 그것에 부여된 인민돌격대Volkssturm라는 명칭은 1813년의 나폴레옹 '해방전쟁'의 낭만적 전통과 과거 프로이센의 향토돌격대Landsturm를 결합한 것이었다. 1920년대에 독일의 군사 전략가들이 1918년에 독일이 '최후의 대결'에 나서지 못한 일을 분석했을 때 이미 민간인을 '전면적으로 동원'해야 한다는 주장들이 개진되었다.

1944년 8월에 악스만은 청소년들을 동원하면서 자발성의 원칙을 내세웠다. 그러나 인민돌격대는 강제적이었다. 1944년 말이 되면 아들이 인민돌격대에 입대하지 않으면 부모가 사법처벌의 위협을 받았다. 그러나 대부분의 부모들에게는 그런 위협이 불필요했다. 그때가 되면 히틀러청소년단 단원 대부분이 이미 자원한 상태였다. 그리고 동원 대상이 16세에서 60세 사이의 소년과 남성들 전체로 확대됨에 따라, 나치 지구당 위원장들에게 600만 명의 민병대를 구성할 권한이 주어졌다. 그러나 그것으로도 독일의 동원 잠재력은 소진되지 않았다. 가능한 남자를 모두 동원하면, 인민돌격대가 1,350만 명에 이를 수도 있었다. 규모에서는 1,120만 명의 독일군보다 컸다.[14]

인민돌격대가 구성된 것은 독일군이 1944년 여름에 입었던 인명 손실을 보충하기 위해서였다. 문제는 그 규모가 너무 커서 그들을 무장을 시킬 수 없었다는 데 있었다. 1944년 10월 독일군에게 모자라는 소총이 71만 4천 정이었다. 그러나 표준적인 카빈총 생산량은 월간 18만 6천 정에 불과했다. 독일의 군수 생산은 '인민의 궐기'라는 비전에 보조를 맞출 수 없었던 것이다. 1945년 1월 말 인민돌격대가 끌어모은 무기는 소총 4만 5백 정과 기관총 2천 9백 정에 불과했다. 그것도 주로 외국산 소총이거나 구식이었던데다가, 총알도 부족했고, 총알이 있어도 총과 맞지 않았다. 사격 훈련에 공급할 총알도 부족했다. 인민돌격대 지도부는 십대 청소년들을 미래의 군인으로 육성하는 데 주의를 집중했다. 그래서 청소년들은 별도의 훈련소에 보내졌지만, 중년 남성들을 위한 훈련 프로그램은 너무나 적었다. 그들은 총알받이였다. 그들 중에서 2주일가량의 훈련을 받은 사람은 거의 없었다. 따라서 즉흥적인 대응이 시대의 요구였다. 군용기에서 뜯어낸 기관총을 삼각대에 설치하고, 조명탄 발사 권총으로 수류탄을 발사했다.[15]

여성들에 관하여 말하자면, 그동안 나치 여성회가 방공포대에 투입한 여성 자원자가 1만 명이었다. 그곳에서 여성들은 서치라이트와 레이더를 작동시키고 메시지를 전달했다. 소년들이 방공포대에서 인민돌격대로 이동하면서, 그들이 일하던 방공포대 자리가 독일소녀연맹의 소녀들과 노동봉사단의 예비 여대생들에게 돌아갔다. 군대 전화 교환원이나 타이프 작업에 동원된 여성들은 말쑥한 군복을 입었지만, 새로이 동원된 여성들은 남자들이 남긴 군복을 줄여서 입었다. 그 여성들이 권총을 차고 있었으니, '저 바깥'의 남자들이 '가정'의 여자들과 아이들을 지킨다는 신화가 완전히 붕괴했다. 1941년에 독일 국내의 관객들은 '총을 든 볼셰비키 여자들'을 자연에 반하는 괴물이요, 양육의 소명이 병적으로 역전되었다고 성토했었다. 이제 독일에서 여성들이 그 문화적 경계를 깨버리게 되었던 것이고, 그 새로운 모습은 더이상 유별나지 않았다.[16]

인민돌격대의 구성은 독일 어린이들을 보호하겠다던 나치의 조치들과 불편하게 엮였다. 어린이들을 도시에서 소개하더니, 이제는 핸들에 대전차 수류탄을 묶은 자전거에 어린이들을 태워서 적의 탱크에 맞서도록 하겠다는 것인가? 민족의 미래가 백척간두에 있으니만큼, 모든 것을 압도하는 가치는 복무와 희생이었다. 예비군과 인민돌격대 모두의 총사령관이었던 하인리히 힘러는 군대의 징집 요원들에게 '열다섯 살짜리를 전선에 보내는 자신의 결단'을 공유하라고 말했다. '어린이가 죽고 민족이 사는 것이 어린이를 살리고 8천만 내지 9천만 인민이 죽는 것보다 낫습니다.' 히틀러는 인민돌격대를 구성하도록 한 명령에서 적의 '최종 목표가 독일 인민의 절멸'이라고 선언했다. '절대로 또 한번의 1918년 11월이 있어서는 안 된다'는 그의 고정관념이 시험에 부쳐졌다.[17]

소년과 소녀들을 동원하여 사열 광장에서 기념식을 진행한 것까지는 그렇다고 하더라도, 이제 문제는 그들에게 공급할 유니폼과 장비를 구하는 일이었다. 라인란트의 15세 소년 호고 슈테캄퍼와 동료들은 온갖 유니폼들, 전쟁 이전의 검은색 친위대 정복, 토트건설단의 갈색 정복, 방공포대 보조병의 파란색 모자와 프랑스제 철모를 지급받았다. 나라 전체의 군대, 경찰, 철도, 국경수비대, 우체국, 나치 돌격대, 나치 트럭운전대, 제국노동봉사단, 친위대, 히틀러청소년단, 독일노동전선이 동원되어 인민돌격대에게 유니폼을 공급했다. 유니폼이 중요했던 단순한 이유는, 1939년에 독일군이 폴란드 자원병들을 사살했을 때 그러했듯이, 유니폼이 없으면 인민돌격대원을 '비정규군'으로 오인하여 사살할 수도 있었기 때문이었다.[18]

나치 정권은 소련군으로부터 군대에 대한 이데올로기적 통제 기술을 배웠다. 1944년 가을에 나치 판본의—권한은 약한—정치위원인 '민족사회주의 지도장교 제도'가 도입되었다. 지도장교는 지원자 중에서 선발되었고, 그들은 일상적인 복무 외의 시간에 병사들에게 이념 교육을 하거나 사기를 북돋아주는 임무를 맡았다. 다만 소련군 정치위원과 달리 그들에게는 군대 상부의 명령을 뒤집을 권한이 없었다. 그 지원자들 중의 한 명이 아우구스트 퇴퍼빈이었다. 졸링겐 고등학교 교사 출신의 퇴퍼빈은 유대인 학살을 혐오했지만, 다른 많은 보수적 개신교들과 마찬가지로 '세계 유대인'을 독일의 적에 포함시켰다. 이미 1939년 10월에 그는 유럽을 '서유럽 민주주의, 중유럽 민족사회주의, 동유럽 볼셰비키'로 분할했다. 그는 그중에서 독일만이—독일이 소련과 동맹을 맺고 있던 그 시점에—유럽 문화를 '아시아적인 야만'으로부터 방어할 수 있다고 판단했다. '세계 유대인'이 서유럽 민주주의를 부패시켰다고 믿었다는 점에서 퇴퍼빈의 분석은 괴벨스가 추후 전개하는 선전을 선취했다고도 볼 수 있다. 그러나 퇴퍼빈은 나치가 아니었다. 그의 관점은 나름의 반자유주의, 반유대주의, 반사회주의를 포함한 보수적 민족주의였다.

더욱이 퇴퍼빈은 많은 고위 독일군 사령관들과 한 가지 근본적인 신념을 공유하고 있었다. 모든 1차대전 퇴역군인들과 마찬가지로 그는 1918년의 혁명적 해체가 반복되지 않도록 해야 한다고 믿어 의심치 않았다. 1944년 10월에 독일군의 최전선이 다시 안정되자, 그는 일기에 자랑스럽게 적었다. '그러나 하나님께 감사하게도 봉기의 기미는 아직 멀다!' 퇴퍼빈은 전쟁 내내 히틀러의 지도력에 의심을 표출했다. 그러나 1944년 11월 초 그는 자인했다. '히틀러가 인민이 기도하던 신이 아니라는 점이 분명해지면 분명해질수록 나는 그를 지지해야 한다고 느낀다.' 독일의 대의에 대한 인민의 충성을 우려할수록 그는 오히려 히틀러 외에는 대안이 없다고 생각한 것이다. 히틀러가 메시아적 구세주가 아닐 수는 있다. 그러나 다른 누

가 독일을 구할 것인가.[19]

페터 스퇼텐도 지도장교로 활동했다. 그는 어머니에게 보낸 편지에서, 자기가 '박사님(괴벨스)의 아이들 중 한 명'이 되었다는 재담을 했다. 1944년 말까지 지도장교의 수가 무려 4만 7천 명으로 증가했다. 그 파트타임 '정치위원들'의 가장 중요한 과제는 병사들에게 적을 '파괴하고 증오하려는 무제한적인 의지'를 교육하는 것이었다. 스퇼텐 역시 소련군은 무슨 대가를 치르든 막아야 한다고 믿었다. 독일은 이미 패배한 것이라는 확신이 갈수록 증가했음에도 불구하고, 그는 패전을 앞당기는 그 어떤 행동도 하지 말아야 한다고 다짐했다. 그는 바르샤바의 폴란드 전사들을 존경했으나, 그것은 그들이 보여준 영웅적 희생 때문이었다. 스퇼텐은 약혼녀 도로테에게 확언했다. '나치 슬로건에 대한 태생적인 역겨움'은 여전하다. 그래서 나치의 '그 모든 정보지'를 읽지도 않고 버리고 교육 내용은 '즉흥적으로 생각해낸다'. 어쩌면 스퇼텐의 교육은 진부하지 않아서 병사들의 신뢰를 받았을 것이다. 더욱이 그는 인상적인 전선 복무 기록을 보유한 탱크 지휘관이었다.[20]

폴란드인들을 모범으로 생각한 것은 스퇼텐만이 아니었다. 히틀러에게 바르샤바를 지도에서 없애라는 위탁을 받은 하인리히 힘러조차 '하등인간' 폴란드인에게서 영감을 끌어냈다. 그는 나치당, 장군, 기업인들이 모인 자리에서 다음과 같이 발언했다.

그 어떤 도시도 심지어 자갈밭조차 그들보다 뛰어나게 방어할 수는 없을 겁니다. …… 우리도 …… 나라를 …… 방어해야 합니다. '마지막 탄창과 총알까지'가 그저 하는 말이어서는 안 됩니다. 사실이어야 합니다. 우리의 신성한 의무는, 바르샤바가 우리에게 준 슬프고 값진 모범을 독일군과 인민돌격대가 불행하게 포위된 모든 독일 도시에서 실행하도록 만드는 것입니다.

힘러의 연설은 빈말이 아니었다. 1944년 가을 동부전선의 전략가들은 구데리안의 지휘하에 드니프로강 방어선과 같은 참호 망으로부터 멀어졌다. 독일군은 이미 드니프로강을 따라 설치했던 참호들을 버렸거니와, 그들은 이제 바르샤바, 쾨닉스베르크, 브레슬라우, 퀴스트린, 부다페스트 같은 핵심 도시들을 방어 거점으로 전환하고자 했다. 그 도시들은 독일군을 막아냈던 모스크바와 스탈린그라드 같은 '성채'가 되어야 했다.[21]

**

새로운 방어선은 1944년 10월 초까지 지켜졌다. 독일군은 모든 예측과 달리 그때까지 소련군과 서구 연합군이 독일 안으로 진격하는 것을 막아냈다. 자르로 진격하던 패튼 장군이 알자스의 패치 장군과 만나지 못하기도 했던 것은 부분적으로는 보주산맥 남부에 구축된 독일군의 강력한 진지들 때문이었다. 더욱이 영국군과 미군도 보급 문제에 부딪혔다. 보급품이 노르망디와 마르세유 항구로부터 도로를 통하여 전선으로 수송되었던 것이다. 비록 1944년 9월 4일에 연합군이 독일군의 폭파 작업에 앞서 앤트워프 항구를 장악했지만, 독일군은 1944년 11월까지 항구의 입구만은 통제했다. 연합군이 종내 앤트워프 항구를 다시 여는 데 성공하지만, 그들이 공급선을 단축하는 데 전력을 기울이고 있는 동안 독일군은 서부방벽의 무장을 강화했고 병력을 서부전선에 집중시켰다.[22]

동부전선에서는 소련군이 1944년 10월 초에 발트해 지역의 군집단북부를 에워싼 습지대와 강과 참호로부터 갑자기 방향을 돌려 서쪽으로 향했다. 그리하여 소련군이 처음으로 전쟁 이전의 독일 국경을 넘어서 동프로이센의 굼비넨 지구로 침투하는 데 성공했다. 그들은 고우다프와 네머스도르프 마을을 점령하는 동시에 메멜반도의 독일군 사단 30개를 고립시켰다. 그러나 이곳저곳에서 긁어모은 동프로이센의 인민돌격대가 트로이부르크, 굼비넨, 안게라프강을 지켜냈고, 이어서 독일군 기동 예비군이 도착했다. 1944년 10월 중순에 동프로이센의 독일군이 반격에 나서 소련군을 포위하려 했고, 그러자 소련군이 다시 독일 국경 밖으로 물러났다. 베를린까지 아직 600킬로미터 이상 남은 상태에서 소련군의 여름 공세는 그렇게 비스툴라강과 카르파티아산맥에서 멈추었다.[23]

1944년 9월에 서부전선의 독일군이 엄청난 패닉에 사로잡혔던 것과 비교하면 불과 한 달 만에 독일군은 매우 다른 군대가 되어 있었다. 연합군 사령관들은 붕괴 지점에 있다고 믿었던 적군이 오히려 갈수록 강고하게 저항하는 것에서 충격을 받았다. 아이젠하워는 1944년 11월에 연합군 최고사령부에 사령관회의를 소집해서, 왜 그 무엇도 '독일군의 저항 의지'를 분쇄하지 못하는지 물었다. 독일군 포로를 심문하여 그들의 신념 체계를 프로파일링하던 심리전 전문가들은 갈팡질팡했다. 그전에 연합군이 이탈리아반도를 천천히 북상하였을 때도 심리전 전문가들은 비슷한 충격을 받았었다. 독일군 포로들의 사기가 그들이 예상하고 희망했던 것과 완벽히 정반대로 오히려 올라가는 것이 아닌가. 1943년 10월에 포로들에게 '신무기'의 존재를 믿느냐고 물었더니 43%가 긍정적으로 답했다. 1944년 2월에 그 비율은 53%까지 올라갔다. 독일군은 연합군이 남부 이탈리아에 처음 상륙했을 때는 충격을 받았지만, 그후 그들의 사기는 오히려 안정되었다. 1944년 11월에 아이젠하워는 서부전선 독일군 전쟁포로의 최소 절반이 '지도자에 대한 충성'을 지키고 있으며 소련군은 기진맥진한 패배한 군대일 뿐이라고 확신한다는 보고를 들었다.[24]

이탈리아에서 확인한 독일군 병사들의 모습이 서부전선에서도 재연되고 있다는 것은 분명해 보였다. 1944년 8월 말과 9월 초 평범한 독일군 보병들은 풀이 죽어 있었지만, 전투의 중핵인 하급 장교들의 사기는 높았다. 공수부대와 무장친위대 사단 같은 엘리트 부대들은 말할 나위도 없었다. 그러나 연합군에 대한 전선 병사들의 저항이 단단해지기 이전 시점에도 심문받은 독일군 포로 대부분은 민족 방어의 절대적 필요성과 독일 쪽 대의의 정당성을 긍정했다. 물론 연합군이 독일의 '무조건 항복'을 고집하고 독일의 모든 공업 능력을 제거하겠다는 모겐소의 구상이 새어나갔던 것도 일정한 역할을 했다. 그러나 가장 중요한 요인은 언제나처럼 러시아인들에게 정복되는 것에 대한 공포였다. 망명 작가 클라우스 만은 미 육군에서 이탈리아 전선의 독일군 포로 심문을 맡은 독일어 사용자 중의 하나였다. 그가 1944년 말에 뉴욕의 한 출판사에게 질문했다. '그들은 왜 전쟁을 멈추지 않지요? 그 불행한 사람들은 무엇을 기다리는 거지요? 나는 이 질문을 당신과 내게만 던지는 것이 아닙니다. 나는 그 질문을 언제나 그들에게도 던집니다.' 서방의 다른 전문가들도 똑같이 당황했다. 영국 타비스톡병원의 베테랑 의사이자 영국군의 선도적 정신의학자였던 헨리 딕스는 독일군 포로 수백 명을 인터뷰하고 그들의 관점에 대한 표준적인 분석 보고서를 작성했는데, 그는 끝내 '독일인들의 현실 억압 능력'이라는 모호한 개념으로 도피해버렸다. 클라우스 만과 헨리 딕스가 생각하지 못한 것은, 서유럽과의 독자적인 평화가 부재한 상황에서 영국군과 미군을 막아야만 동유럽의 소련군도 막을 수 있다고 독일군이 믿었다는 점이다.[25]

1944년 10월 중순에도 연합군은 독일군의 강한 저항이 일시적인 현상인지, 아니면 전투 능력에서 실질적인 변화가 있는 것인지 확실하게 판단할 수 없었다. 전쟁사가들은 그동안 1944년 여름의 패배가 독일군을 찢어놓고 독일군의 화력에 회복 불가능한 타격을 주었다는 점을 밝혀냈다. 1944년 7월부터 9월 말까지 석 달 동안 전사자 수가 새로운 고점에 올랐다. 하루 평균 5,750명이 사망했다. 독일군 총사령부는 그 여름이 얼마나 재앙 같았는지 인지했다. 동프로이센의 인민돌격대를 구성하자고 처음 제안한 사람은 구데리안 장군이었다. 서부전선에서도 격렬한 전투가 지속되었지만, 진정 심각한 출혈은 동부전선에서 발생했다. 그곳에서 1944년에만 123만 3천 명이 전사했다. 그것은 1941년 6월부터 그 시점까지 동부전선에서 죽어간 전체 병사의 거의 절반에 해당했다.[26]

괴벨스는 총력전 전권위원으로서 민간 노동력을 '빗질하여' 군사적인 업무에 투입하는 데 전력을 기울였다. 1944년 9월 말까지 50만 명이 동원되었고, 그 수는 12월 말까지 두 배로 증가했다. 힘러는 보충군 사령관으로서의 새로운 권력을 이용하여 부대에서 이탈한 사람을—소속이 독일군이건 경찰이건 무장친위대이건 토트건설단이건 제국노동봉사단이건— 보충군으로 넘기도록 했다. 지구와 지역의 나치당 지도자들도 '낙오자들'을 찾아내 소속 부대로 돌려보내는 작업에 열성적으로 임했다. 1944년 9월 중순까지 그 수가 16만 명에 달했다. 그런 조치들의 그 어느 것도 1944년 여름에 입은 손실을 만회할 수 없었다. 그러나 도움이 되기는 했다. 독일군은 잔인한 규율과 단단한 동료애로 결합된 여전히 막강한 무력을 유지했다.[27]

괴벨스, 힘러, 슈페어, 보어만의 새로운 '사두정치'는 히틀러의 권위에 의존했다. 그러나 히틀러는 멀리 있었고, 개입해도 총동원이 사회에 미치는 영향을 완화하는 역할에 그쳤다. 지도자 히틀러는 바이에른인들의 '신경'이 맥주 배급량의 감소를 감당할 수 있을지 물었고, 괴벨스 덕분에 징집에서 면제된 음악가와 배우들의 단체에 '노아의 방주'라는 이름을 붙여주었다. 그 시점에도 '총력전'은 대중이 참여하느냐, 인민이 어느 정도로 독일의 정당성을 믿느냐에 달려 있었다.

나치 정권은 집권 직후부터 시민적 가치와 충성을 재정의하고자 했다.

그러나 그 과정에서 결정적인 역할을 한 것은 선전도 히틀러의 인기도 아니었다. 히틀러에 대한 독일인 개개인의 믿음은 1930년대는 물론 1940년대에도 그의 인종주의적 반유대주의를 공유하느냐, 혹은 전쟁은 위대한 민족의 정신적 필연성이라는 그의 전쟁관을 공유하느냐에 달려 있지 않았다. 정반대로 나치즘이 가장 성공적이고 인민적일 때는 평화와 번영과 손쉬운 승리를 약속할 때였다. 독일인들로 하여금 '승리 아니면 절멸'이라는 히틀러의 종말론적 관점을 공유하도록 만들었던 것은 1943년의 폭격과 1944년의 패배였다. 독일인들이 자신이 민족을 방어해야 한다는 점을 깨달았던 1944년 가을에 동료들에 대한 밀고가 정점에 달했고, 나치당에 입당하려는 한바탕 소동도 작게나마 일어났다. 비록 많은 나치 당직자들이 전혀 인기가 없었고 나치당 지도자들이 과거보다 더 자주 비판의 대상이 되었지만, 그들이 조국전선의 방어에 실패한 것에 자극받은 일반인들이 스스로 이니셔티브를 발휘했다. 자신을 나치로 간주하지 않던 그 많은 사람들에게 나치 윤리의 도덕적 폭력성을 주입한 것은 나치 정권의 성공이 아닌 실패였다.

국경에서 적을 막아내어 적이 독일 안으로 들어오지 못하도록 해야 한다는 가혹한 논리는 살인적인 힘을 새로이 분출시켰다. 1944년 10월 14일 두이스부르크 인민돌격대는 공습 이후 청소 작업을 마친 뒤 '의심스러워 보이는' 러시아인 한 명을 체포했다. 그들은 그를 길거리의 벽에 세워놓고 쏴 죽였다. 인민돌격대 대원들은 러시아 전쟁포로들 일부가 인근의 파괴된 주택 지하실에서 잼을 훔쳐 먹는다는 이야기를 들은 직후에 그렇게 행동했다. 폭력의 급증은 새로운 위협감 및 공포감과 짝하고 있었다. 우르줄라 폰 카르도르프는 베를린의 프리드리히스트라쎄역의 긴 지하 통로를 걸으면서 외국인 노동자들의 다언어 세계에 매혹되는 동시에 그들이 무서워졌다. 그녀는 그 세계를 '베를린 상하이'라고 칭했다. 그녀는 장발에 밝은색 스카프를 두른 젊은 남자들이 거대한 맥주홀에서 웃고 노래하고 거래하는 모습이 눈에 들어오자 비밀 무기고에 대한 소문을 떠올렸다. 일기에 그녀는 '외국인 노동자 1,200만 명'이라고 적었는데, 그것은 실제 숫자를 50% 곱해서 더한 숫자였다. 그녀는 썼다. 외국인 노동자들은 '군대 그 자체다. 어떤 사람들은 그들을 트로이의 목마라고 부른다.' 외국인 노동자들의 봉기를 막기 위해 그들을 수용소로 보낸다는 소문이 실제로 나돌았다.[28]

사진 저널리스트 리젤로테 푸르퍼가 작센-안할트 크룸케에서 베를린으로 돌아왔을 때, 그녀는 베를린의 무사태평한 분위기에 매료되었다. 그녀는 남편 쿠르테에게 썼다. '베를린은 베를린이야.' 부부는 자신들이 나치 정권의 충성스러운 지지자이기에 자신의 의견을 개진할 권리를 갖는다고 생각했다. 리젤로테는 '우리는 이겨야 하기 때문에 이길 것이다'라는 괴벨스의 논리에 설득력이 떨어진다고 생각했다. 그녀는 남편에게 자신이 고안해낸 구호를 써 보냈다. '우리의 운명은 우리 자신이 결정해야 한다.' 쿠르트에게도 괴벨스의 1944년 11월의 연설이 인상적이지 않았다. 그가 보기에 중요한 것은 말보다 무기였다.[29]

그러나 말은 여전히 중요했다. 말이야말로 독일인들을 빠져나갈 수 없어 보이는 합리화 패턴에 묶어놓은 수단이었다. 괴벨스가 내놓은 새로운 슬로건은 '공간에 맞서는 시간'이었다. 1943~1944년에 사망자 수가 폭증하고 치열한 전투가 벌어졌지만 그것들이 '신무기'를 위한 시간을 벌어주었다는 것이다. 나치당 기관지 〈민족의 파수꾼〉이 1944년 8월 30일에 베테랑 종군기자 요하힘 페르나우의 '전쟁 마지막 국면의 비밀'이라는 기사를 게재했다. 기사에서 페르나우는 윈스턴 처칠의 말이라면서 인용했다. '우리는 전쟁을 가을까지 끝내야 한다. 그렇지 않으면 끝이다.' 처칠이 그렇게 말했다면, 그렇다면 독일은 그때까지만 버티면 된다. 페르나우는 독자들에게 비밀을 알려주기라도 하는 듯이 털어놓았다. '승리는 정말 매우 가까이 있다.' 그 기사가 일부 학교 학급에서 큰 소리로 낭독되었다. 우르줄라 폰 카르도르프는 독일이 '비밀무기'를 목전에 두고 있다는 그 기사가 이례적인 열광을 일으키는 것에 놀랐다. 해직된 유대인 교수 빅토르 클렘퍼러는 그 특유의 복합적인 감정을 느꼈다. 그는 '사실'에 대한 회의적인 불신과 선전 가치에 대한 호기심 두 가지를 동시에 느끼면서 일기에 적었다. 선전 가치가 '이번이 가장 크다. 인민의 비밀이라 …… 여전히 "공간에 시간을 맞세우기." 비밀 무기로 사람들이 견디도록 하기.' 그러나 클렘퍼러조차 무엇이 진실이고 무엇이 선전인지 확실하게 구분할 수 없었다. '독일은 포커를 치고 있다. 블러핑 아니면 진짜 트럼프 카드?' 그만이 아니라 다른 독일인들도 1944년 늦여름과 가을 내내 똑같은 질문을 던지고 있었다.[30]

국내의 독일인들은 독일군에게 국경을 더욱 강력하게 방어하라고 요구했다. 발트해 연안을 따라 철수하던 쿠르트 오르겔의 부대는 라트비아 농민들 앞에서 차마 가축을 쏘지 못했다. 그런 동정심은 소련군에게만 이득이 될 것이라는 점이 분명했음에도 불구하고 그들은 망설였다. 그러나 리젤로테의 답장은 즉각적이고 단도직입적이었다.

온몸에서 분노가 치밀어. 당신에게 말해야겠어. 당신의 부드러운 독일인 심장을 타인에게는 닫아버려. 전 세계에 독일인만큼 부드럽고 섬세한 감정을 좋아하고 또 높이 평가하는 사람은 없을 거야. 그러나 그렇다손 치더라도 고향땅에 닥친 잔인함을 생각해야 해. 앞으로 우리가 잔인하게 강간당하고 살해당하게 되리라는 것을 생각하라고. 그 끔찍한 고통, 공습 테러 하나만으로도 우리나라가 겪어야 했던 그 고통을 생각해야 해. 그건 잘못된 거야. 농민의 가축을 죽여야 한다면 농민이 울부짖도록 놔둬야지. 아무도 우리의 수난에 신경쓰지 않는데, 당신은 그 수난에 보태고 있잖아. 맞아. 당신은 독일인의 섬세한 감정을 가졌어. 그러나 잘못이야. 당신이 할 수 있는 곳에서 적에게 해를 가해야 해. 그것이 당신이 그곳에 있는 이유야. 당신과 싸우는 적을 편하게 해주지 마.

쿠르트와 제18군 잔여 병력은 1944년 10월 24일까지 메멜반도로 철수했다. 부대의 폭력은 라트비아 농민들만을 향하지 않았다. 이제 그들의 총은 독일인 촌락이나 농장에도 발사되었다. 쿠르트는 리젤로테에게 그것이 전쟁이 자신에게 부과한 최악의 부담이라고 썼다. 그의 포병대가 지난 3년간 레닌그라드에 포탄을 퍼부었음에도 불구하고 쿠르트가 전쟁의 살육을 언급한 것은 그때가 처음이었다.[31]

같은 시점에 페터 스틸텐도 독일 국경 안에서 싸우고 있었다. 차량이 동프로이센 농장에 위치한 숙영지로 가는 길에서 그는 독일인 피란민 '행렬'을 만났다. 그가 탄 차는 길 위의 거위떼를 뚫고 나아갔고, 모피 코트를 입고 초조하게 폭격기가 날아오는지 살피는 소녀도 만났다. 마차를 타고 가는 어린이들도 만났고 음메 소리를 내는, 1킬로미터 길이의 가축떼와도 부딪쳤다. 스틸텐은 저멀리 불타는 농장이 독일인 농장이라는 것을 알았다. 노르망디 이후 그리고 바르샤바 봉기 이후 스틸텐은 도덕적 위기를 문학적 형태로 표현하고 해결하고자 시도했었다. 동프로이센에서 그는 도망친 민간인들이 남겨놓은 책들을 집어들었다. 그가 좋아하는 작가들도 있었다. 리히텐베르크, 오스카 와일드, 도스토옙스키, 호프만스탈, 빈딩, 에드거 앨런 포, 헤르만 헤세. 그러나 스틸텐은 그 작가들이 자기에게 아무것도 말해주지 않는다고 느꼈다. 정신적으로 '내가 얼마나 가난한가' 하는 우울한 느낌만 들었다. 릴케와 횔덜린조차 더이상 감동적이지 않았다. 비교적 조용한 동프로이센 농장에서 그는 피로에 항복했다. 그는 도로테에게 썼다. '모든 병사가 얼마나 지쳤는지 당신이 안다면'. 그러나 다음 공격이 가해지자 피로가 새로운 격렬함으로 바뀌었다. 감각이 한껏 예리해진 그는 전투 사이사이의 순간에 '아침의 더 많은 아름다움을 보았다'. 그러나 그의 또다른 일부는 올림퍼스의 초연함으로 사태를 지켜보았다. '나는 죽음과 파괴와 유럽의 대량 학살을 봐요.' 그리고 그는 스스로를 노르망디 이후 사라졌던 종교성으로 채우고자 했다. '모든 운명은 신으로부터 와요. 그것을 피할 수 없다는 것에 만족하는 것—그러나 사랑하고 계획하고 쌓는 것'을 배워야 해요. 그는 군인으로서의 자신의 역할을 받아들였다. 그러나 미래에 대한 감각은 온통 도로테에게 투여되었다. 그가 꾼 꿈에서 그녀는 베를린 S-반 기차역에서 그를 기다리고 있었다. 터널 입구를 배경으로 그녀의 일자형 흰색 모피 코트가 도드라졌고, 그녀의 검은 머리와 눈이 입술과 흰 피부와 뚜렷이 대조되었다. 꿈속에서 그가 그녀에게 말했다. '아름다워.'[32]

1944년 12월 스퇼텐은 뜻밖에 도로테와 재회했다. 기대치도 않던 단기 휴가를 받았던 것이다. 그가 사랑하던 베를린 첼렌도로프의 작업실에 다시 가보니 그곳에 자신이 서 있다는 것 자체가 이상했다. 부모는 화실을 그가 떠날 때 모습 그대로 보존하고 있었다. 비록 '붓이 생선용 포크를 처음 본 에스키모만큼이나 낯설었지만', 그는 여전히 그림을 그리고 싶었다. 그러나 그는 전쟁 동안 자신의 예술 지식과 기술이 얼마나 정체되었는지 뼈저리게 의식했다. '나의 목표는 내가 지난 몇 년간 강요되었던 길에 있지 않다'는 느낌이 강렬했다. 도로테의 존재가 삶이 살 만한 가치가 있다는 것을 재확인해주었지만, 그녀의 존재는 동시에 그를 새로운 위기에 던져넣었다. 전후에 민간인으로 복귀하는 것을—처음으로—생각해보니 도로테에게 어떻게 무일푼 예술가의 삶을 공유하자고 요청할 수 있을까. '희망을 품기에는 정신적으로 너무나 어둡고 빈곤하며, 듣도 보도 못한 가난에 찌든' 미래의 삶. 스퇼텐은 그때 처음으로 독일의 패전과 그 후과에 대해서도 성찰해본 것 같다. 전선으로 복귀한 뒤 보낸 첫번째 편지에서 그는 도로테에게 썼다. '이번 전쟁이 끝나면 곧, 아니면 어쩌면 20년 뒤에 또다른 전쟁이 올 것 같아. 오늘 벌써 그것을 희미하게 느껴.' '어떤 경우이든 우리 세대의 삶은 재앙의 눈금으로만 잴 수 있을 거야.' 그러나 재앙이 다가오고 있다고 상상하는 것이 그가 항복할 준비가 되었다는 것을 뜻하지는 않았다.[33]

1944년 가을 독일 도시에 대한 연합군의 폭격이 재개되었다. 작가인 리자 드 보어는 독문학에서 힘을 얻으려 했다. 그녀는 괴테가 살던 집이 파괴되었다는 소식을 듣고는 스스로에게 말했다. 괴테는 '오로지 그가 세상에 던진 말로만, 『파우스트』, 『빌헬름 마이스터』, 『시와 진리』, 『서동시집』을 통해서만 찾아지고 발견될 수 있다. 우리가 그 문학적 실체를 이미 흡입하고 간직하고 삶으로 가져왔으면 그것은 테러 비행기가 파괴할 수 있는 것이 아니다.' 그녀는 1939년에 이미 독일의 패배와 나치즘의 몰락을 희망했었다. 이번에 그녀는 괴테를 밀교적으로 독해하는 인지학Anthroposophy 협회의 창립자 루돌프 슈타이너를 정신적 안내자로 삼았다. 그녀는 여전히 인도주의적 국제주의를 마음속에 간직하고 있었지만 그 시점에 그녀가 받아들인 슈타이너의 인용문들은 민족주의적 울림을 강하게 발산하고 있었다. '독일인들은 외부 세계의 흐름이 가장 불리할 때면 언제나 내적인 힘을, 영혼의 힘을 실현한다. 그것이야말로 운명이 독일인들에게 부여한 가장 기적적인 힘이다.' 그녀가 1943년 여름에 횔덜린과 에른스트 윙거에게 존경심을 표했을 때처럼, 이번에도 민족사회주의와 아무 관련이 없는 작가의 문장에서 민족 정체성의 감각을 발견한 것이다. 전사자 추도일인 1944년 11월 25일 그녀는 독일군 전사자들에 대한 헌시를 짓겠다는 오랫동안의 계획을 마침내 실천했다.

지금 저편에 모여 있는

젊은이들, 사랑하는 전사자들,
그들은 침묵 속에서 검은 배를 타고 가면서
진지한 얼굴로 이편을 바라본다,
우리의 가슴에 불이 타오르는 것을.

불평 한마디 없이 침묵 속에서 그들은 갔다.
그러나 그들의 밝은 발자국들은 남아 있다
그리고 언어들—그들의 유산—이 펄럭이며,
그들을 사랑하는 사람들을 내면에서 지휘한다
죽은 자들에 대한 의무를 다하라고.[34]

마르부르크에는 아직 폭탄이 쏟아지지 않았다. 그러나 리자 드 보어는 전쟁이 그녀를 따라잡는 것은 시간문제라는 것을 잘 알고 있었다. 그녀는 토마스 아 켐피스를 다시 읽었고, 러시아 작전중에 실종된 화가의 마지막 편지도 읽었다. 언제나 실용적이었던 그녀는 부지런하게 과일을 말리고, 서쪽으로부터 피란 온 친구들의 물결을 맞아서 잠잘 곳을 내주었다. 그녀는 게슈타포에게 체포된 딸에 대한 소식을 기다렸고, 방공포대에 근무하던 딸을 잃어버린 한 어머니를 만났다. 그때 리자는 자문했다. '신성한 세계는 독일인들에게 그 무거운 시련을 부과하면서 어떤 계획을 갖고 있는 것일까?'[35]

이레네 귀킹이 에른스트에게 보낸 편지는 다소 소박했다. '이 전쟁은 우리에게 가혹한 시험을 부과했어.' 남편과의 이별이 고통스러웠던 그녀가 위로를 발견한 시는 '영원히 함께하려는 자는 시험에 들 것이니'였다. 낮에 그녀는 작은 두 아이를 돌보느라 바빴다. 그러나 밤에 혼자 침대에 들 때면 자신이 그를 얼마나 그리워하는지 깨달았다. 그녀는 연애 시절의 기억으로 스스로를 위로했으나 공포를 숨길 수는 없었다. '나는 당신을 정말 사랑해. 그러나 어지러운 생각들이 차올라. 당신은 남자야. 당신은 그 무엇보다도 나를 사랑해. 그러나 당신 머리에 끓어오르는 욕정은 어떻게 처리하지? 더이상 생각하기도 싫어. 당신은 어쨌거나 남자잖아.' 대조적으로 기센의 신혼집이 폭파되었다고 말할 때의 음조는 오히려 가벼웠다. 그녀와 아이들은 오래전에 이미 라우테르바흐의 상대적으로 안전한 부모님 집으로 이사했다.[36]

아우구스트 퇴퍼빈의 출신 도시 졸링겐은 1944년 11월 4일과 5일에 폭격을 맞았다. 둘째 날의 폭격은 도시 중심부를 강타했다. 마르가레테는 남편에게 6천 명가량 죽은 것 같다고 전했다. 부부의 집과 가구는 대부분 온전했다. 그녀와 16세 아들 카를 크리스토프는 안전한 저지低地 작센 농촌으로 피란했다. 그들은 이불, 배낭, 여행가방, 책가방을 야간열차 위에 싣고 갔고, 지친 병사들과 민간인들로 가득한 대합실을 가로질러 갔다. '서쪽의 지옥'을 벗어난 것만으로도 감사했다. 그러나 '날카로워진 그 긴장들을 사람들이 장기적으로 어떻게 해결할 수 있을까요? …… 점심을 먹을 때마다 그전에 지하실로 피해야 해요. 그러나 삶은 계속돼요.'[37]

1944년 12월 초 리젤로테 푸르퍼는 연합군의 폭격이 파괴한 '보석' 같은 독일 도시들을 열거했다. 스트라스부르, 프라이부르크, 빈, 뮌헨, 뉘른베르크, 브라운슈바이크, 슈투트가르트, '우리의 함부르크는 말할 나위도 없고'. 그녀는 '전 지구적인 범죄적 음모'에 대한 무기력한 분노로 가득했다. 연합군이 드러내는 것은 '끝없는 증오심, 그리고 그곳에 아무것도 없기라도 한 듯이 파괴하려는 광적인 의지야. 그들은 자신이 무엇을 하고 있는지 몰라! …… 어느 날 아마―만일 그들의 눈을 가리고 있는 그 무분별한 분노의 베일이 벗겨지면―그들은 그들이 행한 짓을 우울하게 바라보겠지.' 편지의 음조는 '베를린은 베를린이야'라고 선포하던 1944년 9월의 도

전적인 편지와 달랐다. '그런데 우리는?' 그녀는 답했다. '우리는 자부심이 있지만 무기력해. 우리에게 다시 날개가 있다면 ……'[38]

1944년 9월 12일 밤 영국 폭격기가 슈투트가르트에 또 날아왔다. 폭격기들은 대형 낙하산 폭탄 75발, 고폭탄 4,300발, 소이탄 18만 발을 구도심에 투하하여 5평방킬로미터를 초토화했다. 그 폭격은 1944년 7월 29일의 폭격, 수많은 건물을 날려버리고 도심에 대화재를 일으켰던 폭격을 재현했다. 이번에는 무거운 늦여름 공기가 그 도시의 가파른 계곡 지형에 불 폭풍을 일으켰다. 로스토크, 함부르크, 카셀에서도 그랬듯이, 도망치던 사람들 다수가 불에 타죽었다. 도심의 방공호들도 화기에 휩싸였다. 대피소에서 약 1천 명이 사망했다. 그들 다수는 지하실 안으로 유입된 이산화탄소로 사망했다.[39]

독일군이 연합군에게 프랑스와 벨기에를 내주었다는 것은 연합군이 그곳의 독일군 전투기 기지들을 비행장으로 쓸 수 있게 되었다는 것을 뜻했다. 영불해협을 따라 건설된 방공포대와 경보 체계도 없어졌기에 이제 영국과 미국의 공군기들은 타깃을 자유롭게 선택하고 경보가 울리기 전에 폭격할 수 있었다. 전략적 관점에서는 1943년 3월에서 1944년 3월까지 루르, 함부르크, 베를린을 폭격한 것이 가장 중요했다. 그러나 폭격기가 계속 증산되면서 영국과 미국 공군기들은 이제 1941~1942년보다 네 배나 많은 폭탄을 여섯 배나 높은 정확도로 투하할 수 있었다. 독일에 투하된 폭탄의 절반 이상이 전쟁 마지막 8달 동안 비처럼 쏟아졌다.[40]

그 결과 폭격으로 죽은 사람의 수가 1943년과 비교할 수 없는 정도로 폭증했다. 1944년 9월 11일 밤의 폭격으로 다름슈타트에서 8,494명이 죽었다. 하룻밤 폭격으로 인한 사망자 수만 보자면 그것은 전쟁 전체 기간 동안 에센에서 폭격으로 죽은 사람들을 넘는 숫자였다. 하일브론에서는 1944년 12월 5일 밤에 5,092명이 사망했고, 마그데부르크에서는 12월

16일에 4천여 명이 목숨을 잃었다. 폭격으로 사망한 독일 민간인의 절반 이상이 1944년 8월 이후에 사망했다. 전쟁 전체 기간의 폭격 사망자 42만 명 중에서 22만 3,406명이 그때 죽었다.[41]

그 시기에 민간인 사망자 수가 이례적으로 높았던 것은 불 폭풍 외에 폭격의 갑작스러움 때문이었다. 가장 빈번하게 폭격을 맞은 도시들인 에센, 뒤셀도르프, 쾰른, 카셀, 함부르크, 베를린의 주민들은 시간이 가면서 언제 외출하면 위험하며, 출퇴근 때 어디로 피해야 하는지 학습했다. 뮌헨, 아우크스부르크, 슈투트가르트, 빈, 잘츠부르크의 주민들은 훨씬 더 나쁜 조건이었지만, 훨씬 더 빠르게 학습했다. 그러나 처음 폭격을 맞는 도시에는 새로운 벙커를 지을 자재도 시간도 없었다. 연합군은 독일인들의 피란 중심지들을 골라서 폭격했다. 이제 독일인이 진정으로 안전하게 있을 곳은 어디에도 없었다.

공중전이 강화되자 '신무기'에 대한 루머가 당시 가장 부족해 보이던 것, 즉 전투기에 집중되었다. 1944년 11월 선전부에 올라온 보고서들은 한결같이 강조했다. '사람들은 대부분 연합군의 제공권을 깨뜨리지 못하면 전쟁의 향방은 바뀌지 않는다고 믿는다.' 기적의 전투기에 대한 루머에 하등의 근거가 없던 것은 아니다. 당시 Me 262 제트기 편대가 훈련중이었고, 그것들은 1944년 8월과 11월 사이에 가끔 출격하기도 했다. 그러나 엔진의 만성적인 문제점들 때문에 그 전투기들은 1945년에 들어서야 본격적으로 투입되었다. 엔지니어들은 신형 제트기 개발에 총력을 기울였다. 처음으로 알렉산더 리피쉬의 공기 압축 램제트와 혁명적인 델타 날개를 장착한 모델이 그때 나왔다. 그러나 터키와 포르투갈의 공급망이 끊겼기에 독일은 크롬, 텅스텐, 보크사이트를 확보할 수 없었다. 독일 항공산업은 고강도 합금과 알루미늄을 그 원료의 비축량만큼만 생산할 수 있었다. 1944년 9월 초에 미 공군이 독일 공군의 생명선인 석탄액화 석유 공장들에 파멸적인 공격을 세 차례 가했다. 그로써 독일 영공의 전략적 통제의 마지막 국면이 시작되었다. 독일 공군은 항공유가 부족해서 비행시간을 단축했고, 그래서 신병들은 훈련을 충분히 받지 못한 채 악조건으로 싸워야 했다. 연합군은 1944년 후반기에 독일 공군기들을 효율적으로 공격했다. 그 시기에 독일은 전투기와 전폭기 2만 2백 대를 잃었다.[42]

괴벨스는 희망과 무기력 사이를 황망하게 오가는 열병 같은 분위기 속에서 새로운 '볼셰비키 테러' 선전을 발동했다. 내용은 1943년 4월과 5월의 카틴 선전과 똑같았다. 유일한 차이는 희생자가 이번에는 폴란드인이 아니라 독일인이라는 점이었다. 1944년 10월에 소련군 탱크대대 두 개가 네머스도르프라는 동프로이센 굼비넨의 작은 촌락을 점령했다. 부대는 그곳에 10월 21~23일 사이에 단 이틀만 머물다가 독일군의 반격을 받고 퇴각했다. 네머스도르프 촌민 637명은 소련군이 접근할 때 대부분 도망쳤지만, 마을에 남은 사람들은 소련군의 권력에 노출되었다. 점령군과 피점령 주민의 관계는 부분적으로는 정상이어서, 농민이 음식을 내주면 병사는 감사로 응했고 그 둘은 더듬거리며 대화도 나누었다. 그러나 소련군 병사들은 독일인들을 구타하고 빼앗고 강간하기도 했다. 독일군이 마을을 수복하자 네머스도르프의 인민돌격대 남자들이 소련군에게 살해된 민간인 시체 26구를 발견했다. 그 소식이 들불처럼 번졌고, 다음날 하인리히 힘러의 개인 주치의 카를 게파르트가 나치당, 친위대, 경찰의 수사관들과 함께 마을에 도착했다. 10월 25일에는 헌병대도 도착하여 수색 작업을 벌였다. 더이상의 시체는 발견되지 않았다. 그들은 마을 사람들이 시체를 던져 넣었던 구덩이에서 여자 시체 13구, 어린이 시체 5구, 남자 시체 5구를 땅바닥 위로 끌어낸 뒤 사진을 찍고 신원을 확인했다. 의료진이 검시도 했다. 촌장을 제외하면 살해된 성인 남녀는 대부분 노인이었고, 머리 총격으로 사망했다. 의료진은 여자 한 명에서만 강간을 추측했는데, 사진사들은 여자들의 시체를—시체는 두번째로 옮겨졌다—스커트는 올리고 스타킹은 내린 상태로 촬영했다. 게파르트는 독일 적십자회 총재를 겸임하면서 강제수용소 여성 재소자들에게 생체실험을 했던 의사였다. 아마 그가 사진사들이 도착하기 전에 시체의 모습을 강간당한 형태로 조정했을 것이다.[43]

소련군 부대의 학살은 독일 수사관들 자신이 소련 지역에서 수행했던 학살과 유사했다. 네머스도르프를 방문한 한 독일 공직자는 일지에 여자들과 어린이들이 헛간 문에 못질되어 있었다고 보고했다. 헌병들이 그 증거를 찾아내지 못했음에도 불구하고, 독일 언론의 1면이 '십자가에 못박힌 여자와 어린이들'로 도배되었다. 그러나 그 보도 내용이 얼마나 빈약했는지 괴벨스조차 '시적인 진실'을 전달하려면 기사를 보충해야 한다고 비판했다. 어쨌든 동프로이센이 처음으로—그러나 마지막은 아니다—소련의 위협이라는 끝도 없는 주문이 독일인들의 귀에서 진실이 되도록 해주는 증거를 공급했다. 그리고 카친 때와 마찬가지로 가혹한 장면에 대한 보도 금지가 해제되자 신문과 영화관 뉴스들이 26구의 시체 사진을 부지런히 실어날랐다. 〈민족의 파수꾼〉은 1면에 어린이 시체들을 실었다. 그렇게 하여 네머스도르프가 '유대인 정치위원들'에 의해 광기로 내몰린 '아시아 무리들'의 악행과 동의어가 되었다.[44]

1944년 10월 소련군의 진입과 독일군의 성공적인 반격은 동프로이센 지역에 막대한 반향을 일으켰다. 재편성된 군집단중부 사령관 라인하르트 중장은 아내에게 썼다. '볼셰비키가 굼비넨 남쪽 지역을 어떻게 결딴냈는지 드러난 뒤 이곳은 분노와 증오심으로 끓고 있어요'. 그러나 다른 지역의 반응은 달랐다. 굉장히 많은 사람들이 언론 보도가 사실인지 의심했다. 괴벨스는 일기에서 '네머스도르프 보도는 인민의 일부만을 확신시켰다'고 인정했다. 일부 사람들은 주민들을 적시에 피란시키지 않았다고 나치당을 비난했다. 아주 멀리 떨어진 지역에서는 '동프로이센에서 몇 명만 죽었을 뿐'인데 왜 우리가 러시아인들을 두려워해야 하느냐고 불평했다.[45]

독일 서부 국경 도시 슈투트가르트 주민들에게 굼비넨은 전쟁 이전과 마찬가지로 머나먼 곳이었다. 더욱이 전쟁이 장기화되면서, 프로이센적인 것이라면 무조건 적대시하는 슈바벤 지방 특유의 전통이 더욱 강해졌다. 특히 슈투트가르트 시민들은 1944년 9월 12일 폭격의 후유증에서 채 벗어나지 못한 상태였다. 그들은 나치 선전을 모조리 의심했다. 친위대 정보국의 슈투트가르트 지부가 심란해져서 그 여론을 전달했다.

> (지도부는) 희생자들의 그런 모습이 생각할 줄 아는 모든 사람들에게 우리가 적의 영토, 심지어 독일 안에서 자행한 가혹행위들을 떠오르게 한다는 것을 깨달아야 한다. 우리는 유대인 수천 명을 죽이지 않았던가? 병사들이 거듭거듭 폴란드 유대인들은 자신의 무덤을 파야 했다고 말하지 않았던가? 우리가 알자스(나츠바일러) 강제수용소에서 유대인들을 어떻게 처리했던가? 유대인도 사람이다. 우리가 그 모든 것을 행함으로써 우리는 적에게 그들이 승리하면 우리에게 무엇을 행할 수 있는지 보여주었다.[46]

1943년 여름과 가을에 오가던 말들과 똑같았다. 그때 괴벨스와 힘러는 훈계와 시범 처벌을 섞음으로써 그 말들을 잠재웠었다. 똑같은 위기가 찾아오자 그들은 똑같이 대응했다. 네머스도르프를 이용하여 절멸의 '유대인 테러' 공포를 부추기고, 그렇게 패배주의를 제압하려 한 것이다. 그러자 학살의 악순환에서 독일이 행한 역할에 대한 비판의 물결이 또다시 일었다. 베를린에서 전차 좌석들을 두고 벌어진 말싸움이 그 열병 같은 분위기를 보여준다. 일부 승객이 말했다. '우리는 인간적이어야 해요. 우리는 우리가 유대인과 폴란드인에게 행한 것에 대한 죄의식으로 짓눌려 있잖아요. 그들은 우리에게 되갚을 겁니다.' 그런 순간들. 낯선 사람들끼리 공개적인 자리에서 '유대인의 전쟁'에 대한 책임이 누구에게 있는지 언쟁을 하는 순간은 독일인들의 사기가 바닥으로 떨어진 시점이었다. 다만 카친과 달리 네머스도르프는 국제적인 관심을 끌지 못했다.[47]

1944년 7월 24일 소련 제2탱크군이 루블린 교외의 마이다네크 수용소를 해방했다. 수용소에는 친위대 경비병들이 남겨놓고 도망친 소련군 포로 1,500명이 남아 있었다. 그들은 해방군에게 수용소 소장 주택, 건설자재 창고, 친위대 경비병 막사, 전쟁포로 막사, 세 개의 가스실, 시체소각장, 그 뒤의 학살용 참호들, 옷과 신발과 머리카락 더미들을 보여주었다. 그 수용소에는 주로 루블린 공장에서 강제노동을 하던 소련군 포로와 폴란드인들이 수감되었지만, 그곳은 학살수용소이기도 했다. 그곳에서 폴란드인, 슬로바키아인, 유대인, 로마 집시, 소련군 포로들 20만 명이 죽었다. 소련군의 진격이 너무나 빨랐던 탓에 친위대에게는 그 수용소를 파괴할 시간이 없었다. 마이다네크는 최초로 해방된, 그리고—추후 나타나듯—가장 온전한 형태로 해방된 학살수용소였다. 소련은 발견물의 중요성을 바로 인식했다. 외국 저널리스트들이 초청되었고, 사진과 영상이 전 세계로 전파되었다. 연합군 공군기들은 전단을 살포함으로써, 마이다네크 가스실과 소각장의 세부 사실이 1944년 8월 말부터 독일에 전달되었다.[48]

마이다네크는 소련군 병사들에게 독일인들이 러시아인들을 어떻게 다루었는지 보여주는 표장이었다. 독일인들은 많은 국적의 시민들을 살해했지만, 마이다네크는 독일인들이 소련 시민들에게 유난히 더 폭력적이었다는 증거였다. 일리아 에렌부르크를 비롯한 소련 작가들이 소련 국가에 독일인들이 점령중에 범한 전쟁범죄에 대하여 복수하라고 촉구하는 가운데, 마이다네크의 이미지들이 많은 러시아인들의 머리에 각인되었다. 제

5포병군단의 젊은 장교 유리 우스펜스키에게는 그 이미지가 스몰렌스크 지역을 해방했을 때 보았던 촌락의 참상들에 더해졌다. 부대가 동프로이센 국경을 향하여 진격했을 때 유리는 '마이다네크 독일인들의 냉혈함'을 잊지 않으려 했다. 유리에게는 소련군 병사들이 저지른 행동들도 끔찍했지만, 독일인들의 전쟁범죄는 그 최악의 행동보다 '백배는 악독했다.'[49]

1944년 12월 우르줄라 폰 카르도르프는 친구 집 화장실에 틀어박혀서 〈제네바 저널〉을 읽었다. 저널에는 아우슈비츠-비르케나우 수용소에서 실행한 여성들과 아이들 수천 명의 가스 학살이 자세히 기술되어 있었다. 기사는 1944년 4월에 아우슈비츠를 탈출한 슬로바키아인 재소자 두 명의 상세한 증언에 의거했다. 카르도르프는 유대인 학살이 사실이라는 점은 알았지만—스스로도 베를린에서 유대인을 숨겨주었다—, 냉혹한 세부 사실은 그녀의 한계를 넘는 것이었다. '이 무시무시한 내용을 믿을 수 있는 것일까?' 그녀는 일기에서 자문했다. '이건 그냥 사실일 수 없다. 가장 난폭한 광신자들조차 그렇게 절대적으로 짐승 같을 수는 없다.'[50]

불신은 종종 현실을 시인하는 첫 단계였다. 죽음의 수용소에서 감전사 혹은 가스로 대량 학살이 진행되었다는 풍문은 1944년에 점차 사라지기는커녕 점점 증가했고 독일 전역으로 확산되었다. 이탈리아에서는 연합군 심문 장교들이 독일군 전쟁포로들로부터 그 이야기를 들었다. 그 시기에 독일인들은 터부를 깨고 그 비밀스러운 장소에서 실제로 무슨 일이 벌어졌는지 질문을 던지고 답했다. 사람들은 시체 기둥에 대해서도 말했다. 다만 그들은 그 기둥이라는 것이 희생자들이 가스실 천정 바로 아래의 산소에 닿기 위하여 기어오르다 만들어진 것이라는 사실은 아마 몰랐을 것이다. 감전사 학살을 말한 것에서 독일인들이 사실을 오해하기도 했다는 점이 나타난다. 이는 그들이 얼마나 어렵게—그리고 상상을 통하여—파편들을 꿰맞춰서 하나의 일관된 그림으로 만들어내려 했는지 드러낸다.

대량 감전사 소문은 학살수용소에 관한 소식들이 마치 표식된 지폐처럼 광범하게 그러나 부분적으로 유통되었다는 것을 말해준다.[51]

독일인들은 연합군의 폭격을 유대인 학살과 등치시키면서 그들 스스로를 희생자로, 그 두 가지 모두를 자신들이 당하는 고통의 원인으로 바라보았다. 이는 1944년 7월의 히틀러 암살 음모 이후 경찰이 거칠게 움직였고, 그 거친 분위기 속에서 독일인들이 자기검열을 행한 탓일 수도 있다. 우르줄라 폰 카르도르프는 7월의 음모자들에게 공감했고, 체포를 두려워했으며, 공적으로 말을 조심했다. 그러나 슈투트가르트 주민들이 1944년 9월에 학살과 폭격을 연결한 것, 그리고 카르도르프가 아우슈비츠 기사에 경악한 것을 보면, 반나치 조직과 연관되지 않은 사람들도 약간의 자극만으로도 유대인 학살에 대하여 공공연하게 말했다는 것을 보여준다. 폭격에 따른 생존의 두려움 때문이었건, 혹은 '유대인의 테러'와 학살 장소를 병렬시킨 나치 미디어의 보도와 그것이 촉발한 공적인 주장에 사로잡힌 탓이었건, 그 사회적 반응들은 한 가지를 매우 뚜렷하게 드러낸다. 당시 독일 사회는 오직 독재적 테러에 의해 전쟁을 지속하도록 강요된 '원자화된' 사회가 아니거나, 혹은 아직 그런 사회가 아니었다는 점이다. 많은 독일인들은 자기에게 의견을 말할 권리가 있다고 느꼈고, 체제를 무어라고 비판하든 자신의 충성심이 의심받지 않는다고 가정하고 있었다.

나치 정권이 자신의 충고를 긍정적으로 이용할 수 있다고 여기는 사람들도 있었다. 1944년 11월과 12월 일부 독일인들은 선전부에 선의의 진정서를 보냈다. 때로 그들은 진정서에 독일군이 연합군 군대에 살포할 전단 초안을 동봉하기도 했다. 카이저스라우테른의 한 공학 연구소 소장이 제안한 '영국인, 미국인, 러시아인들은 우리의 소리를 들으세요'라는 전단 초안은 다음과 같다.

유대인 흡혈귀들을 위해 더이상 여러분의 목숨을 희생하지 마십시오. 유대인들은 세계 지배를 누리기 위해 여러분을 도살장으로 몰고 가고 있습니다. …… **기독교인들이여, 유대인을 위해 싸우면 안 됩니다!** …… 유대인이 더이상 존재하지 않는 유럽합중국을 건설하도록 우리를 도와주세요.

그 전단은 선전부 요원이 그 초안의 일부 문장을 특별하게 강조(검은색)할 정도로 눈길을 끌었다. 그 텍스트는 마르크스의 유명한 문장으로 끝난다. '만국의 유럽인이여 단결하라!' 진정자들은 1944년 5월과 6월 초에 제안했던 집단적인 복수 대신 영국과 미국의 '노동자들과 병사들'에게, 그들이 유대인에게 기만당하여 자연적인 동맹국인 독일에 대하여 투쟁하게 된 것이라고 설득하고자 했던 것이다. 함부르크의 한 의사가 통탄했듯이, 영국인들이 그 메시지를 알아듣지 못할 위험은 분명히 있었다. 그는 썼다. 어떤 전단이든 '이해력이 떨어지는 사람의 스타일로' 작성해야 한다. 그리고 그 노력이 실패하더라도 그것은 '우리 독일인들이 교육받은 민족들에게 말하는 방식 때문이다. …… 영어를 말하는 민족들은 그 수준에 도달하지 못했다.'[52]

여론의 향방을 점검하는 사람들, 즉 친위대 정보국, 선전부, 나치당 총재실, 지방법원 사무소들은 갈수록 부정적으로 돌아서는 '민족동지들'의 여론을 판단하느라 분주했다. 친위대 정보국의 슈투트가르트 지부 같은 곳은 일관되게 두드러지게 비관적이었다. 프라이부르크 지부 같은 곳은 정반대로 한없이 낙관적이었다. 1944년 9월 독일군은 괴벨스를 설득하여 군대의 대민 정보기관을 확대하여 여론을 점검하고 조종하도록 했다. 괴벨스가 그처럼 군대가 자기 영역에 들어오도록 허락한 것을 보면, 7월의 음모에도 불구하고 여론의 위상에서 군대가 나치당보다 훨씬 높았다는 것이 드러난다. 그러나 민간인들의 사기는 전쟁 상황에 의해 규정되고 있었다. 서부 지역의 사기는 프랑스로부터의 철수 시점보다 머뭇거리면서도 완만하게 개선되었다. 1944년 9월 초에 모든 것은 끝났다고 공공연하게 말하고 3주일 뒤까지도 뉴스를 듣지 않던 사람들이 이제는 허리띠를 조이고 '복종적으로 자신의 의무를 수행하고 있다'.

1944년 12월 15일 이레네 귀킹은 남편 에른스트에게 기센이 겪은 폭격을 자세히 전했다. 시청 지하실로 대피한 사람들은 모두 죽었다. 주민 2,500명이 죽고 3만 명이 집을 잃었다는 말을 들었다. 자기들 집은 처음 생각한 것만큼 심하게 파손되지 않았다. 폭탄 하나가 건물 앞마당에 떨어지고 집은 거주 불가능하게 되었지만, 내용물은 모두 온전했다. 전쟁 이전의 기념품인 에른스트의 밀짚모자 하나만 폭탄풍에 날아갔는데, 모자는 도로의 폭탄 구덩이에 안전하게 떨어졌다. 그 직후 가구는 삼촌 집으로 옮겼다. 소파와 탁자 하나는 너무 무거워서 폭탄 맞은 집에 남겨두었다. 행운과 불행을 견주어보니, 요한나 아주머니와 함께 지낸 것이 최악이었다. 그녀와의 사흘이 너무나 길게 느껴졌다. 아주머니가 떠나간 12월 7일, 기쁜 소식이 들렸다. 스위스 언론 기사를 인용한 신문이 독일 신형 전투기가 적기 500기를 격추했다고 보도했다. 이제—마침내—적의 공중 공격에서 벗어난 것인가. 그렇게 생각하니 하늘로 날아갈 듯했다.[53]

독일에 대한 공습이 1944년 12월 17일에 급격히 감소한 것은 사실이다. 사실은 그 전날 독일군이 서부전선에서 반격을 개시했다. 반격 직전에 룬트슈테트 장군이 병사들에게 촉구했다. '서부전선의 병사들이여! 그대들의 위대한 시간이 왔다. 강한 군대가 오늘 영국군과 미군을 향하여 진군한다. 더는 말이 필요 없을 것이다. 그대는 느끼고 있지 아니한가. 전부 아니면 전무!' 괴벨스는 섣부른 기대를 부추기지 않도록 언론을 단속했다. 반격 뉴스는 1944년 12월 18일에 독일군 라디오 방송이 처음으로 단신短信으로 보도했다. 신문들은 다음날까지 보도하지 않았다. 보도할 때도 예컨대 〈민족의 파수꾼〉조차 통상적인 과장을 버리고 '서부에서의 공격'이라고만 썼다. 사람들은 독일군에게 아직도 반격 능력이 있다는 것에 놀랐고 또 기뻐했다. '억눌린 분위기에서 해방된' 느낌이었다. 제프 디트리히 장군의 친위대 제6탱크군은 북쪽으로 치고 올라갔고, 만토이펠 장군의 제5탱크군은 벨기에 동남부의 미군 전선을 깨뜨리고 바스토뉴로 진격했다. 선전부에 올라온 보고서들은 국민들에게 그 소식이 '오랜 가뭄 끝의 단비'처럼 느껴졌다고 기록했다. 베를린 사람들은 성탄절 배급으로 얻은 독주의 거의 전부를 건배와 함께 마셔버렸다. 많은 사람이 그 독주를 기꺼이 '지도자의 성탄절 선물'이라고 불렀다.[54]

쿠르트 오르겔은 군집단북부의 잔여 병력과 함께 라트비아의 쿠를란트에 주둔하고 있었다. 쿠르트처럼 전투로 단련된 베테랑 군인조차 독일군의 반격에 흥분했다. '세상에, 나도 그곳에 함께 있었으면!' 그는 독일군의 진격을 지도로 확인하다가, 그 공격로가 자기 포병대가 1940년에 룩셈부르크를 통하여 달려갔던 길이라는 사실을 깨달았다. 1944년 12월 21일 쿠르트가 독일군이 서부전선에서 미군 2만 명을 포로로 잡았다는 소문을 들었다. 에른스트 귀킹은 6만 명이라고 전했다. 독일군이 알자스 교두보에 도달하자, 귀킹의 부대가 주둔하고 있던 인근의 에센하임에 대한 연합군의 고통스럽던 공격도 멈추었다. 그런 기쁜 소식들이 선전부에 쏟아졌지만, 괴벨스는 반격 상황을 1940년의 프랑스 점령에 빗대는 것이 위험하다고 판단했다. 그는 사복 요원들을 통하여 사람들의 기대를 낮추고 제한적인 성공에 만족하도록 준비시켰다. 그러나 희망의 촛불이 갑자기 다시 켜지자 라이헨베르크, 브란덴부르크, 데사우, 심지어 비관적인 함부르크와 슈투트가르트에서조차 사람들은 신속한 전략적 승리로 서부에서의 전쟁을 끝낼 수 있다고 상상하고 싶어했다. 그것은 1944년 5월에 서부방벽에 투여했던 희망, 그리고 그보다 덜한 정도로는 1944년 가을에 기적의 신무기에 투여했던 희망과 똑같았다. 1944년 12월 중순에 그 희망과 함께 나타난 전략적 계산도 똑같았다. 영국과 미국이 평화를 요구하도록 강제되면, 독일군은 자원을 모조리 동부전선에 쏟아부을 수 있으리라.[55]

히틀러가 공세를 재개하면서 염두에 두었던 것도 대중의 희망과 크게 다르지 않았다. 괴벨스와 주독 일본대사가 히틀러에게 지금이 소련과 평화 협상에 나설 적기라고 주장하자 히틀러는 동부에서의 전쟁은 마지막까지 밀고 나가야 하고, 서부의 평화는 우월한 위치에서만 달성할 수 있다고 답했다. 아르덴 공세의 목표는 앤트워프까지 진격하는 것이었다. 그 항구를 다시 장악하면 영국군과 미군이 느린 육상 보급로에 묶이게 될 것이었다. 낙관적인 기대로는, 그렇게 되면 서구 연합국들이 독일군의 힘 때문에 소련을 외면하고 독일과 평화 협상에 나서지 않겠는가.[56]

1944년 12월 23일 독일군이 뷰이쏭빌과 첼레에 도착했다. 뫼즈강으로부터 불과 8킬로미터 떨어진 곳이었다. 그러나 독일군은 그 강을 건너지 못했다. 전진하는 독일군 기갑부대를 폭격으로부터 보호해주던 안개가 하필이면 성탄절 전야에 걷혔다. 앤트워프는 여전히 멀었다. 충성스러운 발터 모델 원수조차 반격의 실패를 인정했다. 영국과 미국 공군기 5천 대가 독일군 탱크, 비행장, 포대, 보급선에 폭탄을 퍼붓던 12월 27일 룬트슈테트가 더이상 보충 병력이 없다고 인정했다. 그로써 반격은 끝났다. 다만 연합군의 전사자 수가 76,890명으로, 독일군 중에서 포로로 잡히거나 부상당하거나 사망한 병사 6만 7,461명보다 약간 많았다. 그 사실은 독일군의 전투력이 아직 남아 있다는 것을 증명했다. 그러나 독일군에게는 사상자들을 대체할 병력이 없었다.[57]

히틀러는 알베르트 슈페어에게 모든 것이 아르덴 공세에 달려 있다고 말했다. '그곳에서 성공하지 못하면 전쟁을 우리 조건으로 끝낼 가능성은 없습니다.' 슈페어는 석탄이 더이상 발전소에 도착하지 않는다는 것도 알

앉고, 연합군에게 빼앗긴 프랑스와 벨기에와 룩셈부르크의 강철을 상쇄시킬 수 없다는 것도 알았다. 실제로 독일의 군수물자 생산이 회복 불가능하게 감소했다. 군수부장관은 그저 철도 네트워크의 완전한 붕괴를 막는 데 집중했다. 그리고 신세대 잠수함의 건조를 중단시키고 포탄과 탱크 생산에 집중했다. 1944년 12월 말의 상황은 석탄과 강철이 마찬가지로 부족했던 1941년 겨울보다 훨씬 더 나빴다. 히틀러를 대신하는 역할을 하던 알프레드 요들 장군은 1944년 11월 초에 서부전선 사령관들에게 인정했다. 반격에 '동원할 수 있는 병력'이 없다. '현상황에서 우리는 모든 것을 하나의 카드에 거는 수밖에 없다'.[58]

반격의 중단으로 그 카드마저 실패하자 히틀러와 최고사령부는 원래의 버티기 전략으로 돌아갔다. 서부에서 영국군과 미군의 진격이 재개되자, 특정 도시를 마지막 탄환이 떨어질 때까지 지켜야 하는 '성채'로 지명하는 명령이 연달아서 하달되었다. 그럼에도 불구하고 서부전선에서 집으로 휴가를 온 병사들은 흥분해서 새해 이전에 파리에 도착할 수 있을 것이라고 말하고 있었다. 괴벨스는 그런 말들을 '절대적인 쓰레기'라고 평하면서 미디어에 기대를 낮추라고 지시했다. 1944년 12월 29일 언론이 독일군의 공세가 사실상 멈추었다고 시인했다.[59]

**

1944년 12월 31일 밤 배우 하인리히 게오르게가 라디오에서 근대 군사이론의 창시자 카를 폰 클라우제비츠가 1812년에 쓴 문장을 낭독했다.

나는 믿고 또 고백합니다. 인민에게 자기 생존의 존엄과 자유보다 소중한 것은 없습니다. 그것은 마지막 피 한 방울까지 투입하여 지켜야 합니다. 그보다 높은 의무는 없고, 그보다 높은 법률도 없습니다. 비겁한 항복의 수치스러운 오점은 절대 지워지지 않습니다. 그 독약 한 방울이 민족의 피 속에 들어가면 그것은 후대로 전해져서 미래 세대들의 힘을 부러뜨리고 부식시킵니다.

클라우제비츠는 그 문장을 자신의 후견인이자 스승인 샤른호르스트에게, 왜 그가 프로이센 군대를 떠났는지 설명하는 대목에서 썼다. 러시아에 있는 나폴레옹 군대와 싸우기 위해서라는 것이었는데, 그는 패배를 예상하는 가운데 그 글을 썼다. 패배와 무관하게 그에게는 위대한 도덕적 승리에 대한 낭만적 믿음과 민족의 미래에 대한 신념이 남아 있었다. 추후 클라우제비츠의 『고백록』으로 알려지게 되는 그 편지는 이어서 말한다. '유혈의 명예로운 전투를 수행하면 패배조차 인민의 재탄생을 확보해줍니다. 그것은 생명의 씨앗으로서, 언젠가 뿌리 깊은 새로운 나무로 자라납니다.'[60]

하인리히 게오르게의 낭독이 마지막 문장에 도달했을 때 바이올린이 독일 국가를 연주했다. 처음에는 낮은 소리로 진행되다가 점차 끓어올라 12시 정각에 지난해를 보냈고, 마지막 1초에는 누구나 알아들을 수 있는 청동의 '라인강 종'이 울렸다. 이어서 19세기 프로이센 병사들의 군가 〈오 드높은 독일의 명예여〉가 흘러나왔다. '버티자! 버티자!'라는 노래 속의 가사보다 1945년의 상황에 잘 맞는 것은 없었을 것이다. 이어서 바덴바일러 행진곡이 짧게 흘러나왔고, 12시 5분에 히틀러가 연설했다. 그의 신년 메시지는 짧았다. 그는 '유대인의 국제적인 세계 음모'의 위협을 말했고, 예언을 반복했다. '유럽을 파괴하고 유럽의 제민족을 근절하려는' 유대인의 시도는 실패하고 유대인 '자신의 파괴'로 끝날 것이다. 그것은 뉴스도 아니었고 특별히 위로를 주는 것도 아니었다. 그저 많은 사람들이 느끼는 공포, 즉 전쟁이 평화 협상으로 끝나지 않으리라는 것, 혹은 히틀러가 한번 시인했듯이 '11월 9일은 독일에서 결코 반복되지 않으리라는 것'만을 담고 있었다. 그 신년 메시지에서 히틀러는 전쟁의 향방을 바꿔놓겠다고 약속했다. 그러나 그는 세부 사항을 말하지 않았고, 신무기 투입을 약속하지도 않았으며, 어떻게 혹은 언제 연합군의 폭격이 멈출 것이라고 약속하지도 않았다. 그는 서부 반격도 언급하지 않았다. 전쟁은 그가 자주 차용하던 칙칙한 종말론적 언어로 묘사되었다. '문제는 죽느냐 사느냐, 존재하느냐 존재하지 않느냐는 것입니다. 승리는 우리의 것일 것입니다. 우리의 승리여야 하기 때문입니다.' 선전부는 즉시 미디어에게 지시했다. 연설에 독일인 청취자들을 위로했을 수도 있을 자세한 사항이 빠진 것은 안보 문제 때문이라고 설명하라.[61]

쿠를란트 전선의 쿠르트 오르겔은 신년 방송을 들으면서 리젤로테를 생각했다. 심지어 전쟁 초 전선 병사 신청곡 콘서트 때의 커플을 떠올렸다. 그날 쿠르트는 리젤로테에게 썼다. '나는 우리 둘이 똑같은 가수의 노래를 동시에 들을 수 있으면 얼마나 행복할까 생각했어! 지도자의 목소리를 다시 듣는 것이 당신도 좋았어?' 1944년 1년 동안 히틀러는 공적으로 단 한 번 7월의 암살 음모 직후에 간단하게 연설했다. 그런 그가 다시 마이크 앞에 나왔다는 것 자체가 많은 사람에게 안도감을 주었다. 전투에서 승리한 느낌이었다. 1943~1944년의 경험으로 보건대 그게 아니라면 히틀러는 침묵했을 것이었다. 나라 전체에서 선전부 기자이건 법무부 기자이건 독일군 기자이건, 모두가 똑같이 생각했다. 그리하여 많은 사람이 한껏 고무되어 1945년을 맞이했다. 그들은 전쟁이 독일에 유리하게 끝나리라고 다시 한번 기대했다.[62]

마르부르크의 드 보어 부부는 그에 동의하지 않았다. 리제에게 히틀러의 말은 '무덤처럼 공허'했다. 부부는 크리스마스트리 옆에 앉아서 촛불이 타내려가는 것을 지켜보았고, 60세 이상에게 특별히 배급된 베르무트 칵

테일 한 잔을 마셨다. 의사였던 자식들 셋은 흩어져 있었다. 막내인 한스는 그라이프스발트대학에서 의무장교에 지원하여 발트해 연안에 있었다. 큰아들 안톤은 의무장교로 탱크 사단에 배치되어 쿠를란트에 있었다. 부부의 가장 큰 걱정은 딸 모니카였다. 그녀는 지난 열두 달을 게슈타포 감방에서 보냈다. 엄마는 모니카가 감방에서 종교로 전향하여 독방에 수감된 시간을 이용하여 성경을 읽고 기도하는 것이 너무나 기뻤다. 부부가 딸의 성탄절 편지를 함께 반복해서 읽자니 공포가 잠시 가라앉았다. 엄마는 딸이 '사색의 기회를 이용하여 그 시간에게 저항만 한 게 아니라 그 시간을 고양한 것'에 부모가 얼마나 '깊은 인상을 받았는지' 답장했다.[63]

　라우테르바흐의 이레네 귀킹은 새해 아침 5시 30분에 기상했다. 에른스트가 집에 와 있었다. 그녀는 그가 시키는 대로 그들 집이 '완전히 폭파되었다'는 전보를 보냈고, 그 속임수가 통했다. 에른스트는 열흘간의 위로 휴가를 받았다. 알자스 부대에서 출발하여 집으로 가는 데 오후와 하룻밤이면 충분했다. 전선은 더 가까이 다가오고 있었다.[64]

제15장

붕괴

독일군은 전력을 다하여 아르덴 공세를 취하다가 오히려 약화되었다. 독일군은 즉시 전략적 방어로 되돌아갔다. 주된 목표는 단순히 연합군의 공격을 흡수하는 것이었다. 그것은 1944년 1월과 똑같은 전략이었지만, 중대한 차이가 있었다. '공간을 시간으로 바꾼' 1년 동안 전선이 드니프로강과 대서양으로부터 독일 국경 지대로 이동한 것이다. 동유럽에서 독일군은 바르샤바와 비스툴라강을 지키고 있었고, 이탈리아 전선에서는 포강 전선을 유지하고 있었다. 서부에서 연합군은 서부방벽의 방어선, 특히 자르강과 모젤강이 만나는 트리어 인근의 강력한 삼각 방어 진지에 막혀 있었다. 트리어는 1944년 9월의 패닉 때는 아헨만큼이나 취약해 보였었다. 그러나 1944년 가을과 겨울 동안 트리어 방어선은 삼각형 진지들의 북쪽 꼭짓점을 기점으로 하여 수많은 공격을 견뎌냈다. 그 방어선 뒤에 라인강이 있었다. 라인강은 영국군과 미군을 막는 마지막 자연 방어선이었다. 포강, 비수툴라강, 라인강을 건너는 것이 독일을 패배시키고 점령하는 열쇠였다. 연합군에게 그것은 막강한 벽이었다. 독일인들에게 그것은 방어 전략의 마지막 선이었다.

독일의 탱크 생산이 1944년 말에 새로운 정점에 도달했다. 그러나 연합군의 막대한 우위는 갈수록 명확했다. 미군과 영국군의 폭격기들은 1년 전의 엄청났던 위력보다 훨씬 더 강해졌다. 그 폭격기들이 독일의 철도망, 액화석유 공장, 도시들을 폭격했다. 독일 군수산업이 연합군에 대하여 군사적 혹은 기술적 우위에 오를 때까지 독일군이 독일을 방어하리라는 기대는 무망한 일이었다. 독일의 희망은 연합군 동맹이—바로 지금—내분으로 인하여 해체되는 동안 시간을 버는 것이었다. 그 낙관적인 시나리오는 역사의 반복에 근거했다. 18세기 중반 7년전쟁에서 프로이센을 구해준 것은 1762년에 러시아의 여제 엘리자베타가 갑자기 사망하여, 압도적이던 프랑스-오스트리아-러시아 동맹이 기적적으로 해체된 것이었다. 1942년의 전기 영화 〈위대한 왕〉과 같은 영화들은 히틀러를 프리드리히대왕의 후계자로 내세웠다. 그 평행이 히틀러에게 영감을 주었던 듯, 그는 그 영화 필름을 무솔리니에게 보냈다. 서부의 총통본부에서 베를린으로 돌아온 뒤에 히틀러는 프리드리히대왕의 초상화를 제국총리실 지하 벙커 자기 방에 걸었다. 자본주의 서구와 공산주의 동구가 충돌할 것이라는 예상에 근거가 전혀 없었던 것은 아니다. 추후의 냉전은 그것을 보여주게 된다. 그러나 나치 지도자들은 자기들이 만든 막다른 골목의 출구를 찾으려는 절망적인 노력 속에서, 연합군의 그 '불경스러운 동맹'을 성립시킨 것이 일차적으로 그들 자신이 가한 위협이라는 사실을 망각하고 있었다. 1945년 4월 12일에 루스벨트가 사망하자, 히틀러는 그것을 유대인의 지원을 받은 것에 대한 네메시스 천벌로 간주하고 1762년의 사건이 재현되리라고 기대하면서 잠깐 동안 축배를 들었다.[1]

독일 지도부가 그 많은 인명을 희생시키면서 시간을 벌었던 마지막 명분은 미국이 독일에 합류하여 유럽을 볼셰비즘으로부터 구해내리라는 희망이었다. 독일군 총사령부조차 독일군 병사들이 얼마나 죽었는지 알지 못하는 가운데 전투가 벌어진 날이면 독일군 병사가 하루 평균 1만 명씩 죽어나가는 상황이었다. 라인 방어선이 유지된 덕분에, 독일군은 크게 줄어들기는 했지만 어쨌거나 통합적인 영토를 방어하고 있었다. 그 기간 내내 독일 지도부는 연합국 대동맹이 산산조각나리라는 희망을 품고 있었다. 히틀러는 남아 있던 독일군 부대 중에서 가장 강력한 발터 뫼데의 군집단B에게 서부전선 방어를 맡겼다.[2]

영국군과 미군은 1944년 12월부터 1945년 3월까지 자르강을 건너 라인강까지 진격했다. 비수툴라강과 라인강이라는 거대한 두 방벽은 1945년 1월부터 3월 말까지 동서에서 동시에 펼쳐진 공격에 무너졌다. 가장 큰 돌파는 동부에서 이루어졌다. 소련군이 비수툴라강을 건너서 폴란드와 독일 동부 지역을 휩쓸고, 1월 말에 오데르강 너머에 교두보를 확보했다. 소련군 나머지 부대는 3월 말까지 베를린에서 불과 80킬로미터 떨어진 지점에 단단히 자리잡았다. 동부전선에서는 독일군이 오데르강에서 물러나 엘베강에서 지키는 전략도 생각해볼 수 있었지만, 이제 서부전선에는 그런 선택이 아예 가능하지 않았다. 라인강 너머에는 엘베강까지 북독일 평원지대가 펼쳐진다. 그리고 라인강을 따라 독일 산업의 심장부가 자리하고 있었고, 그 강은 석탄을 비롯한 온갖 물자들의 주요 운반 루트였다. 독일군은 라인강 너머에서는 방어선을 유지할 수 있기는커녕 구상할 수조차 없었다.

1944년 가을에 다시 한번 고조되었던 독일인들의 민족적 연대는 연합군의 공격력 앞에서 산산조각났다. 나라의 붕괴는 지역마다 '지역적' 충성심을 강화했다. 그것은 괴벨스가 애용하던 표현으로는 보다 큰 '공동체적 운명'에 대한 감각을 완전히 빼앗아갔다. 독일에 대한 연합군의 마지막 공격이 가해지기 전에 이미 독일 내의 지역적 편차가 확대되었다. 나치는 1944년 7월의 암살 음모 이후 정부 체제를 재편하여 중앙정부를 약화시키고 지구당 위원장들의 권한을 강화했다. 연합군의 독일 전투가 개시되자 그 경향이 더욱 강화되었다. 지역화의 가장 중요한 요인은 전투 경험이 지역별로 달랐다는 점이다. 소련군, 미군, 영국군, 프랑스군은 독일의 서로 다른 지역으로 진격했고, 따라서 모든 지역의 독일인이 똑같은 적과 위험에 부딪히는 일은 벌어지지 않았다. 그렇듯 연합군이 지역별로 독일에 입성한 것이 가족과 향토Heimat를 나라Reich와 국민Volk보다 상위에 놓는 것을 완성했다. 전쟁 동안 남자들은 출신 지역과 무관하게 가족에 근거한 애국주의에 의거하여 자신의 군복무를 정당화했다. 도시로부터의 대량 소개 작전은—그것에 수반된 도시와 농촌, 가톨릭과 개신교도, 북부와 남부, 동부와 서부의 갈등과 함께—독일이 지방민들의 민족이라는 것을 부각했다. 패전일인 1945년 5월 8일까지 독일은 이주민과 난민들의 민족으로 되어갔다. 지휘부를 잃어버린 군인과 집을 떠난 민간인 수백만 명이 머나먼 곳에서 생존하기 위해 분투했다. 그로써 자기희생과 민족적 연대의 구호가 최종적으로 소진되었다. 독일 민족국가는 독일에 진입한 4대 강국에 의해서만이 아니라 전쟁 마지막 기간의 자기 해체에 의해서도 파괴되었다. 물론 패전은 독일의 민족주의를 파괴하지 않았다. 배타적인 증오심은 그리 쉽게 삭제될 수 없었다. 그러나 그것의 긍정적 의미, 민족적 대의에 사회적인 노력을 동원하고 자기희생을 촉발하는 능력은 소멸되었다. 루르의 노동자들이 1943년에 폭탄이 자기가 아니라 다른 누군가에게 떨어지기를 바랐던 것처럼, 1945년 1월에 전쟁이 독일 안으로 들어오자 모두가 각자 알아서 전쟁을 피하려 했다.

**

바르샤바의 빌름 호젠펠트는 중대장이 된 이래 젊어진 느낌이었다. 중대는 소집단으로 나뉘어 대형 창고 7개와 라디오 방송국 2개를 경비했다. 그 건물들이 도시 전체에 흩어져 있었기에 부대는 전체가 함께 있기 힘들었다. 부대에는 '온갖 종류의 아무짝에도 쓸모없는 군상들'이 가득했지만, 호젠펠트는 그 중년의 병사들을 조기 체조와 스포츠에 의해 온전한 군인으로 변모시키려 했다. 그것은 그가 후방에서 근무하던 시절 꿈꾸던 일이었고, 그래서 그는 자기 자리를 찾은 듯 활력이 넘쳤다. 그는 심지어 파괴된 체육 학교에서 풍금을 구해내서 크리스마스 캐럴을 연주하도록 했고, 가톨릭과 개신교 군목들을 설득하여 병사들에게 목회를 베풀도록 했다. 부대 지휘를 넘겨받기 전에 이미 그는 바르샤바 참모본부 건물의 얼듯이 추운 다락방에 숨겨주었던 유대인 피아니스트에게 음식과 독일제 코트와 담요를 가져다주었다. 이제 1월 초의 고요함 속에서 강한 눈발이 파괴된 도시를 덮자, 호젠펠트는 탈라우의 아내에게 그녀와 자식들에 대한 걱정을 써 보냈다. 독일군 방송은 집 근처의 풀다에 또 한번 폭격이 가해졌다는 소식을 전해주었다. 1945년 1월 7일 그는 폭탄이 탈라우에도 떨어졌을지 걱정하면서 아내에게 물었다. '도시에 남은 게 있어요?'[3]

소련군은 1944~1945년 겨울 공세에 총 650만 명을 투입했다. 1941년 6월에 독일이 소련을 침공했을 때의 독일군보다 두 배나 많은 수였다. 비스툴라강을 따라 소련군 225만 명과 독일군 40만 명이 대치했다. 소련군의 주코프 장군은 비스툴라강의 마그누스체프와 프와비에 1킬로미터마다 야포 250문을 설치했다. 1945년 1월 14일 주코프 사단이 25분간 포격을 퍼부은 뒤 보병과 탱크를 진격시켰다. 강을 따라 얇게 늘어서 있던 독일군 방어선이 무너졌다. 소련군은 '성채' 바르샤바는 우회해버렸다. 1월 16일 독일군의 스밀로 폰 뤼트비츠 장군이 제9군에 바르샤바를 포기하라고 지시했다. 그다음날 빌름 호젠펠트는 중대를 이끌고 30킬로미터를 걸어서 블워니에 도착했다. 그곳에는 소련군만 있었다. 짧은 총격전 이후 부대는 항복했고, 호젠펠트는 포로가 되었다. 그는 7년을 소련의 포로수용소에서 보내게 된다. 같은 날 폴란드 제1군이 바르샤바를 장악했다. 5년 하고도 3개월 반 동안 그 도시 유대인 35만 명이 학살되었고, 도시 대부분이 파괴되었으며, 130만 명이던 인구가 15만 3천 명으로 감소했다. 형체만 남은 도시에서 생존하여 걸어나온 사람 중에 피아니스트 브와디스와프 슈필만도 있었다. 호젠펠트가 도와준 그 유대인이었다.[4]

남쪽에서는 이미 이틀 전에 이반 코네프 장군의 제1우크라이나 전선이 비스툴라강을 건넜다. 군대는 산도미에시의 교두보에서 출발하여 빽빽한 숲을 가로질렀다. 독일군 참모부는 그 숲이 말로폴스키의 독일군 부대를 보호해주리라고 믿었다. 코네프는 독일군 양측에 포병대를 투입한 뒤 보병으로 하여금 독일군을 유인하도록 했다. 벙커를 보호하기 위해 밖으로 나온 독일군 병사들은 소련군의 가공할 만한 포탄 세례에 완전히 노출되었다. 코네프 부대는 첫날에만 35킬로미터 너비의 전선 전체에서 20킬로미터 깊이까지 진격했다. 1월 13일 밤까지 소련군이 돌파한 공간은 너비 60킬로미터 깊이 40킬로미터였다. 소련군의 1차 목표는 스탈린이 '검은 황금'이라고 칭한 고지 슐레지엔의 탄전과 제철 공장이었다. 코네프는 그것들을 온전하게 접수하기 위해 탄광과 공장 도시들을 동과 남과 북에서 넓게 포위한 뒤 독일군에게 좁은 서쪽 출구만을 남겨주었다. 크라쿠프는 1월 19일에 함락되었다. 독일군은 철수하면서 총독령 폴란드의 그 수도를 파괴하지 않고 넘겨주었다.

그 전날 밤, 눈이 내리는 가운데 아우슈비츠 수용소의 친위대 경비부대가 재소자들을 수용소 밖으로 끌어냈다. 그들은 재소자 1만 4천 명은 글라이비츠로 보내고, 2만 5천 명은 63킬로미터나 떨어진 로슬라우까지 걸어가게 했다. 소련군에게 잡히는 것이 두려웠던 친위대는 이틀 동안 재소자들을 쉬지 않고 몰아세웠다. 낙오자는 몽둥이로 구타했고 눈에 쓰러진 사람은 사살했다. 철도역으로 가는 도중에 최소 450명이 죽었다. 재소자들은 지나는 길의 독일인 마을들에서 아무것도 기대할 수 없다는 것을 알게 되었다. 독일인들은 도로로부터 물러나 대문을 닫아버렸다. 그와 대조적으로 폴란드 촌민들은 종종 빵과 우유를 건네주었다. 심지어 재소자 일부는 도로변에 서 있는 폴란드인들 사이로 도망칠 수 있었다.[5]

재소자들은 로슬라우 기차역 광장에서 화물칸마다 백 명씩 실렸다. 화물칸은 무개차였기에 재소자들은 찬 공기를 피하여 더더욱 밀착해야 했다. 1월 22~23일 밤 코네프 군대의 첫번째 부대가 오데르강에 도착하여 브리크에 교두보를 설치했다. 그로써 그들은 폴란드에서 서쪽으로 연결되는 주된 철도 선로를 끊었고 베를린 진격의 마지막 자연 장애물을 돌파했다. 독일의 기차는 이제 슐레지엔에서 출발하는, 보다 약한 남쪽 선로를 이용해야 했다. 아우슈비츠 수용소에서는 재소자들이 밤마다 얼어죽고 있었다. 토마스 게베는 아우슈비츠에 함께 수감되어 있던 공산주의자들의 도움으로 가스사를 모면한 15세 소년이었다. 공산주의자 재소자들이 키가 큰 그 유대계 독일인 소년을 배려하여 자신들과 함께 건설 조에서 일하도록 했던 것이다. 게베가 탄 화물칸이 사람들로 북적대는 기차역들을 지날 때 게베는 예기치 못한 장면에서 충격을 받았다. 수용소 복장으로 추위에 벌벌 떠는 재소자들을 독일 민간인들이 질투와 원망의 눈으로 바라보았던 것이다. 그 독일인들은 유대인들이 기차의 남은 자리를 차지했다고 생각했다.[6]

20만 명이 넘는 독일인들이 라티보르에서 시비드니차를 거쳐 레그니차에 이르기까지 작은 기차역들로 몰려들었다. 빙판길을 걸어서 기차역에 도착한 그들은 그곳에서 몇 날 며칠을 기다리다가 기차에 오르고는 했다. 역에서는 나치 인민복지회가 피란민들에게 음식과 따뜻한 음료와 담요를 제공했지만, 피란민 수가 너무나 압도적으로 많았다. 저지 슐레지엔의 나치 지구당위원장 카를 한케는 1945년 1월 20일에 주도인 브레슬라우 주민들에게 도시를 떠나라고 명령했다. 그것은 '성채화'를 완성하는 조치이기도 했다. 10세 소년 위르겐 일머와 어머니는 운좋게 브레슬라우를 떠나는 기차에 자리를 얻었다. 그들은 비교적 안전한 작센까지 가서 라이프치히역에 내렸다. 역의 플랫폼에서 히틀러청소년단 단원들과 적십자 간호사들이 카오스에도 불구하고 그들을 도와주었다. 일머가 역의 방공호로 들어가서 밖을 보니, 무개차에 줄무늬 옷을 입은 움직임 없는 눈 덮인 군상들이 가득했다. 그는 그들이 얼어죽었다고 생각했다. 공습경보 사이렌이 울리자 독일인들이 역 대합실 아래 방공호로 뛰어갔다. 그곳에서 그들은 무개차의 재소자들에 대해서도 이야기를 나누었다. 한 사람이 유대인들일 거라고 말하자 한 여자가 차갑게 응답했다. '유대인이 아니에요. 그 사람들은 이미 폴란드에서 총에 맞아 죽었어요.' 그러나 그녀가 틀렸다. 무개차에 토마스 게베가 타고 있었다. 그는 라이프치히역의 기억도 남겼다. 재소자들이 독일 적십자 간호사들에게 물 좀 달라고 소리쳐 애원했지만, 열차병원이 그다음 플랫폼에 있었음에도 그녀들은 유대인들을 외면했다.[7]

1945년 1월 21일 브레슬라우의 연로한 추기경 베르트람이 모라비아 슐레지엔의 야우어니히로 출발했다. 브레슬라우 교회의 귀중품들은 작센의 카멘츠로 보냈다. 브레슬라우의 라디오 방송국, 우체국, 전신국, 철도 행정이 이동했고, 도시의 군대병원에서 회복중이던 부상병들도 이동했다. 그러나 민간인 15만 명은 남았다. 다음날 지구당위원장 한케가 '브레슬라우 남자들에게 성채 브레슬라우의 방위군에 합류하라'고 호소했다. '성채는 최후까지 방어할 것'이다. 방위군은 4만 5천 명이었고, 방위군 병사는 신병부터 강인한 공수부대원과 노련한 무장친위대원까지 다양했다. 도시 서쪽에서 독일군은 소련군을 슈타이나우에서 오데르강 건너편으로 격퇴시키기 위하여 2주일 동안 싸웠다. 그러나 2월 9일~11일에 칸트, 리그니츠, 하이나우가 함락되었고, 2월 15일에 소련군이 주데텐산맥 남쪽 통로를 장악하여 브레슬라우를 오데르강 서쪽으로부터 분리시켰다. 다음날 소련군이 브레슬라우를 포위했다. 소련군 부대는 신속히 교외를 장악한 뒤 도시로 진격하다 멈추었다. 교차로와 건물 하나하나를 두고 방위군들과 시가전을 벌여야 했던 것이다. 독일 공군이 2월 15일부터 공수작전을 펼쳤다. 수송기들은 76일 동안 2천 회 출격하여 보급품 1,670톤―주로 탄약―을 공급했고 부상병 6,600명을 소개시켰다.[8]

알프레드 바우비츠는 브레슬라우에 머물던 민간인 중 한 명이었다. 방위군은 그에게 사선射線을 방해하는 잔해들을 치우라면서 말 한 필과 마차를 할당했다. 1월 말 그는 마차를 이용하여 아내, 열네 살짜리 딸 레오니에, 9살 난 아들 빈프리드를 형제들의 농장이 있는 말크비츠로 이동시켰다. 그러나 말크비츠는 2월 9일에 함락되었고, 한 소련군 장교가 주민들한 사람 한 사람을 신문하고 그 내용을 기록했다. 장교는 독일어를 유창하게 구사했다. 독일인들은 강간과 살인을 걱정했지만, 소련군 병사들은 정확하게 행동했다. 14세 소녀 레오니에의 시련은 한 기갑부대가 도착하면서 시작되었다. 부대원 30명은 대부분 친절했으나, 병사 두 명이 여자들을 괴롭혔다. 밤에는 헛간에 숨고, 머리를 자르고, 낮에는 남자옷을 입고 나갔지만, 레오니에는 몇 차례나 강간당했다. 그후 고급스러운 언어를 구사하던 소련군 중위가 그녀와 어머니를 보호해주었다. 그러나 부대가 떠나자 여자들과 소녀들이 노동대에 편성되어 이곳저곳 농장에서 밀을 자르고 완두콩 껍질을 벗겼다. 밭일, 세탁일, 요리, 강간으로 점철된 피할 수 없는 일상이 이어졌다.[9]

**

페터 스튈텐이 소련군 공세와 맞닥뜨린 곳은 바르샤바 북방 100킬로미터 지점인 프라슈니츠 인근의 동프로이센 전선의 남쪽 끝이었다. 1월 14일 그곳은 아직 조용했다. 스튈텐은 시간을 내서 가족에게 편지를 썼다.

> 매일같이 러시아인들이 새로운 지점에서 공격해요. …… 우리 부대가 소련군 주력 부대를 맞이하리라는 것도 점차 분명해지고요. 우리는 따뜻한 탱크 안에서 옷을 끼어 입고 가능성들을 따져보고 있는데, 그동안 우리에게 남아 있는 시간들, 우리가 기다리는 시간들, 그 시간이 달아나고 있어요. …… 그래요. 그것이 우리에게 오고 있어요. …… 방금 저 건너에서 꽤 커다란 소음이 들렸어요. 우리는 미소를 띠고 완벽히 차분하게 기다려요.[10]

겨울 공세의 가장 치열한 전투는 동프로이센에서 벌어졌다. 소련군 사령부는 동프로이센 전선의 여러 지점에 강력한 정면공격을 가하기 위하여 최대의 무력을 배치했다. 병력 167만 명, 대포와 중重박격포 2만 8,360문, 탱크와 자주포 3천 대, 공군기 3천 대는 독일군 군집단중부의 고갈된 41개 사단을 훨씬 능가했다. 독일군은 병력 58만 명, 탱크와 자주포 700대, 항공기 515대를 보유했다. 소련군은 공격 첫 주에 성채화된 진지를 하나하나 격파해야 했다. 진격은 느렸고 인명 피해는 막대했다.[11]

주코프와 코네프가 폴란드 중부를 돌파한 것은 그 북부 전선을 바꾸어놓았다. 군대가 크라쿠프와 슐레지엔을 향하여 빠르게 진격함에 따라 동프로이센 독일군의 남쪽 측면이 열린 것이다. 로코소프스키의 부대는 그 덕분에 동쪽을 보고 있던 강력한 독일군 진지들을 우회하여 북상할 수 있었다. 1월 20일 제5근위탱크군이 동프로이센 중앙을 곧장 치고 올라갔다. 부대는 이튿날 알렌슈타인 주변의 성채화된 독일군 방어선을 가로질러 나아갔고, 1월 23일에 프로이센 홀란드를 점령하고 비스툴라 강어귀 프리쉐스 하프 석호 연안의 톨케미트에 닿았다.

동프로이센을 갈라친 소련군은 회랑을 넓혀서 동프로이센 동쪽을 포위했다. 주도인 쾨닉스베르크를 점령하기 위해서였다. 그러자 재편성된 독일군 제4군 사령관 프리드리히 호스바흐가—상부의 직접적인 명령을 무시하고—뢰첸 부근의 성채화된 동쪽 방어선을 포기했다. 부대는 겨울 폭설 속의 일련의 행군 작전을 전개하면서 서쪽으로 물러났다. 호스바흐가 엘빙 동쪽의 약한 소련군 공격선을 돌파함으로써 항구가 완전히 포위되는 것을 막고 있을 때, 페터 스튈텐과 그의 탱크 부대는 오스터로데 동쪽의 독일군 보병을 지원하고 있었다. 동프로이센을 둘러싼 그 결정적인 전투는 무수한 교전들로 얼룩졌다.

1월 24일 아침 스튈텐의 병사들은 야덴이라는 작은 마을에서 감자를 삶다가 소련군의 공격을 받았다. 부대는 반격을 준비하라는 명령을 받았기에 마을에서 물러났지만, 그러면서도 감자는 남겨놓았다. 부대는 보병과 합류하여 역공을 시도했다. 스튈텐의 탱크 넉 대가 보병의 선두에서 눈 덮인 들판을 건너고 작은 언덕을 넘어서 다시 마을로 향했다. 눈보라가 웅덩이를 덮은 바람에 탱크 석 대가 빠졌고, 스튈텐의 탱크만이 웅덩이를 건넜다. 마을을 탈환한 뒤의 전투 휴지 시각에 스튈텐의 탱크가 마을 중앙에서 쉬고 있는데 포탄이 날아왔다. 명중했다. 스튈텐과 동료들은 불타는 탱크에서 나오지 못했다.[12]

다음날 소련군이 야덴을 다시 점령했다. 1월 30일 스튈텐 부대의 생존자들은 제4군의 나머지 부대 및 제2군 일부와 함께 발트해의 연안 도시

하일리겐바일과 프리셰스 하프의 브라운스베르크 사이에서 포위되었다. 두 지점 사이는 최대 20킬로미터에 불과했다. 독일군은 땅에 참호를 파고 방어에 돌입했다. 피란민 수십만 명이 전투기의 총격에 쫓기고 소련군의 진격을 알리는 뉴스에 공포를 느끼면서 그 공간으로 밀려들었다. 독일군 사단 23개의 잔여 부대는 두 달 동안 그곳을 끈질기게 방어한다.[13]

동프로이센의 나치 지구당위원장 에리히 코흐는 1945년 1월 20일까지 민간인들의 소개를 금지했다. 실상 그때 이미 질서 있는 소개가 불가능했다. 소련군이 엘빙으로 진격하자 동프로이센 주민 250만 명의 육로가 막혔다. 이제 출구는 두 개뿐이었다. 북부 주민들은 쾨닉스베르크와 그 북쪽 너머의 잠란트반도까지 이동한 뒤 발트해의 필라우 항구에서 배를 타야 했다. 중부와 남동부 지역민들은 프리셰스 하프로 가야 했는데, 그러려면 빙판을 건넌 뒤 비스툴라강 석호와 발트해 사이의 좁고 긴 모래톱을 통과해야 했다.

로레 에리히는 1945년 2월 12일에 브라운스베르크에서 어린 자식 둘을 데리고 프리셰스 하프를 향해 출발했다. 돌격대원들이 독일 농민들에게 총부리를 들이대면서 피란민들을 마차에 태우도록 강요했다. 그 덕분에 로레는 마차에 탈 수 있었다. 프리셰스 하프는 소련군 야포와 공군기의 사거리 안에 있었다. 그래서 로레를 태운 마차는 빙판길을 야밤에 건너기로 결정했다. 독일군 제4군이 빙판길을 보강했지만, 마차가 빙판으로 들어선 지 30분 만에 마차 옆을 따르던 망아지의 두 다리가 부러졌다. 망아지는 남겨졌다. 그다음에는 마차를 끌던 말 한 마리가 어둠 속에서 얼음 구멍에 빠졌다. 마차 주인인 농민은 말을 잃어버릴까—그래서 집에 남은 봇짐을 끌고 가지 못할까—두려웠다. 그는 도끼로 마차의 밧줄을 조심스럽게 잘라낸 뒤 구덩이에서 말을 끌어냈다. 그동안 얼음이 녹기 시작하면서 차가운 해수면이 점점 위로 상승했다. 횃불들의 불빛이 넓게 퍼지면서 피란민들이 흡사 느리게 움직이는 장례 행렬처럼 보였다. 추위가 덮쳤다. 로레 에리히는 몸을 움츠리고 앞에 가는 농민의 넓은 어깨만 바라보고 걸었다. 달빛 속에 망가지고 버려진 트럭과 차량들이 보였다. 그것들을 타고 가던 사람들은 별수 없이 걸어서 빙판을 건넜을 것이다. 지나가는 짚마차 위에는 부상병들이 찬바람과 눈을 맞고 있었다.

얼어붙은 석호에서 두번째 밤을 보낸 뒤 로레 에리히의 두 아들은 추위에 입을 다물었다. 그들이 모래톱 위 칼베르크의 작은 여름 리조트에 당도했을 때 가족은 '고속도로 병', 즉 만성 설사를 앓고 있었다. 로레 에리히가 도움을 찾아서 항구를 한 바퀴 돈 뒤 지역 나치당 지도자 사무실로 갔다. 혼란과 공포에 떠는 피란민들이 사무실을 에워싸고 있었다. 그들은 배고픔보다는 갈증 때문에 고통스러워했지만, 장티푸스에 대한 두려움으로 인하여 물을 마실 수도 없었다. 로레와 다른 피란민들이 그곳을 떠나서 다시 질척거리는 좁은 모래톱 위를 천천히 움직였다. 그들 앞에서 마차들이 웅덩이에 빠지고 뒤집혔다. 사람들은 거듭해서 멈춰야 했다. 마차의 망가진 바퀴를 수리하고 길을 보수하기를 기다려야 했기 때문이었다. 그들은 지나가는 병사들에게 먹을 것을 요청했지만 군인들에게도 피란민에게 줄 빵이 없었다. 로레가 탄 마차는 바퀴가 고무였고, 말도 두 마리였고, 지붕도 단단해서 가장 튼튼했다. 그러나 농부는 말을 잃을까 무척 조심했다. 길 위의 망가진 마차들 옆에는 죽은 말들 주위에 노인들과 엄마들이 어린 자식들을 끌어안고 누워 있었다.[14]

오른편에는 군사용 도로가 있었고, 상록수들이 발트해의 혹독한 바람을 막아주었다. 왼쪽에는 프리셰스 하프의 반짝이는 빙판이 있었고, 그 위로 가끔씩 포탄 파편이 날아왔다. 한번은 도로 위에서 멈추어 기다리는데 독일군에게 잡힌 소련군 포로 수천 명이 지나갔다. 많은 포로가 죽은 말 위에 올라가 살을 잘라내서 생으로 먹었다. 로레 에리히는 그들이 독일군 경비병들을 제압하고 자기들을 뒤에서 덮치지 않을까 무서웠다. 모래톱 길을 걸은 끝에 드디어 스투트호프 집결지에 도착했다. 그들을 마차로 날라준 농부는 돌아갔다. 비상 급식소는 있었으나, 로레 대신 줄을 서서 수프와 빵을 받아올 사람이 없었다. 병든 아이들을 남겨두고 로레 혼자 갈 수도 없었다. 더욱이 그녀는 그 직후 수화물과 손가방을 도난당했다. 그 속에 보석, 예금통장, 돈이 들어 있었다. 그 모든 어려움에도 불구하고 그녀는 친위대 장교와 경찰관과 역무원의 도움을 받아 단치히까지 갈 수 있었다. 그곳에서 뜻밖의 도움을 만났다. 한 지인이 도착자 명단에서 그녀의 이름을 보고 피란민 수용소로 찾아와서 로레와 아들들을 자기 집으로 데려갔다. 가족은 그 집에서 3주일 동안 휴식을 취한 뒤 덴마크로 가는 배를 탔다.

1945년 2월 말에 얼음이 녹기 시작할 때까지 하일리겐바일과 브라운스베르크에서 단치히로 떠난 사람은 60만 명이 넘었다. 1만 명 혹은 1만 2천 명은 모래톱 길을 정반대 방향으로 걸어서 동쪽의 노이티에프로 향했다. 석호가 바다와 만나는 지점이었다. 그곳에서 피란민들은 말과 마차와 수화물 대부분을 버리고 바다를 건너 잠란트반도와 필라우 항구로 갔다. 동프로이센 지구당위원장 코흐가 그곳에서 배를 타고 도망친 뒤에도 독일 해군은 항구에서 피란민들을 구조했다.[15]

1945년 2월 1일 리젤로테 푸르퍼가 전보를 받았다. 남편 쿠르트 오르겔이 부상을 당하여 필라우 항구에서 수송되기를 기다리고 있다는 것이었다. 쿠르트는 소련군의 겨울 공세를 편안한 마음으로 맞았다. 그는 소련군의 공격을 소규모의 지역적 반격으로 간주했다. 그는 벙커 밖에 서서 파이프 담배를 피우면서 소련군 폭격기가 연대본부를 공격하는 것을 보았다. 그는 부대가 메멜의 교두보를 지켜낼 수 있다고 자신했다. 소련군 여군 포로들의 모습을 본 뒤에는 소련군의 자원이 바닥났다는 과거의 희망이 되살아났다. 소련군이 엘빙 인근 해안까지 진격한 뒤에야 쿠르트는 그동안 자신이 소련군의 공세를 과소평가했다는 것을 인정했다. 그는 부대 지휘부도 자신처럼 놀랐을지 자문했다. 그 상황에서도 그는 리젤로테를 안심시키려 했다. '서부에서 연합군의 아르덴 공세가 실패했으므로, 적어도 독일은 동과 서에서 동시에 공격받지는 않을 것이야. 나는 그것으로 전쟁이 끝날 수 있다고 믿어. 지금은 "신무기"를 기다리기만 하면 돼. 그리고 나는 당신에게 말할 수 있어. 전선에는 확신이 넘쳐! 그 모든 것에 불구하고!' 1월 24일 부대가 동프로이센 해안으로 후퇴할 때 기온이 영하 13도까지 떨어졌다. 그곳에서 쿠르트는 엉덩이와 오른쪽 대퇴부에 부상을 당했다.[16]

2월 12일 쿠르트가 리젤로테에게 지난주에는 동프로이센 해안의 뤼겐 섬 근처의 병원선에 있었다는 짧은 메모를 끼적여 보냈다. 다음날 그는 좀 더 자세히 쓸 수 있었다. 발트해를 건너는 것이 고통스럽지만 부상은 한두 달이면 나을 것이고, 그런 뒤에는 그녀와 오랫동안 함께할 수 있으리라. '우리, 모든 것이 잘되리라고 기대하자. 우리의 별이 우리를 다시 한번 지켜줄 거야.' 2월 14일 병원선이 코펜하겐에 닿았다. 항해중에 부상 부위가 감염되었고, 해군병원에 도착했을 때는 그의 몸에 '가죽과 뼈'만 남아 있었다. 코펜하겐의 음식은 '아주 훌륭해. 그러나 아무 소용 없어. 식욕이 전혀 일어나지 않거든. 나는 고열 속에 살아.' 불안하기 짝이 없었다. 리젤로테를 가장 필요로 하는 지금 그녀가 덴마크로 올 수 없으면 어쩌나. 그들의 재회는 그가 독일로 안전하게 돌아간 뒤로 미루어졌다.

리젤로테는 쿠르트에게 보낸 편지에 그녀가 서부 독일에서 온 피란민들에게 누가 방을 내줄 것이냐를 놓고 다툰 일을 적었다. 그녀는 쿠르트의 방을 내주지 않았다. 2월 22일 뤼겐에서 보낸 쿠르트 편지의 끼적인 글씨에서 그녀는 남편이 그 몇 줄을 적기 위해 얼마나 고투했는지 알 수 있었다. '나의 님, 내 사랑!' 그녀는 답장을 쓰기 시작했다. 그녀는 확언했다.

'코펜하겐에서는 회복에 필요한 "편안함과 질서"를 얻을 거야. 먹는 데만 신경써.' 베를린 인근의 조용한 시골 농장에서 코펜하겐까지는 아득히 멀었다. 그러나 그녀는 적었다. '그래야 우리가 앞으로 사랑할 때 당신의 딱딱한 뼈에 내 살이 쓸리지 않지.' 문을 두드리는 소리가 들려서 그녀는 잠시 멈추었다. 다 쓰지 못한 편지는 탁자 위에 놓았다. 전보가 도착해 있었다. '오르겔 대위 45년 2월 19일에 코펜하겐에서 사망.'[17]

쿠르트의 사망 소식을 듣기 전부터 이미 리젤로테는 그녀 특유의 자신감을 잃어갔다. 그녀는 1943년 11월의 베를린 공습에 대하여 당국의 반응이 늦는 것을 보고 그렇게 판단했다. 리젤로테는 1944년 11월에 쿠르트에게 썼다. '그때 이후 나는 모든 것이 무너질 수 있다는 것을 알았어. …… 그런데 피해는 왜 다른 사람들만 당하는 걸까? 왜 나는 폭탄에 안 맞지? 내가 원하지 않아서? 내가 활력이 넘쳐서? 폭탄에 맞은 수천의 사람들은 "자신감"이 없었던 걸까?' 괴테가 '대략 이렇게 말했지. "죽음의 공포를 이기는 사람만이 완벽하게 삶에서 승리한다."' 그녀는 자신의 사기를 끌어올리려 노력했다. 그러나 공포는 남았다. 그녀는 고백했다. '공중에서 날아오는 악마의 천둥번개에 …… 나는 무기력해. 자신감이 나를 떠났고, 연이은 테러 공격을 겪으면서도 혼란스러워하지 않거나 도망치지 않는 친구들과 지인들을 보면 자주 나 자신이 부끄러워. 그들은 무탈하게 위기를 넘기리라 확신해.' 그녀가 자기 안에서 확인한, 자신을 갉아먹는 외로운 공포와 다른 사람들에게서 본 규범적인 대응 두 가지는 다른 베를린 사람들에게서도 갈수록 분명하게 나타났다. 그 두 가지가 그들이 오랫동안 공습에서 얻은 학습의 결과였다.[18]

1945년 2월 3일 베를린에 그때까지 최대의 폭격이 가해졌다. 3천 명이 죽었다. 우르줄라 폰 카르도르프는 폭격이 지나간 뒤 동료 저널리스트들의 안부를 확인하기 위해 밖으로 나갔다. 휘몰아치는 파편 분진 더미 사이로 폭격 맞은 사람들이 몸을 일으키는 것이 보였다. 불타는 포츠담광장의 불빛 속에서 가재도구들에 짓눌린 절망한 회색의 얼굴들과 몸들이 보였다가 다시 파편 더미들 속으로 사라졌다. 그러나 오래된 슬로건을 외치는 사람은 여전히 있었다. '버티자!' 카르도르프는 그 긴 날이 지나갈 무렵 분을 참지 못했다. '버티자, 세상에서 가장 무의미한 단어. …… 그들은 모두 죽을 때까지 버틸 것이다. 달리 구제할 방법이 없는 사람들.'

동료 저널리스트 마그레트 보베리는 카르도르프에게 동의하지 않았을 것이다. 작고 각진 몸매의 보베리는 편집부에서도 쏘아보는 눈빛과 감각 있는 구두와 화장기 없는 얼굴이 돋보이는 사람이었다. 그녀는 어디를 가든 캔버스 가방을 메고 다녔다. 그 안에는 가장 중요한 서류와 물건들이 들어 있었다. 그 귀한 전구도 있었다. 카르도르프처럼 그녀도 베를린 템펠호프에 있는 사무실로 갔다. 보베리가 일하던 괴벨스의 주간지 〈제국〉은 카르도르프가 근무하던 〈도이체 알게마이네 차이퉁〉과 같은 건물에 있었다. 〈제국〉의 편집진은 다음 호를 정시에 오류 없이 발간하려고 단단히 마음먹고 있었다. 10개월 전 스페인에서 베를린으로 귀환하기로 선택했던 보베리는 버티기로 결심했고, 발코니에서 살아 있다는 소중한 고양된 느낌 속에서 야밤의 공습을 바라보았다.

베를린 주민들의 사기에 관한 독일군의 보고서에 따르면 베를린 사람들은 카르도르프와 보베리처럼 양분되어 있었다. 그래서 잘 차려입은 숙녀 두 명이 첼렌도르프가에서 나치가 집권했던 1933년에 나치당에게 투표했느냐를 놓고 말싸움을 벌였다. 마치 찬성표 여부가 패배 이후 그들의 운명을 결정하기라도 할 것인 양. 베를린인들 일부에게는 '러시아인들을 막기 위해 마지막 피 한 방울까지' 싸울 의지가 있었다. 반면에 다른 사람들은 독일 정부가 별도로 휴전조약을 맺고 함께 소련과 싸우자는 영국과 미국의 제안을 받아들이지 않았다는 비관적인 루머를 퍼뜨렸다. 그러나 두 부류 모두 외국인 노동자들에게 손가락질했고, 특히 대로나 광장에 서성이면서 큰 소리로 외국어로 말하는 외국 출신 군인들을 비난했다.[19]

1945년 2월 13, 14, 15일 드레스덴이 폭격을 당했다. 지옥불 속에서 2만 5천 명이 죽었다. 빅토르 클렘퍼러는 2월 13일 낮에 드레스덴에서 독일인 여성과 결혼한 덕분에 아직 살아 있던 소수의 유대인들에게 강제이송 공지문을 배달하고 있었다. 공습 사이렌이 울리자 도심의 비좁은 '유대인의 집'에 살도록 강제된 유대인 여성 한 명이 비통하게 외쳤다. '제발 그들이 이곳의 모든 것을 쓸어버리기를!' 비행기의 윙윙거리는 소리가 점점 커지고 전깃불이 나가자, 유대인들은 지하실에서 무릎을 꿇고 머리를 탁자 아래로 밀어넣었다. 창문 하나가 폭탄풍에 날아가자, 불타는 도시의 열기와 강한 바람이 밀려왔다. 둘째 날 폭격으로 클렘퍼러 부부의 집도 불에 탔다. 그 소란 속에서 부부가 갈라졌다. 빅토르는—유대인에게 출입이 금지된—공원을 통하여 브륄 계단을 기어올라가던 난민들과 합류했다. 그들은 계단 위의 차가운 공기를 호흡하기 위해 기어오르고 있었다. 클렘퍼러는 배낭을 모직 담요로 덮고 자신의 소중한 원고와 에바의 보석이 들어 있는 회색 가방을 끌어안은 채 야밤에 불타는 도심을 바라보았다. 일부 건물은 빨갛게, 다른 건물들은 은백색으로 불타고 있었다. 그날 밤 40킬로미터 떨어진 곳에서 한 작은 소녀는 드레스덴 폭격을 보면서 마법에 홀린 듯했다. 도시는 하늘의 '핏빛 빨강'으로 물든 '극장'이었다. '도시가 그 자체로 백열의 쇳물 한 방울처럼 보였고, 그 빛 속에서 형형색색의 "크리스마스트리들"이 무너져내렸다.'[20]

빅토르 클렘퍼러도 폭격 장면을 보려 했지만 화재로 인한 불빛이 너무 강렬하여 제대로 볼 수 없었다. 그는 상처난 얼굴을 다른 유대인에게서 얻은 냅킨으로 가렸다. 그리고 한 젊은 네덜란드인이 허리띠를 부여잡고 말해주는, 경찰 유치장에서 도망쳐나온 이야기를 들었다. 브륄 계단 한편의 겨울 새벽빛 속에서 빅토르와 에바가 재회했다. 에바가 주머니칼로 남편 옷에서 유대인의 별을 잘라냈다. 그들은 대화재로 인하여 경찰본부 건물과 그 속의 유대인 파일이 모두 타버렸다고 믿었고, 공습 뒤에는 유대인의 별을 착용한 사람이 특히 위험하다는 것도 알고 있었다. 유대인의 별을 잘라냈기에 부부는 드디어 여느 독일인과 똑같은 피폭민이 되었다. 부부는 엘베강 강둑을 향하는 사람들에게 합류했다. 지치지 않는 일기 작성자 빅토르는 그가 받은 충격을 기록했다. 시체들이 옷꾸러미처럼 보였고, 떨어져나간 손이 '이발소 창의 왁스로 만든 모델'처럼 보였다. 응급처치 요원 하나가 안약을 주어서 빅토르는 눈의 이물질들을 제거할 수 있었다. 부부는 이어지는 폭격을 알베르티눔 미술관의 카타콤 같은 지하실에서 버텨냈다. 지하실에서는 의사가 부상자들을 돌보았고, 군인들과 응급처치 요원들이 오고가면서 들것으로 사람들을 실어날랐다. 갈수록 많은 부상자들이 들어왔다. 마침내 나치 인민복지회가 샌드위치를 가져왔다. 전깃불이 나가자 사람들은 촛불을 켜고 발동기를 가동하여 전깃불을 밝히고 송풍기를 돌렸다. 벽에 거대한 송풍기 그림자가 일렁였다. 다음날인 2월 15일 클렘퍼러 부부는 다른 난민들과 함께 트럭에 실려 클로체의 공군 비행장으로 옮겨졌다.

1주일 뒤인 2월 22일 리자 드 보어와 남편은 마르부르크 집 지하실에서 공습을 피하고 있었다. 리자는 딸 모니카의 운명에 전전긍긍했다. 부부는 딸이 코트부스 감방으로부터 라이프치히로 이송되었으며, 그곳 인민법원에서 재판받는다는 소식을 들었다. 그러나 인민법원장 롤란트 프라이슬러가 2월 3일 공습 때 법원 천장에서 떨어진 철제 빔에 맞아 죽는 바람에 모니카의 재판은 연기되었다. 발트해 전선에 있는 아들 안톤은 골반과 복부와 대퇴부에 부상을 당했다. 수술을 두 번 받은 뒤에도 아들은 상처 부위의 염증과 고열에 시달렸다. 말할 나위도 없이 위생 환경이 열악하고 항생제가 부족했기 때문이었다. 그러나 그는 쿠르트 오르겔과 달리 생존했다. 2월 22일의 마르부르크 폭격은 기차역과 인근의 군대병원도 가격했다. 리자 드 보어가 듣기로는, 환자들 여럿이 부실한 참호로 대피했다가 사망했다. 부부는 그 이전 쾰른 폭격으로 집이 불타버린 건축가 친구를 집으로 받아들였다. 그 친구의 장남은 이미 열여덟 살 때 죽었고, 차남은 이탈리아 전선에서 실종되었으며, 이번에는 셋째 아들이 서부전선에서 실종 처리되었다. 그동안 서쪽의 대포 소리가 어느덧 마르부르크까지 들리고 있었다.[21]

2월 23일 의사 에른스트 아르놀트 파울루스는 평소보다 일찍 포르츠하임 클리닉을 나섰다. 기차역에서 두 딸을 전송하기 위해서였다. 엘프리데와 이름가르트는 아버지가 한때 아들 헬무트에게 기대했던 의사의 길을 가기로 결심하고 의대에 진학했다. 헬무트는 휴가차 집에 다녀간 직후인 1943년 11월에 실종되었고, 그후 소식이 없었다. 엘프리데와 이름가르트는 1944년 가을에 적십자 간호사로 동원되었다. 두 딸 모두 하일브론의 군대병원에서 일하고 있었다. 그들이 탄 기차는 아버지가 역에 도착하기 전에 출발했다. 7시 50분에 폭격이 개시되기 직전이었다. 그 우연이 딸들의 목숨과 아버지 목숨을 살렸다. 파울루스는 공습이 시작되었을 때 도심 병원으로 가는 대신 교외의 집으로 향했다. 예상보다 일찍 시작된 폭격기 368대의 공습은 22분 동안만 가해졌다. 폭격기 소리가 멀어지자 파울루스는 포르츠하임 고등학교의 응급 구호실로 향했다. 그가 봉사하는 곳이었다. 도심에 접근하자 자욱한 연기가 밀려왔기에 길을 바꿨다. 마침내 학교에 도착하자 건물의 상층이 불길에 싸여 있었다. 파울루스는 지체하지 않고 응급처리실을 지하실로 옮기고 그날 밤을 새우고 이튿날까지 부상자들을 치료했다. 다른 의사가 도착해서야 파울루스는 그곳에서 물러났다.[22]

에른스트 파울루스의 진료소도 그 안에 있던 사람들과 함께 폭탄을 맞았다. 파울루스의 아내는 아는 의사가 얼마나 죽었는지 확인했다. 14명이었다. 소화관이 작동하지 않아서, 소방대는 오래된 도시와 작은 길들과 가게들과 수공업 작업장들이 화염에 잡아먹히는 모습을 하릴없이 지켜보기만 했다. 폭격으로 3.0킬로미터 곱하기 1.5킬로미터의 공간이 완전히 파괴되었다. 파괴된 건물의 잔해와 시체를 치우는 데만 여러 달이 걸렸다. 경찰은 처음에 7천 명 내지 8천 명이 죽었다고 발표했다. 그러나 사망자 수가 자꾸 늘어나서 결국 1만 7,600명, 즉 전체 인구의 20%가 사망했다. 비율만으로 보자면 독일 도시가 입은 최대의 피해였다.[23]

파울루스의 아내와 하녀는 찢어진 블라인드를 기워서 구멍난 창문의 골판지에 꿰맸고, 파울루스는 그의 클리닉에 고등학교 응급처리실이 제공해준 기구들을 들여놓았다. 폭격 이후 포르츠하임에는 장사하는 사람도 없었고 문을 연 가게도 없었다. 도시는 죽어 있었다. 파울루스 가족은 주변 촌락과 농원의 가족, 친구, 환자들이 가져다준 달걀과 고기에 의존했다. 연합군 공군의 압도적인 우위는 너무나 분명했고, 아들 헬무트의 행방은 여전히 불확실했으며, 전선에 있는 둘째 아들 루돌프가 걱정되었지만, 에른스트와 에르나 파울루스 부부에게는 패배주의가 나타나지 않았다. 에르나는 분주하게 딸들의 옷을 수선하고, 가족의 스타킹과 양말을 꿰매고, 전기가 들어오면 다림질을 했다. 1945년 3월 말에도 부부는 여전히 독일 군대 방송을 열심히 청취했다. 전기가 끊기면 조카의 광석수신기로 방송을 들었다.[24]

에르나 파울루스의 누이 캐테 부르스터는 포르츠하임 폭격 소식에 경악했다. 베를린 남서부 교외의 녹지대에 사는 그녀는 베를린의 경험을 적었다. '우리 베를린은 몇 주일 동안 정확하게 밤마다 폭격을 당해요. 때때로는 한낮에도 공격받았고요. 그러나 베를린은 넓어요. …… 아주 많은 공습이 있었지만 첼렌도르프는 맞지 않았어요.' 그달, 즉 1945년 3월에 옹켈톰스휘테 지하정거장에 자리잡은 영화관 관람객들이 본영화 상연 이전의 뉴스영화 관람을 거부한 사건이 발생했다. 독일군 정보장교에 따르면 '많은 관객이 발을 구르고 휘파람을 불고 고함을 치는 등 저속한 행동으로 상영 계획을 변경하라고 요구했다. 사람들은 …… 본영화를 보고 싶어했다. 누가 아직도 뉴스영화에 관심을 가진다는 말인가. 모두가 사기고 선전이다 등등'. 그러나 그들의 항의는 정치적 저항이 아니었다. 그들은 야밤의 공습으로 인하여 본영화 상영이 중단되는 것이 싫었던 것뿐이었다. 그때 그 영화는 〈솔로연주자 안나 알트〉의 초연으로서, 로베르트 슈만과 클라라 슈만의 난감한 관계를 중심으로 느슨하게 짜인 고전적인 음악 로맨스였다. 그러니까 공습 소음이 들렸을 때 중단되어야 했던 것은 뉴스영화였다. 다른 영화관에서도 공습으로 상영이 길게 중단된 뒤에 본영화 상연을 포기하려 하면 '큰 소란이 났고, 그중에는 직설적인 발언도 적지 않았다.'[25]

공습에도 불구하고 영화관 입장권 수요는 높았다. 공습이 영향을 미쳤다면, 관객들이 자신의 권리를 훨씬 사납게 주장하는 것 하나였다. 그런 현상은 1944년 가을 이후 영화관들이 문을 닫으면서 특히 심해졌다. 그러나 볼 수 있는 영화 자체가 적었다. 반反영국적인 영화 〈타이타닉〉은 공습에 희생되었다. 발트해의 크루즈선에서 사랑스럽게 촬영된 그 영화는 1943년에 출시되었지만, 독일군이 아직 점령하고 있던 프랑스 지역에서만 상영되었다. 영화는 3등칸 승객들이 익사하도록 방치되는 등, 영국의 엄격한 계급 분리를 묘사함으로써 영국포비아를 자극하려 했다. 그러나 영화가 독일에서 상연되기 전 괴벨스는 침몰하는 배의 3등칸 갑판 위에 갇힌 승객들이 대량으로 패닉에 빠지는 장면이 폭격을 맞고 있는 독일의 도시민들에게 그릇된 연상 작용을 일으킬까 우려했다. 그래서 그 영화가 상영 목록에서 삭제되었다.[26]

괴벨스는 부정적으로 금지하지만 않고 긍정적으로 움직이기도 했다. 독일 영화의 역사에서 최고의 제작비를 투입한 초대형 영화를 제작하도록 한 것이다. 이는 그가 1944년 여름의 패배에 영화로 대응하기도 했다는 것을 뜻한다. 그 영화는 나폴레옹의 프로이센 정복을 내용으로 했고, 그 중심에 1807년의 콜베르크 포위 장면이 있었다. 콜베르크는 끝내 프랑스 군에게 정복당하지만, 영화는 그곳에서 새로운 저항 정신이 태어나서 1812~1813년의 '해방전쟁'으로 이어졌다고 형상화했다. 영화에서 콜베르 크 시장이 프로이센 사령관 폰 그나이제나우 장군에게 말한다. '항복하느 니 차라리 폐허 속에 묻히겠습니다'. 무릎을 꿇고 있던 그는 전설적인 그 프로이센 장군의 답을 듣고야 몸을 일으킨다. '그것이 내가 네틸베크 당신 에게 듣고 싶었던 말이오. 우리 함께 죽읍시다.' 영화는 바닷가 '성채'로 지 정되었던 프랑스 항구도시 라로셸에서, 상징적이게도 1945년 1월 30일(나 치 집권일)에 처음 상연되었다. 그래서 그 영화를 관람한 독일인은 얼마 되 지 않았다. 영화는 낭만적인 애국주의 모티프로 가득했다. 테오도르 쾨르 너의 낭만시가 읊어졌다. 그 시는 괴벨스가 2년 전의 '총력전' 연설 마지막 에 인용했던 바로 그 시였다. '이제 민족이 일어나도록 하라. 이제 폭풍이 불게 하라!' 영화 속의 용감한 포머른 농부는 자신의 농장에 불을 질러 프 랑스군에게 '초토화된 땅'을 선사한다. 반면에 슐레지엔, 동프로이센, 포메 른에서 도망친 수십만 명의 관심은 달랐다.[27]

그 영화가 그동안 연합군 공격으로 축소된 독일에 도착하자 하필이면 그 때문에 또다른 반反영국 영화 한 편이 몰락했다. 1945년 1월 선전부는 1941년의 블록버스터 영화 〈옴 크뤼거〉에 묘사되었던 '(보어인) 피란민 장면 들'이 '지금의 "현실 모습"에 매우 부적합하다'고 판단했다. 그 영화 때문에 독일인 관객들이 파괴의 현실을 더욱 암울하게 느낄 것이라고 예상했던 것 이다. 선전부는 그렇게 현실을 부인하기도 했지만 다른 한편으로는 카메라 밖 민간인들의 패닉과 대량 죽음의 이미지들을 이용하기도 했다. 선전부는 드레스덴 사망자 통계를 과장하여 퍼뜨렸다. 그들은 외무부를 통하여 불에 탄 어린이 모습을 클로즈업한 사진을 포함하여 온갖 참혹한 사진들을 중립국인 스웨덴의 언론에 뿌렸다. 독일 당국들이 처음으로 죽음을 최소화하지 않고 과장한 것이다. 1945년 2월 17일 〈스웨덴 조간신문〉이 세계를 향하여 '현재 사망자 수 10만 명이 언급되고 있다'고 보도했다. 2월 25일에는 〈스웨덴 일보〉가 '폭격 며칠 뒤 입수한 정보에 따르면 사망자 수가 10만 명보다 20만 명에 가깝다'고 보도했다. 3월 4일 괴벨스의 〈제국〉은 편집국장의 기사 '드레스덴의 죽음–저항의 횃불'을 게재했다. 연합군의 폭격은 '차갑게 계획된 학살과 파괴의 네 가지 행동'을 보여주었다. 영국 공군기가 가한 두번째 폭격은 엘베 강둑을 가득 메우고 옹송그리고 있던 피란민들을 고의로 겨냥하여 '피바다'를 일으켰다. 10만 명, 20만 명이라는 과장된 숫자가 독일인들의 공적인 의식에 곧바로 입장했다. 파울루스 가족과 드 보어 가족도 그 숫자를 기록했다.[28]

그 통계들은 괴벨스가 지어낸 숫자였다. 괴벨스가 숫자를 퍼뜨린 1945년 2월은 드레스덴의 군사 당국과 경찰이 정확한 숫자를 조사하기 시작하기만 했던 시점이었다. 그들은 사망자 수를 거리별로, 블록별로 계산했다. 드레스덴 군사령관 카를 메네르트 장군은 조사원들에게 더 많은 시체를 찾아내라고 닦달했다. 도시의 파괴가 막대했던 터에 시체들을 좁은 도심에 집중시켜놓자 메네르트는 그로부터 크나큰 인상을 받은 나머지 실제로 일어난 파괴가 조사의 결과보다 훨씬 더 컸을 것이라고 믿었다. 다른 많은 사람들도 마찬가지였다. 친위대 특별팀이 강제수용소 재소자들을 동원하여 시체 6,865구를 알트마르크광장에서 소각했다. 트레블링카 학살 수용소에서 가스로 죽은 유대인 시체를 처리했던 그 방법을 독일의 가장 아름다운 바로크 도시의 하나에서 실천한 것이다. 그렇게 그들은 독일인

들의 유대인 학살과 독일인의 희생을 또 한번 평행에 두었다.[29]

조사로 드러난 실제 사망자 수는 메네르트와 괴벨스의 추정치보다 훨씬 적었다. 경찰은 1945년 3월 10일까지 시체 1만 8,375구를 찾아냈고 5일 뒤의 '최종보고서'에서 그 숫자를 확인했다. 보고서는 다만 총사망자 수가 아마도 2만 5천까지 증가할 것이라고 예측했다. 3월 22일의 보고서는 2만 204명으로 확정했고, 최대 2만 5천일 것이라고 반복했다. 그것이 전시에 발표된 마지막 통계였다. 선전부는 그 숫자에 간단하게 0 하나를 더했다. 그리고 세계를 향하여 20만 2천 명이라는 전례 없는 사람이 죽었으며, 사망자는 아마 25만에 달할 것이라고 발표했다. 그리고 그렇게 많은 수가 죽은 것은 동쪽으로부터 막대한 난민이 유입되어 드레스덴 인구가 세 배 증가했기 때문이라고 설명했다. 그러나 전쟁이 끝나고 20년이 흐르는 동안 추가로 발견된 시체는 모두 1,858구였다. 드레스덴 경찰의 원래 계산이 옳았던 것이다. 그러나 괴벨스의 신비한 주장은 독일과 독일 밖에서 오랫동안 유지되게 된다.[30]

국제 여론, 특히 영국과 미국의 여론에 영향을 미치려던 독일 선전부의 시도는 대단히 성공적이었다. 독일 선전부에 대한 지지가 전혀 예상치 못한 방면에서 왔다. 아이젠하워 사령부에서 열린 언론 브리핑에서 저널리스트들은 드레스덴이 '테러 폭격'을 당했다는 말을 들었다. 그 단어는 영국과 미국이 공적으로 한사코 거부하던 용어였다—처칠은 사석에서는 그 단어를 사용했다. 영국 언론은 그 말실수를 보도하지 말라는 당국의 요구에 따랐다. 그러나 미국의 AP통신이 보도했고, 그 보도는 '광역 폭격'의 윤리성 논쟁을 촉발했다. 그러자 영국의 〈맨체스터 가디언〉이 그 용어를 사용했고, 1945년 3월 6일에는 노동당 의원 리터드 스콕스가 자신이 개별적으로 확보한 드레스덴 정보를 하원 질의에서 늘어놓았다. 그렇게 하여 독일 선전부의 선전이 공식 기록에 올랐다. 1945년 3월 28일 처칠이 공공의 압력에 굴복하여 독일 도시에 대한 폭격을 중단시켰다. 폭격 외에는 영국이 독일에 대항할 효과적인 무기가 전무하던 과거에는 영국 폭격사령부의 영웅주의가 찬사를 받았었다. 이제 지배적인 것은 윤리적 선을 넘었다는 불편한 감정이었다.[31]

**

미군은 보주산맥에서 3개월을 싸운 끝에 독일군을 라인강의 콜마르로 밀어냈다. 에른스트 귀킹은 여전히 고지 라인 지방 서부의 알자스를 방어하고 있었다. 그후 몇 주일 동안 아내 이레네 귀킹은 연합군이 그 큰 강을 건널지 모른다는 두려움과 남편이 희생될지 모른다는 공포에 쫓겼다. 그녀의 가장 큰 소망은 에른스트가 두더지로 변신하여 땅 밑에 구멍을 파서 라우테르바흐의 그녀에게 오는 것이었다. 그러면 '내가 당신을 세탁기로 씻어서 그 모든 오물들을 없애고, 당신을 다시 땅에 집어넣거나 어디 다른 곳에 숨길 거야. 위험이 모두 없어질 때까지.' 1945년 2월 4일 에른스트가 드디어 그녀에게 편지를 썼다. 부대는 라인강을 건너 바덴의 노이엔부르크 쪽으로 갔고 지금은 슈바르츠발트 안의 비교적 안전한 곳에 주둔하고 있다. 전투는 여전히 진행중이다. 에른스트는 '계획적인 철수'를 말하던 군대 소식지의 언어를 사적인 편지에 적었다. '그래. 교두보에서 우리는 우리의 예지력에 입각하여 그리고 최선의 질서 속에서 철수했어. 건너편의 저들은 또 한번 승리를 거두었다고 외칠지 모르지만, 우리는 이미 오래전에 모든 것을 계획해놓았어.'[32]

이레네는 아마 〈제국〉의 자연스러운 독자가 아니었을 것이다. 그러나 그 젊은 플로리스트는 전선이 독일 내로 들어오자 이제는 정치에 대해 생각해야 했다. 그녀는 괴벨스가 작성한 다음 논설을 진지하게 읽었다.

우리는 우리가 동쪽에서 닥쳐오는 전 지구적인 위협을 분쇄하리라는 것을 한순간도 의심하지 않는다. '언제 그리고 어떻게'라는 건 수단의 문제일 뿐이다. 스텝(의 그 무리들)의 움직임은 그 위험이 절정에 달하고 그것이 모든 사람에게 분명해지는 그 순간 정지될 것이다. 그때까지 침착하자.

괴벨스의 논설은 이레네를 안심시켰다. 그녀는 에른스트에게 '또다른 7월 20일의 음모'를 꾸미려는 '부류가 군대 안에' 있는지 묻지 않을 수 없었다. '힘러가 충분히 조심하겠지?' 그리고 그녀는 지금 현재 전선에 있어야 하는 '그 많은 젊은 것들이 왜 그렇게 이곳 주변을 돌아다니는지' 알 수 없었다. 라우테르바흐는 기차역 부근에 가끔씩 폭탄이 떨어질 뿐 여전히 비교적 조용했다. 이레네의 관심은 숲에서 나무를 충분히 구해서 겨울을 무사히 나는 것이었다.[33]

귀킹이 주둔하고 있던 고지 라인 지역도 비교적 조용했다. 격렬한 전투는 북쪽에서 벌어지고 있었다. 1945년 2월 8일 캐나다와 영국 군대가 니메겐에서 드넓은 저지 라인을 따라 진격에 나섰다. 미군은 뢰르강을 건너서 퀼른으로 가고자 했다. 그러나 독일군이 댐을 열어 계곡 지대를 수장시키는 바람에 12일 동안 지체했다. 룬트슈테트 장군의 독일군은 라인강 서쪽 방어선을 완강하게 고수했고 독일군이 입는 인명 피해보다 더 큰 인명 손실을 연합군에게 강요했다. 양쪽 병력과 화력의 불균형을 생각하면 독일군의 '전투력'은 괄목할 것이었다. 1945년 2월에 독일군 46만 2천 명이 연합군 350만 명과 싸우고 있었다. 설상가상으로 독일군 사단은 신병 비율이 매우 높았다. 모델 장군, 블라스코비츠 장군, 하우저 장군은 그 어려운 후퇴 전투에서도 유명세를 떨쳤다. 그러나 신병들은 전투로 단련되지 않은 초짜들이었다. 더욱이 독일군 부대는 연합군과 동일한 수준의 야포와 기갑을 갖고 있지 못했다. 히틀러와 카이텔은 1944년 12월과 1945년 1월에는 서부의 아르덴 공세를 위하여 동부전선에게 탱크와 야포를 주지 않았는데, 1945년 2월에 그들은 슐레지엔과 헝가리의 소련군을 막으려는 절망적인 노력 속에서 중화기들을 다시 동쪽으로 보냈다. 3월 2일 미군이 뒤셀도르프의 남쪽과 북쪽의 라인강 서안에 도달했고 크레펠트를 점령했다. 사흘 뒤에 그들은 쾰른 주변의 방어선이 취약한 지점을 돌파하여 하루 만에 쾰른을 점령했다. 독일군은 라인강을 건너자마자 호엔촐러른교를 폭파했다.[34]

서부전선의 자르-모젤 방어선은 겨우내 버텼고, 그 삼각방어선의 남쪽은 오르숄츠 전선에 의해 봉쇄되어 있었다. 미군은 휘날리는 눈발 속에서 몇 달을 싸웠고, 2월 22일에 드디어 제302보병연대의 선봉 대대들이 해뜨기 직전의 자욱한 안개를 헤치며 타벤에서 자르강을 건넜다. 그 지역 서부방벽을 처음으로 돌파한 것이다. 미군은 여러 지점을 공격했고, 그들을 상대하느라 독일군이 이곳저곳으로 몰려가는 사이에 트리어가 방치되었다. 5개월 동안 포위를 견뎌낸 그 도시는 사실상 전투 없이 3월 2일에 함락되었다. 미군 제3군은 그렇게 서부방벽을 돌파한 뒤 모젤강 계곡을 따라 신속히 진격했고, 모젤강과 라인강이 만나는 코블렌츠로 향했다.

1945년 2월과 3월에 독일군이 후퇴할 때는 독일 민간인들에게 1944년 9월 초와 같은 대중적 패닉이 나타나지 않았다. 이번에 주민들은 도망가지 않으려 했다. 사람들은 오히려 집에 백기를 걸어 마을의 파괴를 막으려 했다. 일부 지역에서는 독일군이 연합군에게 총을 쏘는 것을 주민들이 막기도 했다. 그들은 발포하려는 병사들에게 쇠스랑을 겨누었다. 한번은 독일군 병사들 몇 명이 연합군 포위망을 뚫고 독일군 방어선에 도착하자 민간인들이 외쳤다. '당신들, 전쟁을 연장하고 있어!' 1945년 2월 말에 독일군이 푈크링겐 인근의 가이스라우테른을 재점령했을 때 그 지역 친위대 사령관이 말했다. '적이 잠깐 점령한 뒤 미군의 인기가 높다. 미군은 숙영한 집에 독일군 부대보다 훨씬 더 큰 존중심을 보여주었기 때문이다.' 미군은 캔과 초콜릿과 잼과 담배를 굶주린 주민들에게 나눠주었다. 미군의 명성이 곧 미군이 도착하기도 전에 지역 전체에 퍼졌다. 마이엔 인근의 미군 탱크 부대 지휘관은 민간인들이 독일군 지역 사령부의 방어 조치들을 사보타주하려 하고 독일군 병사들에게는 민간인 옷을 주어 도망치도록 한다고 보고했다.[35]

상황이 1944년 가을과 매우 다르다는 것은 명백했다. 서부전선 독일군 총사령관에게 전달된 보고에 따르면, 1945년 1월에는 '프랑스로부터 물밀듯 후퇴하던 병사들의 비관적 관점이 주민들에게 부정적인 영향을 주었다.' 반면에 지금은 '민간인들이 독일군 병사들의 사기와 태도에 부정적인 영향을 끼치고 있다.' 1945년 2월 15일 민간인들에게 약식 군법재판을 부과하는 명령이 공포되었다. 민간인들에게 탈영병과 똑같은 처벌을 부과하겠다고 위협한 것이다. 1945년 3월 11일 괴벨스는 이제는 선전만으로 사기의 붕괴를 막을 수 없다고 판단했다. 그는 일기에 적었다. '서부에서 뭔가 달성하려면 폭력적인 조치 외에는 방법이 없다.' 실제로 패배주의가 라인강을 따라 퍼져나갔다. 라인강 서안에서 철수하는 독일군 병사들은 나치당직자들이 도망치거나 노이스와 크레펠트 주민들이 내건 백기들의 물결이 미군을 환영하는 것을 보았다. 그리고 병사들은 적의 믿을 수 없는 화력과 제공권에 직면한 자신들의 무기력에 대해서도 발설했다. 보훔의 나치지구당 선전부도 정복을 입은 나치 당직자의 판에 박힌 연설을 노동자들에게 강요하는 데 따른 무기력감을 토로했다. 그래서 3월 중순 그들은 훈련된 연설가 30명에게 평복을 입혀서 내보냈다. 기차역, 기차, 방공호—사람들이 모이고 시끄럽게 의견을 교환하는 곳이면 어느 곳이든 가서—'구두 선전'을 하라는 것이었다. 라인강 우안에서 선전부에게 보낸 1945년 3월 21일의 주간 보고서는 그러한 섬세한 접근도 이제는 '더이상 도움이 되지 않는다'라고 강조했다.[36]

1945년 3월 17일 코블렌츠가 함락되었다. 그로부터 1주일 뒤에, 핵심적인 자르 공업지대도 포위되었다. 독일군이 후퇴하자 괴벨스는 일기에 적었다. '낙오병이 수만 명이라는데, 그들은 최전선을 피하려는 탈영병들일 뿐이다. 그들이 대도시로 숨어들었다고 한다.' 사령관들은 약식 처형의 위협을 배가했다. 나치 육군 원수 페르디난트 쇠르너는 병사들의 목에 플래카드를 걸어놓고 전봇대에 목매달아 죽였다. '나는 지도자를 믿지 않았어요.' '나는 겁쟁이입니다.' 그것은 쇠르너의 독점물이 아니었다. 1945년 3월 5일 심지어 그 경건한 개신교도 요한네스 블라스코비츠 장군이 군집단H의 병사들에게, 자기 자리를 벗어나는 병사는 누구든 '약식재판에 이어 즉시 처형하겠다'고 경고했다. 히틀러가 그를 세번째로—마지막으로—해임하기 직전에 룬트슈테트도 필사 명령을 하달했다. '적이 독일 땅에 한 걸음 내디딜 때마다 최대한 피를 흘리도록 하라.' 1945년 3월 10일에 룬트슈테트 대신 서부 총사령관에 임명된 알베르트 케젤링은 임명된 즉시 '낙오병들'을 체포하는 특별 헌병대를 창설했다. 그 며칠 전에는 새로 설치된 '이동 군법재판소'가 장교 네 명을 처형했다. 미군이 레마겐에서 라인강을 건너기 전에 다리를 폭파하지 못했다는 이유에서였다. 그에 책임이 있는 다섯번째 장교는 미군에게 포로로 잡혔다. 그러자 케젤링은 장교의 가족들을 투옥하라고 개인적으로 지시했다. 그러나 지역 게슈타포와 친위대 제국보안청 베를린 지청이 그에 반대했다. 무장친위대 장군 파울 하우써가 강조했듯이 친인척에게 책임을 물어봐야 '그 병사 가족들이 이미 적의 점령지 안에 있는데' 무슨 소용인가.[37]

드레스덴 폭격 직후 히틀러와 괴벨스는 민간인 사망에 대한 보복을 명분으로 하여 제네바협약에서 탈퇴했고, 이제 영국과 미군 포로들도 처형하려 했다. 그 조치에 따라 연합군도 독일군 포로들을 처형하게 되면 서부전선 병사들에게 동부전선 병사들처럼 공포와 자기희생 의식이 결합되고 증폭되지 않겠느냐는 것이었다. 그러나 그 총통명령 초안은 요들, 되니츠, 카이텔의 일치된 반대에 부딪혔고, 히틀러는 그들에게 설득되었다. 그 장군들은 독일군이 포로로 잡힌 연합군 공군 비행사들에게 가혹 행위를 하거나―그것은 오스트리아처럼 1944년 이전에 거의 폭격당하지 않았던 지역에서조차 상식인 양 행해지고 있었다―탈영병 가족에게 보복하는 것에는 동의할 수 있지만, 그들은 독일군 포로들을 위험에 빠뜨리는 데는 주저했다. 그것은 군인으로서의 직업윤리의 선을 넘는 일이었다.[38]

괴벨스와 선전부는 전쟁의 경과에 맞추어 메시지를 재조정했다. 선전부는 모젤–자르 국경의 미군 최전선 부대들이 선한 태도를 보인다는 보고에 대해서는, '유대인'이 미군 부대를 장악하면―마치 미군 버전의 유대인 '특공대'가 배치되기라도 할 것처럼―미군의 후미에서 가혹행위가 자행될 것이라고 답했다. 독일의 희망은 연합군 동맹의 붕괴에 모였다. 영국군에게 포로로 잡힌 독일군 장교들은 서로에게 말했다. '영국과 미국은 언젠가 …… 진정한 상황에 눈을 뜨게 될 것이고 러시아를 격퇴하기 위해 독일과 합류할 것이다.' 독일군 군수청 참모장 쿠르트 폴렉스 대령은 독일의 무기고가 텅 비어 있다는 것과 '기적의 무기'는 없다는 것을 잘 알고 있었다. 그러나 그도 미국과 러시아의 갈등이 독일에 기회가 되기를 희망했다. 그는 썼다. '말하자면 그것은 카레이싱의 승부가 결승선 100미터 앞에서 점 하나 차이로 결정되는 것과 같은 것이다.' 사실 그 얄팍한 비유는 1945년 2월 28일에 괴벨스가 전국 방송에서 말했던 비유의 메아리였다. 괴벨스는 독일 민족을 이미 35킬로미터를 달리고 8킬로미터만을 남겨두고 있는 마라톤 선수에 비유했었다.[39]

유대인의 별을 옷에서 떼어낸 빅토르 클렘퍼러는 이제 게슈타포에게 적발되면 사살될 것이라는 공포에 몸을 떨었다. 그와 아내는 나치당 대중 조직과의 접촉을 피하기 위해 과거 자기 집 하녀였던 아그네스에게 갔다. 그녀는 작센의 피스코비츠 마을에 살고 있었다. 그 집에서 들은 괴벨스의 라디오 연설에서 클렘퍼러는 연설의 높낮이에 유의했다. 클렘퍼러가 괴벨스의 연설을 해석했다. '오직 최대의 의지력만이 나를 계속해서 움직이고 나아가게 하고 있다. 아마 나는 결승점에서 의식을 잃고 쓰러질 것이다. 그러나 일단 그곳에 도착해야 한다! …… 테러 공격이 거의 견딜 수 없는 지경이고, 우리는 극단까지 몰려 있다—그러나 우리는 끝까지 가야 한다.' 괴벨스는 '적들도 "우리만큼 지쳐 있다"'는 실용적인 위로를 역사의 의미에 대한 형이상학적 은유들과 결합한다. 그리고 독일군의 막대한 반격을 암시하고 또 '사보타주를 하는 자는 누구든 "차갑고 조용히 목에 밧줄을 감을 것"'이라고 위협한다. 괴벨스는 전쟁이 아주 오래 지속될 것이라는 주장을 더이상 하지 않는다. 지적으로 예민한 클렘퍼러는 괴벨스의 '완전한 절망' 메시지에 놀랐다. 살아서 해방을 보고 싶다는 클렘퍼러 부부의 희망이 다시 한번 솟아났다.[40]

괴벨스는 1943년과 1944년에 히틀러에게 여러 번 소련이든 영국과 미국이든 개별적인 평화 협상에 나서자고 제안했다. 아마 그는 히틀러에게 그 제안을 사적으로 자주 반복한 유일한 나치 지도자였을 것이다. 히틀러는 그 제안이 시기적으로 옳다는 것을 받아들인 적이 한 번도 없었다. 그렇다고 그 주제를 금지하지도 않았다. 그러나 괴벨스도 이제는 더이상 협상할 시점이 아니라는 것을 인식했다. 서구 연합군에게 협상하는 것이 인명 손실을 계속 감수하는 것보다 더 낫다고 설득할 수 있으려면, 일말이라도 그런 기대를 하려면, 최소한 라인강은 지켜야 했다. 라인강 서부를 방어하면서 독일군은 서부전선 병력의 절반을 잃었다. 6만 명이 부상당하거나 전사했고, 29만 3천 명이 포로로 잡혔다. 베젤강 근처에서는 단 한 번의 포위 작전으로 5만 3천 명이 포로로 잡혔다.[41]

히틀러의 '대독일제국'에서 남은 것은 라인강과 오데르강 사이의 땅이었고, 그 두 강에도 적군의 교두보가 설치되었다. 두 강 사이에 540킬로미터의 북독일대평원이 펼쳐져 있었고, 그 사이에 있는 자연적인 방어벽은 엘베강 하나였다. 1945년 3월 연합군에게 포로로 잡힌 독일군 참모장교가 그를 심문하는 연합군 장교에게 말했다. 독일군 총사령부는

> 우리가 동쪽의 엘베강 방어선과 서쪽의 라인강 방어선을 필요한 만큼 지킬 수 있다고 믿는다. 나는 한편으로는 미국과 영국 그리고 다른 한편으로는 소련 사이의 분열이 늦든 빠르든 나타날 것이며, 그것이 독일이 자신의 입지를 지킬 수 있도록 해줄 것이라고 나는 믿는다.

그 국면에서 독일군 당국은 공군과 제트 전투기의 출전을 뒷받침하기 위하여 정유 시설을 비롯한 핵심 산업 시설에 무거운 방공포를 배치했다. 1945년 3월 20일 히틀러는 고트하르트 하인리치 장군에게 오데르강 방위를 맡겼다. 그 권한은 종전에 힘러에게 주어져 있었으나, 히틀러는 힘러의 '패배주의'와 군사적 무능력이 포머른을 잃게 했다고 비난했다. 하인리치는 전술적인 방어 기술을 몇 차례나 입증한 바 있었고 또 독일군이 라인강을 지켜야만 오데르강의 방어에 의미가 있다고 믿고 있었다.[42]

군수장관 알베르트 슈페어는 히틀러에게 독일 경제가 단 4주일이면 무너질 것이라고 단호하게 경고하기도 했다. 그러나 그 역시 낙관적인 대화에 열려 있었다. 그는 이탈리아와 노르웨이에 주둔중인 독일군 사단들을 라인강과 오데르강 방어에 투입하자고 제안했다. 슈페어는 히틀러를 위해 작성한 1945년 3월 18일의 비망록에 썼다. '몇 주일 동안만 현재의 전

선에서 끈질기게 버티면 적이 우리에게 존중심을 갖게 될 것이고, 그러면 유리한 조건으로 전쟁을 끝낼 수 있을 것이다.' 그날 만난 자리에서 히틀러는 전쟁은 계속될 것이고, 독일군은 나라의 미래를 아예 고려하지 않고 '초토화' 전술을 사용하게 될 것이라고 말했다. '만일 우리가 패한다면 그러면 인민도 패한 것이지요.' 독일 인민이 약한 것으로 판명되면 '미래는 오직 동쪽의 더 강한 인민에게 속하는 겁니다.' 그 감성, 1941~1942년 겨울 모스크바에서 후퇴하던 절망적인 순간에 처음 발화되었던 그 감성은 히틀러가 갖고 있던 '고정관념'이 되어 있었다. 그는 1945년 2월 24일 나치 지구당위원장들에게 행한 사적인 발언에서도 그 말을 했고, 몇 주일 뒤의 유언장에도 그 문장을 그대로 반복한다. 그러나 히틀러는 그것을 그가 영웅적인 자살의 견지에서 최후의 순간을 생각할 정도로 충분한 책임감을 지니고 있다고 믿는 이너서클에게만 말했다.

지구당 위원장들에게 행한 1945년 2월 24일의 연설 이후 히틀러는 너무나 힘이 빠져서, 그가 관례적으로 그날 독일 인민에게 하던 방송 연설을 하지 않았다. 2월 24일은 나치당 강령 선포 기념일이었다. 히틀러의 연설은 선전부 차관이자 히틀러의 구투사 동지였던 헤르만 에서가 대독했다. 연설은 히틀러만의 분위기로 가득했다. '유대-볼셰비키의 인민 학살과 서유럽과 미국의 포주들', '독일 민족의 자유', '역사적 전환점'까지의 투쟁. 히틀러는 연설 마지막에 요구했다. '우리에게 남은 삶은 오직 하나의 명령, 즉 국제 유대인 범죄자들과 그 충복들이 우리 인민에게 자행한 것을 복구하라는 명령에만 복종합니다.' 이에 대해 니더작센 뤼네부르크의 지역 나치 지도자마저 쓰라리게 평했다. '지도자가 또 예언한다.'[43]

괴벨스에게 충성하던 독일인들에게 희망은 여전히 영국군과 미군에게 '세계 유대인'에게 저당 잡히지 말라고 설득하는 전단의 투하였다. 그들은 적군 병사들에게 '유대 볼셰비즘'과 '유대인 금권지배'의 '피의 희생물'이 되지 말라는 메시지를 전달할 방안들을 제안했고, 메시지는 모두 서구 문명의 유일한 희망은 영국과 미국이 독일과 동맹을 맺고 스탈린과 싸우는 것뿐이라는 내용이었다. 선전부에 전달된 어느 편지는 사이비 마르크스주의적인 슬로건으로 끝난다. 비유대인에 대한 유대인의 명칭을 이용해 전한 것이다. '고이Goy여 각성하라! 세계의 비유대인들이여 단결하라!'[44]

에른스트 귀킹은 아내 이레네에게 앞으로의 춘계 반격에 대하여 설명하면서, 그녀가 할일은 지하 벙커로 가서 가구들을 안전하게 지키고 충분한 식량을 확보하는 것뿐이라고 썼다. 그는 독일군이 연합군의 공격을 이겨낼 것이라고 확신했다. 1945년 3월 9일에 그는 썼다. '이번 여름만 생존해내면 우리가 이길 거야.' '기적의 무기'를 갖고 있으니까 베를린이 함락된다고 해도 그 무기로 전세를 뒤집을 거야. 독일의 대의를 의심하는 사람은 '더이상 우리에게 속하지 않아'. 에른스트와 이레네는 서로의 낙관을 북돋우면서, 처음으로 전쟁 이후의 미래를 구상했다. 언제나 실용적이던 에른스트는 지난번 휴가에서 젊은이들이 자기 아버지의 알텐부르슐라 마을로 돌아가지 않을 것이라고 판단했다. 비어 있는 농장이 많으니 예금을 땅에 묻자. '우리가 전쟁에서 이기기만 하면 우리는 가장 필요한 것, 다름 아니라 땅을 갖게 될 거야. 우리가 망하면 모든 것이 망하는 거고.'[45]

1945년 3월 22일과 23일 패튼이 지휘하는 미국 제5보병사단이 니어슈타인과 오펜하임에서 라인강을 건넜다. 부대는 별다른 저항에 부딪히지 않았지만, 그 성공을 제대로 이용하지도 못했다. 이유는 단순하게도 마인강 남쪽으로 펼쳐진 농촌 지역의 도로가 부실했기 때문이었다. 3월 7일 레마겐에 설치한 교두보에 더하여, 중부 라인을 따라 도강이 이루어졌다. 다만 상트 고아르에서 협곡을 만났다. 북부에서의 공격은 예상대로 저지라인에서 전개되었다. 3월 23일 늦은 시각 영국군이 베젤과 레즈에서 라인강을 건넜다. 독일군 제1공수군에는 예비 전력도 없었고, 공중의 지원도 없었고, 탱크와 야포도 별로 없었다. 그들은 몽고메리 휘하의 125만 명에 맞설 수 없었다. 독일군 사령관 귄터 블루멘트리트는 상관인 블라스코비츠와 의견이 같았다. 반격을 할 수도 없고 이미 붕괴된 방어선을 지킬 수도 없다. 1945년 4월 1일 그가 전투에서 물러나 도르트문트-엠즈 운하로 후퇴했다. 그로써 연합군이 루르로 진입할 길이 열렸다.

미군의 진격은 남부에서 더 신속했다. 미군은 1945년 3월 25일과 26일에 아샤펜부르크와 프랑크푸르트에서 마인강 교두보를 확보했고, 부대는 고지 라인과 중부 라인을 건넌 다른 부대와 연결되었다. 독일군의 모델 장군은 2주일 동안 얼마 되지 않는 야포와 전차를 투입하여 레마겐 다리를 재점령하려 했다. 그러나 미군 호지스 장군의 제1군이 3월 25일에 인근의 방어선을 돌파하기 시작했다. 호지스의 부대는 북쪽으로 모델 장군의 강력한 방어선을 공격하는 대신 동쪽으로 나아가서 독일군을 넓게 포위했다. 이튿날이 끝나갈 무렵에 미군이 방어선을 최종적으로 돌파했고, 이어서 란강과 기센 및 마르부르크를 향해 진격했다.

라인강이 돌파되었다는 소식이 전해진 3월 25일에 괴벨스는 딱 한마디만 적었다. '서부의 상황이 이례적으로 죽음과 다름없어 보이는 결정적인 국면에 돌입했다.' 뮌스터의 저널리스트 파울하인츠 반첸은 미군이 레마겐 다리를 장악했다는 소식을 듣고 절망에 빠졌다. '모든 사람이 군대가 미군과 영국군을 막을 것이라고 기대했다. 완전히는 아니더라도 최소한 오랫동안이라도 막아내면 어떻게든 전선을 뒷받침할 수 있을 텐데. 이제 그 희망은 끝났다.' 그가 일기를 뮌스터와 인근 지역에 대한 공습으로 채우다가 라인강 도강 소식을 듣자니 온몸이 '매우 떨렸다'. 반첸에게는 그나마 정치적 농담을 기록할 에너지는 남아 있었다. '지도자는 임신중. 소小독일을 임신중.' 독일인들은 군사적 패배가 너무나 막대했던 탓에 농담 이외의 다른 방식으로는 상황을 표현할 수 없었을 것이다. 라우테르바흐의 이레네 귀킹은 남편 에른스트의 반응이 무섭기는 했지만, 당신은 아직도 전쟁을 믿고 있겠지만 자신은 더이상 믿지 않는다고 썼다. '영국군과 미군이 이미 독일 안 깊숙이까지 들어왔잖아. 우리 모두가 우리 편의 성공적인 반격이 없기를 희망한다는 걸 당신은 알아? 우리는 총력전을 맞고 있잖아. 공중만이 아니야. 독일 땅에서 벌어지는 전투는 더 끔찍할 거야.' 라우테르바흐는 기센과 풀다 사이에 있다. 이레네는 몰랐으나 곧 미군 탱크가 그곳에 도착한다.[46]

리자와 볼프 드 보어 부부는 작은 대학 도시 마르부르크의 따스한 날씨에 자극을 받아 텃밭에 채소를 심었다. 무슨 일이 벌어지든 먹을 것은 있어야 하지 않는가. 더욱이 부부는 난민과 친구들을 받아준 처지였다. 도시의 군대 막사에 전기와 물이 끊기자 리자는 병사들에게 커피를 끓여주었다. 시청의 친구가 군인들에게는 전투를 치를 만한 탄약도 대포도 없다고 그녀를 안심시켰다. 부부는 딸 모니카가 걱정이었다. 새로운 소식은 없었다. 모니카가 코트부스 감방에서 보낸 마지막 엽서는 몇 주일 전인 1945년 2월 6일의 것이었다. 내용이 밝지 않았다. 피부와 뼈만 남은 모니카가 자신이 '골骨학 연구의 대상이 되었다'고 농담을 적었다.

1945년 3월 26일 마르부르크의 독일군 부대가 란강 계곡을 따라 진격해온 미군 부대와 림부르크에서 만났다. 리자는 이미 BBC에서 처칠이 영국군과 함께 라인강을 건넜으며, 스코틀랜드 백파이프 연주자들이 동안東岸에서 콘서트를 열었다는 소식을 들었다. 3월 28일 리자는 지역 신문에 영어 과외 광고가 실린 것을 보았다. 그녀가 햇볕에 앉아서 봄의 새싹들을 즐기고 있자니, '전차, 차, 자전거, 병사들, 민간인들의 홍수'가 기센과 마르부르크로 사이의 도로를 가득 메우고 있었다. 마르부르크가 흡사 '들쑤셔진 벌집'처럼 느껴졌다. 그날 밤 부부는 BBC에서 미군이 기센을 넘었다는 소식을 들었다. 침대에 누워 있을 때 독일군이 후퇴하는 소리가 계속 들렸

다. 다음날 미군이 도착할 것이 틀림없었다.[47]

3월 29일 아침 리자가 텃밭에서 양상추를 뽑는데 포격 소리가 들렸다. 리자는 대피호로 들어가는 대신 미군 탱크를 보려고 이층으로 뛰어올라갔다. 정오 무렵 드디어 미군 탱크들이 도시 안으로 들어오는 모습이 보였다. 리자는 여동생이 몇 년 전에 미국에서 가져다준 성조기를 부여안고 빈 거리를 달려 바르퓌세르 문까지 달려갔다. 인근의 석탄 가게에서 일하는 폴란드 노동자 한 명도 그곳에 왔다. 그들은 적십자 차량 행렬을 맞이한 최초의 마르부르크 시민이었다. 큰 소리로 영어로 몇 마디 주고받는 사이에 프랑스 전쟁포로들, 이탈리아 수감 병사들, 폴란드인들이 달려왔다. 미군이 코트, 담요, 옷더미를 그 강제노동자들에게 나눠줬다. 리자가 집으로 돌아오자 대문 앞에 미군 보병과 독일군 포로 행렬이 서 있었다. 그녀는 음식과 음료를 대접했다. 오후 5시 부부는 도심을 걸으면서 벽에 붙은 미군의 포고문을 읽었다. 모든 나치 조직의 금지, 학교와 대학의 휴교, 그리고 기쁘게도 예배의 허용. 부부는 즉시 그들이 속한 작은 슈타이너 인지학 '기독교 커뮤니티'가 모일 공간을 마련했다. 해질녘에 리자가 발코니로 나가보니, 구름이 걷히고 마르부르크 동쪽의 검은 숲 위로 둥근 달이 빨갛게 비추고 있었다. 그녀는 그 기념비적인 날의 끝에 적었다. '봄 보름달이다. 이제 부활절 일요일과 부활이 올 거다. 앞으로 힘들 거라는 것, 아주 힘들 거라는 것을 안다. 그러나 오늘 저녁 내 가슴은 기쁘다.'[48]

같은 날 미군 제3군의 선도 탱크들은 이레네 귀킹이 사는 라우테르바흐를 점령했다. 에른스트는 남쪽으로 90킬로미터 떨어진 바트 키싱겐 근처에 있었다. 4월 3일 그가 이레네에게 생일 축하 편지를 예방 차원에서 미리 보냈다. 그는 편지가 '세계관이 다른 지역'까지 무사히 넘어가기를, '당신과 작은 아이들이 무사하기를, 그리고 당신 기분이 좋기를' 빌었다. 그는 약속했다. '나는 한 가지는 알아. 우리는 모든 것을 견뎌낼 거야.' 다음날 그는 포로로 잡히거나 사살되리라 믿으면서 편지 한 통을 더 보냈다. '이것이 마지막 편지야. 제발, 제발 강건해야 해. 내 편지를 받게 될 거야. 국제적십자를 통해 전달될 거야.'⁴⁹

미군의 진격은 신속했다. 1945년 3월 29일 미군 제1군과 제3군이 기센과 마르부르크 사이에서 만났다. 패튼의 탱크 부대는 동쪽으로 계속 진격하여 튀링겐으로 진입했고, 호지스 부대는 북동쪽 파더보른으로 향하면서 북쪽에서 루르를 포위하고 있던 심슨의 제9군과 만나려 했다. 파더보른 인근에서 무장 친위대 탱크 60대가 격렬하게 저항했지만, 두 부대는 금세 연결되었다. 4월 1일 오후 3시 30분 미군 탱크들이 리프슈타트에서 만났고 그렇게 환環이 완성되었다. 부활절 일요일이었다.⁵⁰

브라운슈바이크, 보훔, 하노버의 민간인들은 영국군과 미군이 라인강을 건너기 전에 점령에 대비하는 차원에서 귀중품들을 이미 파묻은 상태였다. 독일 선전부는 루르가 연합군 수중에 넘어가면 아무도 전쟁이 계속된다고 믿지 않으리라는 것을 잘 알고 있었다. 그것은 산업 시설을 다른 지역으로 분산시킨다고 해결될 수 있는 문제가 아니었다. 독일의 전시경제는 고지 슐레지엔, 자르, 루르의 석탄과 제철로만 작동할 수 있었다. 미군이 동쪽에서 포위망을 좁혀오자, 루르를 방어하던 독일군 40만 명이 루르 동쪽에 갇혀버렸다. 독일군에게는 미군의 포위망을 돌파할 야포와 전차가 없었다. 그런 상황에 직면하자 도시들이 갈수록 절망적인 동시에 폭력적으로 변해갔다.⁵¹

전략 핵심 지역인 그곳의 마지막날들은 리자 드 보어가 마르부르크에서 목격했던 들쑤셔진 벌집과 비슷했다. 함과 도르트문트는 점령에 저항했다. 히틀러청소년단 단원들은 압도되면서도 끝까지, 도시가 미군의 대포와 폭격으로 완전히 파괴될 때까지 저항했다. 보훔, 뮐하임, 두이스부르크는 항복했다. 그 도시의 기업인들은 과거의 노동조합 운동원들 및 노동운동 활동가들과 힘을 합하여 나치 시장과 군사령관들에게 압력을 가했고, 그렇게 남아 있는 것만이라도 구해냈다. 오버하우젠에서는 퇴각하는 독일군 부대들이 약탈하고 시설물들을 파괴했다. 병사들은 술이라면 보이는 대로 마시면서 히틀러의 초토화 명령을 마구잡이로 실천했다. 루르의 다른 곳에서는 광부들과 엔지니어들과 경영인들이 조용히 협력했다. 그들은 지하에 머물면서 갱도 펌프에 사람을 배치하여 갱이 후퇴하는 독일군에 의해 수장되는 것을 막았다. 프리드리히 탄광에서는 80명이 엽총과 구식 벨기에 소총을 들고 탄광을 지켰다. 탄광을 파괴하라는 나치당 지구 책임자의 명령 실행을 막은 것이다. 그들은 1941년에 키이우의 제철 노동자들이 스탈린의 '초토화' 명령을 어기고 기계를 숨겼던 것과 똑같은 행동을 본능적으로 행한 것이다. 1945년 1월 고지 슐레지엔의 광부들은 소련군을 피해 도망치지 않은 노동자 집단의 하나였다. 그들은 1939~1940년에 폴란드인 광부들이 '게르만화'되는 방식을 목격했던 터, 점령자들에게 국적보다 중요한 것은 생산에서의 역할이라고 판단했다. 점령의 조건은 지역마다 상이했지만, 노동자들과 경영자들은 그들의 전문성을 가장 중요한 자산으로 간주했다. 그들은 그것만이 압도적인 군사력에 직면한 인간의 합리적인 생존 수단이라고 생각했다. 유일하게 키이우의 노동자들만이 계산이 어긋났었다. 그들은 나치 인종주의 이데올로기의 가차없는 실천에 직면했었다.[52]

1945년 독일에는 강제노동자가 아직도 770만 명이나 있었다. 1945년 2월 7일과 10일 두이스부르크 게슈타포가 '동유럽 노동자' 24명을 총살했다. 게슈타포가 그들을 당시 쾰른, 에센, 뒤셀도르프, 두이스부르크의 반파된 거리에서 경찰과 가투를 벌이던 갱단의 일부로 생각했던 것이다. 갱스터는 1944년 9월에 폭격이 재개되면서 그 부산물로 나타났다. 폭격으로 인하여 막사와 공장이 파괴되자, 독일인 노동자들과 서유럽 노동자들에게는 숙소와 배급이 지원되었다. 그와 달리 많은 '동유럽 노동자들'은 그 냥 부랑자가 되었다. 그들 중 작은 일부는 소소한 범죄를 저지르거나 암시 장에서 일했다. 규모가 늘어나면서 그들은 버려진 폐품 하치장에 숨어 지 내면서 돈과 무기를 확보했고, 때로는 독일인 갱스터들과 협력했다. 잘 조 직된 갱단에는 전직 소련군 병사들도 끼어 있었고, 그들은 체포하러 온 게 슈타포 경찰관들에게 심각한 인명 피해를 주기도 했다.

친위대 제국보안청은 1944년 가을에 처형 결정권을 게슈타포 지역 분 소에게 위임했다. 자율성을 확보한 분소들은 연합군이 라인강 서안에 도 달하기 전에 이미 소련 노동자들을 사살하기 시작했다. 연합군이 서안을 점령하자 처형이 증가했다. 에센 게슈타포 지소장은 그때까지 한 번도 죄 수 처형에 참여한 바가 없던 경찰관들로 처형대를 구성하여 재소자 35명 을 사살하도록 했다. 학살에 대한 책임을 모든 경찰관이 공유하도록 한 것이다. 1945년 3월 20일에 부퍼탈 인근에서 재소자 30명이 처형되었고, 3월 28일에는 겔젠키르헨에서 11명이, 이튿날에는 두이스부르크 발트프리 트호프 묘지의 폭탄 구덩이에서 29명이 사살되었다. 그들 중 누구에게도 갱들에게 숙소를 제공했다는 것 이외의 죄목이 부과되지 않았다. 도르트 문트에 위치한 서부 루르 게슈타포 본부는 1945년 2월과 4월 사이에 230~240명의 재소자를 처형했다. 그 속에는 프랑스 극단 배우들도 포함 되어 있었다. 그러나 희생자 대부분은 소련 출신의 민간인이거나 전쟁포 로들이었다. 연합군의 루르 포위망이 좁혀오던 1945년 4월 7일과 8일 도 르트문트, 보훔 등 곳곳에서 게슈타포가 광란의 마지막 처형을 자행했다. 그 몇 시간 전에 여러 도시의 게슈타포 경찰관들이 헤메르의 한 고등학교 에 소집되었다. 그들은 그곳에서 재소자 9명을 사살했는데, 이때 최근에 야 게슈타포로 발령받은 수사관 몇 명을 시켜 재소자들을 죽이도록 했다. 그런 뒤 그들은 학교에서 서로 도망가지 못하도록 감시하면서 미군의 도착

을 기다렸다.[53]

뒤셀도르프는 라인강에 걸쳐져 있는 도시다. 1945년 3월 3일 미군이 강의 좌안 구역들을 점령했지만, 독일군은 다리를 파괴하고 동안東岸에 참호를 팠다. 젊은 유대인 여성 마리안네 스트라우스는 그녀 가족이 에센에서 강제이송된 1943년 10월에 지하로 숨었다. 운이 그러려고 했는지, 그녀는 1945년 2월에 뒤셀도르프로 왔다. 연합군이 라인강으로 접근하자 작은 사회주의 레지스탕스 그룹인 분트가 그녀를 뒤셀도르프로 보냈다. 그들은 그녀가 그곳에서 조기에 해방되리라 기대했다. 뒤셀도르프에서 마리안네는 그전에 한 번도 만난 적이 없는 어느 교사의 집 앞에 추천서를 가슴에 안고 섰다. 운이 좋았다. 한니 간처가 지체하지 않고 그녀를 숨겨주었다. 미군은 라인강 서안을 점령한 뒤 6주일 동안 하루도 빼놓지 않고 뒤셀도르프를 포격하고 폭격했다. 공공설비들 하나하나가 차례로—가스, 전기, 수도—끊겼다. '변장' 기술에 능통한 마리안네는 신분 서류가 없었음에도 불구하고 한니와 함께 벙커로 갔다. 밀실공포증을 유발할 정도로 빼곡히 들어찬 콘크리트 방에서 그들은 의자에서 자면서 하루에 한 시간씩 바깥으로 나갔다. 매캐한 냄새와 파괴된 건물 분진이 가득했다. 나치 당국의 감시 타깃은 탈영병과 외국인 노동자 갱이었지만, 그들은 유대인이 숨어 있을 수 있다는 것을 잊지 않았다. 1945년 4월 15일 군부대가 72세의 유대인 남자 한 명을 발견했다. 그는 즉시 오버빌케르 시장 광장에서 교수되었다.[54]

외국인노동자 수용소는 에센에만 300개가 넘었다. 그 도시 중공업 노동자의 70%가 그들 강제노동자들이었다. 연합군이 라인강을 건너기 열흘 전에 에센의 크루프 공장에서 공습 시간에 여성 노동자 6명이 탈출했다. 헝가리 출신 유대인이었던 그들은 1944년 여름에 아우슈비츠-비르케나우 수용소로 강제이송되었다가 다른 수용소 출신 재소자 수만 명과 함께 선발되어 '구舊' 제국으로 보내졌고, 이어서 크루프 제철공장에 배치되었었다. 그들은 1942년과 1943년에 독일이 '유대인으로부터 해방되었다'고 선언된 이후에 독일에 도착한 최초의 유대인이었다. 1945년 3월, 겨울을 나는 데 성공한 그 유대인들은 자신들이 곧 이번에는 바이마르의 부헨발트 수용소로 강제이송되리라는 것을 알았다. 친위대 경비병들로부터 전쟁 이후까지 살아남지 못하리라는 협박을 들은 그 유대인 여성들은 공습 시간에 길거리가 비워지자 도망쳤다. 그들은 유대인 묘지의 파괴된 영안실에 숨었다. 물과 음식을 먹지 못하고 며칠을 견뎠다. 그중 한 명이 마침내 크루프 공장에 있을 때 그들에게 음식을 주었던 에르나와 게르하르트 마르쿠바르트 부부의 집을 발견했다. 부부는 친위대 지인과 접촉하여 사용하지 않던 친위대 정복 두 벌을 얻어냈다. 남자 두 명이 그 옷을 입고 묘지의 유대인 여섯 명에게 빵 두 자루를 실어날랐다. 마르쿠바르트 가족은 기이한 조합, 즉 직장 동료 한 사람과 잡화상 한 사람 그리고 심지어 돌격대원 한 명으로 구성된 조합을 알게 되었다. 그들이 유대인 여성들을 자기 집에 숨겨주었다. 동기는 서로 각각 달랐을—그리고 아마 혼란스러웠을—것이다. 유대인에 대한 반나치 공감도 있었을 것이고, 인도주의적인 동정심도 있었을 것이며, 연합군이 도착했을 때 자신의 돌격대 및 친위대 소속을 변명하는 유용한 핑곗거리를 얻으려 했을 수도 있었다.[55]

1945년 4월 초 수용소 재소자 수천 명이 독일을 가로질러 강제로 이동되었다. 그들의 노동력을 착취할 가능성은 사실상 없었다. 재소자 대부분에게는 더이상 노동능력이 없었고, 어쨌거나 공장이 버려지고 있었다. 힘러 자신의 어젠다는 두 가지 필요성 사이에서 동요하고 있었다. 히틀러는 재소자들이 절대로 적의 손에 넘어가도록 않도록 하라고 명령했다. 힘러 자신은 재소자들을 미국과의 비밀 평화 협상에서 교환할 대상으로 사용하고자 했다. 그는 스칸디나비아 국가들을 중개인으로 생각했다. 그러나 시간이 가면서 결정권이 지역 친위대에게 넘어갔다. 미군이 포위한 지역에서 붕괴하는 중앙 권력의 외관만이라도 지키고 있던 자들이 바로 그들이었다. 1945년 4월 4~5일 V-2 로켓을 생산하던 미텔바우-도라의 지하 공장 강제 노동자들이 서부 하르츠로부터 소개되었다. 4월 11일 미군이 그곳에 도착해보니 병들거나 해골만 남아서 움직일 수 없는 재소자 700명이 있었다. 로켓 생산을 폭격에서 보호하기 위하여 하르츠산맥의 암벽을 뚫고 건설한 터널도 있었다. 물론 재소자들이 건설한 터널이었다. 4월 13일 마그데부르크 북쪽 약 40킬로미터 지점에서 군인, 히틀러청소년단, 인민돌격대, 지역 소방서 대원들로 잡다하게 구성된 경비병들이 미텔바우-도라의 재소자 1천 명을 미에스테 마을의 대형 헛간에 몰아넣고 산 채로 불을 질렀다. 그 지역의 나치당 지구 지도자가 재소자들을 기차선로가 수리되기를 기다려 베르겐-벨젠, 작센하우젠, 노이엔감메 수용소로 보내느니 그냥 제거하는 것이 낫다고 판단했던 것이다.[56]

제3제국의 영토가 수축되면서, 재소자들의 강제적인 도보 이동은 초점을 잃은 동시에 살인적으로 되어갔다. 경비병들 다수는 돌격대, 방공포대, 인민돌격대, 히틀러청소년단원들이었다. 그들은 미숙했고, 또 재소자들이 도망치지 못하도록 하라는 당국의 지시에 충실했다. 수용소 재소자들의 노동하는 모습은 몇 년 동안 독일의 마을과 도시에서 흔한 장면이었다. 강제 소개 작업이 그들이 받던 대우의 마지막 비밀 장막을 걷어냈다. 사람들은 해골만 남은 채 어기적거리는 형상들과 경비병들의 난폭성에 경악하여 침묵의 호러 속에서 문을 닫아걸고 움츠렸다. 동정심과 죄의식보다 공포가 컸다. 재소자들의 고통조차 재소자들 자신의 몫으로 치부되었다. 독일인들은 스스로에게 말했다. '저들은 저렇게 잔인한 대우를 받을 만큼 흉악한 범죄를 저지른 것이 틀림없어!' 아우슈비츠 재소자들이 1945년 1월에 슐레지엔의 폴란드인 마을을 걸어서 통과할 때 동정심을 느낀 폴란드인들은 종종 먹을 것과 마실 것을 주었고 때로는 숨겨주었다. 그러나 뼈만 남은 그들이 1945년 봄에 독일의 도시와 마을을 통과할 때 독일인들의 대체적인 반응은 역겨움과 공포였다. 많은 사람이 도움을 주기보다 야유하고 침을 뱉고 돌을 던졌다. 1945년 4월 8~9일 밤 아우슈비츠 수용소 재소자들을 실은 기차가 폭탄을 맞은 틈에 재소자들이 첼레 인근의 숲으로 도망쳤다. 그러자 지역민들이 친위대, 인민돌격대, 돌격대, 지역 경찰, 군인, 히틀러청소년단 대원들의 재소자 사냥을 도왔다.[57]

루르의 나치 질서가 붕괴할 때 독일인들이 자행한 폭력의 희생자들은 나치가 적으로 형상화한 프로필에 맞는 사람들이었다. 탈영병, 공산주의자, 프랑스 전쟁포로, 그리고 압도적으로 많은 '동유럽' 노동자들. 누더기만 걸친 굶주린 강제노동자 군중이 폭격을 피하여 동쪽으로 걸어갈 때 그들은 모호한 위기감만으로도 폭력의 대상이 되었다. 베스트팔렌 자우어란트 인근의 V-2 로켓 생산시설 사령관이던 친위대 장군 카믈러는 자우어란트로 가던 중에 자기 차가 군중에게 가로막히자 수용소의 '그 쓰레기들을 제거해야겠다'고 판단했다. 그렇지 않으면 그들이 독일에서 테러를 가할지 모른다는 것이었다. 그는 실제로 1945년 3월 말에 ZV-2 경비사단으로 하여금 200명이 넘는 남자, 여자, 어린이들을 세 번의 처형 작업으로 죽여버리도록 했다. 그 외국인 희생자들은 자국에 발표된 노동자 모집 공고에 응해서 자발적으로 일자리를 찾아 독일에 온 사람들이었다.[58]

가해자는 군대, 친위대, 경찰, 게슈타포로 한정되지 않았다. 많은 독일인 남녀가 나치당 대중 조직에서 적극적인 역할을 했기에 나치즘에서 정권과 사회를 날카롭게 구분하는 것은 불가능하다. 앞서 서술한 대로 루르여러 도시의 게슈타포 경찰관들은 1945년 4월 7일과 8일에 헤메르 고등학교로 철수했다. 그러자 살인자 역할을 다른 사람들이 맡았다. 1945년 4월초 오버하우젠이 폭격당하는 동안 '동유럽' 노동자 4명이 한 집에서 나오는 것이 목격되었다. 공습경보 요원들이 그 동유럽 노동자들을 추적하여 끝내 한 명을 붙잡았다. 그들이 몰매를 가하자 그가 감자 몇 알을 훔쳤다고 자백했다. 그는 독일 청소년들에게 또 한번 구타를 당했고, 한 전화 교환수가 그를 경찰서로, 이어서 독일군 부대로 끌고 갔다. 그곳에서도 군중들이 그 '동유럽' 노동자를 몽둥이와 목책으로 구타했다. 그런 뒤 그는 인근 운동장으로 끌려갔는데, 그를 군부대로 끌고 갔고 그곳에서 권총 한 자루를 빌렸던 그 전화 교환수가 운동장의 폭탄 구덩이에서 그 노동자의 배에 총을 쏘았다. 그후 군중들이 그가 죽을 때까지 구타했다.[59]

**

1945년 4월 18일 졸링겐 고등학교 교사 출신 장교 아우구스트 퇴퍼빈의 아들 카를 크리스토프가 17세가 되었다. 우연찮게도 바로 그날 그의 편지가 체코의 한적한 벽지 마을인 페터스도르프에 주둔중이던 아버지에게 배달되었다. 아들은 아버지에게 자신과 동료들이 인민돌격대에 가입하고 군인 선서를 하고 제국노동봉사단 막사에서 2주일 동안 군사훈련을 받은 과정을 설명했다. 아들은 그 모든 과정에서 자신이 아버지의 종교적·도덕적 기준에 충실했다는 것을 보여주고자 했다. 그 기준 때문에 그는 동료들로부터 소외된 느낌을 받았다고 했다. '내적인 평화를 얻기가 쉽지는 않았어요. 그러나 좋은 기회였어요. …… 성공은 우리 손에 있지 않아요. 그러나 괴테가 분명 옳아요. "진정으로 노력하는 자, 우리가 그를 구원하리."' 아들은 동료들의 비종교성과 '재즈―혹은 뜨거운 흑인 음악―에 대한 사랑'을 개탄했다. 그러나 그는 동료들의 애국주의는 옹호해야 한다고 느꼈다.

조국이라는 문제에서, 저는 많은 친구들이 전선으로 가려 하는 이유가 그들이 전선이 무엇인지 모르기 때문이거나 무모하기 때문이라는 말이 사실이라고 생각해요. 그럼에도 불구하고 그들에게도 애국주의는 있어요. 그렇지 않고서야 1927년생과 1928년생 혹은 그 위 청소년들의 모범적인 행동을 어떻게 설명하겠어요.

아들은 '행복해하지 않는 친구들도 일부 있다'고 인정하면서도 아버지에게 확언했다. '저는 그렇지 않아요. 저는 정말 노력해요. …… 신의 명령인걸요! 우리가 그 이상 무엇을 바라겠어요. 그리고 우리의 조국이야말로 신의 명령인걸요. 당신의 카를 크리스토프 올림.'[60]

아버지 아우구스트 퇴퍼빈은 그때 히틀러와 그의 예언에 대한 신뢰를 마침내 버렸다. 1945년 4월 15일 미군이 졸링겐에 접근하자 퇴퍼빈은 자인했다. '전투는 이제 오직 명예롭게 패배하느냐에 관한 것이 되었다!' 그는 아들의 생일에 요제프 폰 아이헨도르프의 시 '군인'을 써 보냈다. 그 시의 마지막 연은 다음을 약속한다.

그리고 가장 어두울 때
(그리고) 내가 지상에 지쳤을 때
우리는 하늘의 문으로 돌격하리

그 시가 아들이 현재 극복할 수 없는 압도적인 위험과 공포에 직면하고 있다는 현실을 은폐해주었다.[61]

1945년 3월 말 미군이 포르츠하임에 접근했을 때, 파울루스 부부는 아들 헬무트가 1943년 가을 작전중에 실종된 것을 여전히 애도하고 있었다. 에르나는 '헬무트에 대하여 생각하는 것이 무섭다'고 고백했다. 아들이 조국을 위하여 희생해야 하느냐는 그녀에게 더이상 아무런 의미가 없었다. 그녀와 남편은 독일이 역전 불가능하게 패배했다는 것을 마침내 인식했다. 그녀는 하일브론의 외과 병동에서 일하는 두 딸에게 썼다. '우리는 여기서 조용히 기다리면서 우리에게 어떤 운명이 닥치는지 볼 거야. 그리고 우리 모두가 언젠가 다시 만나리라는 것, 우리의 아름다운 가족이 온전하리라는 희망을 포기하지 않아.' 에르나는 그들로부터 답장을 받지 못했다. 그러나 라디오는 하일브론이 폭격을 맞고 있다는 소식을 되풀이해서 보도하고 있었다.[62]

위르겐 하이트만이 속한 인민돌격대 중대는 풀다 북부에서 훈련받다가 미군 탱크의 포격을 받았다. 중대원인 소년 70명이 무기를 든 채 그냥 달아났다. 다음날 오후 그들은 어느 노동봉사단 막사에 도착했다. 노동봉사단은 소년들에게 음식과 사탕을 잔뜩 주었지만, 지역민들은 그들이 어서 떠나기를 간절히 원했다. 지역민들은 미군 탱크가 이미 자기들 마을에 도착했다고 말했다. 중대는 분대로 나뉘었고, 위르겐이 속한 분대는 들키지 않고 튀링겐 숲속으로 갔다. 그곳에서 그들은 강제로 이동중인 수용소 재소자들을 만났다. 위르겐은 도랑의 시체들을 보고 친위대원들이 '낙오자들'을 사살했다는 것을 알았다. 그들이 멀어질 때도 친위대가 한번 더 쏘고 있었다. 그후 소년들은 지나가는 독일군 부대에서 음식을 얻어먹고, 농원과 학교 교실과 숲에서 자면서, 열흘 동안 튀링겐을 걸었다. 근처의 아우토반에서 미군 트럭 소리가 들려서야 그들은 자신들이 추월당했다는 것을 알았다. 철십자 훈장을 달고 있던 한 소령이 마지막 전투를 위하여 또다른 집단을 조직할 즈음, 4월 16일 아침 위르겐의 분대장이 소년들에게 무기와 인민돌격대 복장을 숲에 묻으라고 지시했다. 그는 소년들을 군인의 의무에서 풀어주면서, 최선의 방법으로 집으로 돌아가라고 말했다.[63]

1945년 4월 중순 독일군 군집단B에게는 무기와 탄약이 없었고, 군대는 루르의 숲과 도시 속으로 용해되고 있었다. 4월 15일 아우구스트 퇴퍼빈의 도시 졸링겐 시민들이 탱크 방어벽을 허물었고, 이튿날까지 그곳의 거의 모든 군인에게 민간인 옷을 건네주었다. 심지어 육군 소령조차 명령권을 포기한다고 선언했고, 이어서 맞지 않는 슈트를 걸치고 스포츠 모자를 썼다. 1945년 4월 17일, 졸링겐이 함락된 그날 군집단B의 총사령관 발터 모델 장군이 군대에 '해산' 명령을 내림으로써 부대가 미군에게 항복하는 것을 피했다. 장군 30명을 포함하여 31만 7천 명이 포로로 잡혔다. 모델은 상식과 충성의 자부심 사이에서 괴로워하다가 히틀러가 스탈린그라드의 파울루스 장군이 행하기를 원했던 행동을 실천했다. 그는 숲으로 들어가 권총으로 자살했다. 다음날 미군 제97보병사단이 뒤셀도르프에 진입했다. 마리안네 스트라우스는 독일 당국에 체포될지 모른다는 공포에 너무나 시달렸던 나머지 열흘 뒤에야 자신이 안전하다는 것을 깨달았다.[64]

쾰른 폭격으로 파괴된 주택에서
온전한 소유물을 수거하는 모습,
1943년.

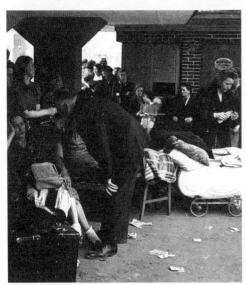

함부르크 폭격 화재: 생존한 레퍼반 벙커의 독일인들,
1943년 7월.

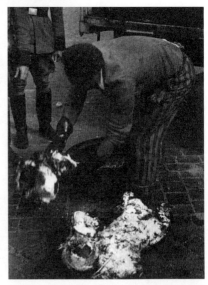

함부르크 폭격 화재: 강제수용소 수감자가 사망자
유해를 수습하고 있다, 1943년 8월.

상: 어린이 소개 작전: 하겐 기차역의 송별,
1943년 7월.

하: 발트해 해변에 있는 하겐의 소녀들.

상: 함부르크 폭격 사망자 추모식, 1943년 11월 21일.

하: 방공대 여성 요원들이 서치라이트를 수선하고 있다.

사람들이 얼어붙은 빙판을 가로질러 동프로이센으로부터 피란하고 있다, 1945년 1~2월.

다카우로의 '죽음의 행진': 기차로 이송되던 강제수용소 수감자의 시신, 1945년 4월.

상: 베케하겐에서
10대 병사들이 항복
하고 있다.

하: 작센 될첸 자택의
에파 클렘퍼러와 빅
토르 클렘퍼러.

상: 소련군 중위 블라디마르 겔판트와 그의 베를린 여자친구.

하: 베를린 사람들이 동물원 공원 벙커의 잔해 근처에서 수영을 하고 있다, 1945년.

베를린 암시장.

실종된 어린이들 포스터.

함부르크의 한 지하실에 두 가구가 살고 있는 모습, 1947년 7월.

상이군인의 재활, 리젤로테 푸르퍼의 사진.

제16장

종말

1945년 4월 9일 괴벨스는 독일제국을 노르웨이로부터 북부 이탈리아의 아드리아해 연안까지 좁게 뻗어 있는 끈으로 설명했다. 그때 동부전선 하인리치 장군의 군대는 오데르강을 따라 자리잡고 소련군의 공세를 기다리고 있었다. 군대는 깊은 방어선 세 개를 구축하고 병사 1백만 명, 탱크와 장갑차 1,500대, 야포 1만 4백 문, 전투기 3,300기를 배치했다. 막강한 군대였다. 그러나 그에 맞서는 소련군에게는 세 배나 많은 병사, 탱크 6천 대, 야포 4만 1천 문, 전투기 7,500대가 있었다. 더욱이 영국군과 미군이 라인강을 건너서 루르에 배치된 독일군 최강 부대를 포위하자, 오데르강에서 제국을 방어하는 것의 전략적 의미가 없어졌다. 서부전선이 붕괴한 상태에서는 오데르강에 소련군을 잡아둔다 한들 그것이 무슨 의미가 있는가. 독일군이 지킬 땅이 더이상 없었다. 영국군은 북독일대평원을 가로질러서 함부르크와 엘베강까지 진격했고, 미군과 프랑스군은 루르, 헤센, 남부 독일로 진격했다. 그 군사적 사실들이 전쟁 마지막 3주일 동안 유럽 전

역에서 나타나던 현상, 즉 독일 패전의 독특하게 국지적이고 지역적인 성격을 강화했다.[1]

서부에서 독일군은 지연 전술, 즉 특정한 장소를 가능한 한 오래 지키거나 혹은 정반대로 철수하면서 어디든 안전한 곳에 도달할 때까지 싸우는 전술로 버텼다. 신임 사령관 프리드리히 슐체의 지휘 아래서 군집단G는 아샤펜부르크 남쪽에서 마인강을 지키고자 했다. 그러나 미군 제3군이 그들의 끈질긴 저항에도 불구하고 동쪽을 둘러싸버리자 군집단G는 남쪽으로 철수했다. 미군은 하일브론에서 독일군과 인민돌격대에게 1주일 동안 막혔으나 카를스루에는 총 한 발 안 쏘고 함락시켰다. 미군은 4월 중순에 이미 튀링겐에 진입하여 동쪽으로 나아가서 에르푸르트, 바이마르, 예나를 점령했고, 남쪽으로는 작센과 바이에른에 진입했다. 할레, 켐니츠, 라이프치히, 코부르크, 바이로이트가 연이어 무너졌다. 1945년 4월 11일 미군이 엘베강에 도착했다. 4월 16일에는 뉘른베르크가 전쟁터가 되었다. 프랑켄의 나치 지구당위원장이자 나치의 반유대주의 저널 〈돌격〉의 편집장 카를 홀츠가 저항군을 조직했다. 그는 독일인 병사들과 러시아인 '자원병들'을 혼합하여 구舊 도심이 포위되고 포격을 맞는 상황에서도 미군 포병대와 맞섰다.[2]

그 열기 속에서 친위 부대가 종종 마지막까지 항복하지 않고 수용소 재소자들과 독일 민간인들에게 끔찍한 가혹 행위를 자행하는 가운데, 친위대장 힘러는 조용히 미군과의 비밀 평화 회담을 가동했다. 그는 1945년 2월과 3월에 스웨덴 적십자 부총재와 스웨덴 왕실의 인물들, 특히 폴셰 베르나도테 백작을 만났다. 힘러는 소수의 유대인을 포함하여 수용소의 스웨덴 재소자들을 석방하는 데 동의했다. 4월 20일 힘러는 아이젠하워와 접촉하기 위한 필사적인 노력의 일환으로 세계유대인총회 스웨덴 대표 노르베르트 마수르를 만났다. 목표는 휴전이었는데, 그는 마수르의 미국내 영향력과 권력을 터무니없이 과대평가했다. 외교장관 리벤트로프도 움직였다. 그는 스톡홀름 주재 독일 대사를 통하여 서방에게 반볼셰비키 동맹을 맺자고 제안했다. 호응이 없자 리벤트로프는 부대사를 통하여 소련과 접촉하려고 했다. 힘러가 비밀리에 움직인 것과 달리 리벤트로프는 히틀러의 승인을 받으려 했고, 히틀러가 거부하자 그때서야 단독으로 움직였다. 괴벨스도 히틀러가 이편이든 저편이든 단독으로 평화조약을 맺기를 희망했다. 그는 1941년 8월부터 히틀러에게 그 제안을 정기적으로 반복했다. 그러나 현실적이던 그는 라인강 방어선이 무너진 뒤에는 그 구상을 포기했다. 그후에 그는 공적으로는 연합군의 내분이 독일을 구할 것이라는 희망을 부추겼지만, 그러한 결과를 이끌어낼 힘이 나치 독일에게 있다고 더는 믿지 않았다. 히틀러가 그랬듯이, 괴벨스도 임박한 패배에 비극적인 영웅주의를 불어넣음으로써 미래 세대에게 영감을 주고자 했다. 그에게 무엇보다도 자명했던 것은 1918년의 비겁한 항복을 반복하려는 유혹에 무슨 희생을 치르더라도 저항해야 한다는 것이었다. 히틀러와 괴벨스는 총체적인 파괴 속에서도 건질 수 있는 것은 건지려 했던 괴링과 슈페어 및 힘러와 달랐다. 그 점에서 히틀러와 괴벨스는 혼자가 아니었다. 1918년에 행해야 했지만 하지 않았던 '최후의 전투'를 치를 각오가 되어 있던 비非나치 독일군 장교는 많았다.[3]

서부 전투가 일련의 거대한 소탕 작전으로 되어가는 동안, 독일인들은 여전히 하인리히 장군의 독일군이 오데르강에서 '스텝지대'의 '아시아 무리들'을 막아내기를 바랐다. 그 정언명법은 심지어 방어가 가능한 '제국'의 지역이 서부에서 삭제된 이후에도 유지되었다. 전쟁 마지막 몇 주일 동안에도 끝까지 싸우려던 독일군 병사들의 동기는 다양했다. 싸우라고 교육받았기에, '붉은 파도'를 멈추려고, 아니면 서구 연합군과 싸우다가 정복되어 그들에게 포로로 잡히기 위하여. 그동안 동부전선 오데르강 동쪽의 '성채'

들은 포위되어 하나하나 무너졌다. 고지 슐레지엔에서는 오펠른이 1945년 1월 24일에 함락되었고, 라티보르는 그로부터 두 달을 더 버텼다. 서프로이센의 그라우덴츠와 포젠은 3월 첫번째 주일에 점령되었다. 1939년 9월 1일, 2차대전이 시작되었던 도시 단치히는 1945년 3월에 소련군이 동부 포머른을 공격하면서 점령되었다. 동프로이센의 주도 쾨닉스베르크는 사흘간의 치열한 전투 끝에 4월 9일에 항복했다. 3월 5일 헤르만 니호프 장군이 저지 슐레지엔의 주도 브레슬라우의 방어군 사령관에 임명되었다. 니호프는 강제노동자 수천 명을 동원하여 도심의 카이저스트라쎄를 활주로로 변환시켰고, 그래서 소련군이 도시의 교외를 점령한 뒤에도 공군의 보급을 받을 수 있었다. 소련 공군이 지속적으로 폭격을 가하는 가운데 니호프의 병사들은 교회와 대학 건물들에 불을 질렀고, 독일 공군은 위험을 무릅쓰고 매일같이 한낮에 브레슬라우로 날아왔다. 독일군 기갑사단은 바르샤바를 재정복할 때 사용했던, 원격으로 조종하는 폭탄 운반 미니 차량인 골리앗을 투입하여 이번에는 소련군이 점령한 건물들을 폭파했다. 니호프는 믿음이 가지도 않고 경험도 부족한 병사들에게는 방어선의 공백들을 메우도록 하고, 엘리트 공수부대와 무장친위대는 소련군에게 계속 반격하고 또 남쪽으로 진입하는 소련군을 막도록 했다. 회프헨플라츠와 오피츠스트라쎄가 만나는 모퉁이에 있는 딱 하나의 주택 블록을 두고 양자 간에 80일 동안 전투가 벌어졌다.[4]

방어선을 지키는 것은 광적인 나치와 동부전선에서 단련된 사령관들만의 정언명법이 아니었다. 베를린 전차 안에서 노동자 몇 명이 오데르강의 퓌르스텐발데에서 병사 세 명과 지역 나치당 지도자가 전봇대에 교수되었다고 이야기했다. 그들은 교수된 병사들 목에 탈영한 병사라는 공지문이 걸렸으며, 만일 실제로 그랬다면 그들은 사형당해 싸다고 떠들었다. 전차 안의 다른 사람들은 처형된 탈영병 숫자를 언론에 공개해야 한다고 목소리를 높였다. '독일 땅'에서 전투가 벌어지는 그 몇 달 동안 독일인들은 국경 전투에 노출된 사람과 후방에서 전투 뒤로 숨어버린 사람으로 분열되었다. 독일 점령이 마지막 결정 국면에 돌입하자 그 분열들이 더욱더 첨예하고 폭력적으로 변해갔다.[5]

교사 아그네스 자이델은 1944년 3월에 함부르크 학생들을 인솔하여 뤼네부르크 하이데의 조용한 평지로 소개되었다. 지역에 이상한 고요가 감돌고 있었다. 자이델은 독일군의 방송 보도를 통하여 영국군과 캐나다군이 저지 라인을 건넜고, 귄터 블루멘트리트의 독일군 제1공수군이 끈질기게 싸우면서 천천히 동쪽으로 후퇴한다는 것을 알았다. 전선이 그녀가 거주한 곳으로 접근한다는 신호는 없었다. 그녀가 아들 클라우스로부터 받은 마지막 편지는 아들이 전선으로 가는 길에 포머른에서 1945년 3월 1일에 쓴 엽서였다. 그녀의 아들은 1943년 3월의 함부르크 폭격 때 방공 포대에서 근무했었다. 1945년 3월에 그 아들은 이제 전선에 있었다. 1945년 4월 1일 일요일, 루르가 포위된 그날 뤼네부르크 하이데에 소개된 어린이들은 언제나처럼 채마밭과 농원에서 부활절 계란 사냥을 했다. 그러나 며칠 뒤인 4월 5일에 함부르크 교육 당국이 학부모들의 요구에 굴복하였기에 그 부모들은 자식들을 귀가시킬 수 있었다. 이틀 만에 마을에 남은 아이가 다섯 명에 불과했다. 이어서 동프로이센과 포머른의 피란민들과 함께 아이들 16명이 마을에 도착하지 않았더라면 자이델은 가르칠 아이가 한 명도 없었을 것이다. 1945년 4월 15일 영국군 전쟁포로 1,500명이 아그네스가 묵고 있는 농가에 도착했다. 농민들은 독일인 피란민들에게 그랬던 것처럼 식사—감자와 우유 수프—를 제공했고 영국군 포로들은 그것을 먹고 떠났다. 그날 밤 아그네스는 농민 가족과 함께 교사 한 명의 생일을 축하하면서 평소보다 훨씬 더 많은 술을 마셨다. 친위대 정보국이 1945년 3월 말에 전국의 여론을 취합하려는 최후의 노력을 기울이면서 보고했듯이, 독일 어디에서나 기회만 생기면 사람들은 술병을 땄다. 그 술들은 '최종 승리'를 축하하기 위하여 그때까지 아주 오랫동안 조심스럽게 보관해온 술들이었다.[6]

아그네스는 이미 짐을 쌀 상자들을 주문해놓은 상태였지만, 4월 12일이 되어서야 상황의 심각성을 인지했다. 그날 인근의 독일군 부대가 화약고를 폭파하고 떠났던 것이다. 이어서 옷, 냄비, 들통, 양동이를 싸든 사람들이 도착하기 시작했다. 아그네스는 사람들이 멜칭겐에서 가게와 군부대 창고를 약탈하고 있다는 것을 알았다. 그날 밤 아그네스는 잠을 거의 잘 수 없었다. 다음날 경찰이 그녀가 주는 담배를 받은 대가로 200파운드가 넘는 감자를 트럭에 실어서 함부르크까지 날라주었다. 그녀의 포스트워 식량이었다. 4월 16일 유모 한 사람이 함부르크에서 보낸 사내아이를 먹일 버터와 고기는 물론 빵도 거의 없다고 불평했다. 지난 2년 동안 작동해온 배급 체계에 대한 신뢰가 완전히 사라진 것이다. 지친 아그네스는 오후에 머리 위로 낮게 나는 비행기에 신경도 쓰지 않고 낮잠을 잤다. 오후 4시 그녀는 종류가 다른 소리에 잠을 깼다. 영국군 트럭과 탱크의 끝없는 행렬이 마을을 통과하고 있었다. 그날 늦은 오후 점잖은 영국군 장교들과 한 무례한 미군 '반半 니그로'가 나타나서 독일군 장교들과 17세의 친위대원 두 명을 체포했다. 아그네스는 격분했다. 그러나 그녀는 차로 가서 그들에게 음식을 건네고 그들과 악수했다. 점령군들이 농가의 좋은 방들을 요구했기에 그녀는 2층으로 옮겨야 했다. 그 2주일 동안 군부대가 연속으로 나타났고, 매너를 지키던 영국군들이 제멋대로인 미군들로 교체되었다. 아그네스는 그런 미군 대부분은 폴란드계일 것이라고 추측했다. 밤의 고요 속에서 폴란드 농업 노동자들이 자고 있는 헛간에서 댄스 음악과 노랫소리가 들렸다. 짜증이 났다.[7]

졸링겐이 함락되었을 때 마르가레테 퇴퍼빈은 그곳에 없었다. 그녀와 딸 배르벨은 1944년 가을에 하르츠산맥 오스터로데의 조용한 시어머니 집으로 피란을 갔다. 1945년 3월에도 그녀는 남편을 안심시켰다. '하늘에 군용기들이 날아다니고 피란민들이 몰려오지만, 우리는 이곳에서 믿을 수 없을 정도로 평화롭게 지내고 있어요'. 그러나 그녀도 아그네스처럼 '홍수의 수위가 올라가고 있다'고 느꼈다. 그녀는 신께서 모든 것을 온당케 하리라 믿으면서 남편에게 썼다. '내적인 진실성이 외적인 안전보다 훨씬 중요하지요.' 체코의 벽지 마을 페터스도르프의 남편은 두려움이 커가는 가운데 멀리 미군이 독일 서부를 정복하는 것을 좇고 있었다. '나의 동료들은 모두 불의 들판에 있는데 나는―군인으로서―가장 깊은 평화의 장소에 있다오!'[8]

클렘퍼러 부부는 드레스덴에서 철수한 뒤 1945년 2월 말과 3월을 과거 자기 집 하녀였던 아그네스의 집에서 보냈다. 1층과 2층에 방이 하나씩만 있는 작은 집이었다. 그 집이 위치한 작센의 피스코비츠는 서부 슬라브어를 사용하는 마을이었다. 부부는 점차 체중이 불어났다. 그들은 훌륭한 호밀 빵, 무제한으로 많은 버터, 응고 치즈, 꿀, 심지어 고기를 매일 먹었다. 마을이 피란민들을 내보내고 군부대를 맞아들이게 되자, 부부는 스위스 접경의 피르나로 떠났다. 그곳에 사는 오랜 친구들이 하룻밤을 재워주고 빅토르에게 신발과 새 바지를 주었다. 그 뒤에 부부는 보크트란트의 팔켄슈타인에서 약국을 하는 친구 집에서 4월 1일까지 머물렀다. 그러나 그 방이 징발되자 부부는 더이상 그곳에 머물 수 없었다.[9]

그때까지 클렘퍼러 부부는 진짜 이름을 사용했다. 아내 에파가 '아리아인' 여권과 신분 증서를 갖고 있었기에, 지역 당국을 찾아가고 기차 승차권을 구입하는 일은 에파의 몫이었다. 말하자면 에파가 부부의 '여행가이드'였다. 빅토르는 자신의 '유대인 여권'은 숨기고 드레스덴 폭격 직후 발급받은 '아리아인' 배급 카드를 사용했다. 그러나 부부는 자기 이름에서 유대인 느낌이 난다는 것을 의식했다. 그래서 팔켄슈타인을 떠나기 직전에 서류를 조작하기로 결심했다. 아이러니하게도 그 제안은 1년 전에 부부의 이름을 실수로 '클라인페터Kleinpeter'라고 적었던 조제 약사가 했다. 에파는 클렘퍼러Klemperer에서 'm'에 점 하나를 찍고 'r'을 위로 늘리면 클라인페터가 된다는 것을 깨달았다. 부부는 경찰의 출발 증명서와 배급 카드를 조작한 뒤 4월 2일에 출발했다. 그렇게 '드레스덴에서 폭격을 맞은, 란스베르크 안 데어 바르테 출생의 중등학교 교사 빅토르'로 신분을 바꾼 60대 부부가 또 한번 세상으로 나갔다. 란스베르크는 이미 소련군이 점령하였기에, 그들의 신분은 확인 불가능했고 그래서 안전했다. 그러나 부부는 진짜 여권과 빅토르의 유대인의 별을 가방 제일 밑에 보관했다. 위험천만한 일이었지만, 그들은 연합군이 도착하면 원래의 신분증을 제시하려 했다. '왜냐하면 살아남기 위해서는 우리가 아리아인 신분증이 필요한 것과 똑같이 그 증명서가 필요할 것이기 때문이다.'[10]

뮌헨으로 향한 '클라인페터' 부부는 의도치 않게 아직 제3제국 땅으로 남아 있던 지역 깊숙이까지 갔다. 마르크트레비츠역의 대합실에서 보낸 하룻밤은 '내게 깊은 인상을 남겼다'. 빅토르는 일기에 적었다. '군중이 몰리고 서로 다른 집단이 섞였다. 군인, 민간인, 남자, 여자, 아이, 담요, 슈트케이스, 수평 가방, 배낭, 다리들, 머리들이 뒤죽박죽 섞여 있는데, 한 아가씨와 젊은 병사 한 명이 어깨를 마주대고 편안히 자고 있는 것이 그림의 중심이었다'. 그들은 느리게 가는 기차에 서거나 앉았고, 폭파된 선로 구간은 내려서 걸었다. 에거, 레겐스부르크, 뮌헨에서도 똑같은 그림이 반복되었다. 다만 갈수록 규모가 커졌다. 몇 년 동안을 구분되어 살아야 했던 클렘퍼러는 마침내 한 명의 '민족동지'로 그들 속에 섞일 수 있었다. 그는 '일상의 독일인들'이 서로 주고받는 대화에 참여하는 관찰자가 되었다. 1945년 4월 4~5일 밤 그는 어두운 기차 이등칸에서 오간 대화를 기록했다.

> 내 옆의 젊은 남자가 말했다. 우리 아버지는 언제나 승리를 믿었어요. 내 말을 절대 안 들었어요. 그러나 이제는 아버지마저 더이상 믿지 않아요. …… 승자는 볼셰비즘과 국제 유대인들이죠. …… 조금 떨어진 곳에 있던 젊은 아낙은 아직도 승리를 믿었고, 지도자를 믿었다. 그녀의 남편은 그때 브레슬라우 전투에서 싸우고 있었고, 그리고 그녀는 믿었다.

클렘퍼러는 사람들의 말하는 방식에 관심이 많았다. 그는 사람들이 얼마나 괴벨스의 선전을 믿는지, 그 선전이 어느 정도 전쟁에 대한 그들의 상식과 일치하고 또 그 상식을 만들어내는지 알고 싶었다. 그는 희망과 절망 사이를 오가는 사람들의 갈수록 불안정해지는 상태를 기록하면서, 그 파동에 부수된 승전과 패전의 기이한 병치와 분열된 마음을 더욱 날카롭게 포착했다. 그런 그조차 그들 말을 들으면서 그 사람들이 전쟁을 포기하겠다는 것인지 계속하겠다는 것인지 확실치 않았다.[11]

그다음주에 '클라인페터' 부부는 뮌헨으로 가면서, 지난날 나치 관리들의 주목을 피하기 위해 그렇게나 얻어내고자 했던 공적인 지원에 갈수록 의존했다. 뮌헨에서 부부는 나치 인민복지회가 담당하는 중앙역 지하의 넓은 대피소에서 잤다. 짧은 회색 머리에 두꺼운 안경을 낀 에파는 드레스덴 폭격에서 불티에 그슬린 모피 코트를 입고 있었고, 희끗희끗하게 자라나기 시작한 턱수염의 빅토르는 올이 삐져나온 낡고 무거운 오버코트를 입고 있었다. 1945년 4월 초의 뮌헨에 적응하자 부부에게 카오스의 표면 아래 작동하는 즉흥적인 사회 질서가 보였다. 나치 인민복지회가 수프와 빵과 커피를 나눠주는 장소가 있었고, 강력한 폭격 이후에 즉흥적으로 수리한 전차도 운행되고 있었다. '길 위의 선로들, 작은 기관차들, 검은 연기를 내뿜으며, 객차 여럿을 끌고, 무개차에 골판지를 덮어서 만든 객차들, 모든 자리는 꽉 찼고, 객차 사이에도 사람들이 매달려 간다.' 부부는 나치 집권 이전에 뮌헨에서 맺었던 친구 및 지인 네트워크의 마지막 고리를 찾아갔다. 클렘퍼러의 박사논문 지도교수였던 카를 보슬러 교수는 가톨릭 신자로서 저택에서 함께 점심을 먹을 때 나치에 반대하는 의견을 열렬히 주장하던 인물이었다. 그러나 그는 제자를 도와주려 하지 않았다.[12]

보슬러 교수가 거부하자 부부에게 남은 사적인 관계망이 동났다. 그들은 나치 인민복지회를 찾는 수밖에 없었다. 아무도 그들에게 호기심을 갖지 않기를 바랄 뿐이었다. 놀랍게도 피란민 지원 체제가 1945년 4월 초에도 대단히 효율적으로 작동하고 있었다. 기차는 과밀이고 부정기적이었지만 어쨌든 움직이고 있었고, 기차 안에서 사람들은 서로에게 공간을 만들어주고 어둠 속에서 서로의 이야기를 주고받았다. 부부가 찾아간 작은 마을에서는 경찰과 이장이 최선을 다해 그들을 도왔다. 부부는 숙소를 찾는데 어려움을 겪었다. 그러나 아우크스부르크에서 멀지 않은 아이햐흐로 돌아올 때마다 자원봉사자들이 탈진 상태의 부부를 미안해하면서 맞이했다. 그들은 부부를 다른 사람에게 넘기기보다 문제를 해결하여 숙소를 찾아주려고 진심으로 노력했다. 4월 12일 부부가 저녁 무렵 운터베른바흐 마을에 도착하자, 플라멘스베크라는 이름의 회색 머리의 키가 크고 마른 농민 지도자와 그의 아내가 '즉시 감동적일 정도로 따스하게(에파는 퀘이커교도라고 말한다) 그들을 돌봐주었다'. 지친 빅토르와 에파는 깊이 안도했다. '거실 바닥에 의당 지푸라기 침대와 베개와 담요가 깔리겠지'. 그러나 부부에게는 마을 끝의 한 다락방이 숙소로 주어졌다.[13]

클렘퍼러 부부는 식사를 플라멘스베크 가족의 식탁에서 함께했다. 음식은 건강하고 푸짐했다. 며칠 되지 않아서 빅토르는 플라멘스베크가 그 마을 최초의 나치요 가장 열렬한 나치라는 사실을 알게 되었다. 아들 하

나는 러시아 전선에서 실종되었고, 사위 하나는 전사했으며, 또다른 사위
는 다섯 번 부상당하고 지금은 아내와 아기를 데리고 마을로 돌아와 있었
다. '클라인페터' 부부가 운터베른바흐에 도착하고 며칠 뒤, 부부가 3월 말
에 머물렀던 보크트란트가 미군 제3군에게 점령되었다. 그러니까 부부는
제3제국의 마지막 남은 심장부에 위치해 있었던 것이다.[14]

　에파와 빅토르가 운터베른바흐에 도착한 1945년 4월 12일 루스벨트
대통령이 사망했다. 괴벨스는 그 뉴스를 듣고 히틀러에게 달려갔다. 그는
그 일이 1762년에 러시아 여제 엘리자베타가 사망하고 이어서 프로이센의
프리드리히대왕에 맞서던 러시아, 오스트리아, 스웨덴 동맹이 붕괴했던 역
사와 기적의 평행이라고 말했다. 그러나 괴벨스는 좋은 소식의 보도를 오
히려 신중하게 관리하는 평소의 그답게 언론에, '섣부른 희망과 과장된 기
대'가 나타나지 않도록 너무 두드러지게 보도하지 말라고 지시했다. 그즈
음 베를린의 과거 독일공산당 건물 벽에 소련 깃발이 그려지기 시작했다.
그러나 베를린 사람들은 대체로 자신의 곤경에 대하여 나치당에게 분통
을 터뜨리고 나치당이 군사 문제에 간섭하는 것을 비판했지만, '지금 이
순간 가장 필요한 것'은 히틀러, 심지어 괴벨스라고 말했다. 그들의 유일한
희망은 지난 1주일 동안 미군이 엘베강으로 진격하면서 보여준 속도였다.
그들은 아직도 '영미 군대가 소련군보다 먼저 베를린에 도착할' 가능성을
따져보고 있었다.[15]

＊＊

　1945년 4월 16일 오후 3시 30분 소련군 중화기가 브란덴부르크 젤로
프언덕에 위치한 독일군 참호에 포격을 가했다. 낮지만 가파른 언덕에 독
일군 제9군이 오데르계곡의 습지를 굽어보고 있었다. 소련군의 포격이 시

작되자 제9군은 후미로 물러나면서, 비어버린 참호에 포탄이 떨어지도록 했다. 탱크와 야포와 예비군과 노련한 베테랑이 부족했던 탓이었지만, 그 움직임은 하인리치 장군이 1943~1944년에 7개월 동안 드니프로 방어선을 지키는 데 사용한 전술이었다. 그 남쪽에서 소련군이 페르디난트 쇠르너의 제4탱크군을 돌파했다. 그로써 젤로프언덕의 하인리치 부대가 포위될 위험성이 높아졌다. 제9군은 물러날 수밖에 없었다. 군대는 젤로프언덕을 포기하고 둘로 나뉘었다. 1945년 4월 20일 히틀러 생일, 많은 독일인이 독일군 반격이 드디어 시작될 것이라고 믿던 그날, 소련군 주코프의 제1벨라루시 전선이 베를린 외곽 방어선을 돌파했다. 동시에 코네프의 제1우크라이나 전선이 남쪽에서 베를린을 향해 진격했다.[16]

세 방향에서 베를린으로 진격하던 소련군은 150만 명이었는 데 반하여 베를린을 지키는 독일군은 8만 5천 명이었다. 4월 20일 베를린 빌메스도르프의 소설가 헤르타 폰 게파르트와 딸 레나테는 집 모퉁이 베이커리에서 커피를 마시고 있었다. 빵집 주인이 돌격대 복장에 메달을 달고 고객들에게 오가는 동안 모녀에게 인민돌격대의 '슬픈 무리'들이 보였다. 게파르트가 사는 주택 블록에는 가스가 끊겨서 사람들은 발코니에 난로를 내놓고 음식을 지었다. 그리고 그곳 주민 20명 모두가 공동 지하실에 침구를 가져다놓고 잠을 잤다. 게파르트는 추후 그 이질적인 집합을 '지하실 공동체'로 칭한다. 그 공동체는 더 넓은 '민족공동체'로부터 갈수록 단절되었다.[17]

1945년 4월 22일 일요일, 가게들이 다시 문을 열었다. 사람들은 폭격과 급강하 전투기의 공격 사이 시간에 물건을 사러 나왔다. 전기도 그날 다시 들어왔다. 사람들은 라디오에서 모차르트의 〈마술피리〉를 들었고 베를린-바이세네제의 북쪽 교외에서 전투가 벌어지고 있다는 소식도 들었다. 이튿날 월요일 베를린의 과거 '빨갱이' 지구에서 노동자들이 친위대와 전투를 벌인다는 루머가 돌았다. 그래서 동네 자경단이 보초를 서기 위해 나섰다. 가게 앞에 늘어선 줄에 또하나의 루머가 퍼졌다. 휴전이 임박했으며, 독일이 영국 및 미국과 동맹하여 소련과 싸우기로 했다는 것이었다. 헤르타와 레나테는 폭격이 멈춘 순간을 이용하여 자기 집 2층의 부엌으로 올라가 누들 수프를 먹었다. 그리고 커피를 마시러 동네 베이커리로 갔다. 새로운 걱정거리가 보였다. 병사들이 동네 안으로 들어와 대공포를 세우고 바리케이드를 설치하고 모퉁이에 지휘 포스트를 세웠다. 게파르트는 건조하게 평했다. '이 모두 매우 불길'. 그녀가 살아남을 가능성을 따지다보니, 일주일 분의 고기 배급을 아끼는 것이 무의미해졌다. 그날 저녁 모녀는 배급 고기의 절반을 먹었다. 49세의 그 소설가는 나이든 인민돌격대원들만은 제때 무기를 버릴 것이라고 확신했다. 그러나 14세에서 16세까지의 청소년들이 그럴지는 확신하지 못했다. 청소년들은 오버코트를 땅바닥에 끌면서 자기 키만큼이나 큰 소총을 메고 가고 있었다. 헤르타는 우울감에 사로잡혀 일기에 적었다. '미군이 오고 있는 것 같지 않다. 믿을 수 없다'.[18]

방어할 것이 적어질수록 명령은 가혹해졌다. 카이텔, 보어만, 힘러는 군대, 당직자, 친위대에게 모든 구역을 마지막 한 사람까지 사수하라고 명령했다. 그들은 항복하자는 모든 제안을 거부했다. 힘러는 자국민에게는 집단적 보복을 가하지 않는다는 과거의 원칙을 버렸다. 그는 친위대에게 '백기를 걸어놓은 집'의 모든 남자를 사살하라고 명령했다. 서부에서는 독일군이 마인강과 도나우강으로 철수함에 따라, 도시와 마을의 운명이 각 지역의 사정에 따라 결정되었다. 운명은 군사령관, 나치당 지도자, 여타의 공무원들, 때로는 지역민들이 누구냐에 따라 달랐다. 전쟁이 종결되는 양상도 도시와 도시, 구역과 구역, 마을과 마을에 따라 달랐다. 뷔르템베르크의 슈배비쉬 그뮌트에서는 미군이 1945년 4월 20일에 진입하기 직전에 나치당 지도자와 군사령관이 남자 두 명을 처형했다. 인근 슈투트가르트에서는 명사들이 뷔르템베르크 나치 지구당위원장을 우회하여 시장을 설득하였고, 그에 따라 슈투트가르트 시장이 독일군 부대와 비밀협상을 벌인 끝에 도시를 미군에게 평화적으로 넘겨주었다. 남부 프랑켄의 바트 빈트스하임에서는 주민들 스스로가 나섰다. 여성들 200명 내지 300명이 일부는 아이들과 함께 시위에 나서서 군부대 사령관이 항복하고 도시를 방어하지 않겠다고 약속할 때까지 물러서지 않았다. 그러나 뉘른베르크에서 온 게슈타포 경찰대가 그 직전에 여성 한 명을 선동자로 지목하여 처형했다.[19]

전쟁 마지막 몇 주일 동안 슈바벤, 바이에른, 바덴을 집어삼킨 테러의 대부분은 지역 나치의 행동이 아니었다. 폭력은 막스 시몬이 이끄는 제13친위대군단이 도나우강과 뮌헨에 도착하면서, 그리고 회색 메르세데스를 타고 남부 독일을 훑으면서 탈영병을 잡던 헬름스 소령의 '이동 군법재판소'가 도착하면서 발생했다. 헬름스는 바이에른의 첼링겐에서 60세의 농민이자 인민돌격대원을 방어 전투에 대해 경멸적인 말을 했다는 이유로 그 농민의 배나무에 목매달아 죽였다. 막스 시몬은 뷔르템베르크의 브레트하임 마을에서도 마을의 나치당 지도자와 이장을 포함하여 주민 세 명을 처형했다. 시몬은 누구라도 패배주의 범죄를 저지르면 가족들에게까지 보복하겠다는 플래카드를 걸어놓았다.[20]

운터베른바흐의 빅토르 클렘퍼러 역시 독일군의 반격이 1945년 4월 20일에 시작될 것이라는 루머를 들었다. 그 일이 현실화되지 않은 그다음 날 한 늙은 인민돌격대원이 주장했다. 군사력은 '어떤 "계산기"나 "상식"으로 알 수 있는 것이 아니다. 그런 것은 아무 소용 없다. 우리는 단순하게 "지도자와 승리를 믿어야 한다!"' 클렘퍼러가 덧붙였다. '나는 그런 말이 너무나 슬프다'. 빅토르는 독일은 이제 '기본적으로 넓은 의미의 대베를린과 바이에른 일부만 남았다'고 적었다. 4월 22일 늙은 나치인 플라멘스베크마저 히틀러 생일을 축하하는 괴벨스의 논설을 읽고 낙담했다. 식탁에 앉아 그 논설에 관하여 대화할 때 클렘퍼러는 그 농민의 관점이 변한 것에 놀랐다. '신무기, 공격, 전환점—그는 그 모두를 믿었었다. 그러나 그는 "이제 더이상 아무것도 믿지 않는다"고 말한다. 평화가 와야 한다. 현 정부는 내려가야 한다. 그런데 내가 우리 모두 강제이송된다고 생각했느냐고 묻다니.'[21]

일상 행정의 바퀴는 계속 돌아갔다. 바이에른 재무부가 독자적인 바이에른 지폐를 발행하기는 했지만, 봉급은 공무원과 공공 기관 사무원들에게 육군 장군으로부터 뮌헨 경찰청 청소부에 이르기까지 제때 지급되었다. 1945년 4월 23일 FC 바이에른 뮌헨이 축구 경기에서 TSV 뮌헨을 3:2로 이겼다. 바이에른은 폭력으로 물들고 있었지만, 사람들은 여전히 전쟁에 대한 찬반 의견을 표명하고 있었다. 다른 한편으로 전선이 개별 도시와 개별 마을에 도착하면서 분명해진 것은, 생명의 위협이 미군이 아니라 독일군 병사에게서 온다는 점이었다. 히틀러청소년단 잔여 부대가 운터베른바흐에 도착했을 때 클렘퍼러는 그들이 도대체 17세기 30년전쟁의 약탈 용병을 닮았는지, 아니면 중세 십자군전쟁 때의 약탈 기사를 닮았는지 판단할 수 없을 지경이었다. 1945년 4월 23일 미군이 레겐스부르크를 포위하는 한편 도나우강 남쪽으로 밀고 내려가서 아우구스부르크로 향했다. 4월 27일 티롤 출신의 한 노인이 빅토르 클렘퍼러에게 물었다. '미군과 소련군이 만나면 서로 싸울까요?' 클렘퍼러는 그것이 괴벨스의 마지막 유산이라고 생각했다. 괴벨스는 독일은 미군에 의하여 구조될 것이라고 지속적으로 선전했다. 그러나 그때 운터베른바흐의 어느 누구도 소련군과 미군이 이틀 전에 엘베강의 토르가우 인근에서 만났다는 사실을 알지 못했다.[22]

베를린 전투 6일째인 1945년 4월 25일 헤르타 폰 게파르트는 베를린 빌머스도르프 남쪽에 면해 있는 스테글리츠역이 소련군에게 넘어갔다는 소식을 들었다. 공포가 그녀를 덮쳤다. 만일 누군가 바보같이 우리집 구역을 지키려들면 어쩌지? 지하실의 우리 '집 공동체'는 그러지 않으리라고 믿어도 될까? 한 이웃이 그녀에게 말해주었다. 길 위에 파편으로 난도질된 여자 시체 다섯이 나뒹굴고 그 옆에 장바구니들이 놓여 있다. 스테글리츠에 대한 소식은 고무적이었다. 소련군이 '민간인들에게 매우 친절하다.' 소련군은 동프로이센과 슐레지엔에서 얻은 악명을 역전시키기 위하여, 민간인들과 독일군 포로들을 베를린으로 보내서 그들이 좋은 대우를 받고 있다고 알리도록 했다. 이제 빌머스도르프의 가게들이 문을 열고 물건을 팔았다. 오랫동안 볼 수 없었던 남성 속옷이 매장에 나타났다.

1945년 4월 25일 밤 포탄과 폭탄 10발이 헤르타가 사는 구역을 타격했다. 지하실의 '주택 공동체'는 다음 공격에 신경쓰느라 잠을 설쳤다. 헤르타는 아침 6시에 일어났다. 그 직후에 소련군의 다연발포가 불을 뿜었다. 헤르타는 이웃들을 설득하여 좀더 안전한 이웃집 지하실로 갔다. 정오 무렵 그들은 남은 술과 담배를 나누고, 집으로 올라가서 무기, 나치 정복, 나치 문장, 군사 지도 등, 소련 군인들을 자극할 수 있는 모든 것을 없앴다. '주택 공동체'에서 첫번째 사상자가 발생했다. 한 남자와 열아홉 살 소녀가 길모퉁이에 줄을 서서 기다린 끝에 펌프에서 물을 받아오다가 폭탄 파편에 맞았다. 동네 간호사 두 명과 치과의사 한 명이 달려와서 응급치료를 하고 인근 병원으로 옮겼다. 소녀는 수술 끝에 살았다. 남자는 피를 흘리다가 병원 복도에서 죽었다. 그날 밤 늦은 시각, 헤르타가 이웃 지하실에 앉아 있는데 옆 사람이 물 길러 갔다가 포탄에 맞은 두 사람의 집도 폭탄에 맞아 파괴되었다고 말했다. 그러나 그것은 더는, 혹은 아직 중요해 보이지 않았다. '그래서?' 그녀가 할말은 그것 하나였다.[23]

1945년 4월 27일 금요일 아침 5시 헤르타는 근처에서 탱크 포탄이 터지는 소리를 들었다. 남자 두 명이 지상으로 올라갔다. 그들은 건물 입구에 서 있는 인민돌격대원들에게 술병을 건네면서 떠나달라고 요청했다. 그들은 술병을 받고 마지못해하며 떠났다. 베를린 인민돌격대의 나이든 사람들은 대부분 완장, 봉급 수령증, 무기, 장비를 버리고 집으로 돌아갔다. 그러나 텐호프운하의 인민돌격대는 여전히 자리를 지키고 있었고, 더 서쪽에서는 히틀러청소년단 대대들이 피헬스도르프와 하벨천 위의 샬롯교를 방어하고 있었다. 다른 한편으로 독일군 병사들, 민간인들, 인민돌격대원들이 뒤죽박죽 섞여서 소련군이 도착하기 전에 가져야 한다면서 사람 없는 가게와 창고를 약탈했다. 클라이스트스트라세 지하실에서 그들은 술에 취해 몸을 가누지 못한 채로 더러운 양동이에 와인과 증류주를 쏟아부었다. 그날 밤 베를린 포위가 완결되었다. 독일의 수도가 이제 아직도 독일 '제국'을 구성하고 있던 다도해 같은 영토들로부터 완전히 단절되었다.[24]

그날 빌모스도르프 지구는 한동안 조용했다. 오후에 불현듯 헤르타 폰 게파르트 주택 건물의 바깥 도로에서 총알들이 되튀는 소리가 고요를 깨뜨렸다. 지하실 사람들이 서로에게 귓속말을 했다. '러시아인들이 저기 있어요.' 말다툼하던 여자들이 서로에게 키스하고 포옹했다. 몇 주일 내내 게파르트에게 말 한마디 걸지 않던 이웃조차 그녀에게 다가와서 담배를 건넸다. 그토록 오랫동안 두려워하던 순간이 드디어 닥친 것이다. 지하실의 모든 사람이 가방을 뒤져서 수건, 냅킨, 손수건 등, 하얀 것들을 꺼냈다. 소련군 병사 한 명이 지하실에 들어왔다. 그는 독일어로 차분하게 독일군 병사들과 무기에 대하여 물었고, 이어서 밖으로 나갔다. 전투가 페르베를리너 플라츠 쪽으로 이동하자, 여자들 일부가 베이커리 바깥의 펌프에서 물을 길어왔다. 헤르타 폰 게파르트와 게롤드스트라세 8번지의 '주택

공동체'에서는 그날 금요일 오후에 전쟁이 끝났다.[25]

1945년 4월 30일 아돌프 히틀러가 자살했을 때 베를린에는 방어할 것이 별로 남아 있지 않았다. 해군, 히틀러청소년단, 친위대 부대들이 제국의회 의사당에서 계속 싸우고 베를린 동물원의 벙커를 지키고 있는 동안, 괴벨스가 베를린의 항복을 두고 스탈린그라드의 승자 바실리 주코프 장군과 협상을 했다. 운명의 장난인지 그날 미군이 뮌헨 프린츠레겐텐 플라츠의 히틀러 사저에 들어갔다. 지난주 〈민족의 파수꾼〉은 머리기사에서 '성채 바이에른'을 외치고 '독일은 지도자에게 굳건하게 충성을 지킨다'고 선언했었다.[26]

4월 29일 미군 제45 '천둥새'사단이 북서쪽에서 뮌헨으로 접근하다가 다카우 수용소에 도착했다. 그곳은 친위대의 주요 훈련 기관이자 창고인 동시에 힘러의 첫번째 '모델' 수용소였다. 미군은 수용소 밖에서 버려진 가축 운반용 트럭 40대를 발견했다. 트럭에는 바이마르 부헨발트 수용소에서 소개된 재소자 2천 명이 실려 있었다. 이송되어 오는 길에 트럭 밖으로 나오려던 재소자들은 친위대에 의해 사살되었다. 트럭 안에는 이송된 2천 명 중에서 단 17명에게서만 살아 있는 신호가 감지되었다. 다카우는 1944~1945년의 '죽음의 행진' 속에서 이 수용소에서 저 수용소로 이송되던 재소자들의 마지막 종착지였다. 미군은 죽었거나 죽어가던 재소자들 가운데서 생존자 3만 2천 명을 발견했다. 미군 병사들은 수용소에 들어서자마자 목격한 참상에 경악하여 일부는 친위대 경비병들의 다리에 총을 발사하고 재소자들로 하여금 끝내버리도록 했다.

해방 첫날 저녁 재소자들이 빌 월시 대령을 안내하여 수용소를 한 바퀴 돌았다. 월시는 블러드하운드 개집, 과밀하고 어둡고 해충이 들끓는 막사 내부, 병든 재소자들 옆에 줄지어 놓여 있는 시체, 소각장 주변에 2미터 높이로 장작처럼 각지어 쌓여 있는 시체 수천 구, 재가 가득한 소각로를 보았다. 미군 병사들은 그런 광경에 전혀 준비되어 있지 않은 상태였다. 그뒤 며칠 동안 지역민들이 자전거를 타고 수용소 도로를 달려와서 친위대 창고에서 물건을 가져가려 했다. 미군 병사들은 그 사람들이 시체가 실린 화물 트럭을 무심히 지나치는 모습에 경악했다.[27]

베를린은 1945년 5월 1~2일 밤에 항복했다. 베를린에서도 민간인들은 평화의 첫날을 가게와 군대 창고를 약탈하면서 보냈다. 친위대는 항복 직전에 베를린 프렌츠라우어베르크 지구의 슐타이스 양조회사에 자리한 친위대 본부 창고마다 불을 질렀다. 창고들은 타고 남은 물건을 차지하려고 몰려든 민간인들에게 짓밟혔다. 그들은 패전이 몰고 오리라고 예상한 기근에 대비하여 물건을 비축하려 했다. 어린이들이 그 소란과 갑작스러운 폭력에서 충격을 받았다. 12살 소년은 프렌츠라우어베르크 지구 물탱크 밖에서 약탈자들이 다른 약탈자들에게 '하이에나 무리처럼' 강탈당하는 것을 보았다. 또다른 소년은 소련군 병사들이 서로 싸우는 군중의 사진을 찍는 것을 보면서 부끄러워했다. '독일의 정복자들은 좋은 인상을 받지 않았다.'[28]

1945년 2월 13일에 함락된 부다페스트와 4월 13일에 함락된 빈처럼, 소련군의 베를린 점령도 강간으로 얼룩졌다. 베를린 여성의 10~20%가 강간당했다. 베를린 전투 동안, 그리고 1945년 5월 몇 주일 동안 여성들은 지하실, 자택, 길거리에서 이웃과 남편과 자식들과 낯선 이들의 눈앞에서 강간당했다. 빌머스도르프에서도 강간은 소련군 병사들이 도착한 첫날 밤에 시작되었다. 헤르타 폰 게파르트는 딸 레나테를 숨긴 뒤 러시아 병사가 지하실에 들어올 때마다 그가 다른 여자를 취하기를 속으로 빌었다. 첼렌도르프에서 우르줄라 폰 카르도르프의 한 친구도 석탄 더미 뒤에 숨었다. 그러나 이웃 남자가 자기 딸을 보호하려고 소련군 병사들에게 그 친구가 숨은 곳을 가리켰다. 그녀는 스물세 명에게 윤간당했다. 다른 희생자 여성들처럼 그녀도 하혈을 멈추기 위해 병원으로 가야 했다. 몇 달 뒤에 그녀가 카르도르프에게 말했다. '이제 나는 남자와는 절대로 다시 엮이고 싶지 않아.' 마르가레트 보버리, 자기 집 발코니에서 공습 모습을 즐기던 그 여성 저널리스트는 너무나 무서웠던 나머지 밤을 견디기 위해 수면제를 먹기 시작했다.[29]

베를린에서 발생한 무제약적 폭력은 대중의 의식 속에 깊이 각인되었다. 그리하여 점잖고 교육받은 계급의 중년 여성들이 과묵함을 버리고 어떻게 자신을 보호할 수 있을지, 무엇을 견뎌야 할지 드러내놓고 고민했다. 전투적 공산주의자 힐데 라두시에 따르면 일부 여성들은 스스로를 보호하기 위하여 음부에 배관공에게 얻은 구리 병마개를 넣었다. 병마개의 날카로운 테가 페니스를 끊어버리도록 한 것인데, 라두시는 30년 뒤에 '그러자 그 러시아인이 울부짖으며 뛰어나갔다'고 회고했다. 라두시는 그 병사의 고통에 고소해하면서 덧붙였다. '그뒤에 그 남자들에게 무슨 일이 벌어졌는지 모르지만, 어쨌거나 그때부터 그 집은 "미친 여자들의 집"으로 불렸다.' 엄마들은 십대 딸의 머리를 소년처럼 짧게 자르고 남자옷을 입혔다. 어느 여의사는 젊은 여성들이 사는 집 현관에 독일어와 러시아어로 티푸스를 경고하는 공지문을 붙여놓았다. 그러자 그 소문이 길거리 수도 펌프에 모인 여성들 사이에 들불처럼 번졌다. 그런 생존 전략들이 전설처럼 내려온 것은 강간과 성폭력 그리고 자신의 무기력에 대한 여성들의 공포가 얼마나 일반적이었는지 보여준다고 하겠다.[30]

가장 알려지지 않은 사실의 하나는 여성들에게 공통적으로 안전을 제공한 사람은 질서를 회복하기로 결심한 소련군 장교들이었다는 것이다. 한 소련군 장교는 헤르타 폰 게파르트와 딸 레나테의 부탁을 듣고 그들을 보호하기 위하여 처음 며칠 밤을 모녀가 있는 지하실에서 잠을 잤다. 메클렌부르크의 주도 슈베린에 있던 소련 저널리스트 바실리 그로스만도 일화한 가지를 전했다. '자기 가족 모두 독일인들에 의해 살해되었던 한 유대인 장교가 어느 도망친 게슈타포 경찰관의 집에 묵었다. 게슈타포의 아내와 자식들은 안전했다. 지휘관이 떠나려 하자 가족 모두가 울면서 머물러달라고 간청했다.' 그런 행동은 선의의 문제이기도 했고 중앙에서 하달한 정책의 문제이기도 했다. 소련 당국은 오데르강을 건너기 직전에 극적으로 변한 새로운 메시지를 내려보냈다. 독일인들을 죽이라고 하지 않고, 나치와 일반 독일인을 구분하라고 한 것이다. 소련군은 독일 점령의 마지막 국면에서 그전 겨울에 동프로이센과 슐레지엔을 정복할 때와 다르게 행동하고자 했다. 당시는 민간인들을 학살하고 카오스를 일으켰지만 이번에는 질서에 유념했다. 그러나 베를린, 빈, 부다페스트의 소련군 부대들을 통제하는 데는 몇 주일이 필요했다.[31]

프렌츠라우에르베르크 지구에 살던 크리스타 J는 시간이 오래 흐른 뒤에야 그곳의 14세와 15세의 자기 또래 소녀들이 강간당했다고 회고했다. 일부 소녀들은 그 말을 할 수 없었던지, 다른 소녀들과 여자들은 강간당했지만 자신은 무사했다고 이야기를 지어냈다. 크리스타도 그랬다. '나는 지하실 어딘가에 숨어 있었어요.' 오스트리아 빈의 14세 헤르미네는 그녀와 친구 한 명이 커튼 뒤에 숨어 있다가 집안으로 난입한 병사에게 들킨 장면을 회고했다. 병사가 집안으로 들어오자 어머니가 막내인 아기를 헤르미네의 품에 안겼다. 아기가 딸을 보호해주리라 기대했던 것이다. 50년 뒤에 헤르미네가 돌아보았다. '병사는 내가 아기를 (엄마에게) 넘겨야 한다는 몸짓을 했다.' 약간의 실랑이 끝에 병사는—이해할 수 없게—떠났다. 성인 여자들은 당연한 듯이 강간 경험을 고백했지만, 당시 십대였던 여성들은 그때나 그후에나 그 일에 대해 말하지 않으려 했다.[32]

가브리엘레 쾨프는 1945년 2월에 서프로이센의 슈나이데뮐에서 도망쳤으나 소련군에게 따라잡혔다. 15세의 그녀는 몇 차례 강간당했다. 그후 그녀가 사촌들이 사는 포머른 농가에 머무를 때도 소련군 병사들이 농장으로 올 때마다 숨어야 했다. 농부의 아내가 자기 자신을 보호하기 위하여 병사들에게 쾨프가 있는 곳을 가리켰기 때문이었다. 그후 몇 달 동안 그녀는 엄마에게 편지를 쓰는 것으로 자신을 위로했다. '나는 크지도 않고 나이도 어리잖아. 나는 이 모든 것을 누구에게도 말할 수 없어. …… 나는 외로워. 나는 너무 무서워서 힘든지도 몰라. 곧 (지난번 생리 이후) 10주일이 돼. 엄마라면 분명 나를 도울 수 있을 텐데.' 그녀는 그 편지를 부칠 수 없었다. 1945년에 겪은 일을 말할 수 있게 되기까지 58년이 지나야 했다.[33]

**

1945년 4월 말 클렘퍼러가 머물던 운터베른바흐는 지배 권력이 부재한 일종의 노맨스랜드였다. 그 마을은 전장이 되지도 않았고 점령되지도 않았다. 마을은 귀가하는 독일군 낙오병들의 환승지 역할을 했다. 1945년 4월 28일 독일군 소부대가 인근 초원과 숲에서 작은 전투를 벌인 뒤 도망쳤다. 마을에는 아직 친위대원 몇 명이 있었지만 마을 이장은 사무소 지붕 밑 박공에서 나치 문장을 제거했다. 플라멘스베크는 서둘러 나치 서류를 없애고 자기 가문의 가톨릭 증명 서류들을 찾아냈다. 빅토르 클렘퍼러가 주목했듯이 그 농민 지도자는 이제 나치를 비난하기 시작했다. 나치가 '그들의 프로그램에서 벗어나 "지나치게 과격했다"고, 종교를 사려 깊게 대했어야 했다'며. 클렘퍼러 부부는 뜨거운 온실 분위기를 피하기 위해 마을 북쪽의 숲으로 갔다. 그곳에서 그들은 큰 소리로 이야기할 수 있었다. 그때 독일군 병사 세 명이 나무들 사이에서 나와 마을에 미군이 도착했냐고 물었다. 부부는 그들에게 민간인 옷으로 갈아입으라고 충고하고 어떤 장소를 피해야 하는지 말해주었다. 부부는 젊은 병사들의 행색에 놀랐다. '그들 모두 얼굴이 좋았다. 틀림없이 좋은 집안 출신일 것이고, 아마 대학생일 것이다. …… 우리가 독일의 패전을, 독일을 위해서도(그리고 진심으로 인류를 위해서도) 패전을 열렬하게 원했던 것만큼이나 우리는 그 청년들이 안쓰러웠다.' 빅토르 클렘퍼러에게 그들은 패전의 알레고리였다.[34]

독일군의 카를 되니츠 제독은 플렌스부르크에 고립되어 있다가 자기가 히틀러의 최종 후계자로 지명되었다는 소식을 듣고 깜짝 놀랐다. 그가 전달받은 히틀러의 마지막 명령 중의 하나는 괴링과 힘러를 서구 연합군과 협상한 죄로 체포하라는 것이었다. 되니츠는 보어만이 5월 1일 오후에 텔렉스로 히틀러의 '유언이 유효하다'고 확인할 때까지 신중하게 기다렸다. 그후에야 그는 영국군과 미군에게 접근했다. 되니츠는 라트비아의 쿠를란트에 고립되어 있던 독일군 사단을 독일이 점령중이던 코펜하겐이나 북해 항구도시로 보낼 수도 있었다. 그러나 영국군이 엘베강을 건너 슐레스비히-홀스타인으로 진격하자 덴마크로 가는 길목과 발트해와 북해 사이의 항로가 차단되었다. 브레멘이 전투 1주일 만에 완전히 파괴된 터 이제는 북해 항구를 유지하는 것에도 아무런 의미가 없었다. 되니츠는 브레슬라우와 그곳에 포위된 민간인 4만 명에게는 소련군에게 계속 '버텨야 한다'고 주장했다. 그러나 5월 3일에 그는 함부르크가 영국군에게 항복하는 데 동의했다.

5월 4일에는 북부 독일, 덴마크, 네덜란드의 독일군 부대들이 영국군 사령관 버나드 몽고메리 원수에게 항복하는 데 동의하고 5월 5일에 실천했다. 그리고 바로 그날 남부에서 군집단G도 미군에게 항복했다. 그럼에도 불구하고 되니츠, 요들, 카이텔, 슈베린 폰 크로지크, 그리고 제3제국의 나머지 정치·군사 지도부는 서구 연합군과 별도의 휴전을 체결한 뒤 동부전선의 독일군으로 하여금 소련군과 전투를 하면서 철수하도록 하고

자 했다. 가능한 한 많은 사단을 소련군으로부터 구하고자 한 것이다. 그 것은 복잡하고 위험한 움직임이었다. 어쨌거나 5월 첫째 주에 독일군 병 사 180만 명이 소련군으로부터 벗어나 서구 연합군에게 항복하는 데 성공 했다.[35]

1945년 5월 4일 브레슬라우의 개신교 및 가톨릭 성직자 대표단이 니 호프 장군을 찾아와서 물었다. '장군은 브레슬라우를 계속 방어하는 것을 하나님 앞에서 정당화할 수 있습니까?' 니호프는 그들의 요구를 진지하게 받아들였다. 그는 되니츠가 버티라는 압력을 지속했음에도 불구하고—그 요구는 되니츠가 새로 임명한 독일군 총사령관 쇠르너 원수와 신임 친위 대장인 나치당 니더작센 지구당 위원장 카를 한케를 통해 전달되었다—조용히 휴전 협상에 나섰다. 니호프는 5월 5일 병사들에게 공포한 선언문 에서 강조했다. '히틀러는 죽었고 베를린은 무너졌다. 동부와 서부의 연합 군이 독일의 심장에서 악수했다. 따라서 브레슬라우 전투를 지속할 조건 이 더이상 존재하지 않는다. 더이상의 희생은 범죄다.' 테르모필레의 스파 르타 시민병사들 300명에 바치는 시모니데스의 묘비명에 빗대어 그는 결 론지었다. '우리는 법이 요구하는 대로 우리의 의무를 수행했다.' 다음날 브 레슬라우의 독일군이 소련군에게 진지를 넘겨주었다.[36]

아우구스트 퇴퍼빈은 브레슬라우 전투에서 멀리 있었다. 고지 슐레지 엔의 페터스도르프에서 전쟁포로 수용소를 관리하던 그는 1945년 5월 2일 에 라디오로 되니츠가 영국군과 미군이 볼셰비즘과 동맹을 유지하는 한 그 들과 계속해서 싸우라고 호소하는 것을 들었다. 퇴퍼빈은 마침내 히틀러의 '끔찍한 오판'—그는 일기의 그 부분에 붉은 펜으로 밑줄을 그었다—이 '영미와 전쟁을 하면서도 진정한 적은 볼셰비즘!?!'이라고 선언했다는 것을 인정했다. 그 김나지움 교사는 임박한 패전에 절망하면서 다시 신앙으로 돌아갔다. '이런 전쟁을 치르는 인간들은 신을 모르는 자들이다. 독일 동부에서 벌어진 러시아인들의 폭력행위들—영미의 테러 공격들—유대인에 대한 우리의 투쟁(건강한 여성들의 강제 불임수술, 유아부터 늙은 여자에 이르기까지 모조리 사살한 것, 유대인 이송 열차의 가스 학살)!'[37]

퇴퍼빈은 그전에도 유대인 절멸을 온전히 인정한 적이 있었다. 1943년 11월의 일이었다. 그후 그가 강제이송 열차와 가스실에 대하여 어떤 지식을 축적했든, 그는 독일의 최종적인 패배가 그가 아는 것에 대한 성찰을 다시 한번 강요할 때까지 그 지식을 방치했다. 더욱이 유대인 학살을 연합군의 폭격 및 볼셰비키의 테러와 등치하고 그 모든 행위를 무차별적으로 '신을 모르는' 극단적인 부도덕으로 비난함으로써 그의 언어는 죄를 인정하는 동시에 없애는 행동이었다. 죄를 상대화하고 흩어놓았기 때문이다. 그리고 독일인의 '문명화 사명'에 대한 그의 '인종주의적인völkisch' 믿음은 그가 그런 행동을 자행한 민족들을 결코 같은 범주로 생각하지 않았다는 것을 말해준다. 1945년 5월 3일 퇴퍼빈은 신임 외무장관 슈베린 폰 크로지크가 서구 강대국들에게 함께 볼셰비즘과 싸우자고 호소하는 것을 라디오로 들었다. 퇴퍼빈은 자문했다. '그들의 자유주의와 세계 유대인의 존재에도 불구하고 영국과 미국을 반볼셰비키 전선 안으로 끌어들이는 것이 가능할까?!?!' 아우구스트 퇴퍼빈은 유대인 학살에 대한 도덕적 경악에도 불구하고 유대인들을 여전히 독일의 가장 강력한 적 속에 포함했다. 5월 6일 브레슬라우가 함락한 그날, 아우구스트 퇴퍼빈 대위는 소련군에게 포로로 잡혔다. 그는 자신의 일기를 어느 집 다락방에 놓고 갔다. 일기는 50년 뒤에 폴란드 학동들에 의해 발견된다.[38]

운터베른바흐 농민들이 미군에게 빼앗길지 모른다며 미리 돼지를 잡던 5월 2일 오후 빅토르 클렘퍼러는 이웃 마을로 물건을 사러 갔다. 그 마을의 교회 앞 광장에서 그는 처음으로 미군 병사들과 수리 차량 행렬을 만났다. 대부분 흑인이었다. 빅토르는 샛길에서 한 젊은 독일 여성에게 들었다. '첫날 미군이 가게를 약탈하기는커녕 "아주 점잖게 행동했어요."' '흑인들도요?' 그녀는 기쁨으로 거의 빛이 나는 듯했다. '그들은 다른 사람보다 더 친절해요. 아무것도 겁낼 것이 없어요.' 가게들이 1주일째 문을 닫고 있었기에, 베이커리 뒷문으로 들어가서 빵 사는 방법을 그 여성은 그에게 가르쳐주었다.

운터베른바흐로 돌아오자 플라멘스베크 집 식탁에 독일군 낙오병 두 명이 함께 앉아 있었다. 두 남자 모두 20대였고, 한 명은 법대생이었다. 그들은 주데텐란트의 집으로 돌아가는 중이었다. 그들은 히틀러가 죽었으며 베를린이 항복했다고 알려주었다. 클렘퍼러는 언제나처럼 그들이 무엇을 믿는지 주의했다.

대학생이 선언했다. '4주일 전만 해도 누군가 내게 그 말을 했으면 나는 그를 쏴 죽였을 거예요. 그러나 이제 나는 더이상 아무것도 믿지 않아요. …… 그들은 너무 많은 것을 원했어요. 가혹 행위들도 있었어요. 폴란드와 러시아에서 사람들이 처리된 방식, 비인간적이었어요! 그러나 아마 지도자는 몰랐을 겁니다.' …… '전환점'이나 미국과 소련의 임박한 전쟁을 믿는 사람은 없었다. 그러나 그럼에도 불구하고 그들은 약간은 믿고 있었다.

클렘퍼러가 보기에 그 청년 병사들은 전쟁과 임박한 패전 이후의 삶이 어떠할지 상상하지 못하고 있었다. 이제 플라멘스베크는 '히틀러주의가 본질적으로 프로이센적이고 군국주의적이고 비非가톨릭적이고 비非바이에른적인 대의'라고 말하기 시작했다. 클렘퍼러는 나치운동은 뮌헨에서 시작되었다고 속으로 말했다. 빅토르는 전통적으로 반유대적인 그 가톨릭 마을에서 자신이 유대인임을 밝히고 싶지 않았다. 다만 그는 그 마을 교사와 플라멘스베크에게 조용히 말했다. '아마도 제가 얼마간 도움이 될 수 있을 겁니다. …… 한때는 제 이름이 존중받았고, 나치가 저를 직책에서 내쫓았거든요.' 그동안 마을은 '고기와 동물성 지방과 온갖 음식들로 흥청거리고 있었다.'[39]

1945년 5월 6일 서부전선 총사령관 케젤링이 베르흐테스가덴에 위치한 히틀러의 세칭 '알프스 요새'를 포기했다. 연합군은 나치 지도자들이 그곳에서 최후의 항전에 나서지 않을까 우려했었다. 같은 날, 되니츠가 요들 장군을 랭스로 보내서 서부전선의 일괄적인 휴전을 놓고 아이젠하워와 협상했다. 아이젠하워는 몽고메리와 달리 독일과의 별도의 평화를 함축하는 모든 것을 단도직입적으로 거부했다. 그는 무조건 항복을 요구하면서, 그렇지 않을 경우 독일 도시들을 다시 폭격하겠다고 위협했다. 5월 7일 새벽 2시 41분 요들이 서명했다. 그날 독일군 부대들이 프랑스의 생나제르, 로리앙, 라로셸 항구를 포기했다. 독일군이 전투를 지속하는 곳은 프라하뿐이었다. 부분적으로 그들은 소련군 전선을 돌파하여 미군에게 포로로 잡히기 위해서 싸우고 있었다. 1945년 5월 8~9일 12시에 완전한 휴전이 발효되었고, 그로부터 16분 뒤에 항복 서명식이 베를린 외곽 칼스호르트에 자리한 주코프 원수의 본부에서 반복되었다. 이번의 완전한 항복 문서는 독일군 3군 대표 모두 그리고 가장 중요하게도 모든 연합군 대표들이 서명했다. 그리고 그날 저녁 플렌스부르크의 독일군 방송이 정규 8시 뉴스에서 마지막 전쟁 소식을 전했다.

밤 12시 이후 모든 전선은 무기를 내려놓습니다. 제독의 명령에 따라 독일군은 가망 없는 전투를 포기했습니다. 거의 6년간 지속된 영웅적인 투쟁이 끝났습니다. …… 독일군 병사들은 선서한 대로 최대의 헌신으로 결코 잊히지 않을 행위를 감당했습니다. 국내전선은 마지막까지 온 힘을 다하고 최대의 희생을 감내하며 그 병사들을 지지했습니다. 전선과 국내전선의 그 고유한 성취는 궁극적으로 미래 역사의 정의로운 판결에서 인정받을 것입니다.[40]

국내전선은 시험을 통과했다. 1918년 11월은 반복되지 않았다. 뤼네부르크 하이데의 농장에서 아그네스 자이델은 최악의 옷을 골라내어 수선하면서 시간을 보냈다. 그녀는 그 옷들을 '외국인, 유대인, 수용소 재소자들'을 위한 강제 모금행사에 기부했다. 그녀는 기부 행사를 도우면서 다른 독일인들이 기부한 물건의 양과 질에 놀랐다. 그녀는 물건 수신자들에 대한 생각을 일기에 쓰지 않았다. 영국군이 점령한 뒤부터 그 농장에는 어린이 20명을 포함하여 독일인 30명과 폴란드인들 22명이 일종의 불편한 평화를 유지하고 있었다. 폴란드인 강제노동자들은 갈수록 노동을 거부했고, 4월 말에 아그네스는 그들을 위해 빵에 버터를 발라야 하는 것에 분노했다. 그러나 이웃 농장들에서 분출한 무장 공격과 강탈과 비교할 만한 일이 그 농장에서는 발생하지 않았다. 다른 곳과 마찬가지로 그 농장에서도 독일인들은 정복자들에게 안전을 보장해달라고 호소했다. 5월 8일 아그네스 자이델은 연합군의 점령이 시작되고 처음으로 어린이들을 데리고 소풍을 갔다. 영국군 병사들이 그들에게 초콜릿과 사탕을 선물했다. 5월 14일 그 나치 교사는 영어 교과서를 빌려다가 적의 언어를 배우기 시작했다.[41]

14세의 레오니에 바우디츠와 그녀의 어머니는 슐레지엔 지역의 노동대에 조직된 모든 여성이 러시아로 보내질 것이라는 풍문을 들었다. 그들은 소련군 경비병의 도움을 받아서 노동대에서 탈출했다. 모녀는 브레슬라우로 갔다. 그들은 12주일 동안의 전투로 인하여 완파된 거리를 지나 그들의 집에 도착했다. 집이 온전했다. 그뿐만 아니라 레오니에의 아버지가 어려운 시기에 대비하여 모아두었던 옷과 모직물들도 고스란히 보존되어 있었다. 레오니에는 끔찍한 경험을 했음에도 불구하고 한 젊은 소련군 장교와 우정을 맺었다. 그는 그녀에게 독일어를 배우고자 했다. 그들은 햇볕 아래 벤치에 함께 앉거나, 비가 오면 계단에 앉아 있고는 했다. 장교는 엄마가 있을 때만 집안으로 들어왔다.[42]

베를린 사람들은 소련군 당국이 식량 보급을 정상화하고, 길거리를 청소하고, 전차와 지하철을 수선하고, 가스와 전기와 물 공급을 재개한 속도에 놀랐다. 5월 3일 아넬리제 H는 소련군이 벌써 '밀가루, 감자, 빵, 굴라시'를 '길게 늘어선 줄'에 배급하기 시작하는 것을 보았다. 작가이자 전쟁 통신원 바실리 그로스만이 베를린에 도착해보니 여성들이 포장도로를 쓸면서 건물 파편들을 치우고 있었다. 그는 한 소녀의 시체에서 떨어져나간 다리가 아직 신발과 스타킹을 신고 입은 채 길 위에 있는 것도 보았다. 극장장 구스타프 그륀트겐스와 바이올리니스트 카를라 회커는 강제노동자들이 몇 주일 전에 설치했던 바리케이드의 해체 작업을 함께 수행했다. 5월 초의 고요와 햇빛 속에서 회커는 적었다. '상황의 진기함: 우리 음악가, 미술가, 부르주아들이 …… 무의미해진 교통 방해물들을 치우고 있다. …… 그리고 아시아가 승리했다!' 5월 중순 헤르타 폰 게파르트는 낮 시간에 길거리로 나가면서 더이상 공포를 느끼지 않았다. 소련군 병사들의 야간 침입도 줄어들었다. 그녀의 주택 블록에 들어와서 강도짓을 하는 사람은 그녀 자신의 '민족동지들' 뿐이었다. 독일인들은 그렇게 자기 나라 국민이 자행하는 범죄의 물결에 직면하고 있었다. 게파르트는 여자친구를 원하는 러시아인 모두가 여자친구를 갖고 있다는 인상을 받았다. 그녀는 놀라움과 아이러니의 흔적을 담아서 적었다. '많은 커플이 팔짱을 끼고 걷는다. …… 어디든 누구나 기뻐하고 있다. 러시아인들은 아주 멋지다.'[43]

게파르트는 전업 작가인 덕분에 소련군 당국이 수립한 새로운 배급 서

열에서 특권적인 자리를 얻었다. 그리고 독일인 지인 네트워크 덕분에 과거의 예술가 거주 구역의 집 한 채를 구했다. 게롤트스트라쎄에 있던 게파르트의 집과 지하실의 물건은 대부분 온전했다. 헤르타와 레나테는 등나무로 만든 굽힘 의자 두 개, 슈트케이스 여러 개, 벽돌 100파운드, 장작, 원고, 작은 도서실을 채울 만큼의 책들을 새집으로 옮겼다. 그러나 그것들을 독일인 침입자들에게 파손되고 빼앗겼다. 모녀는 하이델베르거 플라츠에 갔다가, 죽은 말과 소련군과 독일군 병사들의 시체가 도로에 방치된 것을 보았다. 사람들은 그 시체들을 주택 마당에 임시로 묻었다. 수도관은 아직 집으로 연결되지 못했다. 길거리 물 펌프에는 새로운 명령에 따라 줄의 선두에 유대인들과 외국인들이 서 있었다. 게파르트는 5월 12일에 적었다. '그것이 정말 옳다는 시민들의 여론! 불쌍한 유대인들! 만인이 갑자기 유대인을 동정한다. 갑자기 아무도 나치가 아니다!'[44]

5월 18일 클렘퍼러 부부가 마침내 운터베른바흐를 떠났다. 부부는 빅토르의 유대인의 별과 유대인 신분증, 그리고 그가 박해받은 유명 교수라는 지역 미군 당국의 보증서를 지니고 떠났다. 그들은 지나가는 차를 얻어 타고 뮌헨 교외까지 갔다. 뮌헨의 모든 것이 6주일 전보다 혼란스러웠다. 토요일 오후 천둥 치는 회색 하늘을 배경으로 도시의 흰색 파편들이 마치 최후심판의 한 장면처럼 보였다. 미군 트럭과 지프의 소음이 '지옥도를 완성시켰다. 그들은 심판의 천사들이다.' 부부는 차량들이 헤집어놓는 파편 먼지에 몸을 더럽히면서, 여름 한낮의 열기에 땀을 흘리고 또 슈트케이스와 무거운 겨울옷에 눌린 채 힘겹게 걸었다. 두 사람은 잠잘 곳과 음식을 찾으며 걸었고, 새로운 국경을 넘어서 소련 점령지구 안으로 들어가려 했다. 그들은 드레스덴 외곽의 집과 빅토르의 교수직을 되찾을 수 있기를 희망했다. 그들은 온갖 어려움을 뚫고 성공하게 된다. 그러나 빅토르는 그 자신에게 남아 있는 민족주의를 희미하게 의식하면서, 해방이 패전과 얼마나 비슷하게 느껴지는지 쓰라리게 성찰했다. '신기한 내면의 갈등. 나는 제3제국의 행동대원들에 대한 신의 복수가 기쁘다. …… 그러나 승자와 복수자들이 자기들이 지옥처럼 파괴해놓은 도시를 휘젓고 다니는 모습이 끔찍하다.'[45]

심연을 건너서

1945년 5월 9일 독일인들은 패전과 함께 잠에서 깨어났다. 고요했다. 발사도 포격도 등화관제도 없었다. 그러나 그것은 그들이 원하던 평화가 아니었고 그들이 그처럼 무서워했던 절멸도 아니었다. 16세의 빌헬름 크뢰너는 세상을 이해할 수가 없었다. 그래서 그는 1주일 동안 일기를 쓰지 못했다. 1주일 만에 펜을 든 그는 비통을 쏟아냈다.

5월 9일은 분명 독일 역사의 가장 어두운 날로 남을 것이다. 항복! 우리 청소년들은 그 단어를 우리들의 언어에서 삭제했다. 이제 우리는 독일 인민이 거의 6년간의 포위를 겪은 뒤에 어떻게 무기를 내려놓아야 했는지 알아야 한다. 우리 인민이 어떻게 그 모든 고난과 희생을 감내해야 했는지도.

빌헬름은 계속했다. '우리 안에 각인된 정신을 포기하지 않고 우리가 독일인이라는 것을 기억하는 것은 이제 우리에게 달렸다. 만일 우리가 그 것을 잊는다면, 그것은 더 나은 조국을 위해 죽어간 이들을 배신하는 것이다.' 브레멘의 한 학교 교장의 아들이었던 빌헬름은 히틀러청소년단, 방공포대, 인민돌격대를 거쳤다. 너무 어렸던 그는 전시의 애국주의를 완전한 패배의 현실을 넘어서까지 유지할 수 있다고 믿고 있었다.[1]

친위대 정보국은 1945년 3월 말에 작성한 마지막 여론 보고서에서 그 어떤 시도도 더이상 상황을 반전시킬 수 없다고 믿는 패배주의가 어느 정도 확산되었는지 점검했다. 정보국이 발견한 것은 나치가 늘 두려워하던 혁명적 경향이 아니었다. 그보다는 '어긋나버린 신뢰에 대한 깊은 실망, 비탄과 낙담과 원한과 분노의 감정, 특히 전쟁에서 희생과 노동 외에 아무것도 모르던 사람들의 울분'이었다. 독일인들의 첫번째 반응은 반역이기보다 자기연민이었다. 사람들이 자주 입에 올리던 경구는 '우리는 이런 재앙에 끌려들어갈 그런 사람이 아니다'였다. 그러한 정서는 반反나치라기보다 자기정당화다. 모든 계급의 사람들이 '전쟁의 과정에 대한 모든 책임에서 자신을 면제시켰고', '전쟁과 정치에 대하여 책임질 사람은 그들이 아니'라고 주장했다. '죄'의 문제는 최악의 재앙을 이끈 자들에게 전가되었다. 괴벨스가 〈제국〉의 논설들에서 전쟁의 모든 위기에도 불구하고 나치 지도부를 믿어달라고 요구하던 것을 기억하는 사람들에게, 민족의 패배에 대한 책임이 어디 있는지는 명확했다.[2]

리젤로테 귄첼은 1945년 4월 말 베를린 프리드릭스하겐의 동쪽 교외 길거리에서 사람들의 대화를 들었다. 리젤로테는 전투가 베를린 도심에서 아직 벌어지고 있음에도 불구하고 사람들이 빠르게 정치적 충성심을 변경시켜 '히틀러를 저주하는 것'에 놀랐다. 17세 소녀는 일기에 적었다. '첫날에서 다음날로. 첫날 그들은 모두 나치였다. 다음날 그들은 모두 공산주의자다. 갈색 피부에서 빨간색 피부로.' 그녀는 결심했다. '나는 (공산)당에

거리를 둘 것이다. 기껏해야 내 부모님들처럼 사민당원일 것이다.' 히틀러와 괴벨스의 자살 소식이 퍼지자 지도자들에게 버려진 것에 대한 분노가 빠르게 증가했다. 독재에서 살았다는 것이 그 자체로 일어난 모든 것에 대한 개인적 책임을 면제시켜준다는 정서도 빠르게 증가했다.[3]

독일인들을 그와 종류가 다른 죄에 노출시킨 것은 승자와의 첫 대면이었다. 1944년 10월 중순 아헨 전투가 벌어지던 시점에 미군의 심리전 부대가 독일인들에 대한 첫번째 보고서를 작성했다. 그들이 발견한 것은 '독일군이 유럽, 특히 동유럽에서 유대인들에게 행한 폭력행위들에 대한 독일인들의 잠재적인 아마도 뿌리깊은 죄의식'이었다. 보고서는 덧붙였다. '독일인들은 응보를 받을 것이라고 체념하고 자신들을 처벌할 사람들의 분노를 미국이 가라앉혀주기를 바랄 뿐이다. 그러나 처벌이라는 생각은 받아들인다.'[4]

1945년 초여름 승전국들과 독일인들이 사적으로 대면했을 때 이례적인 일들이 벌어졌다. 독일인들에게 도덕적 결산을 촉구하는 개인적인 시도들이 여기저기서 나타났다. 작가이자 출판인인 헤르만 카작은 1945년 6월에 포츠담의 자기 빌라에서 이루어진 한 사적인 만남을 묘사했다. 한 소련군 장교가 자기 여동생에 대하여 말하기 시작했다.

17세 나이의 여동생이 한 독일군 병사에게 괴롭힘과 성폭행을 당했다. 그녀는 '빨간 머리와 황소 눈'을 갖고 있는 병사라고 말했다. 조지아 출신의 그 장교가 분노에 차서 소리쳤다. '그 생각만 하면 사람들의 목을 비틀어버리고 싶어져요.' 숨을 고른 그가 덧붙였다. '그러나 당신은 괜찮아요, 당신은 괜찮아요.' 그것은 그가 어떻게 처신해야 하는지 안다는 사실을 암시하는 것이었고, 우리는 그가 그렇게 행동했다는 것을 인정했다. 그에게서 불쌍한 여동생의 고통에 대한 분노가 거듭해서 끓어올랐다. 우리는 그날들과 주일들 동안, 사실 나치의 세월 동안 내내 독일인인 것에 대한 수치를 반복해서 느꼈다. 믿을 수 없을 정도로 오랜 시간으로 느껴졌지만 실상은 약 1시간 30분 동안 진행된 대화가 끝난 뒤에 그는 작별을 고하면서 다음날 다시 오겠다고 약속하고 떠났다. …… 독일인으로 태어났다는 것이 얼마나 큰 불명예이고 굴욕인가.

1945년 여름에 괄목할 만한 것은 승자들이 정복된 적과 대화의 필요성을, 독일인 개개인에게 그들이 행한 짓을 이해하라고 압박하는 대화를 시작할 필요를 느꼈다는 점이다. 1945년 헤르타 폰 게파르트의 지하실에 들어왔던 한 소련군 병사는 그의 포로가 된 독일인 민간인들에게 몇 시간 동안 연설을 했고, 중간중간 그들을 처형해버리겠다고 위협했다. 어느 29세의 간호사도 비슷한 경험을 했다. 그녀 집에 들른 소련군 장교는 그녀의 자식들을 '언제나 친절하고 사랑스럽게 대했다.' 어느 날 그가 그녀 방에 들어와서 막내를 품에 안고는 다른 두 아이를 가리키면서 말했다. "'아이들 참 예쁘네요―나도 아내와 한 살배기 자식이 있었어요! 독일군이 그 둘을 죽였지요. 이렇게!" 그는 칼로 복부를 가르는 행동을 흉내냈다!! 내가 물었다. "친위대?" 그가 고개를 끄덕였다(그는 유대인이었다).'5

폭력의 위협은 독일인들로 하여금 집단적 죄를 인정하도록 강요하는 동시에 그들 각자의 역할과 책임에 대한 성찰을 가로막는 새로운 장애물들을 만들어냈다. 이미 미군과 영국군이 라인강을 건넜고 소련군이 오데르강을 건넌 1945년 4월 12일 우르줄라 폰 카르도르프는 자신의 공포와 죄의식에 대하여 아주 명확했다. '그리고 다른 사람들(연합군)이 우리에게 끝없는 증오심과 잔인한 비난들을 가할 때 우리는 조용해야 한다. 그것은 진실이기 때문이다.' 그러나 그 개방성은 많은 독일인들에게서 아주 짧은 시간 동안만 작동했을 뿐, 패전 직후의 시기를 넘어서까지 유지되지 않았다. 한나 아렌트가 1949년에 독일을 찾았을 때 그녀는 과거 자기 국민이었던 사람들의 감정적 참여의 부족, 무엇이 일어났는지 말하지 않으려는 태도에 충격을 받았다. 우르줄라 폰 카르도르프는 1962년에 전쟁 일기의 출간을 준비하면서 독일인의 죄 부분을 조용히 잘라냈다.[6]

1945년에 들어서조차 독일인들은 그들의 죄를 전혀 다른 두 가지 방향에서 접근하고 있었다. 하나는 패전의 책임에 관한 것, 즉 독일의 '재앙'에 대한 책임이 누구에게 있느냐는 것이었다. 그것은 독일의 '민족공동체' 내부의 자기연민의 말들로서, 바로 친위대 정보국이 전쟁 마지막 몇 주일 동안 탐지해낸 것이었다. 다른 하나는 독일의 전쟁범죄에 대한 도덕적 결산의 문제로서, 그것은 승리한 연합군이 자신들에게 강요하리라고 예상하던 것이었다. 1943년에 괴링은 경고한 바 있었다.

절대로 망상에 빠져서는 안 됩니다. 여러분들이 혹시 나중에, 이 끔찍한 나치들 가운데 자신만은 언제나 좋은 민주주의자였다고 말할 수 있다고 생각하는지는 모르겠습니다. 그러나 유대인은 당신이 유대인을 가장 열렬히 존경했던 사람인지 아니면 유대인을 최악으로 증오했던 사람인지 구분하지 않고 일정한 답을 줄 겁니다. 유대인은 이 사람이나 저 사람이나 똑같이 취급할 겁니다. 복수에 대한 그들의 갈증이 독일 민족 전체를 겨냥할 겁니다.[7]

독일인의 죄에 내포된 엇갈리는 그 이중성—유대인에게 자행한 범죄와 패전이라는 더 큰 죄—은 종전 이후에 시간이 갈수록 더—덜이 아니라—견고해졌다. 점령 당국이 추진한 '재교육'에 이데올로기적으로 어떤 입장을 취했건 무관하게, 제3제국의 후계 국가 세 나라인 서독, 동독, 오스트리아가 1949년에 창설되었을 때 그 모든 나라에서 독일이 희생자였다는 감정이 독일에 희생당한 사람들에 대한 책임감을 압도했다. 죽음, 실향, 추방, 기아는 많은 독일 민간인들로 하여금 패전과 점령 몇 년을 전쟁 자체보다 훨씬 나빴던 것으로 바라보게 하고 말았다. 그러나 이제는 그 고통의 감내를 정당화하거나 보상해달라고 호소할 위대한 민족적 대의가 없었다.

**

연합군이 전후 유럽의 국경선을 새로 그으면서 폴란드와 소련 소속 우크라이나가 서쪽으로 이동했다. 동유럽 인구를 재배치하는 그 작업에도 여전히 가축 열차가 투입되었다. 소련은 폴란드인 81만 415명을 재배치했다. 그들 다수는 동부 갈리치아의 역사적 중심지들인 리비우와 리브네를 떠나야 했다. 그와 평행하게, 소련은 48만 2,880명의 우크라이나인들을 새로 확대된 소련 우크라이나로 동쪽으로 이동시켰다. 폴란드인과 독일인들이 '혼합'되어 살고 있던 고지 슐레지엔에는 동쪽에서 온 폴란드 이주민들이 행정적 방아쇠 역할을 했다. 그들은 그 지역 독일인 혈통들을 상당히 질서정연한 방식으로 추방했다. 해방된 체코의 테레친―테레지엔슈타트―유대인 게토에는 독일인 혈통들이 수감되어 있었는데, 그들은 지역의 소련군 사령관에게 철수하지 말아달라고 애소했다. 체코인들이 자기들 모두를 죽일까 두려웠던 것이다. 독일인 민간인들이 그곳에서 독일행 가축 열차를 기다리는 동안 체코인들이 그들에게 노래와 춤을 시키고 기어가게 하고 체조를 강요했다. 1945년 5월 30일 브르노―혹은 독일인들이 사용하는 도시명으로는 브륀―의 독일인 3만 명 전원이 집에서 쫓겨나 추방되었다. 그들은 구타당하면서 오스트리아 국경의 수용소까지 걸어가야 했다. 그들 중 약 1,700명이 독일인들이 곧 '브륀의 죽음의 행진'으로 부르게 되는 그 길에서 사망했다. 레오니에 바우디츠와 그녀의 가족은 1946년 1월의 눈보라 속에서 브레슬라우에서 추방되었다. 그들을 태운 가축 열차가 프랑크푸르트 암 오데르에 도착하기까지 닷새가 걸렸다. 1947년까지 폴란드, 체코슬로바키아, 헝가리, 루마니아에서 총 1,009만 6천 명의 독일인 피란민들과 추방민들이 네 개의 연합국 점령지역에 도착했다. 그에 더하여 1946년에도 300만 명이 넘는 피란민들이 아직 농촌에 있었다. 그들은 2년 혹은 3년 전에 떠나왔던 파괴된 도시들로 돌아가려 하지 않거나 돌아갈 엄두를 내지 못했다. 집으로 가는 길이 서로 다른 연합국 점령지구를 통과해야 하는 경우, 즉 경찰이 삼엄하게 경비하던 경계선을 넘어야 하는 경우에 귀향은 더욱더 생각하기 어려웠다.[8]

1945년 5월에 강제노동자 800만 명도 해방되었다. 독일 농민들은 연합군 부대와 처음 대면할 때 종종 강제노동자들에게 중개자 역할을 강요했다. 그러나 몇 주일이 지나지 않아서 독일인들은 점령군들에게 외국인 노동자 갱들로부터 보호해달라고 요구하게 되었다. 갱들은 한밤중에 한적한 농가에 불쑥 나타나 음식, 옷, 돈을 요구했다. 혹은 단순하게 그동안의 억압과 착취에 대하여 복수하려고 했다. 그러나 연합군이 난민(DP: Displaced Person) 송환 정책을 실시함에 따라 갱은 갈수록 감소했다. 1947년 초까지 독일에 남아 있던 외국인은 약 100만 명이었다. 그들 대부분은 서부 지역에 있었다. 미군 점령지구에 57만 5천 명, 영국 점령지구에 27만 5천 명이 있었다. 그들 외에 유대인도 있었다. 그 수는 유대인에 대한 폭력적 포그롬이 전후 폴란드를 휩쓸고 그래서 그곳 유대인들이 서부로 도망쳐오면서 증가했다. 최악의 포그롬은 크라쿠프와 키엘체에서 발생했다. 1946년 7월 초에 그곳 유대인 커뮤니티의 200명 중에서 42명이 사망했다. 1946년 10월까지 서부 독일에 도착한 유대인은 16만 명에 달했다. 미군정이 독일 내의 동유럽인들 전원을 원래의 제 나라로 돌려보낸다는 원칙을 세웠음에도 불구하고 유대인만은 예외적으로 서부로 이주하도록 허용했다. 미군 점령지구는 유대인만을 위한 난민수용소를 세웠다는 점에서도 달랐다. 영국군과 프랑스군 점령지구의 난민수용소는 난민들을 국적별로 수용했다. 그것은 유독한 처방이었다. 유대인들이 지난날 독일과 협력했던 유대인들과 그곳에 함께 있어야 했기 때문이다. 그 부역자들은 '송환'을 거부했다. 돌아가면 부역으로 처벌받을 것이라고 예상했기 때문이었다.[9]

그러나 미군 점령지구에서도 유대인 난민은 쉽지 않은 시간을 보냈다. 독일에 남아 있던 난민 중에서 유대인의 비율이 증가하자 독일인들 사이에 사기꾼의 원형이라는 오래된 유대인 이미지가 다시 부각되었다. 1946년 3월 29일 독일 경찰관 180명이 개를 끌고 슈투트가르트 라인스부르크스트라쎄의 유대인 난민수용소를 습격했다. 경찰은 그곳에서 달걀 몇 개밖에 발견하지 못했지만, 그곳에서 유대인 난민들과 전면전을 치렀다. 나치 수용소에서 생존하여 최근에야 비로소 아내 및 두 자식과 상봉한 한 유대인이 그 싸움에서 죽었다. 미군정은 즉시 독일 경찰의 유대인 난민수용소 출입을 금지했다.[10]

제3제국이 붕괴함에 따라 암시장이 전시의 암시장을 훌쩍 뛰어넘는 규모로 출현했다. 독일 경제는 카오스 속에 있었고 중공업은 멈춘 상태였다. 베를린 중심의 알렉산더 플라츠와 티어가르텐이 암시장의 중심이 되었다. 재봉틀 바늘, 못, 나사가 사치품에 속했다. 전쟁 동안 독일이 폴란드를 점령했을 때와 똑같이, 독일 공장들은 노동자들에게 임금의 일부를 현물로 지급하면서 노동자들이 그 물건들을 서로 교환할 수 있도록 했다. 곧 어린이들의 놀이가 현실을 따라잡았다. 철도 측선에서 석탄을 훔치면서 아이들은 편을 경찰과 강도로 가르지 않고 '석탄 도둑과 기관사'로 갈라서 놀았다. 그때 서부 연합군은 모겐소 계획에 따라 독일을 '농촌화'하여 그 나라가 다시는 위협이 되지 못하게 할지 아니면 루르 지역의 공업 생산을 재개할지 논의하고 있었다. 소련은 소련군 점령지구에서 공장 시설을 해체하여 전쟁 배상금으로 가져갔다. 현금경제가 붕괴하자 기업들은 상호적 생산물 교환을 대규모로 실시했고, 이는 시장의 재통합을 한층 더 어렵게 만들었다. 식량 공급도 취약했다. 연합국이 1945년 포츠담에서 새로운 동유럽 국경에 합의하면서 독일은 가장 생산적인 일부 농업 지역을 폴란드에 양도해야 했다. 식량, 난방, 의복 공급에서 위기에 위기가 닥친 종전 이후 3년간 독일인들은 전쟁중 그 어느 시기보다 훨씬 더 심각한 배고픔을 경험했다. 우리가 본 것처럼 나치는 전쟁 때 독일의 물건 부족을 다른 유럽 국가들로 이전시켰었다.[11]

쾰른 추기경 요제프 프링스는 1946년 신년 전야에 행한 설교에서 생활 필수품의 절도를 승인하기까지 했다. 그 때문에 쾰른 지역에서 그는 절도를 의미하는 새로운 단어 '프링스하기'로 기억된다. 암시장을 책임지는 사람은 없었다. 암시장의 원인은 패전과 점령의 조건들이었지만, 독일 경찰과 지역 정치가들은 1945~1948년에 독일을 휩쓴 폭력과 사기詐欺를 난민들 탓으로 돌렸다. 마치 난민들이 암시장을 운영할 만한 경제적·제도적 힘을 갖고 있기라도 한 듯이. 서독 법원은 개혁되지도 않았고, 가난에 찌들고 짓밟혀온 외국인들에게 절대 친절하지 않았음에도 불구하고, 법원에서 유죄로 선고된 형사 범죄들의 양상은 그 주장이 억지였음을 드러낸다.[12]

프라이부르크 검찰총장 카를 바더는 준準무법상태이던 그 시국의 표장과도 같은 범죄 두 개를 적시했다. 강도와 중혼重婚. 1945년 여름 독일인 남성 870만 명이 포로수용소에 수감되어 있었다. 그러다보니 남녀의 인구 차이가 엄청났다. 작센-알할트의 20~30세 독일인 가운데 여성이 남성보다 3배 많았다. 30~40세에서는 두 배 많았다. 중혼은 전쟁 때문에 고향을 떠났다가 가족과 재회하지 못한 남자들 사이에서 가장 흔했다. 일부는 전쟁중에 태어난 아이들을 적법하게 등록하기 위해 중혼을 선택했다. 다른 일부는 과거의 신분을 숨기기 위해 중혼을 했다. 작센의 한 도시에서 시장을 지낸 한 나치는 자신의 사망 증명서를 만들어낸 뒤 '과부가 된' 원래의 아내와 재혼했다. 그는 그 사망 증명서 덕분에 체포되지 않았고, 심지어 영국군 점령지구에서 점령지구 간 교역을 다루는 공직을 얻었다. 그리고 그 직책을 이용하여 그는 뇌물을 받고 암시장에서 거래도 하며 잘살았다.[13]

도덕적 중심과 품위가 간절히 요구되던 사회에서 가짜 의사와 가짜 성직자의 출현은 심각한 문제였다. 군대에서 위생 잡역병이던 남자들이 내과, 외과, 산부인과 의사 행세를 하면서 몰핀과 같은 의약품을 구해서 자기가 먹거나 암시장에 내다팔았다. 전직 기계공 한 명은 메클렌부르크 주교를 설득하여 성직자임을 증명받은 뒤에 슈베린 근처 교구에서 1945년 말까지 목사로 활동했다. 당시 독일은 점쟁이들로 가득했다. 1947년 6월 어느 보도는 다음과 같았다.

베를린에만 점쟁이가 인구 1천 명당 한 명씩 있다. 고객의 99%는 여자다. 고객인 그 여자들은 불확실한 가족의 운명에 대하여 뭔가 알기를 원한다. 베를린 노이쾰른의 한 점쟁이는 하루 수입이 5천 마르크나 되는데, 집 앞에 줄을 선 고객들을 맞이하기 위하여 조수를 네 명이나 고용했다.

1946년 개신교 국내선교Innere Mission 소속의 한 목사는 매양 신도들로 둘러싸여 있었다. 앞으로 어떻게 해야 할지 지도를 부탁하는 사람들이었다. 목사는 말했다. '과거에 그런 사람들은 목표 혹은 적어도 계획과 소망은 있었다. 요즘 사람들은 그런 게 없다. 사람들은 스스로 서지 못한다. 더이상 무언가를 원하지 않는다. 더이상 아무것도 원하지 않는다. 더이상

아무것도 모른다.'[14]

포르츠하임에는 1943년 11월 1일 이후 헬무트 파울루스의 편지가 도착하지 않았다. 헬무트의 상관은 에르나와 에른스트 아르놀트 파울루스에게 편지를 두 차례 보내서 그들의 장남이 어떻게 실종되었는지 설명했다. 헬무트는 휴가에서 전선으로 복귀한 직후 매복을 나가서 돌아오지 않았다. 그후 수색대를 두 차례 보내서 찾았지만 아무런 흔적도 발견하지 못했다. 어쩌면 소련군에게 포로로 잡혔을 수도 있다. 헬무트의 여동생 엘프리데와 이름가르트는 하일브론을 둘러싸고 12일 동안 벌어진 전투에서 부상병들을 돌보았고, 1945년 5월에 탈진하여 집으로 돌아왔다. 막내인 루돌프는 도나우강의 라이프하임에서 부대를 이탈하여 어느 농민이 건네준 민간인 복장을 하고 떠돌다가 집으로 돌아왔다. 부모는 헬무트의 행방을 묻는 편지를 소련 적십자, 베를린 주교 디벨리우스, 헬무트의 부대 동료들에게 보냈다. 소용없었다. 1976년이 되어서야 독일 적십자의 실종자서비스가 마침내 헬무트가 1943년 11월에 전사했다고 확인해주었다.[15]

튀링겐 괴르마르의 힐데가르트 프로프스트는 1945년 7월 1일의 일기에 썼다. '나는 더이상 편지를 쓰고 싶지 않아요. 나는 하루하루 열렬히 당신(남편 프리츠)의 귀가를 기다려요. 다른 병사들은 매일같이 귀가하고 있어요.' 힐데가르트는 남편이 스탈린그라드에서 실종되었다는 소식을 받고 쓰기 시작했던 일기를 지속하고 있었다. 아들 카를-하인츠도 행방불명이었으나 돌아왔다. 아버지는 돌아오지 않았다.[16]

독일인들은 실종자 사진을 기차역 게시판에 붙여놓았다. 귀환하는 동료 병사들이 알아보고 소식을 전해줄까 기대한 것이다. 성직자들은 교구 소식지에 실종자를 위한 기도문을 게재했고, 개신교 국내선교는 1947년 9월에 실종자를 위한 기도 주간을 선포했다. 예배에서 구약 예레미야 29장 14절이 낭독되었다. 마지막 구절은 다음과 같았다.

나 여호와가 말하노라. 내가 너희에게 만나지겠고, 너희를 포로 된 중에서 다시 돌아오게 하며, 내가 쫓아 보내었던 열방과 모든 곳에서 모아, 사로잡혀 떠나게 하던 본 곳으로 돌아오게 하리라. 여호와의 말이니라 하셨느니라.[17]

성직자들 일부는 신도들에게 생사 여부가 불분명한 경우에도 귀환하지 않은 병사의 빈 무덤에 비석을 세우도록 허락했다. 아들의 귀환을 기다리던 힐데스하임의 R부인은 1947년 9월 2일에 가톨릭 성직자에게 편지를 썼다. 귀환한 병사들과 이야기해보니 소련 포로수용소의 조건이 '독일 수용소'보다 '훨씬 나쁘다'. '전선에서 자신의 의무를 행했을 뿐인 죄 없는 사람들'은 오랫동안 고통을 겪은 반면, 독일이 설치한 '수용소에서 사람들은 가스실에서 즉각 마비되었지 아니한가'. 그녀는 덧붙였다. 비록 '사람을 그처럼 처리한 것은 끔찍하고 좋지 않지만'.[18]

2차대전에 투입된 독일군 병사 1,730만 명의 다수는 동부전선에서 싸웠다. 그러나 소련군에게 포로로 잡힌 병사는 306만 명이었다. 대부분은 전쟁의 마지막 국면에 전선을 바꿔서 서부전선에서 항복했다. 310만 명이 미군에게, 364만 명이 영국군에게, 94만 명이 프랑스군에게 포로로 잡혔다. 그들 중 일부는 승전국 내의 수용소에 수감되었다. 미국과 영국에서 독일군 포로들은 농업 노동에 배치되었고, 프랑스와 소련에서는 파괴된 인프라 복구 작업에 투입되었다. 제네바협약에 위반되는 일이었지만 승전국들은 종전 이후 몇 년 동안 그들의 노동력을 이용했다. 전쟁포로들 대부분은 1948년 말까지 서구와 소련에서 귀국한다.[19]

1949년 12월 아우구스트 퇴퍼빈 박사가 폴란드 포로수용소에서 풀려나 졸링겐으로 돌아왔다. 집은 파괴되었으나 아내 마르가레테와 두 자녀는 생존해 있었다. 퇴퍼빈은 자기가 근무하던 고등학교 교사로 복귀했다. 징집되기 전에 14년 동안 갖고 있던 직책이었다.[20]

귀환한 전쟁포로들은 의학적·정신의학적 대상이 되었다. 독일 정신의학자들은 포로의 고난에 '디스트로피'라는 병명을 붙였다. 굶주림과 러시아의 광대한 공간이 병사들에게 무기력과 우울증과 도덕적 금지의 해체를 유발했다는 것이다. 의사들은 심지어 병사들의 '본성과 표정이 러시아적으로 되었고' '인간됨의 많은 부분을 상실했다'고 진단했다. 얼마 전까지만 해도 독일인들의 남성적 미덕의 우월성이 소련인의 야만성과 대비된다고 찬양했던 심리학자들이 이제는 동유럽에서 포로 생활을 한 독일군 병사들에게 성적 본능이 죽어버린 것은 아닌지 우려했다. 귀환 병사들의 상태를 진단하는 것과 그들의 말에 귀를 기울이는 것은 전혀 다른 문제였다. 전직 병사들에 대한 진단 파일은 병사들이 전쟁에 대하여, 특히 전사한 동료들에 대해 느끼던 극단적인 고통과 죄책감을 드러냈다. 의사의 진단에 따르면 헬무트 G는 '그 주변 인물에 대하여 강한 죄책감'을 느끼고 있었다. 그는 1945년 5월에 처음으로 전선에 투입되었다. 그때 그와 동료 병사들에게 엘베강 전선으로 돌아가 미군에게 항복하라는 명령이 하달되었다. 열아홉 살 헬무트는 그가 인솔하던 부대원들 중에서 행군을 감당할 수 있는 병사들만을 구할 수 있었다. 어린 병사 한 명과 중장년 병사 한 명은 중간에 낙오했다. 헬무트는 자신이 '동료애' 제1항을 위반했다고 느꼈다.[21]

루돌프 B는 1949년에 정신의학과를 찾았다. 그는 직업군인으로 입대했다가 1943년 초, 팔뚝에 부상을 당했다. 1949년에 병원에 입원한 뒤 그의 꿈에 부상당하기까지의 사건들이 계속해서 나타났고, 잠을 자는 중에 그는 큰 소리로 군령을 내리고는 했다. 그가 정신과 의사에게 진술한 파편적이고 횡설수설하는 말들은 그의 강박을 드러냈다. '나는 모든 것이 끝났다고 억지로 생각해야 해요. 그런데 그 모든 게 단지 나의 상상일 뿐일까요? 그 모든 희생과 죽음은 어쩌라고요? 그 모든 것이 아무 소용 없다니. 배신, 사보타주. 나는 받아들일 수 없습니다 ……' 잠시 후 루돌프는 분노에 차서 소리쳤다. '거기까지라니. 그래 그래, 그 모든 것이 소용없는 것이었다니. 내가 미친 걸까요, 아니면 미쳐가는 걸까요? …… (사람들이 변한 걸까요?) 사람이, 사람이 아무런 가치가 없어요. 의사 선생님, 그게 말이죠, 우리는 비밀무기가 있었어요.' 괴벨스의 슬로건을 말한 루돌프는 십계명으로 이동했다. '그래요, 그래요, 너희는 죽이지 말라.' 그리고 그는 침묵속으로 빠져들었다. 그가 믿었던 모든 것—진정한 희생의 가치, 장교들의 음모와 배신, 동료애, 그 모든 죽음과 과격성을 정당화해줄 '최후의 승리'의 보장인 '비밀무기'의 보유—은 전쟁이 끝나고 4년이 지난 그 시점에도 그에게 여전히 생생했다. 독일 사회의 나머지 사람들과 달리 루돌프 B는 1939년 이래 그를 지탱했던 이념과 믿음을 반복하고 있었다.[22]

빌름 호젠펠트는 1945년 1월 17일에 소련군에게 포로로 잡혔다. 그해 5월 그는 민스크의 장교용 포로수용소로 보내졌고, 그곳에서 몇 달 동안 소련 비밀경찰 수사관들로부터 세 차례 심문을 받았다. 비밀경찰은 바르샤바 방어군 참모부 정보장교라는 그의 직책에서 그가 반소련 정보 작전을 수행한 인물이라고 판단했다. 그래서 소련 경찰은 스포츠 이벤트와 교육 프로그램을 조직했을 뿐이라는 그의 진술을 믿을 수 없었다. 호젠펠트는 독방에 6개월 동안 수감된 뒤에 건강이 급속히 나빠졌다. 그는 1945년 말에 다시 수용소의 독일군 포로 2천 명과 합류했다. 그때부터 그는 가족들에게 정기적으로 편지를 썼다. 그의 건강은 호전되었고, 바브뤼스크 수용소로 이감되었다.

빌름의 아내 안네미에가 남편이 도와주고 보호했던 사람들을 찾아 나섰고, 드디어 카를 회를레를 만났다. 회를레는 공산주의자로서 나치 강제수용소에 수감되었고, 1943년 12월부터 빌름의 보호를 받았다. 회를레는 빌름이 나치당원이었음에도 불구하고 반_反나치 정치적 관점을 갖고 있었다는 것을 알고 있었다. 1947년 10월 회를레가 '나치 박해 희생자 연합회' 지역 의장이라는 자신의 직책을 이용하여 동독의 새로운 통치자들에게 그들의 소련 후견인들에게 빌름의 석방을 요청해달라고 로비했다. 안네미에가 호젠펠트가 폴란드에서 도움을 주었던 인물들과 접촉하는 데는 시간이 좀더 걸렸다. 1950년 10월 빌름이 바르샤바의 스포츠 센터에 숨겨주었던 유대인 레온 바름−바르신스키가 호젠펠트에게 감사를 표하기 위하여 서독을 방문했다. 호젠펠트가 아직 포로수용소에 수감되어 있다는 소식에 놀란 그는 전후의 바르샤바에서 작곡가 겸 피아니스트로 입지를 굳힌 브와디스와프 슈필만에게 편지를 썼다. 슈필만은 악명 높은 폴란드 비밀경찰 수장인 야쿠프 베르만에게 개인적으로 호소했다. 그러나 '그(호젠펠트)가 소련 동료들에게 관리되고 있기에 할 수 있는 일이 없다'는 말만 들었다.[23]

소련 당국은 호젠펠트 같은 독일군 정보장교를 게슈타포나 친위대 정보국과 똑같이 취급했다. 1950년 5월 27일 소련 군법재판소가 그에게 해명할 기회를 주지 않은 채 재판을 진행하여 노동수용소 25년형을 선고했다. 선고의 근거는 바르샤바 봉기 동안의 포로 심문에서 호젠펠트가 행한 역할이었다. 호젠펠트는 1947년 7월에 심근경색으로 쓰러졌다. 그는 즉시 치료를 받고 또 회복했지만, 그때부터 혈압 불안정, 현기증, 두통, 일련의 약한 심근경색을 앓았다. 1950년 8월 그는 스탈린그라드 노동수용소로 보내졌다. 그 도시의 재건과 볼가−돈 운하의 건설에 독일군 포로들이 투입되었고, 그들 2천 명은 재건 작업에서 파낸 돌과 흙으로 집과 벙커를 만들어 살았다. 1952년 6월 호젠펠트는 글씨 쓸 힘이 없어져서 겨우 이름만 쓰고 나머지는 받아쓰게 하는 상태였다. 아내에게 보낸 그의 마지막 편지는 아내를 안심시키는 내용이었다. '내 걱정은 하지 말아요. 이곳 상황치고는 나는 괜찮아요. 당신에게 내 모든 사랑을 보내고, 모든 것이 잘되기를 빌어요! 당신의 빌름'. 호젠펠트는 8월 13일에 대동맥 파열로 사망했다.[24]

1950년 10월 26일 새로운 서독 의회가 소련 내 독일군 전쟁포로 기념일 행사를 진행했다. 연방총리 콘라트 아데나워가 공식 연설에서 질문했다. '역사에서 수백만 명이 그토록 차갑고 무정하게 고통과 불행을 선고받은 적이 있습니까?' 그가 말한 것은 유대인 학살이 아니라 소련에 수감되어 있던 독일군 전쟁포로였다. 그러나 그때 그 수는 겨우 3만 명이었다. 전쟁 동안 소련군에게 포로로 잡힌 독일군 병사는 300만 명이었다. 대부분은 이미 독일과 오스트리아로 귀환한 상태였다. 75만 명은 포로수용소에서 질병이나 심신쇠약으로 사망했다. 스탈린그라드의 독일군 병사 11만 명은 쇠약한 상태에서 포로로 잡혔고, 그래서 대부분 사망하고 5천 명만 생존했다. 1946~1947년에 소련 여러 지역에서 집단 기아 사태가 발생했을 때 독일군 포로들은 소련 인민과 똑같이 험한 대우를 받았다. 소련 당국은 독일군이 1941년에 포로로 잡은 소련군 병사 390만 명에게 가한 의도적인 아사 정책에 복수하려 들지 않았다. 독일군은 1942년 초까지 소련군 포로 280만 명을 죽음으로 내몰았었다. 1953년 말까지 독일군 포로 2만 명이 추가로 풀려났다. 소련에 남은 포로는 이제 겨우 1만 명이었다. 그 수가 그렇게 감소하고 있을 때 전쟁포로의 석방을 요구하는 서독의 공적인 선동은 더욱 증가했다. 묵념 시간이면 교통과 도시의 벅적거림이 멈추었고, 석방을 요구하는 집회가 열리고, 사람들이 행진했으며, 교회에서는 전쟁포로와 실종자를 위한 특별 기도문이 낭독되었다.[25]

문제의 단편은 독일군 당국이 전쟁 마지막 국면에 독일군의 사망자 수를 잘 몰랐다는 데 있었다. 독일군 당국은 1944년 여름까지 전사자 수를 50만 명 정도 낮게 발표했다. 그리고 그해 여름 동부전선에서 철수하면서 부대 전체를 망실하는 일이 벌어지다보니 전사자와 부상자 수에 커다란 공백이 생겼다. 1944년 12월 독일군 내부 보고서의 공백이 1백만 명이었다. 1945년 첫 넉 달 동안은 사정이 더욱 악화되었다. 독일군이 전사자를 20만 명으로 보고했을 때 실제 전사자 수는 120만 명이었다. 그때 한 달에 평균 30만 명 내지 40만 명이 전사했다. 그 규모가 얼마나 막대한 것인지는, 1943년 1월 스탈린그라드에서 사망한 병사가 18만 5천 명이었다는 것을 기억하면 알 수 있다. 그리하여 독일군은 2차대전에서 3백만 명이 사망했다고 계산했지만, 실제 전사자는 480만 명이었다. 여기에 무장친위대 전사자 30만 명을 추가해야 한다. 전쟁 마지막 국면에 그 많은 죽음이─특히 독일 동부 지역을 둘러싼 전투에서─발행한 상황에서 군사우편은 1944년 말까지 작동했다. 그래서 병사들의 가족과 독일군 전문가들 모두가 실제보다 훨씬 많은 포로가 소련에 수감되어 있다고 생각했던 것이다. 1947년 모스크바 3상회의에서 소련이 그 시점의 독일군 포로가 89만 532명이라고 발표하자 독일인들이 엄청난 충격을 받았다. 당시 독일인들은 소련에 수감되어 있는 포로가 최소 250만 명이라고 생각하고 있었다. 전문가들의 의견이 그러한 정서에 불을 붙였다. 1947년에 헤센의 한 통계학자가 소련이 발표한 89만 명 외에 70만 명이 더 있는 것이 틀림없다고 발표했다. 그 통계는 받아들여져서 표준적인 서독사 서술에 독일군 당국이 제공한 전사자 추정치를 확인하는 역할을 했다.[26]

동일한 방식의 통계 오류가 피란 혹은 추방 기간 동안 사망한 민간인 수의 과장으로 나타났다. 1958년 서독 통계청은 인구학 데이터를 이용하여 동부로부터의 피란과 추방 기간 동안 사망한 독일인이 200만 명이며, 그중 병사가 50만 명이라고 계산했다. 1999년에 와서야 동부전선에서 사망한 병사가 약 140만 명이었다고 확인되었다. 그렇다면 민간인 사망자는 약 60만 명이었을 것이다. 연합군의 폭격으로 인한 사망자 통계도 1990년대에 와서 수정되었다. 한 탁월한 역사학자는 피폭 사망자가 37만 명 내지 39만 명이었고, 그 외에 4만 명 내지 5만 명의 외국인 강제노동자와 전쟁포로가 폭격으로 사망했을 것으로 계산했다. 민간인들 역시 병사들과 마찬가지로 대부분 전쟁 마지막 국면에 사망했다.[27]

1950년대의 냉전 분위기 속에서 소련의 비밀 수용소의 독일군 전쟁포로들이 피살되거나 고의적인 중노동에 의해 피살되고 있다는 주장이 유포되었다. 피골이 상접한 얼굴, 공허한 눈, 민머리 등이 1958년에 출시된 영화 〈타이가Taiga〉와 〈스탈린그라드의 의사〉 포스터에 나타났다. 1961년의 영화 〈악마는 발라라이카 기타를 연주했다〉는 그런 모습들로 나치의 희생자들이 아니라 독일인 전쟁포로들을 묘사했다. 미군이 독일 점령 직후 일부 지역민들로 하여금 나치 수용소를 둘러보도록 했던 것과 똑같이, 서독 당국은 소련군 모델 수용소를 만들어놓고 특별 여행을 조직했다. 독일인들은 철도망과 감시탑을 둘러보고 수용소 마당과 영안실을 관람했다. 수용소 마당에서 왼쪽 오른쪽으로 나뉜 사람들은 독일인 남녀였고, 임시 영안실에 쌓인 것은 독일인 시체였으며, 시체가 구덩이에 무더기로 묻히기 전에 뽑힌 금니는 독일인의 금니였다. 서독 정부가 1950년대에 전쟁포로들의 고통과 독일인 추방민의 수난사를 모아서 수십 권짜리 책으로 발간하고 유포하는 동안, 독일인들 대부분은 유대인 제노사이드에 대해 침묵했고, 유대인들이 겪은 고통의 세부 사항은 어느덧 독일인들 고통 이야기 속의 세부 사항으로 뒤바뀌어 있었다.[28]

**

1945년 11월 20일 뉘른베르크에서 전범재판이 열리자 국제 여론의 전례 없는 관심이 쏟아졌다. 그날 세 아이를 둔 한 어머니가 미군 포로수용소에 수감된 독일군 장교 남편에게 썼다.

> 어느 민족에게도—죄가 전혀 없다고 느끼는 나라라고 할지라도(그런 일
> 은 결코 없는 법이지만)—죄는 언제나 양측 모두에 있는 법! 승자의 권리
> 에 의하여 한 민족 '전체'를 죄악시하고 그들의 모든 자유를 빼앗을 권
> 리는 없어요. 패한 자에게 화 있을진저! 그 이전에도 그리고 그 이후에
> 도 나는 전쟁과 수용소에서 일어난 모든 악행에 대하여, 그리고 우리 이
> 름으로 자행된 수치스러운 행동들에 대하여 죄책감을 느끼지 않습니다.
> 당신, 어머니, 형제들, 그리고 많은 이들, 우리의 많은 이들은 죄가 없습
> 니다. 그것이 내가 집단적인 죄를 절대적으로 거부하는 이유입니다!

그녀가 유감스러워한 것 하나는 남편이 장군으로 승진한 뒤 부부가 그
녀의 고향 도시를 함께 활보할 수 없었던 일이었다. 이제 의존적인 피란민
어머니로 전락한 그녀가 잃어버린 지위를 보상받으려면 먼길을 가야 했다.
그러나 그보다 근본적으로, 그녀는 믿었다. '군대가 없는 민족은 무장하지
않은 민족이고, 따라서 명예가 없는 민족이지요.'[29]

영국 및 미국측과 소련측이 괴벨스가 그렇게 확신에 차서 예언했던 것
처럼 서로 갈등하는 양상이 처음으로 나타나자, 뉘른베르크 재판에 대한
공적 선동이 서부 점령지구에서 시작되었다. 그 선두에 교회가 섰다. 교회
는 나치당과 나치 대중조직이 금지된 뒤 타의 추종을 불허하는 영향력을
누렸다. 1946년 3월 처칠의 '철의 장막' 연설 뒤 2주일 내에 서부 지역의
가톨릭 주교들이 연합군의 탈나치화 작업 및 점령정책의 근간을 서슴지
않고 공격했다. 프링스 추기경은 사목 편지에서 주장했다. '집단적인 죄를
인민 전체에게 부과하고 인민을 그 기준에 따라 대우하는 것은 신의 권리
를 찬탈하는 것이다.' 뮌스터의 저널리스트 파울하인츠 반첸은 연합군 '수

용소'에서 나치 당직자들이 죽어간다는 소식이 꾸준히 흘러나오는 것에 주목했다. 그 소식에 따르면, 나치가 그곳에서 '과거 강제수용소 재소자들과 다름없는 대우를 받고 있었다.' 반첸은 일기에 '뉘른베르크 "피고인들"에 대한 사람들의 동정심이 시시각각 증가하고 있다'고 적었다. 테러는 사라졌지만, 무기력은 변치 않은 분위기 속에서 교회가 독일인의 권리를 주장하고 나섰다. 1946년 7월 4일 쾰른의 프링스 추기경이 뉘른베르크 전범재판소에 직접 보낸 편지에서 전범재판소의 과업을 사소화하는 동시에 전범재판의 원칙을 거부했다. '나치 돌격대와 여타의 민족사회주의 조직들의 구성원이었던 사람은 누구나 처벌받아야 하는 것으로 간주된다'는 원칙은 어불성설이다. 쾰른의 부주교도 주장했다. '남자답게 행동하라는 돌격대의 규칙들은 기독교 철학과도 상당 부분 양립이 가능했다. 그 규칙들은 주교들에 의해 인정되었다.'[30]

1945년 6월이라는 이른 시기에 이미 뮌스터 주교 갈렌은 독일군 병사들이 보여준 애국적 모범에 경의를 표했다. '우리는 우리의 기독교 병사들에게도 깊이 감사하고 싶습니다. …… 올바른 것을 행한다는 선한 양심으로 민족과 조국을 위하여 목숨을 아끼지 않은 사람들, 그리고 전쟁의 소란 속에서조차 자신의 가슴과 손으로부터 증오와 약탈과 부당한 폭력 행동들을 멀리한 사람들.' 그때 연합군은 나치 제3제국의 분명한 상징들만이 아니라 그것을 견지해주던 희생죽음에 대한 기념 문화를 해체하고 있었다. 예컨대 연합군은 나치가 1차대전 전사자들을 위해 랑게마르크에 세워둔 정교한 기념물만이 아니라 그곳 군인묘지의 '우리는 죽을지라도 독일은 살아야 한다'는 비문도 제거했다. 그러나 희생의 상징주의는 그리 쉽게 근절되지 않았다. 1945년 10월 갈렌은 가톨릭 회중에게 상기시켰다. '병사들의 죽음은 명예와 가치에서 순교자의 죽음과 나란히 있습니다'. 1946년 2월 교황 피우스 12세가 갈렌, 쾰른의 프링스, 프라이징의 콘라트를 추기경단 구성원으로 승격시켰고, 그로써 그들의 국가적·국제적 지위를 격상시켰다. 그다음달 중병이 든 갈렌이 화환과 꽃들의 아치로 환영받으며 뮌스터로 복귀했다. 저널리스트 반첸은 히틀러의 방문 이후 그런 환영은 처음 보았다고 일기에 적었다. 병든 추기경이 독일군 병사들이 바친 희생에 대하여 한번 더 설교했다. 그는 열변을 토했다. 독일의 패전은 민족사회주의의 '내적인 부패' 때문이었을 것이다. 그러나 병사들의 명예는 더럽혀지지 않았다. '우리의 병사들이 의무를 충성스럽게 수행하면서 행한 것은 모든 시대를 통하여 영구히 영웅주의로 남을 것입니다. 우리가 기리고 인정할 충성과 양심으로 남을 것입니다.'[31]

1946년 9월 프링스 추기경이 종전 이후 독일인으로서는 처음으로 런던에서 연설했다. 그는 웨스트민스터 대성당의 설교단에서 외쳤다. '우리 독일 가톨릭교도들은 민족사회주의자들이 아니었습니다. 우리는 우리 조국을 사랑했습니다. 우리는 조국이 가장 깊은 고난에 빠진 지금 조국을 더더욱 사랑합니다. 우리는 조국이 보유해온 권리들을 위하여 싸웁니다.' 몇 주일 뒤에 잉글랜드 치체스터 주교 벨과 노팅엄의 가톨릭 주교가 포함된 영국의 초교파 성직자 사절단이 라인란트와 베스트팔렌을 순방했다. 그들은 연합국들이 독일을 재건하려는 교회의 노력을 지원해야 한다고 주장했다. 그리고 그들은 독일 교회가 '(나치의) 반인간주의에 저항했다'는 것을 인정했다. 그동안 독일의 가톨릭 및 개신교 지도자들, 특히 마르틴 니묄러처럼 나치에 의해 투옥되었던 사람들은 전범재판소에서 유죄판결을 받은 사람들이 가장 많이 찾아가는 중재자가 되어 있었다.[32]

파울 알트하우스 역시 지도적인 개신교 신학자로서 독일 공중에게 지적인 지도력을 제공해야 한다고 느꼈다. 그는 '죄'의 문제를 논한 짧은 논설을 발표했다. 종전 직후에 행한 설교에서 그는 나치 '지도자들'의 '끔찍한 오류'와 '심각한 불의'를 비난했었다. 그러나 이제 그는 똑같은 그 지도자들이 뉘른베르크에서 재판받으면 안 되는 이유를 제시했다. 논설에서 알트하우스는 전쟁범죄와 그 결과에 초점을 맞추지 않았다. 그는 그것들이 인간 본성의 표출에 불과하다는 데 초점을 맞췄다. '내 민족 어딘가에서, 그렇다, 인류의 어딘가에서 벌어지고 있는 모든 악은 인간의 영혼, 모든 시대 모든 곳의 영혼과 똑같은 인간 영혼 속의 똑같은 뿌리에서 나온 것이다.' 그는 특정한 행위들을 추상적이고 보편적이고 무시간적인 죄의식 속으로 사라지게 함으로써 그 행위들의 악을 재판할 수 있는 존재는 오직 신뿐이라는 결론에 쉽게 도착할 수 있었다. '왜냐하면 죄의 공동체는 그 깊이와 넓이에서 인간 법원의 이해와 정의 너머에 있기 때문이다. 인간 재판관들은 그에 대하여 내게 말할 수도 없고 말해서도 안 된다.'[33]

알트하우스는 민족주의적 개신교의 대표자로서 1차대전 직후에는 1918년이 패배를 넘어서는 의미를 갖는다고 강조한 바 있었다. 그때 그는 독일인들이 기준에 미흡한 민족이었기에 심판받았다고 강조했다. 이때 그가 소환한 신은 구약성경의 심판하는 신이었다. 그런 알트하우스가 1945년 이후에는 주님의 '자비로운 의지'를 강조했다. 1946년에 그는 썼다. '우리는 다른 방법으로는 속죄할 수 없다.'

> 우리 독일 기독교는 그동안 발생한 끔찍한 일에 대한 수치심 속에서 우리 인민을 대표하여 그리스도의 십자가 아래 가장 겸손하고 간절하게 선다. '그리스도 그대 하나님의 양이시여, 세계의 죄악을 거두시고, 우리를 긍휼히 여기시며, 저주와 금지를 우리 나라로부터 거두소서.'[34]

알트하우스가 자비를 재발견한 것이 진심일 가능성은 있다. 그의 불구의 딸은 나치의 정신병 환자 의료 살인에서 운좋게 살아난 바 있었다. 그러나 1945년의 나머지 시간 동안 알트하우스는 회중에게 '사망한 독일군 병사들 수백만 명의 '피의 희생'을 상기시키면서도 독일인들이 죽인 수백만 명의 병사들과 민간인들을 언급하지 않았다. 그가 '동쪽에서 온 6백만 명'을 말할 때 그는 독일인 피란민들을 가리켰다. 다만 그가 선택한 숫자는 학살당한 유대인의 숫자였다. 그는 폴란드인 '살인자들'이 1939년 토룬에서 독일인 18명을 쏴 죽였다고 말하면서도 독일인 정복자들이 살해한 수백만 명의 폴란드인에 대해서는 침묵했다. 그는 미국군과 영국군 폭격의 '죄'를 가리키면서도 독일군이 전쟁을 어떻게 수행했는지는 말하지 않았다. 미군은 알트하우스에게 에어랑겐의 탈나치화 법원 의장직을 맡겼다. 활동 부족 때문에 미군이 그를 해임했지만, 1948년에 그는 그 직책에 복귀했다. 그 소란스러운 시기에 어느 동료 성직자도 대오에서 이탈하여 알트하우스가 개종 유대인을 개신교에서 제외한 독일교회의 '아리아인 조항'을 입안한 주요 인물이었다는 사실을 비판하지 않았다. 아무도 그의 '질서 신학'과 '창조 신학'이 나치즘과 반유대주의에 지적인 정당성을 부여했다는 점을 말하지 않았다. 그 대신 알트하우스는 1956년 교수직에서 은퇴한 뒤에도 오랫동안 독일 개신교의 핵심 인물로 활동했다.[35]

마르틴 니묄러는 1946년 1월에 에어랑겐대학 학생들에게 물었다. 왜 독일에는 '우리, 우리 독일인들이 다른 민족들에게 가한 그 끔찍한 고통에 대하여, 폴란드에서 발생한 일에 대하여, 러시아에서 발생한 죽음에 대하여, 560만 명의 사망 유대인에 대하여' 설교하는 성직자가 한 명도 없는가. 그러자 학생들이 그에게 야유했다. 니묄러는 과격하고 거침없이 말하는 사람이었다. 고백교회 내에서 그는 나치 종교정책에 대한 가장 신랄한 비판자였다. 그 때문에 그는 1937년 7월에 체포되어 다카우 수용소에 수감되었다. 니묄러는 독일 민족주의자였고, 2차대전이 발발하자 독일 해군에 복무하겠다고 자원했다. 1945년에 풀려난 뒤 나폴리에서 열린 기자회견에서 그는, 자신은 '정치적 문제에서 히틀러와 싸운 적이 결코 없으며 순수하게 종교적인 이유에서 싸웠다'고 인정했다. 그러나 1945년 10월 그는 독일개신교협의회 회원 10명에게 '슈투트가르트 죄 인정 선언'에 서명하도록 설득했다.

우리에 의하여 다른 많은 민족들과 나라들에게 무한한 고통이 가해졌다. 우리가 종종 우리 공동체 내부에서 증언했던 것을 이제는 교회 전체의 이름으로 선언한다. 우리는 민족사회주의 폭력 정권으로 끔찍하게 표현된 정신에 대항하여 오랫동안 예수 그리스도의 이름으로 싸웠다. 그러나 우리는 우리가 보다 용기 있게 신앙을 지키지 않았음을, 보다 신실하게 기도하지 않았음을, 보다 기쁘게 믿지 않았음을, 보다 열렬히 사랑하지 않았음을 인정한다.

당시 이 문서는 논란이 분분했다. 그 문서는 노회에 참석했던 네덜란드, 스위스, 프랑스, 영국, 미국의 개신교 대표자들이 서명자들로부터 쥐어짜낸 것으로서, 그들은 독일의 동료들이 도덕적 책임을 받아들일 경우에만 독일 개신교와의 관계를 회복할 수 있다고 압박했다. 그 문서는 일반적인 고백을 넘어서는, 전쟁에 대한 그 어떤 언급도 피했다. 그러나 그조차 대부분의 개신교도에게 지나친 것으로 보였다. 그들은 전쟁에 대한 언급이 1919년 베르사유조약의 독일의 전쟁책임 조항과 똑같이 연합국에 대한 굴욕적인 양보라고 여겼다. 1950년이 되어서야 독일 노회가 인정했다. 독일 개신교도들은 '태만과 침묵의 행동에 의하여' '신 앞에서 죄를 지었으니, 우리 민족 구성원들이 유대인에게 가한 부당성에 대하여 신께 자비를 구한다.' 독일 교회는 그후 수십 년이 더 지나서야 보다 담백하고 공개적으로 자기 비판적인 인정을 행한다.[36]

비록 정치적 좌파가 동서 점령지구에서 인민적 지지의 물결을 탔지만 루르와 작센과 베를린이라는 과거의 핵심 지역에서 좌파는 1933년 이전과는 매우 다른 문화적 토대 위에 건설되었다. 사민당, 공산당, 노동조합에 가입한 새로운 세대는 망명이나 감방에서 돌아온 지도자들과 매우 달랐다. 그들은 히틀러청소년단, 독일소녀동맹, 제국노동봉사단, 방공포대를 거쳤거나 아니면 독일군에서 복무했던 사람들이었다. 좌파의 과거 협회들은 재건될 수 없었고, 그것이 담보하던 과거의 도덕적 가치들도 재건될 수 없었다.[37]

미군이 뒤셀도르프를 점령한 직후인 1945년 4월 유대인 마리안네 스트라우스가 은신처에서 나왔다. 드디어 그녀와 그녀를 1943년 8월부터 숨겨주었던 작은 사회주의 조직 분트가 기다려온 순간이 왔던 것이다. 그녀는 즉시 정치 활동에 뛰어들었다. 그녀는 밤시간과 주말을 집회와 회의에서 보내면서 독일 사회를 변화시키고자 했다. 마리안네는 재건된 공산당에 입당하고 자유독일청년 운동의 활동가가 되었다. 그리고 사람들을 분트에 가입시켰다. 1946년 4월에는 공산주의 신문 〈자유〉의 전업 저널리스트로서 예술에 관한 논평을 쓰기 시작했고, 동시에 영국군 점령지구의 BBC 방송을 위해서 일했다. 그러나 그때 이미 그녀는 영국의 사촌에게 보낸 편지에서 인정했다. '우리가 독일의 발전과 변화 능력에 걸었던 희망이 얼마나 망상이었는지 나타나고 있어. 때때로 나는 독일인들이 아무것도 배운 것이 없다고 느껴.' 1945년 5월에 마리안네는 연합군에게 자신을 자동으로 유대인으로서가 아니라 독일인으로 제시했었다. 그러나 1년이 지나지 않아서 자신이 과연 독일인의 한 명인지 불확실하다고 느꼈다. 그녀는 독일을 떠나는 문제를 고려하기 시작했다.[38]

독일인들이 전쟁중에 갖고 있던 신념은 나치 지배의 종식과 함께 사라지지 않았다. 1945년 6월 뮌스터의 한 가톨릭 성직자는 연합군 수사관에게, 전쟁 때의 폭격은 '세계 유대인의 복수'라는 관점이 뮌스터 지역에 여전히 광범하게 확산해 있다고 말했다. 1945년 8월 독일에서 활동하던 미 정보국은 독일인들이 미군보다 증오하는 사람은 러시아인들뿐이라고 보고했다. 독일인들은 영국과 프랑스가 전쟁에 끌려들었었다는 것은 인정했다. 그러나 미군의 참전은 이해하지 못했다. 아무도 히틀러가 미국에 선전포고했다는 사실을 기억하지 못하는 듯했다. 정보국 조사원들이 발견한 것은 독일인들이 미국은 전쟁의 성격이 '유대인의 전쟁'이었기 때문에 참전했다고 생각하며, 독일의 패전 또한 오로지 '세계 유대인의 힘'이 확인된 것으로 믿는다는 것이었다. 독일인들의 64%가 유대인에 대한 박해가 독일 패전의 결정적 원인이었다고 생각하고 있었고, 더욱이 유대인의 고통에 대한 책임이 독일 인민 전체에게 있다고 여기는 사람은 거의 없었다. 연합군이 점령하고 있는 상황에서조차 상당히 큰 소수—37%—가 '유대인과 폴란드인들과 여타의 비아리아인의 절멸'이 '독일인들의 안보'에 필요했다는 견해를 지지했다. 독일인들 대부분은 전쟁이 정당한 민족 방어의 전쟁이었다고 믿고 있었다.[39]

그것은 승리한 연합국이 의도했던 것이 아니었다. 미국은 1945년과 1946년에 가장 야심 찬 재교육 및 탈나치화 정책을 추진했다. 그들은 독일인들에게 강제수용소를 둘러보도록 강요했고, 때로는 배급 카드를 내주기 전에 부헨발트 수용소와 다카우 수용소 다큐멘터리 영화를 관람하도록 했다. 영화관에서 많은 독일인들이 얼굴을 돌렸다. 그들은 영화를 보려 하지 않거나, 볼 수 없었다. 독일인들 일부는 영화와 사진들이 연합군의 선전물일 뿐이라고 깎아내렸다. 심지어 '재-교육'이라는 단어가 거슬리는 듯했다. 그 단어에는 비행 청소년들을 교화소로 보낸다거나 '반사회적인 인간들'을 강제수용소로 보낸다는 함축이 묻어 있었다. 미국 당국은 결국 재교육 시도가 거의 결실을 보지 못했다고 판단했다. 1945년 11월과 1946년 12월 사이에 미군 당국은 여론조사를 11번 실시했다. 평균 47%가 민족사회주의가 '나쁘게 수행된 좋은 이념'이었다는 견해를 지지했다. 1947년 8월에 여론조사에 응한 사람의 55%가 그렇게 응답했다. 30대 이하의 응답자들의 지지도 얼추 그 정도였다. 고등교육을 받은 사람, 개신교도, 서베를린 주민, 헤센 주민의 경우에는 그 견해의 지지자가 60~68%였다. 심지어 그때는 공개적으로 민족사회주의를 옹호하면 사형선고를 받을 수도 있는 시점이었다.[40]

**

소련 점령지구는 서부 독일과는 상이한 정치와 이념을 추구했다. 빌헬름 피에크와 발터 울브리히트 같은 독일 공산주의자들이 소련 망명지에서 돌아왔다. 그들은 나라를 변화시키려 결심했고 파시즘의 재출현을 막으려했다. 이를 위하여 그들은 반파쇼 공산주의 투사들의 영웅적인 모범을 중심으로 새로운 숭배와 규범을 창출하려 했다.

1945년 4월, 피에크는 나치의 범죄에 독일 인민이 '깊이 연루되었다'고 선언했다. 1946년에 그들은 독일인들이 스스로에게도 고통을 가했다는 것을 입증하고 확산시키기 위하여 드레스덴 폭격을 다룬 짧은 다큐멘터리 영화 〈드레스덴〉을 제작했다. 새로운 집권자들은 독일 인민이 '반파쇼 레지스탕스 투사'의 영웅적인 모범을 수용할 것으로 기대했다. 물론 소련군 점령지구에 효과적인 지배를 수립하기 위한 노력의 일환이었지만 그들은 또한 서부에서는 비난의 대상이었던 독일군 전쟁포로들을 환영했다. 교육과 선전에서도 역점을 전쟁포로들에게 두었다. 그러나 동부의 지배자들은 독일의 범죄를 '히틀러 도당'이라는 소규모 서클에 한정시켰다. 피에크는 이미 1946년에 '독일인 수백만 명'이 '히틀러 정부에 의하여 전장과 국내에서 죽음으로 내몰렸다'면서 그들을 '강제수용소에서 비인간적인 테러에 의해 살해되고 고문당해 죽어간 수백만 명'과 동일시했다. 이때 피에크는 강제수용소에서 죽어간 사람들의 국적과 인종을 적시하지 않았다.[41]

동부 독일이 '집단 범죄'로부터 이탈하는 과정은 서부 독일보다 훨씬 부드럽게 진행되었다. 당국은 동독인들에게 1947년부터 전사자추모일에 '히틀러 도당'에 의해 착취되고 전장으로 보내진 '파시즘의 희생자들'을 기리도록 했다. 그 영웅적인 '반파쇼 레지스탕스'에서 태어난 것이 사회주의 독일이라는 것이었다. 비록 평화로운 재건이라는 공산주의자들의 목표가 감상적이고 또 가능한 것이었지만, 그들의 언어는 희생, 재탄생, 낙관주의, 집단적 노력 등 과장된 개념들로 구축되었다. 따라서 새로운 나라의 목표가 나치 '민족공동체' 수사와 비슷한 울림을 주었다. 그때 예컨대 스페인의 국제여단에서 싸웠던 독일계 유대인 공산주의자들과 같은 '반파쇼 레지스탕스'의 실제 베테랑들이 영국 망명에서 돌아오기로 하자, 동독 당국은 그들을 의심의 눈으로 바라보았다.[42]

오스트리아는 국민들을 더욱 빠르게 가해자에서 피해자로 전환시켰다. 오스트리아는 1943년의 모스크바 삼상회의의 선언을 신호로 삼아 1945년 4월 27일을 독일제국으로부터 독립한 날로 선언했다. 1938년 3월 독일에 병합된 오스트리아가 민족사회주의 침략의 '첫번째 희생자'였다는 것이다. 1955년에는 연합국들이 '국가조약'에 의하여 비동맹 오스트리아 제2공화국을 주권국으로 승인했고, 그 1조는 오스트리아를 독립적인 민주 국가로 인정했다. 그로써 오스트리아 신화는 봉인되었다. 1978년에 오스트리아는 아우슈비츠 수용소에서 자국민의 고통을 보여주는 항구적인 전시회를 개최했고, 그렇게 다시 한번 오스트리아가 나치의 순수한 피해자임을 천명했다.[43]

1949년에 두 개의 독일 국가가 공식 창건되었다. 1950년에 발발한 한국전쟁이 두 나라의 경로를 규정했다. 소련과 미국 모두 그들의 고객 국가들에 재무장을 촉구했다. 동독의 공식 선언문이 극적으로 변화된 모습을 보여준다. 1949년 2월 사회주의통일당의 기관지 〈새로운 독일〉은 일요일 특별판의 절반을 4년 전의 드레스덴 폭격으로 채웠다. 신문에 알트마르크 광장에 산같이 쌓여 소각되는 시체 사진들, 증언들, 드레스덴 시장의 논설이 게재되었다. 그것들은 곧 드레스덴 폭격의 아이콘이 된다. 그 공산당 기관지는 역사상 처음으로 드레스덴 폭격이 영국군과 미군이 드레스덴을 고의적이고 불필요하게 파괴한 것이라고 주장했다. 그것은 물론 냉전의 소리였지만, 이때 '영미의 테러 공격'이라는 단어가 발화되었다. 괴벨스의 원래 표현에서 '유대인'이라는 멸칭만 생략된 구호였다. 드레스덴 폭격의 사망자 유해가 묻혀 있던 하이데 공동묘지에 1964년에 새로운 기념비가 세워졌다. 원형으로 늘어선 석주 14개는 과거 피에크가 나치 희생자와 독일군 전사자들을 일치시켰던 바로 그것을 형상화했다. 석주 7개에 강제수용소의 이름이 새겨지고 나머지 7개에 전 세계의 피폭 도시들 이름이 새겨졌다. 드레스덴 석주는 아우슈비츠를 마주보고 섰다.[44]

서독 총리 아데나워는 미국의 재무장 압력에 1951년의 연방의회 연설로 화답했다. '구舊 독일군의 명예는 손상되지 않고 이어져왔습니다.' 연방의회 의원들이 환영으로 답하며 선언했다. '집단적인 죄의 시대는 이제 끝났다.' 그후 새로운 민주주의는 군대 구축에 필요한 하사관들과 고위 사령관들에게 비위를 맞추고 '희생', '의무', '명예' 숭배를 다시 강조했다. 서독 국가는 과거의 전문직 엘리트들도 환영했다. 1951~1953년 서독 연방의회는 나치 독일에 봉사했던 공무원들과 군인들에게 고용의 권리와 연금을 보장했다. 게슈타포와 무장친위대로 전직되었던 공무원들과 군인들도 그 속에 포함되었다. 잉게보르크 T의 남편은 1945년에 장군으로 승진했고,

그녀가 말했듯이 종전 직후 몇 달 동안 부부는 그들의 집이 있는 독일 북서부 도시 소에스트의 길거리를 산책하는 기쁨을 누리지 못했을지는 모른다. 그러나 부부는 장군 연금만은 무사히 확보했다.

전문직 엘리트들의 과거 인맥이 서독에서 발휘하는 힘은 막강했다. 서독 외교부 공무원의 43%가 과거 친위대원이었고 그에 더하여 17%가 친위대 정보국이나 게슈타포에서 일했다. 미군이 다른 서부 점령지구보다 강력한 탈나치화 작업을 벌였던 바이에른의 경우조차 재무부 공무원의 77%, 판사와 검사의 94%가 전직 나치 당원이었다. 서독은 박해받은 정치범과 유대인의 지위를 인정했던 연합군의 법령을 넘겨받았다. 그래서 서독의 법원과 행정은 생존자들의 보상 청구를 받아들여야 했다. 마리안네 스트라우스는 법적 보상 절차를 1945년 9월에 시작했다. 그러나 연방 법과 행정명령들이 계속 새로이 제정되고 결정됨에 따라 그녀의 지위는 계속 재정의되었고, 그래서 보상 절차가 1970년대까지 늘어졌다.

연합군은 로마 집시와 여호와의 증인과 동성애자들에 대한 보상 규정을 마련하지 않았다. 수십 년 동안 서독 법원은 그들의 보상 주장을 거부했다. 그 법원의 판사들과 공무원들은 나치 제3제국에서 그 사람들을 '반사회분자' 혹은 '평화주의자'로 처벌했던 그 사람들이었다. 1950년대와 1960년대에 관련 소송의 재판을 맡은 사람들도 그들이었다. 과거 정치범들 중에서는 딱 한 집단만이 서독에서 보상을 거부당했다. 공산주의자들이 그들이었는데, 그들이 '전체주의' 체제를 지지한다는 이유에서였다. 냉전은 동독의 나치 피해자들의 지위에도 영향을 주었다. 프리다 림펠의 남편 요제프—여호와의 증인이었다—는 1939년 12월에 군복무를 거부했다는 이유로 처형되었다. 남편은 작센 사회복지국으로부터 적법한 '민족사회주의 박해 피해자'로 인정받았고, 그에 따라 그녀가 배우자 연금을 받았다. 그러나 1950년 11월 그녀에게 남편의 피해자 지위가 '탈-인정되고 지

불이 종료되었다'는 공문이 배달되었다.[45]

　냉전 언어의 격렬성에도 불구하고 동과 서 모두 특히 두 독일 간의 전쟁이 가능해 보이던 시기에 청년들은 군인이 되지 않으려 했다. 동독의 공산당 청년운동 단원이 95만 명에 달했지만 그들은 새로운 인민군에 입대하라는 요구에 거부 사태로 답했다. 그들은 '민주적 평화주의'의 이상을 버리려 하지 않았다. 비록 서독인들 대부분이 여전히 과거 독일군에서의 복무를 긍정적인 견지에서 바라보았지만 1956년의 재무장과 징집령에는 사민당원, 기독교 평화주의자, 보수주의자들이 모두 반대했다. 내무장관이었던 구스타프 하이네만은 항의의 표시로 공직에서 물러났고 마르틴 니묄러는 독일이 비무장과 중립국으로 머물기를 원했다. 그래야 독일이 재통일될 수 있다고 생각한 것이다. 재무장 반대자들의 그 느슨한 동맹은 추후 미국 핵무기의 배치에 반대하는 동맹으로 재출현한다.[46]

　'전사자' 숭배는 새로운 군국주의에 기여하는 대신 독일인들이 피해자 지위를 계발하는 데서는 민족주의적이었지만 호전성으로부터는 단절된 그런 정서 속으로 틈입되었다. 1943년 2월에 괴벨스는 제6군의 선전중대 중대장 하인츠 슈뢰터에게 스탈린그라드 병사들의 편지를 적절히 선별하여 편집하라고 지시했다. 니벨룽겐의 전설에 버금가는 '스탈린그라드 영웅서사'가 만들어지려는 찰나 괴벨스가 돌연히 프로젝트를 중단시켰다. 그가 독일 공중이 패배를 신화화하는 것에 매우 부정적으로 반응하리라는 것을 갑자기 깨달았기 때문이었다.

　슈뢰테는 1950년에 그 편집본을 『스탈린그라드의 마지막 편지들』이라는 제목으로 출간했다. 출간은 서독의 한 작은 출판사가 맡았다. 그 책을 베르텔스만 출판 그룹이 1954년에 재출간하자 폭발적 반응이 나타났다. 책에 실린 편지는 슈뢰터가 애초에 괴벨스에게 제안했던 대로 39통이었다. 일부 편지에는 조작의 흔적마저 보였다. 저자의 목소리가 지나치게 일정하고, 사실에 대한 오류가 거슬릴 정도이며, 신파조가 지나쳤다. 그러나 책은 사망한 전사들의 진정한 목소리로 받아들여졌다. 편지들은 비가悲歌적이고 비극적인 영웅의 음조로 표현되었다고 찬양되었다. 기념식에서 낭독하기에 최적이었다. 그러나 그 편지들은 괴벨스가 의도했던 목표에 기여하지 않았다.[47]

'스탈린그라드 신드롬'도 없었고 패배에 복수하려는 소망도 나타나지 않았다. 그 대신 편지는 화해 문화의 일부가 되었고, 수많은 언어로 번역되었으며, 심지어 철의 장막을 넘어서 러시아어 판본과 동독 판본으로도 출간되었다. 일본에서는 학교의 필독 도서로 의무화되었다. 슈뢰터의 책이 발간된 1950년에 퇴역 군인 하인리히 뵐이 단편소설 하나를 발표했다. 중상을 입은 병사가 귀환하여 임시 병원에서 수술을 받았다. 그런데 죽어가는 병사는 그 임시 병원 건물이 자기가 다니던 학교라는 것을 깨닫는다. 병사는 데생 교실의 칠판에 분필로 적힌 희미한 문장이 자기 손으로 쓴 것이라는 사실도 알게 된다. '방랑자여 그대가 스파……' 그것은 스파르타 병사 300인을 위하여 시모니데스가 작성했던 묘비명의 실러 판본이었고, 다름 아니라 괴링이 스탈린그라드 병사들을 위해 소환한 시구였다. 그 시구는 당시의 하인리히 뵐을 감동시켰었다. 그러나 젊은 작가는 이제 그 신화의 기원에 구멍을 냄으로써 독일의 인문주의 김나지움이 청년들을 애국주의로 잘못 교육했다고 고발하고 있었다.

그것은 에리히 마리아 레마르크와 빌프레드 오웬이 1차대전에 행했던 고발의 반복이었다. 독일어 '희생 피해Opfer'는 적극적인 '희생sacrifice'과 수동적인 '피해victim'의 이중적인 의미를 결코 상실하지 않았다. 그리하여 '전사자'라는 단어가 여전히 적극적이고 애국적인 희생의 메아리를 전달했음에도 불구하고 전쟁에 대한 추모는 병사들을 비자발적이고 수동적이며 죄 없는 피해자로 바라보는 방향으로 움직였다. 이 지점에 불가피한 어떤 것이 있다. 패전은 전쟁중의 모든 희망을 산산조각내고 오직 고통만을 남겼고, 헛된 영웅주의의 그림자는 종전 이후에 어느 장군이 동부전선의 전투에서 독일이 승리할 수도 있었다고 주장해도 그 주장을 압도해버렸다. 그리고 또 그 모든 종말론적인 예언들에도 불구하고 독일인들은 그러나 어떻든 횔덜린의 '미지의 심연'의 피안에도 있지 않았다.[48]

**

전쟁이 끝났을 때 리젤로테 푸르퍼는 여전히 젊은 33세의 과부였다. 1945년 5월에 소련군이 크룸케 농원을 점령하자 그녀는 자신이 나치 선전 사진가였다는 사실을 숨기기 위해 경력을 낮췄다. 농원에서 농업 노동을 했고 치과 조무사로도 일했노라고 말했다. 1946년에 그녀는 서베를린으로 이주했고 사진 작업을 재개했다. 그리고 이때 처음으로 자신을 결혼 후의 성姓인 오르겔로 표기했다. 전쟁이 끝난 뒤 그녀가 찍은 첫번째 피사체의 하나는 베를린 재활센터 오스카 헬레네 요양원의 남자들이었다. 그녀가 촬영한 한 남자는 전쟁에서 오른팔 앞부분을 잃은 사람으로서 줄칼로 철 깎는 법을 익히고 있다.

전쟁이 남긴 무서운 상처들은 1924년에 에른스트 프리드리히가 반전주의 작품집 『전쟁에 대한 전쟁』에서 보여준 바 있었다. 그때 프리드리히는 삶이 얼마나 끔찍하게 파괴되었는지 강조했다. 그 때문에 나치의 증오를 한몸에 받았다. 리젤로테 오르겔은 전쟁중에 배운 카메라 앵글 조작법, 즉 대상을 아래로부터 위로 향하여 포착하는 기술을 사용하여 사진

속 남자의 힘과 목적을 가시화했다. 그녀는 서독인들의 사기를 진작시키고
자 했다. 단순한 육체노동으로도 독일의 조각난 땅만이 아니라 독일인들
의 조각난 몸도 재건할 수 있다는 메시지였다.[49]

에른스트 귀킹의 행운은 지속되었다. 그는 포로생활을 단 몇 주일만
한 끝에 귀가할 수 있었다. 라우테르바흐의 부모 집에서 아내 이레네와 어
린 두 자식이 그를 맞이했다. 이레네가 받은 플로리스트 교육과 농원에서
자란 에른스트의 경험은 전후의 삶으로 이어졌다. 부부는 집 근처 땅뙈기
에 꽃과 채소를 길렀다. 1949년 이레네가 드디어 전쟁 전의 꿈을 실현하여
작은 꽃집을 열었다. 2003년의 인터뷰에서 혹시 부부가 아이들에게 전쟁
에 대하여 설명한 적이 있냐고 묻자 이레네가 답했다. '그렇지 않았던 거
같아요. 그렇지 않았던 거 같아요. 그런 기억이 없어요. 안 했어요. 그리고
그때 우리는 아침부터 저녁까지 시장과 가게에서 계속 바빴어요.' 그녀는
부부가 1942년 초에 유대인의 강제이송, 동쪽에서 그 유대인들에게 발생
한 일, 혹은 1945년 초에 독일이 버틸 수 있을까 걱정했던 것에 관하여 썼
던 편지들을 기억하지 않았다. 이레네가 말하고 싶었던 것은 사랑에 대한
것이었고 그것이 그녀가 그들의 전시 편지들을 보관하고 출간한 주된 이유
였다.[50]

귀킹 부부와 같은 가족들은 전쟁중에 유보했던 사적인 삶을 되찾았
다. 전쟁중에 서로에게 했던 약속 하나를 이행했던 셈이다. 1950년대 서독
의 가부장적 핵가족은 독일인들이 사적인 삶을 그토록 오래 연기했던 것
을 마침내 보상한 것이기도 했다. 그러나 전형적이게도 목가적인 가족의
경제적 토대를 마침내 확보하자 그들은 부모로서 자식들에게 해줄 말이
없었다. 그들은 여전히 그들의 과거 행동이 정당했다고 믿었을지 모른
다. 그러나 많은 가족 안에 세대 간 침묵의 장벽이 새로이 세워졌다. 다
음 세대가 당시 독일인들이 왜 세계를 상대로 그러한 재앙을 가했냐고 묻

기 시작한 반면 윗세대는 그들 스스로도 고통당했던 그 재앙에 결박되어 있었다.

AEK	Historisches Archiv des Erzbistums Köln
BA	Bundesarchiv, Berlin
	BA–MA Bundesarchiv-Militärarchiv, Freiburg
DAZ	*Deutsche Allgemeine Zeitung,* Berlin, 1861–1945
DHM	Deutsches Historisches Museum, Berlin
DLA	Dokumentation lebensgeschichtliche Aufzeichungen, University of Vienna, Department of Economic and Social History
DRZW	Militärgeschichtliches Forschungsamt (ed.), *Das Deutsche Reich und der Zweite Weltkrieg,* 1–10, Stuttgart/Munich, 1979–2008
DTA	Deutsches Tagebucharchiv, Emmendingen
FZ	*Frankfurter Zeitung,* Frankfurt, 1856–1943
	Goebbels, *Tgb Die Tagebücher von Joseph Goebbels,* ed. Elke Fröhlich and the Institut für Zeitgeschichte, Munich, 1987–2008
IfZ–Archiv	Archiv, Institut für Zeitgeschichte, Munich
IMT	*Trial of the Major War Criminals before the International Military Tribunal, Nuremberg,* 14 November 1945–1 October 1946, 1–42, Nuremberg, 1947–9
JZD	Jehovas Zeugen in Deutschland, Schreibabteilung-Archiv, 65617 Selters-Taunus
KA	Kempowski-Archiv, formally at Nartum, now Akademie der Künste, Berlin
LNRW.ARH	Landesarchiv Nordrhein-Westfalen, Abteilung Rheinland
LNRW.AW	Landesarchiv Nordrhein-Westfalen, Abteilung Westfalen
LWV	Landeswohlfahrtsverbandarchiv-Hessen, Kassel
MadR	Heinz Boberach (ed.), *Meldungen aus dem Reich,* 1938–1945:

	Die geheimen Lageberichte des Sicherheitsdienstes der SS, 1–17, Herrsching, 1984
MfK–FA	Museum für Kommunikation Berlin, Feldpost-Archiv
RA	Wilhelm Roessler-Archiv, Institut für Geschichte und Biographie, Aussenstelle der Fernuniversität Hagen, Lüdenscheid
RSHA	Reichssicherheitshauptamt (Reich Security Main Office)
Sopade	Klaus Behnken (ed.), *Deutschlandberichte der Sozialdemokratischen Partei Deutschlands (Sopade)* 1934–1940, Frankfurt, 1980
UV, SF/NL	Sammlung Frauennachlässe, University of Vienna, Department of History
VB	*Völkischer Beobachter*, 1920–45
VfZ	*Vierteljahreshefte für Zeitgeschichte*, Munich, 1953–
YIVO	Archives YIVO Institute for Jewish Research, New York

주

프롤로그

1) 전쟁 마지막 국면에 대한 새로운 생각들에 대해서는 Kershaw, *The End; Geyer,* *'Endkampf 1918 and 1945', in Lüdtke* and Weisbrod (eds), *No Man's Land of* *Violence, 35~67;* Bessel, 'The shock of violence' in ibid., *No Man's Land of* *Violence,* 69-99; Bessel, *Germany in 1945.*

2) 폭격에 대해서는 Groehler, *Bombenkrieg gegen Deutschland;* Friedrich, *Der* *Brand.* 강간에 대해서는 Sander and Johr (eds), *BeFreier und Befreite;* Beevor, *Berlin;* Jacobs, *Freiwild.* 여성의 전쟁 경험에 대해서는 Dörr, *'Wer die Zeit nicht* *miterlebt hat ...'* 1~3; Grass, *Im Krebsgang; Schön, Pommern auf der Flucht* *1945.* 독일 어린이들과의 인터뷰는 Lorenz, *Kriegskinder;* Bode, *Die vergessene* *Generation;* Schulz et al., *Söhne ohne Väter;* Kettenacker (ed.), *Ein Volk von* *Opfern?;* Wierling, '"Kriegskinder", in Seegers and Reulecke (eds), *Die* *'Generation der Kriegskinder',* 141~55; Stargardt, *Witnesses of War:* introduction; Niven (ed.), *Germans as Victims;* Fritzsche, 'Volkstümliche Erinnerung', in Jarausch and Sabrow (eds), *Verletztes Gedächtnis,* 75~97.

3) Joel, *The Dresden Firebombing;* Niven, *Germans as Victims,* introduction. 1950년대에 대해서는 Moeller, *War Stories;* Schissler (ed.), *The Miracle Years;* Gassert and Steinweis (eds), *Coping with the Nazi Past.* 1995년 독일군 전시회와 논의에 대해서는 Heer and Naumann (eds), *Vernichtungskrieg;* Hartmann et al., *Verbrechen der Wehrmacht.* 그에 대한 역사학 논의의 시작에 대해서는 Streit, *Keine Kameraden* (1978); Römer, *Der Kommissarbefehl* (2008).

4) Hauschild—Thiessen (ed.), *Die Hamburger Katastrophe vom Sommer 1943,* 230: Lothar de la Camp, circular letter, 28 July 1943; Kulka and Jäckel (eds), *Die Juden in den geheimen NS-Stimmungsberichten,* 3693, SD Außenstelle Schweinfurt, o.D. [1944], 3661, NSDAP Kreisschulungsamt Rothenburg/T, 22 Oct. 1943; Stargardt, 'Speaking in public about the murder of the Jews', in

Wiese and Betts (eds), *Years of Persecution*, 133~55.

5) Kershaw, 'German popular opinion', in Paucker (ed.), *Die Juden im national sozialistischen Deutschland*, 365~86; Bankier, T*he Germans and the Final Solution*; Himmler, *Die Geheimreden*, 171: 1943년 10월 6일 포젠 연설; Confino, *Foundational Pasts*.

6) Orłowski and Schneider (eds), *'Erschießen will ich nicht!'*, 247: 18 Nov. 1943.

7) Ibid., 338: 17 Mar. 1945.

8) *MadR*, 5571, 5578~9, 5583: 5, 9 Aug. 1943; Stargardt, 'Beyond "Consent" or "Terror"', 190~204.

9) Kershaw, '*Hitler Myth*'; Kershaw, *Hitler*, I-II; Wilhelm II, 'An das deutsche Volk', 6 Aug. 1914, in *Der Krieg in amtlichen Depeschen 1914/1915*, 17~18; Verhey, *The Spirit of 1914*; Reimann, *Der grosse Krieg der Sprachen*.

10) 이 문제에 대한 총괄적 해석에서 가장 중요한 글은 Steinert, *Hitlers Krieg und die Deutschen*; Martin Broszat, 'Einleitung', in Broszat, Henke and Woller (eds), *Von Stalingrad zur Währungsreform*; Joachim Szodrzynski, 'Die "Heimatfront"', in Forschungsstelle für Zeitgeschichte in Hamburg (ed.), *Hamburg im 'Dritten Reich'*, 633~85; Schneider, *In der Kriegsgesellschaft*, 802~34. 사형선고에 대해서는 Evans, *Rituals of Retribution*, 689~96.

11) Kater, *The Nazi Party*; Benz (ed.), *Wie wurde man Parteigenosse?*; Nolzen, 'Die NSDAP', 99~111.

12) Peukert, *Inside Nazi Germany*; Gellately, *Backing Hitler*; Wachsmann, *Hitler's Prisons*; Caplan and Wachsmann (eds), *Concentration Camps*; Evans, *The Third Reich in Power*, chapter 1.

13) Oswald, *Fußball-Volksgemeinschaft*, 282~5; Havemann, *Fußball unterm Hakenkreuz*.

14) *Sopade* 3, 836: 3 July 1936; Schneider, *Unterm Hakenkreuz*.

15) Sontheimer, *Antidemokratisches Denken in der Weimarer Republik*; Wildt, 'Volksgemeinschaft', in Steber and Gotto (eds), *Visions of Community in Nazi Germany*, 43~59; Schiller, *Gelehrte Gegenwelten*; Eckel, *Hans Rothfels*.

16) Ericksen, *Theologians under Hitler*; Hetzer, *'Deutsche Stunde'*; Stayer, *Martin Luther*; Schüssler, *Paul Tillich*.

17) Strobl, *The Swastika and the Stage*, 58~64, 104, 134~7.

18) Ibid., 187.

19) Martina Steber and Bernhard Gotto, 'Introduction', and Lutz Raphael, 'Pluralities of National Socialist ideology', in Steber and Gotto (eds), *Visions of Community in Nazi Germany*, 1~25, 73~86; Noakes, *Nazism*, 4, *The German Home Front*, 355~9.

20) Bentley, *Martin Niemöller*; Gailus, 'Keine gute Performance', in Gailus and Nolzen (eds), *Zerstrittene 'Volksgemeinschaft'*, 96~121.

21) Althaus, *Die deutsche Stunde der Kirche*, 3rd edn, 5; Gailus, *Protestantismus und Nationalsozialismus*, 637~66.

22) Brodie, 'For Christ and Germany', D. Phil., Oxford, 2013.

23) 갈등에 대해서는 Kershaw, *Popular Opinion and Political Dissent*, 185~223; Stephenson, *Hitler's Home Front*, 229~64; 적대적 협력관계에 대해서는 Süß, 'Antagonistische Kooperationen', in Hummel and Kösters (eds), *Kirchen im Krieg*, 317–42; Kramer, *Volksgenossinnen an der Heimatfront*; Brodie, 'For Christ and Germany', chapter 3.

24) Stargardt, 'The Troubled Patriot', 326~42.

25) MfK–FA, 3.2002.0306, Fritz to Hildegard P., 6 Oct. 1939; Latzel, *Deutsche Soldaten*; Goltz, *Hindenburg*.

26) Latzel, *Deutsche Soldaten*, 323, 331~2; Irrgang, *Leutnant der Wehrmacht*, 235~6; Peter Stölten to Dorothee Ehrensberger, 21/22 Dec. 1944.

제1장 독일인들에게 환영받지 못한 전쟁

1) Kleindienst (ed.), *Sei tausendmal gegrüßt*, Ernst to Irene, 25 Aug. 1939: 편지는 날짜로만 표기했다. 페이지 표시를 하지 않은 것은 출간된 편지를 포함한 모든 편지가 CD롬에 담겨 있기 때문이다.

2) Breloer (ed.), *Mein Tagebuch*, 32: Gerhard M., 26 Aug. 1939; Hosenfeld, '*Ich versuche jeden zu retten*', ed. Vogel, 242~3: 27, 30 Aug. 1939.

3) Breloer (ed.), *Mein Tagebuch*, 32~3: Gerhard M., 27 Aug. 1939.

4) Klepper, *Unter dem Schatten deiner Flügel*, 797, 792~4: 1 Sept., 26, 27 Aug. 1939; Wecht, *Jochen Klepper*, 52, 222~5.

5) Kershaw, Hitler, 2, 200~3; Chu, *The German Minority in Interwar Poland*.

6) Blaazer, 'Finance and the End of Appeasement', 25~39.

7) Kershaw, *The 'Hitler Myth'*, 139~40; Kershaw, *Hitler*, 2, 173.

8) Kleindienst (ed.), *Sei tausendmal gegrüßt*, Ernst to Irene, 3 Sept. 1939.

9) *Sopade*, 6, 561, 818, 693: May, July 1939.

10) Baumgart, 'Zur Ansprache Hitlers vor den Führern der Werhmacht am 22. August 1939'; 'Hossbach Niederschrift'; Bussmann, 'Zur Entstehung und Überlieferung der Hossbach Niederschrift', 373~84.

11) Schmidt, *Statist auf diplomatischer Bühne*, 469; Kershaw, *Hitler*, 2, 220~1, 208.

12) Klepper, *Unter dem Schatten deiner Flügel*, 796: 1 Sept. 1939; Domarus (ed.), *Hitler*, 1307~18; Kershaw, *Hitler*, 2, 222.

13) Pospieszalski, 'Nazi attacks on German property', 98~137; Runzheimer, 'Der Überfall auf den Sender Gleiwitz', 408~26; Sywottek, *Mobilmachung für den totalen Krieg*, 219~32.

14) Hosenfeld, *'Ich versuche jeden zu retten'*, 245~6: to Helmut, 1 Sept. 1939.

15) Ibid. 245~6: to Helmut, 1 Sept. 1939, 245; Verhey, *The Spirit of 1914*; *Stenographische Berichte des Reichstages*, 13. Legislaturperiode, 306/2. Session 1914, 1~12: Wilhelm II to the Reichstag, 4 Aug. 1914.

16) Klepper, *Unter dem Schatten deiner Flügel*, 792~3, 798: 26, 27 Aug., 3 Sept. 1939; Klepper, *Der Vater*; Klepper, *Kyrie*; Endlich et al. (eds), Christenkreuz und Hakenkreuz.

17) Klepper, *Unter dem Schatten deiner Flügel*, 794, 797: 27 Aug., 1 Sept. 1939; Shirer, *Berlin Diary*, 154: 31 Aug. 1939; *DAZ*, 1 Sept. 1939; Steinert, *Hitlers Krieg und die Deutschen*, 84~7.

18) MfK–FA 3.2002.0279, Liselotte Purper to Kurt Orgel, 4 Sept. 1939.

19) Klepper, *Unter dem Schatten deiner Flügel*, 797: 2 Sept. 1939; Klemperer, *I Shall Bear Witness*, 1, 374, 377: 3, 10, 13 Sept. 1939.

20) Breloer, *Mein Tagebuch*, 33: Gerhard M., 3 Sept. 1939.

21) Ibid., 33~5: Gerhard M., 4~5 Sept. 1939.

22) Orłowski and Schneider (eds), *'Erschießen will ich nicht!'*, Introduction, 37~8: 3~5 Sept. 1939; Ericksen, *Theologians under Hitler*; Forstman, *Christian Faith in Dark Times*.

23) Evangelisches Zentralarchiv Berlin, 2877, Doc. 1, *Gesetzblatt der Deutschen Evangelischen Kirche*, 6 Sept. 1939; 1934년의 마이저에 대해서는 Kershaw,

Popular Opinion and Political Dissent, 156~84.

24) 1914년에 대해서는 Fuchs, *'Vom Segen des Krieges'*; Brodie, 'For Christ and Germany', 37~51; Löffler (ed.), Galen: *Akten, Briefe und Predigten*, 2, 747; *MadR*, 467~8, 555~6: 17 Nov. and 11 Dec. 1939.

25) Kleindienst (ed.), *Sei tausendmal gegrüßt*: Ernst Guicking to Irene Reitz, 5 Sept. 1939; Irene to Ernst, 3 Sept. 1939.

26) Kershaw, *The 'Hitler Myth'*, 142.

27) Ibid., 123~4; Hitler, 'Rede vor der deutschen Presse', *VfZ*, 2 (1958), 181~91; Domarus (ed.), *Hitler*, 1217; Kershaw, *Hitler*, 2, 197.

28) Breloer (ed.), *Mein Tagebuch*, 35~6: Gerhard M., 7 Sept. 1939.

29) Ibid., 36~8: Gerhard M., 10 Sept. 1939.

30) Ibid., 38-40: 11 Sept. 1939; http://www.lexikon−derwehrmacht. de/ Gliederungen/Infanterieregimenter/IR26−R.htm.

31) Rohde, 'Hitlers erster "Blitzkrieg"', *DRZW*, 2, 79~126.

32) Hosenfeld, *'Ich versuche jeden zu retten'*, 247~8: 14 Sept. 1939.

33) Ibid., 250: 16 Sept. 1939.

34) Baumgart, 'Zur Ansprache Hitlers vor den Führern der Wehrmacht am 22. August 1939'; *Akten zur deutschen Auswärtigen Politik 1918–1945*, Serie D, 7, Baden−Baden and Göttingen, 1956, no. 193.

35) Böhler, *Auftakt zum Vernichtungskrieg*, 56~7, 60~1; Toppe, *Militär und Kriegsvölkerrecht*, 417.

36) Strachan, 'Clausewitz and the dialectics of war', in Strachan and Herberg−Rothe (eds), *Clausewitz in the Twenty-First Century*, 14~44; *DAZ*, 8 Sept. 1939; *FZ*, 7 Sept. 1939; Shirer, *Berlin Diary*, 166: 9 Sept. 1939; Böhler, *Auftakt zum Vernichtungskrieg*, 147~53; Datner, 'Crimes committed by the Wehrmacht'; Umbreit, *Deutsche Militärverwaltungen*, 197~9; Rossino, *Hitler Strikes Poland*, 174~5, 263.

37) Hosenfeld, *'Ich versuche jeden zu retten'*, 247~8, 256: 14, 30 Sept. 1939; Bergen, 'Instrumentalization of "Volksdeutschen"'.

38) Jarausch and Arnold (eds), *'Das stille Sterben ...'*, 100~1: 16 Sept. 1939; Krzoska, 'Der "Bromberger Blutsonntag" 1939'; Jatrzębski, *Der Bromberger Blutsonntag*.

39) Krausnick and Wilhelm, *Die Truppe des Weltanschauungskrieges*, 36;

Mallmann et al., *Einsatzgruppen in Polen*; Rossino, *Hitler Strikes Poland*.

40) Smith, *The Butcher's Tale*, 214~15.

41) Jansen and Weckbecker, *Der 'Volksdeutsche Selbstschutz'*, 116~17, 135~8; Lukas, *Did the Children Cry?*, 17.

42) Wachsmann and Caplan (eds), *Concentration Camps in Nazi Germany*; Rieß, 'Zentrale und dezentrale Radikalisierung,' in Mallmann and Musial (eds), *Genesis des Genozids*, 127~44.

43) Longerich, *Politik der Vernichtung*, 245~7; Jansen and Weckbecker, *Der 'Volksdeutsche Selbstschutz'*, 127~9, 212ff .; Wildt, *Generation des Unbedingten*, 419~85.

44) Jansen and Weckbecker, *Der 'Volksdeutsche Selbstschutz'*, 83~93.

45) Ibid., 117~19.

46) Ibid., 83~5: Oberstabsarzt Dr Wilhelm Möller to Hitler, 9 Oct. 1939; Engel, *Heeresadjutant bei Hitler*, 68: 18 Nov. 1939, Broszat, *Nationalsozialistische Polenpolitik*, 41; Blaskowitz, 1940년 2월 15일 명령에 대한 노트 Jacobsen and Jochmann (eds), *Ausgewählte Dokumente zur Geschichte des Nationalsozialismus*, II; Clark, 'Johannes Blaskowitz', in Smelser and Syring (eds), *Die Militärelite des dritten Reiches*, 28~50; Giziowski, *Enigma of General Blaskowitz*; Hürter, *Hitlers Heerführer*, 184ff.; 점령군에 대해서는 Madajczyk, *Okkupationspolitik Nazideutschlands in Polen*, 239~40.

47) Hlond (ed.), *The Persecution of the Catholic Church in German-occupied Poland*; Blet, *Pius XII and the Second World War*, 89-90; Brodie, 'For Christ and Germany', 47~51; *MadR*, 555~6: 11 Dec. 1939; Körner, 'Katholische Kirche und polnische Zwangsarbeiter', 131~2.

48) Hosenfeld, *'Ich versuche jeden zu retten'*, 286: 10 Nov. 1939.

49) Ibid.

50) Böll, *Briefe aus dem Krieg*, 1, 78~9, 62: To parents and sisters, 16 July, 2 May 1940; Defalque and Wright, 'Methamphetamine for Hitler's Germany'.

51) *VB*, 13, 18 Aug. 1939; 독일군 전쟁범죄 수사국에 대해서는 곧 출간될 박사논문 Jacques Schuhmacher, 'Nazi Germany and the Morality of War'; de Zayas, *Die Wehrmacht- Untersuchungsstelle*. 후자는 사료를 전적으로 무비판적이고 의도적으로 왜곡하여 해석했다.

52) Bergen, 'Instrumentalization of "Volksdeutschen" in German propaganda in

1939'.

53) Auswärtiges Amt (ed.), *Dokumente polnischer Grausamkeit*, Berlin, 1939 and (2nd edn) 1940, 7; VB, 11, 16 Feb. 1940; *MadR*, 5145: 19 April 1943; Schuhmacher, 'Nazi Germany', chapter 1.

54) *Der Feldzug in Polen*, 1940; *Feuertaufe—Der Film vom Einsatz unserer Luftwaffe in Polen*, 1940; *Feinde*, Viktor Tourjansky, 1940; *Heimkehr*, Gustav Ucicky, 1941; Kundrus, 'Totale Unterhaltung?', 125; Trimmel, *Heimkehr*; Fox, *Film Propaganda in Britain and Nazi Germany*.

55) Evangelisches Zentralarchiv Berlin, 2877, *Gesetzblatt der Deutschen Evangelischen Kirche*, Berlin, 28 Sept., 9 Nov. 1939.

56) Sopade 1939, 6, 980.

57) Shirer, *Berlin Diary*, 185~6: 6 Oct. 1939; Kershaw, *Hitler*, 2, 238~9, 265~6; Domarus (ed.), *Hitler*, 1377~94.

58) Shirer, *Berlin Diary*, 185~6: 6 Oct. 1939.

59) *MadR*, 339~40, 347~8: 11, 13 Oct. 1939; Shirer, *Berlin Diary*, 189: 15 Oct. 1939.

60) *MadR*, 382: 23 Oct 1939.

61) Hartmann, *Halder*, 162; Martin, *Friedensinitiativen und Machtpolitik im Zweiten Weltkrieg*, 82ff.

62) Strobl, *The Swastika and the Stage*, 170~98; 괴벨스의 1933년 4월 1일 연설, Hippel (ed.), *Freiheit, Gleichheit, Brüderlichkeit?*, 344~5. 출연 배우 중에는 Bernhard Minetti (Robespierre), Gustav Knuth (Danton), Gründgens himself (St Just), Marianne Hoppe (Lucile Duplessis), Kitty Stengel (Julie Danton) and Maria Koppenhöfer (Marion); 무대장치는 Traugott Müller. Reviews: Hermann Pirich, *Der Angriff*, 11 Dec. 1939; Bruno Werner, DAZ, 9 Dec. 1939; Franz Köppen, *Berliner Börsenzeitung*, 11 Dec. 1939; Strobl, *The Swastika and the Stage*, 192.

63) Georg Büchner, *Dantons Tod*, Act III, sc. ix: Danton; Act IV, sc. ix: Lucile Duplessis.

64) Strobl, *The Swastika and the Stage*, 192.

1) Orłowski and Schneider (eds), *'Erschießen will ich nicht!'*, 38~9: 5 Sept. 1939; Lange and Burkard (eds), *'Abends wenn wir essen fehlt uns immer einer'*, 22~3; letters, 13, 22 Sept. 1939.

2) Kleindienst (ed.), *Sei tausendmal gegrüßt*: Bernhard Guicking to Ernst, 12 Sept., 18 Dec. 1939; Brodie, 'For Christ and Germany', 272: Bishop of Fulda, 12 Oct. 1939; *MadR*, 438~41: 8 Nov. 1939.

3) Wildt, *'Volksgemeinschaft'*; Herbert, 'Echoes of the Volksgemeinschaft', in Steber and Gotto (eds), *Visions of Community in Nazi Germany*, 43~69.

4) Winter and Robert (eds), *Capital Cities at War*, 487~523; Offer, *The First World War*; Cox, 'Hunger Games', *Economic History Review*, Sept. 2014: doi: 10.1111/ehr.12070; Collingham, *The Taste of War*, 18~32.

5) Keindienst (ed.), *Sei tausendmal gegrüßt*: Irene to Ernst, 5, 28 Sept. 1939.

6) Werner, *'Bleib übrig'*, 51~4; Kleindienst (ed.), *Sei tausendmal gegrüßt*: Irene Reitz to Ernst Guicking, 24 Sept. 1939.

7) *MadR*, 377-9: 20 Oct. 1939; Berth, *Biografien und Netzwerke im Kaffeehandel*.

8) Tooze, *The Wages of Destruction*, 353~4; Corni and Gies, *Brot—Butter—Kanonen*, 556~7; Kleindienst (ed.), *Sei tausendmal gegrüßt*: Irene to Ernst Guicking, 31 Oct. 1939.

9) *MadR*, 353~4, 370, 378~9, 436: 13, 18, 20 Oct. 1939, 8 Nov. 1939; Keil, *Erlebnisse eines Sozialdemokraten*, 2, 558.

10) Werner, *'Bleib übrig'*, 129; Sopade, 1939, 6, 978; Steinert, *Hitlers Krieg und die Deutschen*, 110~21; *MadR*, 580~1: 15 Dec. 1939.

11) Sopade, 1939, 6, 979~80: 그로에는 1931년부터 1945년까지 쾰른과 아헨의 나치 지구당위원장이었다. *MadR*, 421: 6 Nov. 1939.

12) Strauss, 'Jewish emigration from Germany', 317~18, 326~7; Kaplan, *Between Dignity and Despair*, 118, 132, 150~5; Rosenstrauch (ed.), *Aus Nachbarn wurden Juden*, 118; Klepper, *Unter dem Schatten deiner Flügel*, 794~5: 28 Aug. 1939; Herbert, *Hitler's Foreign Workers*, 88~94.

13) Corni and Gies, *Brot—Butter—Kanonen*, 555~7; Werner, *'Bleib übrig'*, 134, 126~7, 198~9; *MadR*, 2, 354, 424: 13 Oct., 6 Nov. 1939; Kundrus,

Kriegerfrauen, 279~81. 여기에 가족 보조금이 서술되어 있고, 국가의 지원금이 사적인 소득을 대체하면 안 된다는 내무부의 입장도 서술되어 있다.

14) Werner, 'Bleib übrig', 128~36.

15) Ibid., 127~8.

16) MadR, 363, 384: 16, 23 Oct. 1939; Mason, Arbeiterklasse und Volksgemeinschaft, 980~1234; Mason, Social Policy in the Third Reich, ed. Caplan, 345~6.

17) Werner, 'Bleib übrig', 53~4; Steinert, Hitlers Krieg und die Deutschen, 120; Shirer, Berlin Diary, 219: 9, 11 Jan. 1940. 샤이러는 동시에 위기가 완화되고 있다고 썼다. Shirer, This is Berlin, 182~3.

18) Werner, 'Bleib übrig', 54~5, 129: 헤스는 1940년 2월 17일에 그런 행동을 금지했다.

19) Steinert, Hitlers Krieg und die Deutschen, 121; MadR, 357: 16 Oct. 1939; Sopade, 1939, 6, 983: 남서부 독일로부터 보고.

20) MadR, 416: 3 Nov. 1939.

21) Bock, Zwangssterilisation im Nationalsozialismus; Weindling, Health, Race and German Politics; Usbourne, The Politics of the Body in Weimar Germany; Kühl, The Nazi Connection. 비교사적 맥락에 대해서는 Mahood, Policing Gender, Class and Family; Abrams, Orphan Country, Fishman, The Battle for Children; Mennel, Thorns and Thistles; Ceretti, Come pensa il Tribunale per i minorenni; Wachsmann, Hitler's Prisons, 364~9. 베르나르도의 집과 호주와 캐나다로의 이주에 대해서는 Coldrey, Child Migration; Dunae, 'Gender, generations and social class', in Lawrence and Starkey (eds), Child Welfare and Social Action; 호주와 미국의 인종주의 정책에 대해서는 Hanskins and Jacons, 'Stolen generations and vanishing Indians', in Marten (ed), Children and War, 227~41; Haebich, 'Between knowing and not knowing', 70~90.

22) Stargardt, Witnesses of War, chapter 2; Dickinson, The Politics of German Child Welfare, 213~14; Hansen, Wohlfahrtspolititk im NS-Staat, 245.

23) Ayass, Das Arbeitshaus Breitenau, 162~9.

24) LWV 2/8253 Ronald H., Weimar Amtsgericht, 10 Mar. 1942.

25) LWV 2/8868, Anni N., 8~9, Kriminalpolizeibericht, 31 July 1940; Jugendamt Apolda, 13 Oct. 1941.

26) LWV 2/8868, Anni N., 30: Direktor Breitenau to Jugendamt Apolda, 24 Feb. 1942; LWV 2/9565, Liselotte W., Hausstrafen, 3; LWV 2/9009, Waltraud P., d. 12 Sept. 1942: 57~8; LWV 2/8029, Ruth F., d. 23 Oct. 1942; LWV 2/9163, Maria S., d. 7 Nov. 1943: 30, 32; Liselotte S. in LWV Bücherei 1988/323, Ulla Fricke and Petra Zimmermann, 'Weibliche Fürsorgeerziehung während des Faschismus—am Beispiel Breitenau', MS, 86~7.

27) LWV 2/9189, Lieselotte S., 16~19: To mother, 14 Jan. 1940

28) Winkler, 'Frauenarbeit versus Frauenideologie', 99~126; Westenrieder, *Deutsche Frauen und Mädchen!; Bajohr, Die Hälfte der Fabrik; Sachse, Siemens, der Nationalsozialismus und die moderne Familie; Dörr, 'Wer die Zeit nicht miterlebt hat'*, 9~37, 81~99; Kershaw, *Popular Opinion and Political Dissent*, 297~302; Noakes (ed.), *Nazism*, 4, 313~25, 335~8.

29) MfK–FA, 3.2002.0306, Fritz P to the family: 13 Sept. 1939.

30) MfK–FA, 3.2002.0306, Fritz P to the family: 30 Nov. 1939.

31) MfK–FA, 3.2002.0306, Fritz P to the family: 29 Sept. 1939.

32) Ross, *Media and the Making of Modern Germany*, 355~6; *MadR*, 334: 9 Oct. 1939.

33) Kris and Speier (eds), *German Radio Propaganda*, 203~4, 328: 4 Feb. 1940.

34) Ross, *Media and the Making of Modern Germany*, 331~7; Goebbels, *Goebbels Reden*, ed. Heiber, 94~5: 25 Mar. 1933.

35) Kleindienst (ed.), *Sei tausendmal gegrüßt*: Irene to Ernst Guicking, 13 Oct. 1939.

36) Goedecke and Krug, *Wir beginnen das Wunschkonzert*, 36, 39; Bathrick, 'Making a national family with the radio'; Noakes, *Nazism*, 4, 502~3, 551~2, 558~65.

37) Kleindienst (ed.), *Sei tausendmal gegrüßt*: Irene to Ernst, 15 Oct. 1939.

38) Ibid.: Irene to Ernst, 29 Oct. 1939; Paula Reitz to Irene, 27 Nov. 1939 and to Ernst Guicking, 27 Nov. 1939; Ernst to Hermann Reitz, 29 Nov. 1939; Hermann and Paula Reitz to Ernst Guicking, 6 Dec. 1939; Ernst to Irene, 29 Nov. 1939.

39) Ibid.: Anna Guicking to Irene Reitz, 10 Dec. 1939.

40) Goedecke and Krug, *Wir beginnen das Wunschkonzert*, 43~5, 128; Kundrus, 'Totale Unterhaltung?', 134.

41) Koch, *Das Wunschkonzert im NS-Rundfunk*, 221; Kundrus, 'Totale Unterhaltung?', 138; SD report, April 1940 in Diller, *Rundfunkpolitik im Dritten Reich*, 343.

42) Bathrick, 'Making a national family with the radio'.

43) MfK-FA, 3.2002.0306, Fritz P to the family: 6 Oct. 1939.

44) MfK-FA, 3.2002.0306, Fritz P to the family: 7 Oct. 1939; Latzel, *Deutsche Soldaten*.

제3장 극단의 조치들

1) JZD, Karl Kühnel to family, 23 Oct. 1939, to Wehrmeldeamt in Freiberg, 1 Jan. 1937; Herrberger (ed.), Denn es steht geschrieben, 300.

2) JZD, Josef Rimpl, Rupert Sauseng, Karl Endstrasser to families, 14 Dec. 1939; Herrberger (ed.), *Denn es steht geschrieben*, 296-302.

3) Garbe, *Between Resistance and Martyrdom*, 410~12; *VB*, 16 Sept. 1939.

4) Gerwarth, *Hitler's Hangman*; Godau-Schüttke, *Ich habe nur dem Recht gedient*, 188~9; Welch, '"Harsh but just"?', 378; for the First World War, Ziemann, *Gewalt im Ersten Weltkrieg*.

5) Garbe, *Between Resistance and Martyrdom*, 349~61, 379~82; Kalmbach, *Wehrmachtjustiz; Messerschmidt, Wehrmachtjustiz 1933–1945*; Klausch, '"Erziehungsmänner" und "Wehrunwürdige"', in Haase and Paul (eds), *Die anderen Soldaten*, 66~82; Ausländer, '"Zwölf Jahre Zuchthaus!"', in ibid., 50~65.

6) JZD, Bernhard Grimm to parents and brother, 20~21 Aug. 1942. 8월 21일에 처형되었다. Herrberger (ed.), *Denn es steht geschrieben*, 265~72; Garbe, *Between Resistance and Martyrdom*, 378~9.

7) Lichti, *Houses on the Sand?*, 1~3, 46~7, 65; Röhm, *Sterben für den Frieden*; Brantzen, *Pater Franz Reinisch*; Maislinger, 'Der Fall Franz Jägerstätter', Dokumentationsarchiv des österreichischen Widerstandes, Jahrbuch, 1991. 스퇴어는 1940년 6월 21일에, 라이니쉬는 1942년 8월 22일에, 예거슈태터는 1943년 8월 9일에 처형되었다. Jentsch, *Christliche Stimmen zur Wehrdienstfrage*, 17~84.

8) Garbe, *Between Resistance and Martyrdom*, 370; 229~30.

9) Ibid., 361~2; Fromm, 17 Oct. 1939; Keitel, 1 Dec. 1939; BA-MA, RH 53-6/76, Bl. 168.

10) Riedesser and Verderber, '*Maschinengewehre hinter der Front*', 104~5; Kalinowsky, 'Problems of war neuroses in the light of experiences in other countries', *American Journal of Psychiatry*, 107/5 (1950), 340~6, Shephard, *War of Nerves*, 303.

11) Forsbach, *Die medizinische Fakultät der Universität Bonn im 'Dritten Reich'*, 213~16; Emmerich, 'Die Wittenauer Heilstätten', in Arbeitsgruppe zur Erforschung der Geschichte der Karl-Bonhoeffer-Nervenklinik (ed.), *Totgeschwiegen 1933~1945*, 82; Richarz, *Heilen, Pflegen, Töten*, 134~5.

12) Riedesser and Verderber, '*Maschinengewehre hinter der Front*', 112, 116~21, 126~9.

13) Althaus, 'Pazifi smus und Christentum', 456; Ericksen, *Theologians under Hitler*; Hetzer, '*Deutsche Stunde*'; Forstman, *Christian Faith in Dark Times*.

14) Orłowski and Schneider (eds), '*Erschießen will ich nicht!*', 16~26, 38, 52; 5 Sept. and 22 Nov. 1939.

15) Sontheimer, *Antidemokratisches Denken in der Weimarer Republik*; Hetzer, '*Deutsche Stunde*', 171~204; Stayer, *Martin Luther*, 86~90.

16) Fieberg et al. (eds), *Im Namen des deutschen Volkes*, 149~50; Evans, *Rituals of Retribution*, 690; Peukert, *Inside Nazi Germany*; Gellately, *Backing Hitler*; Wachsmann, *Hitler's Prisons*.

17) Gellately, *Backing Hitler*, 78~9; Evans, *Rituals of Retribution*, 696~700; Wachsmann, '"Annihilation through labor"'.

18) Johnson, *Nazi Terror*, 310; Stephenson, *Hitler's Home Front*; 206; Wöhlert, *Der politische Witz in der NS-Zeit*; Kershaw and Lewin (eds), *Stalinism and Nazism*.

19) Shirer, *Berlin Diary*, 209; 21 Dec. 1939; *MadR*, 366, 358, 421~2; 18, 16 Oct., 6 Nov. 1939; Kundrus, 'Totale Unterhaltung?', 144-7; Latour, 'Goebbels' 'Außerordentliche Rundfunkmaßnahmen'; Michael Hensle, *Rundfunkverbrechen*; Mechler, *Kriegsalltag an der 'Heimatfront'*.

20) Reissner in Krüger, 'Die Bombenangriffe auf das Ruhrgebiet', in Borsdorf and Jamin (eds), *Kriegserfahrungen in einer Industrieregion*, 92; RAF in

Weinberg, *A World at Arms*, 68~9; Overy, *Why the Allies Won*, 107~8; Strobl, *The Germanic Isle*; Kris and Speier (eds), *German Radio Propaganda*, 243: Ley, 24 Mar. 1940, 'der Lügen–Lord'; Löns song: *MadR*, 384: 23 Oct. 1939.

21) Johnson, *Nazi Terror*, 329~32; Maas, *Freizeitgestaltung*, 240.

22) Evans, *Rituals of Retribution*, 690; Wrobel (ed.), *Strafjustiz im totalen Krieg*, 1, 46~9; Gruchmann, *Justiz im Dritten Reich*, 910~11; Dörner, *Erziehung durch Strafe*, 199~215, 257~64; Wagner, *Volksgemeinschaft ohne Verbrecher*, 311.

23) Wachsmann, *Hitler's Prisons*, 364~9, 204~6, 223~6, 276~83; Orth, Das System der nationalsozialistischen Konzentrationslager, 97~106.

24) Faulstich, 'Die Zahl der "Euthanasie"–Opfer', in Frewer and Eickhoff (eds), *'Euthanasie' und aktuelle Sterbehilfe-Debatte*, 223~7.

25) Schmidt, 'Reassessing the beginning of the "Euthanasia" programme', 543~50; Burleigh, *Death and Deliverance*, 93~101; Sander, *Verwaltung des Krankenmordes*, 532~3; Mausbach and Bromberger, 'Kinder als Opfer der NS–Medizin', in Vanja and Vogt (eds), *Euthanasie in Hadamar*, 145~56; Richarz, *Heilen, Pflegen, Töten*, 177~89; Berger and Oelschläger, '"Ich habe eines natürlichen Todes sterben lassen"', in Schrapper and Sengling (eds), *Die Idee der Bildbarkeit*, 310~31 [269-336]; Sick, *'Euthanasie' im Nationalsozialismus*, 57~9; Roer and Henkel (eds), *Psychiatrie im Faschismus*, 216~18; Benzenhöfer, *'Kinderfachabteilungen' und 'NS-Kindereuthanasie'*.

26) Forsbach, *Die medizinische Fakultät*, 493~517.

27) Riedesser and Verderber, *'Maschinengewehre hinter der Front'*, 109, 113~14; Klee (ed.), *Dokumente zur 'Euthanasie'*, 70~1; Klee, *Was sie taten—Was sie wurden*; Burleigh, *Death and Deliverance*, 130~2; 바이마르 시기에 대해서는 Weindling, *Health, Race, and German Politics*, 381~3, 444, 578; Usbourne, *The Politics of the Body in Weimar Germany*, 134~9; Harvey, *Youth and the Welfare State in Weimar Germany*, 253~4.

28) Burleigh, *Death and Deliverance*, 11~53; 1차대전중의 사망에 대해서는 Faulstich, *Von der Irrenfürsorge zur 'Euthanasie'*, 77.

29) Sick, *'Euthanasie' im Nationalsozialismus*, 73; Schmidt, *Selektion in der Heilanstalt*, 118~19.

30) Nowak, *'Euthanasie' und Sterilisierung im 'Dritten Reich'*, 138~48.

31) Burleigh, *Death and Deliverance*, 166~71; Süß, *Der 'Volkskörper' im Krieg*; Aly, *Die Belasteten*, 78~81.

32) Hetzer, *'Deutsche Stunde'*, 189~91, 232.

33) Nowak, *'Euthanasie' und Sterilisierung im 'Dritten Reich'*, 138~48; Scholz and Singer, 'Die Kinder in Hadamar', in Roer and Henkel (eds), *Psychiatrie im Faschismus*, 228~9; Otto, 'Die Heilerziehungs— und Pfl egeanstalt Scheuern', in Böhme and Lohalm (eds), *Wege in den Tod*, 320~33; Sandner, *Verwaltung des Krankenmordes*, 458~9; Kaminski, *Zwangssterilisation und 'Euthanasie' im Rheinland*, 420~2; Winter, *'Verlegt nach Hadamar'*, 116; Burleigh, *Death and Deliverance*, 163~4.

34) Gruchmann (ed.), *Autobiographie eines Attentäters*; Kershaw, *Hitler*, 2, 271~3; *MadR*, 441: 10 Nov. 1939.

35) Lauber, *Judenpogrom: 'Reichskristallnacht'*, 123~4; Friedländer, *Nazi Germany and the Jews*, 1, *Years of Persecution*, 275~6; Wildt, 'Gewalt gegen Juden in Deutschland'.

36) Kaplan, *Between Dignity and Despair*, 150~5; Geve, *Youth in Chains*, 21.

제4장 진격

1) Wantzen, *Das Leben im Krieg*, 73.

2) Ibid., 71~5: 10 May 1940.

3) Shirer, *Berlin Diary*, 263~4: 10~11 May 1940; *MadR*, 1128: 14 May 1940; Hoch, 'Der Luftangriff auf Freiburg am 10. Mai 1940'.

4) MfK—FA, 3.2002.7209, Helmut Paulus to parents, 11 May 1940; Erna to Helmut Paulus: 12 May 1940.

5) Hosenfeld, *'Ich versuche jeden zu retten'*, 344~5: 10 May 1940.

6) *MadR*, 1127: 14 May 1940.

7) *Die Wehrmachtberichte 1939~1945*, 1, 144~5.

8) Frieser, *The Blitzkrieg Legend*, 241~3.

9) Jackson, *The Fall of France*, 25~39; Frieser, *The Blitzkrieg Legend*, 245~6.

10) Hartmann, *Halder*, 172~4, 191~6.

11) Frieser, *The Blitzkrieg Legend*, 154~61; Jackson, *Air War over France*.

12) Frieser, *The Blitzkrieg Legend*, 258; Jackson, *Fall of France*, 42~7.

13) *MadR*, 1139, 1127, 1151: 16, 14, 20 May 1940.

14) Frieser, *The Blitzkrieg Legend*, 179~239.

15) Hooton, *Luftwaffe at War*, 2, 67; Frieser, *The Blitzkrieg Legend*, 252~90; Pieper (ed.), *Nazis on Speed*.

16) *MadR*, 1153~4, 1162~6: 20, 23 May 1940.

17) Kleindienst (ed.), *Sei tausendmal gegrüßt*: Ernst to Irene Guicking, 28 May, 9, 2, 7, 15, 21, 24, 15 June 1940.

18) MfK−FA, 3.2002.0211, Hans Albring to Eugen Altrogge, 21~22 Mar., [n.d.] May 1940; MfK−FA, 3.2002.210, Eugen Altrogge to Hans Albring, 21 April 1940.

19) MfK−FA, 3.2002.210, Eugen Altrogge to Hans Albring, 16, 23, 1 May 1940; Kreuzer, *Verdi and the Germans*.

20) MfK−FA, 3.2002.0306, Fritz to Hildegard P., 3 June, 17 July 1940; 15, 19, 22, 26, 28 May; 19, 24 June 1940.

21) Hoffmann, 'Der Mythos der perfekten Propaganda', in Daniel (ed.), *Augenzeugen*, 169~92; Kundrus, 'Totale Unterhaltung?', 102~3; Kris and Speier (eds), *German Radio Propaganda*, 151~2: 19 June 1940; *MadR*, 1166~8, 1221~3: 23 May, 6 June 1940; Ross, *Media and the Making of Modern Germany*, 343.

22) Gardner, *The Evacuation from Dunkirk*; Franks, *The Air Battle of Dunkirk*.

23) MfK−FA, 3.2002.0211, Hans Albring to Eugen Altrogge, Whitsun [12] May and 2 June 1940.

24) *MadR*, 1266~7: 17 June 1940; Kleindienst (ed.), *Sei tausendmal gegrüßt*: Irene to Ernst Guicking, 23 June 1940.

25) MfK−FA, 3.2002.0306, Fritz to Hildegard P., 3 June, 17 July 1940; 15, 19, 22, 26, 28 May, 19, 24 June 1940.

26) Hosenfeld, *'Ich versuche jeden zu retten'*, 51~4, 357−60: letters to wife and son, 11, 14, 16 June 1940.

27) MfK−FA, 3.2002.7209, Helmut Paulus to his parents, 17 June 1940; Helmut Paulus to parents, 16 April 1940; KA, 3931/2, Dierk S., 'Auszüge', 5~6, 12~15: 1 July, 25~26 Sept., 29 Nov., 21 Dec. 1940; Kershaw, *'Hitler Myth'*, 156.

28) *MadR*, 1167, 1283: 23 May, 20 June 1940; Kris and Speier (eds), *German Radio Propaganda*, 234; *Die Deutsche Wochenschau*, No. 511, 20 June 1940.

29) *MadR*, 1221~2: 6 June 1940; MfK−FA, 3,2002.0306, Fritz to Hildegard P., 22 May 1940; Scheck, *Hitler's African Victims*; Theweleit, *Male Fantasies*, 1, 94.

30) Shirer, *Berlin Diary*, 328~36: 21~23 June 1940; *Die Deutsche Wochenschau*, No. 512, 27 June 1940; *MadR*, 1306~7: 27 June 1940.

31) *MadR*, 1284: 20 June 1940, 829~30, 4, 978~9, 1179~80, 1221~3: 1 Mar., 10 Apr., 27 May, 6 June 1940. 영화관 관객에 대해서는 Welch, *Propaganda and the German Cinema*, 196; Carter, *Dietrich's Ghosts*, chapter 7; Regierungspräsident of Swabia, 9 July 1940. 〈주간뉴스〉에 대한 보고서는 Kershaw, *'Hitler Myth'*, 155, 158~9.

32) Orłowski and Schneider (eds), *'Erschießen will ich nicht!'*, 73, 70: 21 June, 15 May 1940; Evangelisches Zentralarchiv Berlin, 1/2877: Ansprache von Landesbischof D Meiser bei der 49 Tagung des bayerischen Pfarrervereins, 26 June 1940.

33) Gildea, *Marianne in Chains*, 72, *Sturmmarsch zur Loire: Ein Infanteriekorps stürmt, siegt und verfolgt. Erinnerungsbuch des XXXVIII. Armeekorps vom Feldzug über Somme, Seine und Loire*, Berlin, 1941, 142; Kleindienst (ed.), *Sei tausendmal gegrüßt*: Ernst to Irene Guicking, 30 June 1940.

34) 1차대전 독일군 사상자에 대한 공식 통계로는, 사망자 188만 5,245명, 실종자 17만 명. Statistisches Jahrbuch für das Deutsche Reich 1924~5, 44, Berlin, 1925, 25. 독일군 당국은 1944년에 폴란드 전쟁에서 사망한 독일군 병사를 1만 5,500으로. 프랑스 전쟁에서의 사망자 수는 2만 6,500명으로 추산했다. 합해서 4만 6천 명이다. Overmans, *Deutsche militärische Verluste im zweiten Weltkrieg*, 304.

35) Shirer, *Berlin Diary*, 354~5: 18 July 1940; Richie, *Faust's Metropolis*, 492~3.

36) Kris and Speier (eds), *German Radio Propaganda*, 388; Shirer, *Berlin Diary*, 360: 22 July 1940; Hitler, *Reden und Proklamationen*, 1540~59: 19 July 1940.

37) *MadR*, 1412, 1402: 25, 22 July 1940; Kershaw, *Hitler*, 2, 298; Kleindienst (ed.), *Sei tausendmal gegrüßt*: Irene to Ernst, 23 June 1940; Hosenfeld, *'Ich versuche jeden zu retten'*, 362, 260: 26, 16 June 1940.

38) Churchill, BBC, 14 July 1940: http://www.winstonchurchill.org/learn/speeches/speeches−of−winston−churchill/126−war−of−the−unknown−warriors; Thomas, 'After Mers−el−Kébir', 112/447, 643-70; Osborn, *Operation*

Pike, 198~9.

39) Overy, *Bombing War*, 60~6, 237; Shirer, *Berlin Diary*, 263~4: 10~11 May 1940; Hoch, 'Der Luftangriff auf Freiburg am 10. Mai 1940'; Hahnke, *Luftkrieg und Zivilbevölkerung*, 187~90; Werner Jochmann (ed.), *Monologe im Führer-Hauptquartier*, 394: 6 Sept. 1942; Auswärtiges Amt, 8. Weissbuch. *Dokumente über die Alleinschuld Englands am Bombenkrieg gegen die Zivilbevölkerung*, Berlin, 1943.

40) *MadR*, 1309, 1424, 1441: 27 June, 29 July, 5 Aug. 1940; Overy, *Bombing War*, 84; Shirer, *Berlin Diary*, 364: 4 Aug. 1940.

41) *MadR*, 1307, 1293, 1362~3, 1412, 1402: 27, 24 June, 11, 25, 22 July 1940; Kershaw, *Hitler*, 2, 298; Goebbels, *Tgb*, I/8, 202: 3 July 1940.

42) Hubatsch (ed.), *Hitlers Weisungen*, 46~9, 71~6; Förster, 'Hitler turns East', in Wegner (ed.), *From Peace to War*, 117~24; Shirer, *Berlin Diary*, 366: 11 Aug. 1940.

43) Overy, *Bombing War*, 81~3; Göring, *VB*, 4 Aug. 1940; Shirer, *Berlin Diary*, 365: 5 Aug. 1940.

44) *MadR*, 1525: 2 Sept. 1940. 괴링에 대해서는 Fleming, August 1939, 171; Steinert, *Hitlers Krieg und die Deutschen*, 172, 366~7; Klemperer, *The Language of the Third Reich*, 128, 278.

45) Hitler, *Reden und Proklamationen*, 1574~83: 4 Sept. 1940; Shirer, *Berlin Diary*, 388~9: 5 Sept. 1940.

46) Shirer, *Berlin Diary*, 385~6: 31 Aug. 1940.

47) Kris and Speier (eds), *German Radio Propaganda*, 399; Shirer, *Berlin Diary*, 391~2: 7~8 Sept. 1940; Overy, *Bombing War*, 86~8.

48) Shirer, *Berlin Diary*, 394, 391: 11, 7 Sept. 1940.

49) Groehler, *Bombenkrieg gegen Deutschland*, 238~54; Blank, 'Kriegsalltag und Luftkrieg an der "Heimatfront"', 401~6; Krüger, 'Die Bombenangriffe auf das Ruhrgebiet', in Borsdorf and Jamin (eds), *Überleben im Krieg*, 93.

50) Wantzen, *Das Leben im Krieg*, 163: 10 July 1940.

51) Kock, 'Der Führer sorgt für unsere Kinder ...', 71~81.

52) Ibid., 120~22.

53) 부모들의 태도와 루머는 *MadR*, 1648: 7 Oct. 1940; 소개된 어린이 통계는 Kock, 'Der Führer sorgt für unsere Kinder ...', 136~8.

54) Rüther (ed.), *KLV*, Cologne, 2000: Anneliese Mayer, letters home, 28, 30 Jan. 1941; Gisela Eckmann (Henn), Bericht.

55) Sollbach, *Heimat Ade!*, 14.

56) Ibid., 136~7: Rudolf Lenz: 19 Feb. 1997.

57) KA 2073, Ilse−W. Pfofe, KLV−Tagebuch, 27.4.~18.11.1941, MS, 7 May, 3, 13 June, 29 July, 18, 25 Aug., 19 Oct. 1941.

58) KA 2073, Ilse−W. Pfofe, KLV−Tagebuch, 1, 3, 4, 5, 11, 25, 28 May, 2, 16, 22, 29 June, 6, 20 July, 8, 14 Aug. 1941.

59) Kris and Speier (eds), *German Radio Propaganda*, 400.

60) Ibid., 64~5, 394, 398~401: 7~12 Sept. 1940.

61) *MadR*, 1526, 1530: 2 Sept. 1940.

62) Kris and Speier (eds), *German Radio Propaganda*, 393: 15 Aug. 1940; *MadR*, 1527, 1583: 2, 19 Sept. 1940.

63) *MadR*, 1646~7: 7 Oct. 1940; 1608, 1619, 1633: 19 Sept.~3 Oct. 1940. 'Die lügen und wir lügen auch'.

64) Strobl, *The Germanic Isle*, 141~60, 175~89; *Die verlorene Insel: Das Gesicht des heutigen England*, Berlin, 1941; *Sopade* 1939, 6, 843: 6 July 1939; *MadR*, 1526, 1530: 2 Sept. 1940.

65) Wantzen, *Das Leben im Krieg*, 164: 10 July 1940; Strobl, *The Germanic Isle*, 188~93; Strobl, *The Swastika and the Stage*, 153, 192; Jochmann (ed.), *Monologe im Führer-Hauptquartier*, 45: 22~23 July 1941.

66) Ohm Krüger, 1941, 한스 슈타인호프, 카를 안톤, 헤르베르트 마이쉬 연출. 주연 에밀 야닝스.

67) Halder, *Kriegstagebuch*, 98~100: 14 Sept. 1940; Maier, 'Luftschlacht um England', in Maier et al. (eds), *Das deutsche Reich und der zweite Weltkrieg*, 2, 390~1; Kris and Speier (eds), *German Radio Propaganda*, 66~7, 401~2; Overy, *The Bombing War*, 98; *MadR*, 1595: 23 Sept. 1940.

68) Goebbels, *Tgb*, I/8, 410: 24 Nov. 1940; *MadR*, 1834, 1916: 5 Dec. 1940, 20 Jan. 1941.

69) Overy, *Bombing War*, 98, 108, 113~15; Kris and Speier (eds), *German Radio Propaganda*, 398: fig. xxix 'Frequency of stereotypes during the Battle of Britain'.

70) Wantzen, *Das Leben im Krieg*, 256, 164~5; Eggert, *Der Krieg frißt eine*

Schule, 92~3; Reissner, in Krüger, 'Die Bombenangriffe auf das Ruhrgebiet', 92~3; Geve, *Youth in Chains*, 17; Middlebrook and Everitt, *Bomber Command War Diaries*, 31~8, 56~130; 통계는 Groehler, 'Bomber über Berlin', 113; Overy, *Bombing War*, 113.

71) DHM, Do2 96/1861, 'Tagebuch von Liselotte Purper aus dem Zeitraum September 1940 bis Januar 1943': 17 Oct. 1940, 25 July 1941; Reissner, in Krüger, 'Die Bombenangriffe auf das Ruhrgebiet', 92; Wantzen, *Das Leben im Krieg*, 321~2: 29 Dec. 1940; Kock, *'Der Führer sorgt für unsere Kinder ......'*, 137.

제5장 승자와 패자

1) Jureit, 'Zwischen Ehe und Männerbund', 61~73: Robert to Mia, 13 Aug., 5 Oct., 7 Sept. 1940.

2) Jureit, 'Zwischen Ehe und Männerbund', 66: Robert to Mia, 12 Sept. 1940.

3) Jureit, 'Zwischen Ehe und Männerbund', 66: Mia to Robert, 1 Oct. 1940.

4) Ute Dettmar, 'Der Kampf gegen "Schmutz und Schund"', in Neuhaus (ed.), *Die Kinder- und Jugendliteratur in der Zeit der Weimarer Republik*, 565~86; Adam, *Lesen unter Hitler*; Herzog, *Sex after Fascism*.

5) Marszolek, "'Ich möchte Dich zu gern mal in Uniform sehen'", 41~59; Latzel, *Deutsche Soldaten*, 332, 337~8.

6) Jureit, 'Zwischen Ehe und Männerbund', 68~9.

7) 라첼은 양차대전의 편지에서 이 문제를 논의한 사람을 보지 못했다고 밝혔다. Latzel, *Deutsche Soldaten*, 339; Meinen, *Wehrmacht und Prostitution im besetzten Frankreich*; Gildea, *Marianne in Chains*, 49, 77; Virgili, *Naître ennemi*, 40, 55, 59.

8) Gildea, *Marianne in Chains*, 76, 49, 60.

9) Ibid., 73; Morin, *Les Allemands en Touraine*, 196. 시몬 드 보바르 역시 파리의 독일인들을 비슷하게 파악했다. Virgili, *Naître ennemi*, 18, 60~3; de Beauvoir, *La Force de l'âge*, 457.

10) Gildea, *Marianne in Chains*, 88; Virgili, *Naître ennemi*, 57~9.

11) Lulu Anne Hansen, "'Youth off the rails'" in Herzog (ed.), *Brutality and*

Desire, 158, 145~6: Borge Hebo, report of 2 Aug. 1940; Hartmann, *The Girls They Left Behind*, 61. 그녀는 여성들의 51%가 덴마크인보다 독일인을 매력적으로 여겼다고 보고했다. 1%는 독일인들의 매너를 장점으로 꼽았고, 5~6%는 독일인들이 더 나은 연인이라고 여겼다. 그에 대한 비판적 분석으로는 Warring, *Tyskerpiger*, 31ff., 131.

12) Hansen, "'Youth off the Rails'", 150~7.

13) Maren Röger, *Kriegsbeziehungen: Intimität, Gewalt und Prostitution im besetzten Polen 1939 bis 1945*, Frankfurt am Main, 2015, Ch. 2.

14) Kleindienst (ed.), *Sei tausendmal gegrüßt*: Ernst to Irene Guicking, 2, 7, 13 Aug., 3, 7 Sept. 1940.

15) KA 3931/2, Dierk S., 'Auszüge aus dem Tagebuch', 5~6: 21 July, 28 Sept. 1940; Dennler, *Die böhmische Passion*, 31; Aly, *Hitlers Volksstaat*, 117~18.

16) Kleindienst (ed.), *Sei tausendmal gegrüßt*: Ernst to Irene Guicking, 11, 24 Nov., 6, 17 Dec. 1940.

17) Tooze, *Wages of Destruction*, 353~6.

18) Michel, *Paris allemand*, 298; Aly, *Hitlers Volksstaat*, 114~32.

19) Aly, *Hitlers Volksstaat*, 115, 131~2: Nuremberg customs post, 3 Sept. 1943.

20) Ibid., 114, 118~19, 128; Böll, *Briefe aus dem Krieg*, 1, 90, 101, 108, 111: 5, 21 Aug., 4, 7 Sept. 1940.

21) MfK–FA, 3.2002.0211, Hans Albring to Eugen Altrogge, n.d. [July 1940]; Gordon, 'Ist Gott Französisch?', 287~98; Torrie, "'Our rear area probably lived too well'", 309~30.

22) MfK–FA, 3.2002.0211, Hans Albring to Eugen Altrogge, 16 Aug. 1940, n.d. [Aug.] 1940.

23) MfK–FA, 3.2002.210, Eugen Altrogge to Hans Albring, 12 Aug. 1940; J.W. von Goethe, *Von deutscher Baukunst*, Darmstadt, 1989 [1772]; Jantzen, 'Das Straßburger Münster', in Busse, *Das Elsaß*, 271; Beutler, *Von deutscher Baukunst*; Williams, 'Remaking the Franco–German borderlands'.

24) DHM, Do2 96/1861, 'Tagebuch von Liselotte Purper', 17~19 Sept. 1940; 8, 14, 16 May 1940.

25) Ibid., 2 Oct. 1940; Madajczyk, *Die Okkupationspolitik Nazideutschlands*, 261~2; Aly, *'Final Solution'*, 45~7; Adelson and Lapides (eds), *Łódz´ Ghetto*, 30~41.

26) Harvey, 'Seeing the world', in Swett et al. (eds), *Pleasure and Power in Nazi Germany*, 177-204; 후고 예거는 컬렉션을 라이프매거진에 판매했고, 라이프지는 온라인에 업로드해놓았다. http://life.time.com/history/world-war-ii-color-photos-from-nazi-occupied-poland-1939-1940/#1.

27) Epstein, *Model Nazi*; Madajczyk, *Die Okkupationspolitik Nazideutschlands*, 407~8, Table 15. 그 외에 36만 7,592명의 폴란드인이 주로 총독령과 소련 국경 인근의 중부 폴란드에서 추방되었다. 그들이 비운 장소는 군사 훈련장과 친위대 수용소로 이용되었다. Tadeusz Norwid, *Kraj bez Quislinga*, Rome, 1945, 30~2; Adelson and Lapides (eds), *Łódź Ghetto*, 27; Hrabar et al., *Kinder im Krieg Krieg gegen Kinder*, 82~3; Pohl, *Von der 'Judenpolitik' zum Judenmord*, 52.

28) DHM, Do2 96/1861, 'Tagebuch von Liselotte Purper', 2 Oct. 1940.

29) Ibid., 1 Nov.~ 6 Dec. 1940; Harvey, '"Ich war überall"', in Steinbacher (ed.), *Volksgenossinnen*, 138~53.

30) DHM, Do2 96/1861, 'Tagebuch von Liselotte Purper', 2 Oct. 1940. See Harvey, *Women and the Nazi East*, 155~6.

31) Epstein, *Model Nazi*; Wolf, *Ideologie und Herrschaftsrationalität*; Wolf, 'Exporting Volksgemeinschaft', in Steber and Gotto (eds), *Visions of Community in Nazi Germany*, 129~45.

32) Hohenstein, *Wartheländisches Tagebuch*, 293: 10 July 1942; Harten, *De-Kulturation und Germanisierung*, 192~6.

33) Madajczyk, *Die Okkupationspolitik Nazideutschlands*, 245~9; Herbert, *Hitler's Foreign Workers*, 61~4, 86-96.

34) Hämmerle et al. (eds), *Gender and the First World War*, 1~15; Daniel, *The War from Within*; Nienhaus, 'Hitlers willige Komplizinnen', in Grüttner et al. (eds), *Geschichte und Emanzipation*, 517~39; Maubach, 'Expansion weiblicher Hilfe', in Steinbacher (ed.), *Volksgenossinnen*; Maubach, *Die Stellung halten*.

35) Theweleit, *Male Fantasies*, 1, 70~79; Rothmaler, 'Fall 29', in Justizbehörde Hamburg (ed.), *'Von Gewohnheitsverbrechern'*, 372; Przyrembel, *'Rassenschande'*.

36) Hansch-Singh, *Rassismus und Fremdarbeitereinsatz*, 138; Kundrus and Szobar, 'Forbidden company'.

37) Herbert, *Hitler's Foreign Workers*, 132; Gellately, *Backing Hitler*, 172~3, 176.

38) Lüdtke, 'Denunziation—Politik aus Liebe?', in Hohkamp and Ulbrich (eds),

Der Staatsbürger als Spitzel, 397~407; Przyrembel, '*Rassenschande*', 65~84; Gellately, *Backing Hitler*, 134~40, 155~66; Gordon, *Hitler, Germans and the 'Jewish Question'*, 241.

39) Virgili, *Naître ennemi*, 88~9.

40) Gellately, *The Gestapo and German Society*, 243; Gellately, *Backing Hitler*, 169~70, 179~80; Herbert, *Hitler's Foreign Workers*, 129.

41) Gellately, *The Gestapo and German Society*, 242; van Dülmen, *Theatre of Horror*; Evans, *Rituals of Retribution*, ch. 2.

42) Gellately, *Backing Hitler*, 179; SD Bayreuth, 17 Aug. 1942; Fenwick, 'Religion in the Wake of "Total War".

42) Kundrus and Stobar, 'Forbidden company', 210; Hochhuth, *Eine Liebe in Deutschland*, 63; Gellately, *The Gestapo and German Society*, 238~9.

44) Gellately, *Backing Hitler*, 180, 160: Düsseldorf, Oct. 1942; Schweinfurt, Aug. 1941.

45) Nowak, '*Euthanasie' und Sterilisierung im 'Dritten Reich'*, 158~63; Löffler (ed.), *Galen: Akten, Briefe und Predigten*, 874~83; Brodie, 'For Christ and Germany', 103; LNRW.AW, *NSDAP Kreis- und Ortsgruppenleitungen*, 125, 11 Sept 1941; LNRW.ARH, RW 35/08, 17.

46) Sick, '*Euthanasie' im Nationalsozialismus*, 73; Gerhard Schmidt, *Selektion in der Heilanstalt*, 118~19; Sandner, *Verwaltung des Krankenmordes*, 457, 488~505, 595~6, 642~3; Burleigh, *Death and Deliverance*, 163~4.

47) Noakes, *Nazism*, 3, 431; Trevor–Roper (ed.), *Hitler's Table Talk*, 555: 4 July 1942; Goebbels, *Tgb*, II/2, xxx, 27, 29 Sept., 5 Nov., 14 Dec. 1941.

48) Nowak, '*Euthanasie' und Sterilisierung im 'Dritten Reich'*, 168~70; Adolph, *Kardinal Preysing und zwei Diktaturen*, 168~70: Preysing, 2 Nov. 1941.

49) Burleigh, *Death and Deliverance*, 183~219; Brodie, 'For Christ and Germany', 103~8; Joachim Kuropka (ed.), *Meldungen aus Münster*, 539.

50) *MadR*, 3175~8: 15 Jan. 1942; Rost, *Sterilisation und Euthanasie*, 208~13; Nowak, 'Widerstand, Zustimmung, Hinnahme', in Frei (ed.), *Medizin und Gesundheitspolitik in der NS-Zeit*, 235~51.

51) Schmuhl, *Rassenhygiene, Nationalsozialismus, Euthanasie*, 210, 437; Nowak, '*Euthanasie' und Sterilisierung im 'Dritten Reich'*, 138~48, 152~7, 164, 171.

52) Mertens, *Himmlers Klostersturm*, 21, 388; Süß, *Der Volkskörper im Krieg*, 127~51; Griech–Polelle, *Bishop von Galen*, 78~9; Stephenson, *Hitler's Home Front*, 236, 257; Kershaw, *Popular Opinion and Political Dissent*, 332~3.

53) Zahn, *German Catholics and Hitler's Wars*, 83~7; Nowak, *'Euthanasie' und Sterilisierung im 'Dritten Reich'*, 173.

54) Kershaw, *Popular Opinion and Political Dissent*, 341~55.

55) Ibid., 349~57.

56) Brodie, 'For Christ and Germany', 108~17, LNRW.AW *Politische Polizei im III. Reich*, 408, SD report, 20 Aug. 1941; Hosenfeld, *'Ich versuche jeden zu retten'*, 530~1: 17~19 Sept. 1941; MfK–FA, 3.2002.0211, Hans Albring to Eugen Altrogge, 14 Sept. 1941.

57) Kuropka (ed.), *Meldungen aus Münster*, 545; Brodie, 'For Christ and Germany', 114~21, citing LNRW.AW, 'NSDAP Kreis– und Ortsgruppenleitungen, 125', 15 Aug., 14 Nov. 1941; LNRW.AW, 'Gauleitung Westfalen–Nord, Hauptleitung', 11 Nov. 1941; Winter, *'Verlegt nach Hadamar'*, 159; Redemann (ed.), *Zwischen Front und Heimat*, 295.

58) Kershaw, *Hitler*, 2, 428; Nowak, *'Euthanasie' und Sterilisierung im 'Dritten Reich'*, 173~4; Süß, *Volkskörper im Krieg*, 311~14.

59) Faulstich, 'Die Zahl der "Euthanasie"–Opfer'; Burleigh, *Death and Deliverance*, 242; Sandner, *Verwaltung des Krankenmordes*, 607~25; Winter, *'Verlegt nach Hadamar'*, 118~54; Roer and Henkel (eds), Psychiatrie im Faschismus, 58~120.

60) Sick, *'Euthanasie' im Nationalsozialismus*, 73; Schmidt, *Selektion in der Heilanstalt*; 118~19; Sandner, *Verwaltung des Krankenmordes*, 457, 488~505, 595~6, 642~3.

61) Schmidt von Blittersdorf et al., 'Die Geschichte der Anstalt Hadamar', in Roer and Henkel (eds), *Psychiatrie im Faschismus*, 58~120.

62) Lutz, 'Eine "reichlich einsichtslose Tochter"'; in George et al. (eds), *Hadamar*, 293~304; Maria M., LWV–Archiv, Kassel, K12/ 2581.

63) Lutz, 'Eine "reichlich einsichtslose Tochter"'; Stargardt, *Witnesses of War*, chapter 3.

1) MfK-FA, 3.2002.7209, Helmut Paulus to parents, 27 June 1942; diary, 24 June 1941.

2) MfK-FA, 3.2002.7209, Helmut Paulus, diary, 24 June 1941; *DRZW*, 4 (1983), 470~6; Graser, *Zwischen Kattegat und Kaukasus*; 동료애와 '1차집단'에 대해서는 Shils and Janowitz, 'Cohesion and disintegration', 12/2, 280~315; Kühne, *Kameradschaft*.

3) Overy, *The Bombing War*, 70, 110~11; Domarus (ed.), *Hitler*, 1726~32; Kershaw, *Hitler*, 2, 386~7; Wette, 'Die propagandistische Begleitmusik', in Ueberschär and Wette (eds), *Der deutsche Überfall auf die Sowjetunion*, 111~29.

4) Klemperer, *I Shall Bear Witness*, 1, 475~6: 22 June 1941.

5) MfK-FA, 3.2002.7209, Erna and Irmgard to Helmut Paulus, 21, 29 June, 30 July, 9 Aug. 1941.

6) *MadR*, 2426~8: 23 June 1941; Wantzen, *Das Leben im Krieg*, 407: 22~23 June 1941.

7) Wantzen, *Das Leben im Krieg*, 400~5: 20~21 June 1941; Goebbels, *Tgb*, I/9, 336~7, 387: 12, 19 June 1941; Kershaw, *Hitler*, 2, 386.

8) Ueberschär and Bezymenskij (eds), *Der deutsche Angriff auf die Sowjetunion 1941*.

9) Wilhelm Düwell, *Vorwärts*, 28 Aug. 1914; Goltz, *Hindenburg*, 16; Stargardt, *The German Idea of Militarism*.

10) Brodie, 'For Christ and Germany', 113, 123~4; Kershaw, *Popular Opinion and Political Dissent*, 356; *MadR*, 2517~19, 2822~4: 14 July, 29 Sept. 1941; Löffer (ed.), *Galen: Akten, Briefe und Predigten*, 2, 850~1, 863, 883, 901~2: 13, 20 July, 3 Aug., 14 Sept. 1941.

11) *MadR*, 2472~4, 2507, 2704: 3, 7, 14 July 1941. 'Wilden', 'Untermenschen', 'Zuchthäusler'.

12) Krausnick et al. (eds), *Anatomy of the SS State*, 512~13; Schuhmacher, 'Nazi Germany and the morality of war'; BA-MA, RW 2/148, 335~81.

13) MfK-FA, 3.2008.2195, Manfred von Plotho to wife: 30 June 1941.

14) Schuhmacher, 'Nazi Germany and the morality of war'; *VB*, 5, 8 July 1941;

DAZ, 5 July 1941; *Westdeutscher Beobachter*, 7, 14 July 1941.

15) Raschhofer, *Der Fall Oberländer*, 66; *Deutsche Wochenschau* no. 567 (16 July 1941); *MadR*, 7, 2564: 24 July 1941.

16) MfK–FA, 3.2002.0211, Albring to Altrogge, 8 July 1941.

17) Ibid., Albring to Altrogge, 5, 8, 12 July, 4 Aug. 1941; Bistumsarchiv Münster, Abt. 101 Sekretariat des Generalvikars, A 101–1, 92~3, 15 Oct. 1941.

18) MfK–FA, 3.2002.0211, Albring to Altrogge, 30~31 Aug. 1941.

19) BA–MA, MSg 2/13904: Friedrich Farnbacher, 'Persönliches Kriegstagebuch des Hauptmanns der Reserve Friedrich Farnbacher, Panzer–Artillerie–Regiment 103 (seit 12. Jan. 1945 Kommandeur II./Pz. Art. Rgt. 103), für die Zeit vom 22. Juni 1941 bis 8. Mai 1945': 20 July 1941, 470.

20) Römer, *Der Kommissarbefehl*; Farnbacher, 'Persönliches Kriegstagebuch', 20 July 1941, 471~6.

21) Ibid.; BA–MA, MSg 2/13904, Farnbacher, 'Persönliches Kriegstagebuch', 20 July 1941, 471~6.

22) BA–MA, MSg 2/13904, Farnbacher, 'Persönliches Kriegstagebuch', 2 July, 13 Aug. 1941, 349–50, 681; Hartmann, *Wehrmacht im Ostkrieg*, 259.

23) MfK–FA, 3.2002.0211, Albring to Altrogge, 28 Oct. 1941.

24) 전선 성직자의 부족과 그로 인한 영적인 사역의 문제점들에 대해서는 Bergen (ed.), *The Sword of the Lord*; Böll, *Brief an einen jungen Katholiken*; MfK–FA, 3.2002.0211, Albring to Altrogge, 1 Jan., 21 Mar. 1942.

25) Ebert (ed.), *Im Funkwagen der Wehrmacht*, 20~22, 136.

26) Eiber (ed.), "'······ Ein bisschen die Wahrheit": Briefe eines Bremer Kaufmanns': Nr 9 HG to Hannah, 7 Sept. 1941, 4~5 July, 7 Aug. 1941; Schneider, *'Auswärts eingesetzt'*.

27) Eiber (ed.), "'······ Ein bisschen die Wahrheit"', 79~81: 8 Oct. 1941.

28) Ibid., 76, 7 Sept. 1941, Nr 9; *Deutsche Wochenschau*, No. 567 (16 July 1941); *MadR*, 7, 2564: 24 July 1941.

29) Eiber (ed.), "'······ Ein bisschen die Wahrheit"', 74, 81~3: 22 Aug. 1941, 25 Oct., 18 Nov. 1941.

30) 독일군 병사들이 유대인 살해를 승인했다는 것을 입증해주는 가장 유명한 편지 모음은 Manoschek (ed.), *'Es gibt nur eines für das Judentum: Vernichtung'*. 이 책에는 반유대주의적인 편지가 103통 포함되어 있는데, 그것의 20%는 유대인 학살을 언

급하고 있다. 많은 인용이 담긴 책은 Friedländer, *The Years of Extermination*. 그 편지들은 슈투트가르트 현대사도서관의 슈테르츠 편지 모음이다. 그 도서관에는 당시의 병사들 약 5만 명의 편지가 소장되어 있다. 다만 그곳의 편지는 송신자별이 아니라 날짜별로 분류되어 있다. 그래서 편지 송수신인의 관계 변화를 포착할 수 없다. Humburg, 'Feldpostbriefe aus dem Zweiten Weltkrieg'; Latzel, *Deutsche Soldaten*, 201~4; Müller, *Deutsche Soldaten und ihre Feinde*, 194~229; MfK-FA, 3.2002.7209, Paulus to parents, 4 Sept. 1942 and 28 June 1941.

31) Latzel, 'Tourismus und Gewalt', in Heer and Neumann (eds), *Vernichtungskrieg*, 447~59; Haydn, *Meter, immer nur Meter!*, 123~5: 19 Dec. 1942; Hilberg, *Sonderzüge nach Auschwitz*, 188; Diewerge (ed.), *Feldpostbriefe aus dem Osten*, 38; Weinberg, *A World at Arms*, 473.

32) Hürter, *Ein deutscher General*, 62: letter, 21 June 1941.

33) Hartmann, *Wehrmacht im Ostkrieg*, 271~8.

34) Jefim Gechtman, 'Riga', in Grossman and Ehrenburg (eds), *Das Schwarzbuch*, 684; Mühlhäuser, *Eroberungen*, 74~86.

35) Longerich, *Holocaust*, 179~205; Wildt, *Generation des Unbedingten*, 578~91; Dieckman, 'The war and the killing of the Lithuanian Jews', in Herbert, *National Socialist Extermination Policies*, 242~6; Klee et al. (eds), *'The Good Old Days'*, 27~37, 46~58.

36) Longerich, *Holocaust*, 206~39; Klee et al. (eds), *'The Good Old Days'*, 54~7.

37) Chiari, *Alltag hinter der Front*; Dean, *Collaboration in the Holocaust*, 2000; 1차대전에서의 선례에 대해서는 Kramer and Horne, *German Atrocities*, 1914; Hartmann, *Halder*, 160~72.

38) Klee et al. (eds), *'The Good Old Days'*, 138~54.

39) Noakes and Pridham (eds), *Nazism*, 3, 495.

40) Hürter, *Hitlers Heerführer*, 579; Pohl, *Die Herrschaft der Wehrmacht*, 261; Ueberschär and Wette, *Unternehmen Barbarossa*, 339 ff.. 구데리안 장군은 1941년 11월 6일에 제2탱크군단에 그 명령을 하달했다. 그 명령이 군단에서 사단까지 도착하는 데 또다시 7일이 소요되었다. Hartmann, *Wehrmacht im Ostkrieg*, 10, 316.

41) Glantz, *Barbarossa Derailed*; Glantz, *When Titans Clashed*, 293.

42) Reinhardt, *Moscow*, 41~2.

43) Bock, *Zwischen Pflicht und Verweigerung*, 255: 22 Aug. 1941; Hartmann,

Halder, 281~4; Hartmann, *Wehrmacht im Ostkrieg*, 285; Hürter, *Hitlers Heerführer*, 302~10; Wallach, *The Dogma of the Battle of Annihilation*, 1986, 265~81.

44) Hammer and Nieden (eds), *'Sehr selten habe ich geweint'*, 242~4: Robert R., diary, 21 Aug. 1941.

45) Hammer and Nieden (eds), *'Sehr selten habe ich geweint'*, 242~4: Robert R., diary, 21 Aug. 1941.

46) Ibid., 246~7: Robert R., diary, 28 Aug. 1941.

47) Ibid., 244~5: Robert R. to Maria, 23 Aug. 1941.

48) Ebert (ed.), *Im Funkwagen der Wehrmacht*, 159~60: Wilhelm to Erika Moldenhauer, 14 Sept. 1941.

49) Ibid., 161~2: Wilhelm to Erika Moldenhauer, 17 Sept. 1941.

50) Hartmann, *Wehrmacht im Ostkrieg*, 289~91.

51) Ibid., 289~91: IfZ–Archiv, MA 1589: 4. Pz. Div., Stab, Gefechtsbericht für den 22.9.1941; Kühne, *Kameradschaft*, 147; BA–MA, MSg 2/13904, Farnbacher, 'Persönliches Kriegstagebuch', 22 Sept. 1941.

52) Hartmann, *Wehrmacht im Ostkrieg*, 297~9: Reinert, diary 19, 21 Sept. 1941; *DRZW*, 4 (1983), 751; Ebert (ed.), Im Funkwagen der Wehrmacht, 163~5: Wilhelm to Erika Moldenhauer, 19, 20 Sept. 1941.

53) MfK–FA, 3.2002.0306, Fritz to Hildegard P., 25 Sept., 5, 8 Oct. 1941, Feldpostbrief–Archiv, Museum für Komunikation, Berlin, Sig. 3.2002.0306.

54) Arnold, 'Die Eroberung und Behandlung der Stadt Kiew'; Hartmann, *Wehrmacht im Ostkrieg*, 299~301: Reinert diary, 24, 26 Sept. 1941; Bibliothek für Zeitgeschichte, Sammlung Sterz, 04650, L.B., 29 Sept. 1941.

55) Hartmann, *Wehrmacht im Ostkrieg*, 299: Bibliothek für Zeitgeschichte, Sammlung Sterz, 04650, L.B., 28 Sept. 1941; Klee et al. (eds), *'The Good Old Days'*, 63~8; Hamburg Institute for Social Research, Johannes Hähle, Propagandakompanie (PK) 637, 6th Army: http://www.deathcamps. org/ occupation/byalbum/list01.html.

56) Berkhoff, *Harvest of Despair*, 147, 153, 155~6.

57) Ibid., 173, 169~72.

58) Gerlach, *Krieg, Ernährung, Völkermord*; *Trial of the Major War Criminals before the International Military Tribunal, Nuremberg*, 14 November 1945~1

October 1946, Nuremberg, 1947~9, v. 31, 84: 2718–PS, v. 36, 135~57.

59) Hubatsch (ed.), *Hitlers Weisungen*, 148; Ueberschär and Wette, '*Unternehmen Barbarossa*', 333; Halder, *Kriegstagebuch*, 3, 53: 8 July 1941; Reinhardt, *Moscow*, 96.

60) Ziegelmayer in Aly, *Hitlers Volksstaat*, 198; Ziegelmayer, *Rohstoff-Fragen der deutschen Volksnährung*; Ganzenmüller, *Das belagerte Leningrad 1941~1944*, 42~52; KTB der Oberquartiermeisterabteilung der 18 Armee, 11, 14, 18 Sept. 1941; Wagner to home: 9 Sept. 1941; Goebbels, *Tgb*, II/1, 359, 392: 5, 10 Sept. 1941; Ganzenmüller, *Das belagerte Leningrad*, 20~53, 73~6.

61) Ganzenmüller, *Das belagerte Leningrad*, 53~64; Jones, *Leningrad*, 42~3, 127; Biernacki et al., *Generalny plan wschodni*, 82~110: summary by RSHA (27 April 62); Hans–Joachim Riecke, 'Aufgaben der Landwirtschaft im Osten', in Probleme *des Ostraumes. Sonderveröffentlichung der Bücherei des Ostraumes*, Berlin, 1942; Herbert Backe, *Um die Nahrungsfreiheit Europas: Weltwirtschaft oder Grossraum*, Leipzig, 1943.

62) Ganzenmüller, *Das belagerte Leningrad*, 69~73; Jones, Leningrad, 131, 129; Kershaw, *War without Garlands*; Lubbeck, *At Leningrad's Gates*.

63) Reinhardt, *Moscow*, 182~5, 95~6.

64) Ebert (ed.), *Im Funkwagen der Wehrmacht*, 167: Wilhelm to Erika Moldenhauer, 3 Oct. 1941; Hartmann, *Wehrmacht im Ostkrieg*, 307~8.

65) Stahel, *Operation Typhoon*, 100~2.

66) Streit, *Keine Kameraden*; Hartmann, *Wehrmacht im Ostkrieg*, 516~634.

67) Jarausch and Arnold (eds), '*Das stille Sterben ...*', 343, 329: 25 Nov., 25 Oct. 1941.

68) Ibid., 336, 325~6: 7 Nov., 12 Oct. 1941.

69) Ibid., Arnold, introduction, 86, 335, 346, 345: 6, 7, 28, 25 Nov. 1941.

70) Ibid., 339: 14 Nov. 1941.

71) Guderian, *Erinnerungen eines Soldaten*, 231; Seitz, *Verlorene Jahre*, 104.

72) Grossman, *A Writer at War*; Wagner (ed.), *Soviet Air Force in World War II*, 68 ff.; Hartmann, *Wehrmacht im Ostkrieg*, 313.

73) Reinhardt, *Moscow*, 367~70; Hartmann, *Wehrmacht im Ostkrieg*, 255~6.

74) Reinhardt, *Moscow*, 148~9, 92~4.

75) Hartmann, *Wehrmacht im Ostkrieg*, 313; Neumann, *Die 4. Panzerdivision*,

299, 314; Schüler, *Logistik im Rußlandfeldzug*.

76) Humburg, 'Siegeshoffnungen und "Herbstkrise" im Jahre 1941', Bumke, 28 Sept. 1941; BA−MA, RH 20−2/1091~1095, Tätigkeitsberichte der Feldpostprüfstelle beim AOK2 1 Aug.~1 Dec. 1941. 1941년 11월에만 사기가 낮았다. BA−MA, RH 20−2/1095, Tätigkeitsbericht der Feldpostprüfstelle beim AOK2 für den Monat November 1941.

77) MfK−FA, 3.2002.7209, Dr Ernst Arnold to Helmut Paulus, 5 Nov. 1941; Helmut Paulus to parents, 11 Nov. 23, 31 Oct. 1941.

78) DTA, 148, Albert Joos, 'Kriegstagebuch, 28.8.1939~1.3.1945', Vorwort, 28 Aug., 1, 18 Sept., 24 Oct., 26 Nov. 1939, 15 Oct. 1941.

79) DTA, 148, Joos, 'Kriegstagebuch', 3, 4, 5, 6, 7~12, 13, 15, 16, 20, 21, 23 Dec. 1941.

80) Hartmann, *Wehrmacht im Ostkrieg*, 312~14, 347.

81) BA−MA, MSg 2/13904, Farnbacher, 'Persönliches Kriegstagebuch', 1, 20, 21, 23 Nov. 1941; Kühne, *Kameradschaft*, 166~9.

82) Hartmann, *Wehrmacht im Ostkrieg*, 317, 733: 장교들에 대한 주의사항, 17 Nov. 1941.

83) Hammer and Nieden (eds), *'Sehr selten habe ich geweint'*, 255~7: Robert R., diary, 27 Oct. 1941.

84) BA−MA, MSg 2/13904, Farnbacher, 'Persönliches Kriegstagebuch', 17 Nov. 1941; Hartmann, *Wehrmacht im Ostkrieg*, 10, 2~3.

85) Hartmann, *Wehrmacht im Ostkrieg*, 733: BA−MA, MSg 2/13904, Farnbacher, 'Persönliches Kriegstagebuch', 9, 13, 24, 25, 30 Nov. 1941; Hartmann, *Wehrmacht im Ostkrieg*, 317~19.

86) BA−MA, MSg 2/13904, Farnbacher, 'Persönliches Kriegstagebuch', 27 Oct. 1941; Kühne, *Kameradschaft*, 151~2; Hartmann, *Wehrmacht im Ostkrieg*, 351; Seitz, *Verlorene Jahre*, 105; Guderian, *Erinnerungen*, 231.

87) Hitler, *Reden und Proklamationen*, 1771~81: 8 Nov. 1941.

88) Goebbels, 'Die Juden sind schuld!', *Das Reich*, 16 Nov. 1941.

89) Hammer and Nieden (eds), *'Sehr selten habe ich geweint'*, 258~64: Robert R., diary, 28, 9~11 Nov. 1941.

90) Ibid., 260: Robert R., letter to Maria, 18 Nov. 1941.

91) Ibid., 265, 267: Robert R., letter to Maria, 30 Nov. 1941.

92) Reinhardt, *Moscow*, 224~6; Hartmann, Wehrmacht im Ostkrieg, 350~2; Lüttwitz to wife, 1 Dec. 1941; Guderian, *Erinnerungen*, 233ff., 257; Overy, *Russia's War*, 124.

제7장 첫 패배

1) Hartmann, *Wehrmacht im Ostkrieg*, 353~4.

2) Ibid., 361~3; Reinert, Tagebuch, 9 Dec. 1941.

3) Reinhardt, *Moscow*, 288~9.

4) Reinhardt, *Moscow*, 293; Kriegstagebuch, Panzer—Gruppe 3, 14 Dec. 1941.

5) BA—MA, MSg 2/13904, Farnbacher, 'Persönliches Kriegstagebuch', 20 Dec. 1941; Hartmann, *Wehrmacht im Ostkrieg*, 354~7.

6) Hartmann, *Wehrmacht im Ostkrieg*, 363~6; 296th Infantry Division, Diary, 21 Dec. 1941; Reinert, 20, 22 Dec. 1941.

7) Reinhardt, *Moscow*, 310; Heeresgruppe Mitte, Kriegstagebuch, 19 Dec. 1941.

8) Reinhardt, *Moscow*, 291~5, 320~4, 349.

9) Ibid., 297~8; Hartmann, *Wehrmacht im Ostkrieg*, 370~1.

10) Reinhardt, *Moscow*, 298; Hartmann, *Wehrmacht im Ostkrieg*, 370~1, 374~9.

11) Hürter (ed.), *Ein deutscher General*, 128~9; Heinrici, 16 Dec. 1941; BA—MA, MSg 2/13904, Farnbacher, 'Persönliches Kriegstagebuch', 6 Dec. 1941.

12) Jarausch and Arnold (eds), *'Das stille Sterben …'*, 359~67; 1, 4, 5, 8, 10, 11 Jan. 1942.

13) Ibid., 366~7; 13 Jan. 1942; 사망률은 Gerlach, *Kalkulierte Morde*, 20ff.; Streit, *Keine Kameraden*.

14) Hartmann, *Wehrmacht im Ostkrieg*, 765 n.2; 17 Dec. 1941.

15) Rass, *'Menschenmaterial'*, 88~134, 378~80; BA—MA, MSg 2/13904, Farnbacher, 'Persönliches Kriegstagebuch', 7, 9, 30 Dec. 1941, 5 Jan. 1942; Hartmann, *Wehrmacht im Ostkrieg*, 357~8.

16) Hartmann, *Wehrmacht im Ostkrieg*, 356~7, 382; BA—MA, MSg 2/13904, Farnbacher, 'Persönliches Kriegstagebuch', 21 Dec. 1941; Seitz, *Verlorene Jahre*, 116; Reese, *Mir selber seltsam fremd*, 57~66, 92~3.

17) DTA, 148, Joos, 'Kriegstagebuch', 3, 4, 5, 6, 7~12, 13, 15, 16, 20, 21, 23 Dec.

1941, 1 Jan. 1942.

18) DTA, 148, Joos, 'Kriegstagebuch', 4, 6, 12, 20, 22, 24, 26 Jan., 5, 10~11, 4~18, 22 Feb., 5, 6, 11 Mar. 1942.

19) MfK–FA, 3.2002.0211, Albring to Altrogge, 1, 21 Mar., 13 April 1942.

20) Koch, Fahnenfluchten, 325~51.

21) Ibid., 325, 351.

22) Rass, 'Menschenmaterial', 169~204.

23) Koch, Fahnenfluchten, 191 n. 49.

24) Ibid., 198, 131~4; Ziemann, 'Fluchten aus dem Konsens zum Durchhalten', in Müller and Volkmann (eds), Hitlers Wehrmacht, 589~613; Motadel, Islam and Nazi Germany's War, 310~11.

25) BA–MA, MSg 2/13904, Farnbacher, 'Persönliches Kriegstagebuch', 26, 27 Dec. 1941; Seitz, Verlorene Jahre, 115; Hartmann, Wehrmacht im Ostkrieg, 356, 421; Steinert, Hitlers Krieg und die Deutschen, 272~3, Reinhardt, Moscow, 365~6, BA–MA, MSg 2/13904, Farnbacher, 'Persönliches Kriegstagebuch', 27 Dec. 1941.

26) MfK–FA, 3.2002.7209, Paulus to parents, 27 Oct., 13 Dec. 1941, 7 Mar. 1942; BA–MA, MSg 2/13904, Farnbacher, 'Persönliches Kriegstagebuch', 14 Aug, 22 Sept., 3 Oct., 10, 21 Dec. 1941, 15 Jan., 7 Feb. 1942; Kühne, Kameradschaft, 149~51.

27) MfK–FA, 3.2002.7209, Ernst to Helmut Paulus, 3, 8 Mar., 7 Jan. 1942; Helmut Paulus to his parents, 17 Mar. 1942.

28) MfK–FA, 3.2002.7209, Helmut Paulus to parents, 27 Oct., 13 Dec. 1941, 7 Mar., 15 Sept. 1942.

29) MfK–FA, 3.2002.7209, Helmut Paulus to his parents, 12 Mar. 1942.

30) MfK–FA, 3.2002.7209, parents to Helmut Paulus, 5 Nov. 1941, 17 Dec. 1941, 6 April 1942; Erna to Helmut Paulus, 5 Jan. 1942; Helmut to parents, 11 Nov. 1941; Reinhardt, Moscow, 365.

31) MfK–FA, 3.2002.7209, Erna to Helmut Paulus, 23 Oct. 1941; Helmut to parents, 11 Nov. 1941.

32) MfK–FA, 3.2002.7209, Helmut to parents, 11 Nov. 1941.

33) MfK–FA, 3.2002.7209, Helmut Paulus to parents, 25 Dec. 1941; Helmut Paulus, Tagebuch, 2 Jan. 1942.

34) MfK–FA, 3.2002.7209, Elfriede and Erna to Helmut Paulus, 27~28 Dec. 1941; Helmut Paulus to parents, 12 Mar. 1942; Erna to Helmut Paulus, 15 Mar. 1942; Ernst to Helmut Paulus, 22 Mar. 1942.

35) MfK–FA, 3.2002.7209, Erna to Helmut Paulus, 8, 1 Feb. 1942; Erna to Helmut Paulus, 25 Jan. 1942.

36) Rohland, *Bewegte Zeiten*, 77~8; Goebbels, *Tgb*, II/1, 260~3: 19 Aug. 1941; Kershaw, *Hitler*, 2, 440~1; Tooze, *Wages of Destruction*, 507~8.

37) Hitler, *Reden und Proklamationen*, 1793~1811: 11 Dec. 1941; Goebbels, *Tgb*, II/2, 498ff.: 13 Dec. 1941; Frank, *Das Diensttagebuch*, 457~8: 16 Dec. 1941.

38) Ribbentrop, *Zwischen Moskau und London*, ed. von Ribbentrop, 261; Tooze, *The Wages of Destruction*, 349~3; 508~9.

39) Goebbels, *Tgb*, II/3, 154~5: 20 Jan. 1942.

40) *MadR*, 3193~6: 22 Jan. 1942; 2704, 2489: 14 July., 29 Aug. 1941; Steinert, *Hitlers Krieg und die Deutschen*, 267, 272.

41) Fritzsche, *Life and Death in the Third Reich*, 149; Goebbels, *Tgb*, II/2, 483: 12 Dec. 1941; Steinert, *Hitlers Krieg und die Deutschen*, 273: 'Mitteilungen für die Truppe', 11 Mar. 1942.

42) Hitler, 'Rede vor der deutschen Presse', *VfZ*, 2 (1958), 181~191.

43) Domarus (ed)., *Hitler*, 1826~34.

44) Reimann, *Der große Krieg der Sprachen*, 39~44; Lipp, *Meinungslenkung im Krieg*; MfK–FA, 3.2002.7209, Erna to Helmut Paulus, 3 Feb. 1942.

45) Goebbels, *Tgb*, II/2, 554: 21 Dec. 1941; Hitler, *Reden und Proklamationen*, 1813~15; Szarota, *Warschau unter dem Hakenkreuz*, 147~8.

46) Bramsted, *Goebbels and National Socialist Propaganda*, 250; Fritzsche, *Life and Death in the Third Reich*, 276; MfK–FA, 3.2002.7209, Erna to Helmut Paulus, 24 Dec. 1941, 9, 18, 19 Jan. 1942; MfK–FA 3.2002.0279, Liselotte Purper to Kurt Orgel, 11 Jan. 1942.

47) MfK–FA 3.2002.0279, Liselotte Purper to Kurt Orgel, 21 Jan. 1942.

48) Ebert (ed.), *Im Funkwagen der Wehrmacht*, 197~8: Wilhelm to Erika Moldenhauer, 11 Feb. 1942; MfK–FA, 3.2002.7209, Helmut Paulus to parents, 12 Feb. 1942.

49) Reinhardt, *Moscow*, 128: Hitler to Ciano, 25 Oct. 1941; Hillgruber (ed.),

Staatsmänner und Diplomaten bei Hitler, 47: to Antonescu, 11 Feb. 1942.

50) Hillgruber (ed.), *Staatsmänner und Diplomaten bei Hitler*, 1, 657; Jochmann (ed.), *Monologe in Führer-Hauptquartier*, 239: 27 Jan. 1942; ibid., 260: 27 Jan. 1942.

51) Hirtenwort zum Sonntag dem 15. März 1942, *Kirchliches Amtsblatt für die Diözese Münster*, 12 Mar. 1942.

52) Hitler, *Reden und Proklamationen*, 1848~51; *MadR*, 3486~8: 19 Mar. 1942; Kershaw, *Hitler*, 2, 505~6.

53) *MadR*, 3487: 19 Mar. 1942; Latzel, *Deutsche Soldaten*, 331; MfK–FA, 3.2002.7209, Erna to Helmut Paulus, 3 Feb. 1942.

제8장 비밀의 공유

1) Browning, *Origins of the Final Solution*; Roseman, *The Villa, the Lake, the Meeting*.

2) MfK–FA, 3.2002.7209, Helmut Paulus to parents, 11 July 1941, 15 April, 8 May, 4 June 1942; Erna to Helmut Paulus, 23, 30 Oct., 30 Nov. 1941; Irmgard to Helmut Paulus, 24 Mar. 1942, Ernst Arnold to Helmut Paulus, 11 July 1942; Reifahrth and Schmidt–Linsenhoff, 'Die Kamera der Täter', in Heer and Naumann (eds), *Vernichtungskrieg*, 475~503; Knoch, Die Tat as Bild, 50~122.

3) Jarausch and Arnold (eds), '*Das stille Sterben* ......, 339: 14 Nov. 1941; MfK–FA, 3.2002.0211, Albring to Altrogge, 21 Mar. 1942; Eiber, "'······ Ein bisschen die Wahrheit'", HG to Hannah, 7 Aug. 1941; Schneider, 'Auswärts eingesetzt'; Kleindienst (ed.), *Sei tausendmal gegrüßt*: Ernst to Irene Guicking, 3, 22 Feb. 1942.

4) Pohl, *Nationalsozialistische Judenverfolgung in Ostgalizien*, 1941~1944, 138~75. Sandkühler, '*Endlösung' in Galizien*, 148~65; Longerich, *Holocaust*, 286; Kulka and Jäckel (eds), *Die Juden in den geheimen NS-Stimmungsberichten*, 3388: SD Außenstelle Minden, 12 Dec. 1941.

5) Bankier, *The Germans and the Final Solution*, 131; Adler, *Theresienstadt*, 720~2: n. 46b: Heydrich, 10 Oct. 1941.

6) Kulka and Jäckel (eds), *Die Juden in den geheimen NS-Stimmungsberichten*,

3388: SD Außenstelle Minden, 12 Dec. 1941.

7) Bankier, *The Germans and the Final Solution*, 128.

8) Sauer, *Grundlehre des Völkerrechts*, 407.

9) Doenecke and Stoler, *Debating Franklin D. Roosevelt's Foreign Policies*, 130~6; Longerich, *'Davon haben wir nicht gewußt!'*, 167~9; Benz, 'Judenvernichtung aus Notwehr?', 618; Goebbels, *Tgb*, II/1, 116~17: 24 July 1941.

10) Wiener Library, London: Nazi Party Slogan of the Week, 7 Sept. 1941; Kershaw, *Hitler*, 2, fi g. 45.

11) Longerich, *Holocaust*, 266~7.

12) Kulka and Jäckel (eds), *Die Juden in den geheimen NS-Stimmungsberichten*, 3387: SD Außenstelle Minden, 6 Dec. 1941.

13) Adler, *Verwaltete Mensch*, 354~437; Longerich, *The Holocaust*, 287; Friedländer, *The Years of Extermination*, 306~7.

14) Kulka and Jäckel (eds), *Die Juden in den geheimen NS-Stimmungsberichten*, 3475: Landrat Bad Neustadt/Saale, 23 April 1942; Schultheis, *Juden in Mainfranken*, 467; Fritzsche, *Life and Death in the Third Reich*, 253~7; Wildt, *Volksgemeinschaft*; Longerich, *'Davon haben wir nichts ewußt!'*, 219.

15) Roseman, *The Past in Hiding*, 152~5.

16) Roseman, *The Villa, the Lake, the Meeting*, 113: Heydrich at Wannsee onference, 20 Jan. 1942; Longerich, *Holocaust*, 321.

17) Roseman, *The Past in Hiding*, 195~230.

18) Bajohr, *'Aryanisation' in Hamburg*, 277~82, 279~80; Becker, *Gewalt und Gedächtnis*, 77~140; Seydelmann, *Gefährdete Balance*, 105~6; Sielemann (ed.), *Hamburger jüdische Opfer des Nationalsozialismus*, xviii: Karl aufmann to Hermann Göring, 4 Sept. 1942; National Archives ashington, Misc. German Record Collection, T84/7; Longerich, *'Davon aben wir nichts gewußt!'*, 199.

19) Klemperer, *I Shall Bear Witness*, 524~5: 15 Sept. 1941; Goeschel, *Suicide in the Third Reich*, 106~10; Kwiet, 'The ultimate refuge', 173~98; Baumann, Suizid im "Dritten Reich"', in Rürup (ed.), *Geschichte und Emanzipation*, 500; Speer, Spandau, 287; Bankier, The Germans and the Final Solution, 125~7; also Goebbels, Tgb., II/2, 194~5: 28 Oct. 1941; Longerich, *'Davon haben wir nichts gewußt!'*, 181~5.

20) Goebbels, 'Die Juden sind schuld!', *Das Reich*, 16 Nov. 1941, in Martens, *Zum Beispiel Das Reich*, 61~4.

21) Wilhelm, *Rassenpolitik und Kriegsführung*, 131~2: Rosenberg, 18 Nov. 1941; Longerich, *'Davon haben wir nichts gewußt!'*, 201; Domarus (ed.), *Hitler*, 1821, 1828~9, 1844, 1920, 1937: 30 Jan., 24 Feb., 30 Sept., 8 Nov. 1942; Kershaw, *'Hitler Myth'*, 243; *Münchener Neuesten Nachrichten*, 16 Mar. 1942.

22) Vertrauliche Informationen der Parteikanzlei, 9 Oct. 1942, in Huber and Müller (eds), *Das Dritte Reich*, 2, 110.

23) Longerich, *Holocaust*, 320~69; Friedländer, *The Years of Extermination*, 359~60; Paulsson, *Secret City*, 73~8.

24) Noakes and Pridham (eds), *Nazism*, 3, 629; Latzel, *Deutsche Soldaten*, 203~5; Friedrich, '"Die Wohnungsschlüssel sind beim Hausverwalter abzugeben"', in Wollenberg (ed.), *'Niemand war dabei und keiner hat's gewußt'*, 188~203, and Lichtenstein, 'Pünktlich an der Rampe', ibid., 204~23.

25) Longerich, *'Davon haben wir nichts gewußt!'*, 211~17, 202~3: Goebbels, *Tgb*, II/5, 505, 15 Sept. 1942.

26) Longerich, *'Davon haben wir nichts gewußt!'*, 205~6.

27) Noelle–Neumann, 'The spiral of silence: A theory of public opinion'; also Becker, *Elisabeth Noelle-Neumann*.

28) Dürkefälden, *'Schreiben wie es wirklich war!'*, 107ff .: Feb. 1942; 109, 114, 115, 117, 125, 126, 129; Kershaw, 'German popular opinion', in Paucker (ed.), *Die Juden im nationalsozialistischen Deutschland*, [365–86] 379; Bankier, *The Germans and the Final Solution*, 108; Fritzsche, *Life and Death in the Third Reich*, 265.

29) Friedländer, *The Years of Extermination*, 303; Löffler (ed.), *Galen: Akten, Briefe und Predigten*, 2, 910~11.

30) Longerich, *'Davon haben wir nichts gewußt!'*, 227; also Friedländer, *The Years of Extermination*, 303, 515~16; Phayer, *The Catholic Church and the Holocaust*, 70~1.

31) Nowak, *'Euthanasie' und Sterilisierung im 'Dritten Reich'*, 151; Brodie, 'For Christ and Germany', 140~4, 162: citing LNRW.ARH, RW 58, 3741, 120.

32) Kulka and Jäckel (eds), *Die Juden in den geheimen NS-Stimmungsberichten*, 3508: SD–Außenstelle Detmold, 31 July 1942; Stephenson, *Hitler's Home*

Front, 145~8; Wantzen, *Das Leben im Krieg*, 30 July 1942; LNRW.ARH, RW34/03, 17: SD rept, Cologne, 7 July 1943.

33) Bankier, *The Germans and the Final Solution*, 113.

34) Longerich, *'Davon haben wir nichts gewußt!'*, 256~61, 267: Goebbels, *Tgb*, II/7, 651, 675, II/8, 42: 27, 31 Mar., 3 April 1943; Rubinstein, The Myth of Rescue, 131.

35) Arad, *Belzec, Sobibor, Treblinka*; Friedländer, *Kurt Gerstein*, 100~29; Pfannstiel in Klee et al. (eds), *'The Good Old Days'*, 238~44.

36) Friedländer, *Kurt Gerstein*, 100~29.

37) Friedländer, *Years of Extermination*, 539~40.

38) Wilhelm Cornides, 31 Aug. 1942, in 'Observations about the "Resettlement of Jews" in the General Government', in Hilberg (ed.), *Documents of Destruction*, 208 ff.; Friedländer, *The Years of Extermination*, 399~400.

39) Bankier, *The Germans and the Final Solution*, 110.

40) Klukowski, Diary from the Years of Occupation, 8 April 1942. 똑같은 루머가 지역의 유대인들 사이에도 확산되었다. Bankier, *The Germans and the Final Solution*, 109, 179; Wohlfuss, *Memorial Book of Rawa Ruska*, 238.

41) Hosenfeld, *'Ich versuche jeden zu retten'*, 628, 630~1, 640~1, 650, 653~5, 658: diary and letters to family, 25, 29 July, 13 Aug., 1, 26 Sept. 1942.

42) Wagner, 'Gerüchte, Wissen, Verdrängung', in Frei et al. (eds), *Ausbeutung, Vernichtung, Öffentlichkeit*, 231~48; Steinbacher, *'Musterstadt' Auschwitz*, 246~52, 318~20; Bankier, *The Germans and the Final Solution*, 111~14: Ludwig Haydn, 1942; Salazar Soriano, June 1942; Fermin Lopez Robertz, Mar. 1943; Hahn, *Bis alles in Scherben fällt*, 338: 30 Nov. 1941; Andreas-Friedrich, *Der Schattenmann*, 96: 22 Dec. 1942; 111, 125~8: 10 Aug. 1943, 4 Feb. 1944.

43) Bankier, *The Germans and the Final Solution*, 109; Herbert, *Best*, 313; Niewyk (ed.), *Fresh Wounds*, 176; Liselotte G. in Hammer and Nieden, *'Sehr selten habe ich geweint'*, 278~9: 31 Aug. 1943.

44) Yakov Grojanowski, testimony on Chelmno camp, 6~19 Jan. 1942, in Gilbert, *The Holocaust*, 252~79; Katsh, *Diary of Chaim A. Kaplan*, 360, 369~72, 379: 25 June, 10~12, 22 July 1942; Hilberg et al. (eds), *Warsaw Diary of Adam Czerniakow*, 'introduction', 62; Adelson, *The Diary of Dawid*

Sierakowiak, 142, 161~2, 258: 19 Oct. 1941, 1~2 May 1942, 15 Mar. 1943; Corni, *Hitler's Ghettos*, 179~82. 1942년 3월과 8월 사이 기간에 게토가 상황을 얼마나 몰랐는지에 대해서는 Arad, *Belzec, Sobibor, Treblinka*, 241~4.

45) Haydn, *Meter immer nur Meter*, 6, 9~11, 53, 123~4, 129~31: 29 June, 31 July, 19, 24 Dec. 1942.

46) Longerich, *'Davon haben wir nichts gewußt!'*, 259; Hassell, *The von Hassell Diaries*, 272: 15 May 1943; Andreas–Friedrich, *Der Schattenmann*, 125~6: 4 Feb. 1944; Scholl, *Die weiße Rose*, 91~3. 유대인 사망 30만 명을 언급한 두번째 성명서는 Haydn, *Meter immer nur Meter*, 51: 30 July 1942; Aly, 'Die Deportation der Juden von Rhodos nach Auschwitz', 79~88.

47) *Stuttgart NS-Kurier*, 4 Oct. 1941; Bankier, *The Germans and the Final Solution*, 130; Haag, *Das Glück zu leben*, 164: 5 Oct. 1942; Wantzen, *Das Leben im Krieg*, 610: 5 Nov. 1941.

48) Orłowski and Schneider, *'Erschießen will ich nicht!'*, 247: 18 Nov. 1943.

49) Klemperer, *To the Bitter End*, 141~2: 21 Sept. 1942.

50) Stargardt, 'Speaking in public about the murder of the Jews', in Wiese and Betts (eds), *Years of Persecution, Years of Extermination*, 133~55.

51) Heiber, *Reichsführer!*, 169; on Wise's information, Feingold, *Politics of Rescue*, 170; Himmler, *Der Dienstkalender Heinrich Himmlers 1941/42*, ed. Witte, 619 n. 43; Friedländer, *The Years of Extermination*, 462~3; Hilberg, *The Destruction of the European Jews*, 623~4; Neander, 'Seife aus Judenfett', in *Fabula: Zeitschrift für Erzählforschung*, 46 (2005), 241~56; *Harig, Weh dem, der aus der Reihe tanzt*, 203.

52) Bankier, *The Germans and the Final Solution*, 122~3; Kaplan, *Between Dignity and Despair*, 223~8.

53) Klee, *Die SA Jesu Christi*, 148; Goebbels, *Tgb*, II/2, 362~3: 25 Nov. 1941; Gerlach, *And the Witnesses Were Silent*, 204; Hermle, 'Die Bischöfe und die Schicksale "nichtarischer" Christen', in Gailus and Lehmann (eds), *Nationalprotestantische Mentalitäten*, 263~306; Gailus and Nolzen (eds), *Zerstrittene 'Volksgemeinschaft'*.

54) Gutteridge, *Open thy Mouth for the Dumb!*, 231~2; Gerlach, *And the Witnesses Were Silent*, 194: Düringer and Kaiser (eds), *Kirchliches Leben im Zweiten Weltkrieg*, 82~3; Bergen, *Twisted Cross*.

55) Klepper, *Unter dem Schatten deiner Flügel*, 1008~9: 25 Dec. 1941; also Wecht, *Jochen Klepper*, 292~320.

56) Klepper, *Unter dem Schatten deiner Flügel*, 1041, 1043, 1127~32: 10, 15 Mar., 5~8 Dec. 1942; Klepper (ed.), *In Tormentis Pinxit*.

57) Klepper, *Unter dem Schatten deiner Flügel*, 1132~3: 9~10 Dec. 1942.

58) Gruner, *Widerstand in der Rosenstrasse*; Stoltzfuss, *Resistance of the Heart*.

59) Kaplan, *Between Dignity and Despair*, 217~20.

60) Ibid., 203, 228; Kwiet and Eschwege, *Selbstverwaltung und Widerstand*, 150; Beck, *An Underground Life*.

61) Roseman, *The Past in Hiding*, 306~92; Roseman, 'Gerettete Geschichte', 100~21.

62) Hosenfeld, '*Ich versuche jeden zu retten*', 630~1, 640~1, 650, 653~5, 658: diary and letters to family, 25, 29 July, 13 Aug., 1, 26 Sept. 1942.

63) Hosenfeld, '*Ich versuche jeden zu retten*', 657~8: diary, 26 Sept. 1942; Paulsson, *Secret City*, 79; Paulsson, 'Hiding in Warsaw,' DPhil. Thesis, Oxford, 1998, 278. 친위대 소령 게르하르트 스타보노프는 1906년 1월 26일에 할레에서 태어났고, 철학박사와 법학박사 학위를 취득했다. 그는 1950년에 〈슈피겔〉지와 인터뷰했다. *Der Spiegel*, 31 Aug. 1950, 35/ 1950. 그는 두 권의 얇은 책도 발간한 바 있다. 『동유럽 배상금 문제(*Das Ostreparationen: Ein Inaugural-Dissertation*)』 n.p., 1930, 『독일 언론의 올림픽 보도. 지방 언론의 보도와 지방 언론의 스포츠 보도의 발전을 중심으로 1936~1940(*Die Olympiaberichterstattung in der Deutschen Presse unter besonderer Berücksichtigung der Provinzpresse und die Entwicklung der Sportberichterstattung in der Provinzpresse 1936 bis 1940*, Mitteldt. National-Verlag, 1941)』.

64) Hosenfeld, '*Ich versuche jeden zu retten*', 659, 637, 641~3, 660: diary, 1 Oct., 7, 18 Aug. 1942; letter to Helmut, 5 Oct. 1942.

65) Ibid., 250: 16 Sept. 1939, 81-3.

66) Kardorff, *Berliner Aufzeichnungen*, 44: 20 Nov. 1942. 이는 아마 전쟁이 끝난 뒤 추가된 부분인 것 같다. 원래의 일기에는 그런 내용이 없다.

67) Ibid., 52, n. 3, 59: 31 Dec. 1942, 12 Jan. 1943. 일기에서 카르도르프는 이 딜레마를 길게 극적으로 서술했다.

68) Arad, *Belzec, Sobibor, Treblinka*, 170~8, 370~6; Hilberg, *Destruction of the European Jews*, 3, 976~7; Kulka and Jäckel, *Die Juden in den geheimen*

NS-Stimmungsberichten, #3652, SD Außenstelle Bad Neustadt, 15 Oct. 1943.

제9장 유럽의 약탈

1) Tooze, *Wages of Destruction*, 639~40; Overy, *Why the Allies Won*, 1~24.

2) Kershaw, *Hitler*, 2, 442~6.

3) Wegner, 'Hitlers Strategie zwischen Pearl Harbor und Stalingrad'.

4) Tooze, *Wages of Destruction*, 513~15; Mazower, *Hitler's Empire*, 259~72.

5) Tooze, *Wages of Destruction*, 380~93, 402~15.

6) Gildea et al.(eds), *Surviving Hitler and Mussolini*, 46~7.

7) Gillingham, *Industry and Politics in the Third Reich*; Gildea et al. (eds), *Surviving Hitler and Mussolini*, 50.

8) Tooze, *Wages of Destruction*, 513~51.

9) Gerlach, *Krieg, Ernährung, Völkermord*; Kay, *Exploitation, Resettlement, Mass Murder*.

10) *IMT*, 39, doc. 170−USSR, 384~412; Gerlach, *Krieg, Ernährung, Völkermord*, 175; Tooze, *Wages of Destruction*, 546~7. 게를라흐와 투즈는 이를 정책 선언으로 해석하고, 이어서 독일의 식량 징발이 홀로코스트의 주된 추동력이 되었다고 주장한다. 그러나 유럽 유대인의 대량 강제이송이 그 회의 몇 주일 이전에 개시되었다는 사실은 그 주장을 뒷받침해주지 않는다. Stone, *Histories of the Holocaust*, 140~2.

11) Berkhoff, *Harvest of Despair*, 122; Brandt, *Management of Agriculture*, 610, 614.

12) Herbert, *Hitler's Foreign Workers*, 167~204; Gildea et al. (eds), *Surviving Hitler and Mussolini*, 62~70.

13) Berkhoff, *Harvest of Despair*, 259~64; Herbert, *Hitler's Foreign Workers*, 192~8; Tooze, *Wages of Destruction*, 517~18.

14) Davies and Wheatcroft, *The Years of Hunger*; Davies et al., *The Years of Progress*.

15) Berkhoff, *Harvest of Despair*, 135.

16) Ibid., 134, 280~12; Chiari, *Alltag hinter der Front*; Gerlach, *Kalkulierte Morde*, 11; Mazower, *Hitler's Empire*, 282~4.

17) Chiari, *Alltag hinter der Front*, 36~48, 268; Berkhoff, *Harvest of Despair*.

18) Gildea, *Marianne in Chains*, 126.

19) Ibid., 111, 126~32.

20) Ibid., 83~5; Schwartz, 'The politics of food and gender in occupied Paris', 35~45.

21) Gildea, *Marianne in Chains*, 116~18, 148~9; 27; Reg Langlois (Jersey) and Daphne Breton (Guernsey): bbc.co.uk/ww2peopleswar archive of stories, A3403946 and A4014091.

22) Nissen, 'Danish food production in the German war economy', in Trentmann and Just (eds), *Food and Conflict in Europe in the Age of the Two World Wars*; Brandt, *Management of Agriculture*, 300~11; Collingham, *The Taste of War*, 174~6.

23) Aly, *Hitlers Volksstaat*, 123; VR der RKK, 1 July 1942, BA R 29/3, Nl. 223f; Bohn, *Reichskommissariat Norwegen*; Voglis, 'Surviving hunger', in Gildea et al. (eds), *Surviving Hitler and Mussolini*, 21~2, and Gildea, Luyten and Fürst, 'To work or not to work?', in ibid., 50.

24) Voglis, 'Surviving hunger', in Gildea et al. (eds), *Surviving Hitler and Mussolini*, 23~4, 29~30; Mazower, *Inside Hitler's Greece*, 23~52; Hionidou, *Famine and Death in Occupied Greece*; Mazower, *Hitler's Empire*, 280.

25) Friedländer, *The Years of Extermination*, 414~16; Kaspi, *Les Juifs pendant l'occupation*, 222~7.

26) Bobet, *Le vélo a l'heure allemande*, 105~35.

27) Klarsfeld, *Vichy-Auschwitz*; Friedländer, *The Years of Extermination*, 123~4, 178~9, 410~11, 545~7; Longerich, *The Holocaust*, 397~9; Gildea et al. (eds), *Surviving Hitler and Mussolini*, 45, 64~9.

28) Cointet, *L'Eglise sous Vichy*, 291.

29) Madajczyk, *Die Okkupationspolitik Nazideutschlands*, 427, annexe 29A, 317-20; Berkhoff, *Harvest of Despair*, 183, 184.

30) *MadR*, 3613, 3639: 13, 20 April 1942; Boelcke, *Wollt ihr den totalen Krieg?*, 295: 1 April 1942; MfK–FA, 3.2002.7209, Ernst Arnold to Helmut Paulus: 6, 7 April 1942; Erna to Helmut Paulus: 12 April 1942.

31) Corni and Gies, *Brot-Butter-Kanonen*, 562~3, Werner, *Bleib übrig!*, 194~6; *MadR*, 3613: 13 April 1942.

32) Werner, *Bleib übrig*, 196; Stephenson, *Hitler's Home Front*, 184.

33) Werner, Bleib übrig, 204: 22 Aug. 1942.

34) Ibid., 202~3, 303~11.

35) Dörr, 'Wer die Zeit nicht miterlebt hat ...', 2, 24~6; Franz Ruhm, Kochen im Krieg. Eine Sammlung einfacher und dennoch schmackhafter Gerichte für den Mittags- und Abendtisch, Vienna, 1940.

36) MadR 38/9~22, 3882, 3917~20, 3923~4, 4006: 4, 29 June, 8, 9, 27 July 1942; Dörr, 'Wer die Zeit nicht miterlebt hat ...', 2, 13; MfK–FA, 3.2002.7209, Ernst Arnold to Helmut Paulus: 9 June 1942; Erna to Helmut Paulus: 17 July 1942; DLA, Helga F., 'Bericht eines zehnjährigen Kindes zur Zeit des 2. Weltkrieges', 2 and 9; DLA, Friedl H., 10.

37) Dörr, 'Wer die Zeit nicht miterlebt hat ...', 2, 18, 20; Zierenberg, Stadt der Schieber, 116~18.

38) Zierenberg, Stadt der Schieber, 135~51.

39) Ibid., 86~90.

40) Harris, Selling Sex in the Reich, 98~113.

41) Stephenson, Hitler's Home Front, 204.

42) Ibid., 206, 210~11.

43) Ibid., 213~15: 24 Nov. 1942.

44) Ibid., 211.

45) Bauer, Nationalsozialistische Agrarpolitik und bäuerliches Verhalten im Zweiten Weltkrieg, 93~6; Stephenson, Hitler's Home Front, 202.

46) Szarota, Warschau unter dem Hakenkreuz, 123~5; Aly, Hitlers Volkstaat, 123.

47) Mellin in Bauer, Alltag im 2. Weltkrieg, 14; Michel, Paris allemand, 298; Aly, Hitlers Volksstaat, 114~24; Drolshagen, Der freundliche Feind.

48) Gerlach, Kalkulierte Morde, 679~83; Hilberg, Die Vernichtung der europäischen Juden, 378, n. 324; Chiari, Alltag hinter der Front, 245, 257~63; Hohenstein, Wartheländisches Tagebuch aus den Jahren 1941/42, 251; Gross, 'A tangled web', in Deák et al. (eds), The Politics of Retribution in Europe, 88–91; Aly, Hitlers Volksstaat, 134~8.

49) Aly, Hitlers Volksstaat, 138; Wantzen, Das Leben im Krieg, 324: 2 Jan. 1941.

50) Domarus (ed.), Hitler, 187~8: 23, 30 May 1942; Goebbels, Tgb, II/4, 354~64: 24 May 1942.

51) Madajczyk, 'Introduction to General Plan East', 391~442; Rössler and Schleiermacher (eds), *Der Generalplan Ost*; Aly and Heim, *Architects of Annibilation*; Harvey, *Women and the Nazi East*, 241~4, 255.

52) Lower, *Hitler's Furies*, 131~3.

53) Hans Grimm, *Volk ohne Raum*, Munich, 1926. 이 책은 1933년까지 22만 부가 판매되었고, 1933~44년에 다시 33만 부가 판매되었다. Schneider, 'Bestseller im Dritten Reich', 85; Lilienthal, *Der 'Lebensborn e.V.'*, 219~21.

54) *MadR*, 5639~43: 17 Aug. 1943; Kundrus, 'Forbidden Company'.

55) *MadR*, 3323~20: 16 Feb. 1942; Spoerer, *Zwangsarbeit unter dem Hakenkreuz*; Plato et al. (eds), *Hitlers Sklaven*.

56) Virgili, *Naître ennemi*, 52~3.

57) Ibid., 84~7; Herbert, *Hitler's Foreign Workers*, 129~30; Boll, '"… das gesunde Volksempfinden auf das Gröbste verletzt"', 661; Gellately, *Backing Hitler*, 169~70.

58) Aly, *Hitlers Volksstaat*, 120; Herbert, *Hitler's Foreign Workers*, 127.

59) Waite, 'Teenage sexuality in Nazi Germany', 456.

60) Knoll at al.,'Zwangsarbeit bei der Lapp-Finze AG', in Karner et al. (eds), *NS-Zwangsarbeit in der Rüstungsindustrie*, 111~14. 인터뷰는 2001년과 2002년에 이루어졌다.

61) Ibid., 45, 126~56.

62) Herbert, *Hitler's Foreign Workers*, 228. 동일한 흐름에 대한 다른 의견은 *MadR*, 4305-6: 8 Oct. 1942.

63) Abelshauser, 'Rüstungsschmiede der Nation?', in Gall (ed.), *Krupp im 20. Jahrhundert*, 412.

64) Herbert, *Hitler's Foreign Workers*, 175.

65) Kaienburg, *Die Wirtschaft der SS*, 114~38, 434~5; Schulte, *Zwangsarbeit und Vernichtung*; Wagner, *IG Auschwitz*; Tooze, *Wages of Destruction*, 519~23.

66) Tooze, *Wages of Destruction*, 530~3.

67) Herbert, *Hitler's Foreign Workers*, 172; *MadR*, 3715~17: 7 May 1942.

68) Goebbels, 'Offene Aussprache', *Das Reich*, 29 Mar. 1942; Gruchmann, 'Korruption im Dritten Reich', 578; Corni and Gies, *Brot-Butter-Kanonen*, 558~60; *MadR*, 3688, 30 Apr. 1942; Sefton Delmer, *Black Boomerang*;

Steinert, *Hitlers Krieg und die Deutschen*, 281; Bormann, 5 June 1942, in Partei–Kanzlei (ed.), *Verfügungen, Anordnungen, Bekanntgaben*, 640.

69) Gruchmann, 'Korruption im Dritten Reich'.

70) Ibid.; Goebbels, *Tgb*, II/8, 326: 19 May 1943.

71) Boelcke, *Wollt Ihr den totalen Krieg*, 377: 4~5 Oct. 1942; Goebbels, *Tgb*, II/6, 72, 127: 4 and 15 Oct. 1942; Göring, 4 Oct. 1942, in Longerich, *'Davon habe wir nichts gewußt!'*, 203~4; Aly, *Hitlers Volksstaat*, 202.

72) *MadR*, 4291~2, 4309~11: 8, 12 Oct. 1942.

제10장 전사자에게 쓰는 편지

1) Wegner, 'Hitlers Strategie zwischen Pearl Harbor und Stalingrad'.

2) Kershaw, *Hitler*, 2, 514~17; Domarus (ed.), *Hitler*, 1887~8: 23 May 1942; Goebbels, Tgb, II/4, 362~4: 24 May 1942.

3) Wegner, 'Hitlers "zweiter Feldzug"'; Pahl, *Fremde Heere Ost*.

4) MfK–FA, 3.200 2.201, Wilhelm Abel, letters home: 21, 24, 28 April, 5, 31 May 1942.

5) MfK–FA, 3.2002.7209, Helmut Paulus to parents, 1 July, 29 June 1942; Irmgard and Erna to Helmut Paulus, 1 July 1942.

6) MfK–FA, 3.2002.7209, Helmut Paulus to family, 6 July 1942; Elfriede to Helmut Paulus, 6 July 1942.

7) MfK–FA, 3.2002.7209, Helmut Paulus, 14 July 1942; Grossjohann, *Five Years, Four Fronts*, 50~4.

8) MfK–FA, 3.2002.7209, Helmut Paulus, n.d. [21~22 July 1942].

9) MfK–FA, 3.2002.7209, Helmut Paulus, 20, 26, 27 July 1942.

10) MfK–FA, 3.2002.7209, Helmut Paulus, 27, 29, 31 July 1942.

11) Dallin, *German Rule in Russia*, 534~8; Neulen, *An deutscher Seite*.

12) Gerlach, *Kalkulierte Morde*, 1082~5; Quinkert, *Propaganda und Terror in Weißrußland*.

13) Hoffmann, *Die Ostlegionen 1941~1943*; Müller, *An der Seite der Wehrmacht*; Lepre, *Himmler's Bosnian Divison*.

14) Motadel, *Islam and Nazi Germany's War*, 150~66, 225~6; Kunz, *Die Krim*

unter deutscher Herrschaft.

15) Motadel, *Islam and Nazi Germany's War*, 302~3.

16) Hoffmann, *Die Ostlegionen*, 111~12; Motadel, *Islam and Nazi Germany's War*, 306; 52~72, 88~9; Ernst Kaltenbrunner to Heinrich Himmler, 6 Dec. 1943: BA, NS 19/3544.

17) Rutz, *Signal; Boltanski and Jussen (eds), Signal; Riding, And the Show Went On; Rembrandt*, 1942, Ufa/dir. Hans Steinhoff; Kedward, *Resistance in Vichy France*; Jackson, *France: The Dark Years*; Hirschfeld (ed.), *Nazi Rule and Dutch Collaboration*; Mazower, *Hitler's Empire*, 455~60.

18) Kunz, *Die Krim unter deutscher Herrschaft*, 187~94; Mühlen, *Zwischen Hakenkreuz und Sowjetstern*, 49~51; Motadel, *Islam and Nazi Germany's War*, 171~2.

19) Motadel, *Islam and Nazi Germany's War*, 308; MfK–FA, 3.2002.0306, Fritz to Hildegard P., 30 June 1942; similar, 12 April 1942.

20) MfK–FA, 3.2002.210, Altrogge to Albring, 28 Oct. 1942; MfK–FA, 3.2002.0211, Albring to Altrogge, 25 May 1942.

21) MfK–FA, 3.2002.0211, Albring to Altrogge, 15, 25 May, 17 June 1942; MfK–FA, 3.2002.210, Altrogge to Albring, 18 Sept. 1941, 29 Sept. 1942; MfK–FA, 3.2002.7209, Helmut Paulus to parents, 4 Sept. 1942; Jünger, *Gärten und Straßen*.

22) MfK–FA, 3.2002.0306, Fritz to Hildegard P., 5 Jan. 1942.

23) MfK–FA, 3.2002.0306, Fritz to Karl–Heinz P., 16 Feb. 1940; 11 Feb. 1942.

24) MfK–FA, 3.2002.0306, Fritz to Hildegard P., 18 Feb., 15 May, 15 Feb. 1942.

25) MfK–FA, 3.2002.7209, Helmut Paulus to parents, 23, 18, 20, 26 July 1942; Elfriede, 13 July 1942; Erna to Helmut Paulus, 5, 22, 12 July 1942.

26) MfK–FA, 3.2002.7209, Helmut Paulus to his parents, 17 Mar., 27 June 1942; Ernst Arnold Paulus, 16 June, 3, 11 July 1942; 7 Jan., 9 June 1942; Elfriede to Helmut 21 Jan. 1942; Erna to Helmut, 15 June 1942.

27) MfK–FA, 3.2002.210, Altrogge, 4, 31. Aug., 5 Dec., 14 Oct. 1942.

28) Wegner, 'Hitlers "zweiter Feldzug"'.

29) MfK–FA, 3.2002.7209, Helmut Paulus to parents, 20 Aug. 1942.

30) MfK–FA, 3.2002.7209, Helmut Paulus to parents, 23, 30 Aug. 1942; to Aunt Käthe Wurster, 28 Aug. 1942.

31) MfK–FA, 3.2002.7209, parents to Helmut Paulus, 11, 15, 16, 20, 24 Sept. 1942.

32) MfK–FA, 3.2002.7209, Helmut Paulus to Aunt Käthe Wurster, 28 Aug. 1942; to parents, 23 Aug., 2, 11, 23 Sept. 1942.

33) MfK–FA, 3.2002.210, Altrogge to Albring, 4, 31 Aug. 1942.

34) MfK–FA, 3.2002.201, Abel to home, 11 Jan., 17 June 1942; MfK–FA, 3.2002.0211, Albring to Altrogge, 29 April 1942.

35) Hammer and Nieden, 'Sehr selten habe ich geweint', 267; MfK–FA, 3.2002.201, Abel to home, 8 Jan. 1942; BA–MA, MSg 2/13904, Farnbacher, 'Persönliches Kriegstagebuch', 1, 20, 23 Nov. 1941; Kühne, Kameradschaft, 166~9.

36) MfK–FA, 3.2002.0211, Albring to Altrogge, 1 Sept. 1942.

37) Hayward, 'Too little too late'; Wegner, 'Hitlers "zweiter Feldzug"'.

38) Beevor, Stalingrad.

39) MfK–FA, 3.2002.0306, Fritz to Hildegard P., 30 Aug. 1942.

40) MfK–FA, 3.2002.0306, Fritz to Hildegard P., 13 and 26 Aug. 1942.

41) MfK–FA, 3.2002.0306, Fritz to Hildegard P., 30 Aug. 1942.

42) 'Es geht alles vorüber, es geht alles vorbei': Lale Andersen, coductor Bruno Seidler–Winkler, Electrola 1942. Source: http://www.youtube. com/ watch?v=fy6BQgERi6E.

43) MfK–FA, 3.2002.0306, Fritz to Hildegard P., 3 Sept. 1942.

44) Domarus (ed.), Hitler, 1913~24: 30 Sept. 1942; Kershaw, Hitler, 2, 536~41.

45) MfK–FA, 3.2002.0306, Fritz to Hildegard P., 15 Nov. 1942.

46) Ebert (ed.), Im Funkwagen der Wehrmacht, 269: Wilhelm to Erika Moldenhauer, 20 Nov. 1942; Beevor, Stalingrad, 239~65.

47) Wegner, 'Hitlers "zweiter Feldzug"'; Kershaw, Hitler, 2, 543~5; Overy, Goering, 218~19.

48) DHM, Do2 96/1861, 'Tagebuch von Liselotte Purper', 12~13 Jan. 1943.

49) Ebert (ed.), Im Funkwagen der Wehrmacht, Moldenhauer, 269~73: 20 Nov.~16 Dec. 1943.

50) MfK–FA, 3.2002.0306, Fritz to Hildegard P., 17, 22 Dec. 1943.

51) Glantz, When Titans Clashed, 140; Beevor, Stalingrad, 291~310.

52) Kundrus, 'Totale Unterhaltung?', 138.

53) MfK–FA, 3.2002.0306, Fritz to Hildegard P., 25 Dec. 1943; Ebert (ed.), Im

Funkwagen der Wehrmacht, 277, 280; 30 Dec. 1942, 4 Jan. 1943.

54) Kardorff, *Berliner Aufzeichnungen*, 64: 6 Feb. 1943.

55) MfK–FA, 3.2002.210, Altrogge to Albring, 29 Dec. 1942; W. Ernst to Gertrud and Hans Salmen, n.d. and 12 May 1943; M. Altrogge to Delmer, 30 Sept. 1949.

56) Ebert (ed.), *Feldpostbriefe aus Stalingrad*, 341~2; Goebbels, 'Totaler Krieg', *Das Reich*, 17 Jan. 1943; Wette, 'Massensterben als "Heldenepos"', in Wette and Ueberschär (eds), Stalingrad, 43~60.

57) Deutsches Rundfunkarchiv, Frankfurt a.M., Nr. 52/8920: Göring, 30 Jan. 1943, also Göring, 'Stalingrad–Thermopylä: Aus dem Appell des Reichsmarschalls an die Wehrmacht am 30. Januar 1943', in Vacano (ed.), *Sparta*, 2nd edn, 1942 (sic), 120; Ebert (ed.), *Feldpostbriefe aus Stalingrad*, 345; Domarus (ed.), *Hitler*, 1974~6.

58) Deutsches Rundfunkarchiv, Frankfurt a.M., Nr. 52/8920: Göring, 30 Jan. 1943; Rebenich, 'From Thermopylae to Stalingrad', in Powell and Hodkinson (eds), *Sparta beyond the Mirage*, 323~49; Gehrke, 'Die Thermopylenrede Hermann Görings zur Kapitulation Stalingrads', in Martin (ed.), *Der Zweite Weltkrieg*, 13~29.

시모니데스의 묘비명은 여러 버전으로 번역되었고, 애국적 죽음의 여러 전통에 따라 다양하게 사용되었다.

Ὦ ξεῖν', ἀγγέλλειν Λακεδαιμονίοις ὅτι τῇδε
κείμεθα, τοῖς κείνων ῥήμασι πειθόμενοι.

표준적인 독일어 본역은 프리드리히 실러의 1795년의 「산책(Spaziergang)」에 실린 번역이다.

지나가는 이여, 스파르타로 오라. 그곳에서 우리가 법이 명령한 대로 여기 누워 있는 것을 보았다고 온 세상에 알려다오.

59) Behrenbeck, *Der Kult um die toten Helden*; Obergefreiter F.B., 24 Jan. 1943, in Buchbender and Sterz, Das andere Gesicht des Krieges, Nr 304, 151.

60) Buchbender and Sterz, *Das andere Gesicht des Krieges*, 105; Brajović–Djuro, *Yugoslavia in the Second World War*, 109~14; Schubert, *Heinrich Böll:*

Schriftsteller, 599: Heinrich Böll to Annemarie Böll, 29 Jan. 1943.

61) Irrgang, *Leutnant der Wehrmacht*, 153: Peter Stölten to his parents, 5 Mar. 1943.

62) Kershaw, *Hitler*, 2, 548~50; Diedrich, *Paulus*.

63) Kris and Speier (eds), *German Radio Propaganda*, 341; Ebert (ed.), *Feldpostbriefe aus Stalingrad*, 346~48; *VB*, 3 Feb. 1943.

64) Löffler (ed.), *Galen: Akten, Briefe und Predigten*, 2, 970; Brodie, 'For Christ and Germany', 157~63.

65) Nadler, *Eine Stadt im Schatten Streichers*, 73~6; *MadR*, 4720, 4750~1, 4760~1: 28 Jan., 4, 8 Feb. 1943; Goebbels, *Tgb*, II/7, 266: 5 Feb. 1943; Domarus (ed.), *Hitler*, 1999~2001: 21 Mar. 1943; Kershaw, *Hitler*, 2, 551~6; Ebert (ed.), *Feldpostbriefe aus Stalingrad*, 349.

66) Boelcke, *Wollt Ihr den totalen Krieg*, 417~18: 6 Jan. 1943.

67) Noakes (ed.), *Nazism*, 4, 490~4; Bramsted, *Goebbels and National Socialist Propaganda*.

68) Goebbels, *Tgb*, II/7, 378~80, 440, 444~5, 450~9, 554~7: 20, 28 Feb., 1, 2, 12, 16 Mar. 1943; *MadR*, 4832~3, 4843~5, 4902~3: 22, 25 Feb., 8 Mar. 1943; Overy, *Goering*, 216~23; Kershaw, *Hitler*, 2, 561~4.

69) Blank, 'Kriegsalltag und Luftkrieg an der "Heimatfront"', 391; Kris and Speier (eds), *German Radio Propaganda*, 208: 9 April 1943.

70) Kundrus, 'Totale Unterhaltung?'; Carter, *Dietrich's Ghosts*, 196~7; *MadR*, 4870: 1 Mar. 1943; *Zwei glückliche Menschen*, 1942, Vienna, with Magda Schneider and Wolf Albach−Retty; *Hab mich lieb!*, 1942, Ufa/Harald Braun, music Franz Grothe, with Marika Rökk and Viktor Staal; *Die grosse Nummer*, 1942, Karl Anton/Tobis, Berlin, with Rudolf Prack and Leny Marenbach; *Die große Liebe*, 1942, dir. Rolf Hansen; Leiser, *Nazi Cinema*, 61.

71) Baird, 'Myth of Stalingrad'; Goebbels, 'Vom Reden und vom Schweigen', *Das Reich*, 20 June 1943; Kris and Speier (eds), *German Radio Propaganda*, 45; Joseph Goebbels, *Der steile Aufstieg. Reden und Aufstätze aus den Jahren 1942/43*, Munich, 1944, 331~8.

72) Wantzen, *Das Leben im Krieg*, 1176: 15 Sept. 1943.

73) *MadR*, 4751, 4760~2, 4784: 4, 8, 11 Feb. 1943; Baird, 'The Myth of Stalingrad', 201~2: Koblenz to Propaganda Ministry, 11 Feb. 1943; Bormann to

all Reichsleiter, Gau- and Kreisleiter, 28 May 1943.

74) MfK-FA, 3.2002.0306, Fritz to Hildegard P., 25 Dec. 1942; Hildegard P., diary, 1 April, 3, 29 May 1943; Ebert, *Stalingrad*, 56 ff.

75) Biess, *Homecomings*, 19~28; BA-MA, RH 15/310 11, BA-MA RH 15/310 114, Franz von Papen to Frau Pöpsel, 20 Aug. 1943.

76) Studnitz, *While Berlin Burns*, 7~8: 2 Feb. 1943; BA-MA, RH 15/340, 6: 'Bericht über die Stimmung bei den Angehörigen der Stalingrad- Kämpfer', 8 Dec. 1943; Serrano, *German Propaganda in Military Decline*, 29; Gellately, *Backing Hitler*, 185~6; Biess, *Homecommings*, 26; Stephenson, *Hitler's Home Front*, 187~9.

77) Biess, Homecomings, 26~7; BA-MA, RH 15/340, 6: 'Bericht über die Stimmung bei den Angehörigen der Stalingrad-Kämpfer', 8 Dec. 1943.

78) Biess, *Homecomings*, 28; Haller, *Lieutenant General Karl Strecker*, 105; BA-MA, RH 15/310, 150: Oberkommando der Wehrmacht to Abwicklungsstab der 6. Armee und H.Gr.-Afrika, 8 July 1944; Boddenberg, *Die Kriegsgefangenenpost deutscher Soldaten in sowjetischem Gewahrsam*, 44.

79) DTA, Luise Stieber, diary, 10 Feb. 1944.

80) Jarausch and Geyer, *Shattered Past*, 216; Biess, *Homecomings*, 22, 30~31; DTA, Stieber, diary, 2, 22 Feb. 1944; MfK-FA, 3.2002.0369, Auguste Rath, 1, 10 Feb., 10 April 1943.

81) MfK-FA, 3.2002.0306, Hildegard P., diary, 1 April, 3, 14, 17, 20 May, 8 Sept., 31 Dec. 1943.

82) MfK-FA, 3.2002.0306, Hildegard P., diary, 13 June, 17, 19 Aug. 1943.

제11장 폭격과 복수

1) Noakes (ed.), *Nazism*, 4, *The German Home Front*, 409~12; Klönne, *Gegen den Strom*, 143~4; KA 1997, Werner K., '20 Monate Luftwaffenhelfer: Tagebücher 5. Januar 1944~20. August 1945', 1~20; Trapp, *Kölner Schulen in der NS-Zeit*, 138~9: 1985 testimony in Matzerath (ed.), '... *Vergessen kann man die Zeit nicht ...*', 247, 249: testimony by 'Z27'.

2) KA 4709/2, Klaus S., b. 1926, 'Gomorrha. Bericht über die Luftangriffe auf

Hamburg Juli/August 1943', MS. Hamburg, 1993; Rüther, *Köln im Zweiten Weltkrieg*, 260~1: Hans to Rudolf Haas and Rudolf to Hans Haas, 9, 23 Feb. 1943.

3) Hans Joachim M., born 1930, in Arbeitsgruppe Pädagogisches Museum (ed.), *Heil Hitler, Herr Lehrer*, 180; Koch in Krüger, 'Die Bombenangriffe auf das Ruhrgebiet', in Borsdorf and Jamin (eds), *Überleben im Krieg*, 95; Groehler, *Bombenkrieg gegen Deutschland*, 93~103; Blank, 'Kriegsalltag und Luftkrieg', 366, 421; Reissner in Gepp (ed.), *Essen im Luftkrieg*, 36; Blank, *Ruhrschlacht*.

4) Groehler, *Bombenkrieg gegen Deutschland*, 93~103; Süß, *Death from the Skies*, 300~3.

5) Groehler, *Bombenkrieg gegen Deutschland*, 238~54; Müller, *Der Bombenkrieg 1939~1945*, 135; Friedrich Panse, *Angst und Schreck*, Stuttgart, 1952, 39, in Krüger, 'Die Bombenangriffe auf das Ruhrgebiet', 96; Gröschner (ed.), *Ich schlug meiner Mutter die Brennenden Funken ab*, 35; RA, Berufschule M2/6, 1, 16 yrs, essay, 21 Jan. 1956; RA Burg–Gymnasium Essen, UII/519, 18 yrs., 24 Feb. 1956, 1.

6) Reissner in Gepp (ed.), *Essen im Luftkrieg*, 36; Blank, *Ruhrschlacht*.

7) Rüther, *Köln im Zweiten Weltkrieg*, 167~8, 256~7, 276: Weiss, 3 Mar. 1943; Anna Schmitz, 28 Feb. 1943; Heinz Pettenberg, 28 Feb. 1943; Rosalie Schüttler, 26 May 1943.

8) Ibid., 277: Rosalie Schüttler, 26 May 1943; Weiss, 26 May 1943.

9) Institut für Geschichte und Biographie, Aussenstelle der Fernuniversität Hagen, Lüdenscheid, Lothar C., diary, 30 May, 3 June 1943; Friedrich, Der Brand, 13~20.

10) *MadR*, 5356: 17 June 1943; Rüther, *Köln im Zweiten Weltkrieg*, 277: Rosalie Schüttler, 31 May 1943.

11) Rüther, *Köln im Zweiten Weltkrieg*, 277~9: Weiss, 10, 15 June 1943; Schüttler, 9 June 1943; Annemarie Hastenplug, 18 June 1943; *MadR*, 5216: 6 May 1943.

12) Goebbels, *Tgb*, II/8, 117~18, 279~80, 379~80: 17 April, 12, 28 May

13) Boberach, introduction, *MadR*, 36, 5217: 6 May 1943; Steinert, *Hitlers Krieg und die Deutschen*, 361~3.

14) Blank, 'Kriegsalltag und Luftkrieg', 391~4, 434; *DAZ*, 6 June 1943; *VB*, 6

June 1943: Heiber (ed.), *Goebbels Reden 1932~1945*, 225~8.

15) *MadR*, 5426, 5432; Kulka and Jäckel (eds), D*ie Juden in den geheimen NS-Stimmungsberichten*, #3614, RHSA, Amt III (SD), Bericht Berlin, 2 July 1943.

16) Brodie, 'For Christ and Germany', 165~6, 188~9; AEK, DA Lenné 164, 'Hirtenwort zum Herz–Jesu–Zeit': AEK, CR II 25.18, 1, 227; Löffler (ed.), *Galen: Akten, Briefe und Predigten*, 2, 983~5.

17) Brodie, 'For Christ and Germany', 22~5, 151~5, 168, 172, 184: LNRW.ARH, RW 35/09, 49, 44, 184~5.

18) Ibid., 179~80, 183~6: LNRW.ARH, RW 35/09, 28.

19) Ibid., 173~4; Sister M. Irmtrudis Fiederling, 'Adolf Kolping and the Kolping Society of the United States', MA Dissertation, Catholic University of America, Washington, DC, 30 July 1941; Gailus, *Protestantismus und Nationalsozialismus*; Gailus and Nolzen (eds), *Zerstrittene 'Volksgemeinschaft'*.

20) Brodie, 'For Christ and Germany', 178~85: citing LNRW.ARH, RW 35/09, 128, 147, 182~4; *MadR*, 5886: 18 Oct. 1943.

21) Rüther, *Köln im Zweiten Weltkrieg*, 279: Weiss, 18~22 June 1943; later rumours, *MadR*, 5833: 4 Oct. 1943.

22) Rüther, *Köln im Zweiten Weltkrieg*, 282~3: Chronik der Volksschule Immendorf.

23) Ibid., 283~9: Anneliese Hastenplug, 29, 30 June 1943, Weiss report to Bern, 30 June, 5 July 1943.

24) Ibid., 290: Anna Schmitz, 5 July 1943; Anneliese Hastenplug, 6 July 1943.

25) Ibid., 284, 305~8.

26) Ibid., 294; Behrenbeck, *Kult um die toten Helden*, 469.

27) Rüther, *Köln im Zweiten Weltkrieg*, 292, 294; *MadR*, 5515~18: 22 July 1943; BA, R22/3374, 102ff., Lagebericht des Oberlandesgerichtspräsident, 30 July 1943.

28) *MadR*, 5515~18: 22 July 1943; Rüther, *Köln im Zweiten Weltkrieg*, 291~3, 842~55: 22, 25 July 1943; LNRW.ARH, RW35/09, 187: 10 July 1943.

29) Rüther, *Köln im Zweiten Weltkrieg*, 294: 12 July 1943.

30) Ibid., 290~1, 697~708: Christa Lehmacher to her brother: 18~19 July 1943.

31) Blank, 'Kriegsalltag und Luftkrieg', 435: 22 June 1943. 북베스트팔렌 지구당위 원장 알프레드 마이어가 부나공장 폭격 사망자를 위해 마을에서 행한 연설. *MadR*, 5428: 2 July 1943; Goebbels in Thiessen, *Eingebrannt ins Gedächtnis*, 45; Boog, *DRZW*, 7, 383ff.

32) 처칠에 대해서는 Hastings, *Bomber Command*, 46~7; Overy, *The Bombing War*, 257~9; *MadR*, 5446: 8 July 1943.

33) *MadR*, 5515: 22 July 1943; Blank, 'Kriegsalltag und Luftkrieg', 380~1: Willi Römer, diary: 6 July 1943.

34) BA–MA, Tätigkeitsbericht der Feldpostprüfstelle beim Oberkommando der 1. Panzerarmee für Juni 1943, Uffz. FPNr. 31682. Tessin, *Verbände und Truppen*, Bd. 2: *Die Landstreitkräfte*, 1~5, 9.

35) Goebbels, *Tgb*, II/8, 337: 21 May 1943; *MadR*, 5277, 5285, 5290: 23, 30 May 1943; Kulka and Jäckel (eds), *Die Juden in den geheimen NS-Stimmungsberichten*, #3595, NSDAP Parteikanzlei II B 4, Bericht Munich, 23~29 May 1943; *Hagener Zeitung*, 1 June 1943, cited in Blank, 'Kriegsalltag und Luftkrieg', 367.

36) Kulka and Jäckel (eds), *Die Juden in den geheimen NS-Stimmungsberichten*, #3595, NSDAP Parteikanzlei II B 4, Bericht Munich, 23~29 May 1943.

37) Noakes (ed.), *Nazism*, 4, 491. 유대인 청취자들에 대해서는 Friedländer, *The Years of Extermination*, 473~4.

38) Fox, 'Der Fall Katyn und die Propaganda des NS–Regimes', 462~99.

39) Goebbels, *Tgb*, II/8, 2, 104: 14 April 1943; *Im Wald von Katyn: Dokumentarische Bildstreifen* (1943): https://archive.org/details/1943-Im-Wald-von-Katyn.

40) *VB*, 15 April 1943; Baird, *The Mythical World of Nazi War Propaganda*, 198; Longerich, *'Davon haben wir nichts gewußt!'*, 267~81; Fox, 'Jewish victims of the Katyn massacre', 49~55; Goebbels in *Das Reich*, 9 May 1943.

41) Longerich, *'Davon haben wir nichts gewußt!'*, 278~80; Sennholz, *Johann von Leers*; Klemperer, *To the Bitter End*, 223: 29 May 1943.

42) Goebbels, *Tgb*, II/8, 287~90: 13 May 1943, *VB*, 6 June 1943: Longerich, *'Davon haben wir nichts gewußt!'*, 274, 281.

43) 1943년 4월 17일 폴란드 정부의 공식 성명은 http://web. archive.org/ web/20080616072503/http://www.electronicmuseum.ca/Poland–WW2/katyn_

memorial_wall/kmw_statement.html; Carlton, *Churchill and the Soviet Union*, 105; Benjamin B. Fischer, 'The Katyn controversy: Stalin's killing field', *Studies in Intelligence*, Winter 1999~2000: 14 April 2007 on CIA website: https://www.cia.gov/library/ center–for–the–study–of–intelligence/csi–publications/ csi–studies/studies/ winter99–00/art6.html; Goebbels, *Tgb*, II/8, 331~2, 341, 377~8, 416, 484~5: 20, 22, 28 May, 4, 17 June 1943; Longerich, *'Davon haben wir nichts gewußt!'*, 276.

44) *MadR*, 1073~4, 5145: 29 April 1940, 19 April 1943; Kulka and Jäckel (eds), *Die Juden in den geheimen NS-Stimmungsberichten*, #3604, NSDAP Parteikanzlei II B 4, Report, 6~12 June 1943, Munich; #3571, SD Außenstelle Bad Brückenau III A 4, 22 April 1943; #3567, 3568, 3570, 3574, 3589.

45) KA 4709/2, Klaus S., b. 1926, 'Gomorrha. Bericht über die Luftangriffe auf Hamburg Juli/August 1943', MS. Hamburg, 1993; Groehler, *Bombenkrieg gegen Deutschland*, 106~21; Middlebrook, *Battle of Hamburg*; Friedrich, *Der Brand*, 192~5.

46) KA 2020, Ingeborg Schmidt, née Hey, 26~27 July 1943; Groehler, *Bombenkrieg gegen Deutschland*, 106~21; Lowe, Inferno, 185~232.

47) KA 4709/2, Klaus S. to mother, 1 Aug. 1943.

48) KA 4709/2, Klaus S. to mother, 30, 28 July, 10 Aug., 31 July, 1 Aug. 1943.

49) Szodrzynski, 'Die "Heimatfront"', in Forschungsstelle für Zeitgeschichte in Hamburg (ed.), *Hamburg im 'Dritten Reich'*, 656; Thiessen, *Eingebrannt ins Gedächtnis*, 46~51, 38~9; Johe, 'Strategisches Kalkül und Wirklichkeit', in Müller and Dilks (eds), *Großbritannien und der deutsche Widerstand 1933~1944*, 222.

50) Brunswig, *Feuersturm über Hamburg*, 286~8; Blank, 'Kriegsalltag und Luftkrieg', 383~6; Kramer, *Volksgenossinnen*; Büttner, '"Gomorrha"', in Forschungsstelle für Zeitgeschichte in Hamburg (ed.), *Hamburg im 'Dritten Reich'*, 627~8.

51) Pavel Vasilievich Pavlenko, in Diercks (ed.), *Verschleppt nach Deutschland!*, 97; Brunswig, *Feuersturm über Hamburg*, 275; Police President of Hamburg, in Noakes, *Nazism*, 4, 554~7; Schröder, *Die gestohlenen Jahre*, 756~69; Gräff, *Tod im Luftangriff*, 111, 116.

52) Thiessen, *Eingebrannt ins Gedächtnis*, 36~8, 73.

53) Brunswig, *Feuersturm über Hamburg*, 295; Dröge, *Der zerredete Widerstand*, 130; KA 4709/2, Klaus S. to mother, 10 Aug. 1943.

54) Büttner, '"Gomorrha"', 627; Szodrzynski, 'Die "Heimatfront"', 647~58; Wolff–Mönckeberg, *Briefe, die sie nicht erreichten*, 160ff.; Thiessen, *Eingebrannt ins Gedächtnis*, 46~51.

55) Bajohr, 'Hamburg—der Zerfall der "Volksgemeinschaft"', in Herbert and Schildt (eds), *Kriegsende in Europa*, 323~5; Büttner, '"Gomorrha"', 629~30.

56) Seydelmann, *Gefährdete Balance*, 105–6; Bajohr, '*Aryanisation*' in *Hamburg*, 277~82, 284 n. 34; Kulka and Jäckel (eds), *Die Juden in den geheimen NS-Stimmungsberichten*, #3624, Oberlandesgericht Bamberg, Report 2 Aug. 1943; #3680, Stimmungs– und Gerüchteerfassung, Bericht, Frankfurt/M, 11 Dec. 1943; *MadR*, 5815, 5821: 27 Sept. 1943.

57) Kulka and Jäckel (eds), *Die Juden in den geheimen NS-Stimmungsberichten*, #3644, SD Außenstelle Kitzingen, Report, 13 Sept. 1943; #3646, SD Abschnitt Linz III A 4, 24 Sept. 1943; #3648, SD Hauptaußenstelle Würzburg III A 4, 7 Sept. 1943.

58) *MadR*, 5569~70, 5619~21: 5, 16 Aug. 1943: 5 Aug. 1943; Nossack, 7~8 Aug. 1943, in Szodrzynski, 'Die "Heimatfront"', 655; Thiessen, *Eingebrannt ins Gedächtnis*, 45 n. 59; Allied leaflets, Kirchner, *Flugblattpropaganda im 2. Weltkrieg: Europa*, 5, 184, 196~9, 210~17, 233~6, 273~81; Goebbels, *Tgb*, II/10, 360, 26 Nov. 1943.

59) Szodrzynski, 'Die "Heimatfront"', 656; Thiessen, *Eingebrannt ins Gedächtnis*, 46~51; *MadR*, 5560~9, 5573~4,5620~1: 2, 5, 16 Aug. 1943.

60) *MadR*, 5560~9, 5573~4, 5620~1: 2, 5, 16 Aug. 1943.

61) Overy, *Bombing War*, 120; Goebbels, *Tgb*, II/9, 226: 6 Aug. 1943.

62) Lothar de la Camp, circular letter, 15 Aug. 1943, in Hauschild–Thiessen (ed.), *Die Hamburger Katastrophe*, 230.

63) Bankier, *The Germans and the Final Solution*, 148; Kulka and Jäckel (eds), *Die Juden in den geheimen NS-Stimmungsberichten*, #3592, Regierungspräsident Schwaben, Bericht für Mai 1943 ('Monatsbericht (Lagebericht)'), Augsburg, 10 June 1943; #3571, SD Außenstelle Bad Brückenau, 22 April 1943; #3647, SD Außenstelle Schweinfurt, 6 Sep. 1943; #3661, NSDAP Kreisschulungsamt Rothenburg/T., 22 Oct. 1943; #3693, SD

Außenstelle Schweinfurt, [1944]; #3573, SD Außenstelle Schweinfurt, 16 April 1943; #3648, SD Hauptaußenstelle Würzburg, 7 Sept. 1943; #3708, SD Außenstelle Bad Brückenau, [2?] April 1944; #3628, SD Außenstelle Würzburg, 3 Aug. 1943; #3718, SD Außenstelle Lohr III, 15 May 1944. 이 사료를 도덕적 무관심으로 읽으면서 달리 해석한 연구는 Kershaw, *Popular Opinion and Political Dissent*, 369; and Longerich, *'Davon haben wir nichts gewußt!'*, 284~7.

64) Wildt, 'Gewalt gegen Juden in Deutschland 1933 bis 1939', 59~80; Wildt, *Volksgemeinschaft als Selbstermächtigung*; Blank, 'Kriegsalltag und Luftkrieg', 404; Brodie, 'For Christ and Germany', 189; *MadR*, 5449; LNRW.ARH, RW 35/09, 191: Aachen, 26 July 1943; Kulka and Jäckel (eds), *Die Juden in den geheimen NS-Stimmungsberichten*, #3722, SD–Außenstelle [Bad Brückenau] III A 4, [?] June 1944.

65) Blank, 'Kriegsalltag und Luftkrieg', 368~9; *MadR*, 4983: 22 Mar. 1943; Beck, *Under the Bombs*, 59; Goebbels, *Tgb*, II/7, 491, 570, II/8, 358: 7, 18 Mar., 25 May 1943.

66) Goebbels, *Tgb*, II/7, 454, 2 Mar. 1943; Longerich, *'Davon haben wir nichts gewußt!'*, 263~7.

67) Bankier, 'German public awareness of the final solution', in Cesarani (ed.), *The Final Solution*, 222; Steinert, *Hitlers Krieg*, 143~4; 288, 305; Kershaw, *Popular Opinion and Political Dissent*, 369; Trommler, '"Deutschlands Sieg oder Untergang"', in Koebner et al. (eds), *Deutschland nach Hitler*, 214~28.

68) *MadR*, Boberach, 'Einleitung', 36.

69) Hermann Hirsch in *Stuttgarter NS-Kurier*, 2 Sept. 1943; *Der Führer*, 3 Sept. 1943; Klaus Schickert, 'Kriegsschauplatz Israel' in the Hitler Youth journal *Wille und Macht* for Sept./Oct. 1943. Joseph Goebbels, '30 Kriegsartikel für das deutsche Volk', *Das Reich*, 26 Sept. 1943, Art. 8 in Goebbels, *Der steile Aufstieg*, 464~73.

70) Kris and Speier (eds), *German Radio Propaganda*, 210: 6 Oct. 1943; Marxen, *Das Volk und sein Gerichtshof*, 36, 42~3; Schlüter, *Die Urteilspraxis des Volksgerichtshofs*, 175~82; Dörner, *'Heimtücke'*, 33, 144~5, 233~40; Kershaw, *Popular Opinion and Political Dissent*, 367; Himmler, *Die Geheimreden*, 170~2: speech to Reichsleiters and Gauleiters, Posen, 6 Oct.

1943.

71) Schmitz and Haunfelder (eds), *Humanität und Diplomatie*, 208.

72) Schreiber, *Die italienischen Militärinternierten im deutschen Machtbereich 1943~1945*; 휴전에 대한 독일인들과 외국인 노동자들의 반응은 MadR, 5745~6, 5764~9: 13 Sept. 1943.

제12장 버티기

1) Thiessen, *Eingebrandt ins Gedächtnis*, 61~6.

2) Blank, 'Kriegsalltag und Luftkrieg', 383~4; Thiessen, *Eingebrandt ins Gedächtnis*, 67~9.

3) Black, *Death in Berlin*, 112~22.

4) *MadR*, 4875: 1 March 1943; Black, *Death in Berlin*, 102~3.

5) Dörr, '*Wer die Zeit nicht miterlebt hat* ......', 2, 219~21: interview with Gertrud L. (b. 1910), 'Gedächtnisgottesdienst von Karl K.' (no date).

6) *MadR*, 4875: 1 Mar. 1943; Black, *Death in Berlin*, 102~6; Brodie, 'For Christ and Germany', 196~207, 223~41.

7) Thiessen, *Eingebrandt ins Gedächtnis*, 85, 77~8; Büttner, "'Gomorrha'", 32; Zacharias−Langhans, *Hoffen auf den kommenden Christus*, 38~40.

8) Goebbels, *Tgb*, II/11, 527, II/12, 355: 22 Mar., 25 May 1944; Brodie, 'For Christ and Germany', 223; LNRW.ARH, RW 34/03, 23.

9) Brodie, 'For Christ and Germany', 183~4, 221.

10) Goebbels, *Tgb*, II/10, 360: 26 Nov. 1943; Groehler, *Bombenkrieg gegen Deutschland*, 183; Vassiltchikov, *Berlin Diaries, 1940~1945*, 105~9: 23 Nov. 1943; Kirchner, *Flugblattpropaganda im 2. Weltkrieg*, 196~9, 210~17, 233~6, 273~81.

11) Handelsanstalt Berlin−Wedding, in Arbeitsgruppe Pädagogisches Museum (ed.), *Heil Hitler, Herr Lehrer*, 206~7.

12) MfK−FA, 3.2002.0279, Liselotte Purper to Kurt Orgel and Kurt Orgel to Liselotte Purper, 23 Nov. 1943.

13) MfK−FA, 3.2002.0279, Liselotte Purper to Kurt Orgel, 25 Nov. 1943, 11 Mar. 1944.

14) MfK–FA, 3.2002.0279, Kurt Orgel to Liselotte Purper, 10 Dec. 1943.

15) Groehler, *Bombenkrieg gegen Deutschland*, 183; Middlebrook, *The Berlin Raids*; Moorhouse, *Berlin at War*, 321~5.

16) Kardorff, *Berliner Aufzeichnungen*, 129~34: 25~27 Nov. 1943; Frei and Schmitz, *Journalismus im Dritten Reich*, 150~4. Kardorff, *Berliner Aufzeichnungen*, 155~9: 1 Feb. 1944.

17) Ibid., 160~2, 181: 3, 10 Feb., 20 April 1944.

18) MfK–FA, 3.2002.0279, Liselotte Purper, 4, 16 Dec. 1943; Kurt Orgel, 4 Dec. 1944.

19) MfK–FA, 3.2002.0279, Liselotte to Kurt Orgel, 14, 24 Mar. 1944.

20) Ibid.

21) Groehler, *Bombenkrieg gegen Deutschland*, 190~5; Webster and Frankland, *The Strategic Air Offensive against Germany*, 2, 198~211, 3, 9~41; Middlebrook and Everitt (eds), *The Bomber Command War Diaries*, Dec. 1943~Jan. 1944.

22) MfK–FA, 3.2002.0279, Liselotte Purper to Kurt Orgel, 25 Feb. 1944.

23) Overy, *Why the Allies Won*, 90~7, 129; Müller, *Der Bombenkrieg*, 140~5; Hastings, *Bomber Command*, 308, 348.

24) Overy, *Bombing War*, 338~55; Webster and Frankland, *The Strategic Air Offensive against Germany*, 2, 190, 196: Harris to Churchill, 3 Nov. 1943; Hastings, *Bomber Command*, 258~61; Overy, *Bombing War*, 338~41.

25) Overy, *Bombing War*, 357~77; Hastings, *Bomber Command*, 341~8, 356; Webster and *Frankland, The Strategic Air Offensive against Germany*, 2, 193.

26) Görtemaker, *Ein deutsches Leben*, 199~203; Goebbels, 'Das Leben geht weiter', *Das Reich*, 16 April 1944; Rudolf Sparing, 'Ich lebe in Berlin. Ein Bericht', *Das Reich*, 30 July 1944; Frei and Schmitz, *Journalismus im Dritten Reich*, 110.

27) Baldoli, 'Spring 1943', *History Workshop Journal*, 72 (2011), 181~9; Baldoli and Fincardi, 'Italian society under Anglo–American bombs', *Historical Journal* 52: 4 (2009); Baldoli et al. (eds), *Bombing, States and Peoples in Western Europe 1940~1945*; Baldoli and Knapp, *Forgotten Blitzes*; Gribaudi, *Guerra totale*.

28) Kramer, 'Mobilisierung für die "Heimatfront"', in Steinbacher (ed.),

Volksgenossinnen, 69~92; Maubach, 'Expansion weiblicher Hilfe', in Steinbacher (ed.), *Volksgenossinnen*, 93~111; Stephenson, *Hitler's Home Front*, 225. 그녀는 뉘른베르크 보조요원 중에서 여성으로서는 최초로 훈장을 받았다.

29) Lacey, *Feminine Frequencies*, 205~6; Kramer, *Volksgenossinnen an der Heimatfront*.

30) Süß, *Death from the Skies*, 362~7.

31) Kock, 'Der Führer sorgt für unsere Kinder ...', 213~25, 253~5; Süß, *Der 'Völkskörper' im Krieg*, 279; Kramer, *Volksgenossinnen an der Heimatfront*, 259~80; Krause, *Flucht vor dem Bombenkrieg*, 103~4.

32) Kramer, *Volksgenossinnen an der Heimatfront*, 283~6; Krause, *Flucht vor dem Bombenkrieg*, 182. 피란민이 500만 명이었다는 과거의 계산은 Bundesministerium für Vertriebene, Flüchtlinge und Kriegsgeschädigte (ed.), *Dokumente deutscher Kriegsschäden: Evakuierte, Kriegssachgeschädigte, Währungsgeschädigte*, Bonn, 1958, 1, 103~5; *United States Strategic Bombing Survey: The Effects of Strategic Bombing on German Morale*, 1, Washington DC, 1947, 10.

33) *MadR*, 5643~6: 19 Aug. 1943; Kramer, *Volksgenossinnen an der Heimatfront*, 282.

34) *United States Strategic Bombing Survey*, 2, 72; Kramer, *Volksgenossinnen an der Heimatfront*, 282~4; *MadR*, 5828: 30 Sept. 1943; Kock, 'Der Führer sorgt für unsere Kinder ...', 213~25, 253~5; Brodie, 'For Christ and Germany', 244~7: Albert Lenné report, 28 July 1943; Sollbach, Heimat Ade!, 30.

35) KA 2808/1, Renate S., b. 1931, 'Ein Schloß voll kleiner Mädchen: Erinnerungen an die Kinderlandverschickung 1943~1945', MS, 2~16.

36) KA 1997, Werner K., 26, 29 Nov. 1943.

37) Klee, *Im 'Luftschutzkeller des Reiches'*, 117~21; Mertens, 'NS—Kirchenpolitik im Krieg', in Hummel and Kösters (eds), *Kirchen im Krieg*, 245~6; Sollbach, Heimat Ade!, 52 n. 180.

38) Erwin Ebeling, Inge Reininghaus and Gisela Schwartz (née Vedder), testimony in Sollbach, *Heimat Ade!*, 13, 41, 135, 144~5, 154~9; *MadR*, 5643~6: 19 Aug. 1943.

39) Kramer, *Volksgenossinnen an der Heimatfront*, 290; Sollbach, *Heimat Ade!*,

52 n. 180; StadtA HA, 11319.

40) Sollbach, *Heimat Ade!*, 13, 135, 2 April 1997; Kundrus, *Kriegerfrauen*, 261, 271; Stephenson '"Emancipation" and its problems', 358~60; Szepansky (ed.), Blitzmädel, Heldenmutter, Kriegerwitwe; Cologne Catholic Church visit to Niederdonau (summer 1944) and to Buchen (June 1945), in Kramer, *Volksgenossinnen an der Heimatfront*, 291, 293~5; *MadR*, 5475~81, 5907~14: 15 July 1943, 21 Oct. 1943.

41) Kramer, *Volksgenossinnen an der Heimatfront*, 290~1; Brodie, 'For Christ and Germany', 244~76.

42) Hanna R. in Kramer, *Volksgenossinnen an der Heimatfront*, 303–4; Brodie, 'For Christ and Germany', 244~76.

43) *MadR*, 5720~4: 6 Sept. 1943; Kramer, *Volksgenossinnen an der Heimatfront*, 287~9; Stephenson, '"Emancipation" and its problems', 358~60.

44) Kramer, *Volksgenossinnen an der Heimatfront*, 288~9; Krause, *Flucht vor dem Bombenkrieg*, 128~30; Kreidler, *Die Eisenbahnen im Machtbereich der Achsenmächte*, 191~213.

45) Krause, *Flucht vor dem Bombenkrieg*, 117; Stuttgarter NS–Kurier, 22 Aug. 1944; Krause, *Flucht vor dem Bombenkrieg*, 118~21.

46) Kundrus, *Kriegerfrauen*, 245~321.

47) Kock, '*Der Führer sorgt für unsere Kinder ...*', 218~19, 223~5, 242~4, 255; Sollbach, *Heimat Ade!*, 11~12; *MadR*, 5827: 30 Sept. 1943; Christa G. Nauen, in Gröschner (ed.), *Ich schlug meiner Mutter die brennenden Funken ab*, 353–4; numbers returning, Goebbels, *Tgb*, II/10, 506~19: 20 Dec. 1943.

48) *MadR*, 6029~31: 18 Nov. 1943; Sollbach, *Heimat Ade!*, 29.

49) Krause, *Flucht vor dem Bombenkrieg*, 125~6; Klee, *Im 'Luftschutzkeller des Reiches'*, 304; Kramer, *Volksgenossinnen an der Heimatfront*, 279, 283.

50) Kramer, *Volksgenossinnen an der Heimatfront*, 273; Werner, *'Bleib übrig'*, 126~7, 198~9, 268~74; Torrie, *'For their own Good'*, 94~127.

51) Krause, *Flucht vor dem Bombenkrieg*, 128~9: BA, R 22/2328, 'Bericht des Gauleiters Josef Grohé über die Luftangriffe der letzten Wochen'; Kramer, *Volksgenossinnen an der Heimatfront*, 273.

52) Kreidler, *Die Eisenbahnen im Machtbereich der Achsenmächte*, 316; Krause, *Flucht vor dem Bombenkrieg*, 132~4, 177~8.

53) 'Aktuelle Fragen des Filmtheaterbesuchs', *Film-Kurier*, 25 July 1944, cited in Ross, *Media and the Making of Modern Germany*, 371.

54) Trümpi, *Politisierte Orchester*, 255–9. http://www.wienerphilharmoniker. at/ new−years−concert/history. 빈 필하모니는 2013년에 나치 치하 그 기관의 역사를 조사하기 위해 역사위원회를 임명했다. 위원은 프리츠 트륌피(Fritz Trümpi), 올리버 라트콜프(Oliver Rathkolb), 베르나데테 마이어호포(Bernadette Mayrhofer)였다.

55) De Boor, *Tagebuchblätter*, 179: 28 April 1944; Ross, *Media and the Making of Modern Germany*, 371~2; *MadR*, 5726~7: 9 Sept. 1943; Kundrus, 'Totale Unterhaltung?', 106~7.

56) *MadR*, 4766~7: 8 Feb. 1943; Strobl, *The Swastika and the Stage*, 212~15.

57) Kardorff, *Berliner Aufzeichnungen*, 183: 29 April 1944; Strobl, *The Swastika and the Stage*, 195~6.

58) Strobl, *The Swastika and the Stage*, 188~90; Kundrus, 'Totale Unterhaltung?', 147; Daiber, *Schaufenster der Diktatur*, 243.

59) Strobl, *The Swastika and the Stage*, 189~90.

60) Fritzsche, *Life and Death in the Third Reich*, 13~14.

61) Rilke, *Duineser Elegien*; Hoeniger, 'Symbolism and pattern in Rilke's Duino Elegies', 271~83; Koch, 'Rilke und Hölderlin', 91~102; Zeller and Brüggemann (eds), *Klassiker in finsteren Zeiten*, 2, 92~3. 게오르크 자이들러(Georg Seidler) 는 그후의 파편적인 판본에 기초하여 공연 텍스트를 재구성했다.

62) Friedrich Hölderlin, 1798; Johannes Brahms (1833-97), 'Hyperions Schicksalslied', op. 54 (1868), 1871; Trans. Emily Ezust as 'Hyperion's song of Fate' © 1995. http://www.recmusic.org/lieder/get_text.html?TextId=8134; Brahms, 'Hyperions Schicksalslied', op. 54; Zeller and Brüggemann (eds), *Klassiker in finsteren Zeiten*, 2, Marbach, 1983, 99: Günther Dahms to Wolfgang Hermann, 10 June 1943.

63) De Boor, *Tagebuchblätter*, 144: mid−June 1943; Kardorff, *Berliner Aufzeichnungen*, 186~7: 10 May 1944; Fritzsche, *Life and Death in the Third Reich*, 297.

64) De Boor, *Tagebuchblätter*, 164~6, 167, 170~3, 178~81, 151, 161, 160, 154, 158, 170, 189, 175, 159, 163, 175, 145, 192, 167: 22 Dec. 1943~Jan. 1944; 16~18 Jan., 20 Feb., 25~29 Feb., 26~28 April, 7~8 May 1944; 9~11 Aug., 13 Dec., 21 Nov., Oct. 1943, 15~16 Feb., 20 Feb., 14~19 July 1944; 2 April 1944, 1 Nov.

1943; 18 Dec. 1943 and 19 Mar. 1944; 22 June 1943, 7 Aug. 1944; 8~15 Jan. 1944 (Jünger); Hoffmann, *Stauffenberg*, esp. chapters 2, 8; Jens (ed.), *Hans Scholl, Sophie Scholl*, 251~3: Sophie Scholl to Fritz Hartnagel, 28 Oct. 1942.

65) Jünger, *Der Kampf als inneres Erlebnis*, rev. edn. 1933, 11, 8; Weisbrod, 'Military violence and male fundamentalism', 69~94.

66) Reese, *Mir selber seltsam fremd*, 103.

67) Ibid., 135~6.

68) Ibid., 129~32.

69) Ibid., 147, 148~9; 232~3.

70) Weisbrod, 'Military violence and male fundamentalism', 77; Stern, *Ernst Jünger*, 26; Reese, *Mir selber seltsam fremd*, 221, 242~3; Fritzsche, *Life and Death in the Third Reich*, 275.

71) Reese, *Mir selber seltsam fremd*, 209~10, 245, 217, 247; Weisbrod, 'Military violence and male fundamentalism', 84.

72) Klemperer, *To the Bitter End*, 289, 291: 12, 19 Mar. 1944, *The Language of the Third Reich*, 172–81; Stern, 'Antagonistic memories', in Passerini (ed.), *Memory and Totalitarianism*, 26; Schottländer, *Trotz allem ein Deutscher*, 48 ff.

73) Kulka and Jäckel, *Die Juden in den geheimen NS-Stimmungsberichten*, #3582, NSDAP Ortsgruppe Nürnberg–Maxfeld, 9 April 1943; #3719, SD Außenstelle Würzburg III C 4, 8 May 1944; BA, R55, 571/46: Kurt L., 18 May 1944; R55, 571/145: 4 June 1944, Irma J.; BA, R55, 571/123–6, Georg R., 1 June 1944; BA, R55, 571/240: K. von N; Steinert, *Hitlers Krieg und die Deutschen*, 260~1.

제13장 빌린 시간

1) Reese, *Mir selber seltsam fremd*, ed. Schmitz, 7, 9, 196, 211, 197.

2) Weinberg, *A World at Arms*, 667~8; Erickson, *The Road to Berlin*, 2, 225.

3) *MadR*, 6523: 11 May 1944; Danimann, *Flüsterwitze und Spottgedichte unterm Hakenkreuz*, 84~6.

4) *MadR*, 6419~22, 6511, 6521~5, 6535~7, 6551~3, 6563~4, 6571~2: 16 Mar., 4,

11, 8, 25 May, 1, 8 June 1944; Steinert, *Hitlers Krieg und die Deutschen*, 47~52.

5) *MadR*, 6481~8: 13 April 1944.

6) MfK–FA, 3.2002.0279, Kurt to Liselotte, 26 Nov. 1944; Liselotte to Kurt, 1 Nov. 1944; MfK–FA, 3.2002.0279, Liselotte Purper to Kurt Orgel, 31 Mar. 1944.

7) Kramer, *Volksgenossinnen an der Heimatfront*, 291; *MadR*, 6025~6, 6481~8: 18 Nov. 1943, 13 April 1944.

8) Hammer and Nieden, *'Sehr selten habe ich geweint'*, 202~22: Heinz B. to isela, 27 Oct. 1943. Hammer and Nieden, *'Sehr selten habe ich geweint'*, 05~6: Heinz B. to Gisela, 4 Jan. 1944.

9) MfK–FA, 3.2002.0279, Kurt Orgel to Liselotte Purper, 1 May 1944.

10) Inge Marszolek, "'Ich möchte Dich zu gern mal in Uniform sehen'", 6~8.

11) UV, SF/NL 75 II, Hans H. to Maria Kundera, 6 Feb., 16 Jan. 1944.

12) UV, SF/NL 75 II, Maria Kundera to Hans H., 31 July 1944.

13) Ibid, Hans H. to Maria Kundera, 13 April 1944; Maria to Hans, 6 Aug. 944; Heribert Artinger, 'Auswertung der Feldpostbriefe des Jahres 1944 on Hans H. an Maria Kundera, von Maria Kundera an Hans H.', University of Vienna, Geschichte, 2009, 9~10, 18~19.

14) UV, SF/NL 75 II, Hans H. to Maria Kundera, 16 Jan., 23 July, 28 Mar. 1944; Hans H. to Maria Kundera, 7, 28 Mar., 13, 19 April, 31 Jan., 19 Mar., 30, 31 May, 1, 2, 4, 5, 7 June 1944.

15) Irrgang, *Leutnant der Wehrmacht*, 173: letter to family, n.d.; Gordon, 'Ist Gott Französisch?'; Torrie, "'Our rear area probably lived too well'".

16) Reese, *Mir selber seltsam fremd*, 230.

17) Irrgang, *Leutnant der Wehrmacht*, 173: Stölten to parents, 17 May 1944.

18) Weinberg, *A World at Arms*, 676~89; Beevor, *D-Day: The Battle for Normandy*.

19) Hastings, *Overlord; Forty, Villers-Bocage*.

20) Irrgang, *Leutnant der Wehrmacht*, 178, n. 54: Wilhelm Stölten to Victor Meyer–Eckhardt, 9 July 1944.

21) Ibid., letter to family, 2 July 1944; Weinberg, *A World at Arms*, 682~95.

22) Ibid., 179~80: to parents, 8 July 1944.

23) Ibid., 180: to Dorothee Ehrensberger, 12 Aug. 1944.

24) Ibid., 180~3: to Dorothee Ehrensberger, n.d. (early-mid-Aug. 1944), 24, 26 July 1944.

25) Ibid., 182~92.

26) Hölderlin, *Hyperion*, 185; Irrgang, *Leutnant der Wehrmacht*, 218: to Dorothee Ehrensberger, 12 Aug. 1944; Latzel, *Deutsche Soldaten*; Baird, *To Die for Germany*; Behrenbeck, *Der Kult um die toten Helden*.

27) Irrgang, *Leutnant der Wehrmacht*, 189.

28) Glantz and House, *When Titans Clashed*, 201~10; Grenkevich, *The Soviet Partisan Movement*, 257~62; Gerlach, *Kalkulierte Morde*, 1010~35, 1085~9; Frieser, 'Zusammenbruch im Osten'; Weinberg, *A World at Arms*, 703~9.

29) Beevor and Vinogradova (eds), *A Writer at War*, 273.

30) Reese, *Mir selber seltsam fremd*, 249; losses, Kunz, *Wehrmacht und Niederlage*, 152~3; Overmans, *Deutsche militärische Verluste*, 277~9.

31) Woman soldier interviewed by Swetlana Alexijewitsch, 'Der Mensch zählt mehr als der Krieg', 45.

32) Borodziej, *The Warsaw Uprising*; Davies, *Rising '44*.

33) Hosenfeld, 'Ich versuche jeden zu retten', 822~4: Letters of 4, 6 Aug. 1944.

34) Borodziej, *The Warsaw Uprising of 1944*, 79~82; Hosenfeld, 'Ich versuche jeden zu retten', 824: diary, 8 Aug. 1944.

35) Hosenfeld, 'Ich versuche jeden zu retten', 824~7: Hosenfeld letters, diary, 8~9 Aug. 1944.

36) Irrgang, *Leutnant der Wehrmacht*, 192 n. 109, n. 204: Peter to Dorothee Ehrensberger, n.d. (late July 1944), 15, 21 Aug. 1944; 'Gespräch', Le Mans, July 1944; ibid., 205: Stölten to parents, 7 Sept. 1944.

37) Ibid., 211~12: Stölten to father, 30 Aug. 1944.

38) Borodziej, *The Warsaw Uprising of 1944*, 78~80, 97~8; Bishop, *SS: Hitler's Foreign Divisions*.

39) Irrgang, *Leutnant der Wehrmacht*, 210~14.

40) Ibid., 210: Stölten to Dorothee Ehrensberger, 28~29 Sept. 1944.

41) Hosenfeld, 'Ich versuche jeden zu retten', 824~34: Hosenfeld letters, diary, 8~12, 23 Aug. 1944.

42) Irrgang, *Leutnant der Wehrmacht*, 207~9: Stölten to Dorothee Ehrensberger, 16 Sept. and 30 Aug. 1944; Satire, 2~3, to family 1 Sept.

43) Borodziej, *The Warsaw Uprising of 1944*, 107~28; Davies, *Rising '44*, 400, 427.

44) Hosenfeld, '*Ich versuche jeden zu retten*', 856~7: 5 Oct. 1944.

45) Irrgang, *Leutnant der Wehrmacht*, 216~21, 230: Peter Stölten to Dorothee Ehrensberger, 5, 6 Oct., 12 Aug. 1944; 18 Oct. 1944.

46) Hosenfeld, '*Ich versuche jeden zu retten*', 862~3: 22 Oct. 1944.

47) Ibid., 849, 856~73: 20 Sept., 5 Oct.~17 Nov. 1944; Szpilman, *The Pianist*, 177~82.

48) Weinberg, *A World at Arms*, 690~3; Beevor, *D-Day*.

49) UV, SF/NL 75 II, Hans H. to Maria Kundera, 16 Aug. 1944; Kuby, *Nur noch rauchende Trümmer*.

50) Kleindienst (ed.), *Sei tausendmal gegrüßt*: Guicking, diary extracts, 15~24 Aug. 1944.

51) Eisenhower, *Crusade in Europe*, 279; Weinberg, *A World at Arms*, 694~5.

52) Kleindienst (ed.), *Sei tausendmal gegrüßt*: Ernst Guicking, 26 Aug.~2 Sept. 1944.

53) Ibid., Ernst Guicking, diary, 13 Sept. 1944.

54) Schumann et al., *Deutschland im Zweiten Weltkrieg*, 6, 105~12.

55) Kershaw, *The End*, 61~2, 72~3: BA, R55/601, 104, Weekly propaganda report: 4 Sept. 1944.

56) Ibid., 62~74; *MadR*, 6697~8: 10 Aug. 1944; BA, R55/623, 56~9: Wochenübersicht über Zuschriften zum totalen Kriegseinsatz, 28 Aug. 1944.

57) Kershaw, *The End*, 69~70.

제14장 참호가 된 나라

1) Kershaw, *The End*, 88~90; Schumann et al., *Deutschland im Zweiten Weltkrieg*, 6, 236; Nolzen, 'Die NSDAP, der Krieg und die deutsche Gesellschaft', *DRZW*, 9/1 (2004), 182; Strobl, *The Swastika and the Stage*, 220~5.

2) Hubatsch (ed.), *Hitlers Weisungen*, 243~50: 8 Mar. 1944.

3) Kleindienst (ed.), *Sei tausendmal gegrüßt*: Irene to Ernst Guicking, 1, 7 Sept.

1944.

4) Hoffmann, *The History of the German Resistance*, 1933~1945; Moorhouse, *Killing Hitler*; Ueberschär (ed.), *Der 20. Juli 1944*.

5) Kramarz, *Claus Graf Stauffenberg*, 201; Hoffmann, *Stauffenberg*, 243; Kershaw, *Hitler*, 2, 655~84.

6) Hitler, *Reden und Proklamationen*, 2127~9: 21 July 1944; *Manchester Guardian*, 21 July 1944.

7) Irrgang, *Leutnant der Wehrmacht*, 82: Wilhelm to Peter Stölten and Wilhelm Stölten, diary: 21 July 1944; Oberlandesgericht–Präsident Nürnberg, 1 Aug. 1944, in Steinert, *Hitlers Krieg und die Deutschen*, 477; SD report, 21 July 1944: Spiegelbild einer Verschwörung, 1~11: 21~24 July 1944.

8) Steinert, *Hitlers Krieg und die Deutschen*, 476~82; Kershaw, *The End*, 29~34; Breloer (ed.), *Mein Tagebuch*, 334; Feldpostprüfstelle of Panzer AOK. 3, 2 Sept. 1944, in Buchbender and Sterz (eds), *Das andere Gesicht des Krieges*, 20~3; BA, R55/601, 54~63, 69~70, Propaganda Ministry weekly reports, 24 July and 7 Aug. 1944; Gurfein and Janowitz, 'Trends in Wehrmacht morale', 81.

9) Steinert, *Hitlers Krieg und die Deutschen*, 482~3; Kershaw, *Hitler*, 2, 687~8; Ley, *Der Angriff*, 23 July 1944; Smelser, *Robert Ley*, 291; Oven, *Finale Furioso*, 505; Messerschmidt, 'Die Wehrmacht', in Volkmann (ed.), *Ende des Dritten Reiches—Ende des Zweiten Weltkrieges*, 240~1; Conze et al., Das Amt und die Vergangenheit, 305~9.

10) Kershaw, *The End*, 33~4, 44~51; Clark, 'Johannes Blaskowitz', in Smelser and Syring (eds), *Die Militärelite des Dritten Reiches*, 28~49.

11) Lumans, *Latvia in World War II*, 252~8; Loeffel, 'Soldiers and terror', 514~30; Loeffel, *Family Punishment in Nazi Germany*.

12) Loeffel, 'Soldiers and terror'; IFZ–Archiv Munich, NOKW–535.

13) Kershaw, *The End*, 20~6, 35~43.

14) Kunz, *Wehrmacht und Niederlage*, 156~89. 여군에 대해서는 Absolon, *Die Wehrmacht im Dritten Reich*, 6, 28; Morgan, *Weiblicher Arbeitsdienst*, 423; Nolzen, 'Die NSDAP, der Krieg und die deutsche Gesellschaft'; Kershaw, *The End*, 20~6, 35~44. 1920년대의 논의에 대해서는 Mulligan, *The Creation of the Modern German Army*.

15) Yelton, *Hitler's Volkssturm*, 120~1, 105~18.

16) Maubach, 'Expansion weiblicher Hilfe', in Steinbacher (ed.), *Volksgenossinnen*, 93~111; Müller, *Der Bombenkrieg*, 140.

17) BA, NS 19/4015: Himmler to commanders of military districts and schools, 21 Sept. 1944, in Kunz, *Wehrmacht und Niederlage*, 167; Geyer, 'Endkampf 1918 and 1945', in Lüdtke and Weisbrod (eds), *No Man's Land of Violence*, 35~67.

18) Stehkämper in Steinhoff et al., *Voices from the Third Reich*, 362; BA, R55/601, 160: Propaganda report, 9 Oct. 1944; Steinert, *Hitlers Krieg und die Deutschen*, 506; Klönne, *Gegen den Strom*, 143~4; Beevor, *Berlin: The Downfall*, 181; KA 1997, Werner K., '20 Monate Luftwaffenhelfer', 144~5, 150: 21, 30 Jan. 1945; KA 920, Walter S., 'Mein Tagebuch', 15 Sept. and 3 Nov. 1944.

19) Orłowski and Schneider (eds), *'Erschießen will ich nicht!'*, 50, 318, 321: 26 Oct. 1939, 6 Oct., 6 Nov. 1944.

20) Irrgang, *Leutnant der Wehrmacht*, 233: Peter to Margarethe Stölten, 19 Nov., to Dorothee Ehrensberger, 24 Nov. 1944.

21) BA, NS 19/4017, Heinrich Himmler, 3 Nov. 1944, in Kunz, *Wehrmacht und Niederlage*, 143; Lakowski, 'Der Zusammenbruch der deutschen Verteidigung zwischen Ostsee und Karpaten', 496~501; Noble, *Nazi Rule and the Soviet Offensive in Eastern Germany*, 152.

22) Weinberg, *A World at Arms*, 690~702; 760~3.

23) Yelton, *Hitler's Volkssturm*, 120~1; Müller, *Der letzte deutsche Krieg*, 285.

24) Zagovec, 'Gespräche mit der "Volksgemeinschaft"', 334~7.

25) Ibid., 347~9,, 289; Mann, *Der Wendepunkt*, 649; Kershaw, *The End*, 70~1; Pick, *The Pursuit of the Nazi Mind*, 2012. 26 Overmans, *Deutsche militärische Verluste*, 238~43, 277~83.

26) Overmans, *Deutsche militärische Verluste*, 238~43, 277~83.

27) Kershaw, *The End*, 76~88.

28) Verdict, Duisburg Provincial Court,14 June 1950 in Justiz und NS—Verbrechen, 6, no. 219; Herbert, *Hitler's Foreign Workers*, 362; Kardorff, *Berliner Aufzeichnungen*, 264~5: 30 Nov. 1944.

29) MfK—FA, 3.2002.0279, Liselotte Purper, 'Berlin bleibt Berlin', 26 Sept. 1944; MfK—FA, 3.2002.0279, Liselotte to Kurt, 23 May 1944.

30) Joachim Fernau, 'Das Geheimnis der letzten Kriegsphase', *VB*, 30 Aug. 1944; Kardorff, *Berliner Aufzeichnungen*, 233: 5 Sept. 1944; Klemperer, *To the Bitter End*, 2, 337: 1 Sep. 1944.

31) MfK–FA, 3.2002.0279, Kurt Orgel to Liselotte Purper, 30 July and 30 Sept. 1944; Liselotte Purper to Kurt Orgel, 14 Oct. 1944.

32) Irrgang, *Leutnant der Wehrmacht*, 228~31: Peter Stölten to Dorothee Ehrensberger and to parents, 18, 20/23, 25 Oct., 11 Nov., 16 Sept. 1944.

33) Ibid., 235~6: Stölten, 19 Dec. 1944; 1 Jan. 1945; to Dorothee, 21/22 Dec. 1944; to Udo, 1 Jan. 1945.

34) Boor, *Tagebuchblätter*, 204~5, 202, 208: 1 Nov., 29, 14 Oct., 25 Nov. 1944.

35) Boor, *Tagebuchblätter*, 209, 217: 25 Nov., 28 Dec. 1944.

36) Kleindienst (ed.), *Sei tausendmal gegrüßt*: Irene to Ernst Guicking, 1 Aug. 1944; 7, 8, 13 Dec. 1944.

37) Orłowski and Schneider (eds), *'Erschießen will ich nicht!'*, 327: 12 Dec. 1944, letter from Gretel of 21 Nov. 1944; 328: 25 Dec. 1944.

38) MfK–FA, 3.2002.0279, Liselotte Purper to Kurt Orgel, 8 Dec. 1944.

39) Friedrich, Der Brand, 334~40.

40) Groehler, *Bombenkrieg gegen Deutschland*, 378~81.

41) Ibid., 316~20. 피폭 사망자 통계는 경찰이 재조사할수록 올라가는 경향을 보였다. 피폭 통계는 모두 잠정적이고, 여전히 정치적 논쟁거리다.

42) Steinert, *Hitlers Krieg und die Deutschen*, 524, 526: Propaganda report, 21 Nov. 1944; Oberlandesgerichts–Präsident Düsseldorf, 29 Nov. 1944; Darmstadt, 1 Dec. 1944; Propaganda report, 5 Dec. 1944; Dabrowski, *Lippisch P13a and Experimental DM-1*; Birkenfeld, *Der synthetische Treibstoff*; Boog, 'Strategische Luftkrieg in Europa und Reichsluftverteidigung'; Boog, *Die deutsche Luftwaffenführung 1935~1945*, 30.

43) Fisch, *Nemmersdorf, Oktober 1944*; Fisch, 'Nemmersdorf 1944', in Ueberschär (ed.), *Orte des Grauens*, 155~67; Fisch, 'Nemmersdorf 1944', 105~114.

44) Werner Kreipe, diary, 23 Oct. 1944, cited in Jung, *Die Ardennenoffensive 1944/45*, 227; *VB*, 1 Nov. 1944; *Die Deutsche Wochenschau*, Nr. 739, 2 Nov. 1944; Fisch, *Nemmersdorf*; Zeidler, Kriegsende im Osten, 150.

45) Kershaw, *The End*, 119, Reinhard, diary, 26 Oct. 1944; Steinert, *Hitlers Krieg*

und die Deutschen, 523.

46) Kulka and Jäckel (eds), Die Juden in den geheimen NS-Stimmungsberichten, 546: SD Stuttgart, 6 Nov. 1944; Noakes (ed.), Nazism, 4, 652.

47) Semmler, Goebbels, 163~4, diary 2 Nov. 1944; Noakes (ed.), Nazism, 4, 496, 640, 652, Stuttgart SD, 6 Nov. 1944; Wette et al. (eds), Das letzte halbe Jahr, 164: Sondereinsatz Berlin, 20~26 Nov. 1944.

48) Erickson, Road to Berlin, 238~9; Wis'niewska and Rajca, Majdanek; Noakes and Pridham (eds), Nazism, 3, 599~600; Bankier, The Germans and the Final Solution, 114.

49) Zeidler, Kriegsende im Osten, 139~40: Yuri Uspensky, 24 Jan. 1945.

50) Kardorff, Berliner Aufzeichnungen, 272: 27 Dec. 1944; Vrba and Wetzler report in Dawidowicz, A Holocaust Reader, 110~19.

51) Bankier, 'German public awareness of the final solution', in Cesarani (ed.), The Final Solution, 114, 215~27.

52) BA, R55/578, Bl 210, Hans Humel to Goebbels, 25 Oct. 1944; BA, R 55/ 577, 3 Dec. 1944: Parteigenosse, Dr A.D.B., Hamburg. Similar examples: BA, R55/577, 35~8, Friedrich Schauer, Rechtsanwalt am Landgericht, Freiburg im Breisgau, to Goebbels, 10 Nov., 15 Dec. 1944; BA, R55/577, 89, Anon., 24 Nov. 1944. 외무부 관리도 밑줄을 그어놓았다.

53) Steinert, Hitlers Krieg und die Deutschen, 511~27; Kunz, Wehrmacht und Niederlage, 250~3. 군대의 사기에 대해서는 Kleindienst (ed.), Sei tausendmal gegrüßt: Irene to Ernst Guicking, 15, 17 Dec. 1944; Ernst to Irene, 29 Dec. 1944.

54) Kershaw, The End, 159; Goebbels, Tgb, II/14, 429, 433, 438~9, 445, 450: 17~20 Dec. 1944; Oven, Finale Furioso, 526~9: 17, 20 Dec. 1944; Steinert, Hitlers Krieg und die Deutschen, 527~31, 575; Henke, Die amerikanische Besetzung Deutschlands, 316~17.

55) MfK—FA, 3.2002.0279, Kurt Orgel to Liselotte Purper: 18 Dec. 1944; Kleindienst (ed.), Sei tausendmal gegrüßt: Ernst to Irene Guicking, 21 Dec. 1944; Steinert, Hitlers Krieg und die Deutschen, 529~30.

56) Kershaw, Hitler, 2, 741~3; Weinberg, A World at Arms, 765~71.

57) Schumann et al., Deutschland im Zweiten Weltkrieg, 6, 133, 137; Kunz, Wehrmacht und Niederlage, 71; Speer, Erinnerungen, 425; Kershaw, The

End, 160.

58) Kershaw, *The End*, 128~39, 155~61; Speer, *Erinnerungen*, 423; Schumann et al., *Deutschland im Zweiten Weltkrieg*, 6, 125.

59) Kershaw, *The End*, 159~60; Goebbels, *Tgb*, II/14, 486: 29 Dec. 1944; Wette et al. (eds), *Das letzte halbe Jahr*, 183~4: 18~24 Dec. 1944; Henke, *Die amerikanische Besetzung Deutschlands*, 316~17.

60) Clausewitz, *Historical and Political Writings*, 290; 1944 reading, Baldwin, 'Clausewitz in Nazi Germany', 10.

61) Hitler, *Reden und Proklamationen*, 2180~4: 31 Dec. 1944; Kershaw, *Hitler*, 2, 746; Oven, *Finale Furioso*, 537~8; Reisert, 'O Deutschland hoch in Ehren', song written by Ludwig Bauer (1859).

62) MfK−FA, 3.2002.0279, Kurt Orgel to Liselotte Purper, 1 Jan. 1945; Steinert, *Hitlers Krieg und die Deutschen*, 532~3.

63) Boor, *Tagebuchblätter*, 218.

64) Kleindienst (ed.), *Sei tausendmal gegrüßt*: Ernst to Irene Guicking, 22 Dec. 1944; diary, 26, 31 Dec. 1945.

제15장 붕괴

1) Henke, *Die amerikanische Besetzung Deutschlands*; Zimmermann, 'Die Eroberung und Besetzung des deutschen Reiches', *DRZW*, 10/1 (2008), 277~435; Boog, 'Die Strategische Bomberoff ensive der Alliierten'; Kunz, *Wehrmacht und Niederlage*; Kershaw, *Hitler*, 2, 768, 776, 791~2; Trevor−Roper, *The Last Days of Hitler*, 87~9.

2) Overmans, *Deutsche militärische Verluste*, 238~43, 279.

3) Hosenfeld, '*Ich versuche jeden zu retten*', 885~8: 26, 27, 30 Dec. 1944, 7 Jan. 1945.

4) Military accounts of campaign: Lakowski, 'Der Zusammenbruch der deutschen Verteidigung'; Erickson, *The Road to Berlin*, 450, 457~8, 462, 471~2; Glantz and House, *When Titans Clashed*, 241~7; Beevor, *Berlin*, 11~23; Hosenfeld, '*Ich versuche jeden zu retten*', 108~11; 887~8: 7, 12 Jan. 1945; Szpilman, *The Pianist*, 183~7.

5) Strzelecki, *Endphase des KL Auschwitz*, 141~218.

6) Geve, *Youth in Chains*, 190~1.

7) KA 359, Jürgen Illmer, b. 1935, memoir; Geve, *Youth in Chains*, 190~1; Strzelecki, *Endphase des KL Auschwitz*, 144~7, 169~70.

8) Davies and Moorehouse, *Microcosm*, 15~29; *Schlesische Tageszeitung*, 22 Jan. 1945.

9) Leonie Biallas in Jacobs, *Freiwild*, 15~35; Biallas, *'Komm, Frau, raboti'*.

10) Irrgang, *Leutnant der Wehrmacht*, 235~7; to Dorothee, 23 Dec. 1944.

11) Glantz and House, *When Titans Clashed*, 247~8; Beevor, *Berlin*, 24~6; Erickson, *The Road to Berlin*, 463~70.

12) Irrgang, *Leutnant der Wehrmacht*, 238~41.

13) Lakowski, 'Der Zusammenbruch der deutschen Verteidigung', 538~42.

14) Schieder (ed.), *The Expulsion of the German Population*, 135~43: doc. 23, Lore Ehrich: 1946~7.

15) Erickson, *The Road to Berlin*, 463~70; Schieder (ed.), *The Expulsion of the German Population*, 33.

16) MfK–FA, 3.2002.0279, Kurt Orgel to Liselotte Purper, 21, 22 Jan. 1945.

17) MfK–FA, 3.2002.0279, Kurt Orgel to Liselotte Purper, 12, 13, 14 Feb. 1945; Liselotte Purper to Kurt Orgel, 22 Feb. 1945.

18) MfK–FA, 3.2002.0279, Liselotte Purper to Kurt Orgel, 13, 28 Nov. 1944.

19) Kardorff, *Berliner Aufzeichnungen*, 287: 3 Feb. 1945; Görtemaker, *Ein deutsches Leben*, 201~10; *MadR*, 6740: end of Mar. 1945; Werner, *'Bleib übrig'*, 341; Wette et al. (eds), *Das letzte halbe Jahr*, 236, 254, 259, 264~5.

20) Taylor, *Dresden*; Bergander, *Dresden im Luftkrieg*, 148~95, 208~9, 247~74, 290~2; Müller et al. (eds), *Die Zerstörung Dresdens am 13./15. Februar 1945*; Klemperer, *To the Bitter End*, 387~96: 13~24 Feb. 1945; RA, Anon., Burg Gymnasium UII/522, 2.

21) Boor, *Tagebuchblätter*, 228~30, 235: 17~25 Feb., 2, 11 Mar. 1945; Associated Press dispatch from Stockholm, reprinted as 'Berlin, Nerves Racked By Air Raids, Fears Russian Army Most', *Oakland Tribune*, 23 Feb. 1945.

22) MfK–FA, 3.2002.7209, Erna Paulus to Martha Roether, 24/25, 26 Feb. 1945; Friedrich, *Der Brand*, 109~16.

23) Taylor, *Dresden*, 427~8.

24) MfK–FA, 3.2002.7209, Erna Paulus to her daughters, 27 Mar. 1945.

25) MfK–FA, 3.2002.7209, Katharina Wuster to Erna Paulus, 15 Mar. 1945; Wette, *Das letzte halbe Jahr*, 332, 142; 172, 209.

26) *Titanic*, dir. Werner Klingler and Herbert Selpin, 1943; Strobl, *The Germanic Isle*, 150~2.

27) *Kolberg*, dir. Veit Harlan, 1945; Welch, *Propaganda and the German Cinema*, 221~37; Noakes (ed.), *Nazism*, 4, 494.

28) *Ohm Krüger*, Hinkel for RMVP, 29 Jan 1945, cited in Drewniak, *Der deutsche Film*, 340; 'Der Tod von Dresden: Ein Leuchtzeichen des Widerstands', *Das Reich*, 4 Mar. 1945; Taylor, *Dresden*, 412~26; Boor, *Tagebuchblätter*, 237: 19~21 Mar. 1945; MfK–FA, 3.2002.7209, Käthe Wurster to Martha Roether and Erna Paulus, 15 Mar. 1945.

29) Evans, *Telling Lies about Hitler*, 170~87.

30) Bergander, *Dresden im Luftkrieg*, 224~6; Evans, *Telling Lies about Hitler*, chapter 5; Taylor, *Dresden*, 412~26, 478~86.

31) Taylor, *Dresden*, 412~19, 429~31.

32) Kleindienst (ed.), *Sei tausendmal gegrüßt*: Irene to Ernst Guicking: 20 Jan., 10, 12 Feb. 1945; Ernst to Irene, 19 Feb. 1945.

33) Ibid., Irene to Ernst Guicking: 12 Feb. 1945; Goebbels, 'Ein Volk in Verteidigungsstellung (In der härtesten Probe)', *Das Reich*, 11 Feb. 1945.

34) Henke, *Die amerikanische Besetzung Deutschlands*; Zimmermann, 'Die Eroberung und Besetzung des deutschen Reiches'; MacDonald, *United States Army in World War II*, 116~32.

35) Noakes, *Nazism*, 4, 654; Henke, *Die amerikanische Besetzung Deutschlands*, 172, 841.

36) Steinert, *Hitlers Krieg und die Deutschen*, 558~60, 564~6; Gellately, *Backing Hitler*, 230; Kershaw, *Hitler*, 2, 778; Goebbels, *Tgb*, II/15, 471: 11 Mar. 1945.

37) Goebbels, *Tgb*, II/15, 405: 3 Mar. 1945; Kershaw, *The End*, 262~4; Loeffel, 'Soldiers and terror', 526: IfZ–Archiv, NOKW–535; Henke, *Die amerikanische Besetzung Deutschlands*, 844~6.

38) Grimm, 'Lynchmorde an alliierten Fliegern', in Süß (ed.), *Deutschland im Luftkrieg*, 71~84; Mallmann, '"Volksjustiz gegen anglo–amerikanische

Mörder"', in Gottwaldt et al. (eds), *NS-Gewaltherrschaft*, 202~13; Strobl, *Bomben auf Oberdonau*, 231~311.

39) Steinert, *Hitlers Krieg und die Deutschen*, 541~3, 558~60; Zagovec, 'Gespräche mit der "Volksgemeinschaft"', 319~20; *DAZ*, 12 Jan. 1945; Gellately, *Backing Hitler*, 230; Kershaw, *The End*, 268~72.

40) Steinert, *Hitlers Krieg und die Deutschen*, 557; Klemperer, *To the Bitter End*, 407~8: 1 Mar. 1945; Goebbels, 'Deutschlands Kraft im Daseinskampf—Der Lagebericht von Dr Goebbels', *Hamburger Zeitung*, 1 Mar. 1945.

41) Goebbels, *Tgb*, II/15, 422: 5 Mar. 1945; Kershaw, *The End*, 254~5; Henke, *Die amerikanische Besetzung Deutschlands*, 343~64, 377~90.

42) Kershaw, *The End*, 268~9.

43) Ibid., 288~91; Kershaw, *Hitler*, 2, 781; Domarus (ed.), *Hitler*, 2203~6: 24 Feb. 1945; *MadR*, 6733~4: 28 Mar. 1945.

44) BA, R55, 577, 221~237: Christian Meyer, A. Müller, Dr Franz Orthner and others: 23~28 Jan. 1945.

45) Kleindienst (ed.), *Sei tausendmal gegrüßt*: Ernst to Irene Guicking, 24 Feb., 9 Mar., 18, 21 Feb. 1945.

46) Goebbels, *Tgb*, II/15, 25 Mar. 1945; Wantzen, *Das Leben im Krieg*, 1378, 1403: 9, 24 Mar. 1945; Kleindienst (ed.), *Sei tausendmal gegrüßt*: Irene to Ernst Guicking, 24 Mar. 1945.

47) Boor, *Tagebuchblätter*, 237, 239~40: 22, 27 Mar. 1945.

48) Ibid., 241: 28 Mar. 1945.

49) Kleindienst (ed.), *Sei tausendmal gegrüßt*: Ernst to Irene Guicking, 3 and April 1945.

50) Henke, *Die amerikanische Besetzung Deutschlands*, 399~400; Gruchmann, *Der Zweite Weltkrieg*, 436~43.

51) Steinert, *Hitlers Krieg und die Deutschen*, 564~6: Propaganda ministry, 21 Mar. 1945.

52) Steinert, *Hitlers Krieg und die Deutschen*, 567, and Werner, *Bleib übrig*, 56~8.

53) Herbert, *Hitler's Foreign Workers*, 369~72.

54) Roseman, *The Past in Hiding*, 384~9.

55) Herbert, 'Von Auschwitz nach Essen'.

56) Blatman, *The Death Marches*; Neander, *Das Konzentrationslager 'Mittelbau'*, 66~77.

57) Blatman, *The Death Marches*; Strzelecki, *Endphase des KL Auschwitz*; Strebel, *Celle April 1945 Revisited*.

58) Herbert, *Hitler's Foreign Workers*, 373~6.

59) Ibid., 363; *Justiz und NS-Verbrechen*, 7, no. 235.

60) Orłowski and Schneider (eds), *'Erschießen will ich nicht!'*, 347~8: 18 April 945.

61) Ibid., 334, 344~7: 18 Feb., 5, 10, 15 April 1945.

62) MfK–FA, 3.2002.7209, Erna Paulus to Elfriede and Irmgard, 27 Mar. 1945, and to Martha Roether, May 1945.

63) KA 53, Jürgen H., b. July 1929, 29 Mar.~19 May 1945.

64) Roseman, *The Past in Hiding*, 391~3.

제16장 종말

1) Goebbels, *Tgb*, II/15, 692: 9 Apr. 1945; Erickson, *The Road to Berlin*, 563~77; Lakowski, 'Der Zusammenbruch der deutschen Verteidigung', 608~33; Glantz and House, *When Titans Clashed*, 256~63; Beevor, *Berlin*, 206.

2) Fritzsch, *Nürnberg im Krieg*; Karl Kunze, *Kriegsende in Franken und der Kampf um Nürnberg im April 1945*.

3) Longerich, *Heinrich Himmler. Biographie*, 742~8; Padfield, *Himmler*, 565~6, 578~89; Fleischhauer, *Die Chance des Sonderfriedens*, 58~61, 268~75; Kershaw, *The End*, 281~9, 336~7; Geyer, 'Endkampf 1918 and 1945', in Lüdtke and Weisbrod (eds), *No Man's Land of Violence*, 35~67; Bessel, 'The shock of violence in 1945', in Lüdtke and Weisbrod (eds), *No Man's Land of Violence*, 69~99.

4) Gleiss, *Breslauer Apokalypse 1945*, 3, 651, 910; 4, 651, 1113~14; Davies and Moorehouse, Microcosm, 26~9.

5) Wette et al. (eds), *Das letzte halbe Jahr*, 259, 271~9; Steinert, *Hitlers Krieg und die Deutschen*, 552, Propaganda Ministry, 21 Feb. 1945; Messerschmidt and Wüllner, *Die Wehrmachtjustiz im Dienste des Nationalsozialismus*, 86.

6) KA 4709/1, 2: KA 4709/1, Agnes S., diary, 'Lüneburger Heide 1945', 7~9 Feb.,
27 Mar.~8 April 1945; Klaus to Agnes S., 1 Mar. 1945; *MadR*, 6737: end Mar.
1945.

7) KA 4709/1, Agnes S., diary, 'Lüneburger Heide 1945', 16~30 April 1945.

8) Orłowski and Schneider (eds), *'Erschießen will ich nicht!'*: 10, 12 April.

9) Klemperer, *To the Bitter End*, 396~421: 15 Feb.~1 April 1945.

10) Ibid., 421~2: 2 April 1945.

11) Ibid., 425: 4~5 April 1945.

12) Ibid., 426~31: 15 April 1945.

13) Ibid., 532~8: 15 April 1945.

14) Ibid., 538~41: 20~21 April 1945; Krone, 'Plauen 1945 bis 1949 16.

15) Kershaw, Hitler, 2, 791~2; Trevor-Roper, *The Last Days of Hitler*, 87-9;
Steinert, *Hitlers Krieg und die Deutschen*, 570~1, 578; Wette et al. (eds), *Das
letzte halbe Jahr*, 334~8: 'Sondereinsatz Berlin' report, 10 April 1945.

16) Lakowski, 'Der Zusammenbruch der deutschen Verteidigung', 633~49;
Glantz and House, *When Titans Clashed*, 263~6; Beevor, *Berlin*, 216~59.

17) KA 3697, Hertha von Gebhardt, diary, 20 April 1945.

18) Ibid., 23~24 April 1945.

19) Kershaw, *The End*, 325~6; Troll, 'Aktionen zur Kriegsbeendigung im
Frühjahr 1945', in Broszat et al. (eds), *Bayern in der NS-Zeit*, 4, Munich, 1981,
650~4; Förschler, *Stuttgart 1945*, 8~19; Stephenson, *Hitler's Home Front*,
323~35.

20) Loeffel, 'Soldiers and terror', 528~9; Noakes, *Nazism*, 4, 657~8.

21) Klemperer, *To the Bitter End*, 442~3: 21~22 April 1945.

22) Kershaw, *The End*, 3~5, 342; Klemperer, *To the Bitter End*, 442~4, 447:
21~23, 27 April 1945.

23) KA 3697, Gebhardt, diary, 25~26 April 1945; Beevor, *Berlin*, 283~4.

24) KA 3697, Gebhardt, diary, 27 April 1945; Yelton, *Hitler's Volkssturm*, 126~7;
Kuby, *The Russians and Berlin*, 1945, 223.

25) KA 3697, Gebhardt, diary, 27 April 1945; Le Tissier, *Battle of Berlin 1945*,
170~1, 196.

26) VB, Munich edn, 20, 24, 25 April 1945; Bessel, *Germany 1945*, 120; Troll,
'Aktionen zur Kriegsbeendigung im Frühjahr 1945', 660~71; Henke, *Die*

amerikanische Besetzung Deutschlands, 854~61; Kershaw, *The End*, 343~5.

27) Marcuse, *Legacies of Dachau*, 50~2; Bessel, *Germany 1945*, 161~5.

28) Gröschner, *Ich schlug meiner Mutter die Brennenden Funken ab*, 242~6: R., 6. Klasse Volksschule; Wolfgang S., 6. Klasse; Walter B., 8. Klasse.

29) Naimark, *The Russians in Germany*, 69~140; Petö, 'Memory and the narrative of rape in Budapest and Vienna in 1945', in Bessel and Schumann (eds), *Life after Death*, 129~48; Bandhauer–Schöffmann and Hornung, 'Vom "Dritten Reich" zur Zweiten Republik', in Good et al. (eds), *Frauen in Österreich*, 232~3; Sander and Johr (eds), *BeFreier und Befreite*, 48~51; Mark, 'Remembering rape', 133~61; Kardorff, *Berliner Aufzeichnungen*, 312~14: 23 Sept. 1945; Boveri, *Tage des Überlebens*, 119: 6 May 1945.

30) Sander and Johr (eds), *BeFreier und Befreite*, 25~7; Anon., *Eine Frau in Berlin. Tagebuchaufzeichnungen*, 113, 220.

31) KA 3697, Hertha von Gebhardt, diary, 27, 28 Apr. 1945; Hoffmann, Besiegte, Besatzer, Beobachter', in Fulda et al. (eds), *Demokratie im Schatten der Gewalt*, 44; Naimark, *The Russians in Germany*, 69~140; Petö, 'Memory and the narrative of rape in Budapest and Vienna in 1945', 129~48.

32) Gröschner, *Ich schlug meiner Mutter die Brennenden Funken ab*, 355: interview with Christa J., b. 1931, Göhrener Str 3; RA, Luisenschule Essen, Anon., UI/ no no., 3~4; DLA, Hermine D., b. 28 Aug. 1931 Hundsheim, nr Krems, 'Auch deine Oma war ein Kind', MS, n.d., 42.

33) Köpp, *Warum war ich bloß ein Mädchen?*, 137~8.

34) Klemperer, *To the Bitter End*, 448~9, 452: 28~9 April, 3 May 1945.

35) Bessel, *Germany 1945*, 127~31.

36) Gleiss, *Breslauer Apokalypse*, 5, 233.

37) Orłowski and Schneider (eds), *'Erschießen will ich nicht!'*, 351~2: 2 May 1945.

38) Ibid., 351~3: 2~6 May 1945; 338: 17 Mar. 1945; Stargardt, 'Rumors of revenge in the Second World War', in Davis et al. (eds), *Alltag, Erfahrung, Eigensinn*, 373~88.

39) Klemperer, *To the Bitter End*, 450~4: 2~4 May 1945.

40) *Die Wehrmachtberichte 1939~1945*, 3, 569; Bessel, *Germany 1945*, 133.

41) KA 4709/1, Agnes S., diary, 'Lüneburger Heide 1945', 9~10 May 1945.

42) Jacobs, *Freiwild*, 35~8.

43) Anneliese H. in Kuby, *The Russians and Berlin*, 226; Hoffmann, 'Besiegte, Besatzer, Beobachter', 32~3, 44~5, diaries of Höcker and Grossman; KA 3697, Hertha von Gebhardt, diary, 15 May 1945.

44) KA 3697, Hertha von Gebhardt, diary, 30 April~9 June 1945.

45) Klemperer, *To the Bitter End*, 467; 459~68: 15~21 May 1945.

에필로그: 심연을 건너서

1) KA 2035, Wilhelm K., b. 1929, Diary for 23 Mar. 1942~29 May 1947: 16 May 1945.

2) *MadR*, 6738: end Mar. 1945.

3) Hammer and Nieden, *'Sehr selten habe ich geweint'*, 333: Liselotte G., diary, 29 April 1945.

4) Bankier, 'German public awareness of the final solution', in Cesarani (ed.), *The Final Solution*, 216; US Army, Psychological warfare estimate, 13 Oct. 1944, National Archives, Washington DC, RG 226 Entry 16, File 118485.

5) Hoffmann, 'Besiegte, Besatzer, Beobachter', 36~7, citing Kasack, *Dreizehn Wochen*, 225; and Irmela D., 'Tagebuch aus der Russenzeit' (Berliner Geschichtswerkstatt).

6) Kardorff, *Berliner Aufzeichnungen*, 306: 12 April 1945; Hoffmann, 'Besiegte, Besatzer, Beobachter', 25.

7) Longerich, *'Davon haben wir nichts gewußt!'*, 204: Göring, 4 Oct. 1943.

8) Service, *Germans to Poles*; Naimark, *The Russians in Germany*; Douglas, *Orderly and Humane*; Leonie Biallas in Jacobs, *Freiwild*, 45~7.

9) Bundesministerium für Vertriebene, *Dokumentation der Vertreibung*, 1, 199~200, 205~6; Moeller, *War Stories*, 81; KA 3666/1, Gisela G., diary, 26 April, 12, 26, 27 May, 6~27 June 1945; Evans, *Rituals of Retribution*, 750~5; Jacobmeyer, *Vom Zwangsarbeiter zum heimatlosen Ausländer*, 212~14, 217, 211, 224~31; Gross, *Fear*; Königseder and Wetzel, *Lebensmut im Wartesaal*, 25, 42, 47~53; Shephard, *The Long Road Home*.

10) YIVO Archives, Leo W. Schwartz Papers, 87, 'Displaced Persons, 1945~1946: Office of the Chief Historian European Command', 61~2; Königseder and

Wetzel, *Lebensmut im Wartesaal*, 138; Jacobmeyer, *Vom Zwangsarbeiter zum heimatlosen Ausländer*, 193~4.

11) Meyer and Schulze, "'Als wir wieder zusammen waren, ging der Krieg im Kleinen weiter'", in Niethammer and Plato (eds), *'Wir kriegen jetzt andere Zeiten'*, [305~26,] 315~19; DLA, Annelies Gorizhan, b. 25 May 1931, 'Vater, Mutter und ich', MS, 71; KA 4622, Laudan, 'Gefährdete Spiele', 34; Bessel, *Germany 1945*, chapters 8, 9.

12) Schmitz and Haunfelder (eds), *Humanität und Diplomatie*, 182; Roseman, *Recasting the Ruhr*, 1945~1958; Herbert, *Hitler's Foreign Workers*, 378~80; Herbert, 'Apartheid nebenan', in Niethammer (ed.), *'Die Jahre weiss man nicht, wo man die heute hinsetzen soll'*, 258~62.

13) Bessel, *Germany 1945*, 273~5; Bader, *Soziologie der deutschen Nachkriegskriminalität*, 59~60.

14) Gregor, "'Is he still alive, or long since dead?'", *German History*, 21/ 2 (2003), 183; Black, *Death in Berlin*, 163~4.

15) MfK–FA, 3.2002.7209, Lt Heinz Wagener to Erna Paulus, 29 June 1944, Ernst Arnold Paulus, 16 Dec. 1943; Erna Paulus to Maria Roeterh, May 1945; Ernst Arnold Paulus to the Abteilung für Kriegsgefangene bei Amt der Etappe der Besaztungstruppe in Deutschland, Berlin Karlshort, 26 Jan. 1946, to the Gesellschaft vom Russischen Roten Kreuz und Halbmond, Moskau, n.d.; letters from Hans Casper, 8 and 30 Nov., 6 Dec. 1948, 16 Jan. 1949; from Bishop Dibelius, 12 Nov. 1952; from Suchdienst des Deutschen Roten Kreuzes, 3 Sept. 1976.

16) MfK–FA, 3.2002.0306, Hildegard P., diary, 1 July, 1 Aug. 1945.

17) Gregor, "'Is he still alive, or long since dead?'", 190, 186~91; Lehmann, *Gefangenschaft und Heimkehr*, 115~17; Moeller, *War Stories*, chapter 4; Kaminsky (ed.), *Heimkehr 1948*.

18) Biess, 'Survivors of totalitarianism', in Schissler (ed.), *The Miracle Years*, 57~82, 63.

19) Overmans, *Deutsche militärische Verluste*, 286, table 65.

20) Orłowski and Schneider (eds), *'Erschießen will ich nicht!'*, 360~1.

21) Biess, 'Survivors of totalitarianism', 59~61; Herzog, 'Desperately seeking normality', in Bessel and Schumann (eds), *Life after Death*, 177~8;

Goltermann, *Die Gesellschaft der Überlebenden*, 90~1.

22) Goltermann, *Die Gesellschaft der Überlebenden*, 55~7.

23) Vogel, 'Wilm Hosenfeld', in Hosenfeld, *'Ich versuche jeden zu retten'*, 84~5, 118~20, 143~4.

24) Vogel, 'Wilm Hosenfeld', in Hosenfeld, *'Ich versuche jeden zu retten'*, 111~46.

25) Moeller, *War Stories*, 44; Hilger, *Deutsche Kriegsgefangene in der Sojetunion*, 137; Overmans, *Deutsche militärische Verluste*, 288~9; Streit, *Keine Kameraden*; Biess, *Homecomings*, 2~5.

26) Overmans, *Deutsche militärische Verluste*, 238~43, 279~83, 300~1; 'Kriegsgefangene und Wehrmachtvermißte aus Hessen. Vorläufige Ergebnis der amtlichen Registrierung vom 20.~30. Juni 1947', in *Staat und Wirtschaft in Hessen. Statistische Mitteilungen*, 2 (1947), 4, 110~12; Müller–Hillebrand, *Das Heer: Zweifrontenkrieg*, 3, 263; Smith, *Die 'vermißte Million'*, 62 ff.; Böhme, *Gesucht wird …*,115, 234~7.

27) Statistisches Bundesamt, *Die deutschen Vertreibungsverluste*, 15, 34, 46; Overmans, *Deutsche militärische Verluste*, 298~9; Groehler, *Bombenkrieg gegen Deutschland*, 316~20; Grohler, *Bombenkrieg gegen Deutschland*, 316~20. 그륄러는 드레스덴 및 다른 도시 사망자에 대한 경찰 추산이 실제보다 40~50% 낮았다고 추정한다. 그의 계산이 정확하지 않을 수도 있다. 경찰의 통계가 온전하지 않아서 그가 3월과 4월의 통계를 외삽해야 했기 때문이다.

28) Moeller, *War Stories*, chapter 3, esp. 72~81, 155~65; Beer, 'Im Spannungsfeld von Politik und Zeitgeschichte', *Vierteljahreshefte für Zeitgeschichte*, 49 (1998), 345~89; Knoch, *Die Tat als Bild*, 314~23; Biess, 'Survivors of totalitarianism'.

29) Hammer and Nieden, *'Sehr selten habe ich geweint'*, 166~7, letter of Ingeborg T.: 20 Nov. 1945.

30) Stasiewski and Volk (eds), *Akten deutschen Bischöfe*, 6, 506; Brodie, 'For Christ and Germany', 322~5: Frings, pastoral letter, 15 Mar. 1946, and to International War Crimes Tribunal at Nuremberg, 4 July 1945; Wantzen, *Das Leben im Krieg*, 1639: 16 Mar. 1946; KA 37, Hildegard Wagener–Villa, 15 Oct. 1946; KA, 1946 (Z 80 86), 70; AEK, Gen. II 23.23a, 6, 5.

31) Löffler (ed.), *Galen: Akten, Briefe und Predigten*, 2, 1152, 1231, 1326; Mosse,

Fallen Soldiers, 212.

32) *The task of the churches in Germany: Being a report from a delegation of British Churchmen after a visit to the British Zone October 16th–30th, 1946, Presented to the Control Office for Germany and Austria*, London, 1947, 3; Frings, *Für die Menschen bestellt*, 50; Brodie, 'For Christ and Germany', 325~6; Brown–Fleming, *The Holocaust and the Catholic Conscience*, 91 and 124; Frings, Westminster Cathedral, 29 Sept. 1946.

33) Hetzer, 'Deutsche Stunde', 225~34; Althaus, 'Schuld', *Prisma*, 1/2 (1946), 7~8.

34) Althaus, *Gesetz und Evangelium*, 56~7.

35) Lau (ed.), *Luther-Jahrbuch*, Jg. 25 (1958), *Festgabe für Paul Althaus*; Hetzer, 'Deutsche Stunde', 17~19, 220~44; Vollnhals, *Evangelische Kirche und Entnazifizierung 1945~1949*; Ericksen, *Theologians under Hitler*; Hamm, 'Schuld und Verstrickung der Kirche', in Stegemann (ed.), *Kirche und Nationalsozialismus*, 13~49; Beyschlag, 'In Sachen Althaus/ Elert'.

36) Hetzer, 'Deutsche Stunde', 224~7, 27; Bentley, *Martin Niemöller*, 177; Hockenos, *A Church Divided*, 75~90; Lehmann, 'Religious socialism, peace, and pacifism', in Chickering and Förster (eds), *The Shadows of Total War*, 85-96; Huber, 'Die Kirche vor der "Judenfrage"', in Rentdorff and Stegemann (eds), *Auschwitz—Krise der christlichen Theologie*, 60~81; Fenwick, 'Religion in the wake of "total war"', DPhil. thesis, University of Oxford, 2011.

37) Niethammer (ed.), *'Die Jahre weiss man nicht, wo man die heute hinsetzen soll'*; Niethammer, *'Hinterher merkt man, dass es richtig war, dass es schiefgegangen ist'*; Niethammer (ed.), *'Wir kriegen jetzt andere Zeiten'*.

38) Roseman, *The Past in Hiding*, 393~420.

39) Süß, *Death from the Skies*, 292~3; Klessmann, *Die doppelte Staatsgründung*, 372~4: doc. 25, 'Bericht des amerikanischen Geheimdienstes über die Einstellung der deutschen Bevölkerung in der US–Zone', 12 Aug. 1945; Merritt and Merritt (eds), *Public Opinion in Semisovereign Germany*, 9; Stern, *Whitewashing of the Yellow Badge*, 352, 367, 382; Goschler (ed.), *Wiedergutmachung*, 257~85; Hockerts, 'Integration der Gesellschaft'; Hughes, *Shouldering the Burdens of Defeat*.

40) Merritt and Merritt (eds), *Public Opinion in Occupied Germany*, 32~3.

41) Ebert, *Feldpostbriefe aus Stalingrad*, 351~5; Margalit, 'Dresden and Hamburg', in Helmut Schmitz (ed.), *A Nation of Victims?*, 125~40; Margalit, *Guilt, Suffering and Memory*; 152; *Dresden*, dir. Richard Groschopp/DEFA, Sept. 1946; Biess, *Homecomings*, 49, 61~2.

42) Black, *Death in Berlin*, 162, 167; McLellan, *Antifascism and Memory in East Germany*.

43) Neugebauer, *Opfer oder Täter*.

44) Biess, *Homecomings*, 49, 61~2; Margalit, 'Dresden and Hamburg'.

45) Frei, *Adenauer's Germany and the Nazi Past*, 48; Frei (ed.), *Karrieren im Zwielicht*; Roseman, *The Past in Hiding*, 466~72; Margalit, *Germany and its Gypsies*; Knesebeck, *The Roma Struggle for Compensation in Post-war Germany*; JZD, Josef Rimpl: Sozialversichungsanstalt Chemnitz to Frieda Rimpl, 19 Aug., 9 Nov. 1950.

46) McDougall, *Youth Politics in East Germany*, 3~33; Geyer, 'Cold war angst', in Schissler (ed.), *The Miracle Years*, 376-408; Nehring, *The Politics of Security*, 37~77.

47) Ebert (ed.), *Feldpostbriefe aus Stalingrad*, 349, 362~8; Moeller, 'The politics of the past in the 1950s', in Niven Frei (ed.), *Germans as Victims*, 38.

48) Böll, 'Wanderer kommst Du nach Spa ...', in Böll, *Werke*, 194~202; Reid, 'Heinrich Böll, "Wanderer, kommst du nach Spa ...'", in Werner Bellmann (ed.), *Klassische deutsche Kurzgeschichten*. Interpretationen, Stuttgart, 2004, 96~106.

49) DHM, Liselotte Purper: Kriegsversehrter, sog. Ohnhänder, bei Rehabilitationsmaßnahmen im Oskar–Helene–Heim, Berlin 1946; Friedrich, *Krieg dem Kriege*, 187.

50) Kleindienst (ed.), *Sei tausendmal gegrüßt* ...: Siemsen, 'Biographie', 'Feldpostbriefe Ernst und Irene Guicking'; Janet Heidschmidt, 'Das Zeitzeugeninterview als Erweiterung der Quelle Feldpostbrief am Beispiel des Briefwechsels zwischen Ernst und Irene Guicking 1937 bis 1945', 66, 98.

형언할 수 없는 전쟁범죄와 내면의 성찰

1. 영화보다 더 영화 같은

정말 좋은 책이다. 이 책은 2차대전중에 독일인들이 저지른 전쟁범죄에 대하여 세계 역사학계가 지난 20~30년간 수행한 연구를 총합한 책이다. 2015년에 영어로 출간된 이후 이 책은 독일어, 프랑스어, 네덜란드어, 이탈리아어, 중국어, 스페인어, 체코어, 러시아어, 폴란드어로 번역되었다. 한국어판은 열번째 판본이다. 번역되어 출간된 나라의 다수가 2차대전에서 독일의 전쟁범죄에 강타당했던 것으로도 이 책이 희생자들에게 많은 몫을 할당했음을 알 수 있다. 그 고통이 얼마나 끔찍한지 읽다보면 머릿속이 하얘지고, 고통스러워지고, 못해먹겠다는 생각이 절로 든다. 오죽했으면 저자도 그의 출세작 『전쟁의 증인들』을 쓴 뒤 다시는 홀로코스트에 대해서도, 유대인에 대해서도 쓰지 않겠다고 '약속'했었을까. 이해하고도 남음이 있다.* 그러나 우선 그리 잔인하지만은 않았던 세 사람의 삶부터 살펴보자. 영화 〈피아니스트〉는 국내 관객도 무척 많이 관람한 영화다. 폴란드 바르샤바의 유대인 피아니스트 브와디스와프 슈필만이 2차대전에서 겪은 고통과 생존이 잘 표현된 영화인데, 마지막 국면에 독일군 장교 한 명이 등장한다. 그는 슈필만의 쇼팽 연주를 들은 뒤 그를 살려주었을 뿐만 아니라 자신의 사무실이 위치한 건물의 꼭대기 방에 그를 숨겨주고 음식과 방한복까지 날라다준다. 그 사람 빌름 호젠펠트는 이 책 본문 첫 페이지에 등장한다. 저자가 이 책에서 이용하는 일기 및 편지 작성자는 1백 명이 넘는데, 호젠펠트는 저자가 시종일관 추적한 24명 중의 한 명이었다.

빌름 호젠펠트는 가톨릭 신자요, 1차대전 참가자요, 나치당 당원이요, 나치 돌격대 대원이던 교사였다. 그는 1939년 8월 26일 나치가 동원령을 선포한 다음날 징집되었다. 그해 9월 말 호젠펠트는 중부 폴란드의 한 도시에 세워진 폴란드 전쟁포로 수용소의 경비를 맡았다. 폴란드인들에 대한 독일인들의 폭력을 목격한 호젠펠트가 아내에게 보내는 편지에 썼다. '나는 병사가 된 것이 얼마나 기뻤는지 몰라요. 그러나 오늘 나는 나의 회색 야전복을 갈기갈기 찢어버리고 싶습니다.' 그는 자신이 '인류에 대한 범죄 행위를 방어하는 방패가 된 것'에 고통스러워했다. 그는 애통해하는 것으로 그치지 않고 몇 번이나 개인적으로 개입하여 수감된 폴란드인들을 풀어주었고 그 덕분에 그 가족들과 친구가 되었으며, 아내가 그곳을 방문했을 때는 그들 집에 머물렀다. 호젠펠트는 유대인들이 폴란드인보다 훨씬

---

* 저자 니콜라스 스타가르트(Nicholas Stargardt)의 아버지는 베를린에서 노동계급 운동을 하던 동화 유대인으로서 1939년에 독일을 떠나 호주로 도피했다. 역자와 주고받은 편지에서 저자는 어머니는 동아시아 불교를 전공하는 고고학자였으며, 자신은 여덟 살 때 일본을 거쳐 영국으로 이주했다고 전했다. 그후 줄곧 영국에서 공부했고, 케임브리지에서 학위를 받고 현재는 옥스퍼드대학에서 나치즘을 강의하고 있다. 이런 배경은 이 책에 표출되어 있는 국외자에 대한 관심, 독일 문화에 대한 애증, 영국에 대한 존경심을 부분적으로 설명해주지 않나 싶다. 그의 아내 린달 로퍼(Lyndal Roper) 역시 옥스퍼드의 대학교수로서 전공은 근대 초 독일 문화사이다.

가혹한 대우를 받는 것도 놓치지 않았다. 그들을 '거칠게 다루는 것이 나를 격분시켰다.' 그리고 아내에게 썼다. '이제 잠자러 갈 거예요. 내가 통곡할 수 있다면, 당신 품에 안겨서 통곡할 수 있다면, 그게 가장 달콤한 위안일 텐데.' 그는 15세기 신비주의자 토마스 아 켐피스의 『그리스도를 본받아』를 꺼내 읽으면서 스스로에게 질문했다. '신께서는 인간이 다시 타락하도록 허용하신 뒤에 서로 사랑하라는 가르침으로 되돌리시려는 것일까?'

　비슷한 이야기는 이어진다. 1942년 7월에 그는 어느덧 장교로 승진하여 바르샤바의 독일인 구역 경비를 맡았다. 그때 바르샤바 유대인 게토의 해체 작업, 즉 유대인을 학살수용소로 강제이송하는 작업이 벌어지자 그는 아내에게 썼다. '역사에 이런 일은 없었어. 동굴 인간들이야 서로를 먹었겠지만 20세기에 한 민족을, 남자들, 여자들, 아이들을 모조리 도살하는 것, 볼셰비즘에 대항하는 십자군에 나선 우리가 그 일을 해야 하다니. 그 끔찍한 피의 죄악은 당신이 부끄러워서 땅속으로 들어가고 싶게 만들 거야.'

　1944년 여름과 초가을의 바르샤바 폴란드인들의 봉기와 진압을 거치면서 호젠펠트는 술꾼이 되어갔고, 그 직후인 1944년 11월 중순에 피아니스트 슈필만과 조우했다. 그리고 1945년 1월 중순에 그는 소련군에게 포로로 잡혔다. 독일이 점령하고 있던 5년 3개월 동안 바르샤바 인구가 130만 명으로부터 단 15만 3천 명으로 감소하고 유대인 30만 명이 학살된 뒤였다. 호젠펠트는 지역 사령부의 참모부 정보장교라는 직함 때문에 소련 당국의 특수 처리 대상으로 분류되어 노동수용소 노역형 25년을 선고받았고, 결국은 스탈린그라드에 보내진다. 호젠펠트가 구해준 유대인들이 나섰지만 소용없었다. 노동수용소의 열악한 환경 때문에 혈압 불안정, 현기증, 두통, 심근경색 등을 앓던 1952년 6월 그는 글씨 쓸 힘이 없어져 겨우 이름만 쓰는 상태에서 아내에게 편지를 보낸다. '내 걱정은 하지 말아요. 이곳 상황치고는 나는 괜찮아요. 당신에게 내 모든 사랑을 보내고, 모든 것이 잘 되기를 빌어요! 당신의 빌름.' 그는 8월 13일에 대동맥 파열로 사망한다. 영화보다 더 영화 같은 이런 장면들이 어림잡아 책에 백여 개나 된다.

호젠펠트와 정반대 유형도 있었다. 27세의 매력적인 여성 사진작가 리젤로테 푸르퍼는 괴벨스의 선전국을 위해 일하고 있었다. 1939년 9월 1일 베를린에 공급경보가 울리자 그녀는 창문에 등화관제용 밴드를 붙이고 방문과 창문에 못질한 뒤 지하실로 대피했다. 그녀는 며칠 만에 자신의 삶이 완전히 바뀌었다고 생각했고, 모든 남자들이 조국을 위해 나선 만큼 자신도 기여해야 한다고 믿었다. 그녀는 곧장 독일적십자사를 찾아가 가입했다. 1년 뒤 독일군이 프랑스에 승리하자 그녀는 알자스의 스트라스부르로 갔다. 1차대전 패전으로 그 땅이 프랑스로 반환되었을 때 그녀는 승전국 프랑스에 의해 일곱 살의 나이로 가족과 함께 그 도시에서 추방되었다. 이제 고향으로 돌아온 그녀는 대성당의 고딕 건축에 감동하고 또 길거리 목재주택들로부터 '신비한 마법적 힘'을 느꼈다.

그 직후 그녀는, 폴란드에 속하다가 나치 독일에 편입된 바르텔란트로 찾아간다. 새로운 독일 땅을 게르만화하는 작업 현장을 촬영하기 위해서였다. 그녀는 그 도시에 유대인이 굉장히 많다는 것을 한눈에 알아보았다. 그리고 강제노동에 동원되어 도로에서 흙 작업을 하고 있는 유대인들을 '교통 장애물'로 여겼다. 그녀의 눈길을 사로잡은 것은 독일에서 자원봉사를 하러 온 여대생들과 여고생들이었다. 그들은 이주해올 동유럽 독일인 혈통들에게 주거 공간을 마련하기 위해 폴란드인들을 추방하는 작업을 돕고 있었다. 어느 여대생이 집에 보내는 편지에 쫓겨나는 폴란드인에 대하여 적었다. '저 짐승들에 대한 동정심요?—아뇨. 나는 저런 사람들이 존재한다는 것에 소름이 돋아요. …… 내 생애 처음으로 그들이 죽든 살

든 무관심해요.'

　독일군이 1941년 12월 모스크바 점령 실패와 소련군의 반격에 직면하여 엄청난 위기에 돌입하자 나치는 병사들에게 보낼 겨울용품 기부 캠페인을 벌였다. 여성들이 열렬히 호응했다. 그녀들은 동네 바느질 방에 가서 아침부터 밤늦게까지 위장 재킷, 털모자, 손가락 보호개, 장갑 등등을 떴다. 발 디딜 틈이 없었다. 감동한 리젤로테가 약혼자인 쿠르트에게 편지를 보냈다. '승리가 사랑과 희생으로 얻어질 수 있는 것이라면 우리는 분명 승리할 거야. 독일의 모든 여성이 당신에게 보낸 것은 신성한, 맞아 최고로 신성한 사랑이야.' 1943년 11월 22~23일 밤 베를린 폭격으로 리젤로테의 집이 모조리 파괴되었다. 그동안 그녀와 결혼한 남편 쿠르트의 편지와 전쟁 일기, 결혼식 사진필름, 그녀가 찍은 사진 6천 장, 책들, 그림들, 여행 기념물들, 『파우스트』 소장본, 음반, '아름다운 램프, 아! 모든 것, 내가 사랑하는 모든 것'이 사라졌다. 그녀의 '사랑하는 친구'인 바이올린도 불에 타버렸다. 그후 몇 달 동안 리젤로테가 악몽 속에 도로 위에서 몸에 불이 붙고 건물이 불타오르는 가운데 그 바이올린이 보였다.

　1943년 12월 리젤로테는 아기를 갖고 싶다는 생각을 했다. 그때 프라하로 쇼핑 여행을 떠난 그녀는 충격을 받았다. '체코 여자들의 엄청난 생식 능력' 때문이었다. 19세와 20세 여자들까지 모두 임신한 것 같았다. '토끼들처럼.' 우생학적 악몽이었다. 리렐로테는 남편에게 썼다. '우리 민족의 최고들은 소멸되고 있어. 동유럽의 열등한 인간들이 자식을 열두 명씩 낳는 동안 우리는 겨우 하나를 낳거나 아예 낳지를 않아.' 그 인종주의의 이면은 남편에 대한 에로틱한 판타지였다. 전쟁중에 독일인들은 상대의 기혼 여부를 묻지 않는 것이 예의였다. 각자의 성생활을 존중하기 위해서였다. 1944년 봄 그녀는 남편에게 시골집 발코니 위에서 '반쯤 나체로' 일광욕을 즐기고 있다면서 어젯밤 꿈을 설명했다. '다른 남자가 나를 품에 안고 키스를 퍼부었어. 나를 보호하기 위해서 내가 그래도 부드럽게 말했지. 저는 결혼한 사람입니다!(잊고 있었어!)' 그리고 덧붙였다. 꿈속에 들어 있는 수많은 의미를 읽어내기 위해 '당신이 꼭 지그문트 프로이트이어야 하는 것은 아니지.' 그녀는 자신이 타일을 붙인 난로에 맨살의 긴 다리를 덥히고 있고 옆의 친구는 나신裸身이라고 써 보내기도 했다.

1944년 초가을 리젤로테의 남편 쿠르트 오르겔 대위가 라트비아로부터 철수하고 있었다. 오르겔은 초토화 명령에도 불구하고 라트비아 농민들이 보는 가운데 그들의 가축을 차마 쏘지 못했다. 그 편지를 받은 리젤로테가 답했다. '온몸에서 분노가 치밀어. 당신에게 말해야겠어. 당신의 부드러운 독일인 심장을 타인에게는 닫아버려. 전 세계에 독일인만큼 부드럽고 섬세한 감정을 좋아하고 또 높이 평가하는 사람은 없을 거야. …… 고향땅에 닥친 폭격을 생각해야 해. 당신이 할 수 있는 곳에서 적에게 해를 가해야 해. 그것이 당신이 그곳에 있는 이유야.'

1945년 1월 하순 쿠르트 오르겔의 부대가 동프로이센 해안까지 후퇴했다. 그곳에서 쿠르트는 엉덩이와 오른쪽 대퇴부에 부상을 당했다. 2월 중순 병원선에 오른 쿠르트가 온 힘을 기울여 리젤로테에게 겨우 몇 마디 써 보냈다. '우리의 별이 우리를 다시 한번 지켜줄 거야.' 병원선은 덴마크 코펜하겐에 닿았지만 쿠르트의 몸에는 '가죽과 뼈'만 남았다. 항생제가 없었기 때문이었다. 독일의 리젤로테가 쿠르트의 편지를 받았다. '1945년 2월 22일 뤼겐에서 보낸 쿠르트 편지의 끼적인 글씨에서 그녀는 남편이 그 몇 줄을 적기 위해 얼마나 고투했는지 알 수 있었다. "나의 님, 내 사랑!" 그녀는 답장을 쓰기 시작했다. 그녀는 확언했다. 코펜하겐에서는 회복에 필요한 "편안함과 질서"를 얻을 거야. "먹는 데만 신경써. …… 그래야 우리가 앞으로 사랑할 때 당신의 딱딱한 뼈에 내 살이 쓸리지 않지." 문 두드리는 소리가 들려서 그녀는 잠시 멈추었다. 다 쓰지 못한 편지는 탁자 위에 놓았다. 전보가 도착해 있었다. '오르겔 대위 45년 2월 19일에 코펜하겐에서 사망.'"

세번째 인물은 번역자인 내가 간접적으로 아는 사람이다. 나는 2003~2004년에 1년간 미국 노스캐롤라이나 주립대학 채플힐 캠퍼스에 방문교수로 머물렀다. 그때 나를 맞아준 역사학자가 독일 현대사에서 탄탄한 학문적 입지를 갖추고 있던 콘라트 야라우쉬 교수였다. 19살에 미국으로 건너와 독일사를 전공한 그였는데, 그는 내가 태어나서 만난 가장 친절한 독일인이었다. 추수감사절에 절친한 친구 세 명만 부른 자리에 우리 부부를 초대했으니 말 다 했다. 귀국 후 나는 섹슈얼리티 연구로 분주하게 지내는 중에 그가 2008년에 아버지 편지를 편집하여 출간했다는 소식을 들었다. 그 책은 2011년에 『내키지 않는 공범. 동부전선 병사의 편지』라는 제목으로 영어로 출판되었다(독일어 판본의 제목은 『조용한 죽음.…… 콘라트 야라우쉬가 폴란드와 러시아에서 보낸 편지들』).

스타가르트의 이 책에도 아버지 야라우쉬의 행적이 웬만큼 자세히 서술되어 있다. 나는 새삼 책꽂이에서 아들 야라우쉬가 편집한 책을 꺼내서 가끔 비교해보았다. 아버지 야라우쉬는 1차대전 막판에 17세의 나이로 포병대에 잠깐 복무했고 전후 베를린대학에서 역사와 문학을 공부하고 신학으로 박사학위를 받았다. 그후 그는 마그데부르크의 김나지움 고등학교에서 종교 교사로 일했다. 학술 활동도 열심히 하던 전형적인 지식 부르주아요, 보수적인 동시에 경건한 개신교도였다. 나치에 적대적이었던 그는 2차대전이 발발하자 39살에 상병으로 징집되었다. 1941년 10월에 그는 벨라루스의 크리체프에 설치된 전쟁포로 수용소에 배치된다. 독일 당국은 소련전 초기 6개월 동안 전쟁포로 240만 명을 죽도록 방치했는데, 포로수용소가 바로 그 죽음의 장소였다. 식사를 제대로 공급하지 않아 굶주린 상태에서 티푸스가 번져서 삽시간에 떼죽음을 당한 것이다. 야라우쉬는 크리체프 수용소의 전쟁포로 부식 담당관이었다. 독일군 당국이 수용인원을 최대 1만 명으로 어림잡은 그 수용소에 많을 때는 3만 명까지 수용되기도 했다.

야라우쉬는 부식병 5명과 보초병 8명만을 데리고 포로들을 보조원으로 활용해가면서 1만 6천 내지 1만 8천 명의 포로들을 먹여야 했다. 그가 친구에게 썼다. '식당 내외에 질서를 잡기 위해 …… 구타와 총격이 얼마나 난무했는지 상상할 수 있겠지.' 포로 수가 6천 명으로 떨어졌을 때 야라우쉬는 아내에게 썼다. '이제 내가 경찰관 노릇을 하지 않아도 돼요. 곤봉으로 사람을 때려서 쓰러뜨리거나 총을 쏘지 않아도 돼요. 그러나 소름 끼치는 일은 여전히 많아요.' 그는 포로들에게 최선을 다했다. 포로들에게 하루에 적어도 두 끼, 심지어 세 끼를 공급하기 위해 전력을 기울였다. 소련군 포로들이 감동하여 그에게 거의 매주 우유와 크림으로 만든 걸쭉한 수프나 달걀 네 개를 가져다주었다.

독일인 지식인답게 그는 러시아 문화에 호기심을 느껴서 러시아어 문법책을 놓고 포로에게 러시아어를 배웠다. 포로가 투르게네프 소설을 큰 소리로 낭독해줄 때는 '마치 내가 그 나라의 영혼을 만지는 느낌, 그 영혼이 스스로를 지각하고 아는 방식으로 그 영혼을 만지는 느낌'을 받았다. 그는 때가 오면 '그리스도에게 그토록 충성스럽게 매달리는 러시아인들이 우리 기독교인들에게 많은 말을 해줄 것'이라고 믿었다. 또한 야라우쉬는 독일인 지식인답게 러시아인들을 '절반쯤 아이'로 대했다. 그는 적어도 전쟁 초에는 '동쪽 유대인'을 '지저분한' 존재로 간주했다. 1941년 11월 초 친위 특공대가 도착했다. 전쟁포로와 민간인들 중에서 유대인을 빗질하기 위해서였다. 특공대는 그때 가려낸 유대인들 일부를 시멘트 공장 지하실에서 사살했다. 야라우쉬는 집에 보낸 편지에서 그 일에 대하여 암시했다. 내가 '유대인들이 맨발로 눈 위를 걷는 것'을 보았고, '내가 막을 수 없던

힘든 것들이 매우 고통스러운데, 그 일에 대해서는 (집에서) 말로 설명할게요.'

1942년 1월 초 야라우쉬는 감당 불가능한 현실에 부딪쳤다. 신입 포로의 수는 치솟는데 몇 달 동안 인근 농촌을 빗질하고 벗기다시피 한 뒤로는 식량을 구할 수가 없었다. 바로 그때 티푸스가 발발했다. 야라우쉬는 아내에게 썼다. 음식이 도착하면 질서를 잡기 위해 주먹을 휘둘러야 해서 오른손이 부풀어올랐다. '수백 명이 굶어죽고 있어요. …… 음식을 나누어주는 것 자체가 비극이에요. 포로들은 음식에 대한 욕망을 계속 키우다가 어느 순간 완전히 탈진합니다. 그러면 무관심해져요.' 그는 유대인에 대해서도 썼다. 추위 속에서 입을 것이라고는 셔츠밖에 없는 '유대인들 …… 그들은 숲으로 데려가서 기술적인 용어로 표현해서, 해치우는 것이 그들에게 정녕 가장 자비로운 일일지도 몰라요.' 그는 아내에게 현재 벌어지고 있는 일이 '전쟁이라기보다는 살인'일 것이라고 인정했다. 그러면서 덧붙였다. 그러나 나의 '작은 의무'는 행해야 한다.

1942년 1월 13일 야라우쉬는 아내에게 그녀가 보내준 모든 편지에 대하여 고마움을 표했다. 당신의 '편지가 말해주는 사랑이 나를 따뜻하게 해주고 나를 감사함으로 채웁니다. …… 이제는 당신 자신과 자식을 돌보세요.' 그는 아내에게 자신도 티푸스에 감염되었으며 그 편지는 야전 병원에서 쓰고 있다는 사실을 적지 않았다. 2주일 뒤에 콘라트 야라우쉬는 사망한다. 편지에서 그가 '당신 자신과 자식'을 돌보라고 했을 때 그 '자식'이 내게 그토록 친절했던 노스캐롤라이나의 역사학자 야라우쉬다. 아버지 없이 자란 아들은 왜 저런 아버지를 나치 전쟁범죄의 '내키지 않는 공범'으로 칭했을까? 이 문제는 뒤에서 살펴본다.

2. 우연과 아집의 전쟁과 참혹한 전쟁범죄들

이 책은 기본적으로 2차대전 당시 벌어진 수많은 일들이 평범한 독일인들의 편지와 일기에서 어떻게 성찰되었는지를 추적했지만, 전쟁과 범죄의 전체적 전개도 놓치지 않았다. 2차대전의 전개는 대부분의 독자들이 아는 바이고, 전투의 세부적인 사실 역시 역자보다 전쟁사 덕후 독자들이 더 잘 알 것이다. 그래서 나는 전쟁에 얽혀 있던 실수들, 오류들, 우연들, 아집들 중의 '일부'만을 나열하기로 했다.

1939년 9월 1일 새벽에 독일군은 폴란드를 침공한다. 그날 아침 10시에 히틀러의 개전 연설이 라디오로 방송되었다. 히틀러는 독일군이 침공한 폴란드군에게 '응사했다'라고 선언했다. 히틀러는 폴란드에 선전포고를 하지 않았다. 폴란드는 독일이 선전포고할 만큼 명예로운 나라가 결코 아니었기 때문이다. 물론 '응사했다'라고 하려면 폴란드군의 공격이 연출되어야 했다. 친위대는 폴란드 부대가 독일 중동부 국경도시인 글라이비츠의 방송국을 공격한 것처럼 꾸몄으나, 그 양상이 어찌나 조잡했는지 폴란드 부대의 공격을 입증하기 위해 출동한 독일군 헌병 수사관들조차 증명을 포기했다. 9월 3일 영국이 독일에 선전포고를 했다. 히틀러는 8월 말에 긴장을 극적으로 고조시키면서 평화와 폴란드에 관한 마지막 제안을 한 터였다. 그것 역시 연출이었고 세계는 그것이 거짓임을 알았지만, 독일인들은 1차대전이 반복되었다고 믿었다. 그때와 똑같이 이번에도 영국이 그들의 유럽 지배와 세계 지배를 위해서 '우리에게 선전포고했다. 공격당한 쪽은 우리다.'

한 달 동안의 공격과 소련의 폴란드 침공으로 폴란드를 정복한 뒤 히틀러는 독일군에게 곧장 프랑스 공격을 지시했다. 장군들이 결사적으로 반대했다. 프랑스의 탱크가 훨씬 우수했고, 그 나라는 독일보다 1천 대나 많은 공군기를 보유하고 있었다. 패배할 것이 너무나 뻔했다. 그래서

1939~1940년 겨울에만 침공이 29번 연기되었다. 결국 1940년 5월 10일에 독일군이 네덜란드, 벨기에, 프랑스로 쳐들어갔다. 서유럽을 기습하여 승리한 뒤 러시아를 공격한다는 1차대전 전야 슐리펜계획의 반복이었으니 뻔한 전략이었다. 그러나 위험천만한 전략이었다. 아르덴 숲으로 가는 독일군 전투 차량 4만 1천 대가 좁고 바람이 거센 네 개의 도로를 따라 올라가야 했다. 전투 차량 행렬이 저 멀리 라인강까지 거의 정지한 채 늘어서 있었다. 프랑스와 영국 공군이 공격했으면 전쟁이 거기서 끝날 수도 있는 노릇이었다. 독일군을 구한 것은 독일의 전투기들이었다. 영국과 프랑스의 전투기들이 북부에서 벌어진 공중전에서 심각한 손실을 입고 있었기 때문이다.

서부전선을 돌파한 독일군이 1940년 5월 24일부터 됭케르크 항구로 피하는 영국군과 프랑스군 40만 명을 쫓았다. 34만 명이 구조되었다. 이는 독일군 병력이 남과 북으로 이원화된 덕분이 아니었다. 독일군이 영국군과 프랑스군을 괴멸시키지 못한 이유는 공중전에서 영국군에게 밀렸기 때문이다. 5월 26일과 6월 4일 사이에 영국 남부에서 날아온 영국 공군기의 출격 횟수가 4,882회였다. 독일 공군이 공군기 132대를 잃었지만 영국 공군의 피해는 106대였다. 서유럽 침공이 개시되고 약 1달 만에 영국 공군기들이 독일 공군기들에 우위를 확보하기 시작한 것이다.

1940년 6월 20일에 프랑스가 항복한 뒤 당분간 전투는 영국과 독일 간의 폭격전으로 전개되었다. 1940년 5월 11일 영국 폭격기가 북부 독일에 폭격을 가했다. 히틀러는 망설이다가 8월 1일에 영국 폭격을 명령했고, 독일 공군기들은 8월 13일에 영국 폭격을 개시했다. 9월 초에는 런던에도 폭탄이 투하되었다. 같은 시기에 영국도 베를린을 폭격했다. 1941년 5월까지 1년간 두 나라는 서로를 폭격했다. 1년 동안 폭격으로 사망한 영국인은 4만 3,384명, 독일인 사망자는 그 10%였다. 그러나 영국은 무려 210만 명을 방공 체제에 배치하는 역량을 보여주었고, 독일 공습으로 인한 군수

생산 감소는 5%에 불과했다. 독일 공군의 작전 능력은 30% 감소했다. 영국 공군의 우위가 확실해지는 상황에서, 히틀러는 영국 폭격을 단념하고 소련 침공으로 나아갔다.

1941년 6월 22~23일 밤에 시작된 독일군의 침공은 매우 성공적이었다. 독일군은 8월 초에 레닌그라드 앞까지, 9월 초에는 모스크바 앞까지, 9월 중순에는 우크라이나의 키이우를 점령했다. 그러나 독일군은 레닌그라드 포위를 완성하지 못했고, 끝내 모스크바에 닿지 못했다. 소련군은 12월 6일에 반격을 개시했다. 잘 알려진 것처럼 그후 독일군은 내리막길을 걸어야 했다. 오히려 1945년 5월까지 버틴 것이 기적이라면 기적일 것이다. 1941년 12월에 독일군이 패배한 것은 전선이 지나치게 늘어진 것이 가장 컸지만, 그만큼 결정적인 것은 진격하는 동안 독일군이 치명적으로 약화되었다는 사실이었다. 저자는 독일군의 진격을 '자기파괴적'이었다고 진단한다. 통계 몇 가지만 보자면, 1941년 11월 중순 독일군은 소련전 개시 시점에 보유했던 전투 관련 차량 50만 대 중에서 42만 5천 대가 파괴되거나 손상되었다. 모스크바로 진격한 군집단중부의 제6탱크사단 탱크가 200대에서 60대로 감소했고, 제20탱크사단의 탱크도 283대에서 반쯤 고장난 43대로 감소했으며, 제4탱크사단이 보유한 탱크는 겨우 38대였다. 너덜너덜해진 독일군에 맞선 모스크바의 소련군은 병사가 1백만이 넘었고, 탱크가 720대, 전투기가 1,370대였다.

독일군이 괴멸될 상황이었다. 저자는 전쟁이 이때 끝날 수도 있었다고 판단한다. 독일군이 생존하여 추후 드니프로강으로 철수하여 전선을 지킬 수 있던 것은 스탈린의 아집 탓이었다. 주요한 전략 지점을 점령하여 적을 광역으로 포위하는 대신 모든 전선에서 공격하도록 했던 것이다. 그리하여 1942년 3월이면 소련의 공격이 주춤거린다. 소련군은 그해 여름부터 비로소 독일군의 전략을 모방하여 적용하기 시작한다. 그 첫번째 사례가 1943년 1월 31일에 승전으로 끝난 스탈린그라드 전투였다.

독일군의 숨통을 틔워준 것은 1941년 12월 7일에 일본이 진주만을 공격한 일이었다. 독일은 일본을 얻었으나 영국은 미국을 얻었다. 두 진영의 전력은 1:4였다. 히틀러는 왜 진주만 폭격 나흘 만에 미국을 향해 선전포고했던 것일까? 물론 미국은 무기대여법에 의거하여 영국과 소련을 지원하고 있었다. 그러나 정식으로 선전포고를 하는 것은 그와 다른 문제다. 히틀러와 괴벨스와의 대화에서 저자는 1939년 9월 3일에 영국과 프랑스가 독일에 선전포고한 일을 히틀러가 감정적으로 받아들이지 못했다고 판단한다. 수동적으로 보였기 때문이라는 것이다. 히틀러는 이제 드디어 '주권적'이고자 했다. 그래서 그가 미국에 선전포고했다는 것이니, 그는 정녕 세계사적인 인물이고자 했던 것이다. 이는 같은 시점에 그가 독일 내 유대인의 강제이송을 허락함으로써 그의 세계관으로는 전쟁의 축소를 더이상 불가능하게 되도록 만든 것과 일치하는 맥락이다.

1943년 봄에 전쟁은 독일에 도착했다. 무엇보다도 영국 공군이 위력을 발휘했다. 영국 폭격기들은 1942년 봄부터 공업지대를 폭격하기 시작했고, 그해 5월 30~31일 밤에는 쾰른에 무려 1천 대의 공군기를 보냈다. 1943년 봄부터는 독일 하늘의 주인이 영국인 것처럼 보일 정도였다. 1943년 6월 28~29일 밤, 7월 3~4일 밤, 7월 8~9일 밤에 쾰른에 쏟아진 폭탄도 어마어마했지만, 7월 25일부터 8월 3일까지 함부르크 폭격으로 3만 4천 명 이상이 사망했다. 피란민이 80만 명이었다. 가장 유명한 1945년 2월 13~15일의 드레스덴 폭격의 사망자 수는 2만 5천 명이었다. 최대의 피폭 사망자는 함부르크에서 발생했던 것이다. 폭격 직후 함부르크 나치당 지구당위원장은 '사람들이 정신병에 걸린 듯 패닉에 사로잡혀 불에 갇힌 짐승들처럼 뛰어다닌다'라고 보고했다. 괴벨스의 눈에는 정작 그가 '망가진 인간'으로 보였다. 사람들은 길에서 나치 정복을 입은 자를 보면 욕을 하고 멱살을 잡았다.

여기서 멈추자. 더 많은 전쟁 스토리는 본문에 가득하다. 다만 1943년 봄 이후 히틀러가 동부전선의 독일군은 알아서 버티도록 하고 신병과 가용자원을 서부전선에 쏟아부었다는 점, 1944년 6월과 7월에 그곳이 무너지고 같은 시점에 소련군이 동유럽 진격을 재개하자 부랴부랴 군대를 다시 동부전선으로 보냈다는 점은 밝혀둔다. 그러고도 1년을 더 버텨서 1945년 5월 초에야 전쟁은 끝난다. 독일군은 정규군만 1,730만 명을 동원하여 510만 명이 사망했다. 민간인 사망자는 폭격으로 죽은 사람 42만 명을 포함하여 110만 명에 달했다. 1950년까지 동유럽에서 추방된 독일인 혈통이 1,000만 명이 넘었고 그 와중에 60만 명이 사망했다.

독일과의 전쟁에서 소련군은 1,300만 명이 전사했고 소련 민간인은 1,400만 명이 사망했다. 전사한 소련군 병사 중에는 학살당한 전쟁포로 350만 명이 포함되고, 사망한 소련 민간인 속에는 우크라이나인 200만 명과 벨라루스인 200만 명이 포함된다. 폴란드인은 약 350만 명이 죽었다. 유대인은 잘 알려진 대로 600만 명이 학살당했다. 또한 독일에 끌려온 외국인 강제노동자 800만 명 중에서 240만 명이 죽었다. 다만, 저 숫자가 역사일까? 아닐 것이다. 인간의 생명은 숫자가 아니기 때문이다. 이 책에는 저 숫자들로 나타나지 않는, 인간이 인간을 죽이는 장면들이 고통스럽게 펼쳐져 있다. 대표적인 양상 몇 개만 보자.

앞서 우리는 사진 저널리스트 리젤로테 푸르퍼가 1940년 여름에 독일로 편입된 서부 폴란드의 바르텔란트에 가서 그곳의 '재게르만화' 사업 현장 사진을 찍는 것을 보았다. 그 사업은 1939~1940년 겨울에 시작되었다. 동유럽 독일인들을 그곳에 맞아들이기 위해서 나치 당국은 우선 그곳의 폴란드인들을 '총독령 폴란드'로 보내야 했다. 그때 추방된 폴란드인 중에 유대인도 다수 포함되어 있었다. 그들을 맞이하는 루블린 지역 친위대는 이송을 의도적으로 늦추어 유대인들이 '굶어죽도록 허용되어야 한다'라고 제안했다. 이송열차가 기차역에 도착하여 화물칸 문이 열리자 동사한 유대인 어린이들과 어머니들이 쏟아졌다.

1941년 여름 내지 가을에 홀로코스트가 결정되었다. 독일 유대인들은 그해 겨울부터 동유럽의 게토로, 그곳에서 다시 수용소로 이송된다. 1941년 11월 27일 바이에른 북부의 한 소도시에서 유대인 12명이 대형을 갖추어 기차역까지 걸어갔다. 그 길에서 유대인들에게 히틀러청소년단원들을 비롯한 독일인들의 욕설이 쏟아졌다. '저 건방진 유대인들을 보라!', '이제 저들은 게토로 간다!', '쓸모없는 식충 무리들!' 바이에른의 또다른 소도시에서도 유대인 행렬이 시장 광장에서 기차역으로 걸어갈 때 '시끄럽게 떠드는 학동들 무리'가 역까지 따라갔고 기차가 떠날 때까지 소리를 질렀다.

나치는 1942년 초부터 학살수용소를 가동했다. 그중 하나였던 베우제츠 학살수용소에 1942년 봄에 소독 전문가가 위생학 교수와 함께 찾아왔다. 독가스 학살 뒤처리를 교육하기 위해서였다. 유대인들을 가스실에 들여보내고 디젤 엔진을 돌려 가스를 들여보내도록 했는데, 엔진 시동이 걸리지 않아서 유대인들은 2시간 30분 동안 가스실에 갇혀 있었고, 가스가 주입되고 32분이 지나서 작업이 끝났다. 교수가 그 일에 매료되었다. 그는 가스 주입구에서 눈을 떼지 못하고 안경에 김이 서릴 때까지 안을 들여다보았다. 그러고는 가스실 내부에서 유대인들이 엉겨붙어 울부짖는 것이 '유대교 회당' 같다고 말했다. 교수는 그날 만찬 연설에서 수용소 요원들이 행하는 '작업의 위대성'을 찬양했다. 소독 전문가는 베를린으로 돌아가는 기차에서 만난 스웨덴 외교관에게 그 사실을 본국에게 알리도록 부탁하고 베를린에서는 루터파 주교에게 알렸다. 주교는 침묵했고 스웨덴으로 보낸 보고서는 서류철에 처박혔다.

1942년 12월 초 베를린 교외에 사는 명성 높은 역사 소설가 요헨 클레퍼가 내무장관 프리크를 만났다. 유대인 여성과 결혼하여 18세의 의붓딸을 둔 그는 전쟁 직전부터 불길함에 전전긍긍하고 있었다. 그때 그는 예방책으로 유대인 아내를 베를린의 마르틴 루터 기념교회, 강단 벽면에 루터와 힌덴부르크와 히틀러의 초상과 흉상이 새겨진 교회에서 기독교 세례를 받도록 했다. 유대인 이송이 시작되고 혼합혼 부부를 강제로 이혼시킨다는 소문이 횡행하던 1942년 3월 그는 프로이센 왕 프리드리히 빌헬름 1세를 다룬 역사 소설을 프리크에게 보냈다. 그리고 그해 12월 초에 프리크를 찾아간 것이다. '딸에게 출국 비자를 내주십시오.' '힘써보지요.' '아내 것도 해주실래요?' '뭐요?' 짜증난 프리크는 그를 친위대 정보국으로 연결시켜주는 것으로 자기 일을 끝냈다. 며칠 뒤에 클레퍼가 친위대 정보국 유대인과 과장 아이히만을 만났다. '일은 잘 진행될 거라고 생각해요.' '아내도 부탁드립니다.' '안 돼요. 합동 이민은 허락되지 않습니다.' 며칠 뒤 아이히만이 클레퍼를 소환하여 비자 발급이 거부되었다고 통고한다. '부부와 딸은 그들의 방식으로 독일을 떠나기로 결단했다. "오늘 우리는 함께 죽음으로 간다." 예수가 손을 들어 식사를 축복하는 그림을 걸어놓고 그들은 바닥에 엎드려서 그 그림과 서로의 얼굴을 바라보았다. 수면제와 가스가 작동하고 있었다.'

1942년 6월 30대 독일 여성이 아들 셋을 데리고 리비우, 즉 총독령 폴란드에 통합된 서부 우크라이나의 최대 도시에 도착했다. 독일인이 동유럽으로 '식민'한 아주 드문 경우였다. 남편이 리비우의 친위대 경찰관이었다. 그녀는 독일 튀링겐에서는 작은 농가에 살았지만 리비우에서는 교외의 대귀족 저택을 넘겨받았다. 사실상 플랜테이션 빌라였다. 남편은 아내에게 과시라도 하는 듯 농장 노동자들에게 매질을 가했다. 여자의 학습 능력은 대단했다. 얼마 지나지 않아서 그녀도 매질을 했다. 부부는 발코니에 앉아 케이크를 먹으면서 남편 친구들과 유대인 학살에 관해서도 이야기를 나누었다. 1943년 여름 그녀가 리비우에서 쇼핑을 마치고 귀가하는데 어린이 여섯 명이 반라 상태로 길거리 구석에 쭈그리고 앉아 있는 게 아닌가. 그녀는 아이들을 다독여서 집으로 데려왔다. 남편이 돌아오지 않자 그녀는 스스로 처리하기로 결심했다. 독일을 떠날 때 아버지에게 이별 선물로 받은 권총을 주머니에 넣고 아이들을 숲속으로 데려갔다. 그녀는 남편과 친구들이 말해주었던 유대인이 살해된 구덩이 앞에 아이들을 세워놓고 하나하나의 뒷머리에 권총을 발사했다. 훗날 그녀는 기억했다. 아이들 두 명을 처리하자 나머지 아이들이 '울기 시작했다.' 그러나 '큰 소리로 울지는 않고 그냥 훌쩍였다.'

그녀가 어린이들을 죽이던 그때면 홀로코스트는 사실상 끝난 상태였다. 1943년 초가 되면 나치가 점령했거나 영향력을 행사할 수 있던 모든 지역의 유대인의 80% 이상이 죽은 상태였다. 1945년 1월이면 수십만 명만 남았다. 그리고 그들이 동유럽 수용소로부터 이곳저곳으로 내몰렸다. 소위 '죽음의 행진'이었다. 1945년 1월 아우슈비츠 수용소에 남아 있던 유대인들이 서쪽으로 걸어야 했을 때 해골만 남아 어기적거리는 형상들과 경비병들의 폭력을 목격한 독일인들은 공포와 죄의식 속에서 대문을 닫아걸었다. 그들은 속으로 중얼거렸다. '저들은 저렇게 잔인한 대우를 받을 만큼 흉악한 범죄를 저지른 것이 틀림없어.' 폴란드인들의 마을을 통과할 때 그들은 유대인에 대한 동정심에서 먹을 것과 마실 것을 주었고 심지어 숨겨주기도 했다. 그러나 독일을 통과할 때 그들은 야유하고 침을 뱉고 돌을 던졌다. 1945년 4월 29일 미군이 뮌헨 인근의 다카우 수용소를 해방했다. 수용소 밖에는 가축 운반용 트럭 40대가 서 있었다. 트럭 안을 들여다보니 수용소에서 이송된 2천 명이 실려 있었다. 생존의 신호를 보내는 사람은 단 17명이었다. 그뒤 며칠 동안 인근의 독일인들이 수용소의 친위대 창고에서 물건을 훔치려고 자전거를 타고 달려왔다. 그들은 시체가 실린 화물 트럭들을 무심히 지나쳤다.

독일이 동유럽에서 저지른 전쟁범죄는 홀로코스트 못지않게 참혹했다. 나치 당국은 우크라이나 도시들을 의도적인 아사餓死 정책에 의하여 아예 없애고자 했다. 농촌 지역에서도 독일의 사주를 받은 우크라이나 경찰이 농가, 방앗간, 제분소, 시장, 텃밭, 헛간을 샅샅이 훑었다. 파종용 씨앗조차 남기지 않았다. 1942년 가을 한 농촌 여성이 독일로 강제노동을 떠난 친척에게 썼다. '수확철이야. 그러나 우리에게는 빵이 없어. …… 남자들이 밀 줄기를 모아오면 우리가 맷돌로 갈아. 빵가루가 나올까 해서.' 사람들은 집집마다 증류기를 설치하여 술을 빚었다. 빼앗기지 않기 위해서였다. 그래서 '원래 술집이 하나만 있던 마을에서 세 집 걸러 술집이 하나씩 생겼다.' 물론 할당량이 정해졌고, 당국은 그것을 채우지 못한 마을을 본보기 삼아 불태웠다. 1942년 중반 이후 불에 타 죽는 농민이 기하급수적으로 증가했다. 이런 양상들은 본문에 풍부하고 구체적으로 서술되어 있다. 독일에서 강제노동을 하던 800만 명의 삶도 마찬가지다. 강제노동자들은 농촌과 군수공장과 탄광에서 노동만 강요받았던 것이 아니다. 예컨대 함부르크가 폭격을 맞았을 때 불발탄을 제거한 사람은 강제노동자들이었다. 그들은 불발탄 둘레에 호를 판 뒤 추첨으로 한 사람을 뽑아서 기폭장치를 해제하도록 했다.

3. 어떻게 괴테와 베토벤의 나라에서

젊은 시절 역자가 나치즘과 관련하여 가장 자주 들은 말은 '괴테와 베토벤의 나라에서 어떻게 그런 일이……'였다. 요즘은 그런 말들이 없어진 것 같다. 독일인들이 범한 전쟁범죄의 정도가 너무나 막대했기 때문일 것이다. 그 없어진 말을 새삼 꺼내는 이유는 여타의 홀로코스트 서술들과 달리 저자가 이 책에서 학살과 관련된 개개인의 문화적 혹은 내적인 성찰을 풍부하고 집요하게 추적했기 때문이다. 역자 개인에게는 이 부분이 가장 인상적이었다. 앞서 우리는 빌름 호젠펠트가 학살을 목도한 뒤에 토마스 아 켐피스의 『그리스도를 본받아』를 꺼내 읽는 것, 사진 저널리스트 리젤로테가 전선의 남편에게 보낸 편지에 프로이트를 언급하는 것, 콘라트 야라우쉬가 동부전선에서 러시아어를 배우면서 러시아어로 낭독되는 투르게네프의 소설에 감동하는 모습을 보았다. 전선에서 파우스트 연극의 평론을 게걸스럽게 읽는 병사와 괴테의 말을 인용하는 병사도 적지 않았다.

그러나 우선 나치 독일은 전쟁 기간 동안 독일인들에게 어떤 문화 활동을 선보였을까? 전쟁이 발발하고 석 달이 지난 1939년 12월 9일에 괴벨스의 후견을 받던 연출가 겸 배우가 베를린 국립극장에서 선보인 작품은 놀랍게도 19세기 전반기의 작가 게오르크 뷔흐너가 프랑스혁명을 미학화한 〈당통의 죽음〉이었다. 무대는 호화로웠다. 회전 무대를 설치하여 무대를 스물다섯 번이나 바꿨다. 연출자는 당통과 로베스피에르를 비극적인 인물로 해석했다. 당통은 우울한 수동성으로부터 스스로를 격발시켜서 적들과의 대결로 나아간 인물로, 로베스피에르는 내부의 타오르는 진실한 신념의 불꽃에 의해 조용히 연소된 인물로 표현했다. 가장 극적인 것은 마지막 장이었다. 당통의 동지 카미유 데믈랭의 아내가 호곡한다. '사랑하는 죽음의 종소리야, 너는 달콤한 목소리로 그를 무덤까지 노래했지/ 수만 명이 모두 그렇게/ 칼날 아래 쓰러질 셀 수 없는 사람들'. 연극은 한 세대 전체가 테러와 혁명전쟁으로 살해될 찰나와 거대 기요틴을 대면하면서 끝났다. 충격의 침묵이 오래 지속된 끝에 관객들이 기립 박수를 보냈다. 그 연극은 괴벨스가 의도한 것이 아니었다. 괴벨스의 베를린 나치지구당 기관지 〈공격〉은 무대에 경악하여 '그 많은 노력을 들일 가치'가 있느냐고 비판했다.

괴벨스가 연극을 얼마나 중요시했는지, 선전에 들인 비용보다 연극에 들인 비용이 훨씬 많았다. 그것은 물론 교육받은 중간계급 독일인들의 관심에 영합하는 움직임이기도 했지만, 나치 독일은 셰익스피어의 작품들도 열심히 무대에 올렸다. 당시 셰익스피어 연극이 영국보다 독일에서 더 많이 공연되고 있었다. 나치 독일은 괴테와 베토벤의 나라의 전통 속에 있었던 것이다. 1943년 1월에 독일군이 스탈린그라드에서 대패한 직후 괴링이 라디오 방송에 나와서 읊었다. '그대가 고향으로 돌아가면, 그곳 사람들에게 우리들이 인민의 안전법이 명하는 대로 스탈린그라드에 쓰러져 있는 것을 보았다고 말하라.' 이는 테르모필레 협곡에서 페르시아 군대를 막아낸 스파르타인 300의 묘비명을 실러가 독일어로 번역한 것에서 스파르타 대신 스탈린그라드를 넣은 것이다. 교육받은 독일인들은 물론 그게 무엇인지 바로 이해했다.

이 책에는 그와 유사한 장면들이 여럿 있다. 그러나 저자가 공들여 분석한 것은 독일인들의 편지와 일기 속에 언급되는 문화 활동 및 내면의 성찰이다. 예술가 지망생부터 보자. 한스 알브링은 고등학교를 졸업하자마자 보병으로 징집되었다. 열성적인 가톨릭이었던 그는 1940년 5월 프랑스로 진격하면서 프랑스인들이 전쟁 때문에 겪는 고통을 '그리스도의 수난'에 비유했다. 참호에서 그는 불어 사전을 찾아가면서 라신의 희곡과 폴 클로델의 시를 읽었다. 서부 프랑스의 푸아티에에 도착한 뒤에는 13세기에 건축된 성당을 찾아가 붉고 검은 프레스코화에 감동했고, 사진사에게 돈을 주어서 마상의 콘스탄티누스 황제 프레스코화를 찍은 뒤 그것을 패널로 만들었다. 대성당 장엄미사에 참석했을 때는 성가대의 3단 고음이 거대한 성당 건물 꼭대기에 부딪혀 전체에 울려퍼지자 자신이 은총의 빛 속으로

들어올려지는 성스러운 느낌을 받았다. 그에게는 전쟁이 일종의 문화 순례였다. 루앙에서 그는 고서점을 샅샅이 뒤져서 700점이 넘는 복제화와 판화를 수집했다.

1941년 7월 러시아 전선에서 행군하면서 사뭇 다른 알브링이 나타난다. 그는 문명화된 '서구'와 차를 타고 가면서 보았던 뚫고 들어갈 수 없는 동구의 '자연의 세계'를 대조시켰다. '소나무숲이 아득히 멀리까지 뻗어 있고, 오두막 몇 채. 원시.' 감자를 깎고 있는 유대인 여자들을 보고는 너무도 원시적이어서 '우스꽝스럽게 과장할 필요조차 없다'라고 편지에 썼다. 물론 그는 볼셰비키의 파괴에 치를 떨고 그들의 무신론에 분노하는 동시에 러시아 정교회의 아이콘과 러시아 여성의 아름다움에 찬탄했다. 그러나 총알이 머리 밖으로 뚫고 나오는 것을 볼 수 있을 만큼 가까이에서 빨치산 처형 장면을 목격한 뒤 그는 흔들린다. '고통스럽지만 정의로운 종말'이라고 마음을 다잡고 그것은 그저 '시대의 표시'일 뿐이라고 정리해버리지만 그는 괴로웠다. '사살된 시체로 가득찬 구덩이들—고야의 가장 어두운 그림보다 더 어두운 장면들—, 오, 오이겐, 잊으려 해도 잊히지 않아. 그 구덩이에 가까이 있으면 평온한 감각은 모조리 사라지고 …… 처절하게 공격당한 짐승, 무너져버린 비참한 인간이 남아. …… 복음 속에 길가에 앉아서 구세주가 오실 때까지 이런저런 일로 고통스러워하는 사람들과 똑같아. 나는 여기서 벌어지고 있는 것을 표현해주는 시를 아직 발견하지 못했어.'

1942년 3월이면 알브링은 무척 달라져 있었다. 그는 유대인 시체 더미를 보면서 종전에는 '마구잡이로 무질서하게 시체 위에 시체를 던져버렸는데 이제는 …… 잘 정리되었다'라고 무심히 말한다. 그리고 선배에게 받은 편지를 길게 인용하면서 자신이 전쟁에서 '잃은 것보다 더 많은 것을 얻었다'고 쓴다. '우리가 지난 수백 년 동안 그릇되고 갈수록 왜곡되어간 인간관을 추종하다가 이제야 비로소 새롭고도 진정한 인간관이 우리 내면에서 올라오고 있다는 것, 아마 그것이 이 전쟁의 형이상학적인 의미일 거야.'

저자는 그 '형이상학적 의미'가 무엇인지 적시하지 않았다. 그러나 저자가 그 맥락에서 알브링이 에른스트 윙거를 읽었다고 서술한 것에서 그 형이상학이라는 것이 무엇인지 드러난다. 윙거는 자신의 1차대전 참전 경험을 소설로 미학화하였고, 그의 작품들은 전간기 독일에서 광범하게 읽혔다. 그는 2차대전 경험도 소설로 표현하고 있었다. 윙거는 1차대전을 19세기 부르주아 사회를 파괴한 역사적 '단절'로 파악하면서, 그것은 형이상학적인 '생'의 작용이었으며 인간은 생을 구현할 때 새로운 시대에 걸맞은 질서를 창출할 수 있다고 주장했다. 그렇게 말한 사람은 당시 많았다. 다만 윙거가 두드러진 지점은 전쟁 폭력을 생의 진수로 제시하면서 전쟁 폭력이라는 '불의 시험'을 통과한 사람만이 새 시대를 건설할 수 있다고 보았다는 데 있었다. 그 불의 시험이 죽음의 위험임은 말할 나위가 없다. 그렇다면 알브링이 시체가 쌓여가던 동부전선에서 밤마다 소란을 피해 밴에 들어가 달빛 속에 홀로 요한복음을 재번역하던 수고스러움은 무엇이었을까? 그것은 현실로부터 초월성으로 넘어가는 작업이었을 것이다. 그러나 그것은 성찰이라기보다 도피요, 도덕적 책임 방기가 아니었을까.*

윙거는 저자가 전선 병사의 군장에서 가장 자주 발견한 작가의 하나였다. 윙거는 빌헬름 레제라는 20대 초반 보병의 개인 회고록과 편지에도 자주 언급된다. 은행원 출신의 그 보병은 나치와 히틀러청소년단을 혐오하던 인물이었지만 윙거의 불의 시험에 열광했다. 전장이 쾌감이 아니라 공포

---

* 역자는 이 책을 읽고 번역하기 2년 전쯤 에른스트 윙거에 관한 논문을 작성하여 1년 전에 발표했다. 김학이, 「에른스트 윙거의 1차 대전 전쟁일기와 '노동자'—공포 감정과 주체의 팽창—」, 『독일연구』 51호(2022. 11.), pp. 5~58.

와 참혹함뿐이라는 것을 발견했지만 그는 윙거를 버리지 않았다. 그와 부대원들은 윙거를 흉내내어 자신들을 '영웅적인 니힐리스트'로 칭했고 전쟁 연설을 주고받았으며 군복 단춧구멍에 빨간 장미를 꽂았다. 어느 면에서 '생'은 전장의 그에게 윙거의 서술보다 편안했다. '물자 전쟁에서 생은 존재에 대한 야생의 충동에서 더욱 강력했다. …… 우리 안에서 원초적인 것이 깨어났다. 본능이 마음과 감정을 대체했고 우리는 초월적인 활력에서 힘을 얻었다.'

윙거는 베를린 출신으로 화가를 지망하는 탱크군 장교 페터 스튈텐의 편지와 일기에서도 발견된다. 1944년 7월 초 스튈텐은 노르망디 전선에서 서쪽으로 철수하여 미군을 상대하라는 명령을 받는다. 그러자 그는 저자의 표현으로 '자신이 에른스트 윙거가 되기라도 하는 듯' 가족에게 명랑하게 선언했다. '흥분과 감동이 없는 삶은 부르주아가 아닌 우리 같은 사람으로서는 견딜 수 없는 삶이지요.' 그는 실제로 미군과의 전투에 돌입했으나 부끄럽게도 전투가 아니라 오토바이 사고로 부상당하여 병원에 입원했다. 그때 그는 단편소설을 작성했다. 작중 인물이 주장한다. 신은 존재하지 않고, 전쟁에는 목적이 없다. 파리들이 거대한 파리채를 향하여 날아가듯 군인들은 자신의 죽음을 향하여 기어갈 뿐이다. 다른 인물이 반박한다. '우리가 발견하고 말하는 모든 것에 인간의 유한성이 각인되어 있어. 종교적인 경이驚異야말로 인간이 인간 한계의 고통스러운 경험을 넘어서는 첫걸음이야. 무한을 알기 원하는, 그러나 유한을 알 수 있기 위한.' 다른 한 명이 스튈텐을 대신한다. 사랑만이 인간 육신의 물리적, 필멸적 한계를 피할 수 있도록 해준다. '사랑! 그것은 보다 나은 것과의 합일에 대한 열망 …… 우리는 그 감정과 의지 속에서 엠페도클레스처럼 세계를 극복하기를 배우고자 하는 거야.' 한결같다. 알브링이나 레제나 스튈텐이나 '세계'를 넘어서려 했다.

병사들과 당시의 교육받은 독일인들이 윙거보다 더 자주 언급한 작가는 헤겔과 쉘링의 친구였던 프리드리히 횔덜린이었다. 스튈텐이 '엠페도클레스처럼'이라고 썼을 때의 엠페도클레스는 횔덜린의 미완성 비극 『엠페도클레스의 죽음』의 인물을 가리켰다. 알브링은 프랑스의 어느 파괴된 주택에서 횔덜린의 「전투 직전의 노래」를 발견하고는 그것에 흠뻑 젖는다. 독일에서 횔덜린은 거의 숭배되고 있었다. 그 숭배를 자극한 사람들이 슈테판 게오르게의 '비밀' 서클이었다. 그들은 19세기 초의 횔덜린이 '비밀스러운 독일', '진정한 독일'을 설파했다고 주장했다. 존재의 심연에서 피안의 진리를 만나려는 낭만주의적 충동을 독일 민족주의로 번안 혹은 왜곡했던 것이다. 그들은 횔덜린의 존재와 영원성의 변증법을 오로지 독일인만이 이해할 수 있다고 주장했다. 그리고 바이마르공화국은 그 진정한 독일과 어긋난다고 주장했다. 그렇게 공화국을 허무는 데 일익을 담당했다. 1920년대 그 서클에 위대한 중세사가 에른스트 칸토르비츠가 있었고 클라우스 슈타우펜베르크 백작이 있었다. 백작은 히틀러가 그 진정한 독일과 어긋난다고 판단하여 히틀러를 암살하려는 발키리 작전을 꾸렸던 것이다. 뮌헨의 백색장미단도 횔덜린에 의지했다.

나치도 횔덜린에 올라타려 했다. 1943년 6월 튀빙겐에서 열린 횔덜린 사망 100주기 기념식 연설에서 나치는 횔덜린을 '최초의 친위대원'으로 칭했다. 이 웃기면서 슬픈 장면은 그렇다 치고, 그때 열린 기념 음악회의 절정은 〈히페리온〉의 '운명의 노래'에 붙인 브람스의 곡이었다. '(운명의 여신은 자는 듯하고/ 신성한 존재인 아기들이 숨쉬는 곳) 그러나 우리에겐/ 쉴 만한 어떤 곳도 없으니/ 고통받는 인간들이/ 눈이 먼 채 한 시간에서/ 다른 시간으로 살면서/ 사라지고 쓰러지는구나/ 마치 물방울이 절벽에서/ 절벽으로/ 오랫동안 미지의 심연 속으로 떨어지듯이.' 병사들은 한결같이 전장의 고통을 심연으로 나아가는 절벽으로 해석했다. 스튈텐도 '세계'를 넘어서 미지의 '심연'에 도착하려 했다.

그러나 역전되었다. 스튈텐이 사랑과 무한을 찬양하고 5주일이 지난 1944년 8월 말 그는 바르샤바 폴란드인들의 봉기를 진압하는 탱크 부대의 일원이었다. 심연과 피안에 접속하는 실존적 군인은 존재하지 않았다. 있는 것은 '채 전소되지 않은 주택 현관에 다시 불을 지르는' 독일인들과 '항복한 그들을 …… 뒷머리 총격으로!' 사살하는 독일인들이었다. 그는 반파된 아파트에서 베토벤의 〈에그몬트〉 서곡 음반을 발견하여 들으며 감동했고 그곳에서 발견한 미술사 전집에서 도판을 떼어냈다. 바르샤바 문화 유산의 작은 일부라도 보존하기 위해서였다. 그는 바르샤바의 도시 문화가 '독일은 진짜 상대도 되지 못한다'라고 확신했다. 빌헬름 레제도 비슷했다. 1943년 여름에 자원하여 세번째로 소련전선을 찾은 그는 병사들이 행하는 전쟁에 몸서리쳤고 죄의식에 고통받았다. 그는 윙거를 넘어서 있었다. 그는 집으로 보내는 편지에 썼다. '내가 독일을 위하여 살고 싸우려는 그것, 영적이고 비밀스러운 독일, 그것은 오직 패배 뒤에, 히틀러-시기의 종말 뒤에 다시 존재할 수 있고, 그때야 세계 속의 자리를 다시 얻게 될 것입니다.'

두 사람 모두 죽었다. 그리고 그 두 사람은 예외적이었다. 독일인들은 베를린 총리청 건물 앞에서까지 끝까지 싸웠다. 그들은 독일을 1차대전으로 시작된 새로운 시대의 주인공으로 만들려는 망상을 포기하지 않았다. 문학적으로도 그러했다. 마르부르크의 작가 리자 드 보어 역시 나치에 적대적이었다. 그녀도 횔덜린에 의지했다. 부퍼탈이 영국 공군의 폭격을 받았을 때 그녀는 '우리 독일이 심연으로 들어가는 길은 얼마나 끔찍한가'라고 썼다. 1944년 11월 말 그녀가 독일 병사들을 위해 시를 지었다. '지금 저편에 모여 있는/ 젊은이들, 사랑하는 전사자들/ 그들은 침묵 속에서 검은 배를 타고 가면서/ 진지한 얼굴로 이편을 바라본다/ 우리의 가슴에 불이 타오르는 것을/ …… 그리고 언어들—그들의 유산—이 펄럭이며/ 그들을 사랑하는 사람들을 내면에서 지휘한다/ 죽은 자들에 대한 의무를 다하라고.' 독일인들은 나치건 반나치건 그렇게 의무를 다하면서 종전을 맞았다.

4. 역사학이라는 것

이 책에서 저자는 역사학계의 나치즘 연구 지형에서 어느 지점에 서 있는 것일까? 나치즘과 나치 전쟁범죄에 대한 역사학의 학문적 연구를 추적해온 독자들은 잘 알겠지만 세계 역사학계의 연구는 두 방향으로 나뉘어 있다. 하나는 '기능주의'라 불리고 다른 하나는 '의도주의'라 불린다. 기능주의는 나치 독일의 전쟁범죄를 나치 체제의 작동과 과정으로 설명하고 의도주의는 나치의 이념과 의지로 설명한다. 현재는 의도주의가 대세다. 역자인 나는 기능주의에 속한다.˙

나치즘의 진정 기막힌 점은 한쪽에서 보면 아주 정상적이지만 다른 쪽은 절대악 그 자체였다는 사실이다. 여기서 '정상적'이란 다른 나라도 그랬고 나치만이 아니라 좌파 우파 모두 마찬가지였다는 뜻이다. 잘 알려진 한 가지 예만 보자. 나치는 2차대전 동안 발달장애인과 그에 준하는 독일인 21만 명을 학살했다. 그리고 이때 고안된 독가스 학살이 홀로코스트에 이용되었다. 나치의 관심은 인구 위기에 부딪힌 상황에서 어떻게든 건강한 민족 구성원을 증가시켜야 한다는 것이었다. 이는 영국, 프랑스, 스칸디나비아 등 유럽의 거의 모든 나라와 미국의 관심사이기도 했다. 독일 내에서

---

* 내가 이 책을 번역하기로 결심한 것은 그동안 내가 번역한 나치즘 연구서 4권이 모두 기능주의 계열이었기에 이제는 독자들에게 기능주의는 물론 의도주의 연구도 무척 많이 반영되어 있는 이 책을 제공해야 한다고 생각했기 때문이다.

도 좌우 모두 공유하는 관심이었다. 그러나 우리 모두 알듯이 인구는 정책으로 증가시킬 수 없다. 그러자 모든 나라에서 '부정적인' 접근법이 기획되고 실천되었다. 그리고 많은 나라에서 '병든' 인간의 '강제적인' 불임수술이 실시되었다. 희생자 수는 나라마다 차이가 있었다. 스칸디나비아 각국에서는 약 1만 명이 불임수술을 강요받은 것과 달리 나치 독일에서는 약 40만 명이 수술대에 올라야 했다. 전쟁이 발발한 뒤에는 독가스를 투입해가면서 21만 명을 학살했다. 절대악의 지점이다.

다른 많은 문제에서도 상황이 비슷했다. 인민적 국가, 간섭주의 경제정책, 소수 민족 문제 등에서도 그랬지만 보다 근원적인 지정학적 공간 분할, 단절적 시간성, 생태주의, 공동체주의에서도 마찬가지였다. 그 모든 문제에서 나치는 '시대적' 정상성의 범위 안에 있다가 어느덧 절대악을 행했다. 따라서 역사학의 과제는 정상성에서 절대악까지의 그 전체 스펙트럼을 적절히 설명하는 것이다. 기능주의는 나치의 이념이 실현불가능한 유토피아였으며, 그런 나치가 위기에 빠진 산업사회의 여러 문제에 대응하는 동시에 유토피아로 치닫다가 절대악으로 접어들었다고 설명한다. 말하자면 나치의 절대악은 현대 산업사회의 문제에 대한 해결 방식의 사악한 버전이었다는 것이다. 의도주의는 나치는 자신들이 지닌 이념의 실현 가능성을 믿었고 따라서 유토피아적인 것이 아니었으며, 나치는 그 이념을 나머지 독일인들에게 각인시키는 데 상당히 성공하였기에 절대악을 자행했다고 설명한다. 말하자면 악이 악을 효과적으로 실천했다는 것이다. 기능주의는 관료제적 정치 구조와 사회에서 출발하고 의도주의는 문화와 이데올로기에서 출발한다.

여러 가지 지점에서 양자의 차이를 관찰할 수 있지만 나치 이데올로기의 기능을 어떻게 판단하느냐도 관건이다. 기능주의는 나치 이데올로기라는 것 자체가 대단히 모호해서 독일인들 각자가 그 속에 각자의 열망을 투사할 수 있었고 나치는 그 열망의 충돌을 통제할 수 없었다고 판단한다. 그리고 그 열망에 대하여 나치, 그중에서 지도부, 그중에서도 히틀러는 가장 과격한 쪽의 손을 들어주었고, 그 과정이 결국은 소름 끼치는 범죄로 귀결되었다는 것이다. 많은 의도주의자들이 독일인들 다수가 '살인적 인종주의'의 화신이었다고 열을 올리기도 하지만, 다른 의도주의자들은 나치의 이념적 포괄성이야말로 나치가 발휘하는 힘이었으며, 나치는 과격한 판본에 반대하는 독일인들조차 나치의 포괄적 구호와 함께하는 한 결국은 과격성에 도달한다고 믿었고 실제로 그렇게 진행되었다고 파악한다. 말하자면 나치에 반대하는 사람조차 '하일 히틀러' 인사를 반복하자 히틀러 없는 독일은 생각할 수 없게 되었다는 것이고, 모든 것이 유대인 탓이라는 설명을 10년간 듣자 만사를 유대인 탓으로 돌리게 되었다는 것이다. 그렇게 하여 당시의 스펙트럼에서 다소 정상적인 사람들도 결국은 과격한 살인적 판본에 동의하거나 연루 또는 침묵했다는 것이다. 이는 이념을 중시하되 그 이념과 권력이 개개인을 장악하는 과정과 맥락도 유의하는 입장이다. 역자도 이 입장에 동의하고 그것을 개인 연구에 실현하기 위해 의식적으로 노력한다.

이 책의 저자는 나치즘의 작동 과정에 유의하지 않았다. 저자는 전쟁과 전쟁중에 독일인들이 어떤 생각을 하고 어떻게 느꼈는지 정리하고자 했다. 문화와 감수성에서 출발한 것이다. 동시에 저자는 강조한다. '나는 역사가들이 전쟁의 과거에서 올바른 교육적 교훈을 이끌어내려다가 역사 연구의 본질적 과제의 하나, 즉 무엇보다도 우선 과거를 이해해야 한다는 것을 외면하는 것을 보았다.' 문화에 집중하되 맥락화하려 한 것이다. 그래서인지 분석적으로 말할 때의 저자는 기능주의적이고, 구체적인 사례를 제시할 때의 저자는 의도주의적이다.

두 가지 예를 보자. 저자는 독일인 다수가 패망할 때까지 나치즘과 자신을 동일시했다는 의도주의자들의 주장을 받아들이지 않는다. 전시의 독일인은 자신을 나치즘이 아니라 '전쟁'과, 즉 독일의 승리와 동일시했다는 것이다. 그러나 바로 그 때문에 전시의 독일인들은, 나치즘을 혐오하는 사람들까지도 끝까지 나치 체제를 '견지'했다는 것이다. 일기와 편지에서 저자는 독일인들이 독일이 패배하는 일이 있으면 절대로 안 되며 따라서 나치 체제가 흔들려서는 안 된다고 생각했다는 것을 다량 발견해냈다. 이는 1944년 7월 초 히틀러를 암살하려던 발키리 작전 이후에 독일인들이 나치를 더욱 견지한 것도 설명해준다. 저자의 발언은 당시의 독일인들이 대단히 민족주의적이었다는 진부한 진술을 반복하는 것이 아니다. 핵심은 오히려 시간성이다. 독일인들이 자기 시대를 독일이 '사느냐 죽느냐'의 종말론적 대전환점으로 파악했다는 것이다. 그리고 그 관점은 독일인들이 나치의 종말론적 관점을 수용해서가 아니라 그들이 나치즘과 무관하게 가졌던 감수성이었고, 그 관점이 독일인들에게 일반화된 시기는 전쟁 이전이 아니라 전쟁의 와중이었다는 것이다. 이는 독일인들의 판단과 감수성을 전쟁이라는 '상황'으로 환원시킨 것이기에 기능주의적이다.

홀로코스트는 물론이려니와 동유럽에서 독일군과 친위대가 자행한 파괴와 범죄는 그야말로 형용 불가능할 정도였다. 의도주의냐 기능주의냐의 갈림길은 군인들이 언제부터 그리도 학살적이었는지 판단하는 데 있다. 저자는 소련군이 1941년 12월 6일에 역공을 펼친 이후 독일군이 후퇴하면서 비로소 '대량 학살이라는 공통의 문화'를 갖추게 되었다고 강조한다. 출신 지역과 계급과 나치에 대한 찬반에 상관없이 그때부터 그들은 '극단적 폭력의 영구화'에 따라 소련군 포로는 물론 민간인들을 집단적으로 처리했다는 것이다. 앞서 언급한 한스 알브링의 경우에도 1941년 8월에는 독일군의 빨치산 처리에서 몸서리를 치고 그것을 소화할 문학적 성찰에 실패했지만 1942년 3월에는 학살 현장을 심드렁하게 언급하는 것을 보았다.

전장에서 감수성이 변화한 것이다.

그러나 저자의 구체적인 진술은 단연 의도주의적이다. 1939년 9월 중순 폴란드 점령이 끝나갈 무렵부터 이듬해 초까지 폴란드 민간인과 유대인을 6만 5천 명 이상 살해한 것을 '학살적 인종주의'라고 칭하지 않고 달리 뭐라 말할 수 있겠는가. 물론 그것은 대부분 독일인 혈통 민병대가 벌인 일들이었지만 군대의 용인이 없이는 불가능했다. 프랑스로 진격할 때 세네갈 출신 병사들을 아무렇지도 않게 죽인 것도 마찬가지다. 소련으로 진격하면서 빨치산과의 연계가 '의심'되면 서슴지 않고 민간인 마을들을 불태운 것은 또한 어떤가. 1941년 9월 30~31일에 키이우의 유대인 3만 3,771명을 학살한 것은? 그리고 1941~1942년 겨울의 후퇴 이후에도 독일군 병사들의 폭력, 예컨대 어린이들의 피를 뽑아서 병사들에게 수혈하는 양상을 그저 전장의 부산물이라고 치부할 수 있을까? 저자가 이런 면모들을 풍부하게 제시한 것을 보면 그가 의도주의적인 연구들이 거둔 성과들을 충실히 수용했다는 것을 보여준다.

이제 앞에서 미뤄놓은 과제, 즉 콘라트 야라우쉬 교수가 자기 아버지를 '내키지 않는 공범'이라고 칭한 것을 검토해보자. 우선 아버지 야라우쉬가 소련군 포로수용소에서 부식 담당 상병으로 근무하면서 포로들에게 두 끼 혹은 세 끼를 공급하기 위해 필사적으로 노력했고, 이것을 포로들이 고마워했으며, 그가 포로들에게서 티푸스를 옮아 사망했다는 사실은 기억하자. 저런 아버지를 역사학자 아들이 '내키지 않는 공범'이라고 칭하면서 그 편지 모음집의 서문과 서론에서 제시한 근거는 두 가지다. 첫째는 그가 '동유럽 유대인'은 '가련하고 지저분하다'는 독일인 일반의 편견을 공유했다는 것이다. 둘째는 포로수용소 경비대가 포로들 중에서 '유대인을 선별하는' 역할을 했다는 것이다. 첫번째 편견은 독일인만이 아니라 미국까지 포함하여 모든 서구가 공유하던 편견이었다. 따라서 공범의 근거가 되지 못한다. 경비대가 유대인을 선별했다는 것, 그리하여 그들이 학살되도록 도왔다는 진술은 아버지 야라우쉬에게 성립되지 않는다. 그는 부식 담당 상병이었다. 이 책의 저자 스타가르트는 1941년 11월 초에 그 선별 작업을 친위 경찰이 했다고 서술했다.

이 책의 저자 스타가르트는 야라우쉬 상병이 공범이었는지 아닌지 명확하게 단언하지 않았다. 다만 몇 가지는 명확하게 해놓았다. 야라우쉬 상병은 러시아어를 두 명에게 배웠다. 투르게네프의 소설을 낭독한 포로는 러시아인이었다. 그리고 그는 두번째 선생이었다. 첫번째 선생은 양친의 한 사람이 유대인인 '절반 유대인'이었다. 저자는 야라우쉬가 집에 보낸 편지에서 친위 경찰대가 포로수용소의 유대인을 학살했을 때 '그 남자에게 어떤 일이 벌어졌는지 쓰지 않았다'라는 점을 분명히 했다. 그리고 유대인들이 학살되던 그때 야라우쉬가 일기에 시멘트 공장 포로 2천 명 중에서 하루에 25명씩 죽고 있는데, 민간인들 특히 추위 속에서 입을 것이라고는 셔츠밖에 없는 '유대인들은 …… 그들을 숲으로 데려가서 기술적인 용어로 표현해서, 해치우는 것이 그들에게 정녕 가장 자비로운 일일지도 모른다'라고 썼다는 점도 밝혔다. 또한 야라우쉬 상병이 현재 벌어지고 있는 일이 '전쟁이라기보다는 살인'일 것이라고 인정하면서도 자신의 '작은 의무'는 행해야 한다고 썼다는 것도 분명히 했다. 다른 한편으로 저자는 앞서 언급한 대로 포로 중에서 유대인 선발은 친위 경찰대가 행한 짓이라는 점을 명확히 했다.

역자는 야라우쉬의 편지 모음집에서 '작은 의무'가 발화된 곳을 찾아보았다. 1941년 11월 14일의 편지 속의 문장은 다음과 같다. 전체 상황의 궁극적 책임은 볼셰비키에게 있다는 듯이 말한 그는 이어서 쓴다. '우리는 우리의 작은 의무 외에는 할 수 있는 것이 전혀 없는 이러한 상황에 내던

져져 있어요. 이 좁은 한계 내에서 포로들을 먹이는 것은 극단적으로 어려워요. …… (이런 상황에서) 책을 집어들고 읽는 사람은 속물이겠지요.' 야라우쉬가 발화한 '작은 의무'는 학살 체계의 작은 톱니바퀴였음을 입증하는 것이 아니라 절망감과 무기력의 표현이었다. 책을 그렇게 좋아하는 그가 책조차 읽지 못하겠다고 쓰지 않았는가. 그리고 유대인을 '해치우는 것이 그들에게 정녕 자비로운 일일지 몰라요'라는 문장은 그 문장에 세번째 앞선 문장이다. 마찬가지 맥락이다. 그리고 그에게 러시아어를 가르치던 절반 유대인이 어떻게 되었는지 아내에게 보내는 편지에 쓰지 않았다고하지만, 그는 '어제와 오늘 러시아어를 배우지 못했어요. 그러나 그것은 내 수업이 갑작스럽고 고통스럽게 끝난 일과 관련됩니다. 나의 선생이 절반 유대인이라는 것이 밝혀졌어요'라고 썼다. 야라우쉬는 그가 끌려가서 학살당한 일을 '갑작스럽고 고통스럽다'라고 표현했다.

더욱이 야라우쉬 상병이 1939년 9월 초부터 그 시점까지 '유대인'을 발화한 부분들을 시간순으로 살펴보면 유대인에 대한 그의 감수성이 상당히 변해갔다는 점이 식별된다. 1939년 9월 14일 야라우쉬는 독일군이 진격하자 '유대인들은 동쪽으로 도망친다'고 아무런 감정 없이 서술한다. 유대인은 '지저분하다'는 편견은 그때 발화되었다. 1939년 11월 초에도 독일에 편입된 폴란드 지역에 '유대인이 많다'라고만 쓴다. 그러나 그해 11월 10일 그는 폴란드인들이 반反독일 포스터를 붙여놓았는데 독일인 당국이 범인을 잡지 못하자 유대인 세 명을 시장에서 교수했다고 기술한 뒤, '나는 이유를 모르겠다'라고 쓴다. 이틀 뒤인 11월 12일에 그는 심지어 신을 부른다. '우리는 신께서는 우리가 감당할 수 있는 일만 주시는 것이 아니냐고 신께 물어야 한다. …… 너무나 많은 사람이 생존의 안전성으로부터 찢겼다. …… 어젯밤 유대교 회당이 불탔다.' 1940년 1월 19일에는 화재로 인하여 '많은 것을 잃은' 유대인들이 폭파된 공장의 정리 작업도 수행한다면서 그 유대인들을 '불쌍한 사람들'로 칭했다. 그렇듯 유대인들을 동정하고 학살에 분노하는 언급이 이어지다가 앞서 언급한 1941년 11월의 발화에 도착한 것이다.

저런 야라우쉬를 어떻게 해서 아들은 나치 전쟁범죄의 공범으로 단언한 것일까? 딱 한 가지 질문을 던졌을 때 그는 공범일 수 있다. 일기와 편지에서라도 항의하였는가? 저항하였는가? 항의하지 않았으면 공범이다. 이것이 역사에 도덕으로 접근하는 일부 역사가들의 작업 방식이다. 도덕으로 질문하면 답은 도덕 아니면 부도덕, 유죄 아니면 무죄다. 도덕은 어쩔 수 없이 이분법적이기 때문이다. 이는 도덕이 갈수록 중요해지는 현재의 세계, 소련의 몰락 이후 평등의 자리에 도덕이 들어선 세계의 반영이고, 역사학의 비판적 기능을 생각할 때도 합당한 측면이 있다. 나치즘이라는 것이 눈을 씻고 찾아봐도 좋은 것이란 없고 희생자의 규모와 그 과정이 필설로 표현할 수 없기에 그 절대악에 연루된 사람들을 가려내는 것은 정당하다. 그러나 그런 가운데 역사학이 어느덧 종교가 되고 역사학자가 성직자가 되는 일은 없어야 한다. 야라우쉬 상병을 어찌 공범으로 재단할 수 있겠는가. 우리가 매 순간 경험하듯이 도덕과 부도덕 사이에는 넓디넓은 회색지대가 펼쳐져 있다. 인간은 무릇 도덕 없이 살 수 없지만 동시에 회색인이다. 역사가는 언제나 늦게 태어난다. 그 유리한 지점은 겸손해야 하는 지점이다.

해설을 쓴다면서 논문을 쓸 수는 없는 노릇이기에 여기서 멈춘다. 다만 한 가지 문제에 대해서 변죽이라도 울려두기로 한다. 이 책 「제8장 비밀의 공유」에서 저자는 굉장히 다양하고 많은 증거를 제시하면서 독일인들이 1942년 아니면 늦어도 1943년에 홀로코스트를 이미 알았다고 주장한다. 이는 독일인의 20~40%만이 알았다는 1990년대까지의 연구를 뒤집은 것으로서, 지난 20여 년간 진척된 연구 성과들을 반영한 것이다. 그러나 다른 한편으로 저자는 바르샤바 게토의 유대인들조차 1942년 초에 학살수용소 소식이 전달되었을 때 그 소식을 무시했다는 것, 그들의 관심사는 굶주림이었다는 것도 분명히 밝혔다. 또한 저자는 당시의 독일인들이 홀로코스트를 알려고 하면 알았을 것이라는 1990년대의 중간결산도 소개해놓았고, 그럼에도 불구하고 독일인들은 왜 알려고 하지 않았는가에 대한 답도 제시해놓았다. 홀로코스트가 사실상 끝난 1943년 초 이후에 독일인들은 자신들이 이미 공범이 되어버렸다는 공범 의식을 갖게 되었다는 것이다. 저자는 독일인들이 이미 알았을 것이라고 강력하게 주장하는 동시에 다른 해석의 가능성도 열어놓은 것이다. 또한 저자는 당시 독일인들이 당국이 유대인들을 전기 감전으로 죽인다는 터무니없는 정보를 믿기도 했다고 밝힘으로써 그들의 지식이 부분적이었다는 점도 드러냈다.

한 가지 작은 에피소드가 있다. 영국의 거장 역사학자 리처드 에반스는 〈런던서평London Review of Books〉의 2016년 7월호에 이 책에 대한 서평을 실었다. 그 직후 런던에 사는 어느 할머니, 아버지가 유대인이고 어머니는 독일인 절반 유대인으로서 1943년 1월까지 베를린에서 살았던 한 여성이 저널 편집진에게 편지를 보냈다. 전시의 독일에서 유대인들이 온갖 굴욕을 당한 것은 맞지만 대부분의 독일인들은 홀로코스트를 몰랐고 자기 자신도 전쟁이 끝나고 몇 년 뒤에야 슐레지엔에서 이주한 여성 딸 한 명에게서만 홀로코스트에 대하여 처음 들었다는 내용이었다.[*]

역사가는 그 할머니의 진술조차 비판적으로 접근해야 한다. 그녀의 '기억'을 어떻게 믿을 수 있는가? 생존 유대인들 대부분이 자신의 경험을 의도적으로 숨기거나 무의식적으로 윤색했다는 것은 잘 알려진 사실이다. 더욱이 당시 어렸을 그녀를 주변의 성인들이 보호하려 했을 수도 있다. 그

---

[*] Carla Wartenberg's letter in Lodon Review of Books, vol. 38, no. 18, 22. Sept. 2016.

러나 그렇다고 해서 그녀가 새삼 2016년에 말한 것을 허위로 간주할 수도 없다. 역사학은 과거에 '온전히' 접근할 수 없다. 언제나 부분적이다. 이는 역사학의 성립 조건이기도 한 것이, 역사가들이 과거에 온전히 접근하려고 시도하면서 다양하고 풍부한 해석이 제시되기 때문이다.

홀로코스트에 대한 앎의 문제에서 정작 스타가르트의 탁월한 지점은 그것을 독일인들의 폭격 경험과 결합시켰다는 점이다. 당시 독일인들은 민간인에 대한 연합군 공군기의 폭격을 '테러폭격'으로 의미화하고 또 그것을 독일이 유대인에게 가한 범죄에 대한 '유대인의 보복'으로 의미화했다. 그러고 보니 자신들이 그 범죄를 되돌릴 수 없는 상황, 즉 나치 체제와 함께한 자신도 범죄의 공범이 되어버린 상황 속에 있는 것이 아닌가. 그러자 그들은 나치 정권을 새삼 견지하는 동시에 폭격을 가리키면서 엉뚱하게 자신을 피해자로 인식하기 시작했다는 것이다. 서독 초기에 강력하게 대두하는 독일인들의 피해자 정체성이 여기서 기원한 것이다.

이 책은 정말 어떻게 표현하지 못할 정도다. 연합군 폭격으로 화재가 발생하여 한순간 몸에서 수분을 일정하게 흡수하는 바람에 몸의 모든 부위가 딱 절반으로 줄어든 시체들, 서부전선에서 출발하여 스위스에 도착한 독일군 탈영병이 스파이로 다시 독일로 보내지더니 엉뚱하게 독일 당국에 자수하는 모습, 전쟁이 끝나기 직전 소련군의 강간을 피하기 위해 지하실에 숨었다가 소련군 병사를 대면하고야 마는 독일 여성들의 모습, 자기 딸의 강간을 피하기 위해 남의 딸을 가리키는 장면, 소련군의 일부가 되어 도착한 유대인 병사, 자신의 여동생이 친위 경찰에게 죽어간 그 병사가 독일인 가족과 대화하는 장면 등, 말 그대로 영화보다 영화 같다. 그런 장면들이 셀 수 없이 많다. 인간의 구체적인 삶이 때로는 얼마나 예측 불가능한지, 얼마나 다양한지, 얼마나 형형색색인지 손에 잡힐 듯이 펼쳐져 있다. 삶 앞에서 기능주의건 의도주의건 다 부질없다는 생각이 절로 든다.

이게 역사다. 읽기가 너무 힘들지만 그렇다고 손에서 놓을 수는 없는 책, 고통스럽고 풍부하고 때로는 아름답기까지 한 책. 무엇보다도 전쟁은 절대로 안 된다는 절규가, 그 휴머니즘이 내내 울려퍼진다.

인쇄된 사료

Althaus, Paul, 'Pazifismus und Christentum: Eine kritische Studie', in *Neue Kirchliche Zeitschrift*, 30 (1919), 429–78

Althaus, Paul, *Die deutsche Stunde der Kirche*, 3rd edn, Göttingen, 1934

Althaus, Paul, *Gesetz und Evangelium: Predigten über die zehn Gebote*, Gütersloh, 1947

Andreas Friedrich, Ruth, *Der Schattenmann: Tagebuchaufzeichnungen* 1938–1945, Frankfurt am Main, 1983

Anon., *Eine Frau in Berlin: Tagebuchaufzeichnungen*, Geneva and Frankfurt am Main, 1959

Auswärtiges Amt, 8. *Weissbuch: Dokumente über die Alleinschuld Englands am Bombenkrieg gegen die Zivilbevölkerung*, Berlin, 1943

Behnken, Klaus, *Deutschlandberichte der Sozialdemokratischen Partei Deutschlands(Sopade)* 1934–1940, Frankfurt am Main, 1980

Beutler, Ernst, *Von deutscher Baukunst: Goethes Hymnus auf Erwin von Steinbach, seine Entstehung und Wirkung*, Munich, 1943

Boberach, Heinz (ed.), *Berichte des SD und der Gestapo über Kirchen und Kirchenvolk in Deutschland* 1934–1944, Mainz, 1971

Boberach, Heinz (ed.), *Meldungen aus dem Reich: Die geheimen Lageberichte des Sicherheitsdienstes des SS* 1938–1945, 1–17, Berlin, 1984

Bock, Fedor von, *Zwischen Pflicht und Verweigerung: Das Kriegstagebuch*, Munich, 1995

Boelcke, Willi A. (ed.), *Wollt ihr den totalen Krieg? Die geheimen Goebbels-Konferenzen*, 1939–1943, Stuttgart, 1969

Böll, Heinrich, B*riefe aus dem K*rieg, 1, Munich, 2003

Boor, Lisa de, T*agebuchblätter aus den J*ahren 1938–1945, Munich, 1963

Boveri, Margret, T*age des Überlebens: Berlin* 1945, Munich, 1968

Breloer, Heinrich (ed.), M*ein Tagebuch: Geschichten vom Überleben* 1939–1947, Cologne, 1984

Busse, Hermann, D*as Elsaß: Jahresband Oberrheinische Heimat*, Freiburg, 1940

Clausewitz, Carl von, H*istorical and Political Writings*, Peter Paret and Daniel Moran (eds), Princeton, NJ, 1992

D*ie verlorene Insel: das Gesicht des heutigen England*, Berlin, 1941

Dürkefälden, Karl, '*Schreiben wie es wirklich war!' Aufzeichnungen Karl Dürkefäldens aus den J*ahren 1933–1945, Herbert and Sibylle Obenaus (eds), Hanover, 1985

Ebert, Jens (ed.), F*eldpostbriefe aus Stalingrad, November* 1942 *bis J*anuar 1943, Göttingen, 2003

Ebert, Jens (ed.), I*m Funkwagen der Wehrmacht durch Europa: Balkan, Ukraine, Stalingrad: Feldpostbriefe des Gefreiten Wilhelm Moldenhauer* 1940–1943, Berlin, 2008

Eiber, Ludwig (ed.), "'... Ein bisschen die Wahrheit"': Briefe eines Bremer Kaufmanns von seinem Einsatz beim Polizeibataillon 105 in der Sowjetunion 1941', 1999: *Zeitschrift für Sozialgeschichte des 20. und 21. J*ahrhunderte, I/91, 58–83

Frank, Hans, D*as Diensttagebuch des deutschen Generalgouvernors in Polen* 1939–1945, Stuttgart, 1975

Gelfand, Wladimir, D*eutschland-Tagebuch,* 1945–1946: A*ufzeichnungen eines Rotarmisten*, Berlin, 2005

Goebbels, Joseph, G*oebbels Reden* 1932–1945, Helmut Heiber (ed.), Bindlach, 1991

Goebbels, Joseph, D*ie Tagebücher von Joseph Goebbels*, Elke Fröhlich/Institut für Zeitgeschichte, Munich (eds), Munich, 1987–2008

Goedecke, Heinz and Wilhelm Krug, W*ir beginnen das Wunschkonzert*, Berlin, 1940

Hahn, Lili, B*is alles in Scherben fällt: Tagebuchblätter* 1933–45, Hamburg, 2007

Hammer, Ingrid and Susanne zur Nieden (eds), '*Sehr selten habe ich geweint': Briefe und Tagebücher aus dem Zweiten Weltkrieg von Menschen aus Berlin,*

Zurich, 1992

Hassell, Ulrich von, *The von Hassell Diaries*, New York/London, 1947

Haydn, Ludwig, *Meter, immer nur Meter! Das Tagebuch eines Daheimgebliebenen*, Vienna, 1946

Hilberg, Raul, Stanislaw Staron and Josef Kermisz (eds), *The Warsaw Diary of Adam Czerniakow*, Chicago, 1999

Himmler, Heinrich, *Der Dienstkalender Heinrich Himmlers 1941/42*, Peter Witte (ed.), Hamburg, 1999

Himmler, Heinrich, *Die Geheimreden 1933 bis 1945 und andere Ansprachen*, Bradley F. Smith and Agnes F. Peterson (eds), Frankfurt am Main, 1974

Hitler, Adolf, *Reden und Proklamationen, 1932–1945*, 1–2, Max Domarus (ed.), Neustadt an der Aisch, 1962–3

Hitler, Adolf, 'Rede vor der deutschen Presse', Wilhelm Treue (ed.), VfZ, 2 (1958), 181–91

Hlond, Cardinal (ed.), *The Persecution of the Catholic Church in German-occupied Poland*, London, 1941

Hohenstein, Alexander, *Wartheländisches Tagebuch aus den Jahren 1941/42*, Stuttgart, 1961

Hölderlin, Friedrich, *Hyperion oder Der Eremit in Griechenland*, Frankfurt am Main, 1979

Hosenfeld, Wilm, *'Ich versuche jeden zu retten': Das Leben eines deutschen Offiziers in Briefen und Tagebüchern*, Thomas Vogel (ed.), Munich, 2004

Hubatsch, Walter (ed.), *Hitlers Weisungen für die Kriegführung 1939–1945: Dokumente des Oberkommandos der Wehrmacht*, Munich, 1965

Hürter, Johannes (ed.), *Ein deutscher General an der Ostfront: Die Briefe und Tagebücher des Gotthard Heinrici 1941/42*, Erfurt, 2001

Irrgang, Astrid, *Leutnant der Wehrmacht: Peter Stölten in seinen Feldpostbriefen: Vom richtigen Leben im Falschen*, Rombach, 2007

Jarausch, Konrad H. and Klaus Arnold (eds), *'Das stille Sterben ...' Feldpostbriefe von Konrad Jarausch aus Polen und Russland 1939–1942*, Paderborn, 2008

Jochmann, Werner (ed.), *Monologe im Führer-Hauptquartier 1941–1944: Die Aufzeichnungen Heinrich Heims*, Munich, 2000

Jünger, Ernst, *Gärten und Straßen*, Berlin, 1942

Kasack, Hermann, *Dreizehn Wochen: Tage- und Nachtblätter: Aufzeichnungen aus dem Jahr 1945 über das Kriegsende in Potsdam*, Berlin, 1996

Katsh, Abraham, *The Diary of Chaim A. Kaplan*, New York, 1965

Kleindienst, Jürgen (ed.), *Sei tausendmal gegrüßt: Briefwechsel Irene und Ernst Guicking 1937–1945*, Berlin, 2001

Klemperer, Victor, *I Shall Bear Witness: The Diaries of Victor Klemperer*, 1, 1933–1941, London, 1999

Klemperer, Victor, *To the Bitter End: The Diaries of Victor Klemperer*, 2, 1942–45, London, 1999

Klepper, Jochen (ed.), *In Tormentis Pinxit: Briefe und Bilder des Soldatenkönigs*, Stuttgart, 1938

Klepper, Jochen, *Der Vater: Der Roman des Soldatenkönigs*, Stuttgart, 1937

Klepper, Jochen, *Kyrie: Geistliche Lieder*, Berlin, 1939

Klepper, Jochen, *Unter dem Schatten deiner Flügel: Aus den Tagebüchern der Jahre 1932–1942*, Stuttgart, 1955

Klukowski, Zygmunt, *Diary from the Years of Occupation, 1939–44*, Andrew Klukowski and Helen Klukowski May (eds), Urbana, Il., 1993

Kuby, Erich, *Nur noch rauchende Trümmer: Das Ende der Festung Brest: Tagebuch des Soldaten Erich Kuby*, Hamburg, 1959

Kuropka, Joachim (ed.), *Meldungen aus Münster 1924–1944: Geheime und vertrauliche Berichte von Polizei, Gestapo, NSDAP und ihren Gliederungen, staatlicher Verwaltung, Gerichtsbarkeit und Wehrmacht über die politische und gesellschaftliche Situation in Münster*, Regensburg, 1992

Löffler, Peter (ed.), *Bischof Clemens August Graf von Galen: Akten, Briefe und Predigten 1933–1946*, 1–2, Mainz, 1988

Nadler, Fritz, *Eine Stadt im Schatten Streichers: Bisher unveröffentlichte Tagebuchblätter, Dokumente und Bilder vom Kriegsjahr 1943*, Nuremberg, 1969

Orłowski, Hubert and Thomas F. Schneider (eds), *'Erschießen will ich nicht!' Als Offizier und Christ im Totalen Krieg: Das Kriegstagebuch des Dr August Töpperwien, 3. September 1939 bis 6. Mai 1945*, Düsseldorf, 2006

Redemann, Karl (ed.), *Zwischen Front und Heimat: Der Briefwechsel des münsterischen Ehepaares Agnes und Albert Neuhaus* 1940–1944, Münster, 1996

Reese, Willy Peter, *Mir selber seltsam fremd: Russland* 1941–44, Stefan Schmitz (ed.), Berlin, 2004

Ribbentrop, Joachim von, *Zwischen Moskau und London: Erinnerungen und letzte Aufzeichnungen*, Annelies von Ribbentrop (ed.), Leoni am Starnberger See, 1954

Rilke, Rainer Maria, *Duineser Elegien*, Leipzig, 1923

Schieder, Theodor (ed.), *The Expulsion of the German Population from the Territories East of the Oder–Neisse Line*, Bonn, 1956

Shirer, William, *Berlin Diary: The Journal of a Foreign Correspondent*, London, 1941 Stasiewski, Bernhard and Ludwig Volk (eds), *Akten deutschen Bischöfe über die Lage der Kirche* 1933–1945, 6, Mainz, 1985

Statistisches Jahrbuch für das Deutsche Reich 1924–5, 44, Berlin, 1925

Studnitz, Hans-Georg von, *While Berlin Burns: The Diary of Hans-Georg von Studnitz* 1943–45, London, 1963

Wantzen, Paulheinz, *Das Leben im Krieg* 1939–1946: *Ein Tagebuch: Aufgezeichnet in der damaligen Gegenwart*, Bad Homburg, 2000

Die Wehrmachtberichte 1939–1945, 1–3, Munich, 1985

Wolff-Mönckeberg, Mathilde, *Briefe, die sie nicht erreichten: Briefe einer Mutter an ihre fernen Kinder in den Jahren* 1940–1946, Hamburg, 1980

Wrobel, Hans (ed.), *Strafjustiz im totalen Krieg: Aus den Akten des Sondergerichts Bremen* 1940 *bis* 1945, 1, Bremen, 1991

Zacharias-Langhans, Heinrich, *Hoffen auf den kommenden Christus:* 20 *Predigten* 1927–1965, Heinrich Laible (ed.), Hamburg, 1983

연구서

Abelshauser, Werner, 'Rüstungsschmiede der Nation? Der Kruppkonzern im Dritten Reich und in der Nachkriegszeit 1933 bis 1951', in Lothar·Gall (ed.), *Krupp im 20. Jahrhundert: Die Geschichte des Unternehmens vom Ersten Weltkrieg bis zur*

Gründung der Stiftung, Berlin, 2002, 267–472

Abrams, Lynn, The Orphan Country, Edinburgh, 1998

Absolon, Rudolf, Die Wehrmacht im Dritten Reich: Aufbau, Gliederung, Recht, Verwaltung, Boppard, 1995

Adam, Christian, Lesen unter Hitler: Autoren, Bestseller, Leser im Dritten Reich, Berlin, 2010

Adler, Hans Günther, Theresienstadt, 1941–1945: Das Antlitz einer Zwangsgemeinschaft, Tübingen, 1960

Adolph, Walter, Kardinal Preysing und zwei Diktaturen: Sein Widerstand gegen die totalitäre Macht, Berlin, 1971

Alexijewitsch, Swetlana, 'Der Mensch zählt mehr als der Krieg', Deutsch- Russisches Museum Berlin-Karlshorst (ed.), Mascha + Nina + Katjuscha: Frauen in der Roten Armee, 1941–1945, Berlin, 2003

Aly, Götz, 'Final Solution': Nazi Population Policy and the Murder of the European Jews, London, 1999

Aly, Götz, 'Die Deportation der Juden von Rhodos nach Auschwitz', Mittelweg 36, 12 (2003), 79–88

Aly, Götz, Hitlers Volksstaat: Raub, Rassenkrieg und nationaler Sozialismus, Frankfurt am Main, 2005

Aly, Götz and Susanne Heim, Architects of Annihilation: Auschwitz and the Logic of Destruction, London, 2002

Aly, Götz, Die Belasteten: 'Euthanasie' 1939–1945: Eine Gesellschaftsgeschichte, Frankfurt am Main, 2013

Arad, Yitzhak, Belzec, Sobibor, Treblinka: The Operation Reinhard Death Camps, Bloomington, 1987

Arbeitsgruppe Pädagogisches Museum (ed.), Heil Hitler, Herr Lehrer: Volksschule 1933–1945: Das Beispiel Berlin, Hamburg, 1983

Arbeitsgruppe zur Erforschung der Geschichte der Karl-Bonhoeffer-Nervenklinik (ed.), Totgeschwiegen 1933–1945: Zur Geschichte der Wittenauer Heilstätten, seit 1957 Karl-Bonhoeffer-Nervenklinik, Berlin, 1989

Arnold, Klaus Jochen, 'Die Eroberung und Behandlung der Stadt Kiew durch die Wehrmacht im September 1941', Militärgeschichtliche Mitteilungen, 58/1, 59

(1999), 23–63

Arnold, Jörg, "'Once upon a time there was a lovely town ...': The Allied air war, urban reconstruction and nostalgia in Kassel (1943–2000)', *German History*, 29/3 (2011), 445–69

Arnold, Jörg, Dietmar Süß and Malte Thiessen (eds), *Luftkrieg: Erinnerungen in Deutschland und Europa*, Göttingen, 2009

Ausländer, Fietje, "'Zwölf Jahre Zuchthaus! Abzusitzen nach Kriegsende!" Zur Topographie des Strafgefangenenwesens der Deutschen Wehrmacht', in Norbert Haase and Gerhard Paul (eds), *Die anderen Soldaten: Wehrkraftzersetzung, Gehorsamsverweigerung und Fahnenflucht im Zweiten Weltkrieg*, Frankfurt am Main, 1995, 50–65

Ayass, Wolfgang, *Das Arbeitshaus Breitenau: Bettler, Landstreicher, Prostituierte, Zuhälter und Fürsorgeempfänger in der Korrektions- und Landarmenanstalt Breitenau (1874–1949)*, Kassel, 1992

Bader, Karl S., *Soziologie der deutschen Nachkriegskriminalität*, Tübingen, 1949

Baird, Jay W., 'The Myth of Stalingrad', *Journal of Contemporary History*, 4 (1969), 187–204

Baird, Jay W., *To Die for Germany: Heroes in the Nazi Pantheon*, Bloomington, 1992

Bajohr, Frank, *'Aryanisation' in Hamburg: The Economic Exclusion of the Jews and the Confiscation of their Property in Nazi Germany*, Oxford, 2002

Bajohr, Frank and Dieter Pohl, *Der Holocaust als offenes Geheimnis: Die Deutschen, die NS-Führung und die Alliierten*, Munich, 2006

Bajohr, Frank and Michael Wildt (eds), *Volksgemeinschaft: Neue Forschungen zur Gesellschaft des Nationalsozialismus*, Frankfurt am Main, 2009

Bajohr, Stefan, *Die Hälfte der Fabrik: Geschichte der Frauenarbeit in Deutschland 1914 bis 1945*, Marburg, 1979

Baldoli, Claudia, 'Spring 1943: The FIAT strikes and the collapse of the Italian home front', *History Workshop Journal*, 72 (2011), 181–9

Baldoli, Claudia and Marco Fincardi, 'Italian society under Anglo-American bombs: Propaganda, experience and Legend, 1940–1945', *Historical Journal* 52: 4 (2009), 1017–38

Baldoli, Claudia and Andrew Knapp, *Forgotten Blitzes: France and Italy under Allied Bombs,* 1940–1945, London, 2011

Baldoli, Claudia, Andrew Knapp and Richard Overy (eds), *Bombing, States and Peoples in Western Europe* 1940–1945, London, 2011

Baldwin, P.M., 'Clausewitz in Nazi Germany', *Journal of Contemporary History,* 16 (1981), 5–26

Bandhauer-Schöffmann, Irene and Ela Hornung, 'Vom "Dritten Reich" zur Zweiten Republik: Frauen im Wien der Nachkriegszeit', in David F. Good, Margarete Grandner and Mary Jo Maynes (eds), *Frauen in Österreich: Beiträge zu ihrer Situation im 19. und 20. Jahrhundert,* Vienna, 1994, 225–46

Bankier, David, *The Germans and the Final Solution: Public Opinion under Nazism,* Oxford, 1992

Bankier, David, 'German Public Awareness of the Final Solution', in David Cesarani (ed.), *The Final Solution: Origins and Implementation,* London, 1994, 215–27)

Bartov, Omer, *The Eastern Front, 1941–45: German Troops and the Barbarisation of Warfare,* Basingstoke, 1985

Bartov, Omer, *Hitler's Army: Soldiers, Nazis, and War in the Third Reich,* Oxford, 1991

Bathrick, David, 'Making a national family with the radio: The Nazi Wunschkonzert', *Modernism/Modernity,* 4/1 (1997), 115–27

Bauer, Maja, *Alltag im 2. Weltkrieg,* Berlin, 1980

Bauer, Theresia, *Nationalsozialistische Agrarpolitik und bäuerliches Verhalten im Zweiten Weltkrieg: Eine Regionalstudie zur ländlichen Gesellschaft in Bayern,* Frankfurt am Main, 1996

Baumann, Ursula, 'Suizid im "Dritten Reich"—Facetten eines Themas', in Michael Grüttner, Rüdiger Hachtmann and Heinz-Gerhard Haupt (eds), *Geschichte und Emanzipation: Festschrift für Reinhard Rürup,* Frankfurt am Main, 1999, 482–516

Baumgart, Winfried, 'Zur Ansprache Hitlers vor den Führern der Wehrmacht am 22. August 1939', *VfZ,* 16 (1968), 120–49

Beauvoir, Simone de, *La Force de l'âge,* Paris, 1960

Beck, Gad, *An Underground Life: Memoirs of a Gay Jew in Nazi Berlin,*

Milwaukee, 2000

Becker, Franziska, *Gewalt und Gedächtnis: Erinnerungen an die nationalsozialistische Verfolgung einer jüdischen Landgemeinde*, Göttingen, 1994

Becker, Jörg, *Elisabeth Noelle-Neumann: Demoskopin zwischen NS-Ideologie und Konservatismus*, Paderborn, 2013

Beer, Matthias, 'Im Spannungsfeld von Politik und Zeitgeschichte: Das Grossforschungsprojekt "Dokumentation der Vertreibung der Deutschen aus Ost–Mitteleuropa"', *Vierteljahrshefte für Zeitgeschichte*, 49 (1998), 345–89

Beevor, Antony, *Stalingrad*, London, 1998

Beevor, Antony, *Berlin: The Downfall 1945*, London, 2002

Beevor, Antony, *D-Day: The Battle for Normandy*, London, 2009

Beevor, Antony and Luba Vinogradova (eds), *A Writer at War: Vasily Grossman with the Red Army*, Pimlico, 2006

Behrenbeck, Sabine, *Der Kult um die toten Helden: Nationalsozialistische Mythen, Riten und Symbole 1923 bis 1945*, Vierow bei Greifswald, 1996

Bellmann, Werner (ed.), *Klassische deutsche Kurzgeschichten: Interpretationen*, Stuttgart, 2004

Bentley, James, *Martin Niemöller, 1892–1984*, Oxford, 1984

Benz, Wolfgang, 'Judenvernichtung aus Notwehr? Die Legenden um Theodore N. Kaufman', *Vierteljahrshefte für Zeitgeschichte*, 29/4 (1981), 615–30

Benz, Wolfgang (ed.), *Wie wurde man Parteigenosse? Die NSDAP und ihre Mitglieder*, Frankfurt am Main, 2009

Benzenhöfer, Udo, *'Kinderfachabteilungen' und 'NS-Kindereuthanasie'*, Wetzlar, 2000

Bergander, Götz, *Dresden im Luftkrieg: Vorgeschichte—Zerstörung—Folgen*, Cologne, 1977

Bergen, Doris L., *Twisted Cross: The German Christian Movement in the Third Reich*, Chapel Hill, 1996

Bergen, Doris L. (ed.), *The Sword of the Lord: Military Chaplains from the First to the Twenty-first Century*, Notre Dame, 2004

Bergen, Doris L., 'Instrumentalization of "Volksdeutschen" in German propaganda in

1939: Replacing/erasing Poles, Jews and other victims', *German Studies Review*, 31/2 (2008), 447–70

Berger, Andrea and Thomas Oelschläger, "'Ich habe eines natürlichen Todes 646 sterben lassen": Das Krankenhaus im Kalmenhof und die Praxis der nationalsozialistischen Vernichtungsprogramme', in Christian Schrapper and Dieter Sengling (eds), *Die Idee der Bildbarkeit: 100 Jahre sozialpädagogische Praxis in der Heilerziehungsanstalt Kalmenhof*, Weinheim, 1988, 269–336

Berkhoff, Karel, *Harvest of Despair: Life and Death in Ukraine under Nazi Rule*, Cambridge, Mass., 2004

Berth, Christiane, *Biografien und Netzwerke im Kaffeehandel zwischen Deutschland und Zentralamerika 1920–1959*, Hamburg, 2014

Bessel, Richard, 'The Shock of Violence in 1945 and its Aftermath in Germany', in Alf Lüdtke and Bernd Weisbrod (eds), *No Man's Land of Violence*, 69–99

Bessel, Richard, *Germany 1945*, London/New York, 2009

Bessel, Richard and Claudia B. Haake (eds), *Removing Peoples: Forced Removal in the Modern World*, Oxford, 2009

Bessel, Richard and Dirk Schumann (eds), *Life after Death: Approaches to a Cultural and Social History of Europe during the 1940s and 1950s*, Cambridge, 2003

Betts, Paul and Greg Eghigian (eds), *Pain and Prosperity: Reconsidering Twentieth-Century German History*, Stanford, Cal., 2003

Beyschlag, Karlmann, 'In Sachen Althaus/Elert: Einspruch gegen Berndt Hamm', in *Homiletisch-liturgisches Korrespondenzblatt*, 8 (1990/91), 153–72

Biallas, Leonie, '*Komm, Frau, raboti': Ich war Kriegsbeute*, Hürth, 2004

Biernacki, Stanisław, Czesław Madajczyk and Blanka Meissner, *Generalny plan wschodni: zbiór dokumentów*, Warsaw, 1990

Biess, Frank, 'Survivors of Totalitarianism: Returning POWs and the Reconstruction of Masculine Citizenship in West Germany, 1945–1955', in Hanna Schissler (ed.), *The Miracle Years: A Cultural History of West Germany, 1949–1968*, Princeton, NJ, 2001, 57–82

Biess, Frank, *Homecomings: Returning POWs and the Legacies of Defeat in Postwar Germany*, Princeton, 2006

Birkenfeld, Wolfgang, D*er synthetische Treibstoff* 1933–1945: *Ein Beitrag zur nationalsozialistischen Wirtschafts- und Rüstungspolitik*, Göttingen, 1964

Blaazer, David, 'Finance and the end of appeasement: The Bank of England, the National Government and the Czech gold', J*ournal of Contemporary History*, 40/1 (2005), 22–56

Black, Monica, D*eath in Berlin: From Weimar to Divided Germany*, Cambridge, 2010

Blank, Ralf, 'Kriegsalltag und Luftkrieg an der "Heimatfront"', DRZW, 9/1 (2004), 357–461

Blank, Ralf, R*uhrschlacht: Das Ruhrgebiet im Kriegsjahr* 1943, Essen, 2013

Blet, Pierre, P*ius* XII *and the Second World War: According to the Archives of the Vatican*, New York, 1999

Bobet, Jean, L*e vélo a l'heure allemande*, Paris, 2007

Bock, Gisela, *Zwangssterilisation im Nationalsozialismus: Studien zur Rassenpolitik und Frauenpolitik*, Opladen, 1986

Boddenberg, Werner, D*ie Kriegsgefangenenpost deutscher Soldaten in sowjetischem Gewahrsam und die Post von ihren Angehörigen während des* II. W*eltkrieges*, Berlin, 1985

Bode, Sabine, D*ie vergessene Generation: Die Kriegskinder brechen ihr Schweigen*, Stuttgart, 2004

Böhler, Jochen, A*uftakt zum Vernichtungskrieg: Die Wehrmacht in Polen* 1939, Frankfurt/Main, 2006

Böhme, Klaus and Uwe Lohalm (eds), W*ege in den Tod: Hamburgs Anstalt Langenhorn und die Euthanasie in der Zeit des Nationalsozialismus*, Hamburg, 1993

Böhme, Kurt W., *Gesucht wird ... Das dramatische Geschichte des Suchdienstes*, Munich, 1965

Bohn, Robert, R*eichskommissariat Norwegen: 'Nationalsozialistische Neuordnung' und Kriegswirtschaft*, Munich, 2000

Boll, Bernd, '"... das gesunde Volksempfi nden auf das Gröbste verletzt": Die Offenburger Strafjustiz und der "verbotene Umgang mit Kriegsgefangenen" während des 2. Weltkriegs', D*ie Ortenau*, 71 (1991), 645–78

Böll, Heinrich, B*rief an einen jungen Katholiken*, Cologne/Berlin, 1961

Böll, Heinrich, 'Wanderer kommst Du nach Spa ...', in Heinrich Böll, W*erke: Romane und Erzählungen*, 1, 1947–1951, Cologne, 1977, 194–202

Boltanski, Christian and Bernhard Jussen (eds), S*ignal*, Göttingen, 2004

Boog, Horst, D*ie deutsche Luftwaff enführung* 1935–1945, Stuttgart, 1982

Boog, Horst, 'Strategischer Luftkrieg in Europa und Reichsluftverteidigung 1943–1944', DRZW, 7 (2001), 3–418

Boog, Horst, 'Die strategische Bomberoffensive der Alliierten gegen Deutschland und die Reichsluftverteidigung in der Schlußphase des Krieges', DRZW, 10/1 (2008), 777–885

Borodziej, Włodzimierz, T*he Warsaw Uprising of* 1944, Madison, Wis., 2006

Brajovic´-Djuro, Petar, Y*ugoslavia in the Second World War*, Belgrade, 1977

Bramsted, Ernest K., G*oebbels and National Socialist Propaganda*, 1925–1945, East Lansing, 1965

Brandt, Karl, M*anagement of Agriculture and Food in the German-Occupied and Other Areas of Fortress Europe: A Study in Military Government*, Stanford, Cal., 1953

Brantzen, Klaus, P*ater Franz Reinisch sein Lebensbild: Ein Mann steht zu seinem Gewissen*, Neuwied, 1993

Brodie, Thomas, 'For Christ and Germany: German Catholicism and the Second World War', D.Phil. thesis, Oxford, 2013

Broszat, Martin, N*ationalsozialistische Polenpolitik* 1939–1945, Stuttgart, 1961

Broszat, Martin, 'Resistenz und Widerstand: Eine Zwischenbilanz des Forschungsprojekts', in Martin Broszat, Elke Fröhlich and Atina Grossmann (eds), B*ayern in der* NS-Z*eit*, 4, Munich, 1981, 691–709

Broszat, Martin et al. (eds), B*ayern in der* NS-Z*eit*, 1–6, Munich, 1977–1983

Broszat, Martin, Klaus-Dietmar Henke and Hans Woller (eds), V*on Stalingrad zur Währungsreform: Zur Sozialgeschichte des Umbruchs in Deutschland*, Munich, 1988

Brown-Fleming, Suzanne, T*he Holocaust and the Catholic Conscience: Cardinal Aloisius Muench and the Guilt Question in Germany*, Notre Dame, Ind., 2006

Browning, Christopher, T*he Origins of the Final Solution: The Evolution of Nazi*

Jewish Policy, September 1939–March 1942, London, 2005

Brunswig, Hans, Feuersturm über Hamburg: Die Luftangriffe über Hamburg im
2. Weltkrieg und ihre Folgen, Stuttgart, 2003

Buchbender, Ortwin and Reinhold Sterz (eds), Das andere Gesicht des Krieges:
Deutsche Feldpostbriefe 1939–1945, Munich, 1983

Bundesministerium für Vertriebene, Flüchtlinge und Kriegsgeschädigte (ed.),
Dokumente deutscher Kriegsschäden: Evakuierte, Kriegssachgeschädigte,
Währungsgeschädigte: Die geschichtliche und rechtliche Entwicklung, 1–5,
Bonn, 1958–64

Bundesministerium für Vertriebene, Flüchtlinge und Kriegsgeschädigte (ed.), Die
Vertreibung der deutschen Bevölkerung aus den Gebieten östlich der Oder–
Neisse, 1–3, (reprinted) Augsburg, 1993

Burleigh, Michael, Death and Deliverance: 'Euthanasia' in Germany, 1900–1945,
Cambridge, 1994

Bussmann, Walter, 'Zur Entstehung und Überlieferung der Hossbach Niederschrift',
VfZ, 16 (1968), 373–84

Büttner, Ursula, '"Gomorrha" und die Folgen des Bombenkriegs', in Forschungsstelle
für Zeitgeschichte in Hamburg (ed.), Hamburg im 'Dritten Reich', Göttingen,
2005, 612–32

Carlton, David, Churchill and the Soviet Union, Manchester, 2000

Carter, Erica, Dietrich's Ghosts: The Sublime and the Beautiful in Third Reich
Film, London, 2004

Ceretti, Adolfo, Come pensa il tribunale per i minorenni: una ricerca sul
giudicato penale a Milano dal 1934 al 1990, Milan, 1996

Cesarani, David (ed.), The Final Solution: Origins and Implementation, London,
1994

Cesarani, David, Eichmann: His Life, Crimes and Legacy, London, 2004

Chiari, Bernhard, Alltag hinter der Front: Besatzung, Kollaboration und
Widerstand in Weißrußland 1941–1944, Düsseldorf, 1998

Chickering, Roger and Stig Förster (eds), The Shadows of Total War: Europe, East
Asia, and the United States, 1919–1939, New York, 2003

Chu, Winson, The German Minority in Interwar Poland, Cambridge, 2012

Clark, Christopher, 'Johannes Blaskowitz: Der christliche General', in Ronald Smelser and Enrico Syring (eds), *Die Militärelite des dritten Reiches*, Berlin, 1995, 28–50

Clark, Christopher, *The Politics of Conversion: Missionary Protestantism and the Jews in Prussia* 1728–1941, Oxford, 1995

Cointet, Michele, *L'Eglise sous Vichy*, 1940–1945, Paris, 1998

Coldrey, Barry, *Child Migration under the Auspices of Dr Barnardo's Homes, the Fairbridge Society and the Lady Northcote Trust*, Thornbury, 1999

Collingham, Lizzie, *The Taste of War: World War Two and the Battle for Food*, London, 2011

Confino, Alon, *Foundational Pasts: The Holocaust as Historical Understanding*, Cambridge, 2012

Confino, Alon, Paul Betts and Dirk Schumann (eds), *Between Mass Death and Individual Loss: The Place of the Dead in Twentieth-century Germany*, New York, 2008

Conze, Eckart, Norbert Frei, Peter Hayes and Moshe Zimmermann, *Das Amt und die Vergangenheit: Deutsche Diplomaten im Dritten Reich und in der Bundesrepublik*, Munich, 2010

Corni, Gustavo and Horst Gies, *Brot—Butter—Kanonen: Die Ernährungswirtschaft in Deutschland under der Diktatur Hitlers*, Berlin, 1997

Cox, Mary, 'Hunger games: Or how the Allied blockade in the First World War deprived German children of nutrition, and Allied food aid subsequently saved them', *Economic History Review*, Sept. 2014: doi: 10.1111/ehr.12070

Daiber, Hans, *Schaufenster der Diktatur: Theater im Machtbereich*, Stuttgart, 1995

Dallin, Alexander, *German Rule in Russia, 1941–1945: A Study of Occupation Policies*, 2nd rev. ed., Boulder, Col., 1981

Daniel, Ute, *The War from Within: German Working-class Women in the First World War*, Oxford, 1997

Daniel, Ute (ed.), *Augenzeugen: Kriegsberichterstattung vom 18. bis zum 21. Jahrhundert*, Göttingen, 2006

Danimann, Franz, *Flüsterwitze und Spottgedichte unterm Hakenkreuz*, Vienna, 1983

Datner, Szymon, 'Crimes committed by the Wehrmacht during the September Campaign and the period of military government (1 Sept. 1939–25 Oct. 1939)', *Polish Western Affairs*, 3 (1962), 294–328

Davies, Norman, *Rising '44: 'The Battle for Warsaw'*, London, 2004

Davies, Norman and Roger Moorhouse, *Microcosm: Portrait of a Central European City*, London, 2002

Davies, R.W. and Steve Wheatcroft, *The Years of Hunger: Soviet Agriculture, 1931–1933*, Basingstoke, 2004

Davies, R.W., Oleg Khlevnyuk and Steve Wheatcroft, *The Years of Progress: The Soviet Economy, 1934–1936*, Basingstoke, 2014

Deák, István, Jan Gross and Tony Judt (eds), *The Politics of Retribution in Europe: World War II and its Aftermath*, Princeton, NJ, 2000

Dean, Martin, *Collaboration in the Holocaust: Crimes of the Local Police in Belorussia and Ukraine, 1941–44*, Basingstoke and London, 2000

Defalque, R.J. and A.J. Wright, 'Methamphetamine for Hitler's Germany, 1937 to 1945', *Bulletin of Anesthesia History*, 29/2 (April 2011), 21–4

Dennler, Wilhelm *Die böhmische Passion*, Freiburg im Breisgau, 1953

Dettmar, Ute, 'Der Kampf gegen "Schmutz und Schund"', in Joachim Hopster (ed.), *Die Kinder- und Jugendliteratur in der Zeit der Weimarer Republik*, Frankfurt am Main, 2012, 565–586

Dickinson, Edward, *The Politics of German Child Welfare from the Empire to the Federal Republic*, Cambridge, Mass., 1996

Dieckman, Christoph, 'The War and the Killing of the Lithuanian Jews', in Ulrich Herbert (ed.), *National Socialist Extermination Policies*, New York/Oxford, 2000, 240–75

Diedrich, Torsten, *Paulus: Das Trauma von Stalingrad: Eine Biographie*, aderborn, 2008

Diercks, Herbert (ed.), *Verschleppt nach Deutschland! Jugendliche Häftlinge des KZ Neuengamme aus der Sowjetunion erinnern sich*, Bremen, 2000

Diller, Ansgar, *Rundfunkpolitik im Dritten Reich*, Munich, 1980

Doenecke, Justus and Mark Stoler, *Debating Franklin D. Roosevelt's Foreign olicies, 1933–1945*, Oxford, 2005

Dörner, Bernward, 'Heimtücke': Das Gesetz als Waff e: Kontrolle, Abschreckung nd Verfolgung in Deutschland 1933–1945, Paderborn, 1985

Dörr, Margarete, 'Wer die Zeit nicht miterlebt hat ...': Frauenerfahrungen m Zweiten Weltkrieg und in den Jahren danach, 1–3, Frankfurt am Main, 998

Douglas, Ray, Orderly and Humane: The Expulsion of the Germans after the econd World War, New Haven, 2012

Dov Kulka, Otto and Eberhard Jäckel (eds), Die Juden in den geheimen S-Stimmungsberichten 1933–1945, Düsseldorf, 2004

Drewniak, Bogusław, Der deutsche Film 1938–1945, Düsseldorf, 1987

Dröge, Franz, Der zerredete Widerstand: Soziologie und Publizistik des Gerüchts m 2. Weltkrieg, Düsseldorf, 1970

Drolshagen, Ebba, Der freundliche Feind: Wehrmachtssoldaten im besetzten uropa, Munich, 2009

Dunae, Patrick, 'Gender, Generations and Social Class: The Fairbridge Society nd British Child Migration to Canada, 1930–1960', in Jon Lawrence and at Starkey (eds), Child Welfare and Social Action: International Perspectives, iverpool, 2001, 82–100

Dülmen, Richard van, Theatre of Horror: Crime and Punishment in early modern ermany, Oxford, 1990

Düringer, Hermann and Jochen-Christoph Kaiser (eds), Kirchliches Leben im weiten Weltkrieg, Frankfurt am Main, 2005

Ebert, Jens, Stalingrad: Eine deutsche Legende, Reinbek, 1992

Eckel, Jan, Hans Rothfels, Göttingen, 2005

Emmerich, Norbert, 'Die Wittenauer Heilstätten 1933–1945', in Arbeitsgruppe ur Erforschung der Geschichte der Karl-Bonhoeffer-Nervenklinik (ed.), Totgeschwiegen 1933–1945: Zur Geschichte der Wittenauer Heilstätten, seit 1957 Karl-Bonhoeffer-Nervenklinik, Berlin, 1989, 185–9

Endlich, Stefanie, Monica Geyler-von Bernus and Beate Rossié (eds), Christenkreuz und Hakenkreuz: Kirchenbau und sakrale Kunst im Nationalsozialismus, Berlin, 2008

Engel, Gerhard, Heeresadjutant bei Hitler 1938–1943, Stuttgart, 1974

Epstein, Catherine, Model Nazi: Arthur Greiser and the Occupation of Western

P*oland*, Oxford, 2010

Ericksen, Robert, T*heologians under Hitler: Gerhard Kittel, Paul Althaus, and manuel Hirsch*, New Haven, 1985

Erickson, John, T*he Road to Berlin: Stalin's War with Germany*, 2, London, 983

Ericsson, Kjersti and Eva Simonsen (eds), *Children of World War* II, Oxford, 2005

Evans, Jennifer V., L*ife among the Ruins: Cityscape and Sexuality in Cold War Berlin*, Basingstoke, 2011

Evans, Richard J., R*ituals of Retribution: Capital Punishment in Germany,* 1600–1987, Oxford, 1996

Evans, Richard J., T*elling Lies about Hitler: The Holocaust, History and the David Irving Trial*, London, 2002

Evans, Richard J., T*he Coming of the Third Reich*, London, 2003

Evans, Richard J., T*he Third Reich in Power,* 1933–1939, London, 2005

Evans, Richard J., T*he Third Reich at War,* 1939–1945, London, 2008

Faulstich, Heinz, 'Die Zahl der "Euthanasie"-Opfer', in Andreas Frewer and Clemens Eickhoff (eds), '*Euthanasie' und aktuelle Sterbehilfe-Debatte*, Frankfurt am Main, 2000, 218–32

Faulstich, Heinz, V*on der Irrenfürsorge zur 'Euthanasie': Geschichte der badischen Psychiatrie bis* 1945, Freiburg, 1993

Feingold, Henry L., T*he Politics of Rescue: The Roosevelt Administration and the Holocaust,* 1938–1945, New Brunswick, NJ, 1970

Fenwick, Luke, 'Religion in the Wake of "Total War": Protestant and Catholic Communities in Thuringia and Saxony-Anhalt, 1945–9', D.Phil. thesis, Oxford, 2011

Fieberg, Gerhard, Ralph Angermund and Gertrud Sahler (eds), I*m Namen des deutschen Volkes: Justiz und Nationalsozialismus*, Cologne, 1989

Fisch, Bernhard, N*emmersdorf, Oktober* 1944*: Was in Ostpreußen tatsächlich geschah*, Berlin, 1997

Fisch, Bernhard, 'Nemmersdorf 1944', in Gerd R. Ueberschär (ed.), O*rte des Grauens: Verbrechen im Zweiten Weltkrieg*, Darmstadt, 2003, 155–67

Fisch, Bernhard, 'Nemmersdorf 1944—ein bisher unbekanntes zeitnahes Zeugnis', *Zeitschrift für Ostmitteleuropa-Forschung*, 56/1 (2007), 105–14

Fishman, Sarah, T*he Battle for Children: World War* II *Youth Crime, and Juvenile*

Justice in Twentieth-century France, Cambridge, Mass., 2002

Fleischhauer, Ingeborg, Die Chance des Sonderfriedens: Deutsch-sowjetische Geheimgespräche 1941–1945, Berlin, 1986

Fleming, Nicholas, August 1939: The Last Days of Peace, London, 1979

Forsbach, Ralf, Die medizinische Fakultät der Universität Bonn im 'Dritten Reich', Munich, 2006

Förschler, Andreas, Stuttgart 1945: Kriegsende und Neubeginn, Gudensberg-Gleichen, 2004

Forschungsstelle für Zeitgeschichte in Hamburg (ed.), Hamburg im 'Dritten Reich', Göttingen, 2005

Förster, Jürgen, 'Hitler turns East: German War Policy in 1940 and 1941', in Bernd Wegner (ed.), From Peace to War: Germany, Soviet Russia and the World, 1939–1941, Oxford, 1997, 115–33

Forstman, Jack, Christian Faith in Dark Times: Theological Conflicts in the Shadow of Hitler, Louisville, 1992

Forty, George, Villers-Bocage, Stroud, 2004

Fox, Frank, 'Jewish victims of the Katyn Massacre', East European Jewish Affairs, 23: 1 (1993), 49–55

Fox, Jo, Film Propaganda in Britain and Nazi Germany: World War II Cinema, Oxford, 2007

Franks, Norman, The Air Battle of Dunkirk, London, 1983

Frei, Norbert (ed.), Medizin und Gesundheitspolitik in der NS-Zeit, Munich, 1991

Frei, Norbert, National Socialist Rule in Germany: The Führer State, 1933–1945, Oxford, 1993

Frei, Norbert (ed.), Karrieren im Zwielicht: Hitlers Eliten nach 1945, Frankfurt am Main, 2001

Frei, Norbert, Adenauer's Germany and the Nazi Past: The Politics of Amnesty and Integration, New York, 2002

Frei, Norbert and Johannes Schmitz (eds), Journalismus im Dritten Reich, Munich, 1989

Frei, Norbert, Sybille Steinbacher and Bernd Wagner (eds), Ausbeutung, Vernichtung, Öffentlichkeit, Munich, 2000

Frewer, Andreas and Clemens Eickhoff (eds), *'Euthanasie' und aktuelle Sterbehilfe-Debatte*, Frankfurt am Main, 2000

Friedländer, Saul, *Kurt Gerstein: The Ambiguity of Good*, New York, 1969

Friedländer, Saul, *Nazi Germany and the Jews*, 1, *The Years of Persecution, 1933–39*, London, 1997

Friedländer, Saul, *The Years of Extermination: Nazi Germany and the Jews, 1939–1945*, 2, London, 2007

Friedrich, Ernst, *Krieg dem Kriege*, Munich, 2004

Friedrich, Jörg, '"Die Wohnungsschlüssel sind beim Hausverwalter abzugeben": Die Ausschlachtung der jüdischen Hinterlassenschaft', in Jörg Wollenberg (ed.), *'Niemand war dabei und keiner hat's gewußt': Die deutsche Öffentlichkeit und die Judenverfolgung 1933–1945*, Munich, 1989, 188–203

Friedrich, Jörg, *Der Brand: Deutschland im Bombenkrieg 1940–1945*, Munich, 2002

Frieser, Karl-Heinz, 'Zusammenbruch im Osten', DRZW, 8 (2007), 493–678

Frieser, Karl-Heinz, *The Blitzkrieg Legend: The 1940 Campaign in the West*, Annapolis, 2005

Frings, Josef Kardinal, *Für die Menschen bestellt*, Cologne, 1973

Fritzsch, Robert, *Nürnberg im Krieg*, Düsseldorf, 1984

Fritzsche, Peter, 'Volkstümliche Erinnerung und deutsche Identität nach dem Zweiten Weltkrieg', in Konrad Jarausch and Martin Sabrow (eds), *Verletztes Gedächtnis: Erinnerungskultur und Zeitgeschichte im Konfl ikt*, Frankfurt am Main, 2002, 75–97

Fritzsche, Peter, *Life and Death in the Third Reich*, Cambridge, Mass., 2008

Fuchs, Stephan, *'Vom Segen des Krieges': Katholische Gebildete im ersten Weltkrieg: Eine Studie zur Kriegsdeutung im akademischen Katholizismus*, Stuttgart, 2004

Gailus, Manfred, 'Keine gute Performance', in Manfred Gailus and Armin Nolzen (eds), *Zerstrittene 'Volksgemeinschaft': Glaube, Konfession und Religion im Nationalsozialismus*, Göttingen, 2011, 96–121

Gailus, Manfred, *Protestantismus und Nationalsozialismus: Studien zur nationalsozialistischen Durchdringung des protestantischen Sozialmilieus in*

Berlin, Cologne, 2001

Gailus, Manfred and Hartmut Lehmann (eds), *Nationalprotestantische Mentalitäten*, Göttingen, 2005

Gailus, Manfred and Armin Nolzen (eds), *Zerstrittene 'Volksgemeinschaft': Glaube, Konfession und Religion im Nationalsozialismus*, Göttingen, 2011

Gall, Lothar (ed.), *Krupp im 20. Jahrhundert: Die Geschichte des Unternehmens vom Ersten Weltkrieg bis zur Gründung der Stiftung*, Berlin, 2002

Ganzenmüller, Jörg, *Das belagerte Leningrad 1941–1944: Die Stadt in den Strategien von Angreifern und Verteidigern*, Paderborn, 2006

Garbe, Detlef, *Between Resistance and Martyrdom: Jehovah's Witnesses in the Third Reich*, Madison, Wis., 2008

Gardner, W.J.R., *The Evacuation from Dunkirk: 'Operation Dynamo', 26 May–4 June 1940*, London, 1949

Gassert, Philipp and Alan E. Steinweis (eds), *Coping with the Nazi Past: West German Debates on Nazism and Generational Conflict, 1955–1975*, New York, 2006

Gehrke, Hans-Joachim, 'Die Thermopylenrede Hermann Görings zur Kapitulation Stalingrads: Antike Geschichtsbilder im Wandel von Heroenkult zum Europadiskurs', in Bernd Martin (ed.), *Der Zweite Weltkrieg in historischen Reflexionen*, Freiburg, 2006, 13–29

Gellately, Robert, *The Gestapo and German Society: Enforcing Racial Policy, 1933–1945*, Oxford, 1990

Gellately, Robert, *Backing Hitler: Consent and Coercion in Nazi Germany*, Oxford, 2001

Gepp, Thomas (ed.), *Essen im Luftkrieg*, Essen, 2000

Gerlach, Christian, *Krieg, Ernährung, Völkermord: Forschungen zur deutschen Vernichtungspolitik im zweiten Weltkrieg*, Hamburg, 1998

Gerlach, Christian, *Kalkulierte Morde: Die deutsche Wirtschafts- und Vernichtungspolitik in Weissrussland 1941 bis 1944*, Hamburg, 1999

Gerlach, Wolfgang, *And the Witnesses were Silent: The Confessing Church and the Persecution of the Jews*, Lincoln, Nebr., 2000

Gerwarth, Robert, *Hitler's Hangman: The Life of Heydrich*, New Haven, 2011

Geve, Thomas, *Youth in Chains*, Jerusalem, 1981

Geyer, Michael, 'Cold War Angst: The Case of West German Opposition to Rearmament and Nuclear Weapons', in Hanna Schissler (ed.), *The Miracle Years: A Cultural History of West Germany, 1949–1968*, Princeton, 2001, 376–408

Geyer, Michael, 'Endkampf 1918 and 1945: German Nationalism, Annihilation and Self-destruction', in Alf Lüdtke and Bernd Weisbrod (eds), *No Man's Land of Violence: Extreme Wars in the 20th Century*, Göttingen, 2006, 35–67

Gilbert, Martin, *The Holocaust: The Jewish Tragedy*, London, 1986

Gildea, Robert, *Marianne in Chains: Daily Life in the Heart of France during the German Occupation*, London, 2002

Gildea, Robert, Oliver Wieviorka and Anette Warring (eds), *Surviving Hitler and Mussolini: Daily Life in Occupied Europe*, Oxford, 2006

Gillingham, J.R., *Industry and Politics in the Third Reich: Ruhr Coal, Hitler and Europe*, London, 1985

Giziowski, Richard J., *The Enigma of General Blaskowitz*, London, 1997

Glantz, David, *Barbarossa Derailed: The Battle for Smolensk, 10 July–10 September 1941*, Solihull, 2010

Glantz, David, *When Titans Clashed: How the Red Army Stopped Hitler*, Lawrence, Kan., 1995

Gleiss, Horst, *Breslauer Apokalypse 1945*, 3, Wedel, 1986

Godau-Schüttke, Klaus-Detlev, *Ich habe nur dem Recht gedient: Die 'Renazifi zierung' der schleswig-holsteinischen Justiz nach 1945*, Baden-Baden, 1993

Goeschel, Christian, *Suicide in Nazi Germany*, Oxford, 2009

Goltermann, Svenja, *Die Gesellschaft der Überlebenden: Deutsche Kriegsheimkehrer und ihre Gewalterfahrungen im Zweiten Weltkrieg*, Munich, 2009

Goltz, Anna von der, *Hindenburg: Power, Myth, and the Rise of the Nazis*, Oxford, 2009

Gordon, Bertram, 'Ist Gott französisch? Germans, tourism and occupied France 1940–1944', *Modern and Contemporary France*, 4/3 (1996), 287–98

Gordon, Sarah, *Hitler, Germans and the 'Jewish Question'*, Princeton, 1984

Görtemaker, Heike, *Ein deutsches Leben: Die Geschichte der Margret Boveri 1900–*

1975, Munich, 2005

Goschler, Constantin (ed.), *Wiedergutmachung: Westdeutschland und die Verfolgten des Nationalsozialismus (1950–1954)*, Munich, 1992

Gottwaldt, Alfred, Norbert Kampe and Peter Klein (eds), *NS-Gewaltherrschaft: Beiträge zur historischen Forschung und juristischen Aufarbeitung*, Berlin, 2005

Graser, Gerhard, *Zwischen Kattegat und Kaukasus: Weg und Kämpfe der 198. Infanterie-Division 1939–1945*, Tübingen, 1961

Grass, Günter, *Im Krebsgang*, Göttingen, 2002

Gregor, Neil, '"Is he still alive, or long since dead?": Loss, absence and remembrance in Nuremberg, 1945–1956', *German History*, 21/2 (2003), 183–202

Grenkevich, Leonid D., *The Soviet Partisan Movement, 1941–1944: A Critical Historiographical Analysis*, London, 1999

Gribaudi, Gabriella, *Guerra totale: Tra bombe alleate violenze naziste: Napoli e il fronte meridionale 1940–1944*, Turin, 2005

Griech-Polelle, Beth A., *Bishop von Galen: German Catholicism and National Socialism*, New York, 2002

Grimm, Barbara, 'Lynchmorde an alliierten Fliegern im Zweiten Weltkrieg', in Dietmar Süß (ed.), *Deutschland im Luftkrieg: Geschichte und Erinnerung*, Munich, 2007, 71–84

Groehler, Olaf, *Bombenkrieg gegen Deutschland*, Berlin, 1990

Gröschner, Annett (ed.), *'Ich schlug meiner Mutter die brennenden Funken ab': Berliner Schulaufsätze aus dem Jahr 1946*, Berlin, 1996

Gross, Jan, 'A Tangled Web: Confronting Stereotypes concerning Relations between Poles, Germans, Jews, and Communists', in István Deák, Jan Gross, and Tony Judt (eds), *The Politics of Retribution in Europe: World War II and its Aftermath*, Princeton, NJ, 2000, 74–129

Gross, Jan, *Fear: Anti-Semitism in Poland after Auschwitz: An Essay in Historical Interpretation*, Princeton, NJ, 2006

Grossjohann, Georg, *Five Years, Four Fronts: A German Offi cer's World War II Combat Memoir*, New York, 2005

Grossman, Wassili Semjonowitsch, and Ilja Ehrenburg (eds), *Das Schwarzbuch: Der*

Genozid an den sowjetischen Juden, Reinbek bei Hamburg, 1994

Grossman, Vasily, A *Writer at War: Vasily Grossman with the Red Army,* 1941–1945, Antony Beevor and Luba Vinogradova (eds), London, 2005

Gruchmann, Lothar (ed.), *Autobiographie eines Attentäters: Aussage zum Sprengstoff sanschlag im Bürgerbräukeller, München am 8. November 1939,* Stuttgart, 1970

Gruchmann, Lothar, *Justiz im Dritten Reich: Anpassung und Unterwerfung in der Ära Gürtner,* Munich, 1990

Gruchmann, Lothar, 'Korruption im Dritten Reich: Zur "Lebensmittelvers orgung der NS-Führerschaft"', VfZ, 42 (1994), 571–93

Gruner, Wolf, *Widerstand in der Rosenstrasse: Die Fabrik-Aktion und die Verfolgung der 'Mischehen' 1943,* Frankfurt am Main, 2005

Grüttner, Michael, Rüdiger Hachtmann and Heinz-Gerhardt Haupt (eds), *Geschichte und Emanzipation: Festschrift für Reinhard Rürup,* Frankfurt am Main/New York, 1999

Guderian, Heinz, *Erinnerungen eines Soldaten,* Heidelberg, 1951

Gurfein, M.J. and Morris Janowitz, 'Trends in Wehrmacht morale', *Public Opinion Quarterly,* Spring 1946, 78–84

Gutteridge, Richard, *Open Thy Mouth for the Dumb! The German Evangelical Church and the Jews,* 1879–1950, Oxford, 1976

Haag, Anna, *Das Glück zu leben,* Stuttgart, 1967

Haase, Norbert and Gerhard Paul (eds), *Die anderen Soldaten: Wehrkraftzersetzung, Gehorsamsverweigerung und Fahnenfl ucht im Zweiten Weltkrieg,* Frankfurt am Main, 1995

Haebich, Anna, 'Between knowing and not knowing: Public knowledge of the stolen generations', *Aborginal History,* 25 (2001), 70–90

Hahnke, Heinz, *Luftkrieg und Zivilbevölkerung,* Frankurt, 1991

Haller, Uli, *Lieutenant General Karl Strecker: The Life and Thought of a German Military Man,* Westport, Conn., 1994

Hamm, Berndt, 'Schuld und Verstrickung der Kirche', in Wolfgang Stegemann (ed.), *Kirche und Nationalsozialismus,* Stuttgart, 1992, 13–49

Hämmerle, Christa, Oswald Überegger and Birgitta Bader Zaar (eds), *Gender and the*

First World War, Basingstoke, 2014

Hansch-Singh, Annegret, *Rassismus und Fremdarbeitereinsatz im Zweiten Weltkrieg*, Berlin, 1991

Hansen, Eckhard, W*ohlfahrtspolititk im* NS-S*taat: Motivationen, Konflikte und Machtstrukturen im 'Sozialismus der Tat' des Dritten Reiches*, Augsburg, 1991

Hansen, Lulu Anne '"Youth off the Rails": Teenage Girls and German Soldiers—A Case Study in Occupied Denmark, 1940–1945', in Dagmar Herzog (ed.), B*rutality and Desire: War and Sexuality in Europe's Twentieth Century*, Basingstoke, 2009, 135–67

Harig, Ludwig, W*eh dem, der aus der Reihe tanzt*, Frankfurt am Main, 1993

Harris, Victoria, S*elling Sex in the Reich: Prostitutes in German Society*, 1914–1945, Oxford, 2010

Harten, Hans-Christian, *De-Kulturation und Germanisierung: Die nationalsozialistische Rassen- und Erziehungspolitik in Polen* 1939–1945, Frankfurt am Main, 1996

Hartmann, Christian, H*alder: Generalstabschef Hitlers* 1938–1942, Paderborn, 1991

Hartmann, Christian, W*ehrmacht im Ostkrieg: Front und militärisches Hinterland* 1941–42, Munich, 2009

Hartmann, Christian and Johannes Hürter, D*ie letzten* 100 T*age des Zweiten Weltkrieges*, Munich, 2005

Hartmann, Christian, Johannes Hürter and Ulrike Jureit (eds), V*erbrechen der Wehrmacht: Bilanz einer Debatte*, Munich, 2005

Hartmann, Grethe, T*he Girls they Left Behind*, Copenhagen, 1946

Harvey, Elizabeth, Y*outh and the Welfare State in Weimar Germany*, Oxford, 1993

Harvey, Elizabeth, W*omen and the Nazi East: Agents and Witnesses of Germanization*, New Haven and London, 2003

Harvey, Elizabeth, '"Ich war überall": Die NS-Propagandaphotographin Liselotte Purper', in Sybille Steinbacher (ed.), V*olksgenossinnen: Frauen in der* NS-V*olksgemeinschaft*, Constance, 2007, 138–53

Harvey, Elizabeth, 'Seeing the World: Photography, Photojournalism and Visual Pleasure in the Third Reich', in Pamela Swett, Corey Ross and Fabrice d'Almeida (eds), P*leasure and Power in Nazi Germany*, Basingstoke, 2011, 177–204

Haskins, Victoria and Margaret Jacobs, 'Stolen Generations and Vanishing Indians: The Removal of Indigenous Children as a Weapon of War in the United States and Australia, 1870–1940', in James Alan Marten (ed.), *Children and War: A Historical Anthology*, New York and London, 2002, 227–41

Hastings, Max, *Bomber Command*, Basingstoke, 2010

Hastings, Max, *Overlord: D-Day and the Battle for Normandy 1944*, London, 1984

Hauschild-Thiessen, Renate (ed.), *Die Hamburger Katastrophe vom Sommer 1943 in Augenzeugenberichten*, Hamburg, 1993

Havemann, Nils, *Fußball unterm Hakenkreuz: Der DFB zwischen Sport, Politik und Kommerz*, Bonn, 2005

Hayward, Joel, 'Too little too late: An analysis of Hitler's failure in 1942 to damage Soviet oil production', *Journal of Strategic Studies*, 18/4 (1995), 769–94

Heer, Hannes and Klaus Naumann (eds), *Vernichtungskrieg: Verbrechen der Wehrmacht 1941–1944*, Hamburg, 1995

Heidschmidt, Janet, 'Das Zeitzeugeninterview als Erweiterung der Quelle Feldpostbrief am Beispiel des Briefwechsels zwischen Ernst und Irene Guicking 1937 bis 1945', Diplomarbeit, Fachhochschule Potsdam, 2003

Heineman, Elizabeth, *What Difference Does a Husband Make? Women and Marital Status in Nazi and Postwar Germany*, Berkeley, 1999

Henke, Klaus-Dieter, *Die amerikanische Besetzung Deutschlands*, Munich, 1995

Hensle, Michael, *Rundfunkverbrechen: Das Hören von 'Feindsendern' im Nationalsozialismus*, Berlin, 2003

Herbert, Ulrich, 'Apartheid nebenan', in Lutz Niethammer (ed.), *'Die Jahre weiss man nicht, wo man die heute hinsetzen soll': Faschismuserfahrungen im Ruhrgebiet*, Berlin, 1983, 233–66

Herbert, Ulrich, *Best: Biographische Studien über Radikalismus, Weltanschauung und Vernuft, 1903–1989*, Bonn, 1996

Herbert, Ulrich, *Hitler's Foreign Workers: Enforced Foreign Labor in Germany under the Third Reich*, Cambridge, 1997

Herbert, Ulrich (ed.), *National Socialist Extermination Policies*, New York/Oxford, 2000

Herbert, Ulrich, 'Echoes of the *Volksgemeinschaft*', in Martina Steber and Bernhard

Gotto (eds), Visions of Community in Nazi Germany: Social Engineering and Private Lives, Oxford, 2014, 60–72

Hermle, Siegfried, 'Die Bischöfe und die Schicksale "nichtarischer" Christen', in Manfred Gailus and Hartmut Lehmann (eds), Nationalprotestantische Mentalitäten, Göttingen, 2005, 263–306

Herrberger, Marcus (ed.), Denn es steht geschrieben: 'Du sollst nicht töten!' Die Verfolgung religiöser Kriegsdienstverweigerer unter dem NS-Regime mit besonderer Berücksichtigung der Zeugen Jehovas (1939–1945), Vienna, 2005

Herzog, Dagmar, 'Desperately Seeking Normality: Sex and Marriage in the Wake of the War', in Richard Bessel and Dirk Schumann (eds), Life after Death: Approaches to a Cultural and Social History of Europe during the 1940s and 1950s, Cambridge, 2003, 161–92

Herzog, Dagmar, Sex after Fascism: Memory and Morality in Twentieth-century Germany, Princeton, 2005

Herzog, Dagmar (ed.), Brutality and Desire: War and Sexuality in Europe's Twentieth Century, Basingstoke, 2009

Hetzer, Tanja, 'Deutsche Stunde': Volksgemeinschaft und Antisemitismus in der politischen Theologie bei Paul Althaus, Munich, 2009

Hilberg, Raul (ed.), Documents of Destruction: Germany and Jewry, 1933–1945, Chicago, 1971

Hilberg, Raul, Die Vernichtung der europäischen Juden: Die Gesamtgeschichte des Holocaust, Berlin, 1982

Hilberg, Raul, Sonderzüge nach Auschwitz, Mainz, 1981

Hilberg, Raul, The Destruction of the European Jews, London, 1961

Hilger, Andreas, Deutsche Kriegsgefangene in der Sowjetunion: Kriegsgefangenenpolitik, Lageralltag und Erinnerung, Essen, 2000

Hillgruber, Andreas, Hitler, König Carol und Marschall Antonescu: Die deutschrumänischen Beziehungen 1938–1944, Wiesbaden, 1953

Hillgruber, Andreas, Hitlers Strategie: Politik und Kriegsführung 1940–1941, Frankfurt am Main, 1965

Hillgruber, Andreas (ed.), Staatsmänner und Diplomaten bei Hitler: VertraulicheAufzeichnungen über Unterredungen mit Vertretern des

Auslandes, 1–2., Frankfurt am Main, 1967/1970

Hillgruber, Andreas, *Zweierlei Untergang: Die Zerschlagung des Deutschen Reiches und das Ende des europäischen Judentums*, Berlin, 1986

Hionidou, Violetta, *Famine and Death in Occupied Greece,* 1941–1944, Cambridge, 2006

Hippel, Wolfgang von (ed.), *Freiheit, Gleichheit, Brüderlichkeit? Die französische Revolution im deutschen Urteil von* 1789 *bis* 1945, Munich, 1989

Hirschfeld, Gerhard (ed.), *Nazi Rule and Dutch Collaboration*, Oxford, 1988

Hoch, Anton, 'Der Luftangriff auf Freiburg am 10. Mai 1940', VfZ, 4 (1956), 115–44

Hochhuth, Rolf, *Eine Liebe in Deutschland*, Reinbek, 1978

Hockenos, Matthew, *A Church Divided: German Protestants Confront the Nazi Past*, Bloomington, Ind., 2004

Hockerts, Hans Günther, 'Integration der Gesellschaft: Gründungskrise und Sozialpolitik in der frühen Bundesrepublik', *Zeitschrift für Sozialreform*, 32 (1986), 25–41

Hoeniger, David, 'Symbolism and Pattern in Rilke's Duino Elegies', *German Life and Letters*, 3/4 (July 1950), 271–83

Hoff mann, Joachim, *Die Ostlegionen* 1941–1943*: Turkotataren, Kaukasier und Wolgafinnen im deutschen Heer*, Freiburg, 1976

Hoffmann, Kay, 'Der Mythos der perfekten Propaganda: Zur Kriegsberichterstattung der Wochenschau im Zweiten Weltkrieg', in Ute Daniel (ed.), *Augenzeugen: Kriegsberichterstattung vom* 18. *bis zum* 21. *Jahrhundert*, Göttingen, 2006, 169–192

Hoffmann, Peter, *The History of the German Resistance,* 1933–1945, Montreal, 1996

Hoffmann, Peter, *Stauffenberg: A Family History,* 1905–1944, McGill, 2003

Hoffmann, Stefan-Ludwig, 'Besiegte, Besatzer, Beobachter: Das Kriegsende im Tagebuch', in Daniel Fulda, Dagmar Herzog, Stefan-Ludwig Hoffmann and Till van Rahden (eds), *Demokratie im Schatten der Gewalt: Geschichten des Privaten im deutschen Nachkrieg*, Göttingen, 2010, 25–55

Hohkamp, Michaela and Claudia Ulbrich (eds), *Der Staatsbürger als Spitzel: Denunziation während des* 18. *und* 19. *Jahrhunderts aus europäischer Perspektive*, Leipzig, 2001

Hooton, E.R., *Luftwaffe at War*, Hersham, 2007

Hopster, Joachim (ed.), D*ie* K*inder- und* J*ugendliteratur in der Zeit der* W*eimarer* R*epublik*, Frankfurt am Main, 2012

Hrabar, Roman, Zofia Tokarz and Jacek Wilczur, K*inder im* K*rieg—*K*rieg gegen* K*inder:* D*ie* G*eschichte der polnischen* K*inder* 1939–1945, Hamburg, 1981

Huber, Heinz and Artur Müller (eds), D*as* D*ritte* R*eich: Seine* G*eschichte in* T*exten,* B*ildern und* D*okumenten*, Munich, 1964

Huber, Wolfgang, 'Die Kirche vor der "Judenfrage"', in Rolf Rentdorff and Ekkehard Stegemann (eds), A*uschwitz—*K*rise der christlichen* T*heologie, Munich,* 1980, 60–81

Hughes, Michael, S*houldering the* B*urdens of* D*efeat:* W*est* G*ermany and the* R*econstruction of* S*ocial* J*ustice*, Chapel Hill, NC, 1999

Humburg, Martin, 'Feldpostbriefe aus dem Zweiten Weltkrieg: Zur möglichen Bedeutung im aktuellen Meinungsstreit unter besonderer Berücksichtigung des Themas "Antisemitismus"', M*ilitärgeschichtliche* M*itteilungen*, 58 (1999), 321–43

Humburg, Martin, 'Siegeshoffnungen und "Herbstkrise" im Jahre 1941: Anmerkungen zu Feldpostbriefen aus der Sowjetunion', W*erkstattgeschichte*, 8 (1999), 25–40

Hummel, Karl-Joseph and Christoph Kösters (eds), K*irchen im* K*rieg:* E*uropa* 1939–1945, Paderborn, 2007

Hürter, Johannes, H*itlers* H*eerführer:* D*ie deutschen* O*berbefehlshaber im* K*rieg gegen die* S*owjetunion,* 1941/42, Munich, 2006

Jackson, Julian, F*rance:* T*he* D*ark* Y*ears,* 1940–1944, Oxford, 2001

Jackson, Julian, T*he* F*all of* F*rance:* T*he* N*azi* I*nvasion of* 1940, Oxford, 2004

Jacobmeyer, Wolfgang, V*om* Z*wangsarbeiter zum heimatlosen* A*usländer:* D*ie* D*isplaced* P*ersons in* W*estdeutschland* 1945–1951, Göttingen, 1985

Jacobs, Ingeborg, F*reiwild:* D*as* S*chicksal deutscher* F*rauen* 1945, Berlin, 2009

Jacobsen, Hans-Adolf and Werner Jochmann (eds), A*usgewählte* D*okumente zur* G*eschichte des* N*ationalsozialismus* 1933 *bis* 1945, 2, Bielefeld, 1961

Jansen, Christian and Arno Weckbecker, D*er 'Volksdeutsche* S*elbstschutz' in* P*olen* 1939/40, Munich, 1992

Jarausch, Konrad and Martin Sabrow (eds), V*erletztes* G*edächtnis:* E*rinneru ngskultur und* Z*eitgeschichte im* K*onfl ikt*, Frankfurt am Main, 2002

Jarausch, Konrad H. and Michael Geyer, *Shattered Past: Reconstructing German Histories*, Princeton, 2003

Jatrzębski, Włodzimierz, *Der Bromberger Blutsonntag: Legende und Wirklichkeit*, Poznań, 1990

Jentsch, Werner, *Christliche Stimmen zur Wehrdienstfrage*, Kassel, 1952

Joel, Tony, *The Dresden Firebombing: Memory and the Politics of Commemorating Destruction*, London, 2013

Johe, Werner, 'Strategisches Kalkül und Wirklichkeit: Das "Unternehmen Gomorrha": Die Großangriff e der RAF gegen Hamburg im Sommer 1943', in Klaus-Jürgen Müller and David Dilks (eds), *Großbritannien und der deutsche Widerstand 1933–1944*, Paderborn, 1994, 217–27

Johnson, Eric, *The Nazi Terror: Gestapo, Jews and Ordinary Germans*, London, 1999

Jones, Michael, *Leningrad: State of Siege*, London, 2008

Jung, Hermann, *Die Ardennenoffensive 1944/45*, Göttingen, 1971

Jureit, Ulrike, 'Zwischen Ehe und Männerbund: Emotionale und sexuelle Beziehungsmuster im Zweiten Weltkrieg', *Werkstattgeschichte*, 22, 61–73

Justiz und NS-Verbrechen: Sammlung deutscher Strafurteile wegen nationalsozialistischer Tötungsverbrechen 1945–1966, Amsterdam, 1968–81

Justizbehörde Hamburg and Helge Grabitz (ed.), '*Von Gewohnheitsverbrechern, Volksschädlingen und Asozialen': Hamburger Justizurteile im Nationalsozialismus*, Hamburg, 1995

Kaienburg, Hermann, *Die Wirtschaft der SS*, Berlin, 2003

Kalmbach, Peter, *Wehrmachtjustiz*, Berlin, 2012

Kaminski, Uwe, *Zwangssterilisation und 'Euthanasie' im Rheinland: Evangelische Erziehungsanstalten sowie Heil- und Pflegeanstalten 1933–1945*, Cologne, 1995

Kaminsky, Annette (ed.), *Heimkehr 1948: Geschichte und Schicksale deutscher Kriegsgefangener*, Munich, 1998

Kaplan, Marion, *Between Dignity and Despair: Jewish Life in Nazi Germay*, Oxford, 1998

Kardorff, Ursula von, *Berliner Aufzeichnungen 1942 bis 1945*, Peter Hartl (ed.),

Munich, 1994

Kaspi, André, Les Juifs pendant l'occupation, Paris, 1991

Kater, Michael, The Nazi Party: A Social Profile of Members and Leaders, 1919–1945, Cambridge, Mass., 1983

Kay, Alex J., Exploitation, Resettlement, Mass Murder: Political and Economic Planning for German Occupation Policy in the Soviet Union, 1940–1941, New York/Oxford, 2006

Kedward, H.R., Resistance in Vichy France, Oxford, 1978

Keil, Wilhelm, Erlebnisse eines Sozialdemokraten, 1–2, Stuttgart, 1947

Kershaw, Ian, Popular Opinion and Political Dissent in the Third Reich: Bavaria, 1933–1945, Oxford, 1983

Kershaw, Ian, 'German Popular Opinion and the "Jewish Question": Some Further Reflections', in Arnold Paucker (ed.), Die Juden im nationalsozialistischen Deutschland, Tübingen, 1986, 365–86

Kershaw, Ian, The 'Hitler Myth': Image and Reality in the Third Reich, Oxford, 1989

Kershaw, Ian, Hitler, 1–2, London, 1998/2000

Kershaw, Ian, The End: Hitler's Germany, 1944–45, London, 2011

Kershaw, Ian and Moshe Lewin (eds), Stalinism and Nazism: Dictatorships in Comparison, Cambridge, 1997

Kershaw, Robert, War without Garlands: Operation Barbarossa, 1941/42, Shepperton, 2000

Kettenacker, Lothar (ed.), Ein Volk von Opfern? Die neue Debatte um den Bombenkrieg 1940–45, Berlin, 2003

Kirchner, Klaus, Flugblattpropaganda im 2. Weltkrieg, Munich, 1972

Klarsfeld, Serge, Vichy—Auschwitz: Die 'Endlösung der Judenfrage' in Frankreich, Darmstadt, 2007

Klausch, Hans-Peter, '"Erziehungsmänner" und "Wehrunwürdige": Die Sonderund Bewährungseinheiten der Wehrmacht', in Norbert Haase and Gerhard Paul (eds), Die anderen Soldaten: Wehrkraftzersetzung, Gehorsamsverweigerung und Fahnenflucht im Zweiten Weltkrieg, Frankfurt am Main, 1995, 66–82

Klee, Ernst (ed.), Dokumente zur 'Euthanasie', Frankfurt am Main, 1985

Klee, Ernst, Was sie taten—was sie wurden: Ärzte, Juristen und andere Beteiligte am Kranken—oder Judenmord, Frankfurt am Main, 1986

Klee, Ernst, Die SA Jesu Christi: Die Kirchen im Banne Hitlers, Frankfurt am Main, 1989

Klee, Ernst, Willi Dressen and Volker Riess (eds), 'The Good Old Days': The Holocaust as Seen by its Perpetrators and Bystanders, Old Saybrook, 1991

Klee, Katja, Im 'Luftschutzkeller des Reiches': Evakuierte in Bayern 1939–1953: Politik, soziale Lage, Erfahrungen, Munich, 1999

Klemperer, Victor, The Language of the Third Reich: LTI—Lingua Tertii Imperii: A Philologist's Notebook, London, 2000

Klönne, Arno, Gegen den Strom: Bericht über den Jugendwiderstand im Dritten Reich, Frankfurt am Main, 1958

Knesebeck, Julia von dem, The Roma Struggle for Compensation in Post-war Germany, Hatfield, 2011

Knoch, Habbo, Die Tat as Bild: Fotografien des Holocaust in der deutschen Erinnerungskultur, Hamburg, 2001

Knoll, Harald, Peter Ruggenthaler and Barbara Stelzl-Marx, 'Zwangsarbeit bei der Lapp-Finze AG', in Stefan Karner, Peter Ruggenthaler and Barbara Stelzl-Marx (eds), NS-Zwangsarbeit in der Rüstungsindustrie: Die Lapp-Finze AG in Karlsdorf bei Graz 1939 bis 1945, Graz, 2004, 103-78

Koch, Hans-Jörg, Das Wunschkonzert im NS–Rundfunk, Cologne, 2003

Koch, Magnus, Fahnenfluchten: Deserteure der Wehrmacht im Zweiten Weltkrieg—Lebenswege und Entscheidungen, Paderborn, 2008

Koch, Manfred, 'Rilke und Hölderlin—Hermeneutik des Leids', Blätter der Rilke-Gesellschaft, 22 (1999), 91–102

Kock, Gerhard, 'Der Führer sorgt für unsere Kinder ...' Die Kinderlandverschickung im Zweiten Weltkrieg, Paderborn, 1997

Kollmeier, Kathrin, Ordnung und Ausgrenzung: Die Disziplinarpolitik der Hitler-Jugend, Göttingen, 2007

Königseder, Angelika and Juliane Wetzel, Lebensmut im Wartesaal: Die jüdischen DPs (Displaced Persons) im Nachkriegsdeutschland, Frankfurt am Main, 1994

Körner, Hans-Michael, 'Katholische Kirche und polnische Zwangsarbeiter 1939–1945',

Historisches Jahrbuch, 1 (1992), 128–42

Kramarz, Joachim, *Claus Graf Stauffenberg, 15. November 1907–20. Juli 1944: Das Leben eines Offiziers*, Frankfurt am Main, 1965

Kramer, Alan and John Horne, *German Atrocities, 1914: A History of Denial*, New Haven, 2001

Kramer, Nicole, 'Mobilisierung für die "Heimatfront": Frauen im zivilen Luftschutz', in Sybille Steinbacher (ed.), *Volksgenossinnen: Frauen in der NS-Volksgemeinschaft*, Göttingen, 2007, 69–92

Kramer, Nicole, *Volksgenossinnen an der Heimatfront: Mobilisierung, Verhalten, Erinnerung*, Göttingen, 2011

Krause, Michael, *Flucht vor dem Bombenkrieg: 'Umquartierungen' im Zweiten Weltkrieg und die Wiedereingliederung der Evakuierten in Deutschland 1943–1963*, Düsseldorf, 1997

Krausnick, Helmut, Hans Buchheim, Martin Broszat, and Hans-Adolf Jacobsen (eds), *Anatomy of the SS State*, London, 1968

Krausnick, Helmut, and Hans-Heinrich Wilhelm, *Die Truppe des Weltansch auungskrieges: Die Einsatzgruppen der Sicherheitspolizei und des SD 1938–1942*, Stuttgart, 1981

Kreidler, Eugen, *Die Eisenbahnen im Machtbereich der Achsenmächte während des Zweiten Weltkrieges: Einsatz und Leistung für die Wehrmacht und Kriegswirtschaft*, Göttingen, 1975

'Kriegsgefangene und Wehrmachtsvermißte aus Hessen: Vorläufiges Ergebnis der amtlichen Registrierung vom 20.–30. Juni 1947', in *Staat und Wirtschaft in Hessen: Statistische Mitteilungen*, 2 (1947), 4, 110–112

Kris, Ernst and Hans Speier (eds), *German Radio Propaganda: Report on Home Broadcasts during the War*, London/New York, 1944

Krone, Andreas, 'Plauen 1945 bis 1949—vom Dritten Reich zum Sozialismus', PhD diss., Technische Universität Chemnitz, 2001

Krüger, Norbert, 'Die Bombenangriffe auf das Ruhrgebiet', in Ulrich Borsdorf and Mathilde Jamin (eds), *Überleben im Krieg: Kriegserfahrungen in einer Industrieregion 1939–45*, Reinbek, 1989, 88–100

Krzoska, Markus, 'Der "Bromberger Blutsonntag" 1939: Kontroversen und

Forschungsergebnisse', VfZ, 60/2 (2012), 237–48

Kuby, Erich, The Russians and Berlin, 1945, London, 1968

Kühl, Stefan, The Nazi Connection: Eugenics, American Racism and German National Socialism, New York, 1994

Kühne, Thomas, Kameradschaft: Die Soldaten des nationalsozialistischen Krieges und das 20. Jahrhundert, Göttingen, 2006

Kundrus, Birthe, and Patricia Szobar, 'Forbidden company: Romantic relationships between Germans and foreigners, 1939 to 1945', Journal of the History of Sexuality, 11/1–2 (Jan/April 2002), 201–22

Kundrus, Birthe, 'Totale Unterhaltung? Die kulturelle Kriegführung 1939 bis 1945 in Film, Rundfunk und Theater', DRZW, 9/2 (2005), 93–158

Kundrus, Birthe, Kriegerfrauen: Familienpolitik und Geschlechterverhältnisse im Ersten und Zweiten Weltkrieg, Hamburg, 1995

Kunz, Andreas, Wehrmacht und Niederlage: Die bewaffnete Macht in der Endphase der nationalsozialistischen Herrschaft, 1944 bis 1945, Munich, 2005

Kunz, Norbert, Die Krim unter deutscher Herrschaft, Darmstadt, 2005

Kunze, Karl, Kriegsende in Franken und der Kampf um Nürnberg im April 1945, Nuremberg, 1995

Kwiet, Konrad, 'The ultimate refuge: Suicide in the Jewish community under the Nazis', Leo Baeck Institute Year Book, XXIX, 1984, 173–98

Kwiet, Konrad and Helmut Eschwege, Selbstverwaltung und Widerstand: Deutsche Juden im Kampf um Existenz und Menschenwürde 1939–1945, Hamburg, 1984

Lacey, Kate, Feminine Frequencies: Gender, German Radio, and the Public Sphere, 1923–1945, Ann Arbor, 1996

Lagrou, Pieter, The Legacy of Nazi Occupation in Western Europe: Patriotic Memory and National Recovery, Cambridge, 1999

Lagrou, Pieter, 'The Nationalization of Victimhood: Selective Violence and National Grief in Western Europe, 1940–1960', in Richard Bessel and Dirk Schumann (eds), Life after Death: Approaches to a Cultural and Social History of Europe during the 1940s and 1950s, Cambridge, 2003, 243–58

Lakowski, Richard, 'Der Zusammenbruch der deutschen Verteidigung zwischen Ostsee und Karpaten', DRZW, 10/1 (2004), 461–679

Landeswohlfahrtsverband Hessen and Bettina Winter (eds), 'Verlegt nach Hadamar': Die Geschichte einer NS-'Euthanasie'-Anstalt, Kassel, 1994

Lange, Herta and Benedikt Burkard (eds), 'Abends wenn wir essen fehlt uns immer einer': Kinder schreiben an die Väter 1939–1945, Hamburg, 2000

Latour, Conrad, 'Goebbels' "Außerordentliche Rundfunkmaßnahmen" 1939–42', VfZ, 11/4 (1963), 418–55

Latzel, Klaus, 'Tourismus und Gewalt: Kriegswahrnehmung in Feldpostbriefen', in Hannes Heer and Klaus Neumann (eds), Vernichtungskrieg: Verbrechen der Wehrmacht 1941–1944, Hamburg, 1995, 447–59

Latzel, Klaus, Deutsche Soldaten—nationalsozialistischer Krieg? Kriegserlebnis, Kriegserfahrung 1939–1945, Paderborn, 2000

Lauber, Heinz, Judenpogrom: 'Reichskristallnacht' November 1938 in Grossdeutschland, Gerlingen, 1981

Lawrence, Jon and Pat Starkey (eds), Child Welfare and Social Action: International Perspectives, Liverpool, 2001

Lee Smith, Arthur, Die 'vermißte Million': Zum Schicksal deutscher Kriegsgefangener nach dem zweiten Weltkrieg, Munich, 1992

Lehmann, Hartmut, 'Religious Socialism, Peace, and Pacifism: The Case of Paul Tillich', in Roger Chickering and Stig Förster (eds), The Shadows of Total War: Europe, East Asia, and the United States, 1919–1939, New York, 2003, 85–9

Lepre, George, Himmler's Bosnian Divison: The Waffen-SS Handshar Division 1943–1944, Atglen, Pa., 1997

Lichtenstein, Heiner, 'Pünktlich an der Rampe: Der Horizont des deutschen Eisenbahners', in Jörg Wollenberg (ed.), 'Niemand war dabei und keiner hat's gewußt': Die deutsche Öff entlichkeit und die Judenverfolgung 1933–1945, Munich, 1989, 204–44

Lichti, James Irvin, Houses on the Sand? Pacifist Denominations in Nazi Germany, New York, 2008

Lilienthal, Georg, Der 'Lebensborn e.V.': Ein Instrument nationalsozialistischer Rassenpolitik, Frankfurt am Main, 1993

Lipp, Anne, Meinungslenkung im Krieg: Kriegserfahrung deutscher Soldaten und *ihre Deutung* 1914–1918, Göttingen, 2003

Loeff el, Robert, 'Soldiers and terror: Re–evaluating the complicity of the Wehrmacht in Nazi Germany', *German History* 27/4 (2009), 514–30

Loeff el, Robert, *Family Punishment in Nazi Germany: Sippenhaft, Terror and Myth*, Basingstoke, 2012

Löffler, Klara, *Aufgehoben: Soldatenbriefe aus dem zweiten Weltkrieg: Eine Studie zur subjektiven Wirklichkeit des Krieges*, Bamberg, 1992

Longerich, Peter, *Politik der Vernichtung: Eine Gesamtdarstellung der nationalsozialistischen Judenverfolgung*, Munich, 1998

Longerich, Peter, *'Davon haben wir nichts gewusst!': Die Deutschen und die Judenverfolgung* 1933–1945, Berlin, 2006

Longerich, Peter, *Holocaust: The Nazi Persecution and Murder of the Jews*, Oxford, 2010

Lorenz, Hilke, *Kriegskinder: Das Schicksal einer Generation Kinder*, Munich, 2003

Lowe, Keith, *Inferno: The Devastation of Hamburg, 1943*, London, 2007

Lower, Wendy, *Hitler's Furies: German Women in the Nazi Killing Fields*, London, 2013

Lubbeck, Wilhelm, *At Leningrad's Gates: The Combat Memoirs of a Soldier with Army Group North*, Philadelphia, 2006

Lüdtke, Alf, 'Denuziation—Politik aus Liebe?', in Michaela Hohkamp and Claudia Ulbrich (eds), *Der Staatsbürger als Spitzel: Denunziation während des 18. und 19. Jahrhunderts aus europäischer Perspektive*, Leipzig, 2001, 397–407

Lüdtke, Alf and Bernd Weisbrod (eds), *No Man's Land of Violence: Extreme Wars in the 20th Century*, Göttingen, 2006

Lukas, Richard C., *Did the Children Cry? Hitler's War against Jewish and Polish Children, 1939–1945*, New York, 1994

Lumans, Valdis, *Latvia in World War II*, New York, 2006

Luther-Jahrbuch: Organ der internationalen Lutherforschung: Festgabe für Paul Althaus, 25 (1958), Franz Lau (ed.) for the Luther–Gesellschaft, Göttingen

Lutz, Petr 'Eine "reichlich einsichtslose Tochter": Die Angehörigen einer in Hadamar ermorderten Patientin', in Uta George et al. (eds), *Hadamar: Heilstätte, Tötungsanstalt, Therapiezentrum*, Marburg, 2006, 293–304

Maas, Michael, *Freizeitgestaltung und kulturelles Leben in Nürnberg 1930–1945: Eine Studie zu Alltag und Herrschaftsausübung im Nationalsozialismus*, Nuremberg, 1994

MacDonald, Charles B., *United States Army in World War II: European Theater of Operations: The Last Offensive*, Washington, DC, 1973

McDougall, Alan, *Youth Politics in East Germany: The Free German Youth Movement, 1946–1968*, Oxford, 2004

McLellan, Josie, *Antifascism and Memory in East Germany: Remembering the International Brigades, 1945–1989*, Oxford, 2004

Madajczyk, Czesław, 'Introduction to General Plan East', *Polish Western Affairs*, 3/2 (1962), 391–442

Madajczyk, Czesław, *Die Okkupationspolitik Nazideutschlands in Polen 1939–1945*, Cologne, 1988

Mahood, Linda, *Policing Gender, Class and Family: Britain, 1850–1940*, London, 1995 Maislinger, Andreas, 'Der Fall Franz Jägerstätter', Dokumentationsarchiv des österreichischen Widerstandes, *Jahrbuch*, 1991, 20–31

Mallmann, Klaus-Michael, '"Volksjustiz gegen anglo-amerikanische Mörder": Die Massaker an westalliierten Fliegern und Fallschirmspringern 1944/45', in Alfred Gottwaldt, Norbert Kampe and Peter Klein (eds), *NS-Gewaltherrschaft: Beiträge zur historischen Forschung und juristischen Aufarbeitung*, Berlin, 2005, 202–13

Mallmann, Klaus–Michael, Jochen Böhler and Jürgen Matthäus (eds), *Einsatzgruppen in Polen*, Darmstadt, 2008

Mallmann, Klaus-Michael, and Bogdan Musial (eds), *Genesis des Genozids—Polen 1939–1941*, Darmstadt, 2004

Mann, Klaus, *Der Wendepunkt: Ein Lebensbericht*, Hamburg, 2001

Manoschek, Walter (ed.), *'Es gibt nur eines für das Judentum: Vernichtung': Das Judenbild in deutschen Soldatenbriefen 1939–1944*, Hamburg, 1995

Marcuse, Harold, *Legacies of Dachau: The Uses and Abuses of a Concentration Camp, 1933–2001*, Cambridge, 2001

Margalit, Gilad, *Germany and its Gypsies: A Post-Auschwitz Ordeal*, Madison, Wis., 2002

Margalit, Gilad, 'Dresden and Hamburg: Official Memory and Commemoration of the Victims of Allied Air Raids in the Two Germanies', in Helmut Schmitz (ed.), *A Nation of Victims? Representations of German Wartime Suffering from 1945 to the Present*, Amsterdam, 2007, 125–40

Margalit, Gilad, *Guilt, Suffering and Memory: Germany Remembers its Dead of World War* II, Bloomington, Ind., 2010

Mark, James, 'Remembering rape: Divided social memory and the Red Army in Hungary 1944–1945', *Past and Present*, 188 (2005), 133–61

Marszolek, Inge, '"Ich möchte Dich zu gern mal in Uniform sehen": Geschlechterkonstruktionen in Feldpostbriefen', *Werkstatt-Geschichte*, 22 (1999), 41–59

Marten, James Alan (ed.), *Children and War: A Historical Anthology*, New York and London, 2002

Martens, Erika, *Zum Beispiel Das Reich: Zur Phänomenologie der Presse im totalitären Regime*, Cologne, 1972

Martin, Bernd, *Friedensinitiativen und Machtpolitik im Zweiten Weltkrieg 1939–1943*, Düsseldorf, 1974

Martin, Bernd (ed.), *Der Zweite Weltkrieg in historischen Reflexionen*, Freiburg, 2006

Marxen, Klaus, *Das Volk und sein Gerichtshof*, Frankfurt am Main, 1994

Mason, Tim, *Arbeiterklasse und Volksgemeinschaft: Dokumente und Materialien zur deutschen Arbeiterpolitik 1936–1939*, Opladen, 1975

Mason, Tim, *Social Policy in the Third Reich*, Jane Caplan (ed.), Oxford, 1993

Matzerath, Horst (ed.), *'... Vergessen kann man die Zeit nicht, das ist nicht möglich ...' Kölner erinnern sich an die Jahre 1929–1945*, Cologne, 1985

Maubach, Franka, 'Expansion weiblicher Hilfe: Zur Erfahrungsgeschichte von Frauen im Kriegsdienst', in Sybille Steinbacher (ed.), *Volksgenossinnen: Frauen in der NS-Volksgemeinschaft*, Göttingen, 2007, 93–111

Maubach, Franka, *Die Stellung halten: Kriegserfahrungen und Lebensgeschichten von Wehrmachthelferinnen*, Göttingen, 2009

Mausbach, Hans and Barbara Bromberger, 'Kinder als Opfer der NS-Medizin, unter besonderer Berücksichtigung der Kinderfachabteilungen in der Psychiatrie', in

Christina Vanja and Martin Vogt (eds), *Euthanasie in Hadamar: Die nationalsozialistische Vernichtungspolitik in hessischen Anstalten*, Kassel, 1991, 145–56

Mazower, Mark, *Inside Hitler's Greece: The Experience of Occupation, 1941–44*, New Haven, 1993

Mazower, Mark, *Salonica, City of Ghosts: Christians, Muslims and Jews, 1430–1950*, London, 2005

Mazower, Mark, *Hitler's Empire: Nazi Rule in Occupied Europe*, London, 2008

Mechler, Wolf-Dieter, *Kriegsalltag an der 'Heimatfront': Das Sondergericht Hannover im Einsatz gegen 'Rundfunkverbrecher', 'Schwarzschlachter', 'Volksschädlinge' und andere 'Straftäter' 1939 bis 1945*, Hanover, 1997

Meinen, Insa, *Wehrmacht und Prostitution im besetzten Frankreich*, Bremen, 2002

Mennel, Robert, *Thorns and Thistles: Juvenile Delinquents in the United States, 1825–1940*, Hanover, NH, 1973

Merritt, Anna and Richard Merritt (eds), *Public Opinion in Occupied Germany: The OMGUS Surveys, 1945–1949*, Urbana, Ill., 1970

Merritt, Anna and Richard Merritt (eds), *Public Opinion in Semisovereign Germany: The HICOG Surveys, 1949–1955*, Urbana, Ill., 1980

Mertens, Annette, *Himmlers Klostersturm: Der Angriff auf katholische Einrichtungen im Zweiten Weltkrieg und die Wiedergutmachung nach 1945*, Paderborn, 2006

Mertens, Annette, 'NS-Kirchenpolitik im Krieg: Der Klostersturm und die Fremdnutzung katholischer Einrichtungen', in Karl-Joseph Hummel and Christoph Kösters (eds), *Kirchen im Krieg: Europa 1939–1945*, Paderborn, 2007, 245–64

Messerschmidt, Manfred, 'Die Wehrmacht: Vom Realitätsverlust zum Selbstbetrug', in Hans–Erich Volkmann (ed.), *Ende des Dritten Reiches—Ende des Zweiten Weltkrieges*, Munich, 1995, 223–57

Messerschmidt, Manfred, *Wehrmachtjustiz 1933–1945*, Paderborn, 2005

Messerschmidt, Manfred and Fritz Wüllner, *Die Wehrmachtjustiz im Dienste des Nationalsozialismus—Zerstörung einer Legende*, Baden-Baden, 1987

Meyer, Sibylle and Eva Schulze, '"Als wir wieder zusammen waren, ging der Krieg im Kleinen weiter": Frauen, Männer und Familien im Berlin der vierziger Jahre', in Lutz

Niethammer and Alexander von Plato (eds), '*Wir kriegen jetzt andere Zeiten*': *Auf der Suche nach der Erfahrung des Volkes in nachfaschistischen Ländern*, Bonn, 1985, 305–26

Michel, Henri, *Paris allemand*, Paris, 1981

Middlebrook, Martin, *The Battle of Hamburg: Allied Bomber Forces against a German City in* 1943, London, 1980

Middlebrook, Martin, *The Berlin Raids: RAF Bomber Command Winter,* 1943–44, London, 1988

Moeller, Robert, *War Stories: The Search for a Usable Past in the Federal Republic of Germany*, Berkeley, 2001

Moeller, Robert, 'The Politics of the Past in the 1950s: Rhetorics of Vicitimisation in East and West Germany', in Bill Niven (ed.), *Germans as Victims: Remembering the Past in Contemporary Germany*, Basingstoke, 2006, 26–42

Moorhouse, Roger, *Killing Hitler*, London, 2006

Moorhouse, Roger, *Berlin at War: Life and Death in Hitler's Capital,* 1939–45, London, 2010

Morgan, Dagmar, *Weiblicher Arbeitsdienst in Deutschland*, Mainz, 1978

Motadel, David, *Islam and Nazi Germany's War*, Cambridge, Mass., 2014

Mühlen, Patrick, *Zwischen Hakenkreuz und Sowjetstern: Der Nationalismus der sowjetischen Orientvölker im Zweiten Weltkrieg*, Düsseldorf, 1971

Mühlhäuser, Regina, *Eroberungen: Sexuelle Gewalttaten und intime Beziehungen deutscher Soldaten in der Sowjetunion* 1941, Hamburg, 2010

Müller, Klaus-Jürgen and David Dilks (eds), *Großbritannien und der deutsche Widerstand* 1933–1944, Paderborn, 1994

Müller, Rolf-Dieter, *Der letzte deutsche Krieg*, Stuttgart, 2005

Müller, Rolf-Dieter, *An der Seite der Wehrmacht: Hitlers ausländische Helfer beim 'Kreuzzug gegen den Bolschewismus'* 1941–1945, Berlin, 2007

Müller, Rolf-Dieter, Nicole Schö nherr and Thomas Widera (eds), *Die Zerstörung Dresdens am* 13./15. *Februar* 1945: *Gutachten und Ergebnisse der Dresdner Historikerkommission zur Ermittlung der Opferzahlen*, Dresden, 2010

Müller, Rolf-Dieter and Hans-Erich Volkmann (eds), *Hitlers Wehrmacht: Mythos und Realität*, Munich, 1999

Müller-Hillebrand, Burkhart, Das Heer: Zweifrontenkrieg, 1–3, Darmstadt, 1969

Mulligan, William, The Creation of the Modern German Army: General Walther Reinhardt and the Weimar Republic, 1914–1930, New York, 2004

Naimark, Norman, The Russians in Germany: A History of the Soviet Zone of Occupation, 1945–1949, Cambridge, Mass., 1995

Neander, Joachim, 'Seife aus Judenfett: Zur Wirkungsgeschichte einer zeitgenössischen Sage', Fabula: Zeitschrift für Erzählforschung, 46 (2005), 241–56

Nehring, Holger, The Politics of Security: British and West German Protest Movements and the Early Cold War 1945–1970, Oxford, 2013

Neugebauer, Wolfgang, Opfer oder Täter, Vienna, 1994

Neulen, Hans Werner, An deutscher Seite: Internationale Freiwillige von Wehrmacht und Waff en-SS, Munich, 1992

Neumann, Joachim, Die 4. Panzerdivision 1938–1943: Bericht und Betrachtung zu zwei Blitzfeldzügen und zwei Jahren Krieg in Rußland, Bonn, 1989

Nienhaus, Ursula, 'Hitlers willige Komplizinnen: Weibliche Polizei im Nationalsozialismus 1937 bis 1945', in Michael Grüttner, Rüdiger Hachtmann and Heinz-Gerhardt Haupt (eds), Geschichte und Emanzipation: Festschrift für Reinhard Rürup, Frankfurt am Main/New York, 1999, 517–39

Niethammer, Lutz (ed.), 'Die Jahre weiss man nicht, wo man die heute hinsetzen soll': Faschismuserfahrungen im Ruhrgebiet, Berlin, 1983

Niethammer, Lutz, 'Hinterher merkt man, dass es richtig war, dass es schiefgegangen ist': Nachkriegserfahrungen im Ruhrgebiet, Berlin, 1983

Niethammer, Lutz (ed.), 'Wir kriegen jetzt andere Zeiten': Auf der Suche nach der Erfahrung des Volkes in nachfaschistischen Ländern, Berlin, 1985

Niewyk, Donald (ed.), Fresh Wounds: Early Narratives of Holocaust Survival, Chapel Hill, 1998

Nissen, Morgens, 'Danish Food Production in the German War Economy', in Frank Trentmann and Flemming Just (eds), Food and Confl ict in Europe in the Age of the Two World Wars, Basingstoke, 2006, 172–92

Niven, Bill (ed.), Germans as Victims: Remembering the Past in Contemporary Germany, Basingstoke, 2013, 2006

Noakes, Jeremy (ed.), Nazism: A Documentary Reader, 1–4, Exeter, 1998

Noakes, Jeremy and Geoffrey Pridham (eds), *Nazism: A Documentary Reader*, 1–3, Exeter, 1983–1997

Noble, Alastair, *Nazi Rule and the Soviet Offensive in Eastern Germany, 1944–1945: The Darkest Hour*, Portland, Oreg., 2009

Noelle-Neumann, Elisabeth, 'The spiral of silence: A theory of public opinion', *Journal of Communication*, 24/2 (1974), 43–51

Nolte, Ernst, *Der europäische Bürgerkrieg 1917–1945: Nationalsozialismus und Bolschewismus*, Berlin, 1987

Nolzen, Armin, 'Die NSDAP, der Krieg und die deutsche Gesellschaft', DRZW, 9/1 (2004), 99–193

Nowak, Kurt, *'Euthanasie' und Sterilisierung im 'Dritten Reich'*, Göttingen, 1984

Nowak, Kurt, 'Widerstand, Zustimmung, Hinnahme: Das Verhalten der Bevölkerung zur "Euthanasie"', in Norbert Frei (ed.), *Medizin und Gesundheitspolitik in der NS-Zeit*, Munich, 1991, 235–51

Offer, Avner, *The First World War: An Agrarian Interpretation*, Oxford, 1989

Orth, Karin, *Das System der nationalsozialistischen Konzentrationslager: Eine politische Organisationsgeschichte*, Hamburg, 1999

Osborn, Patrick, *Operation Pike: Britain versus the Soviet Union, 1939–1941*, Westport, Conn., 2000

Oswald, Rudolf, *'Fußball-Volksgemeinschaft': Ideologie, Politik und Fanatismus im deutschen Fußball 1919–1964*, Frankfurt am Main, 2008

Otto, Renate, 'Die Heilerziehungs- und Pfl egeanstalt Scheuern', in Klaus Böhme and Uwe Lohalm (eds), *Wege in den Tod: Hamburgs Anstalt Langenhorn und die Euthanasie in der Zeit des Nationalsozialismus*, Hamburg, 1993, 320–33

Oven, Wilfred von, *Finale Furioso: Mit Goebbels bis zum Ende*, Tübingen, 1974

Overmans, Rüdiger, *Deutsche militärische Verluste im zweiten Weltkrieg*, Munich, 1999

Overy, Richard, *Goering: The 'Iron Man'*, London, 1984

Overy, Richard, *Why the Allies Won*, London, 1995

Overy, Richard, *Russia's War*, London, 1998

Overy, Richard, *The Bombing War: Europe 1939–45*, London, 2013

Padfi eld, Peter, *Himmler: Reichsführer SS*, London, 1990

Pahl, Magnus, *Fremde Heere Ost: Hitlers militärische Feindauf klärung*, Munich, 2012 Paucker, Arnold (ed.), *Die Juden im nationalsozialistischen Deutschland*, Tübingen, 1986

Paulsson, Gunnar S., *Secret City: The Hidden Jews of Warsaw, 1940–1945*, New Haven and London, 2002

Peter, Karl Heinrich (ed.), *Spiegelbild einer Verschwörung: Die Kaltenbrunner-Berichte an Bormann und Hitler über das Attentat vom 20. Juli 1944: Geheime Dokumente aus dem ehemaligen Reichssicherheitshauptamt*, Stuttgart, 1961

Petö, Andrea, 'Memory and the Narrative of Rape in Budapest and Vienna in 1945', in Richard Bessel and Dirk Schumann (eds), *Life after Death: Approaches to a Cultural and Social History of Europe during the 1940s and 1950s*, Cambridge, 2003, 129–48

Peukert, Detlev, *Inside Nazi Germany: Conformity, Opposition and Racism in Everyday Life*, Harmondsworth, 1982

Phayer, Michael, *The Catholic Church and the Holocaust, 1930–1965*, Bloomington, Ind., 2000

Pick, Daniel, *The Pursuit of the Nazi Mind: Hitler, Hess and the Analysts*, Oxford, 2012

Plato, Alexander von, Almut Leh and Christoph Thonfeld (eds), *Hitlers Sklaven: Lebensgeschichtliche Analysen zur Zwangsarbeit im internationalen Vergleich*, Vienna/Cologne, 2008

Pohl, Dieter, *Von der 'Judenpolitik' zum Judenmord: Der Distrikt Lublin des Generalgouvernements 1939–1944*, Frankfurt am Main, 1993

Pohl, Dieter, *Nationalsozialistische Judenverfolgung in Ostgalizien 1941–1944: Organisation und Durchführung eines staatlichen Massenverbrechens*, Munich, 1996

Pohl, Dieter, *Die Herrschaft der Wehrmacht: Deutsche Militärbesatzung und einheimische Bevölkerung in der Sowjetunion 1941–1944*, Munich, 2008

Pospieszalski, Karol Marian, 'Nazi attacks on German property: The Reichsführer's plan of summer 1939', *Polish Western Aff airs*, 24/1 (1983), 98–137

Powell, Anton and Stephen Hodkinson (eds), *Sparta beyond the Mirage*, London,

2002

Przyrembel, Alexandra, 'Rassenschande': *Reinheitsmythos und Vernichtungslegitimation im Nationalsozialismus*, Göttingen, 2003

Quinkert, Babette, *Propaganda und Terror in Weißrußland 1941–1944: Die deutsche 'geistige' Kriegführung gegen Zivilbevölkerung und Partisanen*, Paderborn, 2009

Raschhofer, Hermann, *Der Fall Oberländer: Eine vergleichende Rechtsanalyse der Verfahren in Pankow und Bonn*, Tübingen, 1962

Rebenich, Stefan, 'From Thermopylae to Stalingrad: The Myth of Sparta in German Historiography', in Anton Powell and Stephen Hodkinson (eds), *Sparta beyond the Mirage*, London, 2002, 323–49

Reid, J. H., 'Heinrich Böll, "Wanderer, kommst du nach Spa ..."', in Werner Bellmann (ed.), *Klassische deutsche Kurzgeschichten: Interpretationen*, Stuttgart, 2004, 96–106

Reifahrth, Dieter and Viktoria Schmidt-Linsenhoff, 'Die Kamera der Täter', in Hannes Heer and Klaus Naumann (eds), *Vernichtungskrieg: Verbrechen der Wehrmacht 1941–1944*, Hamburg, 1995, 475–503

Reimann, Aribert, *Der große Krieg der Sprachen: Untersuchungen zur historischen Semantik in Deutschland und England zur Zeit des Ersten Weltkrieges*, Essen, 2000

Reinhardt, Klaus, *Moscow—the Turning Point: The Failure of Hitler's Strategy in the Winter of 1941–42*, Oxford, 1992

Reisert, Karl, *O Deutschland hoch in Ehren—das deutsche Trutzlied: Sein Dichter und Komponist, seine Entstehung und Überlieferung*, Würzburg, 1917

Rentdorff, Rolf and Ekkehard Stegemann (eds), *Auschwitz—Krise der christlichen Theologie*, Munich, 1980

Richarz, Bernhard, *Heilen, Pflegen, Töten: Zur Alltagsgeschichte einer Heil- und Pflegeanstalt bis zum Ende des Nationalsozialismus*, Göttingen, 1987

Richie, Alexandra, *Faust's Metropolis: A History of Berlin*, New York, 1998

Riding, Alan, *And the Show Went On: Cultural Life in Nazi-occupied Paris*, London, 2011

Riedesser, Peter and Axel Verderber, *'Maschinengewehre hinter der Front': Zur*

Geschichte der deutschen Militärpsychologie, Frankfurt am Main, 1996

Rieß, Volker, 'Zentrale und dezentrale Radikalisierung: Die Tötungen "unwerten Lebens" in den annektierten west- und nordpolnischen Gebieten 1939–1941', in Klaus-Michael Mallmann and Bogdan Musial (eds), Genesis den Genozids Polen 1939–1941, Darmstadt, 2004, 127–44

Roer, Dorothee and Dieter Henkel (eds), Psychiatrie im Faschismus: Die Anstalt Hadamar 1933–1945, Bonn, 1986

Rohde, Horst, 'Hitlers erster "Blitzkrieg" und seine Auswirkungen auf Nordosteuropa', DRZW, 2 (1979), 79–159

Rohland, Walter, Bewegte Zeiten: Erinnerungen eines Eisenhüttenmannes, Stuttgart, 1978

Röhm, Eberhard, Sterben für den Frieden: Spurensicherung: Hermann Stöhr (1898–1940) und die ökumenische Friedensbewegung, Stuttgart, 1980

Römer, Felix, Der Kommissarbefehl: Wehrmacht und NS-Verbrechen an der Ostfront 1941/42, Paderborn, 2008

Roseman, Mark, Recasting the Ruhr, 1945–1958: Manpower, Economic Recovery and Labour Relations, New York, 1992

Roseman, Mark, The Past in Hiding, London, 2000

Roseman, Mark, The Villa, the Lake, the Meeting: Wannsee and the Final Solution, London, 2003

Roseman, Mark, 'Gerettete Geschichte: Der Bund, Gemeinschaft für sozialistisches Leben im Dritten Reich', Mittelweg 36, 16/1 (2007), 100–21

Rosenstrauch, Hazel (ed.), Aus Nachbarn wurden Juden: Ausgrenzung und Selbstbehauptung 1933–1942, Berlin, 1988

Ross, Corey, Media and the Making of Modern Germany: Mass Communications, Society and Politics from the Empire to the Third Reich, Oxford, 2008

Rossino, Alexander, Hitler Strikes Poland: Blitzkrieg, Ideology and Atrocity, Lawrence, Kans., 2003

Rössler, Mechtild and Sabine Schleiermacher (eds), Der Generalplan Ost: Hauptlinien der nationalsozialistischen Planungs- und Vernichtungspolitik, Berlin, 1993

Rost, Karl Ludwig, Sterilisation und Euthanasie im Film des 'Dritten Reiches':

Nationalsozialistische Propaganda in ihrer Beziehung zu rassenhygienischen Massnahmen des NS-*Staates*, Husum, 1987

Rubinstein, William D., T*he Myth of Rescue*, London, 1997

Runzheimer, Jürgen, 'Der Überfall auf den Sender Gleiwitz im Jahre 1939', V*fZ*, 10 (1964) , 408–26

Rüther, Martin (ed.), KLV: *erweiterte Kinderlandverschickung* 1940–1945, Cologne, 2000 [electronic resource only]

Rüther, Martin, K*öln im Zweiten Weltkrieg: Alltag und Erfahrungen zwischen* 1939 *und* 1945, Cologne, 2005

Rutz, Rainer, S*ignal: Eine deutsche Auslandsillustrierte als Propagandainstrument im Zweiten Weltkrieg*, Essen, 2007

Sachse, Carola, S*iemens, der Nationalsozialismus und die moderne Familie: Eine Untersuchung zur sozialen Rationalisierung in Deutschland im* 20. *Jahrhundert*, Hamburg, 1990

Sander, Elke and Barbara Johr (eds), B*eFreier und Befreite: Krieg, Vergewaltigungen, Kinder*, Munich, 1992

Sandner, Peter, V*erwaltung des Krankenmordes: Der Bezirksverband Nassau im Nationalsozialismus*, Giessen, 2003

Sandkühler, Thomas, '*Endlösung' in Galizien: Der Judenmord in Ostpolen und die Rettungsinitiativen von Berthold Beitz* 1941–1944, Bonn, 1996

Sauer, Ernst, G*rundlehre des Völkerrechts*, Cologne, 1955

Scheck, Rafael, H*itler's African Victims: The German Army Massacres of Black French Soldiers in* 1940, Cambridge, 2006

Schiller, Kay, G*elehrte Gegenwelten: Über humanistische Leitbilder im* 20. *Jahrhundert*, Frankfurt am Main, 2000

Schissler, Hanna (ed.), T*he Miracle Years: A Cultural History of West Germany*, 1949–1968, Princeton, NJ, 2001

Schlüter, Holger, D*ie Urteilspraxis des Volksgerichtshofs*, Berlin, 1995

Schmidt, Gerhard, S*elektion in der Heilanstalt* 1939–1945, Frankfurt am Main, 1983

Schmidt, Paul, S*tatist auf diplomatischer Bühne*, Bonn, 1953

Schmidt, Ulf, 'Reassessing the beginning of the "Euthanasia" programme', G*erman History*, 17/4 (1999), 543–550

Schmitz, Helmut (ed.), A Nation of Victims? Representations of German Wartime Suffering from 1945 to the Present, Amsterdam, 2007

Schmitz, Markus and Bernd Haunfelder (eds), Humanität und Diplomatie: Die Schweiz in Köln 1940–1949, Münster, 2001

Schmuhl, Hans-Walter, Rassenhygiene, Nationalsozialismus, Euthanasie: Von der Verhütung zur Vernichtung 'lebensunwerten Lebens' 1890–1945, Göttingen, 1987

Schneider, Karl, Zwischen allen Stühlen: Der Bremer Kaufmann Hans Hespe im Reserve-Polizeibataillon 105, Bremen, 2007

Schneider, Karl, 'Auswärts eingesetzt': Bremer Polizeibataillone und der Holocaust, Essen, 2011

Schneider, Michael, Unterm Hakenkreuz: Arbeiter und Arbeiterbewegung 1933 bis 1939, Bonn, 1999

Schneider, Tobias, 'Bestseller im Dritten Reich', VfZ, 52/1 (2004), 77–98

Scholl, Inge, Die weiße Rose, Frankfurt am Main, 1952

Scholz, Susanne and Reinhard Singer, 'Die Kinder in Hadamar', in Dorothee Roer and Dieter Henkel (eds), Psychiatrie im Faschismus: Die Anstalt Hadamar 1933–1945, Bonn, 1986, 214–36

Schön, Hein, Pommern auf der Flucht 1945: Rettung über die Ostsee aus den Pommernhäfen Rügenwalde, Stolpmünde, Kolberg, Stettin, Swinemünde, Greifswald, Stralsund und Saßnitz, Berlin, 2013

Schottländer, Rudolf, Trotz allem ein Deutscher, Freiburg, 1986

Schrapper, Christian and Dieter Sengling (eds), Die Idee der Bildbarkeit: 100 Jahre sozialpädagogische Praxis in der Heilerziehungsanstalt Kalmenhof, Weinheim, 1988

Schreiber, Gerhard, Die italienischen Militärinternierten im deutschen Machtbereich 1943–1945: Verraten—verachtet—vergessen, Munich, 1990

Schröder, Hans Joachim, Die gestohlenen Jahre: Erzählgeschichten und Geschichtserzählung im Interview: Der Zweite Weltkrieg aus der Sicht ehemaliger Mannschaftssoldaten, Tübingen, 1992

Schubert, Jochen, Heinrich Böll: Schriftsteller, Duisburg, 2007

Schuhmacher, Jacques, 'Nazi Germany and the Morality of War', D.Phil. thesis, Oxford,

2015 (in preparation)

Schüler, Klaus, *Logistik im Rußlandfeldzug: Die Rolle der Eisenbahn bei Planung, Vorbereitung und Durchführung des deutschen Angriffes auf die Sowjetunion bis zur Krise vor Moskau im Winter* 1941–42, Frankfurt am Main, 1987

Schulte, Jan, *Zwangsarbeit und Vernichtung: Das Wirtschaftsimperium der SS*, Paderborn, 2001

Schultheis, Herbert, *Juden in Mainfranken* 1933–1945, Bad Neustadt, 1980

Schulz, Hermann, Hartmut Radebold and Jürgen Reulecke, *Söhne ohne Väter: Erfahrungen der Kriegsgeneration*, Berlin, 2004

Schüssler, Werner, *Paul Tillich*, Münster, 1997

Schwartz, Paula, 'The politics of food and gender in occupied Paris', *Modern and Contemporary France*, 7/1 (1999), 35–45

Schumann, Wolfgang and Olaf Groehler with assistance of Wolfgang Bleyer (eds), *Deutschland im Zweiten Weltkrieg*, 6, *Die Zerschlagung des Hitlerfaschismus und die Befreiung des deutschen Volkes (Juni 1944 bis zum 8. Mai 1945)*, Berlin, 1985

Sefton Delmer, Denis, *Black Boomerang: An Autobiography*, 2, London, 1962

Seitz, Hanns, *Verlorene Jahre*, Lübeck, 1974

Service, Hugo, *Germans to Poles: Communism, Nationalism and Ethnic Cleansing after the Second World War*, Cambridge, 2013

Seydelmann, Gertrud, *Gefährdete Balance: Ein Leben in Hamburg* 1936–1945, Hamburg, 1996

Shephard, Ben, *War of Nerves: Soldiers and Psychiatrists, 1914–1994*, London, 2000

Shephard, Ben, *The Long Road Home: The Aftermath of the Second World War*, London, 2010

Shils, Edward and Morris Janowitz, 'Cohesion and disintegration in the Wehrmacht in World War II', *Public Opinion Quarterly*, 12/2 (1948), 280–315

Shirer, William, *This is Berlin: A Narrative History*, London, 1999

Sick, Dorothea, *'Euthanasie' im Nationalsozialismus am Beispiel des Kalmenhofs in Idstein im Taunus*, Frankfurt am Main, 1983

Sielemann, Jürgen (ed.), *Hamburger jüdische Opfer des Nationalsozialismus*,

Hamburg, 1995

Smelser, Ronald, *Robert Ley: Hitler's Labor Front Leader*, Oxford/NY, 1988

Smith Serrano, Andrew, *German Propaganda in Military Decline 1943–1945*, Edinburgh, 1999

Sollbach, Gerhard, *Heimat Ade! Kinderlandverschickung in Hagen 1941–1945*, Hagen, 1998

Sontheimer, Kurt, *Antidemokratisches Denken in der Weimarer Republik: Die politischen Ideen des deutschen Nationalismus zwischen 1918 und 1933*, Munich, 1994

Speer, Albert, *Spandau: The Secret Diaries*, New York, 1976

Spoerer, Mark, *Zwangsarbeit unter dem Hakenkreuz: Ausländische Zivilarbeiter, Kriegsgefangene und Häftlinge im Deutschen Reich und im besetzten Europa 1938–1945*, Stuttgart/Munich, 2001

Stahel, David, *Operation Typhoon: Hitler's March on Moscow, October 1941*, Cambridge, 2013

Stargardt, Nicholas, *The German Idea of Militarism: Radical and Socialist Critics, 1866–1914*, Cambridge, 1994

Stargardt, Nicholas, *Witnesses of War: Children's Lives under the Nazis*, London, 2005

Stargardt, Nicholas, 'Speaking in Public about the Murder of the Jews: What Did the Holocaust Mean to the Germans?', in Christian Wiese and Paul Betts (eds), *Years of Persecution, Years of Extermination: Saul Friedländer and the Future of Holocaust Studies*, London, 2010, 133–55

Stargardt, Nicholas, 'The troubled patriot: German *Innerlichkeit* in World War II', *German History*, 28/3 (2010), 326–42

Stargardt, Nicholas, 'Beyond "consent" or "terror": Wartime crises in Nazi Germany,' *History Workshop Journal*, 72 (2011), 190–204

Statistisches Bundesamt, *Die deutschen Vertreibungsverluste*, Wiesbaden, 1958,

Stayer, James M., *Martin Luther, German Saviour: German Evangelical Theological Factions and the Interpretation of Luther, 1917–1933*, Montreal, 2000

Steber, Martina, *Ethnische Gewissheiten: Die Ordnung des Regionalen im bayerischen Schwaben vom Kaiserreich bis zum* NS-Regime, Göttingen, 2010

Steber, Martina and Bernhard Gotto (eds), V*isions of Community in Nazi Germany: Social Engineering and Private Lives*, Oxford, 2014

Stegemann, Wolfgang (ed.), K*irche und Nationalsozialismus*, Stuttgart, 1992

Steinbacher, Sibylle, *'Musterstadt' Auschwitz: Germanisierungspolitik und Judenmord in Ostoberschlesien*, Munich, 2000

Steinbacher, Sybille (ed.), V*olksgenossinnen: Frauen in der* NS-V*olksgemeinschaft*, Göttingen, 2007

Steinert, Marlis, H*itlers Krieg und die Deutschen: Stimmung und Haltung der deutschen Bevölkerung im Zweiten Weltkrieg*, Düsseldorf, 1970

Steinhoff , Johannes, Peter Pechel and Dennis Showalter, V*oices from the Third Reich: An Oral History*, London, 1991

Stelzl-Marx, Barbara (ed.), U*nter den Verschollenen: Erinnerungen von Dmitrij Čirov an das Kriegsgefangenenlager Krems-Gneixendorf* 1941 *bis* 1945, Waidhofen/Thaya, 2003

Stelzl-Marx, Barbara, *Zwischen Fiktion und Zeitzeugenschaft: Amerikanische und sowjetische Kriegsgefangene im Stalag* XVIIB K*rems-Gneixendorf,* Tübingen, 2003

Stephenson, Jill, '"Emancipation" and its problems: War and society in Württemberg, 1939–45', E*uropean History Quarterly*, 17 (1987), 345–65

Stephenson, Jill, H*itler's Home Front: Württemberg under the Nazis*, London, 2006

Stern, Frank, 'Antagonistic Memories', in Luisa Passerini (ed.), M*emory and Totalitarianism: International Yearbook of Oral History*, Oxford, 1992, 21–43

Stern, Frank, T*he Whitewashing of the Yellow Badge: Antisemitism and Philosemitism in Postwar Germany*, Oxford, 1992

Stoltzfuss, Nathan, R*esistance of the Heart: Intermarriage and the Rosenstrasse Protest in Nazi Germany*, New York, 1996

Stone, Dan, H*istories of the Holocaust*, Oxford, 2010

Strachan, Hew, 'Clausewitz and the Dialectics of War', in Hew Strachan and Andreas Herberg-Rothe (eds), C*lausewitz in the Twenty-fi rst Century*, Oxford, 2007, 14–44

Strachan, Hew and Andreas Herberg-Rothe (eds), C*lausewitz in the Twentyfirst*

Century, Oxford, 2007

Strauss, Herbert, 'Jewish emigration from Germany, Part I', *Leo Baeck Institute Year Book*, 25 (1980), 313–61

Strebel, Berhard, *Celle April 1945 Revisited*, Bielefeld, 2008

Streit, Christian, *Keine Kameraden: Die Wehrmacht und die sowjetischen Kriegsgefangenen 1941–1945*, Stuttgart, 1978

Strobl, Gerwin, *The Germanic Isle: Nazi Perceptions of Britain*, Cambridge, 2000

Strobl, Gerwin, *The Swastika and the Stage: German Theatre and Society, 1933–1945*, Cambridge, 2007

Strobl, Gerwin, *Bomben auf Oberdonau: Luftkrieg und Lynchmorde an alliierten Fliegern im 'Heimatgau des Führers'*, Linz, 2014

Strzelecki, Andrzej, *Endphase des KL Auschwitz: Evakuierung, Liquidierung und Befreiung des Lagers*, Os´wie̜cim-Brzezinka, 1995

Süß, Dietmar (ed.), *Deutschland im Luftkrieg: Geschichte und Erinnerung*, Munich, 2007

Süß, Dietmar, *Death from the Skies: How the British and Germans Survived Bombing in World War II*, Oxford, 2014

Süß, Winfried, *Der 'Volkskörper' im Krieg: Gesundheitspolitik, Gesundheitsverhältnisse und Krankenmord im nationalsozialistischen Deutschland 1939–1945*, Munich, 2003

Süß, Winfried, 'Antagonistische Kooperationen: Katholische Kirche und nationalsozialistische Gesundheitspolitik', in Karl-Josef Hummel and Christoph Kösters (eds), *Kirchen im Krieg 1939–1945*, Paderborn, 2007, 317–41

Sywottek, Jutta, *Mobilmachung für den totalen Krieg: Die propagandistische Vorbereitung der deutschen Bevölkerung auf den Zweiten Weltkrieg*, Opladen, 1976

Szarota, Tomasz, *Warschau unter dem Hakenkreuz: Leben und Alltag im besetzten Warschau, 1.10.1939 bis 31.7.1944*, Paderborn, 1985

Szepansky, Gerda (ed.), *Blitzmädel, Heldenmutter, Kriegerwitwe: Frauenleben im Zweiten Weltkrieg*, Frankfurt am Main, 1986

Szodrzynski, Joachim, 'Die "Heimatfront" zwischen Stalingrad und Kriegsende', in Forschungsstelle für Zeitgeschichte in Hamburg (ed.), *Hamburg im 'Dritten*

Reich', Göttingen, 2005, 633–85

The Task of the Churches in Germany: Being a Report from a Delegation of British Churchmen after a Visit to the British Zone October 16th–30th, 1946, Presented to the Control Offi ce for Germany and Austria, London, 1947

Taylor, Frederick, *Dresden: Tuesday, 13 February* 1945, London, 2004

Tessin, Georg, *Verbände und Truppen der deutschen Wehrmacht und Waff en SS im Zweiten Weltkrieg 1939–1945, 2, Die Landstreitkräfte*, Osnabrück, 1973

Thalmann, Rita, *Jochen Klepper: Ein Leben zwischen Idyllen und Katastrophen*, Gütersloh, 1997

Theweleit, Klaus, *Male Fantasies*, 1–2, Cambridge, 1987/1989

Thießen, Malte, *Eingebrannt ins Gedächtnis: Hamburgs Gedenken an Luftkrieg und Kriegsende 1943 bis 2005*, Munich, 2007

Thomas, Martin, 'After Mers-el-Kébir: The armed neutrality of the Vichy French Navy, 1940–43', *English Historical Review*, 112/447 (1997), 643–70

Tooze, Adam, *The Wages of Destruction: The Making and Breaking of the Nazi Economy*, London, 2006

Toppe, Andreas, *Militär und Kriegsvölkerrecht: Rechtsnorm, Fachdiskurs und Kriegspraxis in Deutschland 1899–1940*, Munich, 2008

Torrie, Julia, *'For Their Own Good': Civilian Evacuations in Germany and France, 1939–1945*, New York/Oxford, 2010

Torrie, Julia, '"Our rear area probably lived too well": Tourism and the German occupation of France, 1940–1944', *Journal of Tourism History*, 3/3 (Nov. 2011), 309–30

Trapp, Joachim, *Kölner Schulen in der NS-Zeit*, Cologne, 1994

Trevor-Roper, Hugh (ed.), *Hitler's Table Talk, 1941–1944*, London, 1953

Trevor-Roper, Hugh, *The Last Days of Hitler*, London, 1995

Trimmel, Gerald, *Heimkehr: Strategien eines nationalsozialistischen Films* Vienna, 1998

Troll, Hildebrand, 'Aktionen zur Kriegsbeendigung im Frühjahr 1945', in Martin Broszat, Elke Fröhlich and Anton Grossmann (eds), *Bayern in der NS-Zeit*, 4, Munich, 1981, 645–90

Trümpi, Fritz, *Politisierte Orchester: Die Wiener Philharmoniker und das Berliner*

Philharmonische Orchester im Nationalsozialismus, Vienna, 2011

Ueberschär, Gerd R. (ed.), D*er 20. Juli 1944: Bewertung und Rezeption des deutschen Widerstandes gegen das* NS-*Regime*, Cologne, 1994

Ueberschär, Gerd R. (ed.), O*rte des Grauens: Verbrechen im Zweiten Weltkrieg*, Darmstadt, 2003

Ueberschär, Gerd R. and Lev A. Bezymenskij (eds), D*er deutsche* A*ngriff auf die Sowjetunion* 1941: D*ie* K*ontroverse um die Präventivkriegsthese*, Darmstadt, 1998

Ueberschär, Gerd R. and Wolfram Wette (eds), D*er deutsche Überfall auf die Sowjetunion:* 'U*nternehmen* B*arbarossa'* 1941, Frankfurt am Main, 1991

Umbreit, Hans, D*eutsche Militärverwaltung* 1938/39: D*ie militärische Besetzung der* T*schechoslowakei und* P*olens*, Stuttgart, 1977

U*nited* S*tates* S*trategic* B*ombing* S*urvey*, 1, T*he Effects of* S*trategic* B*ombing on* G*erman* M*orale*, Washington DC, 1947

Usbourne, Cornelie, T*he* P*olitics of the* B*ody in* W*eimar* G*ermany*, New York, 1992

Vaizey, Hester, S*urviving* H*itler's* W*ar:* F*amily* L*ife in* G*ermany*, 1939–48, Basingstoke, 2010

Vanja, Christina and Martin Vogt (eds), E*uthanasie in* H*adamar:* D*ie nationalsozialistische* V*ernichtungspolitik in hessischen* A*nstalten*, Kassel, 1991

Verhey, Jeffrey, T*he* S*pirit of* 1914: M*ilitarism, * M*yth, and* M*obilization in* G*ermany*, Cambridge, 2000

Virgili, Fabrice, S*horn* W*omen:* G*ender and* P*unishment in* L*iberation* F*rance*, Oxford, 2002

Virgili, Fabrice, N*aître ennemi:* L*es enfants de couples franco-allemands nés pendant la* S*econde* G*uerre mondiale*, Paris, 2009

Vogel, Detlef and Wolfram Wette (eds), A*ndere* H*elme—andere* M*enschen?* H*eimaterfahrung und* F*rontalltag im* Z*weiten* W*eltkrieg:* E*in internationaler* V*ergleich*, Essen, 1995

Volkmann, Hans-Erich (ed.), E*nde des* D*ritten* R*eiches—*E*nde des* Z*weiten* W*eltkrieges*, Munich, 1995

Vollnhals, Clemens, E*vangelische* K*irche und* E*ntnazifi zierung* 1945–1949,

Munich, 1989

Wachsmann, Nikolaus, '"Annihilation through Labor": The killing of state prisoners in the Third Reich', Journal of Modern History, 71 (1999), 624–59

Wachsmann, Nikolaus, Hitler's Prisons: Legal Terror in Nazi Germany, New Haven, 2004

Wachsmann, Nikolaus and Jane Caplan (eds), Concentration Camps in Nazi Germany: The New Histories, London, 2010

Wagner, Bernd, 'Gerüchte, Wissen, Verdrängung: Die IG Auschwitz und das Vernichtungslager Birkenau', in Norbert Frei, Sybille Steinbacher and Bernd Wagner (eds), Ausbeutung, Vernichtung, Öffentlichkeit, Munich, 2000, 231–48

Wagner, Bernd, IG Auschwitz: Zwangsarbeit und Vernichtung von Häftlingen des Lagers Monowitz 1941–1945, Munich, 2000

Wagner, Patrick, Volksgemeinschaft ohne Verbrecher: Konzeption und Praxis der Kriminalpolizei in der Zeit der Weimarer Republik und des Nationalsozialismus, Hamburg, 1996

Wagner, Ray (ed), The Soviet Air Force in World War II, Newton Abbot, 1974

Waite, Robert G., 'Teenage sexuality in Nazi Germany', Journal of the History of Sexuality, 8/3 (Jan. 1998), 434–76

Wallach, Jehuda, The Dogma of the Battle of Annihilation: The Theories of Clausewitz and Schlieffen and their Impact on the German Conduct of Two World Wars, Westport, Conn., 1986

Walser Smith, Helmut, The Butcher's Tale: Murder and Anti-Semitism in a German Town, New York, 2002

Warring, Anette, Tyskerpiger: Under besoettelse og retsopgor, Copenhagen, 1994

Wecht, Martin, Jochen Klepper: Ein Christlicher Schriftsteller im jüdischen Schicksal, Düsseldorf, 1998

Wegner, Bernd, 'Hitlers "zweiter Feldzug"', DRZW, 6 (1990), 761–815

Wegner, Bernd, 'Hitlers Strategie zwischen Pearl Harbor und Stalingrad', DRZW, 6 (1990), 97–126

Wegner, Bernd (ed.), From Peace to War: Germany, Soviet Russia and the World, 1939–1941, Oxford, 1997

Weinberg, Gerhard L., A World at Arms: A Global History of World War II,

Cambridge, 1994

Weindling, Paul, Health, Race, and German Politics between National Unifi cation and Nazism, 1870–1945, Cambridge, 1989

Welch, David, Propaganda and the German Cinema, 1933–1945, Oxford, 1983

Welch, Steven R., '"Harsh but just"? German military justice in the Second World War: A comparative study of the court-martialling of German and US deserters', German History, 17/3 (1999), 369–89

Werner, Wolfgang Franz, 'Bleib übrig': Deutsche Arbeiter in der nationalsozialistischen Kriegswirtschaft, Düsseldorf, 1983

Westenrieder, Norbert, Deutsche Frauen und Mädchen! Vom Alltagsleben 1933–1945, Düsseldorf, 1984

Wette, Wolfram, 'Die propagandistische Begleitmusik zum deutschen Überfall auf die Sowjetunion am 22. Juni 1941', in Gerd R. Ueberschär and Wolfram Wette (eds), Der deutsche Überfall auf die Sowjetunion: 'Unternehmen Barbarossa' 1941, Frankfurt am Main, 1991, 45–66

Wette, Wolfram, 'Massensterben als "Heldenepos": Stalingrad in der NSPropaganda', in Wolfram Wette and Gerd R. Ueberschär (eds), Stalingrad: Mythos und Wirklichkeit einer Schlacht, Frankfurt am Main, 1992, 43–60

Wette, Wolfram, Ricarda Bremer and Detlef Vogel (eds), Das letzte halbe Jahr: Stimmungsberichte der Wehrmachtpropaganda 1944/45, Essen, 2001

Wierling, Dorothee, '"Kriegskinder": Westdeutsch, bürgerlich, männlich?', in Lu Seegers and Jürgen Reulecke (eds), Die 'Generation der Kriegskinder': Historische Hintergründe und Deutungen, Giessen, 2009, 141–55

Wiese, Christian and Paul Betts (eds), Years of Persecution, Years of Extermination: Saul Friedländer and the Future of Holocaust Studies, London, 2010

Wildt, Michael, 'Gewalt gegen Juden in Deutschland 1933 bis 1939', Werkstatt Geschichte, 18 (1997), 59–80

Wildt, Michael, Generation des Unbedingten: Das Führerkorps des Reichssicherheitshauptamtes, Hamburg, 2002

Wildt, Michael, Volksgemeinschaft als Selbstermächtigung: Gewalt gegen Juden in der deutschen Provinz 1919–1939, Hamburg, 2007

Wildt, Michael, 'Volksgemeinschaft: A Modern Perspective on National Socialist

Society', in Martina Steber and Bernhard Gotto (eds), *Visions of Community in Nazi Germany: Social Engineering and Private Lives*, Oxford, 2014, 43–59

Wilhelm, Hans-Heinrich, *Rassenpolitik und Kriegsführung*, Passau, 1991

Williams, Thomas, 'Remaking the Franco-German Borderlands: Historical claims and commemorative practices in the Upper Rhine, 1940–49', D.Phil. thesis, Oxford, 2010

Winkler, Dörte, 'Frauenarbeit versus Frauenideologie: Probleme der weiblichen Erwerbstätigkeit in Deutschland 1930–1945', *Archiv für Sozialgeschichte* 17 (1977), 99–126

Winter Jay and Jean-Louis Robert (eds), *Capital Cities at War: Paris, London, Berlin 1914–1919*, Cambridge, 1997

Wis´niewska, Anna and Czesław Rajca, *Majdanek: The Concentration Camp of Lublin*, Lublin, 1997

Wöhlert, Meike, *Der politische Witz in der NS-Zeit am Beispiel ausgesuchter SD-Berichte und Gestapo-Akten*, Frankfurt, 1997

Wohlfuss, Joshua, *Memorial Book of Rawa Ruska*, Tel Aviv, 1973

Wolf, Gerhard, *Ideologie und Herrschaftsrationalität: Nationalsozialistische Germanisierungspolitik in Polen*, Hamburg, 2012

Wolf, Gerhard, 'Exporting *Volksgemeinschaft*: The *Deutsche Volksliste* in Annexed Upper Silesia', in Martina Steber and Bernhard Gotto (eds), *Visions of Community in Nazi Germany: Social Engineering and Private Lives*, Oxford, 2014, 129–45

Wolters, Rita, *Verrat für die Volksgemeinschaft: Denunziantinnen im Dritten Reich*, Pfaffenweiler, 1996

Yelton, David K., *Hitler's Volkssturm: The Nazi Militia and the Fall of Germany, 1944–1945*, Lawrence, Kan., 2002

Zagovec, Rafael A., 'Gespräche mit der "Volksgemeinschaft": Die deutsche Kriegsgesellschaft im Spiegel westallierter Frontverhöre', DRZW, 9/2 (2005), 289–381

Zahn, Gordon, *German Catholics and Hitler's Wars: A Study in Social Control*, London/New York, 1963

Zayas, Alfred Maurice de, *Die Wehrmacht-Untersuchungsstelle: Unveröffentliche Akten über alliierte Völkerrechtsverletzungen im Zweiten Weltkrieg*, Berlin,

1979

Zeidler, Manfred, *Kriegsende im Osten: Die Rote Armee und die Besetzung Deutschlands östlich von Oder und Neiße 1944/45*, Munich, 1996

Zeller, Bernhard and Friedrich Brüggemann (eds), *Klassiker in finsteren Zeiten 1933–1945: Eine Ausstellung des Deutschen Literaturarchivs im Schiller-Nationalmuseum, Marbach am Neckar*, 2, Marbach, 1983

Ziemann, Benjamin, 'Fluchten aus dem Konsens zum Durchhalten: Ergebnisse, Probleme und Perspektiven der Erforschung soldatischer Verweigerungsformen in der Wehrmacht 1939–1945', in Rolf-Dieter Müller and Hans-Erich Volkmann (eds), *Hitlers Wehrmacht: Mythos und Realität*, Munich, 1999, 589–613

Ziemann, Benjamin, *Gewalt im Ersten Weltkrieg: Töten—überleben—verweigern*, Essen, 2013

Zierenberg, Malte, *Stadt der Schieber: Der Berliner Schwarzmarkt 1939–1950*, Göttingen, 2008

Zimmermann, John, 'Die Eroberung und Besetzung des deutschen Reiches', DRZW, 10/1 (2008), 277–435

〈ㄷ〉

〈ㄹ〉

지은이 **니콜라스 스타가르트Nicholas Stargardt**

옥스퍼드대학교 사학과에서 나치 역사를 강의하고 있는 영국 최고의 나치즘 연구자 중 한 명. 아버지는 베를린에서 사회주의 운동을 하다가 1939년에 나치를 피해 호주로 망명한 유대인이고, 어머니는 호주에서 아시아 불교문화를 연구하는 고고학자이다. 저자는 어린 시절 일본에도 잠깐 거주하다가 영국으로 이주했다. 케임브리지대학교에서 독일 사민당의 반反군국주의 운동 연구로 박사학위를 받았고, 그후 런던대학교를 거쳐 옥스퍼드대학교에 부임했다.

2005년에 독일인 어린이들 및 유대인 어린이들의 2차대전 경험을 재구성한 『전쟁의 증인들: 나치 치하 어린이들의 삶』을 발간하여 나치즘 연구에 새로운 지평을 열었고, 2015년에 출간한 『독일인의 전쟁 1939-1945』로 세계적인 명성을 얻었다. 이 책은 한국어판에 앞서 9개국 언어로 번역되었고, 영국 작가협회(PEN)에서 수여하는 헤셀틸트먼상을 수상했다.

옮긴이 **김학이**

한국외대 독어과를 졸업하고 서울대학교 대학원 서양사학과에서 석사학위를 받았으며 독일 보훔대학교 역사학과에서 『대공황기 독일 경제정책 연구』로 박사학위를 받았다.

현재 동아대학교 사학과 교수로 재직중이다.

저서로는 『나치즘과 동성애—독일의 동성애 담론과 문화』와 『감정의 역사—루터의 신성한 공포에서 나치의 차분한 열광까지』가 있고, 번역서로 『나치스 민족공동체와 노동계급』, 『나치 시대의 일상사: 순응, 저항, 인종주의』, 『홀로코스트: 유럽 유대인의 파괴 1·2』, 『히틀러국가: 나치 정치혁명의 이념과 현실』이 있다. 이 책 『독일인의 전쟁 1939-1945』는 나치즘에 관한 다섯번째 번역서이다.

독일인의 전쟁 1939-1945
편지와 일기에 담긴 2차대전, 전쟁범죄와 폭격, 그리고 내면

초판 1쇄 인쇄 2024년 2월 19일
초판 1쇄 발행 2024년 2월 29일

지은이 니콜라스 스타가르트 | 옮긴이 김학이

편집 이희연 이원주 이고호 | 디자인 윤종윤 이주영
마케팅 김선진 배희주 | 저작권 박지영 형소진 최은진 서연주 오서영
브랜딩 함유지 함근아 고보미 박민재 김희숙 박다솔 조다현 정승민 배진성
제작 강신은 김동욱 이순호 | 제작처 한영문화사(인쇄) 신안문화사(제본)

펴낸곳 (주)교유당 | 펴낸이 신정민
출판등록 2019년 5월 24일 제406-2019-000052호

주소 10881 경기도 파주시 회동길 210
문의전화 031.955.8891(마케팅) 031.955.2680(편집) 031.955.8855(팩스)
전자우편 gyoyudang@munhak.com

인스타그램 @gyoyu_books 트위터 @gyoyu_books 페이스북 @gyoyubooks

ISBN 979-11-93710-18-0 03900